그림으로 찾는

中國語 圖解辭典

輿水優/大川完三郞/佐藤富士雄/依藤醇 共著
金順錦 譯

since1973 도서출판 +iT
성안당.com
www.cyber.co.kr / www.sungandang.com

그림으로 찾는 中國語 圖解辭典

「ⓒ 1992(株)大修館書店.刊「中国語 図解辞典」輿水優. 大川完三郎. 佐藤富士雄. 依藤醇」

판권 소유. 이 책의 어느 부분도 성안당.com 발행인의 서면 동의 없이 전기적, 기계적, 사진 복사, 디스크 복사 또는 다른 방법으로 복제하거나, 정보 재생 시스템에 저장하거나, 또는 다른 방법으로 전송할 수 없음.

한국어판 판권 소유: 도서출판 성안당.com
ⓒ 2004 도서출판 성안당.com Printed in Korea

머리말

 외국어 학습에 있어서 단지 언어를 구사하는 기술을 습득하는 것뿐만 아니라, 그 언어를 사용하는 사람들의 생활과 문화를 이해하는 것도 중요하다. 그런 의미로, 외국어 학습은 새로운 습관과 문화를 몸에 익히는 것이며, 이해의 폭을 넓히는 것이기도 하다. 이 경우, 가장 큰 걸림돌이 되는 것은, 자신의 마음과 태어나면서부터 몸에 익숙해져 버린 생활 습관과 문화이다. 우리들이 중국어를 접할 때, 한자를 공유한다는 친근감 때문인지, 때때로 외국어라는 의식을 거의 못 느끼며, 더구나 양방의 습관과 문화의 차이를 못 느끼고 지나치는 경향이 있다.

 예를 들면, 일본인도 중국인도 식사를 할 때에 젓가락을 사용하는 것에서부터, 그 무엇보다「젓가락을 사용하는 나라」의 사람으로서 친근감을 느끼는데, 사실은 일본의 젓가락은 중국의 젓가락에 비해 짧고, 끝이 뾰족하게 되어 있는 반면, 중국의 젓가락은 길 뿐만 아니라 끝이 둥글고 굵기가 그다지 변함이 없다. 더구나 일본에서는 식기를 놓을 때 젓가락을 옆으로 놓지만, 중국에서는 세워서 놓는다. 이것은 양쪽 나라의 음식물이나 먹는 방법에서 유래한다.

 일본에서는 각각 일인분씩 음식이 놓여지나, 중국에서는 하나의 그릇에 담겨진 요리를 주위 사람들과 다같이 먹는 것이 보통이다. 이런 점이 젓가락의 길이와 놓는 방법과 관계된다.

 또한, 일본에서는 생선 요리를 자주 먹는데, 작은 뼈를 처리하기에는 젓가락 끝이 뾰족한 것이 편리하나, 중국에서는 큰 생선을 나누어 먹는 경우가 많다.

 이런 예를 단지 젓가락을 사용하는 나라로만 하고 이해해 버린다면 음식문화의 차이를 올바로 이해하지 못하는 것이 된다.「백 번 듣는 것보다 한 번 보는 것이 낳다」라는 말이 있듯이, 외국어 학습은 현지를 걸어 다니며, 실물을 보는 것만으로도 이해의 폭을 촉진시킨다. 현장에 있지 않으면서도 시각적인 자료를 부여하는 방법의 학습 효과는 헤아릴 수 없다. 그 중에서도 중국어는 중국에 대한 믿음이나 선입관이 학습을 방해해 중국인의 일상생활에 대한 정보 부족도 그것을 증폭시키는 요인이 된다.

 본서는 중국어 학습자가 중국인의 생활이나 문화에 근접한 중국어 이해가 가능하도록 보통의 사전 등에서 얻을 수 없는 그림을 통해 설명을 시도해 본 것이다. 우선, 생활면을 중시하며, 의식주에서부터 일상에서 많이 접하는 사항들을 폭 넓게 다루었다. 수록한 용어에 편향이 생기지 않도록 상용어의 체크부터 작업에 들어가 그림을 이해하는 데 필요한 것이 빠지지 않도록 유의하였다. 생활 용어에 있어서는 어형이나 발음이 일상의 구어에 준거하는 것으로 하며, 북경대학 중문계의 **陆俭明**, **马真**两 교수에게 원고 교정을 부탁하였다. 특히, 1986년 여름에는 두 부부가 지바현 오오하라에서 있었던 합숙에 동행해 주셔서 지도해 주신 덕분에 기술의 정확함을 기대할 수 있게 해 주었

目 次

다. 여기서 특별히 감사를 표하고 싶다.

  본서의 생명이라 할 수 있는 그림에 대해서는, 중국에 있는 출판물 등에서 관계 자료를 수집하고, 가능한 한 실물도 입수하도록 유의하였다. 당초, 이들 대부분을 그대로 베끼려 하였지만, 중국에서 생활해 본적이 있는 落合茂 씨의 협력을 얻어, 현장감 넘치는 그림을 수없이 많이 그려 받을 수 있었다.

  기획 단계부터 세어 보면 본서의 완성에 20년이라는 세월을 필요로 했지만, 그 사이 중국의 커다란 변화에 의해 자료를 바꿔놓는 것을 반복하다 보니 그 결과가 오히려 내용을 충실하게 해 주었다. 게다가, 간행되기까지 긴 세월을 소비하여, 편집부에 대단히 폐를 끼쳤다. 특히, 항상 같이 하여 작업을 진행해 주신 航越國昭, 内田美津子 씨에게 마음으로부터 감사를 표한다. 더구나, 본서의 집필에 있어서 4명의 편집자가 각각 담당 부서를 맡아, 최후로 약간의 통일을 이루었다.

1992년 11월
편집자

目　次

머리말 iii
본 사전의 사용법 xiii

1　女装 nǚzhuāng　부인복 2
2　男装 nánzhuāng　신사복 4
3　内衣 nèiyī　속옷 6
4　童装 tóngzhuāng　아동복 7
5　围巾 wéijīn・手套儿 shǒutàor・袜子 wàzi　목도리・장갑・양말 ... 8
6　帽子 màozi　모자 9
7　鞋 xié・靴子 xuēzi　신발 10
8　领儿(lǐngr)　칼라 12
9　袖子 xiùzi　소매 13
10　兜儿(dōur)　주머니 14
11　扣儿 kòur・拉链儿 lāliànr・皮带 pídài　단추・지퍼・벨트 15
12　量体 liántǐ　채촌(치수재기) 16
13　裁缝 cáiféng　재봉 17
14　首饰 shǒushi・眼镜儿 yǎngjìngr　액세서리・안경 18
15　化妆品 huàzhuāngpǐn　화장품 19
16　发型 fàxíng・胡子 húzi　머리형・수염 20

17　庄稼 zhuāngjia　농작물 22
18　蔬菜 shūcài Ⅰ　채소 Ⅰ 24
19　蔬菜 shūcài Ⅱ　채소 Ⅱ 26
20　蔬菜 shūcài Ⅲ　채소 Ⅲ 28
21　水果 shuǐguǒ Ⅰ　과일 Ⅰ 30
22　水果 shuǐguǒ Ⅱ・干果 gānguǒ　과일 Ⅱ・열매 32
23　粮食 liángshi・饭食 fànshi　식량・식사 34
24　面食 miànshi Ⅰ　분식 Ⅰ 36
25　面食 miànshi Ⅱ　분식 Ⅱ 38
26　糖果 tángguǒ・果脯 guǒfǔ　사탕・절임 39
27　点心 diǎnxin・小吃 xiǎochī　과자・간식 40
28　干货 gānhuò　건조 식품 42
29　豆制品 dòuzhìpǐn　콩식품 43
30　畜肉 chùròu・禽肉 qínròu　육류 44
31　作料儿 zuòliaor・酱菜 jiàngcài　양념・장 46
32　饮料 yǐnliào・冷食 lěngshí　음료・빙과 48
33　茶 chá　차 50
34　酒 jiǔ　술 51
35　烟 yān　담배 52
36　刀工 dāogōng・火候 huǒhou　썰기・불의 세기 53

v

目 次

37	四合院儿 sìhéyuànr 사합원	54
38	各种民房 gèzhǒng mínfáng 각종 주거 형태	56
39	瓦房 wǎfáng 기와집	58
40	农家 nóngjiā 농가	59
41	集体住宅 jítǐ zhùzhái 집합 주택(아파트)	60
42	堂屋 tángwū 전통 가옥의 실내	62
43	卧室(农村) wòshì(nòngcūn) 침실(농촌)	63
44	灶间(农村) zàojiān(nòngcūn) 부엌(농촌)	64
45	厨房(城市) chúfáng(chéngshì) 주방(도시)	65
46	起居室(城市) qǐjūshì(chéngshì) 거실(도시)	66
47	卧室(城市) wòshì(chéngshì) 침실(도시)	67
48	书房(城市) shūfáng(chéngshì) 서재(도시)	68
49	卫生间(城市) wèishēngjiān(chéngshì) 화장실(도시)	69
50	桌子 zhuōzi 탁자	70
51	椅子 yǐzi · 凳子 dèngzi 의자 · 걸상	71
52	柜子 guìzi · 抽屉 chōuti 장롱 · 서랍	72
53	床 chuáng 침대	73
54	床上用品 chuángshàng yòngpǐn 침구	74
55	毯子 tǎnzi · 帘子 liánzi 융단 · 커튼	76
56	打扫卫生 dǎsǎowèishēng 청소	77
57	洗衣服 xǐyīfu 세탁	78
58	缝纫工具 féngrèn gōngjù · 缝纫机 féngrènjī 바느질 도구 · 재봉틀	80
59	炊具 chuījù 취사 도구	82
60	餐具 cānjù 식기	84
61	茶具 chájù · 酒具 jiǔjù · 烟具 yānjù 차도구 · 음주 도구 · 흡연 도구	86
62	容器 róngqì 용기	88
63	斗 dǒu · 秤 chèng 되 · 저울	90
64	钟表 zhōngbiǎo 시계	91
65	包 bāo · 袋儿 dàir · 篮子 lánzi 가방 · 봉지 · 바구니	92
66	扇子 shànzi · 伞 sǎn 부채 · 우산	94
67	锁 suǒ · 钥匙 yàoshi 자물쇠 · 열쇠	95
68	灯具 dēngjù 조명 기구	96
69	家用电器 jiāyòng diànqì I 가전제품 I	98
70	家用电器 jiāyòng diànqì II 가전제품 II	100
71	炉子 lúzi · 燃料 ránliào 난로 · 연료	102
72	食堂 shítáng 식당	104
73	茶馆 cháguǎn · 茶摊 chátān 중국식 찻집 · 노천다방	106
74	商店 shāngdiàn · 市场 shìchǎng I 상점 · 시장 I	107
75	商店 shāngdiàn · 市场 shìchǎng II 상점 · 시장 II	108
76	商店 shāngdiàn · 市场 shìchǎng III 상점 · 시장 III	110
77	商店 shāngdiàn · 市场 shìchǎng IV 상점 · 시장 IV	112
78	照相馆 zhàoxiàngguǎn · 暗室 ànshì 사진관 · 암실	114
79	理发店 lǐfàdiàn · 理发用具 lǐfà yòngjù 이발관 · 이발 도구	116

80	澡堂 zǎotáng 공중목욕탕	118
81	银行 yínháng 은행	120
82	货币 huòbì 화폐	122
83	饭店 fàndiàn Ⅰ 호텔 Ⅰ	124
84	饭店 fàndiàn Ⅱ 호텔 Ⅱ	126
85	公园 gōngyuán・庭园 tíngyuán 공원・정원	128
86	坟地 féndì 묘지	130
87	公共厕所 gōnggòng cèsuǒ 공중변소	131
88	建筑工地 jiànzhù gōngdì Ⅰ 건축 공사 현장 Ⅰ	132
89	建筑工地 jiànzhù gōngdì Ⅱ・建筑材料 jiànzhù cáiliào 건축 공사 현장 Ⅱ・건축 재료	134
90	小五金 xiǎowǔjīn 경첩・문고리・호차・나사・와셔	136
91	工具 gōngjù Ⅰ 공구 Ⅰ	138
92	工具 gōngjù Ⅱ 공구 Ⅱ	140
93	工具 gōngjù Ⅲ 공구 Ⅲ	142
94	机床 jīchuáng 공작 기계	144
95	发动机 fādòngjī・电动机 diàndòngjī・泵 bèng 엔진・모터・펌프	146
96	起重机 qǐzhòngjī・输送机 shūsòngjī 크레인・컨베이어	148
97	发电站 fādiànzhàn 발전소	150
98	工厂 gōngchǎng 공장	152
99	农具 nóngjù・灌溉设备 guàngài shèbèi Ⅰ 농기구・관개 시설 Ⅰ	154
100	农具 nóngjù・灌溉设备 guàngài shèbèi Ⅱ 농기구・관개 시설 Ⅱ	156
101	农业机械 nóngyè jīxiè 농업 기계	158
102	农业 nóngyè Ⅰ 농업 Ⅰ	160
103	农业 nóngyè Ⅱ 농업 Ⅱ	162
104	畜牧业 xùmùyè 목축업	164
105	渔业 yúyè Ⅰ 어업 Ⅰ	166
106	渔业 yúyè Ⅱ 어업 Ⅱ	168
107	林业 línyè 임업	170
108	海上运输 hǎishàng yùnshū 해상 운송	171
109	公司办公室 gōngsī bàngōngshì 회사의 사무실	172
110	办公用品 bàngōng yòngpǐn 사무 용품	174
111	汽车结构 qìchē jiégòu 자동차의 구조	176
112	公共交通 gōnggòngjiāotōng 대중교통	178
113	各种汽车 gèzhǒng qìchē Ⅰ 각종 자동차 Ⅰ	180
114	各种汽车 gèzhǒng qìchē Ⅱ 각종 자동차 Ⅱ	182
115	自行车 zìxíngchē 자전거	184
116	摩托车 mótuōchē 오토바이	186
117	人力车 rénlìchē・兽力车 shòulìchē 인력거・우마차	187
118	道路 dàolù 도로	188
119	道路交通标示 dàolù jiāotōng biāozhì 도로 교통 표지	190
120	桥梁 qiáoliáng 교량	192
121	火车站 huǒchēzhàn Ⅰ 철도역 Ⅰ	194
122	火车站 huǒchēzhàn Ⅱ 철도역 Ⅱ	196

目 次

123	铁路车辆 tiělù chēliàng　철도 차량	198
124	机车及其结构 jīchē jí qí jiégòu　기관차와 그 구조	200
125	客车 kèchē　객차	202
126	时刻表 shíkèbiǎo・车票 chēpiào　시각표・승차권	204
127	港口 gǎngkǒu　항구	206
128	船舶 chuánbó Ⅰ　선박 Ⅰ	208
129	船舶 chuánbó Ⅱ　선박 Ⅱ	210
130	客机 kèjī　여객기	212
131	机场 jīchǎng　공항	214
132	各种飞机 gèzhǒng fēijī　각종 비행기	216
133	邮政 yóuzhèng Ⅰ　우편 Ⅰ	218
134	邮政 yóuzhèng Ⅱ　우편 Ⅱ	220
135	电话 diànhuà　전화	222
136	电报 diànbào　전보	224
137	广播 guǎngbō　방송	226
138	电视机 diànshìjī・收录机 shōulùjī　텔레비전・카세트 라디오	228
139	报 bào　신문	230
140	出版 chūbǎn　출판	232
141	印刷厂 yìnshuāchǎng　인쇄소	234
142	曲艺 qǔyì　노래와 공연	236
143	杂技 zájì Ⅰ　곡예・서커스 Ⅰ	237
144	杂技 zájì Ⅱ　곡예・서커스 Ⅱ	238
145	游乐园 yóulèyuán　유원지	240
146	游戏 yóuxì Ⅰ　놀이 Ⅰ	242
147	游戏 yóuxì Ⅱ　놀이 Ⅱ	244
148	玩具 wánjù　장난감	246
149	麻将 májiàng・扑克 pūkè　마작・트럼프	248
150	爱好 àihàng・娱乐活动 yúlè huódòng　취미・레크레이션	250
151	田径运动 tiánjìng yùndòng Ⅰ　육상 경기 Ⅰ	252
152	田径运动 tiánjìng yùndòng Ⅱ　육상 경기 Ⅱ	254
153	游泳馆 yóuyǒngguǎn　실내 수영장	256
154	海滨浴场 hǎibīn yùchǎng　해수욕장	258
155	体操 tǐcāo Ⅰ　체조 Ⅰ	259
156	体操 tǐcāo Ⅱ　체조 Ⅱ	260
157	冬季运动 dōngjì yùndòng　동계 스포츠	262
158	棒球 bàngqiú・垒球 lěiqiú　야구・소프트볼	264
159	排球 páiqiú　배구	265
160	球类运动 qiúlèi yùndòng Ⅰ　구기 Ⅰ	266
161	球类运动 qiúlèi yùndòng Ⅱ　구기 Ⅱ	268
162	武术 wǔshù　무술	270
163	摔交 shuāijiāo・拳击 quánjī・柔道 róudào　레슬링・권투・유도	272
164	击剑 jījiàn・举重 jǔzhòng　펜싱・역도	273

165	登山运动 dēngshān yùndòng　등산	274
166	象棋 xiàngqí・围棋 wéiqí・国际象棋 guójì xiàngqí　장기・바둑・체스	275
167	其他体育运动 qítā tǐyù yùndòng　기타 스포츠	276
168	医院 yīyuàn　병원	278
169	医疗用具 yīliáo yòngjù　의료 용구	280
170	问诊 mēnzhěn・护理 hùlǐ・手术 shǒushù　진료・간호・수술	282
171	中药 zhōngyào・中医 zhōngyī　한방약・한의사	284
172	药品 yàopǐn　약품	286
173	计划生育 jìhuà shēngyù　계획 출산	287
174	中小学 zhōngxiǎoxué Ⅰ　초중등학교 Ⅰ	288
175	中小学 zhōngxiǎoxué Ⅱ　초중등학교 Ⅱ	290
176	幼儿园 yòu'éryuán・托儿所 tuō'érsuǒ　유치원・탁아소	291
177	文具 wénjù　문구	292
178	大学 dàxué Ⅰ　대학 Ⅰ	294
179	大学 dàxué Ⅱ　대학 Ⅱ	296
180	数学 shùxué Ⅰ　수학 Ⅰ	298
181	数学 shùxué Ⅱ　수학 Ⅱ	300
182	化学实验室 huàxué shíyànshì　화학 실험실	302
183	物理实验室 wùlǐ shíyànshì　물리 실험실	304
184	生物室的用具 shēngwùshìde yòngjù　생물실 용구	305
185	语言 yǔyán・文字 wénzì・符号 fúhào　언어・문자・부호	306
186	美术 měishù・篆刻 zhuànkè　미술・전각	308
187	工艺品 gōngyìpǐn　수공예품	310
188	装裱 zhuāngbiǎo　표장	312
189	音乐 yīnyuè・歌曲 gēqǔ　음악・가곡	313
190	西乐器 xīyuèqì　서양 악기	314
191	中乐器 zhōngyuèqì　중국 전통 악기	316
192	戏剧 xìjù・剧场 jùchǎng　무대・극장	318
193	京剧 jīngjù　경극	320
194	舞蹈 wǔdǎo　댄스	321
195	电影 diànyǐng　영화	322
196	摄影 shèyǐng　사진 촬영	324
197	博物馆 bówùguǎn　박물관	325
198	出土文物 chūtǔ wénwù　출토 문물	326
199	古代建筑 gǔdài jiànzhù　역사적 건축물	328
200	年节活动 niánjié huódòng Ⅰ　연중행사 Ⅰ	330
201	年节活动 niánjié huódòng Ⅱ　연중행사 Ⅱ	332
202	红白喜事 hóng bái xǐshì Ⅰ　관혼상제 Ⅰ	334
203	红白喜事 hóng bái xǐshì Ⅱ　관혼상제 Ⅱ	336
204	宗教 zōngjiào Ⅰ　종교 Ⅰ	337
205	宗教 zōngjiào Ⅱ　종교 Ⅱ	338

目次

206	神话 shénhuà・传说 chuánshuō 신화・전설	340
207	体态语 tǐtàiyǔ・手势语 shǒushìyǔ 바디 랭귀지・수화	342
208	少数民族 shǎoshù mínzú Ⅰ 소수 민족 Ⅰ	344
209	少数民族 shǎoshù mínzú Ⅱ 소수 민족 Ⅱ	346
210	少数民族 shǎoshù mínzú Ⅲ 소수 민족 Ⅲ	348
211	朝鲜族 cháoxiānzú 조선족	350
212	蒙古族 měnggǔzú 몽골족	352
213	鄂伦春族 èlúnchūnzú・藏族 zàngzú 어룬춘족・장족(티베트족)	354
214	维吾尔族 wéiwú'ěrzú 위그르족	356
215	彝族 yízú・苗族 miáozú 이족・미아오족	358
216	傣族 dǎizú 다이족	360
217	党 dǎng・共青团 gòngqīngtuán・少先队 shàoxiānduì 당・공산주의 청년단・소년 선봉대	362
218	国家 guójiā・政治 zhèngzhì 국가・정치	363
219	公民 gōngmín 공민(국민)	364
220	男女老少 nánnǚ lǎoshào 남녀노소	365
221	亲属 qīnshǔ 친족	366
222	公安局 gōng'ānjú 공안국(경찰서)	368
223	消防 xiāofáng 소방	370
224	海关 hǎiguān・出入境 chūrùjìng 세관・출입국	371
225	检察院 jiǎncháyuàn・法院 fǎyuàn 검찰청・법원	372
226	监狱 jiānyù 감옥(형무소)	373
227	兵种 bīngzhǒng・肩章 jiānzhāng 병종・견장	374
228	战斗形态 zhàndòu xíngtài 전투 형태	376
229	军装 jūnzhuāng 군복	377
230	军事训练 jūnshì xùnliàn 군사 훈련	378
231	兵营 bīngyíng・装备 zhuāngbèi 병영・장비	379
232	古代兵器 gǔdài bīngqì 고대 병기	380
233	手榴弹 shǒuliúdàn・地雷 dìléi 수류탄・지뢰	381
234	枪炮 qiāngpào Ⅰ 총포 Ⅰ	382
235	枪炮 qiāngpào Ⅱ 총포 Ⅱ	384
236	导弹 dǎodàn・火箭 huǒjiàn・核武器 héwǔqì 미사일・로케트・핵무기	386
237	卫星 wèixīng・雷达 léidá 위성・레이더	388
238	降落伞 jiàngluòsǎn・气球 qìqiú・飞艇 fēitǐng 낙하산・기구・비행선	389
239	军用飞机 jūnyòng fēijī・航空炸弹 hángkōng zhàdàn 군용 비행기・항공 폭탄	390
240	坦克 tǎnkè 전차	392
241	军用车辆 jūnyòng chēliàng 군용 차량	394
242	鱼雷 yúléi・水雷 shuǐléi 어뢰・수뢰	395
243	军舰 jūnjiàn 군함	396
244	天体 tiāntǐ 천체	398

245	四季星座 sìjì xīngzuò Ⅰ 사계절의 별자리 Ⅰ	400
246	四季星座 sìjì xīngzuò Ⅱ 사계절의 별자리 Ⅱ	402
247	日食 rìshí・月食 yuèshí・月相 yuèxiàng 일식・월식・달의 변화	404
248	月球探测 yuèqiú tàncè 달 탐사	405
249	宇宙航行 yǔzhòu hángxíng 우주 비행	406
250	行星探测 xíngxīng tàncè 행성 탐사	407
251	大气层 dàqìcéng 대기권	408
252	人造地球卫星 rénzào dìqiú wèxīng 인공위성	409
253	天文台 tiānwéntái・天文仪器 tiānwén yíqì 천문대・천체 관측 기기	410
254	天气 tiānqì 기상	412
255	云彩 yúncai 구름	414
256	自然灾害 zìrán zāihài 자연재해	415
257	气象仪器 qìxiàng yíqì 기상 관측 기기	416
258	天气图 tiānqìtú 기상도	418
259	年月日 niányuèrì・季节 jìjié 연월일・계절	420
260	一天的生活 yìtiānde shēnghuó 일상생활	422
261	煤矿 méikuàng 탄광	423
262	钢铁 gāngtiě 철강	424
263	石油 shíyóu 석유	426
264	地球 dìqiú Ⅰ 지구 Ⅰ	428
265	地球 dìqiú Ⅱ 지구 Ⅱ	430
266	人体 réntǐ 인체	432
267	骨骼 gǔgé 골격	434
268	肌肉 jīròu 근육	436
269	血管 xuèguǎn・血液 xuèyè 혈관・혈액	437
270	淋巴系 línbāxì・内分泌腺 nèifēnmìxiàn 림프계・내분비선	438
271	内脏器官 nèizàng qìguān 내장 기관	439
272	呼吸器 hūxīqì・消化器 xiāohuàqì 호흡기・소화기	440
273	泌尿器 mìniàoqì・生殖器 shēngzhíqì 비뇨기・생식기	442
274	神经系统 shénjīng xìtǒng・脑 nǎo 신경 계통・뇌	444
275	口腔 kǒuqiāng・牙齿 yáchǐ 구강・치아	445
276	眼睛 yǎnjing・鼻子 bízi・耳朵 ěrduo 눈・코・귀	446
277	皮肤 pífū・四肢 sìzhī 피부・사지	448
278	容貌 róngmào 용모	449
279	陆栖动物 lùqī dòngwù Ⅰ 육상 동물 Ⅰ	450
280	陆栖动物 lùqī dòngwù Ⅱ 육상 동물 Ⅱ	452
281	陆栖动物 lùqī dòngwù Ⅲ 육상 동물 Ⅲ	454
282	鸟类 niǎolèi Ⅰ 조류 Ⅰ	456
283	鸟类 niǎolèi Ⅱ 조류 Ⅱ	458

目　次

284　爬行类 páxínglèi・两栖类 liǎngqīlèi　파충류・양서류 …………………………………… 460
285　鱼类 yúlèi Ⅰ　어류 Ⅰ ……………………………………………………………………… 462
286　鱼类 yúlèi Ⅱ　어류 Ⅱ ……………………………………………………………………… 464
287　贝类 bèilèi　패류 …………………………………………………………………………… 466
288　水生动物 shuǐshēng dòngwù Ⅰ　수생 동물 Ⅰ ……………………………………………… 467
289　水生动物 shuǐshēng dòngwù Ⅱ　수생 동물 Ⅱ ……………………………………………… 468
290　昆虫类 kūnchónglèi Ⅰ　곤충류 Ⅰ ………………………………………………………… 470
291　昆虫类 kūnchónglèi Ⅱ・蚯蚓 qiūyǐn・蜈蚣 wúgong・蜘蛛等 zhīzhū děng
　　　곤충류 Ⅱ・지렁이・지네・거미 등 …………………………………………………… 472

292　植物的形态 zhíwùde xíngtài Ⅰ　식물의 형태 Ⅰ ………………………………………… 474
293　植物的形态 zhíwùde xíngtài Ⅱ　식물의 형태 Ⅱ ………………………………………… 476
294　植物的栽培 zhíwùde zāipéi　식물 재배 ………………………………………………… 477
295　树木 shùmù・花草 huācǎo Ⅰ　수목・화초 Ⅰ …………………………………………… 478
296　树木 shùmù・花草 huācǎo Ⅱ　수목・화초 Ⅱ …………………………………………… 480
297　树木 shùmù・花草 huācǎo Ⅲ　수목・화초 Ⅲ …………………………………………… 482
298　树木 shùmù・花草 huācǎo Ⅳ　수목・화초 Ⅳ …………………………………………… 484
299　树木 shùmù・花草 huācǎo Ⅴ　수목・화초 Ⅴ …………………………………………… 486
300　树木 shùmù・花草 huācǎo Ⅵ　수목・화초 Ⅵ …………………………………………… 488
301　树木 shùmù・花草 huācǎo Ⅶ　수목・화초 Ⅶ …………………………………………… 490
302　树木 shùmù・花草 huācǎo Ⅷ　수목・화초 Ⅷ …………………………………………… 492
303　藻类 zǎolèi Ⅰ　조류 Ⅰ …………………………………………………………………… 494
304　藻类 zǎolèi Ⅱ　조류 Ⅱ …………………………………………………………………… 495
305　水草 shǔcǎo　수초 ………………………………………………………………………… 496
306　微生物 wēishēngwù　미생물 ……………………………………………………………… 497
307　菌类 jùnlèi　균류 …………………………………………………………………………… 498

308　颜色 yánsè　색 ……………………………………………………………………………… 501

●索引
中国语索引 …………………………………………………………………………………………… 503
韩国语索引 …………………………………………………………………………………………… 605

본 사전의 사용법

1. 항목에 대하여
   (1) 본 사전은 일상생활에서 접하는 많은 사물에 중점을 두고, 의식주 등 주변에서 시작하여 동식물·색명(色名)에 이르기까지 총 308가지 항목으로 분류하였다.
   (2) 항목명은 목차에 나타내었으며, 본문 중에는 각각의 페이지 상부에 항목 번호와 함께 표시하였다.
   (3) 각 항목은 모두 한 페이지 또는 두 페이지 단위로 하였다.
   (4) 각 항목의 모든 표제어에는 그림을 대응시켰으며, 표제어와 그림은 대조하기 쉽도록 페이지의 위와 아래 또는 펼침면의 좌우에 배치하였다.

2. 표제어에 대하여
   (1) 본 사전은 표제어 약 13,300어, 동의어·관련어를 포함하여 약 16,000어를 수록하였다.
   (2) 표제어에는 일상적으로 사용하는 구어를 채용하였으며, 항목의 성격상 불가피한 경우에는 전문 용어를 채용하였다.
   (3) 표제어에는 그림과 대응하는 번호를 붙이고 중국어의 한자 표기에 이어서 발음을 표시하기 위한 로마자와 한글 번역을 배열하였다. 또한, 참고 사항을 ▶표 다음에 나타낸 경우도 있으며, 이 경우의 동의어·관련어에는 지면상 발음 표기를 생략한 경우가 약간 있다.
   (4) 표제어의 중국어는 1964년 공포한 「印刷通用汉字字形表」에 정해진 표준 자체로 표시하였다.

3. 표제어의 발음 표기에 대하여
   (1) 표제어의 발음은 중국어 표음 로마자(「汉语拼音方案」에 의거한 표기법)에 따라 로마자와 성조(聲調) 부호로 표시하였다.
   (2) 발음은 본래의 성조로 표시하는 것을 원칙으로 하고, 음절의 연속에 따라 발생하는 성조 변화는 수사의 "一" yī "七" qī "八" bā가 뒤에 이어지는 음절의 성조에 따라 변화하는 경우에만 발음대로 표시하였다.
      예 : 一元券 yì yuàn quàn ; 八字儿眉 bàzìrméi
   (3) 본 사전에는 로마자를 발음 표시용으로만 사용하는 것으로 하고, 고유명사 등 일반적으로 대문자로 표기하는 경우에도 대문자를 사용하지 않았다.
   (4) 같은 취지에서 로마자의 띄어쓰기도 실용적인 견지에서 필요한 경우, 문법적인 분석을 고려하지 않고 적절한 붙여 쓰기를 하였다.
   (5) 음절 사이의 단락을 나타내는 격음부호(隔音符號 ; ')에 대해서는 본 사전에서는 비교적 많이 사용하여 단락을 알기 쉽도록 하였다.
   (6) 로마자 표기 중 영문자를 대문자로 나타내는 경우는 영어의 알파벳을 그대로 읽는 것을 나타낸다.
      예 : A形 A xíng → [ei xíng]

4. 표제어의 한국어 번역에 대하여
   (1) 중국어에 대응하는 한국어로 복수의 번역어가 필요한 경우에는「;」을 사용하여 나열하였다.
   (2) 중국 특유의 사물에 대하여, 대응하는 번역어가 없는 경우에는 간략한 설명으로 번역어를

본 사전의 사용법

　　대신한 경우도 있다. 또한 ▶ 표시에 이어지는 참고 사항에서 보충 설명을 한 경우도 있다.

5. 본 사전에 사용한 기호에 대하여
　「；」　복수의 번역어를 병렬 표시한다.
　「▶」　동의어・관련어 등 참고 사항을 표시한다.
　「　」　다른 항목에 참조 사항이 있음을 표시한다.

6. 일러스트의 숫자 표시에 대하여
　하나의 사물에 복수의 번호를 붙인 경우, 그 사물 자체(전체)를 표시하는 번호에 ○를 붙여, 부위 명칭과 구별하였다. 다만, 표제어의 번호에는 ○를 생략하였다.

7. 색인에 대하여
　권말에 「중국어 색인」, 「한국어 색인」을 두어 중국어 또는 한국어 어느 쪽에서나 쉽게 찾을 수 있도록 하였다. 또한 중국어 색인에는 총획수에 의한 검자표를 두어 찾으려는 중국어 첫 글자의 총획수를 기준으로 색인 중의 수록 페이지를 찾을 수 있도록 하였다.

中國語 圖解辭典

1 女装 nǚzhuāng

1 西服 xīfú
  양장 ▶"西服套裝"(xīfú tàozhuāng), "西装套服" xīzhuāng tàofú
2 平驳领 píngbólǐng
  노치드 라펠
3 枪驳领 qiāngbólǐng
  피크드 라펠 ▶아래 깃의 각도를 크게 위로 올린 것.
4 胸省 xiōngshěng
  가슴 주름
5 西服裙 xīfúqún
  스커트
6 下摆 xiàbǎi
  옷자락
7 衣襟 yījīn
  옷섶
8 连衣裙 liányīqún
  원피스
9 小背心儿 xiǎobèixīnr
  볼레로
10-20 裙子 qúnzi
  치마
10 背心裙 bèixīnqún
  점퍼 스커트
11 拼接裙 pīnjiēqún
  잇댐 스커트
12 喇叭裙 lǎbaqún
  나팔 치마
13-15 褶裙 zhěqún
  주름 치마
13 百褶裙 bǎizhěqún
  주름 치마
14 对褶裙 duìzhěqún
  맞주름 치마
  ▶"盒褶裙" hézhěqún
15 倒褶裥裙 dǎozhějiànqún
  옆주름 스커트
  ▶"反盒褶裙" fǎnhézhěqún
16 腰褶裙 yāozhěqún
  허리주름 치마
17 旗袍裙 qípáoqún
  치포식 스커트
18 开衩儿 kāichàr
  슬릿
19 迷你裙 mínǐqún
  미니스커트
  ▶"超短裙" chāoduǎnqún
20 长裙 chángqún
  롱 스커트
21-22 衬衫 chènshān
  블라우스
21 长袖衬衫 chángxiù chènshān
  긴소매 블라우스
22 短袖衬衫 duǎnxiù chènshān
  반소매 블라우스
23 裙裤 qúnkù
  치마바지 ; 퀼로트 스커트
24 婚礼服 hūnlǐfú
  웨딩 드레스
25 薄纱 báoshā
  튤(tulle)
26 花束 huāshù
  부케
27 大衣 dàyī
  오버 코트
28 中大衣 zhōngdàyī
  하프 코트
29 短大衣 duǎndàyī
  짧은 코트
30 女裤 nǚkù
  여성용 바지
31 皮大衣 pídàyī
  모피 코트
32 风衣 fēngyī
  더스터 코트
33 喇叭裤 lǎbakù
  나팔바지
34 裤脚 kùjiǎo
  바지 자락
35 雨衣 yǔyī
  레인 코트
36 披风 pīfēng
  망토
37 两用衫 liǎngyòngshān
  겸용옷
38 肩省 jiānshěng
  어깨 주름
39-40 棉袄 mián'ǎo
  솜저고리
39 大襟儿棉袄 dàjīnr mián'ǎo
  큰섶 솜저고리
40 对襟儿棉袄 duìjīnr mián'ǎo
  대섶 솜저고리
41 棉裤 miánkù
  솜바지
42-43 罩衣 zhàoyī
  덧옷 ▶"棉袄" mián'ǎo가 더러워지지 않도록 덧입는 옷
42 大襟儿罩衣 dàjīnr zhàoyī
  큰섶 덧옷
43 对襟儿罩衣 duìjīnr zhàoyī
  대섶 덧옷
44 旗袍儿 qípáor
  차이나 드레스
45 坤包 kūnbāo
  핸드백
46 孕妇裙 yùnfùqún
  임신복 ; 임부복
47 睡袍儿 shuìpáor
  네글리제 ; 여성용 잠옷

부인복 1

2 男装 nánzhuāng

1 中山服 zhōngshānfú
  중산복 ; 주머니 네 개 달린 서민복
  ▶"中山装" zhōngshānzhuāng
2 领子 lǐngzi
  옷깃 ; 칼라
3 垫肩 diànjiān
  어깨 패드
4 扣子 kòuzi
  단추 ; 버튼
5 小袋盖儿 xiǎodài gàir
  작은 포켓의 뚜껑(플랩 포켓)
6 小袋 xiǎodài
  작은 포켓
7 大袋盖儿 dàdài gàir
  큰 포켓의 뚜껑(플랩 포켓)
8 大袋 dàdài
  큰 포켓
9 袖子 xiùzi
  소매
10 裤子 kùzi
  바지
11 青年服 qīngniánfú
  청년복 ▶중산복과 기본적으로 같으나 포켓이 세 개고 안으로 나있다.
12 两用衫 liǎngyòngshān
  겸용복
13 西服 xīfú
  양복 상하 ; 슈트 ▶"西服套装" xīfú tàozhuāng, "西装套服" xīzhuāng tàofú
14 领带 lǐngdài
  넥타이
15 平驳领 píngbólǐng
  노치드 라펠
16 手巾袋 shǒujīndài
  (손수건을 넣기 위한)가슴 포켓
17 扣眼儿 kòuyǎnr
  단추 구멍
18 背心儿 bèixīnr
  조끼
19 袖口儿 xiùkǒur
  소맷부리
20 裤兜儿 kùdōur
  바지의 포켓
21 裤腿儿 kùtuǐr
  바지 가랑이
22 裤线 kùxiàn
  양복바지의 다림질선
23 挽脚儿 wǎnjiǎor
  옷 단
24 双排扣西服 shuāngpáikòu xīfú
  두줄단추 양복
25 枪驳领 qiāngbólǐng
  피크드 라펠
26 插花眼儿 chāhuāyǎnr
  플라워 홀 ; 라펠 홀
27 燕尾服 yànwěifú
  연미복
28 衬衫 chènshān
  와이셔츠
29 翻领衬衫 fānlǐng chènshān
  노타이 셔츠
30 胸袋儿 xiōngdàir
  가슴 포켓
31 猎装 lièzhuāng
  사파리 슈트
32 圆领衫 yuánlǐngshān
  T셔츠▶"T恤衫" tixueshān
33 牛仔裤 niúzǎikù
  청바지
34 马裤 mǎkù
  승마 바지
35 短裤 duǎnkù
  반 바지
36 裤腰 kùyāo
  바지허리
37 裤襻儿 kùpànr
  혁대고리 ▶"马王襻" mǎwángpàn
38 毛衣 máoyī
  스웨터
39 对襟儿毛衣 duìjīnr máoyī
  가디건
40 茄克 jiākè
  점퍼 ; 잠바
41 装饰袋 zhuāngshìdài
  장식 포켓
42 羽绒衣 yǔróngyī
  다운 재킷
43 风雨衣 fēngyǔyī
  트렌치 코트
44 肩襻儿 jiānpànr
  에폴레트 ; 견장
45 大衣 dàyī
  오버코트 ; 외투
46 风雪大衣 fēngxuě dàyī
  모자달린 코트
47 棉大衣 miándàyī
  솜 코트
48 棉军大衣 miánjūndàyī
  군용 솜 코트
49 棉背心儿 miánbèixīnr
  솜 조끼
50 棉袄 mián'ǎo
  솜저고리
51 长袍儿 chángpáor
  (겹으로 된, 또는 솜 넣은) 남자용 중국식 두루마기
  ▶홑옷은 大褂儿 dàguàr
52 开衩儿 kāichàr
  슬릿(단이 옆으로 터진 곳)
53-54 短褂儿 duǎnguàr
  홑저고리(짧은 옷)
  ▶"小褂儿" xiǎoguàr
53 大襟儿褂 dàjīnrguà
  큰섶 저고리
54 对襟儿褂 duìjīnrguà
  대섶 저고리
55 棉毛衫 miánmáoshān
  솜털 셔츠
56 便裤 biànkù
  캐주얼 바지
57 睡衣 shuìyī
  잠옷
58 晨衣 chényī
  가운

신사복 2

3 内衣 nèiyī 속옷

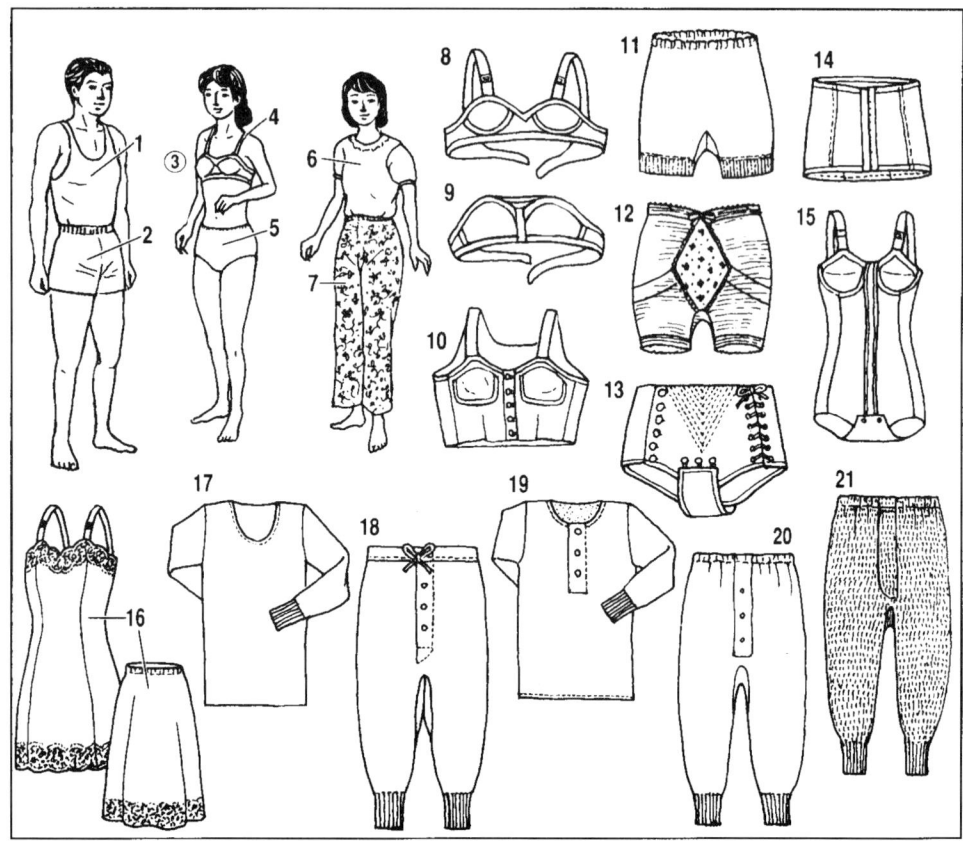

1 汗背心儿 hánbèixīnr
  러닝 셔츠
2 裤衩儿 kùchǎr
  팬티 ▶"内裤" nèikù
3 胸罩 xiōngzhào
  브래지어 ▶"乳罩" rǔzhào
4 带子 dàizi
  어깨 끈 ; 스트랩
5 三角裤 sānjiǎokù
  삼각 팬티 ▶"三角裤衩儿"
  sānjiǎo kùchǎr
6 短袖内衣 duǎnxiù nèiyī
  반소매의 속옷 ▶"内衣" nèi-
  yī는 상반신에 입는 속옷
7 长内裤 chángnèikù
  바지 안에 입는 긴 속옷
8 定型乳罩 dìngxíng rǔzhào
  패드가 있는 브래지어
9 无带乳罩 wúdài rǔzhào
  스트랩리스 브래지어
10 背心儿乳罩 bèixīnr rǔzhào
  러닝식 브래지어
11 平脚女裤 píngjiǎo nǚkù
  평각 팬티
12 紧身裤 jǐnshēnkù
  팬티 거들
13 腹带 fùdài
  거들
14 腰封 yāofēng
  웨스트 니퍼 ; 니퍼
15 健美衣 jiànměiyī
  보디 슈트
16 衬裙 chènqún
  속치마 ; 페티코트
17 棉毛衫 miánmáoshān
  얇은 모직 셔츠
18 棉毛裤 miánmáokù
  얇은 모직 속바지
19 绒衣 róngyī
  두꺼운 모직 셔츠 ▶융 "绒"이
  바깥으로 좀 나와 있음.
20 绒裤 róngkù
  두꺼운 모직 속바지.
  ▶융 "绒"이 바깥으로 좀 나
  와 있음.
21 毛裤 máokù
  털실로 짠 속바지 ; 털바지

4 童装 tóngzhuāng　　아동복

1 童套装 tóngtàozhuāng
  어린이용 슈트
2 连衣裙 liányīqún
  원피스
3 无袖连衣裙 wúxiù liányī-
  gún
  소매 없는 원피스
4 学生裙 xuéshēngqún
  학생용 치마
5 松身裙衣 sōngshēn qúnyī
  편의 원피스 ▶요크 밑에 개
  더가 들어간다.
6 幼儿罩衣 yòu'ér zhàoyī
  유아용 덧옷
7 海军服 hǎijūnfú
  해군복; 수병복
8 拉链衫 lāliànshān
  지퍼가 달린 간복
9 茄克 jiākè
  점퍼

10 棉猴儿 miánhóur
   후드가 달린 솜 외투
11 风帽 fēngmào
   후드
   ▶ "风雪帽" fēngxuěmào
12 背带裙 bèidàiqún
   멜빵 치마
13 护胸裙 hùxiōngqún
   가슴두렁이 달린 스커트
14 护胸 hùxiōng
   가슴두렁이
15 背带裤 bēidàikù
   멜빵 바지
16 工装裤 gōngzhuāngkù
   오버올; 내리닫이 작업복
17 松紧裤 sōngjǐnkù
   허리단에 고무줄 넣은 바지
18 开裆裤 kāidāngkù
   (용변이 쉽도록)볼기가 갈라
   진 바지

   ▶겨울에는 "屁帘儿" pìliánr
   라는 바람막이를 뒤에 단다.
19 兜兜 dōudou
   배두렁이 ▶ "兜肚" dōudu
20 围嘴儿 wéizuǐr
   턱받이 ▶침은 "口水" kǒu-
   shuǐ
21 斗篷 dǒupeng
   유아용 망토; 소매없는 외
   투 ▶ "披风" pīfēng
22 包被 bāobèi
   포대기 ▶ "蜡烛包" làzhúbāo
23 毛衫儿 máoshanr
   배내옷
24 尿布 niàobù
   기저귀 ▶ "褯子" jièzi
25 尿布围裤 niàobù wéikù
   기저귀 커버

5 围巾 wéijīn・手套儿 shǒutàor・袜子 wàzi　　목도리・장갑・양말 5

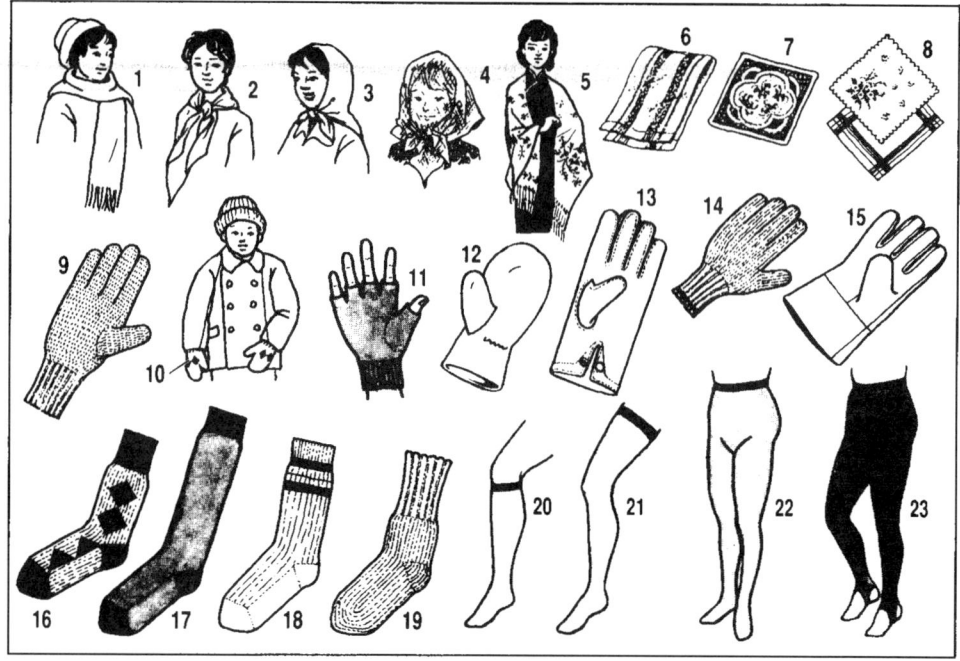

1 围巾 wéijīn
목도리; 머플러
▶"围脖儿" wéibór
2 领巾 lǐngjīn
네커치프
3 头巾 tóujīn
스카프
4 沙巾 shājīn
비단 스카프 ▶방한과 먼지를 막기 위해 머리에 쓴다.
5 披肩 pījiān
숄; 스톨; 케이프
6 毛巾 máojīn
타월
7 手巾 shǒujīn
수건
8 手绢儿 shǒujuànr
손수건 ▶"手帕" shǒupà
9-15 手套儿 shǒutàor
장갑
9 毛线手套儿 máoxiàn shǒutàor
털실 장갑
10 连指手套儿 liánzhǐ shǒutàor
미튼; 벙어리 장갑
11 无指手套儿 wúzhǐ shǒutàor
가락이 없는 장갑
12 棉手套儿 miánshǒutàor
솜장갑
13 皮手套儿 píshǒutàor
가죽 장갑
14 线手套儿 xiànshǒutàor
무명 장갑
15 工作手套儿 gōngzuò shǒutàor
작업용 장갑
16-23 袜子 wàzi
양말
16 短袜 duǎnwà
짧은 양말
17 长袜 chángwà
긴 양말
18 线袜 xiànwà
무명 양말
19 毛线袜子 máoxiàn wàzi
털실 양말
20-22 尼龙丝袜 nílóngsīwà
나일론 스타킹
20 短筒尼龙丝袜 duǎntǒng nílóngsīwà
짧은 나일론 스타킹
21 长筒尼龙丝袜 chángtǒng nílóngsīwà
긴 나일론 스타킹
22 连裤袜 liánkùwà
팬티 스타킹
23 紧身裤 jǐnshēnkù
타이츠

6 帽子 mào zi 　　　　모자 6

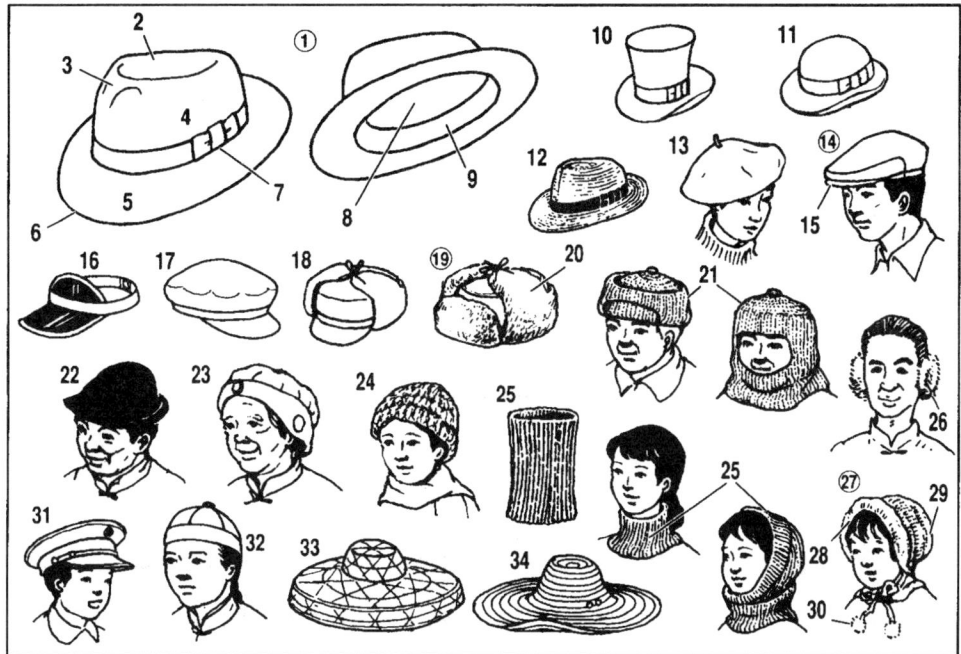

1 礼帽 lǐmào
소프트 ; 중절모
2 毛顶 màodǐng
모자의 꼭대기
3 捏痕 niēhén
손잡이
4 帽身 màoshēn
크라운
5 帽檐儿 màoyánr
모자 채양
6 帽檐边儿 màoyánr biānr
채양 테두리
7 帽带 màodài
모자의 리본
8 衬里 chènlǐ
안감 ; 안대기
9 衬里皮条 chènlǐ pítiáo
테두리 가죽 ; 땀막이
10 大礼帽 dàlǐmào
실크 해트 ▶"高筒礼帽"
gāotǒng lǐmào
11 圆礼帽 yuánlǐmào
중산 모자
12 巴拿马帽 bānámǎmào
파나마 모자
13 贝雷帽 bèiléimào
베레모
14 鸭舌帽 yāshémào
헌팅캡 ; 사냥 모자
▶"前进帽" qiánjìnmào
15 帽檐儿 màoyánr
모자 차양
16 太阳帽 tàiyángmào
차양모
17 圆顶帽 yuándǐngmào
인민모 ▶"解放帽" jiěfàng-
mào, "中山帽" zhōng-
shānmào
18 棉帽 miánmào
솜모자
19 皮帽 pímào
털가죽 모자
20 护耳 hù'ěr
귀막이
21 罗宋帽 luósòngmào
나송 모자.
22 毡帽 zhānmào
펠트 모자
23 老太太帽 lǎotàitaimào
우단(비로드) 모자 ▶농촌 노
부인이 애용. "大绒软帽"
dàróngruǎnmào
24 绒线帽 róngxiànmào
털실 모자
25 三用帽 sānyòngmào
삼용 모자 ▶목도리·귀막이·
모자 세가지 용도로 쓰인다.
26 耳朵帽儿 ěrduo màor
귀막이 모자
27-31 童帽 tóngmào
어린이용 모자
27 女童风雪帽 nǚtóng fēng-
xuěmào
여아용 방한모
28 帽口 màokǒu
모자의 앞단
29 帽后脑 màohòunǎo
모자의 뒷부분
30 绒球 róngqiú
털실 잡이
31 大盖儿帽 dàgàirmào
군모를 모방한 아동용 모자
32 瓜皮帽 guāpímào
박피 모자.
33 斗笠 dǒulì
삿갓
34 草帽 cǎomào
밀짚모자 ; 맥고모자

7 鞋 xié · 靴子 xuēzi

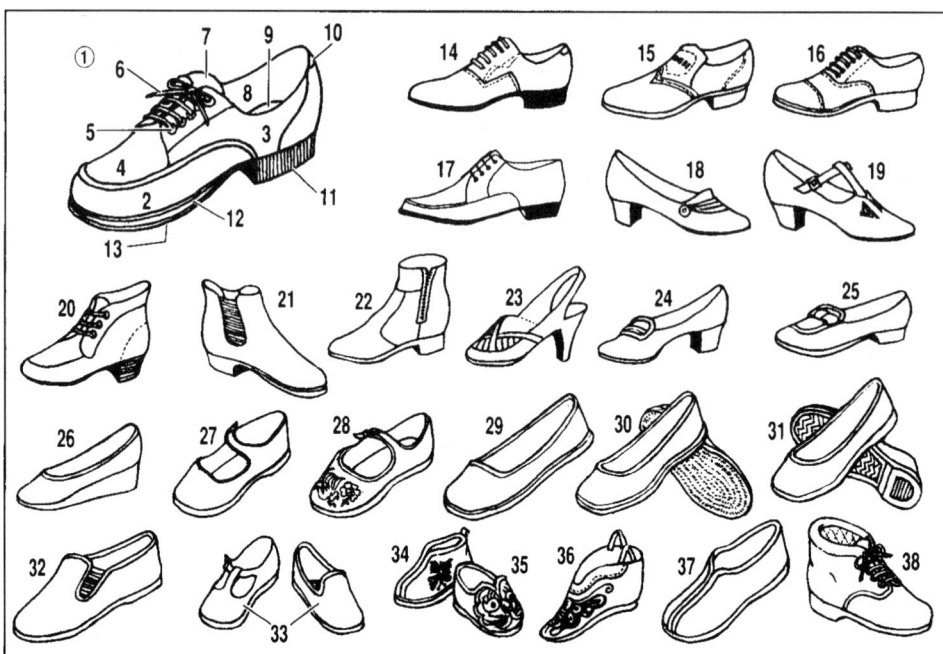

1-50 鞋 xié
구두; 신발
1 皮鞋 píxié
가죽 구두
2-3 鞋帮儿 xiébāngr
발을 감싸는 부분
2 前帮 qiánbāng
"鞋帮儿"의 전반부
3 后帮 hòubāng
"鞋帮儿"의 후반부
4 鞋面 xiémiàn
뱀프; 구두의 앞쪽 위 가죽
5 鞋眼儿 xiéyǎnr
구멍의 쇠고리
6 鞋带儿 xiédàir
구두 끈
7 鞋舌 xiéshé
구두 혀
8 夹里皮 jiālǐpí
라이닝
9 中底布 zhōngdǐbù
중창; 안창
10 三角径皮 sānjiǎojìngpí
뒷굽 가죽
11 鞋跟儿 xiégēnr
힐; 신 뒤축
12 沿条皮 yántiáopí
대다리; 구두 바닥과 갑피
사이에 대는 가죽
13 大底 dàdǐ
구두 바닥 ▶"鞋底儿" xiédǐr
14 素头式鞋 sùtóushìxié
플레인 투
15 舌式鞋 shéshìxié
슬립온
16 三节头式皮鞋 sānjiétóushì
píxié
스트레이트 팁; 일문자식
17 外耳式鞋 wài'ěrshìxié
바깥날개식 구두
18 浅口式鞋 qiǎnkǒushìxié
펌프스
19 带式鞋 dàishìxié
밴드가 있는 구두
20 高腰鞋 gāoyāoxié
부츠
21 松紧口式高腰鞋 sōngjǐn-
kǒushì gāoyāoxié
고무가 든 부츠
22 拉链式高腰鞋 lāliànshì
gāoyāoxié
지퍼식 부츠
23 高跟儿鞋 gāogēnrxié
하이힐
24 半高跟儿鞋 bàngāogēnrxié
중 힐
25 平跟儿鞋 pínggēnrxié
로 힐
26 坡跟鞋 pōgēnxié
웨지 슈즈
27-32 布鞋 bùxié
헝겊신
27 女布鞋 nǚbùxié
여자용 헝겊신
28 绣花鞋 xiùhuāxié
꽃신; 수놓이 헝겊신
29 男布鞋 nánbùxié
남자용 헝겊신
30 千层底儿布鞋 qiāncéngdǐr
bùxié
누빈 바닥 헝겊신 ▶"千层底
儿" qiāncéngdǐr ☞7-66
31 塑料底布鞋 sùliàodǐ bùxié
비닐 바닥 헝겊신
32 懒汉鞋 lǎnhànxié
발등 양쪽에 고무가 들어
있는 헝겊신
33 童鞋 tóngxié
아동 신
34 婴儿鞋 yīng'érxié
아기 신

신발 7

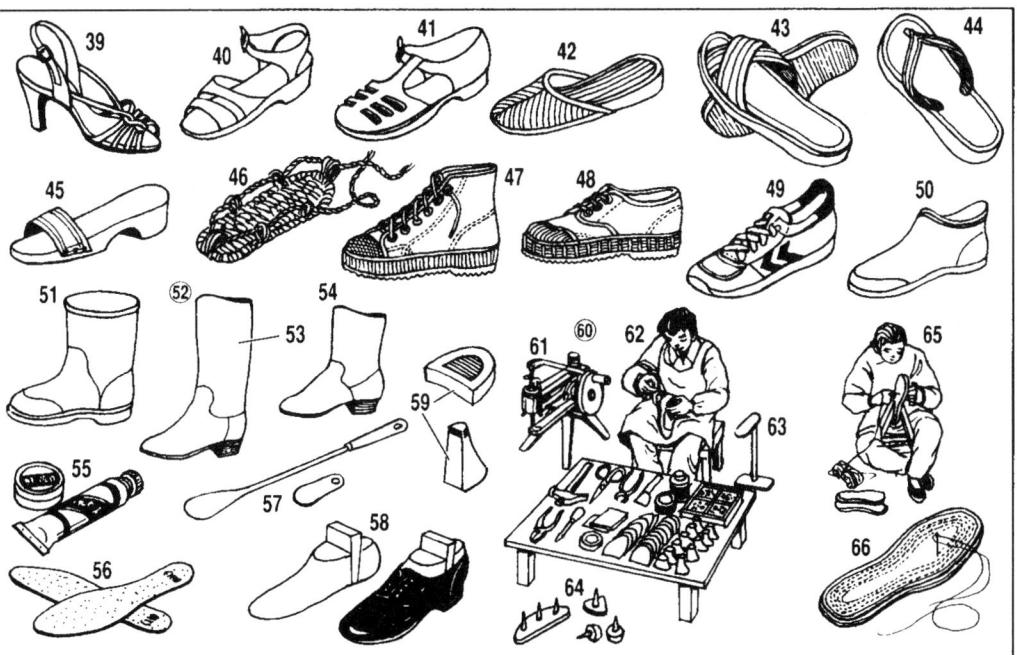

35 老虎鞋 lǎohǔxié
호랑이그림 아기 신
36 小脚鞋 xiǎojiǎoxié
전족(纏足)용 헝겊 단화
37 老头儿乐 lǎotóurlè
펠트제 노인용 방한화
38 棉鞋 miánxié
솜 신
39-41 凉鞋 liángxié
샌들
39 皮凉鞋 píliángxié
가죽 샌들
40 布凉鞋 bùliángxié
천 샌들
41 塑料凉鞋 sùliào liángxié
비닐제 샌들
42-45 拖鞋 tuōxié
슬리퍼 ; 샌들
42 布拖鞋 bùtuōxié
천 슬리퍼
43 双带式拖鞋 shuāngdàishì tuōxié
리본 슬리퍼
44 人字式拖鞋 rénzìshì tuōxié
인자식 슬리퍼
45 趿拉板儿 sǎlābǎnr
나무 슬리퍼

▶"呱哒板儿" tādabǎnr
46 草鞋 cǎoxié
짚신
47 长球鞋 chángqiúxié
장구신. 운동화의 일종
▶"球鞋" qiúxié
48 解放鞋 jiěfàngxié
해방신 ▶인민 해방군의 군화를 본딴 것.
49 旅游鞋 lǚyóuxié
여행신. 스니커
50 雨鞋 yǔxié
레인 슈즈 ▶"元宝雨鞋" yuánbǎo yǔxié
51-54 靴子 xuēzi
부츠 ; 장화
51 雨靴 yǔxuē
고무 장화
52 高筒靴 gāotǒngxuē
롱 부츠 ; 긴 장화
53 靴筒 xuētǒng
장화의 목
54 半筒靴 bàntǒngxuē
하프 부츠
55 鞋油 xiéyóu
구두약
56 鞋垫儿 xiédiànr
신 깔개
57 鞋拔子 xiébázi
구둣주걱
58 鞋楦 xiéxuàn
구두의 목형
59 后跟儿 hòugēnr
신 뒤축
60 修鞋摊儿 xiūxié tānr
구두 수리점
61 补鞋机 bǔxiéjī
구두 수리 재봉틀
62 修鞋师傅 xiūxié shīfu
구두 수리공
63 鞋拐子 xiéguǎizi
금형 있는 스탠드
▶"铁脚" tiějiǎo
64 鞋钉儿 xiédīngr
구두징
65 纳鞋底儿 nàxiédǐr
신바닥의 누빔
66 千层底儿 qiāncéng dǐr
헝겊신바닥 ▶여러 겹의 천을 굵은 삼실로 박아서 만든 신창.

8 领儿 lǐngr 칼라 8

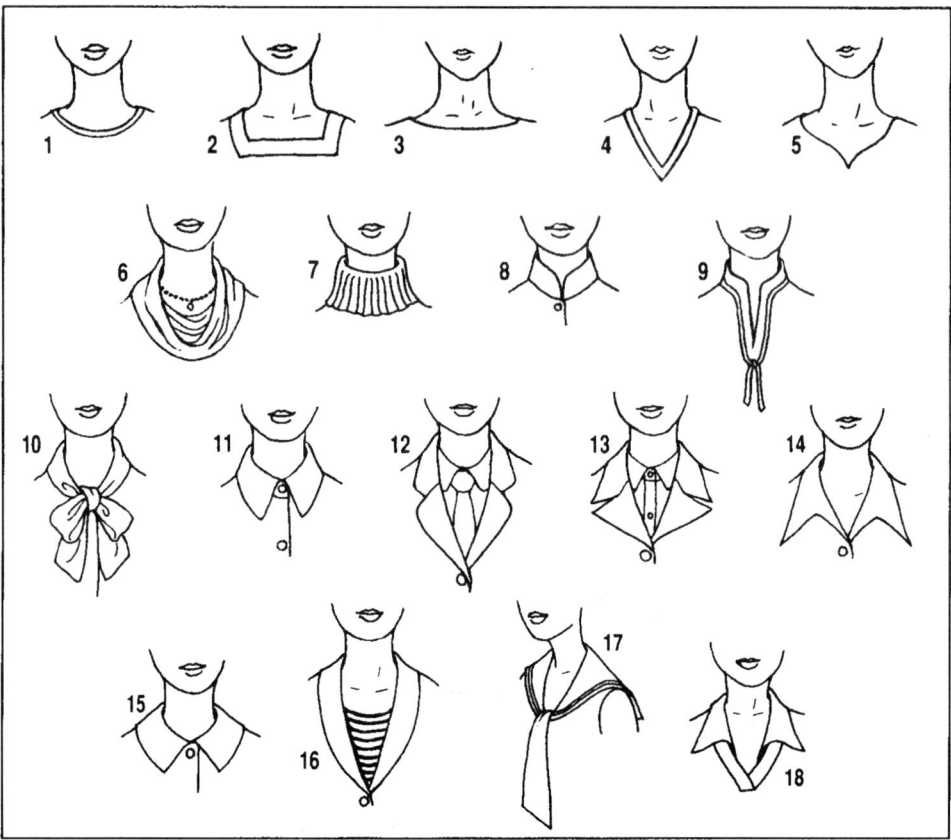

1-18 衣领 yīlǐng
의복의 깃 ▶"领儿" lǐngr, "领子" lǐngzi
1-6 领口 lǐngkǒu
네크라인
1 圆领儿 yuánlǐngr
라운드 넥
2 方领儿 fānglǐngr
스퀘어 넥
3 船领儿 chuánlǐngr
보트넥 ▶"一字领儿" yízì lǐngr
4 尖领儿 jiānlǐngr
V넥 ▶"三角领儿" sānjiǎo lǐngr 또는 "V字领儿" V zì lǐngr
5 鸡心领儿 jīxīn lǐngr
스위트 하트 넥
6 垂领儿 chuílǐngr
카울 넥 ▶"重叠领口" chóngdié lǐngkǒu
7 高领儿 gāolǐngr
터틀 넥
8 中式立领儿 zhōngshì lìlǐngr
중국식 칼라
9 立领儿 lìlǐngr
스탠딩 칼라
10 结花领儿 jiéhuā lǐngr
보 칼라
11 衬衫领儿 chènshān lǐngr
셔츠 칼라
12 西服领儿 xīfú lǐngr
테일러드 칼라 ; 신사복 깃
13 蟹钳领儿 xièqián lǐngr
게의 집게발 모양의 칼라
14 燕子领儿 yànzi lǐngr
제비꼬리 모양의 칼라 ▶"燕尾领儿" yànwěi lǐngr
15 铜盆领儿 tóngpén lǐngr
플랫 칼라
16 青果领儿 qīngguǒ lǐngr
수세미 칼라 ; 감람깃
17 海军领儿 hǎijūn lǐngr
세일러 칼라
18 三角领口翻领儿 sānjiǎo lǐngkǒu fānlǐngr
이탈리안 넥 ; 이탈리안 칼라

9 袖子 xiùzi　　　　소매

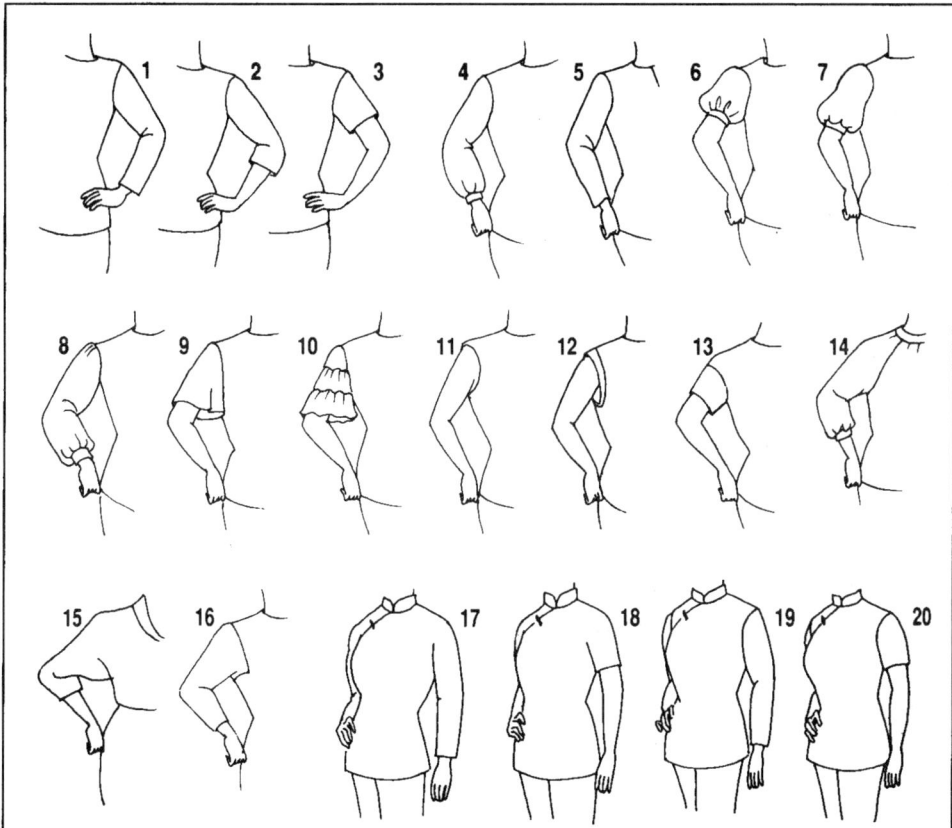

1　长袖 chángxiù
　　긴소매
2　中袖 zhōngxiù
　　7분 기장 소매
3　短袖 duǎnxiù
　　반소매
4　束口袖 shùkǒuxiù
　　주름 소매 ; 카프드 슬리브
5　紧臂袖 jǐnbìxiù
　　붙임 소매 ; 타이트 슬리브
6　泡泡袖 pàopaoxiù
　　방울 소매 ; 퍼프 슬리브
7　灯笼袖 dēnglongxiù
　　등롱 소매 ; 랜턴 슬리브
8　长灯笼袖　chángdēnglong-
　　xiù
　　긴 등롱 소매 ; 비숍 슬리브
9　蝉翼袖 chányìxiù
　　날개 소매 ; 벨 슬리브
　▶"荷叶袖" héyèxiù

10　嗒袖 tǎxiù
　　탑 소매 ; 디어드 슬리브
11　无袖 wúxiù
　　무 소매 ; 노 슬리브
12　小短袖 xiǎoduǎnxiù
　　단 소매 ; 암렛
13　垂肩 chuíjiān
　　드림 소매 ; 드롭 숄더 슬리브
14　三尖袖 sānjiānxiù
　　삼각 소매 ; 라그랜 슬리브
　▶"黄牛肩" huángniújiān,
　　"插肩袖" chājiānxiù
15　蝙蝠袖 biānfúxiù
　　박쥐 소매 ; 돌만 슬리브
16　楔形袖 xiēxíngxiù
　　쐐기 소매 ; 웨지 슬리브
17　平袖 píngxiù
　　평소매 ▶(옷의)길과 이어서
　　마름질한 소매

18　平短袖 píngduǎnxiù
　　짧은 평소매
19　裝袖 zhuāngxiù
　　부착 소매
20　裝短袖 zhuāngduǎnxiù
　　짧은 부착 소매

10 兜儿 dōur　　　　　　　　　　　　　　주머니 10

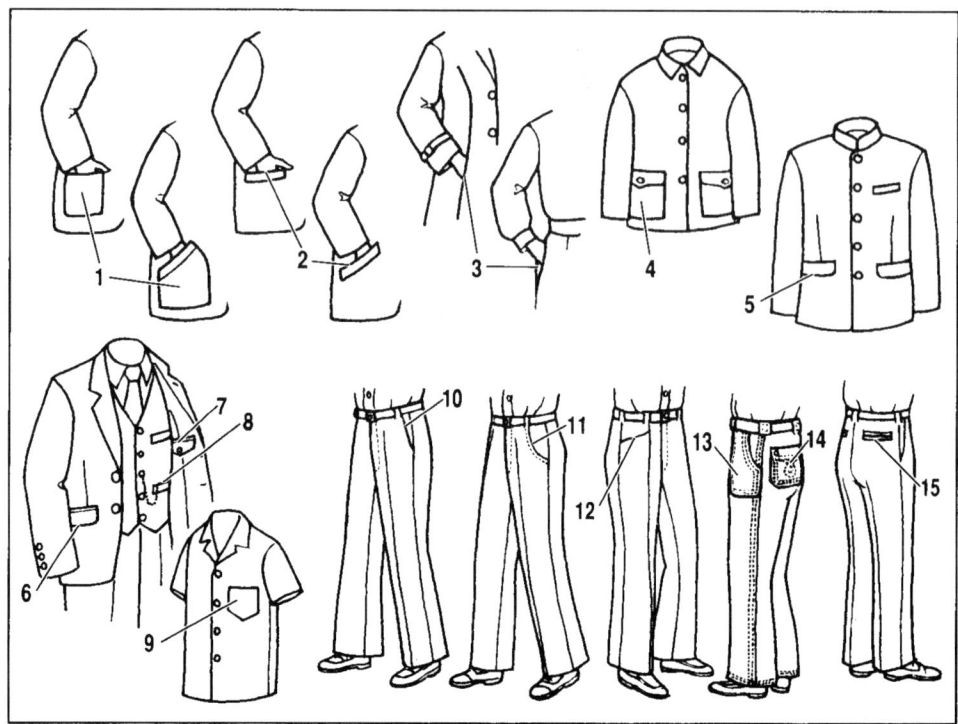

1-9 衣兜儿 yīdōur
저고리나 셔츠의 주머니
1 贴兜儿 tiēdōur
패치 포켓
2 挖兜儿 wādōur
컷 인 포켓
3 插兜儿 chādōur
심 포켓
4-5 加盖儿兜儿 jiāgàirdōur
뚜껑 있는 주머니 ; 플랩 포켓
4 加盖儿贴兜儿 jiāgàirtiēdōur
뚜껑 있는 패치 포켓
5 加盖儿挖兜儿 jiāgàirwādōur
뚜껑 있는 컷 인 포켓
6 侧兜儿 cèdōur
사이드 포켓
7 暗兜儿 àndōur
안 주머니 ; 안 포켓
8 表袋儿 biǎodàir
시계 주머니
9 胸袋儿 xiōngdàir
가슴 포켓
10-15 裤兜儿 kùdōur
바지 포켓
10 斜插兜儿 xiéchādōur
비스듬하게 낸 포켓
11 月牙兜儿 yuèyá dōur
반달 포켓
12 手枪袋儿 shǒuqiāng dàir
웨스턴 포켓
13 明贴袋儿 míngtiēdàir
덧붙인 포켓
14 后兜儿 hòudōur
히프 포켓 ; 뒷주머니
15 嵌线袋儿 qiànxiàndàir
테두리를 박아 넣은 주머니.

11 扣儿 kòur·拉链儿 lāliànr·皮带 pídài　　　단추·지퍼·벨트

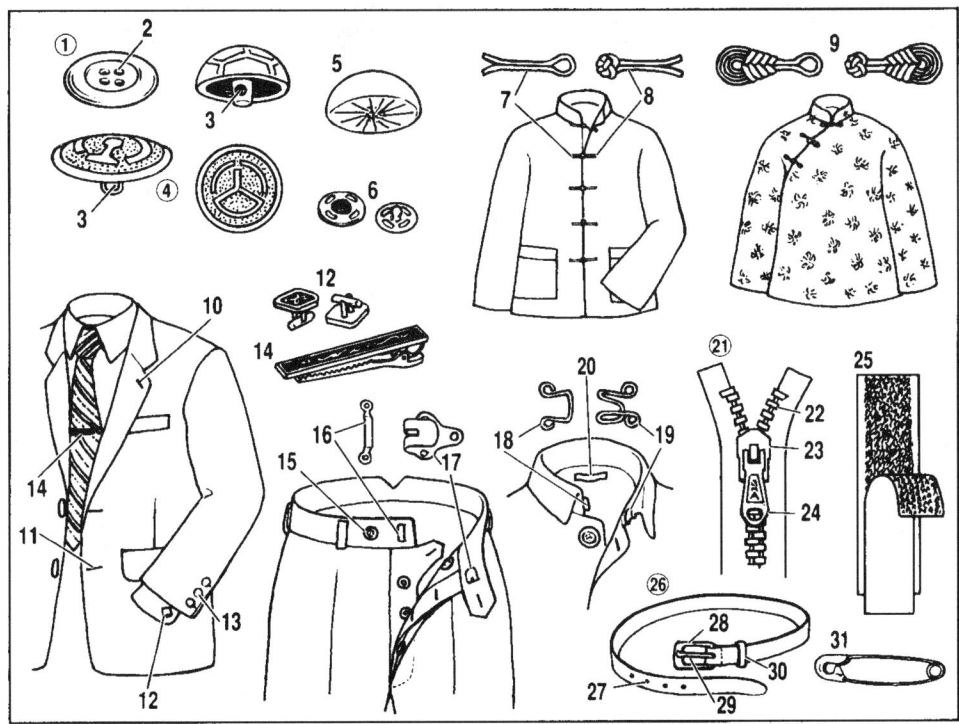

1 扣儿 kòur
　버튼;단추▶"扣子"kòuzi
2 眼儿 yǎnr
　(단추에 난) 구멍
3 扣鼻儿 kòubír
　단추 꼭지의 구멍
4 金属扣儿 jīnshǔ kòur
　금속제 단추
5 布包扣儿 bùbāokòur
　천으로 싼 단추
6 摁扣儿 ènkòur
　스냅;똑딱단추
7-8 直扣儿 zhíkòur
　중국옷의 단추;끈단추
7 直扣儿襻 zhíkòurpàn
　끈단추고리
8 直扣儿坨 zhíkòurtuó
　끈단추방울
9 琵琶扣儿 pípa kòur
　비파형의 끈단추
10 插花眼儿 chāhuāyǎnr
　플라워 홀
11 扣眼儿 kòuyǎnr
　단추 구멍
12 袖扣儿 xiùkòur
　소매 단추
13 装饰扣儿 zhuāngshì kòur
　장식 단추
14 领带别针儿 lǐngdài biézhēnr
　넥타이 핀
15 裤扣儿 kùkòur
　바지 단추
16 裤勾儿襻儿 kùgōur pànr
　바지의 후크(고리)
17 裤勾儿 kùgōur
　바지의 후크(걸이)
18-19 风纪扣儿 fēngjì kòur
　갈고리 후크 ▶중산복의 목 깃에 많이 쓰인다.
18 领襻儿 lǐngpànr
　칼라 후크(고리)
19 领勾儿 lǐnggōur
　칼라 후크(걸이)
20 吊襻儿 diàopànr
　루프▶"挂环儿"guàhuánr
21 拉链儿 lāliànr
　지퍼;파스너
22 链牙 liànyá
　티스;지퍼 이
23 拉头 lātóu
　슬라이더
24 拉襻儿 lāpànr
　풀 탭;고리
25 尼龙搭襻儿 nílóng dāpànr
　매직 테이프
26 皮带 pídài
　가죽 벨트
27 皮带眼儿 pídài yǎnr
　펀치 구멍
28-29 扣环儿 kòuhuánr
　버클
28 皮带钎子 pídài qiànzi
　프레임▶"皮带划子"pídài huázi
29 别棍儿 biégùnr
　멈춤 핀
30 皮带环儿 pídài huánr
　벨트 루프;혁대 고리
31 别针儿 biézhēnr
　안전 핀

量体 liántǐ / 채촌(치수재기)

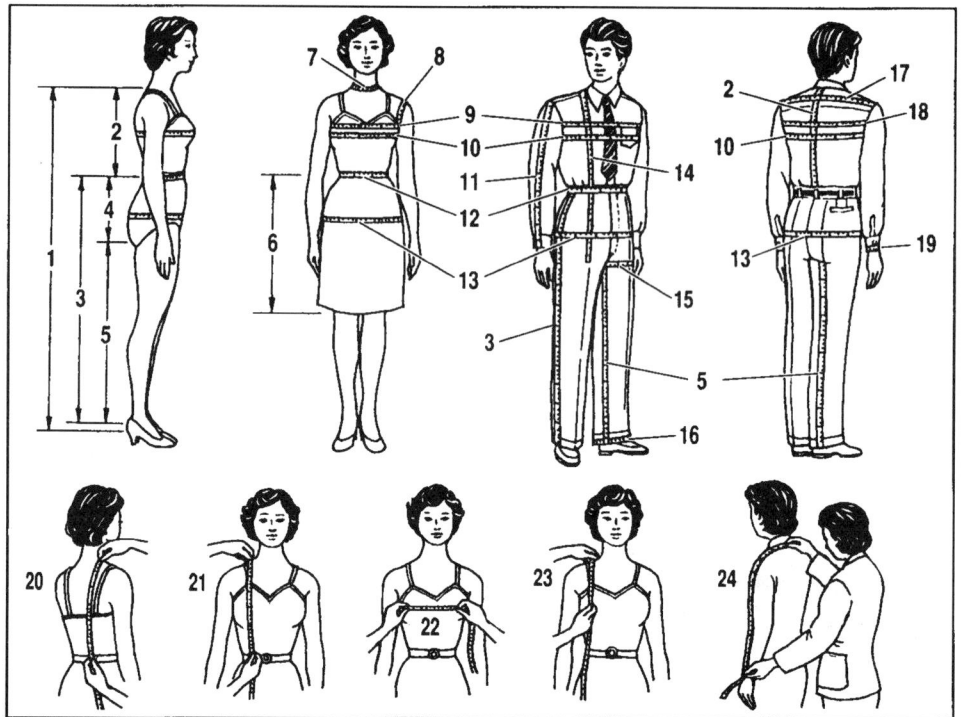

1 总长 zǒngcháng
  몸 총길이
2 背长 bèicháng
  등길이
3 裤长 kùcháng
  바지 길이
4 立档 lìdāng
  가랑이 윗부분 길이
5 下档 xiàdāng
  가랑이 길이
6 裙长 qúncháng
  치마 길이
7 领围 lǐngwéi
  목둘레
8 臂根围 bìgēnwéi
  암 홀 ; 진동 둘레
9 胸宽 xiōngkuān
  가슴폭
10 胸围 xiōngwéi
  버스트 ; 가슴 둘레 ; 흉위
11 袖长 xiùcháng
  소매 길이
12 腰围 yāowéi
  웨스트 ; 허리 둘레
13 臀围 túnwéi
  엉덩이 둘레
14 衣长 yīcháng
  저고리 길이
15 横档 héngdāng
  허벅지 둘레
16 脚口儿 jiǎokǒur
  가랑이 아랫단 ▶"下口儿"
  xiàkǒur라고도 한다.
17 肩宽 jiānkuān
  어깨폭
18 背宽 bèikuān
  등폭
19 袖口儿 xiùkǒur
  소맷부리
20 后腰节 hòuyāojié
  허리 뒷 높이
21 前腰节 qiányāojié
  허리 앞 높이
22 乳距 rǔjù
  유방 간격
23 乳高 rǔgāo
  유방 높이
  ▶"奶高" nǎigāo
24 出手 chūshǒu
  옷소매 길이

13 裁缝 cáiféng 재봉

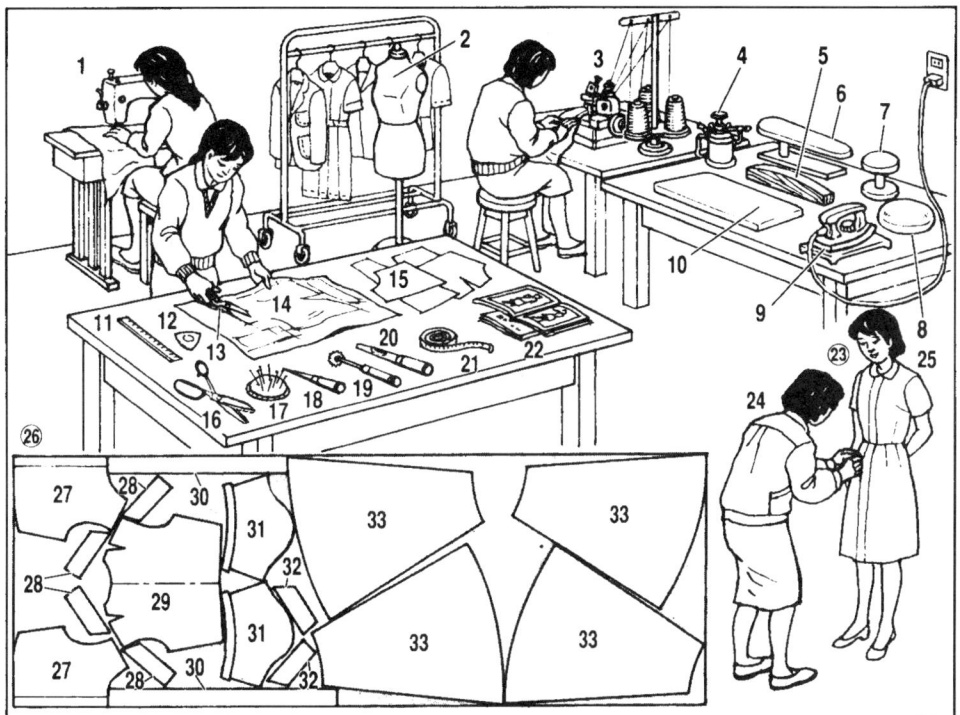

1 缝纫机 féngrènjī
  재봉틀
2 人体模型 réntǐ móxíng
  인체 모형 ; 보디 ; 양복의 제작, 진열에 쓰는 인체 모형.
3 锁边儿机 suǒbiānrjī
  로크 재봉틀
4 喷雾器 pēnwùqì
  스프레이
5 驼背 tuóbèi
  아치형 다리미판
6 烫马 tàngmǎ
  다림질 대
7 铁凳 tiědèng
  다림질 판
8 馒头 mántou
  프레스 볼
9 电熨斗 diànyùndǒu
  전기 다리미
10 熨衣板儿 yùnyībǎnr
   다리미 깔개
11 尺 chǐ
   자
12 划粉 huàfěn
   초크
13 剪子 jiǎnzi
   가위
14 衣料 yīliào
   옷감
15 衣服纸样 yīfu zhǐyàng
   의복의 형지 ; 재단을 위해 본을 뜬 종이.
16 锯齿儿剪子 jùchǐr jiǎnzi
   핑킹 가위
17 针扎儿 zhēnzhār
   바늘겨레 ; 바늘방석
18 锥子 zhuīzi
   송곳
19 轮盘 lúnpán
   룰렛
20 扣眼刀 kòuyǎndāo
   아이릿 ; 단추구멍 송곳
21 软尺 ruǎnchǐ
   줄자
22 时装样本 shízhuāng yàngběn
   스타일 북
23 试样子 shìyàngzi
   가봉한걸 입어보다.
24 裁缝 cáiféng
   재봉사 ; 재단사 ; 양재사 ▶복식 디자이너는 "服装设计师" fúzhuāng shèjìshī
25 时装模特儿 shízhuāng mótèr
   패션 모델
26 连衣裙的排料图 liányīqúnde páiliàotú
   원피스의 재단도
27 前片儿 qiánpiànr
   전신 길
28 领里 lǐnglǐ
   안깃
29 后片儿 hòupiànr
   후신 길
30 腰带 yāodài
   벨트 ; 허리띠
31 袖片儿 xiùpiànr
   소매
32 领面 lǐngmiàn
   겉깃
33 裙片儿 qúnpiànr
   치마 단폭

14 首饰 shǒushi · 眼镜儿 yǎnjìngr   액세서리 · 안경

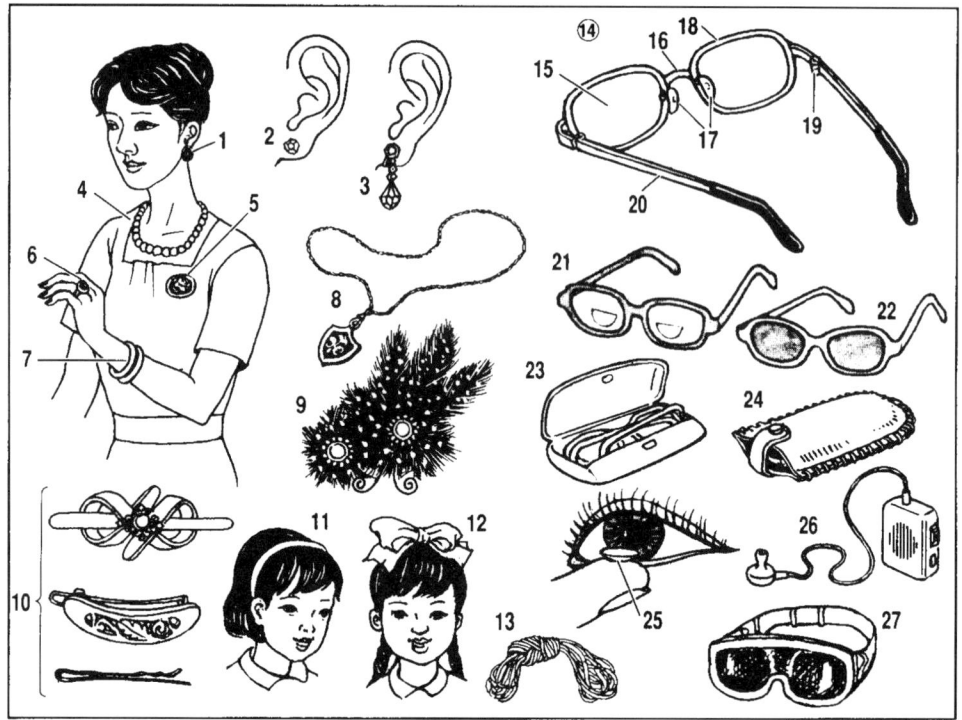

1-13 首饰 shǒushi
　　액세서리;장신구
1　耳环 ěrhuán
　　이어링;귀걸이
2　穿孔耳环 chuānkǒng ěrhuán
　　구멍 뚫는 귀걸이
3　耳坠儿 ěrzhuìr
　　드림 귀걸이
　▶"耳垂儿" ěrchuír
4　项链儿 xiàngliànr
　　네크리스;목걸이
5　胸针 xiōngzhēn
　　브로치
6　戒指 jièzhi
　　반지
7　镯子 zhuózi
　　팔찌 ▶"手镯" shǒuzhuó
8　项坠儿 xiàngzhuìr
　　펜던트
9　羽毛胸花儿 yǔmáo xiōng-
　　huār
　　깃털제 브로치
10　发卡 fàqiǎ
　　머리 핀
11　发箍 fàgū
　　머리띠
12　发带 fàdài
　　리본
13　头绳儿 tóushéngr
　　머리털을 묶는 끈.
14　眼镜儿 yǎnjìngr
　　안경
15　眼镜片儿 yǎnjìng piànr
　　안경의 렌즈
　▶"镜片儿" jìngpiànr
16　鼻架 bíjià
　　브리지
　▶"鼻梁儿架" bíliángrjià
17　鼻托 bítuō
　　패드 브리지
18　眼镜框儿 yǎnjìng kuàngr
　　안경테
19　合页 héyè
　　경첩
20　眼镜腿儿 yǎnjìng tuǐr
　　템플;안경 다리
21　双光眼镜儿 shuāngguāng
　　yǎnjìngr
　　겸용 안경
22　太阳镜 tàiyángjìng
　　선글라스;색안경
23　眼镜盒儿 yǎnjìng hér
　　안경 케이스;안경 함
24　眼镜套儿 yǎnjìng tàor
　　안경집
25　隐形眼镜儿 yǐnxíng yǎnjìngr
　　콘택트 렌즈 ▶"接触眼镜儿"
　　jiēchù yǎnjìngr
26　助听器 zhùtīngqì
　　보청기
27　风镜 fēngjìng
　　방풍 안경;고글

15 化妆品 huàzhuāngpǐn 화장품

1. 粉底霜 fěndǐshuāng
   파운데이션
2. 粉扑儿 fěnpūr
   퍼프；분첩
3. 粉盒儿 fěnhér
   콤팩트；분갑
4. 粉饼 fěnbǐng
   고형 분
5. 胭脂 yānzhi
   연지
6. 胭脂刷 yānzhishuā
   치크 브러시
7. 眉笔 méibǐ
   아이 펜슬, 아이브로
8. 眼线笔 yǎnxiànbǐ
   아이 라이너
9. 眼线 yǎnxiàn
   아이 라인
10. 眼影粉 yǎnyǐngfěn
    아이 섀도 ▶크림 모양의 것
    은 "眼影膏" yǎnyǐnggāo
11. 眼影笔 yǎnyǐngbǐ
    아이 섀도 브러시
12. 睫毛夹 jiémáojiā
    아이래시 컬；속눈썹 컬
13. 睫毛刷 jiémáoshuā
    마스카라 브러시
14. 睫毛油 jiémáoyóu
    마스카라
    ▶ "睫毛膏" jiémáogāo
15. 口红笔 kǒuhóngbǐ
    립 브러시；입술 연지 바르
    는 붓.
16. 口红 kǒuhóng
    입술 연지
17. 指甲油 zhǐjiayóu
    매니큐어액
18. 指甲刷 zhǐjiashuā
    매니큐어 브러시
19. 去光水儿 qùguāngshuǐr
    제광액
20. 面膜 miànmó
    팩
21. 眉梳 méishū
    눈썹용 빗
22. 小剪子 xiǎojiǎnzi
    소형 가위
23. 眉镊 méiniè
    눈썹용 족집게
24. 假睫毛 jiǎjiémáo
    만든 속눈썹
25. 扑粉 pūfěn
    가루분 ▶ "香粉" xiāngfěn
26. 香水儿 xiāngshuǐr
    향수
27. 花露水 huālùshuǐ
    화장수
28. 雪花膏 xuěhuāgāo
    배니싱 크림
29. 冷霜 lěngshuāng
    콜드 크림
30. 奶液 nǎiyè
    유액
31. 指甲刀 zhǐjiadāo
    손톱깎이
32. 指甲锉 zhǐjiacuò
    손톱 줄

16 发型 fàxíng · 胡子 húzi

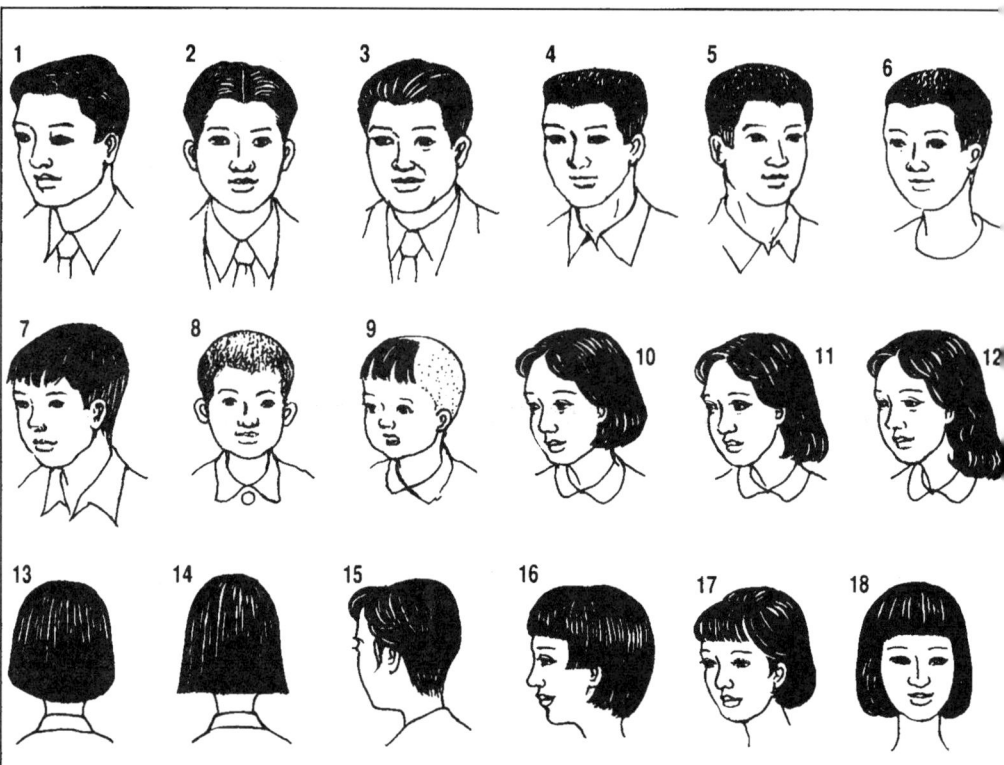

1-2 分头 fēntóu
좌우로 가른 머리형

1 边分 biānfēn
옆가름; 사이드 파트

2 中分 zhōngfēn
가운데 가름; 센터 파트

3 背儿头 bēirtóu
올백

4 平头 píngtóu
상고머리

5 圆头 yuántóu
막깎이

6 寸头 cùntóu
칠부깎이

7 学生头 xuéshēngtóu
학생머리

8 光头 guāngtóu
민머리

9 马子盖儿 mǎzigàir
상가지 머리; 어린이 머리형의 일종 ▶중앙부만 남기고 나머지는 밀어낸다.

10 短发 duǎnfà
쇼트 헤어; 단발 머리

11 中长发 zhōngchángfà
세미롱

12 长发 chángfà
롱 헤어 ▶어깨까지 내려오는 머리는 "披肩发" pījiānfà

13 弧形式 húxíngshì
둥근형; 옆뒤를 둥글게 깎은 머리형

14 平直形式 píngzhíxíngshì
직선형; 옆뒤를 일직선으로 깎은 머리형

15 风凉式 fēngliángshì
여름식; 짧고 얇게 깎은 머리형

16 角形式 jiǎoxíngshì
각도형; 빈모를 각도를 붙여서 깎은 머리형

17 刘海式 liúhǎishì
가림식; 부분 앞머리를 가지런하게 컷하여 이마에 내린 머리형 ▶전설에 등장하는 선동(仙童) "刘海儿" liúhǎir가 짧은 앞머리를 이마에 내린 것에서 비롯한다.

18 童花式 tónghuāshì
동화식; 앞머리로 이마를 두껍게 덮은 머리형

머리형·수염 16

19 辫子 biànzi
　땋은 머리;변발
20 马尾辫 mǎwěibiàn
　말꼬리 머리;포니테일
21 羊角辫 yángjiǎobiàn
　양뿔 머리;귀 위를 양쪽으
　로 묶은 머리형
22 发髻 fàjì
　틀어 올린 머리
23 单花式 dānhuāshì
　단식형;이마에 하나의 큰
　웨이브가 비껴 걸린다
24 双花式 shuānghuāshì
　대칭형;2개의 큰 웨이브가
　이마 양쪽에 걸린다
25 波浪式 bōlàngshì
　굽실형;웨이브의 기복이 선
　명하고, 가지런한 머리형
26 波涛式 bōtāoshì
　파도식;웨이브가 불규칙하
　게 조합된 머리형
27 花瓣儿式 huābànrshì

꽃잎형;대소 여러 가지 웨
이브를 조합하여 꽃잎을 본
뜬 머리형
28 螺旋式 luóxuánshì
　나선식;대소 여러 가지 컬
　웨이브를 조합시킨 머리형
29 飞燕式 fēiyànshì
　나는형;머리끝의 웨이브가
　나는 듯이 쳐들린 머리형
30-34 胡子 húzi
　수염
30 大胡子 dàhúzi
　긴 수염;코밑, 볼, 턱을 덮
　은 긴 수염
31 山羊胡子 shānyáng húzi
　염소수염;턱의 긴 수염
32 络腮胡子 luòsāi húzi
　구레나룻 ▶"连鬓胡子"
　liánbìn húzi
33 八字胡 bāzìhú
　팔자 수염
34 小胡子 xiǎohúzi

코밑에 조금 기른 수염;콧
수염

21

17 庄稼 zhuāngjia

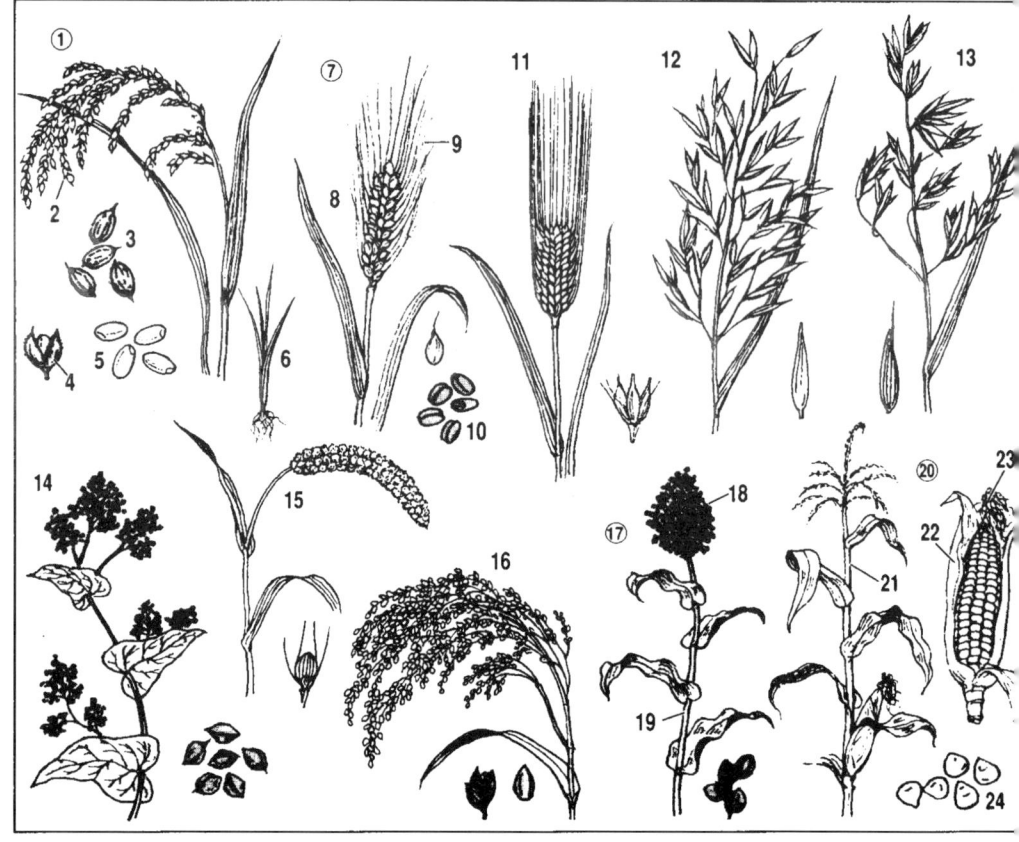

1-48 庄稼 zhuāngjia
농작물 ▶ 특히 곡물・콩・감자류 등 "粮食" liángshi 말한다.

1 稻子 dàozi
벼 ▶논벼는 "水稻" shuǐdào, 밭벼는 "旱稻" hàndào라 한다.

2 稻穗儿 dàosuìr
벼이삭

3 稻谷 dàogǔ
겉벼

4 稻壳儿 dàokér
겉겨; 왕겨 ▶쌀겨는 "稻糠" dàokāng이라 한다.

5 糙米 cāomǐ
현미

6 秧苗儿 yāngmiáor
모종; 모

7 小麦 xiǎomài
밀・소맥 ▶밀・소맥의 통칭은 "麦子"màizi라 한다.

8 麦穗儿 màisuìr
보리・밀의 이삭

9 麦芒儿 màimángr
보리・밀 이삭의 까끄라기

10 麦粒儿 màilìr
보리・밀의 낟알

11 大麦 dàmài
대맥・보리 ▶나맥・쌀보리는 대맥・보리의 변종으로 "青稞" qīngkē라 한다.

12 燕麦 yànmài
연맥; 귀리

13 莜麦 yóumài
메밀 ▶"油麦" yóumài

14 荞麦 qiáomài
메밀

15 谷子 gǔzi
탈곡하지 않은 조

16 糜子 méizi
메수수

17 高粱 gāoliang
고량; 수수

18 高粱穗儿 gāoliang suìr
고량・수수의 이삭

19 高粱秆儿 gāoliang gǎnr
고량・수수의 줄기

20 棒子 bàngzi
옥수수 ▶"玉米" yùmǐ

21 棒子秆儿 bàngzi gǎnr
옥수수줄기 ▶"玉米秆儿" yùmǐ gǎnr

22 棒子皮儿 bàngzi pír
옥수수 껍질

23 棒子须儿 bàngzi xūr
옥수수 수염
▶"玉米须儿" yùmǐ xūr

24 棒子粒儿 bàngzi lìr
옥수수 알

농작물 17

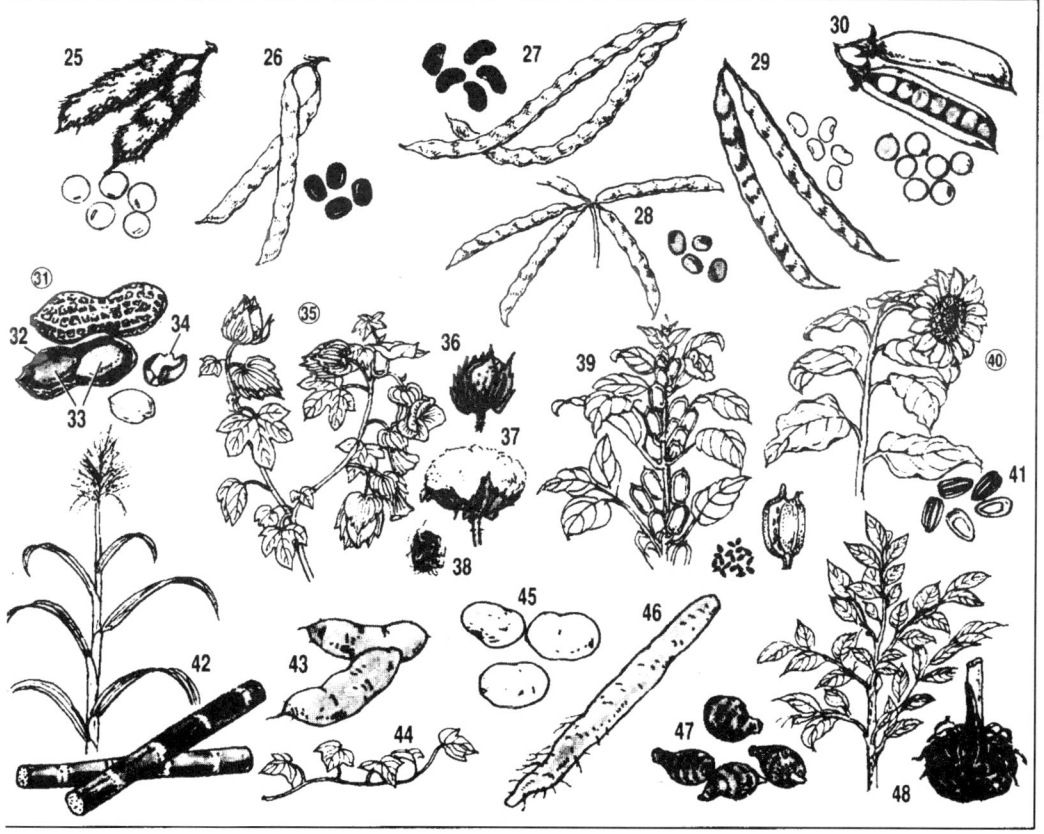

▶"玉米粒儿" yùmǐ lìr
25-34 豆子 dòuzi
   콩 ; 콩류
25 黄豆 huángdòu
   콩 ; 대두 ▶"大豆" dàdòu
26 红小豆 hóngxiǎodòu
   팥
27 豇豆 jiāngdòu
   광저기 ; 채당콩
28 绿豆 lǜdòu
   녹두
29 菜豆 càidòu
   강낭콩 ▶"四季豆" sìjìdòu
30 豌豆 wāndòu
   완두(콩)
31 花生 huāshēng
   낙화생 ; 땅콩
32 花生壳儿 huāshēng kér
   낙화생 껍데기 ; 땅콩 껍데기

33 花生米 huāshēngmǐ
   낙화생 알 ; 땅콩 알
   ▶"花生仁儿" huāshēng rénr, "花生豆儿" huāshēng dòur
34 花生皮儿 huāshēng pír
   낙화생 알 껍질
35 棉花 miánhuā
   솜 ; 목화
36 棉铃 miánlíng
   목화 다래(아직 피지 않은 목화의 열매)
37 棉桃儿 miántáor
   목화송이
38 棉籽儿 miánzǐr
   목화씨
39 芝麻 zhīma
   참깨
40 葵花 kuíhuā
   해바라기

41 葵花子儿 kuíhuā zǐr
   해바라기 씨
   ▶"葵瓜子儿" kuíguāzǐr
42 甘蔗 gānzhe
   사탕수수
43 白薯 báishǔ
   고구마 ▶"甘薯" gānshǔ, "红薯" hóngshǔ
44 白薯秧儿 báishǔ yāngr
   고구마 줄기
45 土豆儿 tǔdòur
   감자 ▶"马铃薯" mǎlíngshǔ
46 山药 shānyao
   마 ; 참마
47 芋头 yùtou
   토란
48 魔芋 móyù
   구약나물 ▶곤약은 "魔芋豆腐" móyù dòufu

23

18 蔬菜 shūcài I

1-4 萝卜 luóbo
　　무
1 白萝卜 báiluóbo
　　백 무 ▶보통의 흰색 무
2 青萝卜 qīngluóbo
　　청 무;겉과 속이 모두 녹색
　　인 무
3 红萝卜 hóngluóbo
　　빨간 무;겉과 속이 모두 빨
　　간색인 무
4 心儿里美 xīnrlǐměi
　　미농무;겉은 녹색이고 속은
　　홍색인 무
5 甜菜 tiáncài
　　사탕무
　　▶"糖萝卜" tángluóbo
6 胡萝卜 húluóbo
　　홍당무;당근
7 牛蒡 niúbàng
　　우엉 ▶"黑萝卜" hēiluóbo
8 芥菜疙瘩 jiècài gēda
　　갓뿌리 ▶"芥菜头" jiècàitóu
9 蔓菁 mánjing
　　무청;순무 ▶"芜菁" wújīng,
　　"扁萝卜" biǎnluóbo
10 苤蓝 piělan
　　콜라비(Kohlrabi);구경 감
　　란;구경 양배추 ▶"球茎甘
　　蓝" qiújīng gānlán
11 辣根 làgēn
　　서양고추냉이
　　▶"辣根菜" làgēncài
12 竹笋 zhúsǔn
　　죽순
13-14 姜 jiāng
　　생강;새앙
13 嫩姜 nènjiāng
　　햇생강
14 老姜 lǎojiāng
　　묵은 생강
15 藕 ǒu
　　연근
16 莲蓬 liánpeng
　　연밥의 화포
17 莲蓬子儿 iánpengzǐr
　　연실;연밥 ▶"莲子" liánzǐ
18 荸荠 bíqí
　　올방개 ☞305-19
19 慈姑 cígu
　　자고(慈姑);쇠기나물
　　☞305-18
20 茭白 jiāobái
　　줄(줄풀)의 어린 줄기(죽순
　　과 비슷하여 주로 식용으로
　　함)
　　▶"茭笋" jiāosǔn, "茭瓜"
　　jiāoguā
21 菱角　língjiao
　　마름(열매) ☞305-10
22 莼菜 chúncài
　　순채;순나물
23 韭菜 jiǔcài
　　부추 ▶겨울에 재배하는 부추
　　는 "韭黄" jiǔhuáng
24 韭菜薹 jiǔcàitái
　　부추의 꽃대
　　▶"韭菜苗儿" jiǔcài miáor
25-28 蒜 suàn
　　마늘 "大蒜" dàsuàn
25 蒜头儿 suàntóur
　　통마늘
26 蒜瓣儿 suànbànr
　　마늘 조각
27 青蒜 qīngsuàn
　　풋마늘
28 蒜苗 suànmiáo
　　마늘 싹
　　"蒜薹" suàntái는 마늘 종
29 葱 cōng
　　파 ▶"大葱" dàcōng
30 葱白儿 cōngbáir
　　파의 흰 밑동
31 分葱 fēncōng
　　당파;실파
32 细香葱 xìxiāngcōng
　　가는 파 ▶"香葱" xiāngcōng,
　　"四季葱" sìjìcōng
33 葱头 cōngtóu
　　양파 ▶"洋葱" yángcōng
34 薤头 jiàotou
　　염교;채지(菜芝);효자(薤
　　子) ▶"薤葱" jiàocōng

채소 I 18

19 蔬菜 shūcài Ⅱ

1 白菜 báicài
　배추 ▶"大白菜" dàbáicài
2 白菜帮儿 báicàibāngr
　배추 겉대
3 白菜心儿 báicàixīnr
　배추 속
4 小白菜 xiǎobáicài
　박초이
5 青梗菜 qīnggěngcài
　청경채
6 菜薹 càitái
　개채(芥菜)류의 꽃대
　▶"菜心" càixīn
7 塌菜 tācài
　탑채
8 洋白菜 yángbáicài
　양배추 ▶"圆白菜" yuánbáicài, "卷心菜" juǎnxīncài
9 芥蓝 gàilán
　개람(상추 비슷한 식물로 어린 잎이나 꽃줄기를 식용함)
10 菜花儿 càihuār
　콜리플라워 ; 모란채 ; 꽃양배추 ▶"花菜" huācài, "花椰菜" huāyēcài
11 芥菜 jiècài
　개채
12 榨菜 zhàcài
　갓의 변종 ; 중국에서 나는 2년생 초본 식물
13 雪里红 xuělǐhóng
　갓 ▶"雪里蕻" xuělǐhōng
14 菠菜 bōcài
　시금치
15 空心菜 kōngxīncài
　옹채 ▶"蕹菜" wèngcài
16 莴苣 wōjù
　잎상추 ▶"团叶生菜" tuányè shēngcài, "生菜" shēngcài
17 苦苣 kǔjù
　생야채 ▶"花叶生菜" huāyè shēngcài,
18 莴笋 wōsǔn
　양상추 ▶"莴苣笋" wōjùsǔn
19 芦笋 lúsǔn
　아스파라거스 ▶"石刁柏" shídiāobǎi
20 蒿子秆儿 hāozǐgǎnr
　쑥갓 ▶"茼蒿菜" tónghāocài
21 茴香菜 huíxiāngcài
　회향채 ; 회향풀의 줄기와 잎
　▶"茴香" huíxiāng
22 香菜 xiāngcài
　고수 ; 중국 파슬리의 통칭
　▶"芫荽" yánsui
23 芹菜 qíncài
　집미나리 ; 중국 셀러리
　▶"旱芹" hànqín
24 水芹 shuǐqín
　미나리
25 蕨菜 juécài
　고사리
26 茄子 qiézi
　가지
27 西红柿 xīhóngshì
　토마토 ▶"番茄" fānqié
28 辣椒 làjiāo
　고추
29 柿子椒 shìzijiāo
　피망 ; 서양 고추
　▶"青椒" qīngjiāo
30 秋葵 qiūkuí
　오크라 ; 닥풀 ▶"黄秋葵" huángqiūkuí

채소 Ⅱ 19

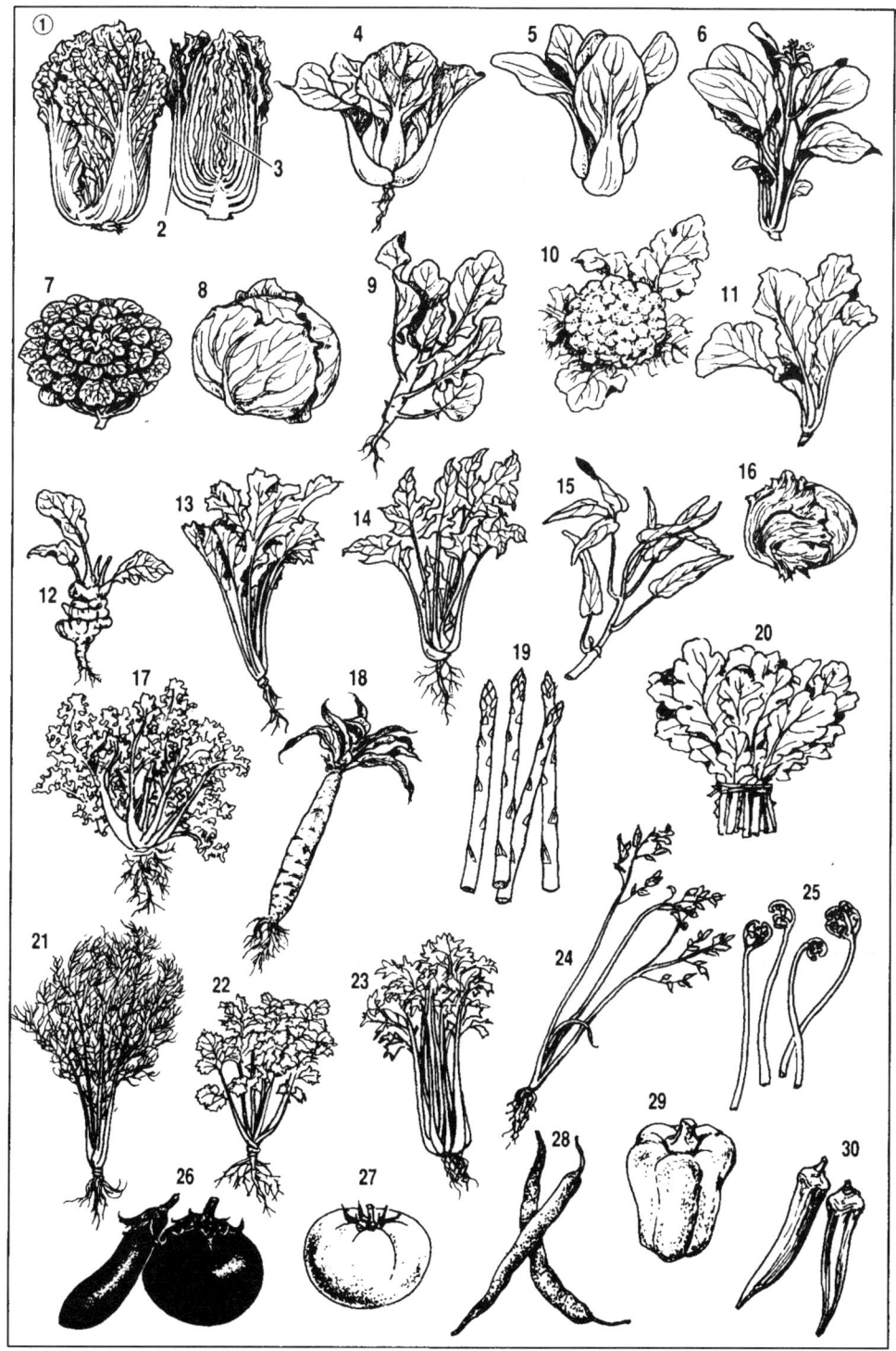

20 蔬菜 shūcài III

1-10 瓜 guā
참외・오이 등 박과 식물의 총칭
1 倭瓜 wōgua
호박 ▶"南瓜" nánguā
2 西葫芦 xīhúlu
서양 호박
3 冬瓜 dōngguā
동아 ; 동과
4 黄瓜 huánggua
오이
5 菜瓜 càiguā
월과(越瓜)
6 丝瓜 sīguā
수세미외
7 葫芦 húlu
호리병박
8 瓠子 hùzi
조롱박 ▶"瓠瓜" hùguā
9 蛇瓜 shéguā
하눌타리
10 苦瓜 kǔguā
덩굴여지 ; 여지
11 毛豆 máodòu
풋콩
12 菜豆 càidòu
강낭콩 ▶"四季豆" sìjìdòu
13 扁豆 biǎndòu
까치콩
14 豇豆 jiāngdòu
광저기 ▶"豆角儿" dòujiǎor
15 豌豆 wāndòu
완두
16 豌豆荚 wāndòujiá
완두콩 꼬투리
17 青豌豆 qīngwāndòu
그린피스 ; 청완두(완두콩의 일종)
18 荷兰豆 hélándòu
꼬투리째 먹는 청대 완두
"荚用豌豆" jiáyòngwāndòu
19 蚕豆 cándòu
잠두 ; 잠두콩 ; 누에콩
20 刀豆 dāodòu
작두콩 ▶"大刀豆" dàdāodòu
21 豆苗 dòumiáo
완두의 어린 잎과 줄기
22-23 豆芽儿 dòuyár
콩싹나물 ; 곡물을 그늘에서 싹틔운 식품
22 绿豆芽儿 lǜdòuyár
숙주나물
23 黄豆芽儿 huángdòuyár
콩나물
24-31 蘑菇 mógu
버섯 ▶독버섯은 "毒蘑菇" dúmógu, "毒蕈" dúxùn
☞307
24 洋蘑菇 yángmógu
양송이 ▶"鲜蘑" xiānmó
25 口蘑 kǒumó
몽고산 버섯
26 香菇 xiānggū
표고 버섯 ▶"香蕈" xiāngxùn, "冬菇" dōnggū
27 松蕈 sōngxùn
송이버섯 ▶"松口蘑" sōngkǒumó, "松蘑" sōngmó
28 平菇 pínggū
느타리(버섯)
▶"蚝菌" háojùn, "北风菌" běifēngjùn
29 草菇 cǎogū
모자 버섯 ▶"稻草菇" dàocǎogū, "兰花菇" lánhuāgū
30 木耳 mù'ěr
목이버섯
▶"黑木耳" hēimù'ěr
31 银耳 yín'ěr
흰목이버섯
▶"白木耳" báimù'ěr

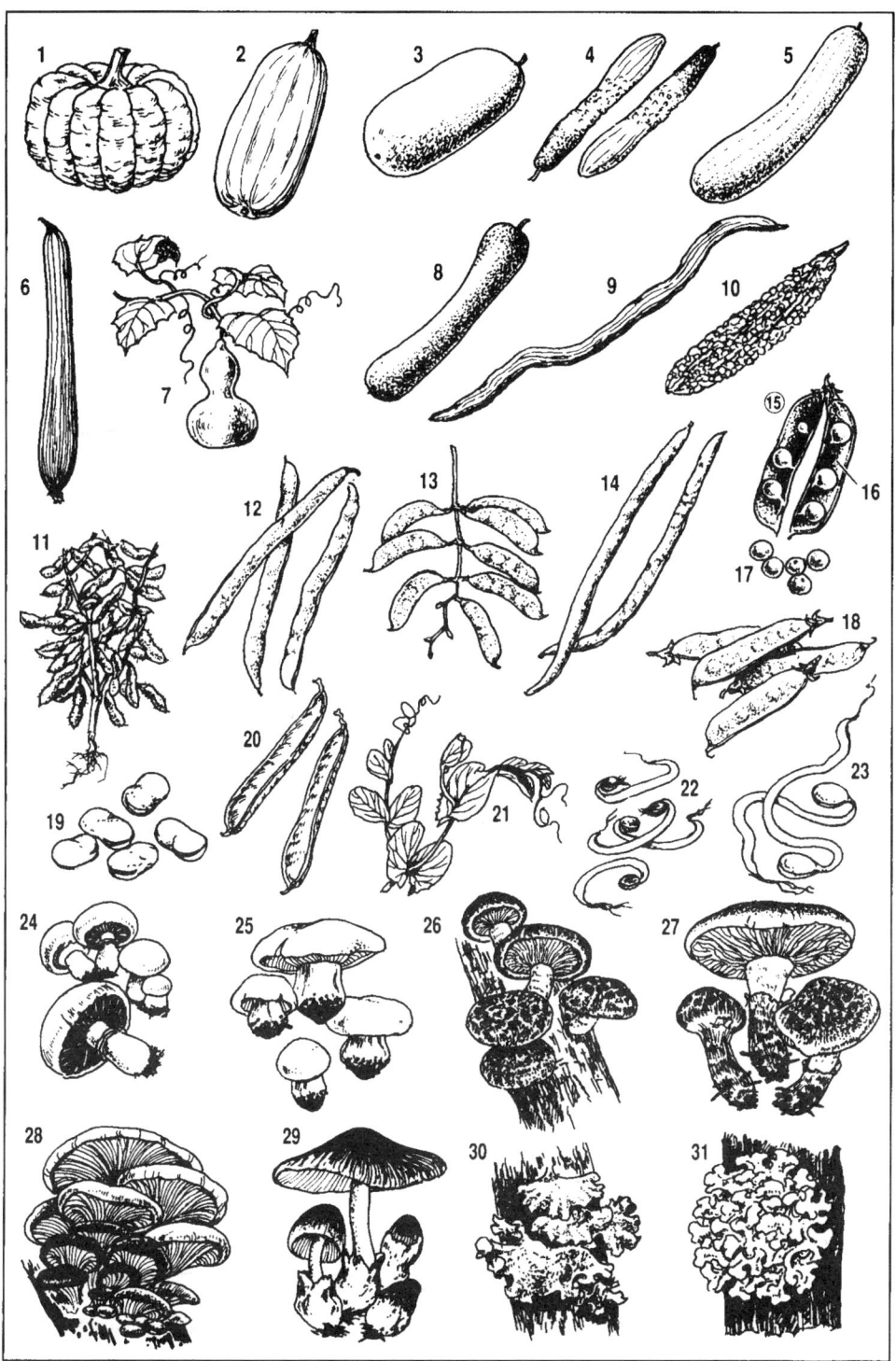

21 水果 shuǐguǒ I

1 桃儿 táor
복숭아
2 桃皮儿 táopír
복숭아 껍질
3 桃核儿 táohúr
복숭아씨
4 桃仁儿 táorénr
복숭아씨 속살
5 扁桃儿 biǎntáor
편도 ▶복숭아의 일종. 강소·절강 지방 일대의 특산. "蟠桃" pántáo
6 李子 lǐzi
오얏 열매；자두 열매
7 杏儿 xìngr
살구 열매
8 杏核儿 xìnghúr
살구씨
9 杏仁儿 xìngrénr
살구씨 속살
10 梅子 méizi
매실
11 樱桃 yīngtao
버찌；앵두
12 枣儿 zǎor
대추
13 枣核儿 zǎohúr
대추씨
14 苹果 píngguǒ
사과
15 苹果子儿 píngguǒ zǐr
사과씨
16 苹果核儿 píngguǒ húr
사과의 속
17 沙果儿 shāguǒr
능금 ▶"花红" huāhóng
18 西府海棠 xīfǔ hǎitáng
개아그배
19 梨 lí
배
20 梨核儿 líhúr
배의 속
21 梨子儿 lízǐr
배의 씨
22 鸭儿梨 yārlí
원추형의 큰 배
23 京白梨 jīngbáilí
베이징 원산의 배
24 雪花梨 xuěhuālí
중국 하북 원산의 배
25 巴梨 bālí
바틀릿；서양 배의 한 품종 ▶"香蕉梨" xiāngjiāolí, "秋洋梨" qiūyánglí
26 山楂 shānzhā
산사(나무)；아가위 ▶"大山楂" dàshānzhā, "山里红" shānlǐ hóng
27 枇杷 pípa
비파
28 木瓜 mùguā
모과
29 柿子 shìzi
단감
30 柿子蒂 shìzidì
감꼭지
31 柿子核儿 shìzi húr
감 씨
32 盖柿 gàishì
떫은 감 ▶"磨盘柿" mòpánshì, "大盖柿" dàgàishì
33 牛心柿 niúxīnshì
우심감
34 石榴 shíliu
석류
35 葡萄 pútao
포도
36 无花果 wúhuāguǒ
무화과
37 草莓 cǎoméi
딸기
38 猕猴桃 míhóutáo
키위；털복숭아；소귀나무 열매
39 西瓜 xīgua
수박
40 西瓜皮 xīguapí
수박껍질
41 西瓜瓤儿 xīgua rángr
수박의 과육 ▶잘 익어서 가삭 가삭한 과육은 "沙瓤儿" shārángr라 한다.
42 西瓜子儿 xīgua zǐr
수박 씨
43 香瓜 xiāngguā
참외 ▶"甜瓜" tiánguā
44 白兰瓜 báilánguā
난주 참외 ▶"兰州瓜" lánzhōuguā
45 醉瓜 zuìguā
네트 멜론(netted melon) ▶"麻瓜" máguā, "麻醉瓜" mázuìguā
46 哈密瓜 hāmìguā
하마과, 하미멜론；중국 신강성 하미(哈密)에서 나는 참외

과일 I 21

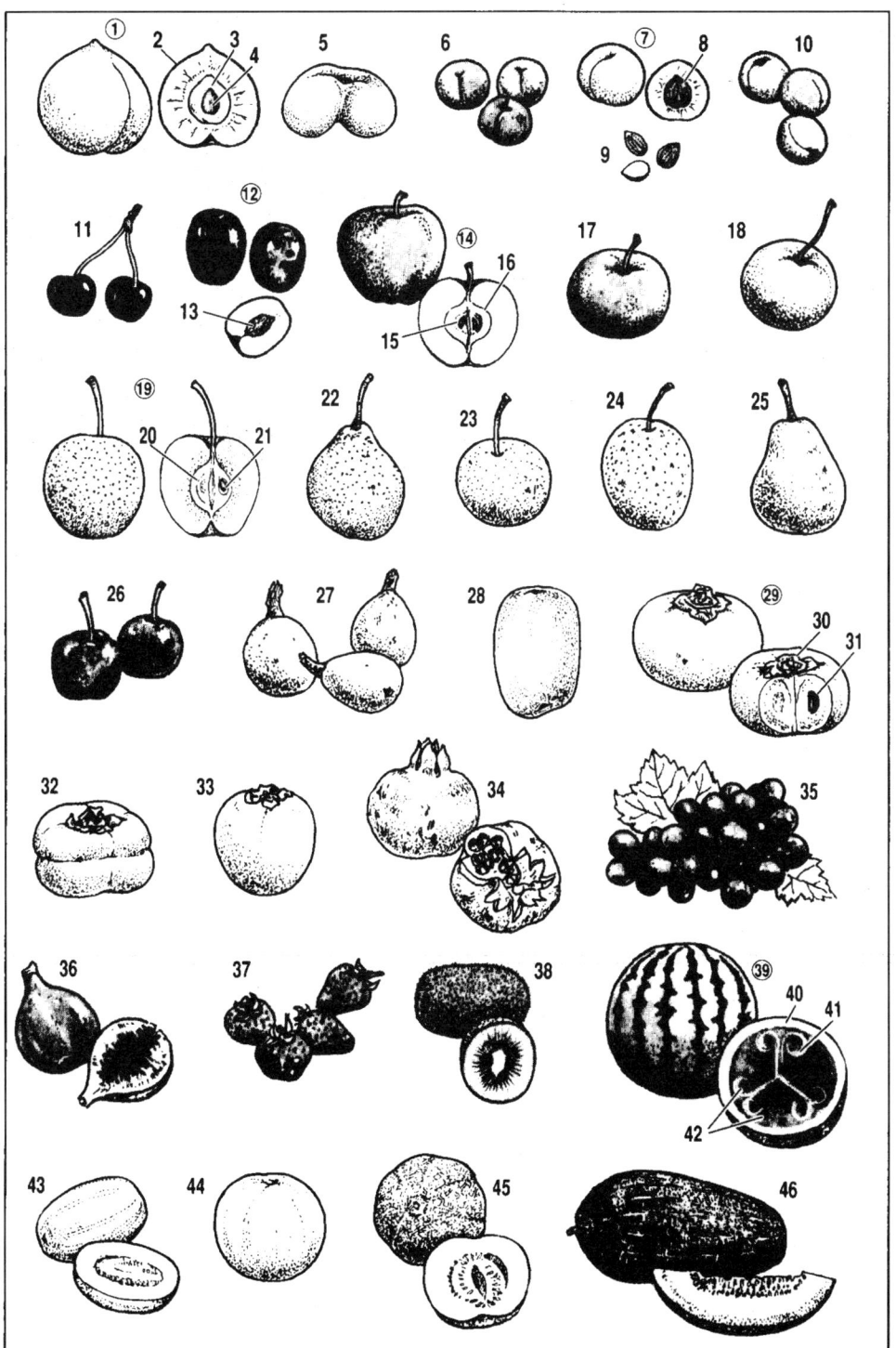

22 水果 shuǐguǒ Ⅱ·干果 gāngguǒ

1 橘子 júzi
  귤
2 橘子皮 júzipí
  귤 껍질
3 橘子瓣儿 júzi bànr
  귤 쪽
4 金橘儿 jīnjúr
  금감;금귤▶"金柑" jīngān
5-6 甜橙 tiánchéng
  스위트 오렌지▶네이블 오렌지는 "脐橙" qíchéng
5 新会橙 xīnhuìchéng
  신회 오렌지
6 广柑 guǎnggān
  간자 오렌지
7 酸橙 suānchéng
  등자
8 香橙 xiāngchéng
  유자▶"蟹橙" xièchéng
9 柚子 yòuzi
  주란귤;왕귤
  ▶"文旦" wéndàn
10 柠檬 níngméng
  레몬
11 佛手 fóshǒu
  불수감 ▶"佛手柑" fóshǒugān, "五指柑" wǔzhǐgān
12 杨梅 yángméi
  양매
13 橄榄 gǎnlǎn
  감람
14 油橄榄 yóugǎnlǎn
  올리브
15 芒果 mángguǒ
  망고
16 香蕉 xiāngjiāo
  바나나
17 番木瓜 fānmùguā
  파파야
18 杨桃 yángtáo
  오렴자;다래▶"五敛子" wǔliǎnzǐ, "羊桃" yángtáo
19 荔枝 lìzhī
  여지
20 龙眼 lóngyǎn
  용안▶"桂圆" guìyuán
21 菠萝 bōluó
  파인애플▶"凤梨" fènglí
22 菠萝蜜 bōluómì
  바라밀▶파인애플과 비슷한 향이 있어 "树菠萝" shùbōluó, "木菠萝" mùbōluó라고도 한다.
23 椰子 yēzi
  야자
24 椰棕 yēzōng
  야자 나무의 중과피
  ▶"椰衣" yēyī
25 椰子肉 yēziròu
  야자의 배젖
26 椰子水儿 yēzi shuǐr
  야자즙
27 咖啡 kāfēi
  커피
28 可可 kěkě
  코코아
29 栗子 lìzi
  밤
30 栗苞 lìbao
  밤송이
31 栗子皮儿 lìzi pír
  밤껍질
32 核桃 hétao
  호두▶"胡桃" hútáo
33 核桃仁儿 hétao rénr
  호두 알
34 核桃壳儿 hétao kér
  호두 껍질
35 白果 báiguǒ
  은행
36 松子儿 sōngzǐr
  잣;잣나무의 열매
37 松子仁儿 sōngzǐ rénr
  껍질을 간 잣
38-39 瓜子儿 guāzǐr
  수박·호박 등의 씨
38 西瓜子儿 xīgua zǐr
  수박씨
39 倭瓜子儿 wōgua zǐr
  호박씨
40 榛子 zhēnzi
  개암
41 香榧 xiāngfěi
  비자
42 腰果 yāoguǒ
  캐슈넛;캐슈의 열매(볶아 먹는다)

과일 Ⅱ·열매 22

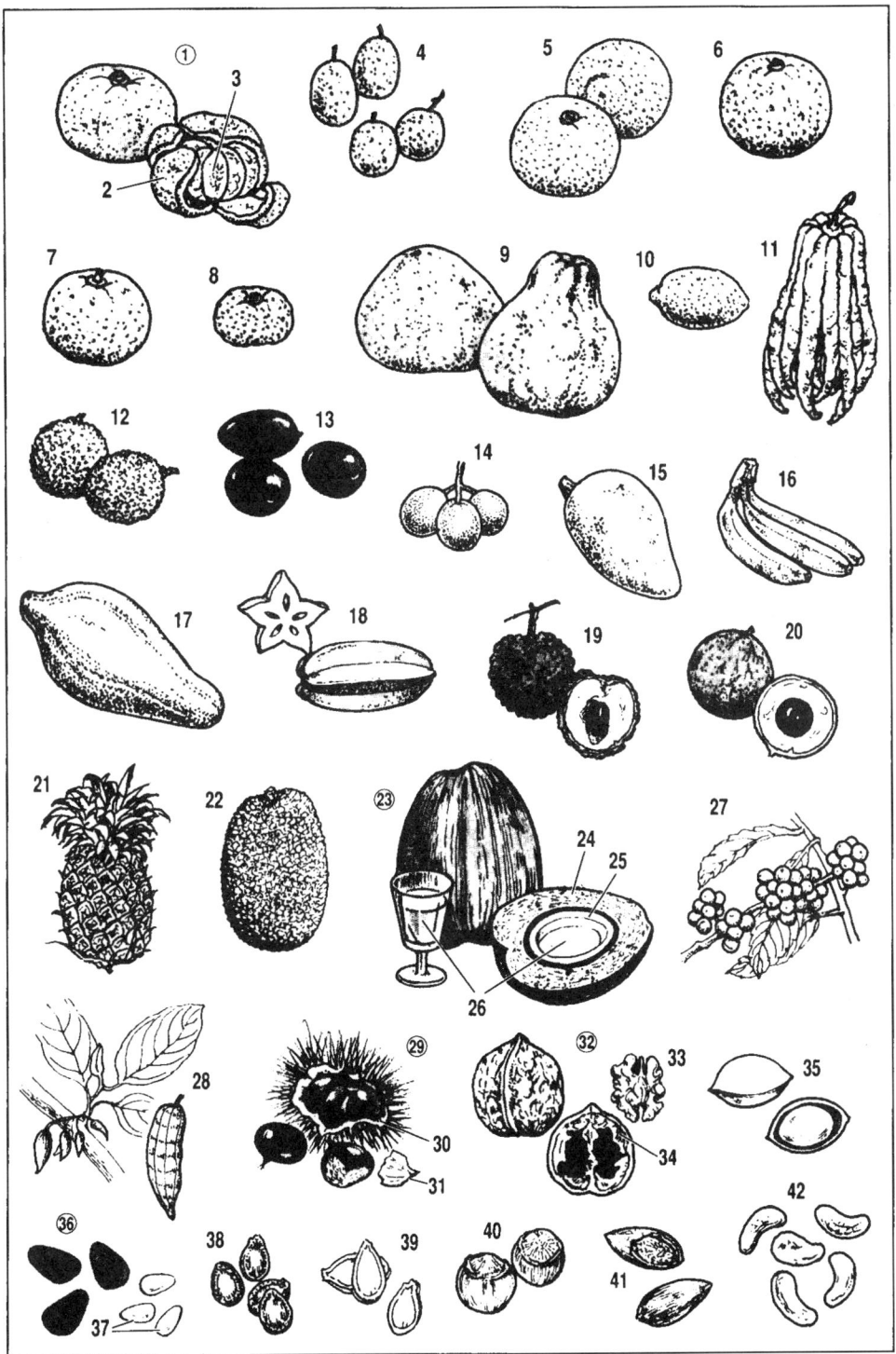

23 粮食 liángshi · 饭食 fànshi

1-25 粮店 liángdiàn
양곡 판매점 ; 싸전
1 价目表 jiàmùbiǎo
가격표
2 收款员 shōukuǎnyuán
캐셔 ; 수금원
3 收款台 shōukuǎntái
계산대
4 售油器 shòuyóuqì
식용유 판매기
5 酱油 jiàngyóu
간장
6 挂面 guàmiàn
건국수 ; 마른국수
7 芝麻酱 zhīmajiàng
깨장
8 馄饨皮儿 húntun pír
훈탄피 ; 혼돈 껍데기
9 切面 qiēmiàn
칼면 ; 썰어 만든 국수
10 笸箩 pǒluo
대바구니
11 油条 yóutiáo
유조 ▶밀가루 반죽을 원주형으로 빚어 기름에 튀긴 음식
12 排叉儿 páichàr
배차 ▶소·돼지의 갈비살을 기름에 튀긴 짭짤한 음식
13 馒头 mántou
찐빵 ☞24-1
14 棒子面儿 bàngzi miànr
옥수수 가루
▶"玉米面儿" yùmǐ miànr
15 面袋儿 miàndàir
밀가루 자루
16 簸箕 bòji
키
17 面粉 miànfěn
밀가루 ▶"白面"báimiàn. 강력 밀가루는 "富强粉" fùqiángfěn, 표준 밀가루는 "标准粉" biāozhǔnfěn
18 大米 dàmǐ
쌀
19 漏斗 lòudǒu
깔때기
20 面柜 miànguì
밀가루를 넣는 궤
21 米柜 mǐguì
쌀궤 ; 뒤주
22 购粮本儿 gòuliángběnr
식량 배급 통장
▶"粮本儿" liángběnr
23-24 粮票 liángpiào
식량 배급표
23 全国通用粮票 quánguó tōngyòng liángpiào
전국 통용 식량 배급표
24 地方粮票 dìfāng liángpiào
지방 식량 배급표
25 油票 yóupiào
식용유 배급표
26-28 细粮 xìliáng
쌀·보리류
26 粳米 jīngmǐ
멥쌀 ▶흔히 "好米" hǎomǐ
27 籼米 xiānmǐ
선미 ▶가늘고 길며 두 끝이

식량 · 식사

뾰족한 쌀. "机米" jīmǐ라고도 하며, 끈기가 적다.
28 江米 jiāngmǐ
 찹쌀 ▶ "糯米" nuòmǐ
29-32 粗粮 cūliáng
 잡곡류
29 小米 xiǎomǐ
 조; 좁쌀
30 黄米 huángmǐ
 차조
31 高粱米 gāoliangmǐ
 고량미; 수수쌀
32 绿豆 lǜdòu
 녹두
33 早点 zǎodiǎn
 가벼운 아침 식사 ▶ 아침 식사(조식)는 "早饭" zǎofàn
34 油条 yóutiáo
 튀긴 긴 빵 ☞ 24-32
35 油饼儿 yóubǐngr
 튀긴 둥근 빵 ☞ 24-33
36 炸糕 zhàgāo
 작고 ▶ 찹쌀가루로 빵처럼 만

들어 튀긴 것
37 火烧 huǒshao
 구운 밀가루떡; 밀가루를 발효시켜서 구워낸 것
38 豆浆 dòujiāng
 콩물
39 午饭 wǔfàn
 점심 식사
40 汤 tāng
 국; 수프
41 菜 cài
 반찬
42 饭盒儿 fànhér
 도시락 그릇 ▶ 도시락은 "盒儿饭" hérfàn
43 盖浇饭 gàijiāofàn
 덮밥
44 菜票 càipiào
 부식권
45 饭票 fànpiào
 식권 ▶ 분식과 구별하기 위해 "米票" mǐpiào를 쓰는 일도 있다

46 晚饭 wǎnfàn
 저녁 식사
47-54 涮羊肉 shuànyángròu
 양고기의 샤브샤브
47 糖蒜 tángsuàn
 설탕과 초에 절인 마늘
48 烧饼 shāobing
 샤오빙; ☞ 24-34
49 白菜 báicài
 배추
50 大米饭 dàmǐfàn
 쌀밥
51 羊肉 yángròu
 양고기
52 火锅儿 huǒguōr
 샤브샤브용의 구리 냄비
53 粉条儿 fěntiáor
 굵은 녹말 국수
54 香菜末儿 xiāngcài mòr
 향채말; 중국 파슬리를 잘게 썬 것

24 面食 miànshi I

1 馒头 mántou
  찐빵 ; 찐만두
2 花卷儿 huājuǎnr
  꽃빵
3-8 包子 bāozi
  소 넣은 만두 ; 중국 만두
3 肉包子 ròubāozi
  고기 만두
4 肉馅儿 ròuxiànr
  고기소
5 包子皮儿 bāozi pír
  만두피 ; 만두 껍데기
6 豆沙包儿 dòushā bāor
  팥만두 ▶설탕을 소로 한 것
  은 "糖包" tángbāo
7 豆沙馅儿 dòushā xiànr
  팥소 ; 삶은 팥을 으깨어 체
  따위로 받아 만든 것
8 小笼包 xiǎolóngbāo
  작은 시루 만두
9 春卷儿 chūnjuǎnr
  소말이 ; 얇은 밀가루 껍데기
  로 소를 돌돌 말아 찌거나
  기름에 튀긴 음식
10 包饺子 bāojiǎozi
  교자를 빚다.
11 案板 ànbǎn
  밀판
12 擀面杖 gǎnmiànzhàng
  밀대
13 馅儿 xiànr
  (만두) 소
14 剂子 jìzi
  분반죽 ; 만두 따위를 만들
  때 1개분의 크기로 갈라 놓
  은 반죽
15 面粉 miànfěn
  밀가루
16 面团儿 miàntuánr
  반죽한 밀가루 덩이
17 饺子皮儿 jiǎozi pír
  교자피
18 合子 hézi
  소 넣은 떡
19 盖帘儿 gàiliánr
  덮발 ; 대나무나 수수대로 발
  처럼 엮은 것
20 笊篱 zhàoli
  조리 ; 그물 국자
21 水饺儿 shuǐjiǎor
  물만두 ; 교자
22 蒜头儿 suàntóur
  통마늘
23 蒜瓣儿 suànbànr
  마늘 쪽
24 蒸饺儿 zhēngjiǎor
  찐 교자
25 笼屉 lóngtì
  나무 찜통 ; 채반시루
26 锅贴儿 guōtiēr
  구운 만두
27 饼铛 bǐngchēng
  구이냄비 ; 운두 낮은 쇠냄비
28 烧卖 shāomai
  얇은 껍질 찐만두
29 烧卖馅儿 shāomai xiànr

분식 I 24

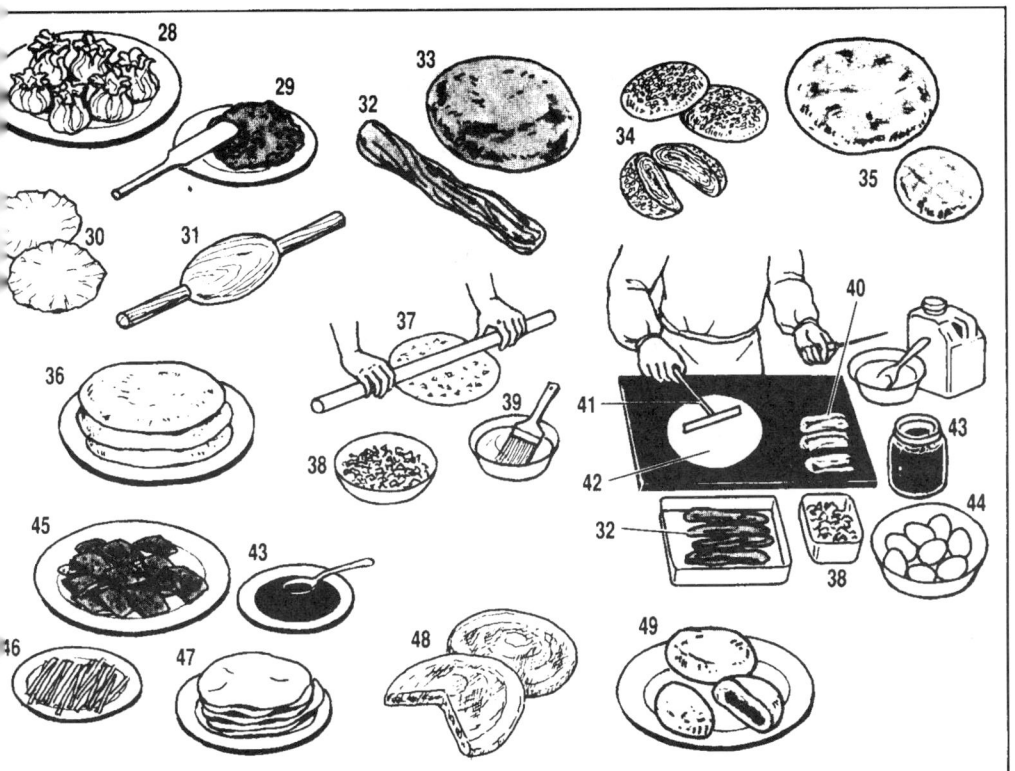

얇은 껍질 만두 소
30 烧卖皮儿 shāomai pír
　　얇은 껍질 만두 피
31 轱辘锤 gūluchuí
　　얇은 만두피를 만드는 밀대
32 油条 yóutiáo
　　대튀김; 발효시킨 밀가루 반죽을 길게 빚어 기름에 튀긴 것.
33 油饼儿 yóubǐngr
　　원튀김; 발효시킨 밀가루 반죽을 둥글 납작하게 빚어 기름에 튀긴 것
34 烧饼 shāobing
　　샤오빙; 밀가루 반죽에 양념을 하여 기계에 구운 빵
35 火烧 huǒshao
　　후어빙; 밀가루 반죽을 발효시켜서 불에 구운 떡
36 烙饼 làobǐng
　　로우빙; 밀가루를 반죽하여 원형으로 빚어 철판에 구운

것.
37 葱花儿饼 cōnghuārbǐng
　　파 넣은 떡; 반죽한 밀가루에 파를 잘게 썰어 넣고 원형으로 늘려서 구운 것.
38 葱花儿 cōnghuār
　　잘게 썬 파
39 香油 xiāngyóu
　　참기름
40 煎饼锞子 jiānbing guǒzi
　　중국식 그레이프 ▶ "煎饼" jiānbing에 달걀을 풀고 "油条" yóutiáo와 파를 얹어 싱겁게 간을 한 된장을 바른다.
41 推棍儿 tuīgùnr
　　밀개
42 煎饼 jiānbing
　　전병; 고량·밀·옥수수 등의 가루를 풀 모양으로 풀어서 구운 것.
43 甜面酱 tiánmiànjiàng

첨면장 ▶ 싱겁게 간을 한 된장
44 鸡蛋 jīdàn
　　달걀
45 北京烤鸭 běijīng kǎoyā
　　북경 오리 통구이
46 葱丝儿 cōngsīr
　　채를 썬 파
47 薄饼 báobǐng
　　박병; 반죽한 밀가루를 둥글고 얇게 반대기를 지어 구운 떡
48 肉饼 ròubǐng
　　고기떡; 밀가루 반죽에 다진 고기를 넣고 구운 떡
49 馅儿饼 xiànrbǐng
　　중국식 미트 파이 ▶ 빚은 밀가루 반죽 속에 양념한 소를 넣어 굽거나 지진 떡

25 面食 miànshi II   분식 II

1-7 面条儿 miàntiáor
국수 ; 밀가루로 만든 면류

1 切面 qiēmiàn
칼국수 ; 날국수 ▶칼로 썰어 만든 국수

2 抻面 chēnmiàn
곤국수 ▶손으로 늘구어 만든 국수. "拉面" lāmiàn. 가는 것은 "龙须面" lóngxūmiàn

3 挂面 guàmiàn
건국수 ; 마른 국수

4 方便面 fāngbiànmiàn
인스턴트 라면 ; 편의 국수

5 汤面 tāngmiàn
탕면 ; 국말이 국수

6 炒面 chǎomiàn
볶음 국수 ; 볶은 메밀 국수

7 凉面 liángmiàn
냉면 ; 냉국수

8 馄饨 húntun
훈탕 ; 훈툰탕 ; 국물 교자

9 疙瘩汤 gēdatāng
수제비

10 片儿汤 piànrtāng
편아탕 ; 밀가루 떡국

11 猫耳朵 māo'ěrduo
귀떡면 ; 밀가루 반죽을 고양이 귀 모양으로 비틀어 데친 면

12 刀削面 dāoxiāomiàn
깎국수 ▶밀가루 반죽을 원추형으로 빚어, 식칼로 깎아 국물에 넣는다.

13 拨鱼儿 bōyúr
가야재탕 ▶밀가루를 묽게 반죽하여 끓는 국물에 떠 넣는다.

14 饸饹 héle
허러 ▶밀가루·옥수수 가루 반죽을 틀로 뽑아 끓는 물에 익힌 국수

15 饸饹床 hélechuáng
밀어내기식 제면기

16 米粉 mǐfěn
쌀국수 ▶쌀가루로 만든 가는 국수

17 窝窝头 wōwōtóu
옥수수떡 ▶옥수수나 잡곡의 가루를 반죽해서 원뿔 꼴로 찐 것.

18-20 面包 miànbāo
빵

18 主食面包 zhǔshí miànbāo
식빵

19 小圆面包 xiǎoyuánmiàn-bāo
작은 원빵

20 烤面包 kǎomiànbāo
토스트

21 黄油 huángyóu
버터

22 果酱 guǒjiàng
잼

23 三明治 sānmíngzhì
샌드위치

24 热狗 règǒu
핫도그

25 汉堡包 hànbǎobāo
햄버거

26 面包圈儿 miànbāo quānr
도넛

26 糖果 tángguǒ · 果脯 guǒfǔ　　　　　　사탕 · 절임

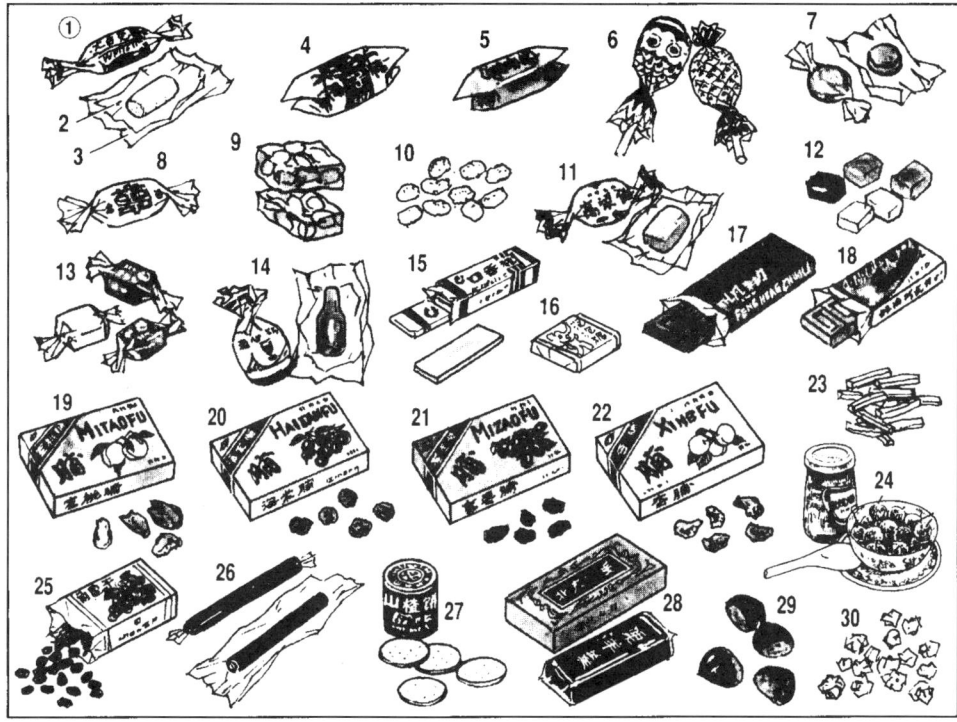

1-18 糖果 tángguǒ
　사탕 · 드롭스류 ▶"糖" táng
1 奶糖 nǎitáng
　우유사탕 ; 밀크 캔디
2 江米纸 jiāngmǐzhǐ
　오블레이트
3 糖纸 tángzhǐ
　사탕 포장지
4 椰子糖 yēzitáng
　야자사탕 ; 코코닛 캔디
5 咖啡糖 kāfēitáng
　커피사탕 ; 커피 캔디
6 棒糖 bàngtáng
　빨사탕 ; 자루 달린 캔디
7 水果糖 shuǐguǒtáng
　과일사탕 ; 드롭스
8 酥糖 sūtáng
　과자사탕 ; 씹으면 과자처럼
　박삭박삭한 사탕
9 花生糖 huāshēngtáng
　땅콩사탕
10 花生蘸 huāshēngzhàn
　땅콩엿무치
11 高粱饴 gāoliangyí
　고량엿과자
12 海带饴 hǎidàiyí
　다시마엿과자
13 水晶糖 shuǐjīngtáng
　엿사탕 ; 젤리
　▶"软糖" ruǎntáng
14 酒心糖 jiǔxīntáng
　위스키 봉봉
15 口香糖 kǒuxiāngtáng
　껌
16 泡泡糖 pàopàotáng
　풍선껌
17 巧克力 qiǎokèlì
　초콜릿 ▶"朱古力" zhūgǔlì
18 奶油巧克力 nǎiyóu qiǎokèlì
　밀크 초콜릿
19-23 果脯 guǒfǔ
　과일 설탕절임
19 蜜桃脯 mìtáofǔ
　복숭아 설탕절임
20 海棠脯 hǎitángfǔ
　해당 설탕절임
21 蜜枣脯 mìzǎofǔ
　대추 설탕절임
22 杏脯 xìngfǔ
　살구 설탕절임
23 瓜条 guātiáo
　오이 설탕절임
24 蜜饯海棠 mìjiàn hǎitáng
　해당 꿀절임 ▶"蜜饯"은 꿀이
　나 시럽에 잰 것 등을 가리
　킨다.
25 葡萄干儿 pútao gānr
　건포도
26 果旦皮 guǒdànpí
　아가위엿피 ; 산사나무 열매
　로 만든 가죽형의 엿과자
27 山楂片儿 shānzhā piànr
　아가위편 ; 산사나무 열매
　로 만든 달고 신 과자
28 羊羹 yánggēng
　단 팥묵 ; 양갱
29 糖炒栗子 tángchǎo lìzi
　감률(甘栗) ; 단밤 ▶"炒栗子"
　chǎolìzi
30 玉米花儿 yùmǐ huār
　팝콘

27 点心 diǎnxin · 小吃 xiǎochī

1 开花儿馒头 kāihuār mántou
  개화찐빵; 위쪽이 터진 모양
2 果料儿包 guǒliàorbāo
  과육절임 소 만두
3 佛手包 fóshǒubāo
  불수포 ▶불수감 모양의 찐빵
4 寿桃包 shòutáobāo
  수도포 ▶복숭아 모양의 만두
5 艾窝窝 àiwōwo
  애와와 ▶찹쌀 속에 흰 설탕을 넣어 만든 경단. "爱窝窝" àiwōwo
6 马拉糕 mǎlāgāo
  흑설떡 ▶흑설탕을 박은 찐빵
7 蜂糕 fēnggāo
  벌빵 ▶유색 음식으로 모양을 낸 찐빵
8 松糕 sōnggāo
  잣떡 ▶쌀가루반죽에 잣을 박아 찐 식품
9 年糕 niángāo
  연떡 ▶찹쌀 가루에 설탕을 넣어 찐 다음 빚어두었다가 음력 정월에 기름에 튀겨 먹는다.
10 板糕 bǎngāo
  판떡 ▶찐 찹쌀 반죽에 소를 넣고 과육절임을 뿌려 자른 떡
11 豌豆黄儿 wāndòuhuángr
  완두콩으로 만든 양갱
12 八宝饭 bābǎofàn
  팔보밥 ▶찹쌀 위에 여러 가지 과육을 놓아 찐 식품
13 粽子 zòngzi
  죽순 쌈밥 ▶죽순 잎에 찹쌀을 싸서 찐 것, 5월 단오에 먹는다.
14 元宵 yuánxiāo
  소 넣은 경단 ▶대보름날에 즐겨 먹는다. 그러기에 대보름을 '경단절'이라고도 한다
15 腊八粥 làbāzhōu
  팔맛죽 ▶살구·밤·과일 등을 넣고 쑨 죽
16 绿豆粥 lǜdòuzhōu
  녹두죽 ▶여름의 전통적 식품으로 설탕을 뿌려서 즐겨 먹는다.
17 小豆粥 xiǎodòuzhōu
  팥죽 ▶설탕을 뿌려서 먹는다.
18 凉粉儿 liángfěnr
  녹두묵 ▶녹말로 만든 한천 모양의 식품
19 豆腐脑儿 dòufunǎor
  순두부
20 杏仁儿豆腐 xìngrénr dòufu
  행인 두부
21 糖烧饼 tángshāobing
  단 샤오빙 ☞24-34
22 糖火烧 tánghuǒshao
  단 후어빙
23 开花儿烧饼 kāihuār shāobing
  위가 터진 단 샤오빙 ☞24-34
24 开花儿火烧 kāihuār huǒshao
  위가 터진 단 후어빙

과자・간식 27

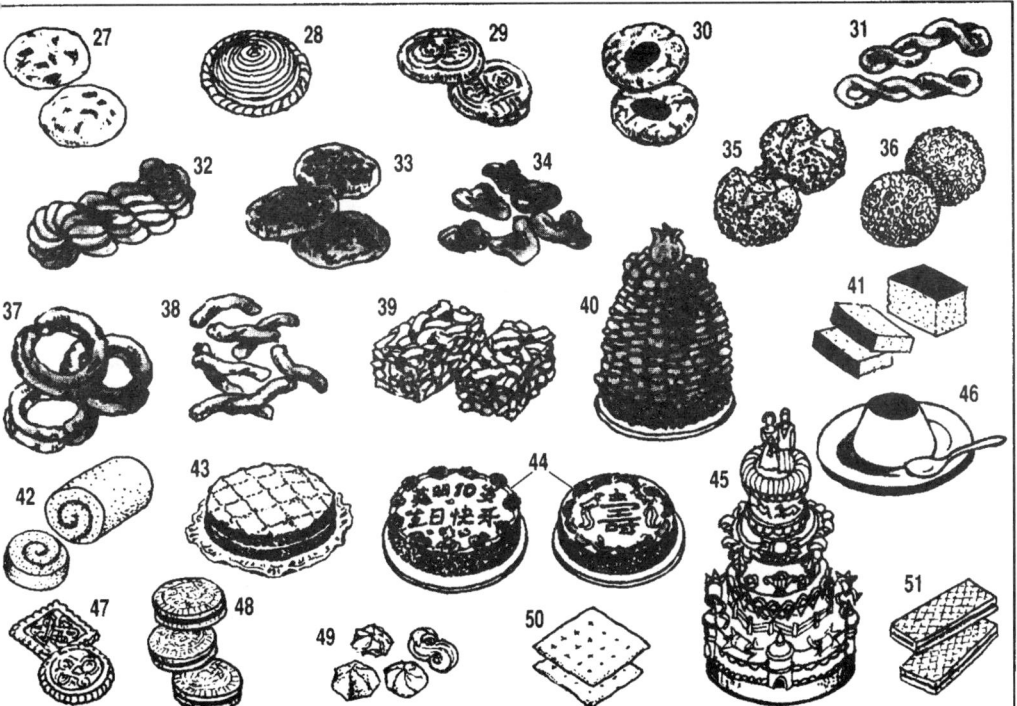

☞24-35
25 糖酥火烧 tángsūhuǒshao
단 과자식의 떡
26 月饼 yuèbing
월병; 중추절에 먹는 소를
넣어 만든 과자
27 冰花酥 bīnghuāsū
싸라기 설탕을 뿌린 쿠키
28 合子酥 hézisū
소가 든 쿠키
29 桃酥 táosū
복숭아 모양의 쿠키
30 杏仁儿酥 xìngrénrsū
아몬드 쿠키
31 麻花儿 máhuār
꽈배기
32 大麻花儿 dàmáhuār
이중꽈배기
33 糖油饼儿 tángyóubǐngr
단 튀긴 빵
34 糖耳朵 táng'ěrduo
귀 모양의 밀가루 엿 튀김
▶ "密麻花儿" mìmáhuār
35 开口笑 kāikǒuxiào

위가 터진 도넛
36 麻团 mátuán
깨단자; 깨고물을 묻힌 단자
를 기름에 튀긴 음식
▶ "麻球" máqiú
37 焦圈儿 jiāoquānr
팔찌 모양의 튀긴 과자
38 江米条儿 jiāngmǐ tiáor
찰대과자; 찹쌀 가루에 설탕
을 넣어 가늘고 길게 빚어
기름에 튀긴 과자
39 萨其马 sàqímǎ
과줄; 반죽한 밀가루를 조붓
하게 잘라 기름에 튀기고,
이것을 물엿으로 굳혀 설탕
에 잰 과육을 뿌린 것.
40 密供 mìgòng
탑과자; 밀가루를 반죽하여
가늘게 자르고, 기름에 튀
겨 물엿을 뿌리고 탑 모양
으로 쌓은 것.
41 蛋糕 dàn'gāo
단설기; 카스텔라
42 卷筒蛋糕 juǎntǒngdàngāo

감은 단설기; 롤 카스텔라
43 巧克力蛋糕 qiǎokèlì dàngāo
초콜릿 케이크
44 生日蛋糕 shēngrì dàngāo
생일 단설기; 생일 케이크
45 婚礼点心 hūnlǐ diǎnxīn
웨딩 케이크
46 布丁 bùdīng
푸딩
47 饼干 bǐnggān
과자; 비스킷
48 夹心儿饼干 jiāxīnr bǐnggān
소 넣은 과자; 크림이나 초
콜릿 등을 사이에 넣은 비
스킷
49 曲奇饼 qūqíbǐng
소형의 쿠키
50 咸饼干 xiánbǐnggān
짭짤한 과자
51 维夫饼干 wéifū bǐnggān
웨이퍼(웨하스)

28 干货 gānhuò 건조 식품

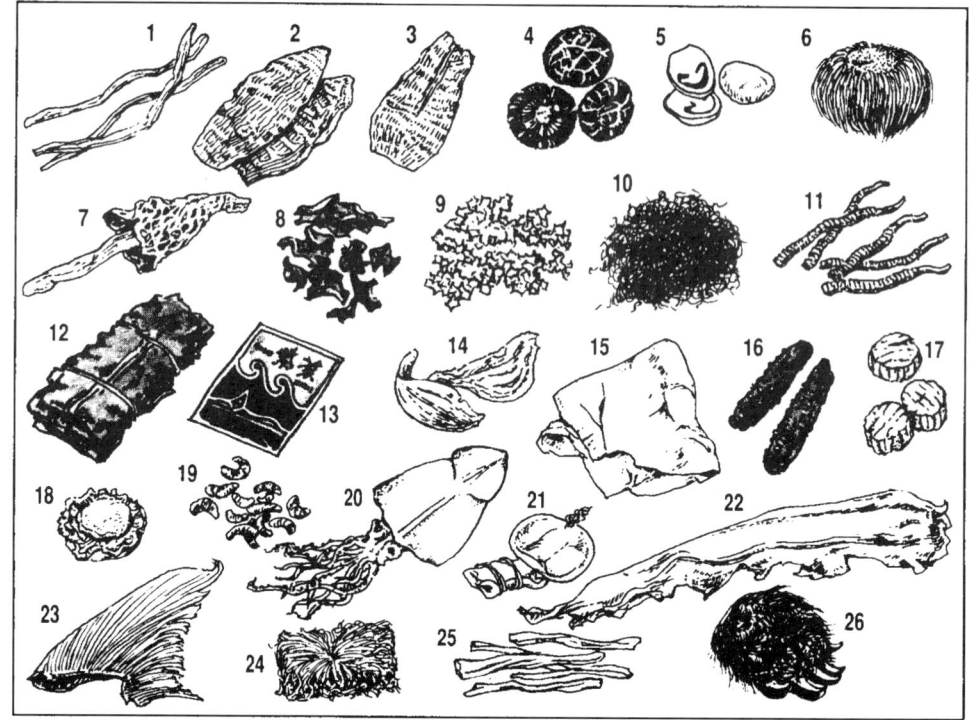

1 黄花儿 huánghuār
  황화채; 말린 원추리 봉오리
  ▶"金针菜" jīnzhēncài, "黄花菜" huánghuācài
2 玉兰片 yùlánpiàn
  옥난편; 백색의 말린 죽순
3 笋干儿 sǔngānr
  삶아서 말린 죽순
4 香菇 xiānggū
  표고버섯 ▶"冬菇" dōnggū는 겨울철에 나는 상품, 소형이고 육질이 두껍다.
5 草菇 cǎogū
  풀버섯; 자루를 씌운 것 같은 모양의 버섯을 말린 것
6 猴头蘑 hóutóumó
  원머리버섯; 원숭이 머리 모양의 버섯을 말린 것
7 竹荪 zhúsūn
  말린 그물버섯
8 木耳 mù'ěr
  목이버섯
9 银耳 yín'ěr
  흰 목이버섯
10 发菜 fācài
  발채; 쓰촨(四川) 등 산골짜기에서 나는 수초를 말린 것 ▶"发财" fācái(돈을 벌다)와 같은 음이므로 빗대어 쓰이는 경우가 있다.
11 冬虫夏草 dōngchóngxiàcǎo
  동충하초 ▶"夏草冬虫" xiàcǎodōngchóng
12 海带 hǎidài
  다시마
13 紫菜 zǐcài
  김
14 燕窝 yànwō
  제비 집
15 海蜇 hǎizhé
  해파리
16 海参 hǎishēn
  해삼
17 干贝 gānbèi
  말린 조개관자
18 鲍鱼干 bàoyúgān
  말린 전복 ▶"干鲍" gānbào
19 虾米 xiāmi
  건새우
20 鱿鱼干 yóuyúgān
  말린 오징어
21 鱼肚儿 yúdǔr
  말린 부레
22 鱼皮 yúpí
  말린 상어 가죽; 말린 상어 입술은 "鱼唇" yúchún
23-24 鱼翅 yúchì
  상어 지느러미
23 排翅 páichì
  말린 상어 지느러미
24 翅饼 chìbǐng
  상어 지느러미를 네모 또는 둥글게 말려 굳힌 것
25 蹄筋儿 tíjīnr
  소·양·돼지의 사지 근육살을 말린 것
26 熊掌 xióngzhǎng
  곰 발바닥

29 豆制品 dòuzhìpǐn　　　　콩식품 29

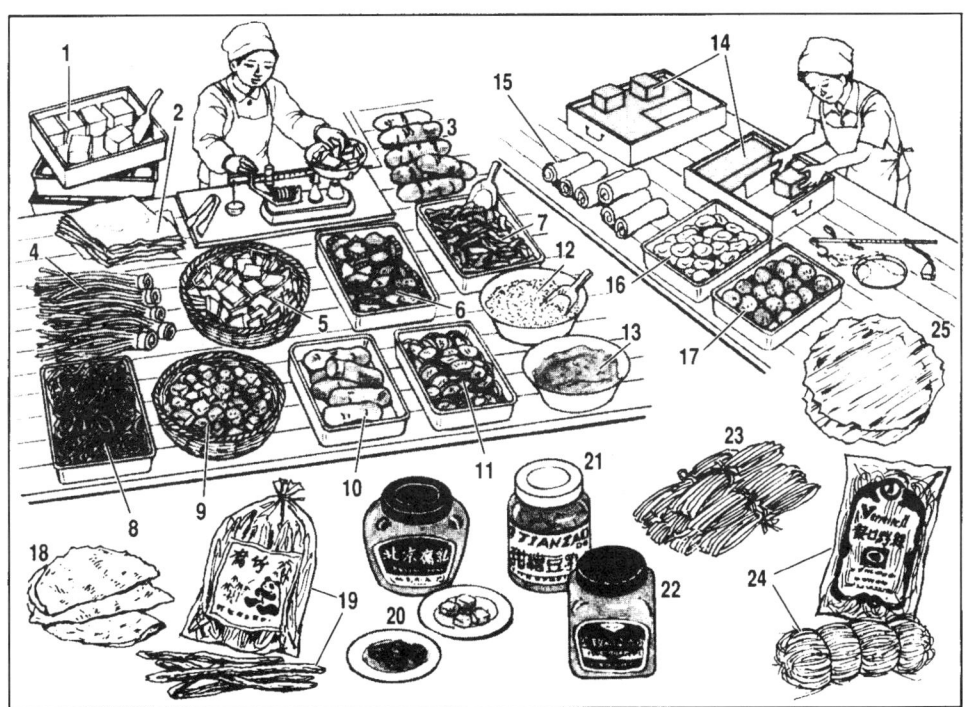

1　豆腐 dòufu
두부 ▶부드러운 것은 "南豆腐"nándòufu라 한다.

2　豆腐片儿 dòufu piànr
두부편 ; 얇고 납작하게 썬 두부의 반 건조품. 남쪽에서는 "百页"bǎiyè, "千张"qiānzhang이라고도 한다.

3　素火腿 sùhuǒtuǐ
소화다리 ; 두부껍질 사이에 양념을 끼워 넣고 말아 묶어 찐 음식

4　豆腐丝儿 dòufu sīr
실두부 ; 가늘게 썬 두부

5　豆腐干儿 dòufu gānr
반건 두부 ; 두부를 얇고 납작하게 썰어 반 건조한 것.

6　熏干儿 xūngānr
훈두부 ; 얇고 납작한 훈제 두부

7　素鸡腿儿 sùjītuǐr
소계다리 ; 얇고 납작한 두부를 기름에 튀겨 수프로 익힌 것.

8　油丝儿 yóusīr
실두부 튀김 ; 가늘게 썬 두

부를 기름에 튀긴 것.

9　豆腐泡儿 dòufu pāor
두부포 ; 두부를 네모나게 썰어 기름에 튀긴 것.

10　素鸡 sùjī
소계 ; 두부껍질로 야채를 말아 익혀 간장에 조린 요리

11　素鸡片儿 sùjī piànr
소계편 ; "素鸡" sùjī를 얇게 썬 것.

12　豆腐渣 dòufuzhā
비지

13　麻豆腐 mádòufu
녹두 두부

14　凉粉儿 liángfěnr
녹말묵 ; 녹두 등의 녹말로 만든 우무 모양의 식품

15　粉皮儿 fěnpír
껍질묵 ; 녹말 가루를 껍질 모양으로 만든 묵

16-17 面筋 miànjin
글루텐

16　水面筋 shuǐmiànjin
그루텐말이

17　油面筋 yóumiànjin
글루텐 튀김

18　油皮儿 yóupír
두부껍질 ▶"豆腐皮儿" dòufu pír, "豆腐衣" dòufuyī

19　腐竹 fǔzhú
막대두부 ; 막대기형으로 말아 말린 두부껍질

20-22 腐乳 fǔrǔ
유부 ; 두부를 네모나게 썰어 발효시켜 양념한 것.

20　酱豆腐 jiàngdòufu
절인 두부 ; 적당히 말린 두부를 발효시켜 소금을 친 것.

21　糟腐乳 zāofǔrǔ
발효두부 ; "酒糟" jiǔzāo(지게미)에 담그어 발효시킨 것.

22　臭豆腐 chòudòufu
추두부 ; 소금에 절인 두부를 발효시켜 석회 속에 보존한 식품
▶"臭豆腐乳" chòudòufurǔ

23　粉条儿 fěntiáor
당면 ; 굵은 녹말 국수

24　粉丝 fěnsī
실당면

25　干粉皮儿 gānfěnpír
"粉皮儿" fěnpír의 건조품

30 畜肉 chùròu · 禽肉 qínròu

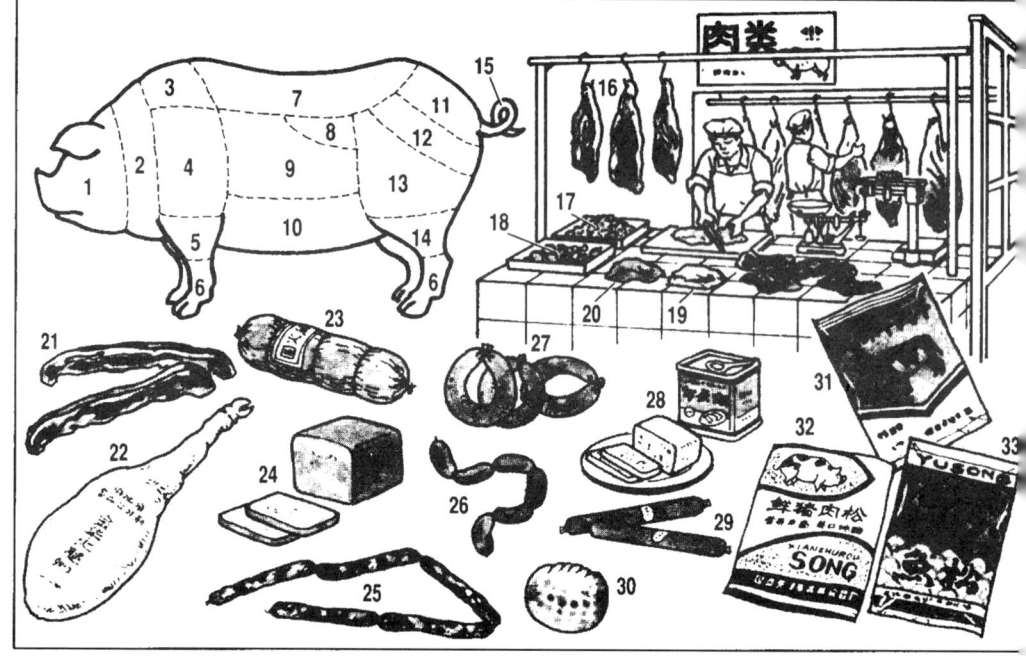

1-15 猪 zhū
돼지
1 猪头 zhūtóu
돼지 머리
2 血脖儿 xiěbór
목살 ▶ "槽头肉" cáotóuròu,
"颈肉" jǐngròu
3 上脑儿 shàngnǎor
어깨살
4 夹心肉 jiāxīnròu
사이고기
5 前肘子 qiánzhǒuzi
앞허벅지 고기 ▶ "前蹄膀"
qiántípǎng
6 爪尖儿 zhuǎjiānr
돼지 족발
7-8 脊背 jǐbèi
로스
7 通脊 tōngjǐ
등 로스
8 里脊 lǐjǐ
등심살
9 五花 wǔhuā
안심 ▶ 갈비살은 "方肉" fāng
ròu
10 肚囊子 dùnángzi
배살; 옆구리 아래쪽 부분의

살 ▶ "奶脯" nǎipú
11 臀尖 túnjiān
볼기살
12 坐臀 zuòtún
바깥넓적다리살
13 后腿儿 hòutuǐr
넓적다리살
▶ "弹子肉" dànziròu
14 后肘子 hòuzhǒuzi
뒤허벅지 고기
15 猪尾 zhūwěi
돼지 꼬리
16 猪肉 zhūròu
돼지고기
17 肉末儿 ròumòr
저민 고기
▶ "肉馅儿" ròuxiànr
18 下水 xiàshui
내장 ▶ 돼지·소·양 등의 내
장. 닭의 내장은 "鸡杂儿"
jīzár
19 肥肉 féiròu
비계
20 瘦肉 shòuròu
살코기
21 腊肉 làròu
베이컨

22 火腿 huǒtuǐ
햄 ▶ 넓적다리살을 소금에 절
여 일광에 쬐어 만든다.
23 圆火腿 yuánhuǒtuǐ
둥근 햄
24 方火腿 fānghuǒtuǐ
네모진 햄
25 香肠儿 xiāngchángr
소시지.
26 小红肠儿 xiǎohóngchángr
비엔나 소시지
27 环形肠儿 huánxíng chángr
고리 소시지
28 午餐肉 wǔcānròu
런천 미트
29 鱼肉香肠儿 yúròu xiāng-
chángr
생선살 소시지
30 小肚儿 xiǎodǔr
뽈 소시지 ▶ 돼지 방광에 저
민 고기를 채워 넣은 것.
31 牛肉干儿 niúròugānr
쇠육포
32 肉松 ròusōng
육말; 고기를 익혀서 잘게
부수어 조미한 식품
33 鱼肉松 yúròusōng

44

육류 30

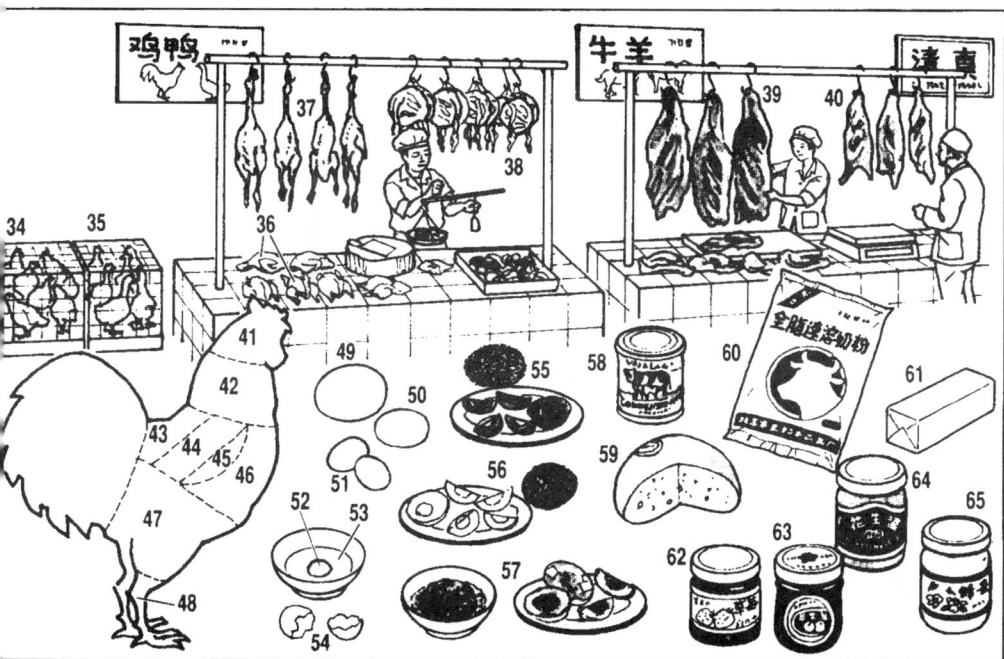

어말; 생선을 쩌서 잘게 부
수어 조미한 식품
34-35 活禽 huóqín
  산 가금
34 活鸡 huójī
  산 닭; 생닭 ▶닭고기는 "鸡
  肉" jīròu
35 活鸭 huóyā
  산 오리; 생오리
36 光鸡 guāngjī
  털을 뽑은 닭
37 光鸭 guāngyā
  털을 뽑은 오리
38 板鸭 bǎnyā
  판오리; 오리를 통째로 소금
  에 절여 납짝하게 눌러 건
  조시킨 것.
39 牛肉 niúròu
  쇠고기
40 羊肉 yángròu
  양고기
41-48 鸡 jī
  닭
41 鸡头 jītóu
  닭의 머리
42 鸡脖子 jībózi
  닭의 목

43 脊背 jǐbèi
  등살
44 翅膀 chìbǎng
  날개
45 里脊 lǐji
  가슴살
46 鸡胸脯 jīxiōngpú
  닭의 뱃살
47 腿肉 tuǐròu
  넓적다리살
48 鸡爪子 jīzhuǎzi
  닭다리
49 鹅蛋 édàn
  거위 알
50 鸭蛋 yādàn
  오리 알
51 鸡蛋 jīdàn
  달걀
52 蛋黄儿 dànhuángr
  노른자위
53 蛋清儿 dànqīngr
  흰자위
54 蛋壳儿 dànkér
  알껍질
55 松花蛋 sōnghuādàn
  송화단; 가금알을 재·찰흙
  ·물·소금·왕겨 따위를 섞

은 걸쭉한 액체 속에 밀봉
하여 만든 식품
56 咸鸭蛋 xiányādàn
  소금에 절인 오리알
57 糟蛋 zāodàn
  지게미에 절인 오리알
58-61 乳制品 rǔzhìpǐn
  유제품
58 炼乳 liànrǔ
  연유
59 干酪 gānlào
  치즈
60 奶粉 nǎifěn
  우유가루; 분유
  ▶탈지 분유는 "脱脂奶粉"
  tuōzhī nǎifěn
61 黄油 huángyóu
  버터▶마가린은 "人造黄油"
  rénzào huángyóu
62 草莓酱 cǎoméijiàng
  딸기 잼
63 苹果酱 píngguǒjiàng
  사과 잼
64 花生酱 huāshēngjiàng
  피넛 버터
65 蜂蜜 fēngmì
  벌꿀

45

31 作料儿 zuòliaor · 酱菜 jiàngcài

1 调味品门市部 diàowèipǐn ménshìbù
  조미료 판매부

2-41 作料儿 zuòliaor
  조미료 ; 향신료 ; 양념 ; 고명
  ▶"佐料" zuǒliào, "调料" tiáoliào

2-3 食油 shíyóu
  식용유

2 豆油 dòuyóu
  콩기름

3 菜子儿油 càizǐryóu
  유채 기름

4-7 酱 jiàng
  된장

4 芝麻酱 zhīmajiàng
  깨장 ; 볶은 참깨를 으깬 조미료 ▶"麻酱" májiàng

5 黄酱 huángjiàng
  황장 ; 콩과 보릿가루로 만든 누런 된장

6 甜面酱 tiánmiànjiàng
  단 된장 ; 단맛이 나는 가루 장

7 豆瓣儿酱 dòubànrjiàng
  콩짜개 된장 ▶원료는 잠두콩 또는 대두

8 腐乳 fǔrǔ
  절인 두부 ; 발효시킨 두부를 네모나게 썰어 양념해 절인 것.

9 墩子 dūnzi
  되그릇 ; 액체의 양을 되는 그릇

10 酱油 jiàngyóu
  간장

11 醋 cù
  식초

12 盐 yán
  소금

13-17 糖 táng
  설탕

13-14 白糖 báitáng
  흰설탕 ; 백설탕

13 白砂糖 báishātáng
  흰 싸라기 설탕

14 绵白糖 miánbáitáng
  가루 백설탕
  ▶"绵白" miánbái

15 红糖 hóngtáng
  홍탕 ; 흑설탕 ▶"黑糖" hēitáng

16 冰糖 bīngtáng
  얼음 사탕

17 方糖 fāngtáng
  각설탕

18 糖精 tángjīng
  사카린

19 辣酱油 làjiàngyóu
  소스

20 蚝油 háoyóu
  굴기름 ; 오이스터 소스

21 鱼露 yúlù
  생선소스 ▶"鱼酱油" yújiàngyóu ☞106-54

22 香油 xiāngyóu
  참기름 ▶"芝麻油" zhīmayóu

23 花生油 huāshēngyóu
  낙화생 기름

24 芝麻酱 zhīmajiàng
  깨장 ; 볶은 참깨를 으깬 조미료

25 西红柿酱 xīhóngshìjiàng
  토마토 케첩
  ▶"番茄酱" fānqiéjiàng

26 豆豉 dòuchǐ
　말린 메주
27 料酒 liàojiǔ
　조리용 술
28 味精 wèijīng
　미원; 화학 조미료
29 淀粉 diànfěn
　녹말; 전분
30 胡椒面儿 hújiāo miànr
　후춧가루
　▶"胡椒粉" hújiāofěn
31 辣椒面儿 làjiāo miànr
　고춧가루
　▶"辣椒粉" làjiāofěn
32 辣椒油 làjiāoyóu
　고추기름 ▶"辣油" làyóu
33 芥末面儿 jièmo miànr
　겨잣가루
34 咖喱粉 gālífěn
　카레 가루
35 花椒 huājiāo
　산초
36 大料 dàliào
　붓순나무 열매 ▶"八角(茴香)" bājiǎo(huíxiāng)

37 茴香 huíxiāng
　회향 ▶"小茴香" xiǎohuíxiāng
38 桂皮 guìpí
　계피
39 丁香 dīngxiāng
　정향
40 五香面儿 wǔxiāngmiànr
　회향·산초 따위의 혼합 분말
41 陈皮 chénpí
　말린 귤 껍질 ▶귤 또는 오렌지 껍질을 말린 것
42 酱菜店 jiàngcàidiàn
　절인 야채 매점
43 电子秤 diànzǐchèng
　전자 저울
44 钱柜 qiánguì
　금궤
45-48 酱菜 jiàngcài
　절인 야채
45 酱芥 jiàngjiè
　갓 절임
46 甜酱黄瓜 tiánjiàng huánggua
　단맛 오이 절임

47 甜酱八宝瓜 tiánjiàng bābǎoguā
　단맛 참외 절임
48 甜酱甘露 tiánjiàng gānlù
　단맛 두루미 냉이 절임
49 糖蒜 tángsuàn
　설탕초 마늘 절임 ☞23-47
50 酸菜 suāncài
　초김치; 배추 따위를 온수에 담가 시큼하게 만든 요리
51 泡菜坛 pàocàitán
　피클용 항아리; 김치 항아리
　▶"泡菜坛子" pàocàitánzi
52 泡菜 pàocài
　피클 ▶소금·산초·소주 등을 섞은 냉수에 무·배추 등을 담가서 만든다.
53 榨菜 zhàcài
　순무절임 ▶양념해 절인 순무 김치

32 饮料 yǐnliào · 冷食 lěngshí

1 冷饮部 lěngyǐnbù
   냉음료 매점; 아이스 드링크 코너
2 价目表 jiàmùbiǎo
   가격표
3 冰柜 bīngguì
   냉동고
4 起子 qǐzi
   마개 따개; 오프너
5 汽水儿 qìshuǐr
   탄산 음료
6 可乐 kělè
   콜라
7 矿泉水 kuàngquánshuǐ
   샘물; 미네랄워터
8 酸奶 suānnǎi
   요구르트
   ▶"酸牛奶" suānniúnǎi라고도 한다
9 酸豆浆 suāndòujiāng
   두유 요구르트
10 果料儿酸奶 guǒliàor suān-
    nǎi
    과일 요구르트
11 管儿 guǎnr
    스트로; 빨대
    ▶"吸管儿" xīguǎnr
12 冰棍儿 bīnggùnr
    아이스캔디
13 把儿 bàr
    (아이스캔디의)막대
14 鸳鸯冰棍儿 yuānyang
    bīnggùnr
    쌍둥이 아이스캔디
    ▶yuānyāng bīnggùnr라고도 한다. 둘로 쪼개진다.
15 小豆冰棍儿 xiǎodòu bīng-
    gùnr
    팥 아이스캔디
16 紫雪糕 zǐxuěgāo
    초콜릿 입힌 아이스틱
17 雪糕 xuěgāo
    아이스틱
18 蛋卷儿冰激凌 dànjuǎnr
    bīngjilíng
    아이스크림 콘
19 冰激凌 bīngjilíng
    아이스크림 ▶"雪糕" xuěgāo보다 유고형분(乳固形分)의 함유량이 많다.
20 冰砖 bīngzhuān
    굳은 아이스크림
21 刨冰 bàobīng
    빙수
22 橘子水儿 júzi shuǐr
    오렌지 음료
23 柠檬水儿 níngméng shuǐr
    레모네이드
24-28 果汁儿 guǒzhīr
    과일즙
    ▶"果子汁儿" guǒzi zhīr
24 橘子汁儿 júzi zhīr
    오렌지 주스
25 苹果汁儿 píngguǒ zhīr
    사과 주스
26 葡萄汁儿 pútao zhīr

음료·빙과 32

포도 주스
27 菠萝汁儿 bōluó zhīr
　파인주스
28 西红柿汁儿 xīhóngshì zhīr
　토마토 주스 ▶"番茄汁儿"
　fānqié zhīr
29-30 果子露 guǒzilù
　시럽
29 草莓露 cǎoméilù
　딸기 시럽
30 红果露 hóngguǒlù
　산사자(山查子) 시럽
　▶"山楂露" shānzhālù
31 酸梅汤 suānméitāng
　매실 시럽;"乌梅" wūméi
　(훈제 매실)를 쪄서 설탕을
　타서 차게 하여 마신다.
32 绿豆汤 lǜdòutāng
　녹두 수프
33 杏仁儿粉 xìngrénrfěn
　살구씨 가루 ▶"杏仁儿霜"
　xìngrénrshuāng

34 杏仁儿茶 xìngrénrchá
　살구차 ▶살구씨의 분말에 설
　탕과 물을 타서 끓인 음료
35 藕粉 ǒufěn
　연근 가루 ▶갈분탕과 같이
　해서 마신다.
36 姜汤 jiāngtāng
　생강탕;생강차
37 咖啡 kāfēi
　커피
38 咖啡豆儿 kāfēi dòur
　커피 원두
39 方糖 fāngtáng
　각설탕
40 冰镇咖啡 bīngzhèn kāfēi
　냉커피;아이스 커피
41 速溶咖啡 sùróng kāfēi
　편의 커피;인스턴트 커피
42 可可 kěkě
　코코아
43 麦乳精 màirǔjīng
　맥아유(麥芽油) 농축액

44 豆浆晶 dòujiāngjīng
　두유 과립 ▶"晶" jīng은 과
　립이라는 뜻
45 桂圆晶 guìyuánjīng
　용안 과립
46 酸梅晶 suānméijīng
　매실 과립 "酸梅汤" suān-
　méitāng ☞32-31

49

33 茶 chá

1 茶庄 cházhuāng
   차 판매점
2 茶叶筒 cháyètǒng
   차통
3 茶叶 cháyè
   차잎
4 漏斗 lòudǒu
   깔때기의 일종 ▶양을 잴 차를 포장할 때 쓴다.
5 秤 chèng
   저울
6 茶杯 chábēi
   찻잔
7 瓜子儿 guāzǐr
   수박·호박 등의 씨
8 暖水瓶 nuǎnshuǐpíng
   보온병 ▶"暖瓶" nuǎnpíng, "暖壶" nuǎnhú
9 绿茶 lǜchá
   녹차 ▶"龙井茶" lóngjǐngchá 가 유명
10 珠茶 zhūchá
    주차 ▶알갱이 모양의 차로, 녹차의 일종
11 茉莉花茶 mòlìhuāchá
    재스민차 ▶"花茶" huāchá, "香片" xiāngpiàn
12 乌龙茶 wūlóngchá
    우롱차 ▶"青茶" qīngchá
13 普洱茶 pǔ'ěrchá
    푸얼차
    ▶"滇青茶" diānqīngchá
14-16 紧压茶 jǐnyāchá
    압축차 ; 찻잎을 증기로 쪄서 연하게 하여 덩어리로 만든 차 ▶"黑茶" hēichá
14 沱茶 tuóchá
    탁차 ; 찻잔 모양으로 압축한 차
15 饼茶 bǐngchá
    떡차 ; 둥글 납작하게 압축한 차
16 砖茶 zhuānchá
    전차 ; 벽돌 모양으로 압축한 차
17 红茶 hóngchá
    홍차 ▶"祁红" qíhóng, "滇红" diānhóng 이 유명
18 袋泡茶 dàipàochá
    티백
19 水瓶 shuǐpíng
    물병
20 玻璃杯 bōlibēi
    유리 컵
21 凉开水 liángkāishuǐ
    끓여 식힌 물 ▶"凉白开" liángbáikāi라고도 한다. 끓인 물은 "白开水" báikāishuǐ

34 酒 jiǔ

1-5 白酒 báijiǔ
배갈; 백주; 증류주의 총칭
▶"白干儿" báigānr

1 茅台酒 máotáijiǔ
마오타이주 ▶"茅台" máotái

2 汾酒 fénjiǔ
분주; 펀양현 특산의 증류주

3 西凤酒 xīfēngjiǔ
서봉주; 평샹현 특산의 증류주 ▶"西凤" xīfèng

4 五粮液 wǔliángyè
오곡주; 쓰촨성에서 생산되는 소주

5 二锅头 èrguōtóu
얼귀토; 베이징산의 알코올 도수가 높은 소주

6 绍兴酒 shàoxīngjiǔ
소홍주; 찹쌀로 빚은 저장성의 양조주 ▶"老酒" lǎojiǔ

7-8 葡萄酒 pùtaojiǔ
포도주; 와인 ▶"干葡萄酒" gānpùtaojiǔ는 쌉쌀한 맛, "甜葡萄酒" tiánpùtaojiǔ는 단맛 포도주

7 白葡萄酒 báipútaojiǔ
백포도주

8 红葡萄酒 hóngpùtaojiǔ
적포도주

9-10 果酒 guǒjiǔ
과실주

9 山杏酒 shānxìngjiǔ
살구주

10 山楂酒 shānzhājiǔ
산사주

11-13 露酒 lùjiǔ
리큐어; 과즙·술·설탕을 섞어 만든 술

11 桂花陈酒 guìhuā chénjiǔ
계화진주; 백포도주에 물푸레나무 꽃을 담근 술

12 味美思 wèiměisī
베르무트

13 竹叶青酒 zhúyèqīngjiǔ
죽엽주 ▶"竹叶青" zhúyèqīng

14-15 药酒 yàojiǔ
약주

14 人参酒 rénshēnjiǔ
인삼주

15 五加皮酒 wǔjiāpíjiǔ
오가피주 ▶"五加皮" wǔjiāpí

16 啤酒 píjiǔ
맥주

17 罐装啤酒 guànzhuāng píjiǔ
캔 맥주

18 鲜啤酒 xiānpíjiǔ
생맥주 ▶"扎啤" zhāpí

19 啤酒沫儿 píjiǔ mòr
맥주의 거품

20 香槟酒 xiāngbīnjiǔ
샴페인

21 威士忌 wēishìjì
위스키

22 白兰地 báilándì
브랜디

23 金酒 jīnjiǔ
진

24 清酒 qīngjiǔ
청주 ▶"大米清酒" dàmǐ qīngjiǔ

25 鸡尾酒 jīwěijiǔ
칵테일

35 烟 yān   담배 35

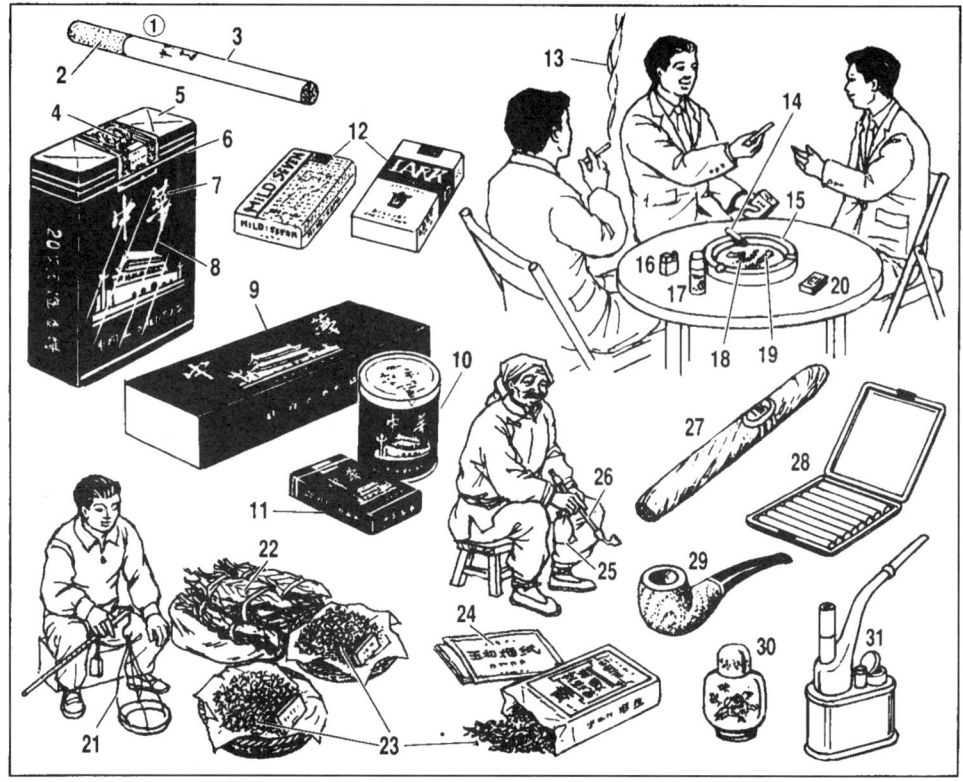

1 香烟 xiāngyān 궐련 ▶"烟卷儿" yānjuǎnr	12 外国烟 wàiguóyān 외국제 담배	23 烟丝 yānsī 살담배(각초)
2 过滤嘴儿 guòlǜ zuǐr 필터	13 烟儿 yānr (담배)연기	24 卷烟纸 juǎnyānzhǐ 궐련지
3 卷烟纸 juǎnyānzhǐ 궐련지	14 烟头儿 yāntóur 담배꽁초(피우고 있는)	25 烟荷包 yānhébao 살담배 주머니
4 封条儿 fēngtiáor 봉인지	15 烟灰缸 yānhuīgāng 재떨이	26 烟袋 yāndài 담뱃대
5 锡纸 xīzhǐ 은종이	16 打火机 dǎhuǒjī 라이터	27 雪茄 xuějiā 여송연 ; 시가
6 撕条儿 sītiáor 개봉 테이프	17 储气罐儿 chǔqì guànr 가스 봄베 ; 가스통	28 烟盒儿 yānhér 담뱃갑 ▶"香烟盒子" xiāngyān hézi
7 牌子 páizi 상표	18 烟灰 yānhuī 담뱃재	29 烟斗 yāndǒu 대통 ; 파이프
8 玻璃纸 bōlizhǐ 셀로판	19 烟头儿 yāntóur 담배꽁초(버린)	30 鼻烟壶 bíyānhú 코담배통
9 一条香烟 yi tiáo xiāngyān 담배 한상자	20 火柴 huǒchái 성냥	31 水烟袋 shuǐyāndài 수연통(水煙筒)
10 一筒香烟 yi tǒng xiāngyān 담배 한 깡통	21 杆秤 gǎnchèng 대저울	
11 一包香烟 yi bāo xiāngyān 담배 한갑	22 烟叶 yānyè 담뱃잎	

36 刀工 dāogōng · 火候 huǒhou   썰기 · 불의 세기

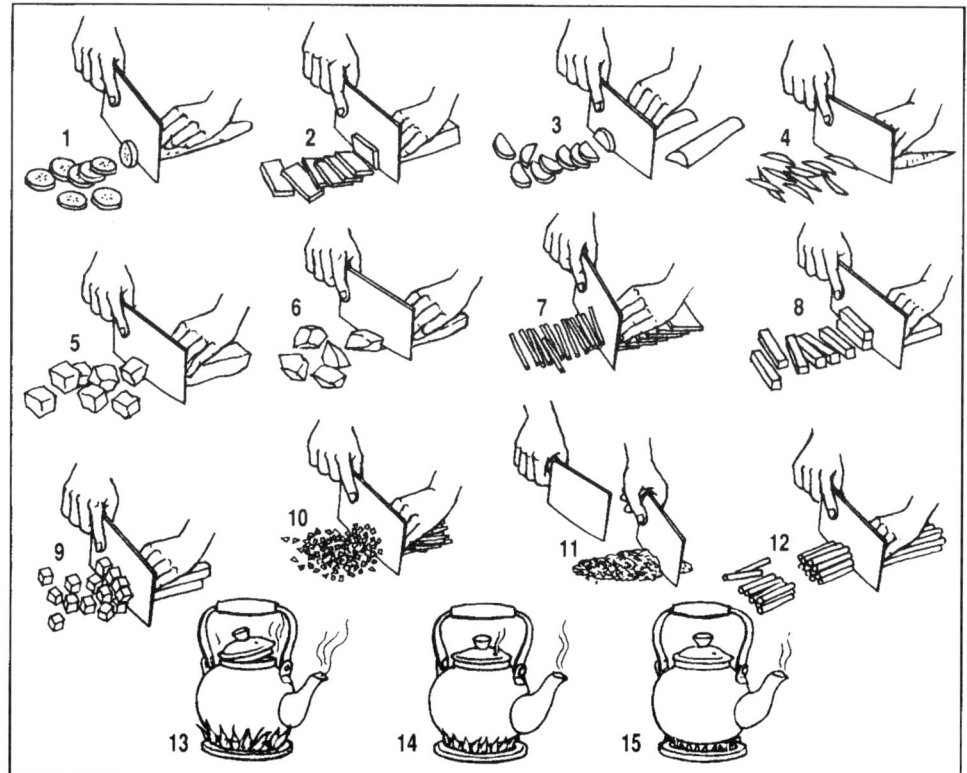

1-4 片儿 piànr
편; 얇고 납작하게 썰기
1 圆片儿 yuánpiànr
둥글편
2 长方片儿 chángfāng piànr
네모편
3 半月形片儿 bànyuèxíng piànr
반월편
4 柳叶片儿 liǔyè piànr
버들잎편
5-6 块儿 kuàir
덩어리; 두텁게 썰기
5 方块儿 fāngkuàir
육면체로 썰기
6 滚刀块儿 gǔndāo kuàir
돌림덩어리
7 丝儿 sīr
채썰기
8 条儿 tiáor
가늘게 썰기
9 丁儿 dīngr
토막 썰기
10 末儿 mòr
잘게 썰기
11 泥 ní
다진 것
12 段儿 duànr
긴 것을 자른 것
13-15 火候 huǒhou
불기운; 화력의 세기
13 大火 dàhuǒ
센 불
▶"旺火" wànghuǒ, "武火" wǔhuǒ
14 中火 zhōnghuǒ
중간 세기 불
15 小火 xiǎohuǒ
약한 불
▶"微火" wēihuǒ, "文火" wénhuǒ

37 四合院儿 sìhéyuànr

1-34 四合院儿 sìhéyuànr
사합원 ▶베이징의 전통적 주택 양식.
▶"四合房" sìhéfáng

1 大门 dàmén
대문 ; 바깥문

2 门洞儿 méndòngr
대문의 출입 통로 ; 터널 모양으로 구간이 있다.

3 门房 ménfáng
문지기 방
▶"门房儿" ménfángr

4 倒座儿 dàozuòr
대문 왼쪽에 이어지는 동서로 긴 건물 ▶응접실이나 차고, 사용인의 주거 등으로 쓰인다. "倒座房" dàozuòfáng

5 外院 wàiyuàn
바깥마당▶정문을 들어서서 바로 보이는 뜰

6 前院 qiányuàn
앞마당 ▶"垂花门" chuíhuāmén의 앞뜰

7 垂花门 chuíhuāmén
앞마당 남쪽에 있는 문 ▶조각을 한 기둥이 있다. ▶"二门" èrmén

8 砖墙 zhuānqiáng
벽돌담

9 偏院 piānyuàn
옆뜰 ; 앞뜰 곁의 작은 뜰

10 院墙 yuànqiáng
집 주위의 담장

11 录顶 lùdǐng
경사가 완만한 낮은 지붕의 건물

12 回廊 huíláng
회랑▶"游廊" yóuláng

13 里院 lǐyuàn
안채 남쪽의 뜰

14 东厢房 dōngxiāngfáng
동쪽 곁채 ▶안뜰에 면한 동쪽의 건물로, 가족의 거처나 주방·식사실 등으로 쓰인다.

15 西厢房 xīxiāngfáng
서쪽 곁채 ▶안뜰에 면한 서쪽의 건물로, "正房" zhèngfáng에 이어 중요한 건물.

16 跨院儿 kuàyuànr
안마당

17 正房 zhèngfáng
안채▶안뜰에 면한 북쪽 건물. 주인 부부의 주거나 응접실로 쓰인다.
▶"上房" shàngfáng

18 耳房 ěrfáng
안채 양쪽으로 붙어 있는 작은 방▶헛간이나 욕실 등으로 쓰인다.

19 过道 guòdào
통로

20 后院 hòuyuàn
뒤뜰▶안채의 뒤뜰

21 后罩房 hòuzhàofáng
안채 뒤편에 세운 집 ▶노인이나 어린이 주거 등으로 쓰인다.

22 后门 hòumén
뒷문 ; 후문 ▶뒤뜰에서 밖의 골목길에 통하는 문
▶"后门儿" hòuménr

23 上马石 shàngmǎshí
하마석▶말 탈 때 발판으로 삼는 돌(중국은 상마석이라 한다)

24 台阶 táijiē
돌계단 ; 돌층계 ▶"台阶儿" táijiēr, "礓磜儿" jiāngcār

25 门槛 ménkǎn
문턱 ; 문이나 입구의 문지방
▶"门槛儿" ménkǎnr, "门坎儿" ménkǎnr

26 门扇 ménshàn
문짝

27 门环子 ménhuánzi
도어 노커 ; 문 고리

28 影壁 yǐngbì
영벽 ; 집 내부를 가리고, 장식도 겸한 벽 ▶대문을 들어선 정면에 있다.
"照壁" zhàobì

29 门墩儿 méndūnr
문둔테 ; 문장무를 끼워 문짝이 회전하도록 한 석대

30 月亮门儿 yuèliangménr
월아문 ; 벽돌담에 달 모양으로(둥글게) 뚫어 놓은 문

31 垂花柱 chuíhuāzhù
수화문 네 구석에 세워진 조각을 한 짧은 기둥
☞37-7

32 堂屋 tángwū
안채의 가운데 방

33 里屋 lǐwū
입구에서 안쪽에 있는 거실 ; 안방 ▶"里间儿" lǐjiānr, "里间屋" lǐjiānwū

34 夹道 jiādào
협도 ▶건물과 담 사이의 좁은 통로. "夹道儿" jiādàor

사합원 37

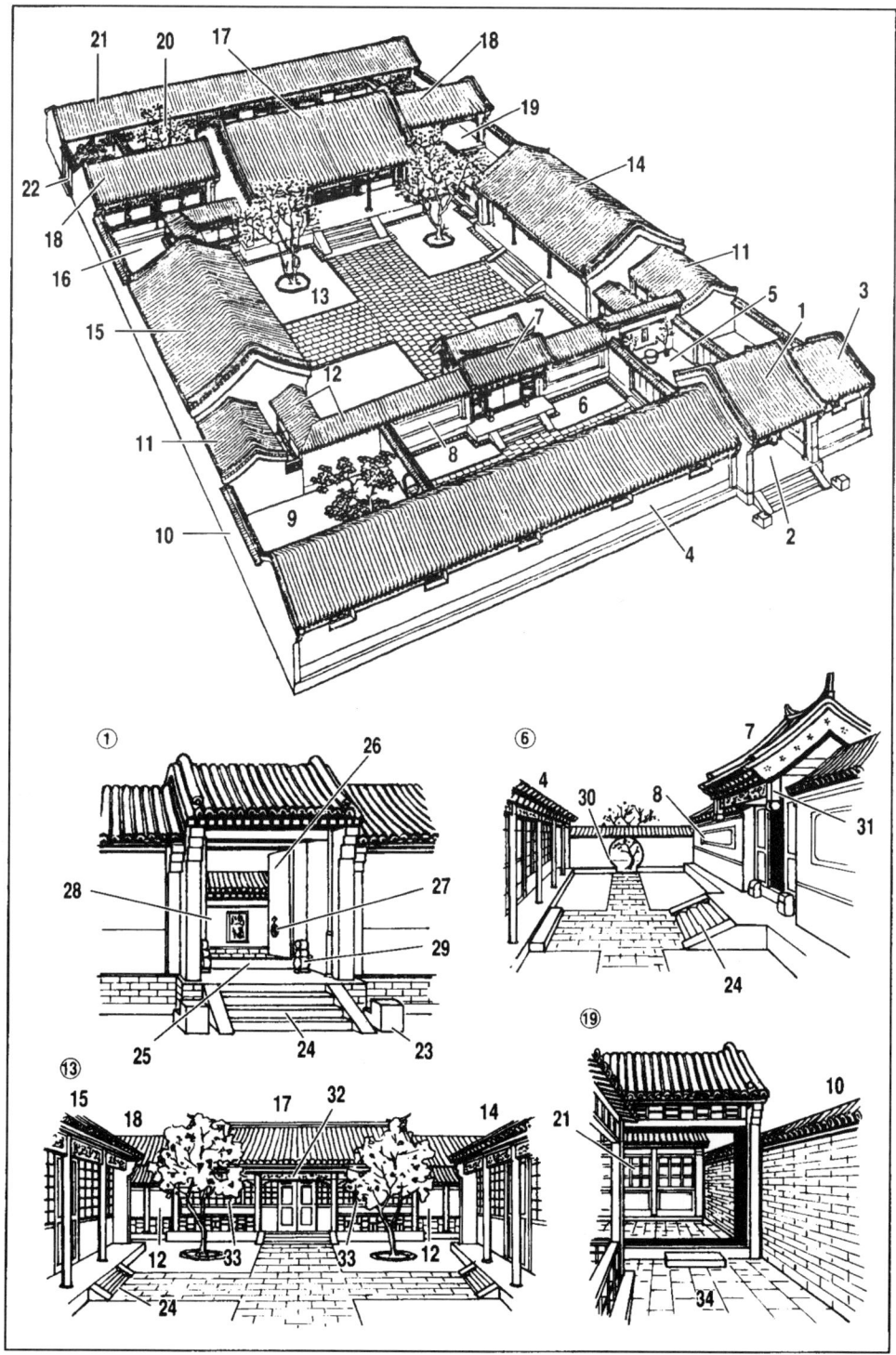

38 各种民房 gèzhǒng mínfáng

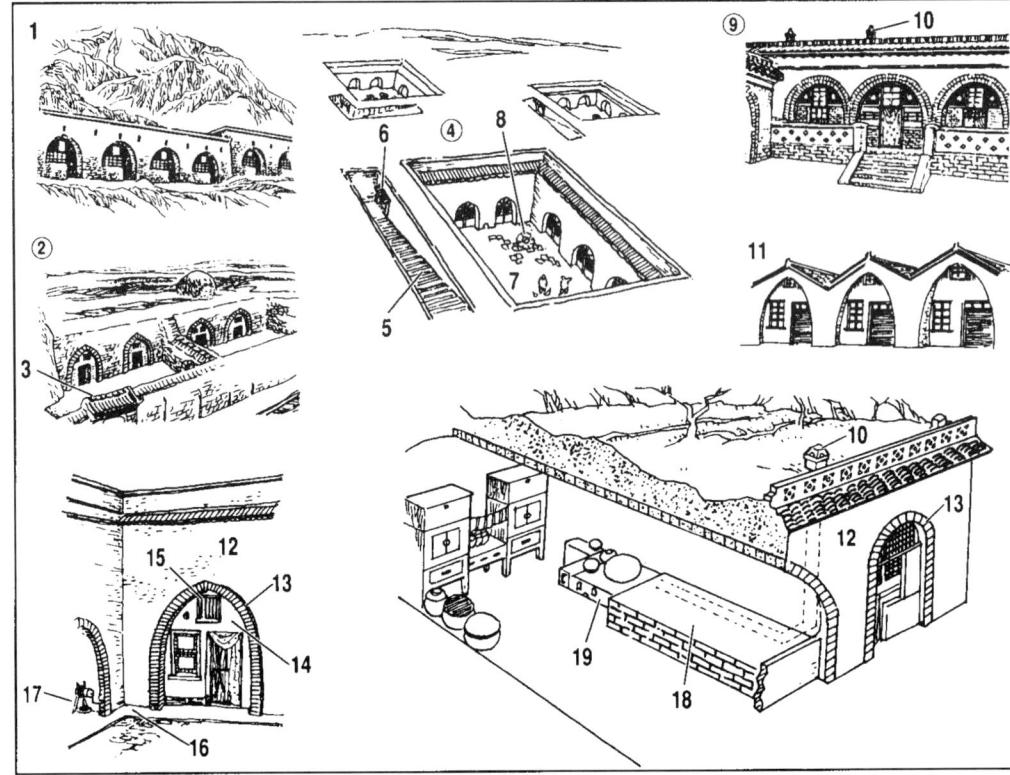

1-19 窑洞 yáodòng
동굴식 주거 ; 혈거(穴居)

1-3 靠崖式窑洞 kàoyáshì yáodòng
벼랑 동굴집 ▶"土窑" tǔyáo

1 靠山窑洞 kàoshān yáodòng
산벼랑 동굴집

2 沿沟窑洞 yángōu yáodòng
골짜기 벼랑 동굴집

3 门楼 ménlóu
문루 ; 대문 위의 다락집 ▶"门楼儿" ménlóur

4 下沉式窑洞 xiàchénshì yáodòng
땅굴집 ▶지면을 파내려간 네모진 안뜰에서 사방으로 파서 만든다. "地坑式窑洞" dìkēngshì yáodòng, "地窑" dìyáo

5 坡道 pōdào
비탈길 ; 경사로

6 大门 dàmén
대문 ; 바깥문

7 天井院 tiānjǐngyuàn
땅굴집의 안뜰
▶"天坑" tiānkēng

8 渗坑 shènkēng
안뜰에 내린 빗물을 처리하는 배수 구멍
▶"渗井" shènjǐng

9-11 独立式窑洞 dúlìshì yáodòng
단독 동굴집

9-10 砖石窑洞 zhuānshí yáodòng
벽돌과 돌로 지은 동굴집

10 烟筒 yāntong
굴뚝

11 土坯拱窑洞 tǔpīgǒng yáodòng
투피로 지은 동굴집

12 窑脸 yáoliǎn
동굴집의 바깥쪽 벽면

13 窑口 yáokǒu
동굴집의 입구
▶"券口" xuànkǒu "券边" xuànbiān

14 前墙 qiánqiáng
입구 안쪽 벽

15 通风窗 tōngfēngchuāng
통풍구 ; 환기용의 작은 창

16 散水 sànshuǐ
보호바닥 ; 빗물침입을 막기 위해 건물 외곽에 벽돌이나 콘크리트로 만든다

17 水井 shuǐjǐng
우물

18 火炕 huǒkàng
온돌 ▶"炕" kàng

19 灶 zào
부뚜막

20 瓦房 wǎfáng
기와집 ▶그림은 "砖瓦房" zhuānwǎfáng

21 双坡屋顶 shuāngpō wūdǐng
맞배지붕

각종 주거 형태 38

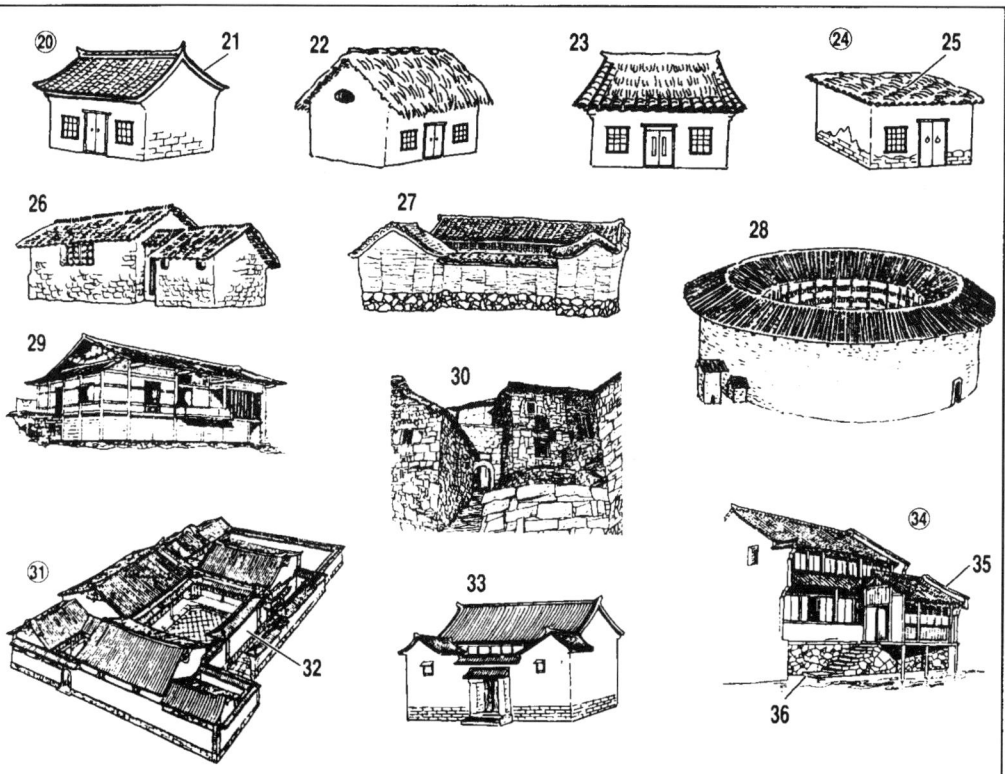

22 草房 cǎofáng
   초가집
23 边缘房 biānyuánfáng
   반기와집 ; 초가 지붕의 변두리에 기와를 얹어 보강한 집
24 平顶房 píngdǐngfáng
   평지붕의 가옥
25 平屋顶 píngwūdǐng
   평지붕
26 土坯房 tǔpīfáng
   투피집 ; 피장으로 지은 집
   ▶ "土房子" tǔfángzi
27 夯土建筑 hāngtǔ jiànzhù
   판축(版築) 공법(토벽 축조법의 하나. 석회를 섞어 찰흙층과 모래층을 교대로 다진 것)의 건물 ▶ "干打垒房子" gāndǎlěi fángzi
28 土楼 tǔlóu
   흙벽 다락
29 木板房 mùbǎnfáng
   판잣집 ▶ 그림은 고상식(高床式) 목조 주택
30 石筑的房子 shízhùde fángzi
   돌로 지은 집
31 三合房 sānhéfáng
   삼합원 ; "ㄷ"자형 집 ▶ 안뜰을 둘러싸고 북과 동과 서에 건물이 선다. "三合院儿" sānhéyuànr
32 影壁 yǐngbì
   영벽 ; 대문을 들어선 곳에 세운 가리개용의 담
   ▶ "照壁" zhàobì ☞ 37-28
33 一颗印住宅 yīkēyìn zhùzhái
   단식 주택
34 临河民居 línhé mínjū
   물가의 민가 ▶ "临水建筑" línshuǐ jiànzhù
35 吊楼 diàolóu
   수상 가옥 ; 기둥을 세워 수면상에 내어 지은 건물
   ▶ "吊脚楼" diàojiǎolóu
36 私用码头 sīyòng mǎtou
   자가용의 선착장

57

39 瓦房 wǎfáng　　기와집 39

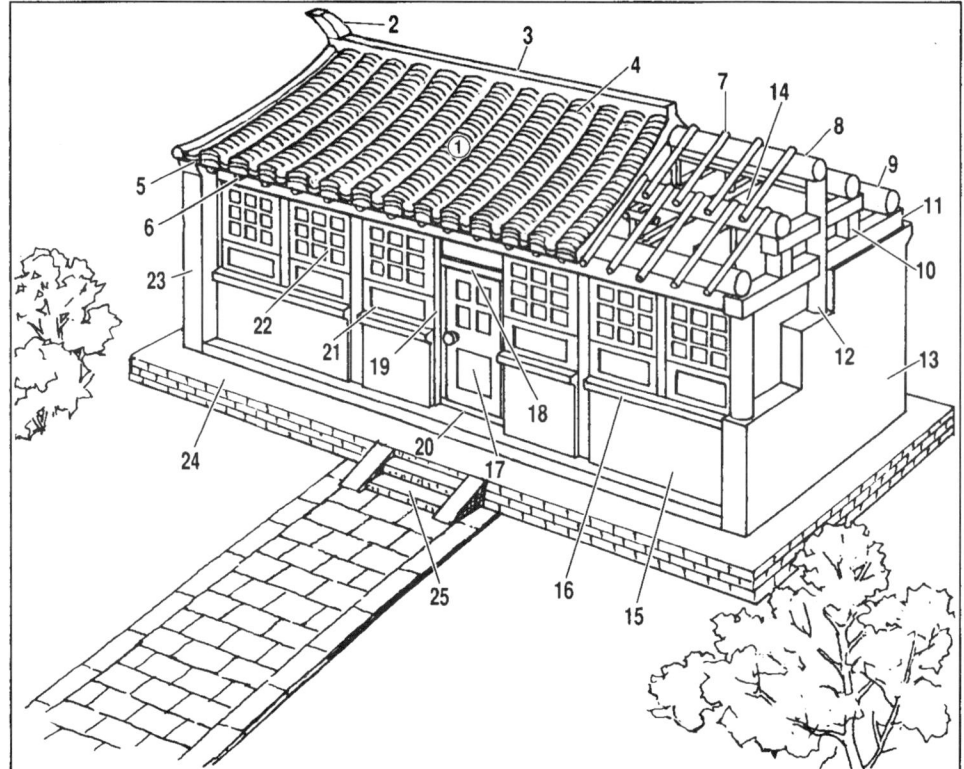

1 屋顶 wūdǐng
　지붕 ▶"房顶" fángdǐng
2 蝎子尾儿 xiēziwěir
　지붕뿔; 지붕 양단에 붙인
　전갈 꼬리 모양의 돌기
3 屋脊 wūjǐ
　용마루
4 屋面瓦 wūmiànwǎ
　지붕 기와
5 房檐 fángyán
　처마 ▶"屋檐" wūyán,
　"檐子" yánzi
6 滴水瓦 dīshuiwǎ
　처마끝의 내림새 기와
7 椽子 chuánzi
　서까래
8 大梁 dàliáng
　마룻대 ▶"脊檩" jǐlǐn
9 檩 lǐn
　도리 ▶"檩子" lǐnzi, "檩条"
　lǐntiáo
10 瓜柱 guāzhù
　동자기둥
11 梁 liáng
　들보 ▶"梁木" liángmù
12 柱子 zhùzi
　기둥
13 山墙 shānqiáng
　산벽; 중국 전통 가옥의 양
　측면의 높은 벽
　▶"房山" fángshān
14 隔墙 géqiáng
　사이벽; 칸막이벽
15 墙 qiáng
　벽
16 窗台 chuāngtái
　창턱; 창문받이 ▶"窗台儿"
　chuāngtáir
17 门 mén
　문; 출입문; 도어
18 门楣 ménméi
　문미; 입구의 상인방
19 门框 ménkuàng
　문틀
20 门槛 ménkǎn
　문턱; 문지방
　▶"门槛儿" ménkǎnr, "门坎
　儿" ménkǎnr
21 窗户 chuānghu
　창
22 窗格子 chuānggézi
　창살
　▶"窗棂子" chuānglíngzi
23 墙垛子 qiángduǒzi
　벽 밖으로 돌출된 부분
24 房基 fángjī
　기단 ▶흙을 다지거나 돌을
　쌓아 만든다. "地基" dìjī
25 台阶 táijiē
　계단; 입구의 돌계단
　▶"台阶儿" táijiēr

40 农家 nóngjiā

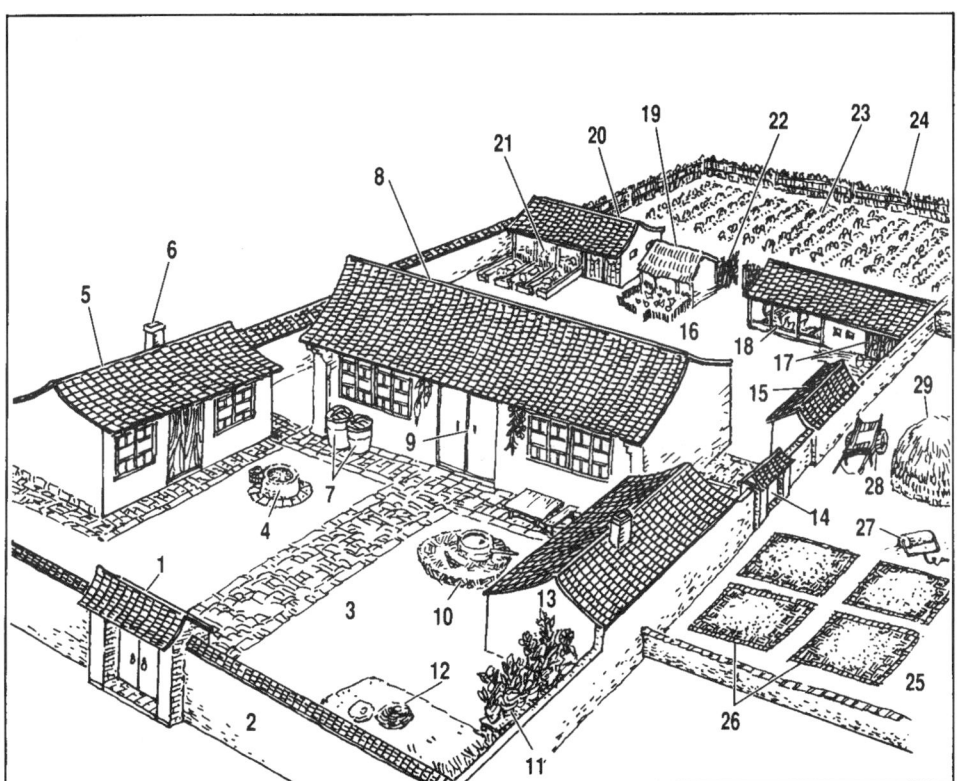

1-29 农家 nóngjiā
농가 ▶그림은 북방의 "三合房" sānhéfáng ☞38-31
1 大门 dàmén
대문
2 院墙 yuànqiáng
담장
3 院子 yuànzi
뜰; 정원
4 水井 shuǐjǐng
우물
5 西屋 xīwū
서쪽채
6 烟筒 yāntong
굴뚝
7 水缸 shuǐgāng
물독; 물항아리
8 北屋 běiwū
북쪽채; 안채
9 堂屋 tángwū
안채 방
10 石磨 shímò
돌절구
11 花园 huāyuán
화원 ▶"花园子" huāyuánzi, "花园儿" huāyuánr
12 菜窖 càijiào
야채 움
13 东屋 dōngwū
동쪽채
14 旁门 pángmén
옆문; 쪽문
▶"旁门儿" pángménr
15 堆房 duīfang
헛간; 광
16 后院 hòuyuàn
뒤뜰
17 库房 kùfáng
창고
18 牲口棚 shēngkoupéng
가축 우리
19 鸡棚 jīpéng
닭장
20 厕所 cèsuǒ
변소
21 猪圈 zhūjuàn
돼지 우리
22 篱笆门 líbāmén
나무바자문
23 菜园子 càiyuánzi
야채밭
24 篱笆 líba
나무 바자; 나무 울타리
25 场院 chángyuàn
탈곡장 ▶주위에 울타리를 둘러친 곡물의 탈곡·건조 등을 하기 위한 빈터
26 草席 cǎoxí
짚 방석; 거적; 멍석
27 场滚 chánggǔn
돌굴레; 탈곡용의 돌로 된 롤러
28 劳动车 láodòngchē
밀차; 짐수레
29 麦垛 màiduò
짚낟가리

41 集体住宅 jítǐ zhùzhái

1. 屋顶 wūdǐng
   옥상
2. 蓄水槽 xùshuǐcáo
   저수 탱크
3. 正面阳台 zhèngmiàn yángtái
   정면 베란다
4. 晾衣架 liàngyījià
   빨래 너는 틀
5. 栏杆 lán'gān
   난간
6. 窗户 chuānghu
   창
7. 外窗台 wàichuāngtái
   바깥 창턱
8. 单元门 dānyuánmén
   공동 주택의 계단의 입구
   ▶"楼道门" lóudàomén
9. 垃圾井筒的换气装置 lājī jǐngtǒng de huànqì zhuāngzhì
   더스트 슈트의 환기구
10. 房檐 fángyán
    처마 ▶"房檐儿" fángyánr, "屋檐" wūyán
11. 楼号 lóuhào
    건물 번호
12. 外墙裙 wàiqiángqún
    토대 둘레；기초 둘레
13. 散水 sànshuǐ
    보호바닥；빗물침입을 막기 위해 건물 외곽에 벽돌이나 콘크리트로 만든다
14. 落水管 luòshuǐguǎn
    낙수 홈통
    ▶"水落管" shuǐluòguǎn
15. 后阳台 hòuyángtái
    뒤쪽 베란다
16. 阳台隔板 yángtái gébǎn
    베란다의 칸막이판
17. 玻璃棚 bōlipéng
    유리를 댄 베란다 룸
18. 楼梯的窗户 lóutī de chuānghu
    계단의 창문
19. 雨罩 yǔzhào
    입구의 처마
20. 电灯 diàndēng
    전등
21. 门扇 ménshàn
    입구의 문
22. 信箱 xìnxiāng
    우편함
23. 楼道 lóudào
    복도；통로
24. 台阶 táijiē
    입구의 돌층계
    ▶"台阶儿" táijiēr
25. 垃圾井筒 lājī jǐngtǒng
    쓰레기 통로；더스트 슈트
    ▶"垃圾通道" lājī tōngdào
26. 工作口 gōngzuòkǒu
    맨홀
27. 隔窗 géchuāng
    출입문 위의 창
28. 房号 fánghào
    집 번호
29. 房门 fángmén
    출입문
30. 门铃 ménlíng
    초인종
31. 墙裙 qiángqún
    징두리널；벽의 허리 높이로 둘러댄 판자 또는 시멘트, 페인트 칠
32. 楼梯 lóutī
    계단
33. 楼梯扶手 lóutī fúshou
    계단의 난간
34. 楼梯平台 lóutī píngtái
    계단의 층계참

집합 주택(아파트) 41

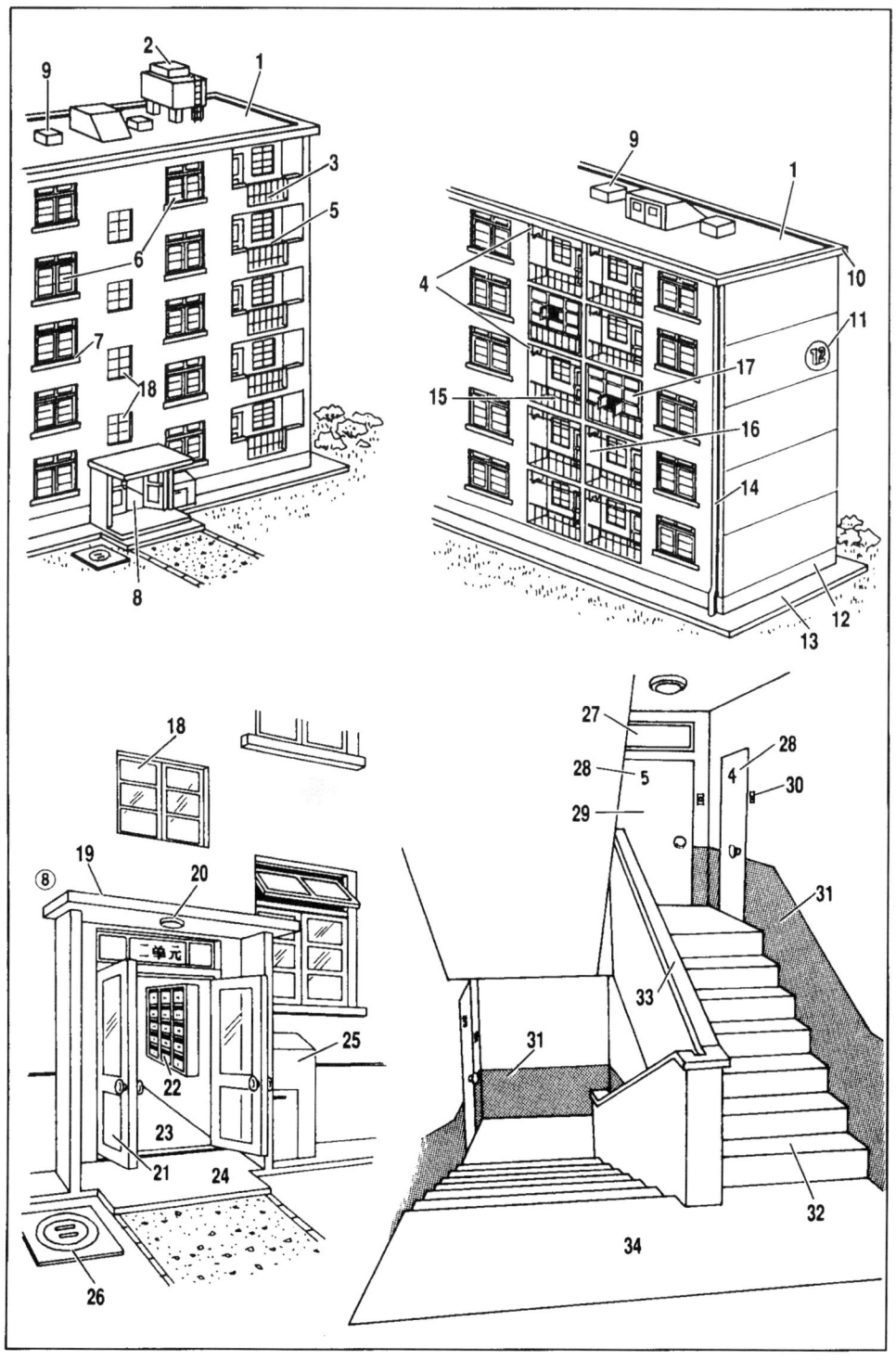

42 堂屋 tángwù

전통 가옥의 실내 42

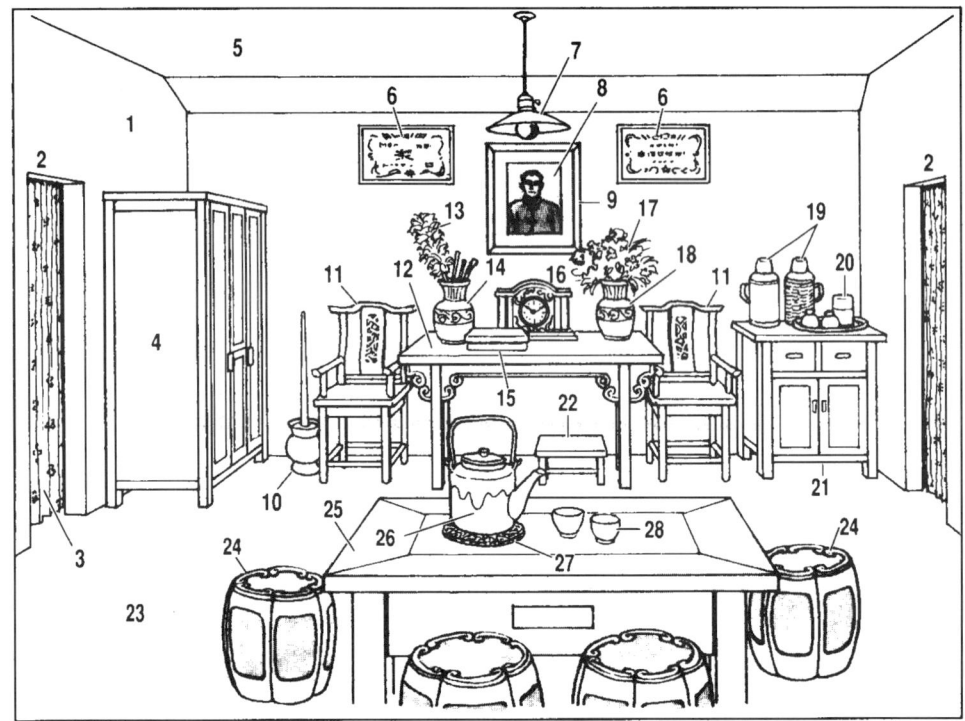

1 墙 qiáng
  벽
2 屋门 wūmén
  방의 출입구
3 门帘 ménlián
  출입구의 커튼 ▶"门帘儿"
  ménliánr, "门帘子"
  ménliánzi
4 大立柜 dàlìguì
  대형 옷장
5 天棚 tiānpéng
  천장 ▶"顶棚" dǐngpéng
6 奖状 jiǎngzhuàng
  상장
7 电灯 diàndēng
  전등
8 肖像 xiāoxiàng
  초상
  ▶그림에서는 조상의 사진을
  걸고 있다.
9 镜框 jìngkuàng
  액자 ▶"镜框儿" jìngkuàngr
10 痰盂 tányú
  타구 ▶"痰盂儿" tányúr

11 扶手椅 fúshouyǐ
   팔걸이 의자
12 平头案 píngtóu'àn
   상판의 양단이 평평한 전통
   양식의 탁자 ☞50-15
13 鸡毛掸子 jīmáo dǎnzi
   닭털 총채 ; 털 총채
14 掸瓶 dǎnpíng
   총채병
15 果盒儿 guǒhér
   과자 그릇
16 座钟 zuòzhōng
   탁상 시계
17 假花 jiǎhuā
   조화
18 花瓶 huāpíng
   꽃병 ; 화병 ▶"花瓶儿"
   huāpíngr
19 暖水瓶 nuǎnshuǐpíng
   보온병 ▶"暖瓶" nuǎnpíng,
   "暖壶" nuǎnhú
20 茶筒 chátǒng
   차통
21 茶柜 cháguì

   차도구(차그릇)를 넣는 찬장
22 脚凳 jiǎodèng
   발판
23 地 dì
   바닥
24 陶墩子 táodūnzi
   도기 원통 걸상
25 八仙桌 bāxiānzhuō
   8인용의 구식 테이블
   ▶"仙桌儿" bāxiān zhuōr
26 茶壶 cháhú
   찻주전자
27 茶壶垫儿 cháhú diànr
   찻주전자 깔개
28 茶碗 cháwǎn
   찻잔 ; 찻종

43 卧室(农村) wòshì(nòngcūn) — 침실(농촌) 43

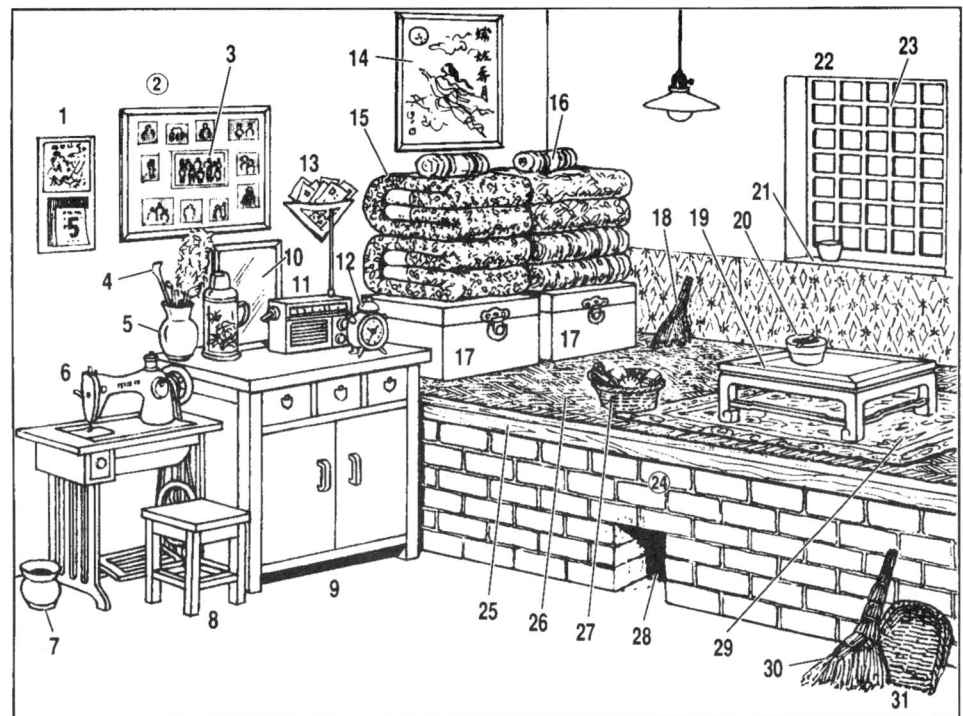

1 日历 rìlì
  일력
2 照片 zhàopiàn
  사진 ▶"照片儿" zhàopiànr
3 全家福 quánjiāfú
  가족 사진
4 老头儿乐 lǎotóurlè
  효자손 ; 등긁이 ▶"痒痒挠儿" yǎngyangnáor
5 掸瓶 dǎnpíng
  총채 꽂이
6 缝纫机 féngrènjī
  재봉틀
7 痰盂 tányú
  타구 ▶"痰盂儿" tányúr
8 凳子 dèngzi
  걸상
9 小衣柜 xiǎoyīguì
  정리 장롱
10 镜子 jìngzi
  거울
11 收音机 shōuyīnjī
  라디오
12 闹钟 nàozhōng
  자명종 시계
13 信袋儿 xìndàir
  편지꽂이
14 画儿 huàr
  그림
15 被子 bèizi
  이불
16 枕头 zhěntou
  베개
17 衣箱 yīxiāng
  옷상자 ; 옷농 ; 옷고리짝
18 炕笤帚 kàngtiáozhou
  온돌 빗자루
19 炕桌儿 kàngzhuōr
  온돌 탁자
20 烟灰缸 yānhuīgāng
  재떨이 ☞61-41
21 窗台 chuāngtái
  창턱 ▶"窗台儿" chuāngtáir
22 窗户 chuānghu
  창
23 窗格子 chuānggézi
  창살 ; 창의 격자
24 炕 kàng
  온돌 ▶그림은 "砖炕" zhuān kàng(벽돌을 쌓은 온돌)
25 炕沿儿 kàngyánr
  온돌가
26 炕席 kàngxí
  온돌 돗자리
27 针线笸箩 zhēnxian pǒluo
  반짇고리
28 炕洞 kàngdòng
  온돌 아궁이
29 炕毡 kàngzhān
  온돌 깔개(융단)
  ▶"炕毡子" kàngzhānzi
30 笤帚 tiáozhou
  빗자루
31 簸箕 bòji
  쓰레기 그릇 ▶"畚箕" běnjī

44 灶间(农村) zàojiān(nòngcūn)   부엌(농촌) 44

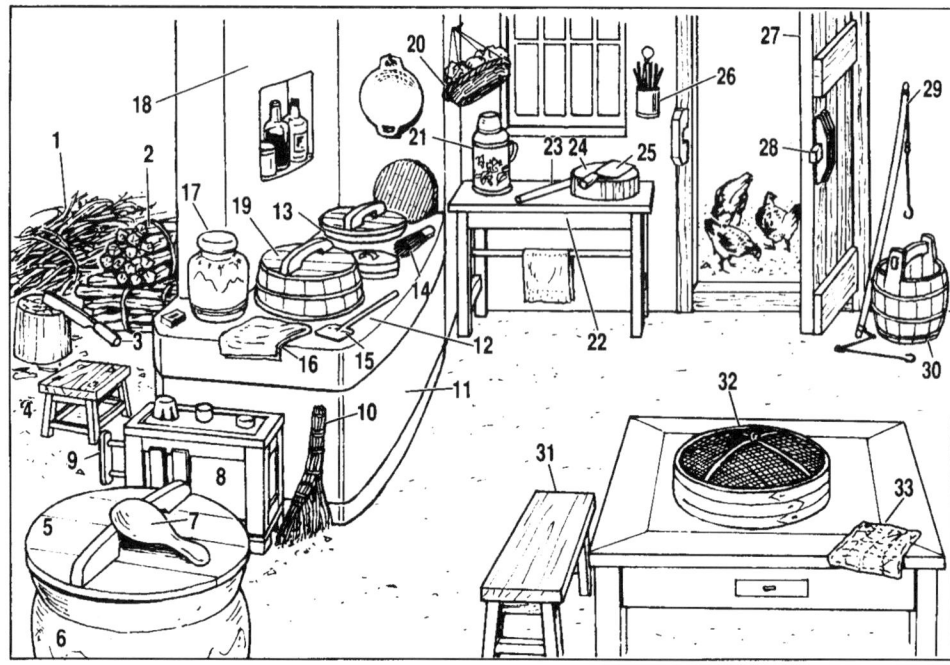

1 柴禾 cháihé
  땔감 ; 연료용으로 말린 고량이나 옥수수의 줄기
2 木柴 mùchái
  장작
3 劈刀 pīdāo
  날이 넓은 손도끼 ▶"柴刀" cháidāo
4 小板凳 xiǎobǎndèng
  작은 나무 걸상
5 水缸盖儿 shuǐgāng gàir
  물독 뚜껑
6 水缸 shuǐgāng
  물독 ; 물항아리
7 水瓢儿 shuǐpiáor
  물바가지
8 风箱 fēngxiāng
  풀무
9 风箱拉手 fēngxiāng lāshou
  풀무 손잡이
10 笤帚 tiáozhou
  땅빗자루 ▶고량이나 수수의 이삭으로 만든다.
11 灶 zào
  부뚜막
12 锅台 guōtái
  가마목 ; 부뚜막 위의 평평한 부분
13 灶火口 zàohuǒkǒu
  부뚜막 위의 가마를 얹는 구멍
14 锅刷子 guōshuāzi
  가마빗자루 ; 대 끝을 잘게 쪼개어 묶은 도구(가마를 닦을 때 사용)
  ▶"竹刷子" zhúshuāzi
15 锅铲 guōchǎn
  부삽 ; 쇠주걱
16 屉布 tìbù
  찜보 ; 나무 찜통 안에 까는 헝겊
17 油罐子 yóuguànzi
  기름 항아리
18 墙 qiáng
  벽
19 锅盖 guōgài
  가마 뚜껑
20 菜筐子 càikuāngzi
  채소 광주리
21 暖水瓶 nuǎnshuǐpíng
  보온병 ▶"暖瓶" nuǎnpíng, "暖壶" nuǎnhú
22 桌子 zhuōzi
  탁자 ; 테이블
23 擀面杖 gǎnmiànzhàng
  밀대 ; 밀방망이
24 菜墩子 càidūnzi
  칼도마
25 菜刀 càidāo
  식칼
26 筷笼子 kuàilóngzi
  젓가락통
27 门 mén
  문 ; 출입구의 문
28 门闩 ménshuān
  문빗장
29 扁担 biǎndan
  멜대
30 水桶 shuǐtǒng
  물통 ; 양동이
31 板凳 bǎndèng
  나무 걸상
  ▶"条凳" tiáodèng
32 纱罩 shāzhào
  망사로 만든 덮개
33 抹布 mābù
  걸레 ; 행주
  ▶"擦桌布" cāzhuōbù

45 厨房(城市) chúfáng (chéngshì)   주방(도시) 45

1 锅刷子 guōshuāzi
  가마빗자루; 대 끝을 잘게 쪼개어 묶은 도구(가마를 닦을 때 사용)
  ▶"竹刷子" zhúshuāzi
2 洗洁精 xǐjiéjīng
  부엌용 세제
3 去污粉 qùwūfěn
  세척제; 연마용 가루
4 搁板 gēbǎn
  선반
5 水龙头 shuǐlóngtóu
  수도꼭지
6 海绵 hǎimián
  해면; 스폰지
7 丝瓜络 sīguāluò
  식기 세척용 수세미
8 洗碗池 xǐwǎnchí
  식기 등을 씻는 곳
9 漏盆 lòupén
  플라스틱 소쿠리 ▶"塑料筐子" sùliào kuāngzi
10 塑料盆 sùliàopén
   플라스틱 대야
11 刀架 dāojià
   식칼걸이
12 菜刀 càidāo
   식칼
13 礤床儿 cǎchuángr
   채칼
14 切菜板 qiēcàibǎn
   도마 ▶떡을 하는데 쓰는 것은 "案板" ànbǎn
   ☞59-55, 57
15 抹布 mābù
   행주
16 菜篮子 càilánzi
   장바구니
17 高压锅 gāoyāguō
   압력 냄비; 압력솥
18 漏勺 lòusháo
   그물 국자
19 炒菜锅 chǎocàiguō
   볶음 냄비
20 笊篱 zhàoli
   조리
21 煤气表 méiqìbiǎo
   가스 미터
22 煤气管道阀门 méiqì guǎndào fámén
   가스의 개폐 장치
23 煤气灶 méiqìzào
   가스 테이블 ☞71-29
24 蒸锅 zhēngguō
   찜통; 시루
25 阳台 yángtái
   베란다
26 碗橱 wǎnchú
   찬장 ▶"碗柜" wǎnguì
27 筷笼子 kuàilóngzi
   젓가락꽂이
28 暖水瓶 nuǎnshuǐpíng
   보온병 ▶"暖瓶" nuǎnpíng, "暖壶" nuǎnhú
29 水壶 shuǐhú
   주전자
30 锅垫 guōdiàn
   냄비깔개 ▶"锅圈" guōquān
31 桌子 zhuōzi
   탁자
32 菜筐子 càikuāngzi
   채소 광주리
33 笤帚 tiáozhou
   대나무비
34 簸箕 bòji
   쓰레받기

46 起居室(城市) qǐjūshì(chéngshì)　　거실(도시) 46

1-30 起居室 qǐjūshì
　거실 ▶"起坐间" qǐzuòjiān
1 奖状 jiǎngzhuàng
　상장
2 画儿 huàr
　그림
3 水瓶 shuǐpíng
　물병
4 电冰箱 diànbīngxiāng
　냉장고
5 茶几 chájī
　차 탁자 ; 티 테이블
　▶"茶几儿" chájīr
6 烟灰缸 yānhuīgāng
　재떨이 ▶"烟缸" yān'gāng
7 沙发 shāfā
　소파 ; 안락 의자 ▶"单人沙
　发" dānrén shāfā(1인용 소
　퍼)라고도 한다.
8 假花 jiǎhuā
　조화
9 花瓶 huāpíng
　꽃병 ; 화병
　▶"花瓶儿" huāpíngr

10 座钟 zuòzhōng
　탁상 시계
11 柜子 guìzi
　찬장 ▶"柜儿" guìr
12 糖果盒儿 tángguǒ hér
　당과 그릇
13 电视机 diànshìjī
　텔레비전
14 录像机 lùxiàngjī
　VTR
15 电灯 diàndēng
　전등
16 屋门 wūmén
　방문
　▶"门" mén이라고도 함.
17 电灯开关 diàndēng kāiguān
　전등의 스위치
18 帽钩 màogōu
　모자 걸이
19 窗帘 chuānglián
　커튼 ▶"窗帘儿" chuāngliánr
20 暖水瓶 nuǎnshuǐpíng
　보온병 ▶"暖瓶" nuǎnpíng,
　"暖壶" nuǎnhú

21 收录两用机 shōulù liǎng-
　yòngjī
　카세트 라디오 ▶"收录机"
　shōulùjī
22 盆花 pénhuā
　화분 꽃
23 金鱼缸 jīnyúgāng
　금붕어 어항
24 台灯 táidēng
　전기 스탠드
25 组合家具 zǔhé jiāju
　조합식 가구
26 桌子 zhuōzi
　테이블
27 茶杯 chábēi
　찻잔
28 果盘 guǒpán
　과일 쟁반
29 报纸 bàozhǐ
　신문
30 椅子 yǐzi
　의자

47 卧室(城市) wòshì(chéngshì) 침실(도시) 47

1 双人床 shuāngrénchuáng
더블베드
▶"大床" dàchuáng
2 床单 chuángdān
침대 시트 ▶"床单儿" chuángdānr
3 被子 bèizi
이불
4 睡衣 shuìyī
잠옷 ; 파자마
5 枕头 zhěntou
베개
6 壁灯 bìdēng
벽전등 ☞68-10
7 床头柜 chuángtóuguì
사이드 테이블 ; 나이트 테이블 ☞52-18
8 收音机 shōuyīnjī
라디오
9 闹钟 nàozhōng
자명종 시계
10 台灯 táidēng
전기 스탠드
11 照片 zhàopiàn

사진 ▶"结婚照" jiéhūnzhào 는 결혼 기념 사진
12 化妆镜 huàzhuāngjìng
화장 거울
▶"镜子" jìngzi(거울)
13 化妆品 huàzhuāngpǐn
화장품
14 梳妆台 shūzhuāngtái
화장대 ; 경대
15 凳子 dèngzi
걸상
16 大衣柜 dàyīguì
대형 옷장
17 窗帘箱 chuāngliánxiāng
커튼 박스
18 窗帘 chuānglián
커튼 ▶"窗帘儿" chuāngliánr
19 盆景 pénjǐng
분재
20 暖气片 nuǎnqìpiàn
스팀의 방열기
21 桌子 zhuōzi
테이블
22 茶具 chájù

차도구 ; 다구
23 椅子 yǐzi
의자
24 双月历 shuāngyuèlì
2개월분을 한 장에 인쇄한 달력
25 花瓶 huāpíng
꽃병 ; 화병 ▶"花瓶儿" huāpíngr
26 五斗柜 wǔdǒuguì
서랍 다섯 개 달린 장
▶"五屉柜" wǔtìguì
27 缝纫机 féngrènjī
재봉틀
28 屋门 wūmén
방문
29 门把儿 ménbàr
문손잡이 ; 문고리 ; 도어 노브 ▶"门把手" ménbǎshou
30 衣架 yījià
옷걸이
31 挂衣钩 guàyīgōu
옷을 거는 못 ; 훅 ▶"衣钩" yīgōu

48 书房(城市) shūfáng(chéngshì) — 서재(도시) 48

1. 书桌 shūzhuō
   책상 ▶"书桌儿" shūzhuōr
2. 笔筒 bǐtǒng
   필꽂이
3. 台历 táilì
   탁상 캘린더
4. 书挡 shūdǎng
   북엔드
5. 工具书 gōngjùshū
   공구서; 사전·연감·색인 등의 책
6. 墨水瓶 mòshuǐpíng
   잉크병
7. 台灯 táidēng
   전기 스탠드
8. 眼镜盒儿 yǎnjìng hér
   안경집
9. 藤椅 téngyǐ
   등의자
10. 字纸篓儿 zìzhǐ lǒur
    휴지통
11. 暖气片 nuǎnqìpiàn
    스팀의 방열기
12. 窗台 chuāngtái
    창턱
13. 花盆儿 huāpénr
    화분
14. 盆花 pénhuā
    화분 꽃
15. 挂历 guàlì
    벽걸이 달력
16. 书架 shūjià
    책장; 책꽂이
17. 唐三彩的装饰品 tángsāncǎi de zhuāngshìpǐn
    당삼채풍의 장식품
18. 藏书 cángshū
    장서
19. 落地电扇 luòdì diànshàn
    입식선풍기 ▶"落地扇" luòdìshàn
20. 酒柜 jiǔguì
    술 찬장
21. 地球仪 dìqiúyí
    지구본; 지구의
22. 暖水瓶 nuǎnshuǐpíng
    보온병 ▶"暖瓶" nuǎnpíng, "暖壶" nuǎnhú ☞62-16
23. 镜框 jìngkuàng
    액자 ▶"镜框儿" jìngkuàngr
24. 风景画 fēngjǐnghuà
    풍경화
25. 世界地图 shìjiè dìtú
    세계 지도
26. 组合音响 zǔhé yīnxiǎng
    오디오 시스템
27. 唱片 chàngpiàn
    레코드 ▶"唱片儿" chàngpiànr
28. 盒式磁带 héshì cídài
    카세트 테이프
29. 沙发 shāfā
    소파
30. 茶几 chájī
    차 탁자; 티 테이블 ▶"茶几儿" chájīr ☞50-19
31. 烟灰缸 yānhuīgāng
    재떨이
32. 茶杯 chábēi
    찻잔
33. 报纸 bàozhǐ
    신문
34. 杂志 zázhì
    잡지

49 卫生间(城市) wèishēngjiān(chéngshì)   화장실(도시) 49

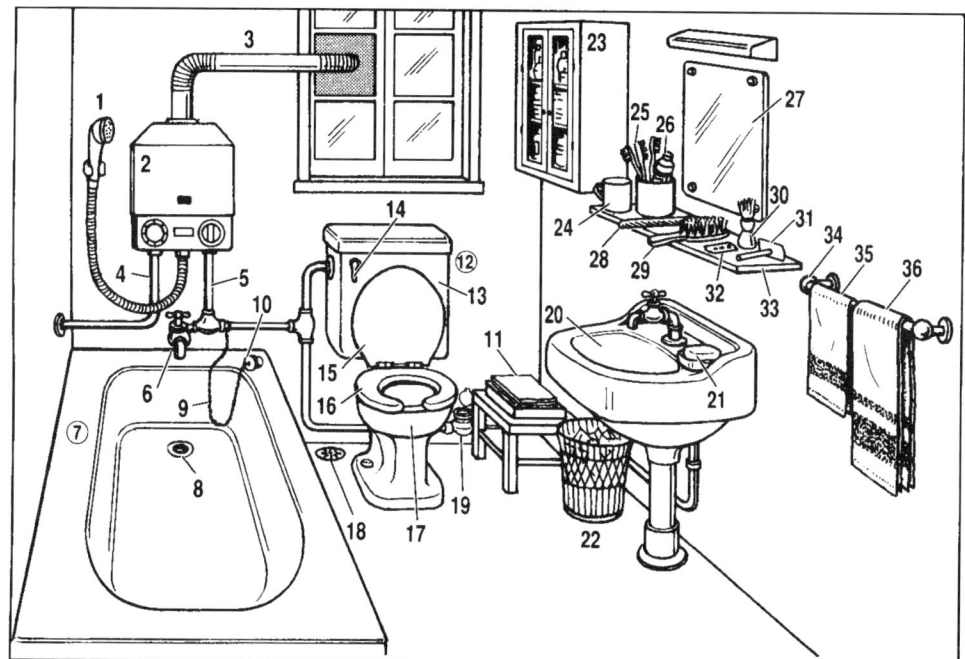

1 手喷头 shǒupēntóu
핸드 샤워 노즐
2 燃气热水器 ránqì rèshuǐqì
가스 온수기
3 烟筒 yāntong
굴뚝
4 煤气管 méiqìguǎn
가스관
5 自来水管 zìláishuǐguǎn
수도관 ▶"水管子" shuǐguǎnzi
6 水龙头 shuǐlóngtóu
수도꼭지
7 澡盆 zǎopén
욕조 ▶"浴缸" yùgāng
8 排水口 páishuǐkǒu
배수구
9 金属链子 jīnshǔ liànzi
금속 사슬
10 澡盆塞子 zǎopén sāizi
욕조 마개
11 手纸 shǒuzhǐ
휴지
12 抽水马桶 chōushuǐ mǎtǒng
수세식 변기; 수세식 변소
13 水箱 shuǐxiāng
수조; 저수 탱크
14 水箱开关 shuǐxiāng kāiguān
수조의 마개
15 马桶盖儿 mǎtǒng gàir
변기 뚜껑
16 马桶座儿 mǎtǒng zuòr
변좌
17 坐式便器 zuòshì biànqì
양식 변기
18 地板落水 dìbǎn luòshuǐ
바닥 배수구 ▶"地漏" dìlòu, "扫除口" sǎochúkǒu
19 水表 shuǐbiǎo
수도 미터
20 洗脸池 xǐliǎnchí
도자기제 세면기
21 香皂 xiāngzào
세수비누; 화장 비누
22 纸篓儿 zhǐlǒur
휴지통
23 吊柜 diàoguì
벽걸이 장 ▶"吊橱" diàochú
24 漱口杯 shùkǒubēi
양치질 컵
25 牙刷 yáshuā
칫솔 ▶"牙刷儿" yáshuār
26 牙膏 yágāo
치약
27 镜子 jìngzi
거울
28 梳子 shūzi
빗 ▶"梳儿" shūr
29 发刷 fàshuā
헤어브러시
30 胡刷 húshuā
수염 브러시
31 刮脸刀 guāliǎndāo
면도칼(기) ▶"刮胡刀" guāhúdāo
32 刀片 dāopiàn
면도칼의 날 ▶"刀片儿" dāopiànr
33 搁板 gēbǎn
선반
34 毛巾架 máojīnjià
수건걸이
35 毛巾 máojīn
수건
36 浴巾 yùjīn
목욕 수건

50 桌子 zhuōzi　　　탁자 50

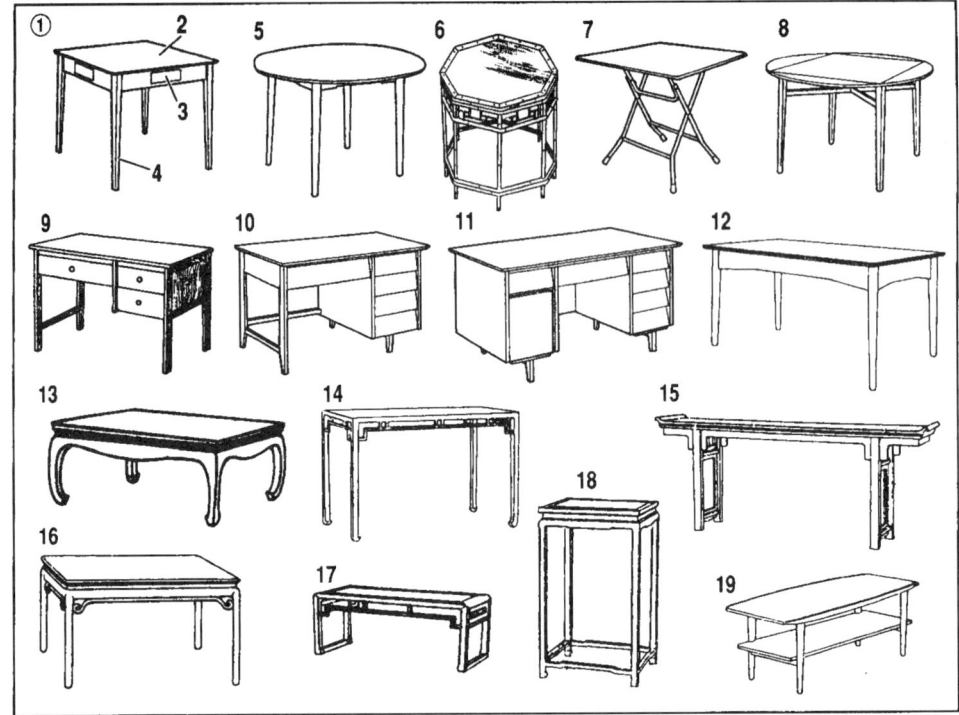

1-13 桌子 zhuōzi
테이블

1 方桌 fāngzhuō
정방형 테이블 ▶4인용은 "小方桌" xiǎofāngzhuō, 8인용은 "大方桌" dàfāngzhuō. 전통 양식의 것은 각각 "四仙桌" sìxiānzhuō, "八仙桌" bāxiānzhuō라 한다.

2 桌面 zhuōmiàn
책상 판
▶"桌面儿"zhuōmiànr

3 抽屉 chōuti
서랍▶"抽斗" chōudǒu

4 桌子腿 zhuōzituǐ
책상 다리

5 圆桌 yuánzhuō
원탁 ; 둥근 테이블

6 八方桌 bāfāngzhuō
8각 테이블 ▶그림은 대나무로 만든 "竹八方桌" zhúbāfāngzhuō

7 折叠桌 zhédiézhuō
접는 테이블

8 折面桌 zhémiànzhuō
상판 접이식 테이블

9-11 办公桌 bàngōngzhuō
사무용 책상 ▶"写字台" xiězìtái

9 三屉桌 sāntìzhuō
서랍이 세 개 있는 책상

10 单柜办公桌 dānguì bàngōngzhuō
쪽소매책상 ▶"一头儿沉" yìtóur chén

11 双柜办公桌 shuāngguì bàngōngzhuō
양소매책상 ▶"两头儿沉" liǎngtóur chén

12 会议桌 huìyìzhuō
회의용 테이블

13 炕桌儿 kàngzhuōr
앉은뱅이책상

14-16 案子 ànzi
좁고 긴 탁자 ▶보통 서랍은 없다.

14 条案 tiáo'àn
장식물을 얹는 좁고 긴 탁자

15 翘头案 qiáotóu'àn
상판의 양단이 위로 휜 전통 양식의 긴 테이블 ▶"条案" tiáo'àn의 일종. 양단이 평평한 것은 "平头案" píngtóu'àn ☞42-12

16 书案 shū'àn
판자와 다리뿐인 책상

17 几 jī
전통 양식의 낮은 탁자
▶"几儿" jīr

18 方几 fāngjī
정방형의 작은 탁자

19 茶几 chájī
차 탁자 ; 티 테이블
▶"茶几儿" chájīr

椅子 yǐzi · 凳子 dèngzi

1-19 椅子 yǐzi
의자
1 靠背椅 kàobèiyǐ
등받이 의자
2 靠背 kàobèi
의자의 등받이
3 椅子面 yǐzimiàn
의자의 앉는 부분
4 椅子腿儿 yǐzi tuǐr
의자의 다리
5 扶手椅 fúshǒuyǐ
팔걸이 의자
6 扶手 fúshǒu
의자의 팔걸이
7 圈椅 quānyǐ
권의자 ; 말굽형 등받이가 붙은 팔걸이 의자
8 躺椅 tǎngyǐ
누워 잘 수 있게 만든 의자
9 摇椅 yáoyǐ
흔들의자 ; 로킹 체어
10 转椅 zhuànyǐ
회전의자
11 折叠椅子 zhédié yǐzi
접는 의자 ▶"折椅" zhéyǐ
12 交椅 jiāoyǐ
전통 양식의 접는 의자
13 藤椅 téngyǐ
등의자 ▶그림은 "藤圈椅" téngquānyǐ(등나무로 만든 팔걸이 의자)
14 竹椅 zhúyǐ
대나무 의자
15 钢管椅 gāngguǎnyǐ
파이프 의자
16 软椅 ruǎnyǐ
폭신한 의자
17 沙发 shāfā
소파 ; 안락의자
18 长沙发 chángshāfā
긴 소파 ; 긴 안락 의자
19 组合沙发 zǔhé shāfā
소파 세트
20-23 凳子 dèngzi
걸상
20 方凳 fāngdèng
네모 걸상
21 圆凳 yuándèng
둥근 걸상
22 板凳 bǎndèng
긴 나무걸상 ; 걸상 ▶"长凳"chángdèng
23 小板凳儿 xiǎobǎndèngr
작은 나무걸상
24 马扎 mǎzhá
접는 걸상 ▶"马扎儿" mǎzhár, "马箚" mǎzhá
25 脚凳儿 jiǎodèngr
발판

52 柜子 guìzi · 抽屉 chōuti 장롱 · 서랍 52

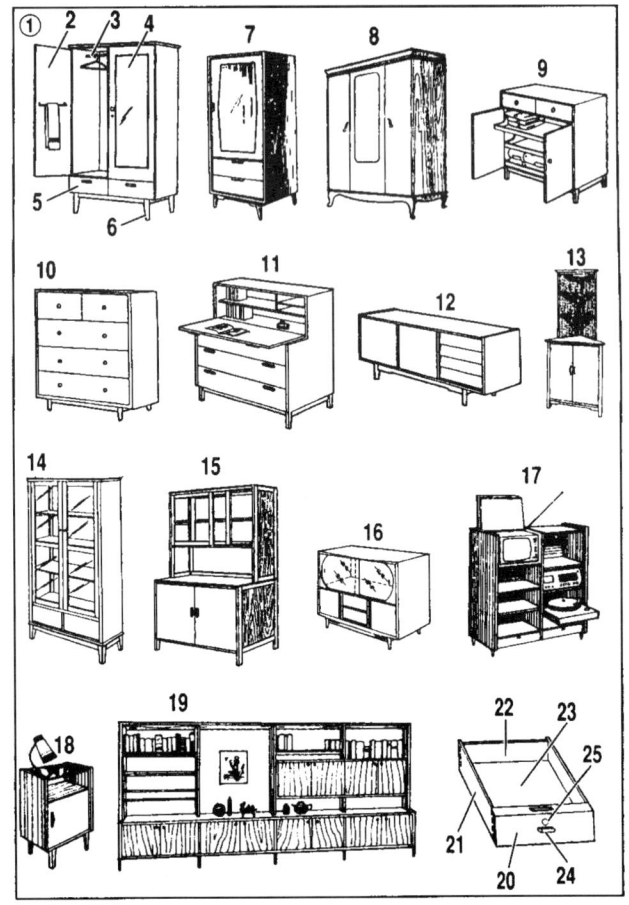

1-19 柜子 guìzi
장롱 ▶전면에 문이나 서랍이 붙어 있는 것은 "橱" chú라고도 한다.

1-11 衣柜 yīguì
옷장 ▶"衣橱" yīchú

1-8 大衣柜 dàyīguì
큰 옷장 ; 양복장

1 双门大衣柜 shuāngmén dàyīguì
좌우 여닫이 문짝이 있는 장롱 ▶"双开门大衣柜" shuāngkāimén dàyīguì

2 柜门儿 guìménr
장문짝 ▶"橱门" chúmén

3 衣架棍 yījiàgùn
걸이대 ; 행거 파이프 ▶"挂衣棍" guàyīgùn

4 穿衣镜 chuānyījìng
체경

5 抽屉 chōuti
서랍

6 柜脚 guìjiǎo
장롱의 다리

7 单门大衣柜 dānmén dàyīguì
문짝이 하나인 양복장 ▶"单开门大衣柜" dānkāimén dàyīguì

8 三门大衣柜 sānmén dàyīguì
문짝이 석장인 양복장 ▶"三开门大衣柜" sānkāimén dàyīguì

9-11 小衣柜 xiǎoyīguì
소형 옷장

10 五斗柜 wǔdǒuguì
서랍이 다섯 있는 정리 장롱 ▶"五屉柜" wǔtìguì, "五斗橱" wǔdǒuchú

11 多用柜 duōyòngguì
겸용 장롱 ▶"多用橱" duōyòngchú

12 矮柜 ǎiguì
낮은 장롱 ▶"长条柜" chángtiáoguì

13 角柜 jiǎoguì
각 장롱 ; 구석에 놓는 3각형의 농 ; 코너장

14 书柜 shūguì
책장 ; 서가 ▶"书橱" shūchú

15 碗柜儿 wǎnguìr
식장 ▶"碗橱" wǎnchú

16 酒柜 jiǔguì
술 찬장 ▶"酒橱" jiǔchú

17 电视机柜 diànshìjīguì
텔레비전 보드

18 床头柜 chuángtóuguì
침대머리 농 ; 사이드 테이블 ; 나이트 테이블

19 组合柜 zǔhéguì
조합식 가구 ; 유닛 가구 ▶"组合家具" zǔhé jiāju

20-25 抽屉 chōuti
서랍 ▶"抽斗" chōudǒu

20 抽屉面板 chōuti miànbǎn
서랍의 면판

21 抽屉侧板 chōuti cèbǎn
서랍의 측판

22 背壁 bèibì
서랍의 뒤판

23 抽屉底板 chōuti dǐbǎn
서랍의 밑판

24 抽屉拉手 chōuti lāshou
서랍의 손잡이

25 抽屉锁 chōutisuǒ
서랍용 자물쇠

침구 54

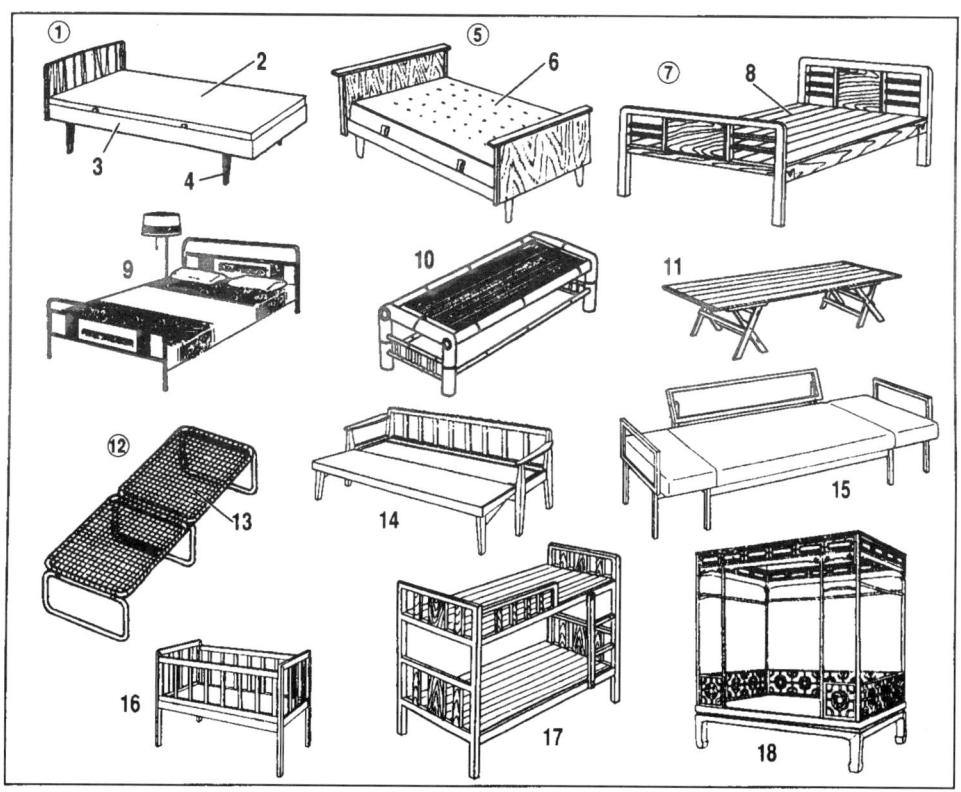

1-6 单人床 dānrénchuáng
  1인용 침대 ; 싱글베드
  ▶"小床" xiǎochuáng
1 木床 mùchuáng
  나무 침대
2 床垫 chuángdiàn
  침대 깔개 ▶그림은 "海绵
  垫" hǎimiándiàn(스폰지 깔
  개)
3 床架 chuángjià
  침대 틀
4 床脚 chuángjiǎo
  침대 다리
5 弹簧床 tánhuángchuáng
  스프링 침대
6 弹簧床垫 tánhuáng
  chuángdiàn
  스프링 깔개
7-9 双人床 shuāngrénchuáng
  2인용 침대 ; 더블베드
  ▶"大床" dàchuáng
7 木板床 mùbǎnchuáng

  판자 침대
8 床板 chuángbǎn
  침대 판
9 铁床 tiěchuáng
  철제 침대
10 竹床 zhúchuáng
  대나무 침대 ▶그림은 "竹凉
  床" zhúliángchuáng(여름에
  사용하는 대나무 침대)
11 简易床 jiǎnyìchuáng
  간이침대
12 折叠床 zhédiéchuáng
  접는 침대
13 床绷 chuángbēng
  스프링 판 ; 틀 사이에서 체
  중을 받치는 스프링 네트
14 拉床 lāchuáng
  서랍식 침대
15 沙发床 shāfāchuáng
  소파 침대
16 婴儿床 yīng'érchuáng
  아기 침대

17 双层床 shuāngcéngchuáng
  2층 침대 ▶"上下铺"
  shàngxiàpù
18 架子床 jiàzichuáng
  전통 양식의 방 모양 침대

54 床上用品 chuángshàng yòngpǐn

1 床 chuáng
  침대 ; 베드
2 床垫 chuángdiàn
  침대 깔개 ; 매트리스
3 床单 chuángdān
  시트 ▶ "床单儿" chuángdānr
4 枕头 zhěntou
  베개
5 毛毯 máotǎn
  담요
6 床罩 chuángzhào
  침대 커버
7 枕巾 zhěnjīn
  베개 수건
8 枕套 zhěntào
  베갯잇 ▶ "枕头套" zhěntoutào
9 枕心 zhěnxīn
  베갯속 ▶ "枕头心儿" zhěntouxīnr
10 枕席儿 zhěnxír
  베개에 얹는 멍석 ▶ "枕头席儿" zhěntou xír
11 凉枕 liángzhěn
  냉베개 ; 여름에 쓰는 등·대나무·도기제 등의 베개
12 被子 bèizi
  이불 ▶ 그림은 "棉被" miánbèi (솜 이불)
13 被头 bèitóu
  이불깃
14 杯面儿 bēimiànr
  이불 껍데기
  ▶ "杯面子" bēimiànzi
15 被里儿 bèilǐr
  이불의 홑청
16 被胎儿 bèitāir
  이불솜
17 毛巾被 máojīnbèi
  타월이불
18 鸭绒被 yāróngbèi
  오리털 이불
19 电热毯子 diànrè tǎnzi
  전기 모포 ▶ "电毯" diàntǎn
20-21 凉席 liángxí
  침대 돗자리 ; 여름에 침대 위에 까는 것
20 草席 cǎoxí
  짚방석 ; 꽃돗자리
21 竹席 zhúxí
  대로 엮은 돗자리
22 睡衣 shuìyī
  잠옷 ; 파자마 ▶ 바지만 가리키는 경우는 "睡裤" shuìkù
23 被窝儿 bèiwōr
  침낭 ▶ "被筒子" bèitǒngzi
24 铺盖卷儿 pūgai juǎnr
  이불을 말아서 묶은 것
  ▶ "行李卷儿" xíngli juǎnr
25 背包 bēibāo
  배낭 ▶ 여행이나 행군용으로 이불을 접어서 묶어 등에 질 수 있게 한 것
26 蚊帐 wénzhàng
  모기장
27 蚊帐架 wénzhàngjià
  모기장 틀
28 蚊帐钩儿 wénzhàng gōur
  모기장 고리 ▶ 모기장의 언저리를 들어 올리기 위한 고리
29 汤壶 tānghú
  탕파(湯婆) ▶ "汤婆子" tāngpózi
30 热水袋 rèshuǐdài
  뜨신물주머니 ; 고무로 만든 탕파(湯婆)

침구 54

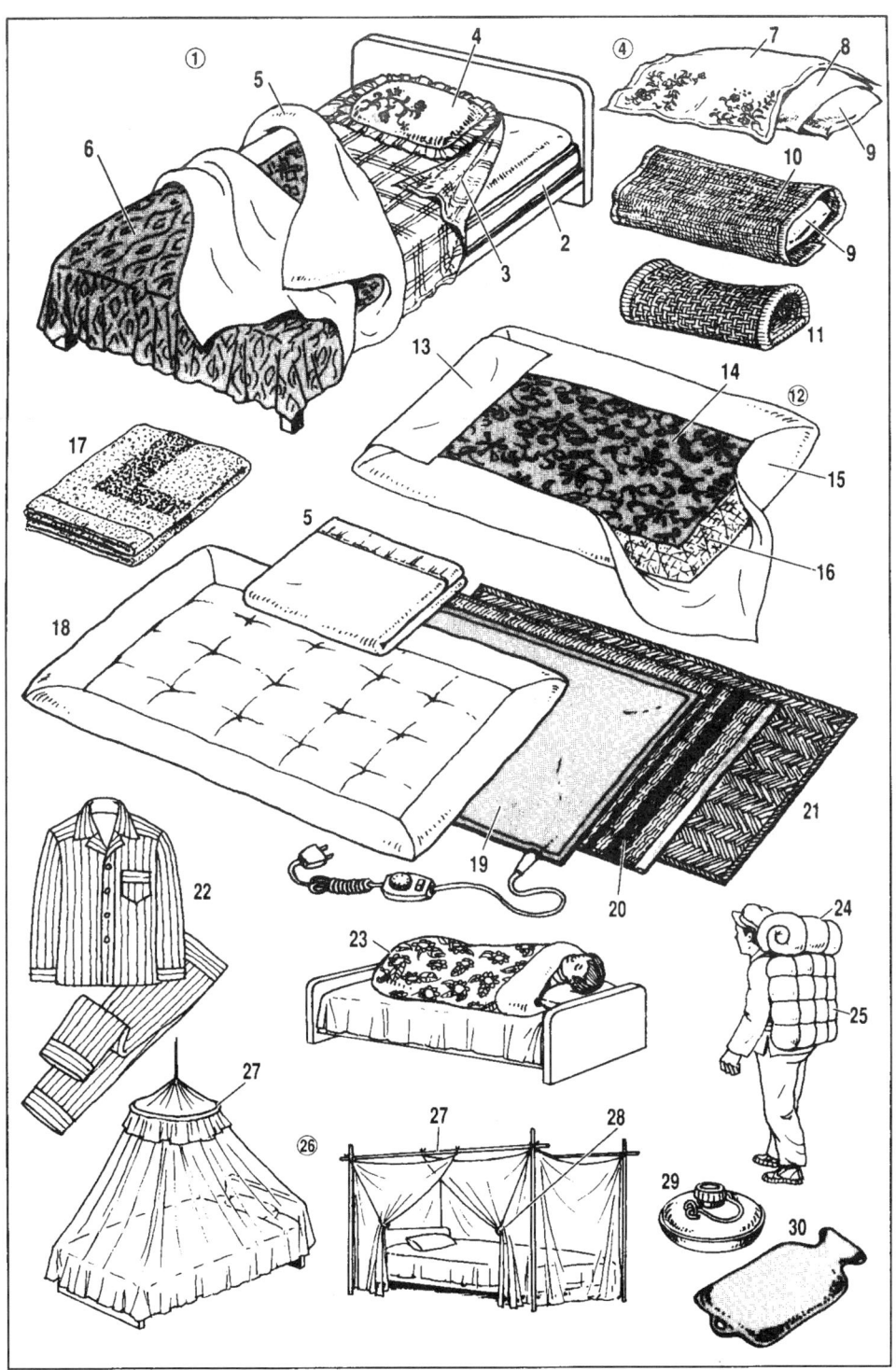

55 毯子 tǎnzi · 帘子 liánzi

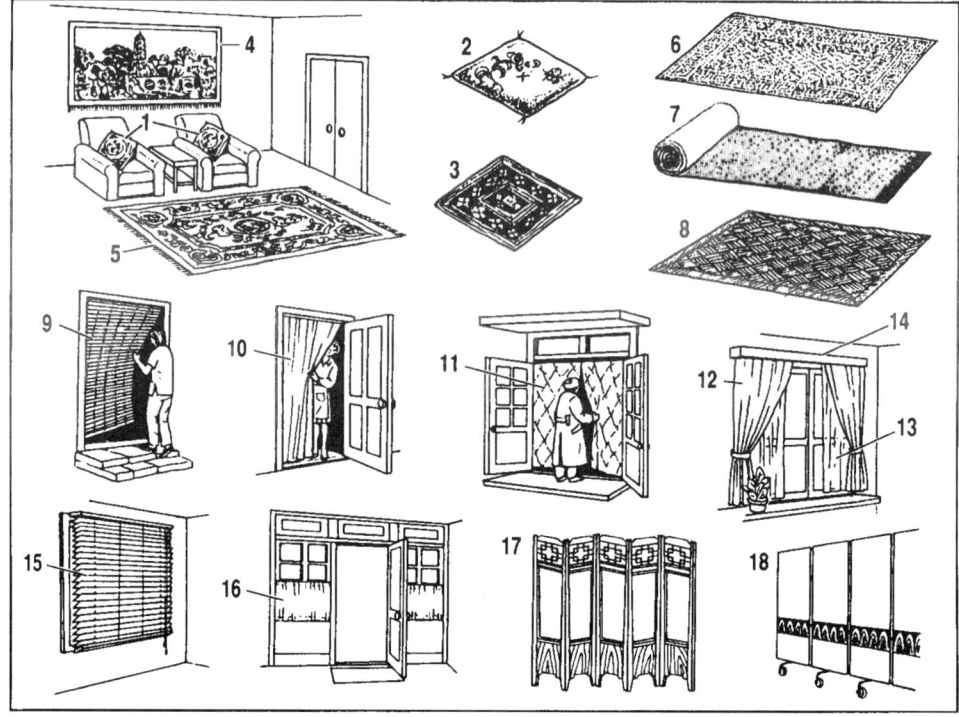

1-3 垫子 diànzi
　　방석 ; 깔개 ; 매트 ; 쿠션
1　靠垫 kàodiàn
　　등에 대는 쿠션
2　坐垫 zuòdiàn
　　방석 ; 쿠션 ▶"坐垫儿" zuòdiànr
3　草垫子 cǎodiànzi
　　짚으로 만든 쿠션
4-7 毯子 tǎnzi
　　융단
4　壁毯 bìtǎn
　　벽걸이 융단 ; 태피스트리
　　▶"挂毯" guàtǎn
5　地毯 dìtǎn
　　양탄자 ; 카펫
6　毡毯 zhāntǎn
　　모전(毛氈) ; 양탄자
7　条毯 tiáotǎn
　　복도에 까는 긴 융단
　　▶"长地毯" chángdìtǎn
8　席 xí
　　자리 ; 거적 ▶"席子" xízi.
　　그림은 "芦席" lúxí(갈대로 짠 자리) ▶54-20·21
9-16 帘子 liánzi
　　커튼 ; 발▶"帘儿" liánr
9-11 门帘 ménlián
　　입구에 치는 발 ▶"门帘儿" ménliánr, "门帘子" ménliánzi
9　苇门帘儿 wěiménliánr
　　입구에 치는 갈대 발
10　布门帘儿 bùménliánr
　　입구에 치는 천 커튼
11　暖帘 nuǎnlián
　　겨울에 치는 솜을 둔 커튼
　　▶"棉门帘" miánménlián
12　窗帘 chuānglián
　　창에 치는 커튼 ▶"窗帘儿" chuāngliánr
13　薄窗帘儿 báochuāngliánr
　　레이스의 커튼
14　窗帘儿箱 chuāngliánrxiāng
　　커튼 박스
15　百叶窗帘 bǎiyè chuānglián
　　블라인드
16　窗帷 chuāngwéi
　　창구 커튼
17　屏风 píngfēng
　　병풍
18　活动屏风 huódòng píngfēng
　　바퀴 달린 병풍식 칸막이

56 打扫卫生 dǎsǎowèishēng　　청소 56

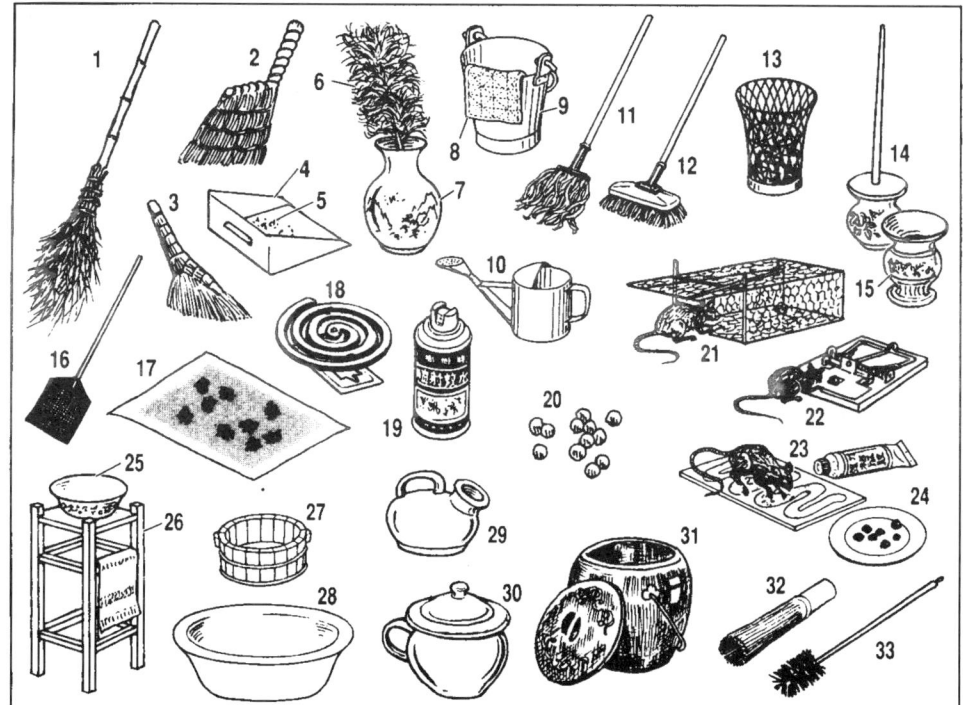

1 扫帚 sǎozhou
　대나무비;빗자루▶뜰이나 길을 쓴다.
2 笤帚 tiáozhou
　싸리비▶고량이나 수수의 이삭으로 만든다. 복도나 바닥을 쓴다.
3 炕笤帚 kàngtiáozhou
　온돌비;온돌에서 쓰는 자루가 짧은 빗자루
4 簸箕 bòji
　쓰레받기▶"畚箕" běnjī
5 尘土 chéntǔ
　먼지▶"灰" huī
6 鸡毛掸子 jīmáo dǎnzi
　총채;닭털로 만든 총채
7 掸瓶 dǎnpíng
　총채를 넣는 병
8 抹布 mābù
　걸레
9 铁桶 tiětǒng
　물통
10 喷壶 pēnhú
　물뿌리개
11 拖把 tuōbǎ
　대걸레▶"墩布" dūnbù
12 地板刷 dìbǎnshuā
　바닥 솔;덱 브러시
13 字纸篓儿 zìzhǐ lǒur
　휴지통▶"纸篓儿" zhǐlǒur
14 痰盂 tányú
　타구▶"痰盂儿" tányúr
15 高脚痰盂 gāojiǎo tányú
　운두가 높은 타구
16 苍蝇拍子 cāngying pāizi
　파리채▶"蝇拍" yíngpāi
17 苍蝇纸 cāngyingzhǐ
　끈끈이 종이
18 蚊香 wénxiāng
　모기향
19 杀虫剂 shāchóngjì
　살충제▶"杀虫药" shāchóngyào
20 卫生球 wèishēngqiú
　나프탈렌;방충제▶"卫生球儿" wèishēng qiúr
21 捕鼠笼子 bǔshǔ lóngzi
　망형 쥐덫
22 捕鼠夹子 bǔshǔ jiāzi
　스프링식 쥐덫
23 粘鼠胶 zhānshǔjiāo
　점착식 쥐덫
24 杀鼠药 shāshǔyào
　쥐약▶"耗子药" hàoziyào
25 脸盆 liǎnpén
　세면기
26 脸盆架 liǎnpénjià
　세면대;세면기를 얹는 받침
27 脚盆 jiǎopén
　발씻는 대야
28 儿童澡盆 értóng zǎopén
　어린이 욕탕
29 便壶 biànhú
　소변요강▶"夜壶" yèhú
30 尿盆儿 niàopénr
　대변요강
31 马桶 mǎtǒng
　변기(걸상식)
32 马桶刷子 mǎtǒng shuāzi
　변기 청소용 솔
33 刷帚 shuāzhou
　수세미▶"刷子" shuāzi

77

57 洗衣服 xǐyīfu

1 水龙头 shuǐlóngtóu
　수도꼭지
2 胶皮管 jiāopíguǎn
　고무호스
3 水池子 shuǐchízi
　개수대 ; 싱크대 ▶"水池"
　shuǐchí
4 水桶 shuǐtǒng
　양동이 ; 물통
5 脸盆 liǎnpén
　세면기 ; 세숫대야
6 洗衣盆 xǐyīpén
　대야 ; 빨래 함지
7 搓板 cuōbǎn
　빨래판 ▶"搓板儿" cuōbǎnr
8 小椅子 xiǎoyǐzi
　소형 의자
9 肥皂 féizào
　세탁비누
10 肥皂盒儿 féizào hér
　비누곽
11 棒槌 bàngchui
　빨랫방망이 ▶"捣衣槌" dǎo-
　yīchuí, "洗衣棒" xǐyībàng
12 篮子 lánzi
　(세탁물을 넣는) 바구니
13-31 洗衣机 xǐyījī
　세탁기
13 双缸洗衣机 shuānggāng
　xǐyījī
　복식(2조식) 세탁기 ▶"双桶
　洗衣机" shuāngtǒng xǐyījī
14 操作面板 cāozuò miànbǎn
　조작판 ; 조작 패널
15 注水口 zhùshuǐkǒu
　급수구
16 洗衣定时器 xǐyī dìngshíqì
　시간 조작기 ; 세탁 타이머
17 洗衣选择 xǐyī xuǎnzé
　작업 선택기 ; 수류 전환 버
　튼
18 排水钮 páishuǐniǔ
　배수 조작기
19 脱水定时器 tuōshuǐ dìng-
　shíqì
　탈수 타이머
20 箱体 xiāngtǐ
　세탁기의 캐비닛
21 洗衣桶 xǐyītǒng
　세탁통
22 洗衣桶盖板 xǐyītǒng gài-
　bǎn
　세탁통의 뚜껑
23 排水口 páishuǐkǒu
　배수구
24 波轮 bōlún
　회전 날개
25 脱水桶 tuōshuǐtǒng
　탈수통
26 脱水桶盖板 tuōshuǐtǒng
　gàibǎn
　탈수통의 뚜껑
27 毛巾架 máojīnjià
　수건걸이 ; 타월 걸이
28 电源线 diànyuánxiàn
　전원 코드
29 排水管 páishuǐguǎn
　배수 호스
30 单缸洗衣机 dān'gāng xǐyījī
　단식(1조식) 세탁기 ▶"单桶洗
　衣机" dān'tǒng xǐyījī
31 全自动洗衣机 quánzìdòng
　xǐyījī
　전자동 세탁기
32 干衣机 gānyījī
　의류 건조기
33 洗衣粉 xǐyīfěn
　가루비누 ; 합성 세제
34 晒衣绳儿 shàiyī shéngr
　빨랫줄
35 晒衣架 shàiyījià
　빨래 장대 ; 바지랑대
36 竹竿 zhúgān
　빨래 걸대 ▶"竹竿儿" zhú-
　gānr
37 铁丝 tiěsī
　철사
38 阳台 yángtái
　베란다
39 衣架儿 yījiàr
　양복걸이 ; 옷걸이
40 晾衣架 liàngyījià
　빨래 너는 틀
41 衣服夹子 yīfú jiāzi
　빨래집게 ▶"晒衣夹子"
　shàiyī jiāzi, "晾衣夹子"
　liàngyī jiāzi
42 上浆 shàngjiāng
　빨래에 풀을 먹이다 ▶"浆衣
　服" jiāngyīfu
43 熨斗 yùndǒu
　숯다리미
44-49 电熨斗 diànyùndǒu
　전기다리미
44 普通形电熨斗 pǔtōngxíng
　diànyùndǒu
　전기다리미
45 调温型电熨斗 tiáowēnxíng
　diànyùndǒu
　온도 조절식 다리미
46 调温旋钮 tiáowēn xuánniǔ
　온도 조절 다이얼
47 蒸汽型电熨斗 zhēngqìxíng
　diànyùndǒu
　증기다리미
48 喷汽按钮 pēnqì ànniǔ
　스팀 버튼
49 注水口 zhùshuǐkǒu
　급수구 ▶"加水口" jiāshuǐkǒu
50 熨衣服 yùnyīfu
　다림질
51 喷雾器 pēnwùqì
　분무기
52 垫布 diànbù
　다림질할 때 까는 헝겊
53 毛巾 máojīn
　타월
54 棉馒头 mántou
　다리미판

세탁 57

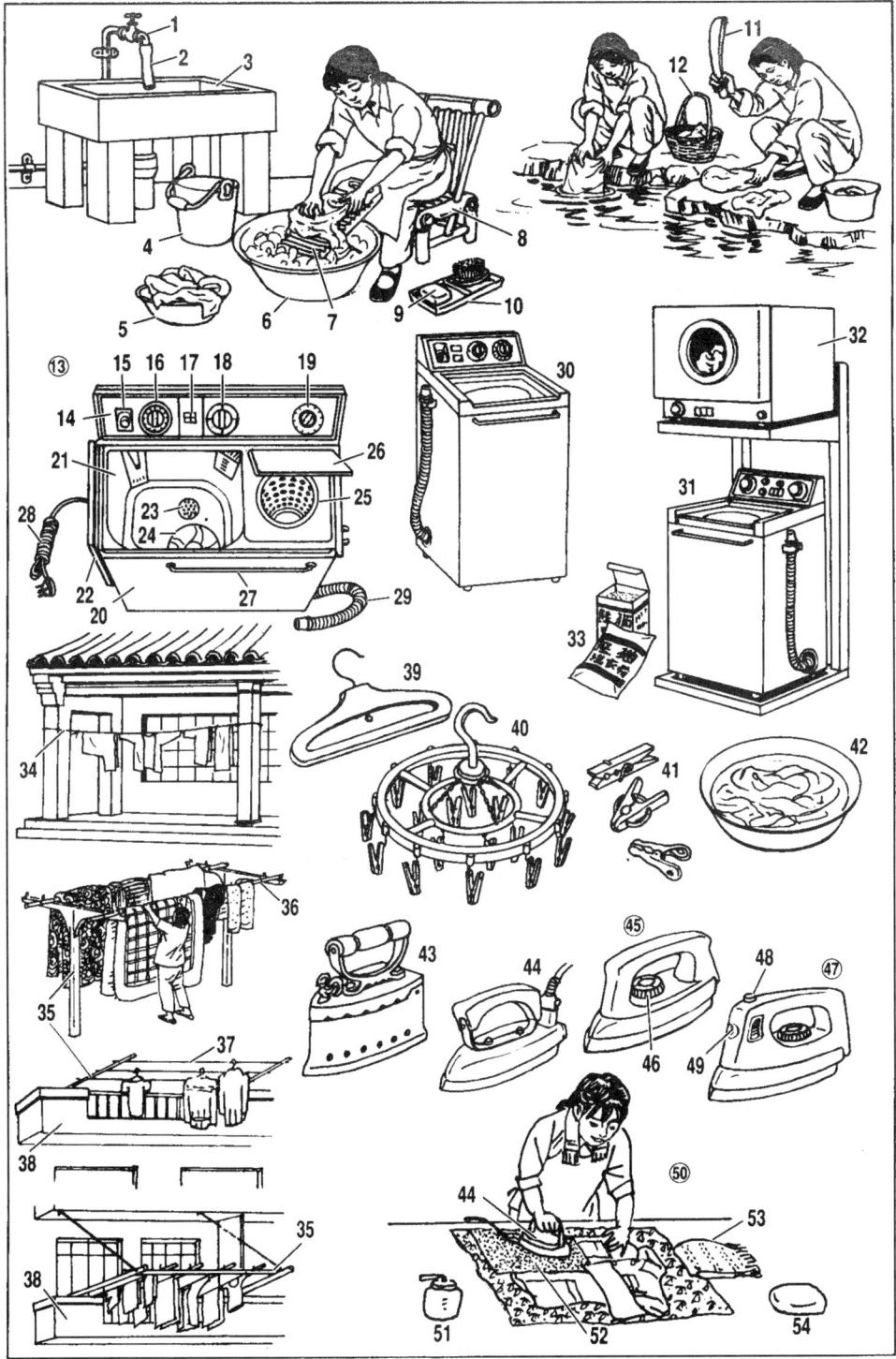

58 缝纫工具 féngrèn gōngjù · 缝纫机 féngrènjī

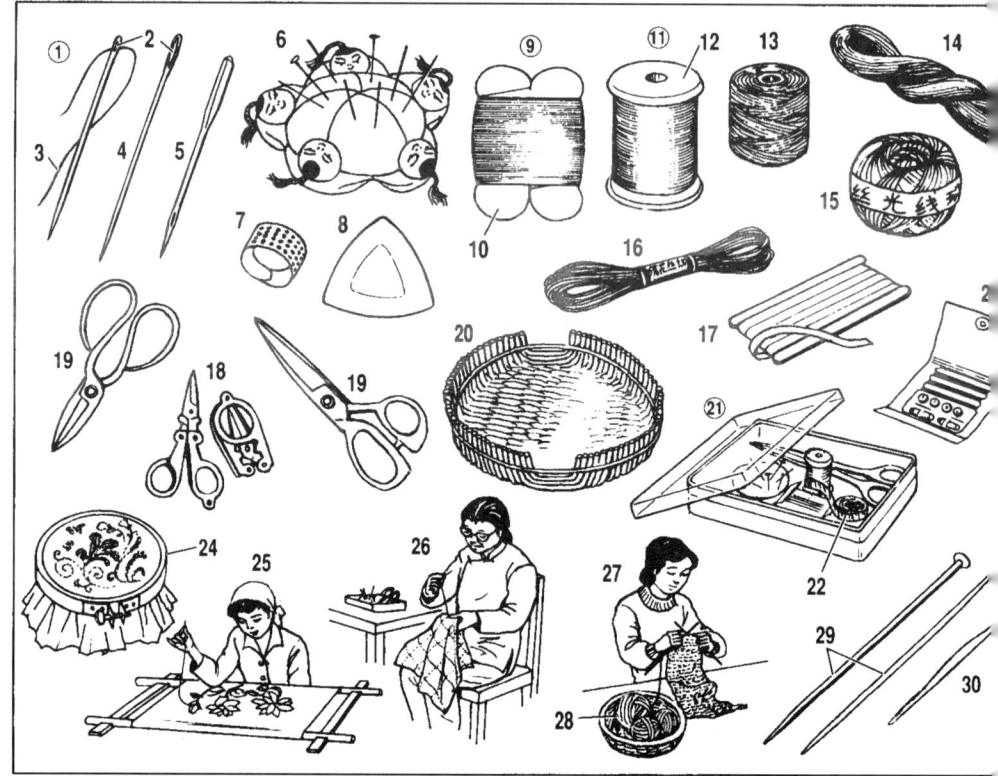

1 缝衣针 féngyīzhēn
바느질 바늘;재봉 바늘
▶"针儿" zhēnr
2 针鼻儿 zhēnbír
바늘구멍 ▶"针眼" zhēnyǎn
3 缝线 féngxiàn
재봉실 ▶"线" xiàn
4 绣花针 xiùhuāzhēn
자수바늘
5 缝纫机针 féngrènjīzhēn
재봉틀 바늘 ▶"机针" jīzhēn
6 针垫子 zhēndiànzi
바늘꽂이
▶"针扎儿" zhēnzhár, "针包儿" zhēnbāor
7 顶针 dǐngzhēn
골무 ▶"顶针儿" dǐngzhēnr
8 划粉 huáfěn
초크 ▶옷을 마를 때 쓰는 분필 ☞13-12
9 纸板儿线 zhǐbǎnrxiàn
종이 실패에 감은 실

10 线板儿 xiànbǎnr
종이 실패
11 轴儿线 zhóurxiàn
차축형 실패에 감은 실
12 线轴儿 xiànzhóur
차축형 실패
13 纸芯儿线 zhǐxīnrxiàn
종이 심에 감은 실
14 绞线 jiǎoxiàn
타래실
15 线球儿 xiànqiúr
심 없이 둥글게 감은 실
16 绣花线 xiùhuāxiàn
자수실
17 松紧带 sōngjǐndài
고무끈 ▶"松紧带儿" sōngjǐndàir
18 折叠剪子 zhédié jiǎnzi
접이식 가위
19 剪刀 jiǎndāo
가위 ▶"剪子" jiǎnzi
20 针线笸箩 zhēnxian pǒluo

재봉 바구니;바느질 바구니
21 针线盒儿 zhēnxiàn hér
반짇고리
22 皮尺 píchǐ
줄자
23 针线包 zhēnxiànbāo
바느질 쌈지
24 绣花架 xiùhuājià
수틀
25 刺绣 cìxiù
자수 ▶"绣花儿" xiùhuār
26 针线活儿 zhēnxiàn huór
바느질
27 毛线活儿 máoxiàn huór
뜨개질
28 毛线球儿 máoxiàn qiúr
뜨개실
29 毛线针 máoxiànzhēn
뜨개바늘
30 钩针 gōuzhēn
코바늘 ▶"钩针儿" gōuzhēnr
31-58 缝纫机 féngrènjī

바느질 도구·재봉틀 58

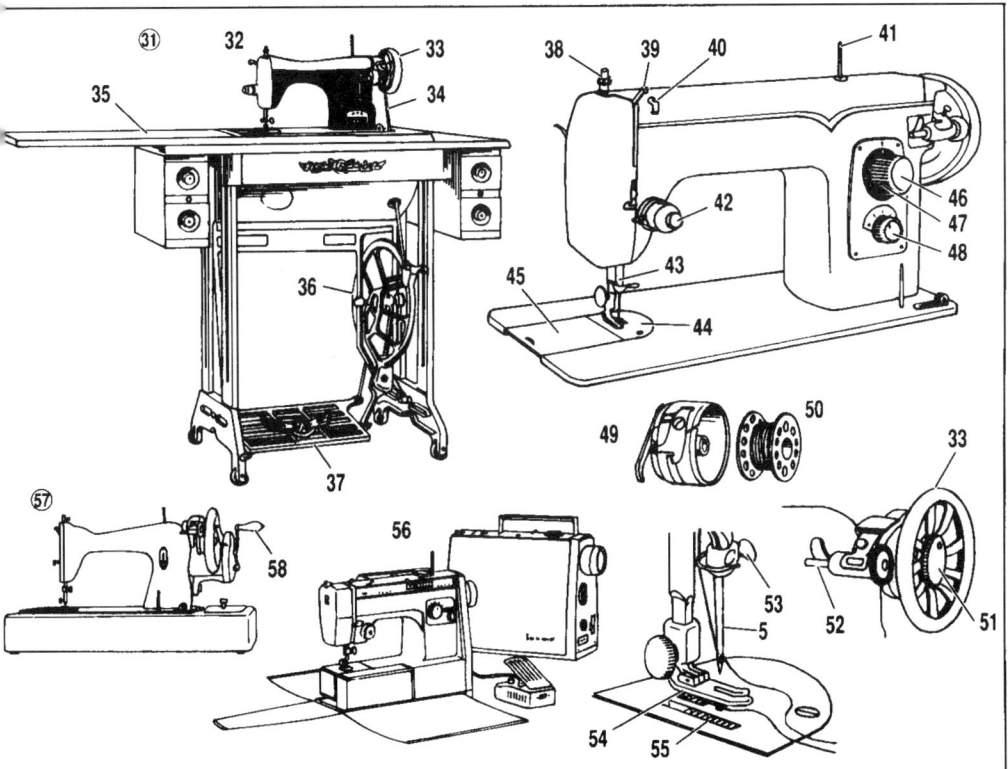

재봉틀
31 脚踏缝纫机 jiǎotà féngrènjī
　발재봉틀 ; 페달식 재봉틀
32 机头 jītóu
　재봉틀 머리
33 上轮 shànglún
　웃바퀴 ; 관성 바퀴
34 皮带 pídài
　굴림 벨트
35 台板 táibǎn
　받침 판
36 下带轮 xiàdàilún
　아랫바퀴 ; 운전 바퀴
37 踏板 tàbǎn
　발판
38 调压螺丝 tiáoyā luósī
　누름대 조절 장치
39 挑线杆 tiǎoxiàngǎn
　실채기
40 过线钩 guòxiàngōu
　실 갈고리
41 插线钉 chāxiàndīng

실패꽂이
42 夹线器 jiāxiànqì
　윗실 조절 장치
43 针杆 zhēngān
　침봉(針棒)
44 针板 zhēnbǎn
　바늘판 ; 침판
45 推板 tuībǎn
　미끄럼판
46 倒缝按钮 dǎofèng ànniǔ
　박음질 버튼
47 针距旋钮 zhēnjù xuánniǔ
　보내기 조절 다이얼
48 落牙旋钮 luòyá xuánniǔ
　드롭 피드 다이얼
49 梭心套壳 suōxīn tàoké
　북집 ; 보빈 케이스
50 梭心 suōxīn
　북
51 离合螺钉 líhé luódīng
　스톱 모션 큰 나사
52 绕线器 ràoxiànqì

북실 감는 장치
53 针夹 zhēnjiā
　바늘 고정 나사
54 压脚 yājiǎo
　노루발
55 送布牙 sòngbùyá
　보내기 톱니
56 电动缝纫机 diàndòng féngrènjī
　전동 재봉틀
57 手摇缝纫机 shǒuyáo féngrènjī
　수동 재봉틀 ; 손재봉틀
58 摇手 yáoshǒu
　핸들 ; 손잡이
▶ "摇手儿" yáoshǒur

59 炊具 chuījù

1-19, 21-31 锅 guō
 냄비 ; 솥
1 铁锅 tiěguō
 쇠냄비
2 锅耳 guō'ěr
 손잡이
3 铝锅 lǔguō
 알루미늄 냄비 ▶"钢精锅"
 gāngjīngguō, "钢种锅"
 gāngzhǒngguō
4 锅盖 guōgài
 냄비 뚜껑
5 不锈钢锅 bùxiùgāngguō
 스테인리스의 냄비
6 锅把儿 guōbàr
 냄비의 손잡이
7 锅盖的把儿 guōgàidė bàr
 냄비 뚜껑의 손잡이
8 搪瓷锅 tángcíguō
 법랑 냄비
9 沙锅 shāguō
 질냄비 ; 뚝배기
10 单柄锅 dānbǐngguō
 편수 냄비

11 手柄 shǒubǐng
 냄비의 자루 ▶"锅把儿"
 guōbàr
12 双耳锅 shuāng'ěrguō
 양수 냄비
13 提环锅 tíhuánguō
 걸이 냄비 ; 활 시위 모양의
 손잡이가 달린 냄비
14 提环儿 tíhuánr
 걸이 자루 ; 활 시위 모양의
 손잡이 ▶"提手" tíshou
15 直形锅 zhíxíngguō
 깊은 냄비
16 平底锅 píngdǐguō
 평바닥 냄비
17 锅底儿 guōdǐr
 냄비 바닥
18 炒菜锅 chǎocàiguō
 볶음 냄비 ; 중국식 냄비
19 炒勺 chǎosháo
 자루 달린 중국식 냄비
20 漏勺 lòusháo
 그물 국자
21 煎锅 jiānguō

 프라이팬 ▶"平底煎锅"
 píngdǐ jiānguō
22 蒸锅 zhēngguō
 찜통
23 铝箅子 lǔbìzi
 알루미늄의 시루밑
24 饭锅 fànguō
 밥솥
25 奶锅 nǎiguō
 우유 데우는 냄비
26 高压锅 gāoyāguō
 압력솥 ▶"压力锅" yālìguō
27 限压阀 xiànyāfá
 압력 공제구
28 电饭锅 diànfànguō
 전기 밥솥 ▶"电饭煲"
 diànfànbāo
29 火锅 huǒguō
 샤브샤브용 구리 냄비 ; 신선
 로 ▶"火锅儿" huǒguōr
30 气锅 qìguō
 증기 냄비
31 饼铛 bǐngdāng
 자루가 없는 바닥이 평평한

취사 도구

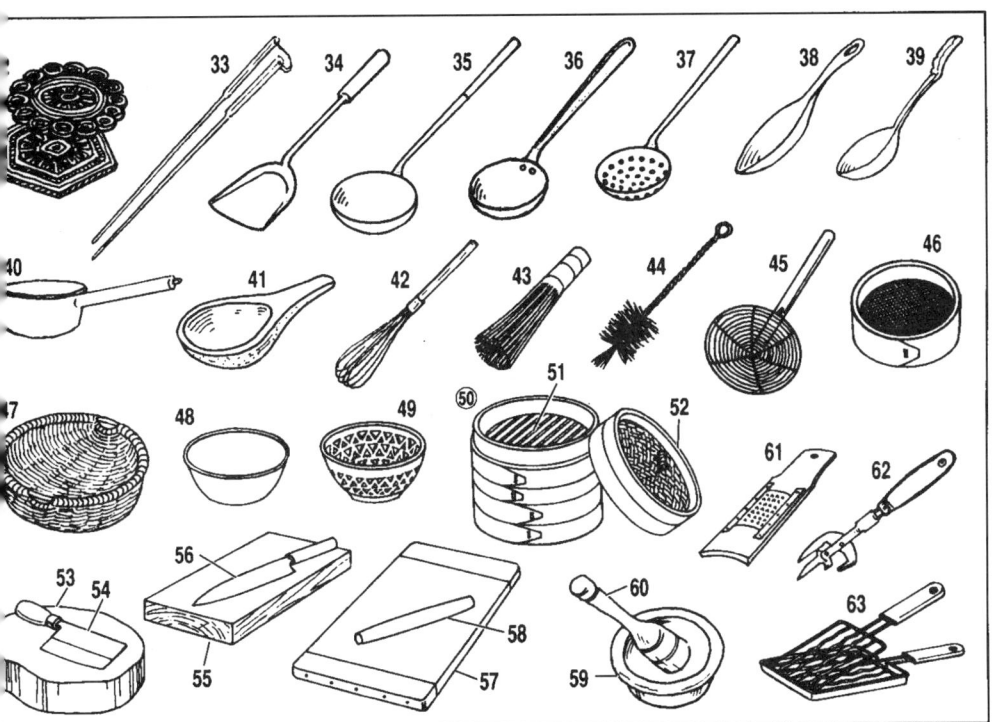

쇠냄비 ▶"烧饼锅" shāobing-
guō
32 锅垫 guōdiàn
   냄비 받침
33 长筷子 chángkuàizi
   조리용의 긴 젓가락
34 锅铲 guōchǎn
   뒤집개
35-40 勺儿 sháor
   국자
35 铁勺 tiěsháo
   쇠국자
36 铝勺 lǚsháo
   알루미늄 국자
37 漏勺 lòusháo
   그물 국자
38 饭勺 fànsháo
   밥주걱 ▶"饭勺儿" fànsháor
39 汤勺 tāngsháo
   수프용 국자
40 水勺 shuǐsháo
   물바가지
41 水瓢儿 shuǐpiáor
   호리병박 물바가지 ; 표주박
42 打蛋器 dǎdànqì
   젓기 ; 달걀 따위를 저어서

거품내는 요리 기구
43 炊帚 chuīzhou
   설거지 솔 ; 대쪽을 가늘게
   쪼개어 묶은 것으로 통·냄
   비 따위를 닦아 씻는 기구
44 瓶刷 píngshuā
   병닦이 솔
45 笊篱 zhàoli
   조리
46 筛子 shāizi
   체
47 笸箩 pǒluo
   바구니
48 铝盆儿 lǚpénr
   알루미늄 대야
49 漏盆 lòupén
   플라스틱 바구니
   ▶"塑料筐子" sùliào kuāngzi
50 笼屉 lóngtì
   나무 찜통 ; 채반 시루
   ▶"蒸笼" zhēnglóng
51 竹箅子 zhúbìzi
   통발
52 笼屉帽儿 lóngtì màor
   찜통의 뚜껑 ▶"蒸笼盖儿"
   zhēnglóng gàir
53 菜墩子 càidūnzi

횡단도마 ▶통나무의 횡단면
으로 만든 것
54 菜刀 càidāo
   야채칼
55 切菜板 qiēcàibǎn
   칼도마 ▶"菜板" càibǎn
56 切肉刀 qiēròudāo
   식칼
57 案板 ànbǎn
   밀판 ▶밀대로 반죽을 미는
   판
58 擀面杖 gǎnmiànzhàng
   홍두깨
59 蒜臼子 suànjiùzi
   주방용 절구
60 臼棒 jiùbàng
   절굿공이
61 礤床儿 cǎchuángr
   채칼 ; 채치는 금속 기구
   ▶"擦子" cāzi
62 罐头刀儿 guàntou dāor
   깡통 따개
63 烘烤器 hōngkǎoqì
   생선 굽는 기구 ; 로스터

60 餐具 cānjù

1-47 中餐餐具 zhōngcān cānjù
중국 요리의 식기 ▶1-10은 "中餐摆台" zhōngcān bǎitái (중국 요리의 식기 배열)의 예

1 餐碟 cāndié
요리를 덜어 담는 접시

2 小汤碗 xiǎotāngwǎn
수프 공기

3 味碟 wèidié
조미료를 담는 작은 접시

4 羹匙 gēngchí
수프숟가락▶"调羹"tiáogēng, "汤勺儿" tāngsháor

5 筷子 kuàizi
젓가락 ☞60-42-46

6 筷子架 kuàizijià
젓가락 받침

7 白酒杯 báijiǔbēi
배갈 잔

8 红酒杯 hóngjiǔbēi
포도주 잔 ▶"果酒杯" guǒjiǔbēi

9 水杯 shuǐbēi
물컵 ; 글라스

10 餐巾 cānjīn
냅킨 ▶꽃이나 새 등의 모양으로 접은 것은 "餐巾花" cānjīnhuā라 한다.

11 菜盘 càipán
요리 접시

12 公用勺儿 gōngyòng sháor
요리를 더는 숟가락 ▶"公勺" gōngsháo

13 公用筷子 gōngyòng kuàizi
요리를 분배하는 젓가락 ▶"公筷" gōngkuài

14 鱼盘 yúpán
생선 요리를 담는 타원형의 접시 ▶"长盘" chángpán

15 深菜盘 shēncàipán
사발형 접시

16 餐巾纸 cānjīnzhǐ
종이 냅킨

17 小饭碗 xiǎofànwǎn
밥공기

18 饭勺 fànsháo
밥주걱

19 饭盆 fànpén
밥식기 ; 밥을 담는 주발

20 汤碗 tāngwǎn
수프용의 큰 국그릇

21 汤勺 tāngsháo
수프용의 국자

22 托盘 tuōpán
받침 접시

23 酱油壶 jiàngyóuhú
간장종지

24 醋壶 cùhú
식초종지

25 牙签儿盒儿 yáqiānr hér
이쑤시개 함

26 芥末杯 jièmòbēi
겨자종지

27 盐盒儿 yánhér
식염종지

28 茶壶 cháhú
찻주전자

29-34 碗 wǎn
사발

30 碗口儿 wǎnkǒur
사발변두리

31 碗帮子 wǎnbāngzi
사발 측면

32 碗足儿 wǎnzúr
사발 굽

33 大碗 dàwǎn
큰 사발

34 盖碗儿 gàiwǎnr

식기 60

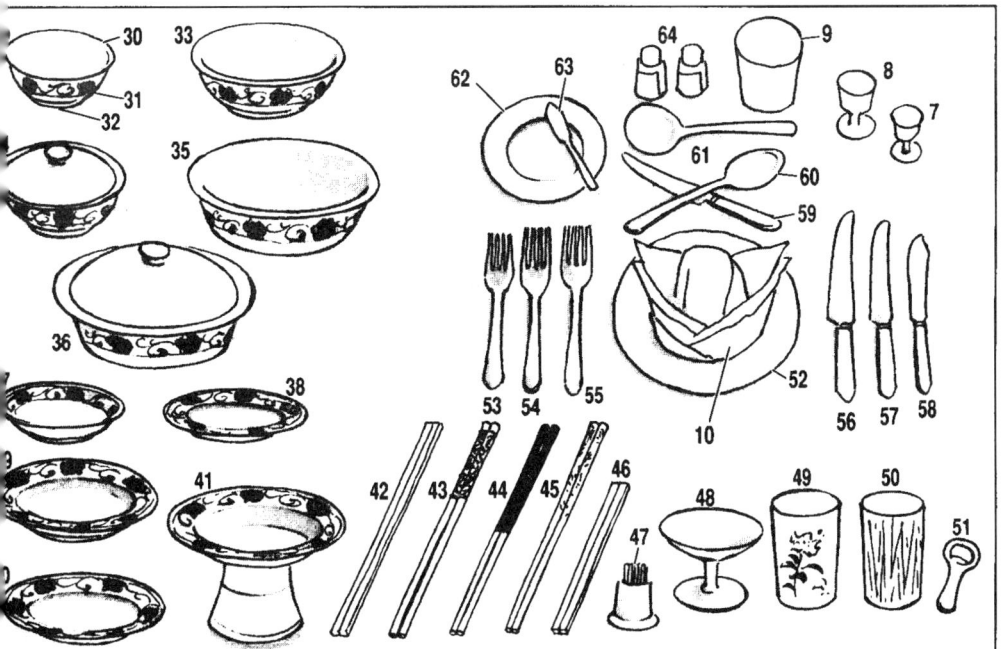

뚜껑 있는 사발
35-36 盆子 pénzi
　주발 ; 식기
35 汤盆 tāngpén
　국 주발
36 盖盆儿 gàipénr
　뚜껑 있는 주발
37-38 碟子 diézi
　작은 접시
38 平碟 píngdié
　얕은 접시
39-41 盘子 pánzi
　대접 ; 큰접시 ▶대체로 20 cm
　를 넘는 것을 가리킨다
39 　盘子 pánzi
　　보통 대접
40 平盘 píngpán
　얕은 대접
41 高脚盘 gāojiǎopán
　높은 대접
42 木筷子 mùkuàizi
　나무 젓가락
43 竹筷子 zhúkuàizi
　대나무 젓가락
44 漆筷子 qīkuàizi
　옻칠한 젓가락

45 塑料筷子 sùliào kuàizi
　플라스틱 젓가락
46 卫生筷子 wèishēng kuàizi
　소독젓가락
47 牙签儿 yáqiānr
　이쑤시개
48 冰激凌杯 bīngjīlíngbēi
　아이스크림 컵
49 印花杯 yìnhuābēi
　꽃무늬 컵
50 刻花杯 kèhuābēi
　컷 글라스 ; 그림 새긴 컵
51 起子 qǐzi
　오프너
52-64 西餐餐具 xīcān cānjù
　서양 요리의 식기
　▶그림은 "西餐摆台" xīcān
　bǎitái(서양 요리 식기의 중
　국식 배열)의 예
52 菜盆 càipén
　요리 접시 ▶"餐盆" cānpén
53-55 餐叉 cānchā
　포크
53 鱼叉 yúchā
　생선 요리용 포크 ▶"吃鱼的
　叉子" chīyúde chāzi

54 中餐叉 zhōngcānchā
　중형 포크
55 大餐叉 dàcānchā
　대형 포크
56-59 餐刀 cāndāo
　식사용 나이프
56 大餐刀 dàcāndāo
　대형 나이프
57 中餐刀 zhōngcāndāo
　중형 나이프
58 鱼刀 yúdāo
　생선 요리용 나이프
59 肉刀 ròudāo
　고기 요리용 나이프
60 饭匙 fànchí
　라이스 스푼
61 汤勺儿 tāngsháor
　수프 스푼
62 面包盘儿 miànbāopánr
　빵 접시
63 黄油刀 huángyóudāo
　버터 나이프
64 调味瓶 tiáowèipíng
　조미료 병

61 茶具 chájù · 酒具 jiǔjù · 烟具 yānjù

1-23 茶具 chájù
　　다구 ; 차도구
1-5 茶碗 cháwǎn
　　찻잔 ▶사발 모양으로 된 것
3 杯碟儿 bēidiér
　　받침접시 ▶"茶碟儿" chádiér
4 盖碗儿 gàiwǎnr
　　원통 찻잔 ; 뚜껑이 있는 깊
　　은 원통형의 찻잔
5 茶碗盖儿 cháwǎn gàir
　　찻잔 뚜껑
6-8 茶杯 chábēi
　　찻컵 ; 컵 모양으로 된 것
7 盖杯 gàibēi
　　뚜껑 있는 찻잔
　　▶"搪瓷杯" tángcíbēi은 법랑
　　을 입힌 찻잔. 대형은 "茶缸
　　子" chágāngzi
8 玻璃杯 bōlibēi
　　유리 찻컵
9 茶杯套儿 chábēi tàor
　　컵의 커버
　　▶"杯套儿" bēitàor
10 茶盅 cházhōng
　　찻종 ; 손잡이 없는 찻잔
11 茶壶 cháhú
　　티 포트 ; 찻주전자 ▶따르는
　　손잡이가 달린 사기 그릇
12 茶壶盖儿 cháhú gàir
　　찻주전자의 뚜껑
13 茶壶嘴儿 cháhú zuǐr
　　찻주전자의 귀때
14 茶壶把儿 cháhú bàr
　　찻주전자의 손잡이
15-17 茶叶筒 cháyètǒng
　　차통 ; 차를 넣어 두는 통
　　▶"茶叶罐儿" cháyè guànr
15 圆茶筒 yuánchátǒng
　　둥근 차통
16 方茶筒 fāngchátǒng
　　네모진 차통
17 扁茶筒 biǎnchátǒng
　　납작한 차통
18 茶托 chátuō
　　찻잔을 받치는 접시
　　▶"小茶盘" xiǎochápán
19 茶盘儿 chápánr
　　찻쟁반 ▶"茶盘子" chápánzi,
　　"大茶盘" dàchápán

20 水壶 shuǐhú
　　주전자
21 提梁儿 tíliángr
　　주전자의 손잡이
22 垫子 diànzi
　　주전자 깔개
23 暖水瓶 nuǎnshuǐpíng
　　보온병 ▶"暖瓶" nuǎnpíng,
　　"暖壶" nuǎnhú
24-29 咖啡具 kāfēijù
　　커피 도구
24 咖啡碗儿 kāfēi wǎnr
　　커피 잔
25 咖啡碟儿 kāfēi diér
　　커피 잔의 받침 접시
26 茶匙儿 cháchír
　　찻숟가락
27 咖啡壶 kāfēihú
　　커피 포트
28 牛奶壶 niúnǎihú
　　밀크 포트
29 糖罐儿 tángguànr
　　슈거 포트 ; 설탕 포트
30-38 酒具 jiǔjù
　　주기 ; 술 도구
30 酒壶 jiǔhú
　　주둥이가 잘록한 술병
31-32 酒盅儿 jiǔzhōngr
　　술종
33-37 酒杯 jiǔbēi
　　술잔 ; 글라스
33 玻璃杯 bōlibēi
　　글라스 ; 유리컵
34 白酒杯 báijiǔbēi
　　배갈 잔 ☞60-7
35-36 高脚杯 gāojiǎobēi
　　다리 술잔
35 红酒杯 hóngjiǔbēi
　　와인 잔
36 鸡尾酒杯 jīwěijiǔbēi
　　칵테일 잔
37 啤酒杯 píjiǔbēi
　　맥주 잔
38 冰瓶 bīngpíng
　　아이스 자 ; 얼음통
39-54 烟具 yānjù
　　흡연 용구
39 香烟盒儿 xiāngyān hér
　　담배함 ; 담배 케이스

▶"烟盒儿" yānhér
40 火柴 huǒchái
　　성냥
41 烟灰缸 yānhuīgāng
　　재떨이 ▶"烟缸" yāngāng
42 烟灰碟 yānhuīdié
　　접시 재떨이 ▶"灰碟" huīdié
43-45 打火机 dǎhuǒjī
　　라이터
43 液体打火机 yètǐ dǎhuǒjī
　　기름 라이터
44 气体打火机 qìtǐ dǎhuǒjī
　　가스 라이터
45 电子打火机 diànzǐ dǎhuǒjī
　　전자 라이터
46 气体 qìtǐ
　　충전용 가스
47 烟嘴儿 yānzuǐr
　　물부리 ; 빨부리
48 烟斗 yāndǒu
　　곰방대 ; 파이프
49 烟袋 yāndài
　　담뱃대
　　▶"旱烟袋" hànyāndài
50 烟袋锅儿 yāndài guōr
　　담뱃대의 대통 ; 담배통
　　▶"烟袋锅子" yāndài guōzi
51 烟袋杆儿 yāndài gǎnr
　　담뱃대의 설대
52 烟袋嘴儿 yāndài zuǐr
　　담뱃대의 물부리
53 烟包儿 yānbāor
　　담배쌈지
54 水烟袋 shuǐyāndài
　　물 물부리

차도구·음주 도구·흡연 도구 61

62 容器 róngqì

1-22 瓶子 píngzi
병

1 啤酒瓶 píjiǔpíng
맥주병

2 瓶子口儿 píngzi kǒur
병의 주둥이 ▶"瓶嘴儿"
píngzuǐr

3 瓶肚儿 píngdùr
병의 허리

4 瓶底儿 píngdǐr
병의 바닥

5 标签儿 biāoqiānr
상표 ; 라벨

6 瓶盖儿 pínggàir
병뚜껑

7-8 瓶塞儿 píngsāir
병마개 ▶"瓶塞子" píngsāizi.
8은 "软木塞儿" ruǎnmù
sāir (코르크 마개)

9 大口瓶 dàkǒupíng
큰 아가리 병

10 方形瓶子 fāngxíng píngzi
네모진 병
▶"方瓶" fāngpíng

11 奶瓶 nǎipíng
포유병 ; 젖병

12 奶嘴儿 nǎizuǐr
젖병의 꼭지

13 刻度 kèdù
눈금

14 凉水瓶 liángshuǐpíng
물병 ▶"水瓶" shuǐpíng

15 暖水瓶 nuǎnshuǐpíng
보온병 ▶"暖瓶" nuǎnpíng,
"暖壶" nuǎnhú, "热水瓶"
rèshuǐpíng

16 瓶盖儿 pínggàir
보온병의 뚜껑
▶"壶盖儿" húgàir

17 把儿 bàr
손잡이 ▶"壶把儿" húbàr

18 瓶壳儿 píngkér
보온병의 겉

19 铁壳儿暖瓶 tiěkér nuǎn-píng
금속 껍데기 보온병

20 竹壳儿暖瓶 zhúkér nuǎn-píng
대나무 껍데기 보온병

21 气压式暖水瓶 qìyāshì nuǎnshuǐpíng
기압 보온병 ; 에어포트

22 暖水瓶胆 nuǎnshuǐpíngdǎn
보온병의 속병 ▶"瓶胆"
píngdǎn

23 旅行杯 lǚxíngbēi
휴대용 보온 컵

24 保温杯 bǎowēnbēi
보온 컵

25-27 壶 hú
주전자

25 茶壶 cháhú
찻주전자 ☞61-11

26 水壶 shuǐhú
수통 ; 물통

27 背带 bèidài
멜빵

28-38 罐儿 guànr/坛子 tánzi/缸 gāng
통 ; 동이 ; 단지 ; 항아리 ; 독

28 水罐 shuǐguàn
물동이 ; 물항아리

29 酒罐 jiǔguàn
술항아리

30 盐罐 yánguàn
소금 단지

31 茶罐儿 cháguànr
차 단지 ▶"茶叶罐儿" cháyè guànr

32 茶叶筒 cháyètǒng
차통 ▶"茶叶罐儿" cháyè guànr ☞61-15-17

33 啤酒罐儿 píjiǔ guànr
맥주 깡통

34 泡菜坛 pàocàitán
김치 단지

35 酒坛 jiǔtán
술단지 ▶"酒坛子" jiǔtánzi

36 桶缸 tǒnggāng
큰독 ▶"大水缸" dàshuǐgāng
이라고도 한다

37 矮缸 ǎigāng
배불뚝이 ; 낮은 독
▶"小水缸" xiǎoshuǐgāng 이
라고도 한다.

38 糖缸 tánggāng
사탕 단지

39-51 桶 tǒng
통 ▶원통형이고 깊은 것.

39 木桶 mùtǒng
나무통

40 提梁儿 tíliángr
손잡이 ; 들손

41 桶口 tǒngkǒu
통의 아가리

42 铁箍 tiěgū
통의 테

43 桶底儿 tǒngdǐr
통의 바닥

44 提桶 títǒng
들통

45 竹箍儿 zhúgūr
대나무 테

46 铁桶 tiětǒng
철 통

47 水桶 shuǐtǒng
물통 ; 양동이 ▶"铁水桶"
tiěshuǐtǒng

48 提手 tíshǒu
들잡이

49 桶盖儿 tǒnggàir
양동이의 뚜껑

50 开水桶 kāishuǐtǒng
급탕기 ; 급차기

51 塑料桶 sùliàotǒng
플라스틱제의 탱크

52-57 盒子 hézi
함 ; 케이스

52 木盒儿 mùhér
나무 함

53 纸盒儿 zhǐhér
종이 함

54 饭盒儿 fànhér
도시락 함

55 储藏盒儿 chǔcáng hér
밀폐 함

56 糖盒儿 tánghér
사탕 함 ; 캔디 단지

57 牙签儿盒儿 yáqiānr hér
이쑤시개 함

용기 62

63 斗 dǒu・秤 chèng

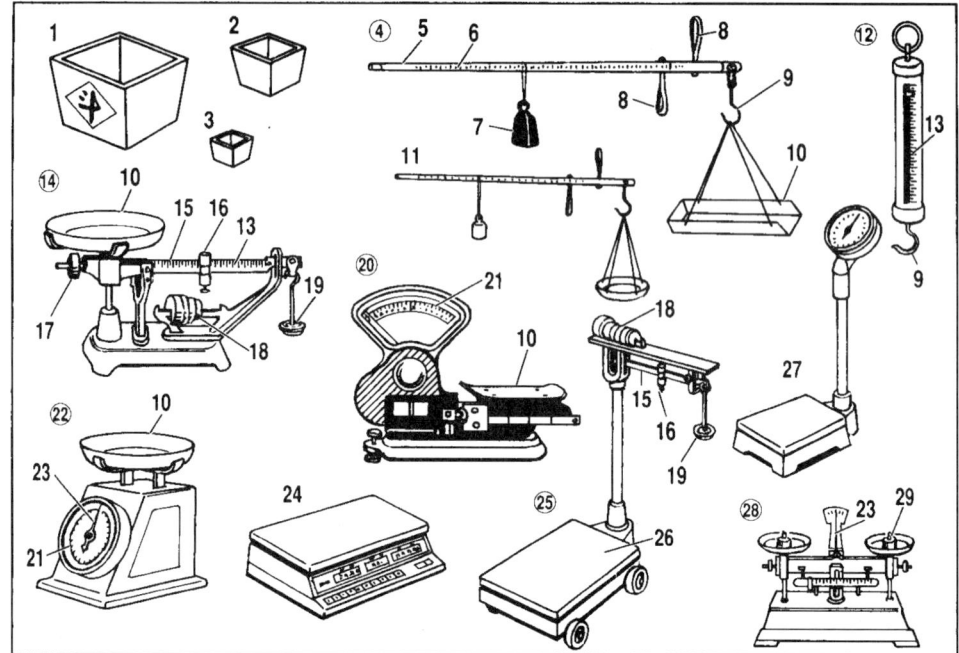

1 斗 dǒu
한 말 들이 되
2 升 shēng
한 되 들이 되
3 合 gě
한 홉 들이 되
4-29 秤 chèng
저울
4 杆秤 gǎnchèng
대저울
5 秤杆 chènggǎn
저울대
▶"秤杆儿" chènggǎnr
6 秤星 chèngxīng
저울눈
▶"秤星儿" chèngxīngr
7 秤锤 chèngchuí
저울추 ▶"秤砣" chèngtuó
8 秤毫 chènghǎo
대저울의 들 끈
▶"秤纽" chèngniǔ
9 秤钩 chènggōu
걸쇠; 걸이
10 秤盘子 chèngpánzi
저울판; 저울의 접시
11 戥子 děngzi

소형 대저울▶금・은・약품
등을 단다.
12 弹簧秤 tánhuángchèng
용수철 저울
13 刻度 kèdù
눈금
14 案秤 ànchèng
탁상용 저울
15 横梁 héngliáng
눈금대
16 游砣 yóutuó
분동
17 调整螺杆 diàozhěng luógǎn
조절 나사
18 增砣 zēngtuó
덧 분동
19 增砣盘 zēngtuópán
분동 받침
20 扇形案秤 shànxíng ànchèng
눈금판식 저울 ▶"字盘案秤" zìpán ànchèng
21 刻度盘 kèdùpán
눈금판
▶"字盘" zìpán(문자판)
22 自动秤 zìdòngchèng

자동 저울
23 指针 zhǐzhēn
눈금판의 바늘; 지침
24 电子秤 diànzǐchèng
전자 저울
25-27 台秤 táichèng
앉은뱅이저울
25 磅秤 bàngchèng
앉은뱅이저울
▶"落地台秤" luòdì táichèng
26 磅盘 bàngpán
앉은뱅이저울의 받침판
▶"台面" táimiàn
27 人体秤 réntǐchèng
체중계
28 天平 tiānpíng
천칭; 천평 ▶그림은 "药用天平" yàoyòng tiānpíng(조제용 천칭)
29 砝码 fǎmǎ
천칭 분동; 저울추

64 钟表 zhōngbiǎo　　시계

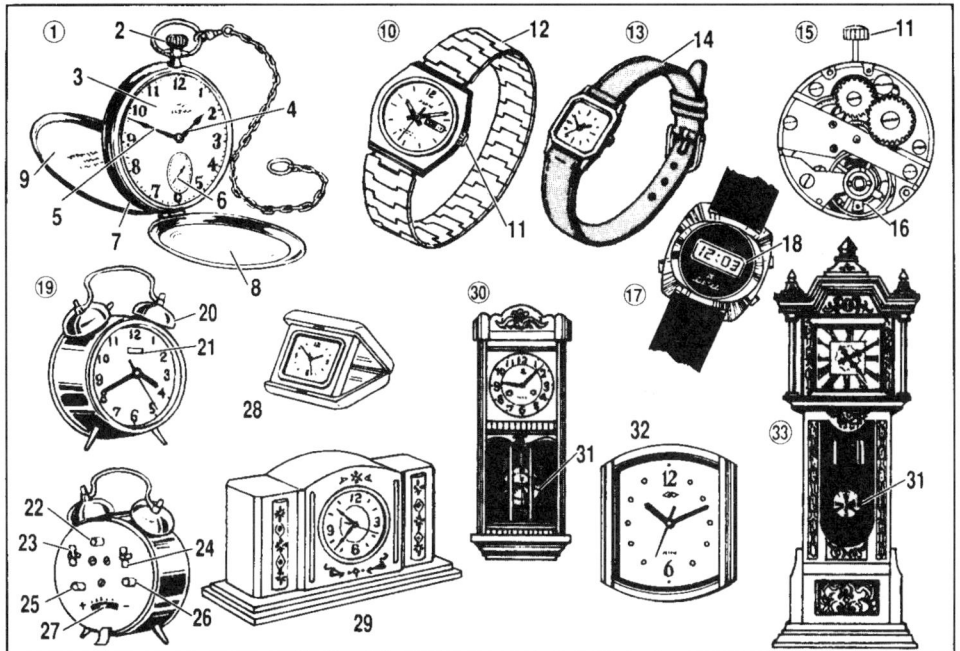

1　怀表 huáibiǎo
　회중시계
2　表帽 biǎomào
　용두
3　表盘 biǎopán
　시계 판
4-6　表针 biǎozhēn
　시계 바늘
4　时针 shízhēn
　시침；시계의 단침
5　分针 fēnzhēn
　분침；시계의 장침
6　秒针 miǎozhēn
　초침
7　表壳儿 biǎokér
　시계의 테
8　表蒙子 biǎoméngzi
　시계의 유리
9　表盖 biǎogài
　시계의 뒤뚜껑
10-18　手表 shǒubiǎo
　손목시계
10　男表 nánbiǎo
　신사용 손목시계
　▶그림은 "日历表" rìlìbiǎo
　(달력이 있는 손목시계)
11　表把儿 biǎobàr

　손목시계의 용두
12　表带 biǎodài
　시곗줄 ▶그림은 "金属表带"
　jīnshǔ biǎodài(금속제 시곗
　줄)
13　女表 nǚbiǎo
　여성용 손목시계 ▶"坤表"
　kūnbiǎo
14　皮表带 píbiǎodài
　가죽제 시곗줄
15　机芯 jīxīn
　시계의 무브먼트
16　游丝 yóusī
　유사；시계의 용수철
17　数字手表 shùzì shǒubiǎo
　디지털 시계
18　液晶显示板 yèjīng xiǎnshì-
　bǎn
　액정 디스플레이
19　闹钟 nàozhōng
　자명종 시계；사발시계
20　闹铃 nàolíng
　사발시계의 종
21　对闹面 duìnàomiàn
　자명 시각 표시창
22　对闹钥匙 duìnào yàoshi
　자명 시각 조정 손잡이

23　闹条钥匙 nàotiáo yàoshi
　자명용 태엽 나사
24　走条钥匙 zǒutiáo yàoshi
　태엽 감는 나사
25　止闹 zhǐnào
　자명종 멈춤 손잡이
26　拨针柄 bōzhēnbǐng
　시간 맞춤 손잡이
27　快慢针 kuàimànzhēn
　속도 조절침
28　旅游钟 lǚyóuzhōng
　여행용 자명 시계
29　座钟 zuòzhōng
　탁상시계
30-32　挂钟 guàzhōng
　괘종시계；벽시계
30　摆钟 bǎizhōng
　추시계；진자시계
31　钟摆 zhōngbǎi
　흔들이；진자
32　石英挂钟 shíyīng guàzhōng
　수정 괘종시계；수정 벽시계
33　落地钟 luòdìzhōng
　세움 시계；상자형 큰 시계

65 包 bāo · 袋儿 dàir · 篮子 lánzi

1-15, 25-31 包 bāo
가방；백
1-4 手提包 shǒutíbāo
손가방 ▶"提包" tíbāo
2 提梁儿 tíliángr
손잡이 ▶"提手" tíshǒu
4 女式手提包 nǚshì shǒutíbāo
여성용 손가방；핸드백
5-6 公文包 gōngwénbāo
서류 가방 ▶5는 서류 들가방, 6은 서류 손가방 ▶"公事包" gōngshìbāo
7 挎包 kuàbāo
멜 가방；숄더 백 ▶"挎包儿" kuàbāor
8 背带 bèidài
어깨끈；멜빵 ▶"背带儿" bèidàir
9 包盖儿 bāogàir
가방 뚜껑；플랩 ▶"盖片" gàipiàn
10 皮带扣儿 pídài kòur
고리
11 扣带 kòudài
멈춤 띠；가죽 띠
12-15 旅行包 lǚxíngbāo
여행 가방 ▶12는 "旅行提包" lǚxíng tíbāo (보스턴백)
14 拉链 lāliàn
지퍼；파스너
15 钥匙锁 yàoshisuǒ
키 로크
16 公文箱 gōngwénxiāng
아타셰케이스(atlaché case)
17 号码锁 hàomǎsuǒ
암호 자물쇠 ☞67-4
18 旅行箱 lǚxíngxiāng
여행 가방；슈트케이스 ▶"衣箱" yīxiāng, "皮箱" píxiāng
19 箱框 xiāngkuàng
여행 가방의 프레임
20 跳锁 tiàosuǒ
셔터 로크
21 小轮子 xiǎolúnzi
캐스터；가방에 붙은 바퀴 ▶"小轱辘" xiǎogūlu
22 束带 shùdài
스트랩；슈트 케이스 벨트 ▶"带子" dàizi 묶음 띠
23 皮箱 píxiāng
트렁크 ▶"大皮箱" dàpíxiāng
24 护角 hùjiǎo
보호쇠；트렁크 모서리에 붙은 쇠
25 腰包 yāobāo
웨스트 포치；허리춤에 차는 돈주머니
26-29 钱包儿 qiánbāor
돈지갑
27 金属卡口 jīnshǔ qiǎkǒu
물림쇠 ▶"扣襻儿" kòupànr
28 皮夹子 píjiāzi
가죽 지갑 ▶"皮夹儿" píjiār
29 票夹子 piàojiāzi
명지갑；표·명함 따위를 넣는 지갑 ▶"钱夹子" qiánjiāzi
30 钥匙包 yàoshibāo
열쇠 케이스
31 钥匙圈儿 yàoshi quānr
열쇠 홀더
32-35 口袋 kǒudai
봉지；백 ▶"口袋儿" kǒudair
32 纸口袋儿 zhǐkǒudair
종이 봉지 ▶"纸袋儿" zhǐdàir
33 布口袋儿 bùkǒudair
천 봉지；포대 ▶"布袋儿" bùdàir
34 塑料袋儿 sùliàodàir
비닐 봉지
35 网眼袋儿 wǎngyǎndàir
그물 봉지
36 网兜儿 wǎngdōur
그물 자루 ▶쇼핑용
37-41 篮子 lánzi
바구니；광주리
37-38 提篮儿 tílánr
손바구니
39 网篮儿 wǎnglánr
그물 손바구니
40 水果篮儿 shuǐguǒ lánr
과일 바구니
41 饭篮儿 fànlánr
요리 배달 바구니
42-44 筐子 kuāngzi
손잡이가 없는 광주리
42 圆筐 yuánkuāng
둥근 광주리
43 方筐 fāngkuāng
네모진 광주리
44 果筐 guǒkuāng
과일 광주리

가방·봉지·바구니 65

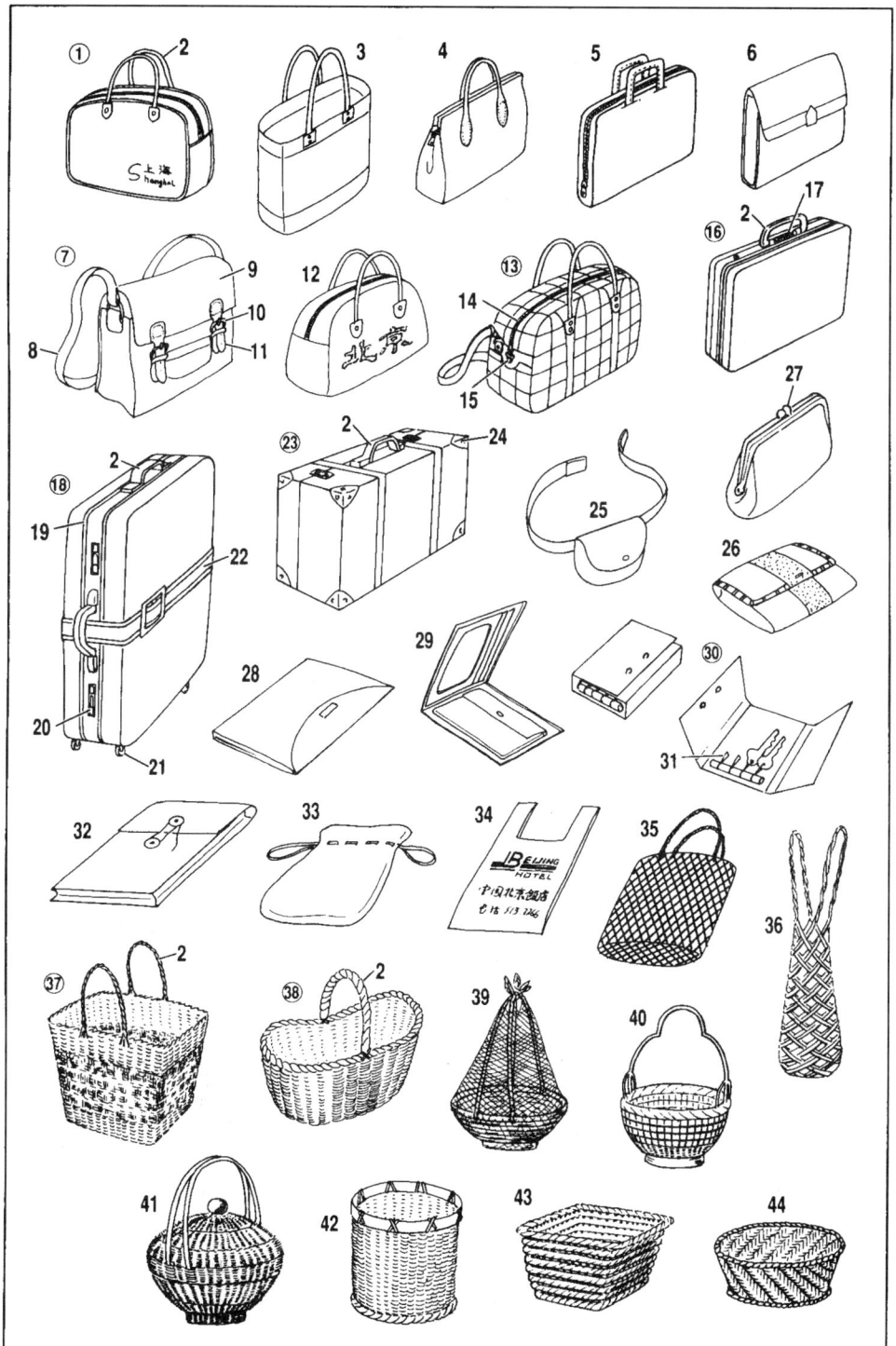

66 扇子 shànzi · 伞 sǎn 부채 · 우산

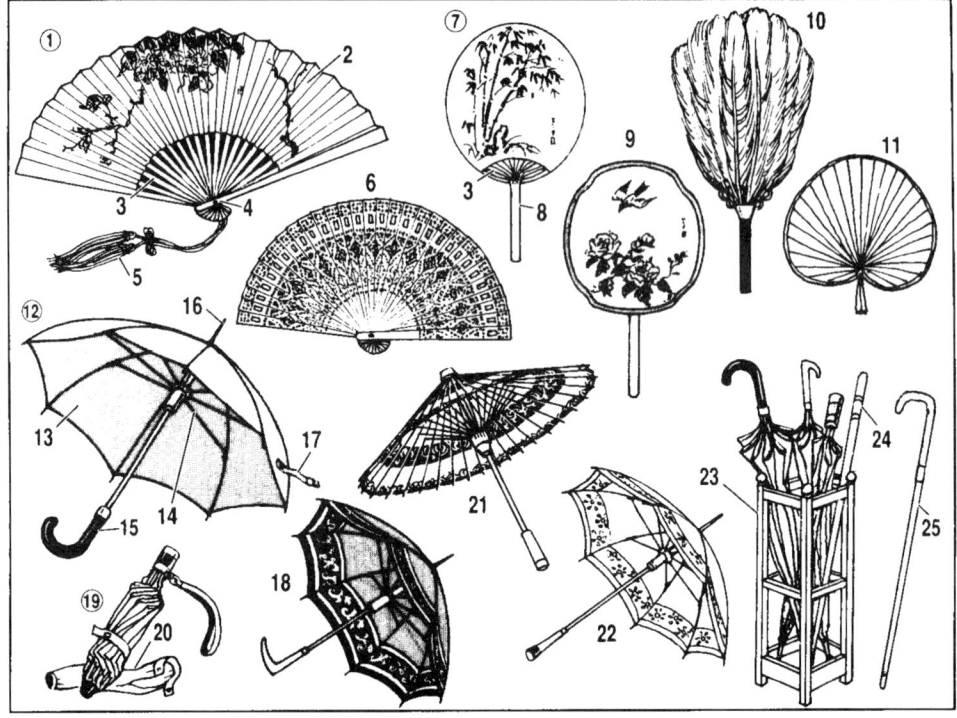

1-11 扇子 shànzi
부채
1 折扇 zhéshàn
접부채 ; 쥘부채 ▶"折扇儿"
zhéshànr
2 扇面儿 shànmiànr
부채의 바탕 종이
3 扇骨子 shàngǔzi
부챗살
4 扇肘儿 shànzhǒur
부채꼭지 ▶"扇轴儿"
shànzhóur
5 扇坠儿 shànzhuìr
부채의 술
6 檀香扇 tánxiāngshàn
단향 부채
7-9 团扇 tuánshàn
평부채
7 纸扇 zhǐshàn
종이 부채
8 扇柄 shànbǐng
부채 손잡이
9 绢扇 juànshàn
비단 부채

10 羽扇 yǔshàn
깃털 부채
11 芭蕉扇 bājiāoshàn
파초선 ▶빈랑(檳榔) 나무의
잎으로 만든 부채
12-22 伞 sǎn
우산
12-21 雨伞 yǔsǎn
우산
12 男式雨伞 nánshì yǔsǎn
남자용 우산
13 伞面儿 sǎnmiànr
우산 면
14 伞骨 sǎngǔ
우산 살
15 伞把儿 sǎnbàr
우산 자루
16 顶梢 dǐngshāo
물미
17 系带 jìdài
묶는 띠 ▶"系带儿" jìdàir
18 女式雨伞 nǚshì yǔsǎn
여성용 우산
19 折叠伞 zhédiésǎn

접이식 우산
20 伞套儿 sǎntàor
우산 주머니
21 纸伞 zhǐsǎn
종이 우산
22 旱伞 hànsǎn
양산 ; 파라솔 ▶"阳伞"
yángsǎn
23 伞杖架 sǎnzhàngjià
우산 받침대 ▶"立伞架"
lìsǎnjià
24 手杖 shǒuzhàng
지팡이 ▶"文明棍儿"
wénmíng gùnr
25 拐棍儿 guǎigùnr
지팡이 ▶손잡이가 둥글게
휜 것. "拐杖" guǎizhàng

锁 suǒ · 钥匙 yàoshi 자물쇠 · 열쇠

1 挂锁 guàsuǒ
  맹꽁이 자물쇠
2 钥匙 yàoshi
  열쇠
3 钥匙圈儿 yàoshi quānr
  열쇠고리
4 号码挂锁 hàomǎ guàsuǒ
  암호 자물쇠 ▶"号码锁"
  hàomǎsuǒ
5 执手锁 zhíshǒusuǒ
  프리 로크
6 执手 zhíshǒu
  손잡이 ; 도어 노브
7 普通门锁 pǔtōng ménsuǒ
  문의 자물쇠 ▶"页片插锁"
  yèpiàn chāsuǒ
8 锁体 suǒtǐ
  자물통
9-10 锁舌 suǒshé
  자물쇠의 볼트
9 斜舌 xiéshé
  래치 볼트
  ▶"斜活舌" xiéhuóshé
10 方舌 fāngshé

  체결 볼트 ; 데드 볼트 ▶"方
  呆舌" fāngdāishé
11 浴室门锁 yùshì ménsuǒ
  욕실용 자물쇠
12 旋钮 xuánniǔ
  섬턴
13 移门锁 yíménsuǒ
  미닫이 자물쇠 ▶그림은 "钩
  形锁舌移门锁" gōuxíng
  suǒshé yíménsuǒ
14 钩形锁舌 gōuxíng suǒshé
  고리모양의 혹
15 球形锁 qiúxíngsuǒ
  원통 자물쇠
16 厕所门锁 cèsuǒ ménsuǒ
  변소 자물쇠 ▶표시 자물쇠
  의 일종. "有人无人锁"
  yǒurén wúrén suǒ
17 弹子门锁 tánzi ménsuǒ
  용수철 자물쇠;나이트 래치
  ▶"弹簧门锁" tánhuáng
  ménsuǒ, "撞锁" zhuàngsuǒ
18 碰珠锁 pèngzhūsuǒ
  문단속 래치의 일종

19 弹子插锁 tánzi chāsuǒ
  핀 텀블러 자물쇠
20 锁头 suǒtóu
  실린더
21 锁芯 suǒxīn
  실린더 플러그
22 弹子执手插锁 tánzi zhíshǒu
  chāsuǒ
  실린더 케이스 로크
23 抽屉锁 chōutisuǒ
  서랍 자물쇠
24 锁眼 suǒyǎn
  열쇠 구멍
25 卡片锁 kǎpiànsuǒ
  카드식 전자 자물쇠
26 卡片钥匙 kǎpiàn yàoshi
  카드 키

68 灯具 dēngjù

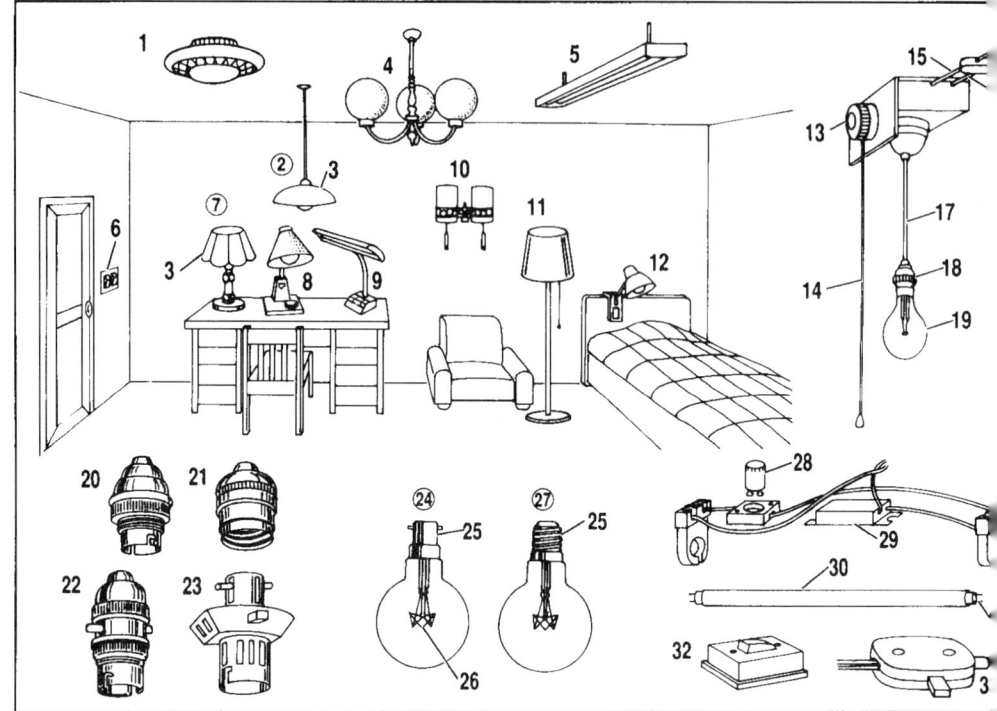

1-31 电灯 diàndēng
전등
1 吸顶灯 xīdǐngdēng
천장등 ▶"顶灯" dǐngdēng
2 吊灯 diàodēng
매달림 전등; 펜던트; 다운라이트
3 灯罩儿 dēngzhàor
전등의 갓
▶"灯罩" dēngzhào
4 枝形吊灯 zhīxíng diàodēng
샹들리에
5 荧光灯 yíngguāngdēng
형광등 ▶"日光灯" rìguāngdēng
6 开关 kāiguān
스위치
7 台灯 táidēng
탁상등; 전기 스탠드
8 调光台灯 tiáoguāng táidēng
조광탁상등
9 荧光台灯 yíngguāng táidēng
형광탁상등 ▶"日光台灯"
rìguāng táidēng
10 壁灯 bìdēng
벽전등
11 落地灯 luòdìdēng
세움 전등; 플로어 스탠드
12 床头灯 chuángtóudēng
침상 전등; 베드 사이드 램프
13 拉线开关 lāxiàn kāiguān
풀 스위치
14 灯绳儿 dēngshéngr
스위치의 끈
15 火线 huǒxiàn
전원선
16 地线 dìxiàn
어스선
17 电线 diànxiàn
전깃줄; 전선
18 灯头 dēngtóu
전등의 소켓; 램프 홀더
☞68-20-23
19 电灯泡 diàndēngpào
전구▶"电灯泡儿" diàndēngpàor, "灯泡儿" dēngpàor, "白炽灯" báichìdēng
(백열 전등)
20 卡口灯头 qiǎkǒu dēngtóu
플러그 소켓
21 螺口灯头 luókǒu dēngtóu
나사 소켓
22 开关灯头 kāiguān dēngtóu
키 소켓
23 分火灯头 fēnhuǒ dēngtóu
분기 소켓
24 卡口灯泡儿 qiǎkǒu dēngpàor
플러그 소켓용 전구
25 灯口 dēngkǒu
전구의 베이스
26 灯丝 dēngsī
필라멘트 ▶"钨丝" wùsī(텅스텐선)
27 螺口灯泡儿 luókǒu dēngpàor
나사 전구
28 启动器 qǐdòngqì
점등관
29 镇流器 zhènliúqì
안정기
30 荧光灯管 yíngguāng dēng-

조명 기구 68

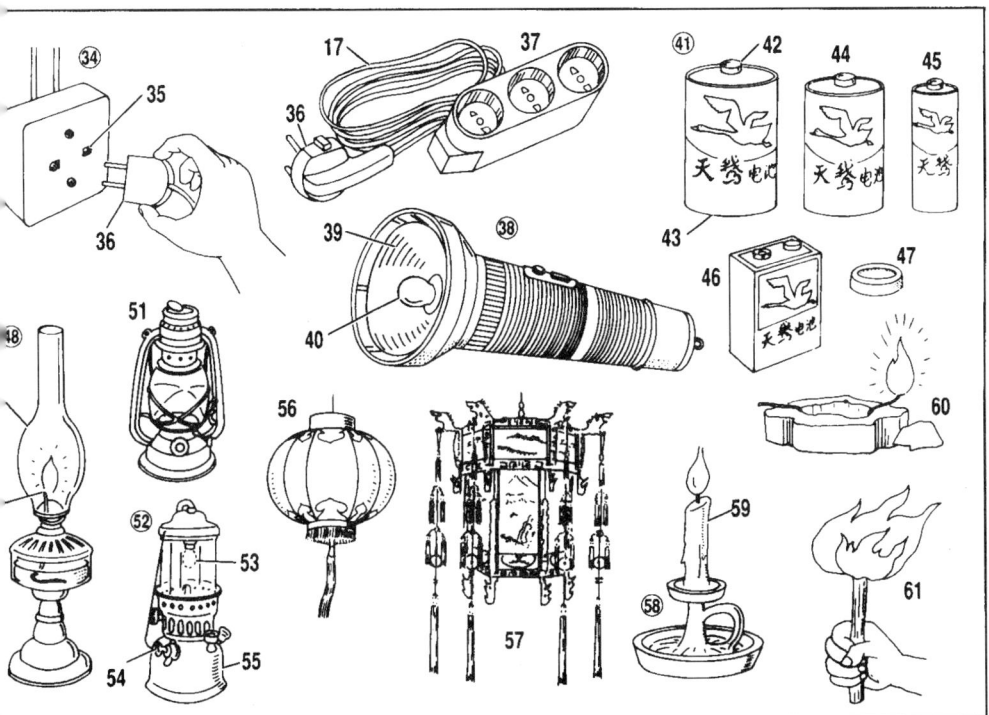

guǎn 형광등의 관
31 灯脚 dēngjiǎo
   형광등 양단의 돌기
32 跷板式开关 qiāobǎnshì
   kāiguān
   로커 스위치; 파동 스위치
33 中途开关 zhōngtú kāiguān
   중간 스위치
34 插座 chāzuò
   콘센트▶"插口" chākǒu
35 插孔 chākǒng
   콘센트의 삽입구
36 插头 chātóu
   삽입 플러그
37 桌台插座 zhuōtái chāzuò
   테이블 탭
38 手电筒 shǒudiàntǒng
   손전지; 회중전등
   ▶"手电" shǒudiàn
39 反光罩 fǎnguāngzhào
   반사경
40 电珠 diànzhū
   전기알; 꼬마전구 ▶ "小灯泡
   儿" xiǎodēngpàor

41-47 干电池 gāndiànchí
   건전지
41 一号电池 yīhào diànchí
   1호 건전지
42 正极 zhèngjí
   양극; +극 ▶"阳极" yángjí
43 负极 fùjí
   음극; -극 ▶"阴极" yīnjí
44 二号电池 èrhào diànchí
   2호 건전지
45 五号电池 wǔhào diànchí
   5호 건전지
46 层叠电池 céngdié diànchí
   적층 건전지
47 纽扣式电池 niǔkòushì
   diànchí
   버튼형 건전지 ▶"扣式电池"
   kòushì diànchí
48 煤油灯 méiyóudēng
   남포등; 석유등; 석유 램프
49 灯罩儿 dēngzhàor
   남포의 등피
50 灯心 dēngxīn
   등심; 심지

51 马灯 mǎdēng
   마포등; 방풍 휴대 등
52 汽灯 qìdēng
   가스등
53 纱罩 shāzhào
   가스 맨틀
54 打气筒 dǎqìtǒng
   에어 펌프
55 油壶 yóuhú
   연료 탱크
56 灯笼 dēnglong
   초롱; 등롱
57 宫灯 gōngdēng
   궁정식 등롱 ▶8각형 또는 6
   각형의 매다는 등
58 烛台 zhútái
   촛대
59 蜡烛 làzhú
   초
60 油灯 yóudēng
   기름 접시; 등잔
61 火把 huǒbǎ
   횃불

97

69 家用电器 jiāyòng diànqì I

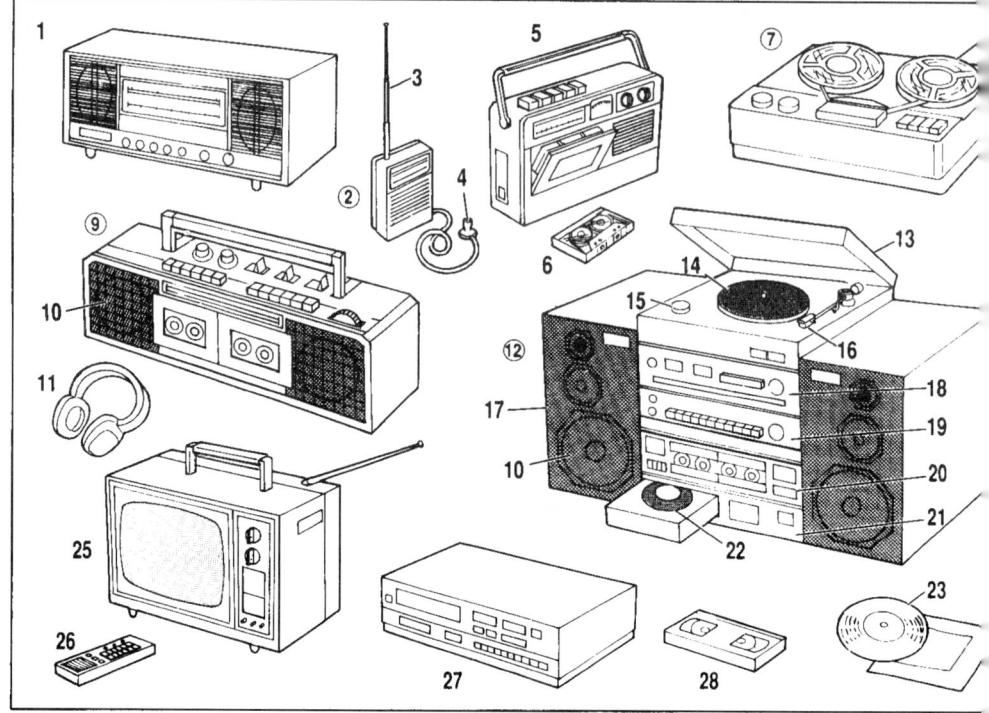

1-4 收音机 shōuyīnjī
라디오 수신기 ; 라디오

1 台式收音机 táishì shōuyīnjī
탁상형 라디오

2 袖珍收音机 xiùzhēn shōu-yīnjī
휴대용 라디오

3 拉杆儿天线 lāgānr tiānxiàn
로드 안테나

4 耳机 ěrjī
이어폰

5-7 录音机 lùyīnjī
녹음기 ; 테이프 레코더

5 盒式录音机 héshì lùyīnjī
카세트식 테이프 레코더

6 盒式录音带 héshì lùyīndài
카세트 테이프 ▶"盒式磁带" héshì cídài라고도 한다.

7 盘式录音机 pánshì lùyīnjī
오픈 릴식 테이프 레코더

8 卷盘磁带 juǎnpán cídài
오픈 릴 테이프

9 收录两用机 shōulù liǎng-yòngjī

라디오 카세트 ▶"收录机" shōulùjī라고도 한다. 그림은 "双卡立体声收录机" shuāngkǎ lìtǐshēng shōulùjī (더블데크 스테레오 라디오 카세트)

10 扬声器 yángshēngqì
스피커 ▶"喇叭" lǎba라고도 한다.

11 头戴式耳机 tóudàishì ěrjī
헤드폰

12 组合音响 zǔhé yīnxiǎng
오디오 시스템 ; 컴포넌트 스테레오

13 电唱机 diànchàngjī
레코드 플레이어 ▶그림은 "立体声电唱机" lìtǐshēng diànchàngjī(스테레오 레코드 플레이어)

14 转盘 zhuǎnpán
턴 테이블

15 速度旋钮 sùdù xuánniǔ
회전 손잡이

16 唱头 chàngtóu

픽업 ▶"拾音器" shíyīnqì라고도 한다. 레코드 바늘은 "唱针" chàngzhēn이라 한다.

17 音箱 yīnxiāng
스피커 박스

18 调谐器 tiáoxiéqì
튜너

19 放大器 fàngdàqì
증폭기 ; 앰프

20 录音座 lùyīnzuò
테이프 데크

21 激光唱机 jīguāng chàngjī
콤팩트 디스크 플레이어
▶"激光机" jīguāngjī라고도 한다.

22 激光唱片 jīguāng chàngpiàn
콤팩트 디스크

23 唱片 chàngpiàn
레코드 ▶"唱片儿" chàngpiānr. LP 레코드는 "密纹唱片" mìwén chàngpiàn이라 한다.

가전제품 I 69

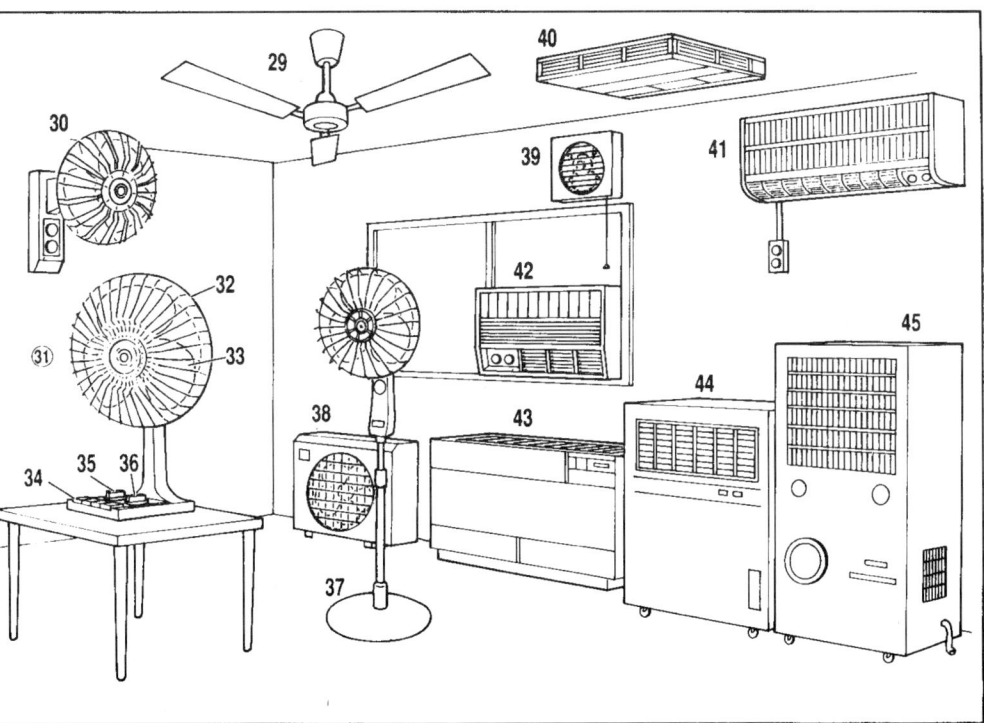

24 唱片套儿 chàngpiàn tàor
레코드 재킷
25 彩色电视机 cǎisè diànshìjī
컬러 텔레비전 ▶"彩电"
cǎidiàn이라고도 한다. 흑백
텔레비전은 "黑白电视机"
hēibái diànshìjī
26 遥控开关 yáokòng kāiguān
리모컨 스위치
▶"遥控" yáokòng
27 录像机 lùxiàngjī
비디오 테이프 레코더
28 录像带 lùxiàngdài
비디오 테이프
29-38 电扇 diànshàn
선풍기
▶"电风扇" diànfēngshàn
29 吊扇 diàoshàn
천장 선풍기
30 壁扇 bìshàn
벽걸이 선풍기
31 台扇 táishàn
탁상 선풍기 ▶"台式电扇"
táishì diànshàn(탁상형 선풍
기)
32 网罩 wǎngzhào
(선풍기의)네트 ; 망
33 扇叶 shànyè
선풍기의 날개
34 调速按键 tiáosù ànjiàn
바람 조절 키 ; 풍력 버튼
35 定时旋钮 dìngshí xuánniǔ
타이머 스위치
36 摇头旋钮 yáotóu xuánniǔ
풍향 조절 키 ; 풍향 버튼
37 落地扇 luòdìshàn
세움 선풍기
38 箱式电扇 xiāngshì
diànshàn
상자형 선풍기
39 换气扇 huànqìshàn
환풍기
40-43 空调机 kōngtiáojī
에어컨 ; 에어 컨디셔너
40 吸顶式空调机 xīdǐngshì
kōngtiáojī
천장 에어컨
41 壁挂式空调机 bìguàshì
kōngtiáojī
벽걸이형 에어컨
42 窗台式空调机 chuāngtáishì
kōngtiáojī
윈도형 에어컨
43 落地式空调机 luòdìshì
kōngtiáojī
바닥형 에어컨 ▶"柜式空调
机" guìshì kōngtiáojī
44 冷风机 lěngfēngjī
냉풍기
45 去湿机 qùshījī
제습기

99

70 家用电器 jiāyòng diànqì II

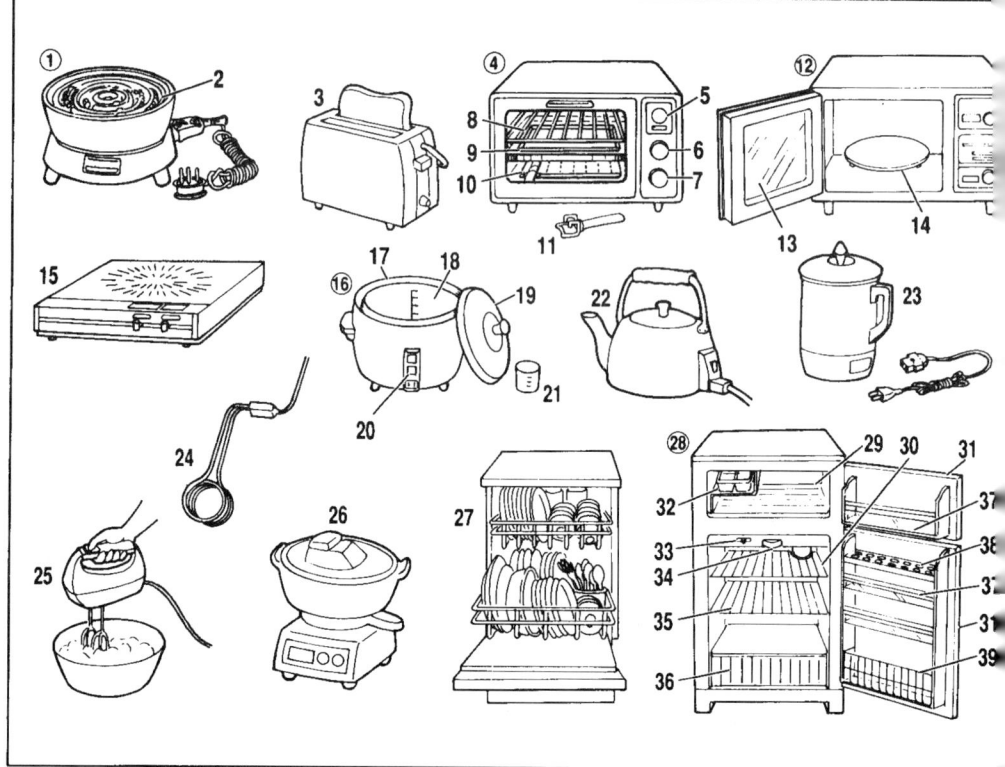

1 电炉 diànlú
   전열기
2 电热丝 diànrèsī
   니크롬선
3 面包炉 miànbāolú
   토스터 ▶"烤面包器" kǎomiànbāoqì
4 电烤箱 diànkǎoxiāng
   전기 오븐 ▶"电烤炉" diànkǎolú
5 调温旋钮 tiáowēn xuánniǔ
   온도 조절 다이얼
6 转换开关 zhuǎnhuàn kāiguān
   전환 스위치
7 定时器旋钮 dìngshíqì xuánniǔ
   타이머 다이얼
8 烤网 kǎowǎng
   석쇠
9 烤盘 kǎopán
   오븐의 접시
10 加热器 jiārèqì
    발열체 ; 히터
11 柄叉 bǐngchā
    손잡이 ; 핸들
12 微波炉 wēibōlú
    전자 레인지
13 钢化玻璃门 gānghuà bōlimén
    강화 유리문
14 转盘 zhuǎnpán
    턴 테이블
15 电磁灶 diàncízào
    전자 조리기
16 电饭锅 diànfànguō
    전기 밥솥 ▶"电饭煲" diànfànbāo
17 外锅 wàiguō
    겉솥
18 内锅 nèiguō
    안솥
19 锅盖 guōgài
    솥 뚜껑
20 开关 kāiguān
    스위치
21 量杯 liángbēi
    계량 컵
22 电水壶 diànshuǐhú
    전기 주전자
23 电热杯 diànrèbēi
    전기 컵
24 电热管 diànrèguǎn
    전기 가열기
    ▶"热得快" rèdekuài
25 手提式搅拌机 shǒutíshì jiǎobànjī
    핸드 믹서
26 榨汁机 zhàzhījī
    주서 ▶"榨果汁机" zhàguǒzhījī
27 自动洗碗机 zìdòng xǐwǎnjī
    자동 식기 세척기 ▶"洗碟机" xǐdiéjī(접시 세척기)
28 电冰箱 diànbīngxiāng
    전기 냉장고
29 冷冻室 lěngdòngshì
    냉동실
30 冷藏室 lěngcángshì

가전제품 II 70

냉장실
31 箱门 xiāngmén
   냉장고 문
32 制冰盒儿 zhìbīng hér
   제빙 접시
33 除霜按钮 chúshuāng ànniǔ
   서리 제거 버튼
34 调温旋钮 tiáowēn xuánniǔ
   온도 조절 다이얼
35 放物架 fàngwùjià
   선반 ▶"搁架" gējià
36 蔬菜盒 shūcàihé
   야채 케이스 ▶"果菜盒"
   guǒcàihé
37 门架 ménjià
   도어 포켓
38 蛋架 dànjià
   계란 선반
39 瓶架 píngjià
   병 선반
40 电熨斗 diànyùndǒu
   전기 다리미 ☞57-44-49

41 电烙铁 diànlàotie
   전기 납땜 인두
42 电卷发器 diànjuǎnfàqì
   헤어 컬링기
   ▶"卷发器" juǎnfàqì
43 卷发筒 juǎnfàtǒng
   헤어 롤 세팅기
44 电吹风机 diànchuīfēngjī
   헤어 드라이어 ▶"吹风机"
   chuīfēngjī
45 电动刮胡刀 diàndòng
   guāhúdāo
   전기 면도기
46 电动按摩器 diàndòng ànmóqì
   전기 마사지기
47 电热鞋 diànrèxié
   전기 족온기
48 电热垫 diànrèdiàn
   전기 방석
49 电热毯子 diànrè tǎnzi
   전기 모포 ▶"电毯" diàntǎn

50 电暖炉 diànnuǎnlú
   전기 난로 ▶"取暖电炉"
   qǔnuǎn diànlú
51 充油式电热器 chōngyóushì
   diànrèqì
   오일 히터 ; 기름 난로
52 暖风机 nuǎnfēngjī
   전기 온풍기
53 吸尘器 xīchénqì
   전기 청소기 ; 클리너
54 吸嘴 xīzuǐ
   청소기의 흡입구
55 接长管 jiēchángguǎn
   청소기의 연장관
56 软管 ruǎnguǎn
   호스
57 进风口 jìnfēngkǒu
   풍입구
58 洗衣机 xǐyījī
   세탁기 ☞57-13-31

101

71 炉子 lúzi · 燃料 ránliào

1-13 煤炉 méilú
석탄 난로

1 铸铁煤炉 zhùtiě méilú
주철제 석탄·연탄 난로
▶"取暖炉" qǔnuǎnlú(난방용 난로)

2 烟筒 yāntong
굴뚝；연통

3 排烟口 páiyānkǒu
배연구

4 火门 huǒmén
화력 조절 밸브

5 炉口 lúkǒu
급탄구

6 炉台 lútái
난로대；난로 윗판
▶"炉盘" lúpán

7 炉盖 lúgài
난로 뚜껑

8 炉圈 lúquān
난로 부뚜껑；급탄구의 직경을 조절하는 쇠고리

9 炉膛 lútáng
난로의 연소실
▶"炉膛儿" lútángr

10 炉门儿 lúménr
난로재문；난로의 통풍구
▶"除灰口" chúhuīkǒu

11 炉门板 lúménbǎn
난로의 아궁쇠

12 炉架 lújià
난로의 다리

13 炉箅子 lúbìzi
난로 하부의 쇠살판

14 煤球炉 méiqiúlú
조개탄 난로 ▶"蜂窝煤炉" fēngwōméilú(연탄 난로)

15 提手 tíshǒu
손잡이

16 炉眼 lúyǎn
난로눈；난로 아궁이 위의 작은 구멍

17 拔火罐儿 báhuǒ guànr
연통；불을 피우는 굴뚝
▶"拔火筒" báhuǒtǒng

18 盖火 gàihuǒ
화력 조절용 뚜껑 ▶중앙부에 작은 구멍이 있는 금속제 뚜껑으로, 연탄 위에 씌운다.
▶"盖子" gàizi(뚜껑)

19 煤球儿 méiqiúr
조개탄；알탄

20 蜂窝煤 fēngwōméi
연탄

21 煤饼 méibǐng
떡 석탄；석탄 가루를 이겨서 원판 모양으로 말린 것.

22 煤铲 méichǎn
석탄용 부삽

23 簸箕 bòji
쓰레받기

24 煤渣 méizhā
석탄재；타고 남은 찌꺼기

25 蜂窝煤夹子 fēngwōméi jiāzi
연탄 집게

26 通条 tōngtiáo
부젓가락
▶"火棍儿" huǒgùnr

27 火钩子 huǒgōuzi
불갈고리 ▶"炉钩" lúgōu

28 火剪 huǒjiǎn
불가위 ▶"火钳" huǒqián

29 煤气灶 méiqìzào
가스로；가스 테이블

30 燃烧器 ránshāoqì
연소기；버너

31 火架子 huǒjiàzi
삼발이 ▶"火撑子" huǒchēngzi

32 灶具开关 zàojù kāiguān
돌림 스위치

33 胶管 jiāoguǎn
고무관

34 减压器 jiǎnyāqì
조정기

35 阀门 fámén
가스 키；용기 밸브

36 煤气罐儿 méiqì guànr
가스통

37 沼气炉 zhǎoqìlú
메탄 가스로

38 煤油炉 méiyóulú
석유로 ▶"油炉" yóulú

39 燃烧筒 ránshāotǒng
연소통

40 火力调整旋钮 huǒlì tiáozhěng xuánniǔ
화력 조절 밸브；상하 손잡이

41 油壶 yóuhú
연료 탱크

42 油桶 yóutǒng
오일 탱크 ▶플라스틱제는 "塑料桶" sùliàotǒng

43 油泵 yóubèng
급유 펌프

44 灶 zào
부엌；화덕

45 灶台 zàotái
부뚜막

46 灶火口 zàohuǒkǒu
부뚜막 위의 냄비를 거는 구멍；화구

47 灶门 zàomén
부엌 아궁이 ▶"灶口" zàokǒu

48 风箱 fēngxiāng
풀무

49 柴刀 cháidāo
손도끼

50 木柴 mùchái
장작

51 柴火 cháihuo
땔나무

52 炕 kàng
온돌

53-54 火盆 huǒpén
화로 ▶"炭盆儿" tànpénr

55 火盆架 huǒpénjià
화로를 얹는 받침

56 木炭 mùtàn
목탄；숯

난로·연료 71

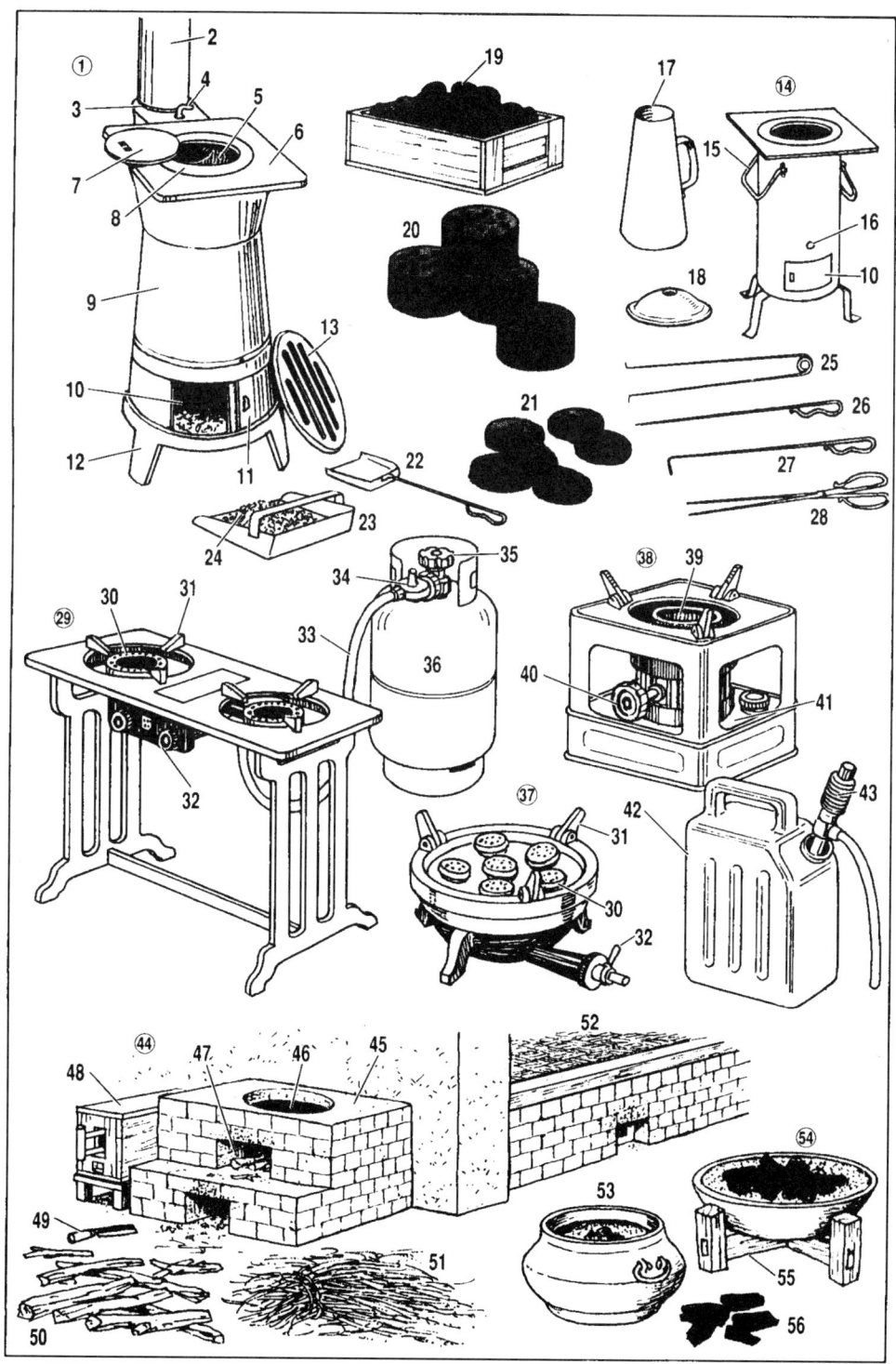

72 食堂 shítáng

1 售菜窗口 shòucài chuāngkǒu
부식 판매구 ▶"售菜口儿" shòucài kǒur

2 玻璃门 bōlimén
유리문

3 小炒 xiǎochǎo
작은 냄비에 볶은 주문 요리 ▶인원수만큼 그 자리에서 조리해 준다.

4 小黑板 xiǎohēibǎn
작은 흑판 ; 임시 게시판

5 电风扇 diànfēngshàn
선풍기

6 服务公约 fúwù gōngyuē
서비스의 규칙

7 售饭窗口 shòufàn chuāngkǒu
주식 판매 창구

8 包饭席 bāofànxí
예약석

9 隔断 géduan
칸막이

10 挂衣钩 guàyīgōu
양복 걸이 ; 옷걸이 ▶"挂衣钩儿" guàyīgōur, "衣钩儿" yīgōur

11 醋瓶 cùpíng
식초병

12 酱油瓶 jiàngyóupíng
간장병

13 碗柜 wǎnguì
식궤 ; 식기를 넣는 로커

14 啤酒箱 píjiǔxiāng
맥주병 케이스

15 小推车 xiǎotuīchē
소형 밀차

16 茶桶 chátǒng
급차기

17 搁板 gēbǎn
선반

18 去污粉 qùwūfěn
세척제

19 炊帚 chuīzhou
설거지솔

20 热水龙头 rèshuǐ lóngtóu
온수 꼭지

21 水池子 shuǐchízi
설거지대 ; 싱크대

22 玻璃柜 bōliguì
진열장 ; 쇼 케이스

23 熟菜 shúcài
기성요리 ; 고기·생선·계란 등의 가공품

24 食堂大门 shítáng dàmén
식당 입구

25 折叠椅子 zhédié yǐzi
접는 의자 ▶"折椅" zhéyǐ

26 桌子 zhuōzi
식탁 ; 테이블 ; 탁자

27 桌布 zhuōbù
식탁보 ; 테이블 클로스

28 厨房 chúfáng
주방 ; 조리장 ; 부엌

29 厨师 chúshī
요리사 ; 조리사 ▶"炊师员" chuīshīyuán(취사계). 경칭은 "厨师傅" chúshīfu

30 菜单儿 càidānr
메뉴 ; 식단

31 饭菜票 fàncàipiào
전용 식권 ▶"饭票" fànpiào

32 搪瓷盆 tángcípén
법랑 쟁반 ▶요리를 많이 담기 위한 넓적한 큰 접시

33 炒菜 chǎocài
볶은 요리

34 挂锁 guàsuǒ
맹꽁이 자물쇠

35 餐具 cānjù
식기

36 柜门儿 guìménr
식궤의 문

식당 72

73 茶馆 cháguǎn · 茶摊 chátān   중국식 찻집 · 노천다방 73

1-10 茶馆 cháguǎn
찻집; 중국식 다방 ▶"茶馆儿" cháguǎnr
1 座位 zuòwèi
좌석
2 男服务员 nánfúwùyuán
웨이터 ▶"服务员" fúwùyuán
3 水壶 shuǐhú
물주전자
4 茶壶 cháhú
찻주전자; 찻병
5 茶碗 cháwǎn
찻잔
6 盘子 pánzi
접시
7 瓜子儿 guāzǐr
호박이나 수박, 해바라기의 씨
8 烟灰缸 yānhuīgāng
재떨이
9 讲台 jiǎngtái
무대
10 艺人 yìrén
연예인
11-15 茶摊 chátān
노천 다방
▶"茶摊儿" chátānr
11 摊贩 tānfàn
노점상
12 大碗茶 dàwǎnchá
사발이나 큰 컵으로 파는 차
13 大碗 dàwǎn
큰 사발
14 大水杯 dàshuǐbēi
큰 컵
15 茶水 cháshuǐ
찻물
16 卖茶汤的 màichátāngde
차탕 장사꾼 ☞73-18
17 茶汤壶 chátānghú
차탕 담는 대 주전자. "茶炊" cháchuī
18 茶汤 chátāng
차탕; 기장·수수가루 등에 설탕을 넣고 뜨거운 물을 부어 만든 대중 음식
19 卖冰棍儿的 màibīnggùnrde
아이스캔디 장사꾼
20 冰棍儿 bīnggùnr
아이스캔디
21 冰棍儿箱 bīnggùnrxiāng
아이스캔디 케이스
22 卖冷饮的 màilěngyǐnde
찬 음료수 장사꾼
23 冰镇汽水 bīngzhèn qìshuǐ
얼음에 채운 사이다
24 冰块 bīngkuài
얼음덩어리
25 咖啡冷饮厅 kāfēi lěngyǐntīng
커피다방
▶"咖啡馆儿" kāfēiguǎnr
26 女服务员 nǚfúwùyuán
웨이트리스
▶"服务员" fúwùyuán

74 商店 shāngdiàn · 市场 shìchǎng I

1-26 服装店 fúzhuāngdiàn
양복점
1-4 店面 diànmiàn
가게 앞；점두
1 招牌 zhāopai
간판
2 门 mén
입구
3 营业时间 yíngyè shíjiān
영업 시간
4 橱窗 chúchuāng
진열장；쇼 윈도
5-26 店堂 diàntáng
상점의 매장
5 柜台 guìtái
카운터
6 玻璃柜 bōliguì
유리 진열장
7 售货员 shòuhuòyuán
점원 ▶"营业员" yíngyèyuán
8 顾客 gùkè
고객；손님
9 袖珍计算器 xiùzhēn jìsuànqì

소형 전자 계산기
10 货架子 huòjiàzi
진열 선반
11 人体模型 réntǐ móxíng
마네킹
12 样品 yàngpǐn
상품 견본
13-15 试衣室 shìyīshì
시착실(試着室) ▶"试衣间" shìyījiān
13 门帘 ménlián
입구의 커튼
▶"门帘儿" ménliánr
14 试衣镜 shìyījìng
시착 거울
15 挂衣钩 guàyīgōu
옷걸이；혹 ▶"挂衣钩儿"
guàyī gōur, "衣钩儿"
yīgōur
16-23 收款台 shōukuǎntái
계산대
16 窗口 chuāngkǒu
창구
17 收款员 shōukuǎnyuán

돈 받는 사람
18 算盘 suànpan
주판
19 印泥 yìnní
인주
20 海绵缸 haǐmiángāng
스폰지 케이스；가습함
21 夹子 jiāzi
클립 ▶"铁夹" tiějiā
22 收据 shōujù
영수증 ▶"收条儿" shōutiáor
23 茶杯 chábēi
찻잔
24 商品 shāngpǐn
상품 ▶"货" huò
25 价目签 jiàmùqiān
가격표 ▶"价目牌" jiàmùpái
26 定价 dìngjià
정가

75 商店 shāngdiàn · 市场 shìchǎng II

1 食品店 shípǐndiàn
  식료품점
2 小吃店 xiǎochīdiàn
  경식당
3 点心店 diǎnxindiàn
  간식점
4 烟酒店 yānjiǔdiàn
  술·담배 상점
5 果品商店 guǒpǐn shāngdiàn
  과일점 ; 청과점
6 副食店 fùshídiàn
  부식품점
7 蔬菜店 shūcàidiàn
  채소점 ; 청과물점
  ▶"菜店" càidiàn
8 鱼店 yúdiàn
  생선 가게
9 药店 yàodiàn
  약국 ▶그림은 "西药店"
  xīyàodiàn(양약국)
10 日用杂品商店 rìyòng zápǐn
   shāngdiàn
   일용품 상점 ; 잡화점
   ▶"日杂店" rìzádiàn
11 文化用品商店 wénhuà
   yòngpǐn shāngdiàn
   문구점
   ▶"文具店" wénjùdiàn
12 书店 shūdiàn
   서점

상점 · 시장 II   75

13 唱片店 chàngpiàndiàn
　레코드점
14 乐器商店 yuèqì shāngdiàn
　악기 상점
15 美术用品商店 měishù yòngpǐn shāngdiàn
　미술 용품 상점
16 工艺美术品商店 gōngyì měishùpǐn shāngdiàn
　미술 공예품 상점
17 刻字店 kèzìdiàn
　인장점 ; 도장포
18 照相器材商店 zhàoxiàng qìcái shāngdiàn
　카메라 · 사진 재료 상점
19-20 钟表眼镜店 zhōngbiǎo yǎnjìngdiàn
　시계와 안경점
19 钟表店 zhōngbiǎodiàn
　시계점
20 眼镜店 yǎnjìngdiàn
　안경점 ▶검안은 "验光" yànguāng, 안경을 만드는 것은 "配眼镜儿" pèi yǎnjìngr
21 家用电器商店 jiāyòng diànqì shāngdiàn
　가용 전기 상점
22 照明器具商店 zhàomíng qìjù shāngdiàn
　조명 기구 상점 ▶"灯具商店" dēngjù shāngdiàn
23 五金商店 wǔjīn shāngdiàn
　철물 상점
24 家具店 jiājudiàn
　가구점

76 商店 shāngdiàn · 市场 shìchǎng Ⅲ

1 自行车商店 zìxíngchē shāngdiàn
  자전거 상점
2 汽车零件商店 qìchē língjiàn shāngdiàn
  자동차 부품 상점
3 体育用品商店 tǐyù yòngpǐn shāngdiàn
  스포츠 용품 상점
4 旅行社 lǚxíngshè
  여행사 ; 여행 안내소
5 鱼具商店 yújù shāngdiàn
  낚시도구 상점
  ☞106-9-14, 19-29
6 儿童玩具商店 értóng wánjù shāngdiàn
  완구 상점
7 儿童服装商店 értóng fúzhuāng shāngdiàn
  어린이 옷 상점
8 妇女用品商店 fùnǚ yòngpǐn shāngdiàn
  부인 용품 상점
9 化妆品商店 huàzhuāngpǐn shāngdiàn
  화장품점
10 皮货商店 píhuò shāngdiàn
   피혁 제품 상점
11-12 鞋帽店 xiémàodiàn
   구두와 모자 가게
11 鞋店 xiédiàn
   양화점 ; 구두 가게
12 帽店 màodiàn
   모자 가게

상점·시장 Ⅲ 76

13 绸缎商店 chóuduàn shāng-
   diàn
   견직물 상점
14 床上用品商店 chuángshàng
   yòngpǐn shāngdiàn
   침구 상점
15 洗染店 xǐrǎndiàn
   세탁 염색점 ▶세탁 전문점
   은 "洗衣店" xǐyīdiàn(세탁
   소)
16 花店 huādiàn
   꽃가게
17 煤店 méidiàn
   연료점
18 旧货店 jiùhuòdiàn
   중고품점

19-24 摊子 tānzi
   노점
19 水果摊子 shuǐguǒ tānzi
   과일 노점
   ▶"水果摊儿" shuǐguǒ tānr
20 书摊儿 shūtānr
   책 노점
21 时装摊子 shízhuāng tānzi
   유행 의류 노점
22 饭摊儿 fàntānr
   도시락 노점
23 小吃摊儿 xiǎochī tānr
   경식 노점
24 流动服务车 liúdòng fúwù-
   chē
   이동 판매차 ▶그림은 야채

의 이동 판매차

111

77 商店 shāngdiàn · 市场 shìchǎng IV

1 菜市场 càishìchǎng
부식품 시장 ; 부식품 마켓

2-8 农贸市场 nóngmào shìchǎng
농산품 시장

2 拱形棚 gǒngxíngpéng
아치형의 차양

3 摊位 tānwèi
매대 위치

4 货架子 huòjiàzi
진열판

5 秤 chèng
저울

6 个体户 gètǐhù
개인 경영자 ; 자영업자

7-8 监督台 jiāndūtái
감독소

7 监督员 jiāndūyuán
시장감독원 ▶ "工商管理人员"
gōngshāng guǎnlǐ rényuán
(상공업 관리원)

8 公平秤 gōngpíngchèng
공정 저울 ▶ 고객이 산 물건을 스스로 떠볼 수 있도록 시장 내에 설치된 저울

9-15 百货商场 bǎihuò shāngchǎng
백화점 ▶ "百货商店" bǎihuò shāngdiàn, "百货公司" bǎihuò gōngsī

9 正门 zhèngmén
현관

10 货柜 huòguì
진열장 ; 쇼 케이스

11 售货员 shòuhuòyuán
점원 ; 매장계 ▶ "营业员" yíngyèyuán

12 顾客 gùkè
고객

13 自动扶梯 zìdòng fútī
에스컬레이터

14 示意图 shìyìtú
안내도 ; 안내판

15 收款处 shōukuǎnchù
계산대 ; 레지

상점·시장 IV

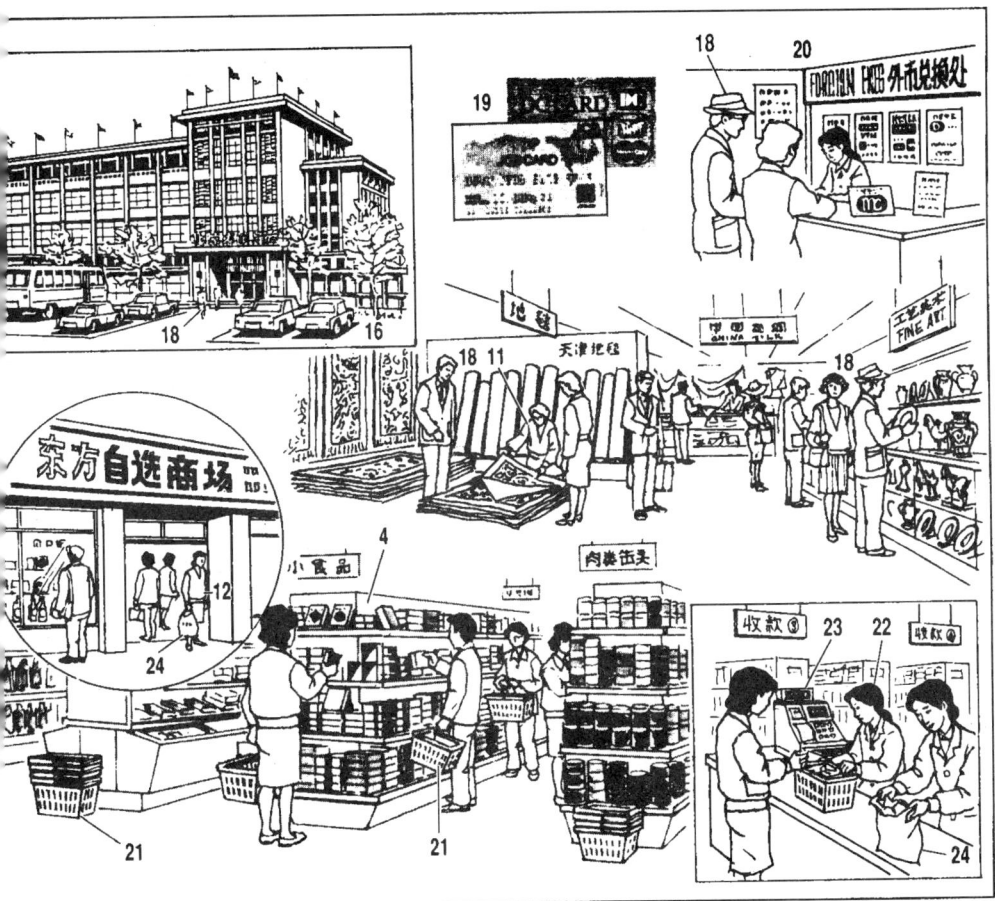

16-20 友谊商店 yǒuyì shāng-
  diàn
  우의 상점; 프랜드 스토어
  ▶외국인을 주대상으로 한
  백화점
16 停车场 tíngchēchǎng
  주차장
17 游览车 yóulǎnchē
  관광버스
  ▶"旅游车" lǚyóuchē
18 外宾 wàibīn
  외국인 손님
19 信用卡 xìnyòngkǎ
  신용 카드
20 外币兑换处 wàibì duìhuàn-
  chù
  화폐 교환소
21-24 自选商场 zìxuǎn
  shāngchǎng
  슈퍼마켓▶"超级市场" chāojí
  shìchǎng
21 篮子 lánzi
  (점내용) 쇼핑 광주리
22 收款员 shōukuǎnyuán
  계산원; 레지
23 现金出纳机 xiànjīn chūnàjī
  현금 출납기
24 塑料袋 sùliàodài
  비닐봉지

78 照相馆 zhàoxiàngguǎn · 暗室 ànshì

1-27 照相馆 zhàoxiàngguǎn
사진관
1 橱窗 chúchuāng
진열장 ; 쇼윈도
2 柜台 guìtái
카운터
3 阅片灯 yuèpiàndēng
네거 뷰어
4 摄影室 shèyǐngshì
사진관 ; 포토스튜디오
5 固定灯具 gùdìng dēngjù
고정 라이트
6 助手 zhùshǒu
조수
7 干板 gānbǎn
건판
8 摄影师 shèyǐngshī
사진사 ; 촬영 기사
9 照相机 zhàoxiàngjī
사진기 ; 카메라
▶"摄影机" shèyǐngjī
10 快门开关 kuàimén kāiguān
셔터 릴리스
11 照相机架 zhàoxiàngjījià
카메라 스탠드
12 反射板 fǎnshèbǎn
반사판
13 布幕 bùmù
스크린
14 背景 bèijǐng
배경
15 活动灯具 huódòng dēngjù
이동 라이트
16 三脚架 sānjiǎojià
삼각대 ; 삼각 받침대
17 方向转台 fāngxiàng zhuàntái
방향 고정대
18-24 相片 xiàngpiàn
인물 사진 ▶"相片儿" xiàngpiànr라고도 한다. 풍경 등을 포함한 사진 전반은 "照片" zhàopiàn이라 한다.
18 人像照 rénxiàngzhào
초상 사진
19 半身像 bànshēnxiàng
반신 사진
20 全身像 quánshēnxiàng
전신 사진
21 结婚照 jiéhūnzhào
결혼 기념사진 ▶"结婚纪念照" jiéhūn jìniànzhào
22 旅游纪念照 lǚyóu jìniànzhào
여행 기념사진
23 合影 héyǐng
단체 사진 ; 기념 촬영
24 小照 xiǎozhào
작은 사진
25 照片立框 zhàopiàn lìkuàng
스탠드 프레임
26 纸框 zhǐkuàng
페이퍼 프레임
27 影集 yǐngjí
앨범 ▶"照相簿" zhàoxiàngbù, "相册" xiàngcè
28 照相点 zhàoxiàngdiǎn
거리 사진점 ; 사진 스탠드 ; 야외 사진점

사진관·암실 78

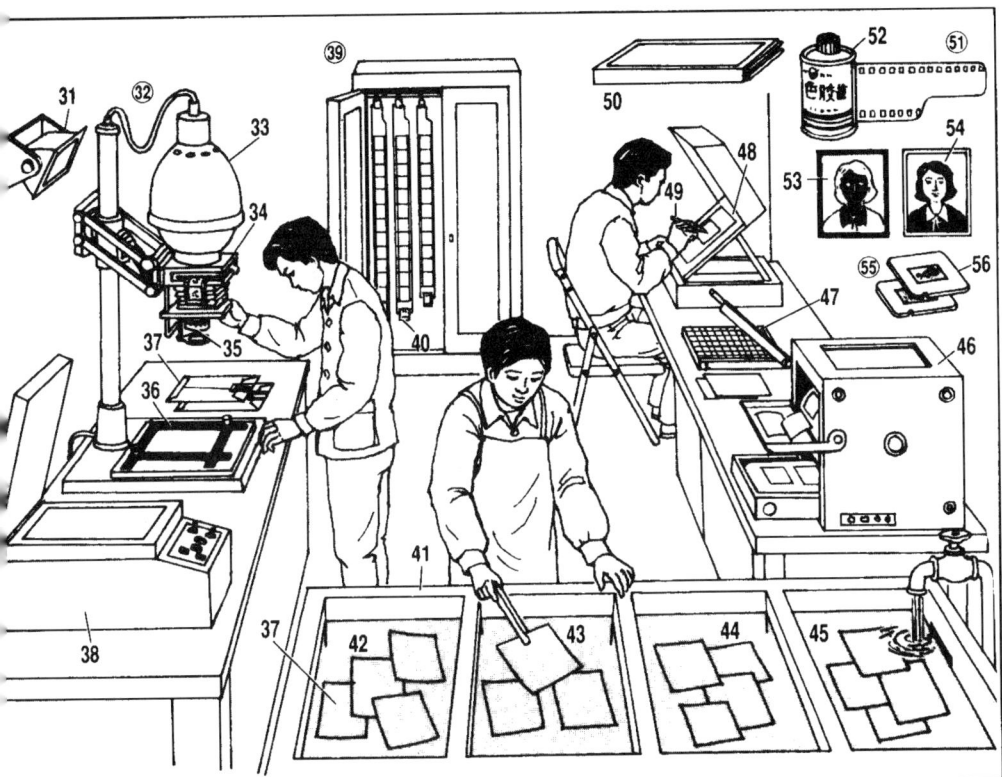

29 大遮阳伞 dàzhēyángsǎn
   비치 파라솔
30 样本 yàngběn
   견본 사진
   ▶"样片" yàngpiàn
31-49 暗室 ànshì
   암실
31 暗室灯 ànshìdēng
   암실등
32 放大机 fàngdàjī
   확대기
33 灯箱 dēngxiāng
   램프 하우스
34 底片夹 dǐpiànjiā
   네거 캐리어
35 放大镜头 fàngdà jìngtóu
   확대 렌즈
36 压纸尺 yāzhǐchǐ
   이젤 마스터
37 印相纸 yìnxiàngzhǐ
   인화지 ▶"照相纸" zhào-
   xiàngzhǐ

38 印相机 yìnxiàngjī
   프린터
39 烘干柜 hōnggānguì
   필름 건조기
40 配重 pèizhòng
   추
41 显影池 xiǎnyǐngchí
   현상액 탱크
42 显影液 xiǎnyǐngyè
   현상액
43 停显液 tíngxiǎnyè
   정지액
44 定影液 dìngyǐngyè
   정착액 ; 하이포
45 水洗池 shuǐxǐchí
   수세용 수조
46 压光机 yāguāngjī
   페로타이프판
47 裁刀 cáidāo
   커터 ; 재단기
48 修版架 xiūbǎnjià
   수정대

49 铅笔 qiānbǐ
   연필
50-52 胶片 jiāopiàn
   필름 ▶"软片" ruǎnpiàn
50 单张软片 dānzhāng ruǎn-
   piàn
   시트 필름
51 胶卷儿 jiāojuǎnr
   롤 필름
52 暗盒 ànhé
   매거진 ; 원통형의 필름 보호
   용기
53 底片 dǐpiàn
   네거티브 ▶"负片" fùpiàn
54 正片 zhèngpiàn
   포지티브
55 幻灯片 huàndēngpiàn
   슬라이드용 필름
56 幻灯片框 huàndēngpiàn-
   kuàng
   마운트

79 理发店 lǐfàdiàn · 理发用具 lǐfà yòngjù

1-23 理发店男部 lǐfàdiàn nánbù
남자 이발소
▶"男理发" nánlǐfà

1 理发镜 lǐfàjìng
이발용 거울▶"镜子" jìngzi
(거울)

2 洗发剂 xǐfàjì
샴푸▶"香波" xiāngbō

3 润丝 rùnsī
린스

4 发乳 fàrǔ
헤어 크림

5 发蜡 fàlà
포마드

6 毛巾 máojīn
타월

7 柜子 guìzi
장

8 洗头 xǐtóu
세발

9 理发员 lǐfàyuán
이발사 ; 이용사
▶"理发师" lǐfàshī

10 工作服 gōngzuòfú
이발 유니폼

11 莲蓬头 liánpengtóu
샤워 헤드 ▶"手喷头" shǒupēntóu

12 洗头盆 xǐtóupén
세발 용기 ▶"头盆" tóupén
이라고도 한다.

13 大布 dàbù
앞장; 이발용 쓰우개 ▶이발 할 때 몸에 쓰우는 천. "披肩罩" pījiānzhào라고도 한다.

14 理发椅 lǐfàyǐ
이발 의자 ▶"坐椅" zuòyǐ라 고도 한다.

15 磨刀皮带 módāo pídài
면도 벨트

16 挂衣钩 guàyīgōu
옷걸이
▶"衣钩儿" yīgōur라고도 한 다.

17 剪发 jiǎnfà
정발; 조발

18 发型照 fàxíngzhào
머리형 사진; 헤어 카탈로그

19 长沙发 chángshāfā
긴 소파

20 三色柱 sānsèzhù
이발소 상징

21 收款处 shōukuǎnchù
계산대

22 价目表 jiàmùbiǎo
요금표

23 收款员 shōukuǎnyuán
계산원

24-42 理发用具 lǐfà yòngjù
이발 기구

24 理发推剪 lǐfà tuījiǎn
바리캉; 이발 기계
▶"推子" tuīzi

25 电推子 diàntuīzi
전기 이발기

26 削发剪子 xuēfà jiǎnzi
컷 가위

27 削薄剪子 xiāobáo jiǎnzi
세닝 시저스 ▶ "牙剪" yájiǎn이라고도 한다.

28 剃刀 tìdāo
면도칼

29 胡刷 húshuā
수염 브러시

30 搪瓷杯 tángcíbēi
법랑 컵 ▶비누 거품을 내기

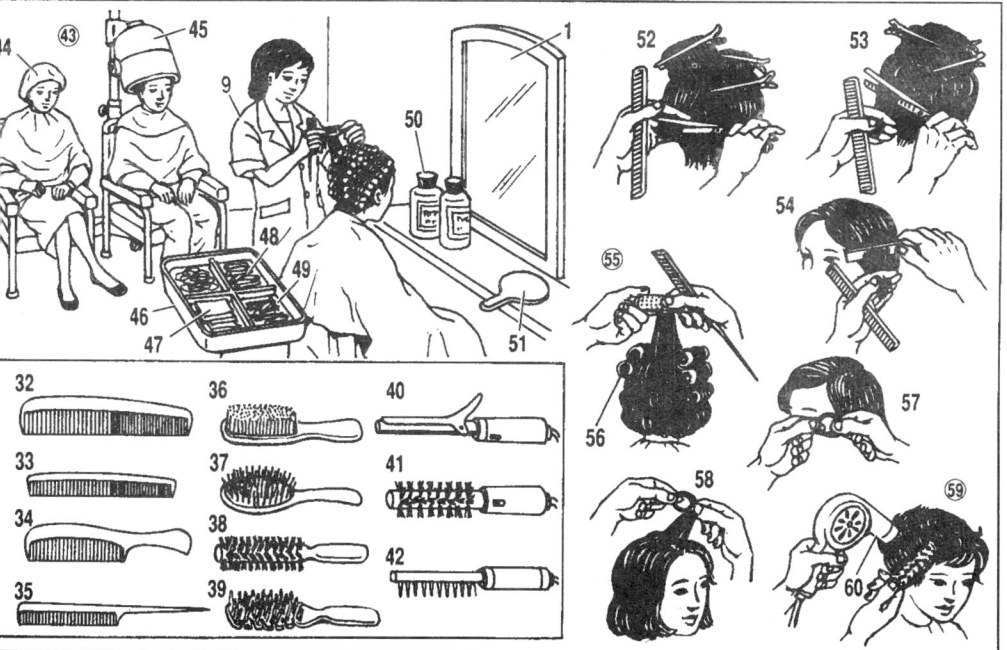

위한 것.
31 细毛刷 xìmáoshuā
깎은 머리털을 털어내는 솔
32-35 梳子 shūzi
빗
32 厚梳 hòushū
굵은 빗
33 薄梳 báoshū
가는 빗 ; 세트 콤(comb)
34 带柄梳 dàibǐngshū
손잡이 빗 ; 헤어 다이 콤
35 挑针梳 tiǎozhēnshū
가름 빗 ; 링 콤
▶"尖尾梳" jiānwěishū
36 发刷 fàshuā
헤어 브러시
37 钢丝刷 gāngsīshuā
와이어 브러시
38 滚发刷 gǔnfàshuā
회전 브러시 ; 컬링 브러시
39 排骨刷 páigǔshuā
스켈턴 브러시
40 电热烫发钳 diànrè tàngfà-qián
컬링 아이론
▶"卷发钳" juǎnfáqián

41 电滚刷 diàngǔnshuā
온풍 브러시
▶"热风刷" rèfēngshuā
42 电热梳 diànrèshū
온풍 빗
43-60 理发店女部 lǐfàdiàn nǚ-bù
미장원 ; 미용실 ▶"美发厅" měifàtīng(헤어 살롱)
43 烫发 tàngfā
퍼머 ▶그림은 "冷烫" lěng-tàng(콜드 퍼머)
44 塑料帽 sùliàomào
비닐 캡
45 大吹风机 dàchuīfēngjī
후드식 헤어 드라이어
▶"烘发机" hōngfàjī
46 卡字盘 qiǎzipán
왜건
47 烫发衬纸 tàngfà chènzhǐ
콜드 페이퍼
48 烫发杠 tàngfàgàng
로드
49 发卡 fàqiǎ
헤어핀 ▶"发夹" fàjiā
50 冷烫液 lěngtàngyè

콜드액
51 小镜子 xiǎojìngzi
손거울
52 修剪 xiūjiǎn
시저스 컷 ▶가위로 머리를 가지런히 자르는 것.
53 锯剪 jùjiǎn
세닝 컷
54 刀削 dāoxiāo
레저 컷
55-60 做头发 zuòtóufa
세트
55 筒圈 tǒngquān
롤러 컬
56 卷发筒 juǎnfàtǒng
헤어 롤 세팅기
57 平圈 píngquān
플랫 컬
58 立圈 lìquān
스탠드업 컬
59 吹风 chuīfēng
헤어 블로
60 吹风机 chuīfēngjī
핸드 드라이어

80 澡堂 zǎotáng

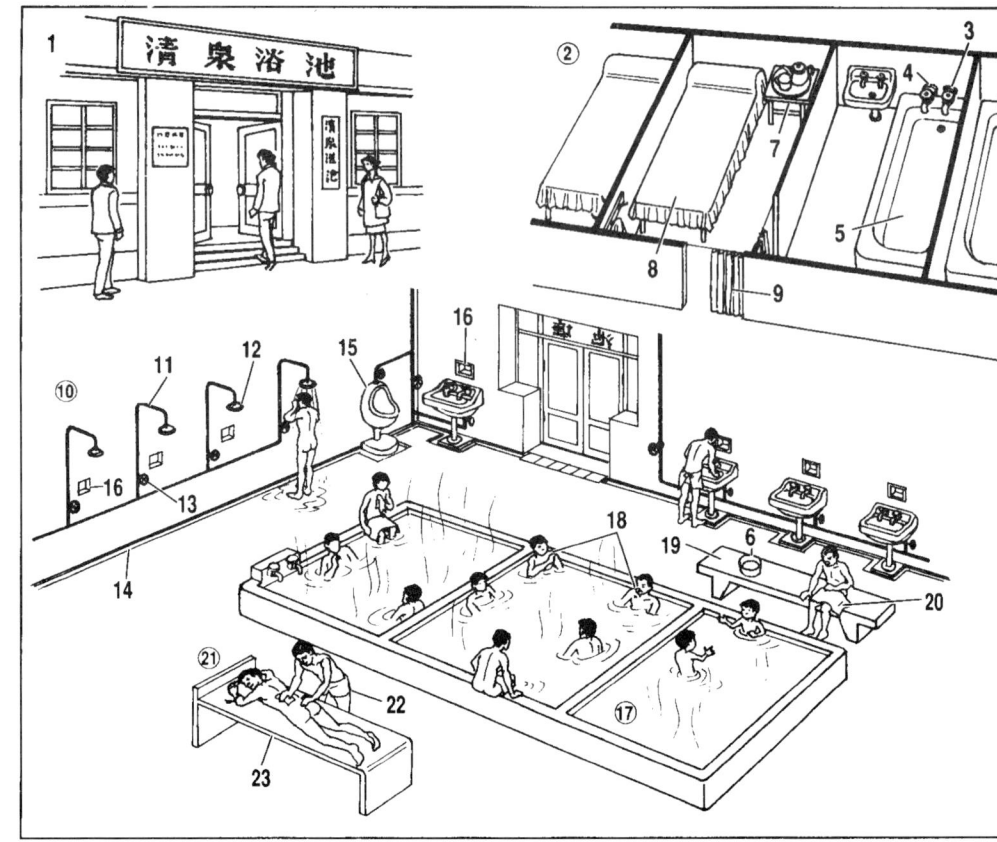

1 澡堂大门 zǎotáng dàmén
　공중 목욕탕 입구
2-9 盆浴 pényù
　입욕
2 盆汤 péntāng
　욕조 ; 탕
3 水龙头 shuǐlóngtóu
　수도꼭지
4 热水龙头 rèshuǐ lóngtóu
　탕수 꼭지
5 澡盆 zǎopén
　욕조
6 洗脸盆 xǐliǎnpén
　세면기
7 茶几 chájī
　티 테이블
8 休息床 xiūxīchuáng
　휴게용 침대
　▶"床位" chuángwèi
9 门帘儿 ménliánr
　입구의 커튼
10 池汤 chítāng
　공중 목욕탕의 욕실
11 淋浴 línyù
　샤워
12 莲蓬头 liánpengtóu
　샤워 헤드
13 阀门 fámén
　밸브 ; 콕
14 水沟 shuǐgōu
　배수구
15 小便斗 xiǎobiàndǒu
　소변기
16 肥皂盒儿 féizào hér
　비누갑
17 浴池 yùchí
　공중 목욕탕의 욕조
18 池浴 chíyù
　공중 목욕탕에서의 입욕
19 凳子 dèngzi
　걸상 ▶ 콘크리트제이며, 타일을 깐 것도 있다.
20 毛巾 máojīn
　타월 ; 수건
21 搓澡 cuōzǎo
　때밀이
22 搓澡工人 cuōzǎo gōngrén
　때미는 사람
23 搓澡床 cuōzǎochuáng
　때밀이용 베드
24 散盆 sǎnpén
　큰 방 욕조
25 散床 sǎnchuáng
　큰 방 휴게용 침대
26 更衣柜 gēngyīguì
　로커 ; 탈의장
27 茶具 chájù
　차도구
28 隔板 gébǎn
　칸막이

공중목욕탕 80

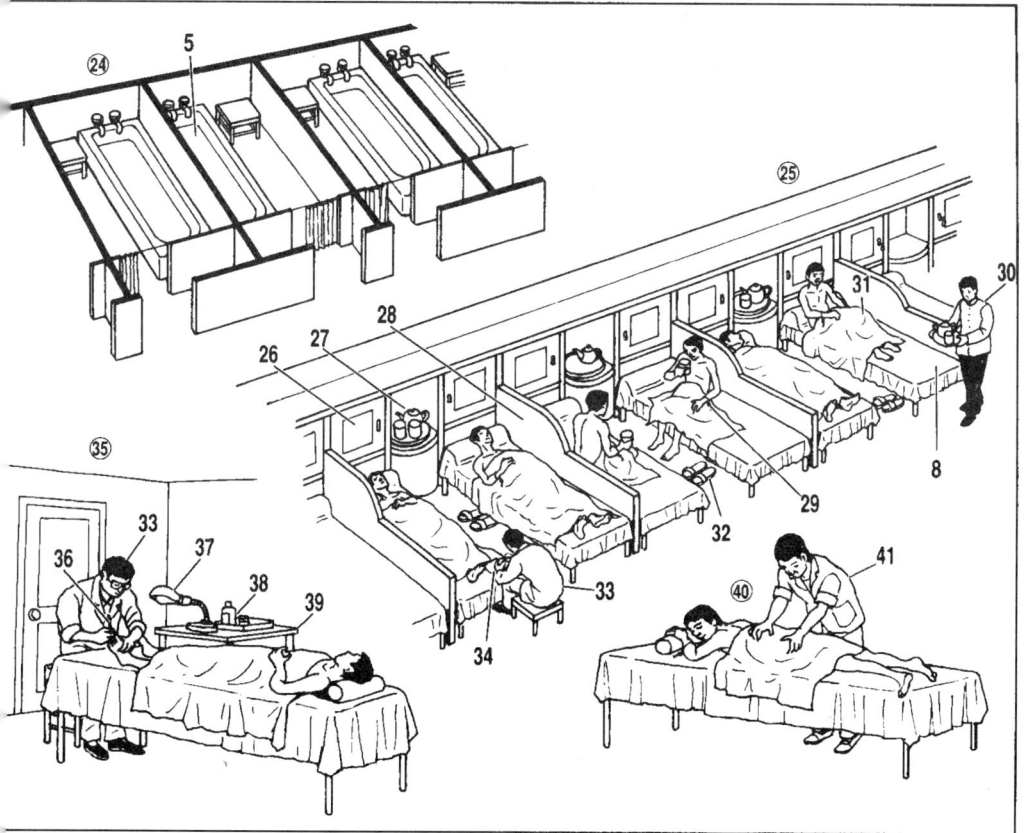

29 衣柜钥匙 yīguì yàoshi
  로커의 열쇠
30 澡堂服务员 zǎotáng fúwù-yuán
  공중 목욕탕의 종업원
31 浴巾 yùjīn
  목욕 수건
32 拖鞋 tuōxié
  샌들 ; 끌신
33 修脚师 xiūjiǎoshī
  발 치료사 ▶ "脚医" jiǎoyī
  (다리 의사)라고도 한다.
34 修指甲 xiūzhǐjia
  발톱 손질 ▶ xiūzhījia라고도
  발음한다.
35 修脚 xiūjiǎo
  발 손질
36 修脚刀 xiūjiǎodāo
  발 손질용 날붙이
37 台灯 táidēng
  전기 스탠드
38 药瓶 yàopíng
  약병
39 药桌 yàozhuō
  약품 테이블
40 按摩 ànmó
  안마 ; 마사지
41 按摩师 ànmóshī
  마사지사

81 银行 yínháng

1-22 储蓄所 chǔxùsuǒ
은행
1-16 大厅 dàtīng
은행의 홀
1 保险柜 bǎoxiǎnguì
금고
2 到期利息表 dàoqī lìxībiǎo
만기 이식표(利息表)
3 长椅子 chángyǐzi
긴 의자
4 写字台 xiězìtái
기입대
5 顾客 gùkè
고객; 손님
6 柜台 guìtái
카운터
7-11 存入 cúnrù
예입; 예금
7 储户 chǔhù
예금자
8 存折 cúnzhé
예금 통장
9 存款凭条 cúnkuǎn píngtiáo
입금 전표 ▶"存款单儿" cúnkuǎn dānr
10 现金 xiànjīn
현금
11 银行职员 yínháng zhíyuán
은행 직원; 은행원
12 算盘 suànpan
주판: 주산
13 袖珍计算器 xiùzhēn jìsuànqì
소형 전자 계산기
14 印章 yìnzhāng
도장; 인감 ▶"图章" túzhāng
15 打印台 dǎyìntái
스탬프대 ▶"印台" yìntái
16 台灯 táidēng
전기 스탠드
17 窗口 chuāngkǒu
창구
18 玻璃 bōli
유리
19 铁格子 tiěgézi
쇠창살
20 挂钟 guàzhōng
괘종시계
21 挂历 guàlì
달력; 캘린더
22 监督网 jiāndūwǎng
감독망; 감독 체제의 도해
23 取款凭条 qǔkuǎn píngtiáo
출금 전표 ▶"取款单儿" qǔkuǎn dānr라고도 한다.
예금 인출은 "提取" tíqǔ
24-28 证券交易所 zhèngquàn jiāoyìsuǒ
증권 거래소
24 大型显字屏幕 dàxíng xiǎnzì píngmù
대형 표시 장치; 전광판
25 经纪人 jīngjìrén
중매인; 중개인
26 终端装置 zhōngduān zhuāngzhì
컴퓨터 단말
27 电话机 diànhuàjī
전화기
28 交易所职员 jiāoyìsuǒ zhíyuán
거래소 직원
29 帐号 zhànghào
계좌 번호 ▶"户头帐号" hùtóu zhànghào
30 旅行支票 lǚxíng zhīpiào
여행자 수표
31 外汇兑换证明 wàihuì duìhuàn zhèngmíng
외환 증명서
32 信用卡 xìnyòngkǎ
신용카드; 크레디트 카드
33-36 外币 wàibì
외화
33 日元 rìyuán
일본 엔
34 美元 měiyuán
미국 달러
35 马克 mǎkè
독일 마르크
36 法郎 fǎláng
프랑스 프랑
37 股票 gǔpiào
주권
38 债券 zhàiquàn
채권 ▶국채는 "国库券" guókùquàn

은행 81

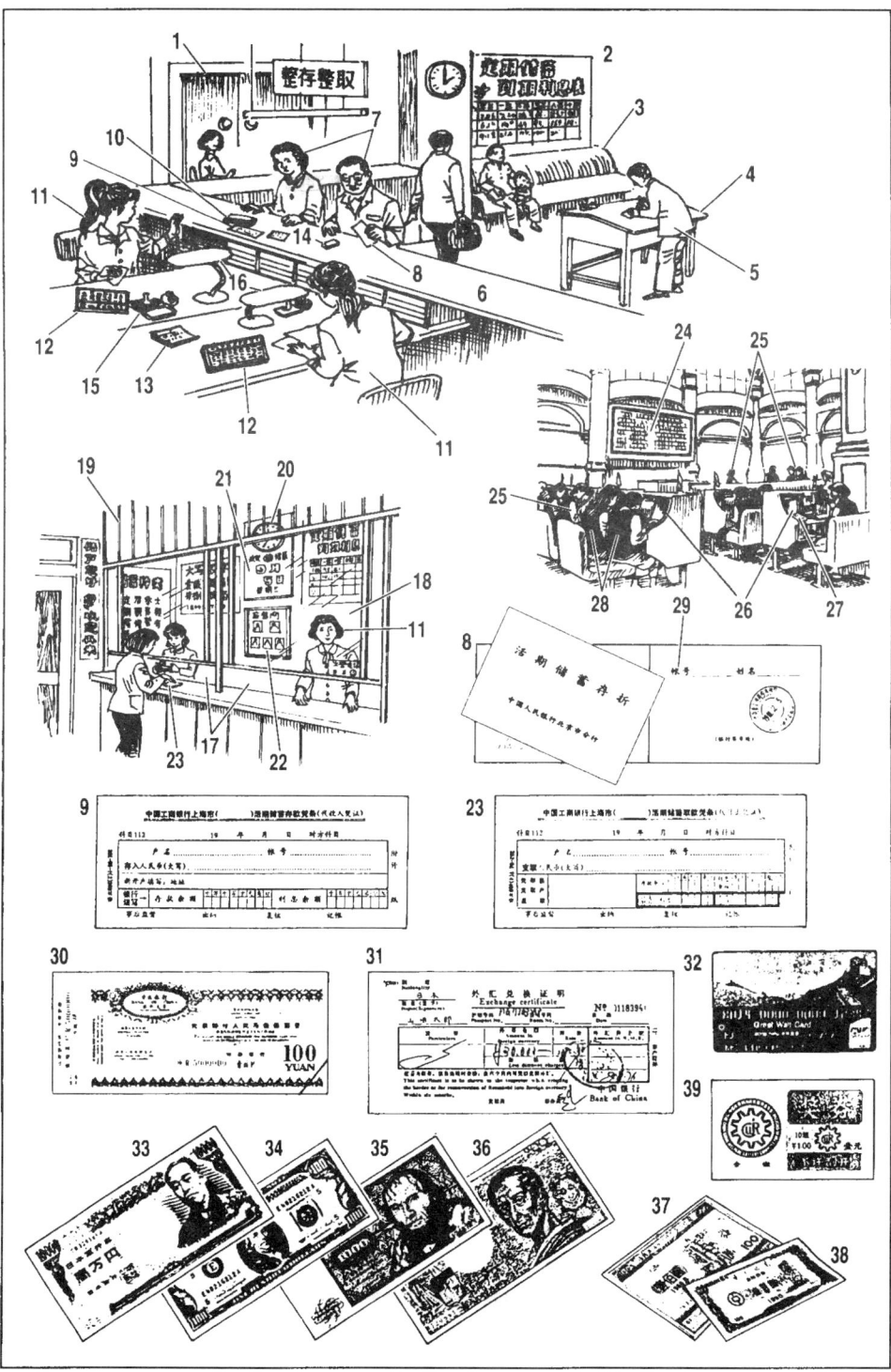

82 货币 huòbì

1-45 人民币 rénmínbì
인민권 ▶인민권 중 액면 1위안(元) 이상의 것을 "主币" zhǔbì(본위 화폐), 5자오(角) 이하의 것을 "辅币" fǔbì(보조 화폐)라 한다.

1-30 纸币 zhǐbì
지폐 ▶"钞票" chāopiào, "软币" ruǎnbì

1-20 第四套人民币 dìsìtào rénmínbì
제4조 인민권 ▶1980년판의 인민권. "新版人民币" xīnbǎn rénmínbì라고도 한다. 위조 방지책을 강구하여 새로 발행된 1990년판의 100위안·50위안의 지폐도 크기나 도안은 이 1980년판을 답습하고 있다.

1-12 一百元券 yìbǎiyuánquàn
100위안 지폐

1 钞票的正面 chāopiàode zhèngmiàn
지폐의 표면

2 发行银行 fāxíng yínháng
발권 은행
▶"行名" hángmíng(은행명)

3 正面主景 zhèngmiàn zhǔjǐng
표면의 도안 ▶새 100위안권은 모택동·주은래·유소기·주덕의 옆얼굴이며, "四位领袖" sìwèi lǐngxiù(4인의 지도자)라 하기도 한다.

4 面额数字 miàn'é shùzì
액면의 숫자

5 冠字号码 guānzì hàomǎ
지폐의 번호 ▶"纸币号码" zhǐbì hàomǎ

6 盲文面额符号 mángwén miàn'é fúhào
점자의 액면 식별 마크

7 面额 miàn'é
액면

8 水印儿 shuǐyìnr
은화 ▶100위안권의 것은 모택동의 옆얼굴

9 钞票的背面 chāopiàode bèimiàn
지폐의 이면

10 国徽 guóhuī
국장

11 背面主景 bèimiàn zhǔjǐng
이면의 도안 ▶100위안권은 井崗山의 주봉

12 发行年 fāxíngnián
발행 연도

13 五十元券 wǔshíyuánquàn
50위안 지폐;50위안권

14 十元券 shíyuánquàn
10위안 지폐;10위안권

15 五元券 wǔyuánquàn
5위안 지폐;5위안권

16 二元券 èryuánquàn
2위안 지폐;2위안권

17 一元券 yìyuánquàn
1위안 지폐;1위안권

18 五角券 wǔjiǎoquàn
5자오 지폐;5자오권

19 二角券 èrjiǎoquàn
2자오 지폐;2자오권

20 一角券 yìjiǎoquàn
1자오 지폐;1자오권

21-30 第三套人民币 dìsāntào rénmínbì
제3조 인민권 ▶"现行人民币" xiànxíng rénmínbì(현행 인민권)

21 十元券 shíyuánquàn
10위안권 ▶어깨를 나란히 한 인민대회당에서 나오는 노동자·농민·병사와 각 민족의 대표들을 표면의 도안으로 하고 있기 때문에 흔히 "大团结" dàtuánjié라고 한다.

28 五分券 wǔfēnquàn
5편(分) 지폐;5편권

29 二分券 èrfēnquàn
2편 지폐;2편권

30 一分券 yìfēnquàn
1편 지폐;1편권

31-45 硬币 yìngbì
경화 ▶"金属货币" jīnshǔ huòbì(금속 화폐), "钢镚儿" gāngbèngr

31 一元硬币 yīyuán yìngbì
1위안 경화

32 硬币正面 yìngbì zhèngmiàn
경화의 표면

33 硬币背面 yìngbì bèimiàn
경화의 이면

34 国名 guómíng
국명

35 锯齿刻纹 jùchǐ kèwén
깔쭉이;경화 측면의 깔쭉이

36 五角硬币 wǔjiǎo yìngbì
5자오 경화

37 二角硬币 èrjiǎo yìngbì
2자오 경화

38 一角硬币 yìjiǎo yìngbì
1자오 경화

39-41 硬分币 yìngfēnbì
편단위의 경화

39 五分硬币 wǔfēn yìngbì
5편 경화

40 二分硬币 èrfēn yìngbì
2편 경화

41 一分硬币 yìfēn yìngbì
1편 경화

42 一元硬币 yìyuán yìngbì
1위안 경화 ▶1992년 발행한 새 경화

43 五角硬币 wǔjiǎo yìngbì
5자오 경화 ▶1992년 발행한 새 경화

44 一角硬币 yìjiǎo yìngbì
1자오 경화 ▶1992년 발행한 새 경화

45 纪念币 jìniànbì
기념 경화

46-53 外汇兑换券 wàihuì duìhuànquàn
외환 태환권 ▶"外汇券" wàihuìquàn(외화권)

53 新版兑换券 xīnbǎn duìhuànquàn
신판 태환권 ▶1988년판의 새 외화 태환권

화폐 82

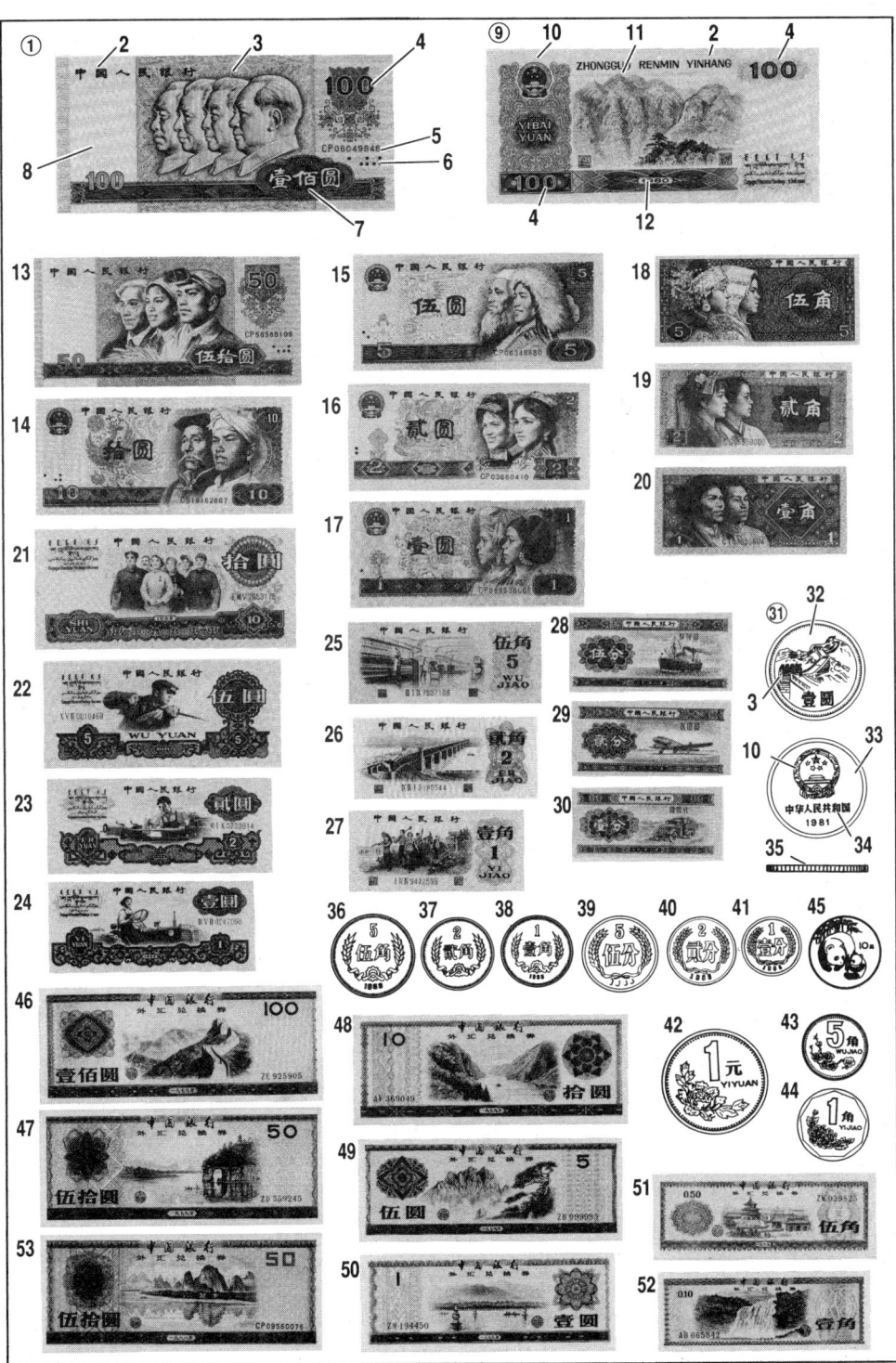

83 饭店 fàndiàn I

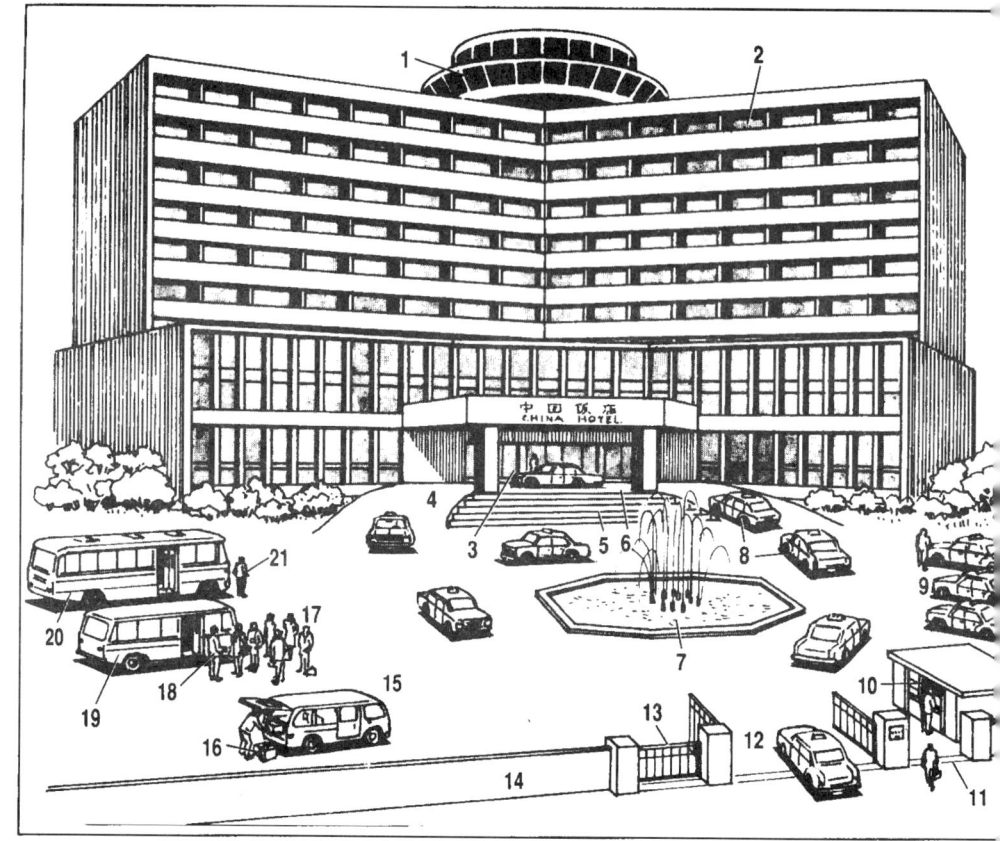

1 旋转餐厅 xuánzhuǎn cāntīng
  회전식 전망 레스토랑
2 客房 kèfáng
  호텔의 객실
3 正门 zhèngmén
  현관
4 斜坡 xiépō
  슬로프
5 台阶 táijiē
  현관의 돌층계 ▶"台阶儿" táijiēr
6 门廊 ménláng
  포치;입구;현관
7 喷水池 pēnshuǐchí
  분수지
8 出租汽车 chūzū qìchē
  택시 ▶"的士" dìshì
9 车队 chēduì
  계약 택시 ▶회사에서 호텔에 배속된 택시 팀
10 传达室 chuándáshì
  접수;접수실
11 边门 biānmén
  통용문
12 大门 dàmén
  정문
13 铁门 tiěmén
  쇠문;철문
14 围墙 wéiqiáng
  담
15 小面包车 xiǎomiànbāochē
  왜건차 ▶"行李车" xínglichē
  (화물차)
16 行李 xíngli
  짐;수하물
17 旅行团 lǚxíngtuán
  여행단
18 导游 dǎoyóu
  가이드
19 面包车 miànbāochē
  마이크로버스;소형 버스
20 游览车 yóulǎnchē
  관광버스 ▶"旅游车" lǚyóuchē
21 汽车司机 qìchē sījī
  운전 기사
22-43 饭店门厅 fàndiàn méntīng
  호텔 로비
22 总服务台 zǒngfúwùtái
  프론트
23 意见箱 yìjiànxiāng
  투서함
24 电话机 diànhuàjī
  전화기
25 问讯处 wènxùnchù
  안내;접수
26 问讯员 wènxùnyuán
  인포메이션 클러크

호텔 I 83

27 结账处 jiézhàngchù
　　회계
28 收款员 shōukuǎnyuán
　　캐셔 ; 레지
29 订房处 dìngfángchù
　　숙박 접수
30 预订员 yùdìngyuán
　　객실 예약계
31 翻译 fānyì
　　통역
32 外宾 wàibīn
　　외국인 여행객
33 手提包 shǒutíbāo
　　손가방
34 行李员 xíngliyuán
　　벨 보이
35 手提箱 shǒutíxiāng
　　슈트 케이스
36 旅行包 lǚxíngbāo
　　여행 가방
37 沙发 shāfā
　　소파
38 茶几 chájī
　　티 테이블
39 客人 kèren
　　고객 ; 손님
40 电梯 diàntī
　　엘리베이터
41 枝形吊灯 zhīxíng diàodēng
　　샹들리에
42 自动门 zìdòngmén
　　자동문
43 迎宾员 yíngbīnyuán
　　도어맨
44 衣帽间 yīmàojiān
　　휴대품 보관소 ▶"行李寄存
　　处" xíngli jìcúnchù
45 随身行李 suíshēn xíngli
　　수하물 ; 휴대품
46 衣服 yīfu
　　의복 ; 의류
47 邮局 yóujú
　　우체국
48 秤 chèng
　　저울
49 信箱 xìnxiāng
　　우편함 ▶"邮箱" yóuxiāng
50 邮票 yóupiào
　　우표
51 美术明信片 měishù míng-
　　xìnpiàn
　　그림 엽서
52 外币兑换处 wàibì duìhuàn-
　　chù
　　외화 환전소
53 兑换员 duìhuànyuán
　　환전계
54 兑换单 duìhuàndān
　　외화 환전 전표

84 饭店 fàndiàn II

1 餐厅 cāntīng
대식당；레스토랑
2 男服务员 nánfúwùyuán
웨이터
3 客人 kèren
손님
4 女服务员 nǚfúwùyuán
웨이트리스
5 挂毯 guàtǎn
벽걸이 융단
6 餐桌 cānzhuō
테이블；탁자
7 餐巾 cānjīn
냅킨
8 菜单儿 càidānr
메뉴
9 桌布 zhuōbù
테이블 클로스
10 商场 shāngchǎng
상가；아케이드；쇼핑 플로어
11 售货员 shòuhuòyuán
점원 ▶"营业员" yíngyèyuán
12 柜台 guìtái
카운터
13 酒吧间 jiǔbājiān

바 ▶"酒吧" jiǔbā
14 霓虹灯 níhóngdēng
네온사인
15 瓶子架 píngzijià
보틀 선반；술병 선반
16 酒吧招待员 jiǔbā zhāodài-
yuán
바텐더
17 圆凳儿 yuándèngr
둥근 의자
18 舞厅 wǔtīng
댄스 홀
19 雪花球 xuěhuāqiú
미러 볼
20 乐队 yuèduì
악단；밴드
21 音箱 yīnxiāng
스피커 박스
22 服务台 fúwùtái
각 층의 프론트
23 客房服务员 kèfáng fúwù-
yuán
객실계
24 信件 xìnjiàn
우편물

25 房门 fángmén
객실의 도어
26 房间号码 fángjiān hàomǎ
방 번호；룸 넘버
▶"房号" fánghào
27 洗衣袋 xǐyīdài
세탁물 봉지
28 走廊 zǒuláng
복도
29-72 客房 kèfáng
호텔 객실 ▶"房间" fángjiān
29 行李架 xínglijià
화물대
30 袋泡茶 dàipàochá
티백
31 暖水瓶 nuǎnshuǐpíng
보온병
32 茶碗 cháwǎn
찻잔
33 镜子 jìngzi
거울
34 台灯 táidēng
전기 스탠드
35 电视机 diànshìjī
텔레비전

호텔 Ⅱ 84

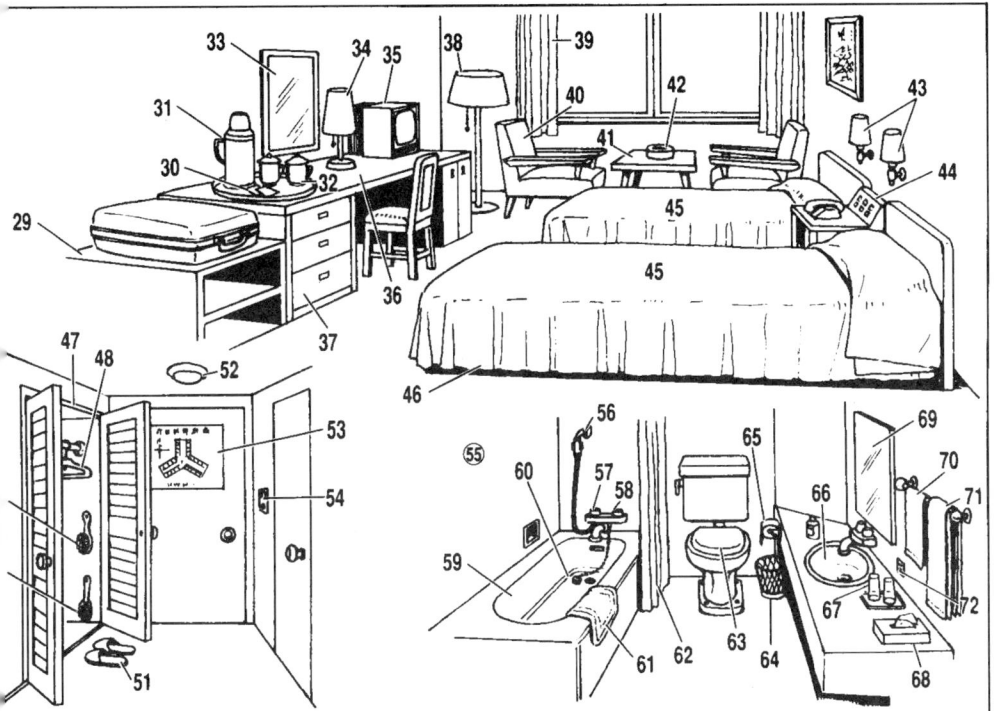

36 书桌 shūzhuō
데스크 ; 책상
37 抽屉 chōuti
서랍
38 落地灯 luòdìdēng
플로어 스탠드
39 窗帘儿 chuāngliánr
커튼
40 沙发 shāfā
소파
41 茶几 chájī
티 테이블
42 烟灰缸 yānhuīgāng
재떨이
43 壁灯 bìdēng
월 램프
44 开关箱 kāiguānxiāng
스위치 박스
45 床 chuáng
베드 ; 침대
46 床罩 chuángzhào
침대 커버
47 壁橱 bìchú
붙박이 로커
48 衣架 yījià

옷걸이 ; 행거
49 衣刷儿 yīshuār
양복솔
50 鞋刷子 xiéshuāzi
구둣솔
51 拖鞋 tuōxié
슬리퍼
52 房灯 fángdēng
실내등 ; 룸 라이트
53 火警疏散图 huǒjǐng shū-sàntú
긴급시 피난 경로도
54 电灯开关 diàndēng kāiguān
전등의 스위치
55 卫生间 wèishēngjiān
욕실 · 화장실
56 莲蓬头 liánpengtóu
샤워 헤드
57 水龙头 shuǐlóngtóu
수도꼭지
58 热水龙头 rèshuǐ lóngtóu
탕의 꼭지
59 浴缸 yùgāng
욕조
60 浴缸塞子 yùgāng sāizi

욕조의 마개
61 地巾 dìjīn
매트
62 塑料帘子 sùliào liánzi
비닐제 커튼
63 抽水马桶 chōushuǐ mǎtǒng
수세식 변기
64 纸篓儿 zhǐlǒur
휴지통
65 卫生纸 wèishēngzhǐ
화장지
66 洗脸池 xǐliǎnchí
세면기
67 玻璃杯 bōlibēi
유리컵
68 擦手纸 cāshǒuzhǐ
티슈 페이퍼 ; 화장지
69 镜子 jìngzi
거울
70 洗浴巾 xǐyùjīn
목욕용 수건
71 浴巾 yùjīn
목욕 타월
72 插座 chāzuò
콘센트

127

85 公园 gōngyuán · 庭园 tíngyuán

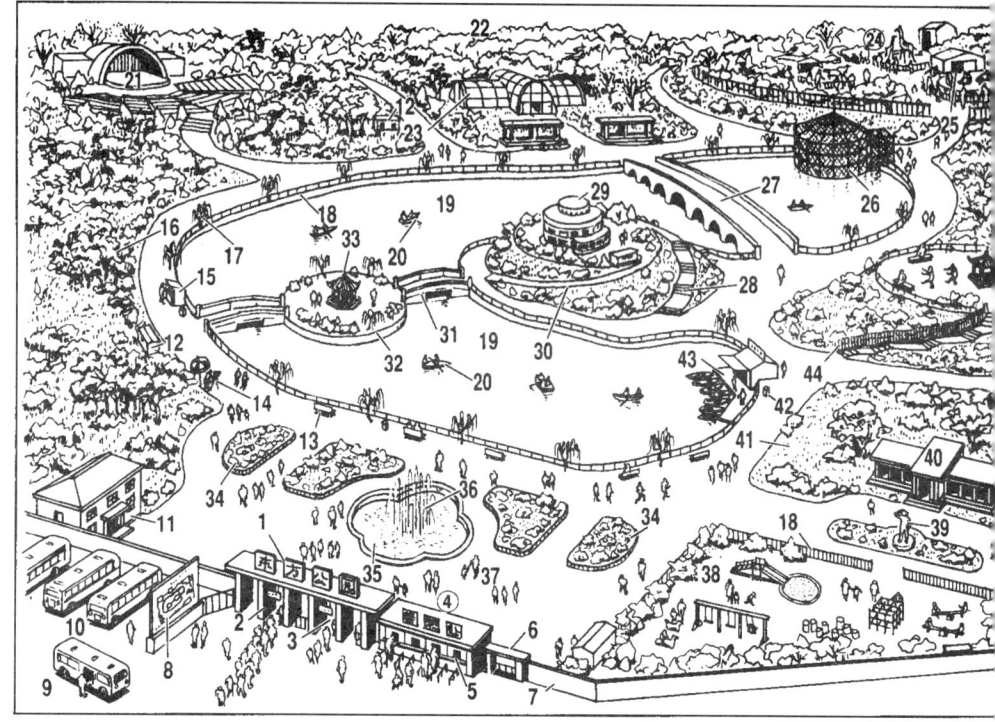

1-44 公园 gōngyuán
공원

1 公园大门 gōngyuán dàmén
공원의 정문

2 团体入口 tuántǐ rùkǒu
단체 입구

3 个人入口 gèrén rùkǒu
일반 입구

4 售票处 shòupiàochù
입장권 매장；매표소

5 售票口 shòupiàokǒu
입장권 발매 창구；매표 창구

6 旁门 pángmén
통용문

7 围墙 wéiqiáng
주위의 담

8 导游图 dǎoyóutú
원내 안내도

9 停车场 tíngchēchǎng
주차장

10 游览车 yóulǎnchē
관광버스

11 公园管理处 gōngyuán guǎnlǐchù
공원 관리 사무소

12 厕所 cèsuǒ
화장실；변소

13 长椅子 chángyǐzi
벤치

14 照相点 zhàoxiàngdiǎn
노점의 사진점；사진 스탠드

15 冷饮部 lěngyǐnbù
청량 음료수 매장

16 树丛 shùcóng
나무숲

17 垂杨柳 chuíyángliǔ
수양버들

18 栅栏 zhàlan
울타리 ▶"栅栏儿" zhàlanr

19 湖 hú
호수

20 小船 xiǎochuán
보트

21 露天剧场 lùtiān jùchǎng
야외 극장

22 树林子 shùlínzi
숲

23 大温室 dàwēnshì
대온실

24 动物园 dòngwùyuán
동물원

25 熊猫馆 xióngmāoguǎn
판다 우리

26 水禽笼 shuǐqínlóng
물새의 케이지

27 石拱桥 shígǒngqiáo
돌로 만든 아치교

28 石阶 shíjiē
돌층계

29 山顶餐厅 shāndǐng cāntīng
산상 레스토랑

30 坡道 pōdào
비탈길

31 石桥 shíqiáo
돌다리

32 人工岛 réngōngdǎo
인공섬

33 亭子 tíngzi
정자

34 花坛 huātán
화단

128

공원 · 정원 85

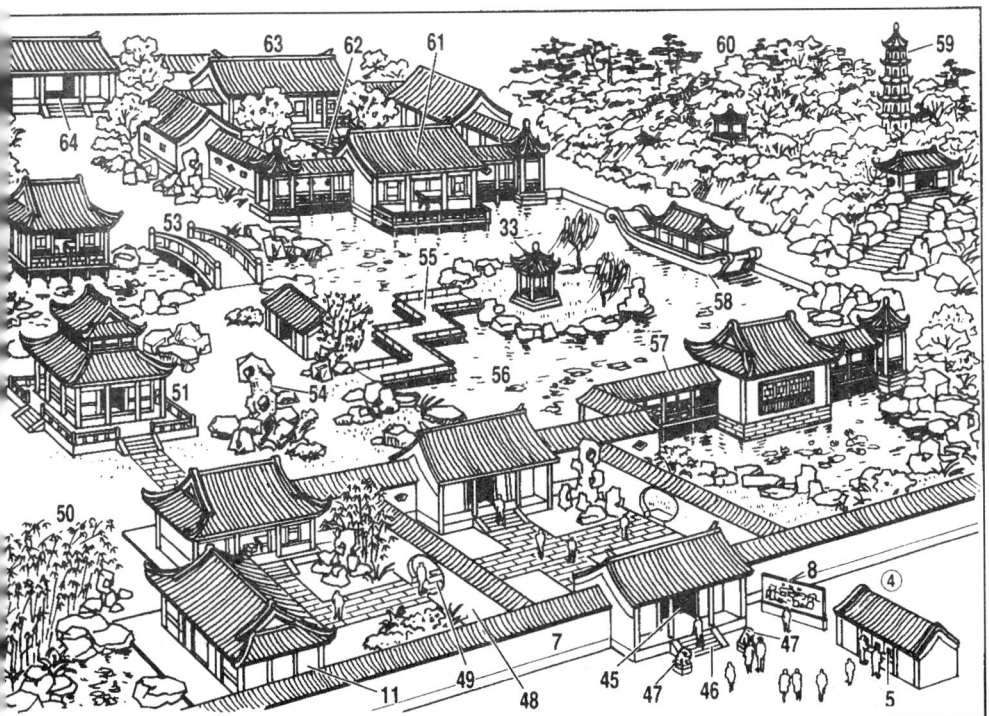

35 喷水池 pēnshuǐchí
   분수지
36 喷泉 pēnquán
   분수
37 游客 yóukè
   행락객
38 儿童游戏场 értóng yóuxì-
   chǎng
   어린이 놀이터
39 石像 shíxiàng
   석상
40 画展室 huàzhǎnshì
   회화 전시실
41 草坪 cǎopíng
   잔디밭
42 果皮箱 guǒpíxiāng
   쓰레기통
43 小船码头 xiǎochuán mǎtou
   보트 승선장
44 篱笆 líba
   대나무 울타리 ; 섶나무 울타리
45-64 庭园 tíngyuán
   정원

45 庭园大门 tíngyuán dàmén
   정원의 정문
46 台阶儿 táijiēr
   입구의 돌계단
47 石狮子 shíshīzi
   석조 사자
48 院墙 yuànqiáng
   안뜰을 둘러싸는 담
49 月亮门儿 yuèliang ménr
   벽돌담을 달 모양으로 뚫어 놓은 문
   ▶"月光门" yuèguāngmén
50 竹林 zhúlín
   대숲
51 阁 gé
   누각 ; 고루
52 荷花池 héhuāchí
   연못
53 罗锅桥 luóguōqiáo
   아치형 다리
54 太湖石 tàihúshí
   태호석 ; 강쑤성의 타이호에서 나는 정원석 ▶구멍과 주름이 많고 모양이 다양하다.

55 曲桥 qūqiáo
   굽은 다리
56 池塘 chítáng
   못
57 走廊 zǒuláng
   복도 ; 낭하
58 石舫 shífǎng
   물가 수중에 만들어 놓은 돌배
59 宝塔 bǎotǎ
   탑
60 假山 jiǎshān
   석가산(石假山)
61 水榭 shuǐxiè
   물가에 지은 가옥
62 院子 yuànzi
   뜰 ; 정원
63 纪念品服务部 jìniànpǐn fú-
   wùbù
   기념품 매장
64 庭园后门 tíngyuán hòumén
   정원 뒷문

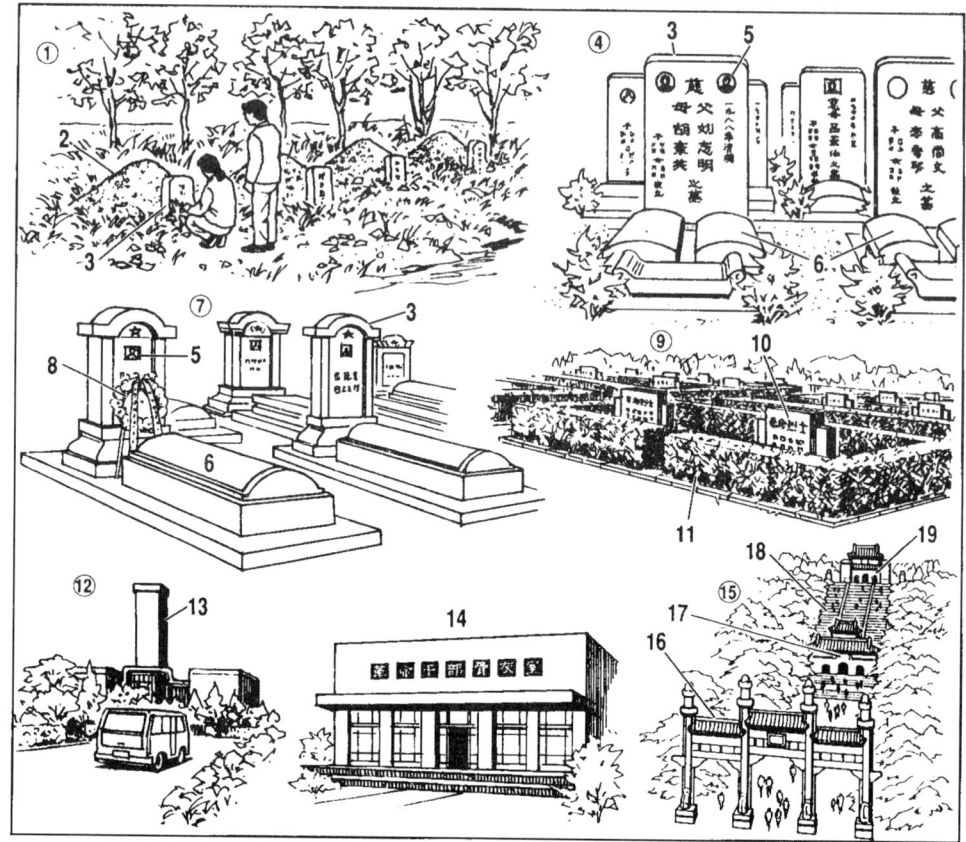

1 坟地 féndì
  묘지 ▶"坟场" fénchǎng
2-3 坟墓 fénmù
  묘
2 坟头儿 féntóur
  봉분
3 墓碑 mùbēi
  묘비
4 公共坟地 gōnggòng féndì
  공동묘지 ▶"公墓" gōngmù
5 遗像 yíxiàng
  유영 ▶죽은 사람의 생전의 사진·초상
6 墓室 mùshì
  묘실 ; 무덤 구덩이
7 革命公墓 gémìng gōngmù
  혁명 공로자 공동묘지
8 花圈 huāquān
  화환
9 革命烈士陵园 gémìng lièshì língyuán
  혁명 열사 영원 ▶"烈士陵园" lièshì língyuán
10 烈士墓 lièshìmù
  열사의 묘
11 矮树篱笆 ǎishù líba
  생울타리 ▶ "树篱" shùlí
12 火化场 huǒhuàchǎng
  화장장 ▶"火葬场" huǒzàngchǎng
13 烟筒 yāntong
  굴뚝
14 骨灰堂 gǔhuītáng
  납골당 ☞ 203-18
15 陵墓 língmù
  능묘 ; 지도자나 순국 열사의 무덤 ▶그림은 "中山陵" zhōngshānlíng(손문의 묘)
16 牌坊 páifāng
  공로자를 기념하기 위해 세운 정문(旌门)
17 碑亭 bēitíng
  비석을 보호하기 위해 만든 비각(碑阁)
18 石阶 shíjiē
  돌계단 ▶"石级" shíjí
19 灵堂 língtáng
  사당 ▶관을 안치해 두거나 위패를 모신 방

公共厕所 gōnggòng cèsuǒ 공중변소 87

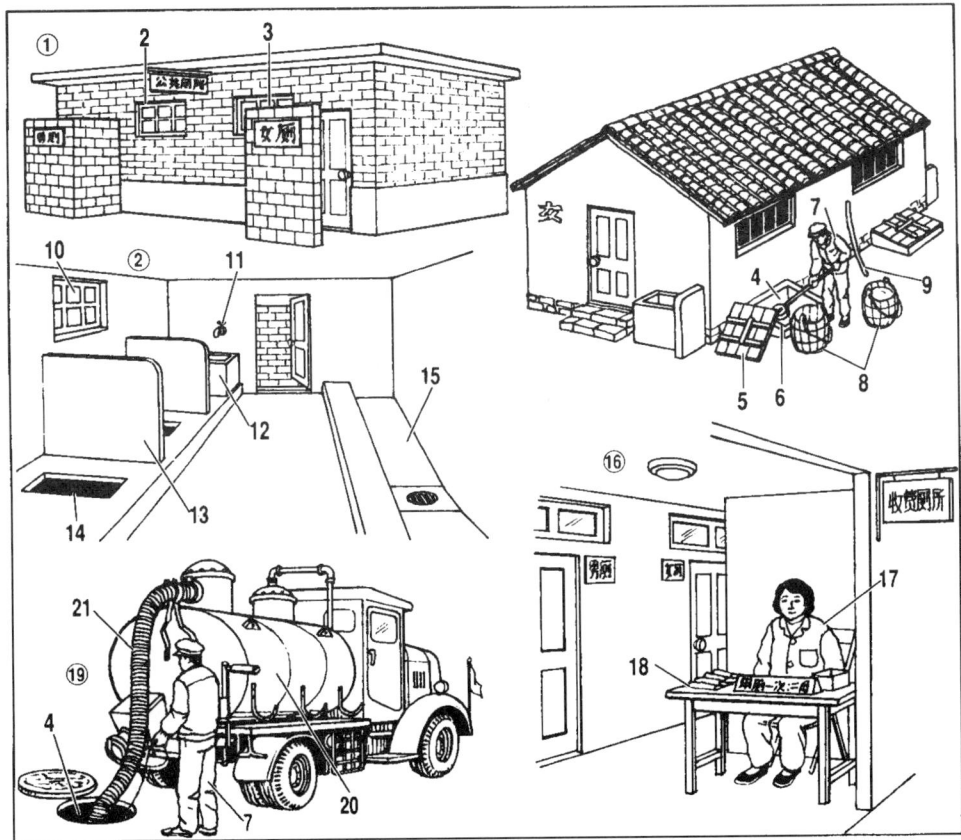

1 公共厕所 gōnggòng cèsuǒ
  공중변소 ▶"公厕" gōngcè
2 男厕 náncè
  남자 변소
3 女厕 nǚcè
  여자 변소
4 淘粪口 táofènkǒu
  변소 치는 구멍
5 盖子 gàizi
  뚜껑
6 粪勺 fènsháo
  똥바가지 ▶분뇨 치는 데 사용하는 바가지
7 清洁工人 qīngjié gōngrén
  청소 노동자
8 粪桶 fèntǒng
  거름통
9 扁担 biǎndan
  멜대
10 窗户 chuānghu
  창
11 水龙头 shuǐlóngtóu
  수도꼭지
12 水池子 shuǐchízi
  수조 ▶"水池" shuǐchí
13 隔板 gébǎn
  칸막이
14 粪坑儿 fènkēngr
  분뇨통
15 小便槽 xiǎobiàncáo
  소변소
16 收费厕所 shōufèi cèsuǒ
  유료 변소
17 服务员 fúwùyuán
  (유료 변소의)요금 징수원
18 手纸 shǒuzhǐ
  화장지▶1회분의 길이로 잘라 접었다.
19 吸粪车 xīfènchē
  분뇨 퍼내는 차
20 粪箱 fènxiāng
  분뇨(시뇨) 탱크
21 吸管 xīguǎn
  분뇨 흡입 호스

88 建筑工地 jiànzhù gōngdì I

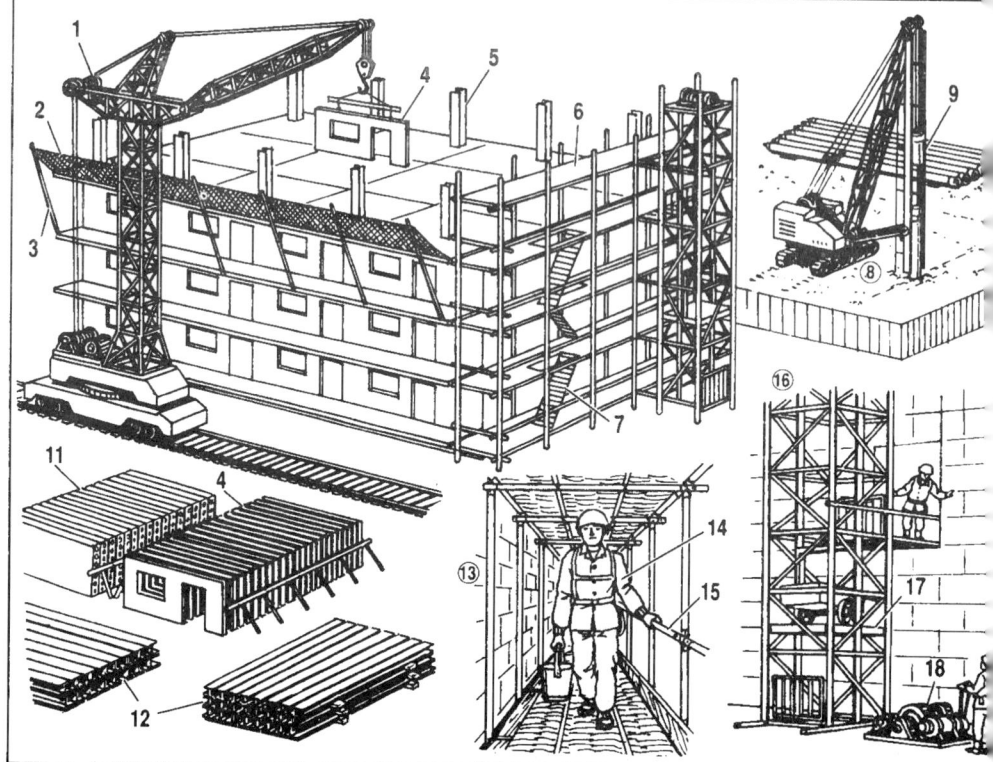

1 起重机 qǐzhòngjī
   기중기 ; 크레인
2 安全网 ānquánwǎng
   방호망
3 支杆 zhīgān
   지주
4 预制构件 yùzhì gòujiàn
   프리패브 구조 ▶"预制件"
   yùzhìjiàn
5 钢骨 gānggǔ
   철골
6 脚手板 jiǎoshǒubǎn
   비계판 ; 발판
7 便梯 biàntī
   비계 발판 ; 비계 다리
8 打桩机 dǎzhuāngjī
   말뚝 박는 기계
9 桩锤 zhuāngchuí
   말뚝 박는 해머
10 混凝土桩 hùnníngtǔzhuāng
   철근 콘크리트 말뚝 ; 콘크리
   트 파일 ▶"桩子" zhuāngzi

11 空心楼板 kōngxīn lóubǎn
   중공 콘크리트 바닥판
12 工字钢 gōngzìgāng
   H형강
13 脚手架 jiǎoshǒujià
   비계
14 建筑工人 jiànzhù gōngrén
   건축 노동자
15 栏杆 lán'gān
   난간
16 井架 jǐngjià
   엘리베이터 타워
17 吊篮 diàolán
   공사용 엘리베이터 ; 승강기
18 卷扬机 juǎnyángjī
   윈치
19 活动房屋 huódòng fángwū
   이동 가옥 ; 조립 가옥
20 模板 múbǎn
   거푸집용 판
21 钢筋 gāngjīn
   철근

22 混凝土斗 hùnníngtǔdǒu
   콘크리트 버킷
23 起重车 qǐzhòngchē
   크레인차 ; 기중차
24 木工间 mùgōngjiān
   목공장
25 工作台 gōngzuòtái
   작업대
26 木料 mùliào
   재목
27 石灰房 shíhuīfáng
   석회방
28 自动装卸车 zìdòng
   zhuāngxièchē
   덤프 카
29 石灰 shíhuī
   석회
30 仓库 cāngkù
   창고
31 水泥 shuǐní
   시멘트
32 混凝土搅拌机 hùnníngtǔ

건축 공사 현장 I   88

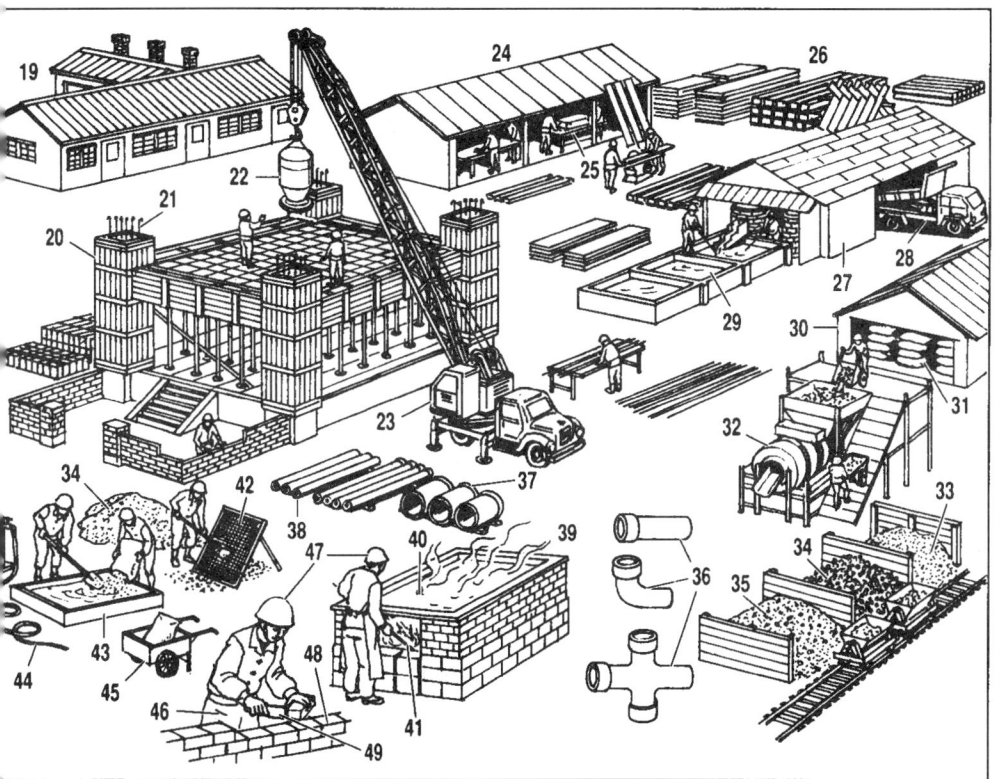

jiǎobànjī
콘크리트 믹서
33 沙子 shāzi
모래
34 石子儿 shízǐr
잔돌
35 沙石 shāshí
자갈
36 陶土管 táotǔguǎn
토관 ; 도관
▶"陶管" táoguǎn
37 混凝土管 hùnníngtǔguǎn
흄관
38 塑料管 sùliàoguǎn
비닐 파이프
39 沥青锅 lìqīngguō
아스팔트 케틀
40 沥青 lìqīng
아스팔트 ▶"柏油" bǎiyóu
41 烧火钎 shāohuǒqiān
철제의 긴 부젓가락
42 筛子 shāizi
체
43 水泥槽 shuǐnícáo
시멘트 홈
▶"灰浆槽" huījiāngcáo
44 胶皮管 jiāopíguǎn
고무 호스
45 手推车 shǒutuīchē
손수레
46 砌砖工人 qìzhuān gōngrén
벽돌공
47 安全帽 ānquánmào
헬멧
48 砖 zhuān
벽돌
49 瓦刀 wǎdāo
흙손 ▶"泥刀" nídāo

133

89 建筑工地 jiànzhù gōngdì Ⅱ · 建筑材料 jiànzhù cáiliào

1 建筑工地 jiànzhù gōngdì
건축 공사 현장
2 天花板 tiānhuābǎn
천장판
3 木匠 mùjiang
목공
4 梯子 tīzi
접사다리 ▶"双梯" shuāngtī
5 油漆工 yóuqīgōng
도장공
6 油漆刷 yóuqīshuā
페인트 솔
7 安全带 ānquándài
안전 벨트
8 油漆桶 yóuqītǒng
페인트 통
9 脚手板 jiǎoshǒubǎn
비계 발판
10 油漆 yóuqī
페인트 ; 유성 페인트
11 糊墙纸 húqiángzhǐ
벽지
12 刷子 shuāzi
솔
13 糨糊 jiànghu
풀
14 工作台 gōngzuòtái
작업대
15 裱糊匠 biǎohújiàng
표구사
16 油灰刀 yóuhuīdāo
퍼티 나이프
17 油灰 yóuhuī
퍼티
18-21 玻璃 bōli
유리
18 平板玻璃 píngbǎn bōli
판유리
19 铁丝网玻璃 tiěsīwǎng bōli
망입판유리
20 花纹玻璃 huāwén bōli
형판 유리
21 毛玻璃 máobōli
젖빛 유리 ▶"磨砂玻璃" móshā bōli
22 尺 chǐ
자
23 玻璃刀 bōlidāo
유리칼
24 粘合剂 zhānhéjì
접착제 ▶"建筑胶" jiànzhùjiāo
25 沥青砖 lìqīngzhuān
아스팔트 타일
26-56 建筑材料 jiànzhù cáiliào
건축 재료
26-33 砖 zhuān
벽돌 ; 블록 ; 타일
26-28 粘土砖 niántǔzhuān
벽돌
26 实心砖 shíxīnzhuān
보통 벽돌
▶"普通砖" pǔtōngzhuān. 완성된 색으로 "红砖" hóngzhuān(붉은 벽돌)과 "青砖" qīngzhuān(푸른 벽돌)으로 나뉜다.
27 承重空心砖 chéngzhòng kōngxīnzhuān
내압 중공 벽돌
28 空心砖 kōngxīnzhuān
중공 벽돌
29-31 水泥砖 shuǐnízhuān
콘크리트 블록
29 水泥炉渣空心砖 shuǐní lúzhā kōngxīnzhuān
슬래그 시멘트 블록
30-31 铺道砖 pūdàozhuān
콘크리트제의 포석 및 연석 ▶"铺路砖" pūlùzhuān
32-33 瓷砖 cízhuān
타일
32 釉面砖 yòumiànzhuān
화장 타일
33 马赛克 mǎsàikè
모자이크 타일
▶"锦砖" jǐnzhuān
34-41 瓦 wǎ
기와
34-35 平瓦 píngwǎ
평기와
34 粘土平瓦 niántǔ píngwǎ
점토 평기와
35 水泥平瓦 shuǐní píngwǎ
시멘트제 평기와
36 小青瓦 xiǎoqīngwǎ
보통의 중국식 기와
▶"蝴蝶瓦" húdiéwǎ
37 筒瓦 tǒngwǎ
통기와 ; 둥근 기와
38-40 脊瓦 jǐwǎ
용마루 기와
38 粘土脊瓦 niántǔ jǐwǎ
점토 용마루 기와
39 石棉水泥脊瓦 shímián shuǐní jǐwǎ
석면 슬레이트 기와
40-41 琉璃瓦 liúliwǎ
유리 기와 ▶그림 40은 "脊瓦" jǐwǎ
41 滴水瓦 dīshuǐwǎ
처마 기와
42 木材 mùcái
목재
43 心材 xīncái
심재
44 边材 biāncái
변재
45 四棱木材 sìléng mùcái
각재
46 木板 mùbǎn
판
47 木纹 mùwén
나뭇결
48 节子 jiézi
옹이
49 胶合板 jiāohébǎn
합판 ; 베니어판
▶"三合板" sānhébǎn
50 木纹胶合板 mùwén jiāohébǎn
프린트 합판
51 白铁皮 báitiěpí
양철판
52 瓦垄铁 wǎlóngtiě
파형철 ▶"波形铁皮" bōxíng tiěpí(골함석 ; 골진 양철판)
53 窗纱 chuāngshā
방충망
54 油毛毡 yóumáozhān
아스팔트 루핑
55 钢板网 gāngbǎnwǎng
쇠그물 ; 철망
56 砂浆 shājiāng
몰타르

건축 공사 현장 II·건축 재료 89

90 小五金 xiǎowǔjīn

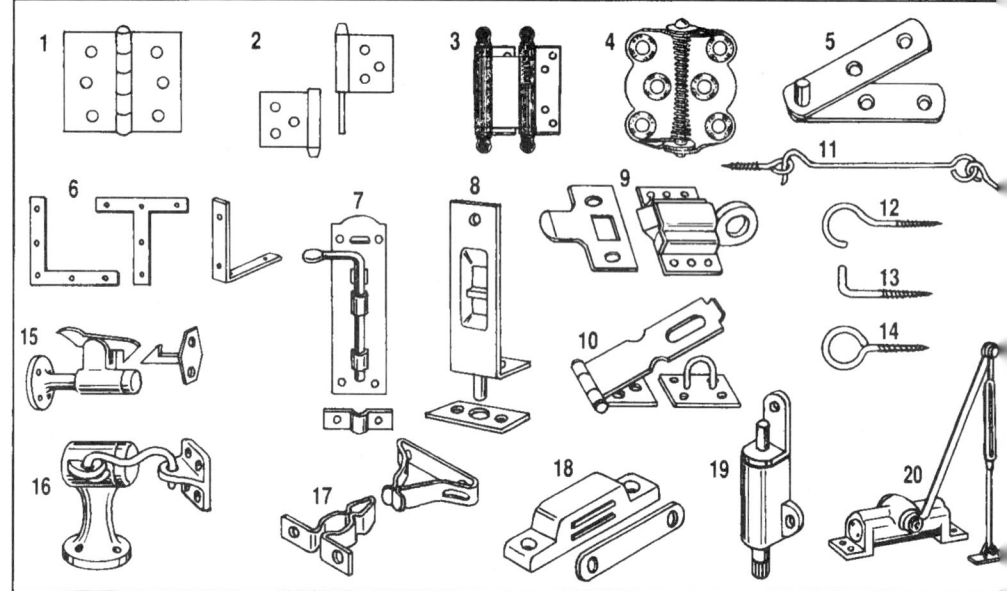

1-5 铰链 jiǎoliàn
경첩 ▶"合页" héyè
1 普通铰链 pǔtōng jiǎoliàn
보통 경첩
2 偏袖铰链 piānxiù jiǎoliàn
단짝 경첩
3 弹簧铰链 tánhuáng jiǎoliàn
용수철 경첩
4 蝴蝶铰链 húdié jiǎoliàn
버터플라이 경첩
5 门头铰链 méntóu jiǎoliàn
단면 경첩 ; 가구의 문 상하 단면에 붙이는 경첩
6 铁三角 tiěsānjiǎo
보강쇠
7 插销 chāxiāo
버팀쇠
8 暗插销 ànchāxiāo
빗장쇠
9 翻窗插销 fānchuāng chāxiāo
캐치 자물쇠
10 暗箱扣 ànxiāngkòu
걸쇠 ▶"扣吊儿" kòudiàor
11 窗钩 chuānggōu
창고리 ▶"风钩" fēnggōu
12 灯钩 dēnggōu
등걸이 ▶"螺丝钩" luósīgōu

13 羊角钩 yángjiǎogōu
양각형(羊角形) 갈고리
14 羊眼圈 yángyǎnquān
히튼 ▶"螺丝圈儿" luósī quānr
15-16 门钩 méngōu
문소란
15 横式门钩 héngshì méngōu
가로형 문고리
16 立式门钩 lìshì méngōu
세로형 문고리
17 门轧头 méngátóu
스프링 캐치
18 磁铁碰头 cítiě pèngtóu
마그넷 캐치
19 制门器 zhìménqì
도어 스토퍼
▶"门制" ménzhì
20 门顶弹弓 méndǐng tángōng
도어 체크 ▶"自动关门机" zìdòng guānménjī
21 门把手 ménbǎshou
문의 손잡이 ; 도어 노브
22 拉环 lāhuán
도어 노커
23 门拉手 ménlāshou
문의 손잡이
24 大门拉手 dàmén lāshou

대문손잡이 ▶"底板拉手" dǐbǎn lāshou
25 管子拉手 guǎnzi lāshou
폴 핸들
26 移门拉手 yímén lāshou
미닫이용 문고리
27 窗帘轨 chuāngliánguǐ
커튼 레일
28 窗帘滑轮 chuānglián huálún
러너
29 扯门滑轮 chěmén huálún
호차(户車) ▶"推拉门滑轮" tuīlāmén huálún
30 橱门滑轮 chúmén huálún
찬장용 롤러
31-35 螺栓 luóshuān
수나사
31 六角头螺栓 liùjiǎotóu luóshuān
육각 볼트
32 方头螺栓 fāngtóu luóshuān
사각 볼트
33 半圆头螺栓 bànyuántóu luóshuān
둥근머리 볼트
34 地脚螺栓 dìjiǎo luóshuān
훅 볼트

136

경첩 · 문고리 · 호차 · 나사 · 와셔 90

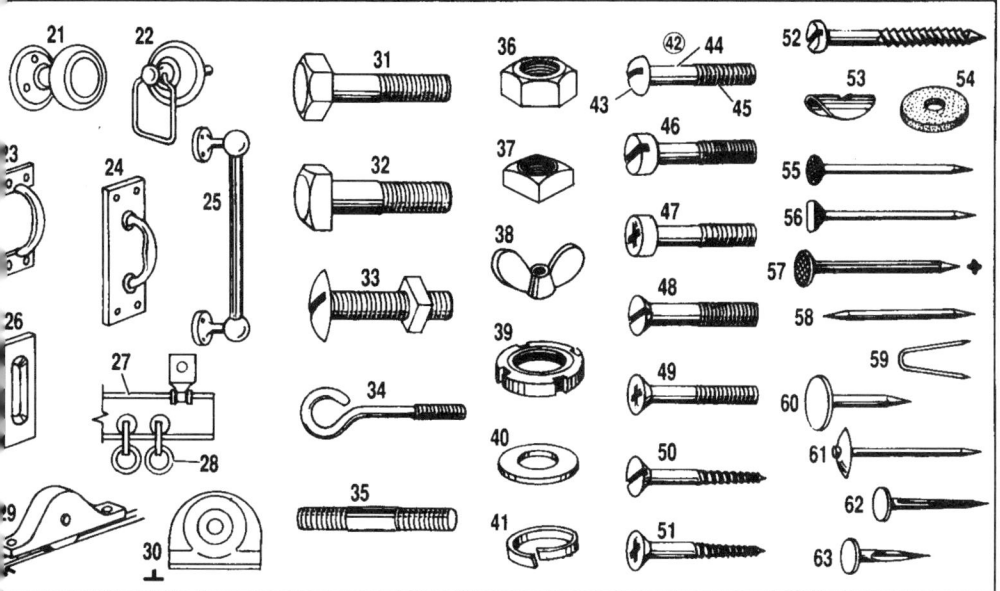

35 双头螺柱 shuāngtóu luózhù
스터드 볼트
36-39 螺母 luómǔ
암나사 ▶"螺丝帽" luósīmào
36 六角螺母 liùjiǎo luómǔ
육각 너트
37 方螺母 fāngluómǔ
사각 너트
38 蝶形螺母 diéxíng luómǔ
나비 너트
39 圆螺母 yuánluómǔ
홈붙이 둥근 너트
40-41 垫圈 diànquān
와셔
40 平垫圈 píngdiànquān
평 와셔
41 弹簧垫圈 tánhuáng diàn-
quān
스프링 와셔
42-52 螺钉 luódīng
나사못 ▶"螺丝" luósī
42 半圆头螺钉 bànyuántóu
luódīng
둥근머리 작은나사
43 螺丝头 luósītóu
나사 머리
44 螺杆 luógān
나사축

45 螺纹 luówén
나사 산 ; 나사 이
46-47 圆柱头螺钉 yuánzhùtóu
luódīng
평행형 작은나사
46 一字槽圆柱头螺钉 yízìcáo
yuánzhùtóu luódīng
일자홈 납작머리 작은나사
47 十字槽圆柱头螺钉 shízìcáo
yuánzhùtóu luódīng
십자홈 납작머리 작은나사
48-49 沉头螺钉 chéntóu luó-
dīng
접시머리 작은나사
50-51 木螺钉 mùluódīng
나무나사 ▶"木螺丝" mù-
luósī
52 瓦楞螺钉 wǎléng luódīng
파형판용 나사못
53 瓦楞垫圈 wǎléng diànquān
파형판용 와셔
54 羊毛毡垫圈 yángmáozhān
diànquān
펠트 와셔
55-63 钢钉 gāngdīng
못 ; 쇠못 ▶"钉子" dīngzi
55 圆钉 yuándīng
보통 둥근 못

56 扁头圆钉 biǎntóu yuándīng
T자 머리 못
57 异型钢钉 yìxíng gāngdīng
이형못 ; 단면이 십자형인 못
▶진동으로 빠지기 쉬운 곳
에 쓴다.
58 拼合用钢钉 pīnhéyòng
gāngdīng
양끝못 ▶"拼钉" pīndīng
59 骑马钉 qímǎdīng
스테이플
60 油毡钉 yóuzhāndīng
지붕못 ▶"大帽钉" dàmàodīng
(대형 평형머리 못)
61 瓦楞钉 wǎléngdīng
우산못 ▶파형판용
62 鞋钉 xiédīng
구두못
63 鱼尾钉 yúwěidīng
납작머리 작은 못

137

91 工具 gōngjù I

1-9 土木工具 tǔmù gōngjù
　토목·건축 공구
1-4 钢锹 gāngqiāo
　철제 삽 ▶"铁锹" tiěqiāo,
　"铁锨" tiěxiān
1 圆平锹 yuánpíngqiāo
　삽▶"煤锹" méiqiāo(석탄 삽)
2 方头锹 fāngtóuqiāo
　각형 삽 ▶"平锹" píngqiāo
3 尖头锹 jiāntóuqiāo
　원형 삽 ▶"尖锹" jiānqiāo
4 泥锹 níqiāo
　흙파기용 삽 ▶"农民锹"
　nóngmínqiāo(농민 삽)
5 钎子 qiānzi
　착암용 정 ▶"钢钎" gāng-
　qiān, "炮钎" pàoqiān
6 撬棍 qiàogùn
　쇠지렛대 ▶"撬杠" qiàogàng
7-8 镐头 gǎotou
　곡괭이 ▶"十字镐" shízìgǎo
7 平镐 pínggǎo
　외날 곡괭이
8 尖镐 jiāngǎo
　양날 곡괭이
9 碎石锤 suìshíchuí
　석공용 망치
10-58 木匠工具 mùjiang
　gōngjù
　목공 공구
10 铁锤 tiěchuí
　쇠메;망치;해머
11 钉锤 dīngchuí
　쇠망치 ▶"羊角锤" yáng-
　jiǎochuí, "木工锤" mù-
　gōngchuí
12 胡桃钳 hútáoqián
　못뽑이
13 木槌 mùchuí
　나무 망치;나무메
14-25 锯子 jùzi
　톱▶앞으로 밀어서 사용한다.
14 手锯 shǒujù
　수동식 톱 ▶"板锯" bǎnjù
15 锯片 jùpiàn
　톱양;톱날의 몸체
16 锯齿儿 jùchǐr
　톱니
17 锯把儿 jùbàr
　톱자루
18 鸡尾锯 jīwěijù
　실톱
19 夹背锯 jiābèijù
　소형 톱 ▶"侧锯" cèjù
20 横锯 héngjù
　(두 사람이 켜는) 대형 톱
21 锯条 jùtiáo
　톱날의 몸체
22 架锯 jiàjù
　틀톱;틀에 맞춘 톱
23 锯手 jùshǒu
　톱의 손잡이
24 锯梁绳 jùliángshéng
　톱 끈
25 钢丝锯 gāngsījù
　실톱 ▶"弓形锯" gōngxíngjù
26 正锯器 zhèngjùqì
　톱날 각도를 조정하는 도구
27 锉锯齿 cuò jùchǐ
　톱날 세우기
28-30 锉刀 cuòdāo
　줄
28 三角锯锉 sānjiǎo jùcuò
　날 줄 ▶"木工锯锉" mùgōng
　jùcuò
29 刀锉 dāocuò
　칼 줄
30 木工锉 mùgōngcuò
　목공용 줄 ▶"木锉" mùcuò
31 斧子 fǔzi
　도끼
32 斧背 fǔbèi
　도끼 등
33 斧刃 fǔrèn
　도끼 날
34 斧柄 fǔbǐng
　도끼 자루
35-44 刨子 bàozi
　대패▶앞으로 밀어서 사용한다.
35 平刨 píngbào
　평대패
36 刨铁 bàotiě
　대팻날 ▶"刨刀" bàodāo
37 盖铁 gàitiě
　덧날 ▶"盖刃" gàirèn
38 刨柄 bàobǐng
　대패 자루;대팻손
39 刨梁 bàoliáng
　누름 막대
40 刨身 bàoshēn
　대팻집 ▶"刨床" bàochuáng
41 槽刨 cáobào
　개탕대패
42 弯刨 wānbào
　표주박면대패
43 绕刨 ràobào
　통 바깥쪽을 깎는 대패
　▶"滚刨" gǔnbào
44 座刨 zuòbào
　통을 깎는 대패
45 刨花儿 bàohuār
　대팻밥
46 刨凳 bàodèng
　받침 걸상
47 磨刀石 módāoshí
　숫돌
48 工具箱 gōngjùxiāng
　공구 상자;공구함
49-52 凿子 záozi
　끌
49-50 平凿 píngzáo
　평끌
49 宽刃凿 kuānrènzáo
　평날 끌
50 狭刃凿 xiárènzáo
　좁은날 끌
51 斜凿 xiézáo
　기운날 끌
52 圆凿 yuánzáo
　둥근 끌
53 钢凿 gāngzáo
　강철 끌
54 冲头 chōngtóu
　펀치
55 抽头 chōutóu
　탭;테를 죄는 공구
56 铁板钳 tiěbǎnqián
　철집게;테를 죄는 도구
57 劈板刀 pībǎndāo
　통나무 판을 쪼개는 칼
58 篾刀 mièdāo
　대쪽을 쪼개는 칼

공구 I

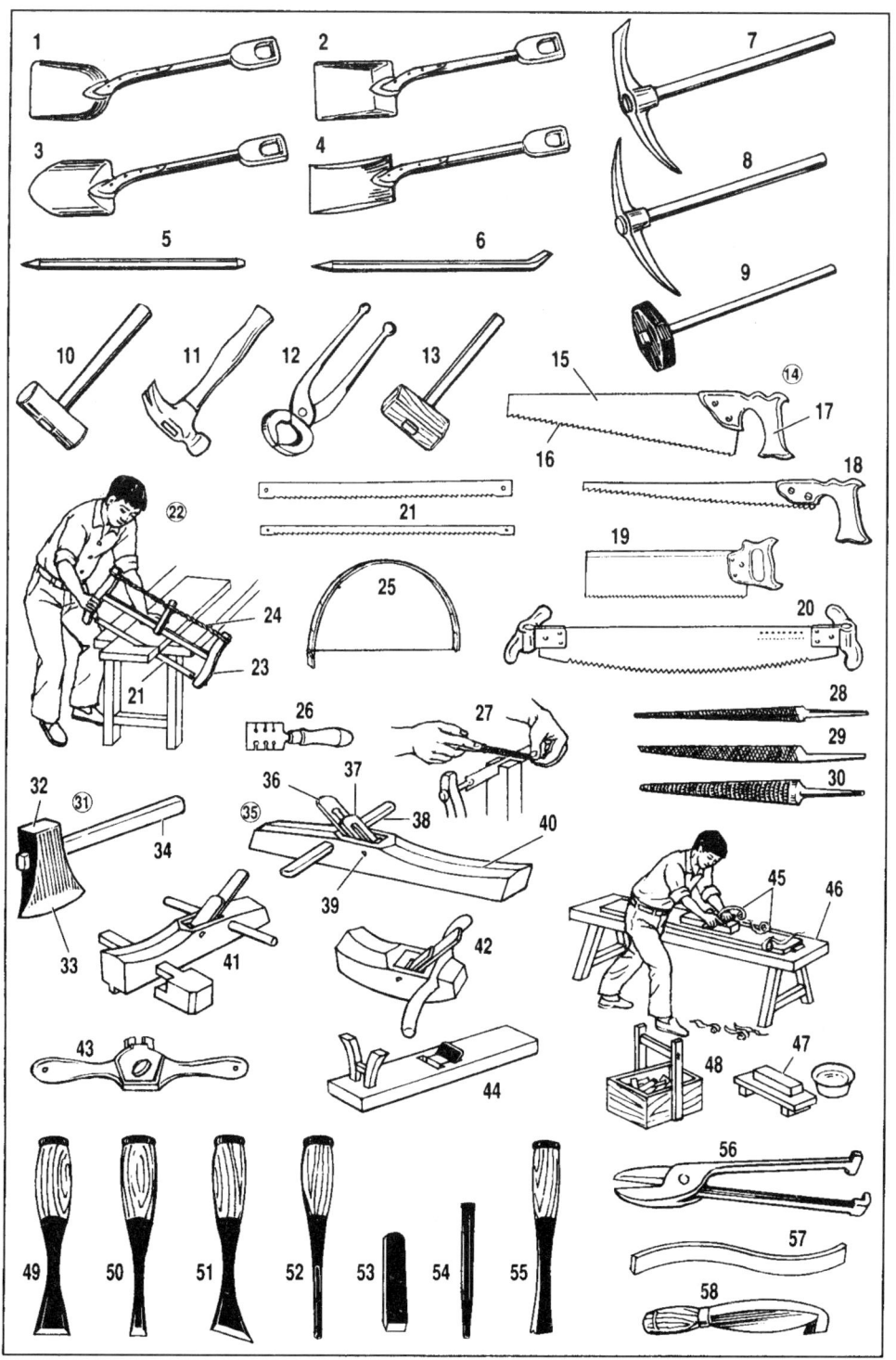

92 工具 gōngjù II

1-23 木匠工具 mùjiang gōngjù
　　목공 도구
1-8 钻 zuàn
　　송곳 ; 드릴
1 牵钻 qiānzuàn
　　끌 드릴 ▶"拉杆儿钻" lāgānrzuàn
2 陀螺钻 tuóluózuàn
　　활꼴 드릴
3 螺丝钻 luósīzuàn
　　나사송곳
4 手摇钻 shǒuyáozuān
　　핸드 드릴 ▶"弓摇钻" gōngyáozuàn
5 摇柄 yáobǐng
　　핸들
6 钻夹头 zuànjiātóu
　　송곳 발톱
7 短柄钻 duǎnbǐngzuàn
　　교환날
8 电钻 diànzuàn
　　전기 드릴
9 墨线斗子 mòxiàn dǒuzi
　　먹통 ▶"墨斗" mòdǒu
10 墨线 mòxiàn
　　먹줄
11 定针 dìngzhēn
　　먹줄의 바늘
12 勒线器 lèxiànqì
　　줄긋기
13-20 尺 chǐ
　　자
13-14 直尺 zhíchǐ
　　직선자
13 木直尺 mùzhíchǐ
　　나무 직선자
14 钢直尺 gāngzhíchǐ
　　쇠 직선자 ▶"钢尺" gāngchǐ
15 折尺 zhéchǐ
　　접자
16-17 卷尺 juǎnchǐ
　　줄자
16 钢卷尺 gāngjuǎnchǐ
　　강 줄자
17 布卷尺 bùjuǎnchǐ
　　천 줄자 ▶"皮尺" píchǐ
18 角尺 jiǎochǐ
　　직각자 ; 곱자 ▶"宽座角尺" kuānzuò jiǎochǐ
19-20 斜尺 xiéchǐ
　　대각선 자 ▶"对角线尺" duìjiǎoxiànchǐ
19 定角斜尺 dìngjiǎo xiéchǐ
　　3각자▶"三角尺" sānjiǎochǐ
20 活动斜尺 huódòng xiéchǐ
　　자재자
21 水平尺 shuǐpíngchǐ
　　수준기 ; 수평기 ▶"水平器" shuǐpíngqì
22 卡钳 kǎqián
　　캘리퍼스 ; 측경기
23 线锤 xiànchuí
　　추 ▶"线坠儿" xiànzhuìr
24-25 泥瓦匠工具 níwǎjiàng gōngjù
　　미장이 도구
24 泥板 níbǎn
　　흙손 ▶"抹子" mǒzi
25 瓦刀 wǎdāo
　　흙칼 ▶"泥刀" nídāo
26 玻璃刀 bōlidāo
　　유리칼
27 油灰刀 yóuhuīdāo
　　유리떡칼 ; 퍼티 나이프
28-33 油漆工工具 yóuqīgōng gōngjù
　　도장공 도구 ; 도장 용구
28 刮刀 guādāo
　　쇠주걱 ; 스크레이퍼
29 钢丝刷 gāngsīshuā
　　쇠솔 ; 와이어 브러시
30-32 油漆刷 yóuqīshuā
　　페인트 솔 ▶"漆刷" qīshuā
30 扁漆刷 biǎnqīshuā
　　평 솔
31 圆漆刷 yuánqīshuā
　　둥근솔
32 滚筒刷 gǔntǒngshuā
　　페인트 롤러
33 喷漆枪 pēnqīqiāng
　　분무 총 ; 스프레이 건
34-48 木工机械 mùgōng jīxiè
　　목공용 기계
34 平刨机 píngbàojī
　　기계 대패
35 工作台 gōngzuòtái
　　테이블
36 刀轴 dāozhóu
　　대팻날
37 导轨 dǎoguǐ
　　안내자
38 压刨机 yābàojī
　　자동 대패기
39 升降器手轮 shēngjiàngqì shǒulún
　　테이블 승강 핸들
40 防护罩 fánghùzhào
　　안전 커버
41 圆锯机 yuánjùjī
　　둥근 기계톱
42 圆锯片 yuánjùpiàn
　　둥근톱편
43 锯片升降手轮 jùpiàn shēngjiàng shǒulún
　　둥근톱편 승강 핸들
44 带锯机 dàijùjī
　　띠톱 기계
45 带锯 dàijù
　　띠톱
46 凿孔机 záokǒngjī
　　목공 천공기계
47 钻头 zuàntóu
　　절삭구
48 把手 bǎshǒu
　　핸들

공구 Ⅱ 92

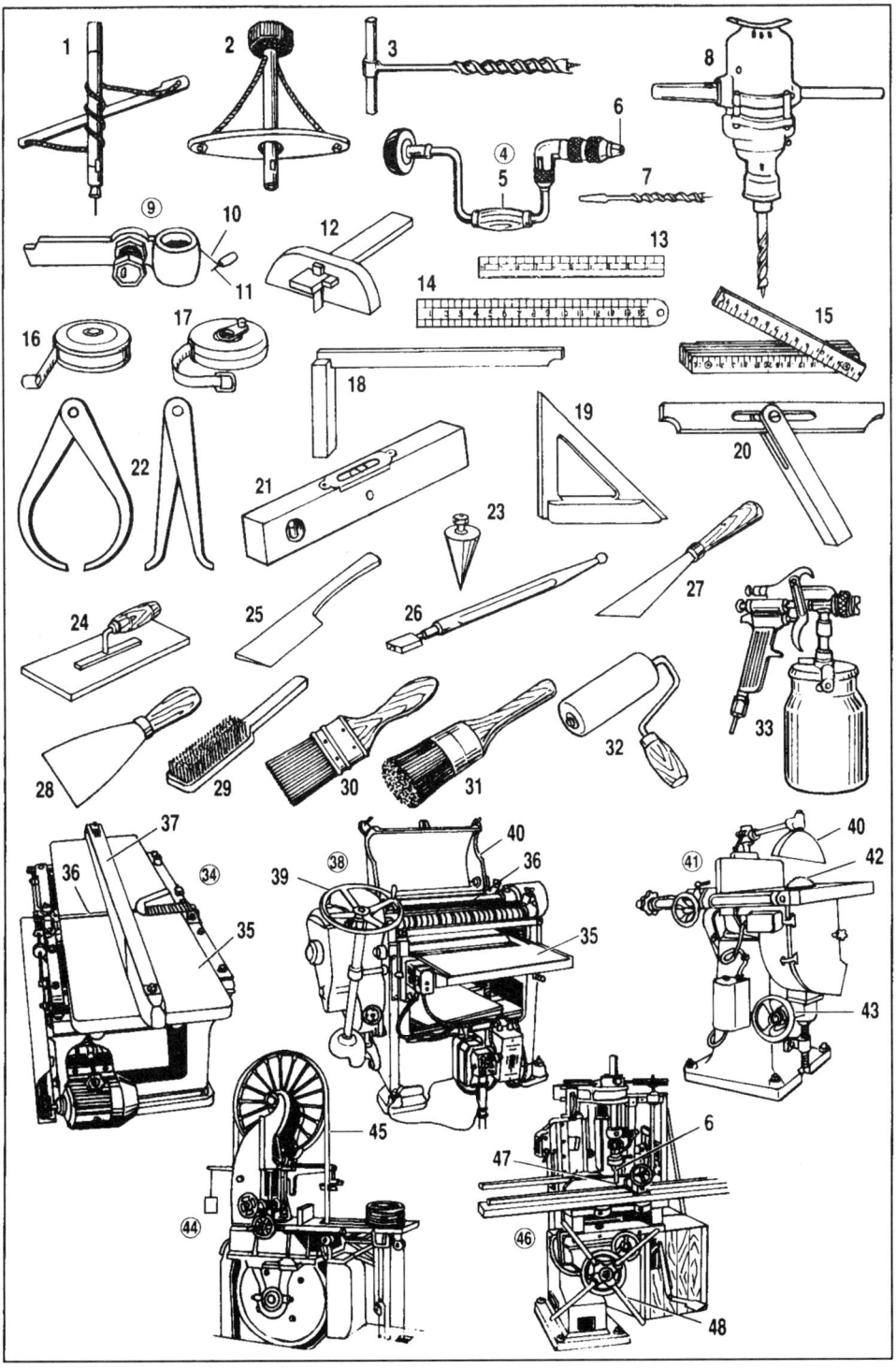

93 工具 gōngjù III

1-15 常用手工具 chángyòng shǒugōngjù
작업 공구

1-6, 38 钳子 qiánzi
강펜치；플라이어

1 钢丝钳 gāngsīqián
펜치 ▶"老虎钳" lǎohǔqián

2 鲤鱼钳 lǐyúqián
잉어 펜치；슬립 조인트 플라이어 ▶"鱼钳" yúqián

3 尖嘴钳 jiānzuǐqián
긴 입 펜치

4 圆嘴钳 yuánzuǐqián
둥근 입 펜치

5 扁嘴钳 biǎnzuǐqián
평 펜치

6 断线钳 duànxiànqián
끊음 펜치；와이어 커터；볼트 클리퍼

7-12 扳手 bānshou
스패너；렌치

7 单头扳手 dāntóu bānshou
단구 스패너

8 双头扳手 shuāngtóu bānshou
양구 스패너

9 活动扳手 huódòng bānshou
활동 렌치；잉글리시 스패너；멍키 스패너

10 钩形扳手 gōuxíng bānshou
훅 스패너

11 内六角扳手 nèiliùjiǎo bānshou
6각 렌치

12 梅花扳手 méihuā bānshou
오프셋 렌치

13-15 螺丝刀 luósīdāo
드라이버 ▶"改锥" gǎizhuī

13 一字形螺丝刀 yízìxíng luósīdāo
표준 드라이버；일자 드라이버 ▶"一字改锥" yízì gǎizhuī

14 十字形螺丝刀 shízìxíng luósīdāo
십자 드라이버 ▶"十字改锥" shízì gǎizhuī

15 多用改锥 duōyòng gǎizhuī
드라이버 세트

16-47 钳工工具 qiángōng gōngjù

기계 조립 공구；다듬질용 공구

16 钳工锤 qiángōngchuí
조립 망치

17 台钳 táiqián
바이스 ▶"老虎钳" lǎohǔqián

18 钢锯 gāngjù
쇠톱；활톱

19 钢锯条 gāngjùtiáo
활톱의 날

20 手摇钻 shǒuyáozuàn
수동 정；핸드 드릴

21-26 锉刀 cuòdāo
줄

21 扁锉 biǎncuò
평줄

22 方锉 fāngcuò
각줄

23 三角锉 sānjiǎocuò
3각줄

24 半圆锉 bànyuáncuò
반원줄

25 圆锉 yuáncuò
둥근줄

26 菱形锉 língxíngcuò
마름모줄

27 砂纸 shāzhǐ
사포；샌드 페이퍼

28 砂布 shābù
모래천；사포

29 手摇砂轮架 shǒuyáo shālúnjià
수동 회전 숫돌；핸드 그라인더

30 砂轮 shālún
회전 숫돌

31 铁砧 tiězhēn
모루；앤빌 ▶"砧子" zhēnzi

32 钢锤 gāngchuí
쇠 메

33 白铁剪 báitiějiǎn
철판가위

34 斩口锤 zhǎnkǒuchuí
생철장이 쇠망치

35 喷灯 pēndēng
토치 램프

36 烙铁 làotie
납땜 인두

37-40 电工工具 diàngōng gōngjù
전기 공사용 공구

37 电工刀 diàngōngdāo
전공 칼

38 斜口钳 xiékǒuqián
니퍼

39 小钢凿 xiǎogāngzáo
평 정

40 麻线凿 máxiànzáo
콘크리트 정

41 管螺纹丝锥 guǎnluówén sīzhuī
파이프 암나사 절삭기

42 丝锥扳手 sīzhuī bānshou
나사 절삭 돌리개

43 圆板牙扳手 yuánbǎnyá bānshou
다이스 돌리개

44 圆板牙 yuánbǎnyá
파이프 수나사 절삭기；다이스

45 管子钳 guǎnziqián
파이프 렌치 ▶"管子扳手" guǎnzi bānshou

46 管子台钳 guǎnzi táiqián
파이프 바이스；파이프 렌치

47 管子割刀 guǎnzi gēdāo
파이프 커터

48-57 焊工工具 hàngōng gōngjù
용접 공구

48 电焊钳 diànhànqián
아크 용접용 홀더

49 电焊条 diànhàntiáo
아크 용접봉 ▶"电焊丝" diànhànsī

50 电焊面罩 diànhàn miànzhào
아크 용접 헬멧

51 电焊手套 diànhàn shǒutào
용접용 장갑

52 电焊脚套 diànhàn jiǎotào
용접용 다리 커버

53 焊枪 hànqiāng
용접 토치

54 切割器 qiēgēqì
가스 절단기

55 气焊眼镜 qìhàn yǎnjìng
가스 용접용 보호 안경

56 乙炔发生器 yǐquē fāshēngqì
아세틸렌 가스 발생기

57 氧气瓶 yǎngqìpíng
산호 봄베；산소통

공구 Ⅲ 93

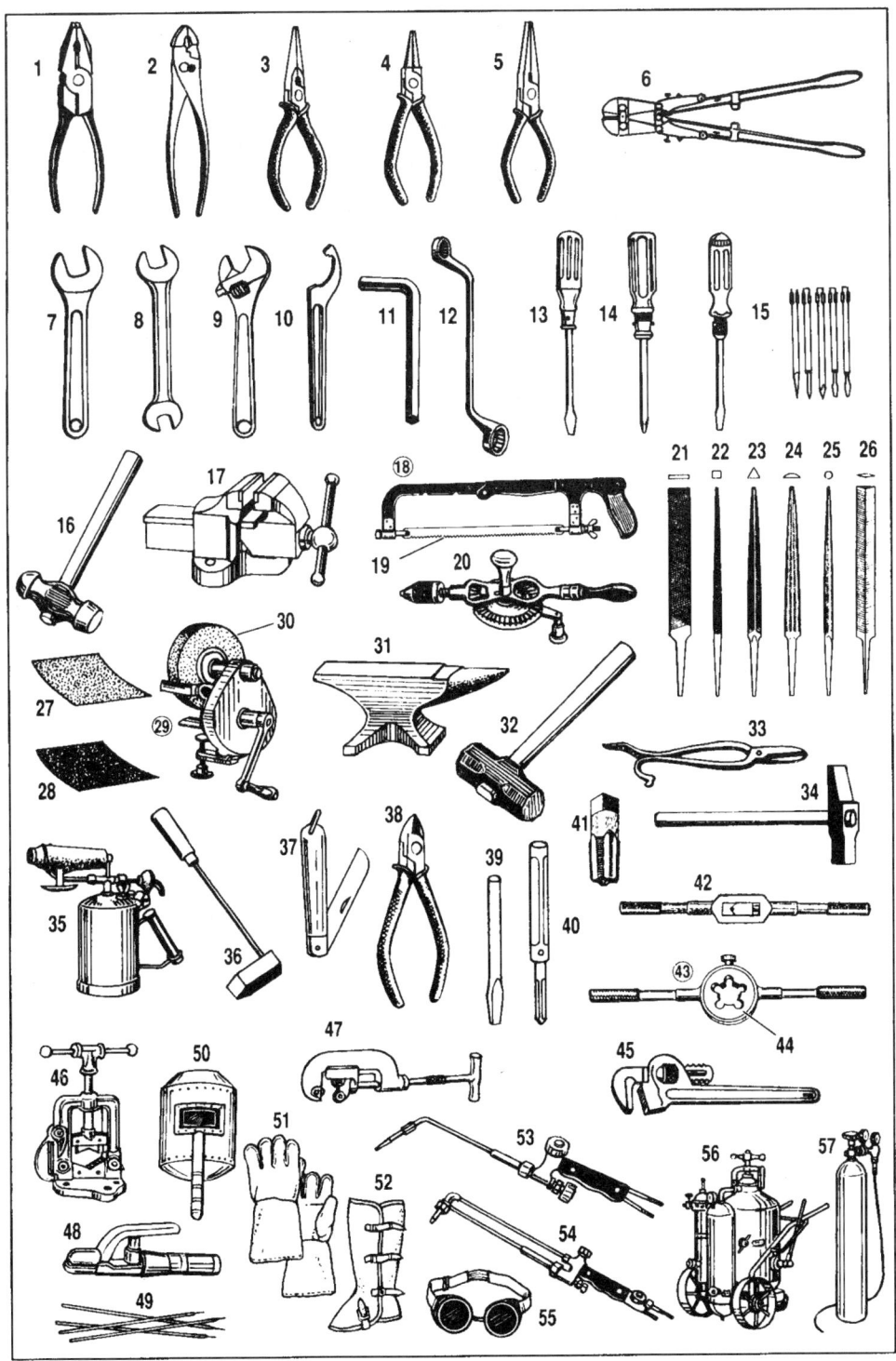

94 机床 jīchuáng

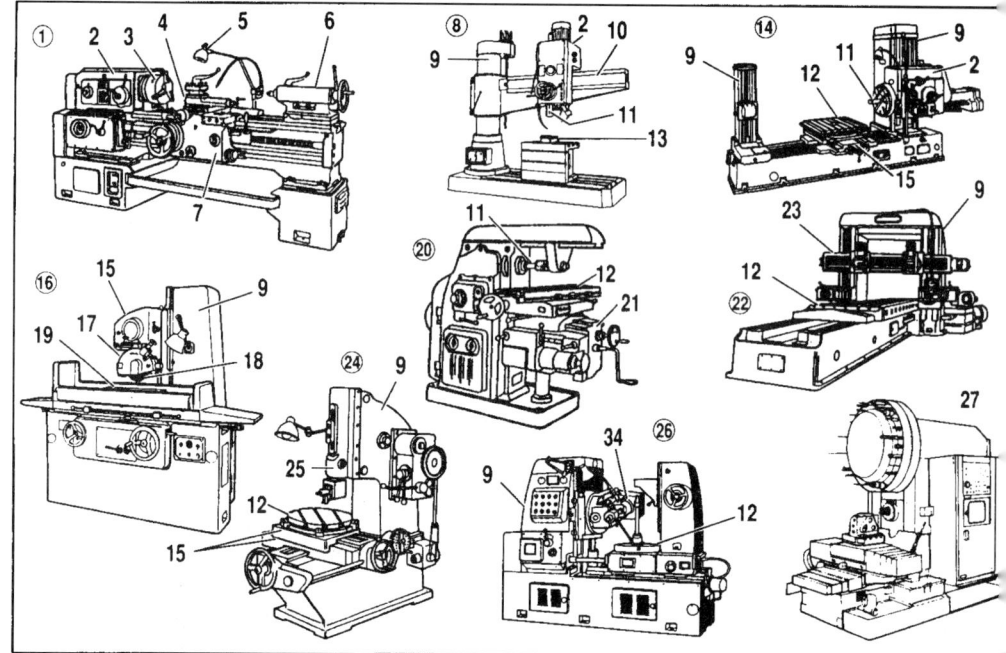

1-27 机床 jīchuáng
공작 기계 ▶"工作母机"
gōngzuò mǔjī
1 车床 chēchuáng
선반 ▶그림은 "普通车床"
pǔtōng chēchuáng(보통선반)
2 主轴箱 zhǔzhóuxiāng
주축대
3 卡盘 qiǎpán
척
4 刀架 dāojià
공구대
5 工作灯 gōngzuòdēng
작업용 조명등
6 尾座 wěizuò
심압대
7 溜板箱 liūbǎnxiāng
왕복대
8 钻床 zuànchuáng
보링 머신 ▶그림은 "摇臂钻床" yáobì zuānchuáng(레이디얼 보링 머신)
9 立柱 lìzhù
직주 ; 수직 기둥
10 摇臂 yáobì
암

11 主轴 zhǔzhóu
주축
12 工作台 gōngzuòtái
테이블
13 工件 gōngjiàn
가공물 ▶"作件" zuòjiàn이라고도 한다.
14 镗床 tāngchuáng
보링 머신 ▶그림은 "卧式镗床" wòshì tāngchuáng(이동 주축대식)
15 滑座 huázuò
베이스 ; 새들
16 磨床 móchuáng
연삭기 ▶그림은 "平面磨床" píngmiàn móchuáng (평면 연삭기)
17 砂轮架 shālúnjià
연삭 숫돌 커버
18 砂轮 shālún
연삭 숫돌
19 电磁工作台 diàncí gōngzuòtái
자기 척 ; 마그네틱 척
20 铣床 xǐchuáng
밀링 머신 ▶그림은 "万能铣床" wànnéng xǐchuáng(만능 밀링 머신)
21 升降台 shēngjiàngtái
니(knee)
22 刨床 bàochuáng
평삭기 ▶그림은 "龙门刨床" lóngmén bàochuáng
(문형 평삭기)
23 横梁 héngliáng
크로스 레일
24 插床 chāchuáng
슬로팅 머신 ▶그림은 "普通插床" pǔtōng chāchuáng
(보통 슬로팅 머신)
25 滑枕 huázhěn
램
26 齿轮加工机床 chǐlún jiāgōng jīchuáng
기어 절삭기 ▶그림은 "滚齿机" gǔnchǐjī(호빙 머신)
27 加工中心 jiāgōng zhōngxīn
머시닝센터
28-34 刀具 dāojù
절삭 공구 ; 커터
28 车刀 chēdāo
선반용 바이트

공작 기계 94

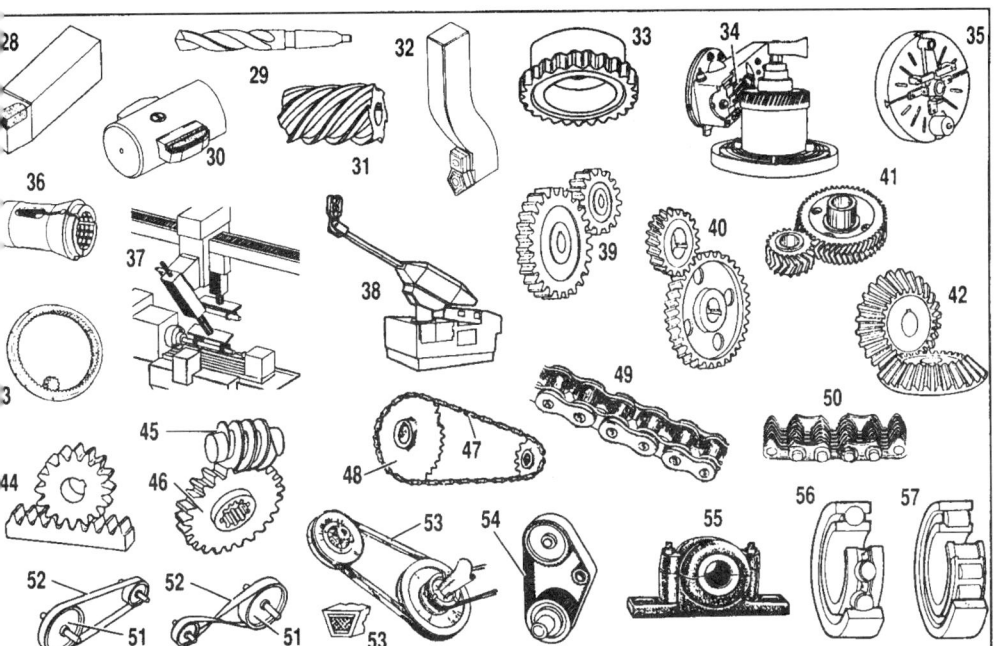

29 钻头 zuàntóu
   드릴
30 镗刀 tāngdāo
   보링 바이트 ; 보링 공구
31 铣刀 xǐdāo
   밀링 커터
32 刨刀 bàodāo
   평삭 바이트
33 插齿刀 chāchǐdāo
   슬로팅 바이트
   ▶"插刀" chādāo
34 滚刀 gǔndāo
   돌림칼 ; 호브
35-36 夹具 jiājù
   고정구 ; 홀더
35 花盘 huāpán
   면판
36 弹簧夹头 tánhuáng jiātóu
   콜릿 척(collet chuck)
37 机械手 jīxièshǒu
   기계손 ; 머니퓰레이터 ; 매직 핸드
38 工业机器人 gōngyè jīqìrén
   산업용 로봇
39-46 齿轮 chǐlún
   기어 ; 치륜

39 正齿轮 zhèngchǐlún
   평기어
40 斜齿轮 xiéchǐlún
   헬리컬 기어
41 人字齿轮 rénzì chǐlún
   헤링본 기어 ; 더블 헬리컬 기어
42 伞齿轮 sǎnchǐlún
   베벨 기어
43 内齿轮 nèichǐlún
   내치 기어 ; 내접 기어
44 齿条 chǐtiáo
   래크
45 蜗杆 wōgān
   웜
46 蜗轮 wōlún
   웜휠
47 链条 liàntiáo
   체인
48 链轮 liànlún
   체인 풀리 ; 스프로킷 휠
49 滚子链 gǔnzīliàn
   롤러 체인
50 无声齿形链 wúshēng chǐ-
   xínglián
   사일런트 체인

51 皮带轮 pídàilún
   피대 바퀴 ; 벨트 풀리 ; 벨트 바퀴 ; 벨트차
52-54 传动皮带 chuándòng
   pídài
   트랜스미션 벨트
52 平皮带 píngpídài
   평벨트
53 三角皮带 sānjiǎo pídài
   V벨트
54 齿带 chǐdài
   이붙이 벨트 ; 타이밍 벨트
55-57 轴承 zhóuchéng
   베어링
55 滑动轴承 huádòng zhóu-
   chéng
   미끄럼 베어링
56-57 滚动轴承 gǔndòng
   zhóuchéng
   구름 베어링
56 滚珠轴承 gǔnzhū zhóu-
   chéng
   볼 베어링
57 滚柱轴承 gǔnzhù zhóu-
   chéng
   롤러 베어링

145

95 发动机 fādòngjī · 电动机 diàndòngjī · 泵 bèng

1-29 发动机 fādòngjī
기관；엔진
1 柴油机 cháiyóujī
디젤 엔진
2 空气滤清器 kōngqì lǜqīngqì
공기 청정기
3 喷油嘴 pēnyóuzuǐ
연료 노즐
4 油箱 yóuxiāng
연료 탱크
5 汽缸套 qìgāngtào
실린더 커버
6 油箱开关 yóuxiāng kāiguān
연료 콕
7 喷油泵 pēnyóubèng
연료 분사 펌프
8 消声器 xiāoshēngqì
소음기；머플러
9 进气阀 jìnqìfá
흡기 밸브
10 排气阀 páiqìfá
배기 밸브
11 燃烧室 ránshāoshì
연소실
12 汽缸 qìgāng
실린더
13 活塞 huósāi
피스톤
14 连杆 lián'gǎn
커넥팅 로드
15 曲轴 qūzhóu
크랭크 축
16 曲轴箱 qūzhóuxiāng
크랭크실
17 汽油机 qìyóujī
가솔린 엔진
18 气化器 qìhuàqì
기화기
19 进气支管 jìnqì zhīguǎn
흡기관
20 排气支管 páiqì zhīguǎn
배기관
21 火花塞 huǒhuāsāi
점화 플러그
22 飞轮 fēilún
플라이휠
23 喷气式发动机 pēnqìshì fādòngjī
제트 엔진 ▶그림은 "涡轮喷气发动机" wōlún pēnqì fādòngjī(터보 제트 엔진)
24 风扇 fēngshàn
팬
25 多极压气机 duōjí yāqìjī
다축형 축류 압축기
26 燃料喷嘴 ránliào pēnzuǐ
연료 노즐
27 主动轴 zhǔdòngzhóu
능동축
28 涡轮 wōlún
터빈
29 尾喷管 wěipēnguǎn
제트 노즐
30-38 电动机 diàndòngjī
전동기；전기 모터
▶"马达" mǎdá
30 直流电动机 zhíliú diàndòngjī
직류 모터；직류 전동기
31 定子 dìngzǐ
고정자
32 转子 zhuànzǐ
회전자；전기자
▶"电枢" diànshū
33 换向器 huànxiàngqì
정류자
▶"整流子" zhěngliúzǐ
34-38 交流电动机 jiāoliú diàndòngjī
교류 전동기；교류 모터
34 同步电动机 tóngbù diàndòngjī
동기 전동기；싱크로너스 모터
35 交流绕组 jiāoliú ràozǔ
3상 권선
36 激磁绕组 jīcí ràozǔ
계자 코일
37 异步电动机 yìbù diàndòngjī
유도 전동기；인덕션 모터
▶"感应电动机" gǎnyìng diàndòngjī
38 鼠笼式转子 shǔlóngshì zhuànzǐ
농형 회전자
39 空气压缩机 kōngqì yāsuōjī
공기 압축기
▶"空压机" kōngyājī
40-59 泵 bèng
펌프
40 往复泵 wǎngfùbèng
왕복 펌프
41 吸入阀 xīrùfá
흡입 밸브
42 排出阀 páichūfá
토출 밸브
43 泵缸 bènggāng
펌프의 실린더
44 活塞 huósāi
피스톤
45 齿轮泵 chǐlúnbèng
기어 펌프
46 主动齿轮 zhǔdòng chǐlún
능동 기어；원동차
47 从动齿轮 cóngdòng chǐlún
피동 기어；종동차
48 泵壳儿 bèngkér
펌프의 케이스；케이싱
49 螺杆泵 luógǎnbèng
스크루 펌프
50 主动螺杆 zhǔdòng luógǎn
능동 나사
51 从动螺杆 cóngdòng luógǎn
피동 나사
52 离心泵 líxīnbèng
원심 펌프
53 吸水口 xīshuǐkǒu
흡수구
54 出水口 chūshuǐkǒu
토출구▶"排水口" páishuǐkǒu
55 叶轮 yèlún
터빈
56 转轴 zhuànzhóu
회전축
▶"泵轴" bèngzhóu
57 轴流泵 zhóuliúbèng
축류 펌프
58 导流叶片 dǎoliú yèpiàn
안내 날개
59 潜水泵 qiánshuǐbèng
잠수 펌프

엔진·모터·펌프 95

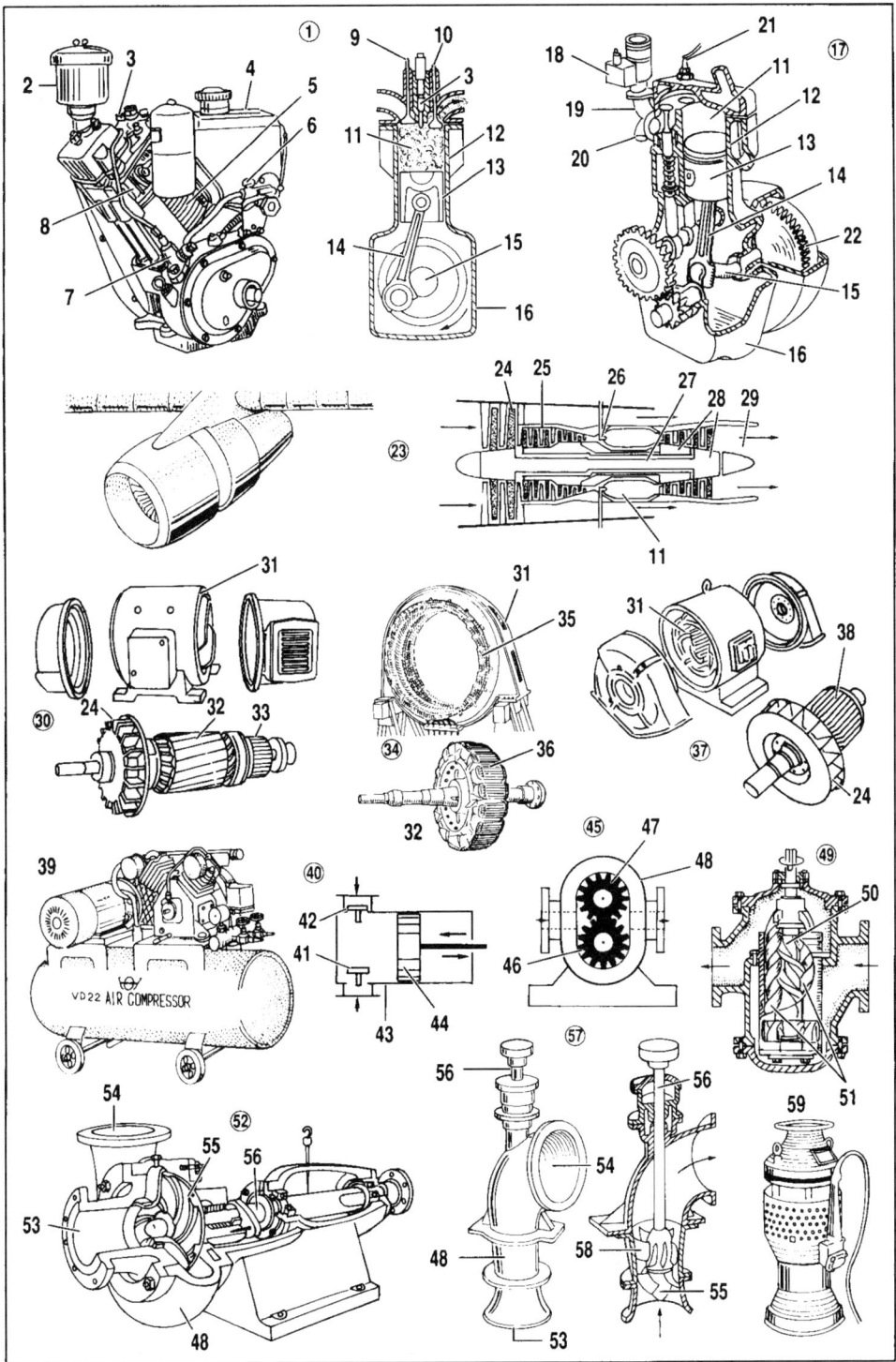

96 起重机 qǐzhòngjī · 输送机 shūsòngjī

1-28 起重机 qǐzhòngjī
기중기 ; 크레인

1-19 悬臂起重机 xuánbì qǐzhòngjī
팔 기중기 ; 지브 크레인

1 固定式悬臂起重机 gùdìngshì xuánbì qǐzhòngjī
고정 기중기 ; 벽 크레인

2 滑车组 huáchēzǔ
2중 활차
▶"滑轮组" huálúnzǔ

3 吊钩 diàogōu
고리 ; 훅

4 独立式悬臂起重机 dúlìshì xuánbì qǐzhòngjī
독립 기중기 ; 기둥 크레인

5 汽车起重机 qìchē qǐzhòngjī
차 기중기 ; 트럭 크레인

6 铁路起重机 tiělù qǐzhòngjī
철길 기중기 ; 레일 크레인

7 悬臂 xuánbì
팔 ; 지브 ▶"起重臂" qǐzhòngbì(기중기 팔)

8 吊具 diàojù
조구

9 门座起重机 ménzuò qǐzhòngjī
문 기중기 ; 인입 크레인
▶"门式起重机" ménshì qǐzhòngjī

10 塔式起重机 tǎshì qǐzhòngjī
탑 기중기 ; 타워 크레인

11 平衡臂 pínghéngbì
평행팔 ; 카운터 지브

12 驾驶室 jiàshǐshì
조종실 ; 운전실

13 塔身 tǎshēn
탑신 ; 타워

14 车轮 chēlún
주행 차바퀴

15 浮游起重机 fúyóu qǐzhòngjī
부동 크레인 ; 크레인선
▶"起重船" qǐzhòngchuán(기중기 배)

16 桅杆起重机 wéigān qǐzhòngjī
대말뚝 기중기 ; 데릭

17 吊杆柱 diàogānzhù
대말뚝 ; 데릭 포스트

18 吊货杆 diàohuògān
활동 팔

19 吊货索 diàohuòsuǒ
카고 폴

20 桥式起重机 qiáoshì qǐzhòngjī
다리 기중기 ; 천장 크레인

21 移动吊车 yídòng diàochē
크래브 ; 대차

22 钢轨 gānggui
궤조

23 龙门起重机 lóngmén qǐzhòngjī
용형 기중기 ; 포털 크레인 ; 갠트리 크레인

24 桥架 qiáojià
교보 ; 크레인 거더 ; 갠트리

25 支架 zhījià
교각 ; 지주

26 抓斗 zhuādǒu
그래브 버킷

27 集装箱起重机 jízhuāngxiāng qǐzhòngjī
컨테이너 크레인

28 缆索起重机 lǎnsuǒ qǐzhòngjī
케이블 크레인

29 手拉葫芦 shǒulā húlu
핸드 호이스트 ; 수동 호이스트

30 电动葫芦 diàndòng húlu
전동 호이스트

31 绞车 jiǎochē
윈치 ▶"卷扬机" juǎnyángjī

32 钢丝绳 gāngsīshéng
와이어로프

33 卷筒 juǎntǒng
윈치의 드럼

34-36 千斤顶 qiānjīndǐng
잭

34 螺旋千斤顶 luóxuán qiānjīndǐng
나사 잭 ; 스크루 잭

35 齿条千斤顶 chǐtiáo qiānjīndǐng
래크 잭

36 液压千斤顶 yèyā qiānjīndǐng
유압 잭

37-51 输送机 shūsòngjī
운반 기계 ; 컨베이어

37 带式输送机 dàishì shūsòngjī
벨트 컨베이어 ▶"皮带输送机" pídài shūsòngjī, "传送带" chuánsòngdài

38 输送带 shūsòngdài
컨베이어 벨트 ▶"传送带" chuánsòngdài

39 卷筒 juǎntǒng
벨트차 ; 벨트 풀리

40 托辊 tuōgǔn
중간차 ; 아이들러

41 电动机 diàndòngjī
전동기 ; 모터

42 链板输送机 liànbǎn shūsòngjī
슬랫 컨베이어

43 刮板输送机 guābǎn shūsòngjī
스크레이퍼 컨베이어

44 辊道 gǔndào
롤러 컨베이어

45 螺旋输送机 luóxuán shūsòngjī
스크루 컨베이어

46 螺旋叶片 luóxuán yèpiàn
나사 날개

47 悬挂式输送机 xuánguàshì shūsòngjī
트롤리 컨베이어

48 气力运输装置 qìlì yùnshū zhuāngzhì
공기 컨베이어

49 提升机 tíshēngjī
엘리베이터 ▶그림은 "斗式提升机" dǒushì tíshēngjī(버킷 엘리베이터)

50 料斗 liàodǒu
버킷

51 链条 liàntiáo
체인

52 叉车 chāchē
포크 리프트

53 叉子 chāzi
포크

54 门架 ménjià
마스트

크레인・컨베이어 96

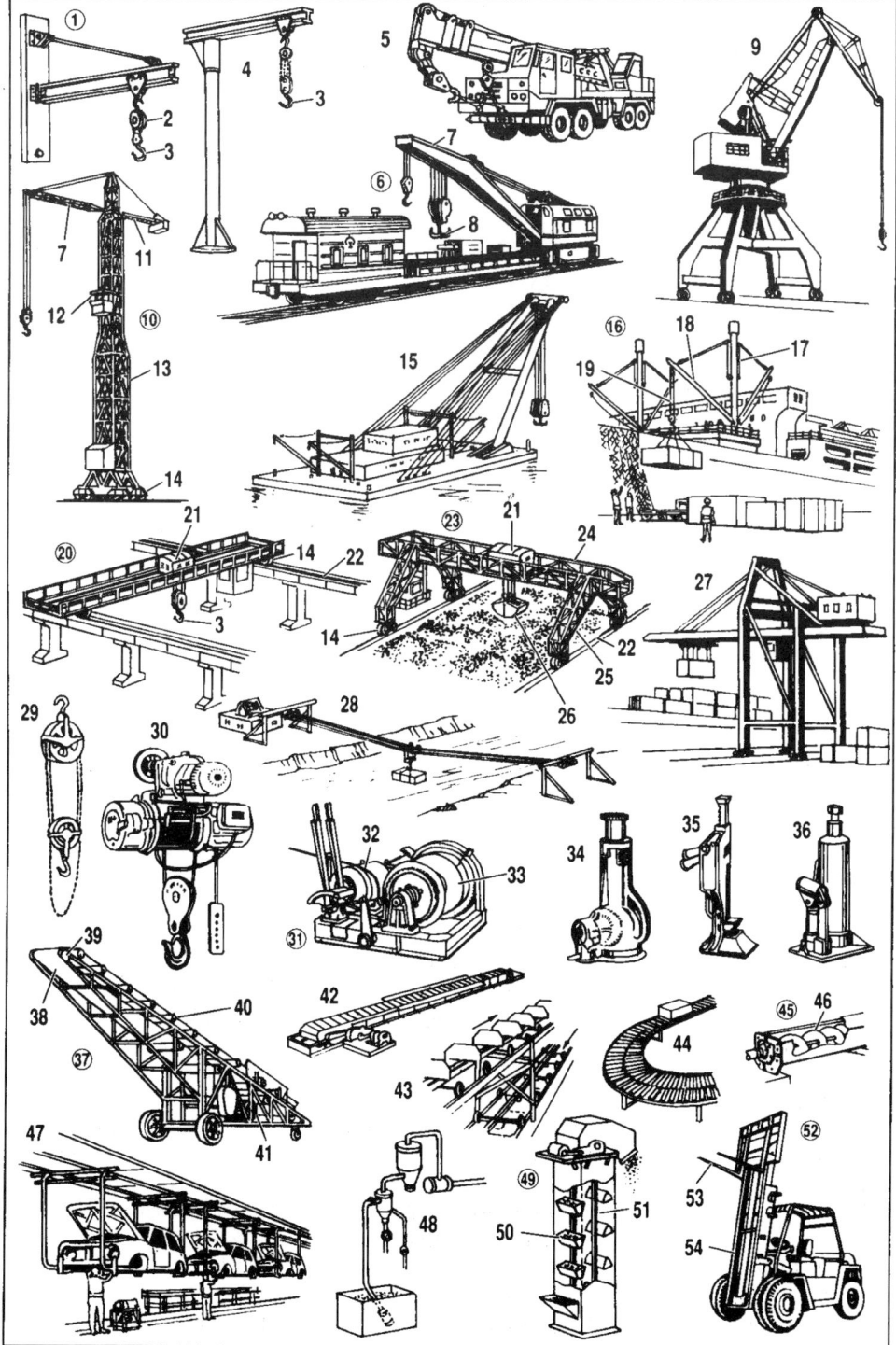

149

97 发电站 fādiànzhàn

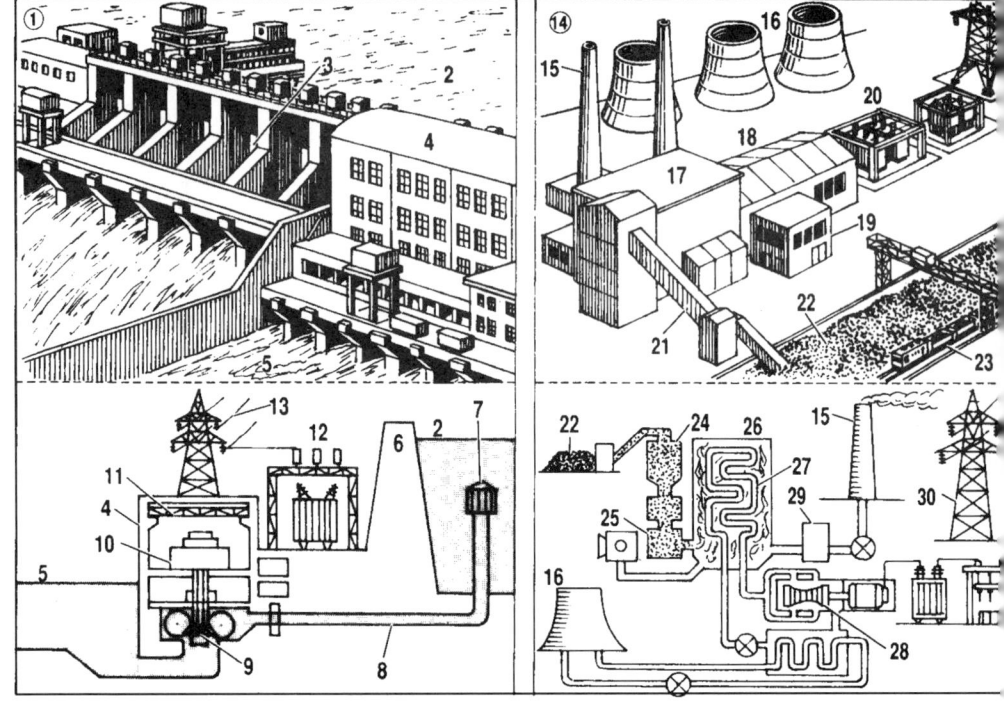

1 水电站 shuǐdiànzhàn
  수력 발전소
2 水库 shuǐkù
  저수지
3 水闸 shuǐzhá
  수문 ; 게이트
4 厂房 chǎngfáng
  발전소 건물
5 尾水渠 wěishuǐqú
  방수로
6 拦河坝 lánhébà
  댐
7 进水口 jìnshuǐkǒu
  취수구
8 压力水管 yālì shuǐguǎn
  수압 철관
9 水轮机 shuǐlúnjī
  수차 ; 수력 터빈
10 发电机 fādiànjī
  발전기
11 起重机 qǐzhòngjī
  기중기 ; 크레인
12 变压器 biànyāqì
  변압기
13 高压线 gāoyāxiàn
  고압선
14 火电站 huǒdiànzhàn
  화력 발전소
  ▶"火电厂" huǒdiànchǎng
15 烟筒 yāntong
  굴뚝
16 冷水塔 lěngshuǐtǎ
  냉각탑
17 锅炉房 guōlúfáng
  보일러실
18 汽轮机间 qìlúnjījiān
  증기 터빈실
19 主控室 zhǔkòngshì
  중앙 공제실 ; 컨트롤 룸
20 升压变电所 shēngyā biàn-
  diànsuǒ
  승압 변전소
21 煤栈桥 méizhànqiáo
  경사 벨트 컨베이어
22 煤场 méichǎng
  저탄장
23 铁路专用线 tiělù zhuān-
  yòngxiàn
  인입선 ; 철도 전용선
24 煤斗 méidǒu
  저탄 탱크
25 碎煤机 suìméijī
  석탄 분쇄기
26 锅炉 guōlú
  보일러
27 水管 shuǐguǎn
  보일러의 수관
28 汽轮机 qìlúnjī
  증기 터빈
29 除尘器 chúchénqì
  집진기
30 铁塔 tiětǎ
  고압선의 철탑
31 核电站 hédiànzhàn
  원자력 발전소▶"原子能发电
  站" yuánzǐnéng fādiànzhàn
32 安全壳 ānquánké
  원자로 외층
33 主泵 zhǔbèng
  능동 펌프
34 反应堆 fǎnyìngduī
  원자로

발전소 97

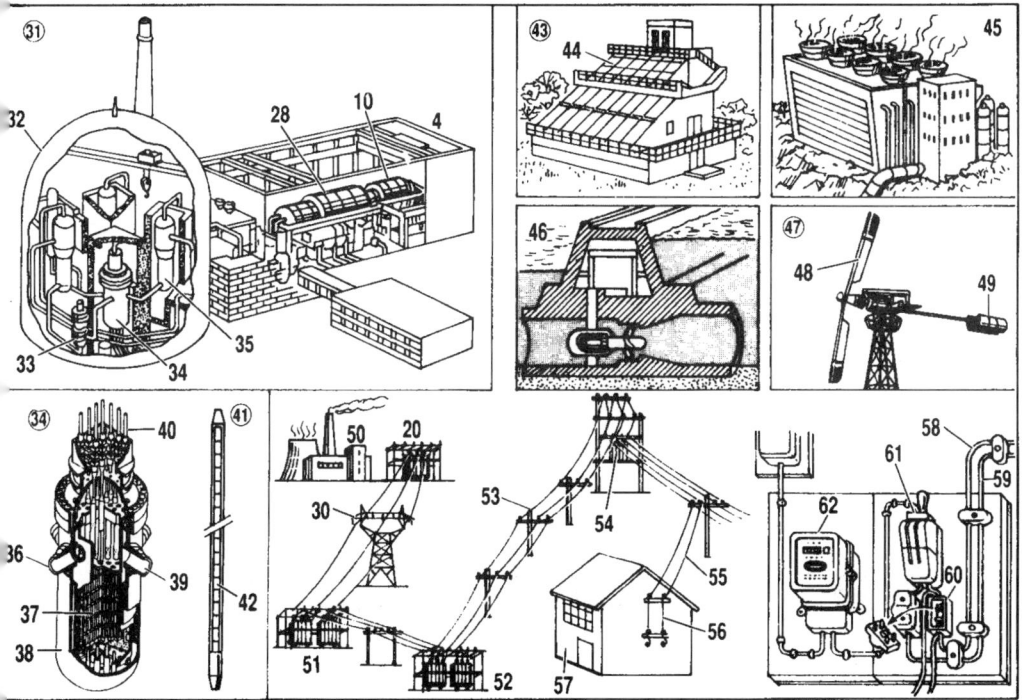

35 蒸气发生器 zhēngqì fā-
shēngqì
증기 발생기
36 冷却水出口 lěngquèshuǐ
chūkǒu
1차 냉각수 출구
37 堆芯 duīxīn
노심
38 压力容器 yālì róngqì
압력 용기
39 冷却水进口 lěngquèshuǐ
jìnkǒu
1차 냉각수 입구
40 控制棒 kòngzhìbàng
공제봉
41 燃料棒 ránliàobàng
연료봉
42 燃料芯块 ránliào xīnkuài
펠릿
43 太阳能发电站 tàiyángnéng
fādiànzhàn
태양열 발전소
44 太阳电池 tàiyáng diànchí
태양 전지

45 地热发电站 dìrè fādiànzhàn
지열 발전소
46 潮汐发电站 cháoxī fādiàn-
zhàn
조력 발전소
47 风力发电机 fēnglì fādiànjī
풍력 발전기
48 风车 fēngchē
풍차 ; 회전 날개
▶"风轮" fēnglún
49 风舵 fēngduò
풍차의 방향타
50-57 输电 shūdiàn
송전
50 发电站 fādiànzhàn
발전소
51 一次变电所 yīcì biàndiàn-
suǒ
1차 변전소
52 二次变电所 èrcì biàndiàn-
suǒ
2차 변전소
53 电线杆子 diànxiàn gānzi
전주

54 变台 biàntái
주상 변압기
55 接户线 jiēhùxiàn
인입선
56 进户线 jìnhùxiàn
옥외 배선
57 用户 yònghù
사용자 ; 소비자
58 火线 huǒxiàn
활선 ; 전원선
59 地线 dìxiàn
지선 ; 어스선
60 保险丝盒儿 bǎoxiǎnsī hér
휴즈 박스 ; 안전기
61 总开关 zǒngkāiguān
총 스위치
62 电度表 diàndùbiǎo
전기의 미터 ; 적산 전력계

151

98 工厂 gōngchǎng

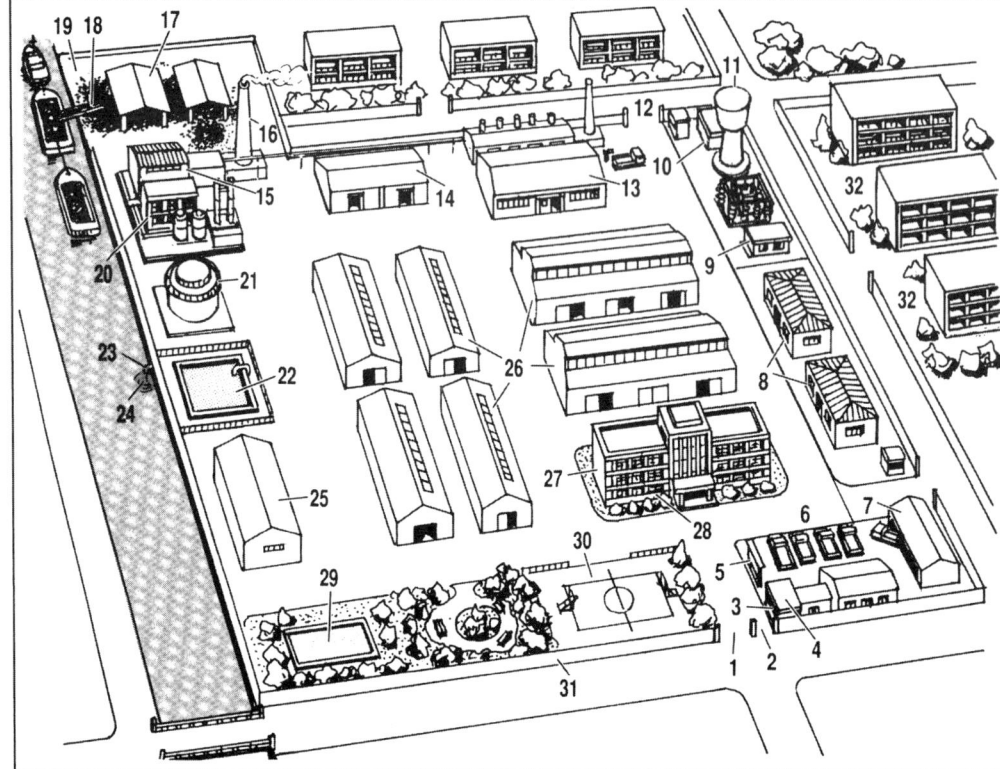

1 大门 dàmén
  대문 ; 정문

2 旁门 pángmén
  옆문 ; 통용문 ▶"旁门儿"
  pángménr라고도 한다.

3 传达室 chuándáshì
  접수실 ▶"收发室" shōufāshì
  라고도 한다.

4 门房 ménfáng
  수위실 ▶"门房儿" ménfángr
  라고도 한다.

5 宣传窗 xuānchuánchuāng
  선전물 게시판 ▶지붕과 유리
  문이 붙어 있다.

6 停车场 tíngchēchǎng
  주차장

7 车库 chēkù
  차고

8 职工宿舍 zhígōng sùshè
  직원 노동자 숙사

9 配电间 pèidiànjiān
  배전실

10 水泵房 shuǐbèngfáng
   양수 펌프실

11 水塔 shuǐtǎ
   급수탑

12 后门 hòumén
   뒷문 ; 후문 ▶"后门儿"
   hòuménr라고도 한다

13 职工食堂 zhígōng shítáng
   직원 노동자 식당

14 浴室 yùshì
   욕실 ; 샤워실

15 锅炉房 guōlúfáng
   보일러실

16 烟筒 yāntong
   굴뚝

17 煤棚 méipéng
   석탄창고

18 传送带 chuánsòngdài
   벨트 컨베이어 ⇒96-37

19 专用码头 zhuānyòng mǎ-
   tou
   전용 선착장

20 造气车间 zàoqì chējiān
   석탄 가스 제조장

21 煤气罐 méiqìguàn
   가스 탱크
   ▶"储气罐" chǔqìguàn

22 沉淀池 chéndiànchí
   침전지

23 排水管 páishuǐguǎn
   배수관

24 废水 fèishuǐ
   공장 폐수
   ▶"废液" fèiyè(공장 폐액)

25 仓库 cāngkù
   창고

26 厂房 chǎngfáng
   공장 건물

27 办公楼 bàngōnglóu
   사무동 ; 관리동

28 厂部 chǎngbù
   공장 본부

29 防火用水 fánghuǒ yòng-
   shuǐ

방화수
30 操场 cāochǎng
　　운동장
31 围墙 wéiqiáng
　　담장
32 家属宿舍 jiāshǔ sùshè
　　직원 주택; 사택
33 窗口 chuāngkǒu
　　접수 창구
34 传达员 chuándáyuán
　　접수계
35 电话机 diànhuàjī
　　전화기
36 会客登记单 huìkè dēngjì-
　　dān
　　면회자 등록 용지
37 登记 dēngjì
　　등록
38 工作证 gōngzuòzhèng
　　근무 증명서
39 告示牌 gàoshìpái
　　게시판
40 门柱 ménzhù
　　문기둥
41 厂名 chǎngmíng
　　공장명
42 车间 chējiān
　　공장의 단일 작업장 ▶그림은
　　식품 공장 내의 "面包车间"
　　miànbāo chējiān
　　(빵 제조 작업장)
43-46 生产线 shēngchǎnxiàn
　　생산 라인 ▶"生产流水线"
　　shēngchǎn liúshuǐxiàn
43 工人 gōngrén
　　노동자
44 包装 bāozhuāng
　　(제품의)포장
45 自动包装机 zìdòng bāo-
　　zhuāngjī
　　자동 포장기
46 成品 chéngpǐn
　　완성품; 제품
47 工厂医务室 gōngchǎng yī-
wùshì
　　공장 의무실
48 医务人员 yīwù rényuán
　　의료 인원
49 白色工作服 báisè gōng-
　　zuòfú
　　백의; 흰 가운 ▶"白大褂儿"
　　báidàguàr
50 医疗器材 yīliáo qìcái
　　의료 기재
51 防毒面具 fángdú miànjù
　　방독 마스크; 가스 마스크
52 药品 yàopǐn
　　약품
53 急救箱 jíjiùxiāng
　　구급 상자
54 经营管理委员会 jīngyíng
　　guǎnlǐ wěiyuánhuì
　　경영 관리 위원회
55 生产计划 shēngchǎn jìhuà
　　생산 계획

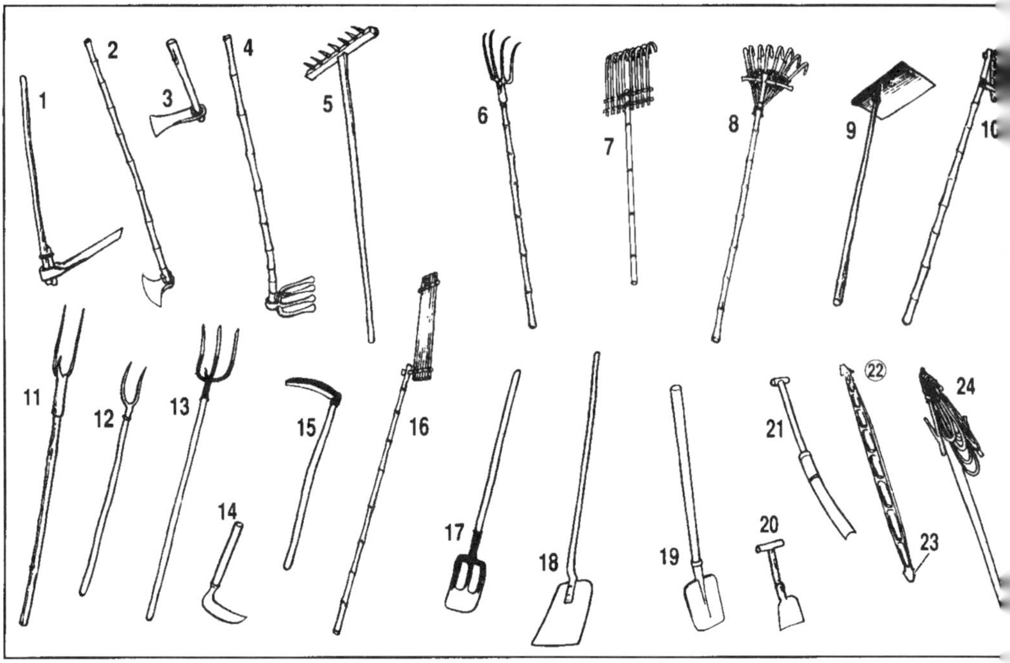

99 农具 nóngjù · 灌溉设备 guàngài shèbèi I

1-24 小农具 xiǎonóngjù
소형 농기구
1 镢头 juétou
괭이 ▶개간이나 뿌리를 자르는 데 사용한다.
2 锄 chú
긴 호미
3 手锄 shǒuchú
짧은 호미
4 铁搭 tiědā
쇠스랑
5-8 耙子 pázi
갈퀴; 쇠스랑; 써레; 갈구리 모양의 농구
5-6 铁耙 tiěpá
쇠갈퀴; 흙을 고르거나 풀을 긁는 데 쓴다.
▶ "钉耙" dīngpá
5 耧耙 lóupá
씨뿌리기용 레이크
6 晒草耙 shàicǎopá
여물 건조용 갈퀴
7 竹耙 zhúpá
대자루 갈퀴
8 筢子 pázi
갈퀴

9 耙㭫 bàbā
고무래
10 耥耙 tāngbà
논에 쓰는 써레
11 叉子 chāzi
차즈; 포크
12 二脚叉 èrjiǎochā
얼차즈; 두 날 포크
13 大铁叉 dàtiěchā
대형 포크
14 镰刀 liándāo
낫
15 大镰刀 dàliándāo
대형 낫; 새 낫 ▶ "钐镰" shànlián, "钐刀" shàndāo
16 连枷 liánjiā
도리깨
▶ 보리의 탈곡에 쓴다.
17 铁锨 tiěxiān
쇠 삽
18 扬木锨 yángmùxiān
가래 삽; 나무 삽; "扬场" yángcháng (탈곡한 곡물의 바람을 이용한 선별)에 쓴다 ☞ 103-35-36
19 铲子 chǎnzi
삽

20 小铲 xiǎochǎn
작은 삽
21 小锹 xiǎoqiāo
손 가래
22 扁担 biǎndan
멜대
23 绳耳 shéng'ěr
멜대 줄
24 担绳 dānshéng
멜빵
25-28 犁 lí
밭갈이 쟁기
25 木犁 mùlí
목제 쟁기
26 铁犁 tiělí
철제 쟁기
27 步犁 bùlí
보습 쟁기
28 犁壁 líbì
보습 날
29-30 耙 bà
써레; 해로
29 钉齿耙 dīngchǐbà
써레; 쇄토기
30 滚耙 gǔnbà

농기구·관개 시설 I 99

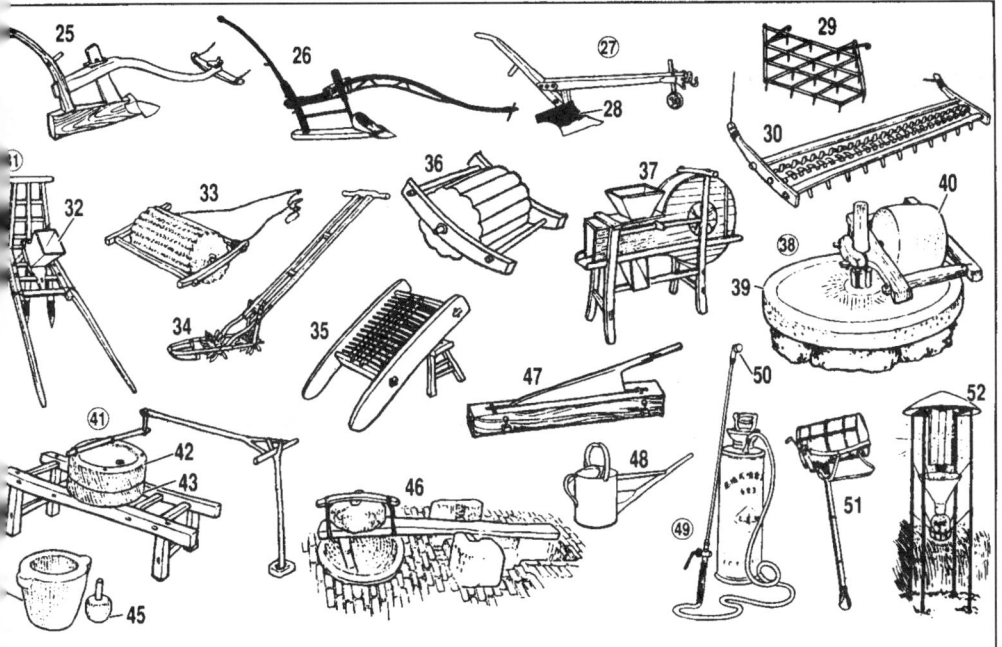

회전 써레
31 耧子 lóuzi
   망루; 파종용 농기구
32 耧斗 lóudǒu
   종자 깔대기
33 滚子 gǔnzi
   나무 롤러; 뿌린 씨앗을 덮는 데 쓴다
34 锄草器 chúcǎoqì
   제초기
35 稻床 dàochuáng
   탈곡기; 벼훑이
36 碌碡 lùzhóu
   돌 롤러; 돌로 만든 탈곡용 롤러
37 扇车 shànchē
   풍구
38 碾子 niǎnzi
   연자매 ▶"石碾子" shíniǎnzi
39 碾盘 niǎnpán
   연자매의 밑짝
40 碾滚子 niǎngǔnzi
   연자매의 롤러
   ▶"碾砣" niǎntuó
41 石磨 shímó
   사람 또는 가축이 돌리는

중형 맷돌
42 磨扇 móshàn
   맷돌의 위짝
43 磨盘 mópán
   맷돌의 밑짝
44 石臼 shíjiù
   돌절구
45 石杵 shíchǔ
   돌 절굿공이
46 舂米臼 chōngmǐjiù
   디딜방아
47 铡刀 zhádāo
   작두
48 浇水壶 jiāoshuǐhú
   물뿌리개
49 喷雾器 pēnwùqì
   분무기; 스프레이
50 喷嘴 pēnzuǐ
   노즐
51 喷粉器 pēnfěnqì
   산분기; 더스터 ▶그림은 "手摇喷粉器" shǒuyáo pēnfěnqì (핸드 더스터)
52 诱虫灯 yòuchóngdēng
   유아등; 벌레잡이 등

155

100 农具 nóngjù · 灌溉设备 guàngài shèbèi II

1 筛子 shāizi
  큰 체
2 糠筛子 kāngshāizi
  겨 체
3 棉花筛子 miánhua shāizi
  목화 체 ; 목화의 건조, 선별에 쓰는 체
4 簸箕 bǒji
  키 ▶곡물을 다듬질하는 도구. "扬箕" yángjī
5 泥箕 níjī
  흙키 ; 진흙 등을 운반하는 데 쓴다
6 粪箕 fènjī
  거름 키 ; 거름 등을 담는 그릇
7 粪铲 fènchǎn
  거름 삽 ; 거름 등을 떠내는 삽
8 畚箕 běnjī
  키 모양의 쓰레받기
9 挑土筐 tiāotǔkuāng
  운반 바구니
10 箩筐 luókuāng
  저장 바구니
11 淘箩 táoluó
  쌀임박 ; 쌀 이는 용기
12 车箩 chēluó
  차 운반 바구니 ; 손수레에 얹어 곡물 등을 운반하는 대형 바구니
13 粮囤 liángdùn
  곡물 저장 두리
14 罩篮 zhàolán
  대나무 운반 통
15 草篮 cǎolán
  여물 바구니
16 背篓 bèilǒu
  짐 바구니
17 笆斗 bādǒu
  둥근 곡물 바구니
18 水桶 shuǐtǒng
  물통
19 浇水篓 jiāoshuǐlǒu
  물을 뿌림 소쿠리
20 粪桶 fèntǒng
  거름통
21 粪勺 fènsháo
  거름 바가지
22-48 灌溉设备 guàngài shèbèi
  관개 설비
22-30 水井 shuǐjǐng
  우물
22 井口 jǐngkǒu
  우물 입
23 井台 jǐngtái
  우물 둔덕
24 井绳 jǐngshéng
  두레박줄
  ▶"吊桶绳" diàotǒngshéng

농기구 · 관개 시설 II

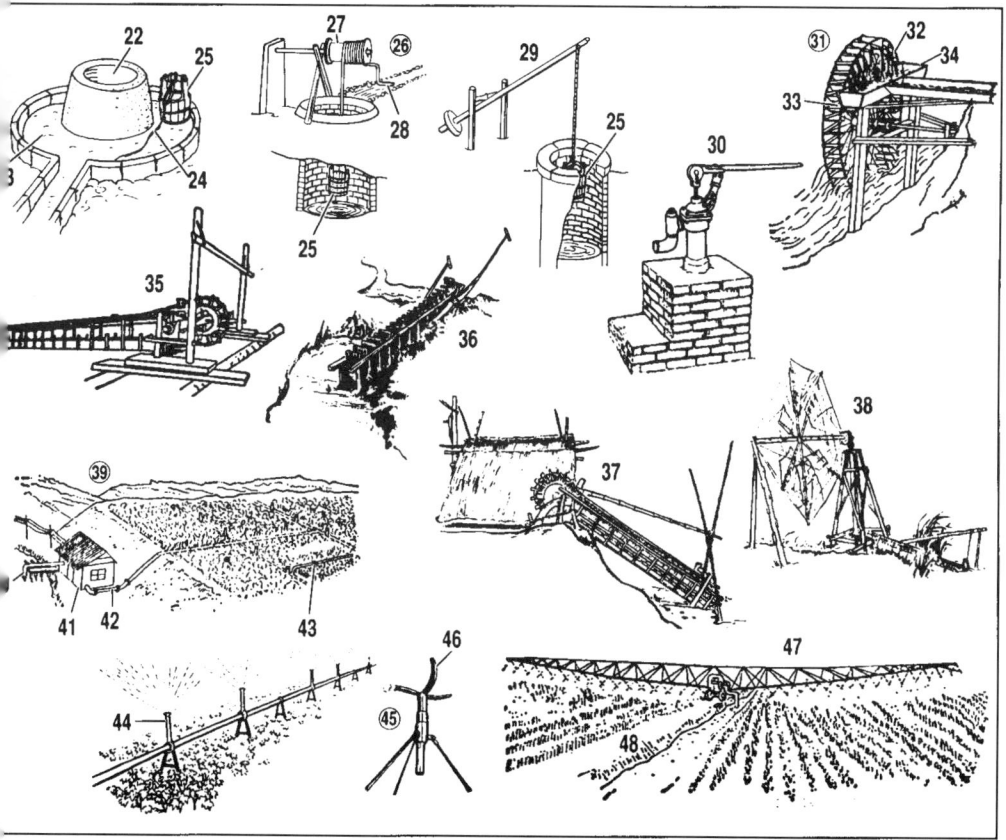

25 吊桶 diàotǒng
  두레박
26 辘轳 lùlú
  고패
27 木辊轴 mùgǔnzhóu
  두레박줄 축
28 把手 bǎshou
  핸들
29 桔槔 jiégāo
  방아두레박
30 手摇水泵 shǒuyáo shuǐbèng
  수동 펌프
31-37 水车 shuǐchē
  수차
31 筒车 tǒngchē
  양수용 수차
32 大转轮 dàzhuànlún
  수차 바퀴
33 汲水筒 jíshuǐtǒng
  무자위; 물을 끄는 통
34 水槽 shuǐcáo
  물을 받는 통
35 龙骨水车 lónggǔ shuǐchē
  용골수차
  ▶"龙骨车" lónggǔchē
36 手摇水车 shǒuyáo shuǐchē
  수동 양수기
37 电力水车 diànlì shuǐchē
  전동 수차
38 风车 fēngchē
  풍차
39-47 喷灌设备 pēnguàn shèbèi
  분무식 관개 설비
39 固定式喷灌设备 gùdìngshì
  pēnguàn shèbèi
  고정 살수 장치
40 进水管 jìnshuǐguǎn
  취수관
41 泵站 bèngzhàn
  펌프 스테이션
42 输水管 shūshuǐguǎn
  송수관
43 喷管 pēnguǎn
  살수관
44 喷头 pēntóu
  스프링클러
45 反冲式喷头 fǎnchōngshì
  pēntóu
  반동식 스프링클러
46 喷嘴 pēnzuǐ
  노즐
47 桁架式喷灌设备 héngjiàshì
  pēnguàn shèbèi
  가반식 살수 장치 ▶"平移式喷
  灌机" píngyíshì pēnguànjī
48 渠道 qúdào
  용수로

157

农业机械 nóngyè jīxiè

1-4 拖拉机 tuōlājī
트랙터
1 轮式拖拉机 lúnshì tuōlājī
차륜식 트랙터
2 履带式拖拉机 lǚdàishì tuōlājī
캐터필러식 트랙터
3 手扶拖拉机 shǒufú tuōlājī
핸드 트랙터
4 船形拖拉机 chuánxíng tuōlājī
선형 트랙터
▶"机耕船" jīgēngchuán
5 推土机 tuītǔjī
불도저
6 松土机 sōngtǔjī
경운기
7 开沟机 kāigōujī
도랑 파는 기계
8 深耕犁 shēngēnglí
밭을 깊이 가는 쟁기
9 浅耕犁 qiǎngēnglí
밭을 얕게 가는 쟁기
▶"灭茬犁" mièchálí
10-12 耙 bà
써레기 ; 해로(harrow)
10 钉齿耙 dīngchǐbà
스파이크 해로 ; 쇄토기
11 圆盘耙 yuánpánbà
디스크 해로 ; 원반식 써레
12 星齿耙 xīngchǐbà
스타 해로 ▶"水田耙" shuǐtiánbà(수전용 해로)
13-14 播种机 bōzhǒngjī
파종기
13 棉花条播机 miánhua tiáobōjī
면화 조파기
14 谷物条播机 gǔwù tiáobōjī
곡류 조파기
15 镇压器 zhènyāqì
진압기 ▶씨를 뿌린 다음 흙을 평평하게 다지는 기구
16 水稻插秧机 shuǐdào chāyāngjī
이앙기
17 氨水条施机 ānshuǐ tiáoshījī
암모니아 주입기 ; 이랑 사이에 도랑을 파고 거기에 암모니아를 주입하는 기계
18 中耕施肥机 zhōnggēng shīféijī
중경 시비기
19 中耕除草机 zhōnggēng chúcǎojī
중경 제초기
20 水田除草器 shuǐtián chúcǎoqì
수전용 제초기
21 轻便耘锄 qīngbiàn yúnchú

농업 기계 101

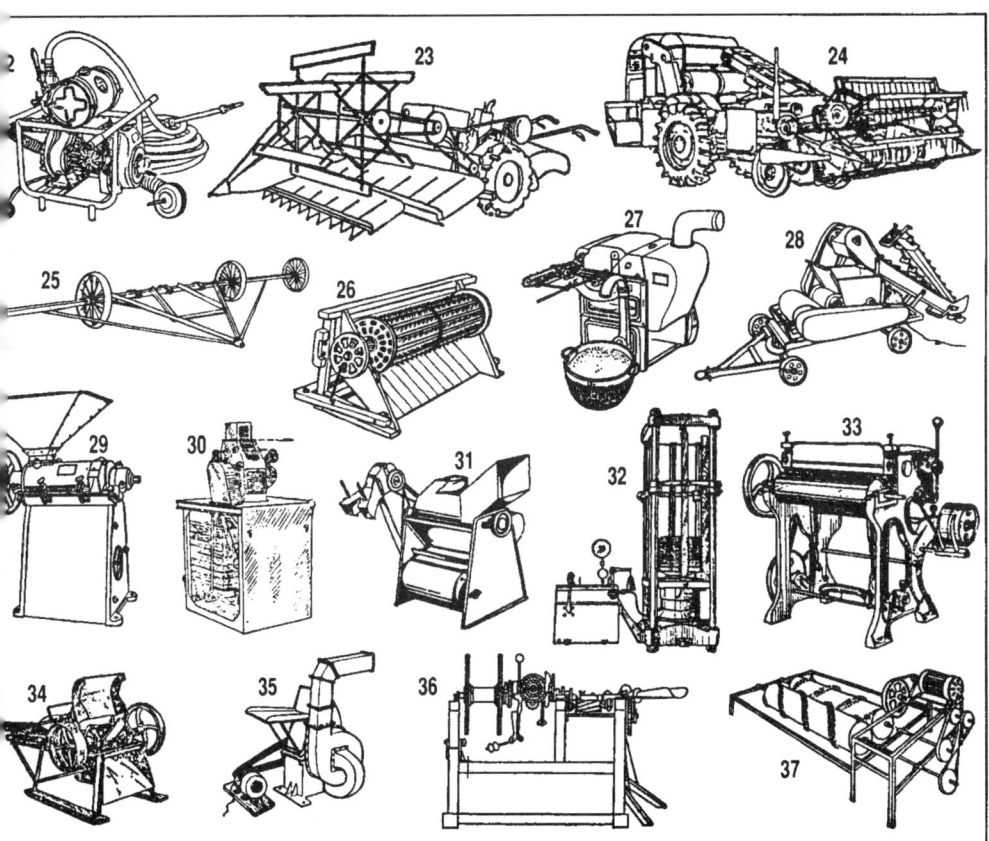

간이 중경용 가래
22 机力喷雾机 jīlì pēnwùjī
   동력 분무기
23 收割机 shōugējī
   바인더 ; 수확기
24 联合收割机 liánhé shōugējī
   콤바인
25 连接器 liánjiēqì
   커넥터 ▶트랙터와 각종 견인
   식 작업 기계를 접속하는 기
   계 ; 접속기
26-27 脱粒机 tuōlìjī
   탈곡기 ▶"脱谷机" tuōgǔjī
26 水稻脱粒机 shuǐdào tuōlìjī
   벼 탈곡기
27 电动脱粒机 diàndòng tuōlìjī
   전동 탈곡기
28 扬场机 yángchángjī
   풍선기
   ▶"风选机" fēngxuǎnjī

29 碾米机 niǎnmǐjī
   정미기
30 磨粉机 mófěnjī
   전동 제분기
31 玉米剥皮机 yùmǐ bāopíjī
   옥수수 껍질 벗기는 기계
32 榨油机 zhàyóujī
   착유기
33 轧花机 yàhuājī
   코튼 진(cotton gin)▶조면기
   의 일종으로, 면 섬유에서
   씨를 분리하는 기계
34 铡草机 zhácǎojī
   작두 ; 풀을 써는 기계
35 饲料粉碎机 sìliào fěnsuìjī
   사료 분쇄기 ; 크러셔
36 草绳机 cǎoshéngjī
   새끼줄 꼬는 기계
37 电动洗膜机 diàndòng xǐ-
   mójī

전동식 비닐 시트 세척기

159

102 农业 nóngyè I

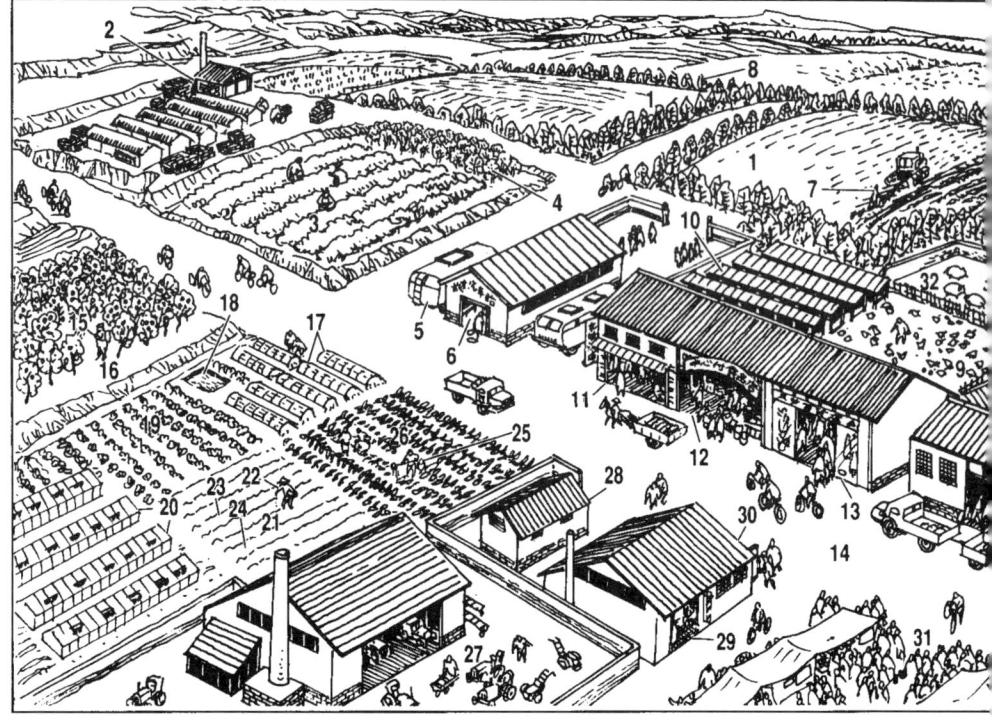

1 农田 nóngtián
  밭; 농지 ▶"庄稼地" zhuangjiadì
2 砖窑 zhuānyáo
  벽돌 가마; 벽돌 공장
3 茶园 cháyuán
  차나무 밭
4 桑园 sāngyuán
  뽕나무 밭
5 长途汽车 chángtú qìchē
  장거리 버스
6 长途汽车站 chángtú qìchē-zhàn
  장거리 버스 터미널
7 耕种 gēngzhòng
  경작
8 防风林 fángfēnglín
  방풍림
9 养鸡场 yǎngjīchǎng
  양계장 ▶"鸡场" jīchǎng
10 鸡棚 jīpéng
  닭장
11 饭馆儿 fànguǎnr
  식당; 요리집
12 副食店 fùshídiàn
  부식품점
13 百货店 bǎihuòdiàn
  마켓; 백화점
14 公路 gōnglù
  공로
15 果园 guǒyuán
  과수원
16 灭虫 mièchóng
  해충 잡이
17 塑料棚 sùliàopéng
  비닐 하우스 ▶"暖棚" nuǎnpéng
18 粪坑 fènkēng
  거름통
19 菜地 càidì
  야채밭
20 温室 wēnshì
  온실
21 播种 bōzhǒng
  파종
22 农民 nóngmín
  농민; 농사군 ▶"庄稼人" zhuāngjiarén
23 垄 lǒng
  밭이랑
24 垄沟 lǒnggōu
  밭고랑
25 施肥 shīféi
  시비
26 包产到户 bāochǎn dàohù
  도거리; 생산계약제
27 农机站 nóngjīzhàn
  농기계장; 트랙터장 ▶"拖拉机站" tuōlājīzhàn
28 公共厕所 gōnggòng cèsuǒ
  공중변소 ▶"公厕" gōngcè
29 理发店 lǐfàdiàn
  이발소
30 储蓄所 chǔxùsuǒ
  은행 저축소
31 集市 jíshì
  (농촌의)정기 시장; 장터
32 养猪场 yǎngzhūchǎng
  양돈장 ▶"猪场" zhūchǎng
33 猪圈 zhūquàn
  돼지 우리
34 马场 mǎchǎng

160

농업 I 102

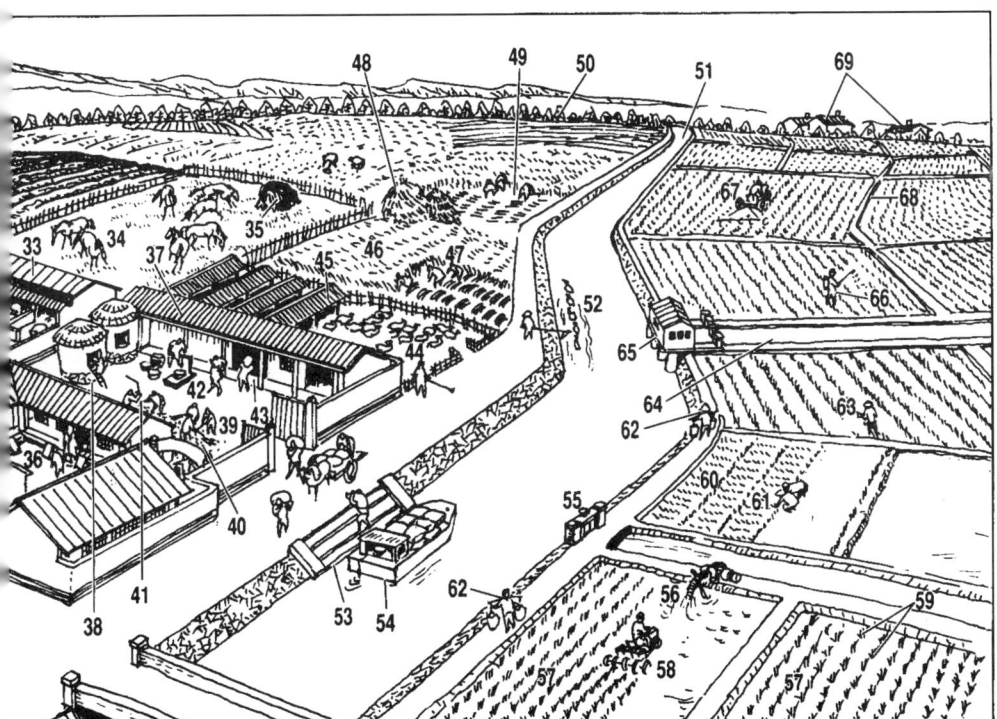

	말의 사육장		집오리 우리	58	插秧 chāyāng
35	厩肥 jiùféi	46	麦地 màidì		모내기 ; 이앙
	가축 두엄		보리밭	59	稻秧 dàoyāng
36	乡政府 xiāngzhèngfǔ	47	麦收 màishōu		벼포기
	면사무소		보리 수확	60	秧田 yāngtián
37-43	粮站 liángzhàn	48	麦垛 màiduò		못자리 ; 모판
	식량 관리 센터		보리짚 가리	61	拔秧 báyāng
37	粮仓 liángcāng	49	拾麦穗 shí màisuì		모뜨기
	식량 창고		보리 이삭줍기	62	送水 sòngshuǐ
38	贮藏 zhùcáng	50	林荫道 línyīndào		물대기
	저장		가로수길	63	锄草 chúcǎo
39	场院 chángyuàn	51	干线渠道 gànxiàn qúdào		제초 ; 풀베기
	탈곡장 ☞40-25		간선 수로 ▶"干渠" gànqú	64	渠道 qúdào
40	晒场 shàicháng	52	放鸭子 fàng yāzǐ		용수로
	건조장		집오리 방사	65	机灌站 jīguànzhàn
41	打场 dǎcháng	53	码头 mǎtou		양수장
	탈곡		선착장		▶"电灌站" diànguànzhàn
42	过磅 guòbàng	54	水泥船 shuǐníchuán	66	喷粉 pēnfěn
	무게 달기		콘크리트 배		농약 살포
43	交公粮 jiāo gōngliáng	55	水闸 shuǐzhá	67	中耕 zhōnggēng
	곡물 납세		수문		중경 ; 사이갈이
44	养鸭场 yǎngyāchǎng	56	浇水 jiāoshuǐ	68	田间小道 tiánjiān xiǎodào
	집오리 양식장		물뿌리기		논두렁길
	▶"鸭场" yāchǎng	57	水田 shuǐtián	69	农民房子 nóngmín fángzi
45	鸭棚 yāpéng		수전 ; 논		농가

161

103 农业 nóngyè II

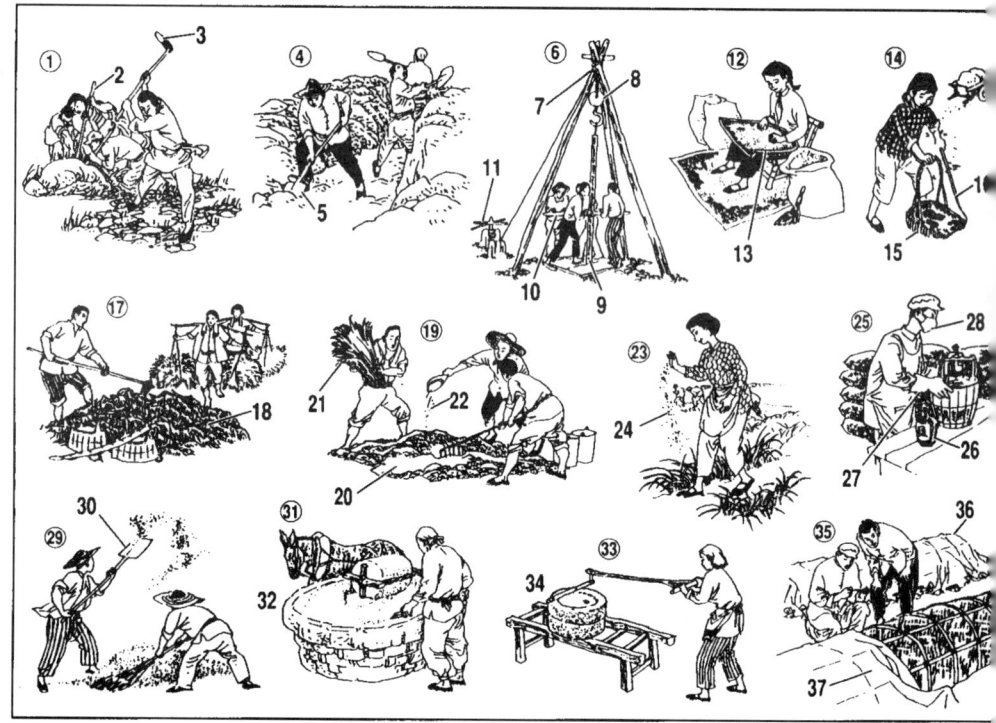

1-66 农活儿 nónghuór 농사일 ; 들일 ▶"农家活儿" nóngjiā huór	11 人工绞车 réngōng jiǎochē 인공 윈치	23 撒化肥 sǎhuàféi 화학 비료의 살포
1 开垦 kāikěn 개간 ; 개척	12 选种 xuǎnzhǒng 선종(選種)	24 化学肥料 huàxué féiliào 화학 비료 ▶"化肥" huàféi
2 撬杠 qiàogàng 쇠지렛대 ▶"撬棍" qiàogùn	13 簸箕 bòji 키 ▶"扬箕" yángjī	25 配农药 pèinóngyào 농약의 조제
3 镢头 juétou 괭이	14 拾粪 shífèn 거름 줍기	26 农药 nóngyào 농약
4 修渠 xiūqú 수로 건설	15 粪箕 fènjī 거름 키	27 塑料手套 sùliào shǒutào 비닐 장갑
5 铁锹 tiěqiāo 쇠 삽	16 粪铲 fènchǎn 거름 줍기 삽	28 口罩儿 kǒuzhàor 마스크
6 打井 dǎjǐng 우물 파기 ▶"挖井" wājǐng	17 积肥 jīféi 적비 ; 두엄 만들기	29 扬场 yángcháng 가래질 ; 풍선(風選) ▶바람으로 곡물의 껍질을 날려서 선별하는 것
7 井架 jǐngjià 우물확 ; 우물의 두레박을 매다는 틀	18 堆肥 duīféi 퇴비	30 扬木锨 yángmùxiān 가래 삽
8 顶滑轮 dǐnghuálún 꼭대기 활차	19 沤肥 òuféi 퇴비 만들기	31 碾米 niǎnmǐ 정미
9 钻杆 zuàngǎn 드릴 로드	20 河泥 hění 하천 바닥의 진흙	32 碾子 niǎnzi 연자매 ; 성매 ▶가축을 써서 롤러를 굴리는 대형 돌절구 ▶"石碾子" shíniǎnzi
10 杠杆 gànggǎn 지렛대	21 青草 qīngcǎo 풀 ; 청초	
	22 粪尿 fènniào 분뇨	

농업 II 103

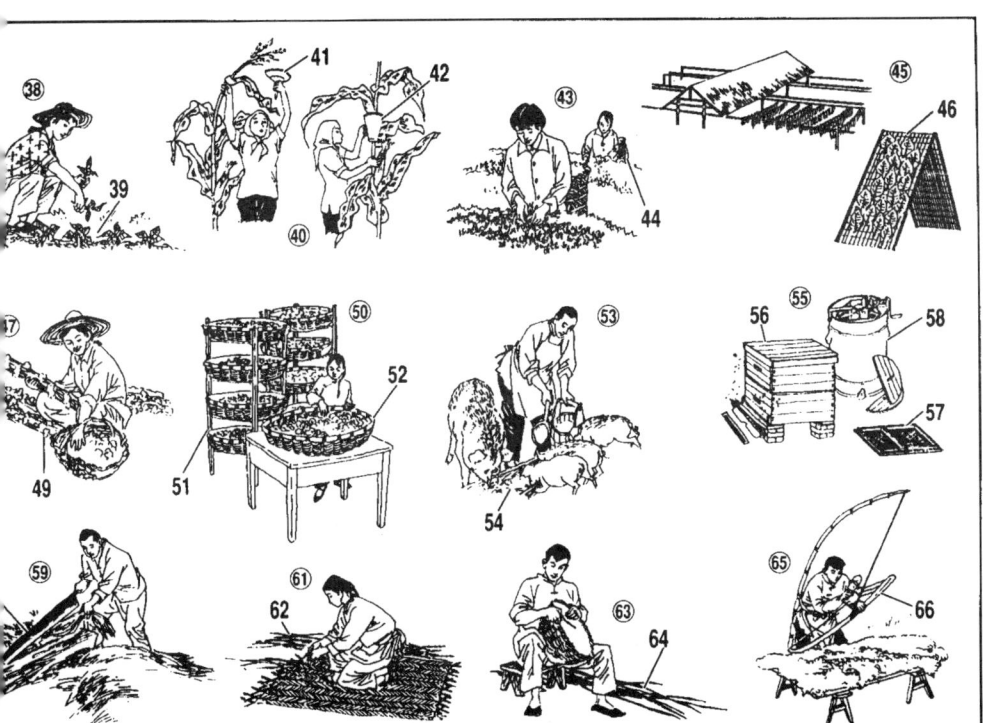

33 磨面 mómiàn
   제분
34 石磨 shímò
   맷돌
35 育秧 yùyāng
   육묘 ▶"育苗" yùmiáo
36 秧棚 yāngpéng
   육묘용 비닐 하우스
37 塑料薄膜 sùliào bómó
   비닐 막 ; 비닐 시트
38 间苗 jiànmiáo
   모 솎기
39 苗床 miáochuáng
   모판 ; 못자리
40 人工授粉 réngōng shòufěn
   인공 수분
41 采粉器 cǎifěnqì
   채분기
42 授粉器 shòufěnqì
   수분기
43 采茶 cǎichá
   찻잎 따기
44 茶筐 chákuāng
   찻잎 바구니

45 晒烟叶 shài yānyè
   담배 건조
46 烟折 yānzhé
   건조용 접이 선반
47 栽培木耳 zāipéi mù'ěr
   목이버섯의 재배
48 段木 duànmù
   원목
49 枝条菌种 zhītiáo jūnzhǒng
   나뭇가지 곰팡이
50 养蚕 yǎngcán
   양잠 ; 누에치기
51 蚕架 cánjià
   누에 선반
52 蚕箪 cándān
   누에치기 바구니
53 喂猪 wèizhū
   양돈 ; 돼지치기
54 猪食槽 zhūshícáo
   돼지구이
55 养蜂 yǎngfēng
   양봉
56 蜂箱 fēngxiāng
   벌통

57 巢框 cháokuàng
   벌섶 ; 일벌이 벌집을 만들게
   끔 벌통에 놓아두는 틀
58 分蜜机 fēnmìjī
   벌꿀 분리기
59 铡草 zhácǎo
   여물 썰기
60 铡刀 zhádāo
   작두
61 织席 zhīxí
   돗자리 짜기
62 苇眉子 wěiméizi
   갈대 줄기
63 编筐 biānkuāng
   광주리 결기
64 柳条 liǔtiáo
   버들가지
65 弹棉花 tánmiánhua
   솜타기 ▶"弹花" tánhuā
66 弹花弓 tánhuāgōng
   솜채 ; 솜 타는 기구 ; 무명활

163

104 畜牧业 xùmùyè

1 牧场 mùchǎng
목장 ▶"牧地" mùdì

2 草库伦 cǎokùlún
울타리 안의 목초지

3 围墙 wéiqiáng
울타리

4 牧放 mùfàng
방목

5 草地 cǎodì
초지 ; 목초지

6 牧人 mùrén
목축민

7 羊群 yángqún
양떼

8 牧草 mùcǎo
목초

9 羊倌儿 yángguānr
양치기

10 羊铲 yángchǎn
양치기 삽

11 牧犬 mùquǎn
목양견 ; 목장에서 양을 보호
·유도하도록 훈련된 개

12 绵羊 miányáng
면양

13 羊羔儿 yánggāor
새끼양

14 山羊 shānyáng
산양 ; 염소

15 羊圈 yángquàn
양 우리 ▶"羊栏" yánglán

16-20 剪毛 jiǎnmáo
양털 깎이

16 汽油发动机 qìyóu fādòngjī
가솔린 기관

17 三脚架 sānjiǎojià
3각틀

18 羊毛 yángmáo
양털 ; 양모

19 电推子 diàntuīzi
전기 털깎이
▶"电剪" diànjiǎn

20 弹簧羊毛剪 tánhuáng yángmáojiǎn
용수철 털깎이

21 羊毛搔 yángmáosāo
양털 빗

22 马棚 mǎpéng
마굿간

23 马槽 mǎcáo
구유 ; 여물통

24 马 mǎ
말

25 草叉 cǎochā
건초용 포크

26 苫刀 shāndāo
대형 낫 ; 새 낫
▶"钐镰" shànlián ☞99-15

27 水槽 shuǐcáo
물구유 ; 수조 ; 가축에 물을
주기 위한 그릇

28 六柱栏 liùzhùlán
고정(固定) 장치 ; 말이나 소
등의 몸을 고정하는 장치

29 兽医 shòuyī
수의

30 马鞭子 mǎbiānzi
말채찍

31 套马杆子 tàomǎ gānzi
말 올가미 ; 긴 자루 올가미

32 马鞍子 mǎ'ānzi
말안장

33 马镫 mǎdēng
(마구의)등자

34 缰绳 jiāngsheng
(말)고삐

35 马嚼子 mǎjiáozi
재갈

36 马蹄铁 mǎtítiě
말의 편자 ; 말 철신
▶"马掌" mǎzhǎng

37 奶牛场 nǎiniúchǎng
젖소 사육장

38 牛棚 niúpéng
우사 ; 외양간

39 栅栏 zhàlan
울타리 ; 울짱

40 挤奶 jǐnǎi
착유 ; 젖짜기

41 奶牛 nǎiniú
젖소

42 挤奶机 jǐnǎijī
착유기

43 奶桶 nǎitǒng
우유통

목축업 104

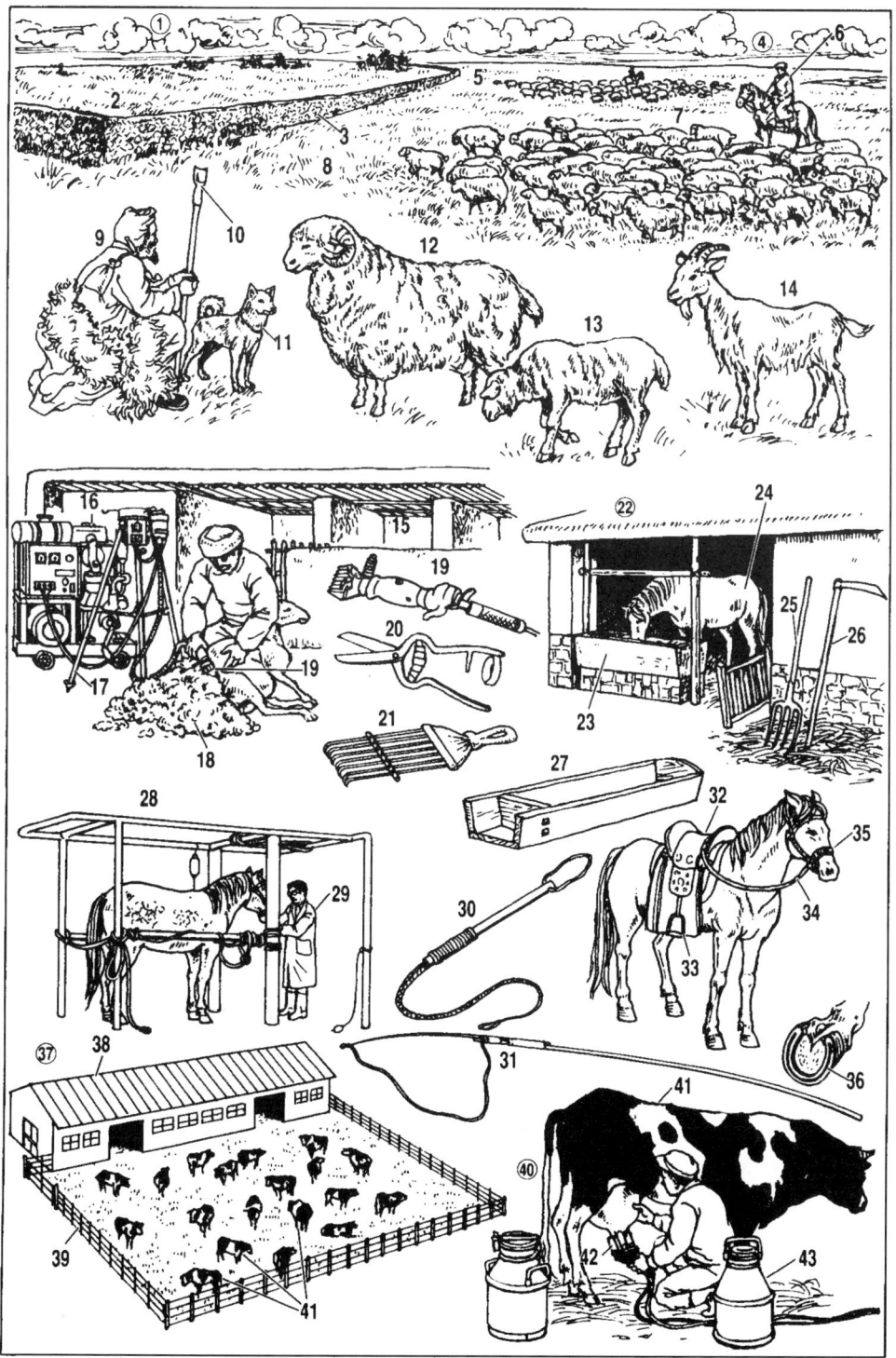

105　渔业 yúyè I

1 鱼港 yúgǎng
　어항
2 渔船 yúchuán
　어선
3 渔民 yúmín
　어민 ▶"渔夫" yúfū
4 码头 mǎtou
　선착장
5 带缆桩 dàilǎnzhuāng
　계선주
6 鱼箱 yúxiāng
　생선 상자
7 磅秤 bàngchèng
　대칭;앉은뱅이 저울
8 卡车 kǎchē
　트럭
9 桅杆 wéigān
　돛대;마스트
10 帆篷 fānpéng
　돛 ▶"船帆" chuánfān
11 锚 máo
　닻
12 机帆渔船 jīfān yúchuán
　기범 어선
13 桅灯 wéidēng
　항행등;돛대 위에 달려 있
　는 등불
14 驾驶室 jiàshǐshì
　조종실;조타실
15 机舱 jīcāng
　기관실
16 捕鲸船 bǔjīngchuán
　포경선
17 捕鲸炮 bǔjīngpào
　포경포 ▶"炮" pào
18 炮手 pàoshǒu
　포수
19 拖网渔船 tuōwǎng yú-
　chuán
　트롤선
20 雷达桅杆 léidá wéigān
　레이더 마스트
21 吊杆 diàogān
　데릭 기중기
22 二号桅 èrhàowéi
　2호 돛대
23 三号桅 sānhàowéi
　3호 돛대
24 卸鱼舱盖 xièyúcānggài
　피시 해치의 커버
25 艉龙门架 wěilóngménjià
　갠트리(gentry)
26 滑道 huádào
　슬립 웨이
27 网具舱 wǎngjùcāng
　어망창;어구 창고
28 渔捞用绞车和绞盘 yúlāo-
　yòng jiǎochē hé jiǎopán
　어로용 윈치 겸 캡스턴
29 渔捞甲板 yúlāo jiǎbǎn
　어로 갑판
30 燃油舱 rányóucāng
　연료 탱크
31 拖网绞网机　tuōwǎng
　jiǎowǎngjī
　트롤 윈치
32 鱼舱 yúcāng
　어창
33 船员室 chuányuánshì
　승무원실
34-63 鱼法 yúfǎ
　어법
34-46 鱼网 yúwǎng
　어망
34 大拉网 dàlāwǎng
　후릿그물
35 网绳 wǎngshéng
　어망에 쓰는 로프
　▶"网索" wǎngsuǒ
36 围网 wéiwǎng
　위망;포위그물
37 浮子 fúzi
　부표;어망 위 끝에 띄우는
　·부표
38 围网船 wéiwǎngchuán
　위망 어선
39 拖网 tuōwǎng
　트롤망;저인망
40 网板 wǎngbǎn
　오터 보드
41 刺网 cìwǎng
　자망;걸그물 ▶그림은 그 일
　종인 "流刺网" liúcìwǎng
42 浮标 fúbiāo
　부표;부이
43 网衣 wǎngyī
　그물 변두리 천
44 网目 wǎngmù
　그물눈;그물코
　▶"网眼" wǎngyǎn
45 沉子 chénzi
　어망에 다는 추
46 大折网 dàzhéwǎng
　정치망
47 延绳钓 yánshéngdiào
　연승 어업
48 延绳 yánshéng
　주낙
49 干线 gànxiàn
　낚시의 본줄
50 支线 zhīxiàn
　낚시의 가지줄
51 钓钩 diàogōu
　낚시바늘
52 海洋竿钓 hǎiyáng gāndiào
　대낚시
53 竿钓船 gāndiàochuán
　대낚시 어선
54 自动竿钓机 zìdòng gān-
　diàojī
　자동 대낚시기
55 钓鱼平台 diàoyú píngtái
　조어대;조어 테라스
56 钓手 diàoshǒu
　낚시꾼
57 钓竿 diàogān
　낚싯대 ▶"钓竿儿" diàogānr
　☞106-19-21
58 拖毛钓 tuōmáodiào
　트롤링
59 毛钩 máogōu
　제물낚시;루어
60 潜水姑娘 qiánshuǐ gūniang
　해녀
61 潜水镜 qiánshuǐjìng
　잠수 안경
62 潜水衣 qiánshuǐyī
　잠수복;웨트 슈트
63 鸭蹼 yāpǔ
　물갈퀴

어업 I 105

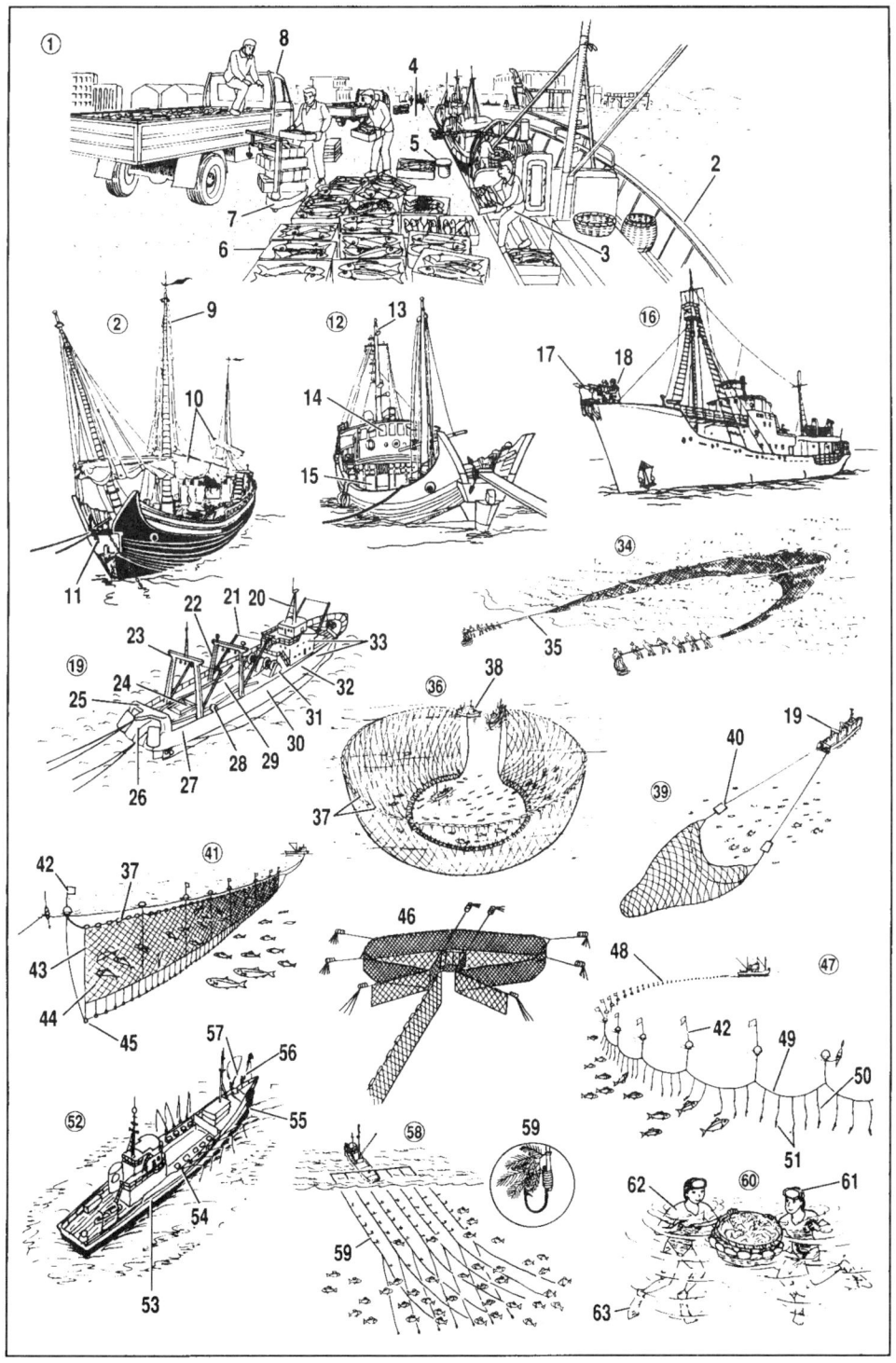

106 渔业 yúyè II

1-18 淡水渔业 dànshuǐ yúyè
  담수 어업
1 拉网 lāwǎng
  그물 당기기
2 小船 xiǎochuán
  작은 배
3 渔民 yúmín
  어민 ▶"渔夫" yúfū
4 橹 lǔ
  노
5 用鸬鹚捕鱼 yòng lúcí bǔyú
  가마우지를 훈련시켜 물고기를 잡는 일
6 鸬鹚 lúcí
  가마우지 ▶"鱼鹰" yúyīng
7 用鸬鹚捕鱼的渔夫 yòng lúcí bǔyú de yúfū
  가마우지를 다루는 어민
8 桨 jiǎng
  노
9-12 鱼网 yúwǎng
  어망
9 撒网 sāwǎng
  투망 ▶"旋网" xuánwǎng
10 抬网 táiwǎng
  뜰망 ▶"提网" tíwǎng
11 大捞网 dàlāowǎng
  큰 사내끼
12 小捞网 xiǎolāowǎng
  작은 사내끼
13 蟹篓 xièlǒu
  게 바구니
14 鱼篓 yúlǒu
  어롱
15 冰下捕鱼 bīngxià bǔyú
  빙상 어업
16 绞网机 jiǎowǎngjī
  어로용 윈치
17 冰眼 bīngyǎn
  얼음 구멍
18 大拉网 dàlāwǎng
  후릿그물
19-29 钓鱼具 diàoyújù
  낚시 도구 ▶"钓具" diàojù
19-21 钓竿儿 diàogānr
  낚싯대 ▶"鱼竿儿" yúgānr
19 独竿儿 dúgānr
  통채 낚싯대
20 分节钓竿 fēnjié diàogān
  이음 낚싯대
  ▶"装卸式鱼竿" zhuāngxièshì yúgān
21 玻璃钢鱼竿 bōligāng yúgān
  글라스 로드
22 鱼漂儿 yúpiāor
  낚시용 찌
23 钓线 diàoxiàn
  낚싯줄
24 铅坠儿 qiānzhuìr
  봉
25 钓钩 diàogōu
  낚싯바늘
26 退钩器 tuìgōuqì
  낚싯바늘 벗기는 기구
27 放线器 fàngxiànqì
  릴 ▶"线轴儿" xiànzhóur
28 钓竿袋 diàogāndài
  낚싯대 케이스;낚시 가방
29 小件鱼具盒 xiǎojiàn yújùhé
  낚시 도구 상자
30-51 养殖业 yǎngzhíyè
  양식업
30 养鱼场 yǎngyúchǎng
  양어장
31 鱼塘 yútáng
  양어지;양어못
32 增氧机 zēngyǎngjī
  수중 산소 보급기
33 饲料台 sìliàotái
  사료대 ▶"鱼食台" yúshítái
34 分塘饲养 fēntáng sìyǎng
  단계 사육;물고기의 성장 단계에 따라 못을 나누어 사육하는 방법
35 成鱼池 chéngyúchí
  성어지
36 鱼秧池 yúyāngchí
  유어지
37 鱼苗池 yúmiáochí
  치어지
38 网箱养鱼 wǎngxiāng yǎngyú
  가두리 양식;그물을 치고 물고기를 기르는 양식법
39 网箱 wǎngxiāng
  가두리
40 框架 kuàngjià
  틀;프레임
41 浮子 fúzi
  찌;어망 위 끝에 띄우는 부표
42 网衣 wǎngyī
  그물 변두리의 천
43 沉子 chénzi
  추;어망에 다는 추
44 锚 máo
  닻
45 取卵 qǔluǎn
  채란
46 人工授精 réngōng shòujīng
  인공 수정
47 人工孵化 réngōng fūhuà
  인공 부화
48 牡蛎养殖场 mǔlì yǎngzhíchǎng
  굴 양식장
49 桥石 qiáoshí
  굴의 양식을 위해 돌이나 콘크리트제의 판을 다리 모양으로 조립한 것
50 竹排 zhúpái
  대나무 뗏목
51 海带养殖场 hǎidài yǎngzhíchǎng
  다시마 양식장
52-54 水产加工 shuǐchǎn jiāgōng
  수산물 가공
52 鱼干加工 yúgān jiāgōng
  건어 가공
  ▶"晒鱼干" shài yúgān
53 鱼肠加工 yúcháng jiāgōng
  어육 소시지의 제조
54 鱼露厂 yúlùchǎng
  생선 간장 공장 ☞31-21

어업 II 106

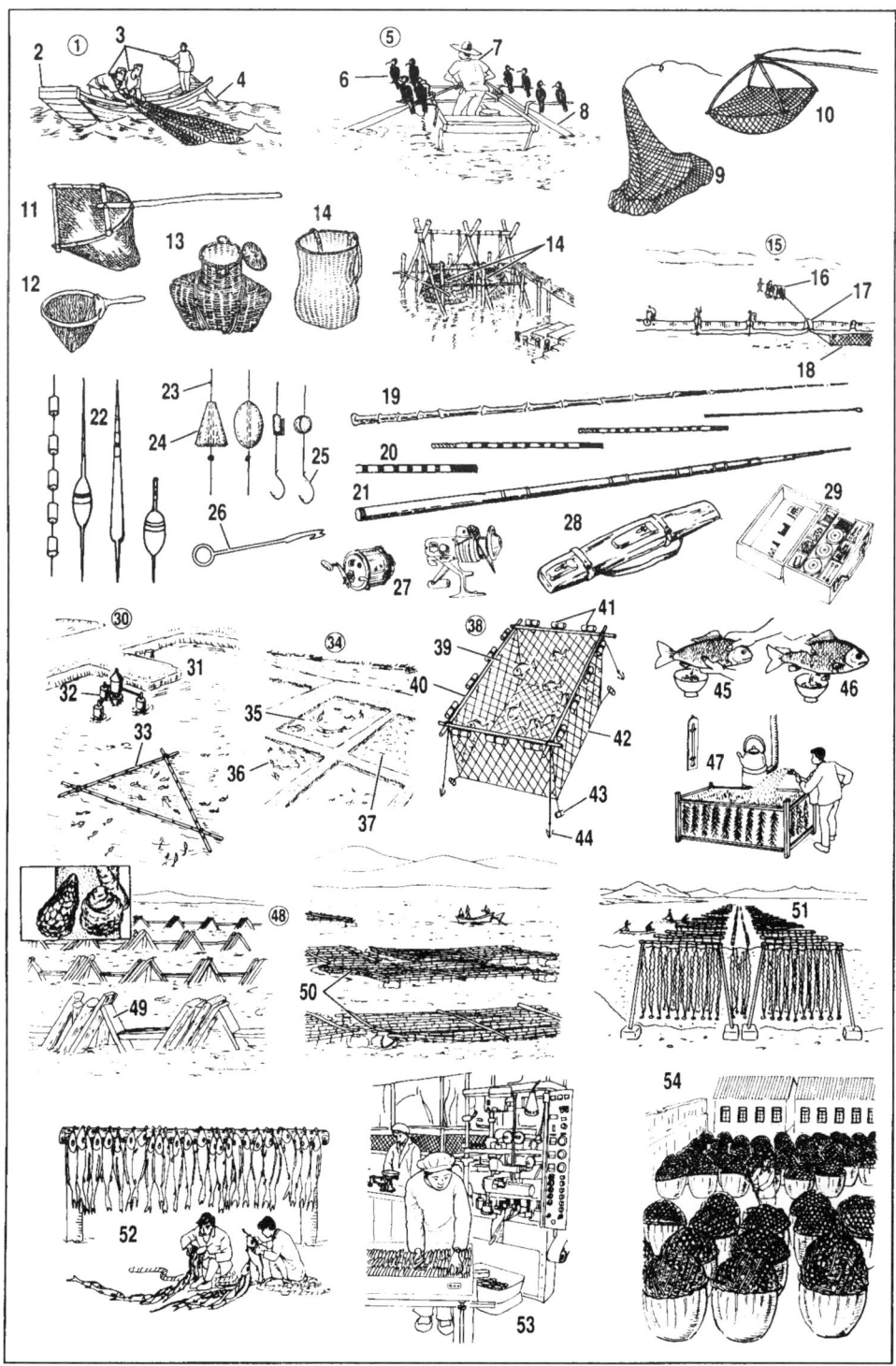

107 林业 línyè

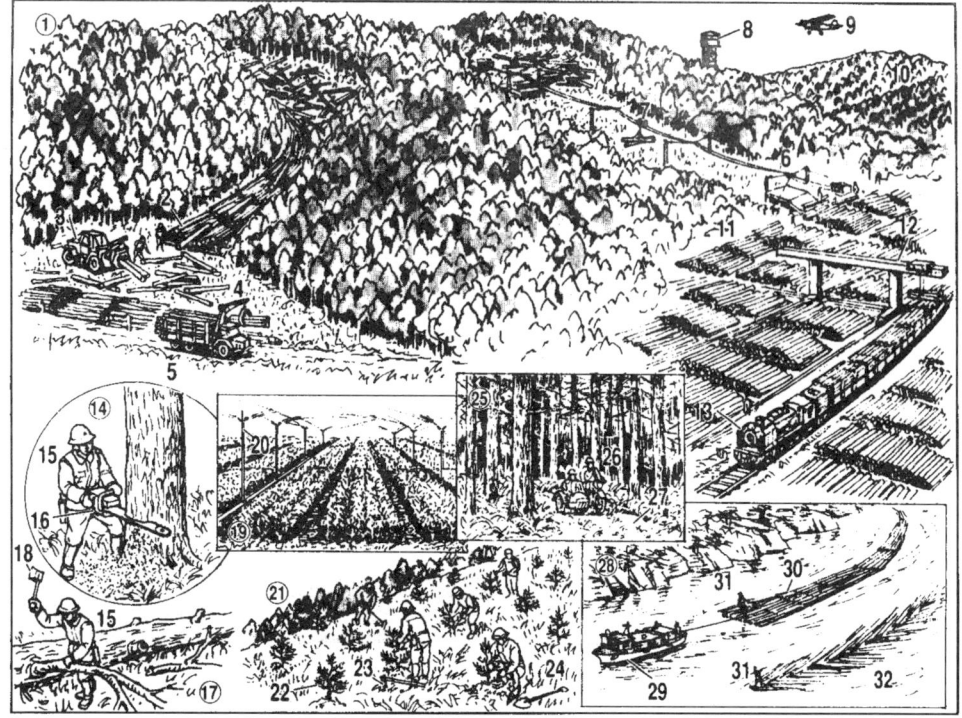

1 林场 línchǎng
  조림·벌채지
2-7 集材 jícái
  집재(나무모으기)
2 木滑道 mùhuádào
  나무 활주로; 원목을 운반
  하는 경사 장치
3 集材拖拉机 jícái tuōlājī
  집재 트랙터
4 原木 yuánmù
  원목
5 载重汽车 zàizhòng qìchē
  트럭
6 林业索道 línyè suǒdào
  임업 삭도; 운재 삭도
7 跑车 pǎochē
  운반기; 목재를 나르는 삭도
  에 다는 운반기
8 了望台 liàowàngtái
  망루; 파수대; 감시대
9 航空护林 hángkōng hùlín
  항공기 삼림 보호
10 育林地 yùlíndì
  조림지; 식림지

11 贮目场 zhùmùchǎng
  저목장
12 龙门起重机 lóngmén qǐ-
  zhòngjī
  용문 기중기; 갠트리 크레인
  ☞96-23
13 森林铁路 sēnlín tiělù
  삼림 철도
14 采伐 cǎifá
  벌채▶"砍伐" kǎnfá
15 林业工人 línyè gōngrén
  임업 노동자
16 油锯 yóujù
  동력톱; 기계톱
17 打枝 dǎzhī
  가지치기
18 斧子 fǔzi
  도끼
19 苗圃 miáopǔ
  묘포; 묘밭
20 喷灌设备 pēnguàn shèbèi
  스프링클러
21 植树 zhíshù
  식수

22 树苗 shùmiáo
  묘목
23 钁头 juétou
  괭이
24 铲子 chǎnzi
  삽
25 护林巡逻 hùlín xúnluó
  삼림 패트롤
26 护林员 hùlínyuán
  삼림 패트롤 대원
27 林中道路 línzhōng dàolù
  임도; 산간의 임산물을
  반하는 길
28 放排 fàngpái
  뗏목 띄움
29 拖轮 tuōlún
  끌배; 예인선
30 木排 mùpái
  나무 뗏목
31 放排的人 fàngpái de rén
  뗏목을 띄우는 사람
32 竹排 zhúpái
  대나무 뗏목

임업 107

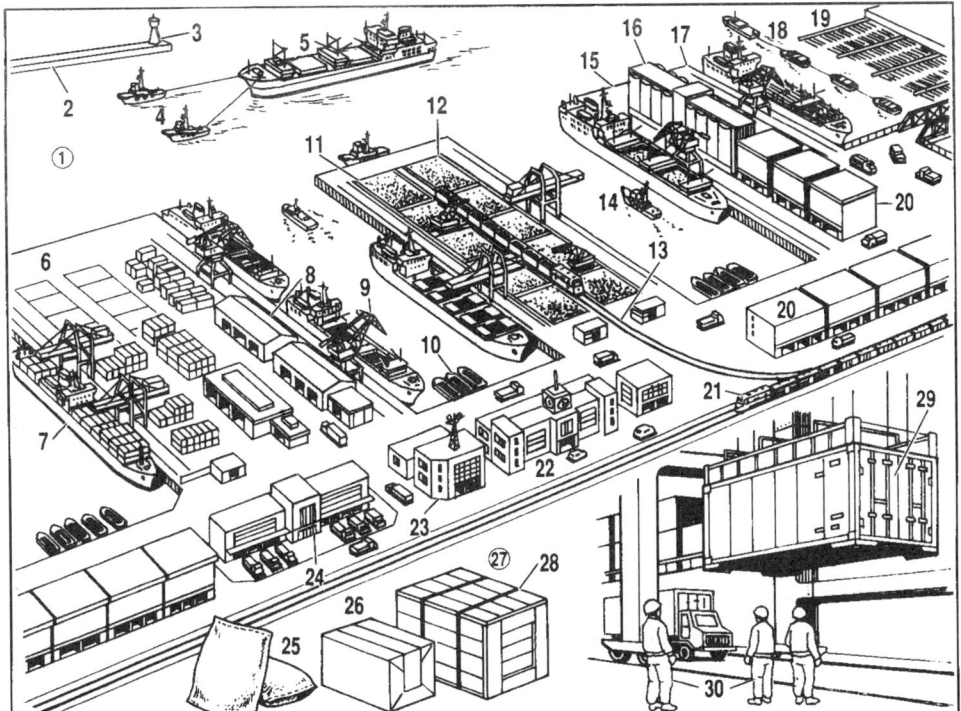

1 海港 hǎigǎng 해항; 해안의 항구	10 驳船 bóchuán 거룻배; 바지선	21 货运列车 huòyùn lièchē 화물 열차
2 防波堤 fángbōdī 방파제	11 煤炭码头 méitàn mǎtou 석탄 부두	22 港务局 gǎngwùjú 항만 관리국
3 港口灯塔 gǎngkǒu dēngtǎ 항구 등대	12 矿石码头 kuàngshí mǎtou 광석 부두	23 海关 hǎiguān 세관
4 拖轮 tuōlún 태그 보트; 끌배; 예인선	13 铁路专用线 tiělù zhuān- yòngxiàn 철도 전용선; 인입선	24 运输公司 yùnshū gōngsī 운송 회사
5 货轮 huòlún 화물선	14 汽艇 qìtǐng 증기선; 모터 보트; 론치	25 麻袋 mádài 마대
6-17 码头 mǎtou 부두; 안벽	15 粮食码头 liángshi mǎtou 곡물 부두	26 纸板箱 zhǐbǎnxiāng 골판지 상자
6 集装箱码头 jízhuāngxiāng mǎtou 컨테이너 부두	16 粮库 liángkù 곡물 창고	27 木箱 mùxiāng 나무 상자
7 集装箱船 jízhuāngxiāng- chuán 컨테이너선	17 木材装卸码头 mùcái zhuāngxiè mǎtou 목재 전용 부두	28 包装用钢带 bāozhuāngyòng gāngdài 포장용 강철 벨트
8 关栈 guānzhàn 보세 창고 ▶"海关保税仓库" hǎiguān bǎoshuì cāngkù	18 船队 chuánduì (예인선에 끌리는)선대	29 集装箱 jízhuāngxiāng 컨테이너
	19 贮木场 zhùmùchǎng 저목장	30 装卸工人 zhuāngxiè gōng- rén 짐 실이 노동자
9 起重机 qǐzhòngjī 기중기; 크레인	20 仓库 cāngkù 창고	

171

108 海上运输 hǎishàng yùnshū

1 公司办公室 gōngsī bàn-
  gōngshì
  회사 사무실 ; 오피스
2 文件柜 wénjiànguì
  서류궤
3 挂历 guàlì
  달력 ; 캘린더
4 黑板 hēibǎn
  흑판
5 书架 shūjià
  책장
6 职员 zhíyuán
  직원 ; 회사원
7 台灯 táidēng
  전기 스탠드
8 字纸篓儿 zìzhǐ lǒur
  휴지통
9 办公桌 bàngōngzhuō
  사무 책상
10 茶杯 chábēi
  찻잔
11 电话机 diànhuàjī
  전화기
12 文件 wénjiàn
  서류
13 转椅 zhuǎnyǐ
  회전의자
14 总经理办公室 zǒngjīnglǐ
   bàngōngshì
   사장실
15 书柜 shūguì
   책장 ▶ "书橱" shūchú
16 总经理 zǒngjīnglǐ
   사장 ; 총지배인
17 大办公桌 dàbàngōngzhuō
   대형 책상 ; 사장 책상
18 按键电话机 ànjiàn diàn-
   huàjī
   푸시폰
19 沙发 shāfā
   소파
20 茶几 chájī
   티 테이블
21 花机 huājī
   화분 테이블
22 档案柜 dàng'ànguì
   문서 보관 로커
23 秘书 mìshū
   비서
24 打字间 dǎzìjiān
   타자실 ; 타이프실
25 计算机终端 jìsuànjī zhōng-
   duān
   컴퓨터의 단말
26 打印机 dǎyìnjī
   프린터
27 铅字架 qiānzìjià
   활자함
28 打字员 dǎzìyuán
   타자원 ; 타이피스트
29 英文打字机 yīngwén dǎzìjī
   영문 타자기
30 中文打字机 zhōngwén dǎ-
   zìjī
   중문 타자기
31 打字桌 dǎzìzhuō
   타자용 데스크
32 文印间 wényìnjiān
   문서 인쇄실
33 油墨 yóumò
   인쇄 잉크
34 高速油印机 gāosù yóuyìnjī

172

등사 윤전기
▶"速印机" sùyìnjī
35 复印机 fùyìnjī
복사기
36 复印纸 fùyìnzhǐ
복사 용지
37 调色剂 tiáosèjì
토너
38 会议室 huìyìshì
회의실
39 会议桌 huìyìzhuō
회의용 테이블
40 烟灰缸 yānhuīgāng
재떨이
41 折叠椅 zhédiéyǐ
접이식 의자 ▶"折椅" zhéyǐ
42 传达室 chuándáshì
접수실
43 窗口 chuāngkǒu
창구
44 办事员 bànshìyuán
사무원
45 信箱 xìnxiāng
우편함
46 床 chuáng
침대
47 出口商品交易会 chūkǒu shāngpǐn jiāoyìhuì
수출 상품 상담회; 교역회
48 参观者 cānguānzhě
견학자
49 翻译 fānyì
통역
50 讲解员 jiǎngjiěyuán
설명계
51 展览品 zhǎnlǎnpǐn
전시품
52 贸易商谈 màoyì shāngtán
무역 상담
▶"贸易洽谈" màoyì qiàtán
53 经理 jīnglǐ
지배인
54 专业人员 zhuānyè rényuán
업무 스태프
55 样品 yàngpǐn
상품 견본; 샘플
▶"货样" huòyàng
56 外商 wàishāng
외국인 바이어
57 商品目录 shāngpǐn mùlù
상품 카탈로그 ▶"商品说明书" shāngpǐn shuōmíngshū
58 签订合同 qiāndìng hétong
계약 체결
59 买方代表 mǎifāng dàibiǎo
구매자측 대표
60 卖方代表 màifāng dàibiǎo
판매주측 대표
61 合同 hétong
계약서 ▶그림은 "买卖合同" mǎimài hétong(매매 계약)

109 公司办公室 gōngsī bàngōngshì

1. 印泥 yìnní
   인주
2. 图章 túzhāng
   인감；도장
3. 打印台 dǎyìntái
   스탬프대 ▶"印台" yìntái
4. 日戳 rìchuō
   일부인
5. 海绵缸 hǎimiángāng
   스폰지 케이스；가습 장치
   ▶"海绵盒儿" hǎimián hér
6. 铁夹子 tiějiāzi
   클립 ▶"纸夹子" zhǐjiāzi,
   "票夹子" piàojiāzi
7. 回形针 huíxíngzhēn
   젬클립(gem clip)
   ▶"曲别针" qūbiézhēn
8. 大头针 dàtóuzhēn
   핀
9. 橡皮筋 xiàngpíjīn
   고무 밴드
   ▶"橡皮筋儿" xiàngpí jīnr
10. 透明胶纸 tòumíng jiāozhǐ
    셀로판 테이프
11. 胶纸架 jiāozhǐjià
    테이프 디스펜서
12. 订书机 dìngshūjī
    스테이플러
13. 订书钉 dìngshūdīng
    스테이플러 침
14. 打孔机 dǎkǒngjī
    펀치
15. 裁纸刀 cáizhǐdāo
    페이퍼 커터；종이 절단 칼
16. 吸墨纸 xīmòzhǐ
    압지；빨종이；흡묵지
17. 复写纸 fùxiězhǐ
    카본지；복사지
18. 文件袋 wénjiàndài
    서류 봉투
19. 档案袋 dàng'àndài
    문서 봉지
20. 袖珍计算器 xiùzhēn jì-suànqì
    소형 전자 계산기
21. 中文打字机 zhōngwén dǎzìjī
    중문 타자기
22. 滚筒 gǔntǒng
    롤；플레틴
23. 打字揿手 dǎzì qìnshǒu
    인자 키
    ▶"揿收柄" niēshǒubǐng
24. 字盘 zìpán
    활자판；문자판；활자 케이스
25. 电子打字机 diànzǐ dǎzìjī
    전동 타자기
26. 高速油印机 gāosù yóuyìnjī
    등사 윤전기
    ▶"速印机" sùyìnjī
27. 摇手柄 yáoshǒubǐng
    핸들
28. 台式胶印机 táishì jiāoyìnjī
    탁상식 오프셋 인쇄기
29. 文字处理机 wénzì chǔlǐjī
    워드 프로세서
    ▶"语词处理机" yǔcí chǔlǐjī
30. 微型计算机 wēixíng jìsuànjī
    마이크로컴퓨터；개인용 컴퓨터 ▶"微机" wēijī, "个人电脑" gèrén diànnǎo
31. 图像显示器 túxiàng xiǎnshìqì
    비디오 디스플레이；그래픽 디스플레이
32. 主机 zhǔjī
    컴퓨터 본체；중앙 처리 장치(CPU)
33. 磁盘驱动器 cípán qūdòngqì
    플로피 디스크 장치
34. 键盘 jiànpán
    키보드
35. 鼠标器 shǔbiāoqì
    마우스
36. 打印机 dǎyìnjī
    프린터
37. 笔记本电脑 bǐjìběn diànnǎo
    노트북 PC
38. 液晶显示装置 yèjīng xiǎnshì zhuāngzhì
    액정 디스플레이
    ▶"液晶屏" yèjīngpíng
39. 软磁盘 ruǎncípán
    플로피 디스크
    ▶"软盘" ruǎnpán
40. 碎纸机 suìzhǐjī
    문서 세절기；슈레더
41. 考勤打卡机 kǎoqín dǎkǎjī
    타임 레코더
    ▶"考勤机" kǎoqínjī
42. 计时卡 jìshíkǎ
    타임 카드

사무 용품

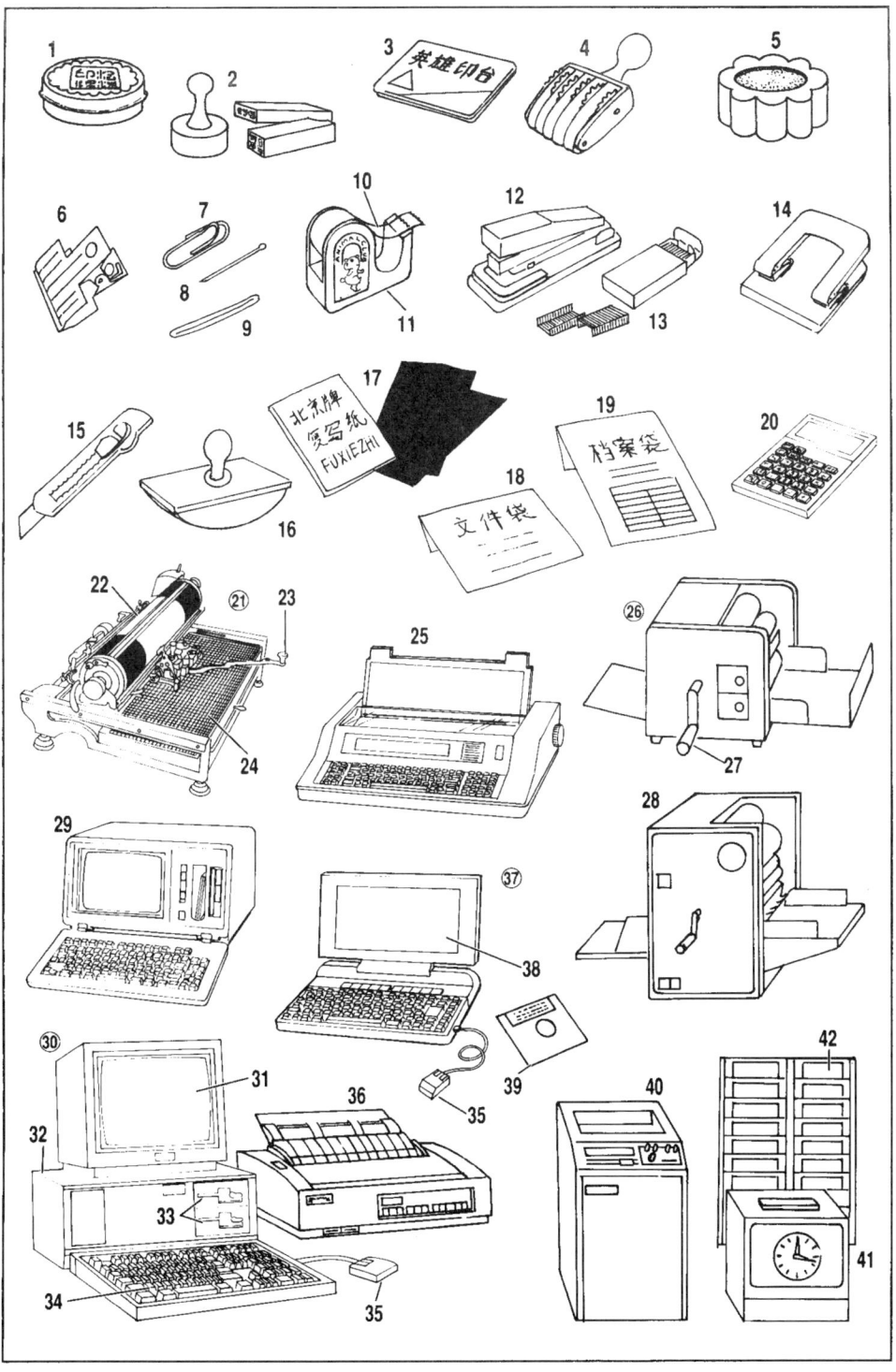

111 汽车结构 qìchē jiégòu

1 轿车 jiàochē
승용차

2 车牌儿 chēpáir
차 등록패

3 汽车号码 qìchē hàomǎ
자동차 번호

4 保险杠 bǎoxiǎn'gàng
범퍼

5 大灯 dàdēng
헤드라이트
▶"前灯" qiándēng

6 转向灯 zhuǎnxiàngdēng
윙커;방향 지시등 ▶"方向指示灯" fāngxiàng zhǐshìdēng

7 机器盖子 jīqì gàizi
보닛 ▶"发动机盖儿" fādòngjī gàir,"发动机罩" fādòngjīzhào

8 挡风玻璃 dǎngfēng bōli
방풍 유리

9 刮水器 guāshuǐqì
와이퍼

10 车检证 chējiǎnzhèng
차량 검사증

11 反光镜 fǎnguāngjìng
반사경;사이드 미러

12 后视镜 hòushìjìng
백미러

13 车顶 chēdǐng
차 지붕

14 车门 chēmén
차문
▶"车门儿" chēménr

15 把守 bǎshou
손잡이;문잡이
▶"车门把儿" chēmén bǎr

16 门锁 ménsuǒ
자동차 문 자물쇠

17 后车窗 hòuchēchuāng
차 뒷문

18-19 车座 chēzuò
좌석;시트

18 前座 qiánzuò
앞좌석

19 后座 hòuzuò
뒷좌석

20 行李箱 xínglixiāng
트렁크

21-23 车轮 chēlún
차바퀴

21 前轮 qiánlún
앞바퀴

22 轮胎 lúntāi
타이어 ▶"车胎" chētāi

23 后轮 hòulún
뒷바퀴

24 尾灯 wěidēng
테일 라이트;미등

25 倒车灯 dàochēdēng
백 라이트;후퇴등

26 载重汽车 zàizhòng qìchē
트럭 ▶"卡车" kǎchē

27 拖钩 tuōgōu
견인 고리;견인 훅

28 脚踏板 jiǎotàbǎn
스텝

29 货车厢 huòchēxiāng
짐칸;짐받이

30 栏板 lánbǎn
측판 ▶"边板" biānbǎn

31 挂钩 guàgōu
고리;훅

32 发动机 fādòngjī
엔진

33 散热器 sànrèqì
라디에이터;방열기
▶팬은 "风扇" fēngshàn, 팬벨트는 "风扇皮带" fēngshàn pídài

34 车架 chējià
섀시;차대

35 前轴 qiánzhóu
앞차축

36 后桥 hòuqiáo
뒤차축

37 蓄电池 xùdiànchí
배터리;축전지

38 油箱 yóuxiāng
오일 탱크

39 备用轮胎 bèiyòng lúntāi
스페어 타이어;예비 타이어

40 防滑链 fánghuáliàn
체인

41 千斤顶 qiānjīndǐng
잭

42 驾驶室 jiàshǐshì
운전실

43 方向盘 fāngxiàngpán
핸들

44 喇叭按钮 lǎba ànniǔ
혼;경적 ▶"喇叭"

45 手闸 shǒuzhá
손 제동기;핸드 브레이크
▶"手制动操纵杆" shǒuzhìdòng cāozònggān

46 变速杆 biànsùgǎn
체인지 레버;시프트 레버
▶"变速器操纵杆" biànsùqì cāozònggān

47 离合器 líhéqì
클러치(페달) ▶"离合器踏板" líhéqì tàbǎn

48 车闸 chēzhá
제동기;브레이크
▶"制动踏板" zhìdòng tàbǎn, "刹车踏板" shāchē tàbǎn

49 油门 yóumén
액셀(페달);가속 장치
▶"加速踏板" jiāsù tàbǎn

50 杂物箱 záwùxiāng
글러브 박스

51 安全带 ānquándài
안전띠;시트 벨트

52 一挡 yīdǎng
1단 기어;로 기어

53 二挡 èrdǎng
2단 기어;세컨드 기어

54 三挡 sāndǎng
3단 기어;서드 기어

55 空挡 kōngdǎng
뉴트럴;중립

56 四挡 sìdǎng
4단 기어;톱 기어

57 倒车挡 dàochēdǎng
백 기어;후진 기어

58 仪表板 yíbiǎobǎn
계기판;계기 패널

59 汽油表 qìyóubiǎo
연료계
▶"油耗表" yóuhàobiǎo

60 远光指示灯 yuǎnguāng zhǐshìdēng
어퍼 빔 표시등

61 油压表 yóuyābiǎo
유압계

62 车速里程表 chēsùlǐchéngbiǎo
속도계 거리계

63 水温表 shuǐwēnbiǎo
수온계

64 电流表 diànliúbiǎo
전류계

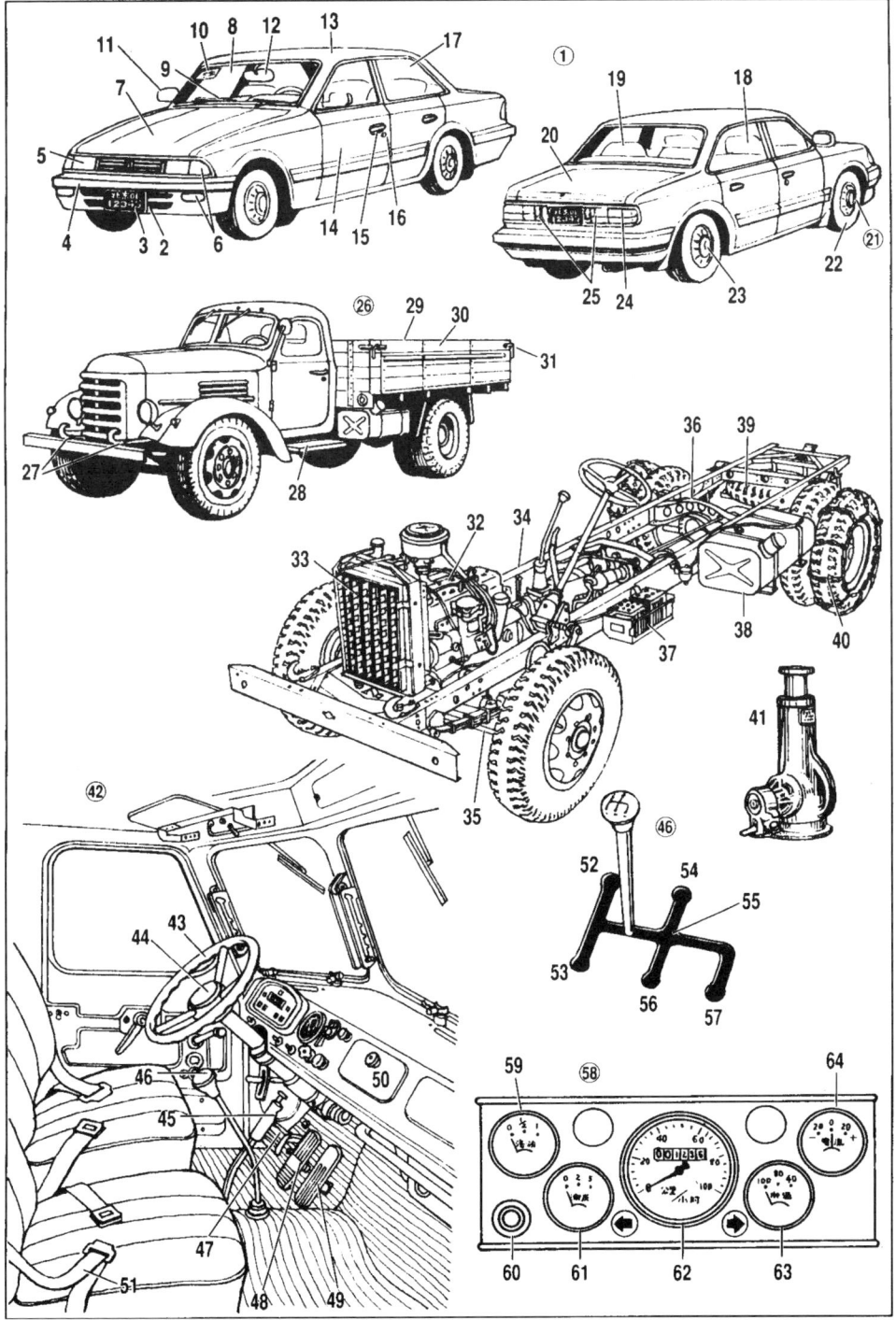

112 公共交通 gōnggòngjiāotōng

1 公共汽车 gōnggòngqìchē
   버스 ; 노선버스 ▶시차는 "头班车" tóubānchē, 막차는 "末班车" mòbānchē
2 司机 sījī
   운전기사
3 大牌 dàpái
   버스 등록판 ▶번호는 "大牌号" dàpáihào
4 路牌 lùpái
   노선 번호
5-7 车门 chēmén
   차문 ▶"车门儿" chēménr
5 前门 qiánmén
   앞문 ▶"前门儿" qiánménr
6 中门 zhōngmén
   가운데 문 ▶"中门儿" zhōngménr
7 后门 hòumén
   뒷문 ▶"后门儿" hòuménr
8 汽车站 qìchēzhàn
   버스 정류장
   ▶"车站" chēzhàn, "公共汽车站" gōnggòngqìchēzhàn

9 站牌 zhànpái
   정류장 표시판
10 候车棚 hòuchēpéng
   정류장의 차양
11 站台 zhàntái
   플랫폼
12 免票标尺 miǎnpiào biāochǐ
   무료 눈금 ▶일정한 신장 이하인 어린이는 무료 승차
13 阶梯 jiētī
   발판 ; 계단
14 过道 guòdào
   통로 ▶"通道" tōngdào라고도 한다.
15 废纸 fèizhǐ
   휴지
16 售票员 shòupiàoyuán
   차장
17 售票台 shòupiàotái
   승차권 발매 카운터
18 话筒 huàtǒng
   마이크
19 售票挎包 shòupiào kuàbāo
   차장용 가방

20 票板 piàobǎn
   승차권을 꽂는 판
   ▶"票夹" piàojiā
21 通风口 tōngfēngkǒu
   통기 구멍
22 灯 dēng
   라이트 ; 차내등
23 扶手 fúshou
   손잡이
24 车窗 chēchuāng
   차창
25 乘客 chéngkè
   승객
26 座位 zuòwèi
   좌석 ▶(노인·허약자·환자·장애자·임신부를 위한) 우선석·노인석은 "老弱病残孕席" lǎoruòbìngcányùnxí라고 한다.
27 小公共汽车 xiǎogōnggòngqìchē
   미니버스 ▶"小巴" xiǎobā
28 无轨电车 wúguǐ diànchē
   무궤도 전차 ; 트롤리

대중교통 112

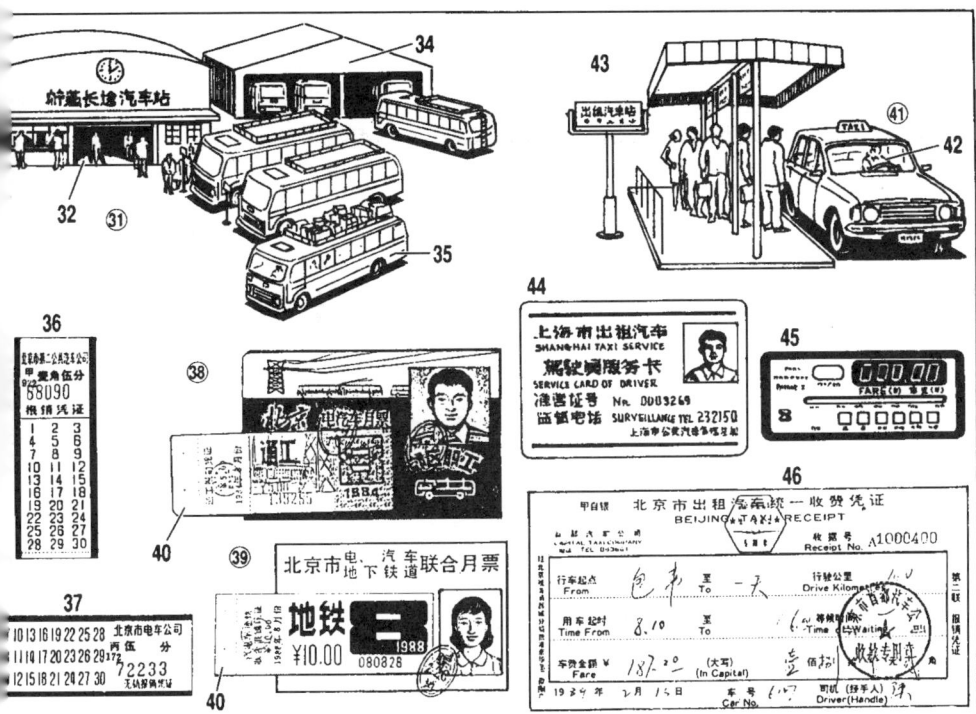

▶ "无轨" wúguǐ, "电车" diànchē
29 电车站 diànchēzhàn
   전차 정류소
30 有轨电车 yǒuguǐ diànchē
   노면 전차 ▶ "电车" diànchē
31 长途汽车站 chángtúqìchēzhàn
   장거리 버스 터미널
32 候车室 hòuchēshì
   (버스의)대합실
33 交通图 jiāotōngtú
   교통 노선도
34 车库 chēkù
   차고
35 长途汽车 chángtú qìchē
   장거리 버스 ▶ "长途公共汽车" chángtú gōnggòngqìchē
36-37 车票 chēpiào
   승차권; 차표
36 汽车票 qìchēpiào
   버스의 차표
37 电车票 diànchēpiào
   전차의 차표

38-39 月票 yuèpiào
   정기권
38 电汽车月票 diànqìchē yuèpiào
   버스 공통 정기권
39 联合月票 liánhé yuèpiào
   버스·지하철 공통 정기권
40 报销凭证 bàoxiāo píngzhèng
   교통 영수증 ▶ "车票" chēpiào 를 그대로 "报销凭证" bàoxiāo píngzhèng이라고도 한다.
41 出租汽车 chūzū qìchē
   택시 ▶ "的士" díshì
42 司机 sījī
   운전기사
43 出租汽车站 chūzūqìchēzhàn
   택시 승차장
44 服务证 fúwùzhèng
   (택시의)승무원증
45 计价器 jìjiàqì
   (택시의)요금 미터
46 收据 shōujù
   (택시의)영수증

179

113 各种汽车 gèzhǒng qìchē I

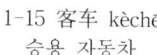

1-15 客车 kèchē
　　 승용 자동차
1-9 大客车 dàkèchē
　　 대형 승용 자동차 ; 버스
1-7 公共汽车 gōnggòngqìchē
　　 노선버스
2 铰接式公共汽车 jiǎojiēshì
　　 gōnggòngqìchē
　　 연결 버스
3 双层公共汽车 shuāngcéng
　　 gōnggòngqìchē
　　 2층 버스
4 下层 xiàcéng
　　 1층
5 上层 shàngcéng
　　 2층
6 长途汽车 chángtú qìchē
　　 장거리 버스
7 行李架 xínglijià
　　 짐받이

8 游览车 yóulǎnchē
　　 관광버스
9 班车 bānchē
　　 통근 버스 ; 정기 운행 버스
10-11 面包车 miànbāochē
　　 마이크로버스
10 专车 zhuānchē
　　 전용차 ▶회사나 기관이 소유
　　 하는 자동차
11 小公共汽车 xiǎogōnggòng-
　　 qìchē
　　 미니버스 ▶"小巴" xiǎobā라
　　 고도 한다.
12-15 小客车 xiǎokèchē
　　 승용차 ▶"轿车" jiàochē라고
　　 도 한다.
12-13 国产汽车 guóchǎn qìchē
　　 국산 자동차
13 "红旗" 牌轿车 "hóngqí"
　　 pái jiàochē

　　 홍기표 승용차
14 进口汽车 jìnkǒu qìchē
　　 수입 자동차 ; 외국차 ▶"外国
　　 汽车" wàiguó qìchē
15 出租汽车 chūzū qìchē
　　 택시 ▶"的士" díshì라고도 한
　　 다.
16 吉普车 jípǔchē
　　 지프차 ; 지프 ▶"越野车"
　　 yuèyěchē. 4륜 구동은 "四
　　 轮驱动" sìlún qūdòng
17 敞篷车 chǎngpéngchē
　　 오픈카 ; 무개차
18-19 载重汽车 zàizhòng qì-
　　 chē
　　 트럭 ▶"卡车" kǎchē
19 小型载重汽车 xiǎoxíng
　　 zàizhòng qìchē
　　 소형 트럭
　　 ▶"小型卡车" xiǎoxíng kǎchē

180

20 三轮摩托车 sānlún mó-
   tuōchē
   삼륜차 ▶"三轮卡车" sānlún
   kǎchē
21 客货两用车 kèhuò liǎng-
   yòngchē
   겸용차; 스테이션 왜건
22 救护车 jiùhùchē
   구급차
23 X射线流动车 X shèxiàn
   liúdòngchē
   순회 렌트겐차
24-26 消防车 xiāofángchē
   소방차; 소방 자동차
   ▶"救火车" jiùhuǒchē
25 泡沫消防车 pàomò xiāo-
   fángchē
   화학 소방 펌프차
26 云梯消防车 yúntī xiāo-
   fángchē

사다리 소방차
27 火场照明车 huǒchǎng
   zhàomíngchē
   (화재 현장의)전원 조명차
28-30 警车 jǐngchē
   경찰차 ▶순찰차 등의 총칭
31 囚车 qiúchē
   호송차
32 灵车 língchē
   영구차 ▶"殡车" bìnchē
33 邮车 yóuchē
   우편차
34 扫地车 sǎodìchē
   도로 청소차
35 小型扫路机 xiǎoxíng sǎo-
   lùjī
   소형 도로 청소차
36 洒水车 sǎshuǐchē
   살수차
37 水罐车 shuǐguànchē

급수차 ▶"水车" shuǐchē
38 真空吸粪车 zhēnkōng
   xīfènchē
   배큠 카
   ▶"大粪车" dàfènchē
39 垃圾车 lājīchē
   쓰레기 수거차

114 各种汽车 gèzhǒng qìchē II

1-3 自卸汽车 zìxiè qìchē
덤프 카
▶"倾卸汽车" qīngxiè qìchē
1 后倾自卸车 hòuqīng zìxièchē
리어 덤프
2 侧倾自卸车 cèqīng zìxièchē
사이드 덤프
3 三面倾自卸车 sānmiànqīng zìxièchē
3전(三轉) 덤프
4 牵引汽车 qiānyǐn qìchē
견인 자동차
▶"牵引车" qiānyǐnchē
5-7 挂车 guàchē
트레일러
6 半挂车 bànguàchē
저상식 트레일러

7 平板车 píngbǎnchē
평판 트레일러
8 集装箱运输车 jízhuāngxiāng yùnshūchē
컨테이너 수송차
9 货厢式货车 huòxiāngshì huòchē
유개 화물 자동차
10 厢式零担运输车 xiāngshì língdān yùnshūchē
유개 화물 수송차
11 起重机汽车 qǐzhòngjī qìchē
크레인차
12 自装卸货车 zìzhuāngxiè huòchē
셀프 로더
13 救险车 jiùxiǎnchē
레커차 ; 견인차

▶"拖吊车" tuōdiàochē
14 起重机 qǐzhòngjī
크레인 ; 기중기
15 高空作业车 gāokōng zuòyèchē
고소 작업차 ; 고가 사다리차
16 水泥搅拌车 shuǐní jiǎobànchē
콘크리트 믹서차 ; 레미콘
17 保温车 bǎowēnchē
보온차
18 冷藏车 lěngcángchē
냉동차
19 啤酒运输车 píjiǔ yùnshūchē
맥주 운반차
20 石油车 shíyóuchē
탱크로리

각종 자동차 II

▶"油槽车" yóucáochē, "油罐汽车" yóuguàn qìchē
21 油槽 yóucáo
　유조 ; 기름 탱크
22 液化石油汽罐车 yèhuà shíyóuqì guànchē
　LPG(액화석유가스) 운반차
23 汽车运输车 qìchē yùnshū-chē
　캐리어 카 ; 카 트랜스포터
24 牲畜运输车 shēngchù yùnshūchē
　가축 운반차
25 宣传车 xuānchuánchē
　선전차
26 电视录像转播车 diànshì lùxiàng zhuǎnbōchē
　텔레비전 중계차

27 流动售货车 liúdòng shòuhuòchē
　이동 판매차
28 住宿车 zhùsùchē
　숙박 차 ; 캠핑 카
29 野生动物保护车 yěshēng dòngwù bǎohùchē
　야생 동물 보호 자동차
30 装载机 zhuāngzàijī
　파워 셔블 ; 바가지 차
31 叉车 chāchē
　포크 리프트 ; 지게차
　▶"铲车" chǎnchē
32 电瓶车 diànpíngchē
　전기 자동차 ; 배터리 카
33 推土机 tuītǔjī
　불도저
34 平地机 píngdìjī

　그레이더
35 压路机 yālùjī
　로드 롤러
36 铲运机 chǎnyùnjī
　모터 스크레이퍼
37-39 拖拉机 tuōlājī
　트랙터
37 轮式拖拉机 lúnshì tuōlājī
　차륜식 트랙터
38 履带式拖拉机 lǚdàishì tuōlājī
　캐터필러식 트랙터
39 手扶拖拉机 shǒufú tuōlājī
　핸드 트랙터
40 雪地车 xuědìchē
　설상차

115 自行车 zìxíngchē

1 自行车执照 zìxíngchē zhízhào
자전거 등록증
2 普通车 pǔtōngchē
보통차；실용차
▶"平车" píngchē
3 车把 chēbǎ
차 핸들
4 闸把 zhábǎ
제동장치；브레이크 레버
5 车铃 chēlíng
벨▶"车铃儿" chēlíngr
6 车灯 chēdēng
라이트
7 车座 chēzuò
안장▶"车座儿" chēzuòr
8 工具盒 gōngjùhé
공구함
9 气筒 qìtǒng
공기 펌프
▶"打气筒" dǎqìtǒng
10 后架子 hòujiàzi
짐받이
11 尾灯 wěidēng
뒷등；리플렉터
12 车轮 chēlún
차바퀴▶"车轮儿" chēlúnr이라고도 한다. "前轮" qiánlún은 앞바퀴, "后轮" hòulún은 뒷바퀴
13 前轴 qiánzhóu
앞 허브
14 闸皮 zhápí
브레이크 블록
15 挡泥板 dǎngníbǎn
펜더；흙받기
16 中轴 zhōngzhóu
크랭크축
17 曲柄 qūbǐng
크랭크 암
18 车蹬子 chēdēngzi
페달▶"脚蹬子" jiǎodēngzi
19 链条 liàntiáo
체인
20 链套 liàntào
체인 케이스
▶"链罩" liànzhào
21 车闸 chēzhá
브레이크
22 后轴 hòuzhóu
뒤 허브
23 飞轮儿 fēilúnr
뒷바퀴의 스프로킷 휠
24 车支子 chēzhīzi
스탠드▶"支架" zhījià
25 车牌儿 chēpáir
감찰
26 牌号 páihào
감찰 번호
27-30 车锁 chēsuǒ
자전거의 자물쇠
27 横杆锁 hénggānsuǒ
앞바퀴 자물쇠
28 钥匙 yàoshi
키；열쇠
29 环形锁 huánxíngsuǒ
고리 모양의 자물쇠
30 链条锁 liàntiáosuǒ
쇄정；체인 로크
31 摩电机 módiànjī
발전기
32 变速手柄 biànsù shǒubǐng
변속 레버
33 变速机构 biànsù jīgòu
변속 장치
34 自行车修理铺 zìxíngchē xiūlǐpù
자전거 수리점
▶"修车铺" xiūchēpù
35 前叉 qiánchā
앞 포크
36 三角架 sānjiǎojià
프레임▶"车架" chējià
37 车胎 chētāi
타이어
38 内胎 nèitāi
튜브
39 钢圈 gāngquān
림；바퀴의 테
▶"钢圈儿" gāngquānr, "车圈儿" chēquānr
40 车条 chētiáo
스포크；바퀴살
41 气门 qìmén
밸브
42 防尘帽 fángchénmào
밸브 캡；바람꼭지
43 压气螺母 yāqì luómǔ
밸브 너트
44 气门心 qìménxīn
타이어의 고무 밸브
45 气门皮管 qìmén píguǎn
지렁이고무
46 气泵 qìbèng
공기 펌프
47 机油 jīyóu
기계유
48 锉刀 cuòdāo
줄
49 胶水儿 jiāoshuǐr
고무풀
50-52 扳手 bānshou
스패너▶"扳子" bānzi
50 花扳手 huābānshou
만능 스패너
51 条扳手 tiáobānshou
니플 돌리개▶"钢丝扳手" gāngsī bānshou
52 活动扳手 huódòng bānshou
멍키 스패너
53 加重车 jiāzhòngchē
운반차
54 轻便车 qīngbiànchē
경쾌차
55 小轮径自行车 xiǎolúnjìng zìxíngchē
미니 자전거
56 女车 nǚchē
부인용 자전거
▶"坤车" kūnchē
57 儿童车 értóngchē
어린이용 자전거
58 辅助轮 fǔzhùlún
보조 바퀴
59 车筐 chēkuāng
자전거 바구니
60 三轮车 sānlúnchē
세발자전거
61 手摇三轮车 shǒuyáo sānlúnchē
(장애자용)후생차
62 独轮车 dúlúnchē
외발자전거

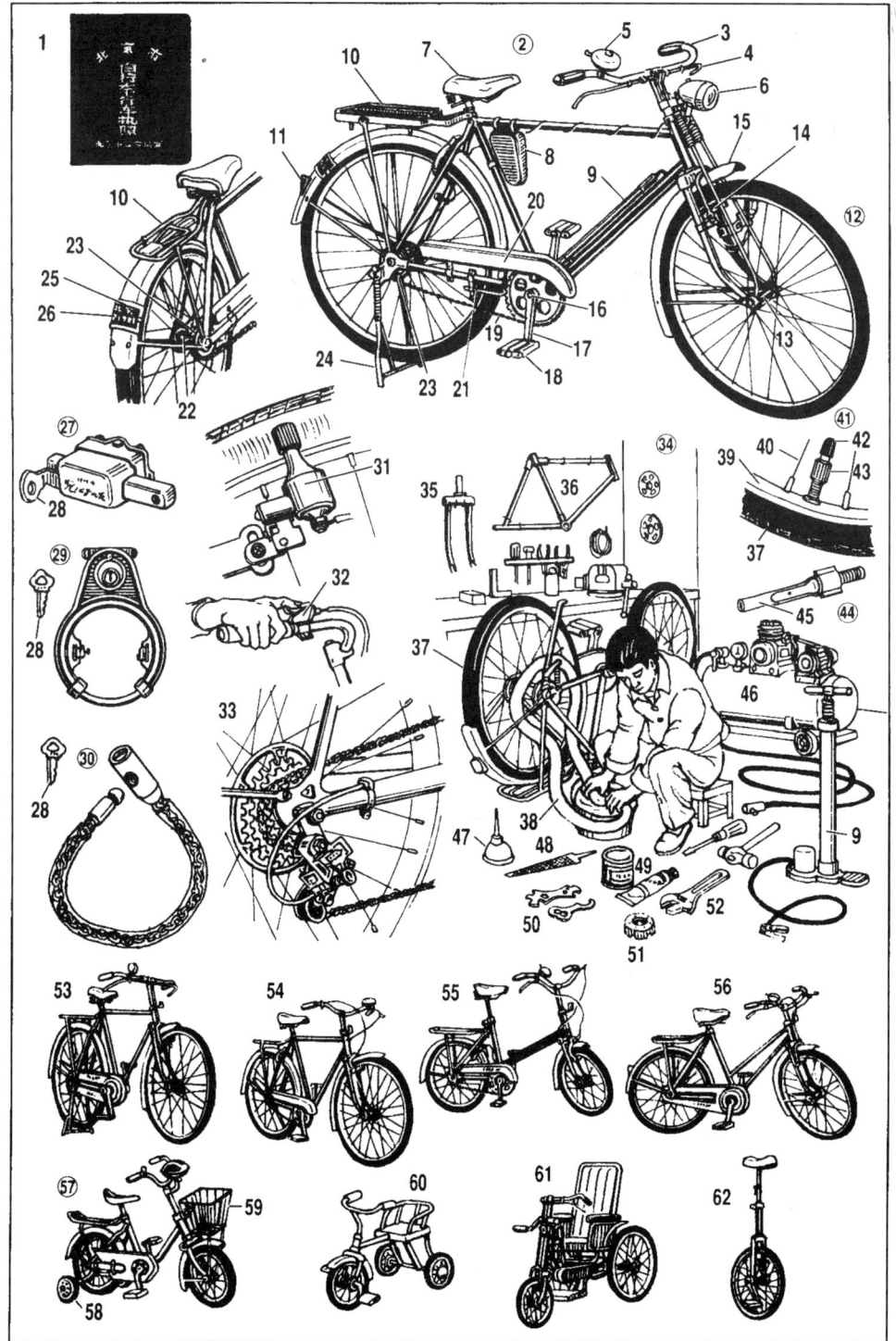

자전거 115

116 摩托车 mótuōchē　　　오토바이

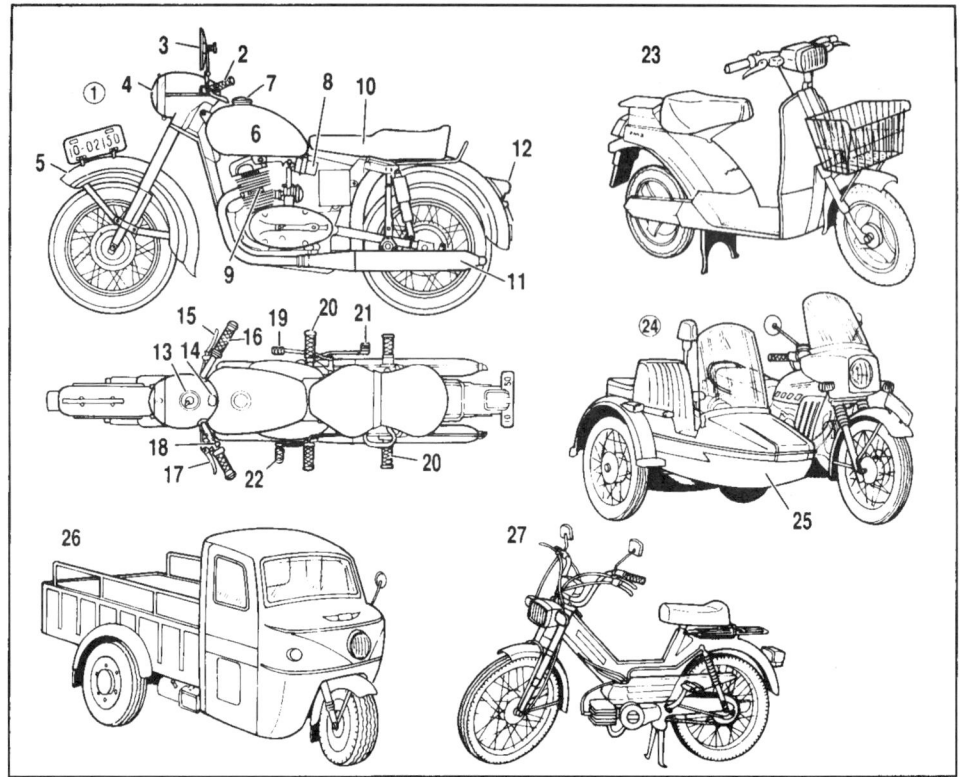

1 摩托车 mótuōchē
　오토바이；모터사이클
2 车把 chēbǎ
　핸들
3 后视镜 hòushìjìng
　백미러
4 前灯 qiándēng
　헤드라이트▶"大灯" dàdēng
5 挡泥板 dǎngníbǎn
　펜더
6 油箱 yóuxiāng
　연료 탱크
7 油箱盖 yóuxiānggài
　탱크 마개
8 气化器 qìhuàqì
　카뷰레터；기화기
9 发动机 fādòngjī
　엔진
10 车座 chēzuò
　안장▶"车座儿" chēzuòr
11 消声器 xiāoshēngqì
　머플러；소음기

12 尾灯 wěidēng
　테일 라이트；미등
13 车速表 chēsùbiǎo
　속도계
14 电门总开关 diànmén zǒng-
　kāiguān
　엔진 스위치
15 手闸 shǒuzhá
　핸드 브레이크
16 油门转把 yóumén zhuànbà
　스로틀 그립
　▶"油门儿" yóuménr
17 离和器握把 líhéqì wòbà
　클러치 레버
　▶"离和器" líhéqì
18 喇叭按钮 lǎba ànniǔ
　혼 스위치
19 脚闸 jiǎozhá
　풋 브레이크
　▶"后闸" hòuzhá
20 搁脚凳 gējiǎodèng
　풋 레스트

21 起动蹬 qǐdòngdēng
　킥 페달
22 变速杆 biànsùgǎn
　기어 시프트 레버
23 踏板式摩托车 tàbǎnshì
　mótuōchē
　스쿠터
24 跨斗摩托车 kuàdǒu mótuō-
　chē
　사이드카
25 边车 biānchē
　측차；사이드카
　▶"车斗" chēdǒu
26 三轮摩托车 sānlún mótuō-
　chē
　삼륜차
　▶"三轮卡车" sānlún kǎchē
27 机器脚踏车 jīqì jiǎotàchē
　원동기 자전거

117　人力车 rénlìchē · 兽力车 shòulìchē　　　　인력거 · 우마차　117

1-14 人力车 rénlìchē
인력거 ▶"兽力车" shòulìchē
(가축이 끄는 차), "机动车"
jīdòngchē(엔진이 있는 차
량)에 대해서 말한다.
1-2 独轮车 dúlúnchē
손수레 ; 밀차
3 平板推车 píngbǎn tuīchē
대차 ; 짐차
4 劳动车 láodòngchē
노동차 ; 리어카
5 排子车 páizichē
짐수레 ; 짐받이에 틀이 없는
사람이 끄는 차 ▶"大板车"
dàbǎnchē
6 老虎车 lǎohǔchē
짐수레 ; 차폭이 좁고 높이가
낮은 사람이 끄는 차. 驛·港
灣·倉庫 등에서 사용한다.
7 垃圾车 lājīchē
쓰레기 수레
8 粪车 fènchē
분뇨차 ; 분뇨 수레
9 运料车 yùnliàochē
원재료 운반차
10-12 三轮车 sānlúnchē
삼륜차
10 平板车 píngbǎnchē
평판 삼륜차
▶"平板三轮" píngbǎn sānlún
11 三轮送货车 sānlún sòng-
huòchē
짐 운반용 삼륜차
▶"三轮拖车" sānlún tuōchē
12 客运三轮车 kèyùn sānlún-
chē
사람을 태우는 삼륜차
▶"三轮车" sānlúnchē
13-14 婴儿车 yīng'érchē
유모차 ▶"童车" tóngchē
15-21 兽力车 shòulìchē
가축이 끄는 수레
15 马车 mǎchē
마차 ; 말이 끄는 차

16 大车 dàchē
우마가 끄는 대형 짐수레
17 鞍子 ānzi
안장
18 辕子 yuánzi
나룻 ; 수레 채
19 骡拉的大车 luólāde dàchē
노새가 끄는 짐수레
20 牛车 niúchē
소가 끄는 수레 ; 소수레
21 驴车 lǘchē
당나귀가 끄는 수레
22 雪橇 xuěqiāo
눈썰매

187

道路 dàolù

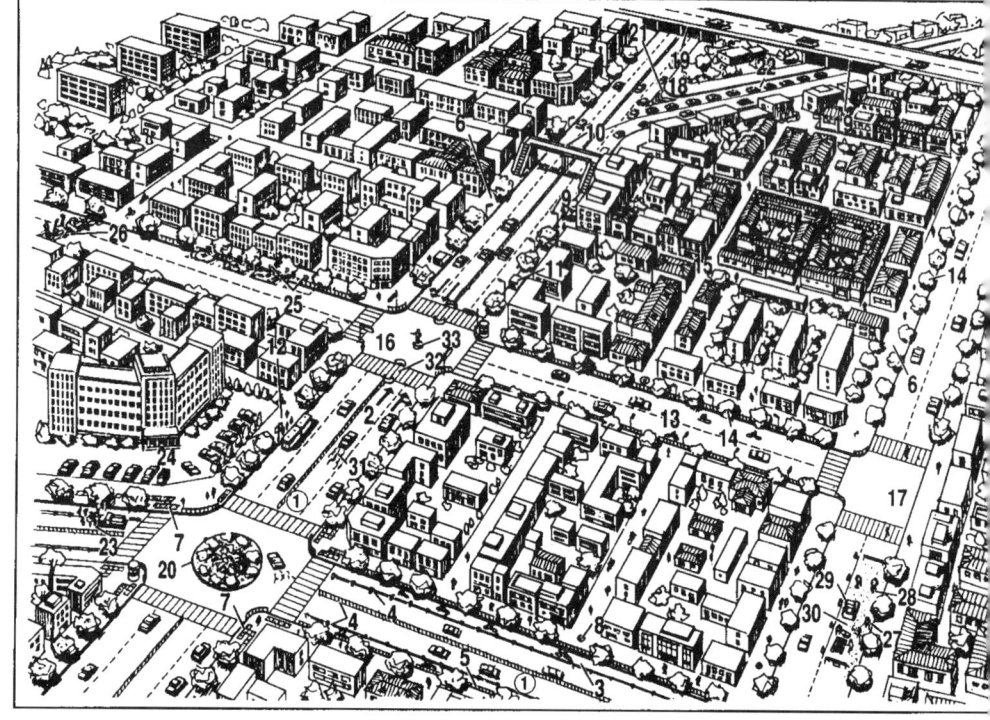

1 大街 dàjiē
번화가

2 汽车道 qìchēdào
자동차 통행 길
▶"机动车道" jīdòngchēdào
라고도 한다.

3 自行车道 zìxíngchēdào
자전거 통행 길

4 路栏 lùlán
차선 분리용 조치

5 护栏 hùlán
보차도 경계 조치

6 人行道 rénxíngdào
보행도 ; 인도 ▶"便道"
biàndào라고도 한다.

7 盲道 mángdào
점자 블록 ▶시력 장애자를 위한 통행대. 요철 노면으로 되어 있다.

8 人孔 rénkǒng
맨홀

9 路灯 lùdēng
가로등 ▶수은등은 "水银灯"
shuǐyíndēng

10 天桥 tiānqiáo
육교

11 人行地道 rénxíng dìdào
지하보도

12 汽车站 qìchēzhàn
버스 정류장

13-14 街道 jiēdào
가도 ; 한길 ▶길은 "路" lù,
"道儿" dàor. 자동차가 왕래하는 큰 도로는 "马路"
mǎlù

13 林阴道 línyīndào
가로수 길

14 林阴树 línyīnshù
가로수 ▶"街道树" jiēdàoshù
라고도 한다.

15 胡同儿 hútòngr
골목 ; 좁은 길

16-18 路口儿 lùkǒur
길 어귀 ; 길목

16 十字路口儿 shízì lùkǒur
십자로

17 丁字路口儿 dīngzì lùkǒur
T자로

18 三岔路口儿 sānchà lùkǒur
삼거리

19 立交桥 lìjiāoqiáo
입체 교차교 ▶"立体交叉桥"
lìtǐ jiāochāqiáo

20 环形岛 huánxíngdǎo
로터리

21 导向标 dǎoxiàngbiāo
도류 표지(導流標識)

22 交通堵塞 jiāotōng dǔsè
교통 정체

23 交通事故 jiāotōng shìgù
교통사고 ▶"车祸" chēhuò

24 停车场 tíngchēchǎng
주차장 ▶유료 주차장은 "收费停车场" shōufèi tíngchēchǎng

25 停车计时器 tíngchē jìshíqì
파킹 미터

26 路障 lùzhàng
바리케이드 ; 통행 차단문

27 修路工 xiūlùgōng
도로 작업원

28 打夯机 dǎhāngjī

도로 118

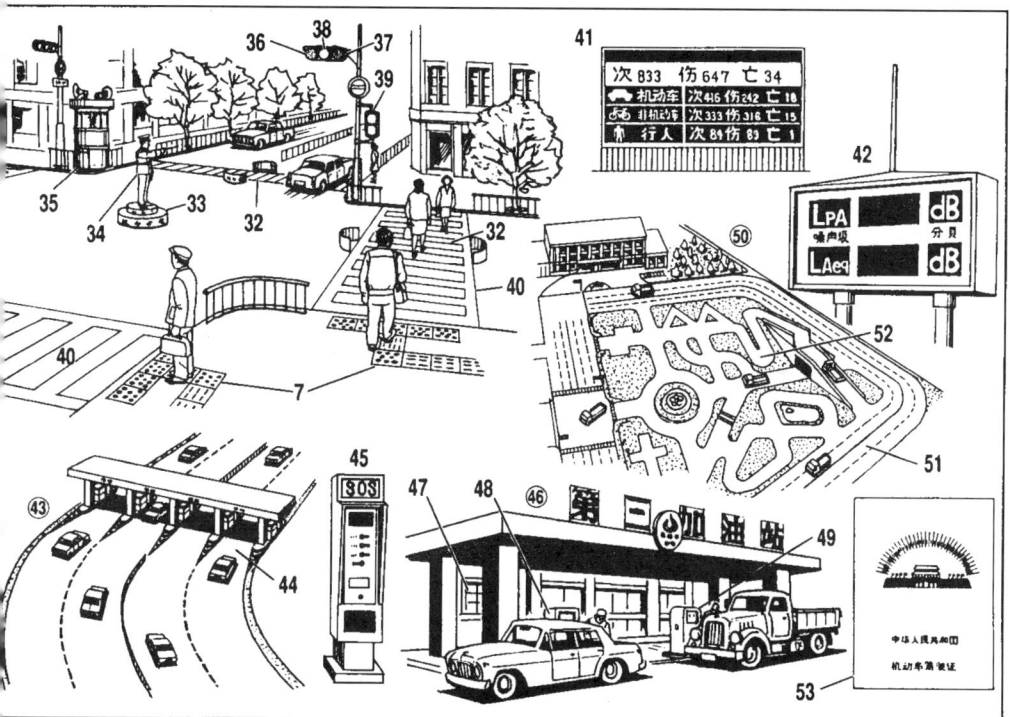

래머; 땅을 다지는 기계
29 修路机 xiūlùjī
    도로 수리기; 스팀 롤러
30 柏油 bǎiyóu
    아스팔트
31 废气 fèiqì
    배기가스
32 安全岛 ānquándǎo
    안전지대
33 交通岛 jiāotōngdǎo
    교통정리대
34 交通警察 jiāotōng jǐngchá
    교통순경
    ▶"交通警" jiāotōngjǐng
35 交通岗楼 jiāotōng gǎnglóu
    교통 망루
36-39 交通信号灯 jiāotōng
    xìnhàodēng
    교통 신호등
    ▶"红绿灯" hónglǜdēng
36 红灯 hóngdēng
    적색 신호
37 绿灯 lǜdēng
    녹색 신호

38 黄灯 huángdēng
    황색 신호
39 行人用信号灯 xíngrényòng
    xìnhàodēng
    보행자용 신호등
40 人行横道 rénxíng héngdào
    횡단보도
41 交通事故牌 jiāotōng shìgù-
    pái
    교통사고 표시판
42 噪声监视仪 zàoshēng jiān-
    shìyí
    소음 감시기
43 高速公路 gāosù gōnglù
    고속도로 ▶유료 도로는 "收
    费公路" shōufèi gōnglù
44 收费处 shōufèichù
    요금소
45 紧急电话 jǐnjí diànhuà
    긴급 전화
46 加油站 jiāyóuzhàn
    주유소
47 办公室 bàngōngshì
    사무실

48-49 加油泵 jiāyóubèng
    급유기
48 汽油 qìyóu
    가솔린
49 柴油 cháiyóu
    디젤유
50 汽车驾驶员培训中心 qìchē
    jiàshǐyuán péixùn zhōngxīn
    자동차 학원 ▶"汽车驾驶学
    校" qìchē jiàshǐ xuéxiào
51 教练场 jiàoliànchǎng
    연습장
52 蛇形路 shéxínglù
    S자형 도로
53 驾驶证 jiàshǐzhèng
    운전 면허증

119 道路交通标示 dàolù jiāotōng biāozhì

1-15 警告标志 jǐnggào biāozhì
경계표지

1 十字交叉 shízì jiāochā
십자형 교차점

2 T形交叉 T xíng jiāochā
T형 교차점

3 向右急转弯 xiàngyòu jízhuǎnwān
우측 급커브

4 下陡坡 xiàdǒupō
내리막 경사

5 左侧变窄 zuǒcè biànzhǎi
좌측 차선 감소

6 注意儿童 zhùyì értóng
어린이 주의

7 注意落石 zhùyì luòshí
낙석 주의

8 注意横风 zhùyì héngfēng
횡풍 주의

9 易滑 yìhuá
미끄러운 도로

10 村庄 cūnzhuāng
부락

11 隧道 suìdào
터널

12 渡口 dùkǒu
도선장

13 铁路道口 tiělù dàokǒu
철길 건널목

14 施工 shīgōng
도로 공사중

15 注意危险 zhùyì wēixiǎn
위험 주의

16-31 禁令标志 jìnlìng biāozhì
규제 표지

16 禁止通行 jìnzhǐ tōngxíng
통행 금지

17 禁止驶入 jìnzhǐ shǐrù
차량 진입 금지

18 禁止机动车通行 jìnzhǐ jīdòngchē tōngxíng
자동차 통행 금지

19 禁止汽车拖,挂车通行 jìnzhǐ qìchē tuō,guàchē tōngxíng
견인차 통행 금지

20 禁止拖拉机通行 jìnzhǐ tuōlājī tōngxíng
트랙터 통행 금지

21 禁止畜力车通行 jìnzhǐ chùlìchē tōngxíng
가축 차량 통행 금지

22 禁止向左转弯 jìnzhǐ xiàngzuǒ zhuǎnwān
좌회전 금지

23 禁止掉头 jìnzhǐ diàotóu
회전 금지 ; U턴 금지

24 禁止超车 jìnzhǐ chāochē
추월 금지 ; 앞지르기 금지

25 禁止停车 jìnzhǐ tíngchē
주차 금지

26 禁止鸣喇叭 jìnzhǐ míng lǎba
경적 금지 ; 경음기 사용 금지

27 限制高度 xiànzhì gāodù
차 높이 제한

28 限制速度 xiànzhì sùdù
속도 제한

29 停车检查 tíngchē jiǎnchá
검문 중

30 停车让行 tíngchē ràngxíng
일시 정지

31 减速让行 jiǎnsù ràngxíng
감속 양보

32-42 指示标志 zhǐshì biāozhì
지시 표지

32 直行 zhíxíng
직진

33 立交直行和右转弯行驶 lìjiāo zhíxíng hé yòuzhuǎnwān xíngshǐ
입체 교차점 직진과 우회전

34 环岛行驶 huándǎo xíngshǐ

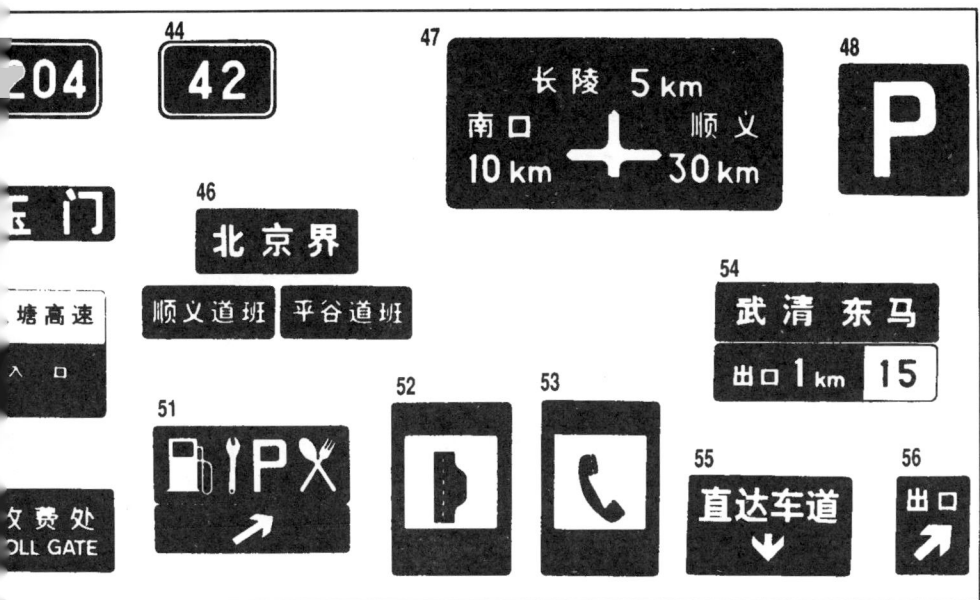

로터리 ; 회전 교차로
35-36 单向行驶 dānxiàng xíngshǐ
일방통행
37 机动车道 jīdòngchēdào
자동차 길
38 非机动车道 fēijīdòngchēdào
경차량 길
39 步行街 bùxíngjiē
보행 길
40 干路先行 gànlù xiānxíng
우선 도로
41 车道行驶方向 chēdào xíngshǐ fāngxiàng
차길 통행 방향
42 人行横道 rénxíng héngdào
횡단보도
43-56 指路标志 zhǐlù biāozhì
안내 표지
43-48 一般道路指路标志 yìbān dàolù zhǐlù biāozhì
일반 도로 안내 표지
43-44 道路编号标志 dàolù biānhào biāozhì
도로 번호 표지 ▶43은 국도로 빨간 바탕에 흰 숫자, 44는 성도(省道)로 청색에 흰 숫자

45 地名标志 dìmíng biāozhì
지명 표지
46 分界标志 fēnjiè biāozhì
분계 표지
47 方向, 地点, 距离标志 fāngxiàng, dìdiǎn, jùlí biāozhì
방향·지점·거리 표지
48 停车场标志 tíngchēchǎng biāozhì
주차장 표지
49-56 高速公路指路标志 gāosù gōnglù zhǐlù biāozhì
고속도로 안내 표지
49 高速公路入口标志 gāosù gōnglù rùkǒu biāozhì
고속도로 입구 표지
50 收费处标志 shōufèichù biāozhì
요금소 표지
51 服务区入口标志 fúwùqū rùkǒu biāozhì
서비스 구역 입구 표지
52 紧急停车带标志 jǐnjí tíngchēdài biāozhì
비상 주차지역 표지
53 紧急电话标志 jǐnjí diànhuà biāozhì
비상 전화 표지

54 高速公路出口预告标志 gāosù gōnglù chūkǒu yùgào biāozhì
고속도로 출구 예고 표지
55 直达车道标志 zhídá chēdào biāozhì
본선 표지 ▶주행 차선은 "行车道" xíngchēdào, 추월 차선은 "超车道" chāochēdào
56 出口标志 chūkǒu biāozhì
출구 표지

120 桥梁 qiáoliáng

1-41 桥 qiáo
다리 ; 교량

1-37 固定桥 gùdìngqiáo
고정교

1-19 梁桥 liángqiáo
들보교

1 公路桥 gōnglùqiáo
도로교

2 公路 gōnglù
자동차 도로

3 人行道 rénxíngdào
보도

4 桥栏干 qiáolán'gān
다리 난간

5 路灯 lùdēng
가로등

6 桥架 qiáojià
다리의 들보

7 桥台 qiáotái
교대

8 桥墩 qiáodūn
교각

9 铁路桥 tiělùqiáo
철도교

10 火车 huǒchē
기차 ; 열차

11 公路, 铁路两用桥 gōnglù, tiělù liǎngyòngqiáo
도로・철도 병용교

12 引桥 yǐnqiáo
도입교

13 桥头堡 qiáotóubǎo
교탑

14 汽车 qìchē
자동차

15 中心线 zhōngxīnxiàn
중앙선 ; 센터 라인
▶"中线" zhōngxiàn

16 河滩 hétān
모래톱

17 梯形桁架桥 tīxínghéngjià-qiáo
트러스교

18 木桥 mùqiáo
나무 다리 ; 목교

19 桥板 qiáobǎn
교판

20 独木桥 dúmùqiáo
외나무 다리

21-24 石桥 shíqiáo
돌다리

21 石板桥 shíbǎnqiáo
석판교 ▶교대 위에 판석을 걸친 다리

22 石拱桥 shígǒngqiáo
아치형의 석교

23 石阶 shíjiē
돌계단

24 桥孔 qiáokǒng
다리 밑의 공동
▶"桥洞儿" qiáodòngr

25 行人 xíngrén
통행인

26 拱桥 gǒngqiáo
아치교 ▶강철제의 아치교는
"钢拱桥" gānggǒngqiáo

27-35 吊桥 diàoqiáo
적교 ; 매단 다리 ; 현수교
▶"悬索桥" xuánsuǒqiáo

28 缆索 lǎnsuǒ
주 케이블

29 吊杆 diàogān
행어 로프 ; 현수재

30 索塔 suǒtǎ
탑 ; 주탑

31 锚碇 máodìng
앵커 블록

32 藤网桥 téngwǎngqiáo
등나무 줄기로 만든 다리

33 麻索桥 másuǒqiáo
삼의 로프를 사용한 적교

34 铁索桥 tiěsuǒqiáo
쇠 로프를 사용한 적교

35 竹索桥 zhúsuǒqiáo
대나무로 만든 적교

36 斜拉桥 xiélāqiáo
사장교(斜張橋)

37 斜拉索 xiélāsuǒ
경사 장력 케이블

38 浮桥 fúqiáo
부교 ; 배다리 ▶그림은 부교의
일종인 "舟桥" zhōuqiáo
(주교. 배를 이용한 부교)

39-41 活动桥 huódòngqiáo
가동교 ▶"开启桥" kāiqǐqiáo
(개폐식 교량)라고도 한다.

39 升降桥 shēngjiàngqiáo
승강교 ; 교체가 상승하여 그
밑으로 배가 통행할 수 있
는 구조의 다리

40 开动桥 kāidòngqiáo
도개교(跳開橋) ; 개폐교

41 旋转桥 xuánzhuǎnqiáo
선회교

교량 120

121 火车站 huǒchēzhàn I

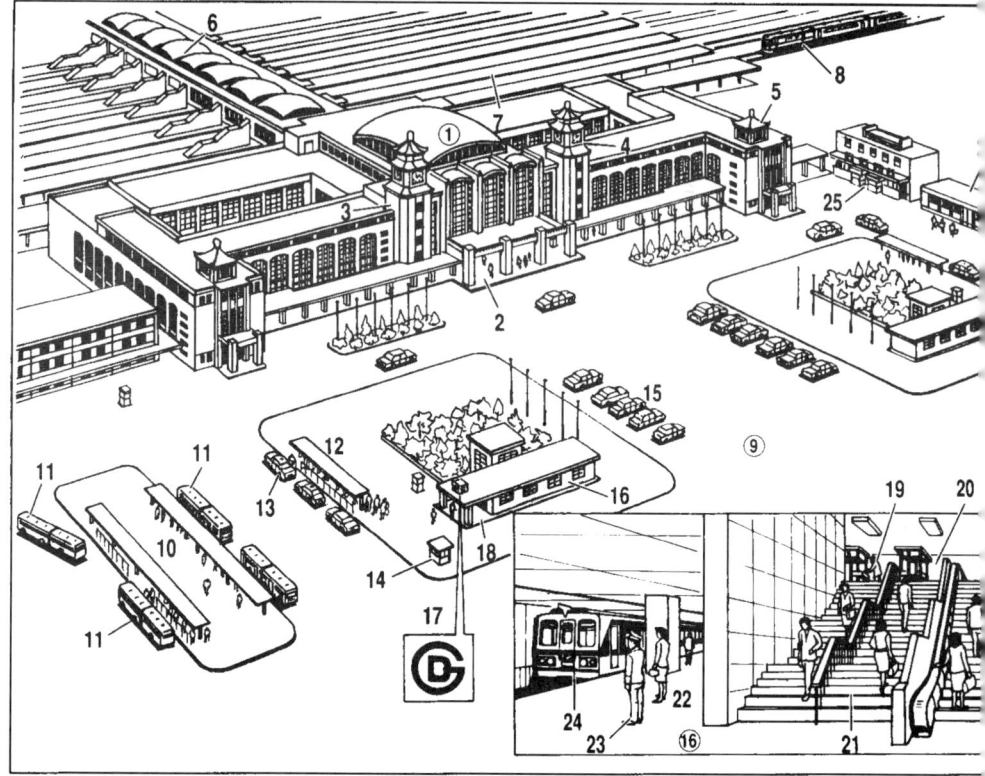

1 站房 zhànfáng	버스 정류장	개찰구
역사	▶"公共汽车站" gōnggòng-	20 出口 chūkǒu
2 进站口 jìnzhànkǒu	qìchēzhàn	출구
역의 입구	11 公共汽车 gōnggòngqìchē	21 台阶 táijiē
3 钟楼 zhōnglóu	노선버스	계단
시계탑	12 出租汽车站 chūzūqìchēzhàn	22 站台 zhàntái
4 大钟 dàzhōng	택시 승강장	홈 ▶"月台" yuètái라고도 한
대시계	13 出租汽车 chūzū qìchē	다.
5 角楼 jiǎolóu	택시 ▶"的士" díshì	23 车站工作人员 chēzhàn
건물 모서리의 망루	14 电话亭 diànhuàtíng	gōngzuò rényuán
6 进站天桥 jìnzhàn tiānqiáo	공중전화 박스	역서비스원
과선교; 홈으로 나가는 구름	15 停车场 tíngchēchǎng	24 列车 lièchē
다리	주차장	열차
7 雨棚 yǔpéng	16-24 地铁 dìtiě	25 公共厕所 gōnggòng cèsuǒ
비막이; 지붕과 기둥만 있는	지하철	공중변소 ▶"公厕" gōngcè라
건물	16 地铁车站 dìtiě chēzhàn	고도 한다.
8 火车 huǒchē	지하철역	26 商店 shāngdiàn
기차; 열차	17 地铁标志 dìtiě biāozhì	상점
9 站前广场 zhànqián guǎng-	지하철 표지	27 中央大厅 zhōngyāng dà-
chǎng	18 地铁出入口 dìtiě chūrùkǒu	tīng
역전 광장	지하철 출입구	통로를 겸한 중앙 홀
10 汽车站 qìchēzhàn	19 检票口 jiǎnpiàokǒu	28 旅客 lǚkè

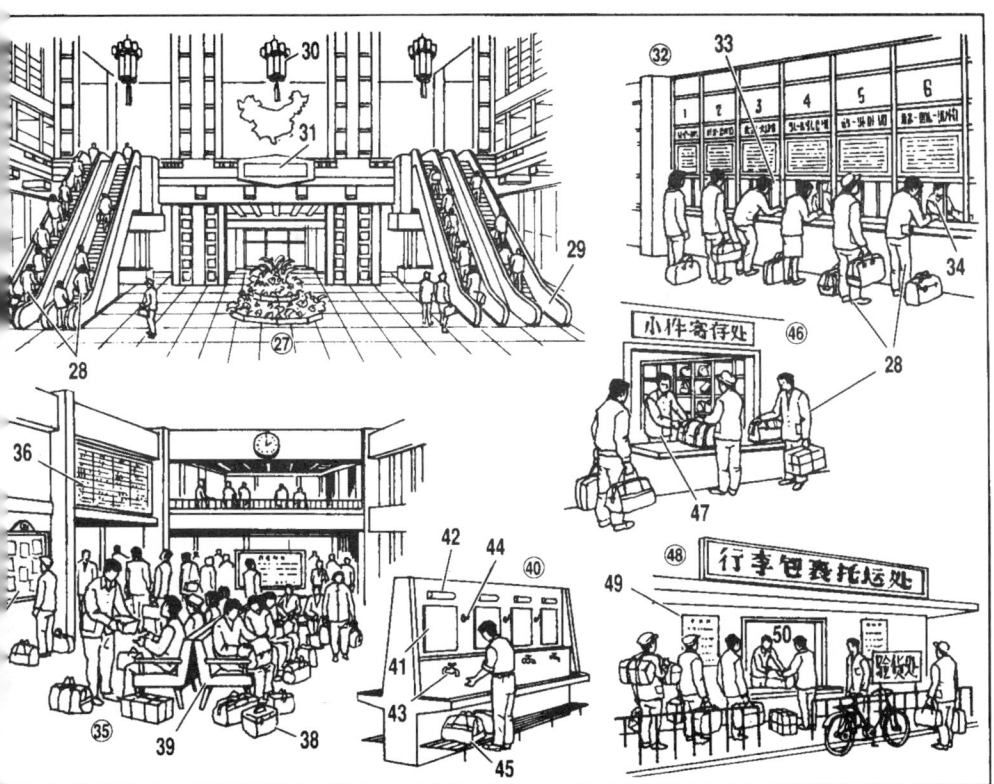

	여객
29	电动扶梯 diàndòng fútī 에스컬레이터
30	吊灯 diàodēng 샹들리에
31	电子钟 diànzǐzhōng 전자 시계
32	售票厅 shòupiàotīng 매표소 ▶"售票处" shòupiàochù, "票房" piàofáng
33	售票窗口 shòupiào chuāng kǒu 매표 창구 ▶"售票口" shòupiàokǒu
34	售票员 shòupiàoyuán 매표원
35	候车室 hòuchēshì (열차의)대합실
36	列车时刻表 lièchē shíkèbiǎo 열차 시각표
37	留言牌 liúyánpái 안내판
38	行李 xíngli 여행 짐
39	座位 zuòwèi 의자
40	盥洗室 guànxǐshì 세면소 ; 화장실
41	镜子 jìngzi 거울
42	灯 dēng 전등
43	水龙头 shuǐlóngtóu 수도꼭지
44	衣钩儿 yīgōur 옷걸이 ; 훅
45	旅行袋 lǚxíngdài 여행용 백
46	行李寄存处 xíngli jìcúnchù 수화물 예치소
47	行李员 xínglìyuán 수화물계
48	行李包裹托运处 xíngli bāoguǒ tuōyùnchù 수화물 탁송소
49	公告牌 gōnggàopái 게시판
50	验货处 yànhuòchù 수화물 접수 창구

122 火车站 huǒchēzhàn II

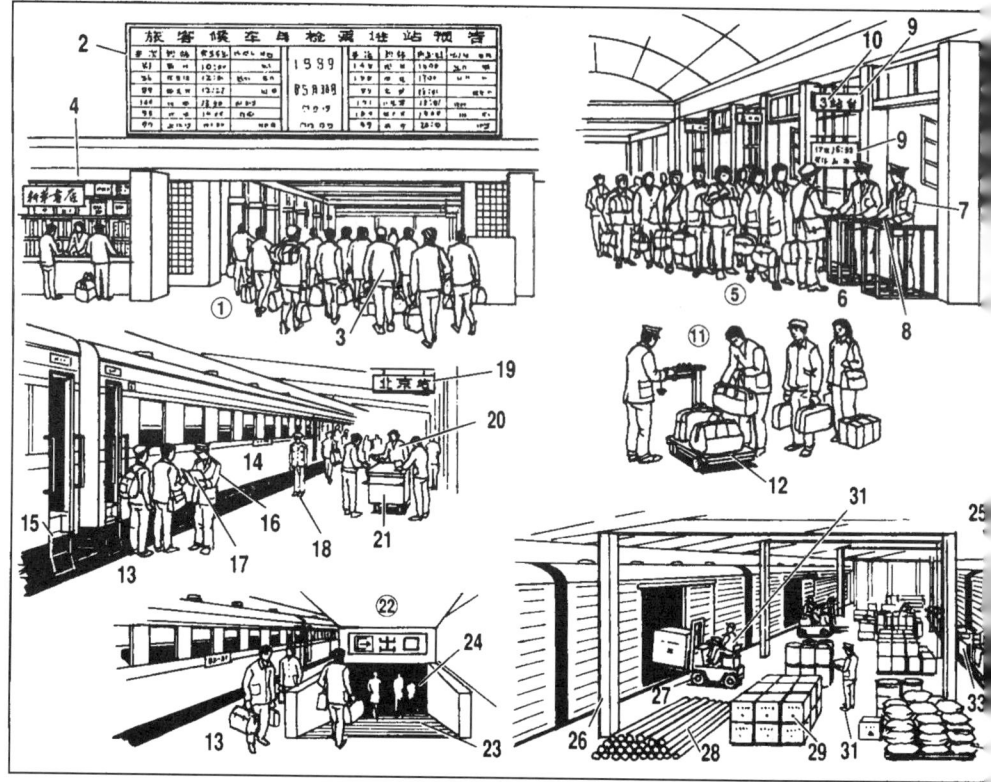

1 进站厅 jìnzhàntīng
  플랫폼으로 통하는 통로
2 预告牌 yùgàopái
  (발차 번선・개찰 개시 시각 등의)예고판 ; 게시판
3 旅客 lǚkè
  여객
4 书店 shūdiàn
  서점
5 检票 jiǎnpiào
  개찰
6 检票口 jiǎnpiàokǒu
  개찰구
7 检票员 jiǎnpiàoyuán
  개찰계
8 钳子 qiánzi
  표 집게
9 牌子 páizi
  간판 ; 표지
10 站台号 zhàntáihào
  플랫폼의 번호
11 行李过秤 xíngli guòchèng
  수화물 계량 ▶"行李过磅"
  xíngli guòbàng
12 磅秤 bàngchèng
  대칭 ; 앉은뱅이저울
13 站台 zhàntái
  플랫폼 ▶"月台" yuètái
14 客车 kèchē
  객차
15 踏板 tàbǎn
  발판 ; 스텝
16 列车员 lièchēyuán
  열차 승무원
17 票夹 piàojiā
  표 케이스
18 乘警 chéngjǐng
  승경 ; 철도 경찰
19 站名牌 zhànmíngpái
  역명 표지
20 售货员 shòuhuòyuán
  판매원
21 售货车 shòuhuòchē
  이동 매점
22 出口 chūkǒu
  출구
23 台阶 táijiē
  계단
24 地道 dìdào
  지하도
25 货车 huòchē
  화물차
26 柱子 zhùzi
  기둥
27 叉车 chāchē
  포크 리프트 ; 지게차
28-30 货物 huòwù
  화물
28 钢管 gāngguǎn
  강관 ; 쇠 파이프
29 箱装货物 xiāngzhuāng huòwù
  상자로 포장한 화물
30 袋装货物 dàizhuāng huòwù
  포대로 포장한 화물
31 货运员 huòyùnyuán

철도역 II 122

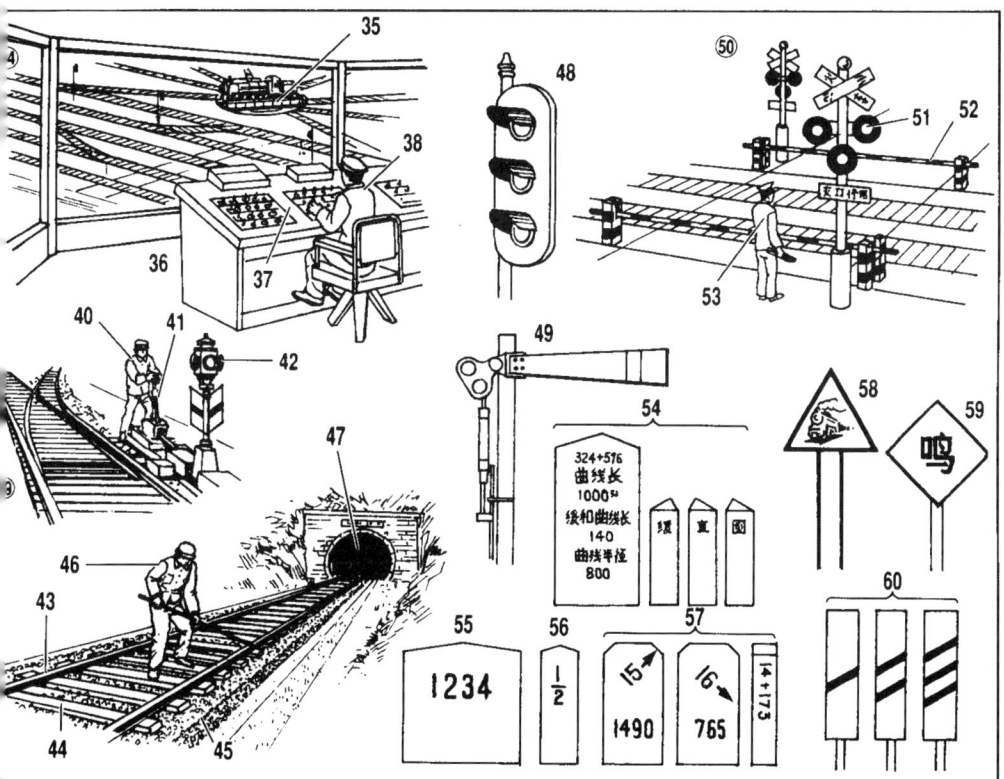

화물 운송계
32 电瓶车 diànpíngchē
전동 운반차; 배터리 카
33 拖车 tuōchē
트레일러
34 编组站 biānzǔzhàn
조차장
▶"调车场" diàochēchǎng
35 机车转向盘 jīchē zhuǎn-xiàngpán
턴 테이블
36 调度中心 diàodù zhōngxīn
지령소; 컨트롤 센터
37 调度控制台 diàodù kòng-zhìtái
지령대; 컨트롤 데스크
38 调度员 diàodùyuán
조차수; 제어수
39 道岔 dàochà
포인트
40 扳道工 bāndàogōng
전철수

41 转辙器 zhuǎnzhéqì
전철기
42 道岔表示器 dàochà biǎo-shìqì
포인트 표지등
43 钢轨 gāngguǐ
궤일
44 枕木 zhěnmù
침목
45 道床 dàochuáng
노상; 노반
46 养路工 yǎnglùgōng
보선계
47 隧道 suìdào
터널
48-49 信号机 xìnhàojī
신호기
49 臂板信号机 bìbǎn xìnhàojī
완목식 신호기
50 道口 dàokǒu
건널목
51 道口自动信号机 dàokǒu zì-
dòng xìnhàojī
건널목 자동 신호기
52 道口栏木 dàokǒu lánmù
건널목 차단기
53 道口工 dàokǒugōng
건널목 경비원
54 曲线标 qūxiànbiāo
곡선표
55 公里标 gōnglǐbiāo
킬로 표지
56 半公里标 bàngōnglǐbiāo
0.5킬로미터 표지
57 坡度标 pōdùbiāo
물매표; 경사도표
58 道口警标 dàokǒu jǐngbiāo
건널목 접근 표지
59 鸣笛标 míngdíbiāo
경적 표지
60 接近标志 jiējìn biāozhì
접근 표지

197

123 铁路车辆 tiělù chēliàng

1-10 客车 kèchē
객차
1 硬座车 yìngzuòchē
보통차 ; 2등차
2 软座车 ruǎnzuòchē
그린차 ; 1등차
3-4 卧车 wòchē
침대차
3 硬卧车 yìngwòchē
보통 침대차 ; 2등 침대차
4 软卧车 ruǎnwòchē
그린 침대차 ; 1등 침대차
5 双层客车 shuāngcéng kè-chē
2층 열차
6 了望车 liǎowàngchē
전망차
7 公务车 gōngwùchē
전용열차 ; 지도자나 귀빈이 타기 위한 특별 객차
8 餐车 cānchē
식당차
9 行李车 xínglǐchē
소화물차
10 邮政车 yóuzhèngchē
우편차
11-23 货车 huòchē
화물차
11-14 篷车 péngchē
유개 화차 ▶"棚车" péngchē
12 冷藏车 lěngcángchē
냉장 화차
13 家畜车 jiāchùchē
가축 운반 화차
14 家禽车 jiāqínchē
가금 운반 화차
15 罐车 guànchē
탱크 화차 ▶"槽车" cáochē
16-20 敞车 chǎngchē
무개화차
17 平车 píngchē
무측 화차
▶"平板车" píngbǎnchē
18 长大货物车 chángdà huòwùchē
대형 화물차
19 装运汽车的专用车 zhuāngyùn qìchē de zhuānyòngchē
자동차 운반용 화차
20 自翻车 zìfānchē
자동 부림 화차 ▶차체를 기울여 적재한 광석이나 토사를 흘려 내린다. "自卸低边车"

철도 차량 123

zìxiè dǐbiānchē라고도 한다.
21-22 漏斗车 lòudǒuchē
      호퍼차
22 煤车 méichē
   석탄 운반차
23 守车 shǒuchē
   차장차
24 缆车 lǎnchē
   케이블카
25 索道 suǒdào
   삭도 ; 로프웨이
26 吊车 diàochē
   곤돌라
27-28 单轨列车 dānguǐ lièchē
      모노레일
27 悬挂式单轨列车 xuánguà-
   shì dānguǐ lièchē
   현수식 모노레일

28 跨式单轨列车 kuàshì dān-
   guǐ lièchē
   과좌식 모노레일
29 磁垫车 cídiànchē
   자기 부상식 리니어 모터 카
   ▶"磁悬浮式列车" cíxuán-
   fúshì lièchē

199

124 机车及其结构 jīchē jí qí jiégòu

1-42 机车 jīchē
기관차 ; 기차머리
▶"火车头" huǒchētóu

1-20 蒸气机车 zhēngqì jīchē
증기 기관차

1 前进型 qiánjìnxíng
전진형

2 驾驶室 jiàshǐshì
운전실 ; ▶"司机室" sījīshì

3 煤水车 méishuǐchē
탄수차

4 客车 kèchē
객차

5 火箱 huǒxiāng
화실

6 锅炉安全阀 guōlú ānquán-fá
보일러 안전밸브
▶"锅炉" guōlú

7 沙箱 shāxiāng
모래 돔

8 导烟板 dǎoyānbǎn
제연판

9 头灯 tóudēng
전조등
▶"前照灯" qiánzhàodēng

10 烟箱门 yānxiāngmén
연실문

11 导轮 dǎolún
앞바퀴

12 汽缸 qìgāng
실린더 ▶피스톤은 "活塞" huósāi, "鞲鞴" gōubèi

13 摇杆 yáogān
주연봉 ; 크랭크

14 动轮 dònglún
기동륜

15 连杆 lián'gān
연결봉

16 建设型 jiànshèxíng
건설형

17 人民型 rénmínxíng
인민형

18 解放型 jiěfàngxíng
해방형

19 烟筒 yāntong
연통

20 车号 chēhào
차번호

21-39 内燃机车 nèiránjīchē
디젤 기관차

21 东风型 dōngfēngxíng
동풍형

22 风笛 fēngdí
기적

23 路徽 lùhuī
(인민)철도 마크 ▶"人民铁路标志" rénmín tiělù biāozhì

24 车钩 chēgōu
차량 연결기

25 排障器 páizhàngqì
배장기

26 发电机 fādiànjī
발전기

27 柴油机 cháiyóujī
디젤 기관 ; 디젤 엔진

28 调速器 tiáosùqì
속도 조절기 ; 거버너

29 消音器 xiāoyīnqì
소음기

30 冷却室 lěngquèshì
냉각실

31 转向架 zhuǎnxiàngjià
대차 ; 보기 ▶"台车" táichē

32 车轮 chēlún
차륜 ; 차바퀴
▶"车轱辘" chēgūlu

33 燃油箱 rányóuxiāng
연료 탱크

34 北京型 běijīngxíng
베이징형

35 扶手 fúshou
난간 ; 손잡이

36 踏板 tàbǎn
발판 ; 스텝

37 调车机车 diàochē jīchē
입환 전용 기관차

38 工程车 gōngchéngchē
작업차

39 铲雪机车 chǎnxuě jīchē
제설차
▶"除雪机车" chúxuě jīchē

40 电力机车 diànlì jīchē
전기 기관차

41 架线 jiàxiàn
가선

42 手电弓 shǒudiàngōng
팬터그래프

43 铺轨机 pūguǐjī
포궤기 ; 레일 부설차 ▶조중차(操重车)의 일종. 레일 부설차의 일종

44 铺轨吊机 pūguǐ diàojī
크레인 ▶"铺轨机" pūguǐjī의 크레인 ; 레일 부설차의 크레인

45 操纵室 cāozòngshì
조종실

46 轨排 guǐpái
레일과 침목을 이은 것

기관차와 그 구조 124

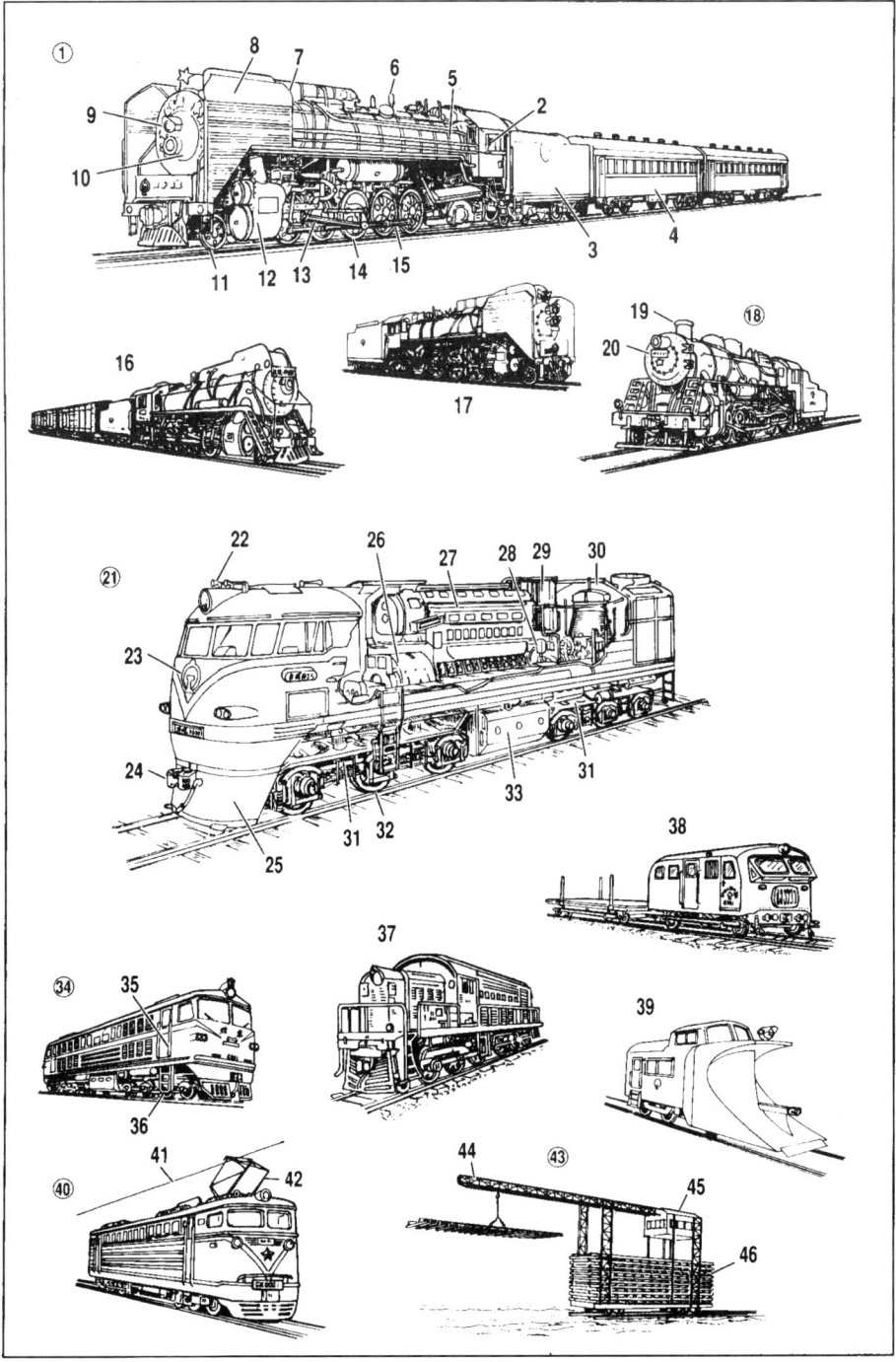

125 客车 kèchē

1 硬座车 yìngzuòchē
  보통차▶"硬座" yìngzuò
2 旅客 lǚkè
  승객▶"乘客" chéngkè
3 座椅 zuòyǐ
  좌석(의자)
4 靠背 kàobèi
  등받이
5 盒饭 héfàn
  도시락(차내에서 판매하는)
6 列车员 lièchēyuán
  열차 승무원
7 水壶 shuǐhú
  주전자
8 旅行袋 lǚxíngdài
  여행용 백
  ▶"旅行包" lǚxíngbāo
9 雨伞 yǔsǎn
  우산
10 茶杯 chábēi
  찻잔▶"杯子" bēizi. 여행용 휴대 컵은 "旅行杯" lǚxíngbēi
11 水果刀 shuǐguǒdāo
  과도
12 茶几 chájī
  차탁;티 테이블
13 烟灰盒 yānhuīhé
  재떨이
  ▶"烟灰缸" yānhuīgāng
14 暖水瓶 nuǎnshuǐpíng
  보온병 ▶"暖瓶" nuǎnpíng, "暖壶" nuǎnhú
15 行李架 xínglijià
  짐 선반
16 喇叭 lǎba
  확성기;스피커
17 灯 dēng
  전등
18-38 卧车 wòchē
  침대차
18-29 软卧车 ruǎnwòchē
  1등 침대차▶"软卧" ruǎnwò
18 包房 bāofáng
  칸막이 좌석;컴파트먼트
  ▶"包间" bāojiān
19 列车长 lièchēzhǎng
  전무 차장
20 票夹 piàojiā
  차표 함

21 妈妈 māma
  어머니
22 项链儿 xiàngliànr
  목걸이;네크리스
23 镯子 zhuózi
  팔찌
24 小孩儿 xiǎoháir
  어린이
25 阅读灯 yuèdúdēng
  독서등;침대등
26 扶手 fúshou
  팔걸이
27 台灯 táidēng
  전기스탠드
28 地毯 dìtǎn
  융단
29 拖鞋 tuōxié
  슬리퍼
30 硬卧车 yìngwòchē
  2등 침대차▶"硬卧" yìngwò
31-33 铺位 pùwèi
  침대;베드
31 上铺 shàngpù
  상단 침대
32 中铺 zhōngpù
  중단 침대
33 下铺 xiàpù
  하단 침대
34 梯子 tīzi
  사다리
35 折叠椅 zhédiéyǐ
  접이식 걸상▶"折椅" zhéyǐ
36 毛巾 máojīn
  타올;수건
37 走道 zǒudào
  통로▶"通道" tōngdào
38 拖把 tuōbǎ
  (자루달린)대걸레
  ▶"拖布" tuōbù
39-57 餐车 cānchē
  식당차
40 服务员 fúwùyuán
  웨이트리스
41 菜 cài
  요리
42 饭票 fànpiào
  식권
43 餐桌 cānzhuō
  식탁

44 桌布 zhuōbù
  식탁보;테이블 클로스
  ▶"台布" táibù
45 酒 jiǔ
  술
46 盆花儿 pénhuār
  화분 꽃
47 烟灰缸 yānhuīgāng
  재떨이
48 食品柜 shípǐnguì
  식품 선반
49 电风扇 diànfēngshàn
  선풍기▶"电扇" diànshàn
50 厨房 chúfáng
  주방
51 炊事员 chuīshìyuán
  요리사
52 工作帽 gōngzuòmào
  작업모
53 工作服 gōngzuòfú
  작업복
54 围裙 wéiqún
  앞치마;에이프런
55 冰箱 bīngxiāng
  냉장고
56 炒锅 chǎoguō
  볶음 냄비
57 饭锅 fànguō
  밥솥
58 乘务员室 chéngwùyuánshì
  승무원실
59 闹钟 nàozhōng
  사발시계
60 笔记本儿 bǐjìběnr
  노트
61 锅炉室 guōlúshì
  보일러실
62 锅炉 guōlú
  보일러

객차 125

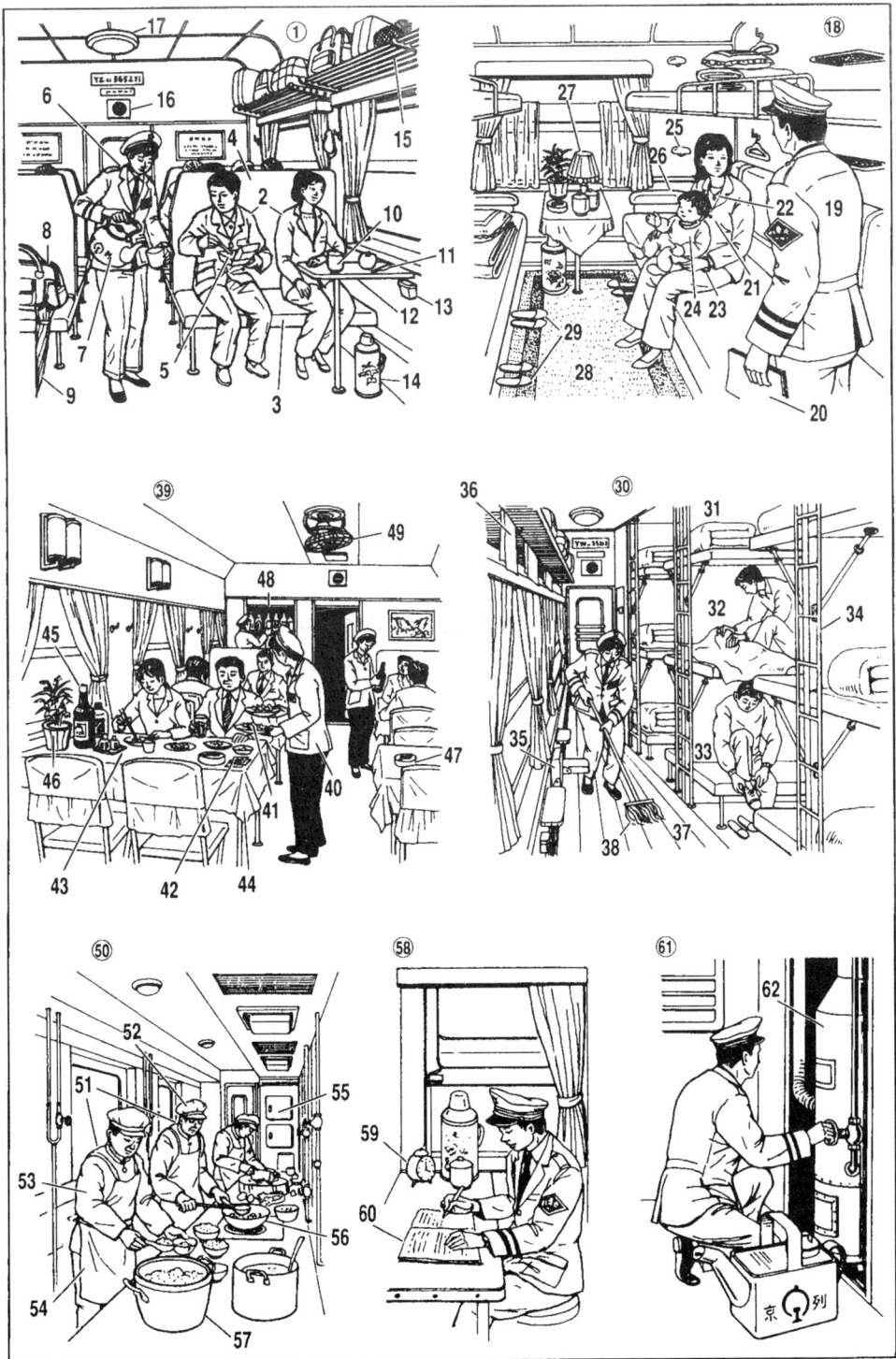

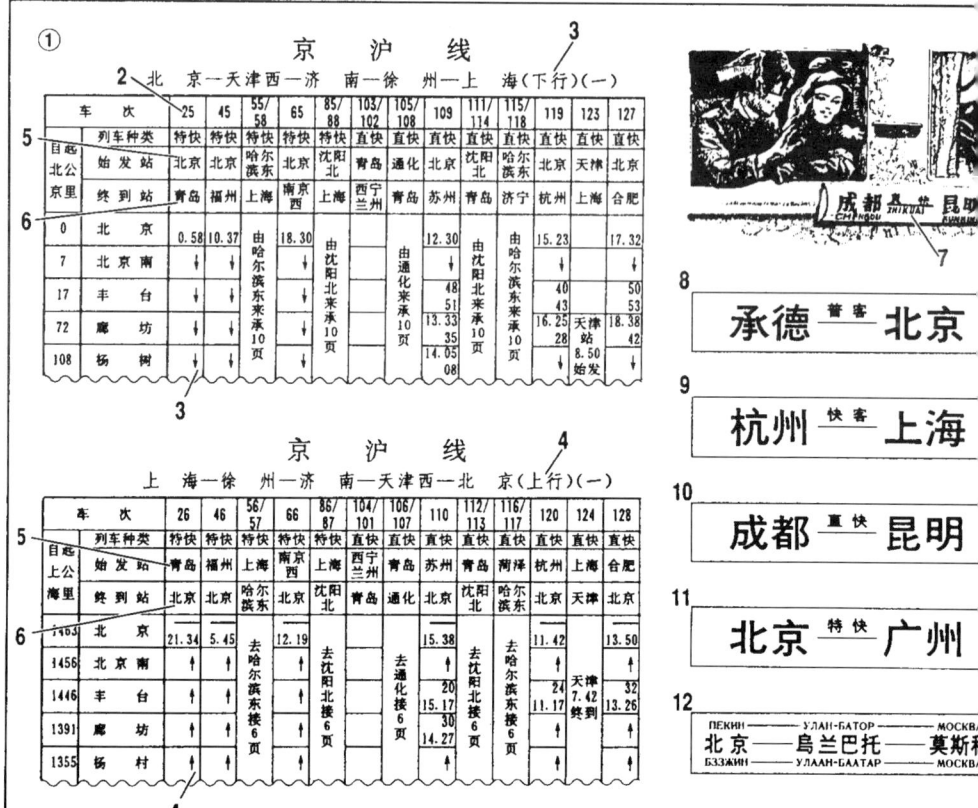

1 时刻表 shíkèbiǎo
시각표
2 车次 chēcì
열차 번호
3 下行车 xiàxíngchē
하행 열차 ▶열차 번호가 홀수
4 上行车 shàngxíngchē
상행 열차 ▶열차 번호가 짝수
5 起点站 qǐdiǎnzhàn
시발역 ▶"始发站" shǐfāzhàn
6 终点站 zhōngdiǎnzhàn
종착역 ▶"终到站" zhōngdàozhàn
7 列车方向牌 lièchē fāngxiàngpái
열차 방향판
8 慢车 mànchē
보통열차 ▶복수의 철도 관리국에 걸쳐 운행되는 열차는 "直客" zhíkè("直通旅客列车" zhítōng lǚkè lièchē의 약), 한 철도 관리국 내에서 운행되는 열차는 "管内旅客列车" guǎnnèi lǚkè lièchē
9-12 快车 kuàichē
급행열차
9 快客 kuàikè
준급 급행열차("旅客快车" lǚkè kuàichē의 약)
10 直快 zhíkuài
직달 급행열차("直通旅客快车" zhítōng lǚkè kuàichē의 약)
11 特快 tèkuài
특급 열차("特别旅客快车" tèbié lǚkè kuàichē의 약)
12 国际联运列车 guójì liányùn lièchē
국제 열차

13-25 车票 chēpiào
차표
13 客票 kèpiào
승차권 ▶"硬座" yìngzuò(2등석), "软座" ruǎnzuò(1등석)의 구별이 있다.
14 发站 fāzhàn
승차역
15 到站 dàozhàn
하차역
16 小孩儿票 xiǎoháirpiào
어린이표 ▶신장 1미터 이상, 1.4미터 미만의 어린이는 1/2요금. "儿童票" értóngpiào라고도 한다. 대인표는 "大人票" dàrénpiào
17 半票 bànpiào
반표; 반액표 ▶상이 군인과

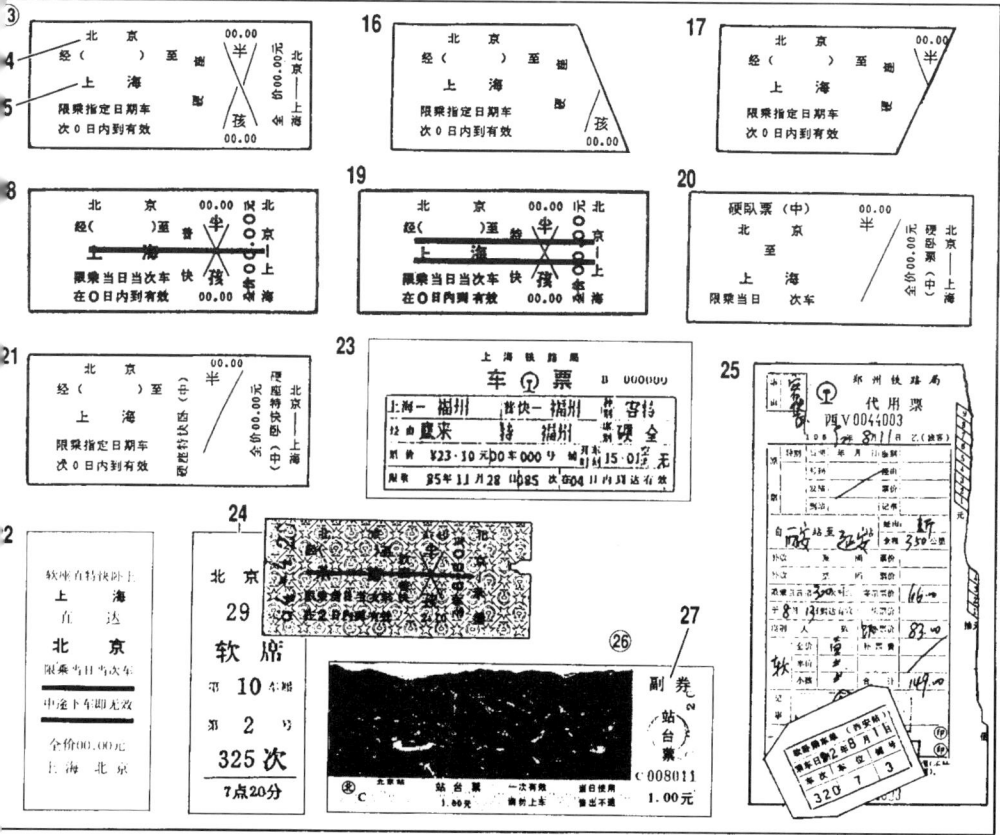

학생이 대상. 그에 대한 보통 표는 "全票" quánpiào, "整票" zhěngpiào라 한다.

18-19 加快票 jiākuàipiào
급행권

18 普通加快票 pǔtōng jiā-kuàipiào
보통 급행권

19 特別加快票 tèbié jiākuàipiào
특별 급행권

20 卧铺票 wòpùpiào
침대권 ▶"硬卧票" yìngwòpiào(2등 침대권)과 "软卧票" ruǎnwòpiào(1등 침대권)의 두 종류가 있다.

21-23 联合票 liánhépiào
승차권과 급행권(때로는 침대권도 포함)을 한 장으로 한 표 ▶23은 "电子售票系统" diànzǐ shòupiào xìtǒng(컴퓨터에 의한 승차권 발매 시스템)에 의한 "联合票"

24 座号小条 zuòhào xiǎotiáo
좌석번호 ▶침대번호는 "卧号小条" wòhào xiǎotiáo라 한다.

25 代用票 dàiyòngpiào
대용 차표 ; 역이나 차내에서 보충 발행된다

26 站台票 zhàntáipiào
홈내권 ; 전송이나 영접을 위해 홈 내에서만 쓰는 표

27 副券 fùquàn
부권 ; 덧표

127 港口 gǎngkǒu

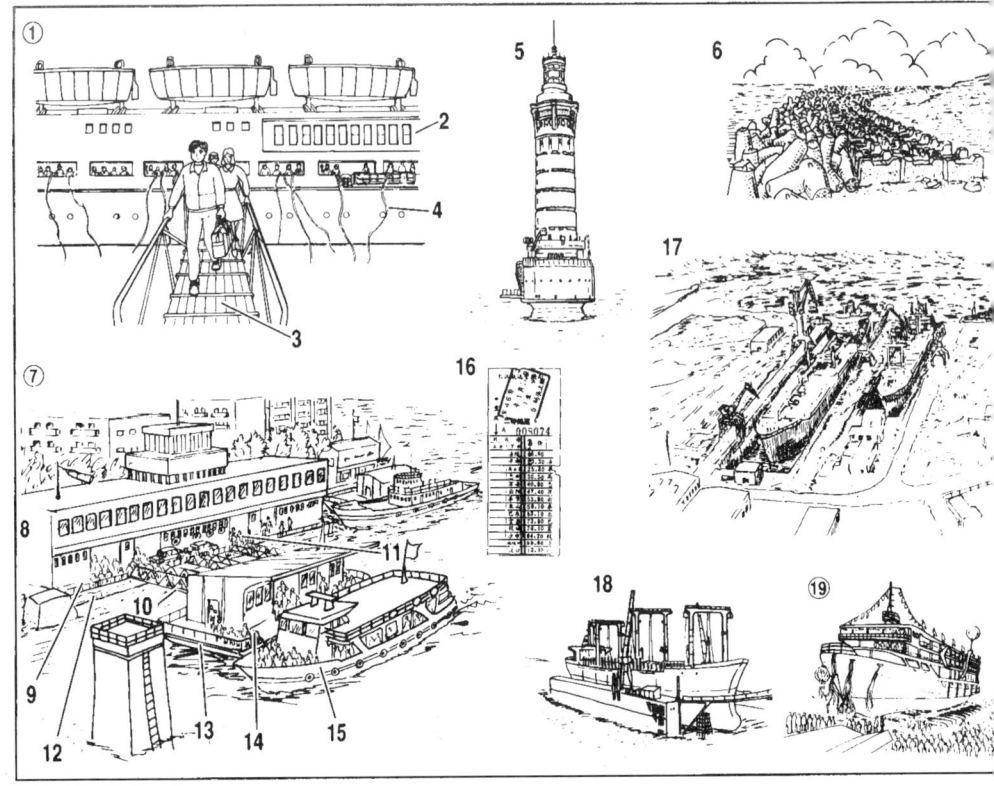

1-35 港口 gǎngkǒu
항구；항만
1-6 海港 hǎigǎng
해항；해안의 항구
1 客运码头 kèyùn mǎtou
승선 부두 ▶"码头" mǎtou는 부두
2 客轮 kèlún
여객선
3 舷梯 xiántī
승강구；트랩
4 纸带 zhǐdài
종이 테이프
5 灯塔 dēngtǎ
등대
6 混凝土块 hùnníngtǔkuài
콘크리트 블록 ▶방파제를 "防波堤" fángbōdī
7-15 河港 hégǎng
하항；강이나 호수에 있는 항구
7 客运站 kèyùnzhàn
여객 터미널
8 候船室 hòuchuánshì
부두 대합실
9 迎送廊 yíngsòngláng
환송 덱
10 天桥 tiānqiáo
구름다리
11 旅客 lǚkè
승선객
12 岸边 ànbiān
물가
13 趸船 dǔnchuán
잔교배；헐크 ▶부두에서 승객이나 화물의 상하선 편의를 위해 쓰는 배
14 带缆桩 dàilǎnzhuāng
계선주
15 客轮 kèlún
객선
16 船票 chuánpiào
승선표
17-20 造船厂 zàochuánchǎng
조선소
17-18 船坞 chuánwù
도크；선거
17 干船坞 gānchuánwù
건 선거；건 도크
18 浮船坞 fúchuánwù
부 도크；부선거
19 下水典礼 xiàshuǐ diǎnlǐ
진수식
20 船台 chuántái
선대；조선대
21-22 挖泥船 wāníchuán
준설선
21 抓斗式挖泥船 zhuādǒushì wāníchuán
크래브식 준설선
22 吸扬式挖泥船 xīyángshì wāníchuán
펌프식 준설선
23 起重船 qǐzhòngchuán
크레인선；기중기선
▶"浮吊" fúdiào

항구 127

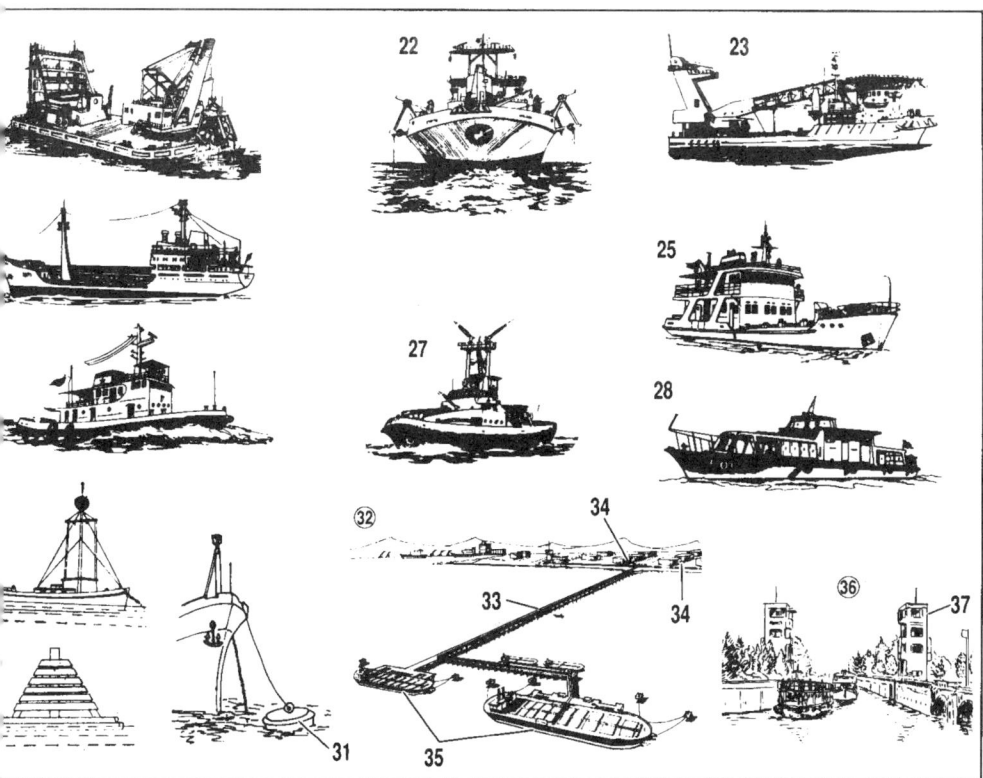

24 供油船 gōngyóuchuán
   급유선
25 供水船 gōngshuǐchuán
   급수선
26 拖轮 tuōlún
   예인선 ; 태그 보트
27 消防船 xiāofángchuán
   소방선
28 交通艇 jiāotōngtǐng
   순시정
29-30 航标 hángbiāo
   항로 표지
29 灯船 dēngchuán
   등선 ; 라이트 십
30 浮标 fúbiāo
   부표
31 系船浮筒 xìchuán fútǒng
   계선 부표 ; 계선 부이
32 油码头 yóumǎtou
   석유 부두
33 输油管 shūyóuguǎn
   송유 파이프
34 油库 yóukù
   오일 탱크
35 油轮 yóulún
   탱커
36 运河 yùnhé
   운하
37 船闸 chuánzhá
   수문

128　船舶 chuánbó I

1-30　船 chuán
배 ; 선박

1-22　船身 chuánshēn
선체

1　船头 chuántóu
선수

2　舷墙 xiánqiáng
현장

3　左舷 zuǒxián
좌현 ▶우현은 "右舷" yòuxián

4　锚 máo
닻

5　吃水线 chīshuǐxiàn
흘수선

6　甲板 jiǎbǎn
갑판 ▶ 해치는 "舱口" cāngkǒu, "升降口" shēngjiàngkǒu

7　栏杆 lán'gān
난간

8　桅杆 wéigān
마스트

9　雷达 léidá
레이더

10　汽笛 qìdí
기적 ▶"船笛" chuándí

11　天线 tiānxiàn
안테나

12　烟囱 yāncōng
굴뚝

13　救生艇 jiùshēngtǐng
구명정

14　船尾 chuánwěi
선미

15　舵 duò
키

16　螺旋桨 luóxuánjiǎng
프로펠러 ; 스크루

17　船底 chuándǐ
배밑 ; 선저

18　龙骨 lónggǔ
용골

19　客舱 kècāng
객실

20　货舱 huòcāng
화물실

21　机舱 jīcāng
기관실

22　驾驶室 jiàshǐshì
조타실 ; 브리지 ; 선교

23-24　海员 hǎiyuán
해원 ; 선원
▶"船员" chuányuán

23　船长 chuánzhǎng
선장

24　舵手 duòshǒu
조타수 ▶기관장은 "轮机长" lúnjīzhǎng, 1(2·3)등 항해사는 "大(二,三)副手" dà-(èr, sān)fùshǒu

25　舵轮 duòlún
타륜 ; 키

26　陀螺罗盘 tuóluó luópán
자이로컴퍼스▶"罗盘" luópán(나침반)의 일종

27　六分仪 liùfēnyí
육분의

28　海图 hàitú
해도

29　救生圈 jiùshēngquān
구명 튜브

30　救生衣 jiùshēngyī
구명동의 ; 라이프 재킷

31-34　国际信号旗 guójì xìnhàoqí
국제 신호기 ▶"国际通语信号旗" guójì tōngyǔ xìnhàoqí

31　字母旗 zìmǔqí
자모기

32　数字旗 shùzìqí
숫자기

33　代用旗 dàiyòngqí
대용기

34　回答旗 huídáqí
회답기

선박 Ⅰ

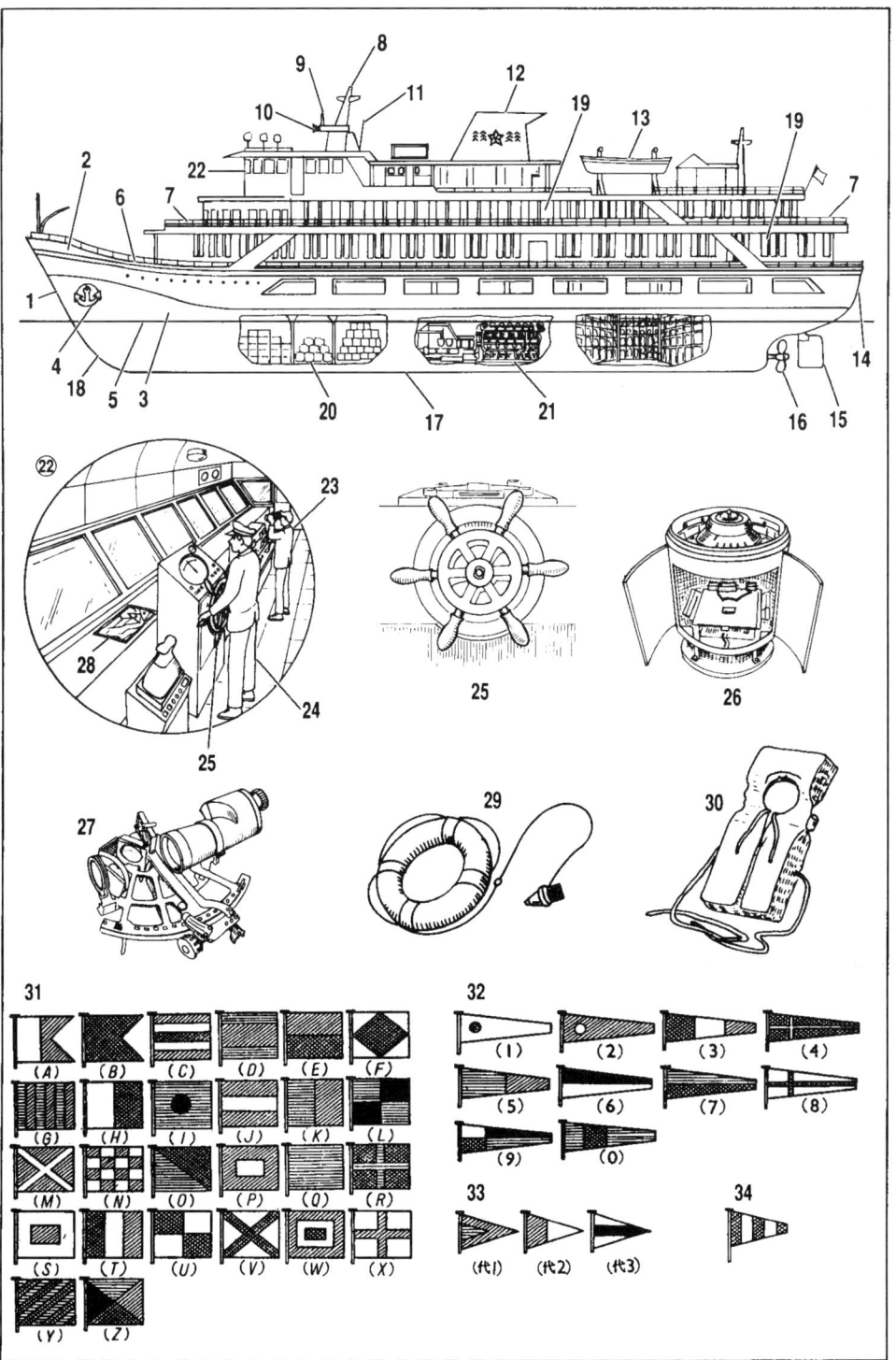

129 船舶 chuánbó II

1-12 轮船 lúnchuán
기선 ▶해상 항행의 기선은 "海轮" hǎilún, 하천을 항행하는 기선은 "江轮" jiānglún

1-3 客轮 kèlún
여객선

1 远洋客轮 yuǎnyáng kèlún
원양 여객선

2 沿海客轮 yánhǎi kèlún
연해 여객선

3 长江客轮 chángjiāng kèlún
장천 여객선 ▶"内河客轮" nèihé kèlún(하천 항로를 운행하는 여객선)의 일종

4-7 货轮 huòlún
화물선

4 远洋货轮 yuǎnyáng huòlún
원양 화물선

5 散装货轮 sǎnzhuāng huòlún
산적(散積) 화물선

6 集装箱货轮 jízhuāngxiāng huòlún
컨테이너선

7 油轮 yóulún
탱커

8 客货轮 kèhuòlún
화객선

9-11 轮渡 lúndù
연락선; 페리

10 汽车轮渡 qìchē lúndù
자동차 연락선; 카페리

11 火车轮渡 huǒchē lúndù
열차 연락선

12 双体船 shuāngtǐchuán
쌍동선

13 汽艇 qìtǐng
모터보트
▶"摩托艇" mótuōtǐng

14 游览艇 yóulǎntǐng
유람선

15 水翼艇 shuǐyìtǐng
수중익선

16 气垫船 qìdiànchuán
호버크라프트

17 电缆船 diànlǎnchuán
케이블선

18 医疗艇 yīliáotǐng
의료정

19 打捞船 dǎlāochuán
구출선; 샐비지선

20 海洋气象船 hǎiyáng qìxiàngchuán
해양 기상선

21 石油勘探船 shíyóu kāntànchuán
석유 조사선

22 破冰川 pòbīngchuān
쇄빙선

선박 II

23 深海潜艇 shēnhǎi qiántǐng
　심해 잠수함
24 独木船 dúmùchuán
　통나무배
　▶"独木舟" dúmùzhōu
25 筏子 fázi
　뗏목 ▶나무 뗏목은 "木排"
　mùpái
26 小木船 xiǎomùchuán
　나무 보트
27 桨 jiǎng
　노
28 农船 nóngchuán
　농업용 배
29 运输船 yùnshūchuán
　운반선
30 篷船 péngchuán
　거룻배; 덮개 배
31 船篷 chuánpéng
　배의 덮개

32-34 驳船 bóchuán
　바지선
32 码头驳船 mǎtou bóchuán
　항구의 바지선
33 水泥驳船 shuǐní bóchuán
　콘크리트제의 바지선
34 铁壳驳船 tiěké bóchuán
　철제 바지선
35-38 帆船 fānchuán
　범선; 돛배
36 帆 fān
　돛
37 帆绳 fānshéng
　돛줄; 용총줄
38 沙船 shāchuán
　정크 ▶목조의 평저 범선
39 机帆船 jīfānchuán
　기범선
40 舢舨 shānbǎn
　삼판선

41 橹 lǔ
　노
42 篙 gāo
　상앗대; 삿대
43 跳板 tiàobǎn
　발판; 널다리

130 客机 kèjī

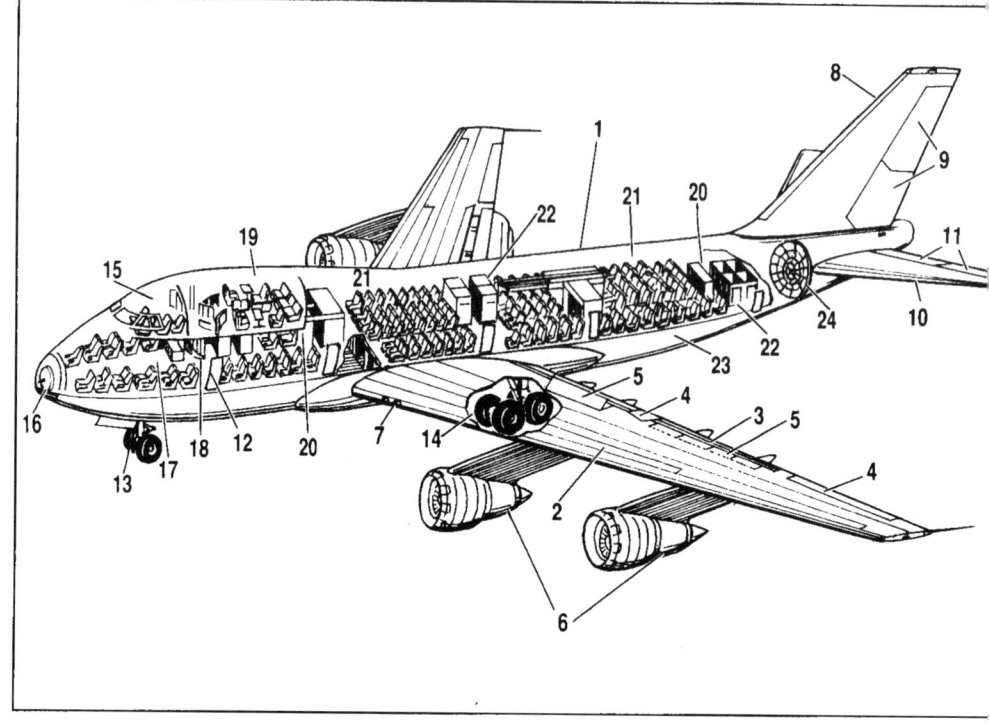

1-59 喷气式客机 pēnqìshì kèjī
제트 여객기
1 机身 jīshēn
기체
2 主翼 zhǔyì
주익
3 襟翼 jīnyì
보조익 ; 플랩
4 副翼 fùyì
부익
5 扰流板 ráoliúbǎn
스포일러 ; 공기 제동판
6 发动机 fādòngjī
엔진 ▶터보 엔진은 "涡轮风扇发动机" wōlún fēngshàn fādòngjī
7 着陆灯 zhuólùdēng
착륙등
8-11 尾翼 wěiyì
미익
8 垂直尾翼 chuízhí wěiyì
수직 미익
9 方向舵 fāngxiàngduò
방향타
10 水平尾翼 shuǐpíng wěiyì
수평 미익
11 升降舵 shēngjiàngduò
승강타
12 乘客登机门 chéngkè dēngjīmén
승객 승강구 ▶"机门" jīmén
13 前起落架 qiánqǐluòjià
앞바퀴 ; 전각
14 主起落架 zhǔqǐluòjià
주각
15 驾驶舱 jiàshǐcāng
조종실 ; 플라이트 덱
16 雷达天线 léidá tiānxiàn
레이더 안테나
17 头等舱 tóuděngcāng
1등 객실 ▶"头等客舱" tóuděng kècāng, "一等舱" yīděngcāng
18 楼梯 lóutī
계단
19 上舱 shàngcāng
2층 객실 ▶1층 객실은 "下舱" xiàcāng
20 厨房 chúfáng
조리실
21 普通舱 pǔtōngcāng
보통 객실 ▶"普通客舱" pǔtōng kècāng
22 卫生间 wèishēngjiān
화장실 ▶"盥洗间" guànxǐjiān
23 货舱 huòcāng
화물실
24 密封隔框 mìfēng gékuàng
여압 격벽
25-26 驾驶员 jiàshǐyuán
조종사 ; 파일럿
25 机长 jīzhǎng
기장
26 副驾驶员 fùjiàshǐyuán
부조종사
27 操纵杆 cāozònggǎn
조종간
28 仪表板 yíbiǎobǎn
계기반

여객기

29 客舱 kècāng
   객실
30 乘客 chéngkè
   승객 ▶"旅客" lǚkè
31 座位 zuòwèi
   좌석
32 阅读灯 yuèdúdēng
   독서등
33 行李架 xínglijià
   화물 선반
34 空中小姐 kōngzhōng xiǎo-
   jiě
   항공 여승무원 ; 스튜어디스
   ▶승무원은 "乘务员" chéng-
   wùyuán
35 手推车 shǒutuīchē
   왜건
36 机内便餐 jīnèi biàncān
   기내식
37 遮光窗 zhēguāngchuāng
   차광창
38 可躺式座椅 kětǎngshì zuòyǐ
   침대식 좌석 ; 리클라이닝 시트
39 靠背 kàobèi
   등받이
40 枕巾 zhěnjīn
   베갯잇
41 扶手 fúshou
   팔걸이
42 烟灰缸 yānhuīgāng
   재떨이
43 安全带 ānquándài
   안전띠 ; 시트 벨트
44 折叠小桌 zhédié xiǎozhuō
   접이식 테이블
45 小袋子 xiǎodàizi
   포켓 ▶긴급시 피난 지시서는
   "安全指南" ānquánzhǐnán
46 清洁袋 qīngjiédài
   쓰레기 봉지
47 耳机 ěrjī
   이어폰
48 阅读灯开关 yuèdúdēng
   kāiguān
   독서등 스위치
49 呼唤铃按钮 hūhuànlíng
   ànniǔ
   승무원 호출 버튼
50 音量调节 yīnliáng tiáojié
   음량 조정 ; 볼륨 조정
51 选台 xuǎntái
   채널 선택
52 耳机插座 ěrjī chāzuò
   이어폰 잭
53 应急供氧设备 yìngjí gōng-
   yǎng shèbèi
   긴급시 산소 공급 장치
54 氧气罩 yǎngqìzhào
   산소 마스크
55 应急离机设施 yìngjí líjī
   shèshī
   긴급 탈출 장치
56 紧急出口 jǐnjí chūkǒu
   비상구
57 应急软滑梯 yìngjí ruǎn-
   huátī
   긴급 탈출 미끄럼대
   ▶"软梯" ruǎntī
58 救生衣 jiùshēngyī
   구명동의
59 救生船 jiùshēngchuán
   구명보트

131 机场 jīchǎng

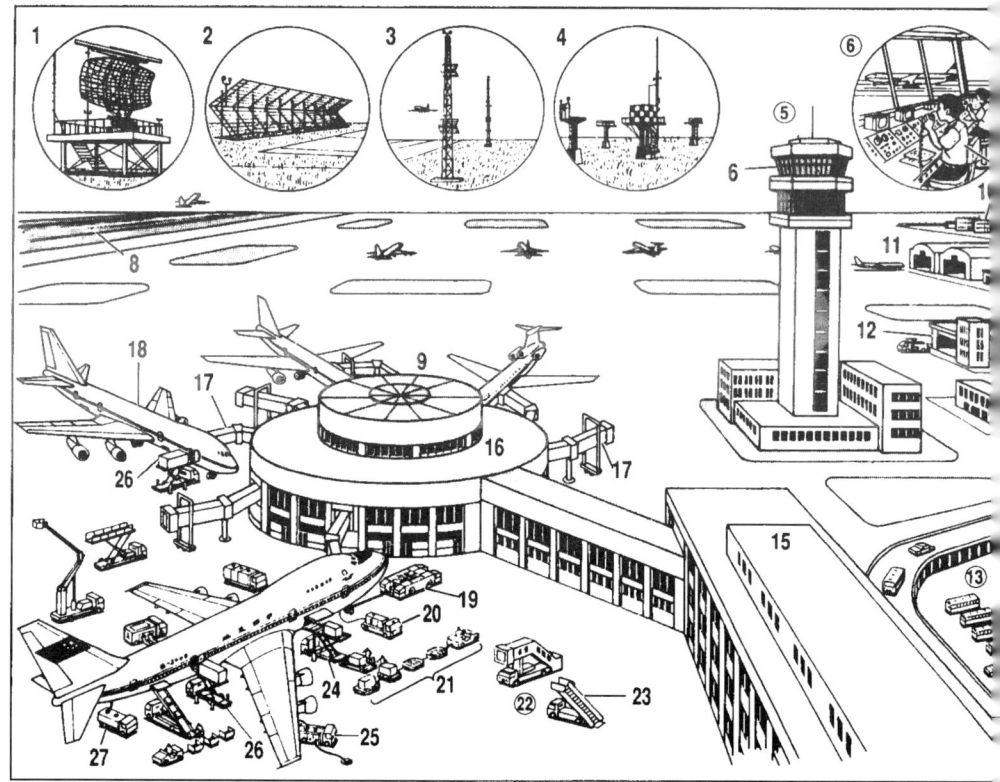

1-55 国际机场 guójì jīchǎng
국제공항
1 进场监视雷达 jìnchǎng jiānshì léidá
공항 감시 레이더 ; ASR
2 航向信标台 hángxiàng xìnbiāotái
로컬라이저
3 下滑信标台 xiàhuá xìnbiāotái
글라이드 스코프
4 中间信标台 zhōngjiān xìnbiāotái
미들 마커
▶"中间台" zhōngjiāntái
5 塔台 tǎtái
관제탑 ; 컨트롤 타워
6 指挥室 zhǐhuīshì
관제실
7 管制员 guǎnzhìyuán
항공 관제사
8 跑道 pǎodào
활주로
9 停机坪 tíngjīpíng
주기장 ; 에이프런
10 油库 yóukù
연료 탱크
11 飞机库 fēijīkù
격납고 ▶"维修厂" wéixiū-chǎng(정비 공장)이기도 하다. 정비사는 "维修人员" wéixiū rényuán
12 消防站 xiāofángzhàn
소방서
13 停车场 tíngchēchǎng
주차장
14 民航班车 mínháng bānchē
공항 버스 ; 리무진 버스
15 候机大楼 hòujī dàlóu
공항 대기빌딩
16 卫星厅 wèixīngtīng
새틀라이트 ; 게이트
17 登机桥 dēngjīqiáo
탑승교 ; 보딩 브리지
18 客机 kèjī
여객기
19 牵引车 qiānyǐnchē
태그차
20 电源车 diànyuánchē
전원차
21 货物运输车 huòwù yùnshūchē
화물 운반차
22 梯子车 tīzichē
트랩차
23 梯子 tīzi
트랩 ▶"舷梯" xiántī
24 升降工作车 shēngjiàng gōngzuòchē
하이리프트 로더
25 燃料加注车 ránliào jiāzhùchē
연료 공급차
26 食品供应车 shípǐn gōngyīngchē
푸드 로더

공항 131

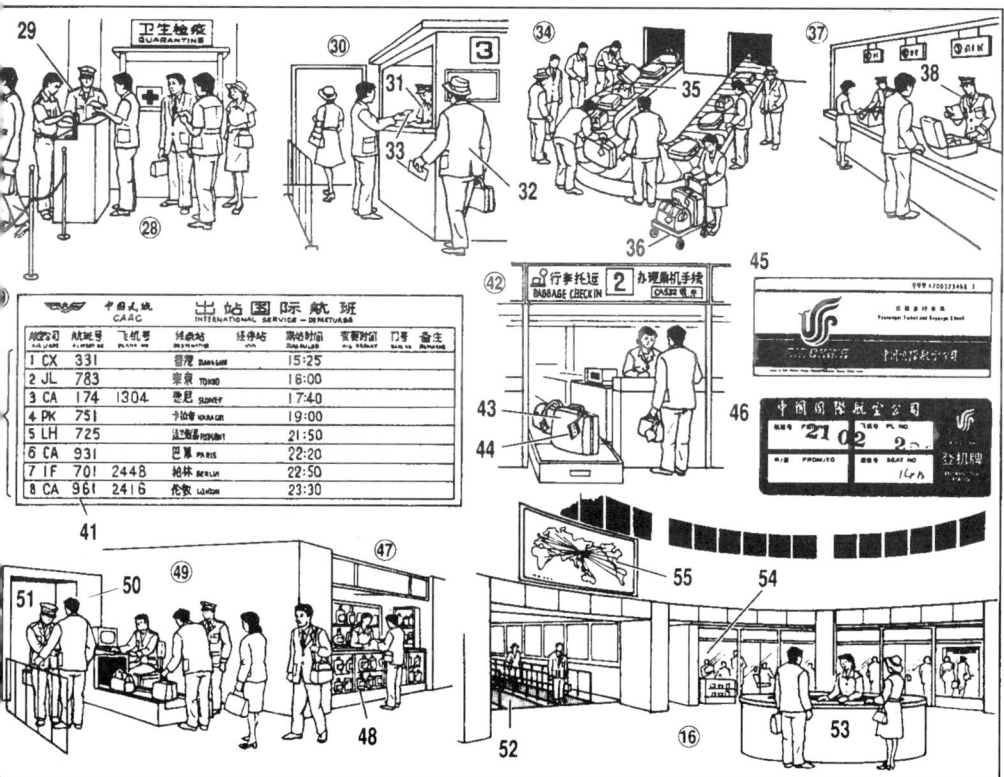

27 清洁车 qīngjiéchē
  청결차; 배큠 카
28 检疫站 jiǎnyìzhàn
  검역소
29 检疫员 jiǎnyìyuán
  검역관
30 入境手续 rùjìng shǒuxù
  입국 수속
31 检查员 jiǎncháyuán
  입국 심사관
32 旅客 lǔkè
  여행자
33 护照 hùzhào
  여권 ; 패스포트
  ▶비자는 "签证" qiānzhèng
34 行李提取厅 xíngli tíqǔtīng
  수화물 수취소
35 行李收取台 xíngli shōuqǔ-
  tái
  턴테이블
36 行李车 xínglichē
  짐실이차 ; 카트

37 海关 hǎiguān
  세관
38 海关人员 hǎiguān rényuán
  세관 직원
  ▶"关员" guānyuán
39 飞机动态显示牌 fēijī dòng-
  tài xiǎnshìpái
  항공기 동태 표시판
40 班机 bānjī
  정기 항공기 ; 정기편
41 航班号 hángbānhào
  항공기 번호; 플라이트 넘버
42 乘机手续台 chéngjī shǒu-
  xùtái
  체크인 카운터
43 托运行李 tuōyùn xíngli
  탁송 화물
44 行李牌 xínglipái
  탁송물 표지; 패키지 태그
45 机票 jīpiào
  항공권 ▶"飞机票" fēijīpiào
46 登机牌 dēngjīpái

  탑승권
47 免税店 miǎnshuìdiàn
  면세점
48 免税品 miǎnshuìpǐn
  면세품 ▶"免税商品" miǎn-
  shuì shāngpǐn
49 安全检查 ānquán jiǎnchá
  안전검사; 하이잭 방지 검사
50 金属探测器 jīnshǔ tàncèqì
  금속 탐지기
51 搜身 sōushēn
  몸 수색 ; 보디 체크
52 自动步道 zìdòng bùdào
  운행 보도
53 问讯处 wènxùnchù
  안내소
54 咖啡厅 kāfēitīng
  다방
55 航空路线 hángkōng lùxiàn
  항공로 ▶"航线" hángxiàn

各种飞机 gèzhǒng fēijī

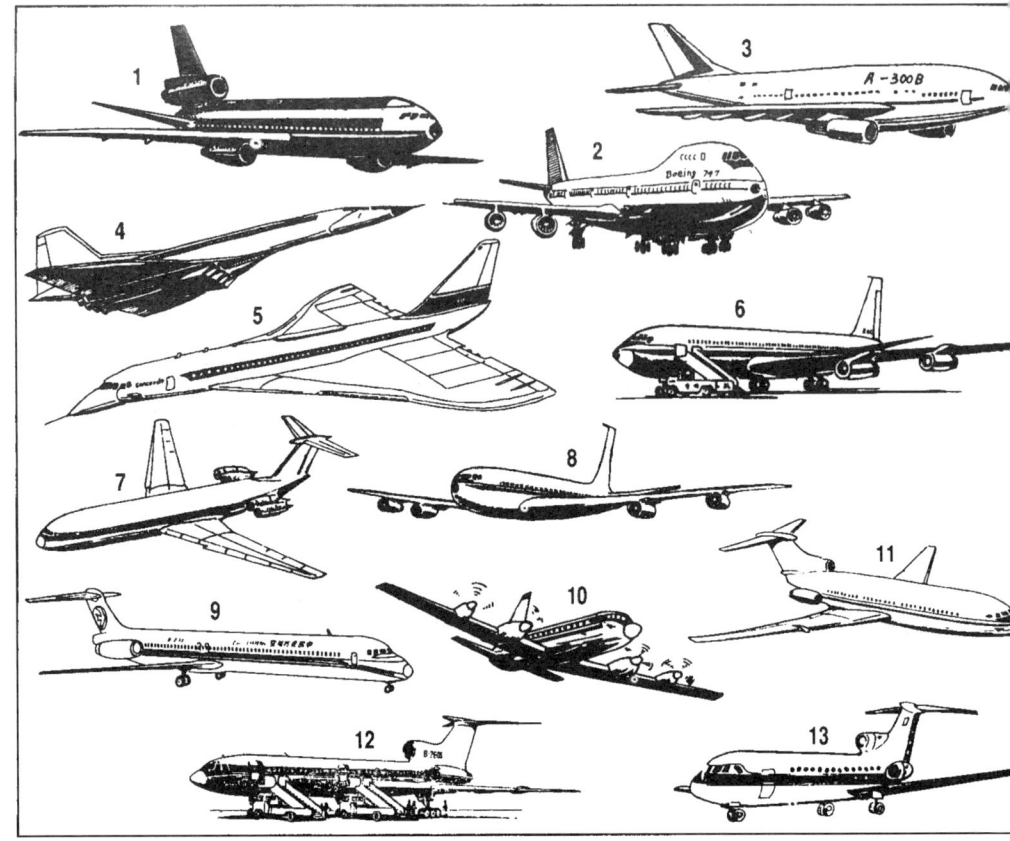

1-33 飞机 fēijī
비행기 ▶민간기는 "民用飞机" mínyòng fēijī

1-18 运输机 yùnshūjī
수송기

1-17 客机 kèjī
여객기

1-2 远程大型客机 yuǎnchéng dàxíng kèjī
장거리용 대형 여객기

1 麦道 DC-10 màidào DC shí
맥도넬 더글러스 DC-10

2 波音-747 bōyīn qī sì qī
보잉747

3 空中公共汽车 kōngzhōng gōnggòngqìchē
에어버스 A300 ▶"短程大型客机" duǎnchéng dàxíng kèjī(단거리용 대형 여객기)

4-5 超音速远程客机 chāoyīnsù yuǎnchéng kèjī
초음속 장거리 여객기

4 图-144 tú yāo sì sì
츠보레프 Tu-144

5 协和式飞机 xiéhéshì fēijī
콩코드

6-7 远程中型客机 yuǎnchéng zhōngxíng kèjī
장거리용 중형 여객기

6 波音-707 bōyīn qī líng qī
보잉707

7 伊尔-62 yī'ěr liùshi'èr
일류신62

8-13 中程中型客机 zhōngchéng zhōngxíng kèjī
중거리용 중형 여객기

8 运-10 yùn shí
운10형 ▶국산기

9 麦道 MD-82 màidào MD bāshi'èr
맥도넬 더글러스 MD-82

10 伊尔-18 yī'ěr shíbā
일류신18

11 三叉戟 sānchājǐ
트라이던트

12 图-154 tú yāo wǔ sì
츠보레프 Tu-154

13 雅克-42 yǎkè sìshi'èr
야코브레프42

14-17 短程小型客机 duǎnchéng xiǎoxíng kèjī
단거리용 소형 여객기

14 运-7 yùn qī
운7형 ▶국산기

15 安-24 ān érshísì
안토노프 An-24

16 子爵-843 zǐjué bā sì sān
바이카운트843

17 BAe-146 BAe yāo sì liù

각종 비행기 132

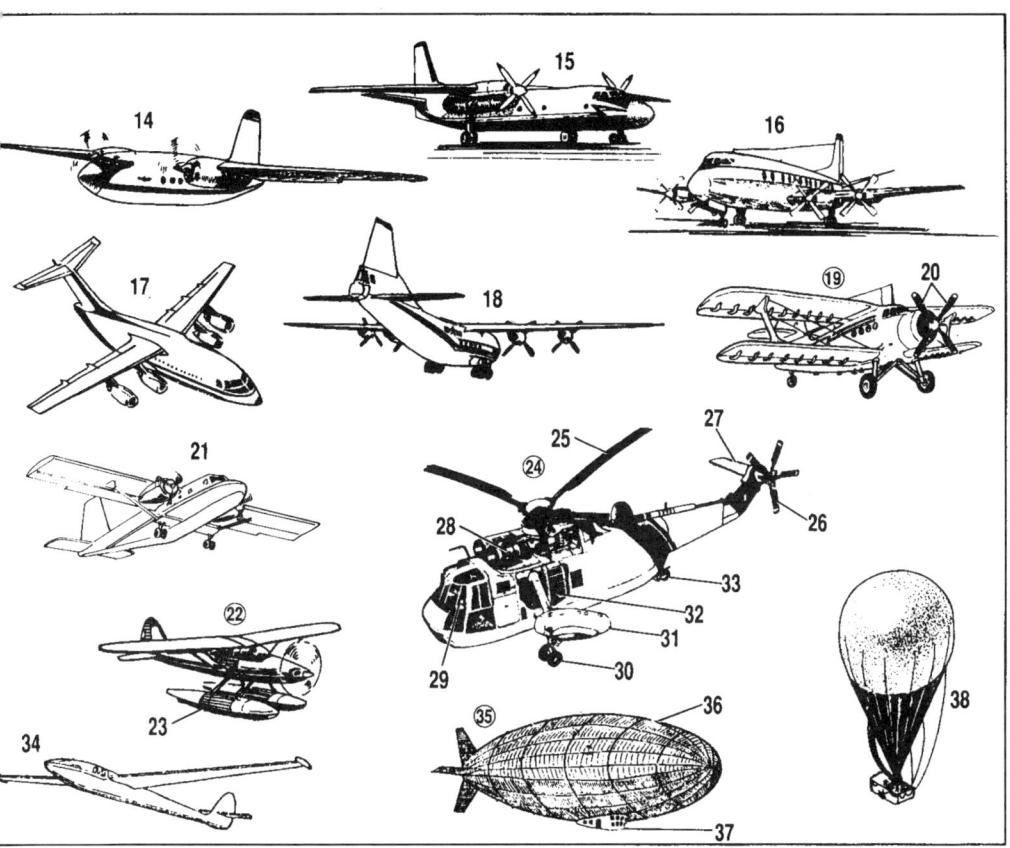

BAe-146 ▶BAe는 "英国航空与宇航公司" yīngguó hángkōng yǔ yǔháng gōngsī(브리티시 에어로스페이스사)
18 货机 huòjī
화물기 ▶그림은 "运-8" yùn bā(운8형[국산기])
19-23 小型飞机 xiǎoxíng fēijī
소형기
19 双翼机 shuāngyìjī
복엽기 ▶그림은 "运-5" yùn wǔ(운5형[국산기])
20 螺旋桨 luóxuánjiǎng
프로펠러 ▶프로펠러기는 "螺旋桨式飞机" luóxuánjiǎng-shì fēijī, 제트기는 "喷气式飞机" pēnqìshì fēijī
21 运-11 yùn shíyī
운11형 ▶다목적의 소형 국산기
22 水上飞机 shuǐshàng fēijī
수상 비행기 ; 수상기
23 浮筒 fútǒng
플로트
24 直升飞机 zhíshēng fēijī
헬리콥터
25 主旋翼 zhǔxuányì
메인 로터
26 尾桨 wěijiǎng
테일 로터
27 水平安定面 shuǐpíng āndìngmiàn
수평 안정판
28 涡轮轴发动机 wōlúnzhóu fādòngjī
터보 샤프트 엔진
29 驾驶舱 jiàshǐcāng
조종실
30 主起落架 zhǔqǐluòjià
주각
31 稳定浮筒 wěndìng fútǒng
긴급 착수용 플로트
32 机舱 jīcāng
캐빈
33 尾轮 wěilún
미륜
34 滑翔机 huáxiángjī
글라이더
35 飞艇 fēitǐng
비행선
36 气囊 qìnáng
기낭
37 吊舱 diàocāng
곤돌라 ; 캐빈
38 气球 qìqiú
기구

217

133 邮政 yóuzhèng I

1-37 邮局 yóujú
우체국
1 邮电徽 yóudiànhuī
우편・전신 마크
2 寄件人 jìjiànrén
차출인▶"寄信人" jìxìnrén
3 邮箱 yóuxiāng
우편함▶"信箱" xìnxiāng
4 营业厅 yíngyètīng
영업청
5 柜台 guìtái
카운터 ; 창구
6 包裹营业台 bāoguǒ yíng-
yètái
소포 취급 창구
7-8 邮件 yóujiàn
우편물
7 包裹 bāoguǒ
소포
8 信 xìn
편지
9 牛皮纸 niúpízhǐ
크래프트지▶포장지는 "包
装纸" bāozhuāngzhǐ
10 绳子 shéngzi
끈
11 邮件自动磅 yóujiàn zì-
dòngbàng
우편물 자동 저울
12 邮件磅秤 yóujiàn bàng-
chèng
우편물 앉은뱅이저울
13 天平 tiānpíng
천칭
14 邮局工作人员 yóujú gōng-
zuò rényuán
우체국원
15 玻璃柜 bōliguì
유리 케이스▶"玻璃橱窗"
bōli chúchuāng
16 杂志 zázhì
잡지
17 报 bào
신문
18 邮票 yóupiào
우표
19 开箱时间表 kāixiāng shí-
jiānbiǎo
수집 시각표
20 服务台 fúwùtái
창구
21 公用电话间 gōngyòng
diànhuàjiān
공중전화 부스
22 自动售票机 zìdòng shòu-
piàojī
우표 자동판매기
23 写信台 xiěxìntái
기입대
24 笔架 bǐjià
필통 ; 붓꽂이
25 糨糊 jiànghu
풀
26 海绵 hǎimián
스폰지
27 纸篓 zhǐlǒu

우편 I 133

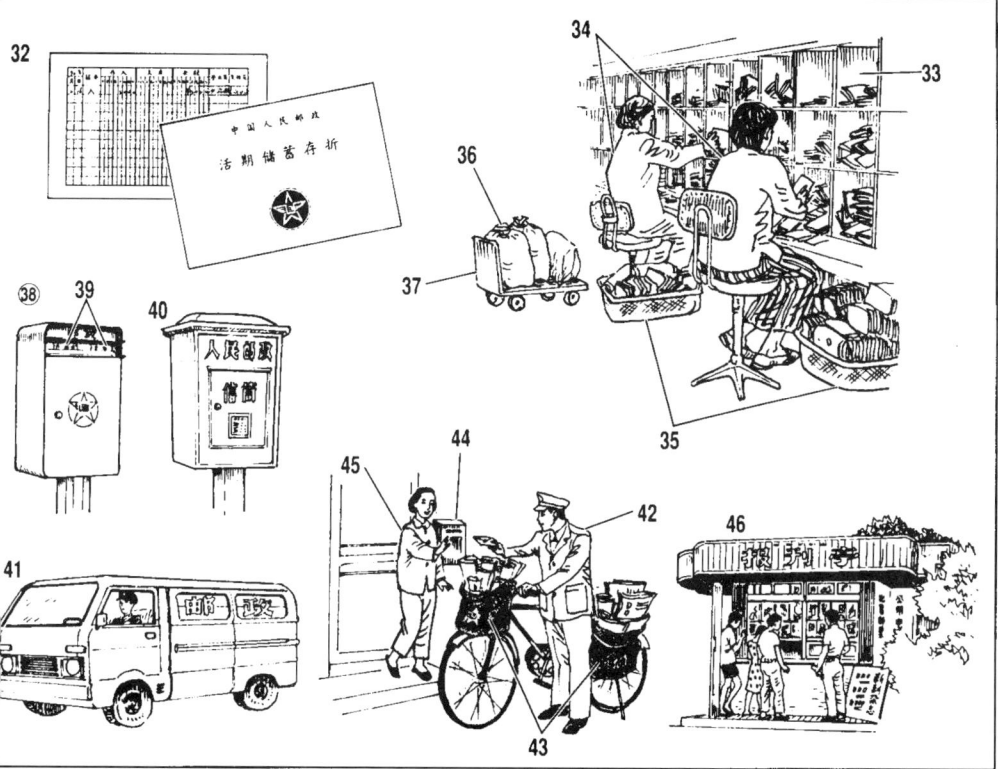

휴지통
28 邮戳 yóuchuō
    우편 도장 ; 소인
    ▶"邮戳儿" yóuchuōr
29 印台 yìntái
    도장대
    ▶"打印台" dǎyìntái
30 邮政专用信箱 yóuzhèng zhuānyòng xìnxiāng
    전용 분서함
31-32 邮政储蓄 yóuzhèng chǔxù
    우편 저금
31 储蓄利息表 chǔxù lìxībiǎo
    저축 이자(이식)표
32 邮政存折 yóuzhèng cúnzhé
    우편 저금 통장
33 信件分拣台 xìnjiàn fēnjiǎntái
    우편 구분 선반 ▶자동 판독 구분기는 "自动字符识别分拣机" zìdòng zìfú shíbié

fēnjiǎnjī
34 分拣员 fēnjiǎnyuán
    구분계
35 邮件筐 yóujiànkuāng
    우편물 함 ; 팔레트 케이스
36 邮袋 yóudài
    우편낭
37 手推车 shǒutuīchē
    대차
38-40 邮筒 yóutǒng
    우편함 ▶"信筒" xìntǒng. 색은 일반적으로 녹색. 녹색과 백색의 2색이나 오렌지색의 것도 볼 수 있다.
39 投信口 tóuxìnkǒu
    투함구 ▶"本市" běnshì(시내) 와 "外省市" wàishěngshì(시외, 타지역)의 둘로 나뉜 것도 있다.
40 黄帽子邮筒 huángmàozi yóutǒng
    속취 우편함 ; 최상부가 황

색이다. ▶"快递邮筒" kuàidì yóutǒng이라고도 한다.
41 邮车 yóuchē
    우편차
42 邮递员 yóudìyuán
    우편 배달원 ; 우편물을 배달하는 사람
43 投递袋 tóudìdài
    우편 가방 ▶"邮递员信袋" yóudìyuán xìndài
44 信箱 xìnxiāng
    사서함 ; 수신함
45 收件人 shōujiànrén
    우편물 수취인
    ▶"收信人" shōuxìnrén
46 邮政报刊亭 yóuzhèng bàokāntíng
    우체국에서 운영하는 신문·잡지 판매대

219

134 邮政 yóuzhèng II

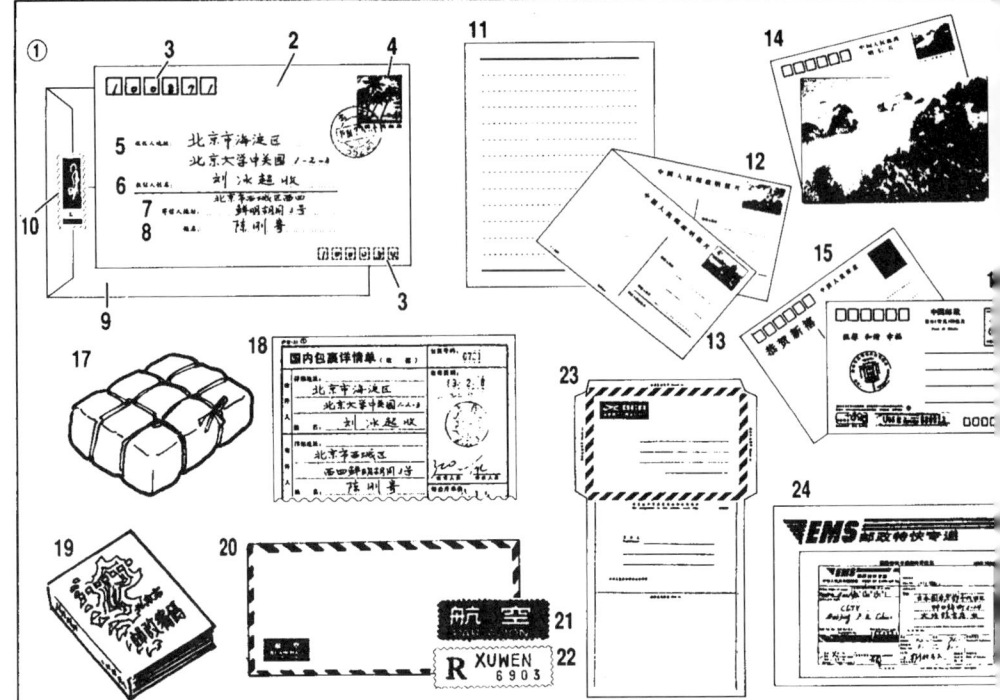

1-16 信 xìn
편지

1-11 封口书信 fēngkǒu shūxìn
봉서(封書)

1 信封 xìnfēng
봉투 ▶"信封儿" xìnfēngr

2 正面 zhèngmiàn
봉투의 앞면

3 邮政编码 yóuzhèng biānmǎ
우편 번호

4 邮票 yóupiào
우표

5 收信人地址 shōuxìnrén dìzhǐ
수취인 주소

6 收信人 shōuxìnrén
수취인: 수신인

7 寄信人地址 jìxìnrén dìzhǐ
차출인 주소

8 寄信人 jìxìnrén
차출인: 발신인

9 背面 bèimiàn
봉투의 뒷면 ▶"背面儿" bèimiànr, "反面儿" fǎnmiànr

10 封缄票 fēngjiānpiào
봉함지 ▶"封条" fēngtiáo

11 信纸 xìnzhǐ
편지지 ▶"信笺" xìnjiān

12-16 明信片 míngxìnpiàn
엽서

12-13 邮政明信片 yóuzhèng míngxìnpiàn
관제엽서 ▶"市内" shìnèi(본지역)용과 "市外" shìwài(타지역)용의 두 종류가 있다

14 美术明信片 měishù míngxìnpiàn
그림엽서

15-16 贺年明信片 hènián míngxìnpiàn
연하 엽서; 연하장

16 有奖贺年明信片 yǒujiǎng hènián míngxìnpiàn
경품부 연하 엽서

17 包裹 bāoguǒ
소포

18 收据 shōujù
영수증

19 邮政编码簿 yóuzhèng biānmǎbù
우편 번호부

20-24 航空邮件 hángkōng yóujiàn
항공 우편물 ▶선편은 "船运邮件" chuányùn yóujiàn, "平件" píngjiàn

20 航空信 hángkōngxìn
항공 우편; 에어 메일

21 航空签 hángkōngqiān
항공 부전

22 挂号签 guàhàoqiān
(등기)접수 부전 ▶"挂号标签" guàhào biāoqiān

23 国际航空邮件 guójì hángkōng yóujiǎn
항공 서한

24 国际特快专递 guójì tèkuài zhuāndì
국제 속달 우편; EMS

25 邮政快件 yóuzhèng kuài-

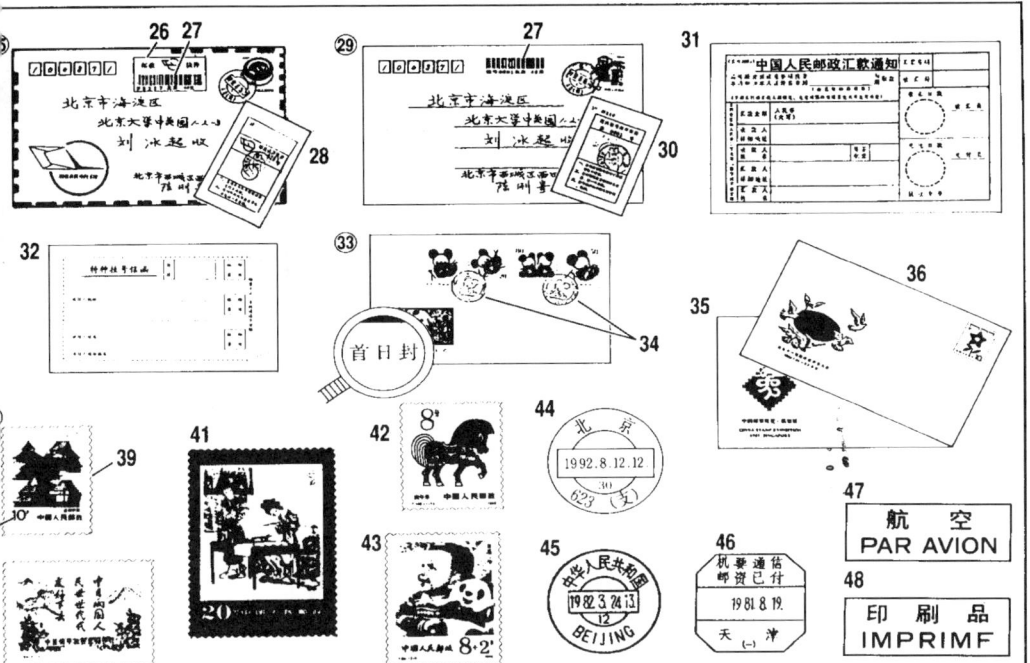

jiàn
속달 우편물 ▶"邮政快件信封" yóuzhèng kuàijiàn xìnfēng(속달용의 봉투)를 쓴다.
26 挂号签 guàhàoqiān
(속달)접수 부전
27 条形码 tiáoxíngmǎ
바코드
28 邮政快件收据 yóuzhèng kuàijiàn shōujù
속달 우편물 수령증
29 挂号邮件 guàhào yóujiàn
등기 우편물
30 挂号邮件收据 guàhào yóujiàn shōujù
등기 우편물 수령증
31 邮政汇款通知 yóuzhèng huìkuǎn tōngzhī
우편환 송금 통지서
32 特种挂号信封 tèzhǒng guàhào xìnfēng
특수 등기 우편의 봉투 ▶배급표나 증명 서류의 우송에 사용한다.
33 首日封 shǒurìfēng
초일(스탬프) 봉투(우표 발행 첫날의 소인이 찍힌 봉투)
34 首日戳 shǒurìchuō
초일 소인 ▶"首日纪念戳" shǒurì jìniànchuō
35-36 纪念封 jìniànfēng
기념 봉투
36 纪念邮资信封 jìniàn yóuzī xìnfēng
기념우표가 붙은 봉투
37-43 邮票 yóupiào
우표 ▶우표시트는 "整版票" zhěngbǎnpiào
37 普通邮票 pǔtōng yóupiào
보통 우표
38 面额 miàn'é
액면
39 齿孔 chǐkǒng
천공 ▶우표 따위를 한 장씩 떼기 쉽게 점점으로 뚫은 작은 구멍
40 纪念邮票 jìniàn yóupiào
기념 우표
41-43 特种邮票 tèzhǒng yóupiào
특수 우표
42 生肖邮票 shēngxiào yóupiào
십이지 동물 우표
43 附捐邮票 fùjuān yóupiào
기부금 우표
44-48 邮戳 yóuchuō
우편 스탬프 ; 소인
▶"邮戳儿" yóuchuōr
44-45 邮政日戳 yóuzhèng rìchuō
우편 일부인 ; 일부 소인
45 国际邮政日戳 guójì yóuzhèng rìchuō
국제 우편 일부인
46 邮资戳 yóuzīchuō
요금 소인 ▶"邮资已付戳" yóuzī yǐfùchuō
47 航空邮戳 hángkōng yóuchuō
항공 소인
48 印刷品戳 yìnshuāpǐnchuō
인쇄물 표시 소인

135 电话 diànhuà

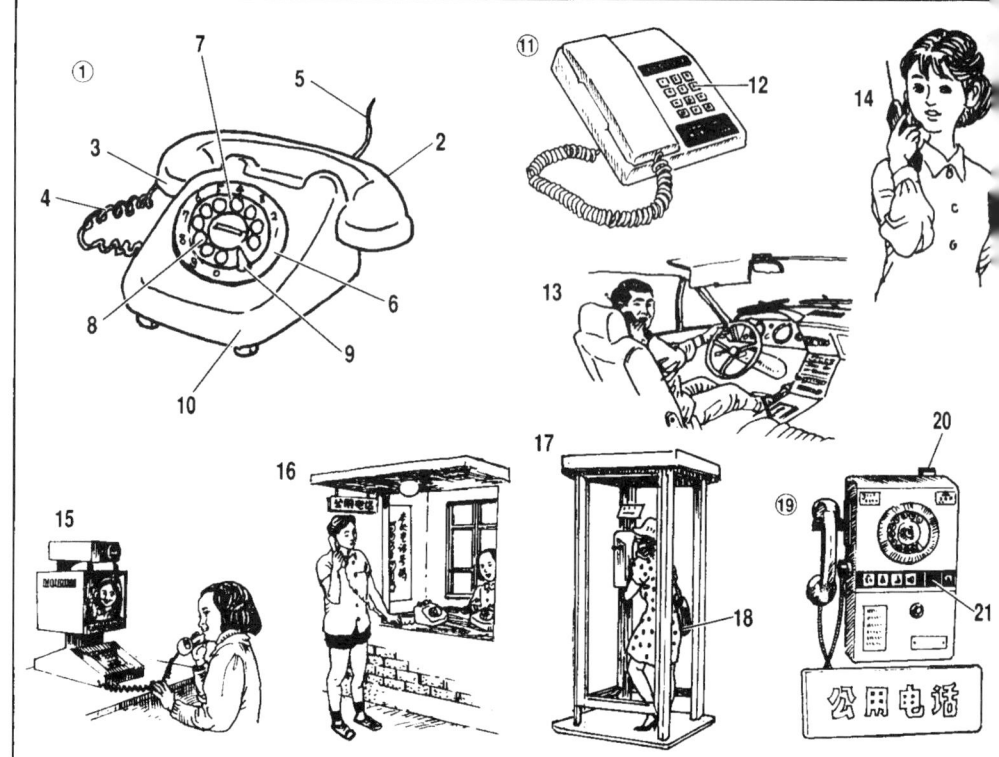

1-24 电话机 diànhuàjī
전화기 ▶"电话" diànhuà
1-12 台式电话机 táishì diàn-
  huàjī
  탁상 전화 ▶"桌上电话"
  zhuōshàng diànhuà
1 拨号式电话机 bōhàoshì
  diànhuàjī
  다이얼식 전화
2 听筒 tīngtǒng
  수화기 ; 송수화기 ▶"耳机"
  ěrjī,"耳机子" ěrjīzi,"手机
  " shǒujī
3 话筒 huàtǒng
  송화기
4 听筒软线 tīngtǒng ruǎn-
  xiàn
  수화기 코드
5 电话线 diànhuàxiàn
  전화선
6 拨号盘 bōhàopán
  다이얼판

▶"号码盘" hàomǎpán
7 指孔盘 zhǐkǒngpán
  회전 다이얼
8 指孔穴 zhǐkǒngxué
  손가락 구멍 ; 핑거 홀
9 指挡 zhǐdǎng
  손가락 멈춤
10 机座 jīzuò
  전화기대
11 按钮式电话机 ànniǔshì
  diànhuàjī
  누름 전화기 ; 푸시폰 ▶"按
  钮电话" ànniǔ diànhuà
12 按钮 ànniǔ
  누름 단추 ; 푸시 버튼
13 汽车电话 qìchē diànhuà
  자동차 전화
14 便携式电话 biànxiéshì
  diànhuà
  휴대 전화 ▶"大哥大" dàgē-
  dà. 포켓벨은 "无线电呼叫
  器" wúxiàndiàn hūjiàoqì,

"无线电传呼机" wúxiàn-
  diàn chuánhūjī, "BP机"
  BP jī
15 电视电话 diànshì diànhuà
  TV 전화
16-24 公用电话 gōngyòng
  diànhuà
  공중전화 ▶시내 전화는
  "市内电话" shìnèi diànhuà,
  화재 통보의 긴급 전화는
  "火警" huǒjǐng, 경찰로의
  통보는 "匪警" fěijǐng, 번호
  안내는 "查号台" cháhàotái
16 传呼电话 chuánhū diànhuà
  호출 전화
17 公用电话亭 gōngyòng
  diànhuàtíng
  공중전화 박스
  ▶"电话亭" diànhuàtíng
18 通话人 tōnghuàrén
  전화 사용자 ▶전화 가입자는
  "电话用户" diànhuà yòng-

전화 135

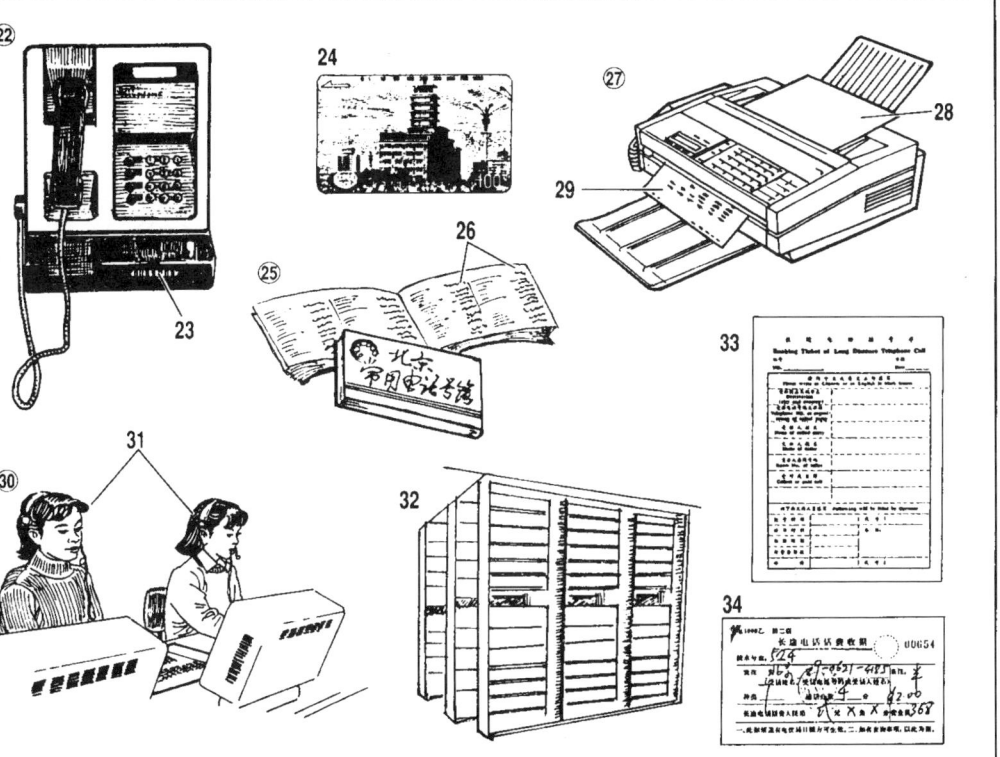

hù
19 投币式电话机 tóubìshì diànhuàjī
동전 투입 전화 ▶"投币式电话" tóubìshì diànhuà
20 硬币投入口 yìngbì tóurùkǒu
동전 투입구
21 硬币退还口 yìngbì tuìhuánkǒu
동전 반환구
22 磁卡式电话机 cíkǎshì diànhuàjī
카드 전화 ▶"磁卡电话" cíkǎ diànhuà, "卡片电话" kǎpiàn diànhuà
23 卡片投入口 kǎpiàn tóurùkǒu
카드 투입구
24 电话卡片 diànhuà kǎpiàn
전화 카드
▶"电话卡" diànhuàkǎ

25 电话簿 diànhuàbù
전화번호부 ▶"电话号码簿" diànhuà hàomǎbù
26 电话号码 diànhuà hàomǎ
전화번호 ▶대표 전화는 "总机" zǒngjī, 내선은 "分机" fēnjī
27 传真 chuánzhēn
팩시밀리
▶"传真机" chuánzhēnjī
28 原稿 yuángǎo
원고
29 复印纸 fùyìnzhǐ
복사지
30-34 电话局 diànhuàjú
전화국
30-32 交换机 jiāohuànjī
교환기
30 人工交换机 réngōng jiāohuànjī
수동 교환기 ; 유인 전화 교환기

31 话务员 huàwùyuán
교환원
▶"接线员" jiēxiànyuán
32 自动交换机 zìdòng jiāohuànjī
자동 교환기;무인 전화 교환기 ▶직통 다이얼은 "直拨" zhíbō
33-34 长途电话 chángtú diànhuà
장거리 전화 ▶국제 전화는 "国际电话" guójì diànhuà
33 挂号单 guàhàodān
신청서
34 话费收据 huàfèi shōujù
전화 요금 영수증

223

136 电报 diànbào

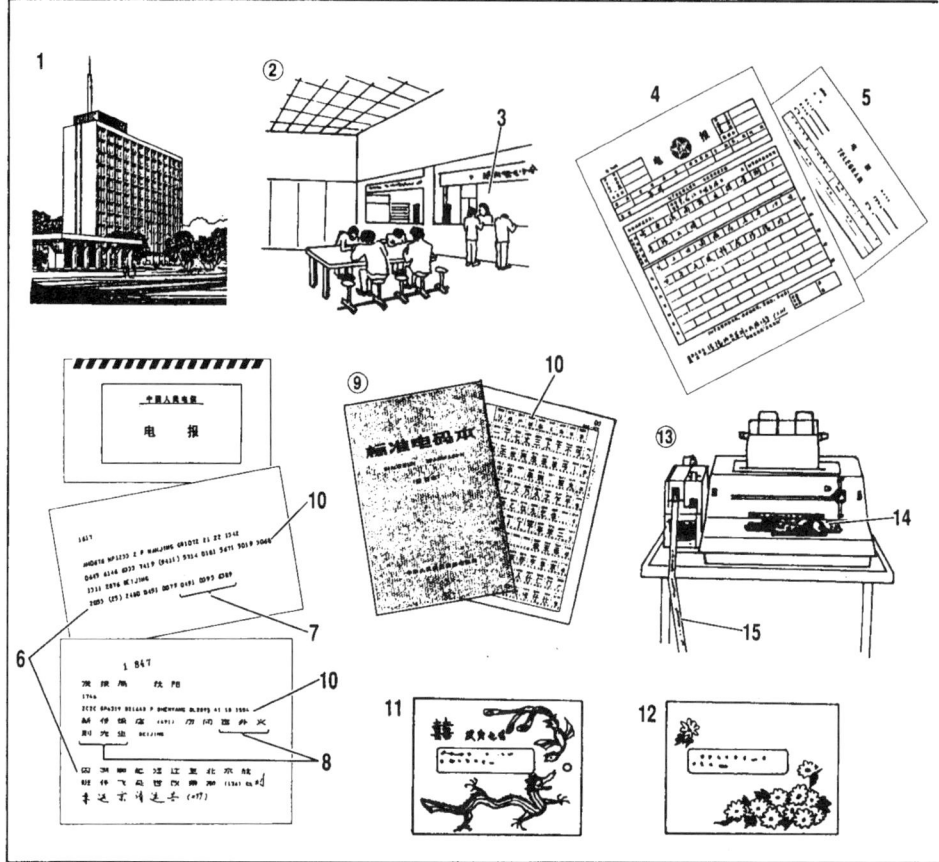

1 电信大楼 diànxìn dàlóu
  전보 전화국 ▶전보국 "电报局" diànbàojú, 전신 업무도 하는 우체국은 "邮电局" yóudiànjú
2 营业厅 yíngyètīng
  영업청
3 服务台 fúwùtái
  창구
4-5 电报纸 diànbàozhǐ
  전보 등록지
  ▶ "电报单" diànbàodān
4 国内电报 guónèi diànbào
  국내 전보
5 国际电报 guójì diànbào
  국제 전보
6-12 电报 diànbào
  전보 ▶ 지급 전보는 "急电" jídiàn
6 电文 diànwén
  전보문
7 发报人 fābàorén
  발신인
8 收报人 shōubàorén
  수취인 ▶ 전보 배달원은 "电报投递员" diànbào tóudìyuán
9 电码本 diànmǎběn
  전보 부호책
10 电码 diànmǎ
  전보 부호
11-12 礼仪电报 lǐyí diànbào
  경조 전보
11 贺电 hèdiàn
  축전
12 唁电 yàndiàn
  조전
13-15 用户电报 yònghù diànbào
  텔렉스 ▶ "电传" diànchuán
13 电传打字电报机 diànchuán dǎzì diànbàojī
  전신 타이프라이터 ; 텔레프린터 ▶ "电传机" diànchuánjī
14 键盘 jiànpán
  키보드
15 凿孔纸条 záokǒng zhǐtiáo
  천공 테이프
16-20 卫星通信 wèixīng tōngxìn
  위성 통신
16 通信卫星 tōngxìn wèixīng
  통신 위성
17 海事卫星 hǎishì wèixīng
  해사 통신 위성 ▶ 선박 통신 전용의 위성
18 地面站 dìmiànzhàn

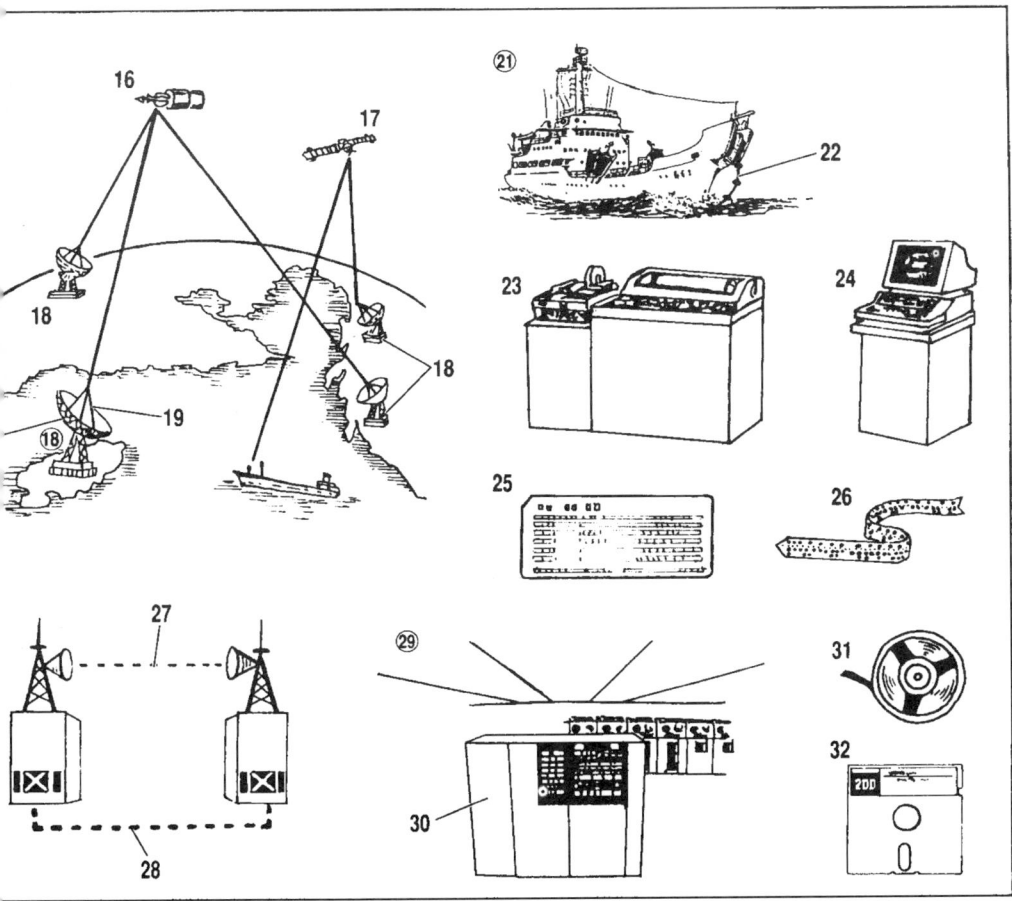

지구국 ▶ "地球站" dìqiúzhàn
19 天线 tiānxiàn
　안테나
20 反射板 fǎnshèbǎn
　반사판
21 海缆敷设船 hǎilǎn fūshè-
　chuán
　해저 케이블 부설선
22 海底电缆 hǎidǐ diànlǎn
　해저 케이블
23-32 数据通信 shùjù tōngxìn
　데이터 통신
23-24 终端机 zhōngduānjī
　단말기
23 按键式印刷机 ànjiànshì
　yìnshuājī
　키보드 프린터
24 显示器 xiǎnshìqì
　디스플레이 장치
25 穿孔卡片 chuānkǒng kǎ-
　piàn
　천공 카드 ; 펀치 카드
26 穿孔纸带 chuānkǒng zhǐdài
　천공 테이프 ; 펀치 테이프
27-28 通讯线路 tōngxùn
　xiànlù
　통신 회선
27 微波 wēibō
　마이크로웨이브; 마이크로파
28 同轴电缆 tóngzhóu diànlǎn
　동축 케이블
29 电脑中心 diànnǎo zhōngxīn
　컴퓨터 센터
30 中央处理机 zhōngyāng
　chǔlǐjī
　중앙 처리 장치 ; CPU
31 磁带 cídài
　자기 테이프
32 磁盘 cípán
　자기 디스크

137 广播 guǎngbō

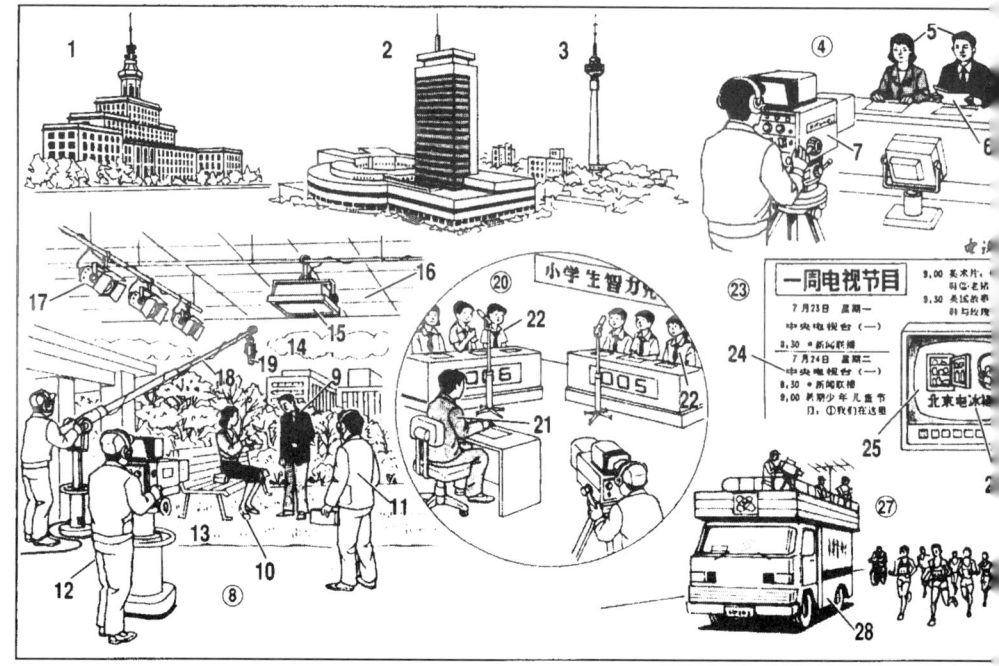

1 广播电台 guǎngbō diàntái
방송국
▶"广播台" guǎngbōtái
2 电视台 diànshìtái
텔레비전국
3 电视塔 diànshìtǎ
텔레비전 탑; 텔레비전 타워
4-36 电视广播 diànshì guǎngbō
텔레비전 방송
4 新闻广播 xīnwén guǎngbō
뉴스 방송
5 播音员 bōyīnyuán
아나운서 ▶뉴스 캐스터는 "新闻主持人" xīnwén zhǔchírén
6 新闻稿 xīnwén'gǎo
뉴스 원고
7 电视摄影机 diànshì shèyǐngjī
텔레비전 카메라
8-19 电视剧 diànshìjù
텔레비전 드라마; 팁 드라마
8 演播室 yǎnbōshì
스튜디오
9-10 演员 yǎnyuán
배우
9 男演员 nányǎnyuán
남배우
10 女演员 nǚyǎnyuán
여배우
11 导演 dǎoyǎn
연출자 ; 감독 ; 디렉터
12 摄像师 shèxiàngshī
카메라맨
13 布景 bùjǐng
세트
14 天幕 tiānmù
(무대 뒤의)하늘 배경막
15 吊灯 diàodēng
매달아 놓은 조명등
16 泛光灯 fànguāngdēng
확산광 조명등
17 聚光灯 jùguāngdēng
스포트라이트
18 微音器架 wēiyīnqìjià
마이크 붐
19 话筒 huàtǒng
마이크
20 智力竞赛节目 zhìlì jìngsài jiémù
퀴즈 프로
21 主持人 zhǔchírén
사회자
22 出演者 chūyǎnzhě
출연자
23 电视周报 diànshì zhōubào
주간 텔레비전 안내지
24 电视节目 diànshì jiémù
텔레비전 프로
25 商业广告 shāngyè guǎnggào
커머설
26 广告主 guǎnggàozhǔ
스폰서
27 实况转播 shíkuàng zhuǎnbō
실황 중계방송 ▶"转播" zhuǎnbō는 중계방송, 생방송은 "直播" zhíbō, 네트워크 방송은 "联播" liánbō, 재방송은 "重播" chóngbō
28 电视转播车 diànshì zhuǎnbōchē
텔레비전 중계차 ▶스포츠 프로는 "体育节目" tǐyù jiémù
29 卫星广播 wèixīng guǎngbō
위성 방송

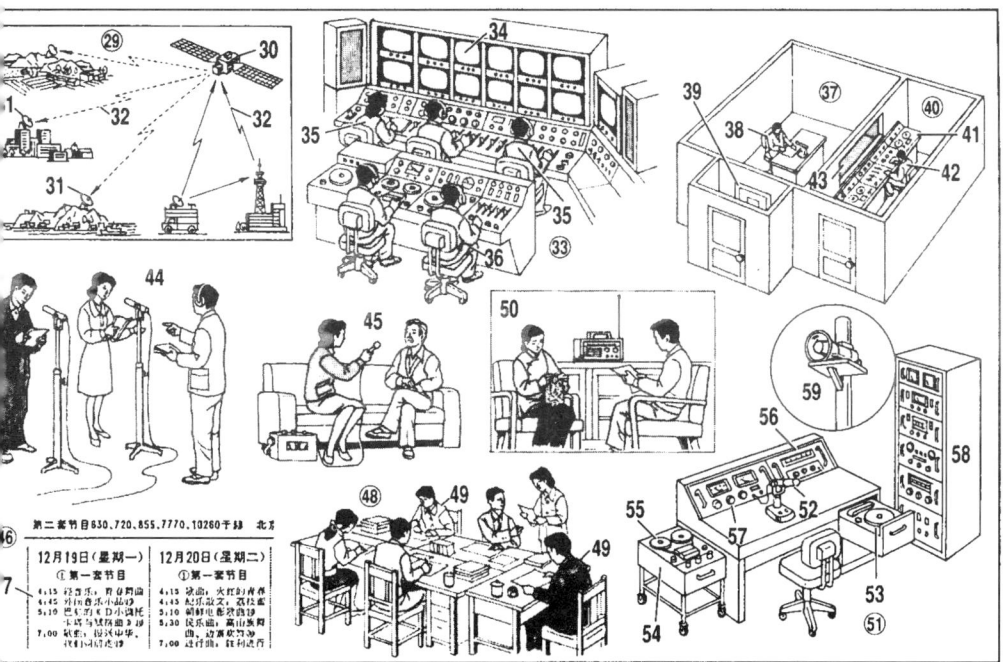

30 广播卫星 guǎngbō wèixīng
　　방송 위성
31 天线 tiānxiàn
　　안테나
32 电磁波 diàncíbō
　　전자파;전파▶"电波" diànbō
33 控制室 kòngzhìshì
　　조정실
34 图象监视器 túxiàng jiānshìqì
　　영상 모니터
35 编辑 biānjí
　　편집인; 디렉터
36 调音员 tiáoyīnyuán
　　음성 믹서;음성 기사
37-50 无线电广播 wúxiàndiàn guǎngbō
　　라디오 방송
37 播音室 bōyīnshì
　　스튜디오; 방송실
38 播音员 bōyīnyuán
　　아나운서
39 隔声门 géshēngmén
　　방음문
40 控制室 kòngzhìshì
　　조정실

41 调音台 tiáoyīntái
　　음성 조정탁; 믹싱 콘솔
42 调音员 tiáoyīnyuán
　　음성 믹서; 음성 기사
43 隔声窗 géshēngchuāng
　　방음창
44 广播剧 guǎngbōjù
　　방송극
45 采访 cǎifǎng
　　취재; 인터뷰
46 广播报 guǎngbōbào
　　방송 신문▶라디오 프로와 텔레비전 프로를 다루는 신문
47 广播节目 guǎngbō jiémù
　　라디오 프로
48 编辑部 biānjíbù
　　(프로)편집부
49 编辑 biānjí
　　편집인; 디렉터
50 听众 tīngzhòng
　　청취자▶시청자는 "观众" guānzhòng
51-59 有线广播 yǒuxiàn guǎngbō
　　유선 방송

51 有线广播站 yǒuxiàn guǎngbōzhàn
　　유선 방송의 송신소
52 话筒 huàtǒng
　　마이크로폰
53 电唱机 diànchàngjī
　　플레이어
54 录音机 lùyīnjī
　　테이프 레코더
55 盘儿磁带 pánr cídài
　　오픈 릴
56 收音机 shōuyīnjī
　　라디오 수신기
57 控制台 kòngzhìtái
　　믹서
58 扩音机 kuòyīnjī
　　앰프
59 喇叭 lǎba
　　스피커

138 电视机 diànshìjī · 收录机 shōulùjī

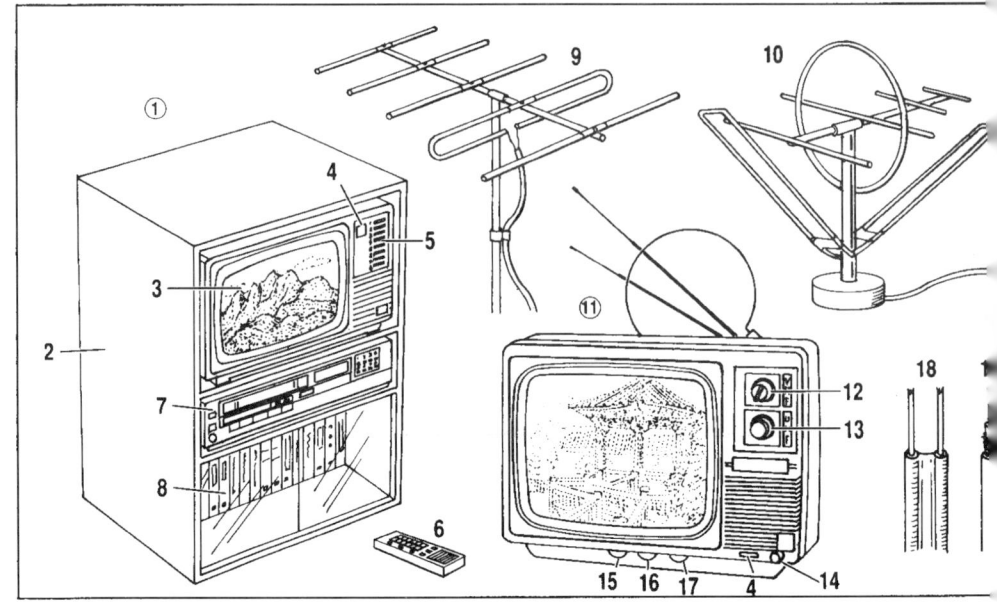

1-19 电视机 diànshìjī
    텔레비전 수상기
1 彩色电视机 cǎisè diànshìjī
    컬러 텔레비전 ▶"彩电" cǎi-
    diàn. 고품위 텔레비전은
    "高清晰度电视" gāoqīngxīdù
    diànshì, 음성 다중 방송은
    "多重声音广播" duōchóng
    shēngyīn guǎngbō
2 电视架 diànshìjià
    텔레비전 랙
3 荧光屏 yíngguāngpíng
    영상 스크린 ▶브라운관은
    "显象管" xiǎnxiàngguǎn
4 电源开关 diànyuán kāi-
    guān
    전원 스위치
5 频道选择按键 píndào
    xuǎnzé ànjiàn
    채널 버튼
6 遥控 yáokòng
    리모컨 ▶적외선은 "红外线"
    hóngwàixiàn
7 录像机 lùxiàngjī
    비디오 ; 비디오 테이프 레
    코더 ▶"磁带录像机" cídài
    lùxiàngjī
8 录像带 lùxiàngdài

비디오 테이프 ▶"录像磁带"
    lùxiàng cídài
9-10 天线 tiānxiàn
    안테나
9 室外天线 shìwài tiānxiàn
    실외 안테나 ▶공동 안테나는
    "共用天线" gòngyòng
    tiānxiàn, 파라볼라 안테나는
    "抛物面天线" pāowù-
    miàn tiānxiàn
10 室内天线 shìnèi tiānxiàn
    실내 안테나
11 黑白电视机 hēibái diànshìjī
    흑백 텔레비전
12 VHF频道选择开关 VHF
    píndào xuǎnzé kāiguān
    VHF 채널 스위치 ▶VHF는
    "甚高频" shèn'gāopín
13 UHF频道选择旋钮 UHF
    píndào xuǎnzé xuánniǔ
    UHF 채널 손잡이 ▶UHF는
    "超高频" chāogāopín
14 耳机插孔 ěrjī chākǒng
    헤드폰 단자
15 亮度调节 liàngdù tiáojié
    밝기 조정
16 对比度调节 duìbǐdù tiáojié
    콘트라스트 조정

17 音量调节 yīnliáng tiáojié
    볼륨 조정
18 馈线 kuìxiàn
    피더선
19 同轴电缆 tóngzhóu diànlǎn
    동축 케이블
20 收录机 shōulùjī
    카세트 라디오 ▶"收录两用
    机" shōulù liǎngyòngjī "收
    音机" shōuyīnjī(라디오)와
    "录音机" lùyīnjī(테이프 레
    코더)의 양쪽 기능을 갖는
    다.
21 提手 tíshǒu
    손잡이
22 音量调节旋钮 yīnliáng
    tiáojié xuánniǔ
    음량 조절 손잡이
23 平衡控制旋钮 pínghéng
    kòngzhì xuánniǔ
    좌우 평형 손잡이
24 音调控制旋钮 yīndiào
    kòngzhì xuánniǔ
    음향 밸런스 손잡이
25 磁带选择开关 cídài xuǎnzé
    kāiguān
    테이프 선택 스위치
26 暂停按键 zàntíng ànjiàn

텔레비전·카세트 라디오 138

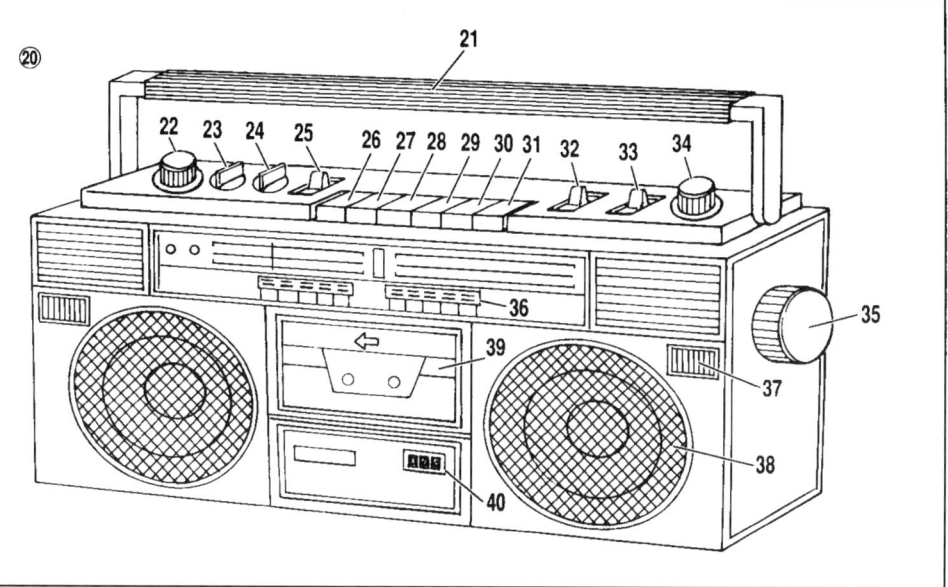

일시 정지 버튼
27 录音按键 lùyīn ànjiàn
   녹음 버튼
28 快进按键 kuàijìn ànjiàn
   빨리 보내기 버튼
29 放音按键 fàngyīn ànjiàn
   재생 버튼
30 停止, 取盒按键 tíngzhǐ, qǔhé ànjiàn
   정지·카세트 추출 버튼
31 倒带按键 dàodài ànjiàn
   되감기 버튼
32 功能开关 gōngnéng kāiguān
   기능 선택 스위치; 라디오·테이프 전환 스위치
33 波段开关 bōduàn kāiguān
   밴드 선택 ▶중파는 "中波" zhōngbō, 단파는 "短波" duǎnbō, FM은 "调频" tiáopín
34 调谐旋钮 tiáoxié xuánniǔ
   동조 손잡이 ▶주파수는 "频率" pínlǜ
35 短波微调旋钮 duǎnbō wēitiáo xuánniǔ
   단파 세밀 조정 손잡이
36 电平指示表 diànpíng zhǐshìbiǎo
   레벨 미터
37 机内传声器 jīnèi chuánshēngqì
   내장 마이크
38 喇叭 lǎba
   스피커
39 盒带室 hédàishì
   카세트 홀더 ▶카세트 테이프는 "录音带" lùyīndài
40 带长计数器 dàicháng jìshùqì
   테이프 카운터

229

139 报 bào

1 报社 bàoshè
  신문사 ▶통신사는 "通讯社" tōngxùnshè
2 新闻记者 xīnwén jìzhě
  신문 기자 ▶기자증은 "记者证" jìzhězhèng
3 摄影记者 shèyǐng jìzhě
  카메라맨
4 报刊橱窗 bàokān chúchuāng
  신문 게시판
5 邮政报刊亭 yóuzhèng bàokāntíng
  신문·잡지 판매지
6 售报员 shòubàoyuán
  신문 판매원
7-36 报纸 bàozhǐ
  신문
7-8 日报 rìbào
  일간지
7 机关报 jīguānbào
  기관지
8 英文报 yīngwénbào
  영문 신문
9 晚报 wǎnbào
  석간 ; 석간지
10 周报 zhōubào
  주간 신문
11 体育报 tǐyùbào
  스포츠 신문
12 报头 bàotóu
  신문의 제자란(题字欄)
13 题字 tízì
  제자 ; 지명
14 发行号数 fāxíng hàoshù
  발행 호수
15 发行日 fāxíngrì
  발행일
16 农历 nónglì
  음력
17 天气预报 tiānqì yùbào
  일기 예보
18 头版头条 tóubǎn tóutiáo
  제1면 톱 ▶제1면은 "头版" tóubǎn, "第一版" dìyībǎn
19 新闻 xīnwén
  뉴스 ; 기사 ▶신문의 스크랩은 "剪报" jiǎnbào
20 横排 héngpái
  가로 조판
21 竖排 shùpái
  세로 조판
22 头条新闻 tóutiáo xīnwén
  톱뉴스
23-26 标题 biāotí
  제목 ; 헤딩
23 大字标题 dàzì biāotí
  큰 제목
24 正题 zhèngtí
  주제목 ▶"主题" zhǔtí
25 眉题 méití
  주 제목 앞에 두는 부제목
  ▶"引题" yǐntí, "肩题" jiāntí
26 副题 fùtí
  주제목 뒤에 두는 부제목
  ▶"附题" fùtí
27 内容提要 nèiróng tíyào
  리드 ; 전문(前文); 개요
28 社论 shèlùn
  사설
29 图片 túpiàn
  사진이나 그림
30 图片说明 túpiàn shuōmíng
  사진이나 그림의 설명
31 插图 chātú
  삽화
32 社会栏 shèhuìlán
  사회란
33 专栏 zhuānlán
  칼럼
34 电视节目 diànshì jiémù
  텔레비전 프로
35 副刊 fùkān
  부간; 학예란
36 广告 guǎnggào
  광고
37 黑板报 hēibǎnbào
  흑판 신문
38 壁报 bìbào
  벽신문 ▶공장·기관·학교 등의 내부에서 벽면에 게재한다. "墙报" qiángbào라고도 한다.
39 大字报 dàzìbào
  대자보 ; 수서의 큰 문자의 의견서 ▶자기 의견을 다른 사람들에게 알리기 위해 게재한다.
40 小字报 xiǎozìbào
  소자보 ; 펜글씨 등의 작은 문자의 의견서 ▶"大字报" dàzìbào에 대해서 말한다.

신문 139

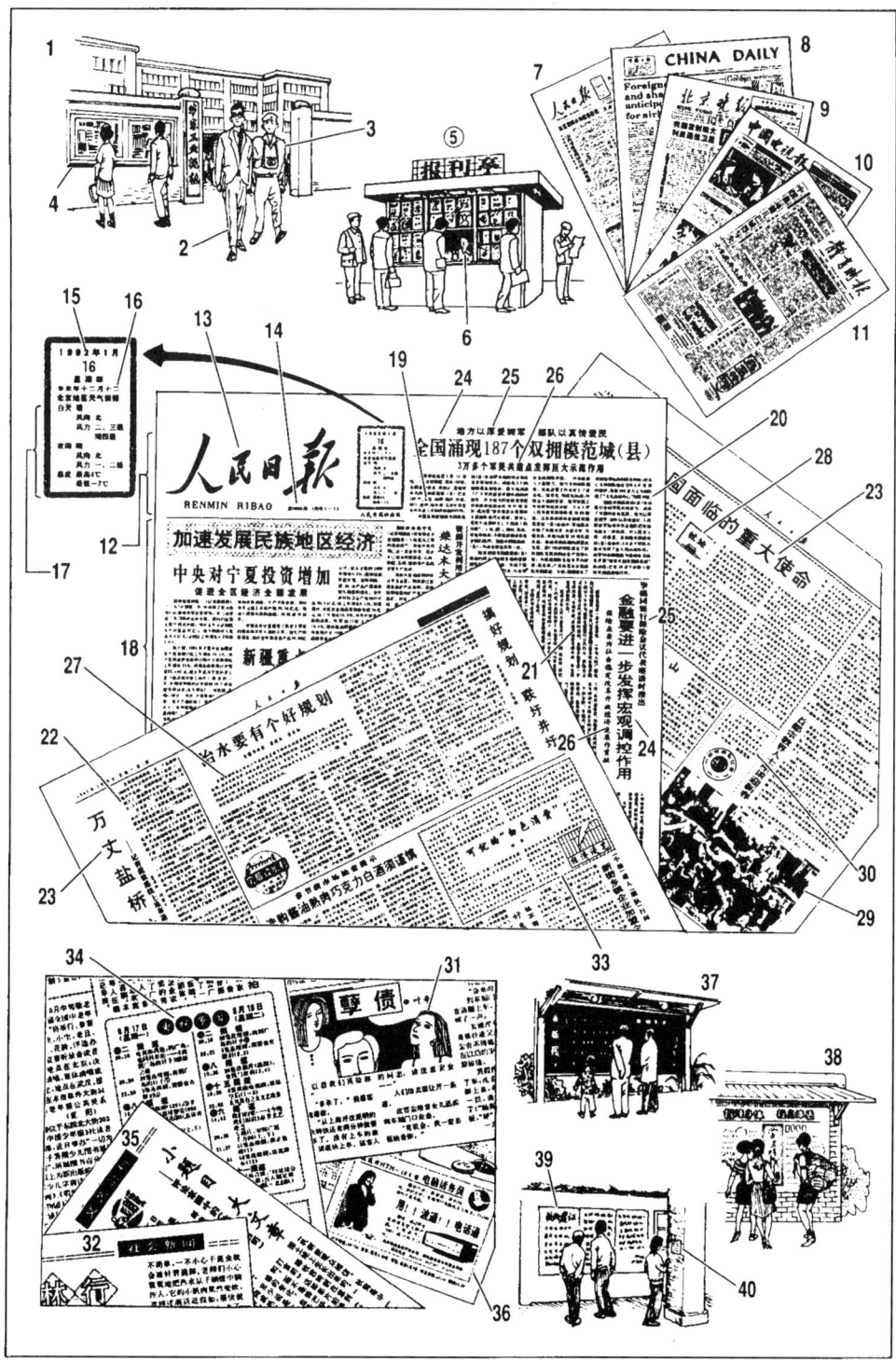

140 出版 chūbǎn

1-5 出版社 chūbǎnshè
출판사 ▶편집부는 "编辑部" biānjíbù

1 总编辑 zǒngbiānjí
편집장 ▶"主编" zhǔbiān

2 编辑 biānjí
편집자

3 出版计划 chūbǎn jìhuá
출판 계획

4 地图 dìtú
지도

5 工具书 gōngjùshū
고구서; 사전·옥편, 연감·연표 등의 서적

6 原稿 yuángǎo
원고 ▶원고 용지는 "稿纸" gǎozhǐ

7-8 校对 jiàoduì
교정

7 校样 jiàoyàng
교정쇄; 게라쇄

8 校对符号 jiàoduì fúhào
교정 기호

9-44 装订 zhuāngdìng
장정

9 卷轴装 juànzhóuzhuāng
말이책; 두루마리 모양의 옛책

10 经折装 jīngzhézhuāng
접책

11 旋风装 xuánfēngzhuāng
선풍엽

12 蝴蝶装 húdiézhuāng
호접장

13 鱼尾 yúwěi
목판본의 어미

14 包背装 bāobèizhuāng
양식 장정

15 线装书 xiànzhuāngshū
선장본

16 封面 fēngmiàn
겉표지

17 签条 qiāntiáo
제첨;책 이름을 써서 표지에 붙이는 종이나 헝겊

18 订线 dìngxiàn
철하는 실

19 书根字 shūgēnzì
책 밑면 글자 ▶검색을 편리

하게 하기 위해 책 밑면에 쓴 글자

20 书套 shūtào
책갑; 서질(書帙)

21 夹板 jiābǎn
판질(板帙); 협판(夾板)

22 书匣 shūxiá
책 함; 책의 케이스

23 平装书 píngzhuāngshū
보통 장정의 서적

24 精装书 jīngzhuāngshū
고급 장정본

25 烫金字 tàngjīnzì
금박

26 方背 fāngbèi
모등 ▶"책의 등은 "书脊" shūjǐ

27 封面 fēngmiàn
겉표지

28 书名 shūmíng
책 이름

29 圆背 yuánbèi
둥근등

30 书脊文字 shūjǐ wénzì
책의 등문자

31 书签儿 shūqiānr
서표(書標) ▶"书签" shūqiān

32 前勒口 qiánlèkǒu
커버를 앞표지 안으로 접은 부분

33 护封 hùfēng
재킷;커버 ▶"包封" bāofēng

34 封里 fēnglǐ
앞표지 안 ▶"封二" fēng'èr

35 环衬 huánchèn
백지; 백간지

36 扉页 fēiyè
속표지; 비지

37 天头 tiāntóu
상단의 공백

38 版心 bǎnxīn
판면

39 切口 qiēkǒu
옆 여백

40 页码 yèmǎ
페이지 번호

41 地脚 dìjiǎo
아래 여백

42 订口 dìngkǒu

철하는 부분

43 封底 fēngdǐ
뒤표지 ▶"封四" fēngsì

44 后勒口 hòulèkǒu
커버를 뒤표지 안으로 접은 부분

45 内容提要 nèiróng tíyào
내용 적요; 개요

46 目录 mùlù
차례; 목차

47 版权页 bǎnquányè
판권장

48 书名 shūmíng
책 이름

49 著者 zhùzhě
저자 ▶편자는 "编者" biānzhě, 역자는 "译者" yìzhě

50 发行所 fāxíngsuǒ
발행소

51 印刷厂 yìnshuāchǎng
인쇄소

52 印张 yìnzhāng
대수

53 字数 zìshù
총자수

54 发行日 fāxíngrì
발행일

55 印数 yìnshù
발행 부수; 인수

56 定价 dìngjià
정가 ▶"书价" shūjià

57 标准书号 biāozhǔn shūhào
국제 표준 도서 번호; ISBN

58-59 开本 kāiběn
판의 크기

58 大开 dàkāi
인쇄 용지의 전지 ▶"一开" yīkāi

59 对开 duìkāi
2절(판) ▶"二开" èrkāi

출판 140

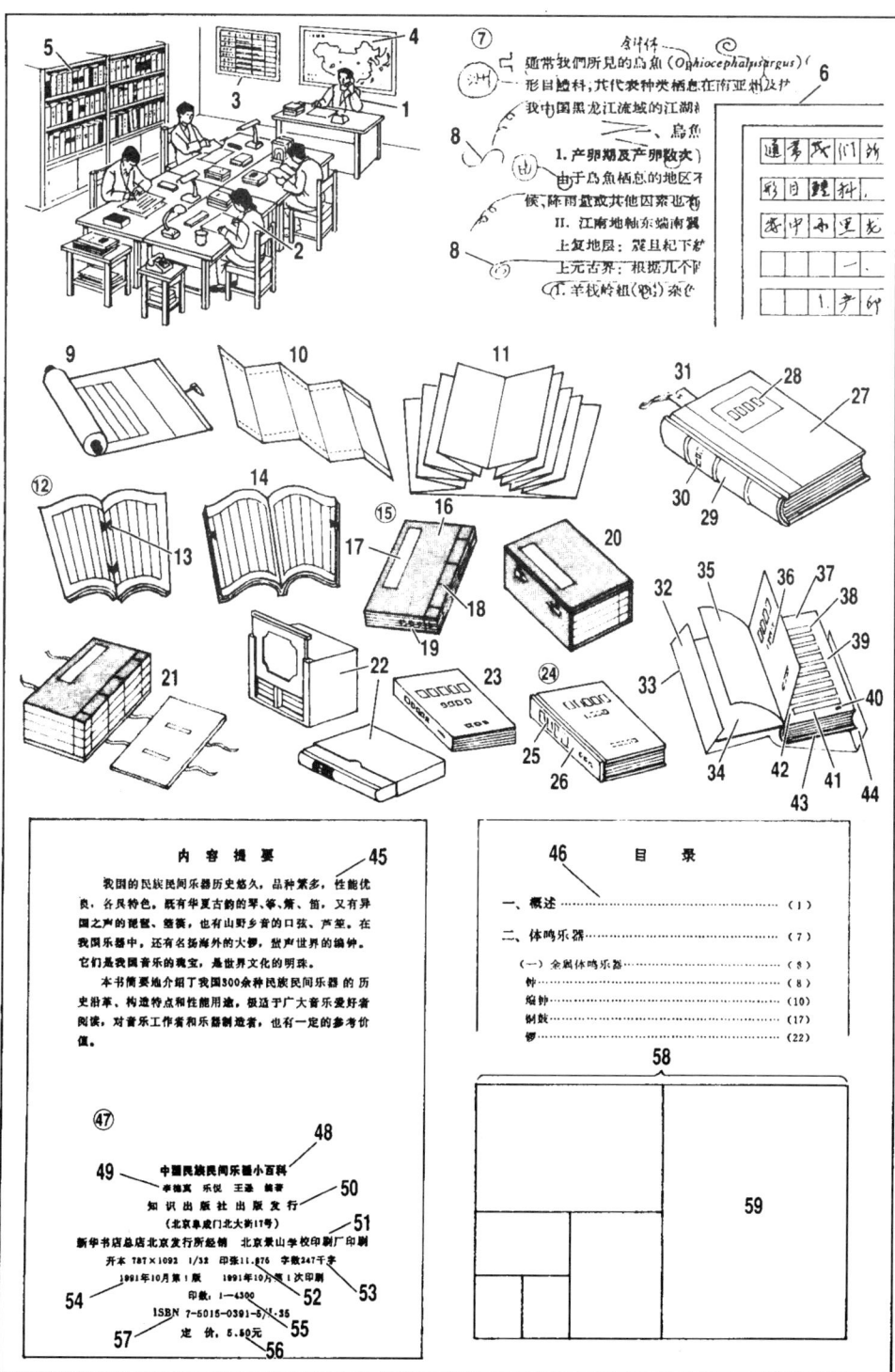

233

141 印刷厂 yìnshuāchǎng

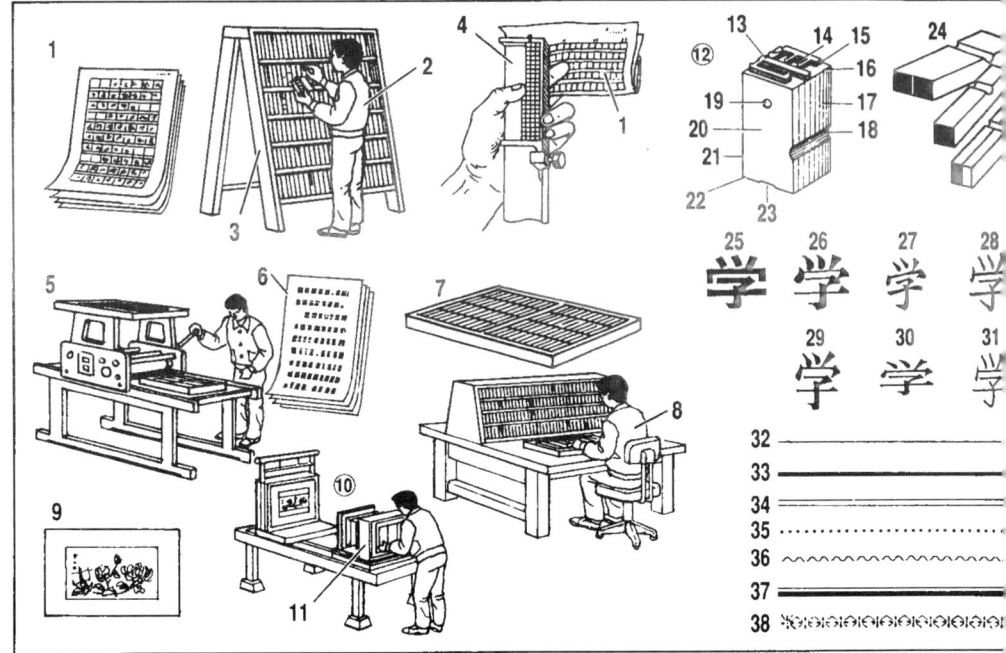

1-24 铅字排版 qiānzì páibǎn
활자 조판 ▶"铅板" qiānbǎn
1-8 排字车间 páizì chējiān
식자실;조판실 ▶"排版车间" páibǎn chējiān
1 原稿 yuángǎo
원고 ▶문자고는 "文稿" wén'gǎo
2 撮字工人 cuōzì gōngrén
문선공
3 字盘架 zìpánjià
활자 케이스 ▶"字架" zìjià
4 手盘 shǒupán
식자용 스틱; 문선한 활자를 담는 금속 상자 ▶"排字手托" páizì shǒutuō
5 打样机 dǎyàngjī
교정 인쇄기
6 毛条样 máotiáoyàng
교정쇄 ▶"小样" xiǎoyàng
7 拼版 pīnbǎn
조판 ▶"装版" zhuāngbǎn
8 拼版工人 pīnbǎn gōngrén
식자공;조판공
9 图稿 túgǎo
제판용 원고
10 照相制版车间 zhàoxiāng zhìbǎn chējiān
사진 제판실
11 制版照相机 zhìbǎn zhàoxiāngjī
제판 카메라
12 铅字 qiānzì
활자 ▶호수는 "字号" zìhào
13 字面 zìmiàn
자면;페이스
14 字谷 zìgǔ
자골
15 斜面 xiémiàn
사면
16 字肩 zìjiān
자견;어깨
17 字腹 zìfù
자복;배
18 缺刻 quēkè
결각
19 针标 zhēnbiāo
핀 마크
20 侧面 cèmiàn
측면
21 字背 zìbèi
등
22 字脚 zìjiǎo
다리
23 字沟 zìgōu
홈
24 空铅 kōngqiān
공목
25-31 字体 zìtǐ
자체;글꼴
25 黑体 hēitǐ
고딕체
26 老宋体 lǎosòngtǐ
명조체;보통체 ▶"宋体" sòngtǐ
27 正楷 zhèngkǎi
해서체 ▶"楷体" kǎitǐ, "手写体" shǒuxiětǐ
28 仿宋体 fǎngsòngtǐ
송조체
29 长体 chángtǐ
장체
30 扁体 biǎntǐ
평체
31 长仿宋体 chángfǎngsòngtǐ
세송조체 ▶"仿宋体"의 일종
32-38 铅线 qiānxiàn

인쇄소 141

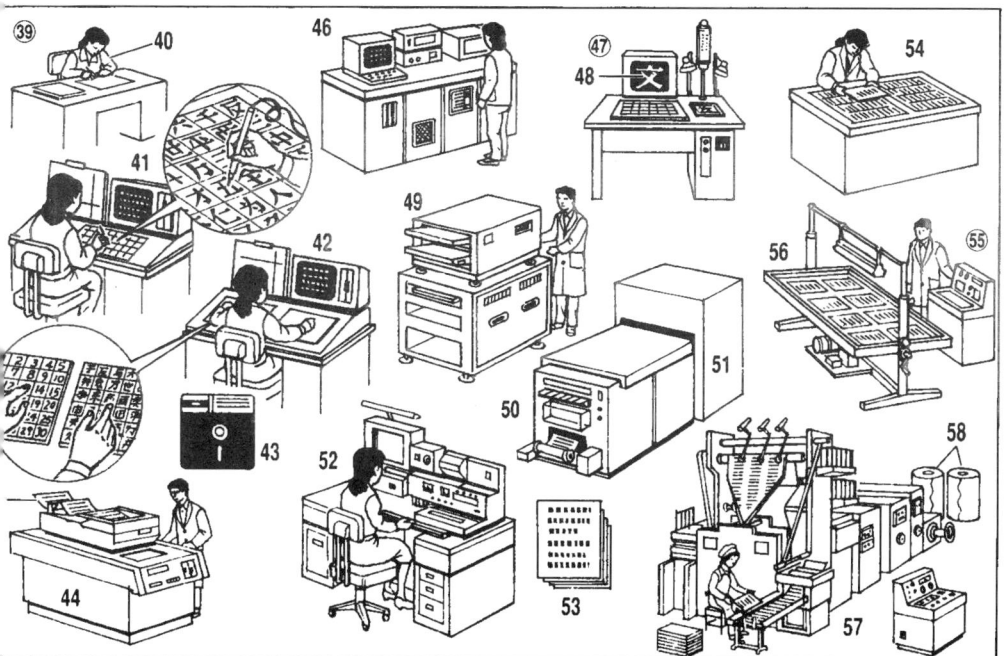

패션
32 正线 zhèngxiàn
　가는 괘선
33 反线 fǎnxiàn
　굵은 괘선
34 双正线 shuāngzhèngxiàn
　쌍주 괘선
35 点线 diǎnxiàn
　리더 괘선
36 曲线 qūxiàn
　파형 괘선
37 文武线 wénwǔxiàn
　모자 괘선
38 花边 huābiān
　장식 괘선
39-54 照相排版 zhàoxiāng
　páibǎn
　사식 조판 ▶"照排" zhàopái
39 整稿 zhěnggǎo
　원고 정리 ▶"批稿" pīgǎo
40 整稿人员 zhěnggǎo rén-
　yuán
　원고 정리 스태프
41-42 输入改样机 shūrùgǎi-
　yàngjī
　입력 교정기

41 笔触式 bǐchùshì
　펜 터치식
42 键盘式 jiànpánshì
　키보드식
43 软磁盘 ruǎncípán
　플로피 디스크
　▶"软盘" ruǎnpán
44 汉字印字机 hànzì yìnzìjī
　한자 프린터; 라인 프린터
45 毛校 máojiào
　교정쇄
46 自动照相排字机 zìdòng
　zhàoxiàng páizìjī
　자동 사식기 ▶"自动照排机"
　zìdòng zhàopáijī
47 造字机 zàozìjī
　외자 작성기
48 造字 zàozì
　외자 작성
49 排版校正用印字机 páibǎn-
　jiàozhèngyòng yìnzìjī
　교정 프린터
50 自动冲洗机 zìdòng chōng-
　xǐjī
　자동 현상기
51 暗房 ànfáng

　암실
52 手动照相排字机 shǒudòng
　zhàoxiàng páizìjī
　수동 사식기 ▶"手动照排机"
　shǒudòng zhàopáijī
53 标题原稿 biāotí yuán'gǎo
　표제 원고
54 拼大版 pīndàbǎn
　페이지 업
55 制版 zhìbǎn
　제판
56 晒版机 shàibǎnjī
　건판기; 쇄판기
57 高速胶印轮转机 gāosùjiāo-
　yìn lúnzhuànjī
　고속 오프셋 윤전기 ▶인쇄기
　는 "印刷机" yìnshuājī, 오
　프셋 인쇄는 "胶印" jiāo-
　yìn, "胶版印刷" jiāobǎn
　yìnshuā
58 卷筒纸 juǎntǒngzhǐ
　두루마리 종이

235

曲艺 qǔyì / 노래와 공연

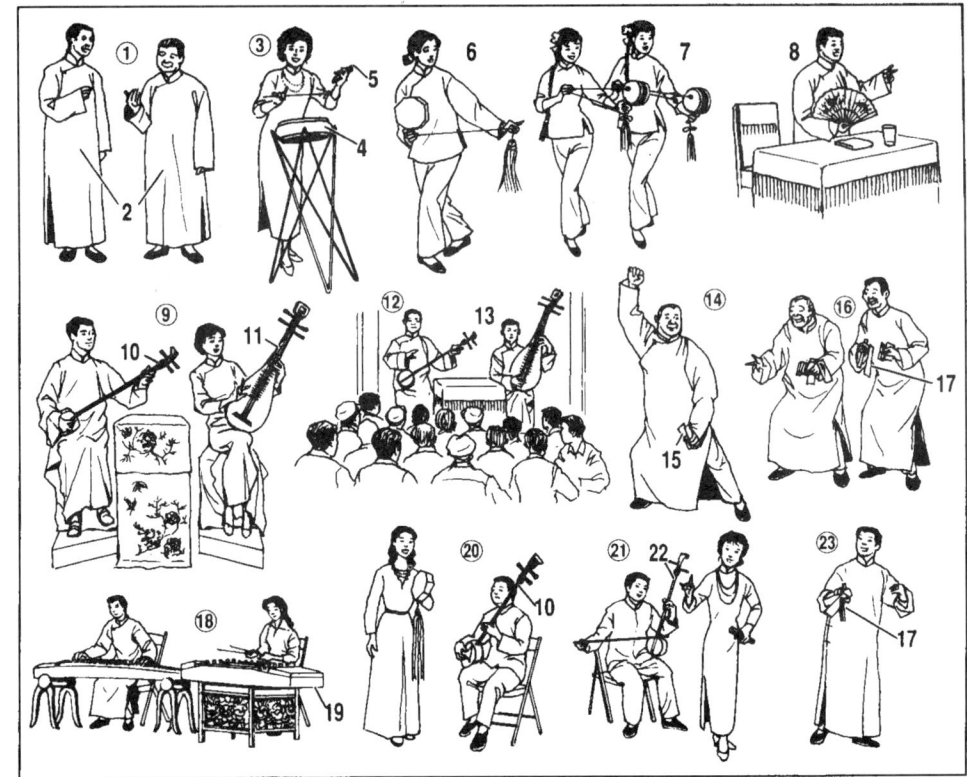

1 相声 xiāngsheng
  만담
2 相声演员 xiāngsheng yǎnyuán
  만담가
3 大鼓 dàgǔ
  대고 ▶작은 북을 치며 박자에 맞춰 노래하는 민간 예술
4 扁鼓 biǎngǔ
  편고 ▶작은 북의 일종
5 拍板 pāibǎn
  박판 ▶타악기의 일종. 3매의 판으로 만들어진 박자를 치는 악기
6 八角鼓 bājiǎogǔ
  팔각고 ▶팔각고와 "单弦儿" dānxiánr를 반주하면서 설창(說唱)하는 민간 예술
7 凤阳花鼓 fēngyáng huāgǔ
  풍양고 ▶명대에 유행했던 연예. 사랑을 주제로 한 것이 많다.
8 评话 pínghuà
  평화; 이야기와 노래가 섞인 구두 연예 ▶"评书" píngshū
9 弹词 táncí
  탄사; 악기를 다루면서 구술하는 남방 예술의 하나
10 三弦 sānxián
  삼현금; 줄 셋짜리 거문고 ▶"弦子" xiánzi
11 琵琶 pípa
  비파
12 说书场 shuōshūchǎng
  야담 연예장 ▶"书场" shūchǎng
13 评弹 píngtán
  평탄 ▶"评话" pínghuà와 "弹词" táncí가 결합한 형식
14 山东快书 shāndōng kuàishū
  산동 타예; 산동에서 생겨난 타악기 구연 예술
15 铜板 tóngbǎn
  동판 타악기 ▶박자를 치는 악기
16 数来宝 shùláibǎo
  수래보 ▶"竹板儿" zhúbǎnr 등으로 박자를 맞추면서 즉흥적으로 노래와 이야기를 하는 연예
17 竹板儿 zhúbǎnr
  죽판아 ▶캐스터네츠와 비슷한 대나무로 된 타악기
18 琴书 qínshū
  양금 반주의 노래 연예
19 扬琴 yángqín
  양금
20 单弦儿 dānxiánr
  팔각고와 삼현으로 반주하는 구연
21 河南坠子 hénán zhuìzi
  하남에서 유행한 구연
22 坠琴 zhuìqín
  추금 ▶몸체는 오동나무로 되었고 활로 켜는 2현 악기
23 快板儿 kuàibǎnr
  대나무 판을 맞쳐 박자를 맞추며 대사를 외우는 예술

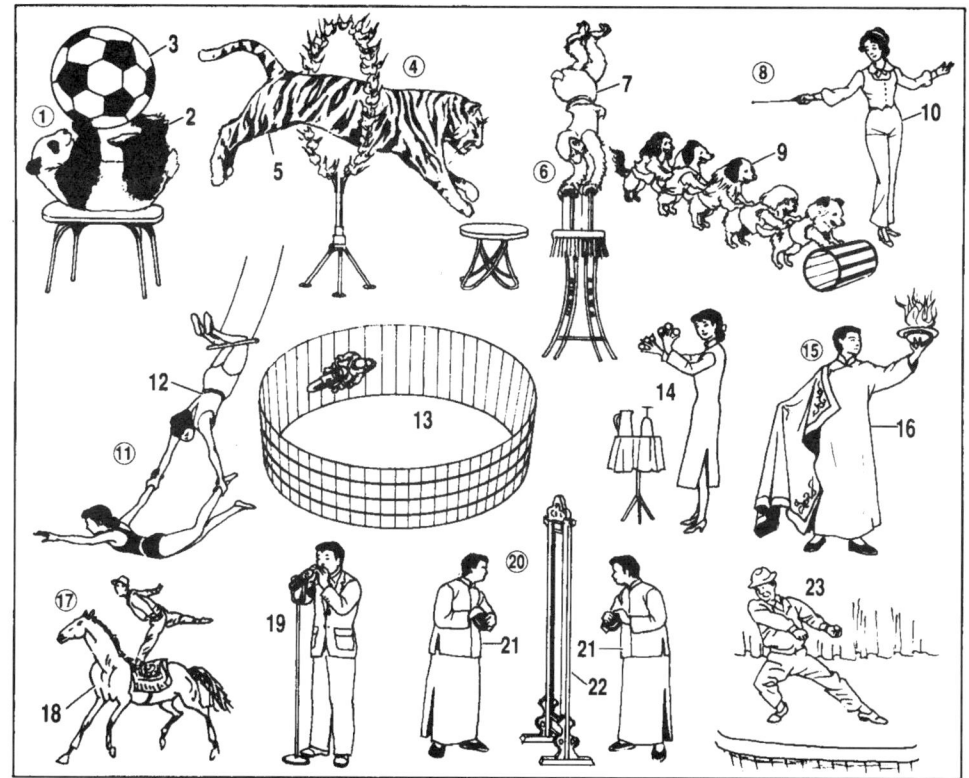

1-23 马戏 mǎxì
서커스▶현재 중국에서는 "杂技" zájì의 일부분이 되고 있다.
1 蹬技 dēngjì
발 곡예▶그림은 판다의 발 곡예
2 熊猫 xióngmāo
판다
3 大球 dàqiú
(큰)공
4 穿火圈 chuānhuǒquān
불건너기
5 老虎 lǎohǔ
호랑이
6 驯猴儿 xúnhóur
원숭이의 곡예
7 猴儿 hóur
원숭이▶"猴子" hóuzi
8 驯狗 xúngǒu
개의 곡예
9 小狗 xiǎogǒu
강아지
10 驯兽师 xúnshòushī
조련사
▶"驯兽员" xúnshòuyuán
11 空中秋千 kōngzhōng qiūqiān
공중 곡예
12 表演者 biǎoyǎnzhě
연기자▶"演员" yǎnyuán
13 飞车走壁 fēichē zǒubì
오토바이 곡예
14 戏法 xìfǎ
요술
15 魔术 móshù
마술
16 魔术演员 móshù yǎnyuán
마술사
17 马术表演 mǎshù biǎoyǎn
곡마
18 马 mǎ
말
19 口技 kǒujì
구기 ; 성대모사
20 滑稽表演 huájī biǎoyǎn
광대 연기
21 小丑 xiǎochǒu
광대▶"丑角" chǒujué
22 镜子 jìngzi
거울
23 哑剧 yǎjù
벙어리 극 ; 무언극

144 杂技 zájì II

1-35 杂技团 zájìtuán
곡예단 ; 서커스단
1 舞狮子 wǔshīzi
사자춤 ▶"耍狮子" shuǎshīzi
2 耍坛子 shuǎtánzi
항아리 돌리기(곡예)
3 抖空竹 dǒukōngzhú
죽방울 돌리기
4-5 舞流星 wǔliúxīng
유성 돌리기
4 水流星 shuǐliúxīng
수유성 ▶물을 담은 그릇을 끈에 매달아 회전시켜 어둠 속에서 유성처럼 보이게 하는 곡예
5 火流星 huǒliúxīng
화류성 ; 화구(火球) 돌리기
▶화구("火流星" huǒliúxīng)

를 매단 끈을 조작하여 공중에서 춤추고 있는 듯이 보이게 하는 곡예
6 椅子顶 yǐzidǐng
의자 위의 평형 곡예
7 转碟 zhuǎndié
접시 돌리기 곡예
8 长杆技巧 chánggān jìqiǎo
장대 곡예
9 钻圈 zuānquān
굴렁쇠를 빠져나가는 곡예
10 绳技 shéngjì
끈을 사용한 곡예
11 小跳板 xiǎotiàobǎn
널뛰기 곡예
12 蹬伞 dēngsǎn
발로 우산을 돌리거나 하는 곡예 ▶"蹬技" dēngjì의 일종

13 顶技 dǐngjì
머리에 물건을 얹는 곡예
14 酒杯 jiǔbēi
포도주잔; 와인 글라스
15 口筶子 kǒujiānzi
입에 문 막대에 의한 곡예
16 爬杆 págān
장대 오르기
17 踢毽子 tījiànzi
제기차기
18 打花棍 dǎhuāgùn
꽃 막대기 다루는 곡예
19 皮条 pítiáo
벨트를 사용한 곡예
20 滚杯 gǔnbēi
잔을 받치는 묘기 ▶"翻杯" fānbēi
21 晃板 huǎngbǎn

곡예·서커스 Ⅱ 144

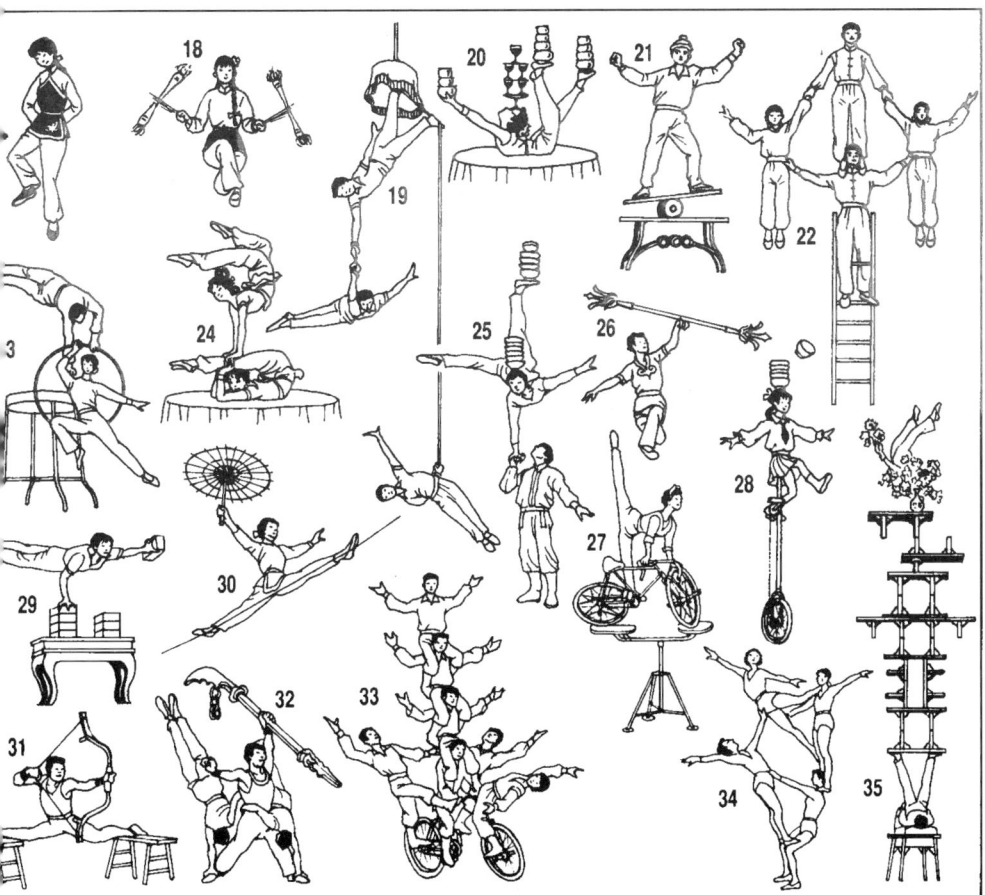

판 흔들기 곡예
22 晃梯 huǎngtī
  사다리 위의 균형 곡예
23 双人技巧 shuāngrén jìqiǎo
  두 사람 균형 곡예
24 柔术 róushù
  유연성을 보여 주는 곡예
25 顶碗 dǐngwǎn
  사발 이는 곡예
26 飞叉 fēichā
  양 끝에 갈퀴가 달린 쇠 작대기를 다루는 곡예
27 高台定车 gāotái dìngchē
  높은 받침 위에서의 자전거 곡예
28 高车踢碗 gāochē tīwǎn
  1륜차에 타고 사발을 다루는 곡예
29 木砖鼎 mùzhuāndǐng
  나무 블록 위에서의 곡예
30 走钢丝 zǒugāngsī
  줄타기
31 拉硬弓 lāyìnggōng
  강궁(强弓) 쏘기
32 举大刀 jǔdàdāo
  큰 칼 다루기
33 车技 chējì
  자전거 곡예
34 女子造型 nǚzǐ zàoxíng
  여자 조형 곡예
35 蹬板凳 dēngbǎndèng
  걸상을 받치기 곡예 ▶"蹬技"
  dēngjì의 일종

145 游乐园 yóulèyuán

1-33 游乐园 yóulèyuán
유원지
▶"游乐场" yóulèchǎng
1 大门 dàmén
대문; 정문; 입구
2 售票处 shòupiàochù
입장권 매표소
3 停车场 tíngchēchǎng
주차장
4 公共汽车站 gōnggòng qìchēzhàn
버스 정류장
5 出口 chūkǒu
출구
6 办公室 bàngōngshì
사무소
7 游览图 yóulǎntú
안내도
8-27 游乐设施 yóulè shèshī
놀이 시설
8 单轨脚踏车 dānguǐ jiǎotàchē
모노레일 자전거

9 单轨列车 dānguǐ lièchē
모노레일 열차
10 勇敢者转盘 yǒnggǎnzhě zhuànpán
용사 회전 그네
11 单环滑车 dānhuán huáchē
셔틀 루프
12 滑车 huáchē
미끄럼 열차
13 轨道 guǐdào
궤도
14 木马游转 mùmǎ yóuzhuǎn
회전 목마 ▶"旋转木马" xuánzhuǎn mùmǎ
15 空中转椅 kōngzhōng zhuànyǐ
공중 회전의자
16 空战机 kōngzhànjī
공중 전투기 놀이
17 莲花盆 liánhuāpén
연꽃 티 컵 놀이
18 撞车 zhuàngchē
어린이 차; 범퍼 카

▶"碰碰车" pèngpengchē
19 激光射击馆 jīguāngshèjīguǎn
레이저 총 사격관
20 电子游艺厅 diànzǐyóuyìtīng
TV게임 센터
21 降落伞队 jiàngluòsǎnduì
낙하산 부대
22 惯性滑车 guànxìng huáchē
롤러코스터
23 急流勇进 jíliú yǒngjìn
급류 미끄럼
24 大观览车 dàguānlǎnchē
대관람차
25 吊舱 diàocāng
곤돌라
26 保龄球房 bǎolíngqiúfáng
볼링장
27 体育俱乐部 tǐyù jùlèbù
스포츠 클럽
28 歼击机 jiānjījī
전투기 ▶"战斗机" zhàndǒujī
29-33 服务设施 fúwù shèshī

240

유원지 145

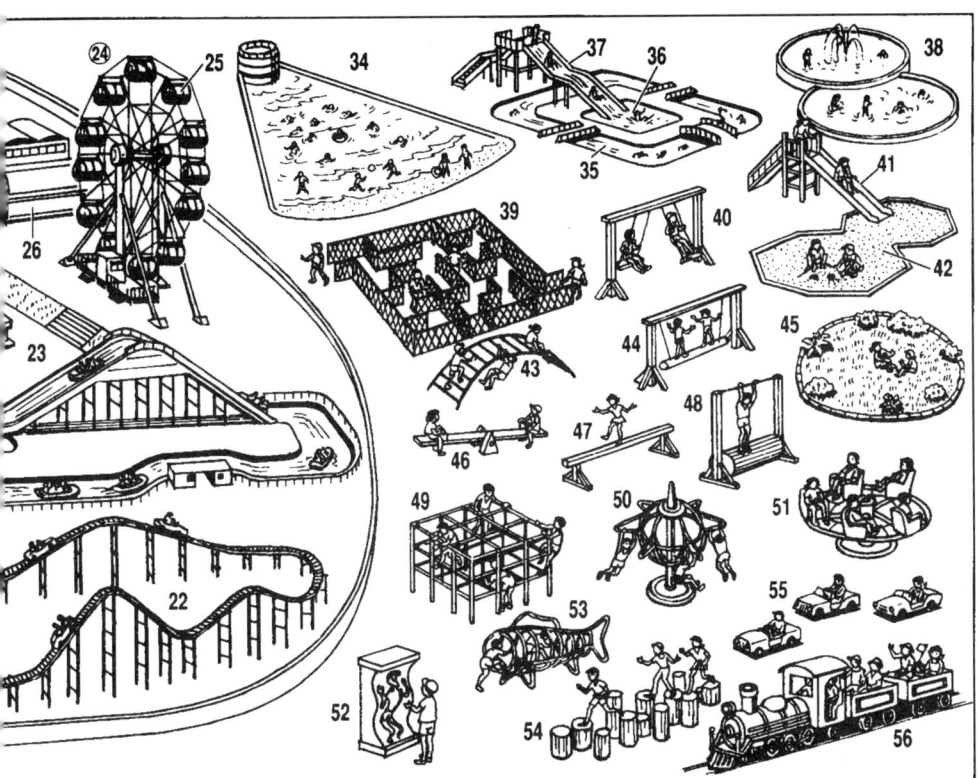

서비스 시설
29 医疗室 yīliáoshì
   의무실
30 快餐厅 kuàicāntīng
   간이 식당; 즉석 음식점
31 餐厅 cāntīng
   레스토랑
32 冷饮厅 lěngyǐntīng
   냉 음료·음식 가게
33 舞厅 wǔtīng
   댄스홀
34-38 游泳池 yóuyǒngchí
   풀; 수영장
34 造波游泳池 zàobō yóuyǒngchí
   파도 수영장; 파랑 풀; 조파 풀
35 环流游泳池 huánliú yóuyǒngchí
   환류 수영장; 유수 풀
36 滑坡游泳池 huápō yóuyǒngchí
   미끄럼 수영장; 슬라이더 풀

37 滑坡 huápō
   슬라이더; 미끄럼틀
38 儿童戏水池 értóng xìshuǐchí
   어린이용 풀
39-56 儿童公园 értóng gōngyuán
   어린이 공원
39 迷宫 mígōng
   미로
40 秋千 qiūqiān
   그네
41 滑梯 huátī
   미끄럼대
42 沙坑 shākēng
   모래밭
43 云梯 yúntī
   높은 사다리
44 荡木 dàngmù
   흔들 원목
45 草坪 cǎopíng
   잔디밭
46 跷跷板 qiāoqiāobǎn

시소 ▶"压板" yābǎn
47 平衡木 pínghéngmù
   평균대
48 转动鼓轮 zhuàndòng gǔlún
   회전 드럼
49 攀登架 pāndēngjià
   정글짐
50 转球 zhuànqiú
   메이폴 그네
51 转椅 zhuànyǐ
   회전의자
52 哈哈镜 hāhājìng
   유머 거울; 매직 미러
53 鲤鱼钻圈 lǐyú zuānquān
   잉어 뱃속 놀이
54 木桩步道 mùzhuāng bùdào
   말뚝 걷기
55 小汽车 xiǎoqìchē
   꼬마 자동차
56 小火车 xiǎohuǒchē
   꼬마 기차

146 游戏 yóuxì I

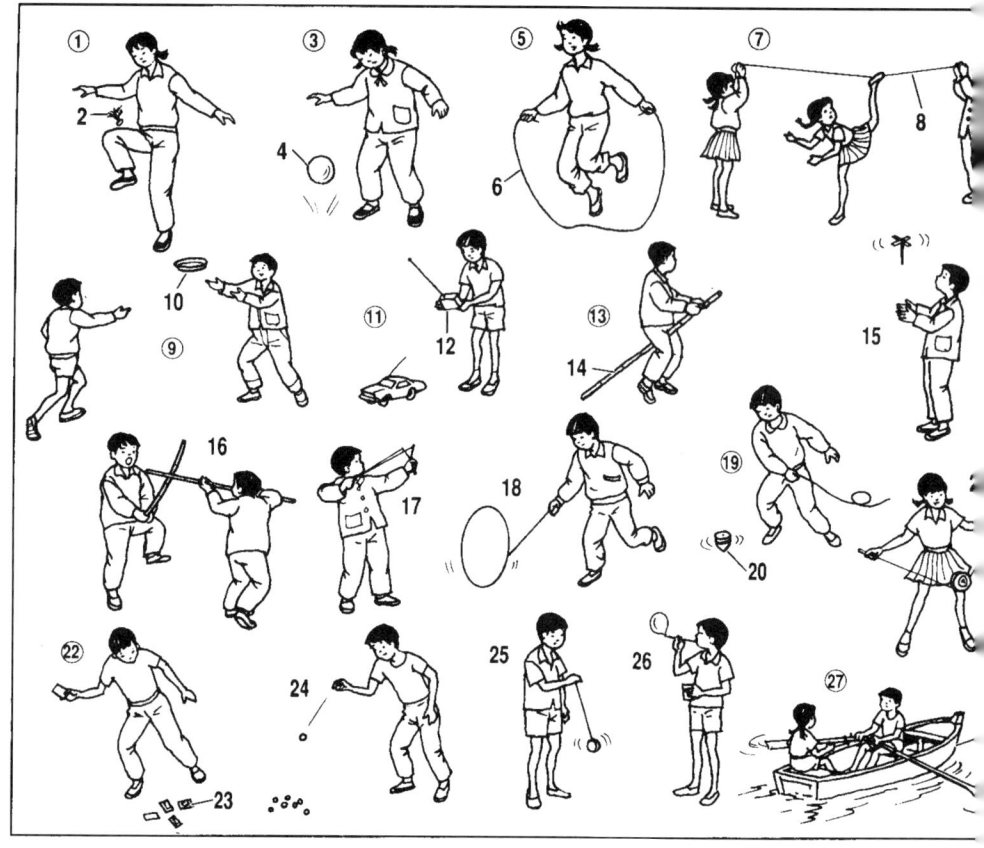

1 踢毽子 tījiànzi
  제기차기
2 毽子 jiànzi
  제기
3 拍球 pāiqiú
  공치기
4 皮球 píqiú
  고무공
5 跳绳 tiàoshéng
  줄넘기
6 绳子 shéngzi
  줄
7 跳皮筋儿 tiàopíjīnr
  고무줄 뛰기
8 猴皮筋儿 hóupíjīnr
  고무줄
  ▶"橡皮筋儿" xiàngpíjīnr
9 掷飞碟 zhìfēidié
  접시 던지기(놀이)
  ▶"投飞碟" tóufēidié
10 飞碟 fēidié
  접시
11 玩儿声控汽车 wánr shēngkòngqìchē
  무선 조종 차 놀이
12 遥控 yáokòng
  원격 조종기 ; 리모컨
13 骑竹马 qízhúmǎ
  죽마타기 놀이
14 竹马 zhúmǎ
  죽마 ▶나무 막대를 쓰는 경우에는 "木马" mùmǎ
15 玩儿竹蜻蜓 wánr zhúqīngtíng
  바람개비 놀이
16 耍刀枪 shuǎdāoqiāng
  칼싸움 놀이
17 大弹弓 dàdàngōng
  새총 놀이
18 滚铁环 gǔntiěhuán
  굴렁쇠 놀이
19 抽陀螺 chōutuóluó
  팽이 돌리기
  ▶"玩儿陀螺" wánr tuóluó
20 陀螺 tuóluó
  팽이
21 抖空竹 dǒukōngzhú
  죽방울 돌리기
22 拍纸牌 pāizhǐpái
  딱지치기
23 纸牌 zhǐpái
  딱지
24 弹玻璃球 tánbōliqiú
  구슬치기
25 抖悠悠 dǒuyōuyōu
  요요 놀이
26 吹肥皂泡 chuīféizàopào
  비눗방울 놀이
27 划船 huáchuán
  보트 놀이

놀이 I 146

28 船 chuán
　보트 ▶"小船" xiǎochuán
29 桨 jiǎng
　노
30 拔河 báhé
　줄다리기
31 攻阵 gōngzhèn
　땅따먹기
32 跳房子 tiàofángzi
　사방치기
　▶"跳圈儿" tiàoquānr
33 老鹰捉小鸡儿 lǎoyīngzhuō-
　xiǎojīr
　술래잡기
　▶"捉蛟龙" zhuōjiāolóng
34 丢手绢儿 diūshǒujuànr
　손수건 돌리기
35 开火车 kāihuǒchē
　전차 놀이
36 跳马 tiàomǎ
　말타기 놀이
37 翻跟头 fāngēntou
　공중 회전
38 挤香油 jǐxiāngyóu
　밀어내기
　▶"挤油" jǐyóu
39 摇船 yáochuán
　뱃놀이
40 玩儿沙 wánr shā
　모래 장난
41 捉迷藏 zhuōmícáng
　숨바꼭질；술래잡기 ▶"捉迷
　藏" zhuōmícáng, "藏猫儿"
　cángmāor
42 老瞎 lǎoxiā
　술래
43 踩影子 cǎiyǐngzi
　그림자 밟기 ▶그림자가 밟히
　면 진다.
44 踩龙尾 cǎilóngwěi
　용꼬리 밟기
45 抗肩 kàngjiān
　어깨밀기 씨름
46 立定推手 lìdìng tuīshǒu
　발떼기 놀이

243

147 游戏 yóuxì Ⅱ

1 盲人敲锣 mángrénqiāoluó
  장님 징 치기
2 贴鼻子 tiēbízi
  코붙이기
3 猜谜语 cāimíyǔ
  수수께끼 풀이 ▶"猜谜儿"
  cāimèir. 문자에 의한 수수
  께끼는 "字谜" zìmí, 등롱
  따위에 쓴 수수께끼는 "灯
  谜" dēngmí라 한다.
4 谜面 mímiàn
  수수께끼의 문제 ▶수수께끼
  의 답을 "谜底" mídǐ라 한
  다.
5 掰腕子 bāiwànzi
  팔씨름
6 照手影 zhàoshǒuyǐng
  그림자 놀이
7 一笔画 yìbǐhuà
  한붓그리기
8 磁性写字板 cíxìng xiězìbǎn
  자석판 놀이 ; 자성을 이용
  하여 문자나 그림을 그리는
  완구 ▶"磁力画板" cílì
  huàbǎn
9 跳棋 tiàoqí
  다이아몬드 게임
10 玩儿升官图 wánr shēng-
  guāntú
  주사위 놀이
11 色子 shǎizi
  주사위
12 翻绳儿 fānshéngr
  실뜨기 놀이
13 弹子儿 tánzǐr
  구슬 치기 놀이
14 捣包儿 dǎobāor
  공기(조그만 주머니에 팥
  따위를 넣은 공기, 오자미)
  놀이
15 抓子儿 zhuāzǐr
  공기놀이 ▶작은 돌, 가축의
  관절뼈나 발톱 등을 쓴다.
  "抓拐" zhuāguǎi
16 电视游戏 diànshì yóuxì
  텔레비전 게임 ; 비디오
  게임
17 电视游戏机 diànshì yóuxìjī
  텔레비전 게임기
18 游戏卡 yóuxìkǎ
  게임 소프트웨어
19 变戏法儿 biànxìfǎr
  요술 ▶"变戏法" biànxìfǎ
20 堆雪人 duīxuěrén
  눈사람 만들기
21 雪人 xuěrén
  눈사람
22 打雪仗 dǎxuězhàng
  눈싸움
23 雪球 xuěqiú

놀이 Ⅱ 147

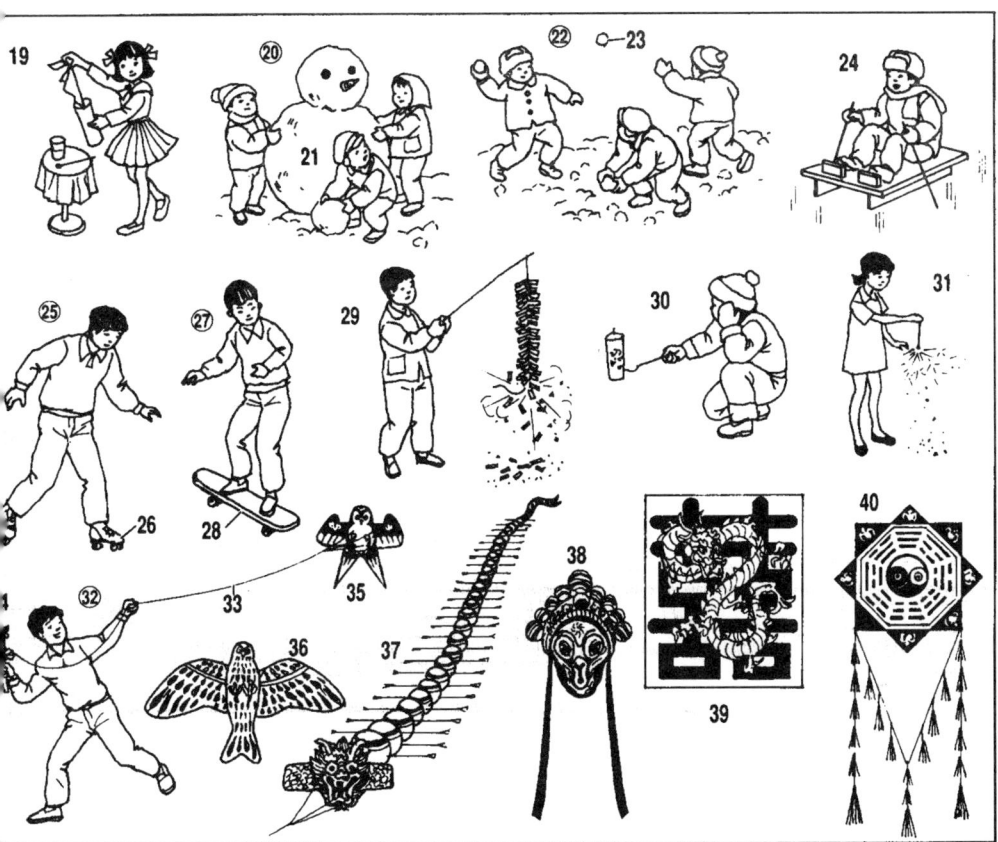

    눈덩이
24 玩儿冰车 wánr bīngchē
    썰매타기
25 溜旱冰 liūhànbīng
    롤러 스케이트 놀이
26 旱冰鞋 hànbīngxié
    롤러 스케이트화
27 玩儿四轮滑板 wánr sìlún-
    huábǎn
    스케이트 보드 놀이
28 四轮滑板 sìlúnhuábǎn
    스케이트 보드
29 放鞭炮 fàngbiānpào
    폭죽놀이 ▶"鞭炮" biānpào는
    연발식 폭죽으로 연속음
    을 낸다.
30 放爆竹 fàngbàozhú
    폭죽놀이 ▶"爆竹" bàozhú는
    단발식 폭죽
31 放烟火 fàngyānhuo
    불꽃놀이
32 放风筝 fàngfēngzheng
    연날리기
33 风筝线 fēngzhengxiàn
    연 실
34 线桄子 xiànguàngzi
    얼레
25-40 风筝 fēngzheng
    연
35 沙燕儿 shāyànr
    제비(모양의) 연
36 老鹰 lǎoyīng
    매(모양의) 연
37 龙头蜈蚣 lóngtóu wúgong
    머리가 용이고 꼬리가 지네
    모양의 연
38 孙悟空 sūnwùkōng
    손오공 모습의 연
39 双喜字 shuāngxǐzì
    쌍희자 연 ▶「囍」자가 써
    있는 연 ☞202-29
40 八卦 bāguà
    팔괘 ▶주역(周易)의 기호를
    도안화한 연

245

148 玩具 wánjù

1-4 金属玩具 jīnshǔ wánjù
　금속 완구
1 玩具火车 wánjù huǒchē
　장난감 기차 ▶그림은 "惯性玩具" guànxìng wánjù(관성 완구)의 일종
2 玩具汽车 wánjù qìchē
　장난감 자동차
3 直升飞机 zhíshēng fēijī
　헬리콥터 ▶그림은 "建造模型" jiànzào móxíng(조립 모형)의 일종
4 玩具警车 wánjù jǐngchē
　장난감 순찰차 ▶그림은 "发响玩具" fāxiǎng wánjù(소리가 나는 완구)의 일종
5 拨浪鼓儿 bōlanggǔr
　땡땡이(장난감) ▶"波浪鼓" bōlanggǔ
6 长颈鹿 chángjǐnglù
　기린 ▶그림은 "塑料玩具" sùliào wánjù(비닐 완구)의 기린
7-11 布玩具 bùwánjù
　헝겊으로 만든 장난감
7 小熊猫 xiǎoxióngmāo
　판다
8 小猫 xiǎomāo
　고양이
9 狮子 shīzi
　사자
10 布娃娃 bùwáwa
　천 인형
11 洋娃娃 yángwáwa
　서양 인형
12 泥人儿 nírénr
　흙인형 ▶흙이나 도자기 완구의 총칭은 "陶器玩具" táoqì wánjù
13-14 木制玩具 mùzhì wánjù
　목제 완구
13 木偶 mù'ǒu
　목제 인형 ; 목각 인형
14 积木 jīmù
　집짓기 놀이(장남감)
15 小狗 xiǎogǒu
　강아지 ▶그림은 "电动玩具" diàndòng wánjù(전동 완구)의 일종
16 小猴儿 xiǎohóur
　원숭이 ▶그림은 "发条玩具" fātiáowánjù(태엽식완구)의 원숭이
17-18 音乐玩具 yīnyuè wánjù
　음악 완구
17 喇叭 lǎba
　나팔
18 八音琴 bāyīnqín
　오르골 ; 음악 상자 ▶"八音盒" bāyīnhé
19 折纸 zhézhǐ
　종이접기(놀이)
20 面具 miànjù
　탈
21 气球 qìqiú
　풍선
22 套圈儿 tàoquānr
　고리 던지기
23 不倒翁 bùdǎowēng
　오뚜기
24 厨房玩具 chúfáng wánjù
　소꿉질 세트(장난감) ; 소꿉 장난감 ▶"小餐具" xiǎocānjù. 소꿉장난은 "过家家儿" guòjiājiar, 셀룰로이드 완구는 "赛璐珞玩具" sàilùluò wánjù
25 拼图玩具 pīntú wánjù
　지그소 퍼즐 ; 그림 맞추기 장난감
26 七巧板 qīqiǎobǎn
　칠교판 ▶7개의 널조각을 맞추어서 여러 가지 물건의 형상을 만드는 장난감
27 小布袋 xiǎobùdài
　공기 ▶조그만 주머니에 팥 따위를 넣은 공기(오자미)
28 玻璃球 bōliqiú
　유리구슬
29 九连环 jiǔliánhuán
　구연환; 지혜 고리(장난감)의 일종
30 万花筒 wànhuātǒng
　만화경 ; 5색 안경
31 投镖打靶 tóubiāo dǎbǎ
　다트
32 铃铛 língdang
　방울
33 木鱼 mùyú
　(장남감의)목탁
34 小手枪 xiǎoshǒuqiāng
　장난감 권총
35 喷火机关枪 pēnhuǒ jīguānqiāng
　장난감 기관총
36 喷水手枪 pēnshuǐ shǒuqiāng
　물총 ▶"水枪" shuǐqiāng
37 变形机器人 biànxíng jīqìrén
　변형 로봇
38 纸飞机 zhǐfēijī
　종이비행기
39 风车儿 fēngchēr
　팔랑개비(장난감)
40 魔块 mókuài
　방진 ; 마방진 ▶가로, 세로, 대각선 등 어느 쪽으로 합해도 수가 같도록 맞추어 놓은 것
41 魔方 mófāng
　루빅큐브(Rubik's Cube)

장난감 148

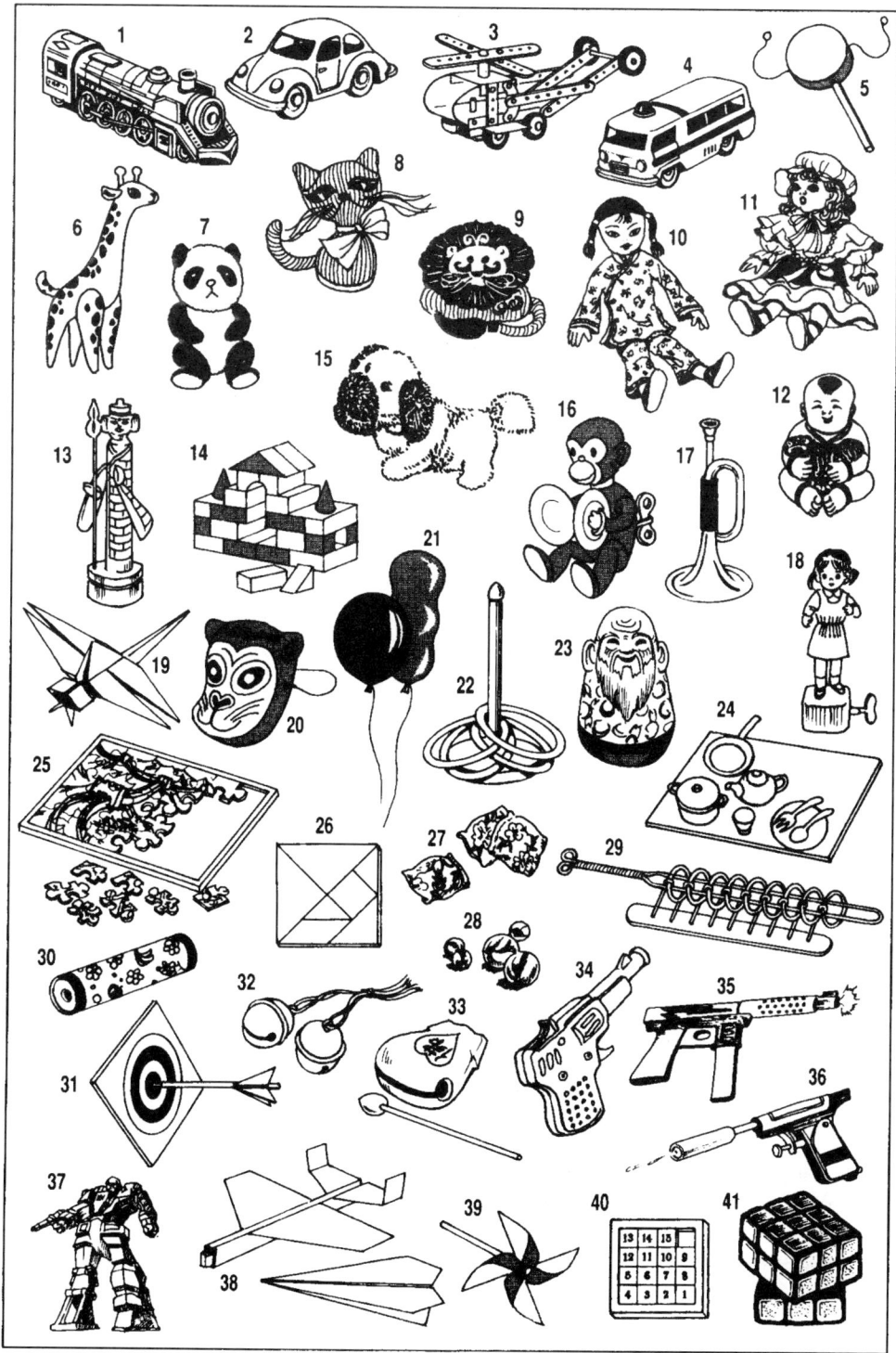

149 麻将 májiàng · 扑克 pūkè

1-13 纸牌 zhǐpái
화투 ; 트럼프

1-11 扑克 pūkè
트럼프

1-10 扑克牌 pūkèpái
트럼프의 카드

1 尖儿 jiānr
에이스

2 红桃 hóngtáo
하트 ▶"红心" hóngxīn

3 老K lǎo K
킹

4 黑桃 hēitáo
스페이드

5 女王 nǚwáng
퀸 ▶"王后" wánghòu

6 方块 fāngkuài
다이아몬드 ▶"红方块" hóngfāngkuài, "红方" hóngfāng

7 钩儿 gōur
잭

8 梅花 méihuā
클럽

9-10 百搭 bǎidā
조커

9 大鬼 dàguǐ
컬러의 조커 ▶"大王" dàwáng

10 小鬼 xiǎoguǐ
흑백의 조커 ▶"小王" xiǎowáng

11 打扑克 dǎpūkè
트럼프 게임 ; 트럼프 놀이 ▶"扑克" pūkè는 포커의 뜻으로도 쓰인다. 브리지는 "桥牌" qiáopái

12-13 传统纸牌 chuántǒng zhǐpái
전통 화투

12 天九牌 tiānjiǔpái
중국제 도미노 ▶"天九" tiānjiǔ, "牌九" páijiǔ

14-32 麻将 májiāng
마작

14 打麻将 dǎmájiàng
마작 놀이

15-30 麻将牌 májiàngpái
마작패

15-21 字牌 zìpái
쯔파이

15-18 风牌 fēngpái
펑파이

15 东风 dōngfēng
둥 ; 마작패 중의 "东风"

16 南风 nánfēng
난

17 西风 xīfēng
시

18 北风 běifēng
베이

19-21 三元牌 sānyuánpái
싼위안파이

19 红中 hóngzhōng
홍중

20 发财 fācái
파차이

21 白板 báibǎn
바이판

22 万子 wànzi
완쯔

23 索子 suǒzi
쒀쯔 ▶"条子" tiáozi

24 饼子 bǐngzi
퉁쯔 ▶"筒子" tǒngzi

25-30 花牌 huāpái
화파이

25 季花 jìhuā
계절 꽃

26-29 混子 hùnzi
사이비 ▶득점을 배증시키는 패. "王牌" wángpái

26 财神 cáishén
재신

27 聚宝盆 jùbǎopén
화수분 ; 보물단지 ▶"元宝" yuánbǎo

28 小猫 xiǎomāo
고양이

29 小老鼠 xiǎolǎoshǔ
쥐

30 百搭 bǎidā
다른 어느 패에도 통용할 수 있는 패. 대부분의 경우 사용하지 않는다. "听用" tīngyòng이라고도 한다

31 分数签儿 fēnshù qiānr
초우마

32 色子 shǎizi
주사위 ▶"骰子" tóuzi

33 跳棋 tiàoqí
다이아몬드 게임

34 棋盘 qípán
게임판

35 棋子儿 qízǐr
말

36 数字棋 shùzìqí
숫자를 이용한 게임의 일종

37 陆战棋 lùzhànqí
행군 장기의 일종

38 升官图 shēngguāntú
주사위 놀이

39 起点 qǐdiǎn
출발점 ; 스타트

40 终点 zhōngdiǎn
골

41 捻捻转儿 niǎnnianzhuànr
손으로 돌리는 팽이

마작 · 트럼프

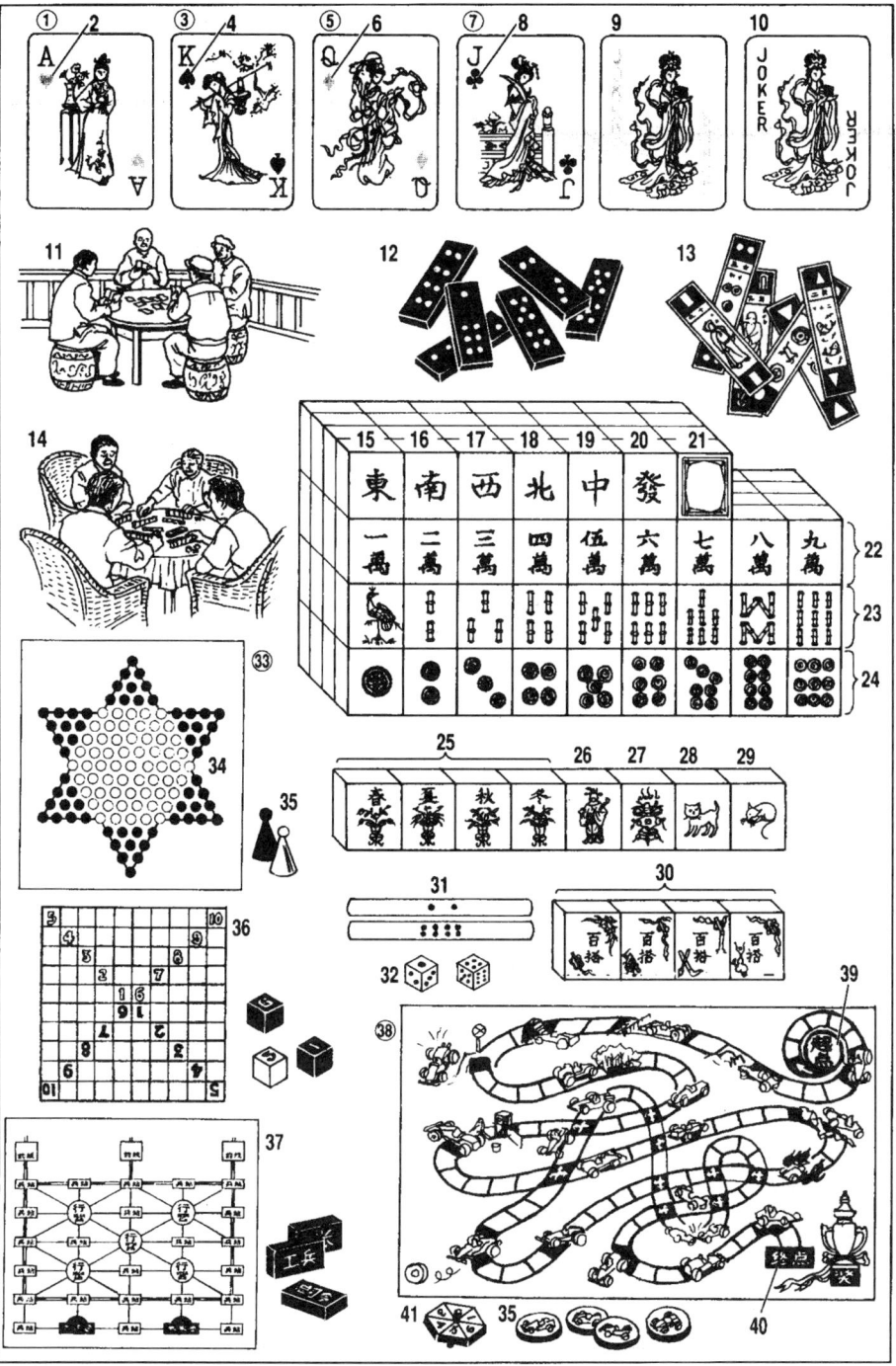

150 爱好 àihào · 娱乐活动 yúlè huódòng

1-9 集邮 jíyóu
우표 수집
1 集邮爱好者 jíyóu àihàozhě
우표 애호가
2 集邮册 jíyóucè
우표 수집 앨범
3 邮票镊子 yóupiào nièzi
우표용 핀셋
4-6 邮票 yóupiào
우표 ▶사용하지 않은 우표는 "新票" xīnpiào, 사용한 우표는 "盖销票" gàixiāopiào
4 普通邮票 pǔtōng yóupiào
보통 우표
5 特种邮票 tèzhǒng yóupiào
특수 우표
6 纪念邮票 jìniàn yóupiào
기념우표
7 首日封 shǒurìfēng
초일 커버
8 首日戳 shǒurìchuō
초일 소인
9 封缄票 fēngjiānpiào
봉함지 ▶"封条" fēngtiáo
10-14 旅游 lǚyóu
유람 ; 관광
10 风景区 fēngjǐngqū
명승 ; 풍치구
11 纪念照 jìniànzhào
기념사진
12 旅行团 lǚxíngtuán
여행단
13 徽章 huīzhāng
휘장 ; 배지(badge)
14 导游 dǎoyóu
유람 가이드
15 玩物 wánwù
애완동물
16-22 养花 yǎnghuā
재배
16 修枝剪 xiūzhījiǎn
전지(剪枝) 가위
17 移植镘 yízhímàn
모종삽
18 喷水壶 pēnshuǐhú
물뿌리개
19-22 盆景 pénjǐng
분재 ▶"盆景儿" pénjǐngr
19 山水盆景 shānshuǐ pénjǐng
분경 ; 분석
20 树桩盆景 shùzhuāng pénjǐng

분재 ; 화분에 심은 초목
21 花盆 huāpén
화분
22 盆托 péntuō
화분 받침 접시
23-26 插花 chāhuā
꽃꽂이
23 瓶式插花 píngshì chāhuā
꽃병 꽃꽂이 ▶"花瓶" huāpíng(화병)을 쓴 꽃꽂이
24 水盆式插花 shuǐpénshì chāhuā
수반 꽃꽂이
25 花插 huāchā
침봉(针棒) ▶꽃꽂이 도구
26 花篮式插花 huālánshì chāhuā
꽃바구니 꽃꽂이
27-38 钓鱼 diàoyú
낚시 ▶"낚시 도구는 "钓鱼具" diàoyújù
27 钓竿儿 diàogānr
낚싯대 ▶릴은 "绕线轮儿" ràoxiànlúnr
28 钓线 diàoxiàn
낚싯줄 ▶"钓丝" diàosī, "鱼线" yúxiàn
29 鱼漂儿 yúpiāor
찌 ▶"漂儿" piāor, "浮子" fúzi
30 水线 shuǐxiàn
낚시수선 ; 대 끝에서 낚싯바늘까지의 낚싯줄
31 胎线 tāixiàn
목줄
32 鱼坠 yúzhuì
추
33 鱼钩儿 yúgōur
낚싯바늘 ▶"钓钩儿" diàogōur, "钓鱼钩儿" diàoyúgōur
34 鱼食 yúshí
물고기의 먹이 ▶"鱼饵" yú'ěr
35 拟饵钩 nǐ'ěrgōu
제물낚시
36 鱼叉 yúchā
작살
37 抄网 chāowǎng
사내끼 ; 산대
38 鱼篓 yúlǒu
어롱 ; 송다래끼 ; 구덕

39-43 养鱼 yǎngyú
양어
39-41 鱼缸 yúgāng
어항
39-40 金鱼缸 jīnyúgāng
금붕어 어항
39 玻璃鱼缸 bōli yúgāng
유리 어항
40 陶器鱼缸 táoqì yúgāng
사기 어항
41 热带鱼缸 rèdàiyúgāng
열대어용 어항
42 打气机 dǎqìjī
공기 펌프
43 加热机 jiārèjī
가열기 ; 히터
44-53 养鸟儿 yǎngniǎor
새 사육
44-46 鸟笼子 niǎolóngzi
새장 ; 조롱
44 圆笼 yuánlóng
둥근 새장
45 栖木 qīmù
홰 ; 새장·닭장 속에 새나 닭이 앉도록 가로지른 나무 막대
46 方笼 fānglóng
네모진 새장
47 鸟笼子布 niǎolóngzibù
새장을 덮는 천
48 饲养器 sìyǎngqì
먹이 그릇
49 野鸟 yěniǎo
야조 ; 들새
50 巢箱 cháoxiāng
둥우리 상자
51 粟子缸 sùzigāng
먹이 항아리
52 水缸 shuǐgāng
물 그릇
53 菜缸 càigāng
야채 그릇
54-55 养虫 yǎngchóng
곤충의 사육
54 蝈蝈儿笼 guōguorlóng
여치 사육 바구니
55 蛐蛐儿缸儿 qūqurgàngr
귀뚜라미 사육 항아리

취미 · 레크레이션

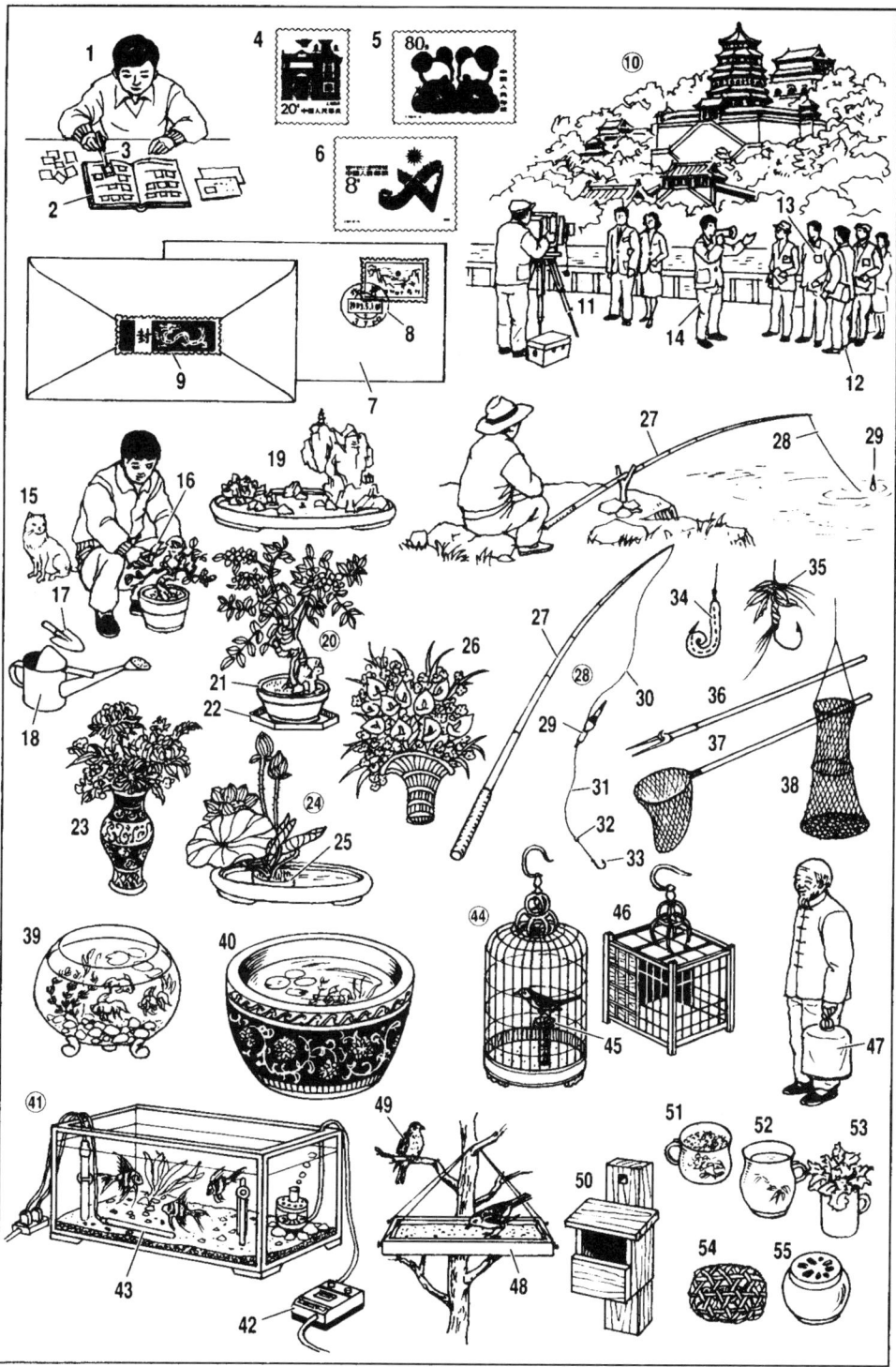

151 田径运动 tiánjìng yùndòng I

1 田径赛场 tiánjìng sàichǎng
육상 경기장
2 田赛场 tiánsàichǎng
필드 ▶"田赛运动场" tiánsài yùndòngchǎng
3-4 跑道 pǎodào
트랙;경주로
3 直道 zhídào
스트레치;직선 코스 ▶"直线跑道" zhíxiàn pǎodào. 홈 스트레치는 "终点直道" zhōngdiǎn zhídào, 백 스트레치는 "非终点直道" fēizhōngdiǎn zhídào
4 弯道 wāndào
코너
5 主席台 zhǔxítái
귀빈석
6 看台 kàntái
스탠드;관람석
7 记分牌 jìfēnpái
기록판;스코어보드
8 火炬塔 huǒjùtǎ
성화대
9 运动员入场 yùndòngyuán rùchǎng
선수 입장 ▶선수 퇴장은 "运动员退场" yùndòngyuán tuìchǎng
10 旗手 qíshǒu
기수
11-35 径赛 jìngsài
트랙 경기
11-17 起跑 qǐpǎo
스타트;출발
11 蹲踞式起跑 dūnjùshì qǐpǎo
크라우칭 스타트
12 起跑器 qǐpǎoqì
(경주의)출발대
13 道次标志牌 dàocì biāozhìpái
코스 넘버 표시기
14 起跑线 qǐpǎoxiàn
스타트 라인
15 站立式起跑 zhànlìshì qǐpǎo
스탠딩 스타트
16 发令员 fālìngyuán
스타터 ▶(경주)출발 신호원
17 发令枪 fālìngqiāng
경기용 권총 ▶"手枪" shǒuqiāng(권총)
18 冲线 chōngxiàn
골인
19 终点线 zhōngdiǎnxiàn
골라인
20 终点带 zhōngdiǎndài
골 테이프;결승(점) 테이프
21 终点柱 zhōngdiǎnzhù
결승 기둥
22 分道 fēndào
코스
23 分道线 fēndàoxiàn
코스 라인
24 短跑 duǎnpǎo
단거리 경주 ▶"短距离赛跑" duǎnjùlí sàipǎo. "赛跑" sàipǎo는 경주
25 中跑 zhōngpǎo
중거리 경주 ▶"中距离赛跑" zhōngjùlí sàipǎo. 장거리 경주는 "长跑" chángpǎo, "长距离赛跑" chángjùlí sàipǎo
26 号码布 hàomǎbù
제킨;선수에게 붙이는 번호
27 接力赛 jiēlìsài
릴레이 경주 ▶"接力赛跑" jiēlì sàipǎo
28 选手 xuǎnshǒu
선수
29 接力棒 jiēlìbàng
릴레이 배턴
30 接力区 jiēlìqū
테이크 오버 존
31 跨栏赛跑 kuàlán sàipǎo
허들 경주
32 跨栏 kuàlán
허들
33 障碍赛跑 zhàng'ài sàipǎo
장애물 경주
34 横杆 hénggān
장애물
35 水沟 shuǐgōu
웅덩이
36 跑表 pǎobiǎo
스톱워치 ▶"马表" mǎbiǎo, "秒表" miǎobiǎo
37 风向风速仪 fēngxiàngfēngsùyí
풍향 풍속계
38 哨子 shàozi
휘슬;호각
39 话筒 huàtǒng
메가폰
40 划线器 huàxiànqì
라인 카
41 平耙 píngpá
지면 고름기 ▶"整平器" zhěngpíngqì, "平沙器" píngshāqì
42 卷尺 juǎnchǐ
권자
43 跑鞋 pǎoxié
달리기 신;러닝 슈즈;스파이크 슈즈
44 鞋钉 xiédīng
스파이크

육상 경기 I   151

152 田径运动 tiánjìng yùndòng II

1-30 田赛 tiánsài
필드 경기

1-18 跳跃项目 tiàoyuè xiàngmù
도약 종목

1 三级跳远 sānjí tiàoyuǎn
삼단 뛰기

2 助跑 zhùpǎo
조주(助走)

3 助跑道 zhùpǎodào
조주로

4 起跳板 qǐtiàobǎn
구름판

5 起跳 qǐtiào
홉 ▶삼단뛰기의 첫 단계 도약

6 单脚跳 dānjiǎotiào
한 발로 뛰기

7 跨步跳 kuàbùtiào
스텝 ▶제2 단계 도약

8 双脚跳 shuāngjiǎotiào
점프 ; 제3 단계 도약 ; 두발로 뛰기

9 着地 zhuódì
착지 ▶"落地" luòdì

10 沙坑 shākēng
착지용 모래밭

11 跳远 tiàoyuǎn
멀리뛰기 ; 제자리멀리뛰기

12-14 跳高 tiàogāo
높이뛰기

12 背越式跳高 bèiyuèshì tiàogāo
배면 높이뛰기 ; 포스베리

13 俯卧式跳高 fǔwòshì tiàogāo
벨리 롤(belly roll)

14 横竿 hénggān
높이뛰기 바

15 撑竿跳高 chēnggān tiàogāo
장대높이뛰기

16 撑竿 chēnggān
장대높이뛰기의 장대 ▶글라스 파이버 폴은 "尼龙撑竿" nílóng chēnggān

17 插斗 chādǒu
(장대높이뛰기의)폴(pole) 끝을 넣는 박스

18 海绵坑 hǎimiánkēng
스폰지 매트

19-30 投掷项目 tóuzhì xiàngmù
투척 종목

19 推铅球 tuīqiānqiú
포환던지기

20 铅球 qiānqiú
포환

21 投掷圈 tóuzhìquān
서클

22 掷铁饼 zhìtiěbǐng
투원반 ; 원반던지기

23 铁饼 tiěbǐng
원반

24 掷链球 zhìliànqiú
해머던지기 ; 투해머

25 链球 liànqiú
해머

26 钢链 gāngliàn
와이어

27 护笼 hùlóng
케이지

28 掷标枪 zhìbiāoqiāng
투창

29 标枪 biāoqiāng
(투창 경기에서 사용하는)창

30 掷手榴弹 zhìshǒuliúdàn
수류탄 던지기

31 马拉松 mǎlāsōng
마라톤 경기 ▶"马拉松赛跑" mǎlāsōng sàipǎo. 역전 마라톤은 "公路马拉松接力赛" gōnglù mǎlāsōng jiēlìsài

32 马拉松赛跑路线 mǎlāsōng sàipǎo lùxiàn
마라톤 코스

33 选手 xuǎnshǒu
선수 ▶"运动员" yùndòngyuán

34 竞走 jìngzǒu
경보

35-39 现代五项运动 xiàndài wǔxiàng yùndòng
근대 5종 경기

35 骑马 qímǎ
기마술

36 击剑 jījiàn
격검 ; 펜싱

37 射击 shèjī

38 游泳 yóuyǒng
수영

39 越野赛跑 yuèyě sàipǎo
야외 달리기 ; 크로스컨트리 ▶"越野跑" yuèyěpǎo

육상 경기 II 152

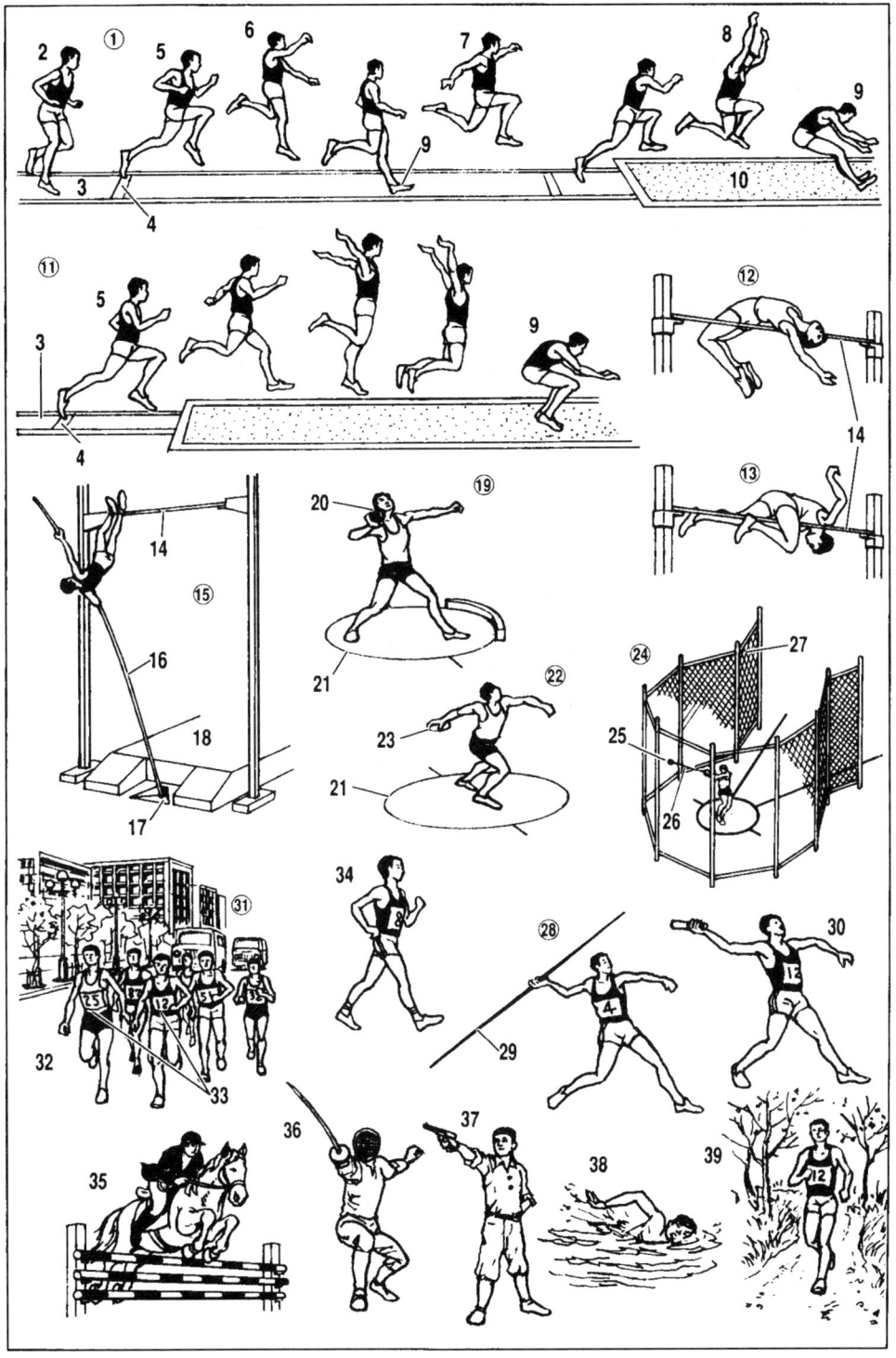

153 游泳馆 yóuyǒngguǎn

1-43 游泳 yóuyǒng
수영

1 游泳池 yóuyǒngchí
수영장 ▶실내 수영장은 "室内游泳池" shìnèi yóuyǒngchí, 야외 수영장은 "室外游泳池" shìwài yóuyǒngchí

2 起跳台 qǐtiàotái
출발대 ▶"出发台" chūfātái

3 泳道 yǒngdào
수영코스

4 泳道浮标 yǒngdào fúbiāo
코스 로프

5 竞技游泳运动员 jìngjì yóuyǒng yùndòngyuán
수영 선수

6 裁判 cáipàn
심판 ▶"裁判员" cáipànyuán

7 计时员 jìshíyuán
계시원

8 看台 kàntái
스탠드；관람석

9 拉拉队 lāladuì
응원단

10 更衣室 gēngyīshì
탈의실

11 衣柜 yīguì
옷장；로커 ▶"放衣柜" fàngyīguì

12 浴巾 yùjīn
목욕 수건

13 淋浴喷头 línyù pēntóu
샤워 꼭지

14 柔软体操 róuruǎn tǐcāo
유연 체조

15 游泳帽 yóuyǒngmào
수영 모자

16 游泳衣 yóuyǒngyī
수영복

17 游泳裤 yóuyǒngkù
수영 팬티

18-21 游泳姿势 yóuyǒng zīshì
영법

18 爬泳 páyǒng
옆딛헤엄；크롤；자유형 ▶"自由泳" zìyóuyǒng

19 蛙泳 wāyǒng
개구리헤엄；평영

20 蝶泳 diéyǒng
나비헤엄；버터플라이

21 仰泳 yǎngyǒng
배영

22 起跳 qǐtiào
스타트

23 转身 zhuǎnshēn
돌기；턴

24 游泳眼镜 yóuyǒng yǎnjìng
수영 안경；스윔 고글

25 打水板 dǎshuǐbǎn
물장구 연습판

26 助浮器 zhùfúqì
헬퍼；헤엄칠 때 몸의 부력을 돕는 기구

27 花样游泳 huāyàng yóuyǒng
수중 발레；싱크로나이즈드 스위밍

28 鼻夹 bíjiā
코 보호기；노즈 클립

29-34 水球运动 shuǐqiú yùndòng
수구 경기 ▶"水球" shuǐqiú

29 水球场 shuǐqiúchǎng
수구 경기장

30 球门 qiúmén
골문；골대

31 守门员 shǒuményuán
골키퍼

32 后卫 hòuwèi
백스

33 前锋 qiánfēng
포워드

34 水球 shuǐqiú
수구의 볼

35-43 跳水运动 tiàoshuǐ yùndòng
다이빙 경기
▶스프링보드 다이빙과 하이 다이빙이 있다.
▶"跳水" tiàoshuǐ

35 跳台 tiàotái
다이빙대

36 高台跳水 gāotái tiàoshuǐ
하이 다이빙 ▶5미터 다이빙과 10미터 다이빙이 있다.

37 十米跳台 shí mǐ tiàotái
10미터 다이빙대

38 七点儿五米跳台 qī diǎnr wǔ mǐ tiàotái
7.5미터 다이빙대

39 五米跳台 wǔ mǐ tiàotái
5미터 다이빙대

40 跳板跳水 tiàobǎn tiàoshuǐ
스프링보드 다이빙；▶1미터 다이빙과 3미터 다이빙이 있다.

41-42 跳板 tiàobǎn
스프링보드；도약판；뜀판

41 三米跳板 sān mǐ tiàobǎn
3미터 스프링보드

42 一米跳板 yì mǐ tiàobǎn
1미터 스프링보드

43 跳水游泳池 tiàoshuǐ yóuyǒngchí
다이빙 풀
▶"跳水池" tiàoshuǐchí

실내 수영장

海滨浴场 hǎibīn yùchǎng　　　해수욕장

1-33 海边 hǎibiān
해안;해변;바닷가 ▶"海边儿"
hǎibiānr
1 沙滩 shātān
모래사장 ; 모래톱
2 海滨休养所 hǎibīn xiū-
yǎngsuǒ
해변 요양소
3 救护站 jiùhùzhàn
구호소
4 救护人员 jiùhù rényuán
구호 요원
5 人工呼吸 réngōng hūxī
인공호흡
6 瞭望塔 liàowàngtǎ
감시탑
▶"瞭望台" liàowàngtái
7 救生员 jiùshēngyuán
구조원;감시원;안전 요원
8 救生圈 jiùshēngquān
구명 튜브
9 救生索 jiùshēngsuǒ
구명 로프
10 游人 yóurén
해수욕객 ▶"游客" yóukè

11 游泳裤 yóuyǒngkù
수영 팬티 ; 수영복
12 游泳衣 yóuyǒngyī
수영복 ▶비키니는 "三点
式游泳衣" sāndiǎnshì yóu-
yǒngyī
13 气床 qìchuáng
에어 매트
14 游泳帽 yóuyǒngmào
수영 모자
15 遮阳伞 zhēyángsǎn
비치파라솔
16 玩儿沙 wánr shā
모래 장난
17 橡皮船 xiàngpíchuán
고무보트
18 帐篷 zhàngpeng
천막
19 橡胶球 xiàngjiāoqiú
비치 볼
20 小船 xiǎochuán
보트
21 桨 jiǎng
노
22 浮水圈 fúshuǐquān

튜브 ; 수영 튜브
23 玩儿水 wánr shuǐ
물놀이
24 冲浪运动 chōnglàng yùn-
dòng
서핑 ; 파도타기
25 冲浪板 chōnglàngbǎn
서핑 보드 ; 파도타기판
26 水橇运动 shuǐqiāo yùndòng
수상 스키
27 汽艇 qìtǐng
모터보트
▶"摩托艇" mótuōtǐng
28 水橇板 shuǐqiāobǎn
수상 스키 보드
29 帆板运动 fānbǎn yùndòng
윈드서핑
30 帆 fān
세일 ; 돛
31 板 bǎn
보드
32 帆船 fānchuán
요트
33 地平线 dìpíngxiàn
수평선

258

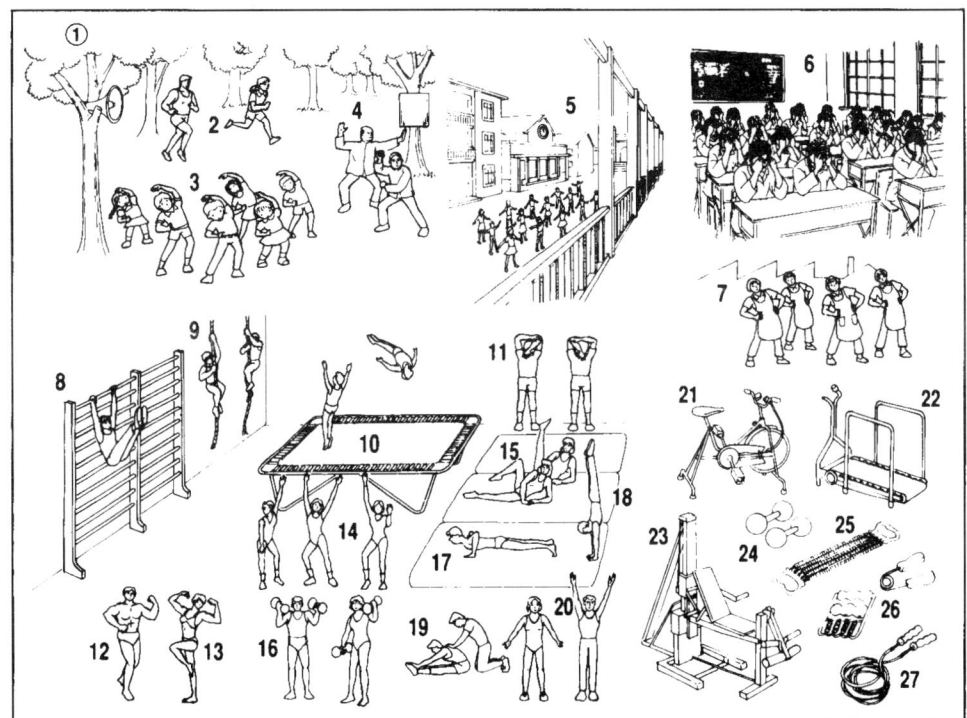

1 早操 zǎocāo
아침 체조
2 跑步 pǎobù
조깅
3 广播体操 guǎngbō tǐcāo
라디오 체조
▶"广播操" guǎngbōcāo
4 太极拳 tàijíquán
태극권
5 课间操 kèjiāncāo
간초; (학교에서)휴간 체조
6 眼保健操 yǎnbǎojiàncāo
눈 체조 ▶시력 저하를 방지
하기 위한 지압 눈 체조
7 工间操 gōngjiāncāo
(직장에서)업간 체조
8-27 健身俱乐部 jiànshēn jùlèbù
운동구락부; 스포츠 클럽
8 肋木 lèimù
늑목
9 爬绳 páshéng
줄타기; 로프 클라이밍
10 蹦床 bèngchuáng
트램펄린
11 伸展操 shēnzhǎncāo
스트레치 체조
12-13 健美运动 jiànměi yùndòng
보디 빌딩 ▶"健美" jiànměi
12 男子健美 nánzǐ jiànměi
남자 보디빌딩
13 女子健美 nǚzǐ jiànměi
여자 보디빌딩
14 健美舞 jiànměiwǔ
에어로빅댄스
15 健美操 jiànměicāo
미용 체조; 건강 체조
16 哑铃操 yǎlíngcāo
아령 체조
17 俯卧撑 fǔwòchēng
엎드려 팔굽혀펴기
18 倒立 dàolì
거꾸로 서기; 물구나무서기
19 柔软体操 róuruǎn tǐcāo
유연체조
20 深呼吸 shēnhūxī
심호흡
21-23 健身机械 jiànshēn jīxiè
트레이닝 머신
21 健身车 jiànshēnchē
트레이닝 사이클
22 跑步器 pǎobùqì
보행기
23 综合训练器 zōnghé xùnliànqì
멀티스테이션 머신
24-27 健身器 jiànshēnqì
트레이닝 용구
24 哑铃 yǎlíng
아령
25 拉力器 lālìqì
익스팬더
▶"扩胸器" kuòxiōngqì
26 握力器 wòlìqì
악력기
27 跳绳 tiàoshéng
줄넘기용 줄

156 体操 tǐcāo II

1-33 体育馆 tǐyùguǎn
체육관
1 赛场 sàichǎng
경기장
▶"比赛场" bǐsàichǎng
2 看台 kàntái
스탠드 ; 관람석
3-17 竞技体操 jìngjì tǐcāo
체조 경기 ▶규정 연기는 "规定动作" guīdìng dòngzuò, 자유 경기는 "自选动作" zìxuǎn dòngzuò
3 单杠 dāngàng
철봉
4 自由体操 zìyóu tǐcāo
마루 체조; 자유체조
5 鞍马 ānmǎ
안마
6 吊环 diàohuán
링(체조)
7 双杠 shuānggàng
평행봉
8 跳马 tiàomǎ
도마
9 助跑 zhùpǎo
조주(助走)
10 起跳 qǐtiào
(멀리뛰기·높이뛰기 등의) 도약
11 撑手 chēngshǒu
착수 ▶"撑马" chēngmǎ
12 着地 zhuódì
착지 ▶"落地" luòdì
13 高低杠 gāodīgàng
이단 평행봉 ▶높은 봉은 "高杠" gāogàng, 낮은 봉은 "低杠" dīgàng
14 平衡木 pínghéngmù
평균대
15 女子跳马 nǚzǐ tiàomǎ
여자 도마
16 跳板 tiàobǎn
도약판 ▶"起跳板" qǐtiàobǎn
17 垫子 diànzi
받개; 매트
18 授奖仪式 shòujiǎng yíshì
시상식 ; 표창식 ▶"发奖仪式" fājiǎng yíshì
19-21 得奖者 déjiǎngzhě
입상자
19 冠军 guànjūn
우승자 ; 제1위; 1등
▶"第一名" dìyīmíng
20 亚军 yàjūn
준우승자 ; 제2위 ; 2등
▶"第二名" dì'èrmíng
21 季军 jìjūn
제3위 ; 3등
▶"第三名" dìsānmíng
22-24 奖牌 jiǎngpái
표창 메달
▶"奖章" jiǎngzhāng
22 金牌 jīnpái
금메달 ▶"金质奖章" jīnzhì jiǎngzhāng
23 银牌 yínpái
은메달 ▶"银质奖章" yínzhì jiǎngzhāng
24 铜牌 tóngpái
동메달 ▶"铜质奖章" tóngzhì jiǎngzhāng
25 领奖台 lǐngjiǎngtái
표창대; 시상대
▶"受奖台" shòujiǎngtái
26 奖杯 jiǎngbēi
우승컵 ▶상장은 "奖状" jiǎngzhuàng, 상품은 "奖品" jiǎngpǐn
27 奥运会旗 àoyùnhuìqí
오륜기 ▶"奥运会" àoyùnhuì(올림픽 경기 대회)는 "奥林匹克运动会" àolínpǐkè yùndònghuì의 약어
28 吉祥物 jíxiángwù
마스코트 ▶대회 마크는 "会标" huìbiāo
29-33 韵律体操 yùnlǜ tǐcāo
신체조 ; 리듬 체조
▶"艺术体操" yìshù tǐcāo
29 圈操 quāncāo
후프체조
30 带操 dàicāo
리본체조
31 球操 qiúcāo
볼체조
32 棒操 bàngcāo
곤봉체조 ; 나무로 된 병 모양의 용구로 한다.
33 绳操 shéngcāo
줄체조
34-35 技巧运动 jìqiǎo yùndòng
기교체조 ; 애크러배틱 체조
34 叠罗汉 diéluóhàn
텀블링
35 混合双人 hùnhé shuāngrén
혼합 페어
36 团体操 tuántǐcāo
단체체조; 매스 게임

체조 II 156

157 冬季运动 dōngjì yùndòng

1-24 滑雪 huáxuě
스키

1 滑雪场 huáxuěchǎng
스키장

2 滑雪吊椅 huáxuě diàoyǐ
스키 리프트

3 雪犁 xuělí
스키 봅

4-16 高山滑雪 gāoshān huáxuě
알파인 스키

4 速降 sùjiàng
활강 ; 다운 힐
▶"滑降" huájiàng

5 滑雪运动员 huáxuě yùndòngyuán
스키 선수

6 头盔 tóukuī
헬멧

7 护目镜 hùmùjìng
고글

8 滑雪服 huáxuěfú
스키복

9 手套 shǒutào
장갑

10 滑雪板 huáxuěbǎn
블레이드

11 滑雪杖 huáxuězhàng
스틱

12 滑雪鞋 huáxuěxié
스키화 ; 부츠

13 固定器 gùdìngqì
바인딩

14 回转 huízhuǎn
회전 ; 슬랄롬

15 大回转 dàhuízhuǎn
대회전 ; 자이언트 슬랄롬
▶슈퍼 대회전은 "超级大回转" chāojí dàhuízhuǎn

16 旗门杆 qímén'gān
기문 ▶코스 표시 기

17-22 跳台跳雪 tiàotái tiàoxuě
스키 도약 경기 ▶"跳跃" tiàoyuè, "飞跃" fēiyuè

17 跳台 tiàotái
도약대

18 起滑台 qǐhuátái
스타트대

19 助滑路 zhùhuálù
조주로 ; 어프로치

20 起跳台 qǐtiàotái
도약판

21 着陆坡 zhuólùpō
착륙 사면 ; 착지면

22 空中姿势 kōngzhōng zīshì
공중 자세

23 越野滑雪 yuèyě huáxuě
크로스컨트리 경기 ▶"距离滑雪" jùlí huáxuě

24 现代冬季两项 xiàndài dōngjì liǎngxiàng
바이애슬론 ▶스키에 의한 20 km 레이스와 라이플 사격을 합친 경기

25-40 滑冰 huábīng
아이스 스케이트
▶"溜冰" liūbīng

25 滑冰场 huábīngchǎng
아이스 스케이트장 ; 스케이트 링크
▶"溜冰场" liūbīngchǎng

26-27 速度滑冰 sùdù huábīng
스피드 스케이팅 ▶"速滑" sùhuá. 쇼트 트랙은 "短跑道速滑" duǎnpǎodào sùhuá

26 速滑运动员 sùhuá yùndòngyuán
스피드 스케이트 선수

27 跑道 pǎodào
트랙

28-36 花样滑冰 huāyàng huábīng
피겨 스케이팅
▶"花滑" huāhuá

28 规定图形 guīdìng túxíng
컴펄서리 피겨

29-30 单人滑 dānrénhuá
싱글 스케이팅

29 男子单人滑 nánzǐ dānrénhuá
남자 싱글 스케이팅

30 女子单人滑 nǚzǐ dānrénhuá
여자 싱글 스케이팅

31 双人滑 shuāngrénhuá
페어 스케이팅

32 冰上舞蹈 bīngshàng wǔdǎo
아이스댄스 ▶"冰舞" bīngwǔ

33-35 旋转 xuánzhuǎn
돌기 ; 스핀

33 直立旋转 zhílì xuánzhuǎn
업라이트 스핀

34 蹲踞旋转 dūnjù xuánzhuǎn
시트 스핀

35 燕式旋转 yànshì xuánzhuǎn
캐멀 스핀

36 跳跃 tiàoyuè
도약 ; 점프

37-40 冰鞋 bīngxié
스케이트화

37 速滑冰鞋 sùhuá bīngxié
스피드 스케이트화

38 花滑冰鞋 huāhuá bīngxié
피겨 스케이트화

39 冰刀 bīngdāo
블레이드

40 刀齿 dāochǐ
토 피크스 ; 스케이트 앞부분

41-42 雪橇运动 xuěqiāo yùndòng
썰매 운동

41 无舵雪橇 wúduò xuěqiāo
루지

42 有舵雪橇 yǒuduò xuěqiāo
봅슬레이 ▶동계 올림픽 경기 종목의 하나. 급커브의 빙판 사면을 썰매로 달리는 경기

43 溜石饼 liūshíbǐng
컬링

44 冰帆 bīngfān
빙상 요트

45-51 冰球 bīngqiú
아이스하키 ; 빙구

45 冰球运动员 bīngqiú yùndòngyuán
아이스하키 선수

46 冰球杆 bīngqiúgān
스틱

47 护胸 hùxiōng
프로텍터 ; 가슴받이

48 护腿 hùtuǐ
정강이받이

49 守门员 shǒuményuán
골키퍼

50 球门 qiúmén
골문

51 冰球 bīngqiú
퍽

동계 스포츠 157

158 棒球 bàngqiú · 垒球 lěiqiú

야구 · 소프트볼

1-36 棒球 bàngqiú
야구
1 棒球场 bàngqiúchǎng
야구장
2 内场 nèichǎng
내야
3-6 垒 lěi
베이스 ▶베이스 플레이트는
"垒包" lěibāo, "垒垫" lěi-
diàn
3 一垒 yīlěi
1루
4 二垒 èrlěi
2루
5 三垒 sānlěi
3루
6 本垒 běnlěi
홈 베이스 ▶홈 플레이트는
"本垒板" běnlěibǎn, 홈 런
은 "全垒打" quánlěidǎ
7 投手岗 tóushǒugǎng
마운드
8 投手板 tóushǒubǎn
피처 플레이트;투수판
9 击球员区 jīqiúyuánqū
배터 박스;타석
10 接手区 jiēshǒuqū
캐처 박스
11 球员席 qiúyuánxí
벤치
12 挡球网 dǎngqiúwǎng
백네트
13 外场 wàichǎng
외야
14 记分牌 jìfēnpái
스코어보드;득점 표시판
15 看台 kàntái
스탠드;관람석
16 投手 tóushǒu
투수;피처
17 接手 jiēshǒu
포수;캐처
18 一垒手 yīlěishǒu
1루수
19 二垒手 èrlěishǒu
2루수
20 三垒手 sānlěishǒu
3루수
21 游击手 yóujīshǒu

유격수
22 左外场手 zuǒwàichǎngshǒu
좌익수;레프트
23 中外场手 zhōngwàichǎng-
shǒu
중견수;센터
24 右外场手 yòuwàichǎngshǒu
우익수;라이트
25 击球员 jīqiúyuán
타자;배터
26 跑垒员 pǎolěiyuán
주자;러너
27 指挥员 zhǐhuīyuán
코처
28 裁判 cáipàn
심판;심판원
▶"裁判员" cáipànyuán
29 棒球 bàngqiú
야구공 ▶스트라이크는
"好球" hǎoqiú, 볼은 "坏
球" huàiqiú
30 球棒 qiúbàng
배트;야구 방망이
31 连指手套 liánzhǐ shǒutào

미트
32-35 护具 hùjù
프로텍터
32 面罩 miànzhào
마스크
33 护胸 hùxiōng
가슴 프로텍터
34 护腿 hùtuǐ
레그 가드
35 头盔 tóukuī
헬멧 ▶"护帽" hùmào
36 球鞋 qiúxié
스파이크화
37 垒球 lěiqiú
연식 야구
38 垒球 lěiqiú
연식 야구 볼
39 手套 shǒutào
글러브;장갑

#	中文	拼音	한국어
1	排球场	páiqiúchǎng	배구장
2	发球区	fāqiúqū	서브 구역
3	排球网	páiqiúwǎng	배구 그물; 네트
4	标志杆	biāozhìgān	표지 장대
5	中线	zhōngxiàn	센터라인
6	限制线	xiànzhìxiàn	공격 제한 선; 어택라인
7	边线	biānxiàn	사이드라인
8	端线	duānxiàn	끝선; 엔드라인
	▶"底线"	dǐxiàn	
9-15	排球队	páiqiúduì	배구팀
9	前排右	qiánpáiyòu	앞손; 포워드 라이트
10	前排中	qiánpáizhōng	앞중손; 포워드 센터
11	前排左	qiánpáizuǒ	앞좌손; 포워드 레프트
12	后排右	hòupáiyòu	뒤우손; 백 라이트
13	后排中	hòupáizhōng	뒤중손; 백 센터
14	后排左	hòupáizuǒ	뒤좌손; 백 레프트
15	教练	jiàoliàn	코치; 감독. 팀의 대장은 "领队" lǐngduì
16-18	裁判	cáipàn	심판; 심판원
	▶"裁判员"	cáipànyuán	
16	正裁判员	zhèngcáipànyuán	주심; 레퍼리
17	副裁判员	fùcáipànyuán	부심; 엄파이어
18	司线员	sīxiànyuán	선심; 라인즈 맨
19	记分员	jìfēnyuán	기록원; 스코어러
20	记分牌	jìfēnpái	기록판; 스코어보드
21	得分	défēn	득점
22	发球	fāqiú	서브
23	排球	páiqiú	배구 볼
24	接球	jiēqiú	포구; 공 받기
25	传球	chuánqiú	토스
26	扣球	kòuqiú	스파이크
	▶아웃은 "出界"	chūjiè	
27	拦网	lánwǎng	블로킹; 블록
	▶"封网"	fēngwǎng	
28	触网	chùwǎng	네트 터치
29	过网	guòwǎng	오버 네트

160 球类运动 qiúlèi yùndòng I

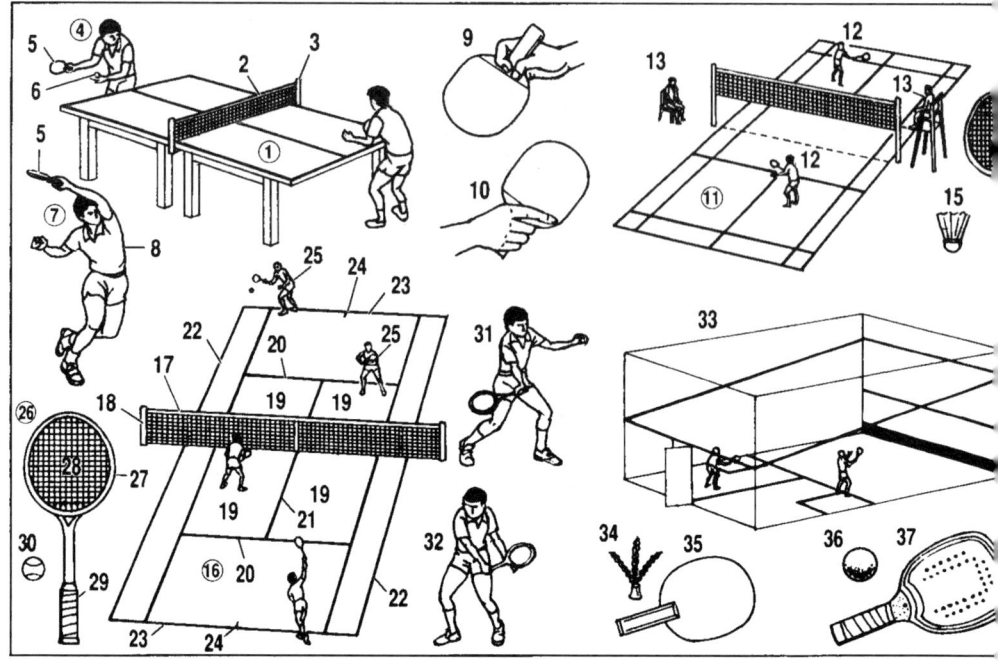

1-10 乒乓球 pīngpāngqiú
탁구
1 乒乓球台 pīngpāngqiútái
탁구대
2 球网 qiúwǎng
탁구 그물; 네트
3 网柱 wǎngzhù
서포트
4 发球 fāqiú
서브 ▶리시브는 "接球" jiē-qiú
5 球拍 qiúpāi
탁구채; 라켓
6 乒乓球 pīngpāngqiú
탁구공
7 扣球 kòuqiú
스매시
8 乒乓球运动员 pīngpāngqiú yùndòngyuán
탁구 선수
9-10 握拍 wòpāi
그립
9 直拍 zhípāi
바로 쥐기; 펜홀더 그립
10 横拍 héngpāi
막 쥐기; 셰이크핸드 그립

11-15 羽毛球 yǔmáoqiú
배드민턴
11 羽毛球场 yǔmáoqiúchǎng
배드민턴 코트
12 羽毛球运动员 yǔmáoqiú yùndòngyuán
배드민턴 선수
13 裁判 cáipàn
심판; 심판원
▶"裁判员" cáipànyuán
14 球拍 qiúpāi
배드민턴 채; 라켓
15 羽毛球 yǔmáoqiú
셔틀콕; 깃털 공
16-32 网球 wǎngqiú
테니스
16 网球场 wǎngqiúchǎng
테니스 코트
17 球网 qiúwǎng
테니스 그물; 네트
18 网柱 wǎngzhù
네트 포스트
19 发球区 fāqiúqū
서버 구역
20 发球线 fāqiúxiàn
서버 선

21 中线 zhōngxiàn
중간선; 센터라인
22 边线 biānxiàn
변두리 선; 사이드라인
23 端线 duānxiàn
끝 선; 베이스 라인 ▶"底线" dǐxiàn
24 中点标志 zhōngdiǎn biāozhì
중간 표지; 센터 마크
25 网球运动员 wǎngqiú yùndòngyuán
테니스 선수
26 球拍 qiúpāi
테니스 채; 라켓
27 球拍框子 qiúpāi kuàngzi
프레임
28 拍面 pāimiàn
거트; 장선(腸線)
29 球拍柄 qiúpāibǐng
그립
30 网球 wǎngqiú
테니스공
31 正手 zhèngshǒu
포핸드
32 反手 fǎnshǒu

266

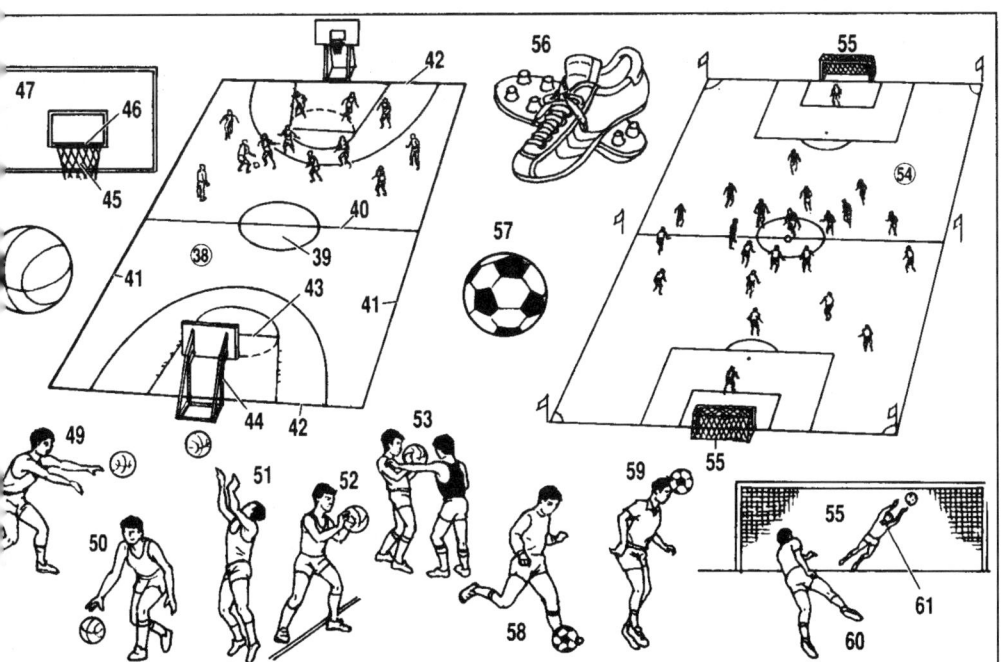

구기 Ⅰ 160

백핸드
33 墙网球 qiángwǎngqiú
　　스쿼시
34-35 板羽球 bǎnyǔqiú
　　깃공 치기 ; 모감주에 새의
　　깃을 꽂은 제기 비슷한 것
　　을 탁구채 같은 것으로 맞
　　치는 놀이 ▶"毽球" jiànqiú
34 板羽球 bǎnyǔqiú
　　깃공
35 球拍 qiúpāi
　　깃공채 ; 라켓
36-37 板网球 bǎnwǎngqiú
　　패들 테니스
36 板网球 bǎnwǎngqiú
　　패들 테니스 공
37 球拍 qiúpāi
　　라켓 ; 패들 테니스 채
38-53 篮球 lánqiú
　　농구
38 篮球场 lánqiúchǎng
　　농구 경기장
39 中圈 zhōngquān
　　센터 서클
40 中线 zhōngxiàn
　　센터라인

41 边线 biānxiàn
　　사이드라인
42 端线 duānxiàn
　　끝선 ; 엔드라인
43 罚球线 fáqiúxiàn
　　프리 스로 라인
44 篮架 lánjià
　　지주
45 球篮 qiúlán
　　바스켓
46 篮圈 lánquān
　　링
47 篮板 lánbǎn
　　백보드
48 篮球 lánqiú
　　농구공
49 传球 chuánqiú
　　패스
50 运球 yùnqiú
　　드리블 ▶"带球" dàiqiú
51 投篮 tóulán
　　슛
52 界外球 jièwàiqiú
　　아웃 오브 바운즈 볼
53 犯规 fànguī
　　반칙 ; 파울

54-61 足球 zúqiú
　　축구 ; 사커
54 足球场 zúqiúchǎng
　　축구 경기장
55 球门 qiúmén
　　골문 ; 골대
56 足球鞋 zúqiúxié
　　축구화
57 足球 zúqiú
　　축구공
58 踢球 tīqiú
　　킥
59 顶球 dǐngqiú
　　헤딩
60 射门 shèmén
　　슛
61 守门员 shǒuményuán
　　골키퍼

267

161 球类运动 qiúlèi yùndòng II

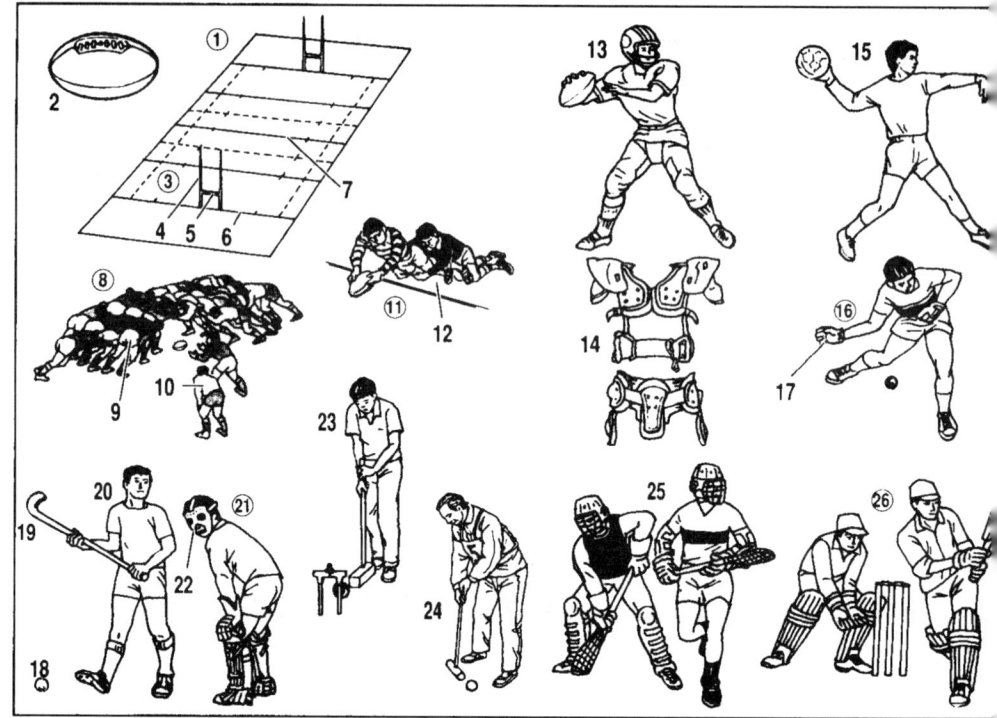

1-12 橄榄球 gǎnlǎnqiú
  럭비
1 橄榄球场 gǎnlǎnqiúchǎng
  럭비 경기장
2 橄榄球 gǎnlǎnqiú
  럭비 볼
3 球门 qiúmén
  골문
4 球门柱 qiúménzhù
  골포스트
5 横木 héngmù
  크로스바
6 球门线 qiúménxiàn
  골라인
7 中线 zhōngxiàn
  하프웨이 라인
8 扭夺 niǔduó
  스크럼 ▶"스크런" sīkèlán
9 橄榄球运动员 gǎnlǎnqiú yùndòngyuán
  럭비 선수
10 裁判 cáipàn
  심판 ; 레퍼리
  ▶"裁判员" cáipànyuán

11 带球触地 dàiqiú chùdì
  트라이
12 擒抱 qínbào
  태클 ▶"阻挡" zǔdǎng
13-14 美式橄榄球 měishì gǎnlǎnqiú
  미식축구
13 美式橄榄球运动员 měishì gǎnlǎnqiú yùndòngyuán
  미식축구 선수
14 护具 hùjù
  프로텍터
15 手球 shǒuqiú
  핸드볼
16 墙手球 qiángshǒuqiú
  미식 핸드볼
17 手套 shǒutào
  장갑 ; 글러브
18-22 曲棍球 qūgùnqiú
  하키
18 曲棍球 qūgùnqiú
  하키 볼
19 球棍 qiúgùn
  스틱

20 曲棍球运动员 qūgùnqiú yùndòngyuán
  하키 선수
21 守门员 shǒuményuán
  골키퍼
22 面罩 miànzhào
  마스크
23 槌球 chuíqiú
  크로케
24 门球 ménqiú
  게이트 볼
25 兜网球 dōuwǎngqiú
  라크로스
26 板球 bǎnqiú
  크리켓
27 球板 qiúbǎn
  배트 ▶球棒 qiúbàng
28-45 高尔夫球 gāo'ěrfūqiú
  골프
28 高尔夫球场 gāo'ěrfūqiúchǎng
  골프장 ; 골프 코스
29 发球台 fāqiútái
  티 그라운드

구기 Ⅱ 161

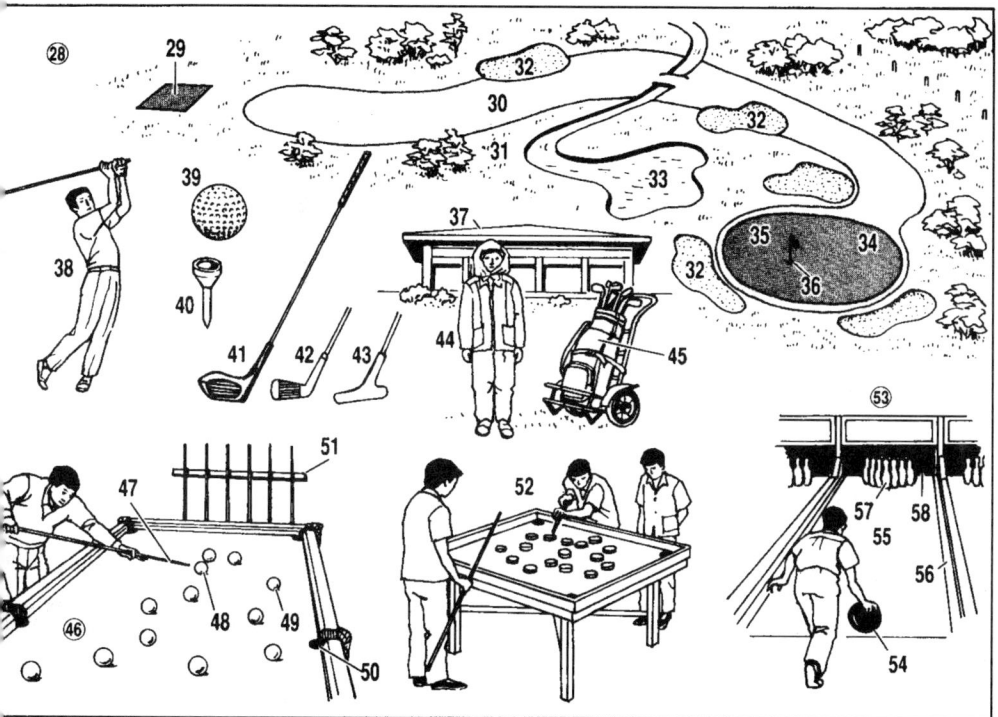

30 球道 qiúdào
　페어웨이
31 粗草区 cūcǎoqū
　러프
32 沙坑 shākēng
　벙커
33 水塘 shuǐtáng
　워터 해저드 ; 못
34 果岭 guǒlǐng
　그린
35 小旗 xiǎoqí
　표시 기 ; 플래그
36 洞 dòng
　홈 ▶"球洞" qiúdòng
37 俱乐部主楼 jùlèbù zhǔlóu
　클럽 하우스
38 高尔夫球运动员 gāo'ěrfūqiú
　yùndòngyuán
　골퍼 ; 골프 선수
39 高尔夫球 gāo'ěrfūqiú
　골프 볼
40 球座 qiúzuò
　티
41-43 球棒 qiúbàng
　클럽

41 木杆 mùgān
　우드
42 铁杆 tiěgān
　아이언
43 推杆 tuīgān
　퍼터
44 球僮 qiútóng
　캐디 ▶"服务员" fúwùyuán
45 球棒袋 qiúbàngdài
　캐디 백
46-51 台球 táiqiú
　당구
46 台球台 táiqiútái
　당구대 ▶"台球桌" táiqiú-
　zhuō, "台盘" táipán
47 台球棒 táiqiúbàng
　큐 ▶"枪棒" qiāngbàng
48 母球 mǔqiú
　큐볼 ▶"主球" zhǔqiú
49 目的球 mùdìqiú
　오브젝트 볼
　▶"目标球" mùbiāoqiú
50 球网袋 qiúwǎngdài
　포켓
51 棒架 bàngjià

　큐 래크 ; 큐장
52 康乐球 kānglèqiú
　캐럼즈(caroms) ▶"보통 2인
　또는 4인이 네 귀퉁이에 구
　멍이 나 있는 당구대 모양
　의 나무판 위에 장기알 모
　양의 것을 놓고 막대로 구
　멍 속에 쳐서 넣는 오락. 당
　구의 풀(pool)과 비슷하다.
53-58 保龄球 bǎolíngqiú
　볼링 ▶"地滚球" dìgǔnqiú
53 保龄球场 bǎolíngqiúchǎng
　볼링장
54 保龄球 bǎolíngqiú
　볼링공
55 球道 qiúdào
　레인
56 沟 gōu
　거터
57 木柱 mùzhù
　핀 ▶"球柱" qiúzhù
58 柱坑 zhùkēng
　피트
　▶"终点坑" zhōngdiǎnkēng

269

武术 wǔshù

1-14 拳术 quánshù
  권법
1 长拳 chángquán
  장권
2 南拳 nánquán
  남권
3 形意拳 xíngyìquán
  형의권
4 八卦掌 bāguàzhǎng
  팔괘장
5 八极拳 bājíquán
  팔극권
6 通背拳 tōngbèiquán
  통배권
  ▶"通臂拳" tōngbìquán
7 劈挂拳 pīguàquán
  벽괘권
8 翻子拳 fānzǐquán
  번자권
9 戳脚 chuōjiǎo
  착각권
10 少林拳 shǎolínquán
  소림권
11 地趟拳 dìtàngquán
  지당권
12-13 象形拳 xiàngxíngquán
  상형권
12 猴拳 hóuquán
  후권
13 蛇拳 shéquán
  사권
14 太极拳 tàijíquán
  태극권
15 气功 qìgōng
  기공 ; 단전 호흡법 ▶전통적
  건강법
16 五禽戏 wǔqínxì
  오금희 ▶"五禽气功" wǔqín
  qìgōng, "五禽操" wǔqíncāo
  라고도 한다.
17 枪术 qiāngshù
  창술
18 棍术 gùnshù
  곤술
19 剑术 jiànshù
  검술
20 刀术 dāoshù
  도술(刀術)
21-55 武术器械 wǔshù qìxiè
  무술 기구
21 枪 qiāng
  창
22 矛 máo
  모창▶자루가 긴 창
23 棍 gùn
  곤 ▶봉의 일종으로 봉보다
  조금 짧다.
24-25 梢子棍 shāozǐgùn
  쌍절곤
26 三节棍 sānjiégùn
  삼절곤
27-29 剑 jiàn
  검
27 长穗单剑 chángsuì dānjiàn
  긴 술이 달린 검
28 短穗单剑 duǎnsuì dānjiàn

무술 162

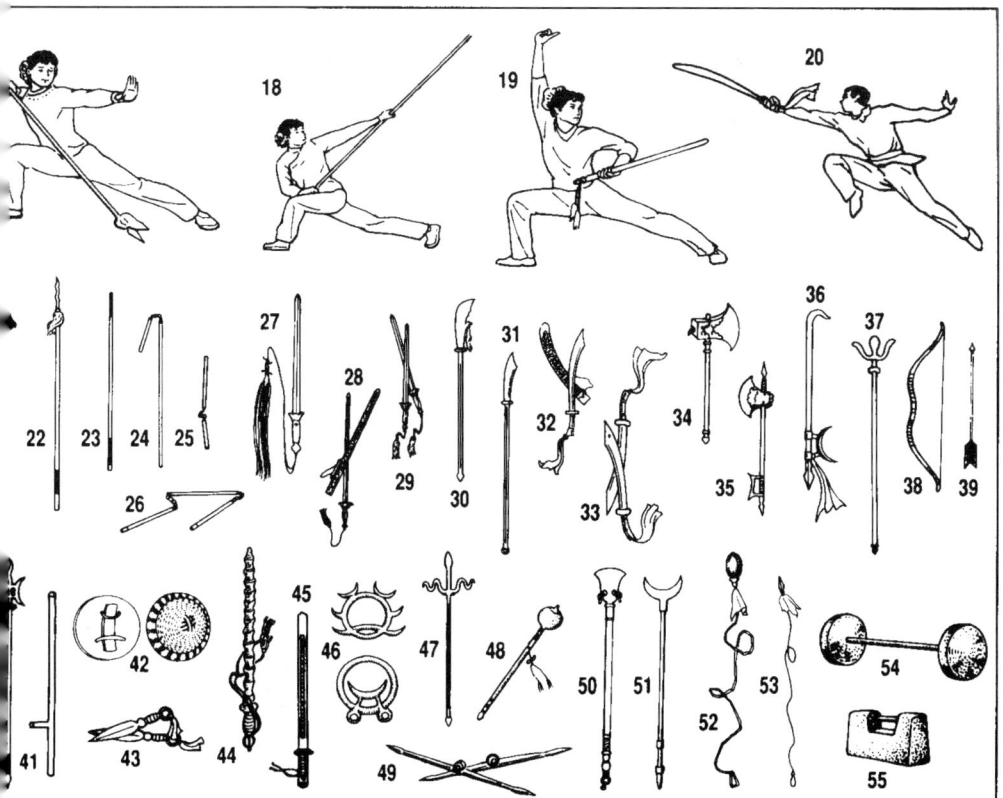

짧은 술이 달린 검
29 短穗双剑 duǎnsuì shuāng-
  jiàn
  짧은 술이 달린 쌍검
30-33 刀 dāo
  도▶한쪽에만 날이 있는 칼
30 大刀 dàdāo
  대도 ; 청룡도
31 朴刀 pōdāo
  박도 ; 가늘고 긴 칼
32 单刀 dāndāo
  단도 ▶"双刀" shuāngdāo에
  대해서 말한다.
33 双刀 shuāngdāo
  쌍도 ; 두 자루의 칼
34 斧 fǔ
  부 ; 도끼
35 钺 yuè
  월 ; 큰 도끼
36 钩 gōu
  구 ; 갈고리 모양의 무기
37 叉 chā
  차 ; 삼지창

38 弓 gōng
  활
39 矢 shǐ
  화살
40 戟 jǐ
  극 ; 미늘창
41 拐 guǎi
  괴(쾌)
42 盾 dùn
  방패
43 匕首 bǐshǒu
  비수
44 鞭 biān
  채찍
45 锏 jiǎn
  굴대쇠
46 圈 quān
  권 ; 멀리서 적을 공격하는
  고리 모양의 무기
47 镋 tǎng
  당파창 ; 한 끝이 반달 모
  양으로 된 무기의 하나
48 锤 chuí
  추 ; 마치 병기
49 峨嵋刺 éméicì
  아미자 ; 가운데 손가락에
  끼워서 사용하는 단검
50 铲 chǎn
  산 ; 자루 끝에 삽 모양의
  날이 붙은 무기. 방편산 등
51 月牙铲 yuèyáchǎn
  월아산 ; 자루 끝에 초승달
  모양의 날이 붙은 무기
52 流星锤 liúxīngchuí
  유성추 ; 옛날 무기의 일종
  ▶쇠사슬 끝에 쇠망치가 달
  려 있다.
53 绳镖 shéngbiāo
  승표▶던지는 무기의 일종
54 石担 shídàn
  돌 역기 ; 돌의 바벨
55 石锁 shísuǒ
  역석▶돌로 만든 자물쇠 모
  양의 것. 신체 단련용

271

摔交 shuāijiāo · 拳击 quánjī · 柔道 róudào

레슬링 · 권투 · 유도

1-7 摔交 shuāijiāo
씨름 ; 레슬링
1 摔交运动员 shuāijiāo yùndòngyuán
씨름 선수 ; 레슬링 선수
2 摔交服 shuāijiāofú
씨름 복장 ; 레슬링복
3 摔交鞋 shuāijiāoxié
씨름 신 ; 레슬링화
4 自由式摔交 zìyóushì shuāijiāo
자유형 레슬링
5 古典式摔交 gǔdiǎnshì shuāijiāo
고전식 씨름 ; 그레코로만형 레슬링 ▶"希腊罗马式摔交" xīlàluómǎshì shuāijiāo
6 桥 qiáo
브리지
7 两肩着地 liǎngjiān zhuódì
폴
8-23 拳击 quánjī
권투
8 拳击台 quánjītái
링
9 拳击运动员 quánjī yùndòngyuán
권투 선수
10 台上裁判员 táishàng cáipànyuán
심판 ; 레퍼리
11 助手 zhùshǒu
조수 ; 세컨드
12 红角 hóngjiǎo
홍 코너
13 蓝角 lánjiǎo
청 코너
14 围绳 wéishéng
로프
15 钟 zhōng
공
16 沙袋 shādài
샌드백
17 吊球 diàoqiú
펀치 볼 ▶"梨球" líqiú
18 弹簧吊球 tánhuáng diàoqiú
용수철이 달린 펀치 볼
19 保护帽 bǎohùmào
헤드기어
20 护齿 hùchǐ
마우스피스
21 拳击手套 quánjī shǒutào
복싱 글러브
22 直拳 zhíquán
스트레이트
23 钩拳 gōuquán
훅
24-26 柔道 róudào
유도
24 主裁判 zhǔcáipàn
주심
25 柔道服 róudàofú
유도복
26 腰带 yāodài
띠
27-29 传统摔交 chuántǒng shuāijiāo
전통 씨름
27 中国式摔交 zhōngguóshì shuāijiāo
중국식 씨름
28 蒙古族摔交 ménggǔzú shuāijiāo
몽골 씨름
29 云南摔交 yúnnán shuāijiāo
운남 씨름

164 击剑 jījiàn · 举重 jǔzhòng　　펜싱 · 역도 164

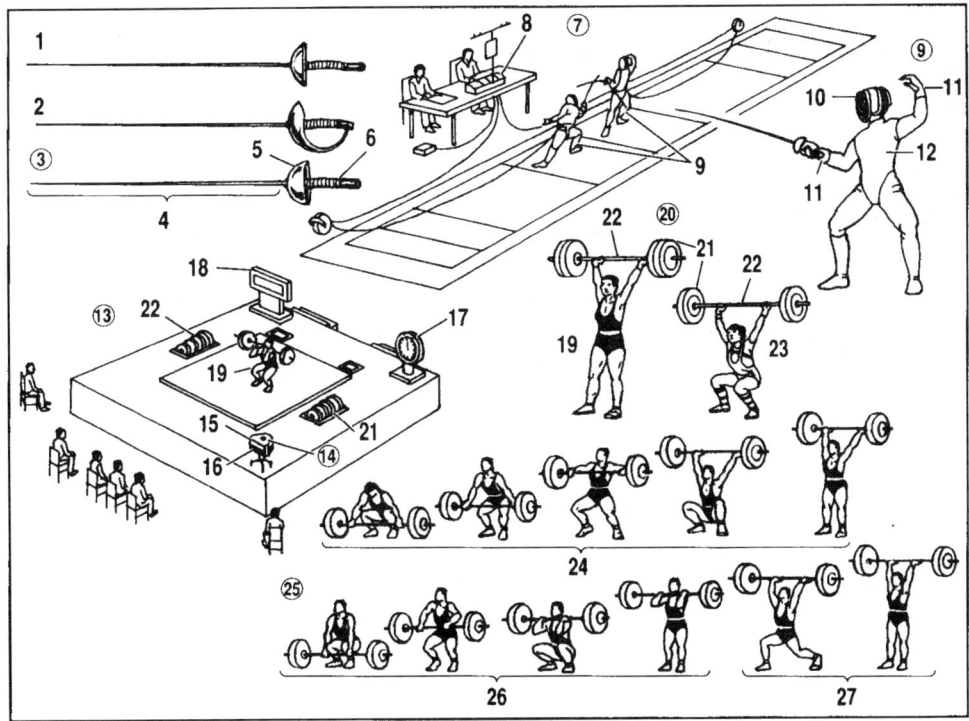

1-12 击剑 jījiàn
　　격검 ; 펜싱
1 花剑 huājiàn
　　화검 ; 플뢰레
2 佩剑 pèijiàn
　　배검 ; 사브르
3 重剑 zhòngjiàn
　　중검 ; 에페
4 剑身 jiànshēn
　　검신
5 护手盘 hùshǒupán
　　날밑
6 剑柄 jiànbǐng
　　검자루 ; 그립
7 击剑场 jījiànchǎng
　　격검장 ; 펜싱 경기장
8 电动裁判器 diàndòng cái-
　　pànqì
　　전기 심판기
9 击剑运动员 jījiàn yùn-
　　dòngyuán
　　격검 선수 ; 펜싱 선수
10 护面 hùmiàn
　　마스크 ▶ "面罩" miànzhào

11 手套 shǒutào
　　장갑 ; 글러브
12 击剑服 jījiànfú
　　격검복 ; 펜싱복
13-27 举重 jǔzhòng
　　역도
13 举重台 jǔzhòngtái
　　역도대 ; 플랫폼
14 裁判灯 cáipàndēng
　　심판등
15 白灯 báidēng
　　백색등
16 红灯 hóngdēng
　　적색등
17 计时钟 jìshízhōng
　　계시기
18 记录牌 jìlùpái
　　기록 게시판
19 举重运动员 jǔzhòng yùn-
　　dòngyuán
　　역도 선수
20 杠铃 gànglíng
　　바벨 ; 역기
21 杠铃片 gànglíngpiàn

　　디스크
22 横杠 hénggàng
　　바
23 女子举重 nǚzǐ jǔzhòng
　　여자 역도
24 抓举 zhuājǔ
　　인상 ; 스내치
25 挺举 tǐngjǔ
　　용상
26 提铃至胸 tílíngzhìxiōng
　　클린(clean) ; 용상의 제1동작
27 举起 jǔqǐ
　　저크(jerk) ; 용상의 제2동작

登山运动 dēngshān yùndòng 등산

1　登山队 dēngshānduì
　　등반대
2　登山运动员 dēngshān yùndòngyuán
　　등산가；알피니스트 ▶"登山家" dēngshānjiā
3　登山服 dēngshānfú
　　등산복
4　护目镜 hùmùjìng
　　고글 ▶"防护眼镜" fánghù yǎnjìng
5　风雪帽 fēngxuěmào
　　윈터 캡
6　背包 bèibāo
　　배낭 ▶"背囊" bèináng
7　雪地绑腿套 xuědì bǎngtuǐtào
　　롱 스패츠
8　登山鞋 dēngshānxié
　　등산화
9　大本营 dàběnyíng
　　베이스캠프 ▶"基地营" jīdìyíng
10　帐篷 zhàngpeng
　　천막
11　突击营地 tūjīyíngdì
　　어택 캠프；공격 캠프
12　登顶队员 dēngdǐng duìyuán
　　공격 대원
13　顶峰 dǐngfēng
　　꼭대기；정상；피크
14　山脊 shānjǐ
　　능선 ▶"山梁" shānliáng
15　雪崩 xuěbēng
　　눈사태
16　冰隙 bīngxì
　　크레바스
17　岩石攀登 yánshí pāndēng
　　록클라이밍；암벽 등반
18-29　登山器具 dēngshān qìjù
　　등산 기구
18　冰镐 bīnggǎo
　　피켈
19　镐刃 gǎorèn
　　블레이드
20　稿尖 gǎojiān
　　피크
21　冰锤 bīngchuí
　　아이스 해머
22　绳索 shéngsuǒ
　　자일；등산용 밧줄 ▶"绳子" shéngzi
23　岩石锥 yánshízhuī
　　록 하켄
24　冰锥 bīngzhuī
　　아이스 하켄
25　铁锁 tiěsuǒ
　　카라비너 ▶"安全钩" ānquán'gōu
26　冰爪 bīngzhǎ
　　아이젠
27　睡袋 shuìdài
　　침낭
28　步话机 bùhuàjī
　　트랜시버 ▶"步行机" bùxíngjī
29　氧气瓶 yǎngqìpíng
　　산소 봄베

166　象棋 xiàngqí·围棋 wéiqí·国际象棋 guójì xiàngqí　　장기·바둑·체스　166

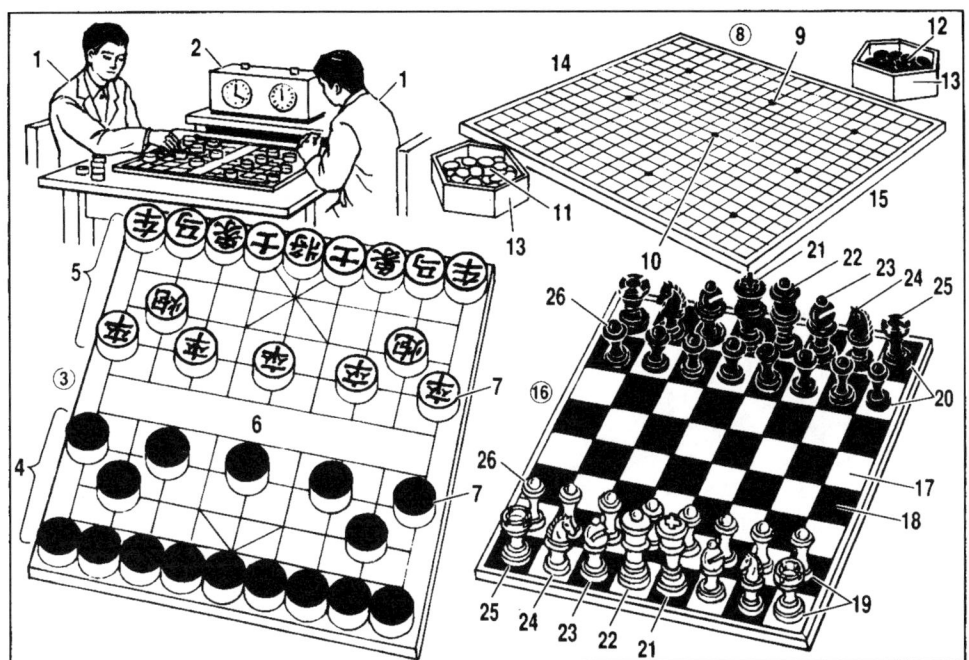

1-7 象棋 xiàngqí
중국 장기
1 棋手 qíshǒu
기사
2 象棋比赛计时钟 xiàngqí bǐsài jìshízhōng
대국 시계
▶"赛钟" sàizhōng
3 象棋棋盘 xiàngqí qípán
장기판
4 红方 hóngfāng
적군 ; 후수
5 黑方 hēifāng
흑군 ; 선수
6 楚河汉界 chǔhéhànjiè
경계
7 象棋棋子 xiàngqí qízǐ
장기의 말 ▶"象棋棋子儿" xiàngqí qízǐr. "将" jiāng(상대방은 "帅" shuài)·"士" shì·"象" xiàng(상대방은 "相" xiàng)·"车" jū·"马" mǎ·"炮" pào·"卒" zú(상대방은 "兵" bīng)의 7종이 있다.
8-15 围棋 wéiqí
바둑

8 围棋棋盘 wéiqí qípán
바둑판
9 星 xīng
성점 ; 화점
10 天元 tiānyuán
천원 ; 바둑판 중앙점
11-12 围棋棋子 wéiqí qízǐ
바둑돌 ▶"围棋棋子儿" wéiqí qízǐr
11 白子 báizǐ
흰 돌 ▶"白子儿" báizǐr
12 黑子 hēizǐ
검은 돌 ▶"黑子儿" hēizǐr
13 棋盒儿 qíhér
바둑알 통 ; 기기(碁器)
14 白方 báifāng
백 측
15 黑方 hēifāng
흑 측
16-26 国际象棋 guójì xiàngqí
체스
16 国际象棋棋盘 guójì xiàngqí qípán
체스판
17 白格 báigé
흰 칸

18 黑格 hēigé
검은 칸
19-26 国际象棋棋子 guójì xiàngqí qízǐ
체스의 말 ▶"国际象棋棋子儿" guójì xiàngqí qízǐr
19 白棋 báiqí
백군의 말
20 黑棋 hēiqí
흑군의 말
21 王 wáng
킹 ; 왕
22 后 hòu
퀸 ; 여왕
23 相 xiàng
비숍
24 马 mǎ
나이트 ; 기사
25 车 jū
루크 ; 성주(城主)
26 兵 bīng
보병

167 其他体育运动 qítā tǐyù yùndòng

1 马术 mǎshù
　마술
2 骑手 qíshǒu
　기수
3 赛马 sàimǎ
　경마
4 马球 mǎqiú
　폴로
5-6 自行车比赛 zìxíngchē bǐsài
　자전거 레이스
5 赛车场自行车比赛 sàichēchǎng zìxíngchē bǐsài
　자전거 트랙 레이스
6 公路自行车比赛 gōnglù zìxíngchē bǐsài
　자전거 로드 레이스
7-9 汽车比赛 qìchē bǐsài
　자동차 레이스
7 赛车 sàichē
　레이싱 카
8 赛车运动员 sàichē yùndòngyuán
　카 레이서
9 汽车拉力赛 qìchē lālìsài
　랠리
10-11 摩托车比赛 mótuōchē bǐsài
　오토바이 레이스
11 摩托车越野赛 mótuōchē yuèyěsài
　모토크로스
12-19 射击比赛 shèjī bǐsài
　사격 경기
12 手枪射击 shǒuqiāng shèjī
　권총 경기
13 手枪速射靶 shǒuqiāng sùshèbǎ
　권총 사격 표적 ; 래피드 파이어 피스톨 표적
14 步枪射击 bùqiāng shèjī
　라이플 사격
15 移动靶 yídòngbǎ
　무빙 타깃 ▶그림은 "跑猪靶" pǎozhūbǎ(질주하는 멧돼지 모양의 표적)
16 飞碟射击 fēidié shèjī
　클레이 사격
17 猎枪 lièqiāng

　산탄총 ; 사냥총
18 碟靶 diébǎ
　클레이 피전
　▶"飞碟靶" fēidiébǎ
19 抛靶器 pāobǎqì
　클레이 피전 방출기
　▶"抛靶机" pāobǎjī
20-25 射箭 shèjiàn
　양궁
20 射箭场 shèjiànchǎng
　양궁장
21 弓 gōng
　활
22 箭 jiàn
　화살
23 箭筒 jiàntǒng
　화살통
24 护胸 hùxiōng
　프로텍터
25 靶子 bǎzi
　표적 ; 타깃
26-29 跳伞运动 tiàosǎn yùndòng
　패러슈트 경기
26 跳伞塔 tiàosǎntǎ
　낙하산 강하 연습탑
27 降落伞 jiàngluòsǎn
　낙하산
28 滑翔伞 huáxiángsǎn
　패러글라이더
29 造型跳伞 zàoxíng tiàosǎn
　스카이다이빙
30 热气球 rèqìqiú
　열기구
31-32 航模运动 hángmó yùndòng
　비행기와 배의 모형 제작과 조종 경기 ▶스포츠로서 다룬다
31 航空模型 hángkōng móxíng
　항공기 모형
32 航海模型 hánghǎi móxíng
　선박 모형
33 滑翔机 huáxiángjī
　글라이더
34 悬挂式滑翔机 xuánguàshì huáxiángjī
　행글라이더

35-40 潜水运动 qiánshuǐ yùndòng
　잠수 스포츠 ; 스킨 다이빙
35 潜水员 qiánshuǐyuán
　다이버
36 通气管 tōngqìguǎn
　슈노르헬
　▶"呼吸管" hūxīguǎn
37 脚蹼 jiǎopǔ
　핀
38 潜水衣 qiánshuǐyī
　잠수복
　▶"潜水服" qiánshuǐfú
39-40 水肺 shuǐfèi
　스쿠버 ▶"压缩空气呼吸器" yāsuōkōngqì hūxīqì
39 潜水面罩 qiánshuǐ miànzhào
　잠수 마스크
40 压缩空气筒 yāsuōkōngqìtǒng
　고압 공기 봄베
41-45 划船 huáchuán
　보트 ; 카누
41 八桨划船 bājiǎng huáchuán
　에이트
42 舵手 duòshǒu
　콕스
43 桨 jiǎng
　노
44 双人双桨赛艇 shuāngrén shuāngjiǎng sàitǐng
　더블 스컬
45 皮艇 pítǐng
　카누
46 摩托艇比赛 mótuōtǐng bǐsài
　모터보트 레이스
47 帆船 fānchuán
　요트
48 帆 fān
　돛
49 桅 wéi
　마스트

기타 스포츠

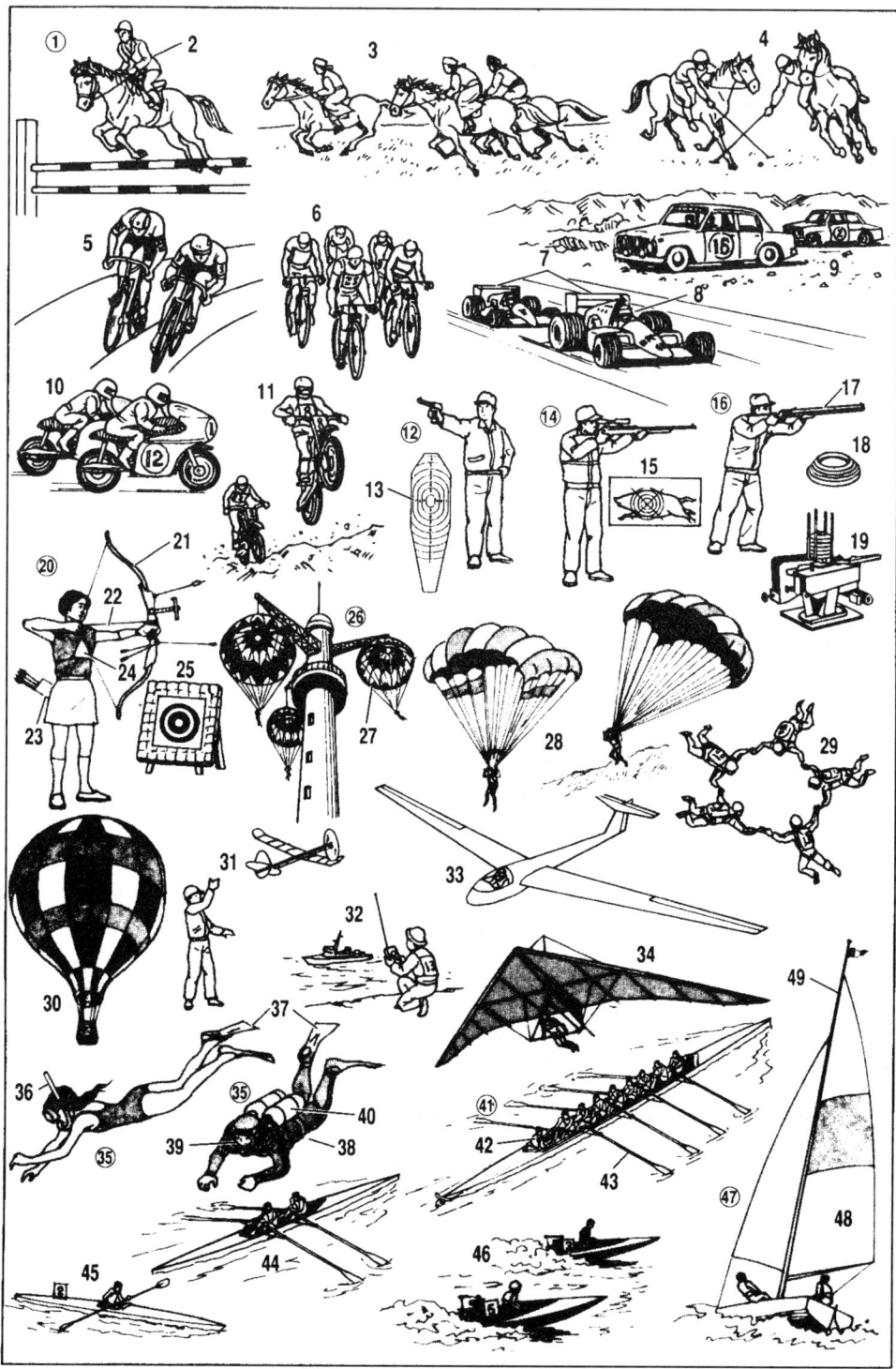

168 医院 yīyuàn

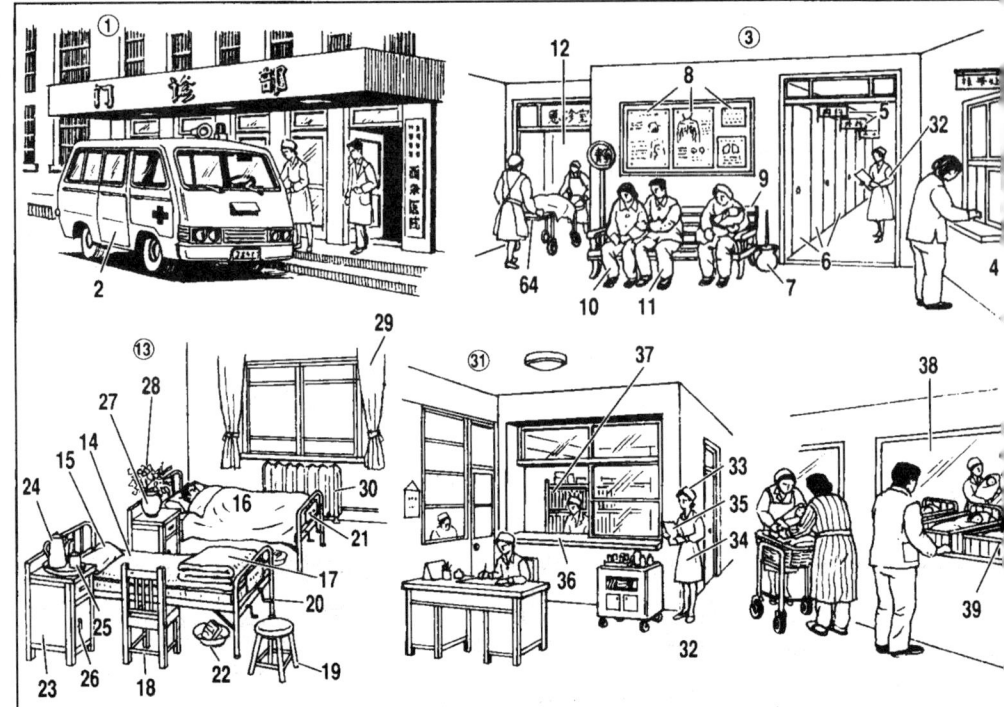

1 门诊部 ménzhěnbù
  병원의 진료부
2 救护车 jiùhùchē
  구급차 ▶"急救车" jíjiùchē.
  구급차는 병원에 소속
3 候诊室 hòuzhěnshì
  대진실 ; 대기실
4 挂号处 guàhàochù
  진료 접수처
5 牌子 páizi
  패 ; 간판
6 诊室 zhěnshì
  진찰실
7 痰盂 tányú
  타구
8 宣传画栏 xuānchuánhuàlán
  포스터 게시판
9 长条椅 chángtiáoyǐ
  벤치
10 病人 bìngrén
  환자
11 病人家属 bìngrén jiāshǔ
  환자의 가족 ; 보호자
12 急诊室 jízhěnshì
  응급실

13 病房 bìngfáng
  병실
14 床 chuáng
  침대
15 枕头 zhěntou
  베개
16 毛毯 máotǎn
  모포
17 被子 bèizi
  이불
18 椅子 yǐzi
  의자
19 凳子 dèngzi
  걸상
20 摇手 yáoshǒu
  핸들 ▶yáoshou라고도 한다.
21 牌子 páizi
  명찰
22 脸盆 liǎnpén
  세면기
23 床头柜 chuángtóuguì
  침대 머리 궤
24 暖壶 nuǎnhú
  보온병 ☞172-4
25 杯子 bēizi

  컵
26 门 mén
  문
27 花瓶 huāpíng
  화병
28 鲜花 xiānhuā
  생화
29 窗帘 chuānglián
  커튼
30 暖气 nuǎnqì
  스팀
31 护士办公室 hùshi bàngōngshì
  간호원실
32 护士 hùshi
  간호원 ; 간호인
33 护士帽 hùshimào
  간호원 모자
34 护士服 hùshifú
  간호원의 제복 ; 백의
35 病历 bìnglì
  카르테 ; 진료 카드
36 服务台 fúwùtái
  카운터
37 病历柜 bìnglìguì

병원 168

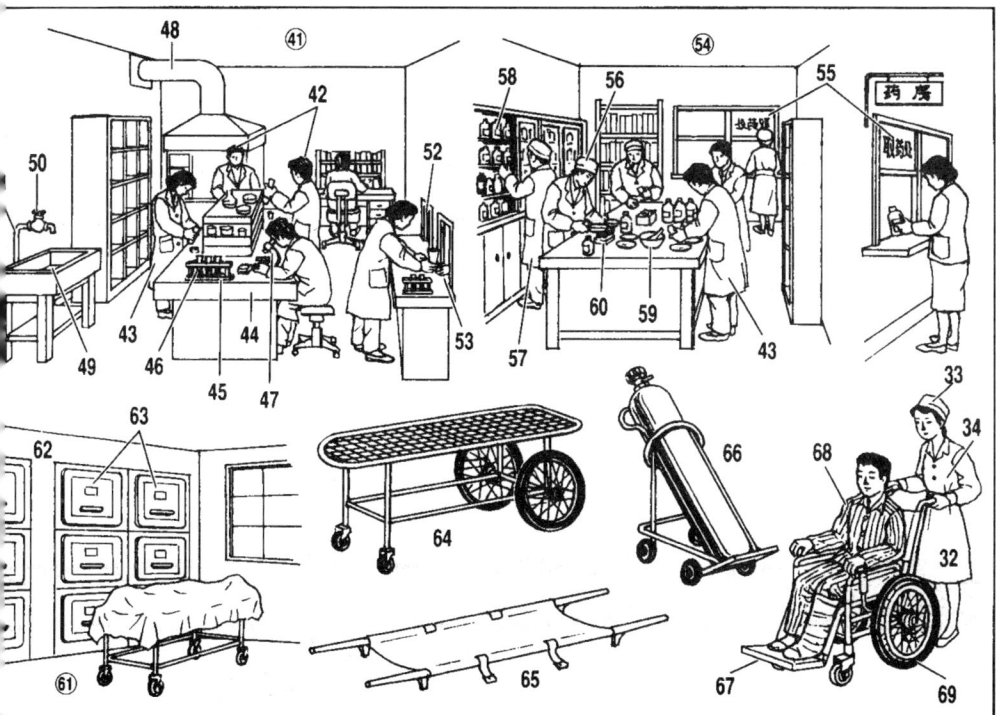

카르테함 ; 진료카드 선반
38 隔离窗口 gélí chuāngkǒu
격리창
39 带护拦的床 dàihùlánde chuáng
난간 침대 ; 서클 베드
40 新生儿 xīnshēng'ér
신생아
41 化验室 huàyànshì
화학 검사실
42 化验员 huàyànyuán
검사원
43 白大褂儿 báidàguàr
백의
44 柜台 guìtái
작업대
45 试管架 shìguǎnjià
시험관 꽂이
46 试管 shìguǎn
시험관
47 显微镜 xiǎnwēijìng
현미경
48 换气扇 huànqìshàn
환풍기
49 水池子 shuǐchízi

싱크대
50 水龙头 shuǐlóngtóu
수도꼭지 ; 급수전
51 水管 shuǐguǎn
수도관
52 抽血窗口 chōuxuè chuāngkǒu
검사 접수 창구
53 大小便化验窗口 dàxiǎobiàn huàyàn chuāngkǒu
대소변 검사 접수 창구
54 药房 yàofáng
약국
55 窗口 chuāngkǒu
창구 ▶"取药窗口" qǔyào chuāngkǒu
56 药剂师 yàojìshī
약제사
57 配药员 pèiyàoyuán
조제사 ▶"药剂士" yàojìshì
☞171-5
58 药柜 yàoguì
약품 선반
59 乳钵 rǔbō
유발 ; 막자 사발

60 天平 tiānpíng
천칭
61 太平间 tàipíngjiān
영안실 ; 유체 안치실
62 尸体柜 shītǐguì
유체 안치장
63 抽屉 chōuti
서랍
64 平车 píngchē
유체차 ; 스트레처
65 担架 dānjià
담가 ; 들것
66 氧气瓶 yǎngqìpíng
산소 봄베 ; 산소통
67 轮椅 lúnyǐ
휠체어
68 伤员 shāngyuán
부상자
69 轮子 lúnzi
바퀴 ; 차륜

169 医疗用具 yīliáo yòngjù

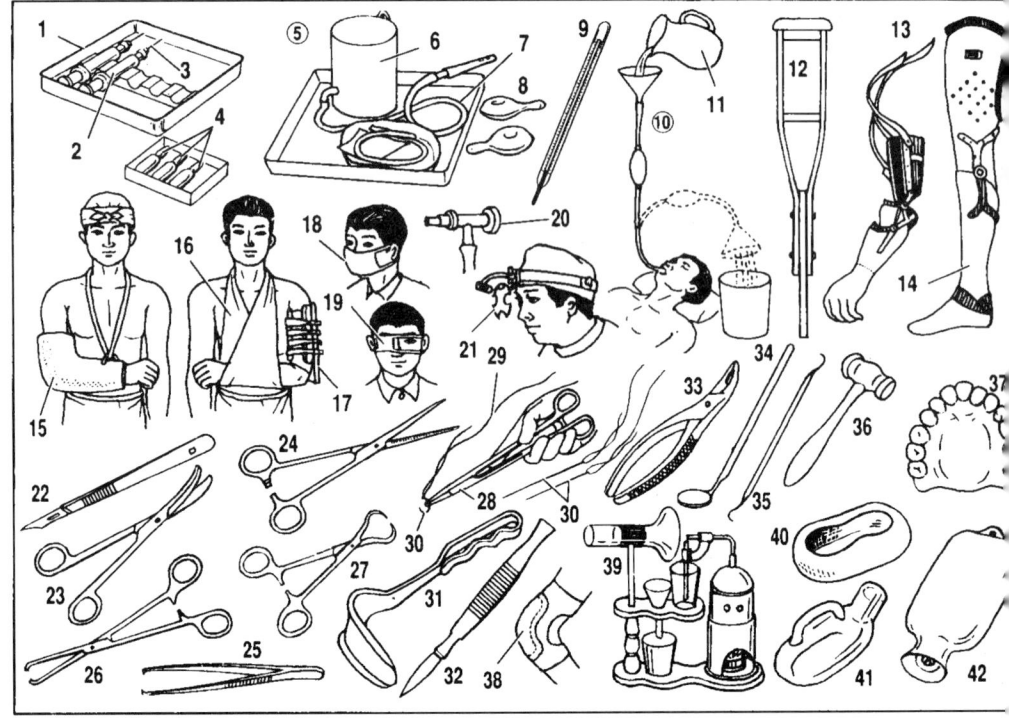

1 注射盘 zhùshèpán
  주사용 트레이
2 注射器 zhùshèqì
  주사기 ▶주사기의 관은 "针管儿" zhēnguǎnr
3 针头 zhēntóu
  주사침
4 安瓿 ānpǒu
  앰플
5 灌肠用具 guàncháng yòngjù
  관장 용구
6 灌洗器 guànxǐqì
  관장용 이리게이터
7 肛管 gāngguǎn
  넬라톤씨 카테터
8 开塞露 kāisāilù
  개색로 ▶항문 내에 주입하는 약으로, 각종 변비증에 쓰인다
9 体温表 tǐwēnbiǎo
  체온계
10 洗胃器 xǐwèiqì
   위세척기

11 壶 hú
   피처
12 拐杖 guǎizhàng
   목발
13 假手 jiǎshǒu
   의수
14 假腿 jiǎtuǐ
   의족
15 石膏 shígāo
   석고
16 三角巾 sānjiǎojīn
   삼각건
17 夹板 jiābǎn
   부목
18 口罩 kǒuzhào
   마스크
19 眼罩 yǎnzhào
   안대
20 耳镜 ěrjìng
   이경
21 额镜 éjìng
   반사경
22 手术刀 shǒushùdāo
   (수술용)메스

23 手术剪 shǒushùjiǎn
   수술 가위 ▶"剪刀" jiǎndāo
24 止血钳 zhǐxuèqián
   지혈 집게
25 镊子 nièzi
   핀셋
26 组织钳 zǔzhīqián
   코허 집게
27 巾钳 jīnqián
   건 집게
28 持针器 chízhēnqì
   지침기
29 缝线 féngxiàn
   봉합실
30 缝针 féngzhēn
   봉합침
31 拉钩 lāgōu
   편평 갈고리
32 解剖刀 jiěpōudāo
   수술칼 ; (해부용)메스
33 拔牙钳 báyáqián
   발치 집게
34 口镜 kǒujìng
   치경(齒鏡)

의료 용구 169

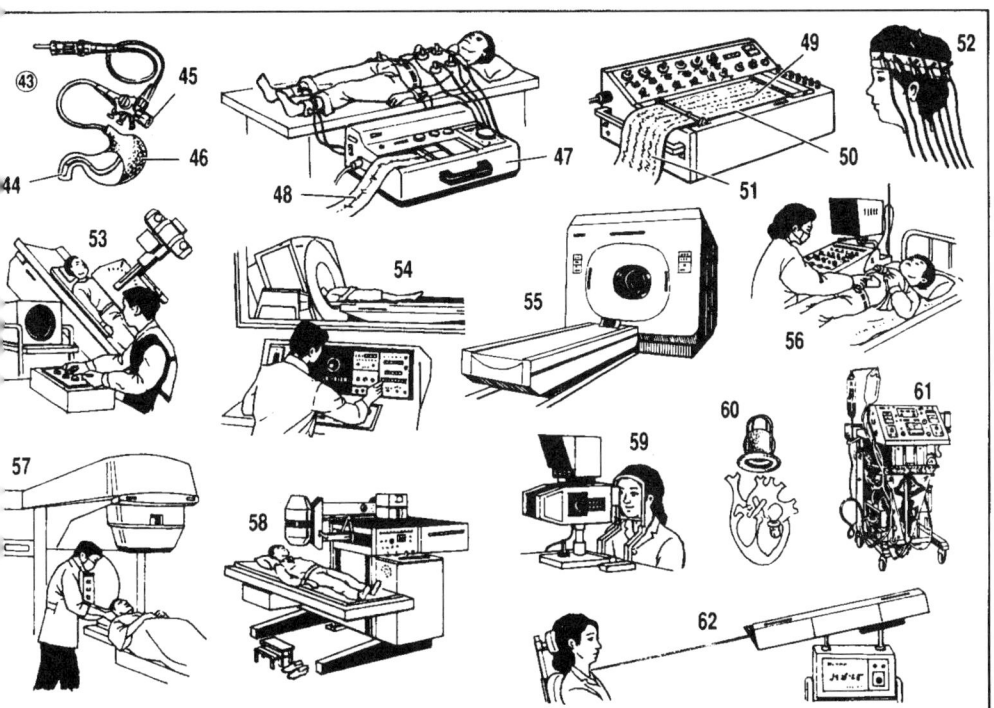

35 手用挖掘机 shǒuyòng wā-juéjī
핸드 엑스카베이터
36 锤子 chuízi
해머
37 假牙 jiǎyá
의치
38 防护带 fánghùdài
서포터
39 蒸气吸入器 zhēngqì xīrùqì
흡입기 ▶"吸入器" xīrùqì
40 便盆 biànpén
변기
41 尿壶 niàohú
요강
42 热水袋 rèshuǐdài
고무제의 탕파
43 线光胃镜 xiànguāng wèi-jìng
위 내시경 ▶"胃镜" wèijìng
44 接物镜 jiēwùjìng
접물 렌즈
45 接目镜 jiēmùjìng
접안 렌즈

46 胃 wèi
위
47 心电图机 xīndiàntújī
심전계
48 心电图 xīndiàntú
심전도
49 脑电图 nǎodiàntú
뇌파도
50 脑电图纸 nǎodiàntúzhǐ
뇌파도표시지
51 脑波 nǎobō
뇌파
52 导线 dǎoxiàn
유도 코드
53 爱克斯线透视 àikèsīxiàn tòushì
X선 투시
54 X线电子计算机断层扫描 X xiàn diànzǐjìsuànjī duàncéng sǎomiáo
X선 컴퓨터 단층 장치 ; X선 ▶"CT机" CT jī
55 磁共振机 cígòngzhènjī
핵자기 공명 화상 ; 핵자기

공명 장치 ; MRI
56 超声波诊断机 chāoshēngbō zhěnduànjī
초음파 진단 장치
57 医用电子加速器 yīyòng diànzǐ jiāsùqì
치료용 전자 가속기 ; 사이클로트론
58 同位素扫描 tóngwèisù sǎomiáo
아이소토프 스캐너; 신티 스캐너
59 电脑验光 diànnǎo yànguāng
컴퓨터 검안
60 人工瓣膜 réngōng bànmó
인공 판막
61 人工心肺机 réngōng xīnfèijī
인공 심폐 장치
62 激光治疗 jīguāng zhìliáo
레이저 치료

170 问诊 mēnzhěn · 护理 hùlǐ · 手术 shǒushù

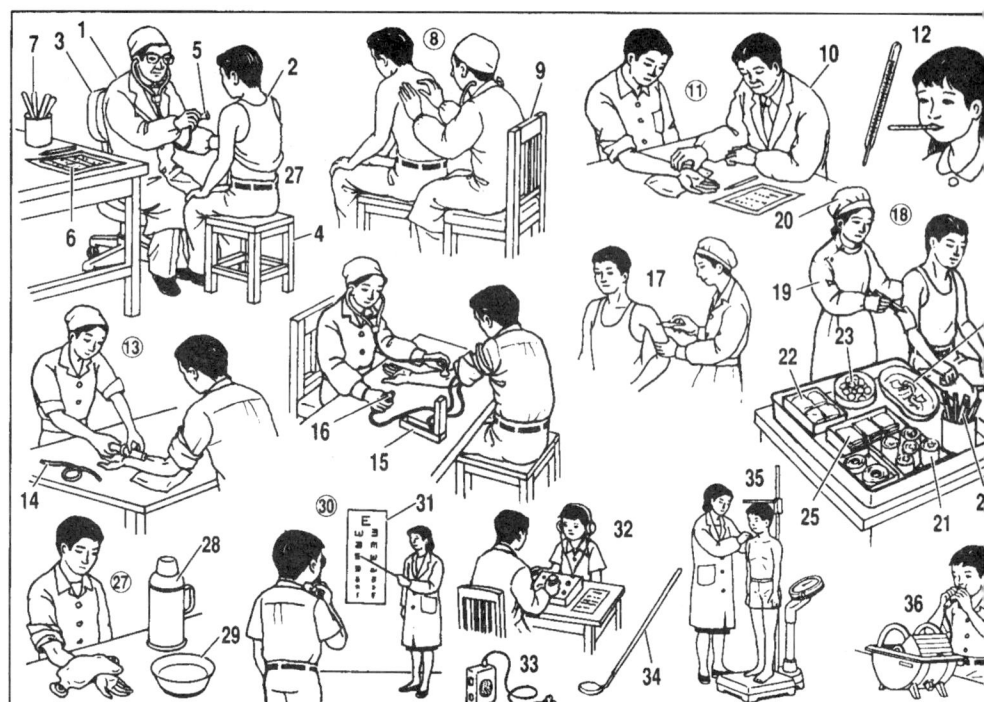

1 医生 yīshēng
의사 ▶"大夫" dàifu
2 病人 bìngrén
환자
3 转椅 zhuǎnyǐ
회전의자
4 凳子 dèngzi
걸상
5 听诊器 tīngzhěnqì
청진기
6 病历 bìnglì
카르테 ; 진료카드
7 压舌板 yāshébǎn
설압자
8 叩诊 kòuzhěn
타진
9 椅子 yǐzi
의자
10 中医 zhōngyī
한방의
▶"中医大夫" zhōngyī dàifu
11 号脉 hàomài
진맥 ▶"把脉" bǎmài
☞171-19

12 体温表 tǐwēnbiǎo
체온계
13 抽血 chōuxuè
채혈
14 止血带 zhǐxuèdài
지혈대
15 血压计 xuèyājì
혈압계
16 皮球 píqiú
고무공
17 注射 zhùshè
주사 ▶"打针" dǎzhēn
18 换药 huànyào
(바르는 약이나 붙이는 약
등의)약의 교환
19 护士服 hùshifú
간호원복 ; 백의
20 护士帽 hùshimào
너스 캡 ; 간호원의 모자
21 绷带 bēngdài
붕대
22 药棉 yàomián
탈지면
▶"脱脂棉" tuōzhīmián

23 棉花球 miánhuāqiú
면구
24 弯盘 wānpán
농반
25 纱布 shābù
거즈
26 镊子 nièzi
핀셋
27 热敷 rèfū
온습포
28 暖壶 nuǎnhú
포트 ☞172-4
29 脸盆 liǎnpén
세면기
30 视力检查 shìlì jiǎnchá
시력 검사
31 视力表 shìlìbiǎo
시력표
32 听力检查 tīnglì jiǎnchá
청력 검사
33 助听器 zhùtīngqì
보청기
34 喉镜 hóujìng
인두경

282

진료 · 간호 · 수술

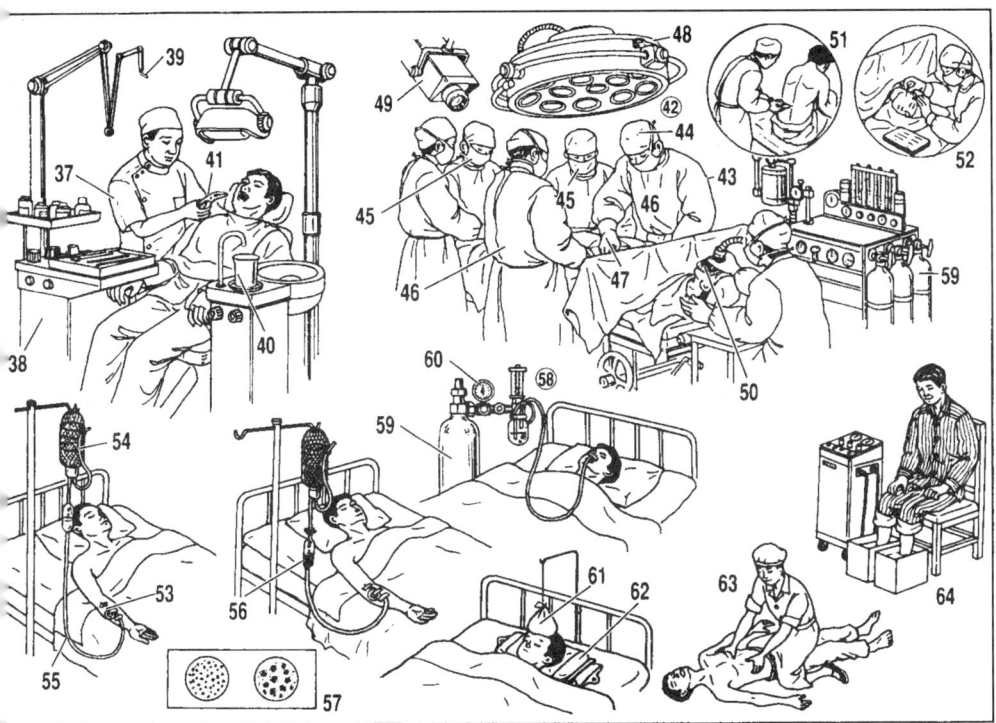

35 身高体重测定 shēngāo tǐzhòng cèdìng
신장 체중 측정
36 肺活量 fèihuóliàng
폐활량
37 牙科大夫 yákē dàifu
치과의
38 治疗台 zhìliáotái
치료대
39 电钻 diànzuàn
(치과용)전기 드릴
40 漱口杯 shùkǒubēi
양치질 컵
41 牙钳 yáqián
발치 겸자
42 手术 shǒushù
수술
43 外科大夫 wàikē dàifu
외과의
44 帽子 màozi
모자
45 口罩 kǒuzhào
마스크
46 手术衣 shǒushùyī
수술복
47 手套 shǒutào
장갑
48 无影灯 wúyǐngdēng
수술용 무영등
49 医用摄像机 yīyòng shèxiàngjī
의학용 비디오 카메라
50 氧气罩 yǎngqìzhào
산소마스크
51 麻醉 mázuì
마취
52 针刺麻醉 zhēncì mázuì
침술 마취 ▶"针麻" zhēnmá
53 输液 shūyè
점적 주사
54 输液瓶 shūyèpíng
수액기
55 输液管 shūyèguǎn
비닐관
56 输血 shūxuè
수혈
57 血型 xuèxíng
혈액형
58 输氧 shūyǎng
산소 흡입
59 氧气瓶 yǎngqìpíng
산소 봄베
60 流量计 liúliàngjì
유량계
61 冰袋 bīngdài
빙낭 ; 얼음주머니
62 冰枕 bīngzhěn
얼음베개
63 人工呼吸 réngōng hūxī
인공호흡
64 理疗 lǐliáo
물리 요법

171 中药 zhōngyào · 中医 zhōngyī

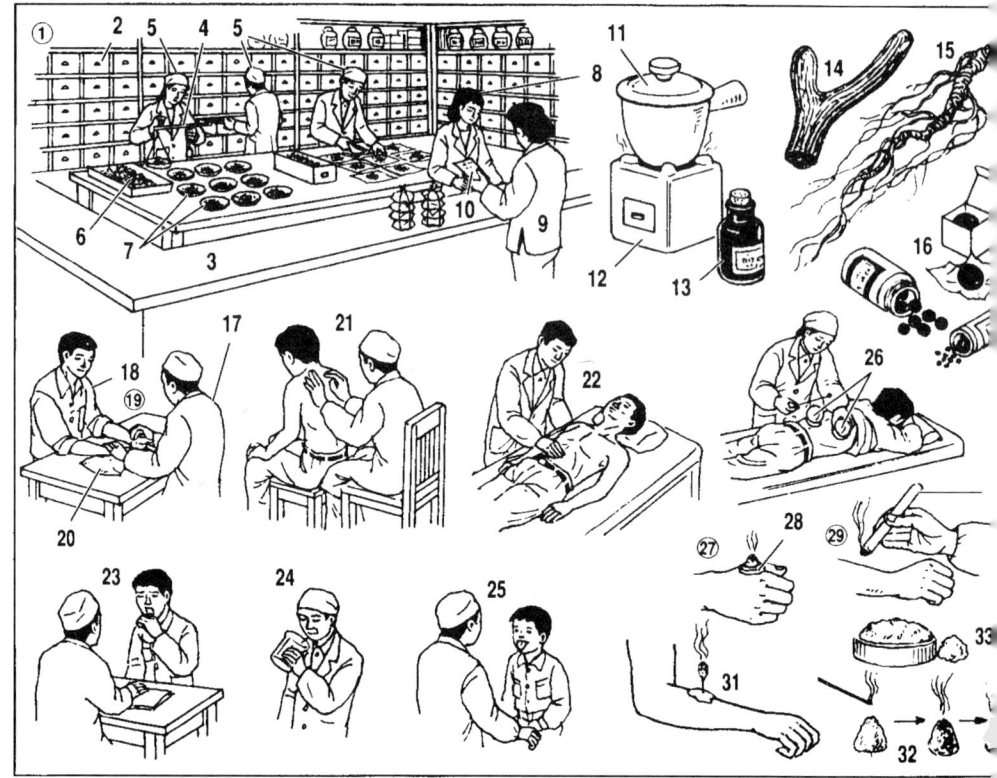

1 中药店 zhōngyàodiàn
  한방 약국
2 药柜 yàoguì
  약궤
3 柜台 guìtái
  카운터
4 杆秤 gǎnchèng
  대저울 ▶"秤" chèng
5 配药员 pèiyàoyuán
  조제사 ▶"配方员" pèi-
  fāngyuán ☞168-57
6 药材 yàocái
  약재
7 盘子 pánzi
  접시
8 药剂师 yàojìshī
  약제사
9 顾客 gùkè
  고객
10 药方 yàofāng
  처방전
  ▶"处方笺" chùfāngjiān
11 药锅 yàoguō

약탕관 ; 탕약 다리는 질그
릇
12 炉子 lúzi
  풍로
13 汤药 tāngyào
  탕약
14 鹿茸 lùróng
  녹용
15 人参 rénshēn
  인삼
16 药丸儿 yàowánr
  환약
17 中医 zhōngyī
  한방의 ☞170-10
18 病人 bìngrén
  환자
19-22 切诊 qiēzhěn
  절진
19 把脉 bǎmài
  진맥 ▶"号脉" hàomài, "诊
  脉" zhěnmài
20 号脉枕 hàomàizhěn
  진맥 베개

21 叩诊 kòuzhěn
  타진
22 按诊 ànzhěn
  촉진
23-24 闻诊 wénzhěn
  문진 ▶귀와 코를 쓰는 진단
23 听诊 tīngzhěn
  청진 ; 호흡이나 기침을 귀
  로 듣는 진단
24 嗅诊 xiùzhěn
  후진 ; 냄새를 맡아서 살피
  는 진단
25 舌诊 shézhěn
  설진 ▶혀의 색이나 모양을
  살핀다.
26 拔罐儿 báguànr
  부항
  ▶"拔火罐儿" báhuǒguànr
27-33 灸 jiǔ
  뜸 ; 뜸질
27 间接灸 jiānjiējiǔ
  간접 뜸
28 姜 jiāng

한방약·한의사 171

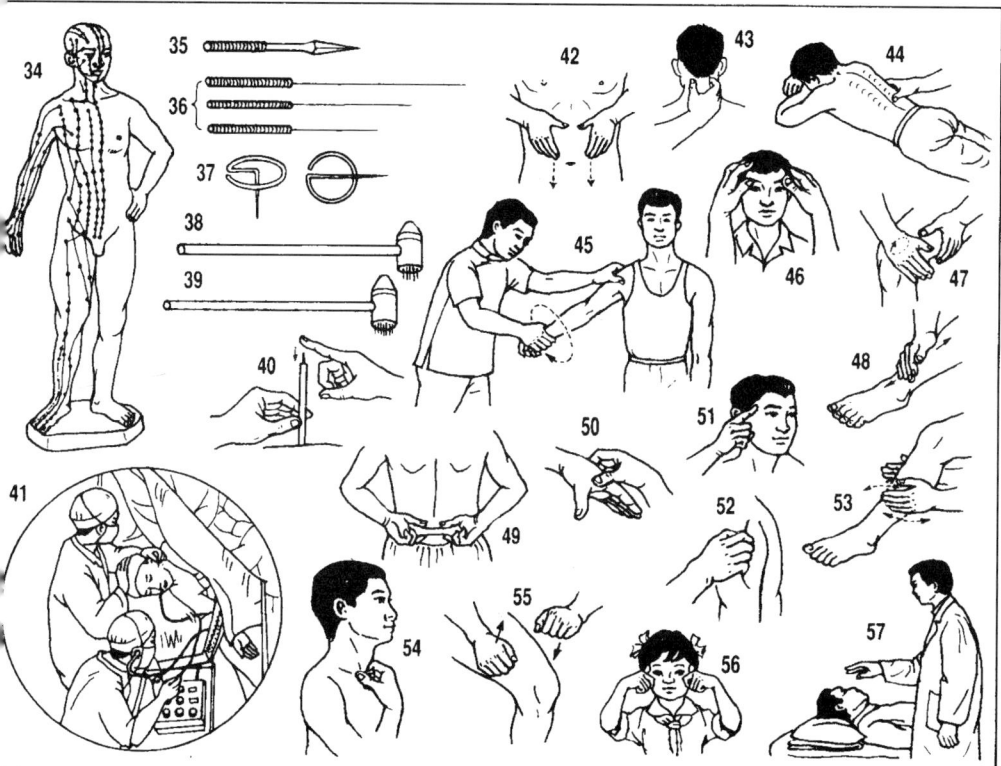

생강
29 艾条灸 àitiáojiǔ
   봉뜸
30 艾卷儿 àijuǎnr
   쑥 말이 ; 종이로 쑥을 통 모양으로 감은 것
31 温针灸 wēnzhēnjiǔ
   온침뜸
32 艾炷灸 àizhūjiǔ
   쑥뜸
33 艾绒 àiróng
   쑥
34 穴位 xuéwèi
   뜸자리
35-40 针 zhēn
   침
35 三棱针 sānléngzhēn
   삼릉침 ; 세모 침
36 毫针 háozhēn
   호침 ; 가는 침
37 耳针 ěrzhēn
   이침
38-39 皮肤针 pífūzhēn
   피부침 ; 일곱 개의 작은 침을 특제의 틀에 끼운 것
38 梅花针 méihuāzhēn
   매화침
39 七星针 qīxīngzhēn
   칠성침
40 管针 guǎnzhēn
   관침
41 针刺麻醉 zhēncì mázuì
   침술 마취 ▶"针麻" zhēnmá
42-55 推拿疗法 tuīná liáofǎ
   마사지 요법 ▶"按摩" ànmó
42 推 tuī
   밀기
43 拿 ná
   쥐기
44 按 àn
   누르기
45 摇 yáo
   흔들기 ; 돌리기
46 抹 mā
   움직이며 만지기
47 揉 róu
48 擦 cā
   비비기
49 捏 niē
   끄집어 잡기
50 掐 qiā
   꼬집기
51 点 diǎn
   찌르기
52 抓 zhuā
   움켜쥐기
53 搓 cuō
   비비기
54 揪 jiū
   쥐어 당기기
55 叩 kòu
   두드리기
56 眼保健操 yǎnbǎojiàncāo
   눈 체조 ☞155-6
57 气功 qìgōng
   기공

285

172 药品 yàopǐn   약품 172

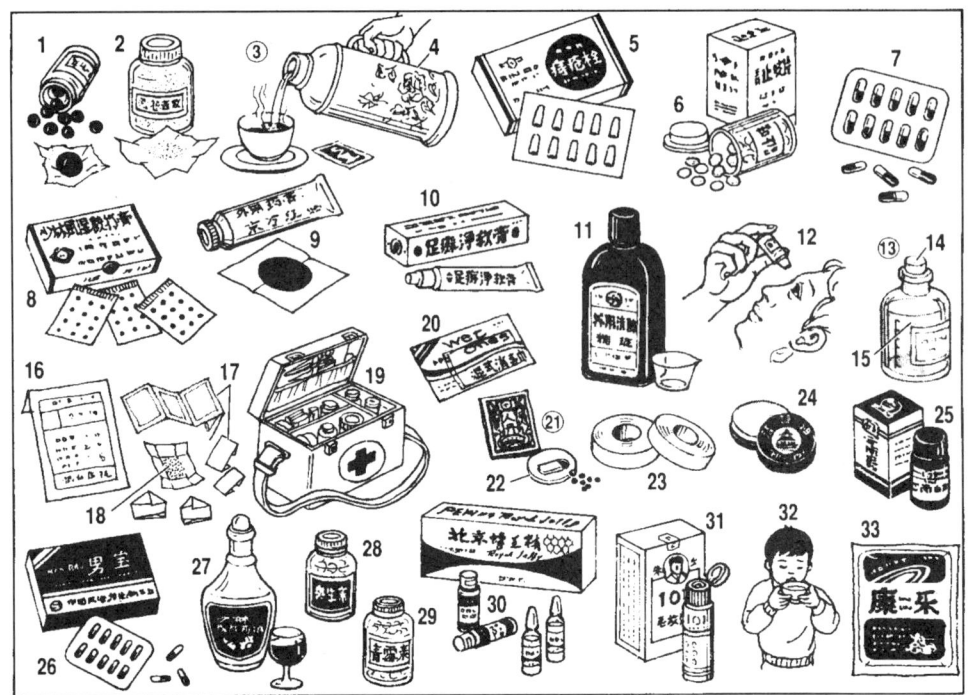

1 丸药 wányào
  환약
2 散剂 sǎnjì
  가루약
3 冲剂 chōngjì
  풀어 먹는 약
4 暖水瓶 nuǎnshuǐpíng
  보온병
  ▶"暖瓶" nuǎnpíng, "热水瓶" rèshuǐpíng, "暖壶" nuǎnhú
5 坐药 zuòyào
  좌약 ; 밀어넣는 약 ▶"栓剂" shuānjì
6 药片 yàopiàn
  납작한 알약 ; 정제
7 胶囊 jiāonáng
  캡슐
8 膏药 gāoyào
  고약 ; 붙이는 약 ▶"敷贴药" fūtiēyào
9 药膏 yàogāo
  바르는 약
10 软膏 ruǎngāo
  연고
11 糖浆 tángjiāng
  시럽
12 眼药 yǎnyào
  안약
13 药瓶 yàopíng
  약병
14 软木塞 ruǎnmùsāi
  나무 마개
15 药水 yàoshuǐ
  물약
16 药口袋 yàokǒudai
  약봉지
17 药袋 yàodài
  약포
18 药面 yàomiàn
  가루약
19 药箱 yàoxiāng
  약상자
20 湿式消毒巾 shīshì xiāodújīn
  웨트 티슈
21 人丹 réndān
  인단
22 塑料盒 sùliàohé
  플라스틱 함
23 橡皮膏 xiàngpígāo
  반창고
24 清凉油 qīngliángyóu
  멘톨 연고
25 云南白药 yúnnán báiyào
  운남 백약 ▶지혈제 등으로 쓰이는 흰 가루약
26 补药 bǔyào
  영양제 ; 정력제
27 药酒 yàojiǔ
  약주
28 维生素 wéishēngsù
  비타민
29 青霉素 qīngméisù
  페니실린
30 蜂乳精 fēngrǔjīng
  로열 젤리
31 生发水 shēngfàshuǐ
  양모제
32 姜汤 jiāngtāng
  생강탕 ▶발한제로서 사용
33 怀炉 huáilú
  회로(懷爐) ▶불을 담아 품 속에 지니는 작은 화로

计划生育 jìhuà shēngyù 계획 출산

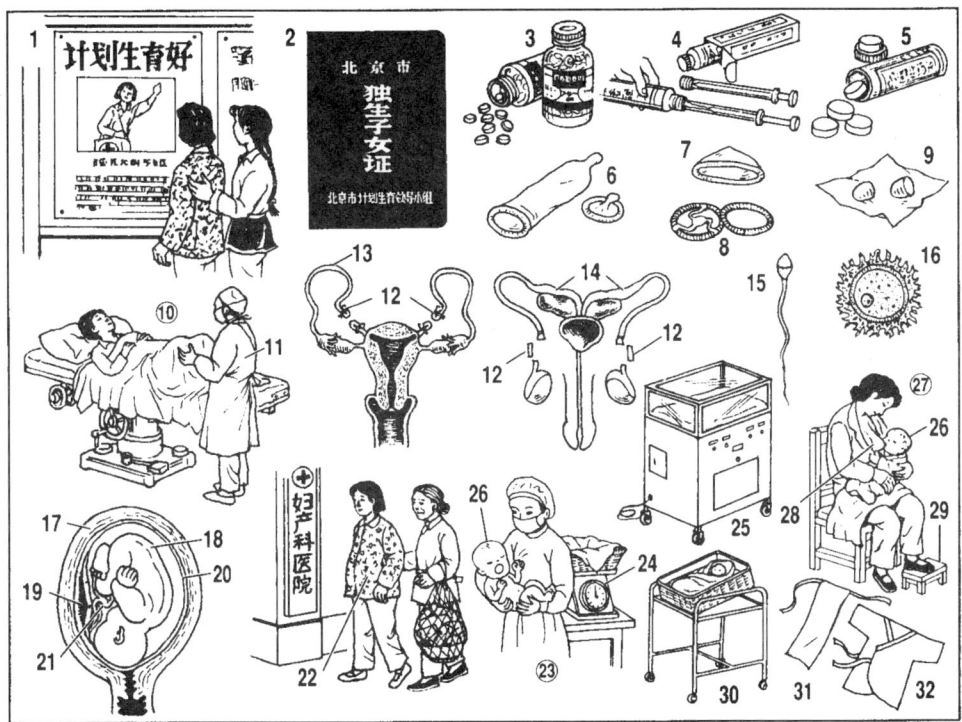

1 计划生育 jìhuà shēngyù
  계획 출산
2 独生子女证 dúshēngzǐnǚzhèng
  일인 자녀 증명서
3 口服避孕药 kǒufú bìyùnyào
  경구 피임약
4 避孕药膏 bìyùn yàogāo
  피임 젤리
5 避孕药片 bìyùn yàopiàn
  피임용 정제 ▶ 좌약의 포말제
6 避孕套 bìyùntào
  콘돔 ▶ "阴茎套" yīnjīngtào
7 阴道隔膜 yīndào gémó
  페서리
  ▶ "子宫帽" zǐgōngmào
8 避孕环 bíyùnhuán
  피임 링 ▶ "宫内节育器"
  gōngnèi jiéyùqì
9 避孕栓 bìyùnshuān
  피임용 좌약
10 人工流产 réngōng liúchǎn
  인공 유산
11 女医生 nǚyīshēng
  여의 ▶ "女大夫" nǚdàifu
12 结扎手术 jiézā shǒushù
  결찰 수술
13 输卵管 shūluǎnguǎn
  수란관 ; 나팔관
14 输精管 shūjīngguǎn
  수정관
15 精子 jīngzǐ
  정자
16 卵子 luǎnzǐ
  난자
17 子宫 zǐgōng
  자궁
18 胎儿 tāi'ér
  태아
19 胎盘 tāipán
  태반
20 胎膜 tāimó
  태막
21 脐带 qídài
  탯줄
22 孕妇 yùnfù
  임신부
23 分娩 fēnmiǎn
  분만
24 台秤 táichèng
  앉은뱅이저울 ; 탁상용 저울
25 早产儿培养箱 zǎochǎn'ér péiyǎngxiāng
  미숙아 보육기
26 婴儿 yīng'ér
  영아 ; 갓난아기
27 喂奶 wèinǎi
  수유
28 乳房 rǔfáng
  유방
29 凳子 dèngzi
  걸상
30 婴儿床 yīng'érchuáng
  영아 침대 ; 베이비 베드
31 尿布 niàobù
  기저귀
32 新生婴儿的衣服 xīnshēng yīng'érde yīfu
  배내옷

174 中小学 zhōngxiǎoxué I

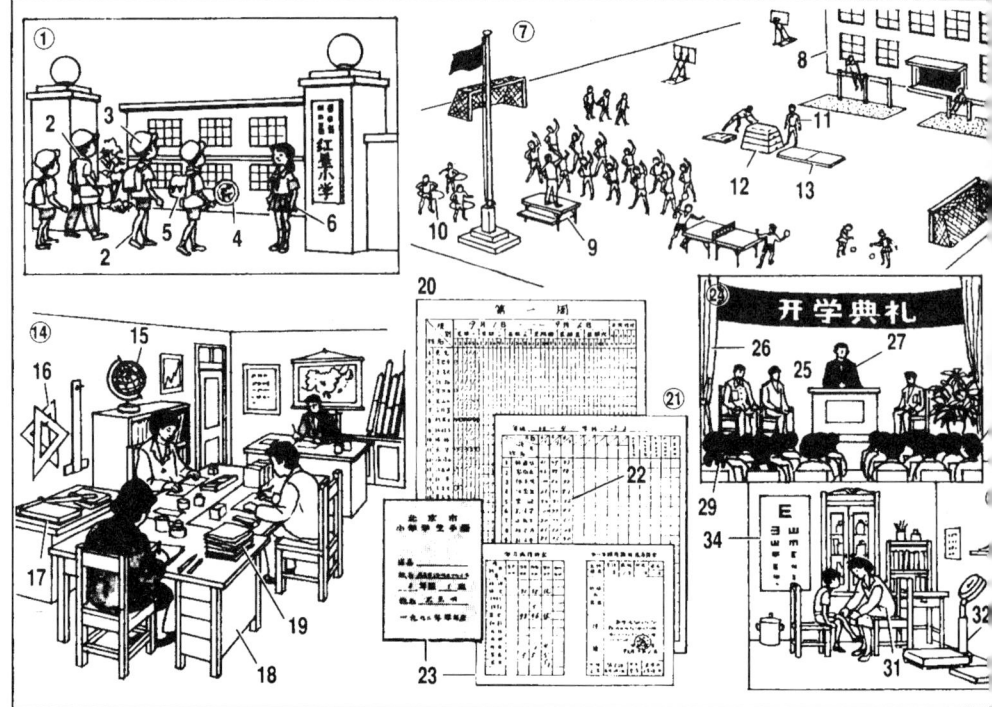

1-48 小学 xiǎoxué
초등학교
1 学校大门 xuéxiào dàmén
교문 ▶"校门" xiàomén
2 小学生 xiǎoxuéshēng
초등학생
3 小黄帽 xiǎohuángmào
황색의 교통 안전모
4 交通安全牌 jiāotōng ānquánpái
교통 안전용 플래카드
5 书包 shūbāo
책가방
6 值日生 zhírìshēng
당번
7 操场 cāochǎng
운동장
8 教室楼 jiàoshìlóu
교사 ; 학교 건물
9 讲台 jiǎngtái
조례대 ; 연단
10 呼拉圈 hūlāquān
훌라후프
▶"健身圈" jiànshēnquān
11-13 体育课 tǐyùkè
체육 수업
11 老师 lǎoshī
선생
12 跳箱 tiàoxiāng
뜀틀
13 体操垫子 tǐcāo diànzi
체조 매트
14 办公室 bàngōngshì
교무실
15-16 教具 jiàojù
교구
15 地球仪 dìqiúyí
지구본
16 三角板 sānjiǎobǎn
3각자
17 切纸刀 qiēzhǐdāo
커터
18 办公桌 bàngōngzhuō
사무 책상
19 作业 zuòyè
숙제
20 点名册 diǎnmíngcè
출석부
21 记分册 jìfēncè
점수 기록부
22 分数 fēnshù
점수
23 学生手册 xuéshēng shǒucè
통지표 ; 통신부
24-29 开学典礼 kāixué diǎnlǐ
시업식 ; 개학식
24 礼堂 lǐtáng
강당 ; 예당
25 讲坛 jiǎngtán
연단
26 幕 mù
막 ▶"幕布" mùbù
27 校长 xiàozhǎng
교장
28 新生 xīnshēng
신입생
29 高班生 gāobānshēng
상급생
30 医务室 yīwùshì
보건실 ; 양호실
31 大夫 dàifu
보건의
32 体重磅 tǐzhòngbàng
체중계
33 身高尺 shēn'gāochǐ

초중등학교 I 174

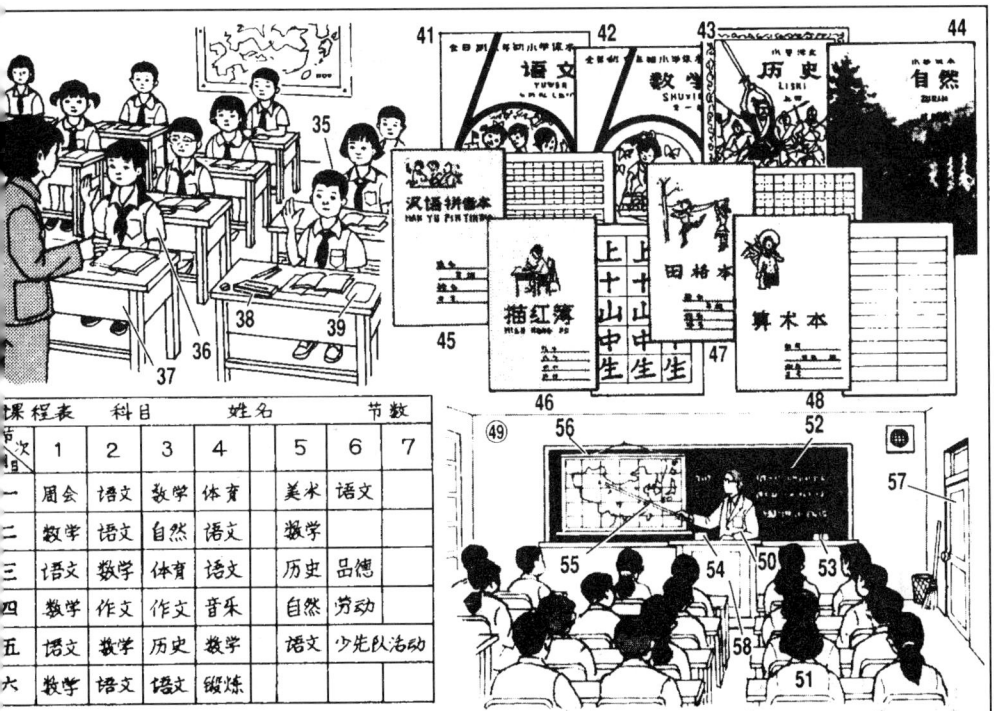

신장계
34 视力表 shìlìbiǎo
　시력표
35-36 学生 xuésheng
　학생
　▶"同学" tóngxué
35 男生 nánshēng
　남학생 ▶"男学生" nánxué-
　sheng, "男同学" nántóng-
　xué
36 女生 nǚshēng
　여학생 ▶"女学生" nǚxué-
　sheng, "女同学" nǚtóng-
　xué
37 课桌 kèzhuō
　교탁
38 铅笔盒儿 qiānbǐhér
　필통
39 垫板 diànbǎn
　책받침
40 课程表 kèchéngbiǎo
　수업 시간표
41-44 课本 kèběn
　교과서 ▶"教科书" jiàokēshū
41 语文 yǔwén
　국어
42 数学 shùxué
　수학 ; 산수
43 历史 lìshǐ
　역사
44 自然 zìrán
　자연 ▶"自然常识" zìrán
　chángshí
45-48 练习本儿 liànxíběnr
　노트 ; 연습장
45 汉语拼音本儿 hànyǔpīnyīn-
　běnr
　중국어 로마자 연습장
46 描红本儿 miáohóngběnr
　습자 연습장 ▶붉은 글씨로
　인쇄된 본을 대고 쓴다.
47 田格本儿 tiángéběnr
　한자 연습장 ▶田자 모양으로
　칸이 그려져 있다.
48 算术本儿 suànshùběnr
　산수 노트
49-58 中学 zhōngxué
　"初中" chūzhōng(초등학교)
　과 "高中" gāozhōng(고등학
　교)의 총칭
49 教室 jiàoshì
　교실
50 班主任 bānzhǔrèn
　학급 담임
51 中学生 zhōngxuéshēng
　"初中生" chūzhōngshēng
　(초중생)과 "高中生" gāo-
　zhōngshēng(고교생)의 총칭
52 黑板 hēibǎn
　흑판
53 板擦儿 bǎncār
　흑판 지우개 ; 칠판 지우개
54 粉笔盒儿 fěnbǐhér
　분필통 ▶백묵은 "粉笔" fěn-
　bǐ
55 教鞭 jiàobiān
　교편
56 挂图 guàtú
　괘도
57 教室门 jiàoshìmén
　교실문
58 讲桌 jiǎngzhuō
　교탁

1-10 少年宫 shǎoniángōng
소년의 집; 소년 문화궁 ▶
미성년 학생이 방과 후나
휴일을 이용하여 각종 스포
츠・문화 활동을 하는 시설
2-3 科技组 kējìzǔ
과학 기술조
2 计算机小组 jìsuànjī xiǎozǔ
컴퓨터반
3 航模小组 hángmó xiǎozǔ
항공기・선박 모형반
4-5 文艺组 wényìzǔ
연예조
4 舞蹈小组 wǔdǎo xiǎozǔ
무용반
5 民乐小组 mínyuè xiǎozǔ
민간 음악반
6-10 美术组 měishùzǔ
미술조 ▶서예도 포함
6 书法小组 shūfǎ xiǎozǔ
서예반
7 辅导员 fǔdǎoyuán
지도자; 보도원
8 红领巾 hónglǐngjīn
소년 선봉 대원
▶"少先队员" shàoxiānduì-
yuán ☞217-13-33
9 字帖 zìtiè
서첩; 글씨본
10 国画小组 guóhuà xiǎozǔ
중국화반
11-14 夏令营 xiàlìngyíng
여름 캠프
11 野炊 yěchuī
야외 취사
12 帐篷 zhàngpeng
천막
13 营火晚会 yínghuǒwǎnhuì
캠프파이어
14 篝火 gōuhuǒ
모닥불; 횃불
15-16 课外小组活动 kèwài
xiǎozǔ huódòng
클럽 활동
15 足球 zúqiú
축구
16 乒乓球 pīngpāngqiú
탁구
17-19 升学备考 shēngxué
bèikǎo
수험 공부
17 习题集 xítíjí
문제집
18 参考书 cānkǎoshū
참고서
19 家庭教师 jiātíng jiàoshī
가정교사

176 幼儿园 yòu'éryuán · 托儿所 tuō'érsuǒ 　　유치원·탁아소

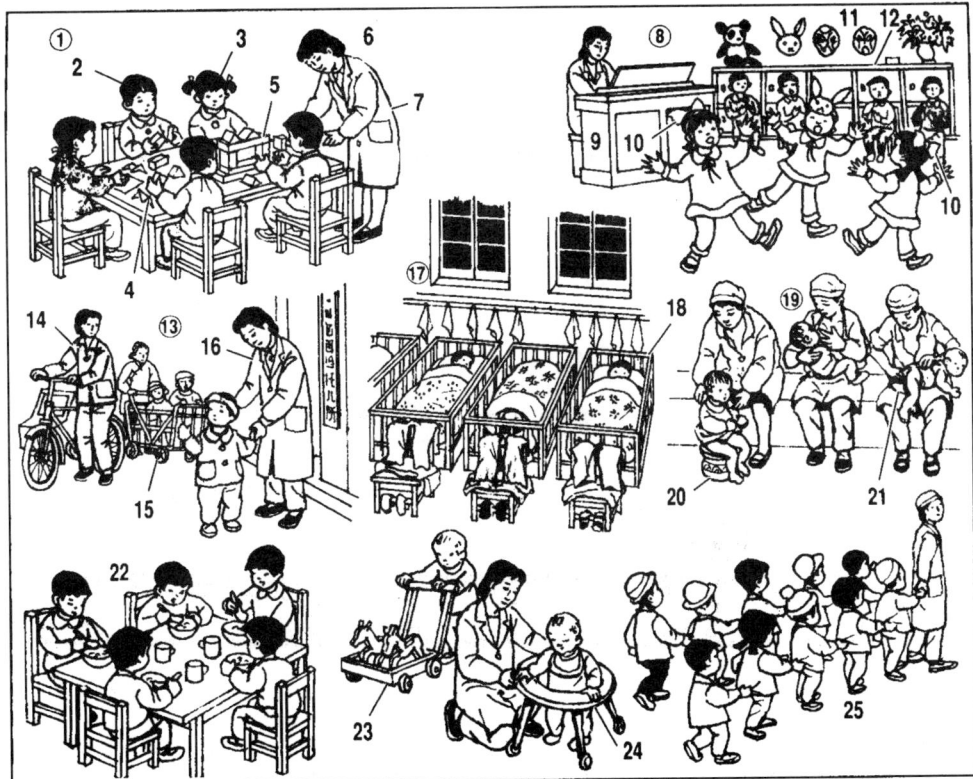

1-12 幼儿园 yòu'éryuán
유치원 ▶보통 연령에 따라 "大班" dàbān(연장조), "中班" zhōngbān(연중조), "小班" xiǎobān(연소반)의 세 클래스로 나눈다.
1 游戏 yóuxì
유희 ; 놀이
2-3 小朋友 xiǎopéngyou
꼬마 친구 ; 어린 친구
▶"儿童" értóng
2 男孩儿 nánháir
남아 ; 사내아이 ▶"男孩子"
3 女孩儿 nǚháir
여아 ; 여자 아이 ▶"女孩子"
4 折纸 zhézhǐ
종이 접기
5 积木 jīmù
집짓기 놀이
6 老师 lǎoshī
선생 ▶직업명은 "保育员" bǎoyùyuán 보육사

7 白罩衣 báizhàoyī
흰 가운 ; 백의
8 舞蹈 wǔdǎo
춤 ; 댄스
9 风琴 fēngqín
풍금 ; 오르간
10 蝴蝶结 húdiéjié
나비 매듭의 리본
11 面具 miànjù
탈
12 柜子 guìzi
물건을 넣는 장(선반)
13-25 托儿所 tuō'érsuǒ
탁아소 ; 보육원
13 日托 rìtuō
낮에만 어린이를 맡는 제도
14 家长 jiāzhǎng
보호자
15 婴儿车 yīng'érchē
유모차 ▶"童车" tóngchē
16 阿姨 āyí
아줌마 ▶ 직업명은 "保育员"

bǎoyùyuán
(보모)
17 全托 quántuō
월요일부터 토요일까지 주야로 어린이를 맡는 제도
18 儿童床 értóngchuáng
어린이용 침대
19 喂奶间 wèinǎijiān
수유실
20 尿盆 niàopén
변기
21 尿布 niàobù
기저귀
22 供饭 gōngfàn
급식
23-24 学步车 xuébùchē
보행기
25 散步 sànbù
산보

177 文具 wénjù

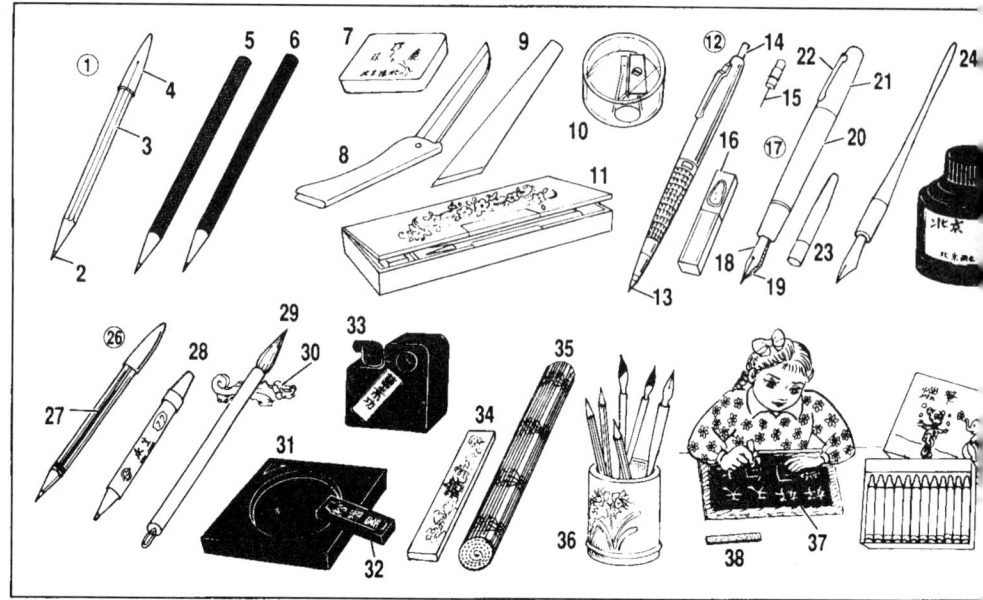

1 铅笔 qiānbǐ
  연필
2 铅笔心儿 qiānbǐxīnr
  연필의 심
3 铅笔杆儿 qiānbǐgǎnr
  연필의 축
4 铅笔帽儿 qiānbǐmàor
  연필의 캡
5-6 彩色铅笔 cǎisè qiānbǐ
  색연필
5 红铅笔 hóngqiānbǐ
  적색 연필
6 蓝铅笔 lánqiānbǐ
  청색 연필
7 橡皮 xiàngpí
  지우개
8-9 铅笔刀 qiānbǐdāo
  연필칼
  ▶"铅笔刀儿" qiānbǐdāor
10 卷笔刀 juǎnbǐdāo
  연필깎이
  ▶"卷笔刀儿" juǎnbǐdāor
11 铅笔盒儿 qiānbǐhér
  필통 ▶"文具盒儿" wénjùhér
12 自动铅笔 zìdòng qiānbǐ
  샤프펜슬 ▶"活动铅笔"
  huódòng qiānbǐ
13 铅心儿 qiānxīnr
  연필심 ; 연필속대
14 揿头 qìntóu
  노크 커버
15 通针 tōngzhēn
  관통침 ; 청소 막대
16 配套铅心儿 pèitào qiānxīnr
  (교환용)연필심
17-24 钢笔 gāngbǐ
  펜 ; 만년필
17 自来水笔 zìláishuǐbǐ
  만년필
18 钢笔尖儿 gāngbǐjiānr
  펜 끝
19 笔舌 bǐshé
  필설
20 钢笔杆儿 gāngbǐgǎnr
  펜축
21 钢笔帽儿 gāngbǐmàor
  캡
22 笔夹 bǐjiā
  포켓 클립
23 墨水管心 mòshuǐ guǎnxīn
  카트리지
24 蘸水钢笔 zhànshuǐ gāngbǐ
  펜 ; 철필
25 墨水瓶 mòshuǐpíng
  잉크병 ▶잉크는 "墨水儿"
  mòshuǐr, 청색 잉크는 "蓝
墨水儿" lánmòshuǐr, 적색
잉크는 "红墨水儿" hóng-
mòshuǐr
26 圆珠笔 yuánzhūbǐ
  볼펜 ▶"原子笔" yuánzǐbǐ
27 油管 yóuguǎn
  잉크심
28 记号笔 jìhàobǐ
  기호펜
29 毛笔 máobǐ
  모필 ; 붓 ▶"笔" bǐ는 필기구
  의 총칭
30 笔架 bǐjià
  붓걸이
31 砚台 yàntai
  벼루 ▶"砚池" yànchí
32 墨 mò
  먹
33 墨汁 mòzhī
  먹물 ▶"墨儿" mòzhīr
34 镇纸 zhènzhǐ
  문진 ; 서진
35 笔卷儿 bǐjuǎnr
  붓발
36 笔筒 bǐtǒng
  필통
37 石板 shíbǎn
  석판

문구 177

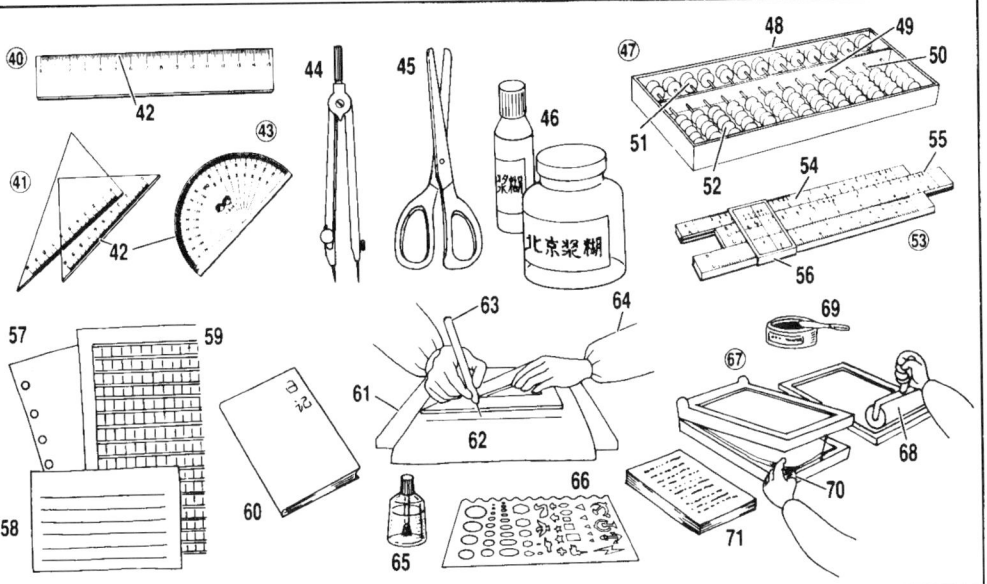

38 石笔 shíbǐ
　석필
39 蜡笔 làbǐ
　크레용
40-42 尺字 chǐzi
　자
40 直尺 zhíchǐ
　직선자
41 三角板 sānjiǎobǎn
　3각자 ▶"三角尺" sānjiǎochǐ
42 刻度 kèdù
　눈금
43 量角器 liángjiǎoqì
　각도기
44 圆规 yuánguī
　컴퍼스
45 剪子 jiǎnzi
　가위
46 糨糊 jiànghu
　풀
47 算盘 suànpán
　주판
48 框 kuàng
　틀
49 梁 liáng
　꿸대
50 档 dàng
　자릿수 ▶일의 자리는 "个位"

gèwèi, 십의 자리는 "十位"
shíwèi, 백의 자리는 "百位"
bǎiwèi, 천의 자리는 "千位"
qiānwèi, 만의 자리는 "万位" wànwèi
51 上珠 shàngzhū
　오주
52 下珠 xiàzhū
　하주
53 计算尺 jìsuànchǐ
　계산자 ; 계산척
54 尺身 chǐshēn
　대자 ; 본자 ; 고정자
55 滑尺 huáchǐ
　활자 ; 중자 ; 아들자
56 滑标 huábiāo
　커서
57 活页纸 huóyèzhǐ
　루스 리프
58 卡片纸 kǎpiànzhǐ
　카드 용지
59 稿纸 gǎozhǐ
　원고 용지
60 日记本儿 rìjìběnr
　일기장
61 钢板 gāngbǎn
　등사판의 줄(판) ▶"誊写钢板" téngxiě gāngbǎn

62 蜡纸 làzhǐ
　원지
63 铁笔 tiěbǐ
　강필
64 套袖 tàoxiù
　(소매에 끼는)사무용 토시
65 涂改液 túgǎiyè
　수정액
66 花圆板 huāyuánbǎn
　템플릿
67 油印机 yóuyìnjī
　등사판 ▶"手推油印机" shǒutuī yóuyìnjī
68 滚筒 gǔntǒng
　롤러
69 油墨 yóumò
　인쇄 잉크
70 橡皮指套 xiàngpí zhǐtào
　고무 골무
71 纸 zhǐ
　종이

178 大学 dàxué I

1-52 大学 dàxué
대학 ; 종합 대학 ▶단과 대학은 "学院" xuéyuàn, 대학원은 "研究生院" yánjiūshēngyuàn

1 校门 xiàomén
교문

2 横匾 héngbiǎn
가로로 건 편액물

3 传达室 chuándáshì
수위실 ; 접수

4 门卫 ménwèi
수위 ; 문지기

5 石狮 shíshī
돌사자 ; 사자의 석상

6 围墙 wéiqiáng
담

7 华表 huábiǎo
고대에 대건축물 앞에 세운 장식용 돌기둥

8 学生 xuésheng
학생

9 办公楼 bàngōnglóu
사무동 ; 사무실이 있는 건물

10 教学楼 jiàoxuélóu
교실·연구실·교육과 직접 관계를 갖는 사무 부문 등이 있는 건물

11-15 专业 zhuānyè
전문 ; 전공

11-12 文科 wénkē
문과

11 教研室 jiàoyánshì
연구실

12 教授 jiàoshòu
교수

13-15 理科 lǐkē
이과

13 实验室 shíyànshì
실험실

14 副教授 fùjiàoshòu
조교수 ▶강사는 "讲师" jiǎngshī

15 助教 zhùjiào
조수

16-27 电化教学 diànhuà jiàoxué
시청각 교육

16 电化教室 diànhuà jiàoshì
시청각 교실

17 头戴式耳机 tóudàishì ěrjī
헤드폰 ▶"耳机" ěrjī

18 话筒 huàtǒng
마이크

19 录音机 lùyīnjī
테이프 레코더

20 控制台 kòngzhìtái
조작탁 ; 조작 콘솔

21 外国专家 wàiguó zhuānjiā
외국인 교사

22 屏幕 píngmù
스크린

23 录像机 lùxiàngjī
비디오 테이프 레코더

24 电视机 diànshìjī
텔레비전 수상기

25 监视电视机 jiānshì diànshìjī
모니터 텔레비전

26 光笔 guāngbǐ
라이트 펜

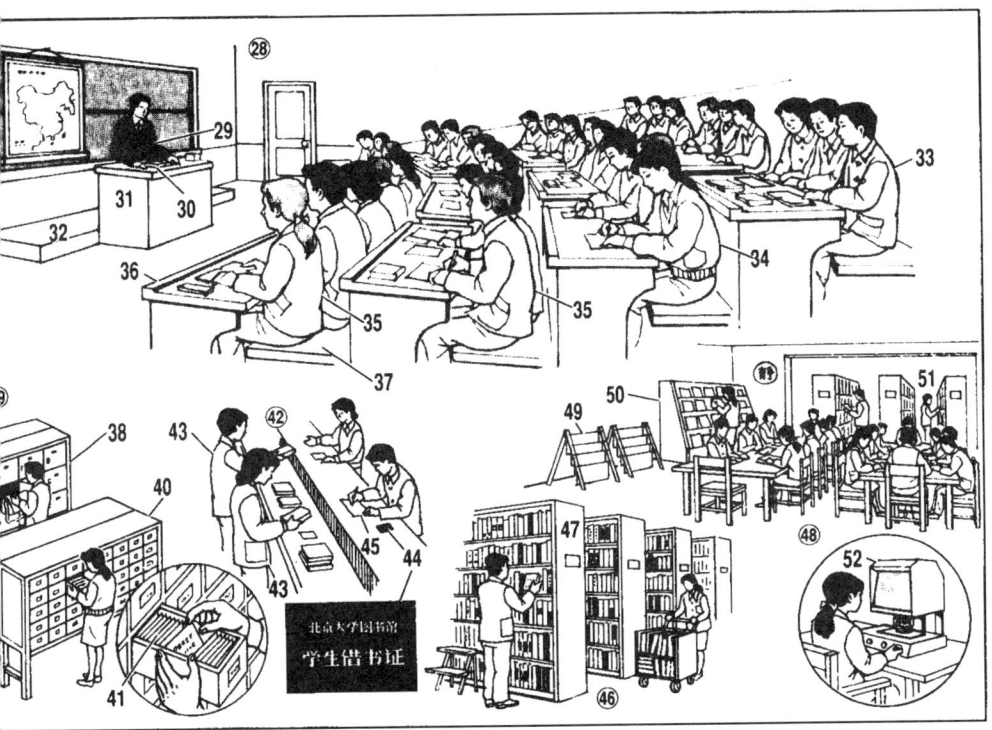

27 投影机 tóuyǐngjī
　　오버헤드 프로젝터
28-37 基础课 jīchǔkè
　　일반 교육 과목 ▶일반 교육
　　과정의 외국어는 "公共外
　　语" gōnggòng wàiyǔ
28 阶梯教室 jiētī jiàoshì
　　계단 교실
29 老师 lǎoshī
　　선생 ▶"教师" jiàoshī
30 讲义 jiǎngyì
　　강의 요강
31 讲桌 jiǎngzhuō
　　교탁
32 讲台 jiǎngtái
　　교단
33-35 大学生 dàxuéshēng
　　대학생
33 男生 nánshēng
　　남학생
34 女生 nǚshēng
　　여학생
35 留学生 liúxuéshēng
　　유학생

36 课桌 kèzhuō
　　수업책상 ; 교실의 책상
37 座位 zuòwèi
　　좌석
38-52 图书馆 túshūguǎn
　　도서관
38 存包柜 cúnbāoguì
　　로커
39 目录厅 mùlùtīng
　　목록실
40 目录卡片柜 mùlù kǎpiàngguì
　　목록 카드 박스
41 目录卡 mùlùkǎ
　　목록 카드
42 借书台 jièshūtái
　　서적 대출 카운터
43 管理员 guǎnlǐyuán
　　도서관의 계원 ▶"工作人员"
　　gōngzuò rényuán
44 借书证 jièshūzhèng
　　서적 대출권
45 借书单 jièshūdān
　　서적 대출 신청서
46 书库 shūkù
　　서고

47 书架 shūjià
　　서가 ; 책꽂이
48 阅览室 yuèlǎnshì
　　열람실
49 报纸架 bàozhǐjià
　　신문 걸이
50 杂志架 zázhìjià
　　잡지 걸이
51 开架书 kāijiàshū
　　개가식 서적
52 缩微胶卷阅读器 suōwēi
　　jiāojuǎn yuèdúqì
　　마이크로필름 리더 ▶마이크
　　로필름은 "缩微胶卷" suō-
　　wēi jiāojuǎn

179 大学 dàxué II

- 1-13 食堂 shítáng
  식당
- 1 窗口 chuāngkǒu
  창구
- 2 炊事员 chuīshìyuán
  취사인 ; 요리인
- 3 卫生帽 wèishēngmào
  위생 모자
- 4 围裙 wéiqún
  앞치마 ; 에이프런
- 5 菜谱 càipǔ
  메뉴 ▶"菜单儿" càidānr
- 6 饭 fàn
  밥
- 7 菜 cài
  반찬
- 8 饭票 fànpiào
  식권 ▶반찬용의 식권은 "菜票" càipiào라 한다.
- 9 饭盆 fànpén
  밥 그릇
- 10 饭桌 fànzhuō
  식탁
- 11 板凳 bǎndèng
  나무 걸상
  ▶"长凳" chángdèng
- 12 折叠椅 zhédiéyǐ
  접의자 ▶"折椅" zhéyǐ
- 13 洗碗池 xǐwǎnchí
  싱크대
- 14-28 宿舍 sùshè
  숙사 ; 기숙사
- 14 寄宿生 jìsùshēng
  기숙생 ▶"住校生" zhùxiàosheng. 자택 통학생은 "走读生" zǒudúshēng
- 15 同屋 tóngwū
  동실자 ; 룸메이트
- 16 窗户 chuānghu
  창
- 17 窗帘 chuānglián
  커튼
- 18 暖气片 nuǎnqìpiàn
  라디에이터 ; 방열기
- 19 双层床 shuāngcéngchuáng
  2단 침대
- 20 被子 bèizi
  이불
- 21 梯子 tīzi
  사다리 ▶"床梯" chuángtī
- 22 脸盆 liǎnpén
  세면기
- 23 书架 shūjià
  서가 ; 책장
- 24 桌子 zhuōzi
  책상
- 25 椅子 yǐzi
  의자
- 26 暖水瓶 nuǎnshuǐpíng
  보온병 ▶"暖瓶" nuǎnpíng, "暖壶" nuǎnhú
- 27 茶杯 chábēi
  찻잔
- 28 球拍 qiúpāi
  라켓
- 29 教室楼 jiàoshìlóu

교실동
30 告示栏 gàoshìlán
  게시판
31 课间操 kèjiāncāo
  간조 ; 수업과 수업 사이에 하는 체조
32 军训 jūnxùn
  군사 훈련 ▶"军事训练" jūnshì xùnliàn
33-36 入学考试 rùxué kǎoshì
  입학시험 ▶시험은 "考试" kǎoshì
33 考场 kǎochǎng
  시험장
34 考生 kǎoshēng
  수험생
35 监考 jiānkǎo
  시험 감독관
36 试卷 shìjuàn
  시험 답안 ▶시험 문제는 "考试题" kǎoshìtí
37 录取通知书 lùqǔ tōngzhīshū
  합격 통지서
38-41 入学 rùxué
  입학
38 新生 xīnshēng
  신입생
  ▶"新同学" xīntóngxué
39 校徽 xiàohuī
  배지
40 行李 xíngli
  짐
41 学生证 xuéshēngzhèng
  학생증
42-46 毕业 bìyè
  졸업
42 毕业证书 bìyè zhèngshū
  졸업 증서 ▶졸업식은 "毕业典礼" bìyè diǎnlǐ
43 毕业纪念照 bìyè jìniànzhào
  졸업 기념 사진
44 毕业生 bìyèshēng
  졸업생
45 校长 xiàozhǎng
  학장
46 成绩总表 chéngjī zǒngbiǎo
  성적 증명서 ▶단위는 "学分" xuéfēn
47-49 学位 xuéwèi
  학위
47 硕士学位证书 shuòshì xuéwèi zhèngshū
  석사 학위증
48 硕士 shuòshì
  석사 ; 마스터
49 博士 bóshì
  박사 ▶박사 논문은 "博士论文" bóshì lùnwén

180 数学 shùxué I

1. 数轴 shùzhóu
   수직선；수축
2. 原点 yuándiǎn
   원점
3. 正数 zhèngshù
   정수
4. 负数 fùshù
   음수；부수
5. 零 líng
   영；제로
6. 奇数 jīshù
   기수；홀수
7. 单数 dānshù
   정의 기수
8. 偶数 ǒushù
   우수；짝수
9. 双数 shuāngshù
   정의 우수
10. 基数 jīshù
    기초수；1에서 9까지의 정수
11. 序数 xùshù
    서수；순서를 나타내는 수
12. 小数 xiǎoshù
    소수
13. 小数点 xiǎoshùdiǎn
    소수점
14. 百分数 bǎifēnshù
    백분율；퍼센티지
15. 百分号 bǎifēnhào
    퍼센트 기호
16-20 分数 fēnshù
    분수
16. 真分数 zhēnfēnshù
    진분수
17. 分子 fēnzǐ
    분자
18. 分母 fēnmǔ
    분모
19. 带分数 dàifēnshù
    대분수
20. 假分数 jiǎfēnshù
    가분수
21. 加法 jiāfǎ
    덧셈；가법；더하기
22. 加号 jiāhào
    가법 기호；플러스 기호
23. 等号 děnghào
    등호；이퀄 부호
24. 和 hé
    합 ▶"和数" héshù
25. 减法 jiǎnfǎ
    뺄셈；감법；덜기
26. 减号 jiǎnhào
    감법 기호；마이너스 기호
27. 差 chā
    차 ▶"差数" chāshù
28. 乘法 chéngfǎ
    곱셈；승법；곱하기
29. 乘号 chénghào
    곱셈 부호
30. 积 jī
    적；곱 ▶"乘积" chéngjī
31. 除法 chúfǎ
    나눗셈；제법；나누기
32. 除号 chúhào
    제법 부호
33. 商 shāng
    몫；상
34. 乘方 chéngfāng
    누승；거듭제곱
35. 底数 dǐshù
    저수
36. 指数 zhǐshù
    지수
37. 乘方积 chéngfāngjī
    누승적
38-40 开方 kāifāng
    개방；근풀이
38. 平方根 píngfānggēn
    평방근；제곱근
39. 根号 gēnhào
    루트 기호；근호
40. 立方根 lìfānggēn
    입방근；세제곱근
41. 比例 bǐlì
    비례식
42. 外项 wàixiàng
    외항
43. 内项 nèixiàng
    내항
44. 比例号 bǐlìhào
    비례 부호 ▶"比号" bǐhào
45. 方程 fāngchéng
    방정식
    ▶"方程式" fāngchéngshì
46. 未知数 wèizhīshù
    미지수
47. 方程根 fāngchénggēn
    근
48. 无穷大 wúqióngdà
    무한대
    ▶"无限大" wúxiàndà
49-51 不等号 bùděnghào
    부등호
50. 大于号 dàyúhào
    부등호 ▶보다 크다.
51. 小于号 xiǎoyúhào
    부등호 ▶보다 작다.
52. 极限 jíxiàn
    극한
53. 总和 zǒnghé
    총합；시그마
54. 函数符号 hánshù fúhào
    함수 기호
55. 微分符号 wēifēn fúhào
    미분 기호
56. 积分符号 jīfēn fúhào
    적분 기호
57-59 图表 túbiǎo
    그래프
57. 直线图表 zhíxiàn túbiǎo
    막대그래프
58. 折线图表 zhéxiàn túbiǎo
    꺾은선 그래프；절선 그래프
59. 圆形图表 yuánxíng túbiǎo
    원그래프

①
$$\underbrace{-4, -3, -2, -1}_{4}, \overset{2}{\underset{5}{0}}, \underbrace{+1, +2, +3, +4}_{3}$$

⑥ $\ldots\ldots, -5, -3, -1, \underbrace{1, 3, 5}_{7}, \ldots\ldots$

⑧ $\ldots\ldots, -4, -2, 0, \underbrace{2, 4}_{9}, \ldots\ldots$

$\overset{10}{2} \quad \overset{11}{2.} \quad \overset{⑫}{0.\underset{13}{2}1} \quad \overset{⑭}{25\underset{15}{\%}} \quad \overset{⑯}{\frac{1^{17}}{2}_{18}} \quad \overset{⑲}{1\frac{1}{2}} \quad \overset{⑳}{\frac{3}{2}}$

㉑ $1 \underset{22}{+} 2 \underset{23}{=} \underset{24}{3} \quad$ ㉕ $2 \underset{26}{-} 1 \underset{27}{=} 1 \quad$ ㉘ $1 \underset{29}{\times} 2 = \underset{30}{2}$

㉛ $2 \underset{32}{\div} 1 = \underset{33}{2} \quad$ ㉞ $2^{2}_{\underset{35}{}\overset{36}{}} = \underset{37}{4} \quad$ ㊳ $\underset{39}{\sqrt{4}} = 2 \quad$ ㊵ $\sqrt[3]{8} = 2$

㊶ $1 \underset{44}{:} 3 \underset{43}{=} 2 \underset{44}{:} 6 \quad$ ㊺ $2 \overset{46}{x} + 1 = 7$
$ x = \underset{47}{3}$

$\overset{48}{\infty} \quad \overset{49}{\neq} \quad \overset{50}{>} \quad \overset{51}{<} \quad \overset{52}{\lim}$

$\overset{53}{\sum} \quad \overset{54}{f(\ )} \quad \overset{55}{d} \quad \overset{56}{\int}$

57 中国中、小学教师数

58 文盲率(%)

59 文盲(男) 文盲(女) 非文盲

181 数学 shùxué II

1 直线 zhíxiàn
  직선 ▶선분은 "线段" xiànduàn
2 垂线 chuíxiàn
  수선 ; 수직선
3 交点 jiāodiǎn
  만나는 점 ; 교점
  ▶점은 "点" diǎn
4 平行线 píngxíngxiàn
  평행선
5 对顶角 duìdǐngjiǎo
  맞꼭지각 ; 대정각
6 同位角 tóngwèijiǎo
  동위각
7 内错角 nèicuòjiǎo
  엇각 ; 내착각
8 外错角 wàicuòjiǎo
  외착각
9 坐标 zuòbiāo
  좌표
10 横轴 héngzhóu
  횡축 ; x축 ▶"x轴" X zhóu
11 纵轴 zòngzhóu
  종축 ; y축 ▶"y轴" Y zhóu
12 原点 yuándiǎn
  원점
13-14 曲线 qūxiàn
  곡선
13 双曲线 shuāngqūxiàn
  쌍곡선
14 抛物线 pāowùxiàn
  포물선
15-26 三角形 sānjiǎoxíng
  삼각형
15 锐角三角形 ruìjiǎo sānjiǎoxíng
  예각 삼각형
16 边 biān
  변
17 角 jiǎo
  각
18 顶点 dǐngdiǎn
  정점 ; 꼭지점
19 底边 dǐbiān
  저변 ; 밑변
20 高 gāo
  높이
21 直角三角形 zhíjiǎo sānjiǎoxíng
  직각 삼각형
22 直角 zhíjiǎo
  직각
23 钝角三角形 dùnjiǎo sānjiǎoxíng
  둔각 삼각형
24 等腰三角形 děngyāo sānjiǎoxíng
  이등변 삼각형
25 底角 dǐjiǎo
  밑각 ; 저각
26 等边三角形 děngbiān sānjiǎoxíng
  정삼각형 ; 등변 삼각형
  ▶"正三角形" zhèngsānjiǎoxíng
27 平行四边形 píngxíng sìbiānxíng
  평행 사변형 ▶대각선은 "对角线" duìjiāoxiàn
28 长方形 chángfāngxíng
  장방형 ▶"矩形" jǔxíng
29 菱形 língxíng
  능형 ; 마름모꼴
30 正方形 zhèngfāngxíng
  정방형
31 梯形 tīxíng
  사다리꼴; 제형
32 上底 shàngdǐ
  윗변
33 下底 xiàdǐ
  아랫변
34 多边形 duōbiānxíng
  다각형
  ▶"多角形" duōjiǎoxíng
35 圆 yuán
  원
36 圆心 yuánxīn
  원심
37 半径 bànjìng
  반경 ; 반지름
38 直径 zhíjìng
  직경 ; 지름
39 弓形 gōngxíng
  활꼴 ; 호형
40 弧 hú
  호
41 弦 xián
  현
42 扇形 shànxíng
  선형 ; 부채꼴
43 圆心角 yuánxīnjiǎo
  중심각
44 半圆 bànyuán
  반원
45 圆周 yuánzhōu
  원주 ▶원주율은 "圆周率" yuánzhōulǜ
46 切线 qiēxiàn
  접선
47 切点 qiēdiǎn
  접점
48 外接圆 wàijiēyuán
  외접원
49 内切圆 nèiqiēyuán
  내접원
50-59 几何体 jǐhétǐ
  기하체 ; 입체 ▶"立体" lìtǐ
50 长方体 chángfāngtǐ
  장방체 ; 직방체 ; 직육면체
51 正方体 zhèngfāngtǐ
  정육면체 ; 정방체 ; 입방체
  ▶"立方体" lìfāngtǐ
52 棱柱体 léngzhùtǐ
  각주 ; 각기둥
  ▶"角柱体" jiǎozhùtǐ
53 圆柱体 yuánzhùtǐ
  원주 ; 원기둥
54 侧面 cèmiàn
  측면
55 底面 dǐmiàn
  저면 ; 밑면
56 棱锥 léngzhuī
  각뿔;각추 ▶"角锥" jiǎozhuī
57 圆锥体 yuánzhuītǐ
  원뿔 ; 원추 ▶"圆锥" yuánzhuī. 원추대(원뿔대)는 "圆锥台" yuánzhuītái, "圆台" yuántái
58 球体 qiútǐ
  구 ▶"球" qiú
59 球心 qiúxīn
  구의 중심

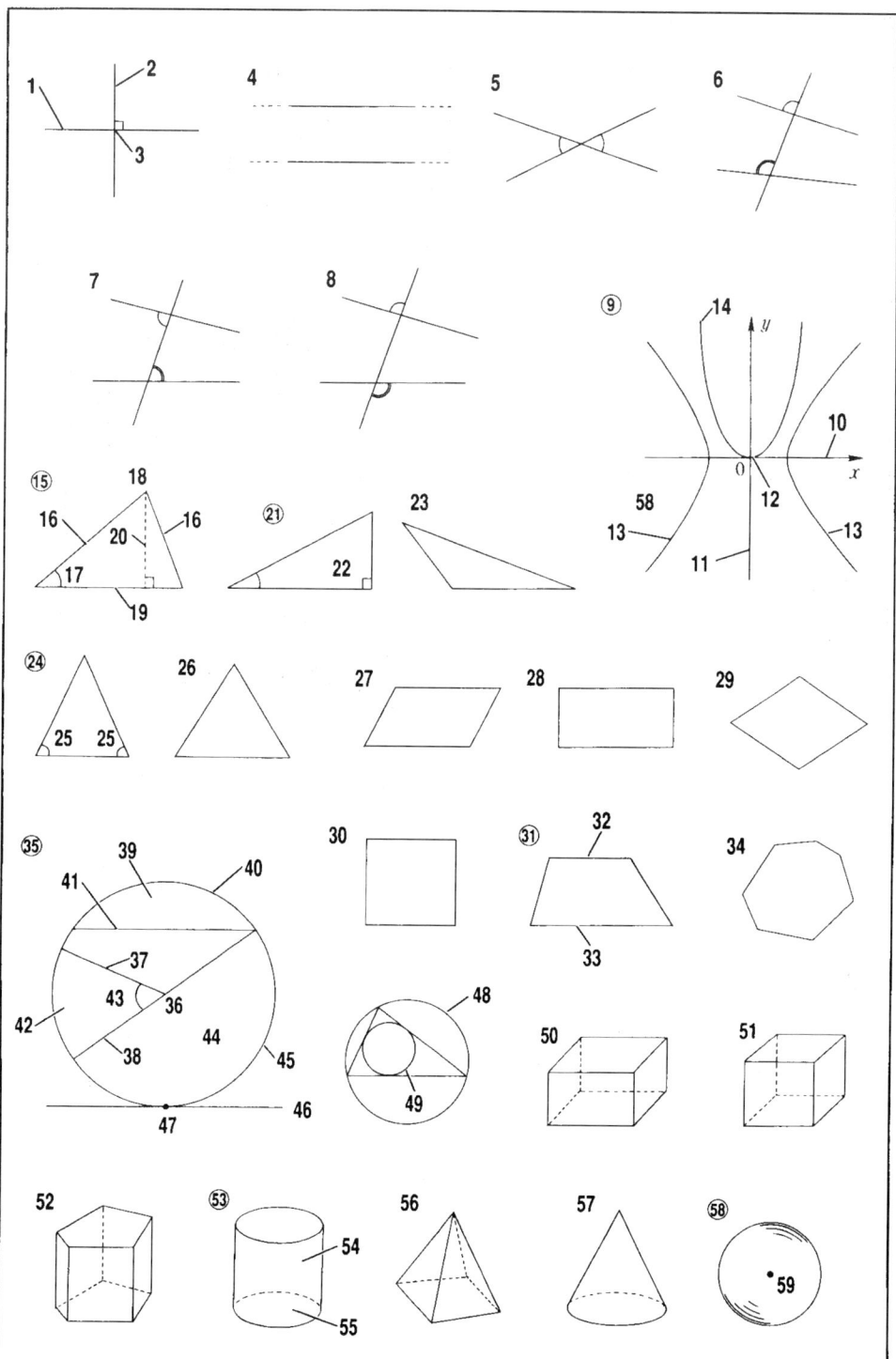

化学实验室 huàxué shíyànshì

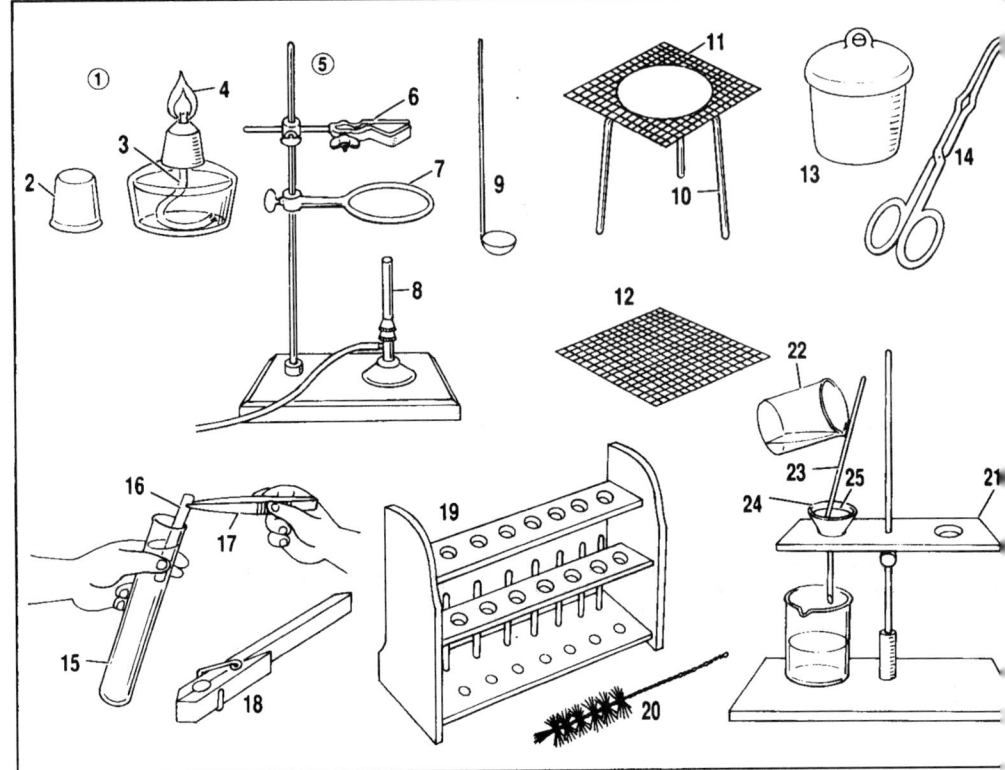

1-55 化学仪器 huàxué yíqì
화학 실험용 기구
1 酒精灯 jiǔjīngdēng
알코올 램프
2 灯帽 dēngmào
뚜껑; 등모자
3 灯心 dēngxīn
심지 ▶"灯捻儿" dēngniǎnr
4 火苗 huǒmiáo
불꽃 ▶"火苗儿" huǒmiáor
5 铁架台 tiějiàtái
철제 스탠드
6 铁夹 tiějiā
클램프
7 铁圈 tiěquān
링
8 煤气灯 méiqìdēng
가스버너
9 燃烧匙 ránshāochí
연소숟가락
10 三角架 sānjiǎojià
삼각대

11 石棉铁丝网 shímián tiěsīwǎng
석면 쇠그물
12 铜网 tóngwǎng
동망; 구리망
13 坩埚 gānguō
도가니
14 坩埚钳 gānguōqián
도가니 집게
15 试管 shìguǎn
시험관
16 石蕊试纸 shíruǐ shìzhǐ
리트머스 시험지
17 镊子 nièzi
핀셋
18 试管夹 shìguǎnjiā
시험관 집게
19 试管架 shìguǎnjià
시험관 꽂이
20 试管刷 shìguǎnshuā
시험관 브러시
21 漏斗架 lòudǒujià

깔때기 받침
22 烧杯 shāobēi
비커
23 玻璃棒 bōlibàng
유리 막대
24 漏斗 lòudǒu
깔때기
25 过滤纸 guòlǜzhǐ
여과지
26-29 烧瓶 shāopíng
플라스크
26 圆底烧瓶 yuándǐ shāopíng
둥근바닥 플라스크
27 平底烧瓶 píngdǐ shāopíng
넓적바닥 플라스크
28 蒸馏烧瓶 zhēngliú shāopíng
증류 플라스크
29 锥形烧瓶 zhuīxíng shāopíng
3각 플라스크 ▶"三角烧瓶" sānjiǎo shāopíng

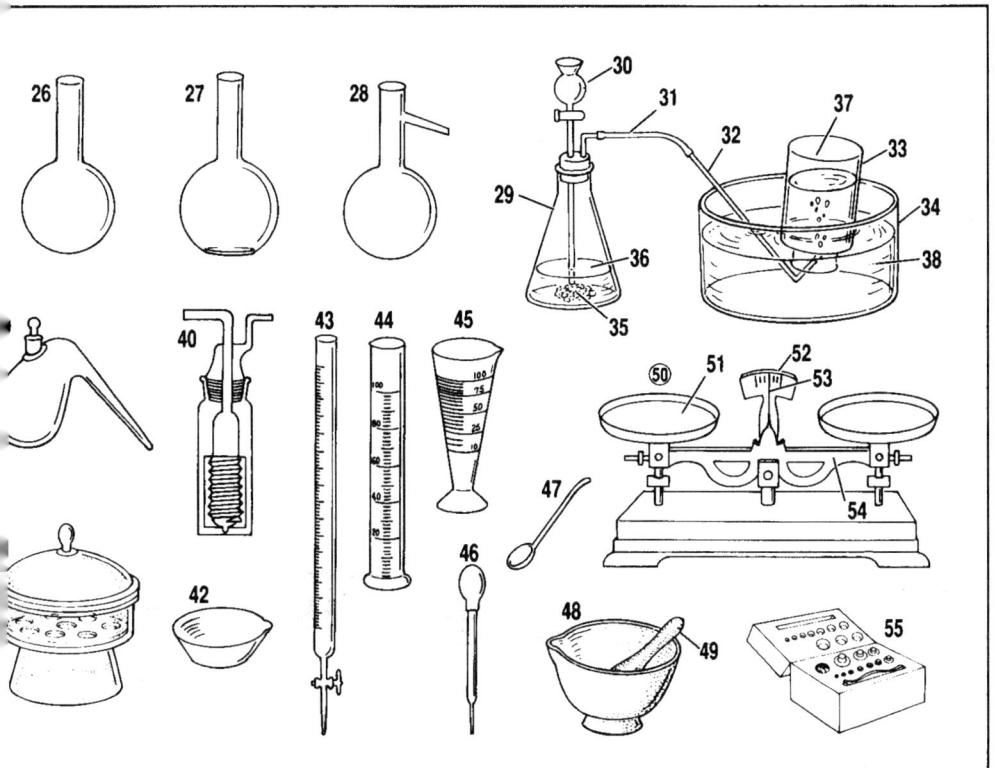

30 长梗漏斗 chánggěng lòudǒu
깔때기관
31 橡胶管 xiàngjiāoguǎn
고무관
32 玻璃管 bōliguǎn
유리관
33 集气瓶 jíqìpíng
집기병
34 水槽 shuǐcáo
수조
35 固体 gùtǐ
고체
36 液体 yètǐ
액체
37 气体 qìtǐ
기체
38 水 shuǐ
물
39 曲颈甑 qūjǐngzèng
레토르트
40 洗气瓶 xǐqìpíng

세기병
41 干燥器 gānzàoqì
건조기
42 蒸发皿 zhēngfāmǐn
증발 접시
43 滴定管 dīdìngguǎn
뷰렛
44 量筒 liángtǒng
메스실린더
45 量杯 liángbēi
미터글라스
46 玻璃吸管 bōli xīguǎn
스포이트 ▶"胶头滴管"
jiāotóu dīguǎn
47 药匙 yàochí
약숟가락
48 研钵 yánbō
막자사발; 유발
▶"乳钵" rǔbō
49 研杵 yánchú
막자
50 托盘天平 tuōpán tiānpíng

접시저울
51 托盘 tuōpán
접시
52 刻度盘 kèdùpán
눈금판
53 指针 zhǐzhēn
지침
54 天平梁 tiānpíngliáng
천칭보
55 砝码 fǎmǎ
분동

183 物理实验室 wùlǐ shíyànshì　　　물리 실험실

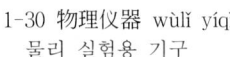

1-30 物理仪器 wùlǐ yíqì
　　 물리 실험용 기구
1　千分尺 qiānfēnchǐ
　　 마이크로미터
2　比重计 bǐzhòngjì
　　 비중계
3　连通器 liántōngqì
　　 연통관
4　弹簧秤 tánhuángchèng
　　 용수철 저울
5-7 滑轮 huálún
　　 활차;도르래 ▶"滑车" huáchē
5　滑轮组 huálúnzǔ
　　 복합 활차 ; 복합 도르래
6　定滑轮 dìnghuálún
　　 고정 도르래
7　动滑轮 dònghuálún
　　 동활차 ; 움직 도르래
8　音叉 yīnchā
　　 음차 ; 소리굽쇠
9　示波器 shìbōqì
　　 오실로그래프;그래프기
10-13 吸铁石 xītiěshí
　　 자석 ▶"磁铁" cítiě

10　条形磁铁 tiáoxíng cítiě
　　 막대 자석
11　北极 běijí
　　 북극 ; N극
12　南极 nánjí
　　 남극 ; S극
13　蹄形磁铁 tíxíng cítiě
　　 말굽형 자석
14　指北针 zhǐběizhēn
　　 자침 ▶"磁针" cízhēn
15　电烙铁 diànlàotie
　　 전기 납땜인두
16　漆包线 qībāoxiàn
　　 에나멜선
17　电流表 diànliúbiǎo
　　 전류계 ▶"安培计" ānpéijì
18　电压表 diànyābiǎo
　　 전압계 ▶"伏特计" fútèjì
19-21 电阻器 diànzǔqì
　　 저항기 ▶"电阻" diànzǔ
22　万用电表 wànyòng diàn-
　　 biǎo
　　 테스터
　　 ▶"万用表" wànyòngbiǎo

23-24 放电管 fàngdiànguǎn
　　 방전관
24　克鲁克斯管 kèlǔkèsīguǎn
　　 크루크스(W. Crooks) 관
25　分光计 fēnguāngjì
　　 분광계
26　棱镜 léngjìng
　　 프리즘
　　 ▶"三棱镜" sānléngjìng
27-28 透镜 tòujìng
　　 렌즈
27　凹透镜 āotòujìng
　　 오목 렌즈
28　凸透镜 tūtòujìng
　　 볼록 렌즈
29　凹镜 āojìng
　　 오목 거울
30　凸镜 tūjìng
　　 볼록 거울

184 生物室的用具 shēngwùshìde yòngjù　　生물실 용구 184

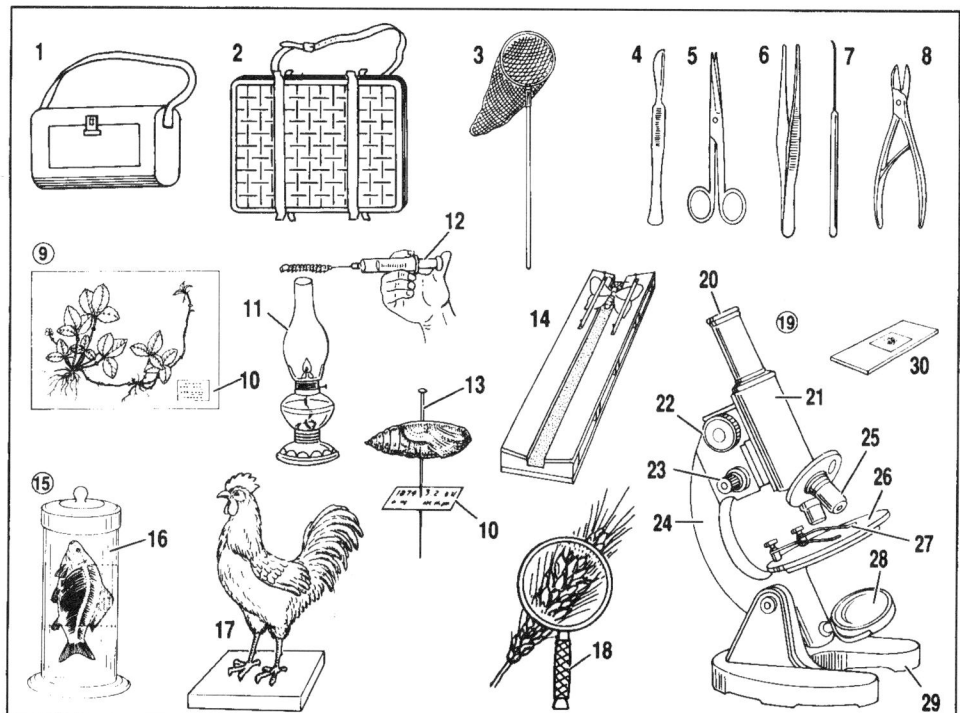

1 标本采集箱 biāoběn cǎijí-xiāng
(양철로 된)식물 채집통
2 植物标本夹 zhíwù biāo-běnjiā
채집한 식물을 갈피에 끼워서 휴대하게 만든 도구
3 捕虫网 bǔchóngwǎng
포충망; 곤충망
4-8 解剖器 jiěpōuqì
해부 기구
4 解剖刀 jiěpōudāo
해부용 칼
5 解剖剪 jiěpōujiǎn
해부용 가위
6 镊子 nièzi
핀셋
7 解剖针 jiěpōuzhēn
해부용 바늘
8 骨剪 gǔjiǎn
뼈 자르는 가위
9-17 标本 biāoběn
표본
9 植物标本 zhíwù biāoběn
식물 표본
10 标签 biāoqiān
라벨; 상표
▶"标签儿" biāoqiānr
11-17 动物标本 dòngwù biāoběn
동물 표본
11 煤油灯 méiyóudēng
석유등
12 注射器 zhùshèqì
주사기
13 昆虫针 kūnchóngzhēn
바늘 핀;표본을 만들기 위하여 곤충을 꽂아 두는 핀
14 展翅板 zhǎnchìbǎn
전지판
15 标本瓶 biāoběnpíng
표본병
16 保存液 bǎocúnyè
보존액
17 剥制标本 bōzhì biāoběn
박제의 표본
18 放大镜 fàngdàjìng
확대경; 루페
19 显微镜 xiǎnwēijìng
현미경
20 目镜 mùjìng
접안렌즈
21 镜筒 jìngtǒng
경통; 거울통
22 粗准焦螺旋 cūzhǔnjiāo luóxuán
조동(粗動) 핸들
23 细准焦螺旋 xìzhǔnjiāo luóxuán
미동 핸들
24 镜臂 jìngbì
암
25 物镜 wùjìng
대물렌즈
26 载物台 zàiwùtái
스테이지
27 压片夹 yāpiànjiā
클립
28 反光镜 fǎnguāngjìng
반사경
29 镜座 jìngzuò
경대; 경각(镜脚)
30 显微镜用标本 xiǎnwēijìng-yòng biāoběn
프레파라트

305

185 语言 yǔyán・文字 wénzì・符号 fúhào

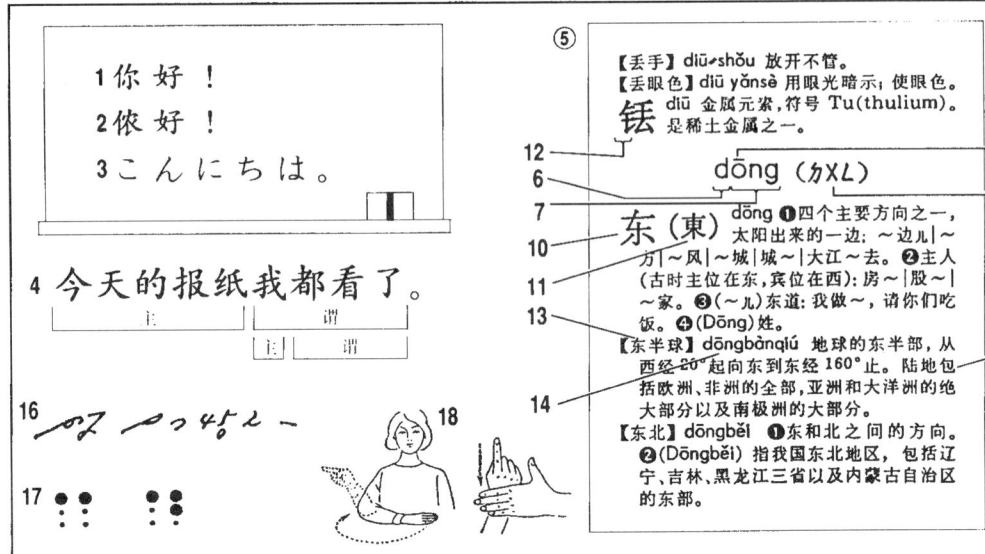

1-18 语言 yǔyán
언어 ; 말
1-2 汉语 hànyǔ
중국어
▶"中国话" zhōngguóhuà
1 普通话 pǔtōnghuà
공통어
2 方言 fāngyán
방언 ; 사투리
3 外语 wàiyǔ
외국어 ▶"外国语" wàiguóyǔ, "外国话" wàiguóhuà
4 语法 yǔfǎ
문법 ; 어법
5 词典 cídiǎn
사전
6-8 拼音字母 pīnyīn zìmǔ
중국어 표음 로마자 ▶로마자는 "拉丁字母" lādīng zìmǔ
6 声母 shēngmǔ
두음 ; 성모 ▶중국어에서 처음에 오는 자음
7 韵母 yùnmǔ
운모 ; 중국어의 음절에서 성모와 성조를 제거한 부분
8 声调 shēngdiào
성조 ; 톤
9 注音字母 zhùyīn zìmǔ
주음 부호 ▶한자의 표음 기호. "注音符号" zhùyīn fúhào. 음절은 "音节" yīnjié
10-12 汉字 hànzì
한자 ▶문자는 "字" zì
10 简化汉字 jiǎnhuà hànzì
간체자 ; 간화한 한자 ▶"简化字" jiǎnhuàzì, "简体字" jiǎntǐzì
11 繁体字 fántǐzì
번체자 ; 구자체 ▶"简化汉字" jiǎnhuà hànzì에 대해서 말한다.
12 简化偏旁 jiǎnhuà piānpáng
간략화된 한자의 편방 ; 글자 부속
13 词 cí
단어
14 注音 zhùyīn
발음 표기
15 释义 shìyì
해석
16 速记 sùjì
속기 ▶속기 기호는 "速记符号" sùjì fúhào, "速符" sùfú
17 盲字 mángzì
점자 ; 맹인 글
18 手语 shǒuyǔ
수화 ; 손짓 언어
19 收据 shōujù
영수증
20-21 数字 shùzì
숫자
20 阿拉伯数字 ālābó shùzì
아라비아 숫자
21 大写 dàxiě
대자 ; 큰 글자 ; 대문자 ▶"一, 二, 三…" yī, èr, sān 등을 "小写" xiǎoxiě…라 하는 데 대해 "壹,贰,叁…" yī, èr, sān… 등으로 쓰는 방법을 말한다.
22 俗字 súzì
속자 ▶"正字" zhèngzì(정자)에 대하여 말한다.
23-30 字体 zìtǐ
자체 ; 서체
23 甲骨文 jiǎgǔwén
갑골문 ; 갑골 문자
24 金文 jīnwén
금문
25 大篆 dàzhuàn
대전 ▶서체의 하나
26 小篆 xiǎozhuàn
소전 ▶서체의 하나
27 隶书 lìshū
예서
28 楷书 kǎishū
해서
29 行书 xíngshū
행서
30 草书 cǎoshū

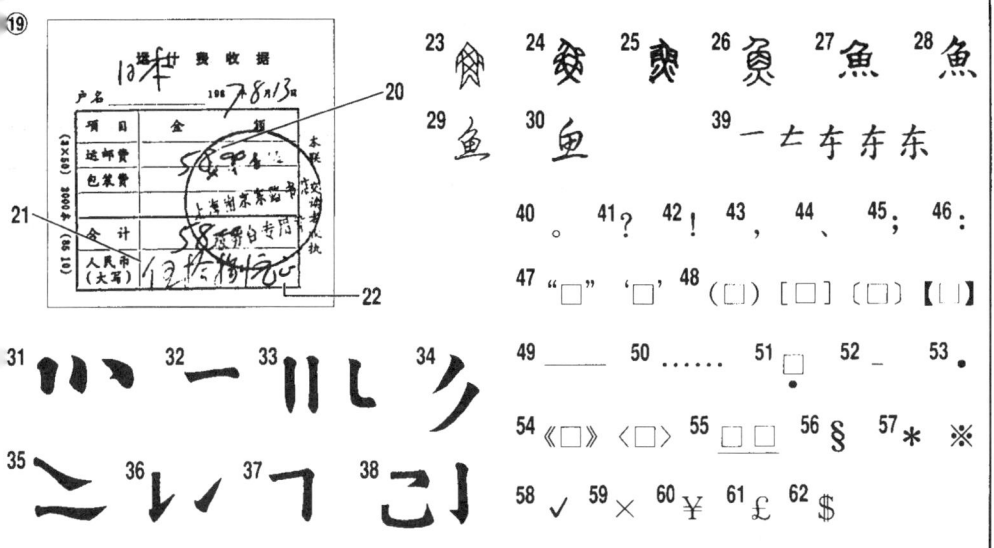

초서
31-38 笔画 bǐhuà
   필획 ; 한자의 획
31 点儿 diǎnr
   점
32 横儿 héngr
   (한자의)가로획
33 竖儿 shùr
   (한자의)세로획
34 撇儿 piěr
   한자 필획 ; 사철
35 捺儿 nàr
   한자 필획 별림 ; 종파
36 提 tí
   한자 들림 ; 붓끝을 위로 챔
37 折 zhé
   한자 꺾음 ; 상절
38 钩儿 gōur
   한자 갈 ; 붓끝을 살짝 든다.
39 笔顺 bǐshùn
   필순
40-62 符号 fúhào
   기호 ; 부호
40-55 标点符号 biāodiǎn fúhào
   구두점 ▶"标点" biāodiǎn
40-46 点号 diǎnhào
   문 중이나 문말의 포즈를
   나타내거나 문의 어기(語氣)
   를 나타낸다.

40-42 句末点号 jùmò diǎnhào
   끝 표기 ; 문말에 두어지며
   포즈를 나타내는 동시에 문
   의 어기(語氣)를 나타낸다.
40 句号 jùhào
   마침표
41 问号 wènhào
   물음표
42 叹号 tànhào
   감탄부 ; 감탄 부호
43-46 句内点号 jùnèi diǎnhào
   문 중에서의 여러 가지 성
   질의 포즈를 나타낸다.
43 逗号 dòuhào
   반점 ; 콤마
44 顿号 dùnhào
   모점 ▶병렬 관계에 있는 어
   구 사이에 사용한다.
45 分号 fēnhào
   분점 ; 세미콜론
46 冒号 màohào
   쌍점 ; 콜론
47-55 标号 biāohào
   어나 구의 성질이나 기능을
   나타낸다.
47 引号 yǐnhào
   인용 부호
48 括号 kuòhào
   괄호
49 破折号 pòzhéhào

대시 ; 지레
50 省略号 shěnglüèhào
   생략 부호
51 着重号 zhuózhònghào
   강조 부호
52 连接号 liánjiēhào
   연접부호 ; 하이픈
53 间隔号 jiān'géhào
   중점
54 书名号 shūmínghào
   서명 부호 ▶서명이나 편명에
   쓰는 부호
55 专名号 zhuānmínghào
   고유 명사를 나타내는 부호
56 章节号 zhāngjiéhào
   섹션 부호
57 星号 xīnghào
   별표
58 钩儿 gōur
   체크 마크
59 叉儿 chār
   가위표 ; ×표
60-62 货币符号 huòbì fúhào
   화폐 기호 ; 화폐 마크
60 人民币 rénmínbì
   인민폐 ; 인민 위안
61 英镑 yīngbàng
   영국 파운드
62 美元 měiyuán
   미국 달러

186 美术 měishù · 篆刻 zhuànkè

1 雕塑工作室 diāosù gōngzuòshì
  조각실；조각 아틀리에
2 雕塑家 diāosùjiā
  조각가
3 胸像 xiōngxiàng
  흉상
4 钢丝刮铲 gāngsī guāchǎn
  조각용 쇠주걱
5 粘土 zhāntú
  찰흙；점토
6 木雕 mùdiāo
  목각
7 木槌 mùchuí
  나무 마치；나무메
8 凿子 záozi
  끌；징 ▶"凿刀" záodāo
9 石膏像 shígāoxiàng
  석고상
10 画室 huàshì
  화실；화가 아틀리에
11 画家 huàjiā
  화가
12 调色板 tiáosèbǎn
  팔레트；조색판
13 稀释剂 xīshìjì
  시너；희석제
14 画框 huàkuàng
  액자
15 画架 huàjià
  이젤；삼각대
16 画布 huàbù
  캔버스
17 模特儿 mótèr
  모델
18-19 画笔 huàbǐ
  화필 ▶"绘画笔" huìhuàbǐ
18 圆刷 yuánshuā
  둥근붓
19 底色刷 dǐsèshuā
  밑칠붓
20 绘画抹刀 huìhuà mǒdāo
  페인팅 나이프
21 调色刀 tiáosèdāo
  팔레트 나이프
22 颜料 yánliào
  안료；물감
23 画册 huàcè
  화첩
24 笔筒 bǐtǒng
  필통
25 国画 guóhuà
  중국화 ▶수묵화는 "水墨画" shuǐmòhuà
26 笔洗 bǐxǐ
  붓을 빠는 그릇
27 画纸 huàzhǐ
  화지
28-34 美术馆 měishùguǎn
  미술관
28 画展 huàzhǎn
  회화전；화전
29-33 画儿 huàr
  그림；회화
29 人物画 rénwùhuà
  인물화
30 肖像画 xiàoxiànghuà
  초상화
31 静物画 jìngwùhuà
  정물화
  ▶유화는 "油画" yóuhuà
32 风景画 fēngjǐnghuà
  풍경화
33 抽象画 chōuxiànghuà
  추상화
34 工作人员 gōngzuò rényuán
  계원
35-47 版画 bǎnhuà

미술·전각 186

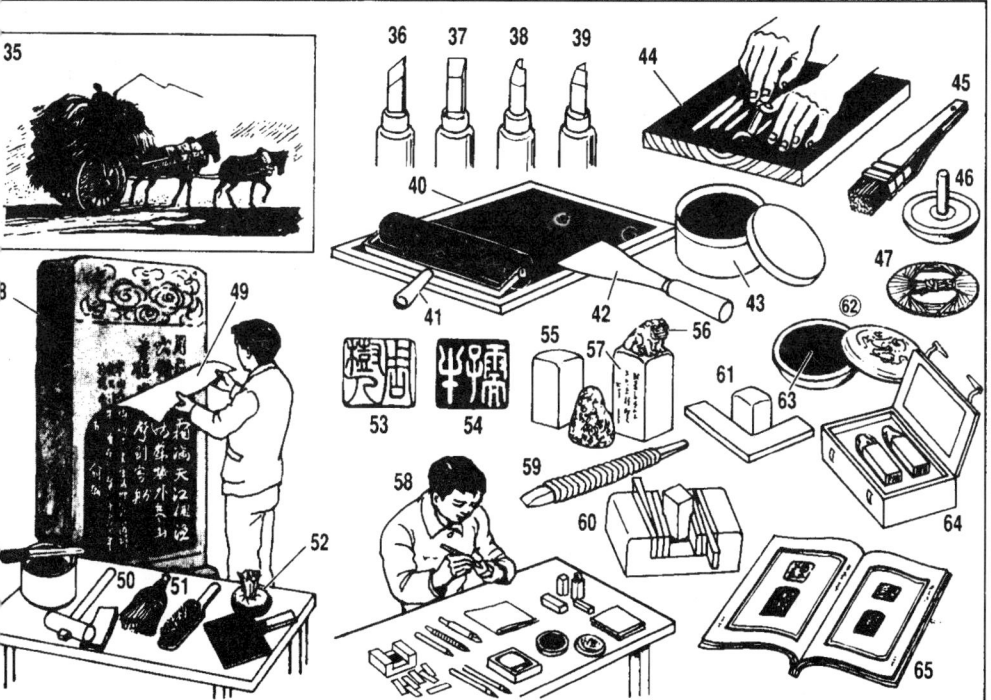

판화
35 木刻画 mùkèhuà
　목판화
　▶"木版画" mùbǎnhuà
36-39 木刻刀 mùkèdāo
　목각용 칼
36 斜口刀 xiékǒudāo
　빗각(빗날)칼 ; 창칼
37 平刀 píngdāo
　납작칼
38 圆刀 yuándāo
　둥근칼
39 三角刀 sānjiǎodāo
　세모칼
40 调墨台 tiáomòtái
　잉크대
41 橡胶滚 xiàngjiāogǔn
　고무 롤러
42 调墨铲 tiáomòchǎn
　반죽 주걱
43 油墨 yóumò
　잉크
44 木版 mùbǎn
　목판
45 刷子 shuāzi
　브러시 ; 솔

46 木磨陀 mùmótuó
　주걱
47 竹皮刷 zhúpíshuā
　목판 인쇄에서 판면에 먹을
　칠해서 종이를 덮고 그 위
　를 문지르는 도구
48-52 拓碑 tàbēi
　비석 채탁
48 石碑 shíbēi
　비석 ; 석비
49 拓片 tàpiàn
　탁본
50 糊刷 húshuā
　풀 솔 ; 귀얄
51 打刷 dǎshuā
　솔방망이
52 扑子 pūzi
　가죽이나 헝겊으로 싼 솜방
　망이
53-65 篆刻 zhuànkè
　전각 ; 인각 ▶"刻字" kèzì
53-57 图章 túzhāng
　인감;도장 ▶"印章" yìnzhāng
53 阳文 yángwén
　양각 문양 ; 돋을 새김
54 阴文 yīnwén

　음각 문양
55 印材 yìncái
　인재 ; 도장 재료
56 印纽 yìnniǔ
　도장을 잡는 부분. 또는 그
　부분에 되어 있는 장식
57 边款 biānkuǎn
　측관
58 篆刻家 zhuànkèjiā
　전각가
59 刻刀 kèdāo
　조각도
60 印床 yìnchuáng
　전각대 ; 인상
61 印规 yìnguī
　도장 규격
62 印泥盒儿 yìnní hér
　인주통
63 印泥 yìnní
　인주
64 印匣 yìnxiá
　도장함
65 印谱 yìnpǔ
　인보 ▶옛날 도장 또는 명가
　(名家)의 인발을 모아서 만
　든 책

187 工艺品 gōngyìpǐn

1-2 刺绣 cìxiù
　자수
2 双面绣 shuāngmiànxiù
　양면 자수
3-4 景德镇瓷 jǐngdézhèncí
　경덕진산의 도자기 ▶자기는
　"瓷器" cíqì
3 茶具 chájù
　다기
4 花瓶 huāpíng
　화병;꽃병
5-6 陶器 táoqì
　도기;오지 그릇
5 宜兴陶 yíxīngtáo
　의흥산의 도자기 ▶그림은 휴
　지통
6 唐三彩 tángsāncǎi
　당삼채 ▶당대(唐代)에 부장
　품(副葬品)으로 쓰기 위해
　만들어진 황색·녹색·남색
　등의 3색 도자기
7-16 雕刻 diāokè
　조각
7 珊瑚 shānhú
　산호
8-9 玉器 yùqì
　옥제 공예품
8 玛瑙 mǎnǎo
　마노
9 夜光杯 yèguāngbēi
　야광배 ▶좋은 옥으로 만든,
　밤에 빛을 발하는 술잔
10 象牙雕刻 xiàngyá diāokè
　상아 조각 ▶"牙雕" yádiāo
11 木雕 mùdiāo
　목 조각
12 软木雕 ruǎnmùdiāo
　코르크 조각
13 石雕 shídiāo
　돌 조각
14 微雕 wēidiāo
　미소 조각
15 竹刻 zhúkè
　대나무 조각
16 砚刻 yànkè
　벼루 조각
17 竹编 zhúbiān
　죽세공
18 草编 cǎobiān
　초편구 ▶옥수수·밀짚·골풀
　등으로 엮어 만든 손바구
　니·모자·과자함·슬리퍼
　등의 생활 용품
19 漆器 qīqì
　칠기;옻칠한 그릇
20 雕漆 diāoqī
　퇴주 ▶두껍게 여러 번 옻칠
　을 하고 거기다 무늬를 새
　긴 것
21 漆画 qīhuà
　먹에 아교를 섞은 것으로
　주위를 빛나게 하고 채색을
　한 풍속도 판화
22 人造花 rénzàohuā
　조화
23 景泰蓝 jǐngtàilán

수공예품

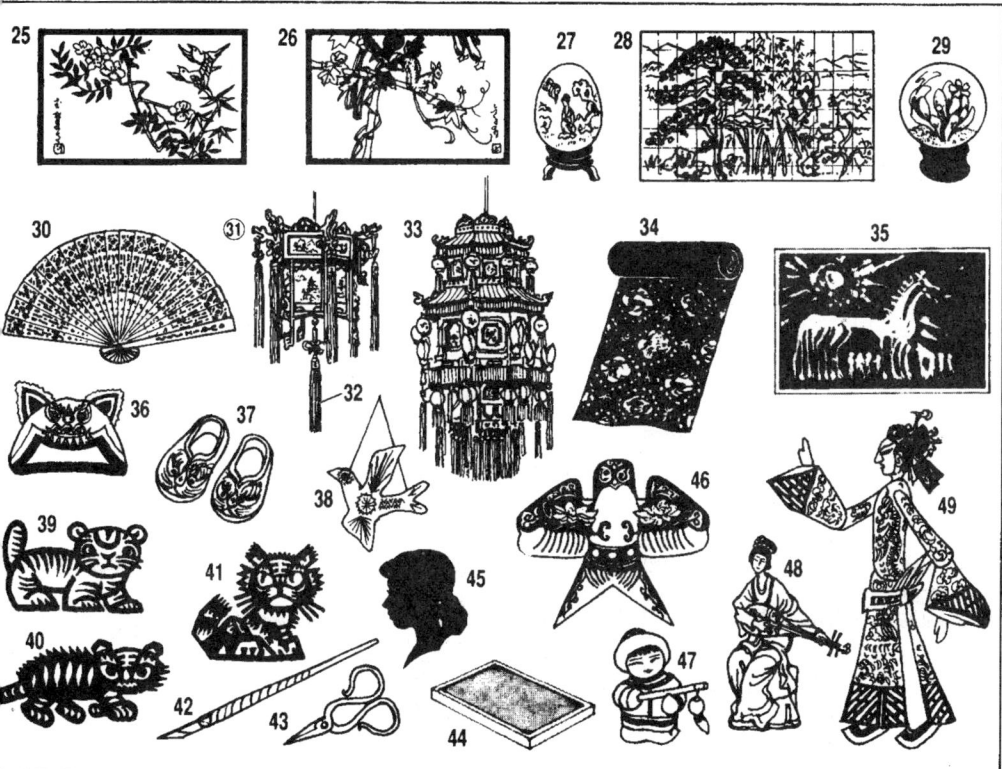

칠보 세공 도자기
24 铁画 tiěhuà
   얇은 철판으로 만든 선상의
   것으로 구성한 그림
25 贝雕画 bèidiāohuà
   조개껍질 세공
26 麦秸画 màijiēhuà
   보릿짚 세공
27 彩蛋 cǎidàn
   알 껍질에 인물이나 풍경을
   그린 것
28 瓷砖壁画 cízhuān bìhuà
   타일 벽화
29 料器 liàoqì
   유리그릇; 유리 세공
30 檀香扇 tánxiāngshàn
   백단향 부채
31 宫灯 gōngdēng
   궁정식 등롱 ▶8각형 또는 6
   각형의 비단으로 만든 매단
   등롱
32 流苏 liúsū

(장막이나 깃발 또는 등롱
등의) 느림 술
33 走马灯 zǒumǎdēng
   주마등
34 蓝印花布 lányìnhuābù
   남인화포 ▶남색 바탕에 흰
   무늬가 있는 천
35 蜡染 làrǎn
   납결▶염색의 일종
36 老虎帽 lǎohǔmào
   호랑이 머리 모양의 어린이
   모자 ▶"虎头帽" hǔtóumào
37 老虎鞋 lǎohǔxié
   호랑이를 본뜬 어린이 신발
   ▶"虎头鞋" hǔtóuxié
38 壁挂 bìguà
   벽걸이(공예품)
39-44 剪纸 jiǎnzhǐ
   종이 오리기 세공
39 阳刻 yángkè
   양조각
40 阴刻 yīnkè

   음조각
41 阴阳混刻 yīnyáng hùnkè
   음양 혼합조각
42 刻刀 kèdāo
   조각도
43 剪刀 jiǎndāo
   가위
44 刻盘 kèpán
   납대; 조각도로 종이를 오리
   는 데 쓰는 받침
45 剪影 jiǎnyǐng
   사람 얼굴이나 인체의 윤곽
   에 따라 종이를 오려낸 것
46 风筝 fēngzheng
   연
47 泥仁儿 nírénr
   흙인형; 토우(土偶)
48 彩塑 cǎisù
   채색 흙인형
49 皮影 píyǐng
   그림자 그림 인형

188 装裱 zhuāngbiǎo   표장

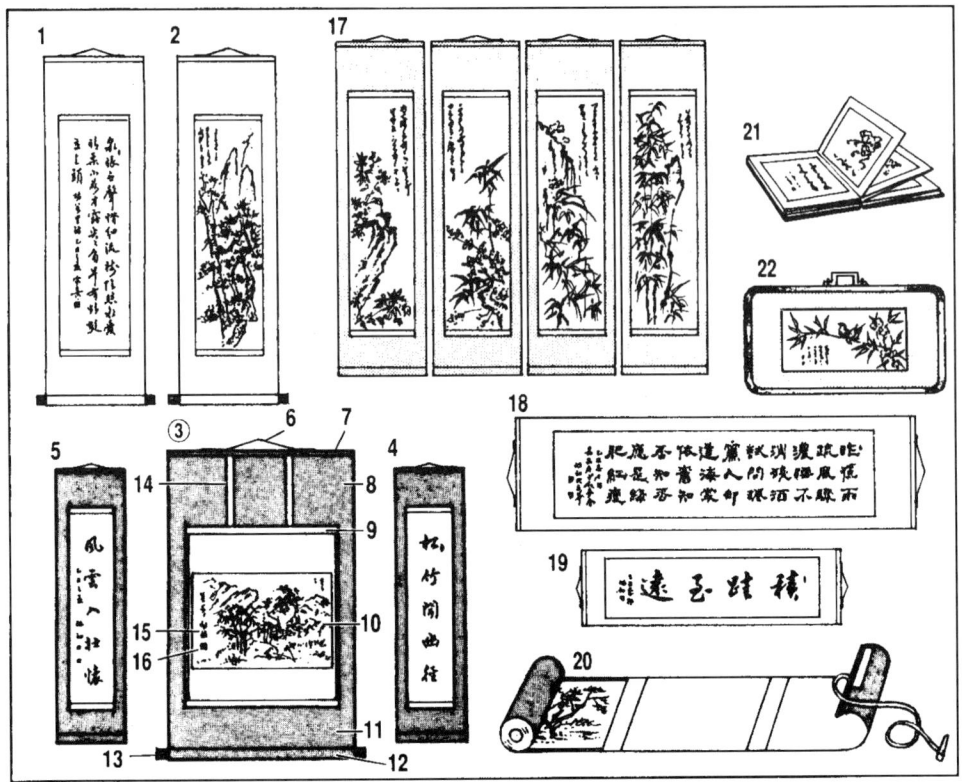

1-16 挂轴儿 guàzhóur
족자
1-2 条幅 tiáofú
세로 족자
2 画轴 huàzhóu
회화 족자
3 中堂 zhōngtáng
정방(正房)의 객실 정면에 거는 폭이 넓은 족자
4-5 对联儿 duìliánr
대련(對聯) ▶대구(對句)를 쓴 폭이 좁은 족자
4 上联儿 shàngliánr
상련; 오른쪽 대련
5 下联儿 xiàliánr
하련; 왼쪽 대련
6 绦带 tāodài
걸기 끈
7 天杆 tiāngǎn
상축
8 天头 tiāntóu
천두

9 锦牙 jǐnyá
족자의 아래위에 붙이는 조붓한 헝겊(대개 비단·능직 등을 사용)
10 画心 huàxīn
작품
11 地头 dìtóu
지두
12 地杆 dìgǎn
하축
13 轴头 zhóutóu
축으로 쓰는 나무
14 绶带 shòudài
느림
15 落款儿 luòkuǎnr
낙관
16 盖章 gàizhāng
날인
17 屏条儿 píngtiáor
4폭 또는 8폭으로 쌍을 이룬 족자 ▶단독의 족자는 "单条儿" dāntiáor

라 한다.
18 横幅 héngfú
가로 족자
19 横额 héng'é
가로 편액
▶"匾额" biǎn'é
20 手卷 shǒujuàn
두루마리
21 册页 cèyè
화첩 ▶서화를 한 장씩 표장하여 한 책으로 한 것
22 镜片 jìngpiàn
액장(額裝) ▶"镜心" jìngxīn.
액자는 "镜框" jìngkuàng

音乐 yīnyuè · 歌曲 gēqǔ

음악 · 가곡

- 1-16 音乐会 yīnyuèhuì
  음악회
- 1 交响乐队 jiāoxiǎngyuèduì
  오케스트라;교향악단 ▶"管弦乐队" guǎnxiányuèduì
- 2 指挥 zhǐhuī
  지휘자
- 3 指挥棒 zhǐhuībàng
  덕트;지휘봉
- 4 指挥台 zhǐhuītái
  지휘대
- 5 乐谱架 yuèpǔjià
  보면대 ▶"谱架" pǔjià
- 6 首席小提琴手 shǒuxí xiǎotíqínshǒu
  콘서트 마스터
- 7 歌手 gēshǒu
  가수
- 8 舞台 wǔtái
  무대
- 9 爵士乐队 juéshìyuèduì
  재즈 밴드
- 10 小号 xiǎohào
  트럼펫
- 11 低音鼓 dīyīngǔ
  베이스 드럼
- 12 边鼓 biāngǔ
  탐탐
- 13 铜钹 tóngbó
  심벌즈
- 14 低音提琴 dīyīn tíqín
  콘트라베이스;더블 베이스
- 15 萨克斯管 sàkèsīguǎn
  색소폰
- 16 钢琴 gāngqín
  피아노
- 17 听众 tīngzhòng
  청중
- 18-25 乐谱 yuèpǔ
  악보
- 18 简谱 jiǎnpǔ
  약보
- 19 五线谱 wǔxiànpǔ
  오선보
- 20 高印谱号 gāoyìn pǔhào
  G음 기호
  ▶"G谱号" G pǔhào
- 21 升号 shēnghào
  샤프 ▶플랫은 "降号" jiànghào
- 22 拍子 pāizi
  박자
- 23 音符 yīnfú
  음표;음부 ▶음계는 "音阶" yīnjiē. 도레미파솔라시는 각각 "多来米发梭拉西" duō lái mǐ fā suō lā xī
- 24 休止符 xiūzhǐfú
  휴지부;쉼표
- 25 歌词 gēcí
  가사

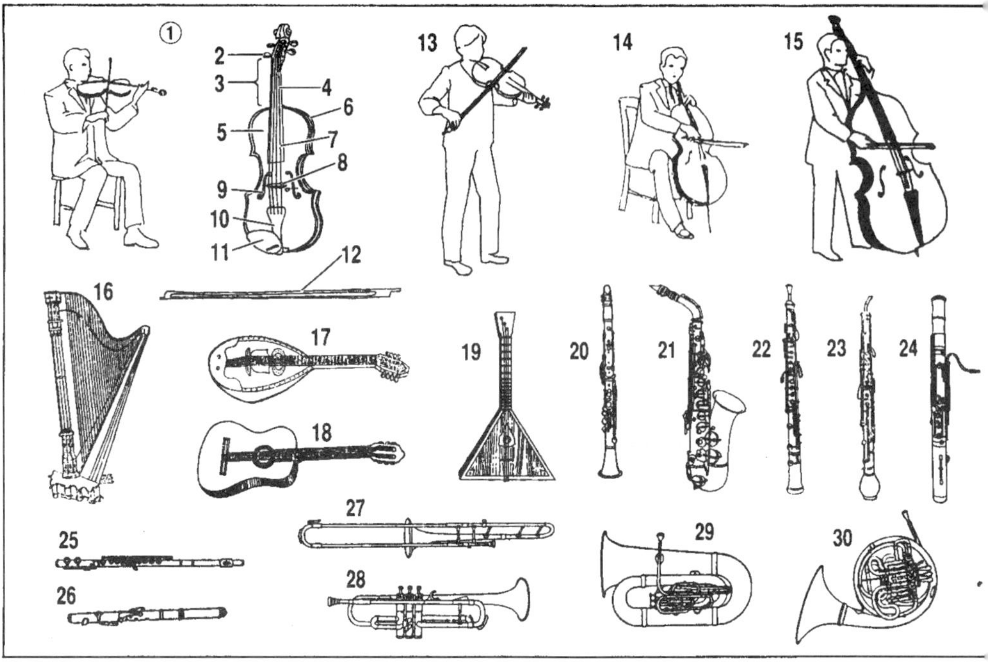

190 西乐器 xīyuèqì

1-19 弦乐器 xiányuèqì
현악기
1 小提琴 xiǎotíqín
바이올린
2 弦轴 xiánzhóu
줄을 죄는 장치
3 琴颈 qínjǐng
악기 목
4 指板 zhǐbǎn
지판 ▶"按弦板" ànxiánbǎn
5 面板 miànbǎn
표판 ; 향판(響板)
6 边板 biānbǎn
횡판
7 弦 xián
줄 ; 현
8 琴马 qínmǎ
줄 굄목 ; 기러기발
9 音孔 yīnkǒng
f자 구멍 ▶"f孔" F kǒng
10 系弦板 jìxiánbǎn
줄 멈춤판 ; 줄 고정 장치
11 腮托 sāituō
턱을 대는 곳
12 弓子 gōngzi
활

13 中提琴 zhōngtíqín
비올라
14 大提琴 dàtíqín
첼로
15 低音提琴 dīyīn tíqín
콘트라베이스 ; 더블 베이스
▶"倍大提琴" bèidà tíqín
16 竖琴 shùqín
하프
17 曼德琳 màndélín
만돌린
18 吉他 jítā
기타 ▶"六弦琴" liùxiánqín
19 巴拉莱卡 bālāláikǎ
발랄라이카
20-30 管乐器 guǎnyuèqì
관악기
20-26 木管乐器 mùguǎn yuèqì
목관 악기
20-24 簧乐器 huángyuèqì
리드 악기
20 单簧管 dānhuángguǎn
클라리넷 ▶"黑管" hēiguǎn
21 萨克斯管 sàkèsīguǎn
색소폰 ▶"萨克管" sàkèguǎn
22 双簧管 shuānghuángguǎn
오보에
23 英国管 yīngguóguǎn
잉글리시 호른
24 大管 dàguǎn
파곳 ; 바순 ▶"巴松" bāsōng
25 长笛 chángdí
플루트
26 短笛 duǎndí
피콜로
27-30 铜管乐器 tóngguǎn yuèqì
금관 악기
27 长号 chánghào
트롬본 ▶"拉管" lāguǎn,
"伸缩喇叭" shēnsuō lǎba
28 小号 xiǎohào
트럼펫
29 大号 dàhào
튜바
30 圆号 yuánhào
프렌치 호른 ; 호른
▶"法国号" fǎguóhào
31-39 键盘乐器 jiànpán yuèqì
건반 악기
31-36 钢琴 gāngqín
피아노

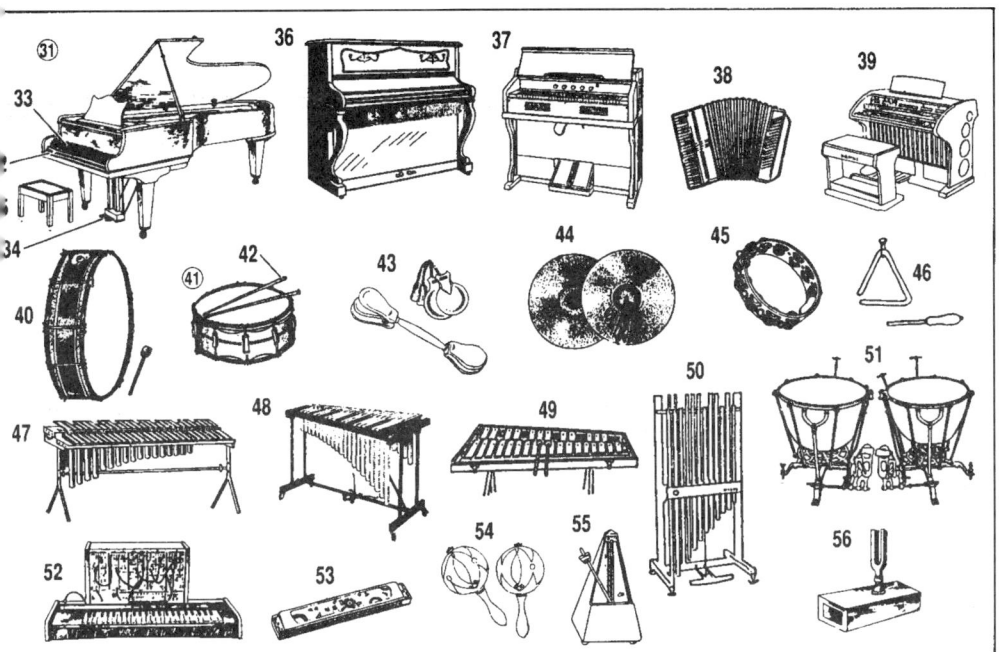

31 三角钢琴 sānjiǎo gāngqín
그랜드 피아노 ; 대형 피아노
▶"平台式钢琴" píngtáishì gāngqín, "大钢琴" dàgāngqín

32 白键 báijiàn
백건 ; 흰 건반

33 黑键 hēijiàn
흑건 ; 검은 건반

34 踏板 tàbǎn
페달

35 钢琴椅 gāngqínyǐ
피아노의 의자

36 竖式钢琴 shùshì gāngqín
업라이트 피아노 ▶"立柜式钢琴" lìguìshì gāngqín

37 风琴 fēngqín
오르간 ; 풍금

38 手风琴 shǒufēngqín
아코디언 ; 손풍금

39 电子琴 diànzǐqín
일렉트릭 오르간 ; 전자 오르간

40-51 打击乐器 dǎjī yuèqì
타악기

40 大军鼓 dàjūngǔ
큰북

41 小军鼓 xiǎojūngǔ
작은북

42 鼓槌 gǔchuí
북채 ▶"鼓槌子" gǔchuízi

43 响板 xiǎngbǎn
캐스터네츠

44 铜钹 tóngbó
심벌즈 ; 동발 ▶"铙钹" náobó

45 铃鼓 línggǔ
탬버린

46 三角铁 sānjiǎotiě
트라이앵글

47 木琴 mùqín
목금 ; 실로폰

48 钢片琴 gāngpiànqín
철금

49-50 钟琴 zhōngqín
차임 ; 종금

50 排钟 páizhōng
튜뷸러 벨즈 ; 배종금 ▶차임의 일종. "管钟" guǎnzhōng, "管式钟琴" guǎnshì zhōngqín

51 定音鼓 dìngyīngǔ
팀파니

52 电子合成器 diànzǐ héchéngqì
신시사이저

53 口琴 kǒuqín
하모니카

54 沙球 shāqiú
마라카스

55 节拍机 jiépāijī
메트로놈

56 音叉 yīnchā
소리굽쇠 ; 음차

191 中乐器 zhōngyuèqì

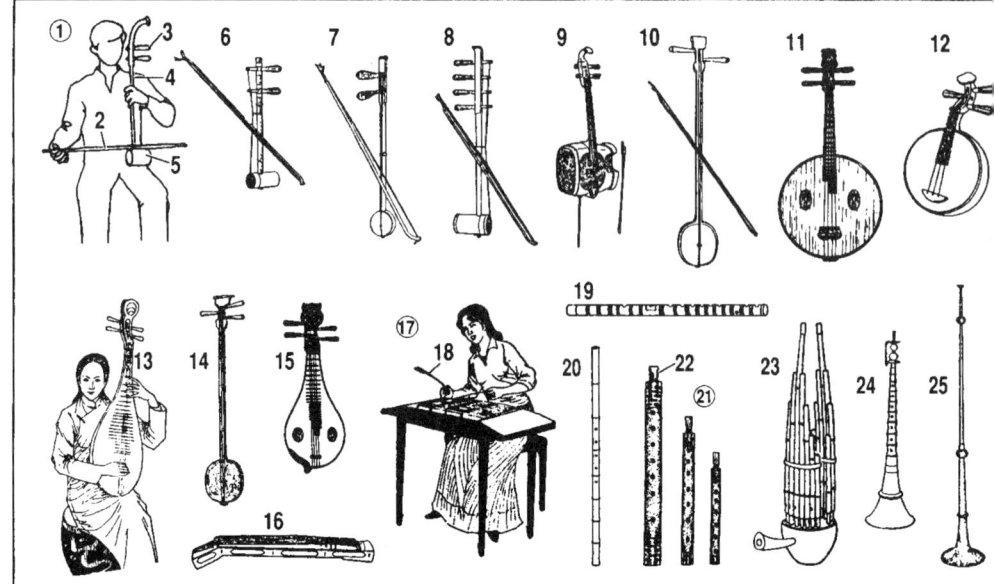

1-18 弦乐器 xiányuèqì
현악기

1-10 拉弦乐器 lāxián yuèqì
찰현악기 ▶"胡琴" húqin (胡弓)은 이들의 총칭

1 二胡 èrhú
이호 ▶호궁(胡弓)보다 약간 크고 자루를 나무로 만든 악기. "南胡" nánhú

2 弓子 gōngzi
활 ▶현은 "弦" xián

3 弦轴 xiánzhóu
줄을 죄는 장치

4 琴杆 qín'gǎn
줄대

5 琴筒 qíntǒng
향동(響胴)

6 京胡 jīnghú
경호 ▶주로 경극(京劇)의 반주에 사용하는 2현의 호궁

7 板胡 bǎnhú
판호 ▶향동(響胴)에 얇은 판을 붙인 2현의 호궁

8 四胡 sìhú
4현 호궁

9 革胡 géhú
혁호 ▶20세기 중반에 만들어진 새로운 호궁

10 坠琴 zhuìqín
향동(響胴)은 오동나무로 만들고 활로 타는 2현 악기 ▶"坠子" zhuìzi ☞142-22

11-16 弹弦乐器 tánxián yuèqì
탄현악기

11 阮弦 ruǎnxián
"月琴" 비슷한 4현 악기 ▶"阮" ruǎn

12 月琴 yuèqín
월금

13 琵琶 pípa
비파

14 三弦 sānxián
삼현금 ▶줄 셋을 맨 거문고. "弦子" xiánzi

15 柳琴 liǔqín
유금 ▶비파와 비슷한 현악기. 3현 또는 4현. "柳叶琴" liǔyèqín

16 古筝 gǔzhēng
고쟁 ▶16현이 보통. 18현·21현·25현의 것도 있다. "筝" zhēng

17-18 打弦乐器 dǎxián yuèqì
타주 현악기
▶"击弦乐器" jīxián yuèqì

17 扬琴 yángqín
양금 ▶"洋琴" yángqín, "打琴" dǎqín

18 琴竹 qínzhú
양금의 대나무로 만든 발목
▶"琴筧" qínjiǎn

19-25 吹奏乐器 chuīzòu yuèqì
취주 악기

19 笛子 dízi
횡적 ; 피리

20 箫 xiāo
퉁소 ▶"洞箫" dòngxiāo

21 管 guǎn
필률 ; 피리 ▶대·중·소의 3종이 있다. "管子" guǎnzi

22 管哨 guǎnshào
입을 대고 부는 숨구멍
▶"哨子" shàozi

23 笙 shēng
생황(生簧)

24 唢呐 suǒnà
차르메라

25 长尖 chángjiān
긴 나팔

26-41 打击乐器 dǎjī yuèqì
타악기

26-28 锣 luó
징 ; 동라

26 大锣 dàluó

중국 전통 악기

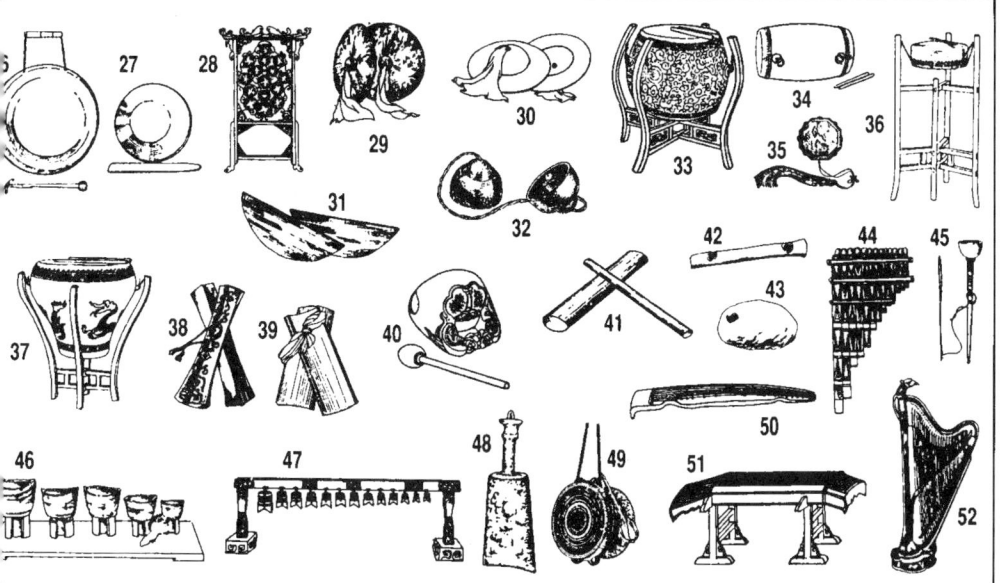

큰 징 ▶직경 35cm 이상
27 小锣儿 xiǎoluór
    작은 징 ▶직경 13~23cm
28 云锣 yúnluó
    운라 ▶작은 징을 세트한 것. "九音锣" jiǔyīnluó
29 铙 náo
    요발 ▶구리로 만든 악기
30 钹 bó
    발 ▶중앙의 돌기가 "铙" náo 보다 크다.
31 梨花片 líhuāpiàn
    배꽃편 ▶두 장의 반원형 쇳조각으로 만들어진 악기
32 碰铃 pènglíng
    팽령 ▶구경 약 3cm의 구리로 만든 타악기. "碰钟" pèngzhōng
33-37 鼓 gǔ
    북
33 堂鼓 tánggǔ
    당고 ▶양면에 소가죽을 댄 큰 북
34 腰鼓 yāogǔ
    요고 ▶허리에 차고 치는 북
35 八角鼓 bājiǎogǔ
    팔각고 ▶탬버린과 비슷한 타악기

36 板鼓 bǎngǔ
    판북 ▶한쪽 면만 가죽을 씌운 북. "单皮" dānpí
37 缸鼓 gānggǔ
    항아리 북 ▶양면에 소가죽을 씌운 항아리 모양의 큰 북. "花盆鼓" huāpéngǔ
38 拍板 pāibǎn
    박자판 ▶3매의 나무 조각을 끈으로 꿰어 엮은 타악기. "板" bǎn
39 竹板 zhúbǎn
    죽반 ▶2개 또는 3개의 대나무 판으로 된 타악기. "竹板儿" zhúbǎnr
40 木鱼 mùyú
    목탁
41 梆子 bāngzi
    딱따기
42-52 古代乐器 gǔdài yuèqì
    고대 악기
42 骨哨 gǔshào
    골피리 ; 새나 짐승의 뼈로 만들었다.
43 埙 xūn
    훈 ▶주로 도자기로 만든 취주 악기. 돌이나 상아로 만든 것도 있다.

44 排箫 páixiāo
    배소 ▶길이가 다른 피리를 음률순으로 배열한 취주 악기
45 磬 qìng
    경쇠 ▶옥・돌・금속 등으로 만든 타악기
46 编磬 biānqìng
    편경 ▶석제 타악기로 16개의 경쇠를 하나의 틀에 걸어 놓은 것
47 编钟 biānzhōng
    편종 ▶옛날 악기의 하나. 음률이 다른 작은 종들을 순서에 따라 매단 것
48 钲 zhēng
    고징 ▶종 모양으로 생긴 구리제의 징
49 铜鼓 tónggǔ
    동고 ; 꽹과리
50 古琴 gǔqín
    고금 ▶7현 또는 5현. "琴" qín, "七弦琴" qīxiánqín
51 瑟 sè
    슬 ▶거문고와 비슷한 옛날의 현악기
52 箜篌 kōnghóu
    공후 ▶옛날 현악기의 하나

192 戏剧 xìjù · 剧场 jùchǎng

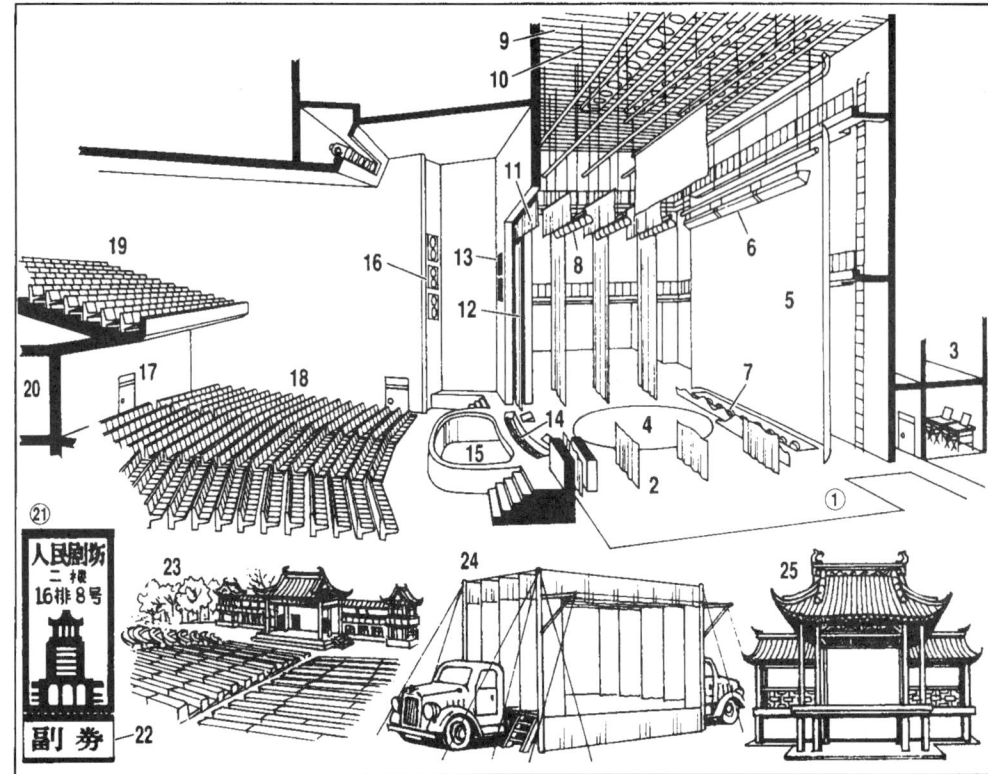

1-22 剧场 jùchǎng
극장 ▶"戏院" xìyuàn, "剧院" jùyuàn
1 舞台 wǔtái
무대
2 前台 qiántái
무대 앞 ▶분장실에 대한 무대라는 뜻으로도 사용
3 后台 hòutái
무대 뒤 ; 분장실
4 转台 zhuǎntái
회전 무대 ▶나락은 "台仓" táicāng
5 天幕 tiānmù
(무대 뒤쪽의)배경막
6 天幕顶光灯 tiānmù dǐng-guāngdēng
어퍼 호리존트 라이트
7 天幕地排灯 tiānmù dìpái-dēng
로어 호리존트 라이트
8 天排灯 tiānpáidēng
보더 라이트
9 梁格结构 liánggé jiégòu
대나 띠로 발처럼 엮은 층
10 吊绳 diàoshéng
매다는 줄
11 台口檐幕 táikǒu yánmù
현수막 ▶무대 옆에 드리운 선전용 막
12 大幕 dàmù
무대 막
▶"台幕" táimù
13 喇叭 lǎba
스피커
14 脚灯 jiǎodēng
풋라이트 ; 각광
15 乐池 yuèchí
악단 연주석 ; 악단석
16 聚光灯 jùguāngdēng
스포트라이트
17 太平门 tàipíngmén
비상구
18-19 观众席 guānzhòngxí
관람석 ; 객석 ▶극장에 따라서는 "池座" chízuò(극장의 아래층 정면 중앙 일등 관람석)가 갖추어져 있다.
19 楼座 lóuzuò
2층석
20 休息厅 xiūxītīng
로비
21 门票 ménpiào
입장권
▶"入场券" rùchǎngquàn
22 副券 fùquàn
반환표 ; 부권
23 露天剧场 lùtiān jùchǎng
야외 극장
24 汽车舞台 qìchē wǔtái
자동차 무대
25 庙戏台 miàoxìtái
정자 무대
26-38 排戏 páixì
리허설 ; 무대 연습
26-29 布景 bùjǐng
배경
26 布景板 bùjǐngbǎn
무대 장치

무대·극장 192

27 景片 jǐngpiàn
플랫(flat) ▶무대 배경의 일종
28-29 道具 dàojù
무대 도구
28 大道具 dàdàojù
큰 무대 도구
29 小道具 xiǎodàojù
무대 소품
30 照明员 zhàomíngyuán
조명계
31 布景员 bùjǐngyuán
무대계
32-36 话剧 huàjù
신극 ; 화극
32-33 演员 yǎnyuán
배우
32 主角 zhǔjué
주연 ▶"主角儿"
33 配角 pèijué
조연 ▶"配角儿"
34 导演 dǎoyǎn
감독

35 助理导演 zhùlǐ dǎoyǎn
조감독
36 剧本 jùběn
대본 ; 시나리오
37 报幕员 bàomùyuán
사회자 ; 진행자
38 节目单 jiémùdān
프로그램
▶"节目单儿" jiémùdānr
39 化妆室 huàzhuāngshì
분장실
40 化妆桌 huàzhuāngzhuō
화장 테이블
41 化妆镜 huàzhuāngjìng
화장 거울
42 假发 jiǎfà
가발
43 戏装 xìzhuāng
무대 의상
44 化妆师 huàzhuāngshī
메이크업 담장자
45 化妆油彩棒 huàzhuāng yóucǎibàng

화장붓
46 化妆外衣 huàzhuāng wàiyī
화장 가운
47-51 木偶戏 mù'ǒuxì
인형극 ▶"傀儡戏" kuǐlěixì
47 提线木偶戏 tíxiàn mù'ǒuxì
줄 인형극
48 木偶戏演员 mù'ǒuxì yǎnyuán
인형 다루는 사람
49 木偶 mù'ǒu
인형
50 杖头木偶戏 zhàngtóu mù'ǒuxì
막대 인형극
▶"托偶戏" tuō'ǒuxì
51 布袋木偶戏 bùdài mù'ǒuxì
손가락 인형극
52 皮影戏 píyǐngxì
그림자 연극 ▶양가죽으로 만든 인형이나 도구를 사용한다.

319

193 京剧 jīngjù / 경극

1-3 生 shēng
남자역
1 老生 lǎoshēng
재상·충신·학자 등의 중년 이상의 남자역 ▶"须生" xūshēng
2 小生 xiǎoshēng
젊은 남자역
3 武生 wǔshēng
무인역
4-7 旦 dàn
여자역을 하는 남자 배우
4 青衣 qīngyī
한 극단의 여자역을 맡은 남자 배우 중 으뜸 배우
5 花旦 huādàn
중국 전통극에서 말괄량이나 화려하게 분장한 젊은 여자역
6 老旦 lǎodàn
(경극에서의)노파역 또는 그 배우
7 武旦 wǔdàn
여자 무사로 분장하는 배우
8-11 净 jìng
호패 또는 흉폭한 역
▶"花脸" huāliǎn
8 大花脸 dàhuāliǎn
원로·대신·재상 등의 역
▶"正净" zhèngjìng
9 水袖 shuǐxiù
중국 전통극 무대 의상의 소매 끝에 단 길고 흰 천
10 架子花 jiàzihuā
중국 전통극에서 호안·호걸·악한 두목 등의 역
▶"副净" fùjìng
11 靠旗 kàoqí
경극에서 갑옷의 등에 꽂는 네 개의 삼각기
12 丑 chǒu
어릿광대역▶"小丑" xiǎochǒu. "文丑" wénchǒu와 "武丑" wǔchǒu("开口跳" kāikǒutiào라고도 한다.)가 있다.
13-15 脸谱 liǎnpǔ
중국 전통극 배우의 얼굴 분장▶주로 "净" jìng과 "丑" chǒu에 쓴다.
13 关羽 guānyǔ
관우
14 孙悟空 sūnwùkōng
손오공
15 曹操 cáocāo
조조
16-18 髯口 ránkou
가짜 수염
16 三髯 sānrán
기품 있는 훌륭한 인물을 표현하는 가짜 수염
17 吊搭髯 diàodārán
어릿광대나 소행이 좋지 않은 인물이 붙이는 가짜 수염
18 满髯 mǎnrán
지위가 높은 장골에게 쓰는 가짜 수염
19 甩发 shuǎifà
남자 배역의 머리형의 하나▶긴박한 상황에 놓여 있는 것을 나타낸다.
20 马鞭 mǎbiān
말 채찍
21 船桨 chuánjiǎng
노
22 车旗 chēqí
차기

1-6 芭蕾舞 bālěiwǔ
발레

1 芭蕾舞剧团 bālěiwǔ jùtuán
발레단

2-6 芭蕾舞演员 bālěiwǔ yǎnyuán
발레 댄서

2 女主角 nǚzhǔjué
프리마돈나 ; 주역 여자 가수

3 短裙 duǎnqún
쇼트 스커트 ; 짧은 치마

4 芭蕾舞鞋 bālěiwǔxié
발레 슈즈 ; 발레화

5 男主角 nánzhǔjué
프리모우오모 ; 주역 남자 가수

6 女芭蕾舞演员 nǚbālěiwǔyǎnyuán
발레리나

7-10 舞会 wǔhuì
무도회 ; 댄스 파티

7 交际舞 jiāojìwǔ
사교 댄스 ▶"交谊舞" jiāoyìwǔ. 왈츠는 "华尔兹舞" huá'ěrzīwǔ, 탱고는 "探戈舞" tàn'gēwǔ, 폭스트롯은 "狐步舞" húbùwǔ, 삼바는 "桑巴舞" sāngbāwǔ, 룸바는 "伦巴舞" lúnbāwǔ

8 舞厅 wǔtīng
댄스홀

9 舞伴 wǔbàn
파트너

10 乐队 yuèduì
악단 ; 밴드

11 迪斯科舞 dísikēwǔ
디스코 ▶로큰롤은 "摇摆舞" yáobǎiwǔ, 재즈 댄스는 "爵士舞" juéshìwǔ

12 舞剧 wǔjù
무용극

13 集体舞 jítǐwǔ
포크 댄스 ; 단체무

14 剑舞 jiànwǔ
검무

15-19 民间舞蹈 mínjiān wǔdǎo
민간 무용

15-17 秧歌 yāngge
앙가 ; 모내기 노래
▶"秧歌舞" yānggewǔ

15 秧歌队 yānggeduì
모내기 노래 춤팀

16 腰鼓 yāogǔ
요고 ▶허리에 차고 치는 북

17 绸子 chóuzi
비단 술

18 霸王鞭 bàwángbiān
패왕편 ▶양단에 구리 고리가 붙은 짧은 막대를 돌리면서 추는 무용.
"花棍舞" huāgùnwǔ, "打连厢" dǎliánxiāng

19 绸舞 chóuwǔ
주무 ▶긴 비단을 돌리면서 추는 무용

195 电影 diànyǐng

1-24 电影院 diànyǐngyuàn
　　영화관
1 影院名 yǐngyuànmíng
　영화관명
2 电影广告 diànyǐng guǎng-
　gào
　영화 광고 ▶극영화는 "故事
　片" gùshipiàn, 애니메이션
　영화는 "动画片" dòng-
　huàpiàn, 과학 교육 영화는
　"科教片" kējiàopiàn
3 售票处 shòupiàochù
　매표소; 입장권 매장
4 入口 rùkǒu
　입구
5 检票员 jiǎnpiàoyuán
　검표계; 집찰계 ▶입장권 받
　는 사람
6 剧照 jùzhào
　스틸 사진
7 电影票 diànyǐngpiào
　영화표
8 放映室 fàngyìngshì
　영사실
9 放映员 fàngyìngyuán
　영사 기사
10 放映机 fàngyìngjī
　영사기
11 幻灯机 huàndēngjī
　슬라이드 영사기
12 放映孔 fàngyìngkǒng
　영사 창
13 观察孔 guāncházkǒng
　감시 창
14 倒片台 dàopiàntái
　필름 감는 기계
15 电唱机 diànchàngjī
　플레이어
16 片盘 piànpán
　필름 릴 ▶"片夹" piànjiā
17 银幕 yínmù
　스크린; 영사막
18 喇叭 lǎba
　스피커
19 太平门 tàipíngmén
　비상구
20 观众 guānzhòng
　관중; 관객
21 引座员 yǐnzuòyuán
　장내 안내원
　▶"领座员" lǐngzuòyuán
22-24 座位 zuòwèi
　좌석 ▶만석이 되면 "客满"
　kèmǎn이라 게시된다.
22 双号座位 shuānghào zuò-
　wèi
　짝수 번호의 좌석
23 单号座位 dānhào zuòwèi
　홀수 번호의 좌석
24 楼座 lóuzuò
　2층석
25-55 电影制片厂 diànyǐng
　zhìpiànchǎng
　영화 촬영소
25 摄影棚 shèyǐngpéng
　촬영 스튜디오
26 天幕 tiānmù
　배경막
27 布景 bùjǐng
　세트
28 聚光灯 jùguāngdēng
　스포트라이트
29 摄影师 shèyǐngshī
　촬영 기사; 카메라맨
30 电影摄影机 diànyǐng shè-
　yǐngjī
　영화 촬영기; 시네 카메라
31 摄影升降机 shèyǐng
　shēngjiàngjī
　카메라 크레인
32 导演 dǎoyǎn
　영화 감독
33 副导演 fùdǎoyǎn
　조감독
34 导演剧本 dǎoyǎn jùběn
　촬영 대본
35-37 演员 yǎnyuán
　배우 ▶스타는 "明星" míng-
　xīng
35 男演员 nányǎnyuán
　남배우
36 女演员 nǚyǎnyuán
　여배우
37 小演员 xiǎoyǎnyuán
　아역
38 拍板 pāibǎn
　딱따기
39 移动车 yídòngchē
　이동식 촬영기대
40 场记员 chǎngjìyuán
　스크립터
41 话筒 huàtǒng
　마이크
42 录音师 lùyīnshī
　녹음 기사
43 化妆师 huàzhuāngshī
　메이크업 담당
44 测光表 cèguāngbiǎo
　광도계
45 洗片机 xǐpiànjī
　현상기
46 印片机 yìnpiànjī
　프린터
47 接片机 jiēpiànjī
　스플라이서; 필름 접합기
48 剪接机 jiǎnjiējī
　편집기; 에디터
　▶"剪辑机 jiǎnjíjī
49 声画编辑机 shēnghuà
　biānjíjī
　음성 영상 편집기
50-51 配音 pèiyīn
　배음; 애프터 레코딩; 후
　시 녹음; 더빙
50 配音室 pèiyīnshì
　배음실; 더빙 스튜디오
51 配音演员 pèiyīn yǎnyuán
　(더빙의)성우
52 电影片 diànyǐngpiàn
　영화 필름 ▶"影片" yǐng-
　piàn, "影片儿" yǐngpiànr.
　흑백 영화 필름은 "黑白片
　儿" hēibáipiànr, 컬러 영화
　필름은 "彩色片儿" cǎisè-
　piànr
53 声带 shēngdài
　사운드 트랙
54 画格 huàgé
　토막; 프레임
55 齿孔 chǐkǒng
　퍼포레이션

영화 195

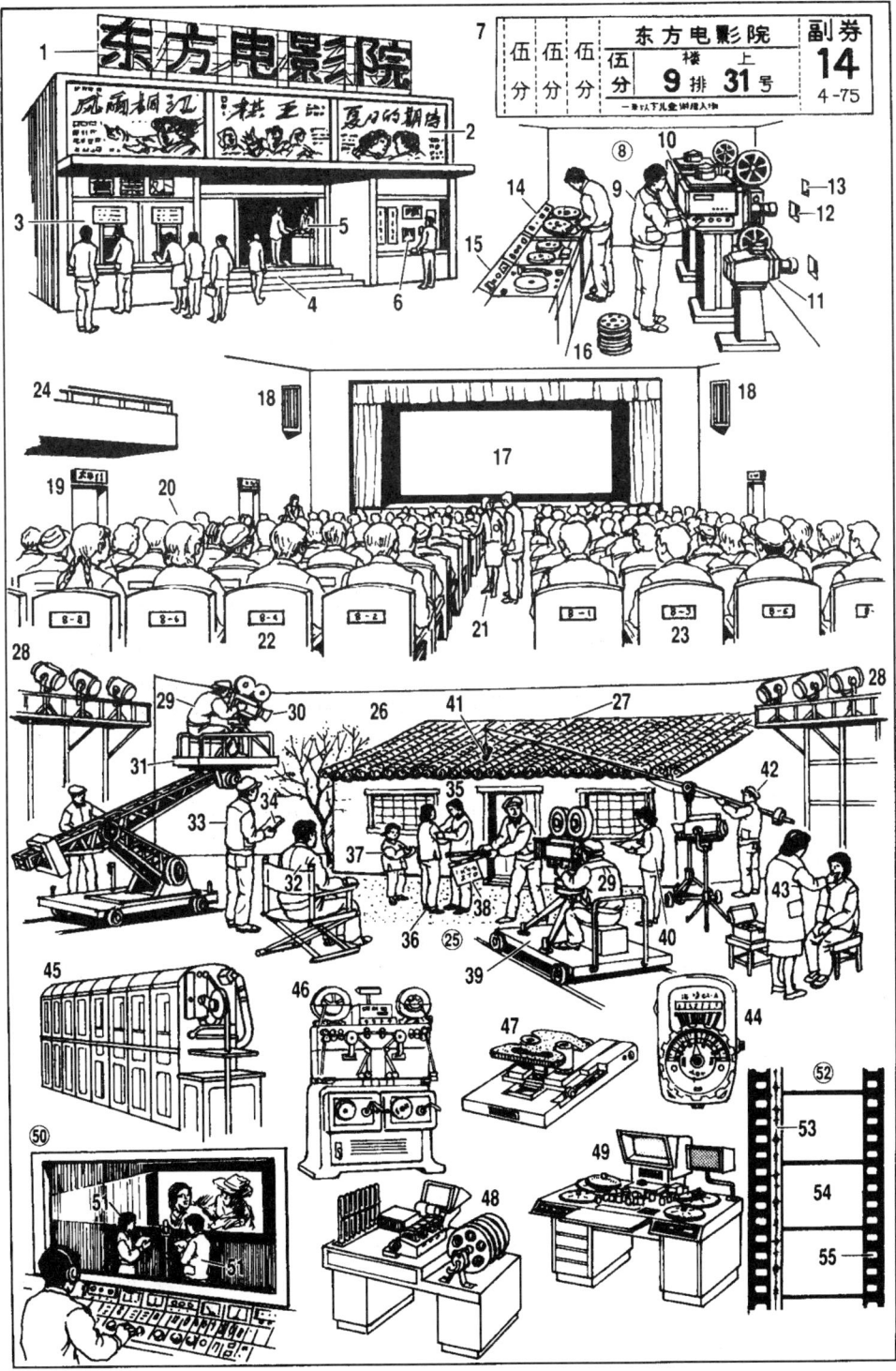

摄影 shèyǐng

사진 촬영

1-20 照相机 zhàoxiàngjī
카메라 ▶"相机" xiàngjī
1 单镜头反光照相机 dānjìngtóu fǎnguāng zhàoxiàngjī
1안 리플렉스 카메라
2 快门 kuàimén
셔터 ▶"快门儿" kuàiménr
3 卷片扳手 juǎnpiàn bānshou
필름 와인드 레버
4 自拍器 zìpāiqì
셀프 타이머
5 倒片摇把儿 dàopiàn yáobàr
리와인드 크랭크
6 镜头 jìngtóu
렌즈 ▶조리개는 "光圈" guāngquān
7 镜头盖儿 jìngtóu gàir
렌즈 캡
8 皮套 pítào
가죽 케이스
9 双镜头反光照相机 shuāngjìngtóu fǎnguāng zhàoxiàngjī
2안 리플렉스 카메라
10 取景器遮光罩 qǔjǐngqì zhēguāngzhào
파인더 후드
11 取景镜头 qǔjǐng jìngtóu
파인더 렌즈
12 物镜镜头 wùjìng jìngtóu
대물 렌즈
13 傻瓜相机 shǎguā xiàngjī
전자동 카메라의 속칭 ▶"傻瓜机" shǎguājī
14 取景窗 qǔjǐngchuāng
파인더창
15 闪光灯 shǎnguāngdēng
스트로보
16 闪光灯开关 shǎnguāngdēng kāiguān
스트로보 스위치
17 暗盒儿开关 ànhér kāiguān
뒤뚜껑 스위치
18 目镜窗 mùjìngchuāng
파인더 접안창
19 拍立得 pāilìdé
즉석카메라 ; 인스턴트카메라 ▶"快照照相机" kuàizhào zhàoxiàngjī
20 袖珍照相机 xiùzhēn zhàoxiàngjī
포켓 카메라 ▶"超小型照相机" chāoxiǎoxíng zhàoxiàngjī
21 三脚架 sānjiǎojià
삼각대 ; 삼각 받침대
22 镁光灯 měiguāngdēng
플래시 밸브
23 快门线 kuàiménxiàn
케이블 릴리스
24-28 可换镜头 kěhuàn jìngtóu
교환 렌즈
24 变焦距镜头 biànjiāojù jìngtóu
줌 렌즈 ▶"焦距" jiāojù는 초점 거리
25 长焦距镜头 chángjiāojù jìngtóu
망원 렌즈 ▶"摄远镜头" shèyuǎn jìngtóu
26 鱼眼镜头 yúyǎn jìngtóu
어안 렌즈
27 广角镜头 guǎngjiǎo jìngtóu
광각 렌즈 ▶파노라마 카메라는 "全景照相机" quánjǐng zhàoxiàngjī
28 标准镜头 biāozhǔn jìngtóu
표준 렌즈
29 滤色镜 lǜsèjìng
필터 ▶"滤光镜" lǜguāngjìng
30 遮光罩 zhēguāngzhào
후드
31-32 胶卷儿 jiāojuǎnr
필름
31 黑白胶卷儿 hēibái jiāojuǎnr
흑백 필름
32 彩色胶卷儿 cǎisè jiāojuǎnr
컬러 필름

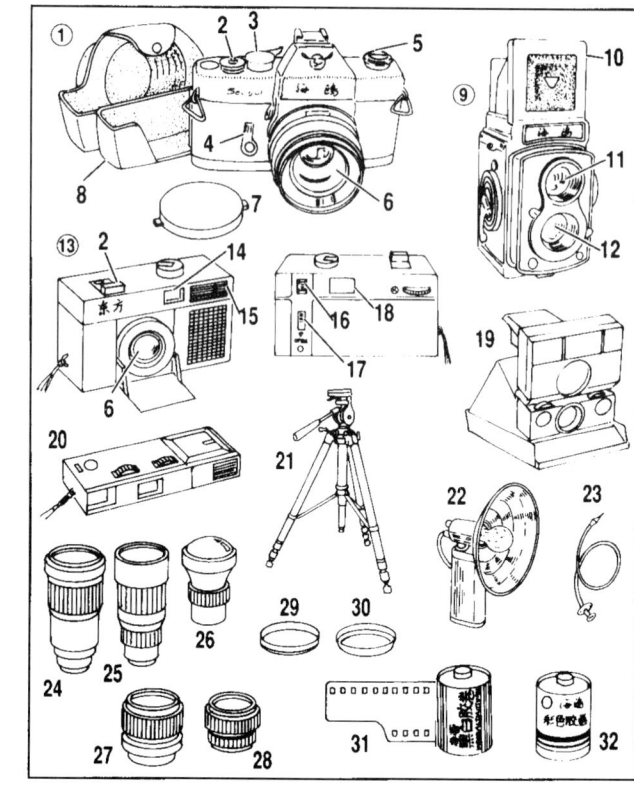

博物馆 bówùguǎn

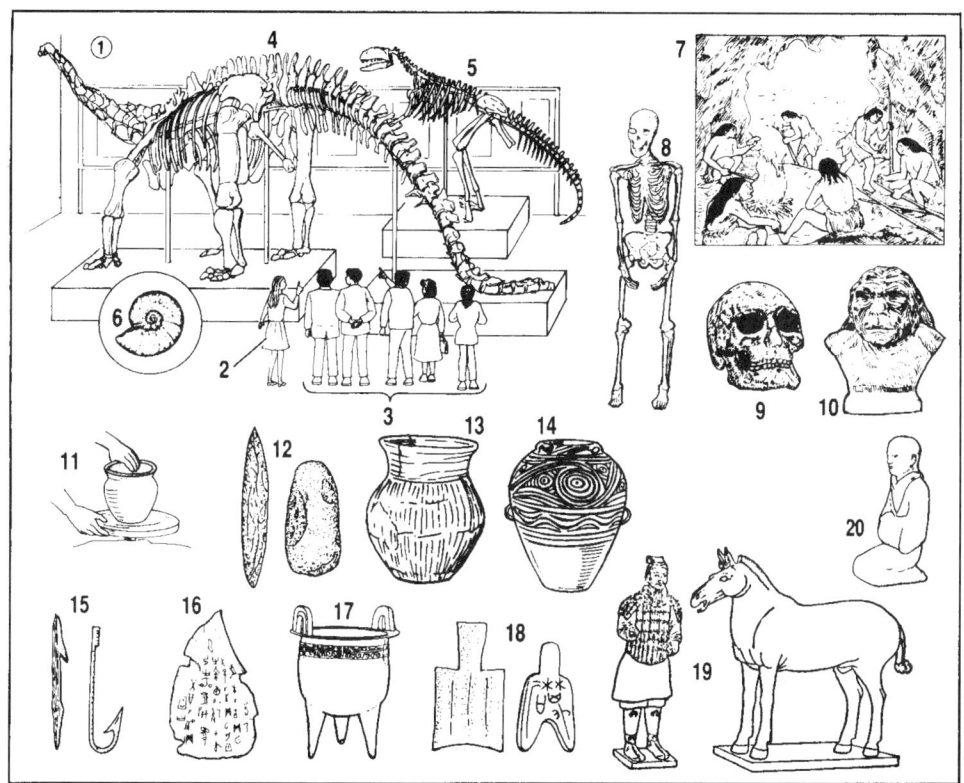

1-10 自然博物馆 zìrán bówùguǎn
자연 박물관
1 陈列室 chénlièshì
진열실
2 讲解员 jiǎngjiěyuán
큐레이터 ; 설명계
3 参观者 cānguānzhě
참관자 ; 견학자 ▶ "参观的人" cānguānderén, "观众" guānzhòng
4-6 化石 huàshí
화석
4-5 恐龙 kǒnglóng
공룡
4 草食恐龙 cǎoshí kǒnglóng
초식 공룡
5 肉食恐龙 ròushí kǒnglóng
육식 공룡
6 菊石 júshí
암모나이트
7-10 古人类 gǔrénlèi
고대 인류
7 设想图 shèxiǎngtú
상상도
8 骨骼 gǔgé
골격
9 头盖骨模型 tóugàigǔ móxíng
두개골 모형
10 复原头像 fùyuán tóuxiàng
복원된 두부상
11-20 历史博物馆 lìshǐ bówùguǎn
역사박물관
11 作法示意图 zuòfǎ shìyìtú
제작법 설명도
12-20 出土文物 chūtǔ wénwù
출토품
12 石器 shíqì
석기
13 陶器 táoqì
도기
14 彩陶 cǎitáo
채도 ; 채문 토기
15 骨器 gǔqì
골기 ; 골각기
16 甲骨文 jiǎgǔwén
갑골 문자
17 青铜器 qīngtóngqì
청동기 ▶ "铜器" tóngqì
18 布币 bùbì
천 화폐 ▶ 고대 화폐의 일종
19-20 陶俑 táoyǒng
부장용의 토용 ; 청동 화폐
19 兵马俑 bīngmǎyǒng
병사용 ▶ 병사나 군마 등의 토용
20 女俑 nǚyǒng
여성의 토용

198 出土文物 chūtǔ wénwù

1-9 食器 shíqì
식기

1 钵 bō
주발 ; 사발

2 盂 yú
아가리가 넓고 운두가 높은 그릇

3-4 盒 hé
함 ; 뚜껑 있는 식기

5 笾 biān
변 ▶마른 음식을 담는 굽달린 그릇

6 豆 dòu
제사 때 음식물을 담는 그릇의 하나

7 箪 dān
대오리로 엮은 밥을 담는 둥근 그릇

8 笥 sì
밥·의류 따위를 담는 네모진 대나무 그릇

9 簋 guǐ
궤 ▶제사 때 수수를 수북이 담아 제상에 올리는 양귀 달린 되 모양의 그릇

10-19 酒器 jiǔqì
주기

10 勺 sháo
국자 ; 주걱

11 壶 hú
단지 ; 항아리 ▶술이나 물을 담는다.

12 缶 fǒu
장군 ▶아가리가 좁고 중배가 큰 질그릇

13 卮 zhī
치 ; 옛날 술잔

14 杯 bēi
잔 ▶"盃" bēi, "桮" bēi

15 尊 zūn
준 ; 주기(酒器)의 일종 ▶"樽" zūn

16 觥 gōng
골잔 ; 짐승의 뿔로 만든 중국 고대의 술잔

17 瓮 wèng
옹 ; 항아리 ; 독 ▶술이나 물을 담는다.

18 觚 gū

고 ▶옛날 술잔의 하나

19 爵 jué
술 그릇 ▶구리로 만든 세발 달린 그릇

20-21 盛水器 chéngshuǐqì
물을 담는 용기

20 盘 pán
반 ▶제사나 주연시에 손을 씻는 물을 담는 그릇

21 匜 yí
이 ▶옛날, 손을 씻거나 세수하는 데 쓰던 용기

22 鉴 jiàn
감(鑑) ; 얼음을 넣어 물건을 식힌다. 큰 것은 목욕에 쓴다.

23 盆 pén
주발의 일종 ▶운두가 낮고 폭이 넓다.

24-25 瓶 píng
병 ▶물을 담는 그릇

25 银瓶 yínpíng
은병 ▶은색으로 빛나는 두레박

26-32 炊器 chuīqì
취사 용구 ; 조리 기구

26 镬 huò
옛날에 물건을 삶던 큰 냄비

27-28 鼎 dǐng
냄비 ; 솥

28 方鼎 fāngdǐng
네모진 냄비(솥)

29 鬲 lì
옛날의 세발 달린 솥

30 甗 yǎn
옛날의 시루

31 俎 zǔ
도마 ▶고기를 얹는 받침 또는 도마로 사용한다.

32 灶 zào
부뚜막

33-38 饰器 shìqì
장신구

33 镜 jìng
거울

34 环 huán
고리 모양의 옥
▶璧(☞198-36)의 일종

35 佩 pèi
옥으로 장식한 띠 ▶허리에 차는 장식 구슬

36 璧 bì
벽 ▶옥기의 일종

37 玦 jué
한쪽이 트인 고리 모양의 패옥

38 璫 dàng
귀걸이

39-47 衣物 yīwù
옷과 일상 용품

39 冠 guān
관 ; 모자

40-41 屐 jī
나무 신발

42 襦 rú
짧은 웃옷

43 裙 qún
치마 ▶주름잡힌 하의

44 丝履 sīlǚ
실로 짠 신발

45 朝靴 cháoxuē
예장용의 장화

46 舄 xì
신발 ▶짚신의 일종

47 屦 jù
마·칡 따위로 엮은 신

48-54 度量衡 dùliànghéng
도량형

48 尺 chǐ
자 ; 척

49 寸 cùn
치

50 分 fēn
푼

51 量 liàng
되

52 衡 héng
저울

53-54 权 quán
분동 ; 추

53 环权 huánquán
원형 분동

출토 문물

199 古代建筑 gǔdài jiànzhù

1-7 塔 tǎ
탑▶"宝塔" bǎotǎ
1 木塔 mùtǎ
목탑
2 铁塔 tiětǎ
철탑
3 石塔 shítǎ
석탑 ; 돌탑
4 砖塔 zhuāntǎ
전탑 ; 벽돌 탑
5 琉璃塔 liúlitǎ
유리탑
6 舍利塔 shèlìtǎ
사리탑
7 喇嘛塔 lǎmatǎ
라마탑
8 城墙 chéngqiáng
성벽
9 城门洞儿 chéngméndòngr
성문의 출입구
10-16 楼 lóu
2층 이상의 건물
10 城楼 chénglóu
성루
11 钟楼 zhōnglóu
종루
12 钟 zhōng
종
13 鼓楼 gǔlóu
고루▶옛날, 시각을 알리는 큰 북을 설치한 성루
14 角楼 jiǎolóu
각루 ; 성의 한 구석에 세운 성루
15 戏楼 xìlóu
연극 공연 건물
16 阁 gé
누각▶"楼阁" lóugé
17 亭子 tíngzi
정자
18 飞檐 fēiyán
비첨▶번쩍 들린 높은 처마
19 回廊 huíláng
회랑
20 彩画 cǎihuà
채색화
21 长城 chángchéng
(만리)장성▶"万里长城" wànlǐ chángchéng
22 烽火台 fēnghuǒtái
봉화대
23 华表 huábiǎo
화표(華表)▶궁전이나 능묘 등의 앞에 세워지는 장식용 돌기둥
24 牌坊 páifāng
패방 ; 충효 정절의 인물을 위해 세워진 정문(旌門)
25 题字 tízì
휘호
26 牌楼 páilou
마을의 중심이나 명승지에 세워진 장식용의 건축물
27 马头墙 mǎtóuqiáng
가옥의 측면 벽의 양식의 하나. 지붕보다 높게 돌출하

역사적 건축물 199

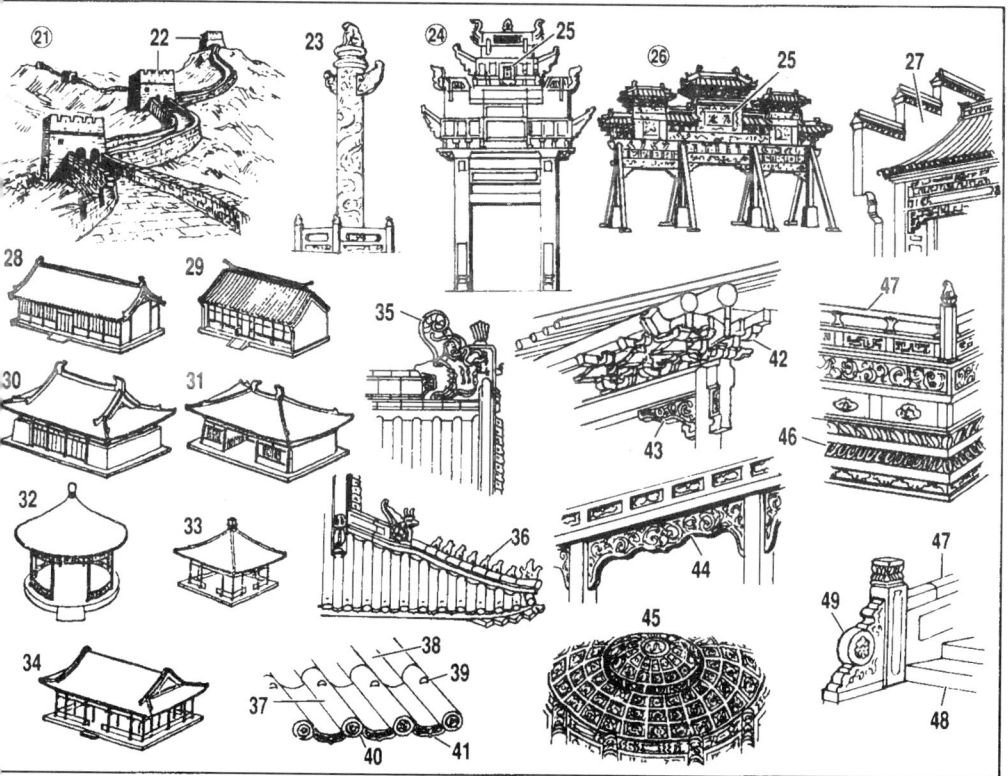

고, 지붕의 경사를 따라 계
단 모양을 이룬다.
28-34 屋顶形式 wūdǐng xíng-
shì
지붕의 모양
28 悬山 xuánshān
맞배지붕
29 硬山 yìngshān
人자 모양의 지붕
30 歇山 xiēshān
팔작지붕
31 庑殿 wǔdiàn
우진각 지붕의 형식
32-33 攒尖 cuánjiān
모임 지붕
32 圆攒尖 yuáncuánjiān
원뿔 모임 지붕
33 四角攒尖 sìjiǎo cuánjiān
사모 지붕
34 卷棚 juǎnpéng
용마루 부분이 곡선을 이루
는 지붕

35-41 屋面装饰 wūmiàn
zhuāngshì
지붕의 장식
35 正吻 zhèngwěn
치미 ; 지붕의 용마루 양단
에 붙여지는 지붕 장식
36 仙人走兽 xiānrén zǒushòu
잡상 ; 대당사부, 손행자, 저
팔계, 사화상, 이귀박, 천산
갑 등
37 筒瓦 tǒngwǎ
통기와 ; 둥근 기와
38 板瓦 bǎnwǎ
(보통의)기와 ; 평기와
39 瓦钉 wǎdīng
기와를 고정하기 위해 박는
못
40 瓦当 wǎdāng
와당 ; 막새 ; 수키와의 마구
리
41 滴水 dīshuǐ
(처마 끝의)내림새 ; 암키와

의 마구리
42 斗拱 dǒugǒng
두공
43 雀替 quètì
(중국 고대 건축에서)각재와
기둥이 맞물리는 곳의 받침
대(떠받치는 작용과 장식
작용을 한다.)
44 挂落 guàluò
칸막이 역할을 하는 상인방
밑의 장식품
45 藻井 zǎojǐng
장식 천장의 일종
46 须弥座 xūmízuò
수미좌 ▶불상이나 건물의 대
좌의 양식의 하나
47 栏杆 lán'gān
난간
48 石阶 shíjiē
돌계단
49 抱鼓石 bàogǔshí
북 모양의 돌조각

200 年节活动 niánjié huódòng I

1-37 节日 jiérì
기념일

1-3 新年 xīnnián
신년
▶구정은 "春节" chūnjié

1 元旦 yuándàn
원단

2 新年联欢会 xīnnián liánhuānhuì
신년회

3 拉花 lāhuā
꽃장식

4 妇女节 fùnǚjié
국제 여성의 날 ▶3월 8일. "三八妇努节" sān-bā fùnǚjié, "国际妇女节" guójì fùnǚjié

5 三八红旗手 sān-bā hóngqíshǒu
표창을 받은 모범 여성

6 植树节 zhíshùjié
식목일 ▶3월 12일

7 劳动节 láodòngjié
국제 노동절 ; 메이데이 ▶5월 1일. "五一劳动节" wǔ-yī láo dòngjié, "国际劳动节" guójì láodòngjié

8 青年节 qīngniánjié
청년의 날 ▶5월 4일. "五四青年节" wǔ-sì qīngniánjié

9 儿童节 értóngjié
어린이날 ▶6월 1일. "六一儿童节" liù-yī értóngjié, "国际儿童节" guójì értóngjié

10 七一 qī-yī
중국 공산당 창립 기념일 ▶7월 1일. "中国共产党铲挡建党纪念日" zhōngguó gòngchǎndǎng jiàndǎng jìniànrì

11 八一建军节 bā-yī jiànjūnjié
중국 인민 해방군 건군 기념일 ▶8월 1일. "八一" bā-yī, "建军节" jiànjūnjié

12 教师节 jiàoshījié
교사의 날 ▶9월 10일

13 谢师卡 xièshīkǎ
교사의 날에 제자가 감사의 글을 적어 선생에게 드리는 카드

14-19 国庆节 guóqìngjié
국경절 ; 건국 기념일 ▶10월 1일. "十一" shí-yī

14 庆祝游行 qìngzhù yóuxíng
축하 행진

15 彩车 cǎichē
축제 때 끌고 다니는 장식 한 수레

16 标语牌 biāoyǔpái
플래카드

17 横幅 héngfú
횡단막

18 军事游行 jūnshì yóuxíng
군사 퍼레이드

19 灯饰 dēngshì
등 장식 ; 일루미네이션

20-37 传统节日 chuántǒng jiérì
전통적인 축제일 ▶학교나 회사는 일반적으로 휴일이 아니다.

20-26 清明节 qīngmíngjié
청명절 ▶4월 5일. "清明" qīngmíng

20-25 扫墓 sǎomù
성묘

20 烈士陵园 lièshì língyuán
열사 묘지

21 烈士墓 lièshìmù
열사의 묘

22 花环 huāhuán
화환

23 公墓 gōngmù
공동묘지

24 骨灰盒 gǔhuīhé
유골함

25 纸钱 zhǐqián
지전 ▶사자를 모실 때 태우는 종이 돈

26 踏青 tàqīng
봄소풍 ; 봄놀이 ▶"春游" chūnyóu. 청명절쯤에 간다.

27-30 端午节 duānwǔjié
단오절 ▶음력 5월 5일. "端午" duānwǔ, "端阳节" duānyángjié

27 赛龙船 sàilóngchuán
용선(龍船) 경주

28 龙船 lóngchuán
용선(龍船) ▶"龙舟" lóngzhōu

29 雄黄酒 xiónghuángjiǔ
웅황주 ▶석웅황의 가루와 부들 뿌리를 잘게 썰어 소주에 담근 것

30 粽子 zòngzi
대나무 잎으로 찹쌀을 싸서 익힌 것

31-33 中秋节 zhōngqiūjié
중추절 ; 추석 ▶음력 8월 15일. "中秋" zhōngqiū

31 赏月 shǎngyuè
달구경

32 兔儿爷 tùryé
얼굴은 토끼이고 동체가 인간인 흙 인형 ▶중추절에 달에 제사 지낼 때 사용. 어린이의 장남감으로도 사용된다.

33 月饼 yuèbing
월병 ▶중추절에 먹는 과자

34-35 重阳节 chóngyángjié
중양절 ▶음력 9월 9일. "重阳" chóngyáng

34 登高 dēnggāo
중양절에 산이나 조그만 언덕에 오르는 것

35 赏菊 shǎngjú
국화 감상

36 腊八节 làbājié
납팔(臘八) ▶음력 12월 8일. 석가가 성도(成道)한 날. 현재는 일부에 "腊八粥" làbāzhōu를 먹는 습관이 남아 있을 뿐. "腊八" làbā라고도 한다.

37 腊八粥 làbāzhōu
납팔죽 ▶음력 12월 8일에 먹는 죽. 찹쌀을 쓰고, 밤·대추·호두·낙화생 등을 더 한 단 죽

연중행사 I 200

201 年节活动 niánjié huódòng II

- 1-42 春节 chūnjié
  구정;음력설;입춘절
- 1-9 除夕 chúxī
  섣달 그믐날;제야
- 1 大扫除 dàsǎochú
  대청소
- 2 灶王爷 zàowángyé
  부뚜막의 신;조왕신(竈王神)
- 3 年夜饭 niányèfàn
  섣달 그믐날 한밤에 먹는 중참(교자를 먹는다)
- 4 窗花 chuānghuā
  색종이를 접어서 여러 모양으로 오린 것 ▶정월에 창을 장식하는 데 쓰인다.
- 5 吉祥文字 jíxiáng wénzì
  길상 문자 ▶"福" fú자를 거꾸로 붙이는 것은 하늘에서 복이 떨어지라는 뜻이다.
- 6 年画 niánhuà
  정월에 방안에 붙이는 그림
- 7 贺年片 hèniánpiàn
  연하장
- 8 饺子 jiǎozi
  교자 ▶북방에서는 정월에 반드시 먹는다.
- 9 压岁钱 yāsuìqián
  세뱃돈
- 10-12 春联 chūnlián
  춘련 ▶구정에 문이나 입구의 변두리에 붙이는, 경사스러운 글을 쓴 빨간 종이
- 10-11 对联 duìlián
  대련
- 10 上联 shànglián
  상련;대련의 오른쪽 련
- 11 下联 xiàlián
  하련;대련의 왼쪽 련
- 12 横批 héngpī
  (대련에 대한)횡서;가로로 된 액자 따위
- 13 挂钱儿 guàqiánr
  정월에 '吉祥' 뜻으로 돈 등 모양을 오려내 대문 등에 붙이는 종이
- 14 门神 ménshén
  문신
- 15 爆竹 bàozhú
  폭죽 ▶단발식의 것
- 16 鞭炮 biānpào
  폭주 ▶연발식의 것
- 17 拜年 bàinián
  세배;새해 인사 ▶학교·회사 등에서는 "团拜" tuánbài 를 하여 함께 신년을 축하한다.
- 18 蛋糕 dàn'gāo
  케이크
- 19 环城赛跑 huánchéng sàipǎo
  시내 일주 마라톤
- 20-37 庙会 miàohuì
  공양날 묘(廟) 주변에 임시로 설치하던 장
- 20 狮子舞 shīziwǔ
  사자춤

연중행사 II 201

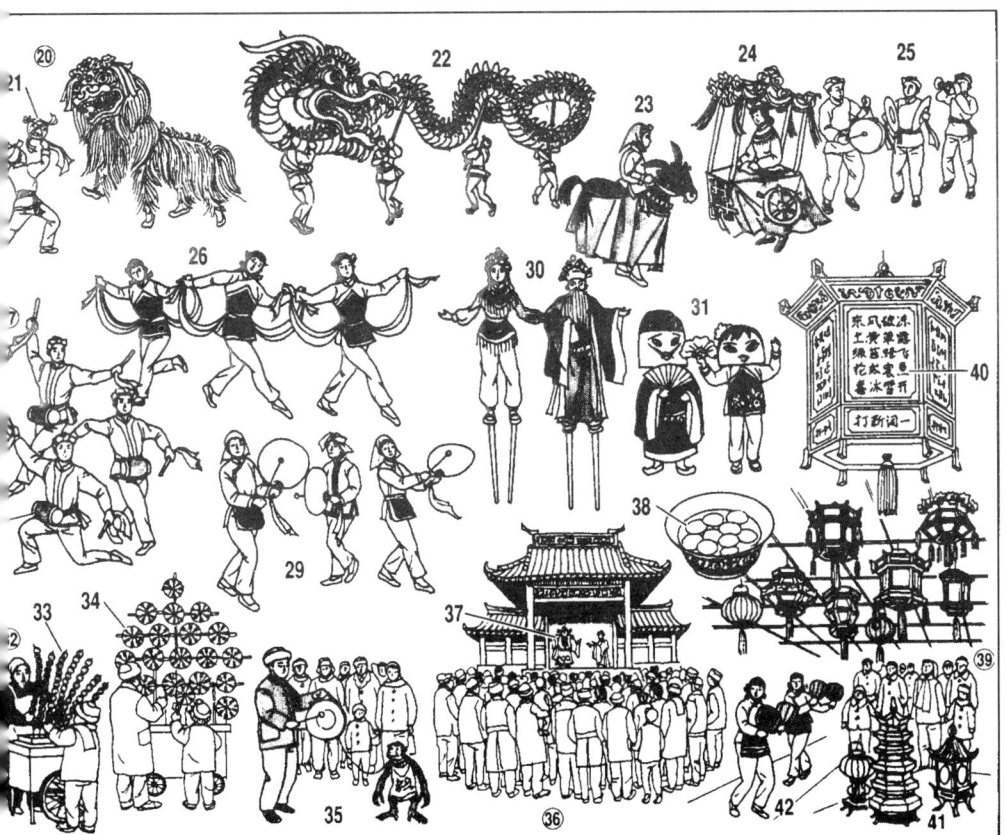

21 绣球 xiùqiú
　수를 놓은 둥근 장식물
22 龙灯舞 lóngdēngwǔ
　용등무 ▶정월 대보름날 여러 사람이 용 모양의 등을 쳐들고 추는 춤
23 跑驴 pǎolú
　종이 당나귀를 만들어 몸에 지니고 추는 춤
24 跑旱船 pǎohànchuán
　배 모양을 만들어 몸에 지니고 추는 춤
25 乐队 yuèduì
　악대
26 扭秧歌 niǔyāngge
　앙가춤 ▶모내기 노래에 맞추어 몸을 비틀며 추는 춤
27 腰鼓队 yāogǔduì
　남녀 모두 요고를 치며 거리를 행진하는 대오
28 腰鼓 yāogǔ
　요고 ▶허리에 차고 치는 북
29 大太平鼓 dàtàipínggǔ
　손잡이가 달린 작은북을 치면서 추는 춤
30 高跷 gāoqiāo
　나무다리 ; 긴 장대를 두 발에 묶고 걸어가며 공연하는 민속놀이
31 大头舞 dàtóuwǔ
　큰 머리 모양의 탈을 쓰고 추는 춤
32 摊儿 tānr
　노점 ▶"摊子" tānzi
33 糖葫芦 tánghúlu
　산사자·해당화 열매 등을 대꼬챙이에 꿰어, 녹인 설탕을 발라 굳힌 식품
34 风车儿 fēngchēr
　팔랑개비
35 耍猴儿 shuǎhóur
　원숭이의 재주를 보이며 그것으로 돈을 버는 사람
36 社戏 shèxì
　옛날 농촌에서 수호신에 제사를 지낼 때 상연하던 연극
37 钟馗 zhōngkuí
　종규 ▶악귀를 물리치는 전설상의 무신(武神)
38-42 元宵节 yuánxiāojié
　정월 대보름날 ▶음력 1월 15일. "上元节" shàngyuánjié, "灯节" dēngjié
38 元宵 yuánxiāo
　대보름날에 먹는 단자(團子) 모양의 식품
39 观灯 guāndēng
　등롱 관람
40 灯谜 dēngmí
　등롱에 써 있는 수수께끼
41 灯笼 dēnglong
　등롱 ; 초롱
42 灯舞 dēngwǔ
　초롱을 손에 들고 추는 춤

202 红白喜事 hóng bái xǐshì I

1 诞生 dànshēng
  탄생
2 新生儿 xīnshēng'ér
  신생아
3 贺礼 hèlǐ
  축하 선물
4 满月 mǎnyuè
  출생 후 만 1개월의 축하
5 老虎鞋 lǎohǔxié
  호랑이를 본뜬 유아용 신발
  ▶"虎头鞋" hǔtóuxié
6-8 周岁 zhōusuì
  첫돌
6 过生日 guòshēngrì
  생일 잔치(축하)
7 生日蛋糕 shēngrì dàn'gāo
  버스데이 케이크
8 抓周 zhuāzhōu
  (돌날에 하는)돌잡이
  ▶"抓周儿" zhuāzhōur
9 祝寿 zhùshòu
  (노인의)생일 축하

10 长寿面 chángshòumiàn
   장수면 ▶생일날에 장수하라고 먹는 국수
11 寿桃 shòutáo
   노인의 생신 축하로 선사하는 밀가루로 만든 복숭아
12 恋爱 liàn'ài
   연애
13 对象 duìxiàng
   연인 ▶여자 친구는 "女朋友" nǚpéngyou
14-41 结婚 jiéhūn
   결혼 ▶이혼은 "离婚" líhūn
14 婚姻介绍所 hūnyīn jièshàosuǒ
   결혼상담소
15 咨询员 zīxúnyuán
   상담원 ; 컨설턴트 ▶애정은 "爱情" àiqíng, 약혼은 "订婚" dìnghūn
16 结婚登记 jiéhūn dēngjì
   결혼 등록

17 结婚证 jiéhūnzhèng
   결혼 증명서
18 结婚照 jiéhūnzhào
   결혼 기념사진
19 结婚礼服 jiéhūn lǐfú
   웨딩드레스
20 结婚戒指 jiéhūn jièzhi
   결혼반지
21 结婚典礼 jiéhūn diǎnlǐ
   결혼식 ▶"婚礼" hūnlǐ
22 结婚请帖 jiéhūn qǐngtiě
   청첩장
23 喜筵 xǐyán
   축연 ; 결혼 피로연
   ▶"结婚酒席" jiéhūn jiǔxí
24 新郎 xīnláng
   신랑
25 新娘 xīnniáng
   신부
26 来宾 láibīn
   내빈
27 结婚蛋糕 jiéhūn dàn'gāo

웨딩 케이크
28 喜糖 xǐtáng
축하 사탕
29 双喜字 shuāngxǐzì
"喜"자 둘을 나란히 하여 1자로 한 것 "囍" ▶결혼을 축하하는 도안으로 쓰인다.
30 花车 huāchē
꽃차
31 彩色纸屑 cǎisè zhǐxiè
꽃뿌리 ; 잘게 썬 색종이
32 鞭炮 biānpào
폭죽
33-39 闹房 nàofáng
신혼 초야에 친구나 친척이 신혼방에 가서 하는 축하
▶"闹新房" nàoxīnfáng, "闹洞房" nàodòngfáng
33 新房 xīnfáng
신혼부부의 방
▶"洞房" dòngfáng
34 嫁妆 jiàzhuang

혼수품 ▶"嫁装" jiàzhuang이라고도 쓴다.
35 结婚礼物 jiéhūn lǐwù
결혼 축하 선물
▶"结婚礼品" jiéhūn lǐpǐn
36 彩灯 cǎidēng
채색 장식 초롱
37 喜酒 xǐjiǔ
축하주
38 亲戚 qīnqī
친척
39 朋友 péngyou
친구
40 集体婚礼 jítǐ hūnlǐ
집단 결혼식 ▶식을 검소하게 하는 것이 주목적
41 蜜月旅行 mìyuè lǚxíng
신혼여행 ▶식을 올리지 않고 두 사람이 여행을 가는 "旅行结婚" lǚxíng jiéhūn(여행 결혼)도 있다.

红白喜事 hóng bái xǐshì II 관혼상제 II

1-22 丧事 sāngshì
장례식
1 灵车 língchē
영구차
2-7 遗体告别仪式 yítǐ gàobié yíshì
고별식
2 火葬场的礼堂 huǒzàngchǎngde lǐtáng
화장장에 설치된 제장(齋場)
▶화장장은 "火葬场" huǒzàngchǎng, "火化场" huǒhuàchǎng
3 遗体 yítǐ
유해
4 鲜花 xiānhuā
생화
5 死者家属 sǐzhě jiāshǔ
유족
6 白花儿 báihuār
흰 꽃 ; 흰 조화
7 黑纱 hēishā
상장(喪章)
8-17 追悼会 zhuīdàohuì
추도회
8 遗像 yíxiàng
유영(遺影)
9 骨灰盒 gǔhuīhé
유골함
10 花圈 huāquān
화환
11 挽联 wǎnlián
애도용의 대련(對聯)
12 上联 shànglián
상련 ; 대련의 오른쪽 련
13 下联 xiàlián
하련 ; 대련의 왼쪽 련
14 治丧委员 zhìsāng wěiyuán
장의 위원
15 悼词 dàocí
조사 ; 추도사
16 列席者 lièxízhě
참석자
17 唁电 yàndiàn
조전
▶장송곡은 "哀乐" āiyuè
18-19 骨灰安放仪式 gǔhuī ānfàng yíshì
납골식
18 骨灰堂 gǔhuītáng
납골당
19 骨灰寄存证 gǔhuī jìcúnzhèng
유골함 보관증
20-22 送葬 sòngzàng
장송(葬送) ▶"送殡" sòngbìn, "出殡" chūbìn
20 灵柩 língjiù
영구 ; 관 ▶관은 "棺材" guāncai, "寿材" shòucái, 수의는 "寿衣" shòuyī
21 纸钱 zhǐqián
지전 ▶사자를 모실 때 뿌리거나 태우는 종이 돈
22 墓 mù
묘

1-8 伊斯兰教 yīsīlánjiào
이슬람교；회교
▶"回教" huíjiào, "清真教" qīngzhēnjiào

1-2 清真寺 qīngzhēnsì
이슬람교 사원；모스크
▶"礼拜寺" lǐbàisì

3 宣礼塔 xuānlǐtǎ
광탑(光塔)
▶"宣礼楼" xuānlǐlóu, "邦克楼" bāngkèlóu

4-8 主麻 zhǔmá
금요 예배

4 礼拜大殿 lǐbài dàdiàn
예배당

5 讲坛 jiǎngtán
설교단

6 阿訇 āhōng
이슬람교의 승려

7 古兰经 gǔlánjīng
코란 ▶알라는 "真主" zhēnzhǔ, "安拉" ānlā. 마호메트는 "穆罕默德" mùhǎnmòdé

8 穆斯林 mùsīlín

이슬람교도

9-24 基督教 jīdūjiào
기독교 ▶프로테스탄트를 말하기도 한다.

9 圣经 shèngjīng
성서；바이블

10 耶稣基督 yēsū jīdū
예수 그리스도

11 十字架 shízìjià
십자가

12 圣母玛丽亚 shèngmǔ mǎlìyà
성모 마리아

13 赞美诗 zànměishī
찬송가 ▶"赞美歌" zànměigē

14 洗礼 xǐlǐ
세례

15 圣餐 shèngcān
성찬식

16-19 天主教 tiānzhǔjiào
천주교

16 天主教堂 tiānzhǔjiàotáng
천주교 성당

17 弥撒 mísa

미사

18 神甫 shénfu
신부

19 天主教徒 tiānzhǔjiàotú
천주교도

20 修女 xiūnǚ
수녀；시스터

21-23 耶稣教 yēsūjiào
신교；프로테스탄트
▶"新教" xīnjiào, "基督教" jīdūjiào

21 婚礼仪式 hūnlǐ yíshì
결혼식 ▶프로테스탄트 교회는 "耶稣教堂" yēsūjiàotáng 혹은 "基督教堂" jīdūjiàotáng

22 牧师 mùshī
목사

23 耶稣教徒 yēsūjiàotú
프로테스탄트；신교도
▶"基督教徒" jīdūjiàotú

24 东正教堂 dōngzhèngjiàotáng
그리스 정교의 교회

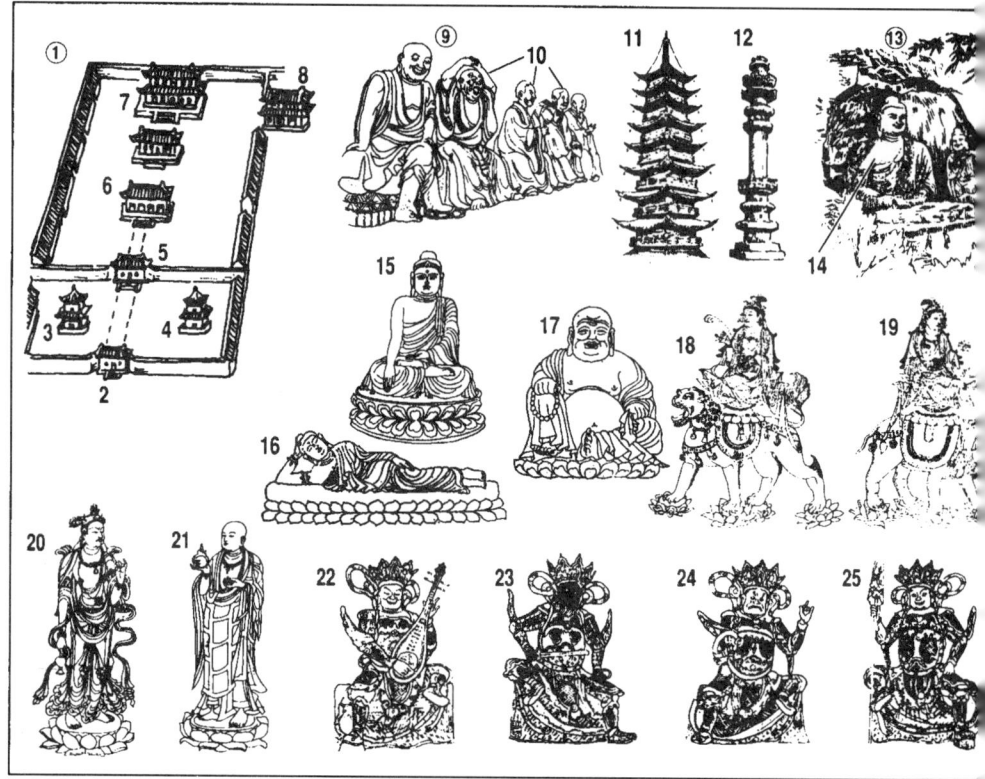

1-41 佛教 fójiào
불교

1 佛寺 fósì
절；불사；불교의 절

2 大门 dàmén
대문

3 鼓楼 gǔlóu
고루

4 钟楼 zhōnglóu
종루

5 山门 shānmén
산문

6 大雄宝殿 dàxióng bǎodiàn
금당(金堂)

7 藏经楼 cángjīnglóu
장경루 ▶불경은 "佛经" fójīng

8 素菜馆 sùcàiguǎn
정진 요리 식당 ▶"素菜" sùcài는 정진 요리

9 罗汉堂 luóhàntáng
나한당

10 罗汉 luóhàn
나한

11 佛塔 fótǎ
불탑；절의 탑

12 经幢 jīngchuáng
6각형 또는 원형의 돌기둥에 불호(佛号)나 경문을 새긴 것

13 石窟 shíkū
석굴；석굴사

14 石佛 shífó
석불

15-25 佛像 fóxiàng
불상

15-16 释迦牟尼 shìjiāmóuní
석가 ▶"释迦牟尼佛" shìjiāmóunífó, "佛陀" fótuó

15 坐佛 zuòfó
좌불

16 卧佛 wòfó
와불 ▶누워 있는 불상

17-21 菩萨 púsà
보살

17 弥勒 mílè
미륵

18 文殊 wénshū
문수

19 普贤 pǔxián
석가의 자비

20 观音 guānyīn
관세음보살
▶"观世音" guānshìyīn

21 地藏 dìzàng
지장보살

22-25 四大天王 sìdàtiānwáng
사천왕
▶"四大金刚" sìdàjīn'gāng

22 持国天王 chíguótiānwáng
지국천왕

23 增长天王 zēngzhǎngtiānwáng
증장천왕

24 广目天王 guǎngmùtiānwáng
광목천왕

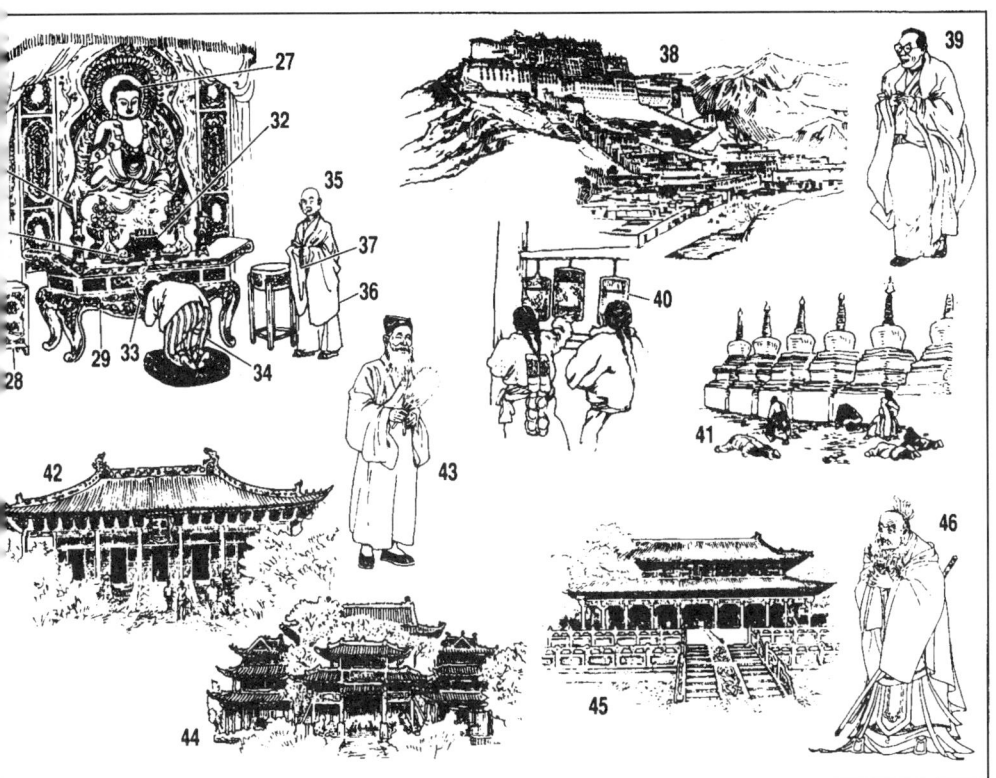

25 多闻天王 duōwéntiānwáng
   다문천왕
26 佛龛 fókān
   불단
27 主佛 zhǔfó
   주불 ; 본존(本尊)
28 香资箱 xiāngzīxiāng
   새전함 ▶새전(赛钱)은 "香钱" xiāngqián, "香资" xiāngzī
29 供桌 gòngzhuō
   제상 ▶공물을 차려 놓는 대
30 供品 gòngpǐn
   공물 ; 제물
31 蜡烛 làzhú
   초
32 香炉 xiānglú
   향로
33 香 xiāng
   선향
34 佛教徒 fójiàotú
   불교 신도 ▶신자는 "信徒" xìntú, 참예자는 "香客" xiāngkè, 유람객·관광객은 "游客" yóukè
35 和尚 héshang
   스님 ; 화상 ▶"僧人" sēngrén, "僧" sēng. 여승(비구니)은 "尼姑" nígū
36 法衣 fǎyī
   승복
37 数珠 shùzhū
   염주 ▶"念珠" niànzhū
38-41 藏传佛教 zàngchuán fójiào
   티베트 불교
   ▶"喇嘛教" lǎmajiào
38 喇嘛庙 lǎmamiào
   라마교 사원
39 喇嘛 lǎma
   라마승
40 经轮 jīnglún
   경륜 ; 마니차 ▶"嘛呢轮" mánílún. 사원의 외벽에 설치한 대형과 손에 드는 소형이 있다.
41 五体投地 wǔtǐ tóudì
   오체투지 ▶불교에서 양손·두 무릎·머리를 바닥에 대고 하는 배례
42-44 道教 dàojiào
   도교
42 道观 dàoguàn
   도교의 사원
43 道士 dàoshì
   도사 ▶도교의 승. 여도사는 "道姑" dàogū
44 关帝庙 guāndìmiào
   관제묘 ▶관우를 모신 사당
45-46 儒教 rújiào
   유교
45 孔子庙 kǒngzǐmiào
   공자묘 ▶"孔庙" kǒngmiào, "夫子庙" fūzǐmiào, "文庙" wénmiào
46 孔子 kǒngzǐ
   공자

206 神话 shénhuà · 传说 chuánshuō

1 盘古 pángǔ
반고 ▶중국 신화에서 천지를 개벽한 사람

2 伏羲 fúxī
복희 ▶전설상의 황제. 백성에게 어렵(漁獵)·목축을 가르치고, 팔괘를 만들었다. 몸은 뱀이고 머리는 사람

3 女娲 nǚwā
여왜 ▶신화 중의 여제(女帝)의 이름

4 神农 shénnóng
신농 ▶농업·의약의 시조 ▶"炎帝" yándì

5 夸父 kuāfù
과부 ▶태양을 쫓은 신화 중의 인물

6 黄帝 huángdì
황제 ▶한족의 시조. "轩辕" xuānyuán

7 祝融 zhùróng
축융 ▶전설상의 불의 신

8 共工 gònggōng
공공 ▶전설상의 물의 신

9 禹 yǔ
우 ▶"夏" 왕의 이름. 전설에 홍수를 다스렸다고 한다

10 后羿 hòuyì
후예 ▶10개의 태양이 나타나 백성을 고생시킬 때 9개를 활로 쏘아 없앤 신화 중의 인물. "羿" yì라고도 한다.

11 嫦娥 cháng'é
항아 ▶고대 신화 속의 선녀

12 广寒宫 guǎnghángōng
광한궁 ▶전설상의 월궁(月宫)

13 玉兔 yùtù
옥토 ▶달에 산다는 토끼

14 西王母 xīwángmǔ
서왕모 ▶옛날 신화상의 선녀

15 蟠桃 pántáo
반도 ▶이천년에 1회 열매를 맺는 선도(仙桃). 이것을 먹으면 불로장수한다고 한다.

16 牛郎 niúláng
견우

17 织女 zhīnǚ
직녀

18 喜鹊 xǐque
까치

19 雷公 léigōng
뇌공 ▶천둥의 신. "雷师" léishī

20 福禄寿三星 fúlùshòu sānxīng
복록수의 3신 ▶행복과 부귀와 장수를 가져다 주는 신들

21 八仙 bāxiān
팔선 ▶8인의 선인

22 愚公 yúgōng
  우공 ▶설화「愚公移山」의 산을 옮긴 주인공
23 东郭先生 dōngguō xiānshēng
  동곽선생 ▶늑대를 살렸다가 늑대에게 죽을 뻔한 분별 없는 어리석은 사람을 가리키는 말
24 鲁班 lǔbān
  노반 ▶목수의 시조
25 华佗 huàtuó
  화타(華佗) ▶3국 시대의 명의. 외과 의학의 시조
26 西施 xīshī
  서시 ▶춘추 시대의 미녀. 후세에 미인의 대명사가 된다.
27 马良 mǎliáng
  마량 ▶그림의 명수
28 哪吒 nézhā
  나타 ▶신화 속의 신의 이름
29-32 西游记 xīyóujì
  서유기
29 唐僧 tángsēng
  당승 ; 삼장법사 ▶당나라의 승려, 현장(玄奘)의 속칭
30 孙悟空 sūnwùkōng
  손오공 ; 손행자
31 猪八戒 zhūbājiè
  저팔계
32 沙僧 shāsēng
  사오정 ▶"沙和尚" shāhéshang
33 刘海儿 liúhǎir
  유해아 ▶전설상의 선동
34 仓颉 cāngxié
  창힐 ▶한자를 만들었다고 한다.
35 孟姜女 mèngjiāngnǚ
  맹강녀 ▶만리장성 건설에 따른 비화의 주인공
36 阿凡提 āfántí
  애펜디 ▶위구르·우즈베크·카자흐·키르기즈 등의 소수 민족 사이에 전해지는 기지와 유머가 뛰어난 전설 인물
37 济公 jìgōng
  제공 ▶송나라의 승. 신통력을 갖는 부채를 써서 서민을 도운 전설상의 인물
38 麒麟 qílín
  기린 ▶전설상의 동물
39 龙 lóng
  용 ▶전설상의 동물
40 凤凰 fènghuáng
  봉황 ▶전설상의 동물. "凤" fèng은 수컷, "凰" huáng은 암컷

207 体态语 tǐtàiyǔ・手势语 shǒushìyǔ

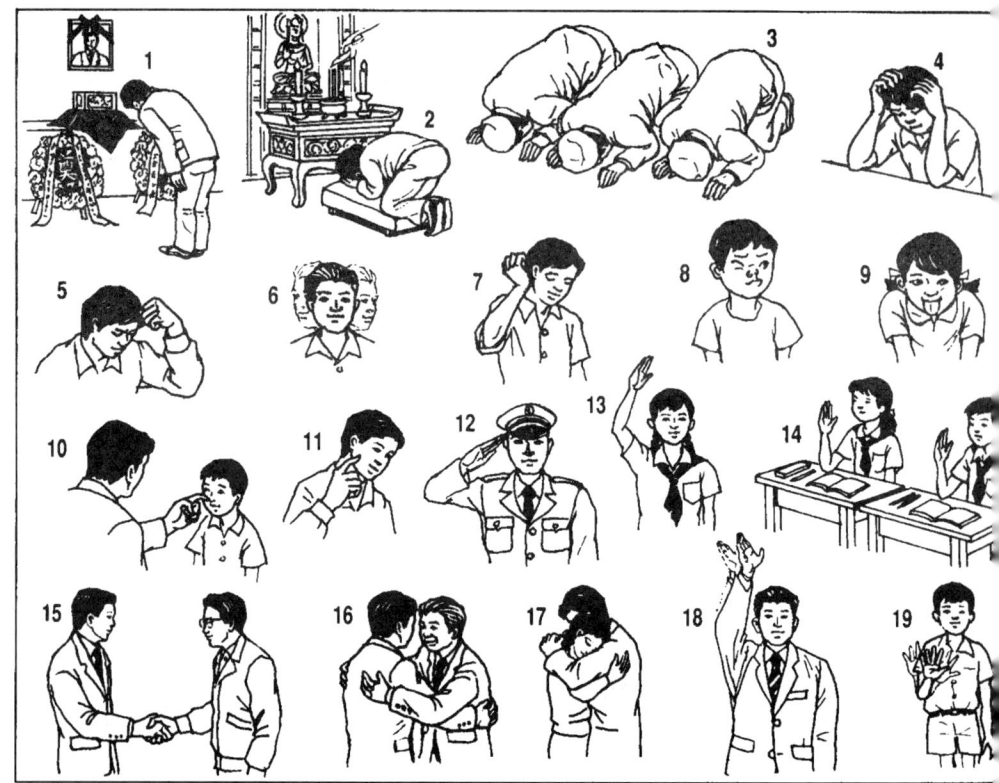

1 鞠躬 jūgōng
국궁 ; 절 ▶상반신을 앞으로 굽혀 정중히 절하다.

2 磕头 kētóu
개두 ▶이마를 땅에 조아리며 하는 절

3 叩头 kòutóu
고두 ▶무릎 꿇고 머리를 땅에 조아리는 매우 경의가 담긴 절

4 抱头 bàotóu
머리를 감싸 안다. ▶곤혹・낙담・근심・공포 등의 뜻을 나타낸다.

5 捶头 chuítóu
주먹으로 머리를 계속 치다. ▶후회의 뜻을 나타낸다. "捶脑袋" chuínǎodai

6 晃脑袋 huàngnǎodai
머리를 좌우로 흔들다. ▶도리질하는 것은 "摇头" yáotóu

7 挠后脑勺 náohòunǎosháo
뒤통수를 긁적이다. ▶곤혹스럽거나 멋적거나 할 때의 동작

8-9 做鬼脸 zuòguǐliǎn
일부러 우습고 괴상한 표정을 하여 무섭게 하다.

10 刮鼻子 guābízi
상대방의 코끝을 가볍게 문지르는 동작 ▶뽐내거나, 놀리거나, 야단칠 때의 동작

11 刮脸皮 guāliǎnpí
집게손가락으로 면도하는 시늉을 하다. ▶상대에게「부끄럽지 않느냐」는 동작

12-13 敬礼 jìnglǐ
경례 ▶그림의 12는 군인, 13은 소년 선봉대의 경례

14 举手 jǔshǒu
거수

15 握手 wòshǒu
악수

16-17 拥抱 yōngbào
포옹 ▶그림의 16은 정치가 등의 의례적인, 17은 남녀 간의 포옹

18 挥手 huīshǒu
한쪽 손을 좌우로 크게 흔든다. ▶떨어진 위치에 있는 상대에게 이별의 인사. 지도자의 대중에 대한 인사. 가까이에 위치하는 상대에게의 이별의 인사는 한쪽 손을 작게 좌우로 흔드는 "摇手" yáoshǒu

19 摆手 bǎishǒu
손바닥을 좌우로 흔든다. ▶반대나 불필요하다는 등의 뜻을 나타낸다.

20 搓手 cuōshǒu
손을 비비다. ▶초조하거나 걱정스러운 모습을 나타낸다. 손가락을 펴서 손을 비비면 분발하고 있는 모습을

바디 랭귀지·수화 207

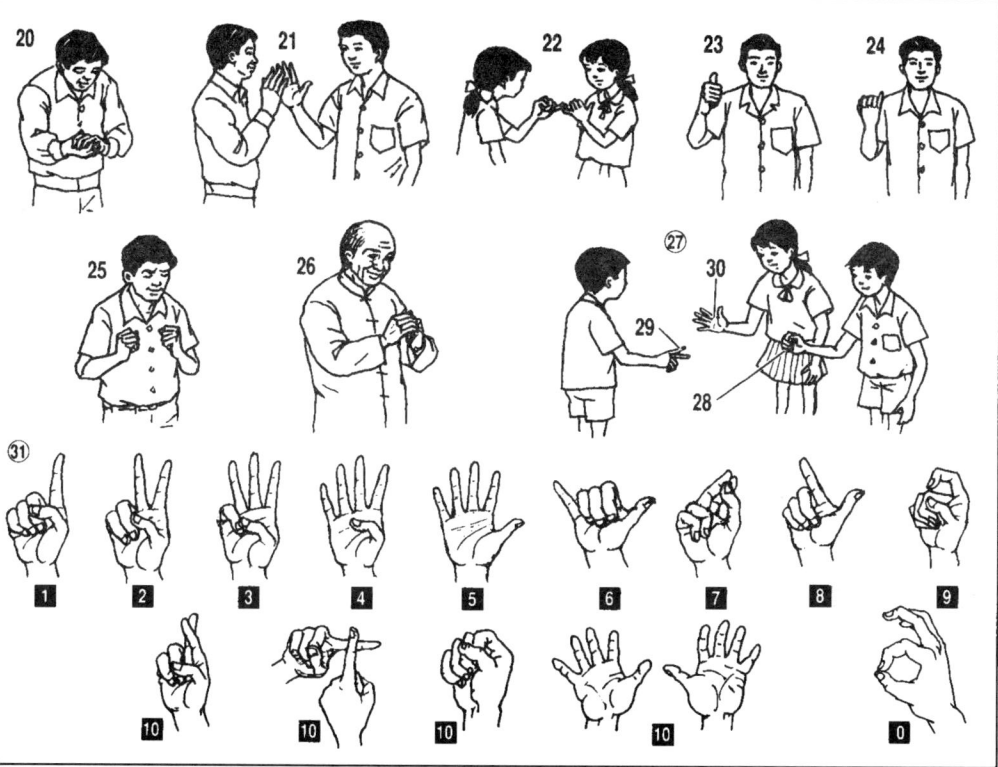

나타낸다.
21 二人击掌 èr rén jīzhǎng
손바닥을 서로 치다. ▶「약속했다」라는 뜻
22 勾小指 gōuxiǎozhǐ
새끼손가락을 마주 걸다.
▶맹세를 나타낸다
23 竖大拇指 shùdàmuzhǐ
엄지손가락을 세우다. ▶「굉장하다」「대단하다」 등 칭찬의 뜻
24 竖小指 shùxiǎozhǐ
새끼손가락을 세우다. ▶「최저다」「못하다」라는 뜻
25 捶胸脯 chuíxiōngpú
주먹으로 가슴을 두드리다.
▶분개·절망을 나타낸다.
26 拱手 gǒngshǒu
공수 ▶가슴 앞에서 왼쪽 손의 주먹을 오른손으로 감싸는 인사. 상대에게 무엇을 부탁하거나 손이 더러워서 악수 대신 쓴다든지 한다. 현재는 별로 쓰이지 않지만 옛날에는 일상적으로 볼 수 있었다.
27 划拳 huáquán
가위바위보
▶"猜拳" cāiquán
28 石头 shítou
바위 ▶"锤子" chuízi
29 剪子 jiǎnzi
가위 ▶"剪刀" jiǎndāo
30 布 bù
보 ▶"布" bù는 헝겊을 뜻한다.
31 数字 shùzì
수 ▶"一" yī, "二" èr, "三" sān, "四" sì, "五" wǔ, "六" liù, "七" qī, "八" bā, "九" jiǔ, "十" shí, "零" líng.
"十" shí에는 네 가지 표현 방법이 있다. 주먹이 "十" shí를 나타내는 것은 "十" shí와 "石" shí가 음이 같기 때문이다.

少数民族 shǎoshù mínzú I

1 满族 mǎnzú
  만주족
2 朝鲜族 cháoxiānzú
  조선족
3 稻子 dàozi
  벼
4 镰刀 liándāo
  낫
5 赫哲族 hèzhézú
  허저족
6 鱼叉 yúchā
  작살
7 鱼网 yúwǎng
  어망
8 蒙古族 ménggǔzú
  몽골족
9 小羊羔儿 xiǎoyánggāor
  어린 양 ▶"羔羊" gāoyáng
10 达斡尔族 dáwò'ěrzú
  다우르족
11 斧子 fǔzi
  도끼
12 鄂温克族 èwēnkèzú
  어원커족
13 鄂伦春族 èlúnchūnzú
  어룬춘족
14 桦皮盒儿 huàpíhér
  자작나무 껍질로 만든 작은 상자
15 回族 huízú
  후이족 ; 회족
16 回族帽 huízúmào
  회족 모자
17 东乡族 dōngxiāngzú
  동샹족
18 木锨 mùxiān
  목제의 삽

19 土族 tǔzú
   투족
20 撒拉族 sālāzú
   싸라족
21 保安族 bǎo'ānzú
   바오안족
22 裕固族 yùgùzú
   위꾸족
23 维吾尔族 wéiwú'ěrzú
   위구르족 ; 웨이우얼족
24 坎土曼 kǎntǔmàn
   위구르족 지구에서 쓰이는
   철제 농구(곡괭이의 일종)
25 奶茶壶 nǎicháhú
   우유차를 담는 포트
26 葡萄 pútao
   포도
27 哈萨克族 hāsàkèzú
   카자흐족
28 东不拉 dōngbùlā
   동불라 ▶카자흐족의 만돌린
   비슷한 2현의 현악기
29 柯尔克孜族 kē'ěrkèzīzú
   키르기즈족
30 锡伯族 xībózú
   시버족
31 塔吉克族 tǎjíkèzú
   타지크족

209 少数民族 shǎoshù mínzú II

1 乌孜别克族 wūzībiékèzú
  우즈벡족
2 大镰刀 dàliándāo
  큰 낫 ▶"钐镰" shànlián,
  "钐刀" shàndāo
3 俄罗斯族 éluósīzú
  러시아족；어러쓰족
4 塔塔尔族 tǎtǎ'ěrzú
  장족；타타얼족
5 藏族 zàngzú
  티베트족；장족
6 水桶 shuǐtǒng
  물통
7 猎枪 lièqiāng
  엽총
8 门巴族 ménbāzú
  먼바족
9 珞巴族 luòbāzú
  뤄바족
10 羌族 qiāngzú
  챵족
11 羊皮褂子 yángpí guàzi
  양의 모피로 만든 조끼
12 绑腿 bǎngtuǐ
  게트르；각반
  ▶"裹腿" guǒtui
13 彝族 yìzú
  이족
14 白族 báizú
  바이족
15 哈尼族 hānízú
  하니족；아이니족；하오니족
16 耙子 pázi
  (농구의)갈퀴
17 弓 gōng
  활

소수 민족 II

18 傣族 dǎizú
　타이족
19 象脚鼓 xiàngjiǎogǔ
　타이족의 타악기 ▶양의 껍질
　로 만든다
20 傈僳族 lìsùzú
　리수족
21 佤族 wǎzú
　와족 ; 아와족
22 拉祜族 lāhùzú
　라후족
23 纳西族 nàxīzú
　나씨족
24 景颇族 jǐngpōzú
　징퍼족
25 布朗族 bùlǎngzú
　뿌랑족
26 阿昌族 āchāngzú
　아창족
27 普米族 pǔmǐzú
　푸미족

210 少数民族 shǎoshù mínzú III

1 怒族 nùzú
  누족
2 德昂族 dé'ángzú
  더앙족 ▶1985년 "崩龙族" bēnglóngzú(벙룽족)에서 개칭
3 独龙族 dúlóngzú
  두룽족
4 杵 chǔ
  절굿공이
5 臼 jiù
  절구
6 基诺族 jīnuòzú
  지누어족
7 苗族 miáozú
  미아오족
8 布依族 bùyīzú
  뿌이족
9 侗族 dòngzú
  동족
10 水族 shuǐzú
   수이족
11 仡佬族 gēlǎozú
   거라오족

12 壮族 zhuàngzú
   쫭앙족
13 竹杠 zhúgàng
   대나무 멜대
14 垫肩 diànjiān
   어깨받침
15 瑶族 yáozú
   야오족
16 仫佬族 mùlǎozú
   무라오족
17 毛南族 máonánzú
   마오난족
18 京族 jīngzú
   징족
19 土家族 tǔjiāzú
   투지아족
20 黎族 lízú
   리족
21 畲族 shēzú
   셔족
22 高山族 gāoshānzú
   까오산족

211 朝鲜族 cháoxiānzú

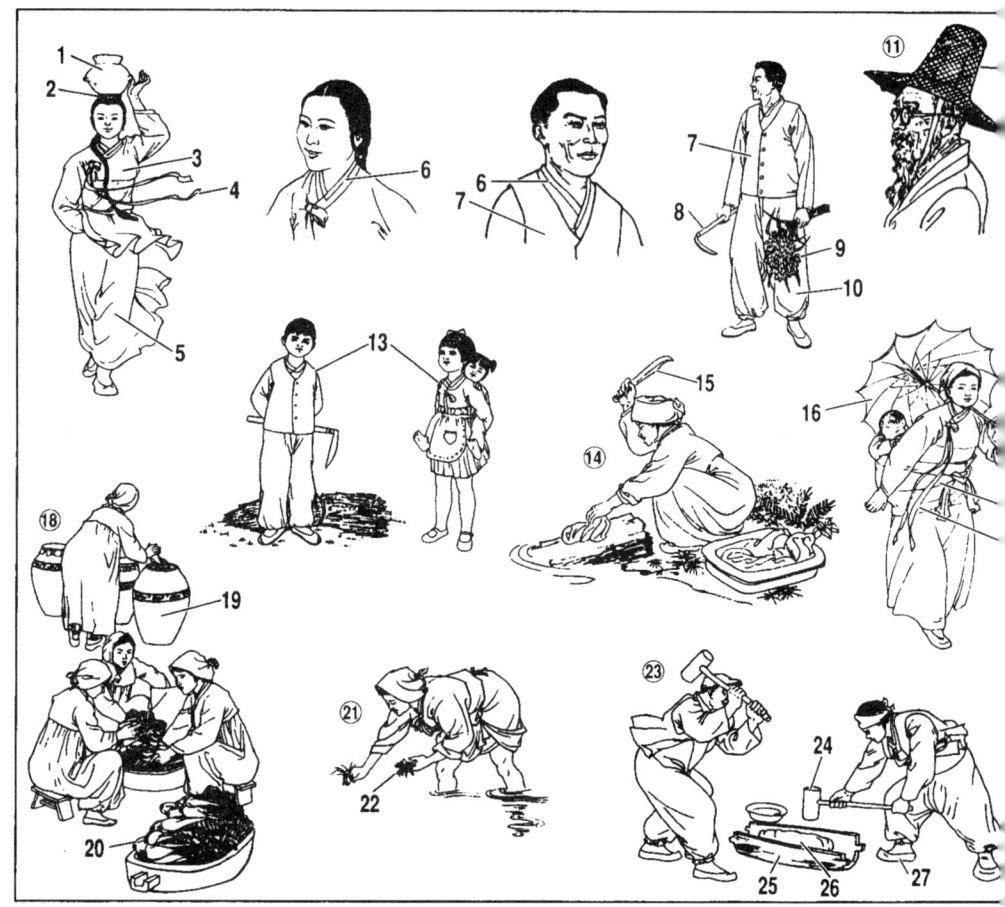

1-5 朝鲜族女子 cháoxiānzú nǚzǐ
조선족 여성
1 水罐 shuǐguàn
물동이
2 顶圈 dǐngquān
똬리
3 则高利 zégāolì
저고리 ▶남성용도 기본적으로 동형. "短衣" duǎnyī
4 衣带 yīdài
저고리 고름
5 契玛 qìmǎ
치마 ▶"长裙" chángqún
6 领条 lǐngtiáo
동정
7-10 朝鲜族男子 cháoxiānzú nánzǐ
조선족 남성
7 坎肩儿 kǎnjiānr
조끼
8 镰刀 liándāo
낫
9 稻子 dàozi
벼
10 跑裤 pǎokù
바지
11 朝鲜族老人 cháoxiānzú lǎorén
조선족 노인
12 沙帽 shāmào
사로 만든 모자 ; 갓
13 朝鲜族儿童 cháoxiānzú értóng
조선족 아동
14 洗衣服 xǐyīfu
세탁
15 棒槌 bàngchuí
빨랫방망이
16 旱伞 hànsǎn
양산 ▶"阳伞" yángsǎn
17 背带 bēidài
포대기 ; 강보
18 腌白菜 yānbáicài
김치 담그기
19 坛子 tánzi
항아리 ; 독
20 白菜 báicài
배추 ▶김치는 "泡菜" pàocài
21 插秧 chāyāng
모내기
22 秧苗儿 yāngmiáor
모 ; 모종
23 做打糕 zuòdǎgāo

조선족 211

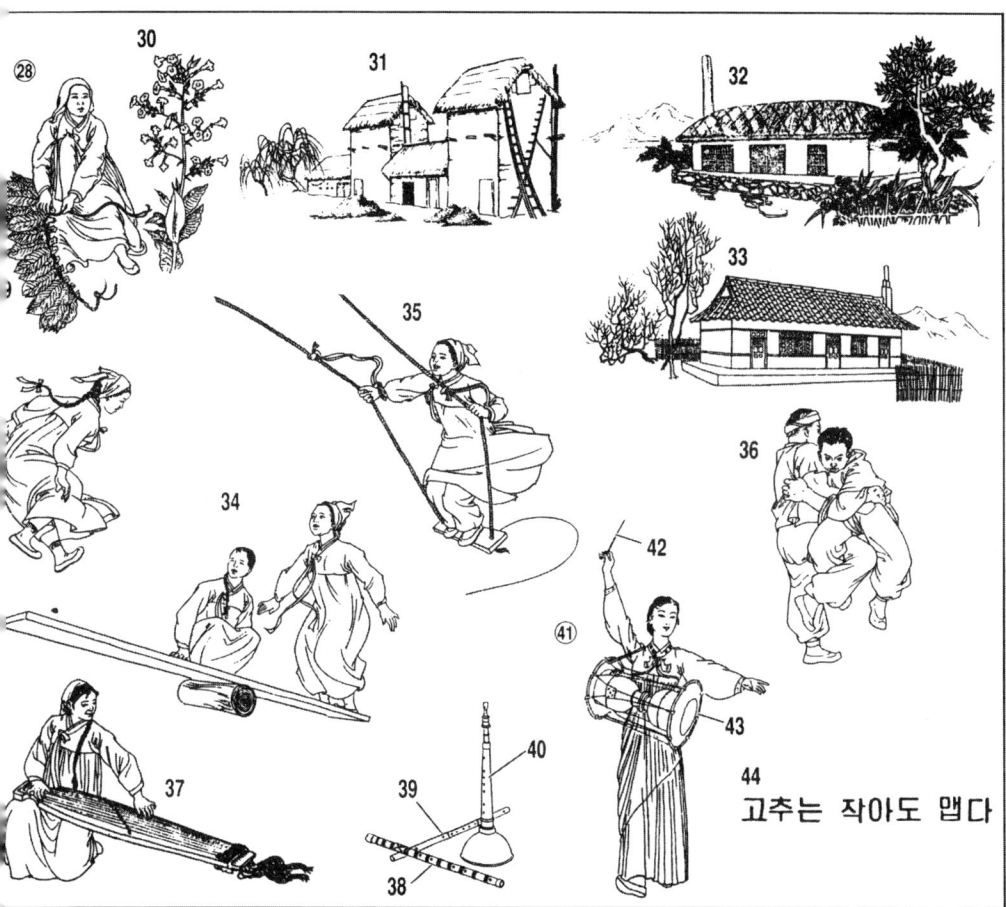

	찰떡 치기	32	草房 cǎofáng	41	长鼓舞 chnggǔwǔ
24	木锤 mùchuí		초가집		장고춤
	떡메	33	瓦房 wǎfáng	42	竹片儿 zhúpiànr
25	木槽 mùcáo		기와집		대나무 채
	떡구이 ; 장방형의 절구	34	压跳板 yātiàobǎn	43	长鼓 chánggǔ
26	打糕 dǎgāo		널뛰기		장고 ▶"仗鼓" zhànggǔ
	찰떡	35	荡秋千 dàngqiūqiān	44	朝鲜文 cháoxiānwén
27	船型胶鞋 chuánxíng jiāoxié		그네뛰기		한글 ; 조선글
	코신 ; 배 모양의 고무신	36	摔交 shuāijiāo		
	▶"勾背鞋" gōubèixié		씨름		
28	收烟叶 shōuyānyè	37	伽椰琴 qiéyēqín		
	담뱃잎 수확		가야금		
29	烟叶 yānyè	38	筒箫 tǒngxiāo		
	담뱃잎		퉁소		
30	烟草 yāncǎo	39	横笛 héngdí		
	(작물로서의)담배		횡적 ; 피리 ▶"笛子" dízi		
31	烤烟楼 kǎoyānlóu	40	唢呐 suǒnà		
	담뱃잎 건조소		날라리		

蒙古族 měnggǔzú

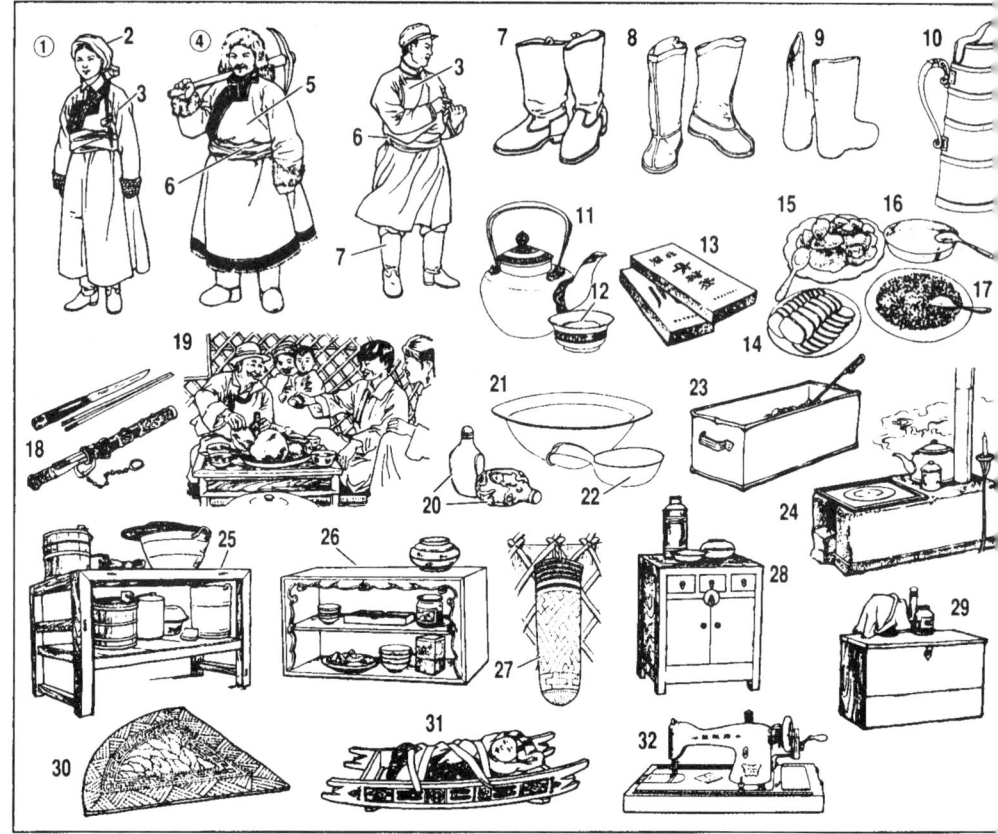

1 蒙古族女子 měnggǔzú nǚzǐ
  몽골족 여성
2 头巾 tóujīn
  두건 ; 머리 수건
3 长袍儿 chángpáor
  두루마기 모양의 긴 옷
4 蒙古族男子 měnggǔzú nánzǐ
  몽골족 남성
5 光板儿皮袄 guāngbǎnr píǎo
  안감이 없는 긴 옷
6 腰带 yāodài
  허리띠
7 马靴 mǎxuē
  승마화
8 蒙古靴 měnggǔxuē
  몽골화
9 毡靴 zhānxuē
  펠트화 ; 모전 방한화
10 奶茶桶 nǎichátǒng
   우유차 통
11 奶茶壶 nǎicháhú
   우유차 포트
12 奶茶 nǎichá
   우유차 ; 우유를 탄 차
13 砖茶 zhuānchá
   전차 ▶차 가루를 쪄서 벽돌 모양으로 단단하게 굳힌 것
14 干酪 gānlào
   치즈
15 黄油 huángyóu
   버터
16 奶油 nǎiyóu
   크림
17 炒米 chǎomǐ
   몽고 사람이 상식하는 수수 볶은 것
18 蒙古刀 měnggǔdāo
   몽골 칼
19 手把肉 shǒubǎròu
   삶은 양고기 요리
20 鼻烟壶 bíyānhú
   코담배 그릇(쌈지)
21 铁锅 tiěguō
   쇠냄비
22 铜水勺儿 tóngshuǐsháor
   구리 국자
23 牛粪箱 niúfènxiāng
   (연료용의)쇠똥 상자
24 灶 zào
   부뚜막
25 炊具架 chuījùjià
   취사 용구 선반
26 碗架子 wǎnjiàzi
   식기 선반
27 碗袋儿 wǎndàir
   사발주머니
28 橱子 chúzi
   찬장
29 柜子 guìzi
   함 ; 궤 ; 장(농)
30 绣花毡 xiùhuāzhān

몽골족 212

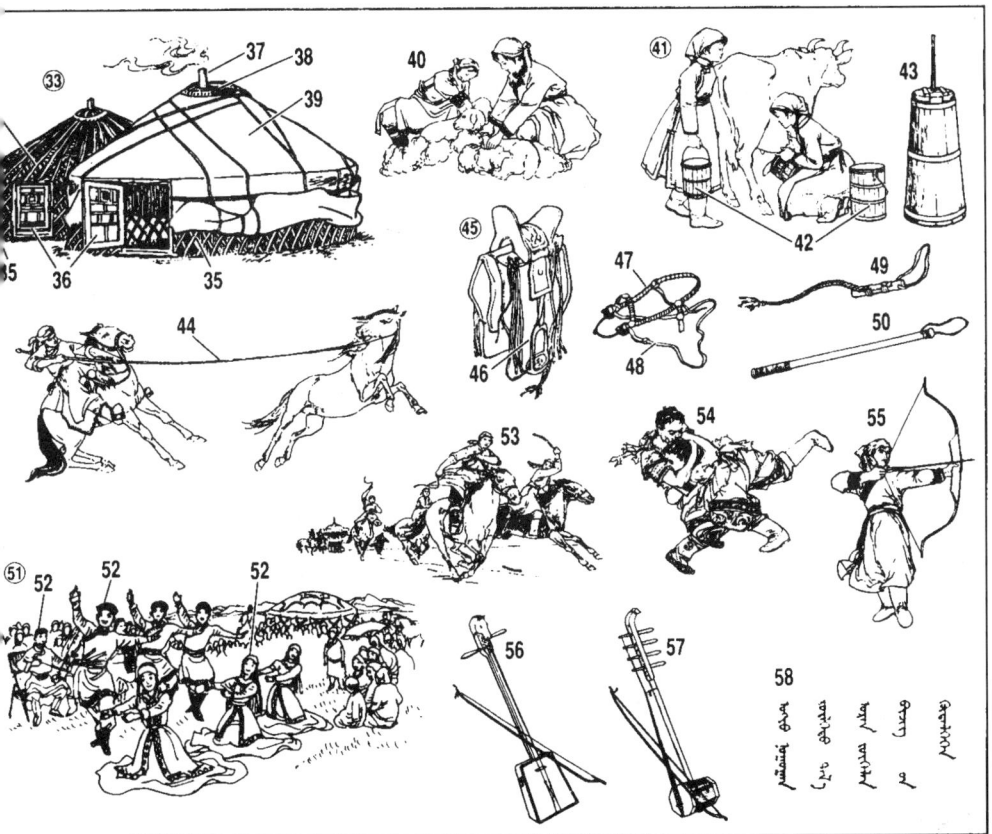

수놓은 모전 깔개
31 摇车儿 yáochēr
　요람
32 手摇式缝纫机 shǒuyáoshì féngrènjī
　수동식 재봉틀 ; 손재봉틀
33 蒙古包 měnggǔbāo
　파오 ▶ "毡包" zhānbāo
34 伞形顶架 sǎnxíng dǐngjià
　우산형 서까래
35 壁架 bìjià
　벽면이 되는 목책
36 门 mén
　출입구 ; 문
37 烟筒 yāntong
　굴뚝
38 天窗儿 tiānchuāngr
　천창 ; 지붕창
39 毡子 zhānzi
　펠트 ; 모전(毛氈)
40 剪毛 jiǎnmáo
　양털깎이
41 挤奶 jǐnǎi
　착유 ; 젖짜기
42 奶桶 nǎitǒng
　젖을 넣는 통 ; 젖 통
43 奶缸 nǎigāng
　발효유를 만드는 나무 통
44 套马杆 tàomǎgān
　말을 잡는 장대
45 马鞍子 mǎ'ānzi
　말 안장
46 马镫 mǎdèng
　마구의 등자
47 马嚼子 mǎjiáozi
　말의 재갈
48 缰绳 jiāngsheng
　(말)고삐
49 马鞭子 mǎbiānzi
　말 채찍
　▶"马鞭儿" mǎbiānr
50 马棒 mǎbàng
　말곤봉
51 那达慕 nàdámù
　나다무 ▶ 내몽골 지구의 전통적 대중 집회
52 乌兰牧骑 wūlánmùqí
　우란무치 ▶ 내몽고 자치구의 각지를 순회 공연하는 소규모의 문예대
53 赛马 sàimǎ
　경마
54 摔交 shuāijiāo
　씨름
55 射箭 shèjiàn
　활쏘기
56 马头琴 mǎtóuqín
　마두금 ▶ 2현의 찰현악기
57 四胡 sìhú
　호궁의 일종 ▶ 4현의 찰현악기
58 蒙文 měngwén
　몽골 문자

213 鄂伦春族 èlúnchūnzú · 藏族 zàngzú

1-24 鄂伦春族 èlúnchūnzú
어룬춘족
1 鄂伦春族女子 èlúnchūnzú nǚzǐ
어룬춘족 여성
2 头饰 tóushì
머리 장식
3 皮帽子 pímàozi
(큰사슴의)모피 모자
4 鄂伦春族老妇人 èlúnchūnzú lǎofùrén
어룬춘족 노부인
5 狍皮长袍儿 páopí chángpáor
노루의 모피로 만든 긴 옷
6 香荷包 xiānghébao
향주머니；향낭
7 摇篮 yáolán
요람
8 桦皮盒儿 huàpí hér
자작나무 껍질로 만든 작은 상자
9 皮背包 píbèibāo
가죽제 숄더 백 ▶"皮挎包" píkuàbāo
10 小兜儿 xiǎodōur
(바늘이나 실 등의)자질구레한 도구를 넣는 주머니
11 皮靴 píxuē
가죽 신발
12 皮手套 píshǒutào
가죽 장갑
13 腰饰 yāoshì
허리에 차는 장식품
14 匕首 bǐshǒu
비수
15 打猎 dǎliè
수렵
16 猎狗 liègǒu
사냥개
17 犴 hān
큰사슴의 일종
18 桦皮船 huàpíchuán
자작나무 껍질로 만든 배
19 仙人柱 xiānrénzhù
자작나무로 짜서 짐승의 가죽을 덮은 천막
20 狍子头帽 páozitóumào
노루 머리의 모피로 만든 모자 ▶"米那共" mǐnàgòng
21 鹿哨 lùshào
사냥꾼이 사슴을 유인하기 위해 부는 우레
22 养鹿 yǎnglù
사슴의 사육
23 烟袋 yāndài
담뱃대
24 烟荷包 yānhébao
담배쌈지
25-38 藏族 zàngzú
티베트족；장족
25-34 藏族女子 zàngzú nǚzǐ
티베트족 여성
25 长袖短褂儿 chángxiù duǎnguàr
소매가 긴 홑 저고리
26 羊皮长袍儿 yángpí chángpáor
양의 모피로 만든 긴 옷
27 奶桶 nǎitǒng
젖통
28 奶钩 nǎigōu

어룬춘족·장족(티베트족) 213

젖을 짤 때 통을 거는 고리
29 火镰 huǒlián
   부싯돌
30 腰带 yāodài
   허리띠
31 酥油茶壶 sūyóucháhú
   버터차용 포트
32 无袖长袍儿 wúxiù cháng-
   páor
   소매가 없는 긴 겉옷
33 衬衣 chènyī
   셔츠
34 围裙 wéiqún
   앞치마 ▶"邦单" bāngdān
35-38 藏族男子 zàngzú nánzǐ
   티베트족 남성
35 金丝帽 jīnsīmào
   티베트 모자
36 长袍儿 chángpáor
   두루마기 모양의 긴 옷
37 藏靴 zàngxuē
   티베트화
38 猎枪 lièqiāng
   엽총

39 酥油茶 sūyóuchá
   버터차
40 酥油茶筒 sūyóuchátǒng
   버터차 통
41 铜锅 tóngguō
   구리 가마
42 糌粑口袋 zānba kǒudai
   "糌粑" 주머니
43 糌粑 zānba
   쌀보리를 볶아 빻은 가루를
   "酥油"로 반죽하여 만든
   경단
44 木碗 mùwǎn
   나무 공기
45 手摇牛奶分离器 shǒuyáo
   niúnǎi fēnlíqì
   수동식 우유 분리기
46 脱脂乳 tuōzhīrǔ
   탈지유
47 奶油 nǎiyóu
   크림
48 牛皮船 niúpíchuán
   소가죽으로 만든 작은 배
49 牦牛 máoniú
   야크 ▶소의 일종으로, 눈 많
   은 산간 지대에서 사역에
   쓰이며, 고기는 식용
50 哈达 hǎdá
   하다 ▶경의나 축하의 뜻을
   나타내기 위해 보내는 얇은
   명주
51 碉房 diāofáng
   돌집 ▶돌로 지은 민가
52 热巴 rèbā
   지방 순회 연예인
53 铜铃 tónglíng
   구리 방울
54 鼓槌 gǔchuí
   북채
55 手鼓 shǒugǔ
   손북; 탬버린과 비슷한 악기
56 根卡 gēnkǎ
   티베트족의 3현 찰현악기
57 藏戏面具 zàngxì miànjù
   티베트 극에 쓰는 가면
58 藏文 zàngwén
   티베트 문자

214 维吾尔族 wéiwú'ěrzú

1. 维吾尔族女子 wéiwú'ěrzú nǚzǐ
   위그르족 여성
2. 宽袖连衣裙 kuānxiù liányīqún
   소매가 넉넉한 원피스
3. 对襟儿背心儿 duìjīnr bèixīnr
   대섶 조끼
4. 长筒袜 chángtǒngwà
   스타킹
5. 维吾尔族少女 wéiwú'ěrzú shǎonǚ
   위그르족 소녀
6. 辫子 biànzi
   땋아 느린 머리
7. 维吾尔族男子 wéiwú'ěrzú nánzǐ
   위그르족 남성
8. 镰刀 liándāo
   낫
9. 维吾尔族花帽 wéiwú'ěrzú huāmào
   위그르족 자수 모자
10. 维吾尔族老人 wéiwú'ěrzú lǎorén
    위그르족 노인
11. 坎土曼 kǎntǔmàn
    철제 농구
12. 袷袢 qiāpàn
    긴 겹옷
13. 英吉沙小刀 yīngjíshā xiǎodāo
    칼 ; 나이프
14. 水缸 shuǐgāng
    물독
15. 土陶水壶 tǔtáo shuǐhú
    옹기 물주전자
16. 沙马瓦儿 shāmǎwǎ'ér
    사모바르 ▶ "沙莫瓦" shāmòwǎ, "俄式茶炊" éshì cháchuī
17. 阿甫七 āfǔqī
    손 씻기 물주전자
18. 其拉 qīlā
    손 씻은 물 받는 도구
19. 油炸馓子 yóuzhá sǎnzi
    기름에 튀긴 꽈배기
20. 葡萄 pútao
    포도
21. 糖 táng
    캔디
22. 帕罗 pàluó
    양고기·당근·양파·건포도를 넣고 볶은 피라프. 손으로 먹으므로 "抓饭" zhuāfàn(손밥)이라고도 한다.
23. 馕 náng
    낭 ▶ 밀가루를 반죽하여 구워 만든 음식

위그르족 214

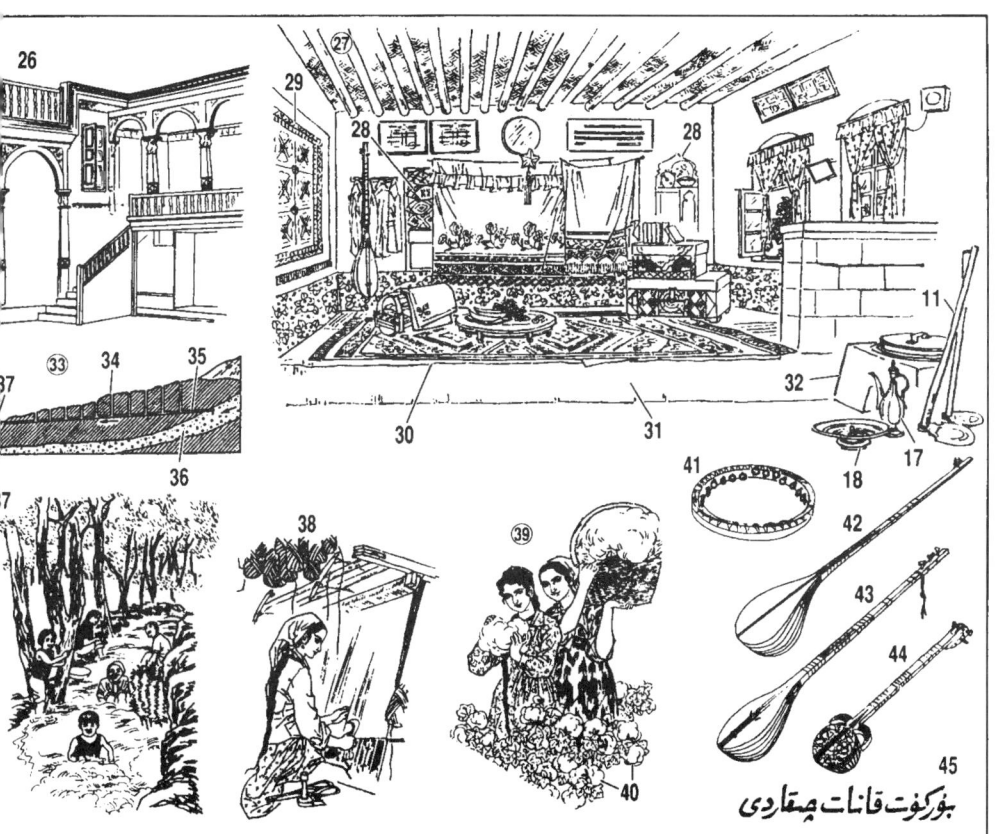

24 哈密瓜 hāmìguā
하미과 ▶신강 하미에서 나는 참외 ☞ 21-46
25 烤肉串 kǎoròuchuàn
양꼬치 구이
26 廊式建筑 lángshì jiànzhù
회랑식 건축
27 室内 shìnèi
실내
28 壁龛 bìkān
벽감 ▶인물상이나 꽃병을 세워 놓기 위해 벽을 오목하게 파놓은 부분
29 壁毯 bìtǎn
벽걸이 융단
30 地毯 dìtǎn
양탄자
31 实心土炕 shíxīn tǔkàng
통 온돌; 연도가 없는 온돌
32 灶 zào
부뚜막
33 坎儿井 kǎnrjǐng
관개용 우물
34 竖井 shùjǐng
수갱 ▶일상은 나뭇가지나 풀로 덮여 있다.
35 暗渠 ànqú
암거; 지하용 수로
36 含水层 hánshuǐcéng
대수층(帯水層)
37 明渠 míngqú
용수로; 명거
38 织地毯 zhīdìtǎn
융단짜기
39 采棉花 cǎimiánhua
목화따기
40 草棉 cǎomián
목화
41 手鼓 shǒugǔ
손북; 탬버린 ▶"达甫" dáfǔ
42 独他尔 dútā'ěr
위그르족 2현 발현 악기
43 弹拨尔 tánbō'ěr
위그르족 5현 찰현 악기
44 热瓦甫 rèwǎfǔ
위그르족 5현 발현 악기
45 维吾尔文 wéiwú'ěrwén
위그르 문자

357

215 彝族 yízú · 苗族 miáozú

1-31 彝族 yízú
이족

1-21 四川凉山彝族 sìchuān liángshān yízú
사천성 양산의 이족

1 彝族女子 yízú nǚzǐ
이족 여성

2 头帕 tóupà
머리 장식

3 耳坠儿 ěrzhuìr
귀걸이 ▶남성은 왼쪽 귀만

4 圆形头帕 yuánxíng tóupà
원형의 머리 장식 ▶어린이가 있는 부인이 쓴다.

5 彝族男子 yízú nánzǐ
이족 남성

6 包头 bāotóu
터번

7 英雄结 yīngxióngjié
영웅형 머리

8 擦尔瓦 cā'ěrwǎ
망토의 일종 ▶"羊毛披毡 yángmáo pīzhān

9 大襟儿上衣 dàjīnr shàngyī
큰섶 상의

10 领扣 lǐngkòu
목도리의 일종

11 衬衫 chènshān
셔츠

12 多褶长裙 duōzhě chángqún
주름 치마

13 坎肩儿 kǎnjiānr
조끼

14 长褂儿 chángguàr
긴 홑겹의 저고리

15 荷包 hébao
주머니 ▶바늘이나 실, 담배 등을 넣는 주머니

16 背架 bēijià
(일종의)지게

17 背篓 bēilǒu
등에 지는 바구니

18 织布 zhībù
베짜기

19 漆器 qīqì
칠기

20 鹰爪杯 yīngzhuǎbēi
매 발톱 잔

21 彝文 yíwén
이족 문자

22-31 云南路南彝族(撒尼) yúnnán lùnán yízú (sānī)
云南省 路南 이족(사니족)

22 长衫 chángshān
긴 저고리

23 围腰 wéiyāo
앞치마

24 披肩带子 pījiān dàizi
어깨에 걸치는 띠

25 肥裤 féikù
폭이 넓은 바지

26 包头 bāotóu
두건

27 蝴蝶 húdié
두건의 뾰쪽한 부분

28 烟叶 yānyè
담뱃잎

29 竹笠 zhúlì
대나무 갓

30 背兜 bēidōu
어린이를 업는 도구

31 火把节 huǒbǎjié

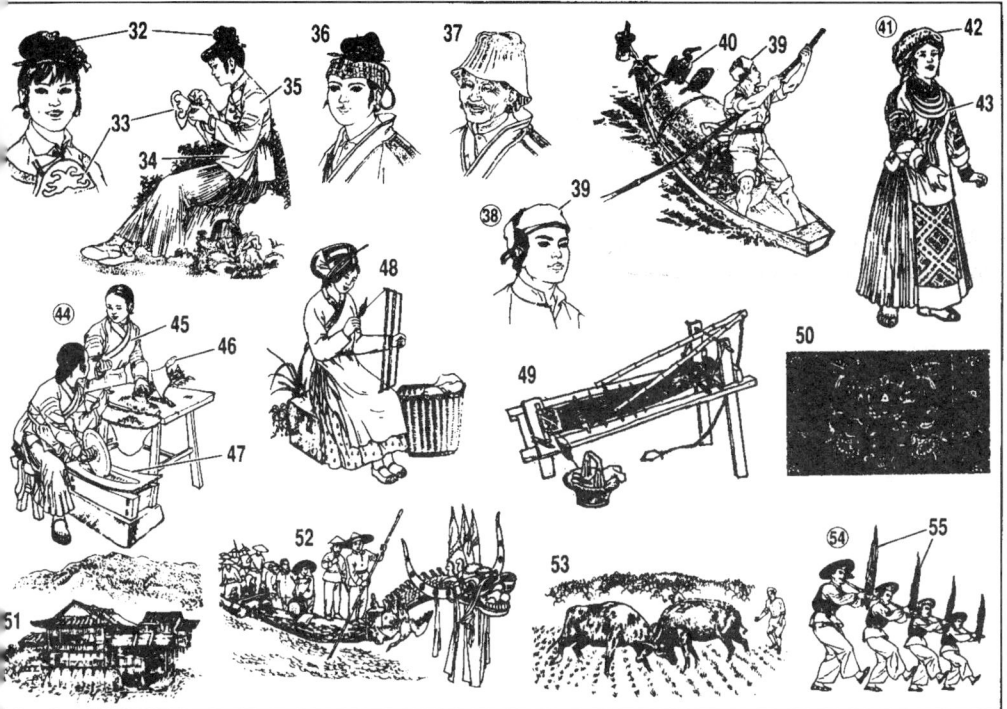

햇불 축제 ▶음력 6월 24일 전후에 열린다.

32-55 苗族 miáozú
미아오족

32-37 苗族女子(黔東南地區)
miáozú nǚzǐ (qián dōngnán dìqū)
미아오족 여성("貴州省東南地區")

32 发髻 fàjì
틀어 올린 머리

33 绣花牌 xiùhuāpái
앞치마에 붙이는 자수

34 围兜 wéidōu
앞치마

35 大襟儿上衣 dàjīnr shàngyī
큰섶 상의

36 苗族妇女 miáozú fùnǚ
미아오족 부인

37 苗族老妇人 miáozú lǎofùrén
미아오족 노부인

38 苗族男子(黔東南地區)
miáozú nánzǐ(qián dōngnán dìqū)
미아오족 남성("귀주성동남지구")

39 包头 bāotóu
두건

40 鱼鹰 yúyīng
가마우지

41 苗族女子(贞丰地区) miáozú nǚzǐ (zhēnfēng dìqū)
미아오족 여성(정풍지구)

42 头饰 tóushì
머리 장식

43 胸饰 xiōngshì
가슴 장식

44 苗族少女(织金地区) miáozú shàonǚ (zhījīn dìqū)
미아오족 소녀(직금지구)

45 大领短衣 dàlǐng duǎnyī
깃이 크고 길이가 짧은 옷

46 铡刀 zhádāo
작두

47 药碾子 yàoniǎnzi
약연(藥碾)

48 苗族妇女(安顺地区) miáozú fùnǚ(ānshùn dìqū)
미아오족 여성(안순지구)

49 织布机 zhībùjī
베 짜는 기계 ; 베틀

50 蜡染 làrǎn
납결 ; 왁스 염색

51 吊脚楼 diàojiǎolóu
고상식 주거의 일종 ▶산간부에 세운다. 아래 층은 헛간·가축사, 다락에 식량을 저장

52-55 龙舟节 lóngzhōujié
용선절 ▶음력 5월에 행하여지는 기우와 풍작을 기원하는 축제

52 龙舟 lóngzhōu
용선(龍船)

53 斗牛 dòuniú
투우

54 芦笙舞 lúshēngwǔ
갈대 생황의 반주로 춤추는 미아오족의 춤

55 芦笙 lúshēng
갈대 생황

216 傣族 dǎizú

1-8 傣族(瑞丽地区) dǎizú
   (ruìlì dìqū)
   다이족(瑞麗地區)
1 傣族女子 dǎizú nǚzǐ
   다이족 여성
2 窄袖短衣 zhǎixiù duǎnyī
   소매가 가늘고 짧은 저고리
3 筒裙 tǒngqún
   통치마 ; 타이트스커트
4 背袋 bēidài
   멜 가방
5 傣族男子 dǎizú nánzǐ
   다이족 남성
6 包头 bāotóu
   두건
7 傣族老人 dǎizú lǎorén
   다이족 노인
8 傣族老妇人 dǎizú lǎofùrén
   다이족 노부인
9 傣族女子(芒市地区) dǎizú
   nǚzǐ (mángshì dìqū)
   다이족 여성(망시지구)
10 对襟儿短衫 duìjīnr duǎn-
   shān
   큰섶 상의
11 小围腰 xiǎowéiyāo
   짧은 앞치마
12 长裤 chángkù
   긴 바지
13 旱傣女子 hàn-dǎi nǚzǐ
   내륙부에 사는 다이족 여
   성 ▶"花腰傣" huāyāo-dǎi
14-17 傣族(西双版纳地区)
   dǎizú(xīshuāngbǎnnà dìqū)
   다이족(서쌍판납지구)
14 傣族女子 dǎizú nǚzǐ
   다이족 여성
15 傣族男子 dǎizú nánzǐ
   다이족 남성
16 傣族老妇人 dǎizú lǎofùrén
   다이족 노부인
17 傣族老人 dǎizú lǎorén
   다이족 노인
18 摇篮 yáolán
   요람
19 地炉 dìlú
   봉당 가운데 놓은 화로
20 盛水瓦罐 chéngshuǐ wǎ-
   guàn
   옹기 물독
21 冷水罐 lěngshuǐguàn
   물주전자
22 竹桌 zhúzhuō
   대나무 탁자
23 竹凳 zhúdèng
   대나무 걸상
24 竹楼 zhúlóu
   죽루 ▶고상식 주거의 일종.
   대나무와 목재를 써서 기와
   나 새이엉으로 인 집. 2층이

다이족 216

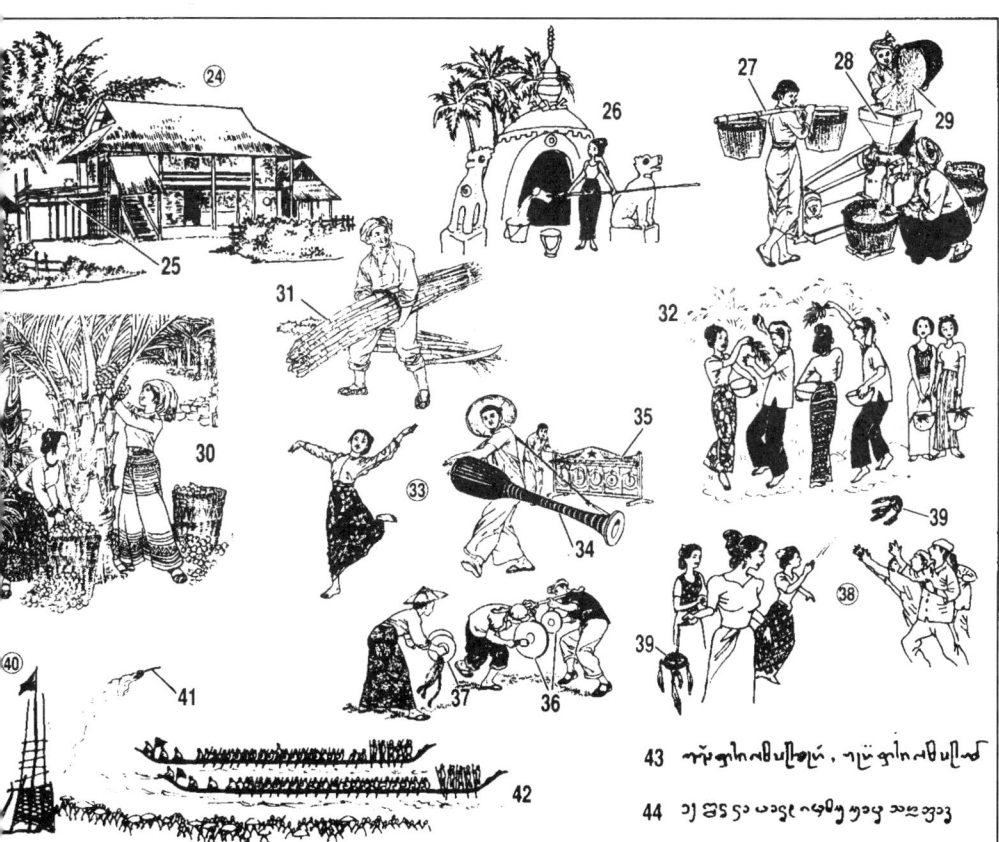

주거, 1층은 헛간이나 축사
25 凉台 liángtái
   베란다
26 水井 shuǐjǐng
   우물
27 竹杠 zhúgàng
   대나무 멜대
28 碾米机 niǎnmǐjī
   정미기
29 糙米 cāomǐ
   현미
30 菜油棕 càiyóuzōng
   기름 야자의 수확
31 甘蔗 gānzhe
   사탕수수
32 泼水节 pōshuǐjié
   다이족 등의 명절 ▶청명절 후 열흘 가량 서로 물을 끼얹으며 축복한다.
33 孔雀舞 kǒngquèwǔ
   공작무 ▶다이족의 민족 무용
34 象脚鼓 xiàngjiǎogǔ
   다이족의 타악기 ▶양가죽으로 만든다.
35 排铓 páimáng
   다이족의 타악기
36 铓 máng
   다이족의 구리로 만든 징
37 钹 bó
   발 ▶악기 이름
38 丢包 diūbāo
   공기 던지기 ▶젊은 남녀가 서로 던져서 의중 사람에게 의사 표시를 한다.
39 花布包 huābùbāo
   자수를 한 공기
40 放高升 fànggāoshēng
   대나무제 로켓을 쏘아 올리기
41 土火箭 tǔhuǒjiàn
   마을 사람이 만드는 대나무제 로켓
42 划龙舟 huálóngzhōu
   용선 경주
   ▶"赛龙船" sàilóngchuán
43-44 傣文 dǎiwén
   다이족의 문자
43 德宏傣文 déhóng dǎiwén
   "德宏" 다이 문자
44 西双版纳傣文 xīshuāng-bǎnnà dǎiwén
   운남성 남부에 있는 다이족을 주로 하는 소수 민족의 문자

217 党 dǎng・共青团 gòngqīngtuán・少先队 shàoxiānduì   당・공청단・소선대 217

1-10 共产党 gòngchǎndǎng
    공산당
1 党旗 dǎngqí
    당기
2 党员 dǎngyuán
    당원
3 入党宣誓 rùdǎng xuānshì
    입당 선서
4 党委办公室 dǎngwěi bàngōngshì
    당위원회 사무실
5 书记 shūjì
    서기
6 文件 wénjiàn
    서류
7 全国代表大会 quánguó dàibiǎo dàhuì
    전국대표대회
8 红旗 hóngqí
    홍기 ; 붉은기
9 主席台 zhǔxítái
    의장단석 ; 주석대
10 代表 dàibiǎo
    대표
11-12 共青团 gòngqīngtuán
    공산주의 청년단

11 团旗 tuánqí
    단기
12 团徽 tuánhuī
    청년단 휘장
13-33 少先队 shàoxiānduì
    소년 선봉대 ▶"少年先锋队"
    shàonián xiānfēngduì의 약
13 入队仪式 rùduì yíshì
    입대식
14 队礼 duìlǐ
    대례 ; 소년 선봉대의 경례
15 辅导员 fǔdǎoyuán
    소년 선봉대의 활동을 지도
    하는 교사
16 队旗 duìqí
    대기
17 旗手 qíshǒu
    기수
18 大队旗 dàduìqí
    대대기
19 中队旗 zhōngduìqí
    중대기
20 队服 duìfú
    소년 선봉대 대원의 제복
21 红领巾 hónglǐngjīn
    홍링진 ▶소년 선봉대 대원

    의 빨간 네커치프
22 肩章 jiānzhāng
    견장
23 皮带扣 pídàikòu
    버클
24 鼓号队 gǔhàoduì
    소년 선봉대의 악대
25 号手 hàoshǒu
    나팔수
26 鼓手 gǔshǒu
    고수 ; 북 치는 사람
27 指挥 zhǐhuī
    지위자
28 礼服 lǐfú
    예복
29 夏令营 xiàlìngyíng
    서머 캠프
30 营火晚会 yínghuǒ wǎnhuì
    캠프파이어
31 扫墓活动 sǎomù huódòng
    (열사능 등의)참묘 활동
32 烈士墓 lièshìmù
    열사의 묘
33 花圈 huāquān
    화환

218 国家 guójiā · 政治 zhèngzhì

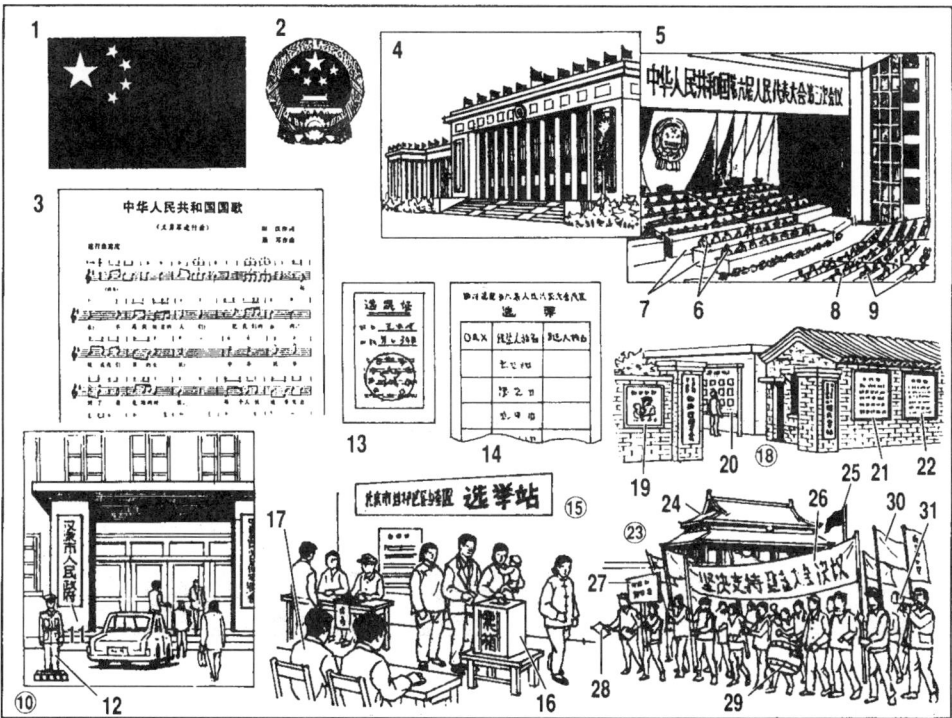

1 国旗 guóqí
  국기 ▶"五星红旗" wǔxīng hóngqí 오성붉은기
2 国徽 guóhuī
  국장(國章)
3 国歌 guógē
  국가
4 人民大会堂 rénmín dàhuìtáng
  인민대회당
5 人民代表大会 rénmín dàibiǎo dàhuì
  인민 대표 대회
6 主席团 zhǔxítuán
  의장단
7 主席台 zhǔxítái
  의장단석 ; 연단
8 座位 zuòwèi
  좌석
9 人民代表 rénmín dàibiǎo
  인민 대표
10 市政府 shìzhèngfǔ
  시청
11 门牌 ménpái
  표찰 ; 문패
12 警卫 jǐngwèi
  경비원 ; 수위
  ▶"门卫" ménwèi
13-17 选举 xuǎnjǔ
  선거
13 选民证 xuǎnmínzhèng
  투표권
14 选票 xuǎnpiào
  투표용지
15 选举站 xuǎnjǔzhàn
  투표소
16 票箱 piàoxiāng
  투표함
17 监票人 jiānpiàorén
  투표 입회인
18 街道办事处 jiēdào bànshìchù
  구청 출장소
19 宣传画 xuānchuánhuà
  포스터
20 光荣榜 guāngróngbǎng
  피표창자 게시판 ; 영예판
21 选民榜 xuǎnmínbǎng
  선거 유권자 공시판
22 公告栏 gōnggàolán
  공시판 ; 게시판
23 游行队伍 yóuxíng duìwu
  데모대
24 天安门 tiān'ānmén
  천안문
25 旗杆 qígān
  깃대
26 横幅标语 héngfú biāoyǔ
  횡단막이나 가로로 긴 천에 쓴 슬로건
27 标语牌 biāoyǔpái
  플래카드
28 传单 chuándān
  전단
29 鼓 gǔ
  북
30 彩旗 cǎiqí
  채색 깃발
31 手提话筒 shǒutí huàtǒng
  핸드 마이크

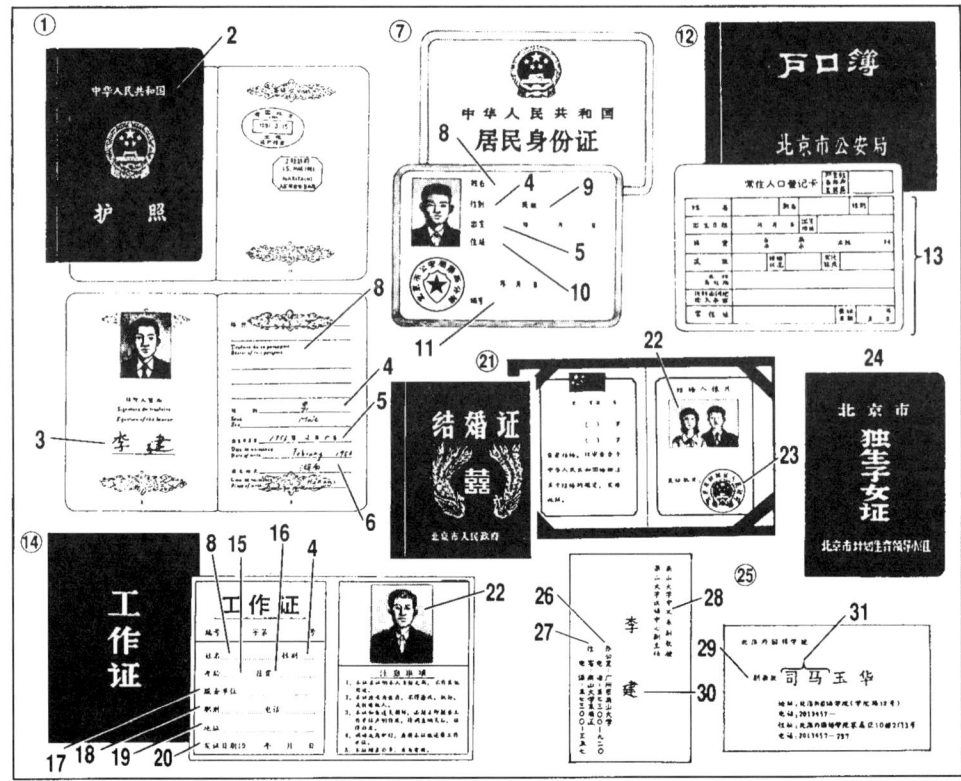

1 护照 hùzhào
  여권
2 国籍 guójí
  국적
3 签名 qiānmíng
  서명
4 性别 xìngbié
  성별
5 出生年月日 chūshēng niányuèrì
  출생 연월일
6 出生地点 chūshēng dìdiǎn
  출생지
7 居民身份证 jūmín shēnfen-zhèng
  주민 신분 증명서
8 姓名 xìngmíng
  성명
9 民族 mínzú
  민족
10 住址 zhùzhǐ
  주소
11 编号 biānhào
  일련번호
12 户口簿 hùkǒubù
  호적부
13 户口登记 hùkǒu dēngjì
  호적 등록
14 工作证 gōngzuòzhèng
  근무 증명서
15 年龄 niánlíng
  연령
16 籍贯 jíguàn
  원적
17 工作单位 gōngzuò dānwèi
  근무처 ▶"服务单位" fúwù dānwèi
18 职别 zhíbié
  직무;직종 ▶"职务" zhíwù
19 地址 dìzhǐ
  소재지
20 发证日期 fāzhèng rìqī
  증명서의 발행 연월일
21 结婚证 jiéhūnzhèng
  결혼 증명서
22 相片 xiàngpiàn
  사진 ▶"相片儿" xiàngpiànr
23 公章 gōngzhāng
  (기관·단체가 사용하는)공인
24 独生子女证 dúshēngzǐnǚzhèng
  일인 자녀 증명서
25 名片 míngpiàn
  명함
26 办公室 bàngōngshì
  사무실;오피스
27 住宅 zhùzhái
  주택;자택 ▶"家" jiā는 집
28 头衔 tóuxián
  지위;칭호
29 职称 zhíchēng
  직함;직명
30 单名 dānmíng
  외자 이름
31 复姓 fùxìng
  복성 ▶2자 이상의 성

220 男女老少 nánnǚ lǎoshào   남녀노소 220

1-2 人 rén
사람；인간
1 男的 nánde
남자(어른·어린이 모두)
2 女的 nǚde
여자(어른·어린이 모두)
3 老年人 lǎoniánrén
노인 ▶"老人" lǎorén
4 中年人 zhōngniánrén
중년
5 青年人 qīngniánrén
청년
▶"年轻人" niánqīngrén
젊은이
6 小伙子 xiǎohuǒzi
총각
7 年青小伙子 niánqīng xiǎo-
huǒzi
젊은 총각
8 姑娘 gūniang
아가씨；처녀
9 大人 dàren
어른
10-11 小孩子 xiǎoháizi
어린이 ▶"小孩儿" xiǎoháir
10 男孩子 nánháizi
남자 아이
▶"男孩儿" nánháir
11 女孩子 nǚháizi
여자 아이 ▶"女孩儿" nǚháir
12 小宝宝 xiǎobǎobǎo
아기의 애칭
13 少年 shàonián
소년
14 少女 shàonǚ
소녀
15 娃娃 wáwa
아기의 애칭
16 老头儿 lǎotóur
노인；늙은이
17 老婆婆 lǎopópo
노파；할머니
18 老师 lǎoshī
학교의 선생
19 儿童 értóng
아동
20 保育员 bǎoyùyuán
보모 ▶"阿姨" āyí
21 幼儿 yòu'ér
유아

221 亲属 qīnshǔ

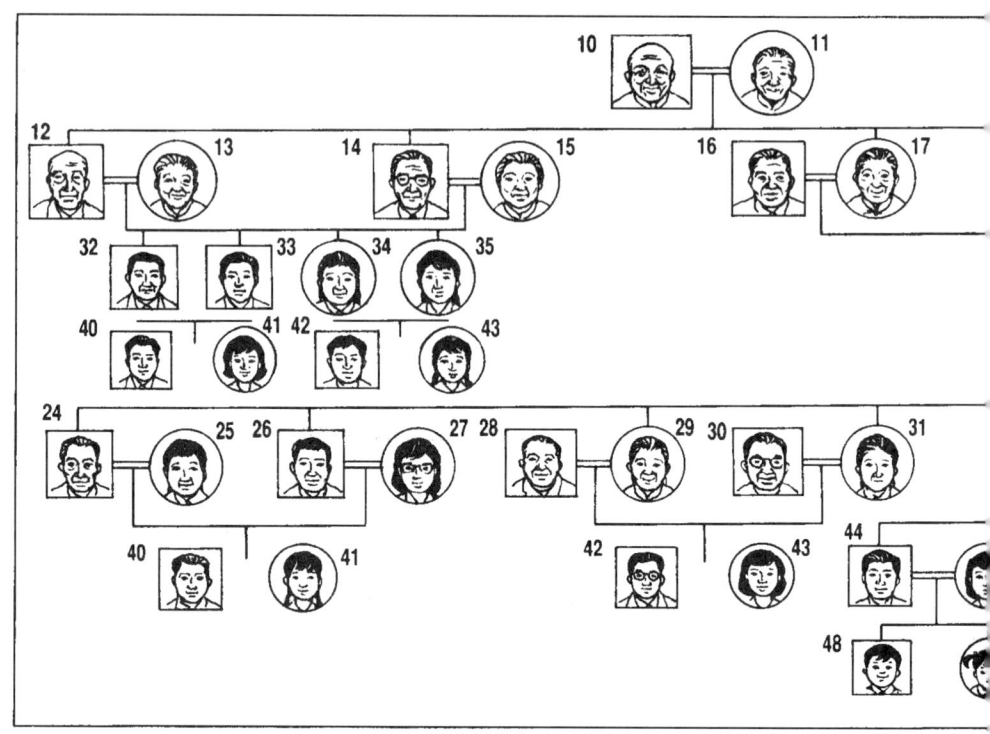

1 我 wǒ
나 ; 자신
2 妻子 qīzi
아내 ; 처 ▶"爱人" àiren
3 父亲 fùqin
부친 ; 아버지 ▶"爸爸" bàba
4 母亲 mǔqin
모친 ; 어머니
▶"妈妈" māma
5 岳父 yuèfù
장인 ▶"丈人" zhàngren
6 岳母 yuèmǔ
장모
▶"丈母娘" zhàngmuniáng
7 丈夫 zhàngfu
남편 ▶"爱人" àiren
8 公公 gōnggong
시아버지 ▶"爸爸" bàba
9 婆婆 pópo
시어머니 ▶"妈妈" māma
10 祖父 zǔfù
조부 ▶"爷爷" yéye 할아버지
11 祖母 zǔmǔ
조모 ▶"奶奶" nǎinai 할머니

12 伯父 bófù
백부(큰아버지)
▶"伯伯" bóbo
13 伯母 bómǔ
백모(큰어머니)
14 叔父 shūfù
숙부(작은아버지)
▶"叔叔" shūshu
15 叔母 shūmǔ
숙모(작은어머니)
▶"婶子" shěnzi
16 姑父 gūfù
고모부
17 姑母 gūmǔ
고모
▶"姑姑" gūgu
18 外祖父 wàizǔfù
외조부 ▶"外公" wàigōng
19 外祖母 wàizǔmǔ
외조모 ▶"姥姥" lǎolao
20 舅舅 jiùjiu
외삼촌
▶"舅父" jiùfù
21 舅母 jiùmu

외숙모
22 姨父 yífu
이모부
23 姨儿 yír
이모
▶"姨母" yímǔ
24 哥哥 gēge
형
25 嫂子 sǎozi
형수
26 弟弟 dìdi
동생
27 弟妇 dìfù
제수
28 姐夫 jiěfu
매형 ; 형부
29 姐姐 jiějie
누나
30 妹夫 mèifu
매제
31 妹妹 mèimei
누이동생
32 堂哥 tánggē
사촌 형

친족 221

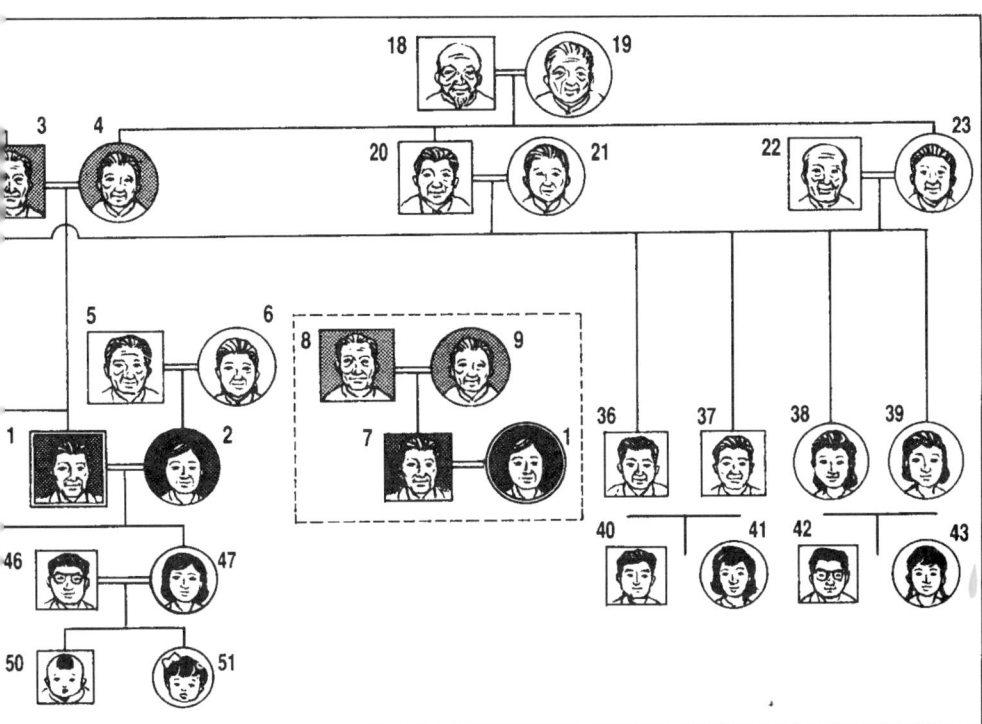

33 堂弟 tángdì
사촌 동생
34 堂姐 tángjiě
손위의 사촌 누이 ; 종자(從姉)
▶ "堂妹" tángmèi 손아래 사촌 누이 ; 종매(從妹)
36 表哥 biǎogē
외사촌 형
37 表弟 biǎodì
외사촌 동생
38 表姐 biǎojiě
종자(從姉) ; 고종(이종, 외종) 사촌 언니
39 表妹 biǎomèi
종매(從妹) ; 고종(이종, 외종) 사촌 누이동생
40 侄子 zhízi
조카
41 侄女 zhínǚ
조카 딸 ; 질녀
42 外甥 wàisheng
생질 ; 자매의 아들
43 外甥女 wàishengnǚ
생질녀 ; 자매의 딸
44 儿子 érzi
아들
45 儿媳妇儿 érxífur
며느리
46 女婿 nǚxu
사위
47 女儿 nǚ'ér
딸
48 孙子 sūnzi
손자
49 孙女 sūnnǚ
손녀
50 外孙 wàisūn
외손자
51 外孙女 wàisūnnǚ
외손녀

1 公安局 gōng'ānjú
 경찰서
2 岗警 gǎngjǐng
 입초 중인 경관
3 公安干警 gōng'ān gànjǐng
 경찰의 간부와 경관
4 摩托车 mótuōchē
 오토바이
5 跨斗式摩托车 kuàdǒushì mótuōchē
 사이드카
6 警灯 jǐngdēng
 경찰 램프
7 派出所 pàichūsuǒ
 파출소
8 门灯 méndēng
 문등 ; 대문에 달아 놓은 등
9 民警 mínjǐng
 민경 ▶"人民警察" rénmínjǐngchá
10 户口警 hùkǒujǐng
 호적계의 경관
11 户口本 hùkǒuběn
 호적부 ▶"户口簿" hùkǒubù
12 蓝盾 lándùn
 파란 경찰 마크
13 肩章 jiānzhāng
 견장
14 帽徽 màohuī
 모자의 휘장
15 常住人口登记表 chángzhù rénkǒu dēngjìbiǎo
 상주민 등록표
16 警服 jǐngfú
 경관 제복
17 武装带 wǔzhuāngdài
 무장 벨트
18 手枪 shǒuqiāng
 권총
19 警卫 jǐngwèi
 경비
20 使馆 shǐguǎn
 대사관
21 武警 wǔjǐng
 무장 경관 ▶"武装警察" wǔzhuāng jǐngchá
22 巡逻 xúnluó
 순찰 ; 패트롤
23 乘警 chéngjǐng
 철도 경찰
24 乘客 chéngkè
 승객
25 盾牌 dùnpái
 방패 모양의 마크
26 警棍 jǐnggùn
 경찰봉
27 警笛 jǐngdí
 호루라기
28 便衣警察 biànyī jǐngchá
 사복 경관
29 手铐 shǒukào
 수갑
30 步话机 bùhuàjī
 트랜시버
31 警绳 jǐngshéng
 포승
32 警犬 jǐngquǎn
 경찰견
33 警犬训练员 jǐngquǎn xùnliànyuán
 경찰견 조련사
34 现场勘察 xiànchǎng kān-

공안국(경찰서)

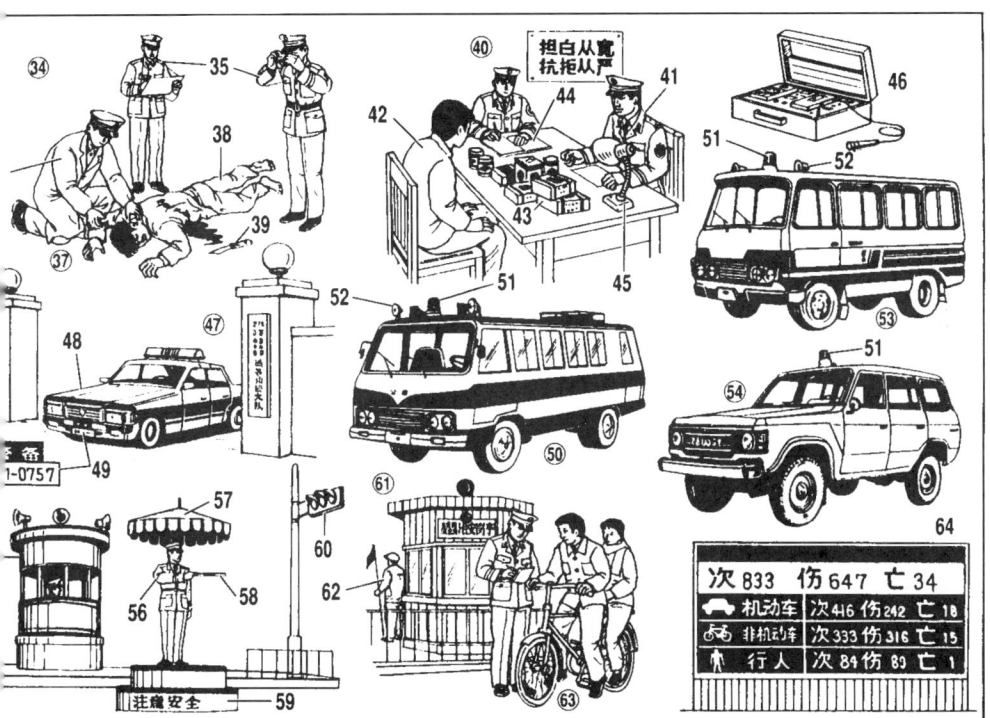

chá
현장 감식 ▶ "勘察" kānchá은
"勘查" kānchá라고도 한다.
35 侦查人员 zhēnchá rényuán
    수사원
36 法医 fǎyī
    사법의
37 验尸 yànshī
    검시
38 尸体 shītǐ
    시체
39 致死工具 zhìsǐ gōngjù
    살인 흉기
40 审讯 shěnxùn
    취조
41 刑警 xíngjǐng
    형사
42 嫌疑犯 xiányífàn
    용의자
43 赃物 zāngwù
    장물
44 讯问笔录 xùnwèn bǐlù
    조서
45 台灯 táidēng
    전기스탠드
46 测谎器 cèhuǎngqì
    거짓말 탐지기
47 交通中队 jiāotōng zhōngduì
    교통 경찰서
48 警车 jǐngchē
    순찰차
49 车牌 chēpái
    번호판
50 囚车 qiúchē
    호송차
51 回转警灯 huízhuǎn jǐng-
    dēng
    회전 경찰 램프
52 警报器 jǐngbàoqì
    사이렌
53 刑事勘察车 xíngshì kān-
    cháchē
    형사 감식차
54 交通事故勘察车 jiāotōng
    shìgù kāncháchē
    사고 처리차
55 岗楼 gānglóu
    교통정리 망루 ; 감시탑
56 交通警 jiāotōngjǐng
    교통경찰관
57 岗伞 gǎngsǎn
    (교통정리대 등의)차양
58 指挥棒 zhǐhuībàng
    지휘봉
59 岗台 gǎngtái
    교통정리대
60 红绿灯 hónglǜdēng
    신호등
61 岗亭 gǎngtíng
    감시소
62 治安员 zhì'ānyuán
    치안계 ▶치안 협력원
63 骑车带人 qí chē dài rén
    2인승
64 交通事故牌 jiāotōng shìgù-
    pái
    교통사고 건수 표시판

223 消防 xiāofáng

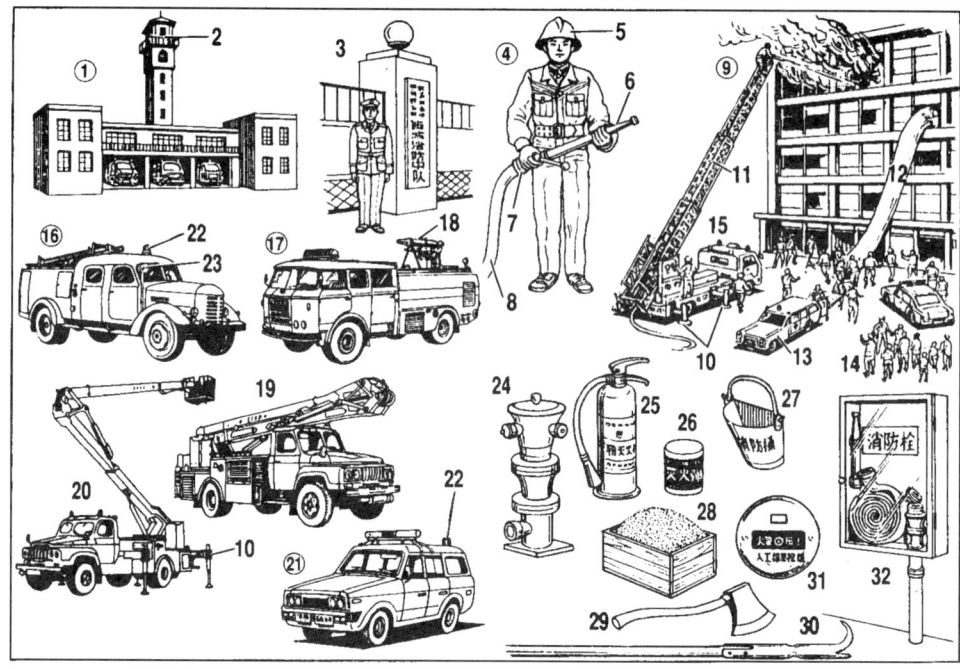

1 消防站 xiāofángzhàn
  소방서
2 了望台 liàowàngtái
  망루
3 消防中队 xiāofáng zhōng-duì
  소장 중대 ; 소방서
4 消防队员 xiāofáng duìyuán
  소방서원 ; 소방관
5 钢盔 gāngkuī
  헬멧
6 水枪 shuǐqiāng
  물총 ; 호스의 통끝
7 水带接口 shuǐdài jiēkǒu
  호스의 이음매
8 水龙带 shuǐlóngdài
  소방용 호스
9 火灾 huǒzāi
  화재
10 千斤顶 qiānjīndǐng
   잭
11 云梯 yúntī
   사다리
12 软管 ruǎnguǎn
   슈터
13 救护车 jiùhùchē
   구급차
14 看热闹的 kànrènaode
   구경꾼
15-20 消防车 xiāofángchē
      소방차 ▶"救火车" jiùhuǒchē
15 直臂消防云梯车 zhíbì xiāofáng yúntīchē
   사다리 소방 자동차
16 水罐泵浦消防车 shuǐguàn bèngpǔ xiāofángchē
   물탱크 소방 펌프 자동차
17 载炮泡沫消防车 zàipào pàomò xiāofángchē
   화학 소방차
18 射水枪 shèshuǐqiāng
   방수총
19 高空喷射消防车 gāokōng pēnshè xiāofángchē
   방수탑차
20 登高平台消防车 dēnggāo píngtái xiāofángchē
   굴절 사다리 소방차
21 消防指挥车 xiāofáng zhǐhuīchē
   소방 사령차
22 回转警灯 huízhuǎn jǐng-dēng
   회전 램프 ; 경고등
23 警报器 jǐngbàoqì
   사이렌
24 消防龙头 xiāofáng lóngtóu
   옥외 소화전
25 灭火机 mièhuǒjī
   소화기 ▶"灭火器" mièhuǒqì
26 灭火弹 mièhuǒdàn
   소화탄
27 消防桶 xiāofángtǒng
   소화 버킷
28 砂箱 shāxiāng
   소화용 모래 상자
   ▶"沙箱" shāxiāng
29 消防斧 xiāofángfǔ
   소방용 도끼
30 消防火钩 xiāofáng huǒgōu
   소방 갈고리 ; 막대 끝에 쇠갈고리가 달린 소방 용구
31 人工报警系统 réngōng bàojǐng xìtǒng
   화재 경보기
32 室内消火栓 shìnèi xiāohuǒshuān
   실내 소화전

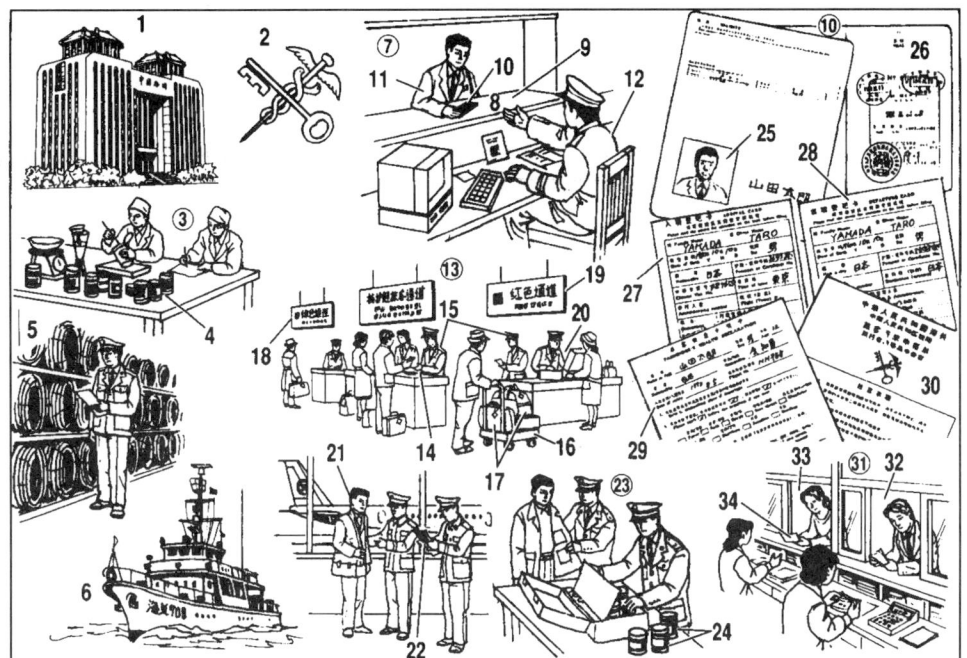

1 海关 hǎiguān
  세관 ▶그림은 베이징의 "海关总署" hǎiguān zǒngshǔ (세관 본청)의 건물
2 关徽 guānhuī
  세관 마크
3 商品检验 shāngpǐn jiǎnyàn
  상품 검사
4 出口商品 chūkǒu shāngpǐn
  수출 상품
5 下厂监管 xiàchǎng jiānguǎn
  보세 공장 감독 관리
6 海上巡逻艇 hǎishàng xúnluótǐng
  해상 순시정
7 边防检查站 biānfáng jiǎncházhàn
  출입국 관리소
8 检查护照 jiǎnchá hùzhào
  여권 검사
9 验证台 yànzhèngtái
  입국 심사 카운터
10 护照 hùzhào
  여권 ; 패스포트
11 旅客 lǚkè
  여행객
12 检查员 jiǎncháyuán
  입국 심사관
13 海关 hǎiguān
  세관
14 验关 yànguān
  세관 검사
15 关员 guānyuán
  세관원
16 手推车 shǒutuīchē
  손수레
17 行李 xíngli
  여행용 화물
18 绿色通道 lǜsè tōngdào
  녹색 통로(비과세)
19 红色通道 hóngsè tōngdào
  적색 통로(과세)
20 检查行李 jiǎnchá xíngli
  수화물 검사
21 偷渡者 tōudùzhě
  밀입국자
22 假护照 jiǎhùzhào
  위조 여권
23 走私 zǒusī
  밀수
24 违禁品 wéijìnpǐn
  금지품
25 相片 xiàngpiàn
  사진 ▶"相片儿" xiàngpiànr
26 签证 qiānzhèng
  사증 ; 비자
27 入境登记卡 rùjìng dēngjìkǎ
  입국 기록 카드
28 出境登记卡 chūjìng dēngjìkǎ
  출국 기록 카드
29 健康申明卡 jiànkāng shēnmíngkǎ
  건강 신고서
30 行李申报单 xíngli shēnbàodān
  휴대품 신고서
31 银行 yínháng
  은행
32 外币兑换 wàibì duìhuàn
  외화 교환
33 缴纳关税 jiǎonà guānshuì
  관세 납입
34 缴纳证 jiǎonàzhèng
  납세 증서

检察院 jiǎncháyuàn · 法院 fǎyuàn

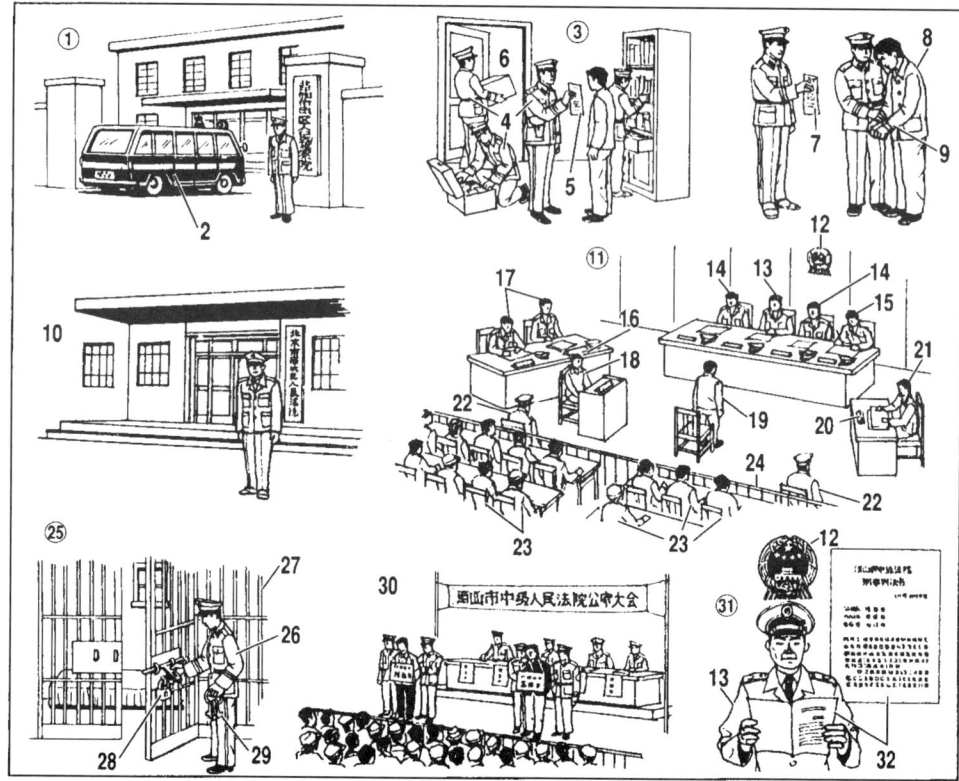

1 检察院 jiǎncháyuàn
2 囚车 qiúchē
3 搜查 sōuchá
4 检察人员 jiǎnchá rényuán
5 搜查证 sōucházhèng
6 扣押 kòuyā
7 逮捕证 dǎibǔzhèng
8 犯人 fànrén
9 手铐 shǒukào
10 法院 fǎyuàn
11-24 审判 shěnpàn
11 法庭 fǎtíng
12 国徽 guóhuī
13 审判长 shěnpàncháng
14 审判员 shěnpànyuán
15 书记员 shūjìyuán
16 公诉人 gōngsùrén
17 检察员 jiǎncháyuán
18 证人 zhèngrén
19 被告 bèigào
20 辩护人 biànhùrén
21 律师 lǜshī
22 法警 fǎjǐng
▶ "司法警察" sīfǎ jǐngchá
23 旁听人 pángtīngrén
24 隔栏 gélán
25 拘留所 jūliúsuǒ
26 看守 kānshǒu
27 铁栅栏 tiězhàlan
28 锁 suǒ
29 钥匙 yàochi
30 公审大会 gōngshěn dàhuì
31 判决 pànjué
32 判决书 pànjuéshū

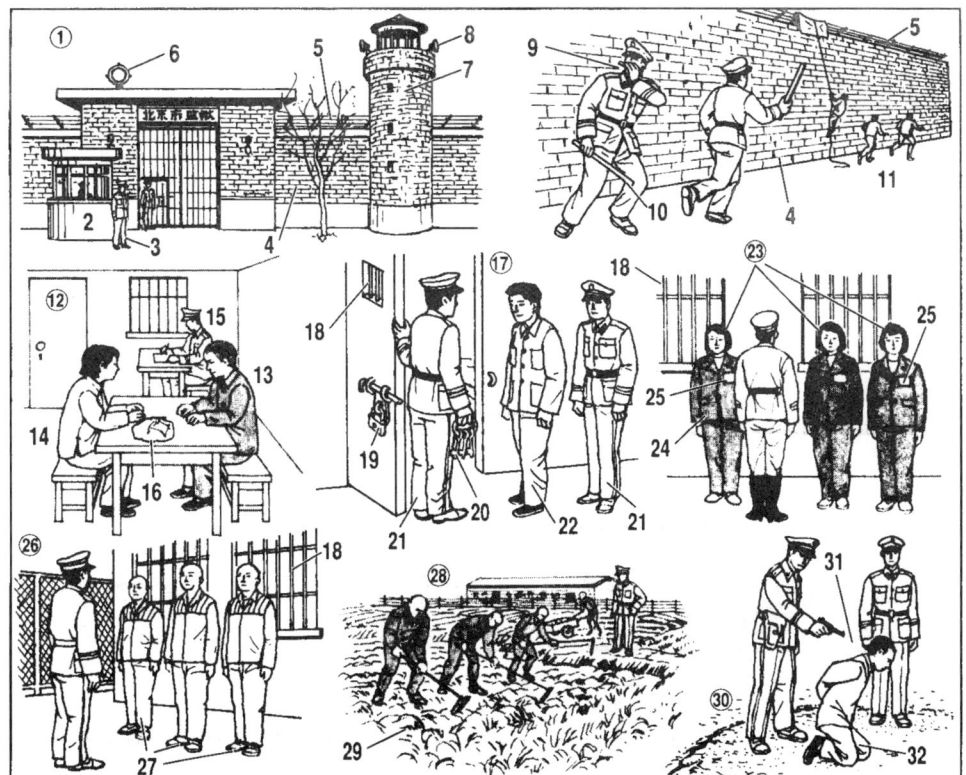

1. 监狱 jiānyù
   교도소 ; 감옥 ; 형무소
2. 岗哨 gǎngshào
   감시 초소
3. 武警 wǔjǐng
   무장 경찰
4. 围墙 wéiqiáng
   담
5. 电网 diànwǎng
   전기 철조망
6. 照明灯 zhàomíngdēng
   조명등
7. 岗楼 gǎnglóu
   감시탑 ; 망루
8. 报警器 bàojǐngqì
   사이렌
9. 警笛 jǐngdí
   호루라기
10. 电击警棍 diànjī jǐnggùn
    전격 경봉
11. 越狱 yuèyù
    탈옥
12. 探监室 tànjiānshì
    면회실
13. 囚犯 qiúfàn
    죄수
14. 家属 jiāshǔ
    가족
15. 旁听 pángtīng
    방청
16. 送东西 sòngdōngxi
    차입
17. 监房 jiānfáng
    감방
18. 铁栅栏 tiězhàlan
    쇠창살
19. 锁 suǒ
    자물쇠
20. 钥匙 yàoshi
    열쇠
21. 看守 kànshǒu
    간수
22. 罪犯 zuìfàn
    죄인 ; 범인
23. 女监 nǚjiān
    여수
24. 囚衣 qiúyī
    수의복
25. 名牌 míngpái
    명패
26. 少管所 shǎoguǎnsuǒ
    소년원 ▶"少年犯管教所"
    shǎoniánfàn guǎnjiàosuǒ,
    "少教所" shàojiàosuǒ
27. 少年犯 shàoniánfàn
    소년범
28. 劳改 láogǎi
    노동 개조 ▶"劳动改造"
    láodòng gǎizào
29. 农场 nóngchǎng
    농장
30. 刑场 xíngchǎng
    형장
31. 枪决 qiāngjué
    총살
32. 死囚 sǐqiú
    사형수

227 兵种 bīngzhǒng · 肩章 jiānzhāng

1 军旗 jūnqí
  군기
2 军徽 jūnhuī
  군대 마크
3 陆军士兵 lùjūn shìbīng
  육군 병사
4 海军士兵 hǎijūn shìbīng
  해군 병사
5 空军士兵 kōngjūn shìbīng
  공군 병사
6 司令部 sīlìngbù
  사령부
7 司令员 sīlìngyuán
  사령관
8 参谋 cānmóu
  참모
9 指挥所 zhǐhuīsuǒ
  지회소 ; 사령소
10 指挥员 zhǐhuīyuán
  지회관

11 作战地图 zuòzhàn dìtú
  작전 지도
12 战斗员 zhàndòuyuán
  전투원 ; 병사
13 步兵 bùbīng
  보병
14 坦克兵 tǎnkèbīng
  탱크병
15 炮兵 pàobīng
  포병
16 航空兵 hángkōngbīng
  항공병
17 政治委员 zhèngzhì wěiyuán
  정치 위원
18 伞兵 sǎnbīng
  낙하산병
  ▶"空降兵" kōngjiàngbīng
19 雷达兵 léidábīng
  레이더병

20 航空导弹兵 hángkōng dǎodànbīng
  항공 미사일병
21 通信兵 tōngxìnbīng
  통신병
22 测绘兵 cèhuìbīng
  측량병
23 工程兵 gōngchéngbīng
  공정병
24 铁道兵 tiědàobīng
  철도병
25 防化兵 fánghuàbīng
  화학 방어병
26 装甲兵 zhuāngjiǎbīng
  장갑병
27 骑兵 qíbīng
  기병
28 巡逻兵 xúnluóbīng
  순찰병 ; 패트롤병
29 炊事兵 chuīshìbīng

병종 · 견장

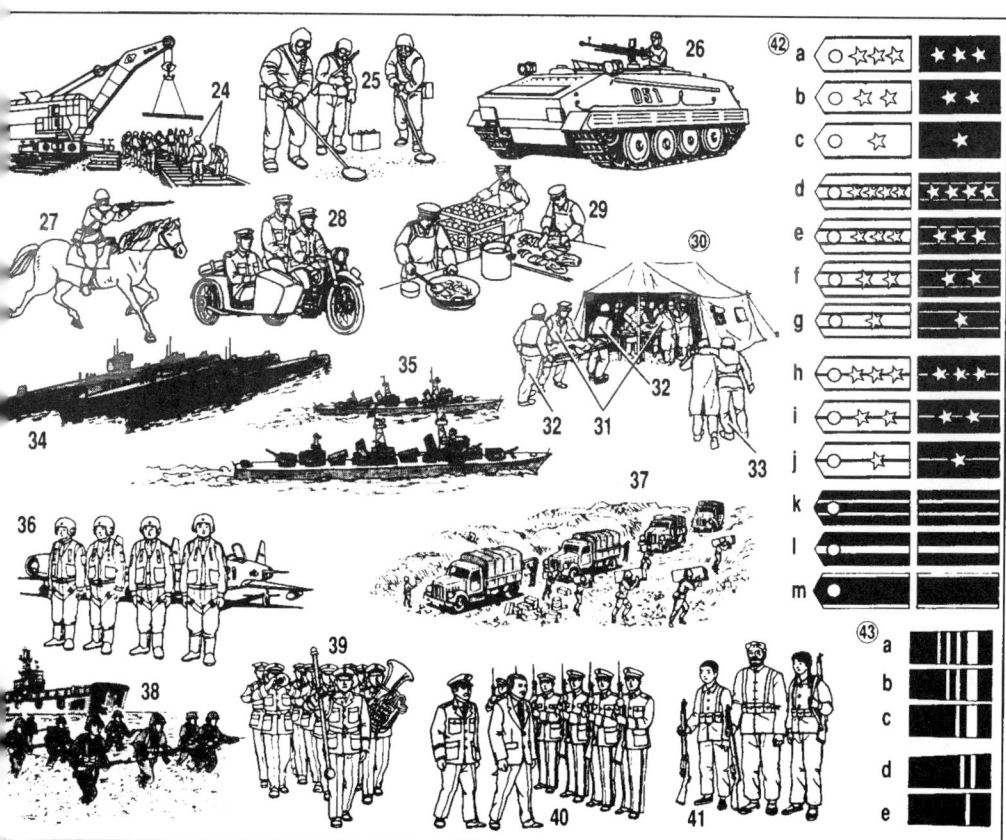

취사병 ▶"炊事员" chuīshì-
yuán
30 野战医院 yězhàn yīyuàn
야전 병원
31 军医 jūnyī
군의
32 卫生兵 wèishēngbīng
위생병
33 伤员 shāngyuán
부상병
34 潜艇部队 qiántǐng bùduì
잠수함 부대
35 水面舰艇部队 shuǐmiàn
jiàntǐng bùduì
수상 군함 부대
36 航空兵部队 hángkōngbīng
bùduì
항공 부대
37 后勤部队 hòuqín bùduì
병참 부대 ; 후근 부대

38 海军陆战队 hǎijūn lùzhàn-
duì
해군 육전대 ; 해병대
39 军乐队 jūnyuèduì
군악대
40 仪仗兵 yízhàngbīng
의장병
41 民兵 mínbīng
민병
42 肩章 jiānzhāng(a上将
shàngjiàng, b中将 zhōng-
jiàng, c少将 shàojiāng, d大
校 dàxiào, e上校 shàng-
xiào, f中校 zhōngxiào, g少
校 shàoxiào, h上尉 shàng-
wèi, i中尉 zhōngwèi, j少尉
shàowèi, k军士 jūnshì, l专业
军士 zhuānyè jūnshì, m军校
学员 jūnxiào xuéyuán)
견장(a상장 · b중장 · c소

장 · d대교 · e상교 · f중교 · g
소교 · h상위 · i중위 · j소위
· k상사 · l기술 하사관 · m
사관학교 생도)
▶a～m의 각각 왼쪽은 육군,
오른쪽은 해군, k～m은 "志
愿兵" zhìyuànbīng(지원병)
의 계급
43 士兵套式肩章 shìbīng tào-
shì jiānzhāng(a上士shàng-
shì,b中士zhōngshì,c下士xià
shì,d上等兵shàngděngbīng,e
列兵lièbīng)
하사관 · 병사용 착탈식 견장
(a상사 · b중사 · c하사 · d상
등병 · e열병(사병) ▶43a～e는
"义务兵" yìwùbīng(의무병)
의 계급

228 战斗形态 zhàndòu xíngtài   전투 형태

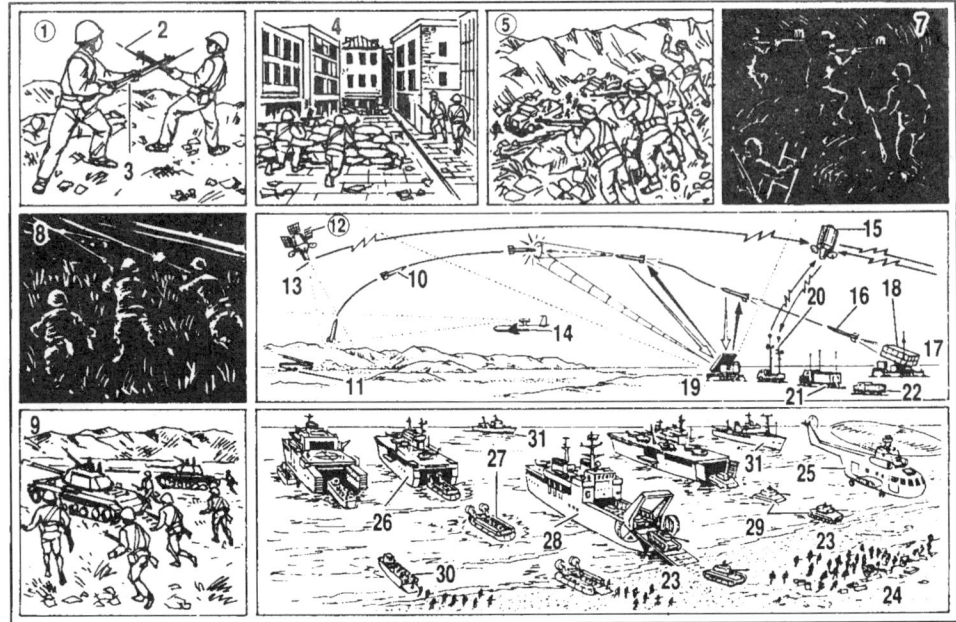

1 白刃战 báirènzhàn
  백병전 ▶"近战" jìnzhàn(접근전)
2 刺刀 cìdāo
  총검 ▶"枪刺" qiāngcì
3 步枪 bùqiāng
  소총 ; 라이플
4 巷战 xiàngzhàn
  시가전
5 游击战 yóujīzhàn
  유격전 ; 게릴라전
6 游击队 yóujīduì
  유격대 ; 게릴라
7 地道战 dìdàozhàn
  갱도전 ; 지하도전
8 夜战 yèzhàn
  야간 전투
9 地面作战 dìmiàn zuòzhàn
  지상전
10-22 防空作战 fángkōng zuòzhàn
  방공 작전
10 地对地导弹 dì duì dì dǎodàn
  지대지 미사일 ▶"地地导弹" dìdì dǎodàn
11 发射平台 fāshè píngtái
  발사대
12 侦察卫星 zhēnchá wèixīng
  정찰 위성
13 红外传感器 hóngwài chuángǎnqì
  적외선 감지 장치
14 预警飞机 yùjǐng fēijī
  조기 경계기
15 通讯卫星 tōngxùn wèixīng
  통신 위성
16 地对空导弹 dì duì kōng dǎodàn
  지대공 미사일 ▶"地空导弹" dìkōng dǎodàn
17 发射架 fāshèjià
  발사대
18 导弹发射箱 dǎodàn fāshèxiāng
  다연장 상자형 발사기
19 雷达车 léidáchē
  레이더 차
20 天线 tiānxiàn
  안테나
21 指挥控制车 zhǐhuī kòngzhìchē
  지휘 관제차
22 电源车 diànyuánchē
  전원차
23-31 登陆作战 dēnglù zuòzhàn
  상륙 작전
23 登陆部队 dēnglù bùduì
  상륙 부대
24 滩头阵地 tāntóu zhèndì
  해안 진지
25 直升机 zhíshēngjī
  헬리콥터
  ▶"直升飞机" zhíshēng fēijī
26 船坞登陆舰 chuánwù dēnglùjiàn
  선거형 양륙함
27 气垫艇 qìdiàntǐng
  호버크라프트
28 大型坦克登陆舰 dàxíng tǎnkè dēnglùjiàn
  대형 전차 양륙함
29 两栖坦克 liǎngqī tǎnkè
  수륙 양용 전차
30 登陆艇 dēnglùtǐng
  상륙용 주정
31 登陆支援舰 dēnglù zhīyuánjiàn
  상륙 지원함

1 帽徽 màohuī（a陆军lùjūn, b海军hǎijūn, c空军kōngjūn）
모장(a육군·b해군·c공군)
2 军种符号 jūnzhǒng fúhào（a陆军lùjūn,b海军hǎijūn,c空军kōngjūn）
군별 배지；군종 배지(a육군·b해군·c공군)
3 专业技术军官符号 zhuānyè jìshù jūnguān fúhào
기술 장교 배지
4 大檐帽 dàyánmào
차양 군모；상부가 평평하고 차양이 딱딱한 모자 ▶"大盖帽" dàgàimào
5 帽饰带 màoshìdài
장식 턱끈
6 风带 fēngdài
턱끈 ▶그림에서는 장식 턱끈 밑에 가려져 있다.
7 帽檐 màoyán
모자의 차양
8 领花(陆军将官) lǐnghuā (lùjūn jiàngguān)
금장；육군 장관(장성)이 옷깃에 다는 휘장
9 一级八一勋章 yījí bāyī xūnzhāng
1급 팔일 훈장
10 二级独立自由勋章 èrjí dúlì zìyóu xūnzhāng
2급 독립 자유 훈장
11 三级解放勋章 sānjí jiěfàng xūnzhāng
3급 해방 훈장
12 八一奖章 bāyī jiǎngzhāng
팔일 포장
13 一级英模奖章 yījí yīngmó jiǎngzhāng
1급 영웅 모범 포장
14 一级功奖章 yījígōng jiǎngzhāng
1급 공로 포장
15 陆军将官冬礼服 lùjūn jiāngguān dōnglǐfú
육군 장관(장성) 겨울 예복
16 海军女校官夏礼服 hǎijūn nǚxiàoguān xiàlǐfú
해군 여교관 여름 예복
17 陆军校官夏常服 lùjūn xiàoguān xiàchángfú
육군 교관 여름 평복
18 陆军校官冬常服 lùjūn xiàoguān dōngchángfú
육군 교관 겨울 평복
19 海军校官大衣 hǎijūn xiàoguān dàyī
해군 교관 외투
20 冬装帽 dōngzhuāngmào
동복용 모자
▶"绒帽" róngmào
21 空军女校官制式衬衣 kōngjūn nǚxiàoguān zhìshì chènyī
공군 여성 교관 제복 브라우스
22 无檐帽 wúyánmào
(여성용)차양 없는 군모
23 陆军士兵夏作训服 lùjūn shìbīng xiàzuòxùnfú
육군 사병 여름 작업훈련복
24 海军服 hǎijūnfú
수병복；해군복
25 海魂衫 hǎihúnshān
세일러 셔츠
26 水兵帽子 shuǐbīng màozi
수병 모자
27 飘带 piāodài
리본
28 披肩 pījiān
수병복의 깃
29 腰带卡 yāodàiqiǎ
벨트의 버클

军事训练 jūnshì xùnliàn / 군사 훈련

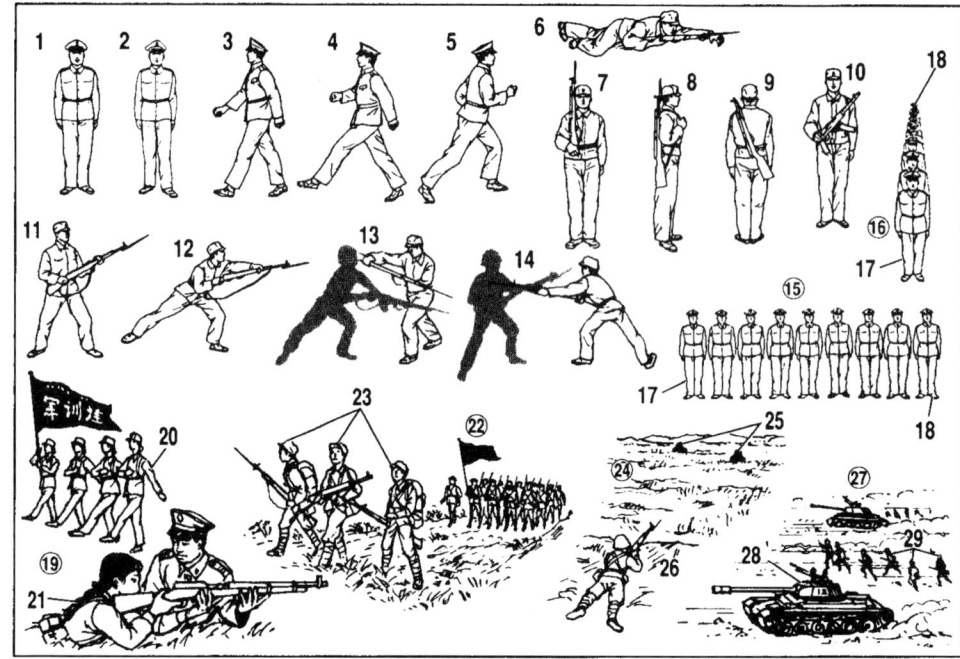

1 立正 lìzhèng
  차려
2 稍息 shāoxī
  쉬어
3 齐步 qíbù
  걸음을 맞추다. ▶대열을 짜고 행진하는 경우 보조를 맞추어 걸을 때 "齐步—走" qíbù—zǒu의 호령이 내린다. 보통의 걸음은 "便步" biànbù
4 正步 zhèngbù
  바른 걸음 ▶식전 등에서 발을 곧게 수평으로 들어 행진하는 경우
5 跑步 pǎobù
  구보 행진
6 匍匐前进 púfú qiánjìn
  포복 전진
7 托枪 tuōqiāng
  어깨 위로 총
8 肩枪 jiānqiāng
  어깨 걸어 총
9 背枪 bèiqiāng
  비껴 걸어 총
10 挂枪 guàqiāng
   앞으로 걸어 총
11 预备用枪 yùbèi yòngqiāng
   차려 총
12 突刺 tūcì
   찔러 동작
13 防刺 fángcì
   찔러 방어
14 对刺 duìcì
   대항 찔러
15 班横队 bānhéngduì
   분대 횡대
16 班纵队 bānzòngduì
   분대 종대
17 班长 bānzhǎng
   분대장
18 副班长 fùbānzhǎng
   부분대장
19-21 军事训练 jūnshì xùnliàn
   군사 훈련 ▶"军训" jūnxùn
19 军训 jūnxùn
   군사 훈련의 약칭
20 学生 xuésheng
   학생
21 民兵 mínbīng
   민병
22 行军 xíngjūn
   행군
23 尖兵 jiānbīng
   첨병
24 靶场 bǎchǎng
   사격장
25 靶子 bǎzi
   목표물
26 射击 shèjī
   사격
27 军事演习 jūnshì yǎnxí
   군사 연습
28 坦克 tǎnkè
   탱크 ; 전차
29 步兵 bùbīng
   보병

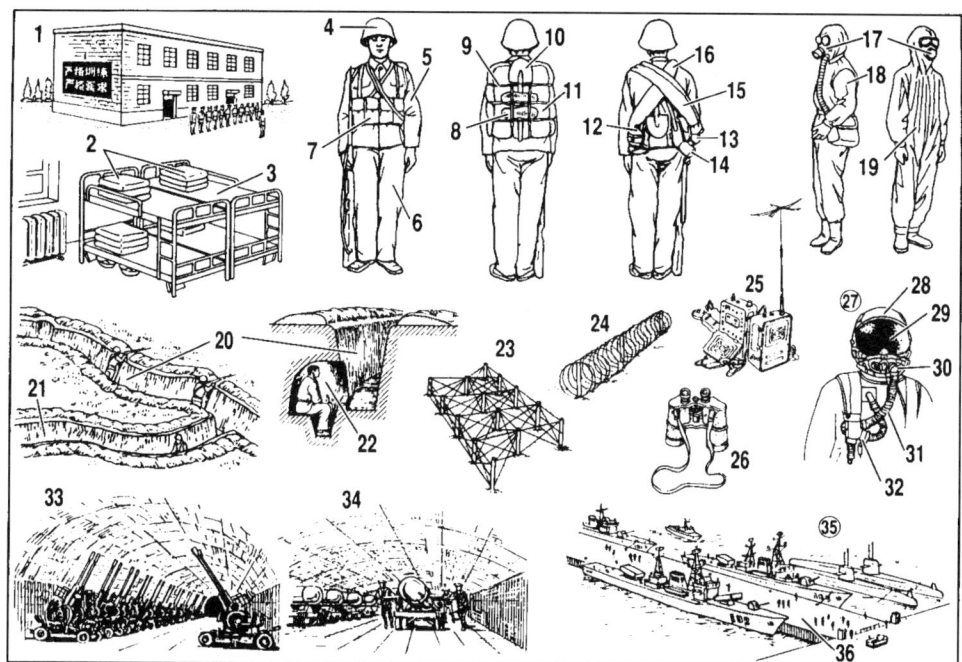

1 兵营 bīngyíng
병영
2 毛毯 máotǎn
모포
3 床 chuáng
침대
4 钢盔 gāngkuī
철모
5 上衣 shàngyī
상의
6 裤子 kùzi
하의
7 弹袋 dàndài
탄약낭 ▶"子弹袋" zǐdàndài
8 胶鞋 jiāoxié
고무 바닥 군화
9 带子 dàizi
끈 ▶"背带" bēidài
10 军用锹 jūnyòngqiāo
군용 삽
11 背包 bēibāo
배낭
12 水壶 shuǐhú
수통
13 挎包 kuàbāo
잡낭
14 缸子 gāngzi
컵
15 雨衣 yǔyī
비옷；우장
16 米袋 mǐdài
쌀 전대
▶"给养袋" jǐyǎngdài
17 防毒面罩 fángdú miànzhào
방독 마스크
18 防毒衣 fángdúyī
방독복；방독의
19 防毒斗篷 fángdú dǒupeng
방독 망토
20 堑壕 qiànháo
참호
21 交通壕 jiāotōngháo
교통호
22 猫耳洞 māo'ěrdòng
참호의 암벽에 파는 엄폐굴 ▶"崖孔" yákǒng
23 网形铁丝网 wǎngxíng tiěsīwǎng
망형 철조망
24 蛇腹形铁丝网 shéfùxíng tiěsīwǎng
뱀형 철조망
25 步话机 bùhuàjī
트랜시버
26 望远镜 wàngyuǎnjìng
망원경
27 战斗机驾驶员 zhàndòujī jiàshǐyuán
전투기 조종사
28 头盔 tóukuī
항공 헬멧
29 面板 miànbǎn
바이저
30 加压供氧面罩 jiāyā gōngyǎng miànzhào
가압 산소 공급 마스크
31 氧气输送管 yǎngqì shūsòngguǎn
산소 수송관
32 调节器 tiáojiéqì
조절기
33 军械库 jūnxièkù
병기고
34 弹药库 dànyàokù
탄약고
35 军港 jūngǎng
군항
36 码头 mǎtou
부두

232 古代兵器 gǔdài bīngqì

고대 병기

1 戈 gē
  굽창 ; 창의 일종
2 石戈 shígē
  석창 ; 돌로 만든 창
3 矛 máo
  창
4 戟 jǐ
  창의 일종 ; 미늘창
5 枪 qiāng
  창 ; 술창
6 刀 dāo
  칼
7 剑 jiàn
  검
8 斧 fǔ
  도끼
9 钩 gōu
  갈고리
10 锤 chuí
  추 ▶ 나무 끝에 쇠뭉치를 단 무기
11 叉 chā
  벌림창 ; 긴 막대 끝에 U자 모양의 쇠를 꽂은 무기
12 鎲 tǎng
  반달창 ; 창 끝이 반달 모양으로 된 무기의 하나
13 抓 zhuā
  새 발톱 모양의 갈고랑이
14 挝 zhuā
  2개의 새 발톱 모양의 갈고랑이 ▶ "双飞挝" shuāngfēizhuā
15 鞭 biān
  채찍
16 锏 jiǎn
  채찍의 일종
17 钺 yuè
  큰 도끼 ; 전부(戰斧)
18 铠甲 kǎijiǎ
  갑옷
19 马甲 mǎjiǎ
  말에 입히는 갑옷
20 盔 kuī
  투구
21 弓 gōng
  활
22 弩 nǔ
  노 ; 쇠뇌

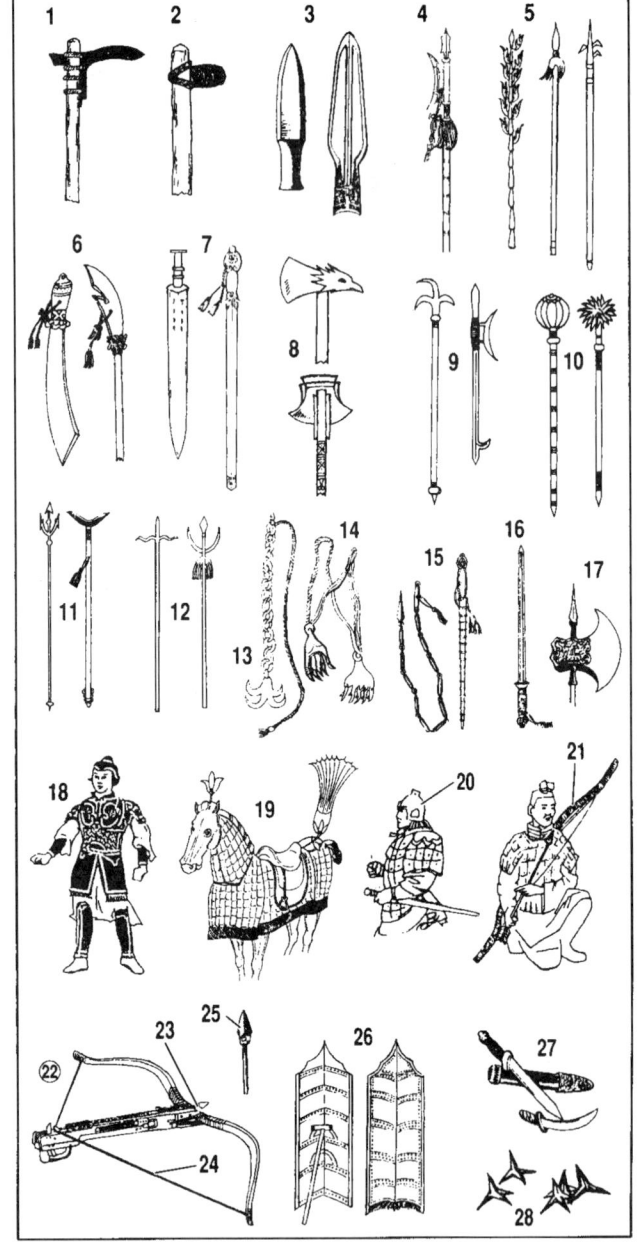

23 箭 jiàn
  화살
24 弦 xián
  활줄 ; 활시위
25 箭头 jiàntóu
  화살촉
26 盾 dùn
  방패
27 匕首 bǐshǒu
  비수
28 铁蒺藜 tiějíli
  철질려 ▶ 고대 무기의 일종

233 手榴弹 shǒuliúdàn · 地雷 dìléi   수류탄 · 지뢰 233

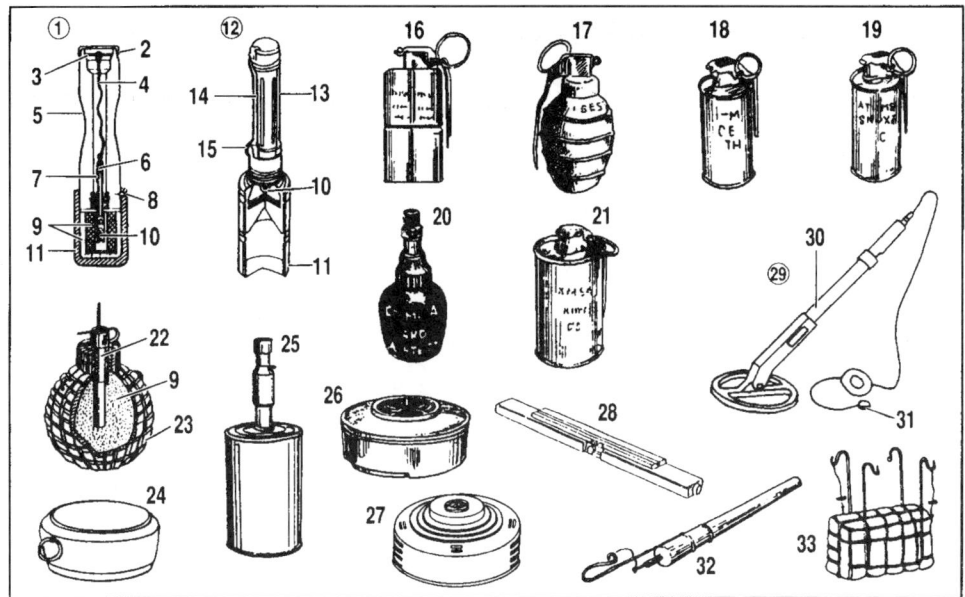

1-21 手榴弹 shǒuliúdàn
수류탄
1 木柄手榴弹 mùbǐng shǒuliúdàn
나무 자루 수류탄
2 保险盖 bǎoxiǎngài
안전 마개
3 拉火环 lāhuǒhuán
발화 고리
4 拉火绳 lāhuǒshéng
발화 끈
5 木柄 mùbǐng
나무 자루
6 火帽 huǒmào
뇌관의 끝
7 导火索 dǎohuǒsuǒ
도화선
8 固定螺 gùdìngluó
고정 나사
9 炸药 zhàyào
작약
10 雷管 léiguǎn
뇌관
11 弹体 dàntǐ
탄체
12 防坦克手榴弹 fángtǎnkè shǒuliúdàn
대탱크 수류탄

13 弹柄 dànbǐng
수류탄 자루
14 保险片 bǎoxiǎnpiàn
안전편
15 保险销 bǎoxiǎnxiāo
안전 핀
16 进攻手榴弹 jìngōng shǒuliúdàn
공격 수류탄
17 防御手榴弹 fángyù shǒuliúdàn
방어 수류탄
18 燃烧手榴弹 ránshāo shǒuliúdàn
연소 수류탄
19 烟幕手榴弹 yānmù shǒuliúdàn
발연 수류탄
20 眩目手榴弹 xuànmù shǒuliúdàn
섬광 수류탄
21 催泪手榴弹 cuīlèi shǒuliúdàn
최루 수류탄
22-28 地雷 dìléi
지뢰
22 引信 yǐnxìn
신관

23 雷壳 léiké
뇌각(雷殼)
24 防步兵地雷 fángbùbīng dìléi
대인 지뢰
25 防步兵跳雷 fángbùbīng tiàoléi
대인 도약 지뢰
26 防坦克地雷 fángtǎnkè dìléi
대탱크 지뢰
27 化学地雷 huàxué dìléi
화학 지뢰
28 棒状地雷 bàngzhuàng dìléi
막대 지뢰
29 探雷器 tànléiqì
지뢰 탐지기
30 探杆 tàngān
탐지봉
31 耳机 ěrjī
리시버
32 爆破筒 bàopòtǒng
폭파통
33 炸药包 zhàyàobāo
폭약 주머니

234 枪炮 qiāngpào I

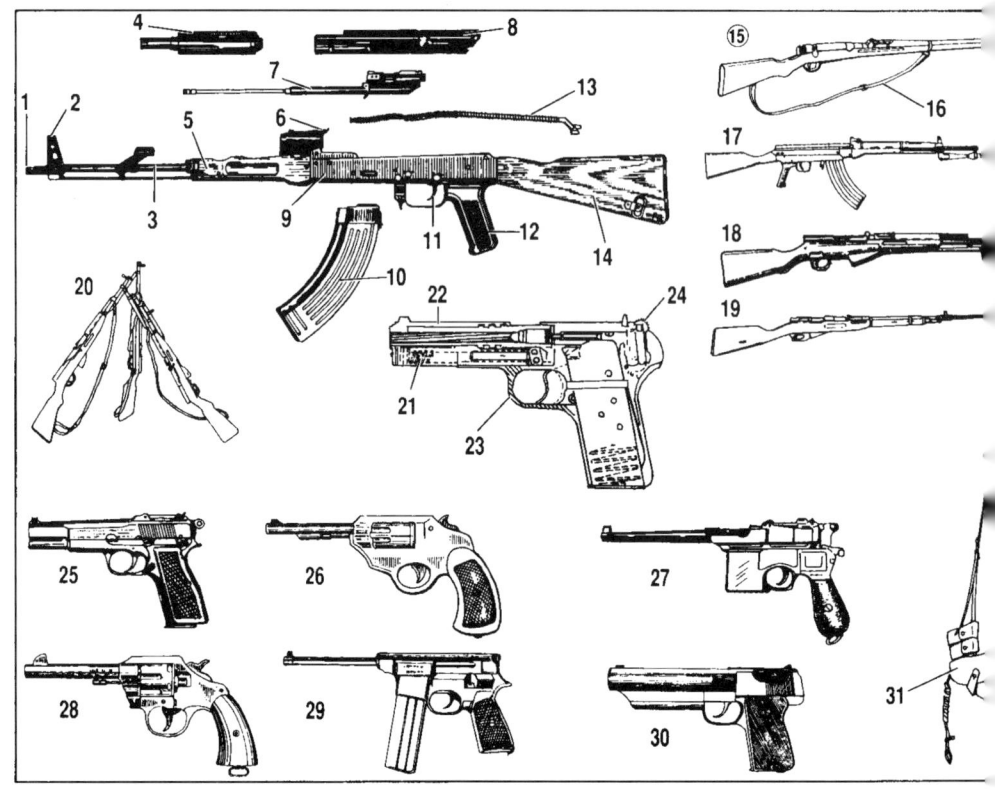

1-18 步枪 bùqiāng
소총；라이플

1 枪口 qiāngkǒu
총구

2 准星 zhǔnxīng
가늠쇠

3 枪管 qiāngguǎn
총신

4 上护木 shànghùmù
상부 덮개

5 下护木 xiàhùmù
하부 덮개

6 表尺 biǎochǐ
가늠자；조척

7 枪机组件 qiāngjī zǔjiàn
노리쇠(부)

8 机匣盖 jīxiágài
총강 윗덮개

9 机匣 jīxiá
총강

10 弹匣 dànxiá
탄창

11 扳机 bānjī
방아쇠

12 握把 wòbà
손잡이

13 复进机 fùjìnjī
복좌 용수철부

14 枪托 qiāngtuō
총탁；개머리판

15 三八式步枪 sānbāshì bùqiāng
38식 소총 ▶"六五步枪" liùwǔ bùqiāng

16 背带 bēidài
멜빵

17 自动步枪 zìdòng bùqiāng
자동 소총

18 半自动步枪 bànzìdòng bùqiāng
반자동 소총

19 骑枪 qíqiāng
카빈총
▶"卡宾枪" kǎbīnqiāng

20 架枪 jiàqiāng
걸총

21-30 手枪 shǒuqiāng
권총

21 复进簧 fùjìnhuáng
복좌 스프링

22 套筒 tàotǒng
총열

23 扳机护圈 bānjī hùquān
방아쇠 울

24 击锤 jīchuí
격발기；공이치기

25 勃郎宁手枪 bólángníng shǒuqiāng
브라우닝 권총

26 左轮手枪 zuǒlún shǒuqiāng
리볼버(회전식 권총)

27 毛瑟手枪 máosè shǒuqiāng
모제르 권총
▶"驳壳枪" bókéqiāng

28 柯尔特手枪 kē'ěrtè shǒuqiāng

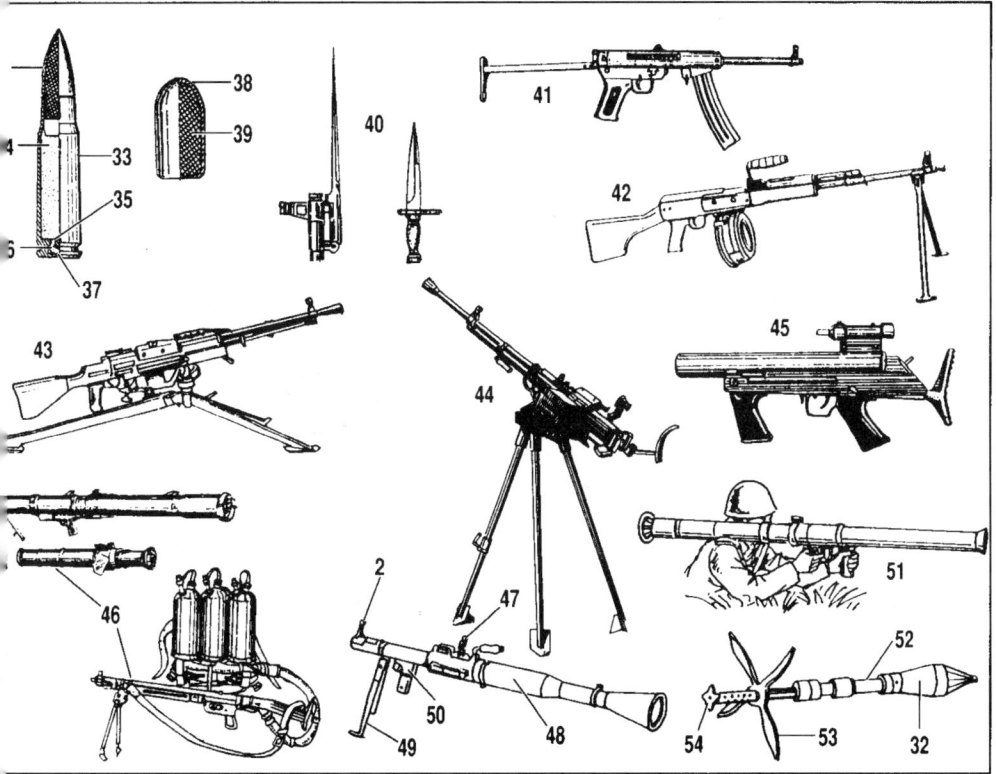

콜트 권총
29 自动手枪 zìdòng shǒuqiāng
자동 권총 ▶"冲锋手枪"
chōngfēng shǒuqiāng
30 微声手枪 wēishēng shǒuqiāng
소음 권총
31 手枪套 shǒuqiāngtào
권총 케이스
32-37 枪弹 qiāngdàn
총탄 ▶"子弹" zǐdàn
32 弹头 dàntóu
탄두 ; 탄환
33 弹壳 dànké
약협 ▶화약이 들어 있는 통
34 发射药 fāshèyào
발사약
35 导火孔 dǎohuǒkǒng
도화공
36 起爆药 qǐbàoyào
기폭약
37 底火 dǐhuǒ

뇌관
38-39 手枪弹头 shǒuqiāng dàntóu
권총의 탄환
38 弹头壳 dàntóuké
피갑(被甲)
39 铅心 qiānxīn
탄심
40 刺刀 cìdāo
총검 ☞228-2
41 冲锋枪 chōngfēngqiāng
단기관총
42 轻机枪 qīngjīqiāng
경기관총
43 重机枪 zhòngjīqiāng
중기관총
44 高射机枪 gāoshèjīqiāng
고사 기관총
45 榴弹发射器 liúdàn fāshèqì
유탄 발사기
46 喷火器 pēnhuǒqì
화염 방사기

47-50 火箭筒 huǒjiàntǒng
로켓탄 발사기
47 缺口 quēkǒu
조준 구멍 ; 가늠쇠 구멍
48 筒身 tǒngshēn
포신
49 支架 zhījià
받침대
50 击发机 jīfājī
격발 장치
51 巴祖卡 bāzǔkǎ
바주카포
52-54 火箭弹 huǒjiàndàn
로켓탄
52 发动机 fādòngjī
엔진
53 尾翼 wěiyì
미익
54 涡轮 wōlún
터빈

235 枪炮 qiāngpào II

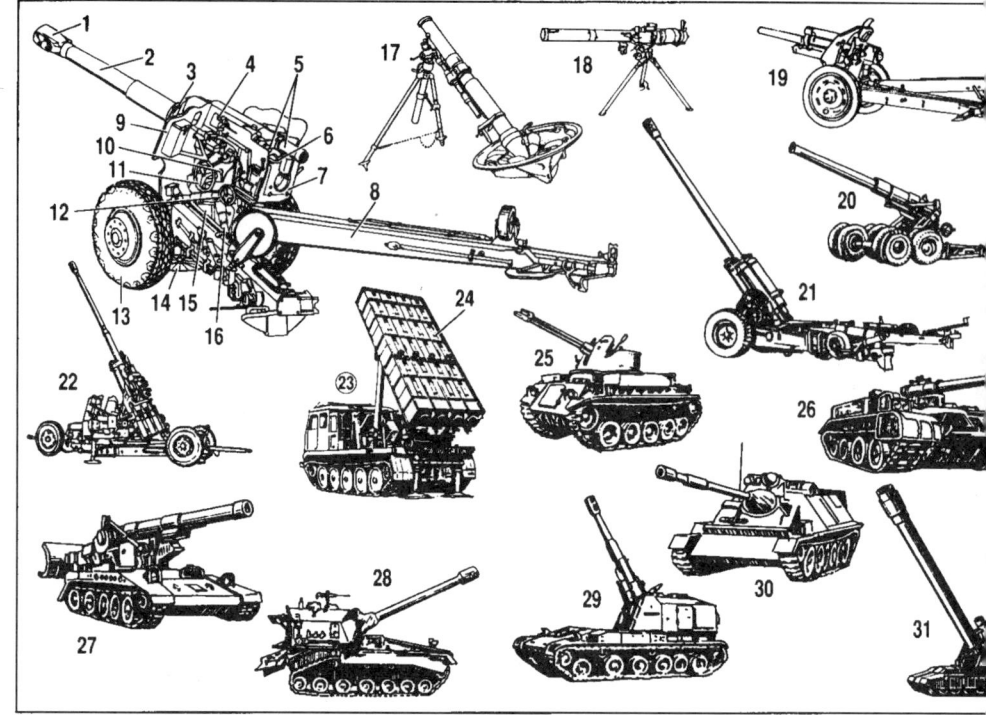

1-3 火炮 huǒpào
대포
1 炮口制退器 pàokǒu zhìtuìqì
포구 제퇴기
2 炮身 pàoshēn
포신
3 摇架 yáojià
흔들 조정
4 瞄准装置 miáozhǔn zhuāngzhì
조준 장치
5 反后坐装置 fǎnhòuzuò zhuāngzhì
주퇴 복좌기(駐退復座機)
6 炮闩 pàoshuān
폐쇄기
7 炮尾 pàowěi
포미
8 大架 dàjià
포각
9 防盾 fángdùn
방패
10 上架 shàngjià
상부 포가

11 高低机 gāodījī
부앙 장치(俯仰裝置)
12 方向机 fāngxiàngjī
방향 이동 장치
13 运动体 yùndòngtǐ
이동용 차바퀴
14 炮床 pàochuáng
포상
15 下架 xiàjià
하부 포가
16 平衡机 pínghéngjī
평형기
17 迫击炮 pǎijīpào
박격포
18 无坐力炮 wúzuòlìpào
무반동포
19 榴弹炮 liúdànpào
유탄포
20 加农炮 jiānóngpào
카농포
21 加农榴弹炮 jiānóng liúdànpào
카농 유탄포
▶"加榴炮" jiāliúpào

22 高射炮 gāoshèpào
고사포
23 火箭炮 huǒjiànpào
로켓포
24 发射箱 fāshèxiāng
다연장 로켓의 상자형 발사기
25 自行高射炮 zìxíng gāoshèpào
자주 고사포
26 自行无坐力炮 zìxíng wúzuòlìpào
자주 무반동포
27 自行榴弹炮 zìxíng liúdànpào
자주 유탄포
28 自行加农炮 zìxíng jiānóngpào
자주 카농포
29 自行加榴炮 zìxíng jiāliúpào
자주 카농 유탄포
30 自行反坦克炮 zìxíng fǎntǎnkèpào
자주 대탱크포

총포 II   235

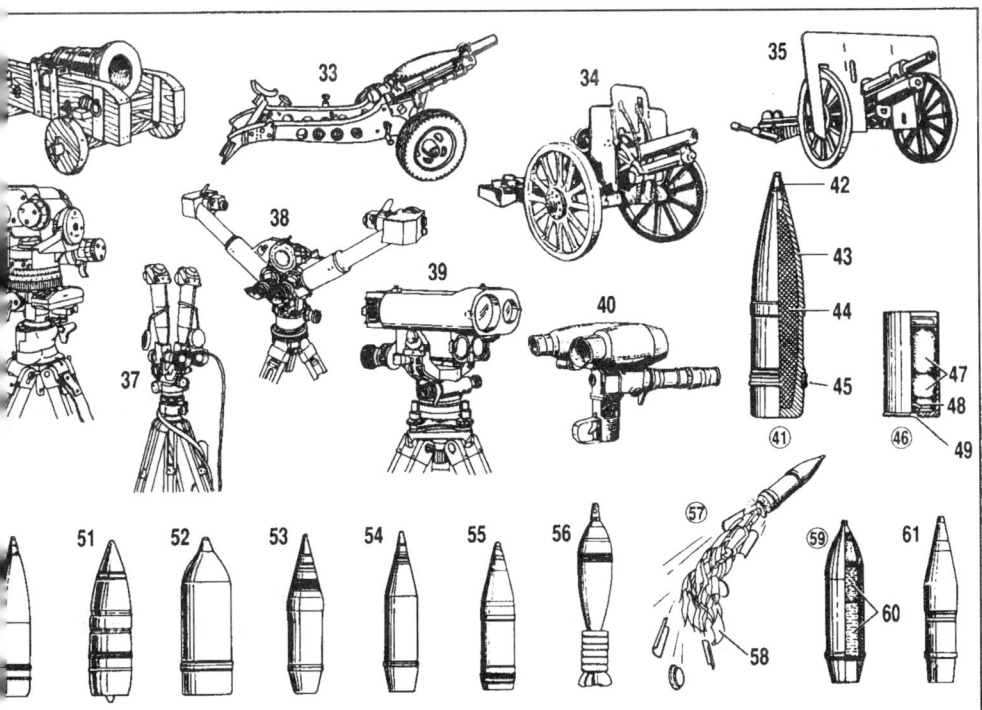

31 电磁炮 diàncípào 전자포	41 弹丸 dànwán 탄환	甲弹" kōngxīn zhuāngyào pòjiǎdàn
32 臼炮 jiùpào 구포	42 引信 yǐnxìn 신관	53 榴霰弹 liúxiàndàn 유산탄 ▶"子母弹" zǐmǔdàn
33 野炮 yěpào 야포	43 弹体 dàntǐ 탄체	54 燃烧弹 ránshāodàn 소이탄
34 步兵炮 bùbīngpào 보병포	44 炸药 zhàyào 작약	55 照明弹 zhàomíngdàn 조명탄
35 山炮 shānpào 산포	45 弹带 dàndài 탄대	56 发烟弹 fāyāndàn 발연탄
36 方向盘 fāngxiàngpán 목표 표정기 ▶"炮兵方向盘" pàobīng fāngxiàngpán	46 药筒 yàotǒng 약통	▶"烟幕弹" yānmùdàn
	47 药包 yàobāo 약포	57 宣传弹 xuānchuándàn 선전탄
37 炮队镜 pàoduìjìng 포대경	48 点火药 diǎnhuǒyào 점화약	58 宣传品 xuānchuánpǐn 선전용 인쇄물
38 炮兵测距机 pàobīng cèjùjī 포병 측거의	49 底火 dǐhuǒ 뇌관	59 化学炮弹 huàxué pàodàn 화학 포탄
39 激光测距机 jīguāng cèjùjī 레이저 측거의	50 榴弹 liúdàn 유탄	60 化学物质 huàxué wùzhì 화학 물질
40 测距瞄准具 cèjù miáozhǔnjù 측거 조준기	51 穿甲弹 chuānjiǎdàn 철갑탄	61 芥子气炮弹 jièzǐqì pàodàn 이페리트 포탄 ; 겨자탄
41-61 炮弹 pàodàn 포탄	52 破甲弹 pòjiǎdàn 성형 작약탄 ▶"空心装药破	

236 导弹 dǎodàn · 火箭 huǒjiàn · 核武器 héwǔqì

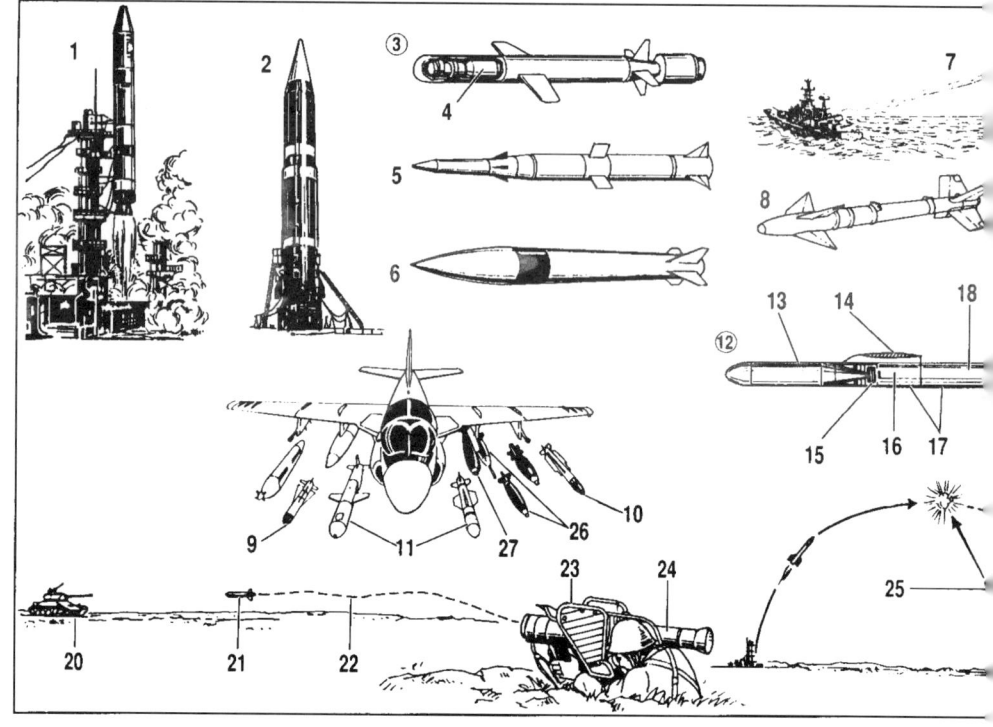

1-25 导弹 dǎodàn
미사일
1 洲际导弹 zhōujì dǎodàn
대륙간 탄도 미사일
2 中程导弹 zhōngchéng dǎodàn
중거리 탄도 미사일
3 巡航导弹 xúnháng dǎodàn
순항 미사일
4 核弹头 hédàntóu
핵탄두
5 地对地导弹 dì duì dì dǎodàn
지대지 미사일 ☞228-10
6 地对空导弹 dì duì kōng dǎodàn
지대공 미사일 ☞228-16
7 舰对空导弹 jiàn duì kōng dǎodàn
함대공 미사일
8 空对空导弹 kōng duì kōng dǎodàn
공대공 미사일
9 空对地导弹 kōng duì dì dǎodàn
공대지 미사일
10 反幅射导弹 fǎnfúshè dǎodàn
대폭사 미사일
11 反舰导弹 fǎnjiàn dǎodàn
대함 미사일
12 反潜导弹 fǎnqián dǎodàn
대잠수함 미사일
13 自导鱼雷 zìdǎo yúléi
자기 유도 어뢰
14 弹翼 dànyì
탄익
15 减速伞 jiǎnsùsǎn
감속 패러슈트
16 制导装置 zhìdǎo zhuāngzhì
유도 장치
17 弹体 dàntǐ
탄체
18 固体火箭发动机 gùtǐ huǒjiàn fādòngjī
고체 연료 로켓 엔진
19 尾翼 wěiyì
미익
20 坦克 tǎnkè
탱크 ; 전차
21 反坦克导弹 fǎntǎnkè dǎodàn
대전차 미사일
22 飞行弹道 fēixíng dàndào
비행 탄도
23 发射制导装置 fāshè zhìdǎo zhuāngzhì
발사 유도 장치
24 发射管 fāshèguǎn
발사관
25 反弹道导弹 fǎndàndào dǎodàn
대미사일용 미사일 ; 탄도탄 요격 미사일
▶"反导弹" fǎndǎodàn
26 炸弹 zhàdàn
폭탄
27 集束炸弹 jíshù zhàdàn
집속 폭탄
28 地下井 dìxiàjǐng
지하 미사일 격납고 ; 미사일 사일로 ▶"发射井" fāshèjǐng

386

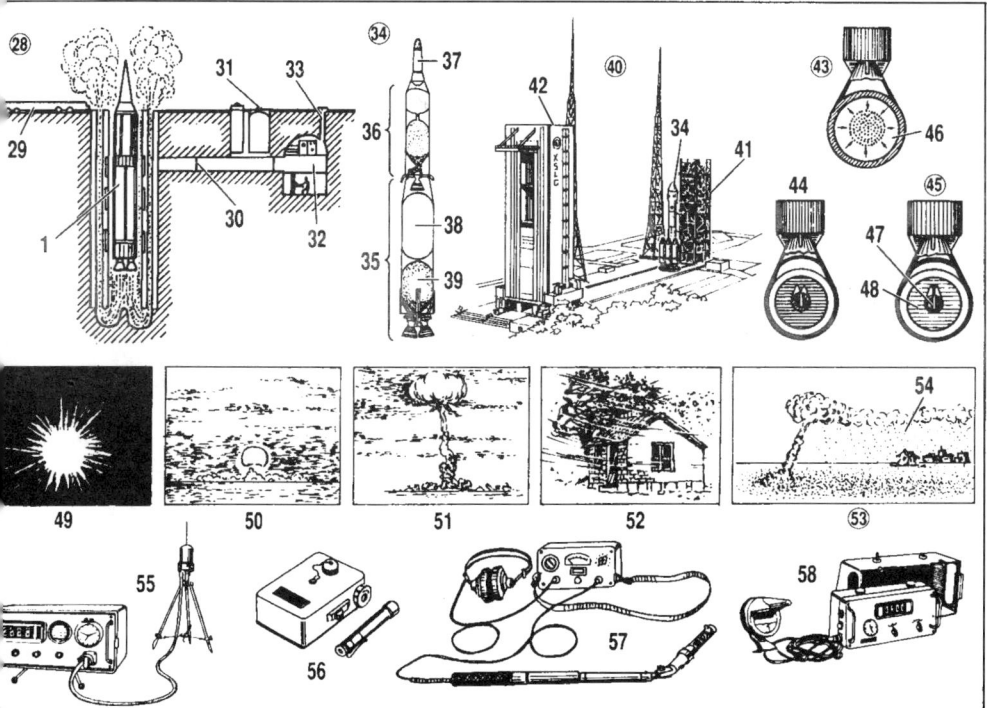

29 移动式井盖 yídòngshì jǐng-
  gài
  사일로의 이동식 뚜껑
30 防护门 fánghùmén
  방호문
31 燃料库 ránliàokù
  연료고
32 指挥室 zhǐhuīshì
  지휘실
33 通气道 tōngqìdào
  통풍구
34-39 火箭 huǒjiàn
  로켓
34 多级火箭 duōjí huǒjiàn
  다단식 로켓
35 第一级 dìyījí
  제1단
36 第二级 dì'èrjí
  제2단
37 再入大气层飞行器 zàirù
  dàqìcéng fēixíngqì
  재돌입 탄두
38 液氧箱 yèyǎngxiāng
  액체 산소 탱크

39 燃料箱 ránliàoxiāng
  연료 탱크
40 火箭发射场 huǒjiàn fāshè-
  chǎng
  로켓 발사장
41 发射塔 fāshètǎ
  발사탑 ▶고정식
42 勤务塔 qínwùtǎ
  작업탑 ▶이동식
43-48 核武器 héwǔqì
  핵무기
43 原子弹 yuánzǐdàn
  원자탄
44 氢弹 qīngdàn
  수소탄
45 中子弹 zhōngzǐdàn
  중성자탄
46 炸药 zhàyào
  작약 ; 폭약
47 引爆装置 yǐnbào zhuāngzhì
  유발 장치
48 热核燃料 rèhéránliào
  열핵연료
49 闪光 shǎnguāng

  섬광
50 火球 huǒqiú
  불덩어리
51 蘑菇状烟云 móguzhuàng
  yānyún
  버섯구름
52 冲击波 chōngjībō
  충격파
53 沾染区 zhānrǎnqū
  오염 구역
54 放射性落下灰尘 fàngshè-
  xìng luòxià huīchén
  죽음의 재
55 核爆炸观测仪 hébàozhà
  guāncèyí
  핵폭발 관측기
56 剂量仪 jìliángyí
  도시미터(dosimeter)
57 辐射仪 fúshèyí
  선량계
58 辐射级仪 fúshèjíyí
  선량률계

237 卫星 wèixīng · 雷达 léidá

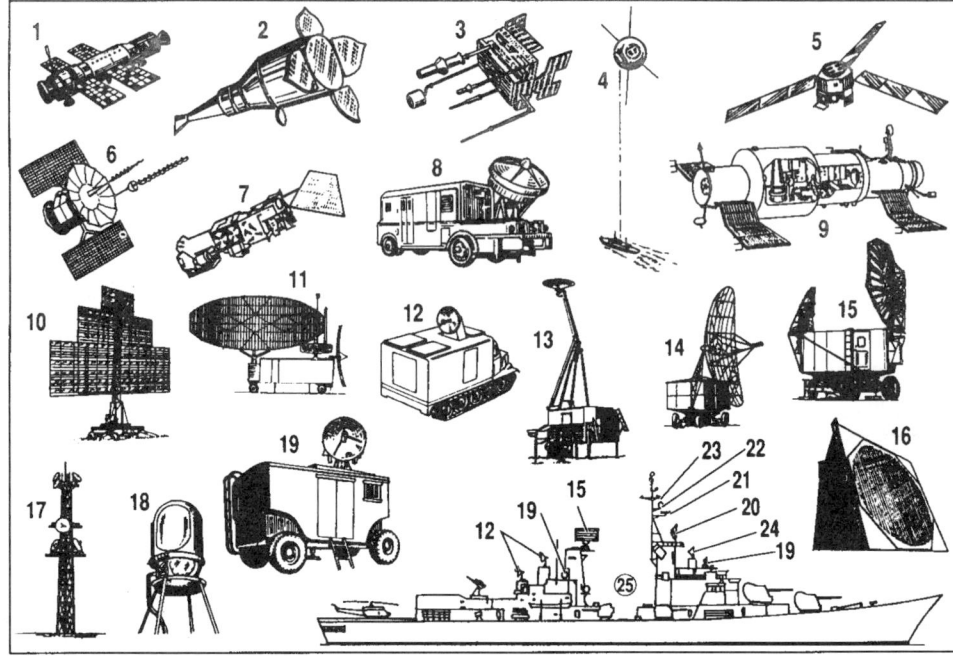

1-7 军事卫星 jūnshì wèixīng
군사 위성

1 侦察卫星 zhēnchá wèixīng
정찰 위성

2 预警卫星 yùjǐng wèixīng
조기 경계 위성

3 电子侦察卫星 diànzǐ zhēnchá wèixīng
전자 정찰 위성

4 导航卫星 dǎoháng wèixīng
항행 위성

5 测地卫星 cèdì wèixīng
측지 위성

6 军用通讯卫星 jūnyòng tōngxùn wèixīng
군사 통신 위성

7 军用气象卫星 jūnyòng qìxiàng wèixīng
군사 기상 위성

8 卫星通信车 wèixīng tōngxìnchē
위성 통신차

9 宇宙空间站 yǔzhòu kōngjiānzhàn
우주 스테이션
▶"航天站" hángtiānzhàn

10-23 雷达 léidá
레이더

10 警戒雷达 jǐngjiè léidá
경계 레이더

11 引导雷达 yǐndǎo léidá
유도 레이더

12 制导雷达 zhìdǎo léidá
제어 유도 레이더

13 目标指示雷达 mùbiāo zhǐshì léidá
목표 지시 레이더

14 测高雷达 cègāo léidá
고도 측정 레이더

15 三坐标雷达 sānzuòbiāo léidá
3차원 레이더

16 弹道导弹预警相控阵雷达 dàndào dǎodàn yùjǐng xiāngkòngzhèn léidá
미사일 조기 경계 위상차 단열 레이더

17 导航雷达 dǎoháng léidá
항행 레이더

18 机载截击雷达 jīzài jiéjī léidá
요격용 기상 레이더

19 炮瞄雷达 pàomiáo léidá
포격 조준용 레이더

20 对空警戒雷达 duìkōng jǐngjiè léidá
대공 경계 레이더

21 航海雷达 hánghǎi léidá
항해 레이더

22 对海警戒雷达 duìhǎi jǐngjiè léidá
대해상 경계 레이더

23 侦察雷达 zhēnchá léidá
정찰 레이더

24 卫星通信天线 wèixīng tōngxìn tiānxiàn
위성 통신 안테나

25 驱逐舰 qūzhújiàn
구축함

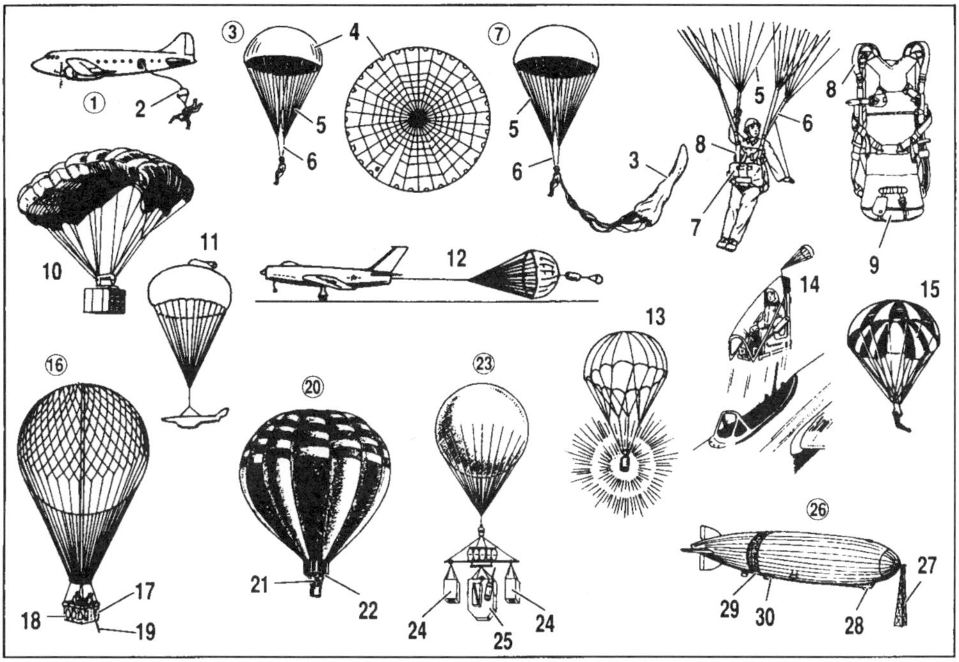

1-15 降落伞 jiàngluòsǎn
낙하산
1 跳伞 tiàosǎn
낙하산 낙하
2 引导伞 yǐndǎosǎn
유도산 ; 보조 낙하산
3 主伞 zhǔsǎn
주산
4 伞衣 sǎnyī
캐노피
5 伞绳 sǎnshéng
조삭(吊索)
6 吊带 diàodài
라이저
7 备份伞 bèifènsǎn
예비 낙하산
8 背带 bēidài
안전벨트
9 伞包 sǎnbāo
낙하산 수납 백
10 投物伞 tóuwùsǎn
투하물 낙하산
11 回收伞 huíshōusǎn
회수 낙하산
12 减速伞 jiǎnsùsǎn
감속 낙하산
▶"杀车伞" shāchēsǎn
13 照明弹伞 zhàomíngdànsǎn
조명탄 낙하산
14 弹射座椅 dànshè zuòyǐ
사출 좌석 ▶"火箭弹射座椅" huǒjiàn dànshè zuòyǐ
15 救生伞 jiùshēngsǎn
구명 낙하산
16 气球 qìqiú
기구
17 吊蓝 diàolán
곤도라
18 沙袋 shādài
밸러스트 ; 모래주머니
19 系留绳 jìliúshéng
계류 로프
20 热气球 rèqìqiú
열기구
21 燃烧器 ránshāoqì
버너
22 球嘴 qiúzuǐ
기구 아구리
23 高空侦察气球 gāokōng zhēnchá qìqiú
고공 정찰 기구
24 沙箱 shāxiāng
모래 상자
25 照相设备箱 zhàoxiāng shèbèixiāng
사진 촬영 설비 박스
26 飞艇 fēitǐng
비행선
27 系留塔 jìliútǎ
계류탑
28 吊舱 diàocāng
곤돌라 ; 캐빈
29 气囊袋 qìnángdài
기낭
30 螺旋桨 luóxuánjiǎng
스크루

239 军用飞机 jūnyòng fēijī · 航空炸弹 hángkōng zhàdàn

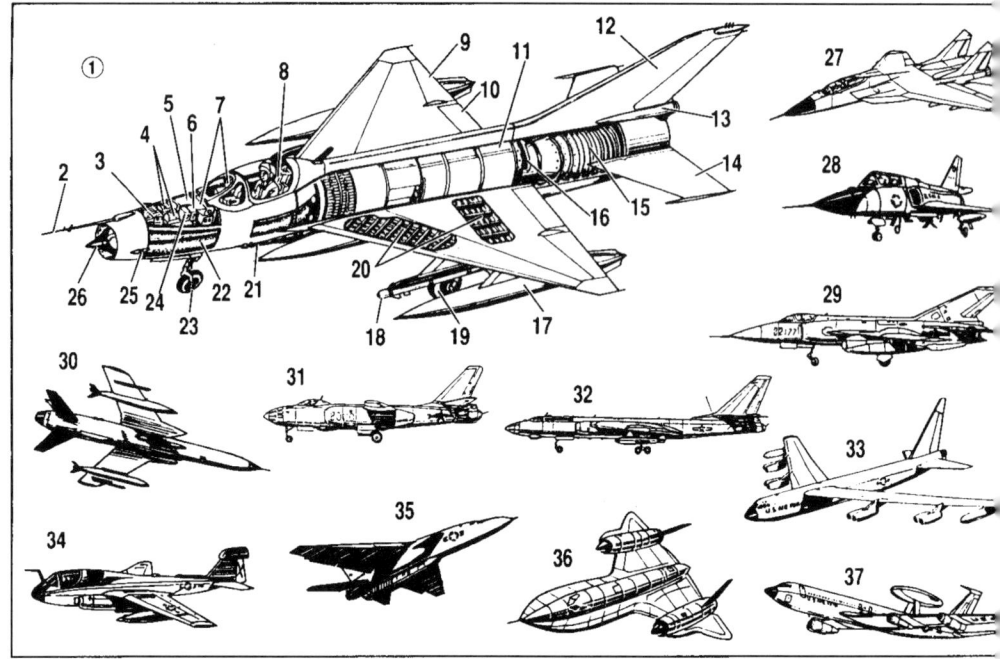

1 歼击机 jiānjījī
전투기 ▶그림은 중국제 F7M
형. "战斗机" zhàndǒujī
2 空速管 kōngsùguǎn
피토
3 雷达 léidá
레이더
4 陀螺 tuóluó
자이로
5 无线电罗盘 wúxiàndiàn luópán
라디오 컴퍼스
6 无线电台 wúxiàndiàntái
무선기
7 平视显示机 píngshì xiǎnshìjī
헤드업 디스플레이
8 火箭弹射座椅 huǒjiàn dànshè zuòyǐ
사출 좌석
9 副翼 fùyì
보조익 ; 보조 날개
10 襟翼 jīnyì
플랩 ; 솦날개
11 燃油箱 rányóuxiāng
연료 탱크

12 垂直尾翼 chuízhí wěiyì
수직 미익
13 阻力伞舱 zǔlìsǎncāng
드래그 슈트 격납부
14 水平尾翼 shuǐpíng wěiyì
수평 미익
15 发动机 fādòngjī
엔진
16 液压油箱 yèyā yóuxiāng
유압 장치용 저장기
17 副油箱 fùyóuxiāng
증가 연료 탱크
18 空空导弹 kōngkōng dǎodàn
공대공 미사일 ▶ "空对空导弹" kōngduìkōng dǎodàn
19 主起落架 zhǔqǐluòjià
주각
20 机翼整体油箱 jīyì zhěngtǐ yóuxiāng
인테그럴 윙 탱크
21 30毫米机炮 sānshí háomǐ jīpào
30밀리 기관포
22 进气道系统 jìnqìdào xìtǒng
공기 도입구 시스템
23 前起落架 qiánqǐluòjià

전각(前脚)
24 空气数据计算机 kōngqì shùjù jìsuànjī
에어 데이터 컴퓨터
25 迎角传感器 yíngjiǎo chuángǎnqì
앙각 탐지기
26 进气口头锥 jìnqìkǒu tóuzhuī
공기 도입구 노즈 콘
27 战斗机 zhàndǒujī
전투기 ▶그림은 "米格29" mǐgé èrshíjiǔ(미그29)
28 截击机 jiéjījī
요격 전투기 ; 요격기
29 强击机 qiángjījī
공격기
30 歼击轰炸机 jiānjī hōngzhàjī
전투 폭격기
31 轻型轰炸机 qīngxíng hōngzhàjī
경폭격기
32 轰炸机 hōngzhàjī
폭격기
33 战略轰炸机 zhànlüè hōngzhàjī

군용 비행기·항공 폭탄 239

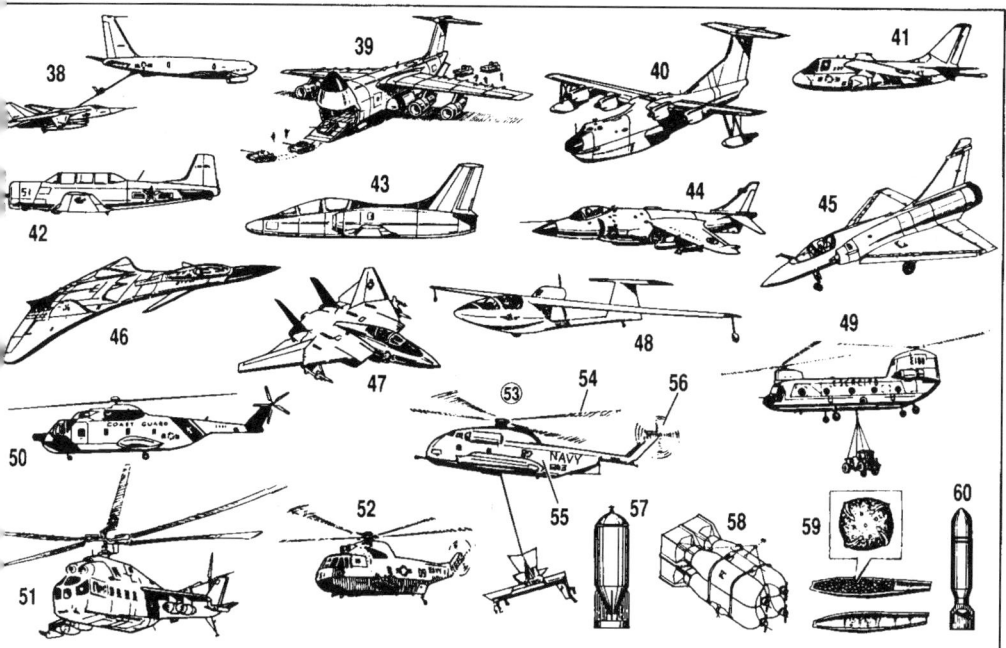

34 电子战机 diànzǐzhànjī
　전자전투기
35 侦察机 zhēnchájī
　정찰기
36 高速侦察机 gāosù zhēn-
　chájī
　고속 정찰기
37 预警机 yùjǐngjī
　조기 경계기
38 空中加油机 kōngzhōng
　jiāyóujī
　공중 급유기
39 运输机 yùnshūjī
　수송기
40 水上飞机 shuǐshàng fēijī
　수상기 ; 비행정
41 反潜巡逻机 fǎnqián xún-
　luójī
　대잠 초계기
42 教练机 jiàoliànjī
　연습기
43 喷气式教练机 pēnqìshì
　jiàoliànjī
　제트 연습기
44 垂直起落飞机 chuízhí qǐluò

전략 폭격기
　fēijī
　수직 이착륙기
45 无尾飞机 wúwěi fēijī
　무미익기
46 隐形飞机 yǐnxíng fēijī
　스텔스기
47 可变翼机 kěbiànyìjī
　가변익기
48 动力滑翔机 dònglì huá-
　xiángjī
　동력 글라이더
49-56 直升机 zhíshēngjī
　헬리콥터
49 运输直升机 yùnshū zhí-
　shēngjī
　수송 헬리콥터
50 救难直升机 jiùnàn zhí-
　shēngjī
　구난 헬리콥터
51 武装直升机 wǔzhuāng zhí-
　shēngjī
　무장 헬리콥터
52 反潜直升机 fǎnqián zhí-
　shēngjī
　대잠 초계 헬리콥터
53 扫雷直升机 sǎoléi zhí-

　shēngjī
　소해 헬리콥터
54 旋翼 xuányì
　메인 로터 ; 주회전익
55 机身 jīshēn
　기체
56 抗扭螺旋桨 kàngniǔ luó-
　xuánjiǎng
　테일 로터 ; 미부 회전익
57 航空炸弹 hángkōng zhàdàn
　항공 폭탄▶"炸弹" zhàdàn
58 集束炸弹 jíshù zhàdàn
　집속 폭탄
59 钢珠弹 gāngzhūdàn
　볼 폭탄▶"子母弹" zǐmǔdàn
60 化学炸弹 huàxué zhàdàn
　화학 폭탄

坦克 tǎnkè

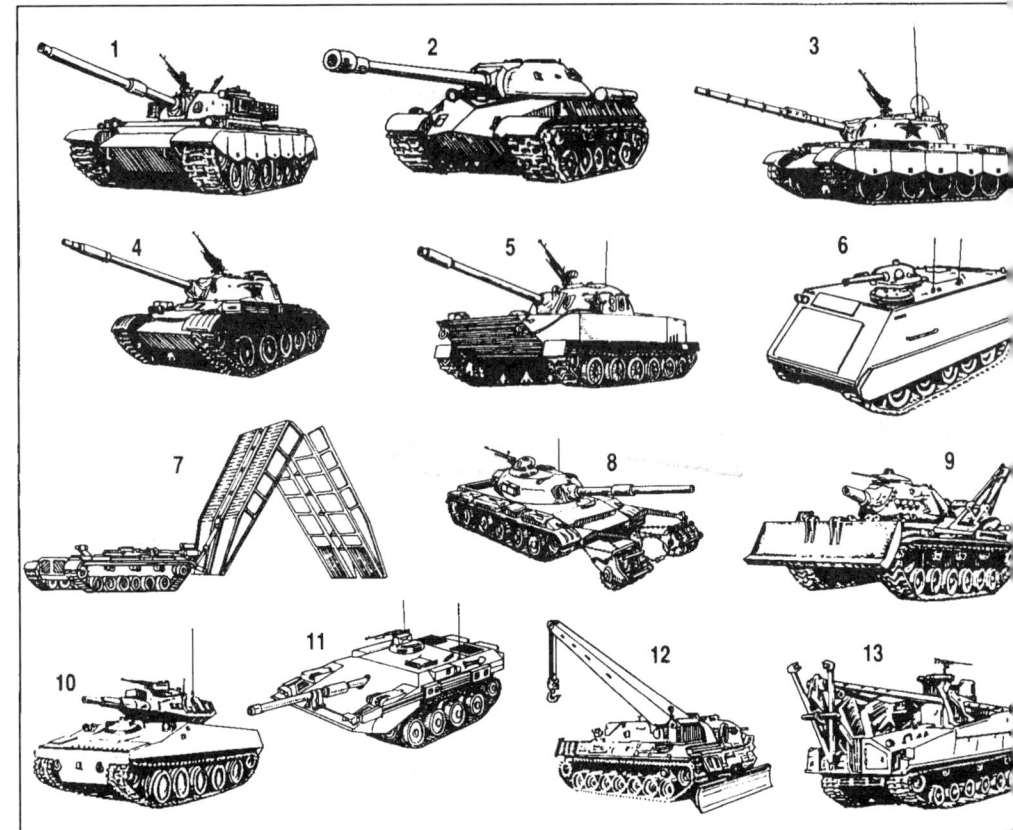

1-13 坦克 tǎnkè
전차；탱크
1 主战坦克 zhǔzhàn tǎnkè
주력 전차；주전투 전차
2 重型坦克 zhòngxíng tǎnkè
중전차
3 中型坦克 zhōngxíng tǎnkè
중전차
4 轻型坦克 qīngxíng tǎnkè
경전차
5 水陆两用坦克 shuǐlù liǎng-
yòng tǎnkè
수륙 양용 전차
▶"水陆坦克" shuǐlù tǎnkè
6 喷火坦克 pēnhuǒ tǎnkè
화염 방사 전차 ▶"坦克型喷
火器" tǎnkèxíng pēnhuǒqì
7 架桥坦克 jiàqiáo tǎnkè
가교 전차；전차교 ▶"坦克
架桥车" tǎnkè jiàqiáochē
8 扫雷坦克 sǎoléi tǎnkè
지뢰 처리 전차
9 坦克推土机 tǎnkè tuītǔjī
불도저 전차 ▶"工程坦克"
gōngchéng tǎnkè
10 侦察坦克 zhēnchá tǎnkè
정찰 전차
11 无炮塔坦克 wúpàotǎ tǎnkè
무포탑 전차
12 坦克牵引车 tǎnkè qiānyǐn-
chē
전차 견인차；전차 회수차
▶"坦克抢救车" tǎnkè
qiǎngjiùchē
13 坦克修理回送车 tǎnkè xiūlǐ
huísòngchē
전차 수리 회송차；전차 회
수차
14-20 反坦克障碍物 fǎntǎnkè
zhàng'àiwù

대전차 장애물 ▶"防坦克障
碍物" fángtǎnkè zhàng'ài-
wù
14 桩寨 zhuāngzhài
말뚝채
15 鹿寨 lùzhài
녹채
16 反坦克壕 fǎntǎnkè háo
대전차호
17 反坦克断崖 fǎntǎnkè
duànyá
대전차 단애
18 反坦克崖壁 fǎntǎnkè yábì
대전차 절벽；절벽 낭떠러
지
19 反坦克三角锥 fǎntǎnkè
sānjiǎozhuī
대전차 3각추
20 拒马 jùmǎ
대전차 방호 말뚝

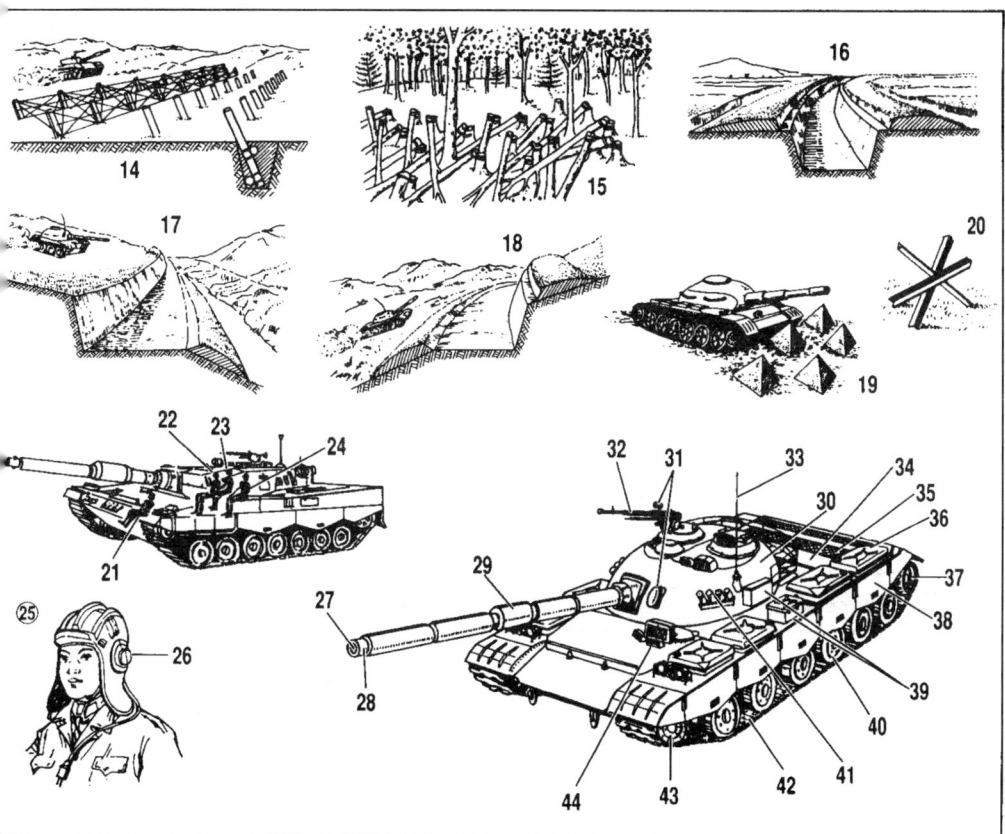

21 驾驶员 jiàshǐyuán
　조종사
22 炮手 pàoshǒu
　포수 ▶"炮长" pàozhǎng
23 车长 chēzhǎng
　차장
24 装填手 zhuāngtiánshǒu
　장전수
25 坦克兵 tǎnkèbīng
　전차병
26 耳机 ěrjī
　리시버
27-31 坦克炮 tǎnkèpào
　전차포
27 炮口 pàokǒu
　포구
28 炮管 pàoguǎn
　포신
29 清烟器 qīngyānqì
　포신 배연기

30 炮塔 pàotǎ
　포탑
31 瞄准镜 miáozhǔnjìng
　조준 망원경
32 机枪 jīqiāng
　기관총
33 天线 tiānxiàn
　안테나
34 发动机 fādòngjī
　엔진
35 发动机散热窗 fādòngjī sǎnrèchuāng
　라디에이터
36 备用油箱 bèiyòng yóuxiāng
　보조(외부) 연료 탱크
37 主动轮 zhǔdònglún
　구동륜
38 遮护板 zhēhùbǎn
　사이드 스커트

39 工具箱 gōngjùxiāng
　공구함
40 负重轮 fùzhònglún
　전륜(轉輪)
41 烟幕弹发射筒 yānmùdàn fāshètǒng
　발연탄 발사기
42 履带 lǚdài
　캐터필러
43 诱导轮 yòudǎolún
　유도륜
44 潜望镜 qiánwàngjìng
　잠망경

军用车辆 jūnyòng chēliàng

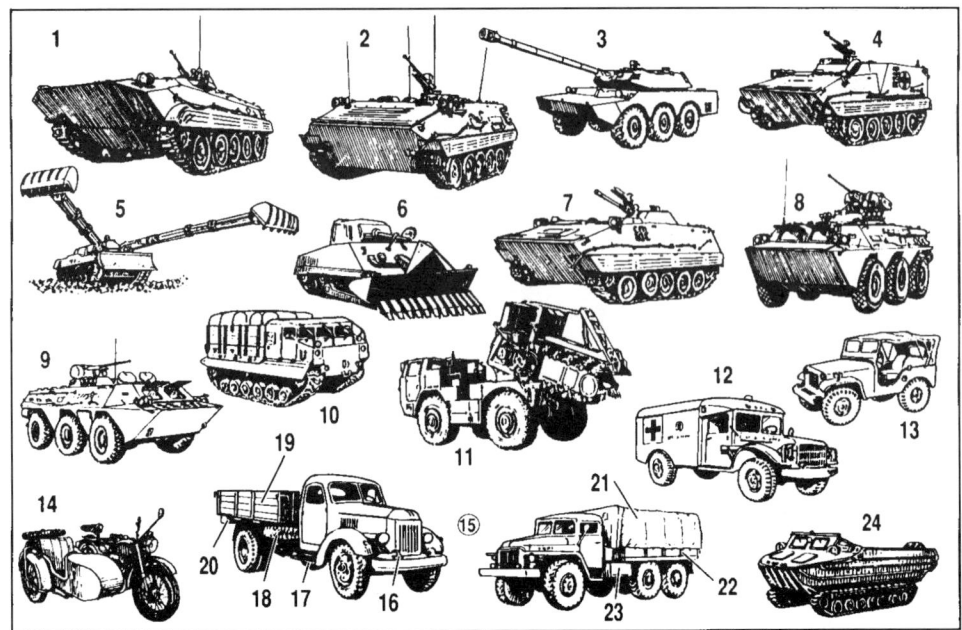

1 装甲输送车 zhuāngjiǎ shūsòngchē
장갑 병력 수송차 ▶"装甲人员输送车" zhuāngjiǎ rényuán shūsòngchē
2 装甲指挥车 zhuāngjiǎ zhǐhuīchē
장갑 지휘차
3 装甲侦察车 zhuāngjiǎ zhēncháchē
장갑 정찰차
4 装甲救护车 zhuāngjiǎ jiùhùchē
장갑 구급차
5 装甲工程车 zhuāngjiǎ gōngchéngchē
장갑 공사차
6 军用推土机 jūnyòng tuītǔjī
군용 불도저
7 履带式步兵战车 lǚdàishì bùbīng zhànchē
캐터필러식 장갑 전투차
8 轮式步兵战车 lúnshì bùbīng zhànchē
차륜식 장갑 전투차
9 轮式装甲车 lúnshì zhuāngjiǎchē
장륜식 장갑차
10 履带牵引车 lǚdài qiānyǐnchē
캐터필러식 견인차
11 轮式挖壕机 lúnshì wāháojī
차륜식 엄호 굴착기
12 救护车 jiùhùchē
구급차
13 吉普车 jípǔchē
지프
14 跨斗式摩托车 kuàdǒushì mótuōchē
사이드카
15 载重汽车 zàizhòng qìchē
트럭
16 拖钩 tuōgōu
견인용 훅
17 踏板 tàbǎn
스텝
18 备胎 bèitāi
스페어타이어
19 车厢边板 chēxiāng biānbǎn
짐칸의 측판
20 工具箱 gōngjùxiāng
공구함
21 车篷 chēpéng
포장; 덮개
22 篷杆 pénggān
포장(덮개)의 지주
23 汽油箱 qìyóuxiāng
연료 탱크
24 水陆两用车 shuǐlù liǎngyòngchē
수륙 양용차

242 鱼雷 yúléi · 水雷 shuǐléi

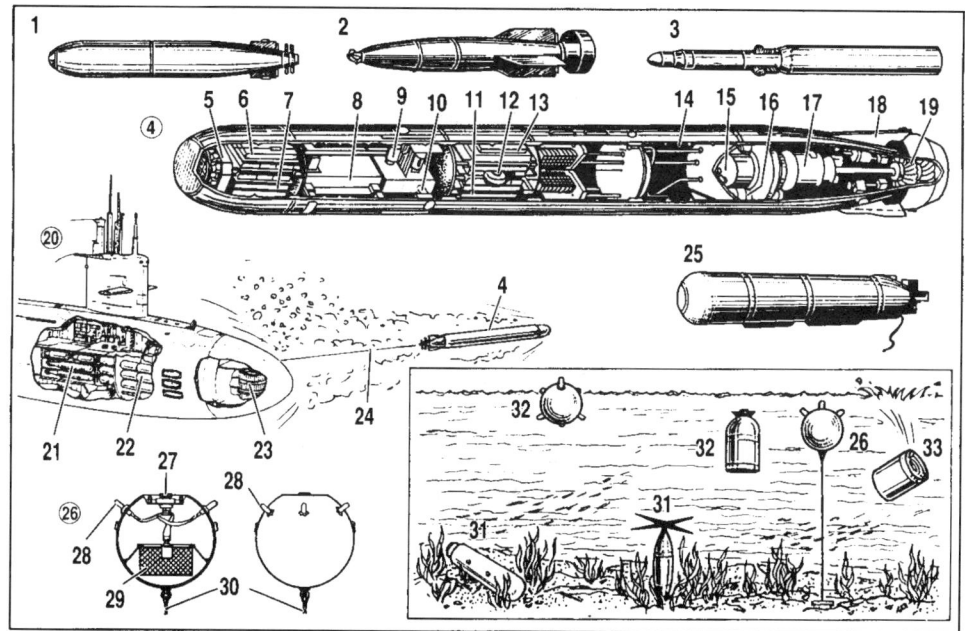

1-19 鱼雷 yúléi
어뢰
1 电动机鱼雷 diàndòngjī yúléi
전지 전동기식 어뢰
2 航空鱼雷 hángkōng yúléi
항공 어뢰
3 火箭助飞鱼雷 huǒjiàn zhùfēi yúléi
로켓 추진 어뢰
4 线导鱼雷 xiàndǎo yúléi
유선 유도 어뢰
5 发射机 fāshèjī
발사기
6 自导控制组件 zìdǎo kòngzhì zǔjiàn
자기 유도 제어 유닛
7 接受机 jiēshòujī
수신기
8 装药和电子组件 zhuāngyào hé diànzǐ zǔjiàn
장약·전자 유닛
9 爆发器 bàofāqì
폭발 장치
10 待发装置 dàifā zhuāngzhì
발사 정지 장치
11 指令控制组件 zhǐlìng kòngzhì zǔjiàn
지령 제어 유닛
12 陀螺控制组件 tuóluó kòngzhì zǔjiàn
자이로 제어 유닛
13 电源控制组件 diànyuán kòngzhì zǔjiàn
전원 제어 유닛
14 燃料 ránliào
연료
15 燃烧室 ránshāoshì
연소실
16 发电机 fādiànjī
발전기
17 发动机 fādòngjī
엔진
18 舵 duò
키
19 推进器 tuījìnqì
스크루
20 潜艇 qiántǐng
잠수함
21 鱼雷舱 yúléicāng
어뢰고
22 鱼雷发射管 yúléi fāshèguǎn
어뢰 발사관
23 声纳 shēngnà
소너
24 操纵线 cāozòngxiàn
와이어
25-30 水雷 shuǐléi
기뢰
25 自航式水雷 zìhángshì shuǐléi
캡터 기뢰
26-30 锚雷 máoléi
계류식 기뢰
26 触发锚雷 chùfā máoléi
계류식 촉각 기뢰
27 保险器 bǎoxiǎnqì
안전장치
28 触角 chùjiǎo
촉각
29 炸药 zhàyào
작약
30 雷索 léisuǒ
계류 케이블
31 沉底水雷 chéndǐ shuǐléi
침저식(沈底式) 기뢰
32 漂雷 piāoléi
부유 기뢰
33 深水炸弹 shēnshuǐ zhàdàn
수하 폭뢰

243 军舰 jūnjiàn

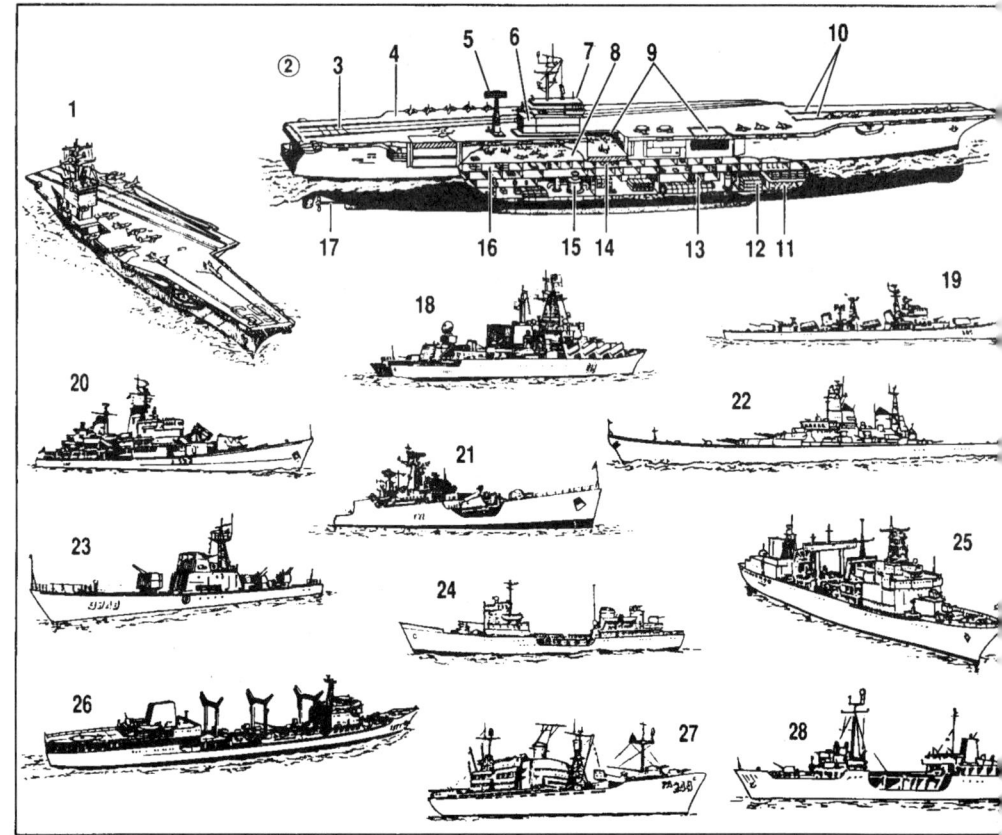

1 航空母舰 hángkōngmǔjiàn
  항공모함
2 核动力航空母舰 hédònglì hángkōngmǔjiàn
  원자력 항공모함
3 阻拦装置 zǔlán zhuāngzhì
  착함 구속 장치
4 飞行甲板 fēixíng jiǎbǎn
  비행 갑판
5 雷达天线 léidá tiānxiàn
  레이더 안테나
6 导航室 dǎohángshì
  항공 관제실
7 舰桥 jiànqiáo
  함교
8 机库 jīkù
  항공기 격납고
9 升降机口 shēngjiàngjīkǒu
  항공기용 엘리베이터
10 舰载机起飞弹射装置 jiànzàijī qǐfēi dànshè zhuāngzhì
  캐터펄트; 비행기 사출기
11 油料舱 yóuliàocāng
  항공 연료고
12 弹药舱 dànyàocāng
  탄약고
13 贮存舱 zhúcúncāng
  저장고
14 通信中心室 tōngxìn zhōngxīnshì
  통신 센터
15 核反应堆 héfǎnyìngduī
  원자로
16 生活舱 shēnghuócāng
  거주구
17 推进器 tuījìnqì
  스크루
18 巡洋舰 xúnyángjiàn
  순양함
19 驱逐舰 qūzhújiàn
  구축함
20 护卫舰 hùwèijiàn
  호위함
21 导弹护卫舰 dǎodàn hùwèijiàn
  미사일 탑재 호위함
22 战列舰 zhànlièjiàn
  전함; 전투함
23 护卫艇 hùwèitǐng
  초계정; 순시정
24 供应舰 gōngyìngjiàn
  보급함 ▶"补给舰" bǔjǐjiàn
25 舰队补给舰 jiànduì bǔjǐjiàn
  함대 수반 보급함
26 海上补给船 hǎishàng bǔjǐchuán
  해상 보급선
27 运输舰 yùnshūjiàn

군함 243

수송함
28 汽油运输船 qìyóu yùnshū-
   chuán
   기름 수송선
29 扫雷舰 sǎoléijiàn
   소뢰함
30 扫雷艇 sǎoléitǐng
   소뢰정
31 鱼雷艇 yúléitǐng
   어뢰정 ; 수뢰정
   ▶"鱼雷快艇" yúléi kuàitǐng
32 导弹快艇 dǎodàn kuàitǐng
   미사일 초계정
   ▶"导弹艇" dǎodàntǐng
33 潜艇 qiántǐng
   잠수함
34 导弹潜艇 dǎodàn qiántǐng
   미사일 잠수함
35 核动力潜艇 hédònglì qián-
   tǐng

원자력 잠수함 ▶"核潜艇"
héqiántǐng
36 潜艇救护舰 qiántǐng jiùhù-
   jiàn
   잠수함 구난함
37 猎潜艇 lièqiántǐng
   구잠함(驅潛艦)
38 登陆舰 dēnglùjiàn
   양륙함
39 坞式登陆舰 wùshì dēnglù-
   jiàn
   선거식 양륙함
40 电子侦察船 diànzǐ zhēn-
   cháchuán
   전자 정찰선
41 情报收集船 qíngbào shōu-
   jíchuán
   정보 수집선
42 测量船 cèliángchuán
   측량선

43 调查船 diàocháchuán
   조사선
44 打捞回收船 dǎlāo huíshōu-
   chuán
   인양 회수선
45 核动力破冰船 hédònglì pò-
   bīngchuán
   원자력 쇄빙선
46 气垫巡逻船 qìdiàn xúnluó-
   chuán
   호버크라프트 순시선

244 天体 tiāntǐ

1 河外星系 héwài xīngxì
   은하계 외 성운 ▶"星系" xīngxì, "河外星云" héwài xīngyún
2 椭圆星系 tuǒyuán xīngxì
   타원 성계
3 旋涡星系 xuánwō xīngxì
   나선 성계
4 棒旋星系 bàngxuán xīngxì
   막대 나선 성계
5 不规则星系 bùguīzé xīngxì
   불규칙 성계
6 银河系 yínhéxì
   은하계
7-8 星团 xīngtuán
    성단
7 球状星团 qiúzhuàng xīngtuán
   구상 성단
8 疏散星团 shūsǎn xīngtuán
   산개 성단
9 星云 xīngyún
   성운
10 太阳系 tàiyángxì
    태양계
11 太阳 tàiyáng
    태양
12-24 行星 xíngxīng
    행성 ▶항성(붙박이 별)은 "恒星" héngxīng
12 水星 shuǐxīng
    수성
13 金星 jīnxīng
    금성
14 地球 dìqiú
    지구
15 火星 huǒxīng
    화성
16 小行星 xiǎoxíngxīng
    소행성
17 木星 mùxīng
    목성
18 卫星 wèixīng
    위성
19 土星 tǔxīng
    토성
20 光环 guānghuán
    (토성의)고리
21 天王星 tiānwángxīng
    천왕성
22 海王星 hǎiwángxīng
    해왕성
23 冥王星 míngwángxīng
    명왕성
24 行星轨道 xíngxīng guǐdào
    행성의 궤도
25 哈雷彗星 hāléi huìxīng
    핼리 혜성
26 月球 yuèqiú
    달 ▶통칭은 "月亮" yuèliang
27 太阳黑子 tàiyáng hēizǐ
    태양의 흑점 ▶"黑子" hēizǐ, "日斑" rìbān
28 日冕 rìmiǎn
    코로나
29 日珥 rì'ěr
    태양 홍염
30 彗星 huìxīng
    혜성
    ▶"扫帚星" sǎozhouxīng
31 彗头 huìtóu
    혜성의 머리
32 彗尾 huìwěi
    혜성의 꼬리
33 流星 liúxīng
    유성
34 陨石 yǔnshí
    운석 ; 별똥

천체 244

245 四季星座 sìjì xīngzuò I

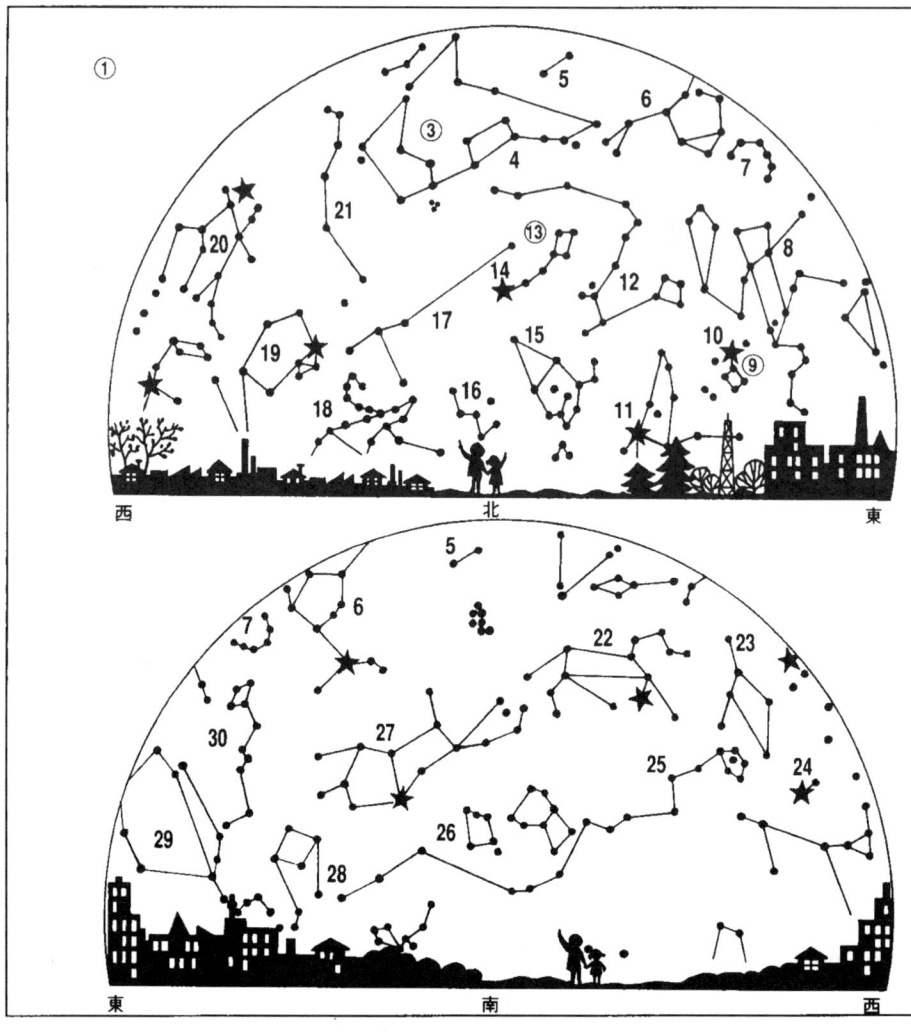

1 春季星座 chūnjì xīngzuò
  봄의 성좌 ▶3월 21-23시, 4월 20-22시, 5월 19-21시경 베이징에서 볼 수 있는 성좌
2 夏季星座 xiàjì xīngzuò
  여름의 성좌 ▶6월 21-23시, 7월 20-22시, 8월 19-21시경 베이징에서 볼 수 있는 성좌
3 大熊座 dàxióngzuò
  큰곰자리
4 北斗星 běidǒuxīng
  북두칠성 ▶큰곰자리의 주요한 7개의 별. "北斗" běidǒu
5 猎犬座 lièquǎnzuò
  사냥개자리
6 牧夫座 mùfūzuò
  목동자리
7 北冕座 běimiǎnzuò
  왕관자리
8 武仙座 wǔxiānzuò
  헤라클레스자리
9 天琴座 tiānqínzuò
  거문고자리
10 织女星 zhīnǚxīng
  직녀성
11 天鹅座 tiān'ézuò
  백조자리 ▶블랙홀은 "黑洞" hēidòng
12 天龙座 tiānlóngzuò
  용자리
13 小熊座 xiǎoxióngzuò
  작은곰자리
14 北极星 běijíxīng
  북극성
15 仙王座 xiānwángzuò
  케페우스자리
16 仙后座 xiānhòuzuò
  카시오페이아자리
17 鹿豹座 lùbàozuò
  기린자리
18 英仙座 yīngxiānzuò
  페르세우스자리

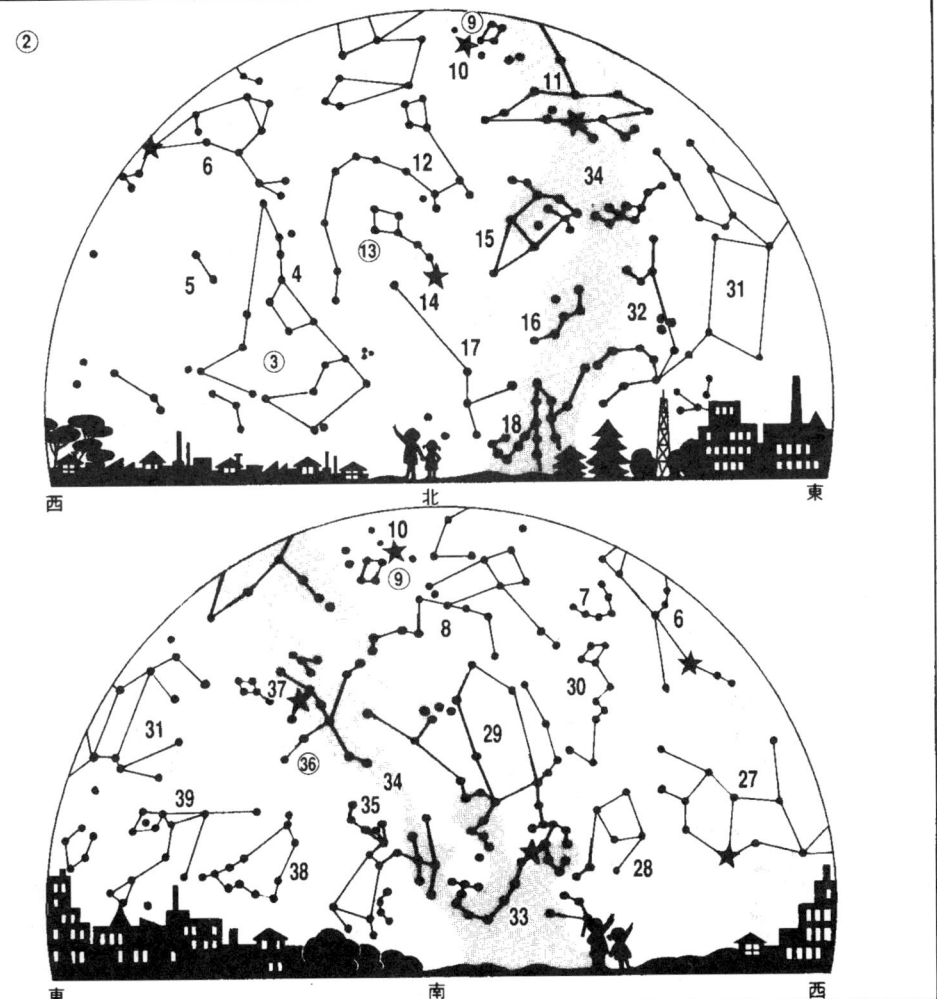

19 御夫座 yùfūzuò
  마차부자리
20 双子座 shuāngzǐzuò
  쌍둥이자리
21 天猫座 tiānmāozuò
  살쾡이자리
22 狮子座 shīzizuò
  사자자리
23 巨蟹座 jùxièzuò
  게자리
24 小犬座 xiǎoquǎnzuò
  강아지자리
25 长蛇座 chángshézuò
  바다뱀자리

26 乌鸦座 wūyāzuò
  까마귀자리
27 室女座 shìnǚzuò
  처녀자리
28 天秤座 tiānchèngzuò
  천칭자리
29 蛇夫座 shéfūzuò
  뱀주인자리
30 巨蛇座 jùshézuò
  뱀자리
31 飞马座 fēimǎzuò
  페가수스자리
32 仙女座 xiānnǚzuò
  안드로메다자리

33 天蝎座 tiānxiēzuò
  전갈자리
34 银河 yínhé
  은하 ; 은하수 ▶ "天河" tiānhé
35 人马座 rénmǎzuò
  궁수자리
36 天鹰座 tiānyīngzuò
  독수리자리
37 牛郎星 niúlángxīng
  견우성
38 摩羯座 mójiézuò
  염소자리
39 宝瓶座 bǎopíngzuò
  물병자리

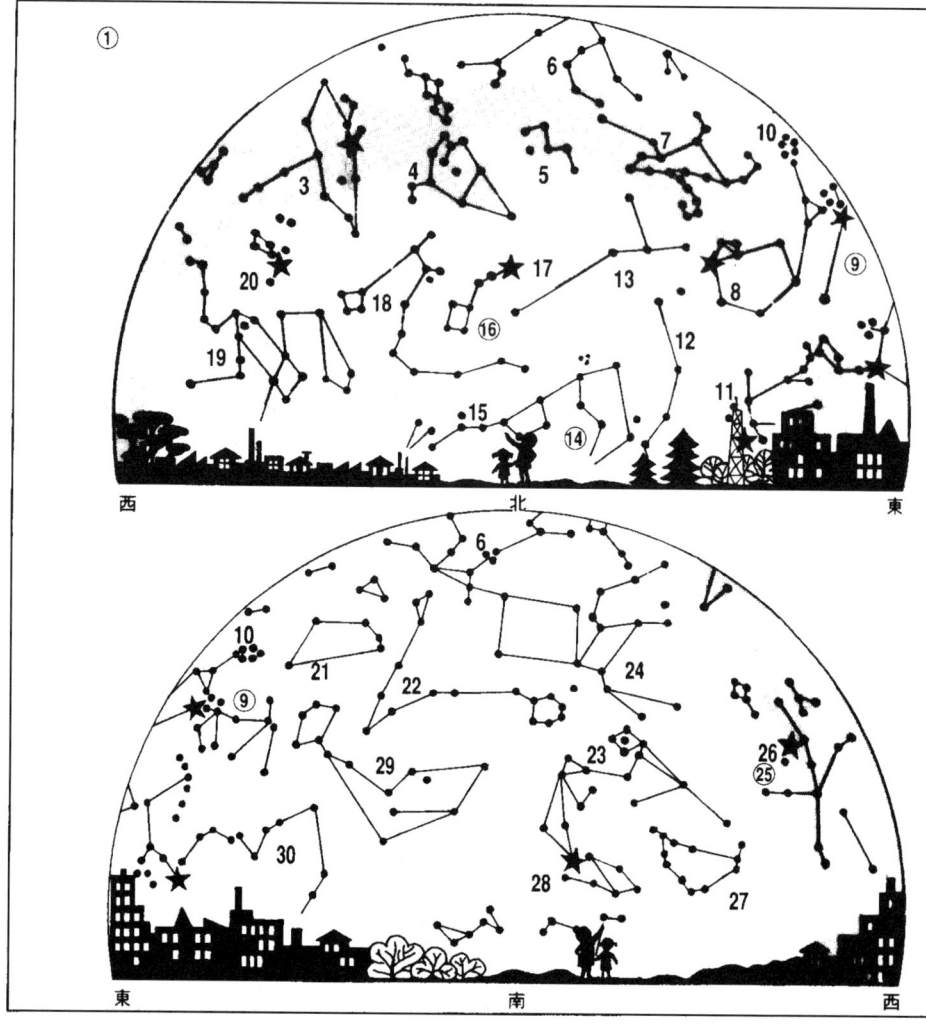

1 秋季星座 qiūjì xīngzuò
  가을의 성좌 ▶9월 21-23시, 10월 20-22시, 11월 19-21시 경 베이징에서 볼 수 있는 성좌
2 冬季星座 dōngjì xīngzuò
  겨울의 성좌 ▶12월 21-23시, 1월 20-22시, 2월 19-21시 경 베이징에서 볼 수 있는 성좌
3 天鹅座 tiān'ézuò
  백조자리
4 仙王座 xiānwángzuò
  케페우스자리
5 仙后座 xiānhòuzuò
  카시오페이아자리
6 仙女座 xiānnǚzuò
  안드로메다자리
7 英仙座 yīngxiānzuò
  페르세우스자리
8 御夫座 yùfūzuò
  마차부자리
9 金牛座 jīnniúzuò
  황소자리
10 昴星团 mǎoxīngtuán
  묘성 ; 플레이아데스 성단
11 双子座 shuāngzǐzuò
  쌍둥이자리
12 天猫座 tiānmāozuò
  살쾡이자리
13 鹿豹座 lùbàozuò
  기린자리
14 大熊座 dàxióngzuò
  큰곰자리
15 北斗星 běidǒuxīng
  북두칠성
16 小熊座 xiǎoxióngzuò
  작은곰자리
17 北极星 běijíxīng
  북극성
18 天龙座 tiānlóngzuò
  용자리
19 武仙座 wǔxiānzuò
  헤라클레스자리

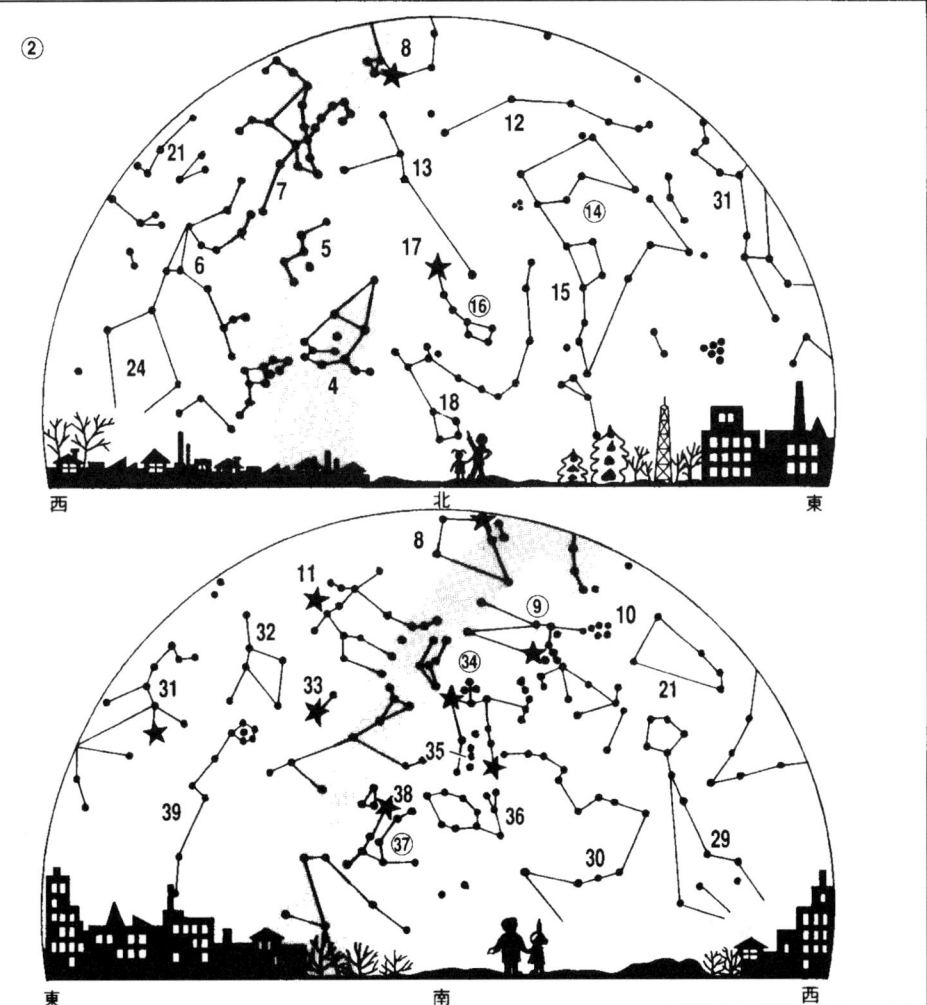

20 天琴座 tiānqínzuò 거문고자리	27 摩羯座 mójiézuò 염소자리	34 猎户座 lièhùzuò 오리온자리
21 白羊座 báiyángzuò 양자리	28 南鱼座 nányúzuò 남쪽물고기자리	35 猎户座大星云 lièhùzuò dà- xīngyún 오리온좌 대성운
22 双鱼座 shuāngyúzuò 물고기자리	29 鲸鱼座 jīngyúzuò 고래자리	36 天兔座 tiāntùzuò 토끼자리
23 宝瓶座 bǎopíngzuò 물병자리	30 波江座 bōjiāngzuò 에리다누스자리	37 大犬座 dàquǎnzuò 큰개자리
24 飞马座 fēimǎzuò 페가수스자리	31 狮子座 shīzizuò 사자자리	38 天狼星 tiānlángxīng 시리우스 ▶전천에서 가장 밝은 항성
25 天鹰座 tiānyīngzuò 독수리자리	32 巨蟹座 jùxièzuò 게자리	
26 牛郎星 niúlángxīng 견우성 ; 알타이르	33 小犬座 xiǎoquǎnzuò 강아지자리	39 长蛇座 chángshézuò 바다뱀자리

247 日食 rìshí · 月食 yuèshí · 月相 yuèxiàng

일식 · 월식 · 달의 변화

1-10 日食 rìshí
   일식
1 日偏食 rìpiānshí
   부분 일식
2 日全食 rìquánshí
   개기 일식
3 日环食 rìhuánshí
   금환 일식
4 太阳 tàiyáng
   태양
5 月球 yuèqiú
   달 ▶통상은 "月亮" yuèliang
6 本影 běnyǐng
   본영
7 半影 bànyǐng
   반영
8 地球 dìqiú
   지구
9 地球轨道 dìqiú guǐdào
   지구의 궤도
10 月球轨道 yuèqiú guǐdào
   달의 궤도
11-12 月食 yuèshí
   월식
11 月偏食 yuèpiānshí
   부분 월식
12 月全食 yuèquánshí
   개기 월식
13-21 月相 yuèxiàng
   달의 위상 ; 달의 참과 이
   지러짐
13 太阳光 tàiyángguāng
   태양 광선
14 新月 xīnyuè
   신월 ▶"朔月" shuòyuè
15 娥眉月 é'méiyuè
   초승달 ▶"娥眉" é'méi는 아
   름다운 눈썹이라는 뜻
16 上弦 shàngxián
   상현달
17 凸月 tūyuè
   철월 ▶10일의 달
18 满月 mǎnyuè
   만월 ▶"望月" wàngyuè
19 残月 cányuè
   잔월 ; 새벽달 ▶20일의 달
20 下弦 xiàxián
   하현달
21 娥眉月 é'méiyuè
   눈썹 달 ; 27일의 달
22-23 潮汐 cháoxī
   조석 ▶만조는 "涨潮" zhǎng-
   cháo, 간조는 "落潮" luò-
   cháo, "退潮" tuìcháo
22 大潮 dàcháo
   대조 ; 사리
23 小潮 xiǎocháo
   소조 ; 조금

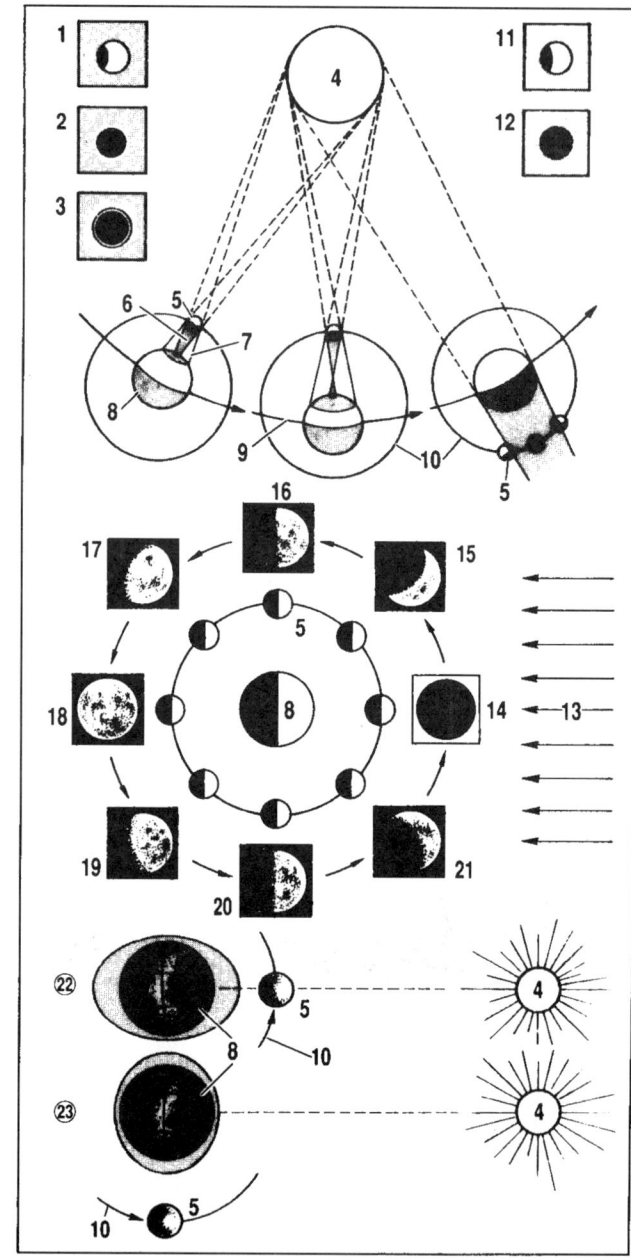

月球探侧 yuèqiú tàncè

달 탐사

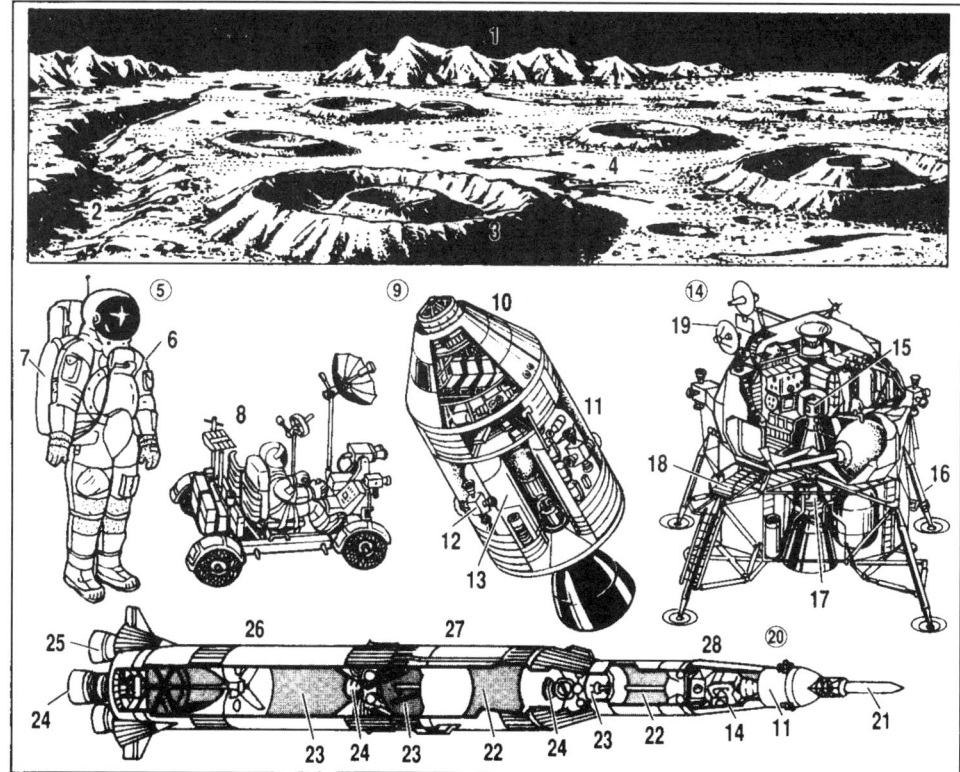

1 山脉 shānmài
산맥

2 月谷 yuègǔ
반달형 골짜기

3 环形山 huánxíngshān
고리형 산 ; 크레이터

4 海 hǎi
바다

5 宇航员 yǔhángyuán
우주 비행사

6 航天服 hángtiānfú
우주복

7 生命维持系统 shēngmìng wéichí xìtǒng
생명 유지 시스템

8 月球车 yuèqiúchē
월면차

9-19 宇宙飞船 yǔzhòu fēichuán
우주비행선

9 母船 mǔchuán
모선

10 指挥舱 zhǐhuīcāng
사령선

11 服务舱 fúwùcāng
기계선

12 姿控发动机 zīkòng fādòngjī
자세 제어용 로켓

13 燃料箱 ránliàoxiāng
연료 탱크

14 登月舱 dēngyuècāng
달 착륙선

15 上升级发动机 shàngshēngjí fādòngjī
상승부 엔진

16 着陆腿 zhuólùtuǐ
착륙각

17 着陆发动机 zhuólù fādòngjī
착륙용 엔진

18 登月平台 dēngyuè píngtái
달 착륙 출입구 덱

19 交会雷达天线 jiāohuì léidá tiānxiàn
랑데부용 레이더 안테나

20 运载火箭 yùnzài huǒjiàn
운반용 로켓

21 逃逸火箭 táoyì huǒjiàn
긴급 탈출용 로켓

22 液氢 yèqīng
액체 수소

23 液氧 yèyǎng
액체 산소

24 发动机 fādòngjī
엔진

25 喷管 pēnguǎn
노즐

26 第一级火箭 dìyī jí huǒjiàn
제1단 로켓

27 第二级火箭 dì'èr jí huǒjiàn
제2단 로켓

28 第三级火箭 dìsān jí huǒjiàn
제3단 로켓

宇宙航行 yǔzhòu hángxíng

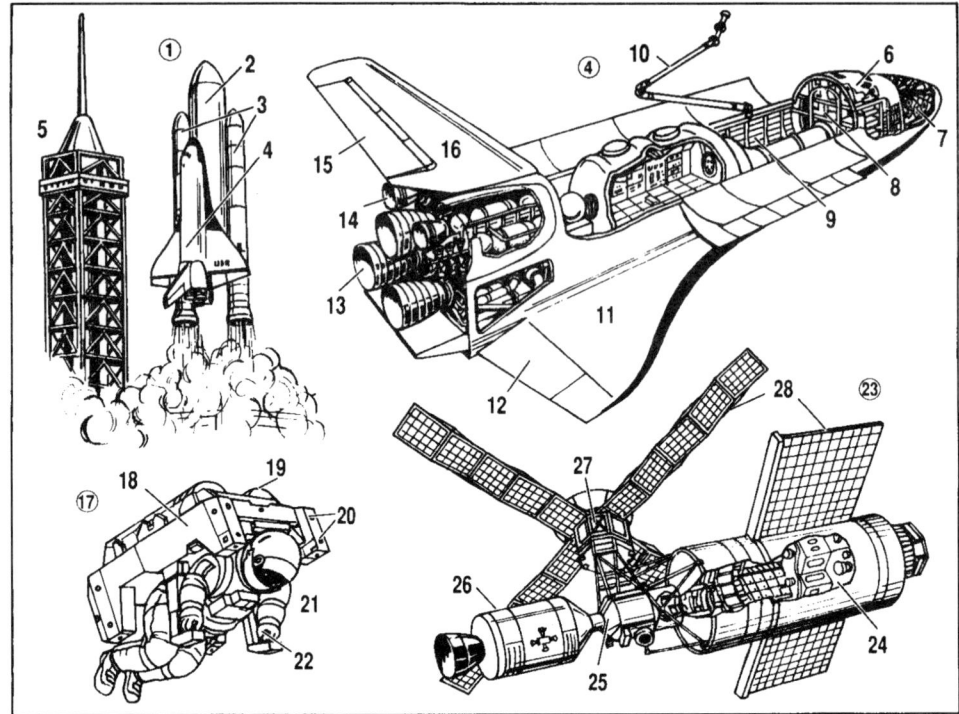

1 航天飞机 hángtiān fēijī
　스페이스 셔틀
2 外贮箱 wàizhùxiāng
　(주 엔진용)액체 연료 탱크
3 固体助推器 gùtǐ zhùtuīqì
　고체 연료 로켓 ; 부스터
4 轨道器 guǐdàoqì
　오비터
5 发射台 fāshètái
　발사대
6 乘员舱 chéngyuáncāng
　플라이트 덱 ; 승무원실
7 姿控小火箭 zīkòng xiǎo-
　huǒjiàn
　자세 제어 엔진
8 通气闸门 tōngqì zhámén
　에어 로크
9 货舱 huòcāng
　화물실
10 机械手 jīxièshǒu
　머니플레이터
11 机翼 jīyì
　주익
12 升降舵 shēngjiàngduò
　승강타
13 主发动机 zhǔfādòngjī
　주 엔진
14 轨道操作发动机 guǐdào
　cāozuò fādòngjī
　OMS 엔진
15 方向舵 fāngxiàngduò
　방향타
16 垂直尾翼 chuízhí wěiyì
　수직 미익
17 太空行走 tàikōng xíngzǒu
　우주 유영 ▶"太空飘浮" tài-
　kōng piāofú라고도 한다. 무
　중량 상태는 "失重环境"
　shīzhòng huánjìng
18 载人机动装置 zàirén jīdòng
　zhuāngzhì
　선외 활동 장치 ; 유인 이동
　유닛
19 氮气罐 dànqìguàn
　질소 봄베
20 喷气口 pēnqìkǒu
　가스 제트 노즐
21 宇航员 yǔhángyuán
　우주 비행사
　▶"航天员" hángtiānyuán
22 手控器 shǒukòngqì
　조종간
23 航天站 hángtiānzhàn
　우주 스테이션
24 轨道舱 guǐdàocāng
　궤도실
25 对接舱 duìjiēcāng
　도킹실
26 载人宇宙飞船 zàirén yǔ-
　zhòu fēichuán
　유인 우주선
27 太阳望远镜 tàiyáng wàng-
　yuǎnjìng
　태양 망원경
28 太阳电池 tàiyáng diànchí
　태양 전지

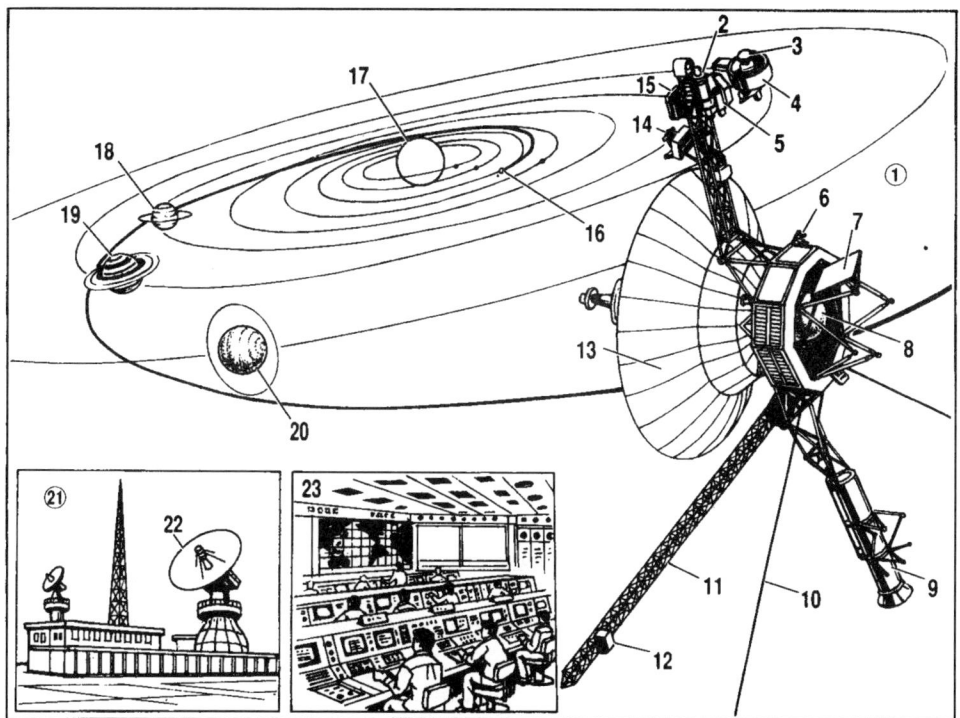

1 行星探测器 xíngxīng tàncèqì
행성 탐측기
2 窄角电视摄像机 zhǎijiǎo diànshì shèxiàngjī
망원 텔레비전 카메라
3 紫外线摄谱仪 zǐwàixiàn shèpǔyí
자외선 스펙트럼계
4 红外线干涉仪，摄谱仪，辐射计 hóngwàixiàn gānshèyí, shèpǔyí, fúshèjì
적외선 간섭계·스펙트럼계·방사계
5 光偏振仪 guāngpiānzhènyí
편광계
6 推进器 tuījìnqì
진퇴 제어 로켓
7 散热器 sànrèqì
라디에이터
8 燃料贮箱 ránliào zhùxiāng
연료 탱크
9 放射性同位素热电发电机 fàngshèxìng tóngwèisù rèdiàn fādiànjī
아이소토프식 열 발전기
10 射电天文观察天线 shèdiàn tiānwén guānchá tiānxiàn
전파 천문학용 안테나
11 伸缩臂 shēnsuōbì
신축 암
12 磁强计 cíqiángjì
자력계
13 高增益定向天线 gāozēngyì dìngxiàng tiānxiàn
고감도 지향성 안테나
14 宇宙射线探测仪 yǔzhòu shèxiàn tàncèyí
우주선 검출기
15 等离子体探测仪 děnglízǐtǐ tàncèyí
플라스마 검출기
16 地球 dìqiú
지구
17 太阳 tàiyáng
태양
18 土星 tǔxīng
토성
19 天王星 tiānwángxīng
천왕성
20 海王星 hǎiwángxīng
해왕성
21 地面站 dìmiànzhàn
지상국
22 跟踪雷达 gēnzōng léidá
추적 레이더
23 跟踪控制室 gēnzōng kòngzhìshì
추적 관제실

251 大气层 dàqìcéng

1 对流层 duìliúcéng
  대류권
2 积雨云 jīyǔyún
  적란운 ☞ 255-14
3 平流层 píngliúcéng
  성층권
4 飞机 fēijī
  비행기
5 热气球 rèqìqiú
  열기구
6 珠母云 zhūmǔyún
  진주운 ▶"贝母云" bèimǔyún
7 无线电探空气球 wúxiàn-
  diàn tànkōng qìqiú
  라디오 존데를 탑재한 기구
8 臭氧气层 chòuyǎngqìcéng
  오존층
9 中间层 zhōngjiāncéng
  중간권
10 夜光云 yèguāngyún
   야광운 ; 발광운
   ▶"银光云" yínguāngyún
11 热层 rècéng
   열권
12 流星 liúxīng
   유성 ▶"贼星" zéixīng이라고
   도 한다.
13 气象火箭 qìxiàng huǒjiàn
   기상 로켓
14 极光 jíguāng
   오로라
15 外逸层 wàiyìcéng
   외기권 ▶"外大气层" wài-
   dàqìcéng, "散逸层" sànyì-
   céng
16 航天飞机 hángtiān fēijī
   스페이스 셔틀
17 人造地球卫星 rénzào dìqiú
   wèixīng
   인공위성
18 电离层 diànlícéng
   전리권
19 磁力圈 cílìquān
   자기권

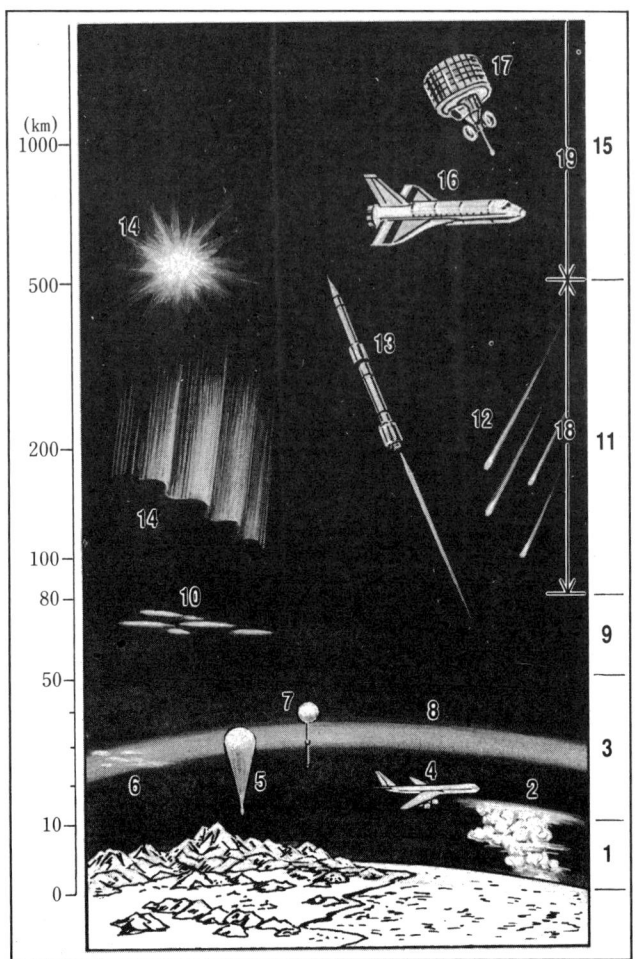

人造地球卫星 rénzào dìqiú wèixīng

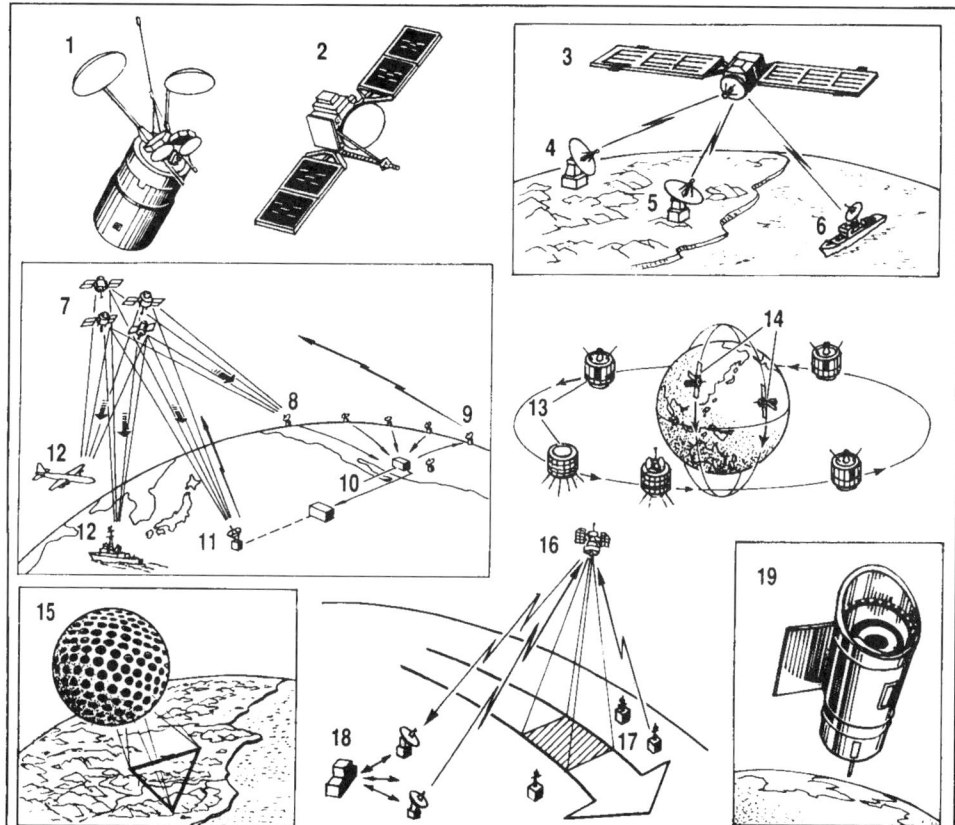

1-18 应用卫星 yìngyòng wèixīng
실용 위성
1 通信卫星 tōngxìn wèixīng
통신 위성
2 广播卫星 guǎngbō wèixīng
방송 위성
3 海事卫星 hǎishì wèixīng
해사 위성 ▶선박 상호 간, 선박·육상 간의 통신을 중계한다.
4 卫星测控站 wèixīng cèkòngzhàn
위성 관측 제어소
5 岸站 ànzhàn
지상 중계소
6 船站 chuánzhàn
선박소
7 导航卫星 dǎoháng wèixīng
항행 위성 ▶항공기나 선박에 위치(경도·위도·고도 등)를 알린다.
8 监测站 jiāncèzhàn
모니터소
9 上行数据站 shàngxíng shùjùzhàn
궤도 정보 송신소
10 主控站 zhǔkòngzhàn
주 제어소
11 卫星控制设备 wèixīng kòngzhì shèbèi
위성 제어 시설
12 用户 yònghù
이용자
13-14 气象卫星 qìxiàng wèixīng
기상 위성
13 静止气象卫星 jìngzhǐ qìxiàng wèixīng
정지 기상 위성
14 极轨道气象卫星 jíguǐdào qìxiàng wèixīng
극궤도 기상 위성
15 测地卫星 cèdì wèixīng
측지 위성
16 地球资源卫星 dìqiú zīyuán wèixīng
지구 자원 위성
17 数据收集平台 shùjù shōují píngtái
데이터 수집 플랫폼
18 控制与图像数据处理中心 kòngzhì yǔ túxiàng shùjù chǔlǐ zhōngxīn
제어 및 화상 데이터 처리 센터
19 红外天文卫星 hóngwài tiānwén wèixīng
적외선 천문 위성 ▶과학 위성의 일종

天文台 tiānwéntái · 天文仪器 tiānwén yíqì

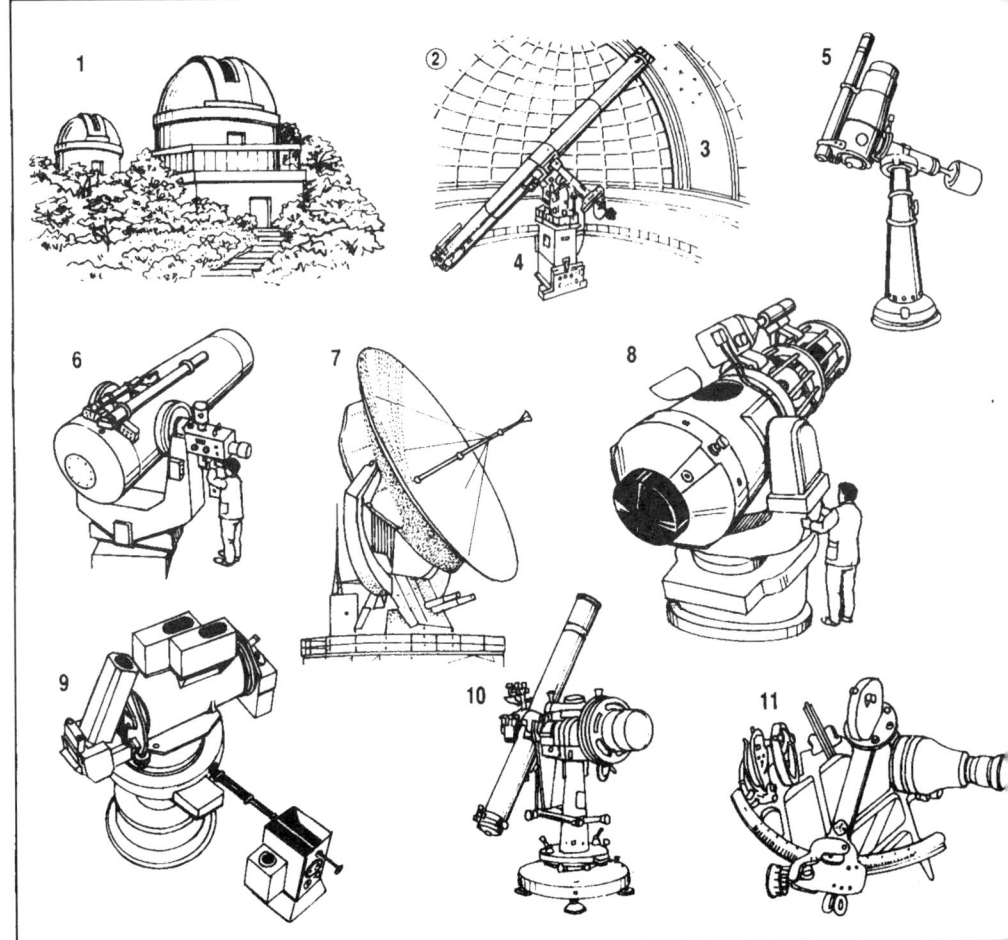

1 天文台 tiānwéntái
  천문대
2 圆顶室 yuándǐngshì
  관측 돔
3 观测窗 guāncèchuāng
  관측 개폐창
4 折射望远镜 zhéshè wàng-
  yuǎnjìng
  굴절 망원경
5 反射望远镜 fǎnshè wàng-
  yuǎnjìng
  반사 망원경
6 折反射望远镜 zhéfǎnshè
  wàngyuǎnjìng
  굴절 반사 망원경
7 射电望远镜 shèdiàn wàng-
  yuǎnjìng
  전파 망원경
8 太阳望远镜 tàiyáng wàng-
  yuǎnjìng
  태양 망원경
9 光电等高仪 guāngdiàn
  děnggāoyí
  광전자 등고의
10 天顶仪 tiāndǐngyí
  천정의
11 六分仪 liùfēnyí
  육분의

천문대 · 천체 관측 기기

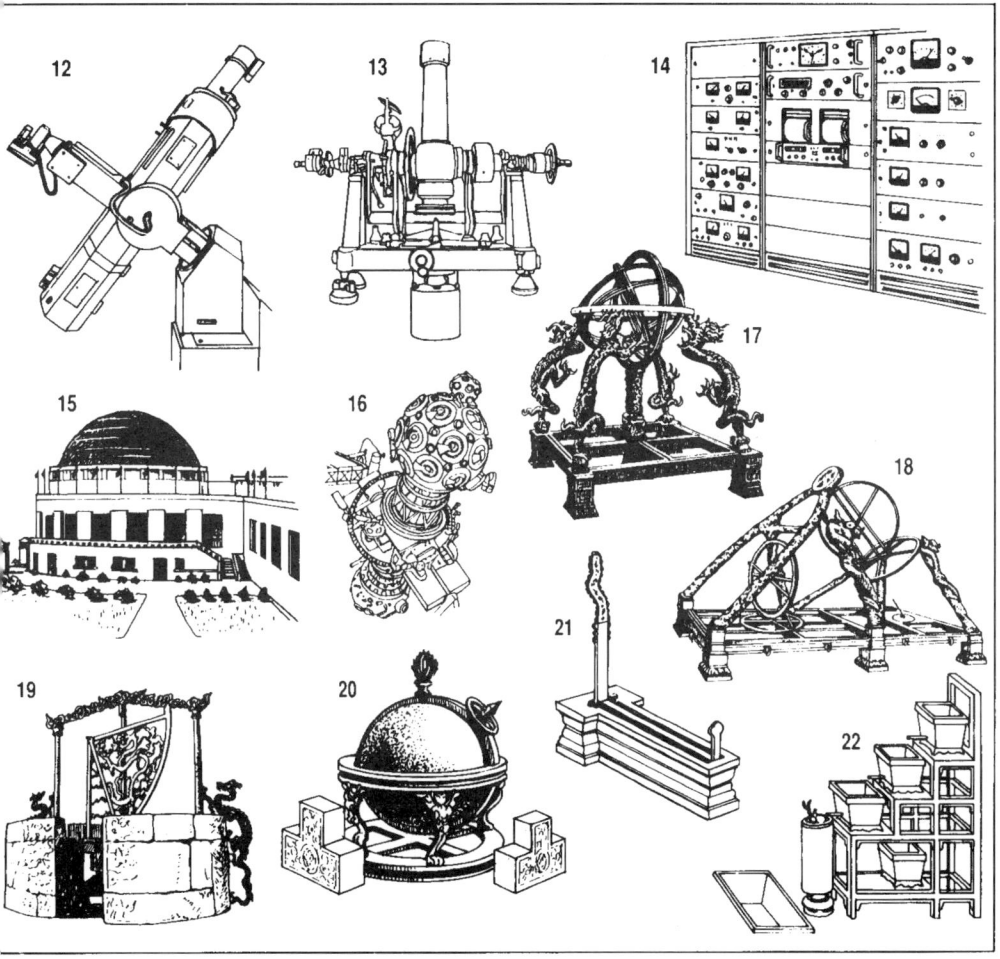

12 日冕仪 rìmiǎnyí
  코로나 관측기
13 子午仪 zǐwǔyí
  자오의
  ▶"中星仪" zhōngxīngyí
14 原子钟 yuánzǐzhōng
  원자시계
15 天文馆 tiānwénguǎn
  플라네타륨관
16 天象仪 tiānxiàngyí
  성좌 투영기 ; 천상의
17-22 中国古代天文仪器
  zhōngguó gǔdài tiānwén yíqì
  중국 고대 천체 관측 계기
17 浑仪 húnyí
  혼천의 ▶천구의 적도 좌표 · 황도 경도 등을 관측한다. "浑天仪" húntiānyí
18 简仪 jiǎnyí
  간의 ▶혼천의를 개량한 것
19 象限仪 xiàngxiànyí
  상한의 ▶천체의 고도를 측량하는 것
20 天体仪 tiāntǐyí
  천체의 ▶천구의 성좌 · 적도 · 황도 등을 기입한 것
21 圭表 guībiǎo
  해시계의 일종 ▶그림자의 길이에 따라 방향 · 절기 · 시각 등을 측정한다.
22 漏壶 lòuhú
  물시계 ▶"漏刻" lòukè라고도 한다.

254 天气 tiānqì

1 晴天 qíngtiān
  청천 ; 맑게 갠 하늘
2 阴天 yīntiān
  담천 ; 흐린 날씨
3 雨天 yǔtiān
  우천 ; 비가 오는 날 ▶억수 같이 내리는 비는 "倾盆大雨" qīngpén dàyǔ
4 人工降雨 réngōng jiàngyǔ
  인공 강우 ▶"人造雨" rénzàoyǔ. 드라이 아이스는 "干冰" gānbīng
5 暴风雨 bàofēngyǔ
  폭풍우
6 黄梅雨 huángméiyǔ
  장마 ▶"梅雨" méiyǔ, "霉雨" méiyǔ
7 霉 méi
  곰팡이
8 雷阵雨 léizhènyǔ
  천둥을 수반한 소나기 ▶소나기는 "阵雨" zhènyǔ
9 雷电 léidiàn
  뇌전 ; 우뢰와 번개
10 避雷针 bìléizhēn
  피뢰침 ▶낙뢰는 "雷击" léijī
11 闪电 shǎndiàn
  번개 ▶우렛소리는 "雷声" léishēng
12 虹 jiàng
  무지개 ▶"彩虹" cǎihóng

自然灾害 zìrán zāihài

 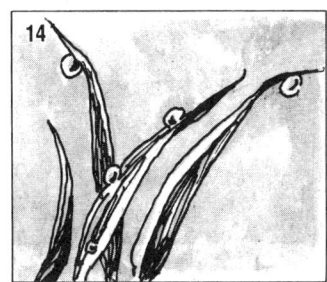 
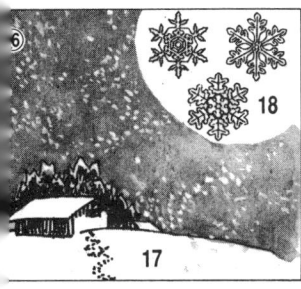  

13 雹子 báozi
우박
14 露水 lùshui
이슬
15 雾 wù
안개
16 雪 xuě
눈 ▶함박눈은 "鹅毛大雪" émáo dàxuě, "鹅毛雪" émáoxuě
17 雪地 xuědì
눈밭 ; 눈이 쌓인 곳
18 雪花儿 xuěhuār
눈꽃 ; 눈의 결정 모양이 꽃과 비슷하다고 하여 이름
19 雾凇 wùsōng
수빙(樹氷) ▶빗방울이 언 것은 "雨凇" yǔsōng
20 冰锥儿 bīngzhuīr
고드름
21 龙卷风 lóngjuǎnfēng
맹렬한 회오리
22 海市蜃楼 hǎishì shènlóu
신기루 ▶"海市" hǎishì, "蜃楼" shènjǐng이라고도 한다.
23 峨眉宝光 éméi bǎoguāng
브로켄 현상
▶"佛光" fóguāng

255 云彩 yúncai   구름

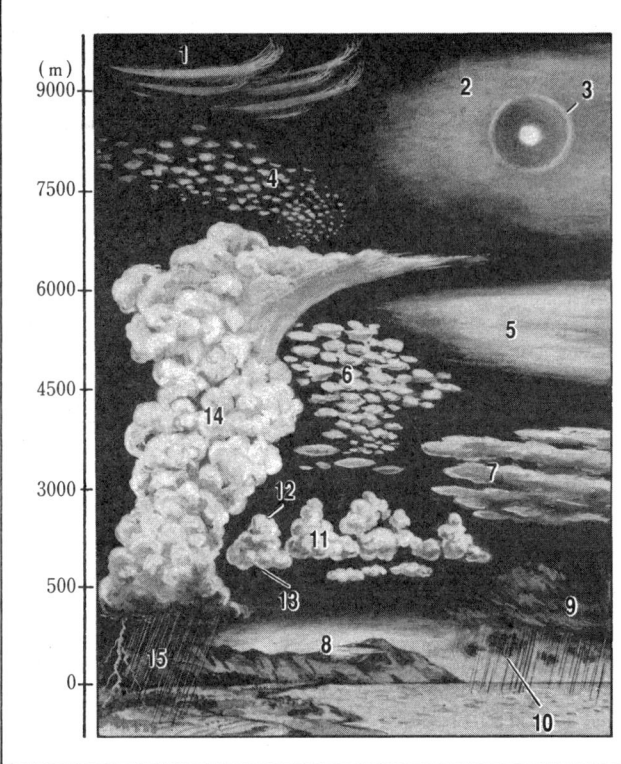

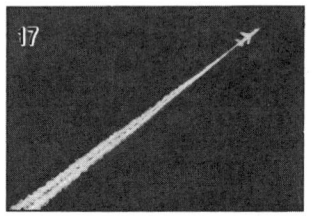

1-4 高云 gāoyún
　　높은 구름
1 卷云 juǎnyún
　　권운
　　▶"钩钩儿云" gōugouryún
2 卷层云 juǎncéngyún
　　권층운 ; 햇무리구름 ▶엷게
　　낀 구름
3 日晕 rìyùn
　　햇무리 ▶달무리는 "月晕"
　　yuèyùn
4 卷积云 juǎnjīyún
　　권적운 ; 비늘구름 ▶"鱼鳞云"
　　yúlínyún. "鱼鳞"은 물고기
　　의 비늘
5-6 中云 zhōngyún
　　중층의 구름
5 高层云 gāocéngyún
　　고층운 ▶"毛玻璃云" máo-
　　bōlíyún. "毛玻璃"는 젖빛
　　유리
6 高积云 gāojīyún

고적운 ; 적권운 ▶"豆荚云"
dòujiáyún, "棉絮云" mián-
xùyún
7-10 低云 dīyún
　　낮은 구름
7 层积云 céngjīyún
　　층적운
8 层云 céngyún
　　층운 ; 층구름
9 雨层云 yǔcéngyún
　　난층운 ; 비구름
10 碎雨云 suìyǔyún
　　조각구름
11 积云 jīyún
　　적운 ; 뭉게구름 ▶"宝塔云"
　　bǎotǎyún, "宝塔云" bǎotǎ-
　　yún, "馒头云" mántouyún
12 云顶 yúndǐng
　　운정 ▶구름 꼭대기
13 云底 yúndǐ
　　운저 ▶구름 밑
14 积雨云 jīyǔyún

적란운 ; 쌘비구름 ▶"铁砧云"
tiězhēnyún, "扫帚云" sǎoz-
houyún
15 雷雨 léiyǔ
　　뇌우
16 云海 yúnhǎi
　　운해
17 飞行云 fēixíngyún
　　비행(기)운
　　▶"航迹云" hángjìyún
18 山帽云 shānmàoyún
　　삿갓구름 ▶높은 산꼭대기에
　　낀 삿갓 모양의 구름

自然灾害 zìrán zāihài

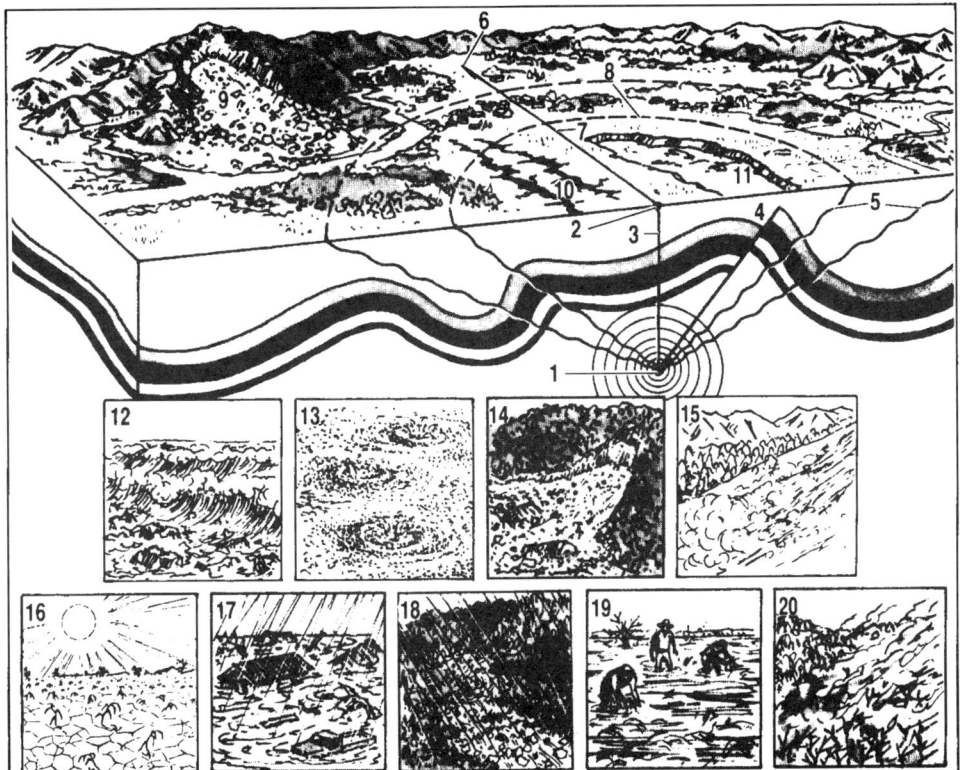

1-8 地震 dìzhèn
지진 ▶매그니튜드는 "地震震级" dìzhèn zhènjí, 진도는 "地震烈度" dìzhèn lièdù, "烈度" lièdù
1 震源 zhènyuán
진원 ; 진원지
2 震中 zhènzhōng
진앙 ▶진원 바로 위의 위치
3 震源深度 zhènyuán shēndù
진원의 깊이
4 断层 duàncéng
단층
5 地震波 dìzhènbō
지진파 ▶ "震波" zhènbō라고도 한다. 종파는 "纵波" zòngbō, 횡파는 "横波" héngbō
6 观测点 guāncèdiǎn
관측 지점
7 震中距 zhènzhōngjù
진앙 거리

8 等震线 děngzhènxiàn
등진선
9 山崩 shānbēng
산사태
10 地裂缝 dìlièféng
땅의 갈라짐
11 塌陷 tāxiàn
함몰
12 海啸 hǎixiào
해일 ; 고조
13 喷沙冒水 pēnshā màoshuǐ
액상화에 의한 유사 분수 현상
14 滑坡 huápō
사태 ▶토사의 사태는 "塌方" tāfāng
15 雪崩 xuěbēng
눈사태
16 旱灾 hànzāi
한재
17 洪水 hóngshuǐ
홍수

18 山洪 shānhóng
(산)사태 ▶토석류는 "泥石流" níshíliú
19 涝灾 làozāi
수해 ; 관수에 의한 피해
20 山火 shānhuǒ
산불

257 气象仪器 qìxiàng yíqì

1 气象观测场 qìxiàng guāncèchǎng
  기상 관측장
2 草坪 cǎopíng
  잔디밭
3 百叶箱 bǎiyèxiāng
  백엽상
4 栅栏儿 zhàlanr
  목책；울짱
5 风向风速仪 fēngxiàng fēngsùyí
  풍향 풍속계
6 风杯 fēngbēi
  컵
7 风标 fēngbiāo
  풍향계
8 方位指标 fāngwèi zhǐbiāo
  방위 지침
9 电缆 diànlǎn
  케이블
10 轻便风向风速仪 qīngbiàn fēngxiàng-fēngsùyí
  휴대용 풍향 풍속계；핸드 풍향 풍속계
11 温度表 wēndùbiǎo
  온도계
  ▶"寒暑表" hánshǔbiǎo
12 最高温度表 zuìgāowēndùbiǎo
  최고 온도계
13 最低温度表 zuìdīwēndùbiǎo
  최저 온도계
14 自记温度计 zìjì wēndùjì
  자기 온도계
15 钟筒 zhōngtǒng
  자기 원통 시계；드럼
16 记录杆 jìlùgǎn
  기록용 암；펜 암
17 直管地温表 zhíguǎn dìwēnbiǎo
  철관 지중 온도계
18 曲管地温表 qūguǎn dìwēnbiǎo
  곡관 지중 온도계
19 干湿球温度湿度表 gānshīqiú wēndù-shīdùbiǎo
  건습구 습도계；건습계
20 干球温度表 gānqiú wēndùbiǎo
  건구 온도계
21 支架 zhījià
  지주
22 湿球温度表 shīqiú wēndùbiǎo
  습구 온도계
23 纱布 shābù
  가제
24 毛发湿度表 máofà shīdùbiǎo
  모발 습도계
25 毛发 máofà
  모발
26 刻度板 kèdùbǎn
  눈금판
27 指针 zhǐzhēn
  지침；계기 바늘
28 通风干湿球温度表 tōngfēng gānshīqiú wēndùbiǎo
  통풍 건습계
29 自记湿度计 zìjì shīdùjì
  자기 습도계
30 蒸发皿 zhēngfāmǐn
  증발 접시
31 雨量筒 yǔliàngtǒng
  우량계
32 漏斗 lòudǒu
  깔때기
33 储水瓶 chǔshuǐpíng
  저수병
34 座架 zuòjià
  대좌
35 雨量杯 yǔliàngbēi
  메스실린더
36 虹吸雨量计 hóngxī yǔliàngjì
  사이펀식 우량계
37 虹吸管 hóngxīguǎn
  사이펀관
38 福丁式气压表 fúdīngshì qìyābiǎo
  폴틴형 수은 기압계 ▶밀리바는 "毫巴" háobā
39 空盒气压表 kōnghé qìyābiǎo
  아네로이드 기압계；진공 기압계
40 自记气压计 zìjì qìyājì
  자기 기압계(自記氣壓計)
41 日照仪 rìzhàoyí
  일조 시간 측정기；일조계
42 无线电探空仪 wúxiàndiàn tànkōngyí
  라디오존데
43 气象雷达 qìxiàng léidá
  기상 레이더
44 电磁波 diàncíbō
  전자파
45 荧光屏 yíngguāngpíng
  형광 스크린
46 气象火箭 qìxiàng huǒjiàn
  기상 로켓
47 气象卫星 qìxiàng wèixīng
  기상 위성

기상 관측 기기 257

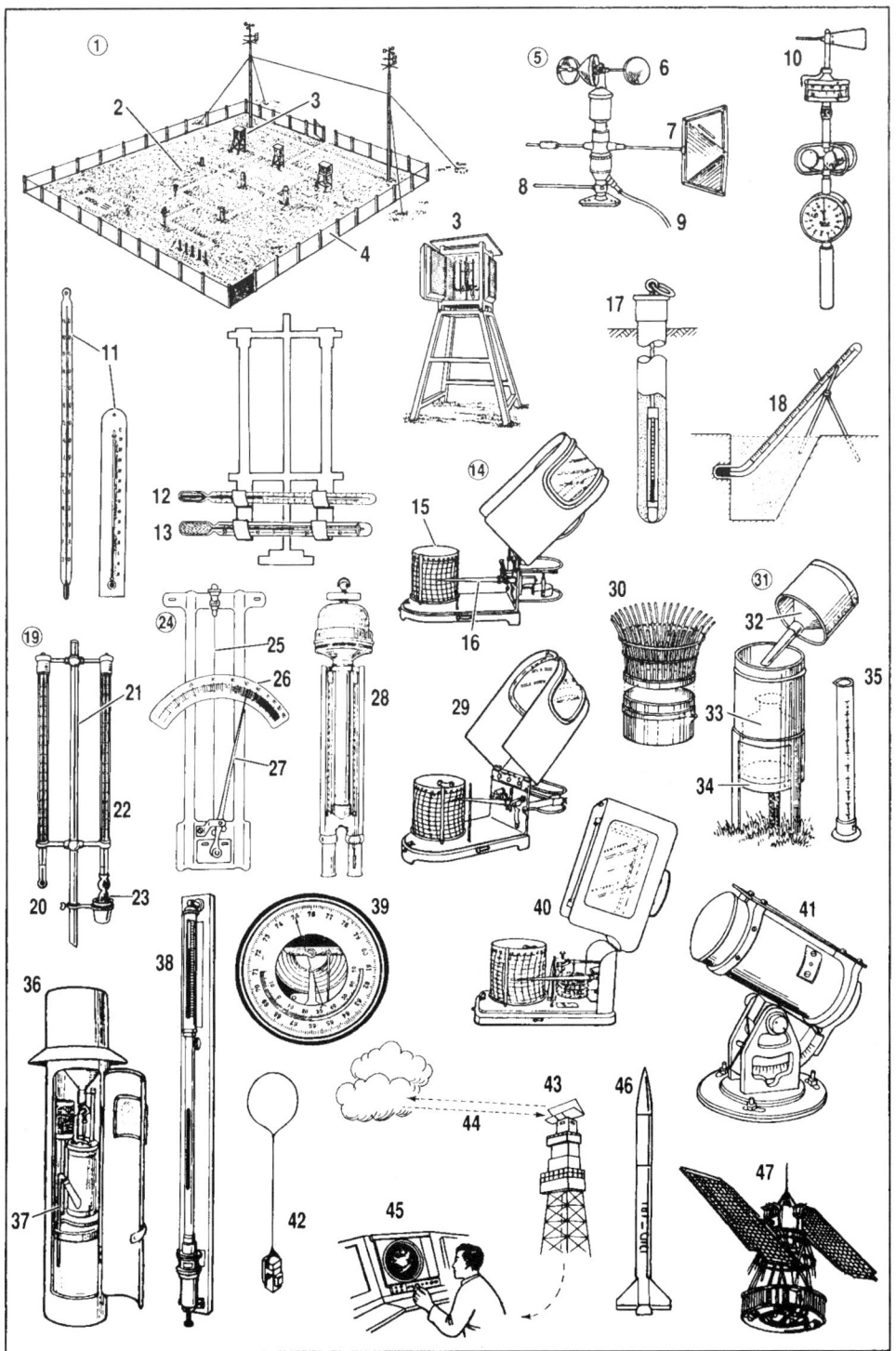

258 天气图 tiānqìtú

1-67 天气图符号 tiānqìtú fúhào
일기도 기호
1 等压线 děngyāxiàn
등압선
2 气压 qìyā
기압
3 高气压 gāoqìyā
고기압
4 低气压 dīqìyā
저기압
5 台风 táifēng
태풍
6-9 锋 fēng
전선
6 暖锋 nuǎnfēng
온난 전선
7 冷锋 lěngfēng
한랭 전선
8 锢囚锋 gùqiúfēng
폐색 전선
9 静止锋 jìngzhǐfēng
정체 전선
10-18 云量符号 yúnliàng fúhào
운량 기호
10 云量0-1 yúnliàng líng dào yī
운량 0-1
11 云量2-3 yúnliàng èr dào sān
운량 2-3
12 云量4 yúnliàng sì
운량 4
13 云量5 yúnliàng wǔ
운량 5
14 云量6 yúnliàng liù
운량 6
15 云量7-8 yúnliàng qī dào bā
운량 7-8
16 云量9 yúnliàng jiǔ
운량 9
17 云量10 yúnliàng shí
운량 10
18 云量不明 yúnliàng bùmíng
운량 불명
19-30 风速符号 fēngsù fúhào
풍속 기호
19 每秒一米 měimiǎo yī mǐ
풍속 1미터
20 每秒二米 měimiǎo èr mǐ
풍속 2미터
21 每秒3-4米 měimiǎo sān dào sì mǐ
풍속 3-4미터
22 每秒5-6米 měimiǎo wǔ dào liù mǐ
풍속 5-6미터
23 每秒7-8米 měimiǎo qī dào bā mǐ
풍속 7-8미터
24 每秒9-10米 měimiǎo jiǔ dào shí mǐ
풍속 9-10미터
25 每秒11-12米 měimiǎo shíyī dào shí'èr mǐ
풍속 11-12미터
26 每秒13-14米 měimiǎo shísān dào shísì mǐ
풍속 13-14미터
27 每秒15-16米 měimiǎo shíwǔ dào shíliù mǐ
풍속 15-16미터
28 每秒17-18米 měimiǎo shíqī dào shíbā mǐ
풍속 17-18미터
29 每秒19-20米 měimiǎo shíjiǔ dào èrshí mǐ
풍속 19-20미터
30 每秒21-22米 měimiǎo èrshiyī dào èrshí'èr mǐ
풍속 21-22미터
31-43 天气现象符号 tiānqì xiànxiàng fúhào
일기 현상 기호
31 雨 yǔ
비
32 毛毛雨 máomaoyǔ
이슬비
33 阵雨 zhènyǔ
소나기
34 雷雨 léiyǔ
뇌우
35 雪 xuě
눈
36 雨夹雪 yǔjiāxuě
진눈깨비
37 霰 xiàn
싸라기눈
38 冰雹 bīngbáo
우박
39 霜 shuāng
서리
40 雾 wù
안개
41 雷暴 léibào
뇌전; 천둥과 번개
42 日晕 rìyùn
햇무리
43 月晕 yuèyùn
달무리
44 中云状 zhōngyúnzhuàng
중층 구름의 상태
45 高云状 gāoyúnzhuàng
상층 구름의 상태
46 风向 fēngxiàng
풍향
47 风速 fēngsù
풍속
48 气温 qìwēn
기온
49 现在天气 xiànzài tiānqì
현재의 일기
50 能见度 néngjiàndù
시정(視程)
51 露点 lùdiǎn
노점; 이슬점
52 低云状 dīyúnzhuàng
저층 구름의 상태
53 低云高 dīyúngāo
운저의 높이
54 云量 yúnliàng
운량
55 雨量 yǔliàng
우량
56 过去天气 guòqù tiānqì
과거의 일기
57 气压变化 qìyā biànhuà
기압 변화
58 气压 qìyā
기압 ▶밀리바 표시로 10의 자리부터 소수 제1 자리까지
59 十六个方位 shíliù ge fāngwèi
(풍향의)16방위
60 东 dōng
동
61 南 nán
남
62 西 xī
서
63 北 běi
북
64 东北 dōngběi
동북
65 东南 dōngnán
동남
66 西南 xīnán
서남
67 西北 xīběi
서북

기상도 258

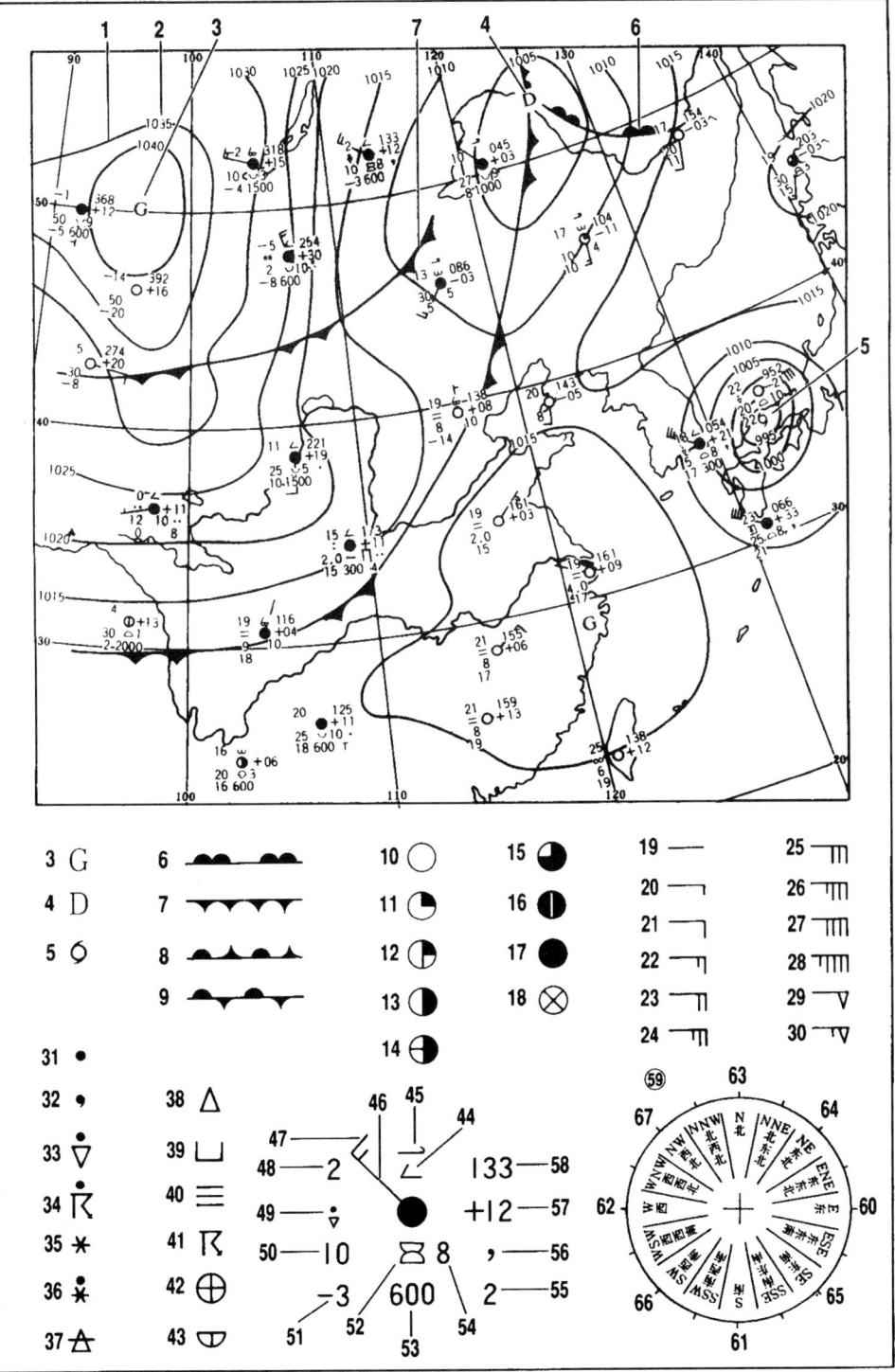

259 年月日 niányuèrì · 季节 jìjié

1 年历 niánlì
(1년분을 한 장에 인쇄한)달력

2-13 月 yuè
(달력의)달

2 一月 yīyuè
1월 ▶"正月" zhèngyuè은 일반적으로 음력 1월을 가리킨다

3 二月 èryuè
2월

4 三月 sānyuè
3월

5 四月 sìyuè
4월

6 五月 wǔyuè
5월

7 六月 liùyuè
6월

8 七月 qīyuè
7월

9 八月 bāyuè
8월

10 九月 jiǔyuè
9월

11 十月 shíyuè
10월

12 十一月 shíyīyuè
11월

13 十二月 shí'èryuè
12월 ▶"腊月" làyuè는 음력 12월의 별칭

14 月历 yuèlì
달력

15-21 星期 xīngqī
요일 ▶"礼拜" lǐbài

15 星期日 xīngqīrì
일요일
▶"星期天" xīngqītiān

16 星期一 xīngqīyī
월요일

17 星期二 xīngqī'èr
화요일

18 星期三 xīngqīsān
수요일

19 星期四 xīngqīsì
목요일

20 星期五 xīngqīwǔ
금요일

21 星期六 xīngqīliù
토요일

22 上旬 shàngxún
상순

23 中旬 zhōngxún
중순

24 下旬 xiàxún
하순

25 单日 dānrì
기수일 ; 홀수 날

26 双日 shuāngrì
우수일 ; 짝수 날

27 日历 rìlì
일력
▶"月份牌儿" yuèfènpáir

28 公历 gōnglì
서력 ; 태양력

29 公元 gōngyuán
서력 기원

30 日子 rìzi
날짜 ; 일부 ▶"6号" liùhào(6일)과 같이 "…号"를 쓴다

31 大月 dàyuè
큰 달 ▶양력에서는 31일인 달, 음력에서는 30일인 달

32 农历 nónglì
구력 ; 음력 ▶"阴历" yīnlì, "夏历" xiàlì

33 小月 xiǎoyuè
작은 달 ▶양력에서는 30일인 달, 음력에서는 29일인 달

34 日子 rìzi
(음력의)날짜 ▶1일부터 10일까지를 각각 "初一" chūyī, "初二" chū'èr…"初十" chūshí라 한다.

35 二十四节气 èrshísì jiéqì
이십사 절기 ▶"立秋" lìqiū (입추)는 그 하나

36 干支 gānzhī
간지 ; 육십갑자

37 年历卡 niánlìkǎ
캘린더 카드

38 台历 táilì
탁상 캘린더

39 台历芯儿 táilìxīnr
탁상 캘린더의 심

40 皇历 huángli
구력 ; 책력 ▶"黄历" huángli, "历书" lìshū

41-44 四季 sìjì
사계절 ; 사철

41 春天 chūntiān
봄

42 夏天 xiàtiān
여름 ▶잔서(늦더위)는 ▶"秋老虎" qiūlǎohǔ

43 秋天 qiūtiān
가을

44 冬天 dōngtiān
겨울

45-56 地支 dìzhī
십이지 ▶"十二支" shí'èrzhī

45 子 zǐ
자 ; 쥐

46 丑 chǒu
축 ; 소

47 寅 yín
인 ; 범

48 卯 mǎo
묘 ; 토끼

49 辰 chén
진 ; 용

50 巳 sì
사 ; 뱀

51 午 wǔ
오 ; 말

52 未 wèi
미 ; 양

53 申 shēn
신 ; 원숭이

54 酉 yǒu
유 ; 닭

55 戌 xū
술 ; 개

56 亥 hài
해 ; 돼지

연월일·계절

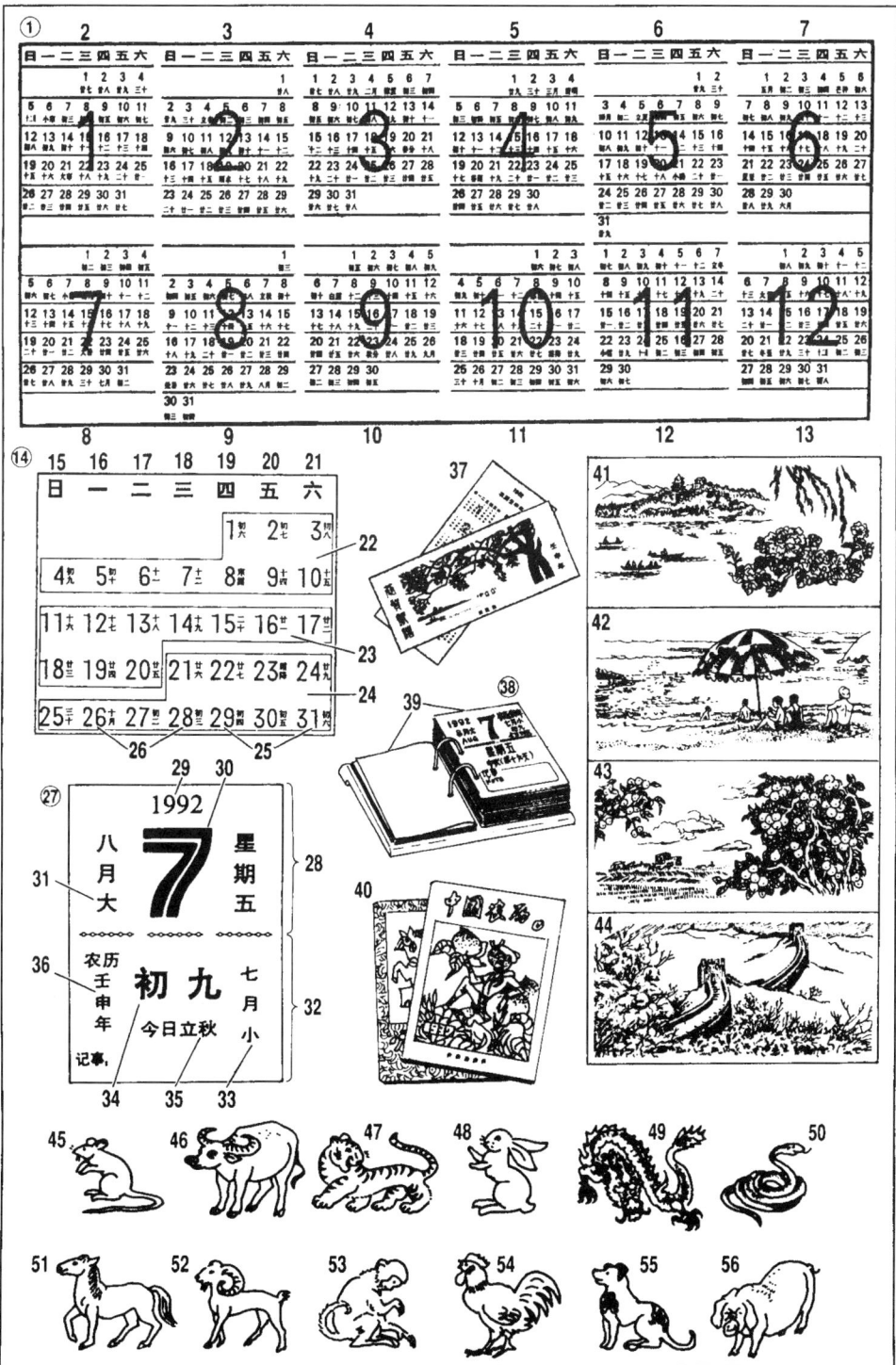

260 一天的生活 yìtiānde shēnghuó　　일상생활

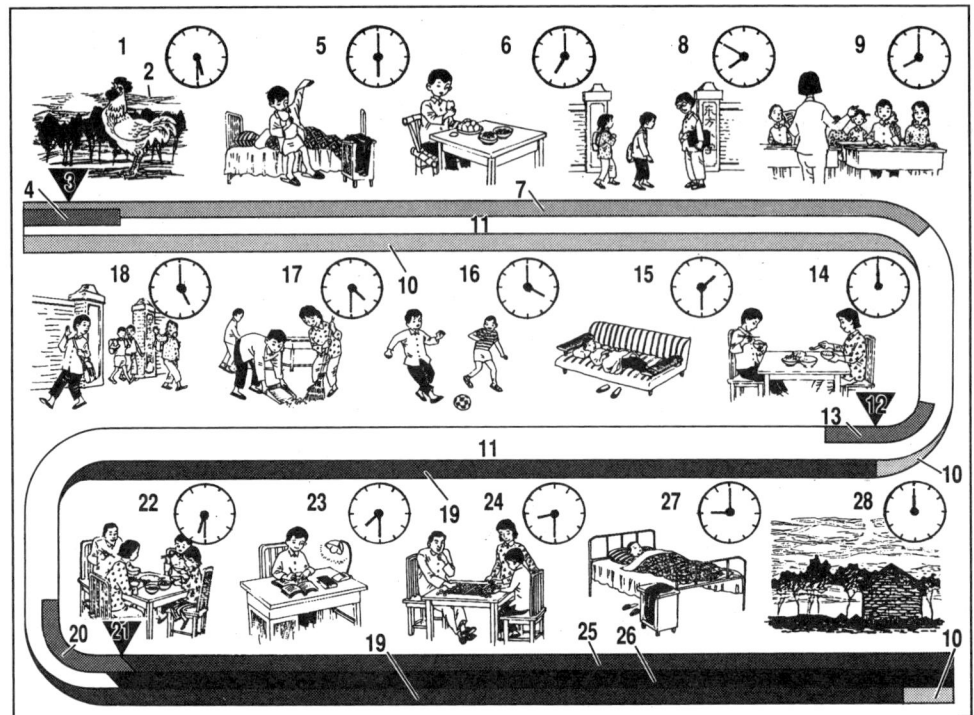

1 天亮 tiānliàng
  새벽
2 早霞 zǎoxiá
  아침놀 ▶저녁놀은 "晚霞" wǎnxiá
3 日出 rìchū
  일출 ; 해돋이
4 清晨 qīngchén
  조조 ; 이른 아침
5 起床 qǐchuáng
  기상
6 早饭 zǎofàn
  조반 ; 아침 식사
7 早上 zǎoshang
  아침
8 上学 shàngxué
  등교
9 上课 shàngkè
  수업
10 上午 shàngwǔ
  오전
11 白天 báitiān
  낮 ; 주간
12 正午 zhèngwǔ
  정오
13 中午 zhōngwǔ
  정오쯤 ▶"晌午" shǎngwu
14 午饭 wǔfàn
  점심식사 ; 오찬
15 睡午觉 shuìwǔjiào
  낮잠
16 课外活动 kèwài huódòng
  과외 활동
17 打扫 dǎsǎo
  청소
18 放学 fàngxué
  하교
19 下午 xiàwǔ
  오후
20 傍晚儿 bàngwǎnr
  저녁쯤 ; 해질녘
21 日落 rìluò
  일몰
22 晚饭 wǎnfàn
  저녁 식사 ; 만찬
23 作业 zuòyè
  숙제
24 娱乐时间 yúlè shíjiān
  오락 시간
25 晚上 wǎnshang
  저녁
26 夜里 yèli
  밤
27 睡觉 shuìjiào
  취침
28 半夜三更 bànyè sān'gēng
  한밤중 ; 심야 ▶"三更半夜" sān'gēng bànyè

261 煤矿 méikuàng · 탄광 261

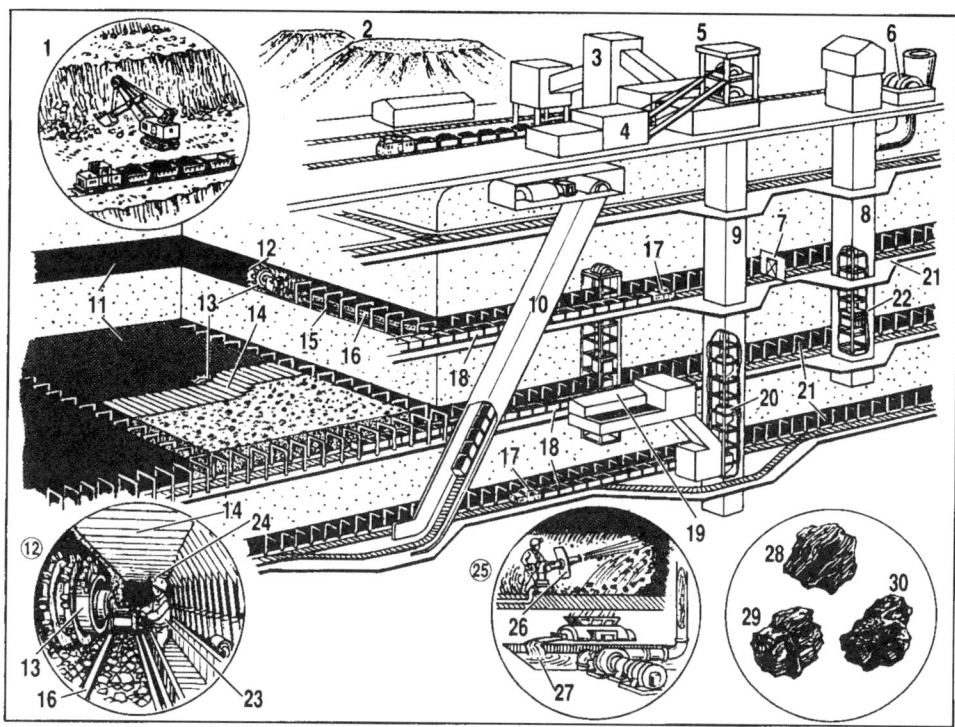

1 露天煤矿 lùtiān méikuàng
  노천굴 탄광
2 矸石堆 gānshíduī
  버력더미 ▶버력은 "煤矸石" méigānshí
3 选煤车间 xuǎnméi chējiān
  선탄 공장
4 绞车房 jiǎochēfáng
  윈치실
5 井架 jǐngjià
  수정루
6 矿井扇风机 kuàngjǐng shànfēngjī
  갱내 환기 장치
7 风门 fēngmén
  에어 로크 ▶ "通风闸门" tōngfēng zhámén
8-10 竖井 shùjǐng
  입갱; 수갱 ▶ "立井" lìjǐng
8 副井 fùjǐng
  부입갱
9 主井 zhǔjǐng
  주입갱
10 倾斜巷道 qīngxié hàngdào

사갱 ▶ "斜巷" xiéhàng
11 煤层 méicéng
  탄층
12 掌子 zhǎngzi
  채탄 막장
  ▶ "工作面" gōngzuòmiàn
13 滚筒采煤机 gǔntǒng cǎiméijī
  드럼 커터
14 自移式液压支架 zìyíshì yèyā zhījià
  자주 지지대
15 支架 zhījià
  지주
16 皮带运输机 pídài yùnshūjī
  벨트 컨베이어
17 矿井电机车 kuàngjǐng diànjīchē
  광갱 전기 기관차
18 矿车 kuàngchē
  광차; 광갱차
19 原煤仓 yuánméicāng
  원탄 용기
20 箕斗 jīdǒu

스킵
21 水平巷道 shuǐpíng hàngdào
  수평 갱도 ▶ "平巷" pínghàng
22 罐笼 guànlóng
  탄 담는 그릇
23 矿工 kuànggōng
  탄광 노동자
24 头灯 tóudēng
  캡 라이트
  ▶ "矿灯" kuàngdēng
25 水力采煤 shuǐlì cǎiméi
  수력 채탄
26 水枪 shuǐqiāng
  모니터; 수력 굴착기
27 煤水池 méishuǐchí
  슬러리 탱크
28-30 煤 méi
  석탄 ▶ "煤炭" méitàn
28 褐煤 hèméi
  갈탄
29 烟煤 yānméi
  역청탄
30 无烟煤 wúyānméi
  무연탄

423

262 钢铁 gāngtiě

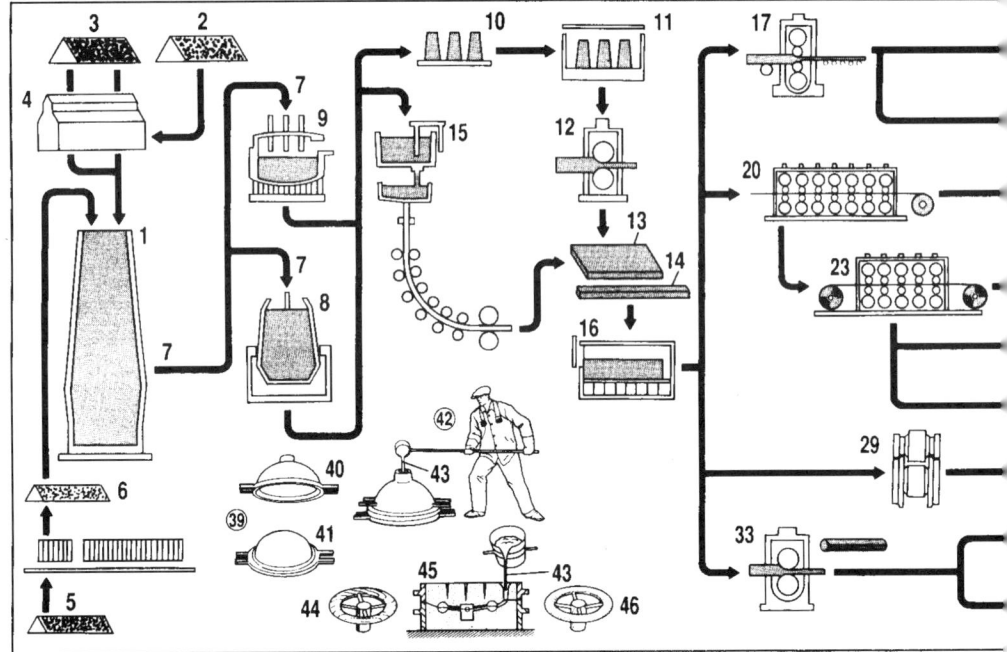

1-38 钢铁联合企业生产流程示意图 gāngtiě liánhé qǐyè shēngchǎn liúchéng shìyìtú
철강 콤비나트 생산 공정 설명도
1 高炉 gāolú
고로
2 石灰石 shíhuīshí
석회석
3 铁矿 tiěkuàng
철광석
4 烧结矿 shāojiékuàng
소결광
5 煤 méi
석탄
6 焦炭 jiāotàn
코크스
7 生铁 shēngtiě
선철 ; 무쇠 ▶ "铸铁" zhùtiě, "铣铁" xiǎntiě
8 转炉 zhuǎnlú
전로
9 电炉 diànlú
전기로
10 铸锭 zhùdìng
강괴 ; 스틸 잉곳
11 均热炉 jūnrèlú
균열로
12 初轧机 chūzhájī
분괴 압연기
13-14 钢坯 gāngpī
강편(钢片)(반제품)
13 板坯 bǎnpī
슬래브
14 方坯 fāngpī
빌릿 ; 강편
15 连铸机 liánzhùjī
연속 주조 설비
16 加热炉 jiārèlú
가열로
17 钢板轧机 gāngbǎn zhájī
강판 압연기
18 中厚钢板 zhōnghòu gāngbǎn
강판 ▶ 중판과 후판을 표시
19 钢管 gāngguǎn
강관
20 热连轧机 rèliánzhájī
열간 압연기
21 热轧带钢 rèzhádàigāng
열연 대강
22 焊接管 hànjiēguǎn
용접 강관
23 冷连轧机 lěngliánzhájī
냉간 압연기
24 冷扎带钢 lěngzhádàigāng
냉연 대강
25 电镀锡生产线 diàndùxī shēngchǎnxiàn
전기 주석 도금 생산 라인
26 镀锡板 dùxībǎn
양철판 ▶ "镀锡铁" dùxītiě, "马口铁" mǎkǒutiě
27 电镀锌生产线 diàndùxīn shēngchǎnxiàn
전기 아연 도금 생산 라인
28 电镀锌板 diàndùxīnbǎn
전기 아연 도금 철판 ; 함석 철판
29 型钢轧机 xínggāng zhájī
형강 압연기
30-32 结构型钢 jiégòu xínggāng
형강
30 槽钢 cáogāng
C형강(C形鋼) ; ㄷ형강
31 工字钢 gōngzìgāng
H형강
32 钢轨 gāngguǐ
레일
33 钢坯轧机 gāngpī zhájī

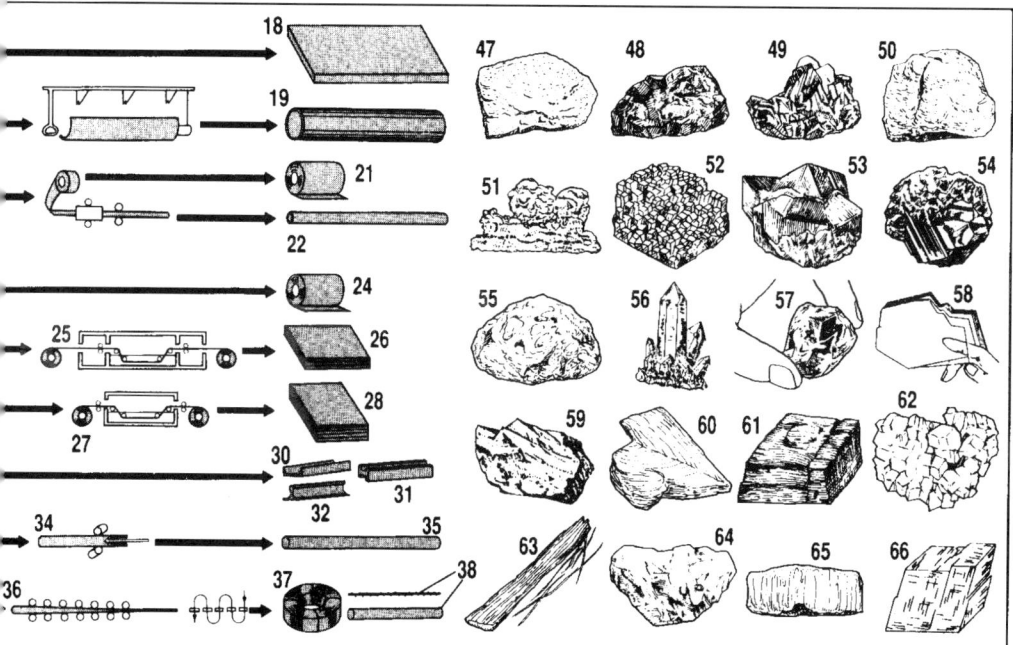

강편 압연기
34 无缝管轧机 wúfèngguǎn zhájī
심리스 강관 설비
35 无缝钢管 wúfèng gāngguǎn
심리스 강관
36 线棒材轧机 xiànbàngcái zhájī
선재·봉강 압연기
37 线材 xiàncái
선재
38 棒材 bàngcái
봉강
39-46 铸造 zhùzào
주조
39 模子 múzi
주형
40 上模 shàngmú
상형
41 下模 xiàmú
하형
42 浇铸 jiāozhù
주조
43 铁水 tiěshuǐ
철용액；용선(鎔銑)
44 木模 mùmú
목형
45 砂型 shāxíng
모래 주형
46 铸件 zhùjiàn
주물
47-66 矿藏 kuàngcáng
광석 자원▶광석은 "矿石" kuàngshí
47 赤铁矿 chìtiěkuàng
적철광
▶"红铁矿" hóngtiěkuàng
48 磁铁矿 cítiěkuàng
자철광▶"磁铁石" cítiěshí
49 黑钨矿 hēiwūkuàng
철 망간 중석；볼프람 철광
50-51 铜矿 tóngkuàng
동광석；구리 광석
50 斑铜矿 bāntóngkuàng
반동광
51 孔雀石 kǒngquèshí
공작석
52 方铅矿 fāngqiānkuàng
방연광
53 锡石 xīshí
석석；주석석
54 闪锌矿 shǎnxīnkuàng
섬아연광；섬아연석
55 铝土矿 lǚtǔkuàng
보크사이트
▶"铝矾土" lǚfántǔ
56 水晶 shuǐjīng
수정
57 金刚石 jīngāngshí
금강석；다이아몬드
▶"金刚钻" jīngāngzuàn
58 云母 yúnmǔ
운모
59 长石 chángshí
장석
60 硫磺 liúhuáng
유황
61 石膏 shígāo
석고
62 矿盐 kuàngyán
암염▶"岩盐" yányán
63 石棉 shímián
석면
64 萤石 yíngshí
형석▶"氟石" fúshí
65 滑石 huáshí
탤크；활석
66 方解石 fāngjiěshí
방해석

263 石油 shíyóu

1 钻机 zuànjī
  천공기
2 天车 tiānchē
  천장 크레인
3 井架 jǐngjià
  유정탑 ▶"钻塔" zuàntǎ
4 大钩 dàgōu
  훅
5 水龙带 shuǐlóngdài
  펌프 호스
6 立管 lìguǎn
  수직관
7 钢丝绳 gāngsīshéng
  와이어로프
8 游动滑车 yóudòng huáchē
  트래블링 블록
9 水龙头 shuǐlóngtóu
  펌프의 호스 끝
10 方钻杆 fāngzuàngǎn
  켈리 바(kelly bar)
11 绞车 jiǎochē
  윈치
12 转盘 zhuànpán
  로터리 테이블
13 防喷器 fángpēnqì
  방분(防噴) 장치
14 泥浆泵 níjiāngbèng
  이수(泥水) 펌프
15 泥浆池 níjiāngchí
  이수(泥水) 풀
16 动力机 dònglìjī
  발동기
17 套管 tàoguǎn
  케이싱
18 钻杆 zuàngǎn
  드릴 파이프
19 钻头 zuàntóu
  드릴 비트 ; 굴착 비트
20-25 圈闭 quānbì
  트랩 ▶"储油构造" chǔyóu gòuzào
20 天然气 tiānránqì
  천연가스
  ▶"油田气" yóutiánqì
21 石油 shíyóu
  석유
22 水 shuǐ
  물
23 砂岩 shāyán
  사암
24 石灰岩 shíhuīyán
  석회암
25 油页岩 yóuyèyán
  오일 셰일
26 抽油机 chōuyóujī
  채유 펌프
27 连杆 lián'gǎn
  연결봉
28 曲柄 qūbǐng
  크랭크
29 电动机 diàndòngjī
  모터
30 盘根盒 pán'gēnhé
  패킹함
31 油管 yóuguǎn
  오일 튜브 ; 튜빙
32 抽油杆 chōuyóugǎn
  흡인 로드
33 柱塞 zhùsāi
  플런저
34 采油树 cǎiyóushù
  크리스마스 트리 ▶"自喷井" zìpēnjǐng(자분 유정)의 채유구에 설치하는 유량 조정 장치
35-44 钻井船 zuànjǐngchuán
  굴착선 ; 굴착 장치
35 水面式钻井船 shuǐmiànshì zuànjǐngchuán
  굴착선 ; 드릴 십
36 半潜式钻井船 bànqiánshì zuànjǐngchuán
  반잠수식 굴착 장치
37 自升式钻井船 zìshēngshì zuànjǐngchuán
  잭 업식 굴착 장치
38 绞车房 jiǎochēfáng
  윈치 엔진 하우스
39 平台 píngtái
  플랫폼
40 起重机 qǐzhòngjī
  크레인 ; 기중기
41 主甲板 zhǔjiǎbǎn
  주갑판
42 控制室 kòngzhìshì
  제어실
43 直升飞机平台 zhíshēng fēijī píngtái
  헬리포트
44 桩腿 zhuāngtuǐ
  다리 ; 각부
45 油田 yóutián
  유전
46 炼油厂 liànyóuchǎng
  정유소
47 油轮 yóulún
  탱커 ; 유조선
  ▶"油船" yóuchuán
48 输油管 shūyóuguǎn
  파이프라인
49 蒸馏塔 zhēngliútǎ
  증류탑 ▶"分馏塔" fēnliútǎ
50 液化石油汽 yèhuà shíyóuqì
  액화 석유 가스(LPG) ; 프로판 가스
51 石脑油 shínǎoyóu
  나프타
52 汽油 qìyóu
  가솔린
53 航空汽油 hángkōng qìyóu
  제트유
54 煤油 méiyóu
  등유
55 柴油 cháiyóu
  경유 ; 디젤유
56 重油 zhòngyóu
  중유
57 润滑油 rùnhuáyóu
  윤활유
58 石蜡 shílà
  파라핀
59 沥青 lìqīng
  아스팔트 ▶"柏油" bǎiyóu

석유 263

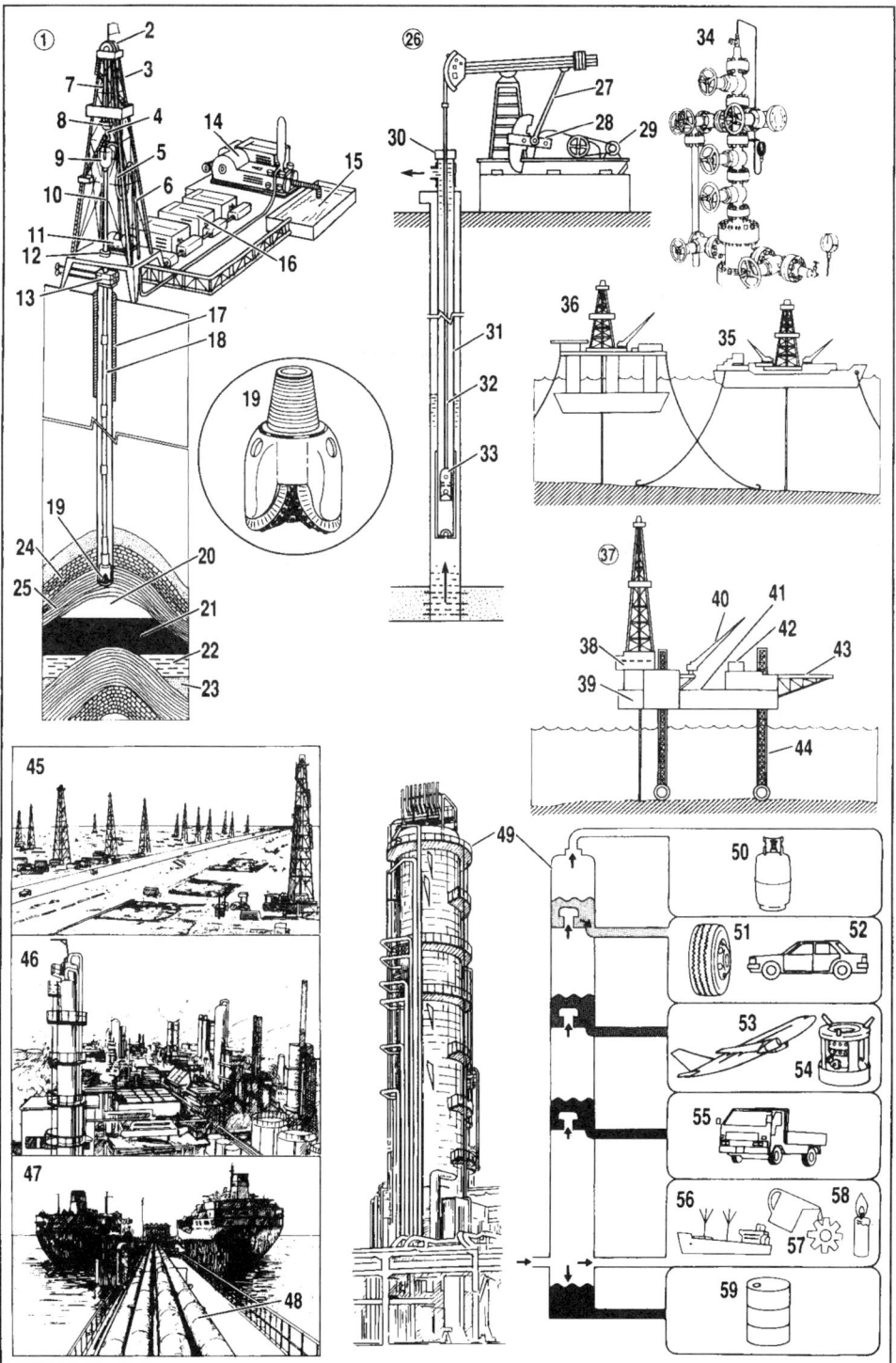

264 地球 dìqiú I

1 地壳 dìqiào
지각
2 地幔 dìmàn
맨틀
3-4 地核 dìhé
지구 핵 ; 코어
3 外核 wàihé
외핵
4 内核 nèihé
내핵
5 海底地貌 hǎidǐ dìmào
해저의 지형
6 海底平顶山 hǎidǐ píngdǐng-shān
평정해산 ; 해저 평정봉
7 岛弧 dǎohú
활꼴로 이어져 있는 군도
8 火山 huǒshān
화산
9 海山 hǎishān
해산
10 海岭 hǎilǐng
해령
11 转换断层 zhuǎnhuàn duàncéng
단열대
12 深海平原 shēnhǎi píngyuán
심해 평원
13 火山岛 huǒshāndǎo
화산섬
14 海沟 hǎigōu
해구
15 大陆坡 dàlùpō
대륙 사면
16 大陆架 dàlùjià
대륙붕
17 大陆 dàlù
대륙
18 火山 huǒshān
화산 ▶활화산은 "活火山" huóhuǒshān, 사화산은 "死火山" sǐhuǒshān, 휴화산은 "休眠火山" xiūmián huǒshān
19 熔岩流 róngyánliú
용암류
20 火山灰 huǒshānhuī
화산회
21 火山口 huǒshānkǒu
화구 ; 분화구
22 烟柱 yānzhù
분연
23 火山砾 huǒshānlì
화산력
24 层状火山锥 céngzhuàng huǒshānzhuī
원추형 화산 ; 코니데
25 火山通道 huǒshān tōngdào
화도
26 寄生火山 jìshēng huǒshān
기생 화산 ; 측화산
27 间歇泉 jiànxiēquán
간헐천
28 温泉 wēnquán
온천
29 岩浆 yánjiāng
암장 ; 마그마
30 石灰岩熔洞 shíhuīyán róngdòng
종유동 ▶"熔洞" róngdòng
31 钟乳石 zhōngrǔshí
종유석 ▶"石钟乳" shízhōngrǔ
32 石柱 shízhù
석주 ; 돌기둥
33 地下河 dìxiàhé
지하천
34 石笋 shísǔn
석순
35 北极 běijí
북극
36 北极圈 běijíquān
북극권
37-39 气候带 qìhòudài
기후대
37 寒带 hándài
한대
38 温带 wēndài
온대
39 热带 rèdài
열대
40 南极 nánjí
남극
41 纬线 wěixiàn
위선
42 经线 jīngxiàn
경선
43 南极圈 nánjíquān
남극권
44 南回归线 nánhuíguīxiàn
남회귀선
45 赤道 chìdào
적도
46 北回归线 běihuíguīxiàn
북회귀선
47 北半球 běibànqiú
북반구
48 南半球 nánbànqiú
남반구
49 西半球 xībànqiú
서반구
50 东半球 dōngbànqiú
동반구
51-63 中国的地形 zhōngguóde dìxíng
중국의 지형
51 沙漠 shāmò
사막
52 湖泊 húbó
호소
53 高原 gāoyuán
고원
54 河流 héliú
하천
55 内海 nèihǎi
내해
56 山脉 shānmài
산맥
57 平原 píngyuán
평원
58 寒流 hánliú
한류
59 海峡 hǎixiá
해협
60 群岛 qúndǎo
군도
61 外海 wàihǎi
외해 ▶공해는 "公海" gōnghǎi, 영해는 "领海" lǐnghǎi
62 暖流 nuǎnliú
난류
63 丘陵 qiūlíng
구릉

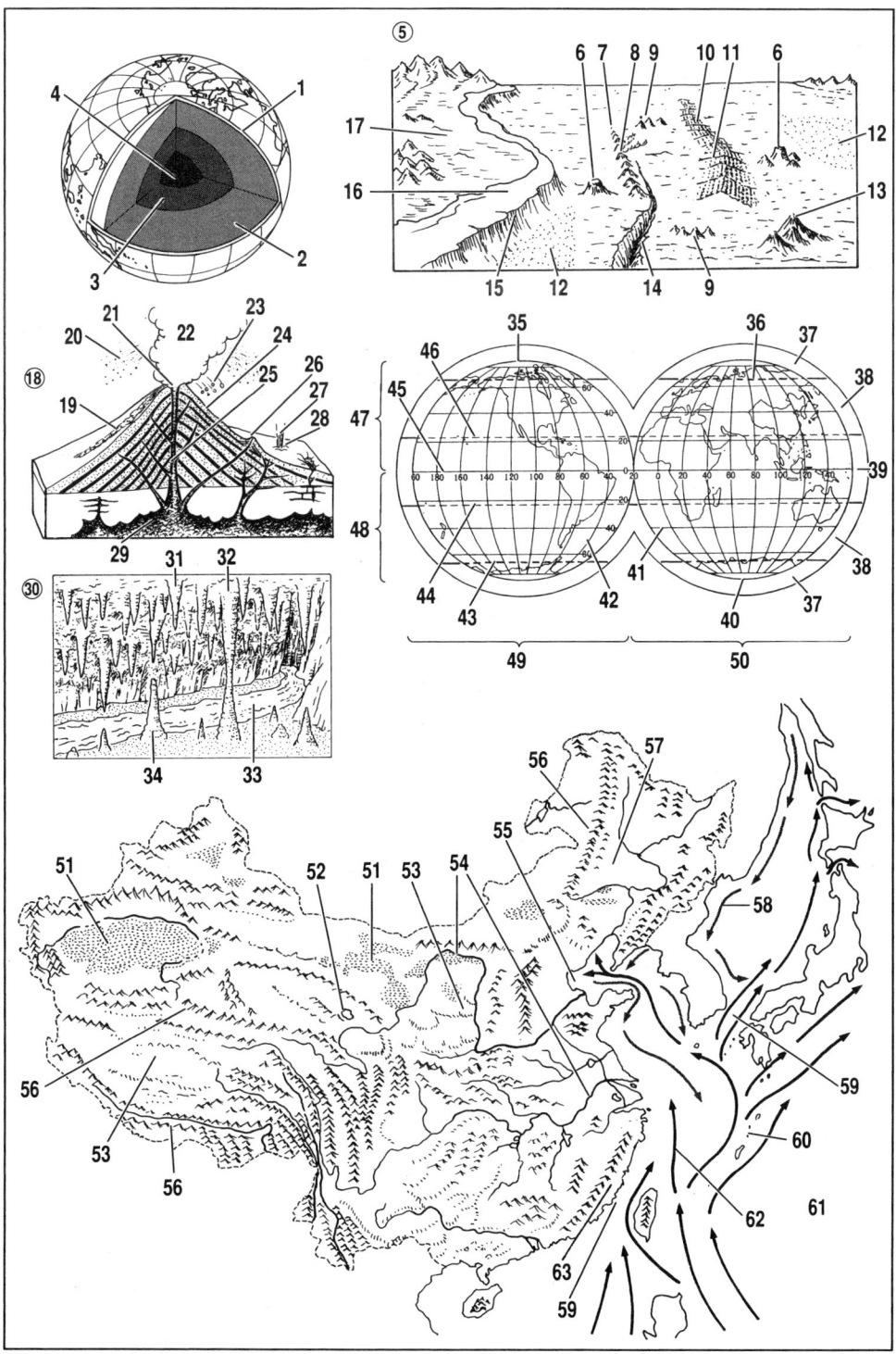

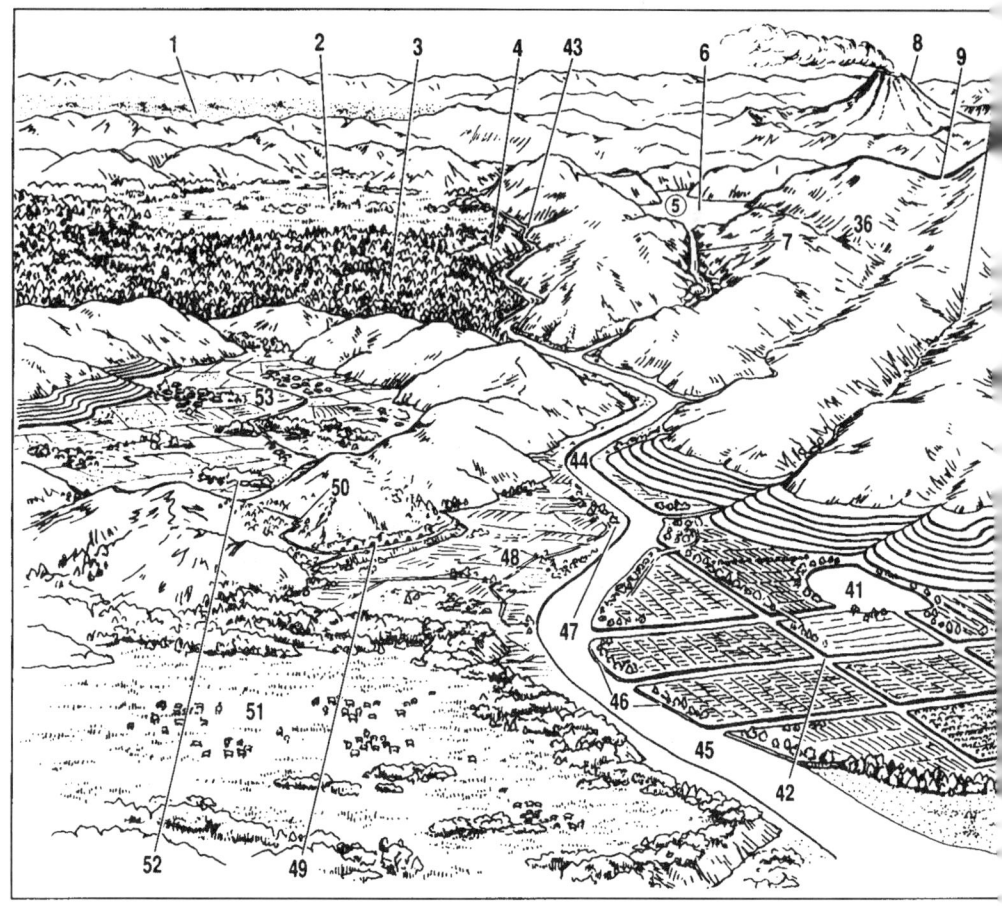

1 沙漠 shāmò
  사막
2 高原 gāoyuán
  고원
3 森林 sēnlín
  삼림
4 悬崖 xuányá
  현애 ; 낭떠러지 ; 벼랑
5 湖 hú
  호수
6 湖心 húxīn
  호심 ▶호수의 중앙부
7 瀑布 pùbù
  폭포
8-15 山 shān
  산
8 火山 huǒshān
  화산
9 鞍部 ānbù
  안부 ; 콜(col)
10 山沟 shāngōu
  계곡
11 山梁儿 shānliángr
  산등성이 ; 능선
  ▶"山脊" shānjǐ
12 山坡 shānpō
  산의 사면
13 山顶 shāndǐng
  정상 ; 산정 ; 산꼭대기
14 山腰 shānyāo
  산의 중복 ; 산허리
  ▶"半山腰" bànshānyāo
15 山根儿 shāngēnr
  산기슭 ▶"山脚" shānjiǎo
16 冰斗 bīngdǒu
  카르(Kar) ; 권곡
17 冰川 bīngchuān
  빙하 ▶"冰河" bīnghé
18 冰川湖 bīngchuānhú
  빙하호
19 堤坝 dībà
  제방
20 河岸 hé'àn
  하안 ; 강변
21 海滩 hǎitān
  해변의 모래사장
22 半岛 bàndǎo
  반도
23 海湾 hǎiwān
  만 ; 육지 깊숙이 들어간 바다
24 珊瑚礁 shānhújiāo
  산호초
25 珊瑚岛 shānhúdǎo
  산호도
26 海岸 hǎi'àn
  해안
27 海岛 hǎidǎo

지구 II

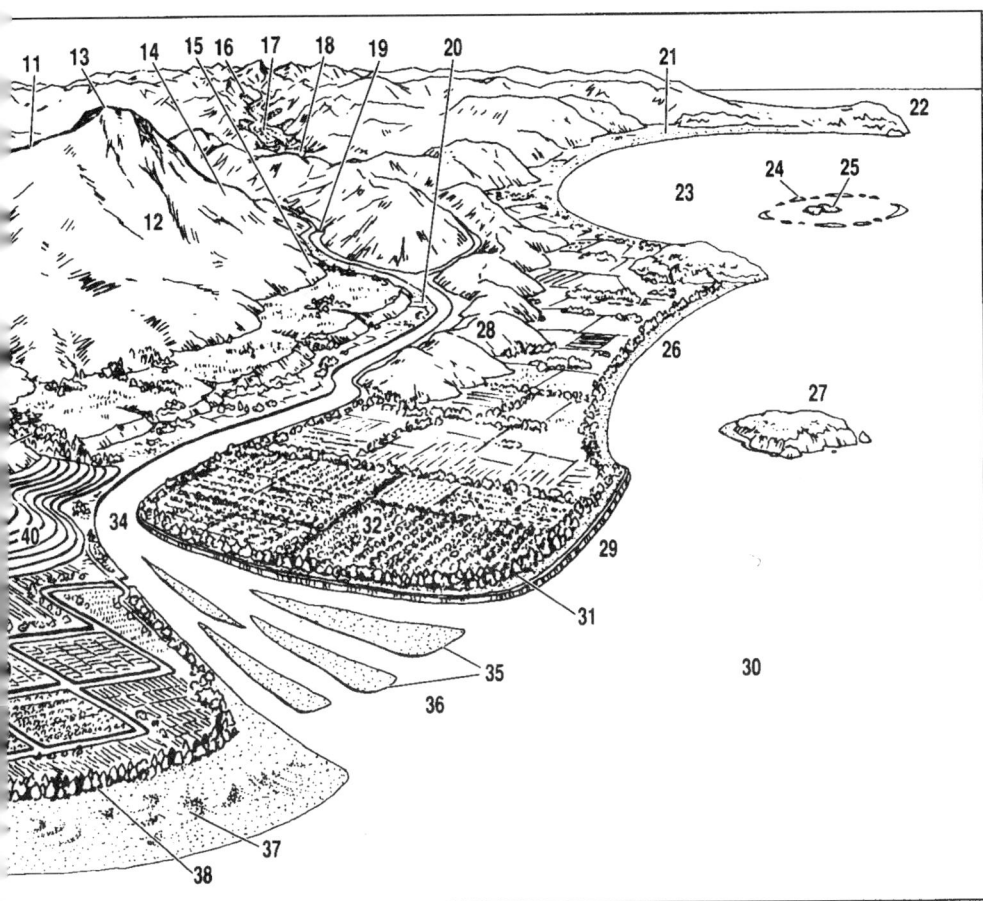

섬
28 山岗子 shāngǎngzi
   작은 산 ; 언덕 ; 구릉
29 海堤 hǎidī
   방파제
30 海 hǎi
   바다
31 防风林 fángfēnglín
   방풍림
32 果园 guǒyuán
   과수원
33 山林 shānlín
   산림
34 河心 héxīn
   강의 중심부
35 三角洲 sānjiǎozhōu
   삼각주 ; 델타
36 河口 hékǒu
   하구
37 沙丘 shāqiū
   사구 ; 모래 언덕
38 防沙林 fángshālín
   방사림
39 田地 tiándì
   밭 ; 농전
40 梯田 tītián
   다락전 ; 계단식 밭
41 池塘 chítáng
   못
42 运河 yùnhé
   운하
43-45 河 hé
   강
43 上游 shàngyóu
   상류
44 中游 zhōngyóu
   중류
45 下游 xiàyóu
   하류
46 河堤 hédī
   강의 제방 ; 강둑
47 河滩 hétān
   강변 모래사장
48 平川 píngchuān
   평지
   ▶"平川地" píngchuāndì
49 山洞 shāndòng
   산굴
50 山口 shānkǒu
   고개
51 草原 cǎoyuán
   초원
52 树林子 shùlínzi
   수풀
53 盆地 péndì
   분지

1-49 人体 réntǐ
인체 ▶신체는 "身体" shēntǐ

1 头 tóu
머리 ▶"脑袋" nǎodài

2 头发 tóufa
머리털 ; 두발

3 脑门儿 nǎoménr
이마

4 脸 liǎn
얼굴

5 腮帮子 sāibāngzi
볼

6 眉毛 méimao
눈썹

7 眼睛 yǎnjing
눈

8 耳朵 ěrduo
귀

9 鼻子 bízi
코

10 嘴 zuǐ
입

11 人中沟 rénzhōnggōu
인중

12 嘴唇 zuǐchún
입술

13 脖子 bózi
목

14 肩膀 jiānbǎng
어깨

15 胸脯 xiōngpú
가슴 ▶"胸脯儿" xiōngpúr

16 乳房 rǔfáng
유방 ; 젖무덤

17 奶头 nǎitóu
유두 ; 젖꼭지 ▶"乳头" rǔtóu

18 胳臂 gēbei
팔 ▶"胳膊" gēbo

19 腋毛 yèmáo
겨드랑이 털

20 胳肢窝儿 gāzhiwōr
겨드랑이

21 手腕子 shǒuwànzi
손목 ▶"手腕" shǒuwàn

22 手 shǒu
손

23 肚子 dùzi
배

24 肚脐眼儿 dùqíyǎnr
배꼽

25 小肚子 xiǎodùzi
아랫배

26 阴毛 yīnmáo
음모

27 鸡巴 jība
음경 ; 페니스 ; 남근

28 腿 tuǐ
다리

29 大腿 dàtuǐ
넓적다리 ; 대퇴

30 小腿 xiǎotuǐ
정강이

31 膝盖 xīgài
무릎

32 脚 jiǎo
다리(복사뼈부터 발끝까지)

33 脚腕子 jiǎowànzi
발목

34 脚跟 jiǎogēn
발뒤꿈치

35 上身 shàngshēn
상반신

36 下身 xiàshēn
하반신 ▶때로는 "阴部" yīnbù(음부)의 뜻으로 쓴다.

37 脖梗儿 bógěngr
목덜미

38 背部 bèibù
등 ▶"背" bèi

39 胳膊肘儿 gēbozhǒur
팔꿈치

40 腰 yāo
허리

41 屁股 pìgu
궁둥이 ; 엉덩이 ▶항문은 "肛门" gāngmén 혹은 "屁股眼儿" pìguyǎnr

42 腿肚子 tuǐdùzi
장딴지

43 头旋 tóuxuán
가마

44 头顶 tóudǐng
뇌천 ; 정수리

45 下巴颏儿 xiàbakēr
아래턱 ▶"下巴" xiàba

46 太阳穴 tàiyángxué
관자놀이

47 喉结 hóujié
결후(結喉) ; 목의 중간에 있는 갑상 연골의 돌기

48 胡子 húzi
수염

49 鬓角 bìnjiǎo
귀밑털 ; 빈모

인체 266

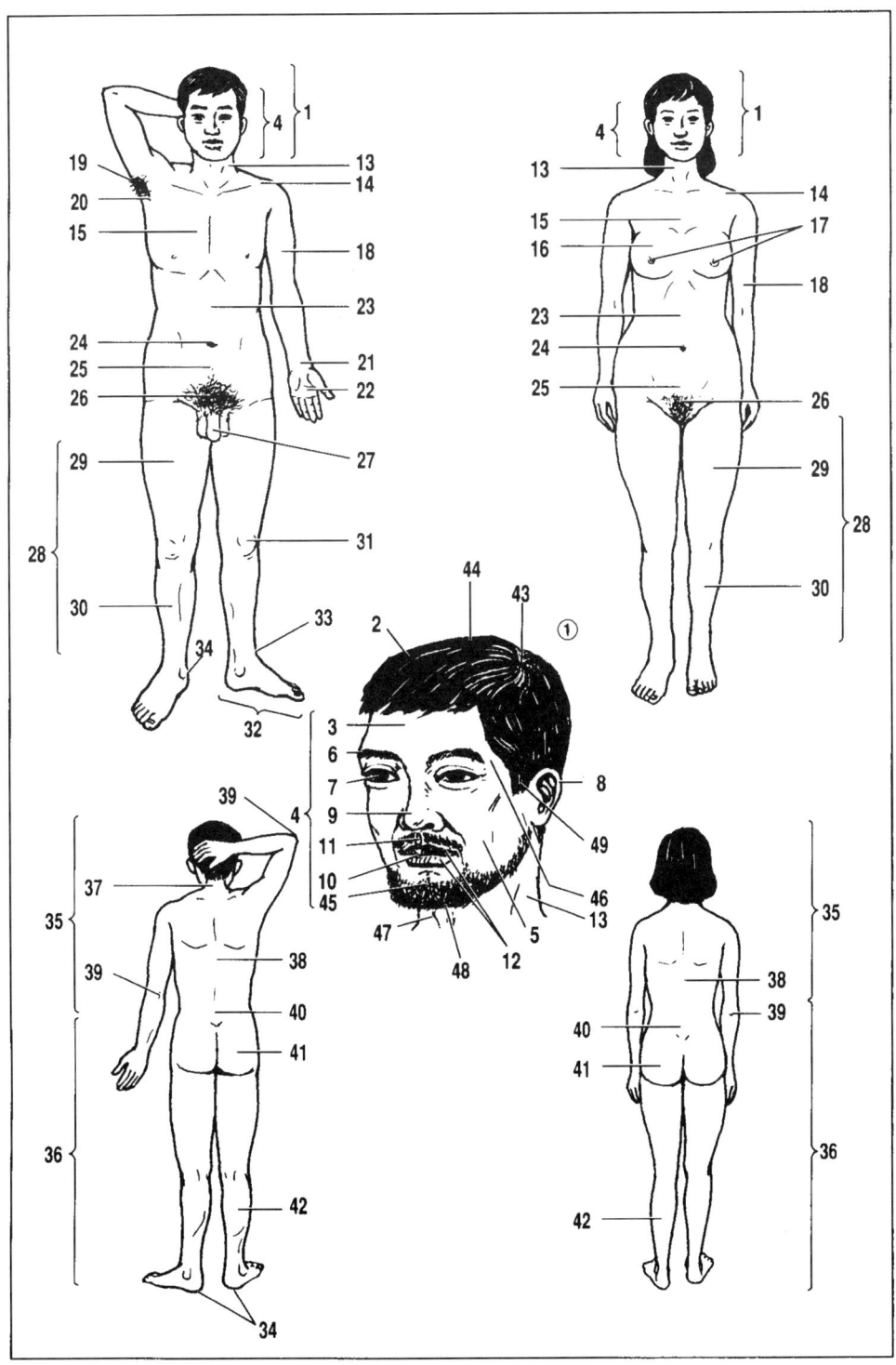

433

267 骨骼 gǔgé

1-39 骨头 gǔtou
뼈
1 颅骨 lúgǔ
두개골 ▶"头盖骨" tóugàigǔ, "天灵盖" tiānlínggài
2 锁骨 suǒgǔ
쇄골
3 肩胛骨 jiānjiǎgǔ
견갑골
4 胸骨 xiōnggǔ
흉골
5 肋骨 lèigǔ
늑골
6 肱骨 gōnggǔ
상완골
7 尺骨 chǐgǔ
척골
8 桡骨 ráogǔ
요골
9 掌骨 zhǎnggǔ
장골
10 指骨 zhǐgǔ
지골 ; 손가락뼈
11 髋骨 kuāngǔ
관골
12 耻骨联合 chǐgǔ liánhé
치골 결합
13 股骨 gǔgǔ
대퇴골 ▶"大腿骨" dàtuǐgǔ
14 髌骨 bìngǔ
무릎뼈 ▶"膝盖骨" xīgàigǔ
15 胫骨 jìnggǔ
경골
16 腓骨 féigǔ
비골 ; 종아리뼈
17 跖骨 zhígǔ
척골
18 跟骨 gēngǔ
족근골
19 脊梁骨 jǐlianggǔ
등뼈 ▶"脊柱" jǐzhù(척주, 척추)
20 颈椎 jǐngzhuī
경추
21 胸椎 xiōngzhuī
흉추
22 腰椎 yāozhuī
요추
23 骶骨 dǐgǔ
선골(仙骨)
24 尾骨 wěigǔ
미골
25 鼻骨 bígǔ
비골
26 额骨 égǔ
이마의 뼈
27 上颌骨 shànghégǔ
상악골(上顎骨)
28 下颌骨 xiàhégǔ
하악골(下顎骨)
29 颧骨 quángǔ
광대뼈
30 颧弓 quángōng
관골궁
31 冠状缝 guānzhuàngféng
관상 봉합
32 顶颞缝 dǐngnièféng
화살형 봉합
33 人字缝 rénzìféng
인자형 봉합
34 骨膜 gǔmó
골막
35 血管 xiēguǎn
혈관
36 骨密质 gǔmìzhì
치밀질
37 骨松质 gǔsōngzhì
해면질
38 骨髓 gǔsuǐ
골수
39 骨髓腔 gǔsuǐqiāng
골수강
40-48 关节 guānjié
관절
40 肩关节 jiānguānjié
어깨 관절
41 肘关节 zhǒuguānjié
팔꿈치 관절
42 腕关节 wànguānjié
손목 관절
43 髋关节 kuānguānjié
가랑이 관절
44 膝关节 xīguānjié
무릎 관절
45 踝关节 huáiguānjié
발목 관절 ; 복사뼈 관절
46 关节腔 guānjiéqiāng
관절강
47 关节软骨 guānjié ruǎngǔ
관절 연골
48 关节囊 guānjiénáng
관절낭

골격 267

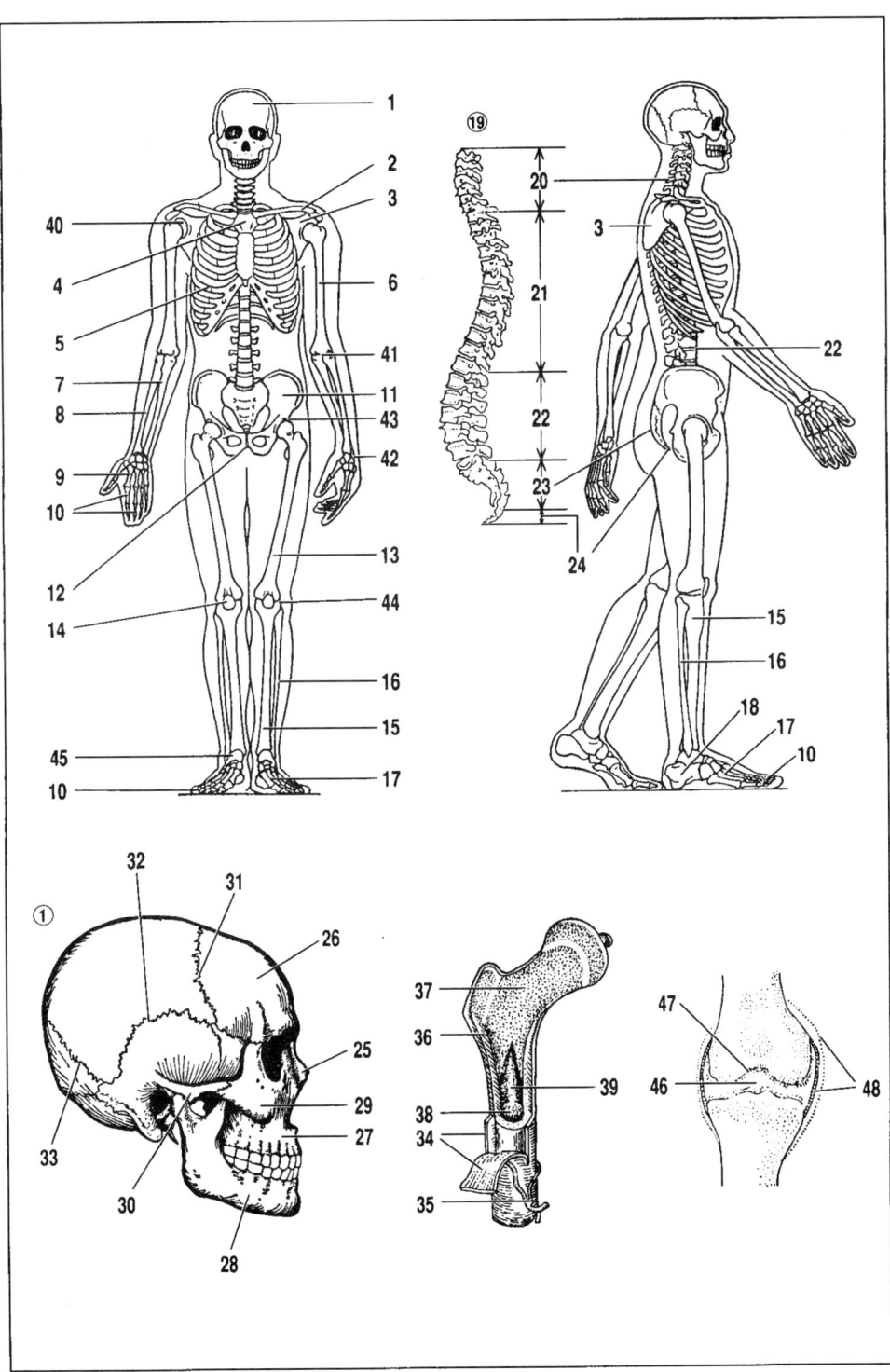

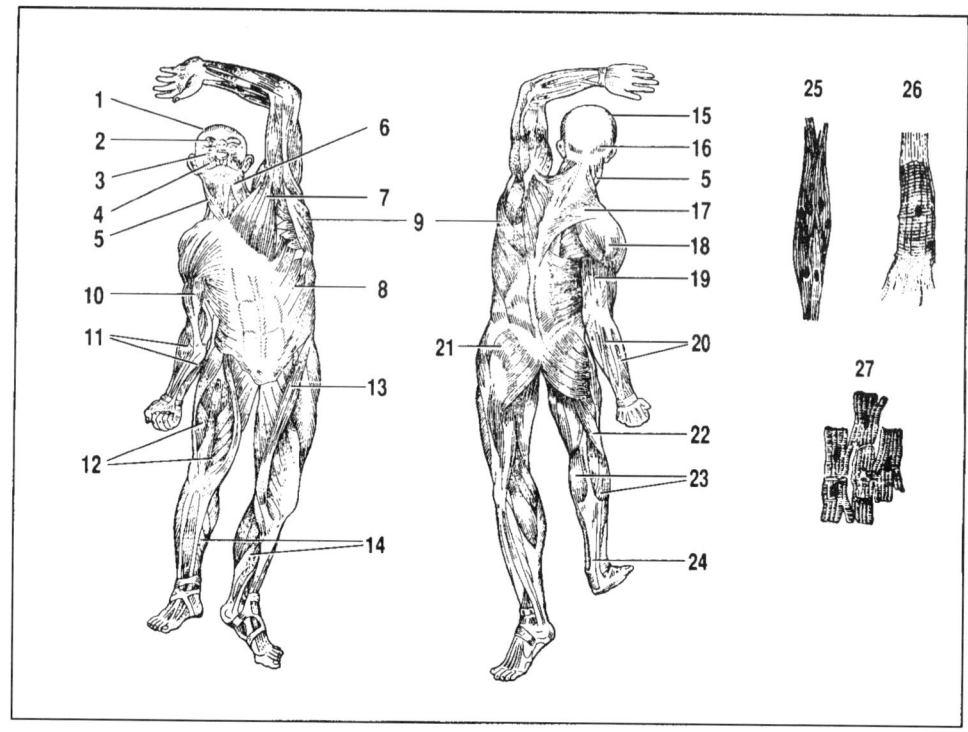

1-27 肌肉 jīròu
근육
1 额肌 éjī
전두근
2 眼轮匝肌 yǎnlúnzājī
안륜근
3 口轮匝肌 kǒulúnzājī
구륜근
4 咬肌 yǎojī
교근
5 胸锁乳突肌 xiōngsuǒrǔtūjī
흉쇄유돌근
6 颈阔肌 jǐngkuòjī
광경근(廣頸筋)
7 胸大肌 xiōngdàjī
대흉근(大胸筋)
8 腹外斜肌 fùwàixiéjī
외복사근
9 背阔肌 bèikuòjī
광배근(廣背筋)
10 肱二头肌 gōng'èrtóujī
상완 이두근
11 前臂屈肌群 qiánbìqūjīqún
전완 굴절군

12 股四头肌 gǔsìtóujī
대퇴 사두근
13 缝匠肌 féngjiàngjī
봉공근(縫工筋)
14 比目鱼肌 bǐmùyújī
넙치근
15 颞肌 nièjī
측두근
16 枕肌 zhěnjī
후두근
17 斜方肌 xiéfāngjī
능형근
18 三角肌 sānjiǎojī
삼각근
19 肱三头肌 gōngsāntóujī
상완 삼두근
20 前臂伸肌群 qiánbìshēnjīqún
전완 신근군
21 臀大肌 túndàjī
대전근
22 股二头肌 gǔ'èrtóujī
대퇴 이두근
23 腓肠肌 féichángjī
비복근

24 跟腱 gēnjiàn
아킬레스건
25-27 肌肉组织 jīròu zǔzhī
근육 조직
25 平滑肌 pínghuájī
평활근
26 骨骼肌 gǔgéjī
골격근
27 心肌 xīnjī
심근

血管 xuèguǎn · 血液 xuèyè

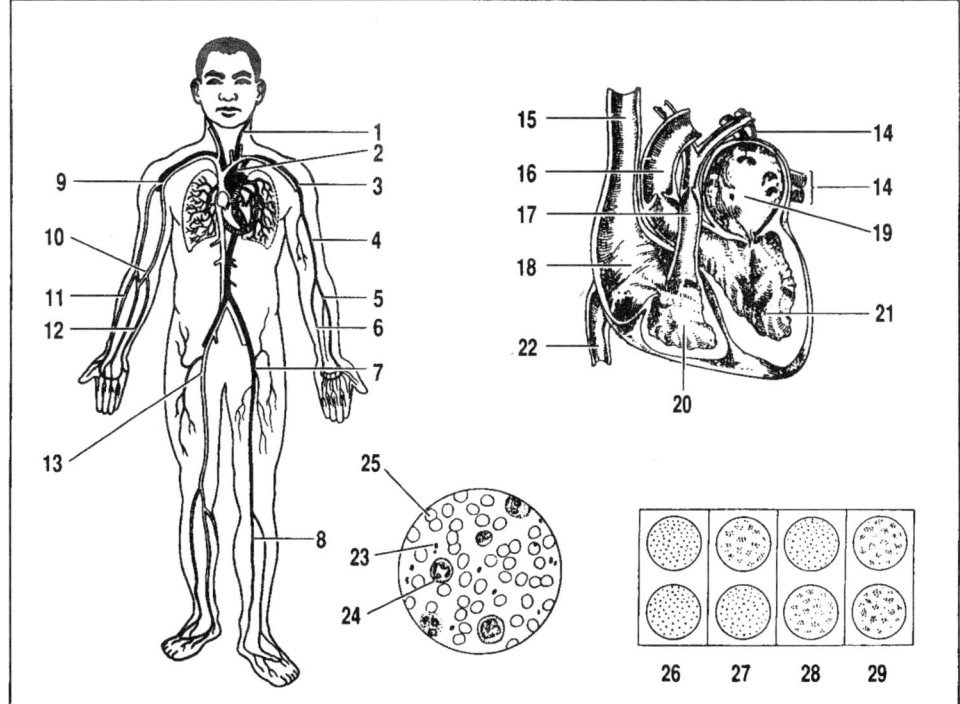

1-8 动脉 dòngmài
동맥
1 颈总动脉 jǐngzǒngdòngmài
총경동맥
2 主动脉弓 zhǔdòngmàigōng
대동맥궁
3 锁骨下动脉 suǒgǔxiàdòng-mài
쇄골하동맥
4 肱动脉 gōngdòngmài
상완 동맥
5 桡动脉 ráodòngmài
요골 동맥
6 尺动脉 chǐdòngmài
척골 동맥 ; 자뼈 동맥
7 股动脉 gǔdòngmài
대퇴 동맥
8 腓动脉 féidòngmài
비골 동맥
9-13 静脉 jìngmài
정맥
9 腋静脉 yèjìngmài
액와(腋窩) 동맥
10 肘正中静脉 zhǒuzhèng-zhōngjìngmài
주정중피 정맥
11 头静脉 tóujìngmài
요측피 정맥
12 贵要静脉 guìyàojìngmài
척측피 정맥
13 大隐静脉 dàyǐnjìngmài
대복재 정맥
14-22 心脏 xīnzàng
심장
14 肺静脉 fèijìngmài
폐정맥
15 上腔静脉 shàngqiāng jìng-mài
상대정맥(上大靜脈)
16 主动脉 zhǔdòngmài
주동맥
17 肺动脉 fèidòngmài
폐동맥
18 右心房 yòuxīnfáng
우심방
19 左心房 zuǒxīnfáng
좌심방
20 右心室 yòuxīnshì
우심실
21 左心室 zuǒxīnshì
좌심실
22 下腔静脉 xiàqiāng jìngmài
하대정맥(下大靜脈)
23-25 血细胞 xuèxìbāo
혈액 세포
23 血小板 xuèxiǎobǎn
혈소판
24 白细胞 báixìbāo
백혈구 ▶ "白血球" báixuèqiú
25 红细胞 hóngxìbāo
적혈구
▶ "红血球" hóngxuèqiú
26-29 血型 xuèxíng
혈액형
26 O型 O xíng
O형
27 A型 A xíng
A형
28 B型 B xíng
B형
29 AB型 AB xíng
AB형

淋巴系 línbāxì · 內分泌腺 nèifēnmìxiàn

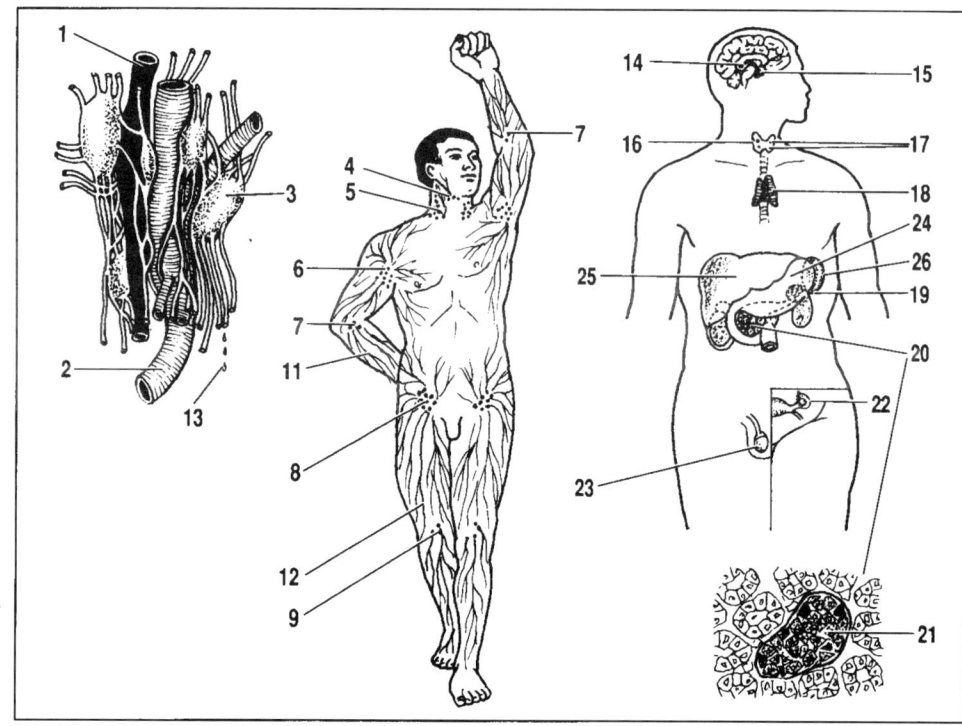

1 动脉 dòngmài
  동맥
2 静脉 jìngmài
  정맥
3 淋巴结 línbājié
  림프절
4 颌下淋巴结 héxià línbājié
  악하(顎下) 림프절
5 颈淋巴结 jǐnglínbājié
  목 림프절
6 腋淋巴结 yèlínbājié
  액와(腋窩) 림프절
7 肘淋巴结 zhǒulínbājié
  팔꿈치 림프절
8 腹股沟淋巴结 fùgǔgōu línbājié
  서혜(鼠蹊) 림프절
9 腘淋巴结 guólínbājié
  슬와(膝窩) 림프절
10 淋巴管 línbāguǎn
   림프관
11 上肢淋巴管 shàngzhī línbāguǎn
   상지 림프관
12 下肢淋巴管 xiàzhī línbāguǎn
   하지 림프관
13 淋巴液 línbāyè
   림프액
14-23 内分泌腺 nèifēnbìxiàn
   내분비선 ▶호르몬은 "激素" jīsù
14 松果体 sōngguǒtǐ
   송과체
15 脑垂体 nǎochuítǐ
   뇌하수체
16 甲状腺 jiǎzhuàngxiàn
   갑상선
17 甲状旁腺 jiǎzhuàngpángxiàn
   부갑상선
18 胸腺 xiōngxiàn
   흉선
19 肾上腺 shènshàngxiàn
   신상체 ; 부신
20 胰腺 yíxiàn
   췌장 ▶ "胰" yí
21 胰岛 yídǎo
   췌도 ; 랑게르한스 섬
   ▶"胰岛素" yídǎosù는 인슐린
22-23 性腺 xìngxiàn
   성선
22 卵巢 luǎncháo
   난소
23 睾丸 gāowán
   고환
24 胃 wèi
   위
25 肝脏 gānzàng
   간장
26 脾脏 pízàng
   비장

271 内脏器官 nèizàng qìguān

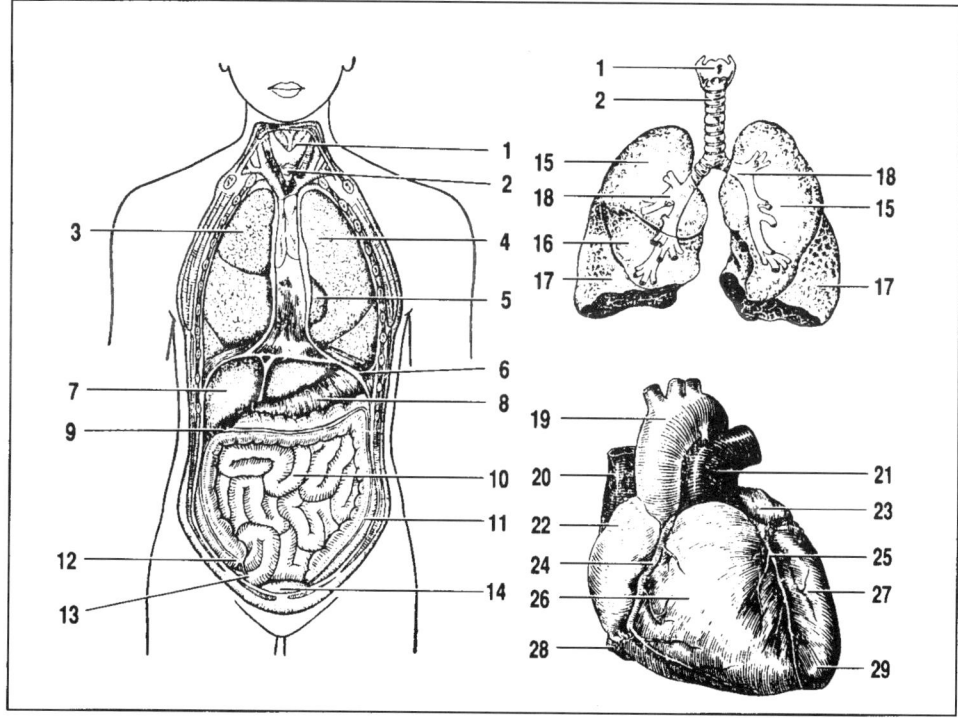

1 喉 hóu
후두

2 气管 qìguǎn
기관

3 右肺 yòufèi
우폐

4 左肺 zuǒfèi
좌폐

5 心脏 xīnzàng
심장

6 隔 gé
횡격막

7 肝脏 gānzàng
간장

8 胃 wèi
위

9 胆囊 dǎnnáng
담낭

10 小肠 xiǎocháng
소장

11 大肠 dàcháng
대장

12 盲肠 mángcháng
맹장

13 阑尾 lánwěi
충수

14 膀胱 pángguāng
방광

15-17 肺 fèi
폐

15 上叶 shàngyè
상엽

16 中叶 zhōngyè
중엽

17 下叶 xiàyè
하엽

18 支气管 zhīqìguǎn
기관지

19-29 心脏(前面) xīnzàng (qiánmiàn)
심장(앞면)

19 主动脉 zhǔdòngmài
주동맥

20 上腔静脉 shàngqiāng jìngmài
상대정맥(上大靜脈)

21 肺动脉 fèidòngmài
폐동맥

22 右心房 yòuxīnfáng
우심방

23 左心房 zuǒxīnfáng
좌심방

24 右冠状动脉 yòuguānzhuàngdòngmài
우관상 동맥

25 左冠状动脉 zuǒguānzhuàngdòngmài
좌관상 동맥

26 右心室 yòuxīnshì
우심실

27 左心室 zuǒxīnshì
좌심실

28 下腔静脉 xiàqiāng jìngmài
하대정맥(下大靜脈)

29 心尖 xīnjiān
심첨 ; 심장의 끝

272 呼吸器 hūxīqì・消化器 xiāohuàqì

1-9 呼吸器 hūxīqì
  호흡기
1-3 咽 yān
  인두(咽頭)
1 鼻咽 bíyān
  인두비부
2 口咽 kǒuyān
  인두구부
3 喉咽 hóuyān
  인두 후두부
4 鼻腔 bíqiāng
  비강
5 气管 qìguǎn
  기관
6 支气管 zhīqìguǎn
  기관지
7 肺 fèi
  폐
8 隔 gé
  횡격막
9 胸膜腔 xiōngmóqiāng
  흉막강
10 肋骨 lèigǔ
  늑골
11-20 喉 hóu
  후두 ▶"喉咙" hóulong
11 会厌软骨 huìyàn ruǎngǔ
  후두개 연골
12 甲状软骨 jiǎzhuàng ruǎngǔ
  갑상 연골
13 环甲肌 huánjiǎjī
  윤상 갑상근
14 环状软骨 huánzhuàng ruǎngǔ
  환상 연골
15 气管软骨 qìguǎn ruǎngǔ
  기관 연골
16 会厌 huìyàn
  후두개 ; 회염
17 喉室 hóushì
  후두실
18 声带 shēngdài
  성대
19 声门裂 shēngménliè
  성문열
20 喉腔 hóuqiāng
  후두강
21-49 消化器 xiāohuàqì
  소화기 ▶"消化器管" xiāo-
  huà qìguǎn
21 牙 yá
  이 ; 치아
22 舌头 shétou
  혀
23-25 唾液腺 tuòyèxiàn
  타액선
23 舌下腺 shéxiàxiàn
  설하선
24 腮腺 sāixiàn
  이하선
25 颌下腺 héxiàxiàn
  악하선(頷下腺)
26 胃 wèi
  위
27 贲门 bēnmén
  분문
28 小弯 xiǎowān
  소만
29 胃角 wèijiǎo
  위각
30 幽门 yōumén
  유문
31 胃底 wèidǐ
  위저
32 胃体 wèitǐ
  위체
33 大弯 dàwān
  대만
34 胃窦 wèidòu
  유문동
35 口腔 kǒuqiāng
  구강
36 食管 shíguǎn
  식도
37 肝脏 gānzàng
  간장
38 胆囊 dǎnnáng
  담낭
39 胰 yí
  췌장 ▶"胰腺" yíxiàn
40-49 肠 cháng
  장
40-42 小肠 xiǎocháng
  소장
40 十二指肠 shí'èrzhǐcháng
  십이지장
41 空肠 kōngcháng
  공장
42 回肠 huícháng
  회장
43-49 大肠 dàcháng
  대장
43 盲肠 mángcháng
  맹장
44 阑尾 lánwěi
  충수
45-47 结肠 jiécháng
  결장
45 横结肠 héngjiécháng
  횡행 결장
46 升结肠 shēngjiécháng
  상행 결장
47 降结肠 jiàngjiécháng
  하행 결장
48 乙状结肠 yǐzhuàng jiécháng
  S상 결장
49 直肠 zhícháng
  직장
50 肛门 gāngmén
  항문

호흡기·소화기 272

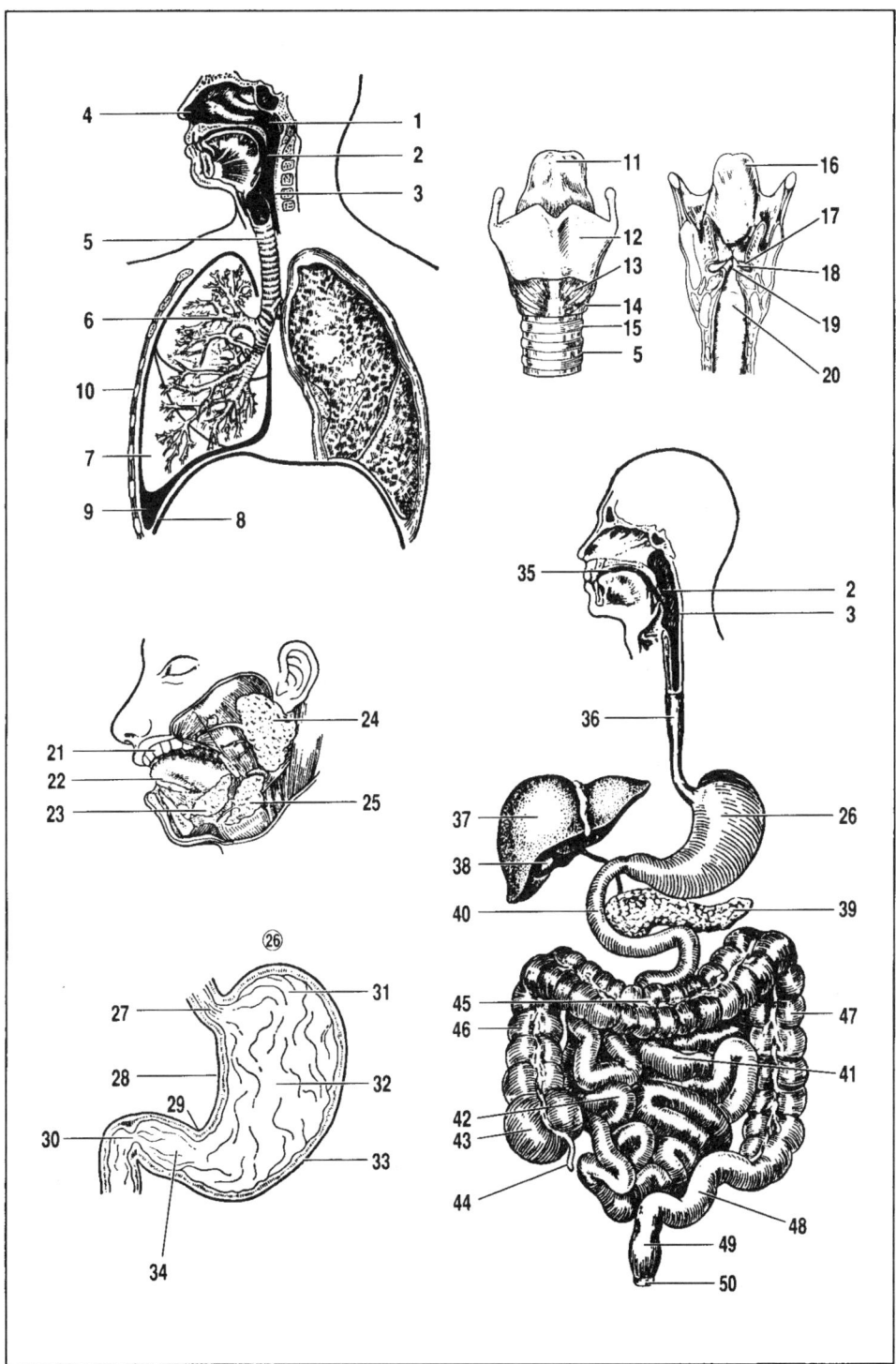

273 泌尿器 mìniàoqì・生殖器 shēngzhíqì

1 肾脏 shènzàng
신장
2 肾动脉 shèndòngmài
신동맥
3 肾静脉 shènjìngmài
신정맥
4 肾盂 shènyú
신우
5 皮质层 pízhìcéng
피질
6 髓质层 suǐzhìcéng
수질
7 肾盏 shènzhǎn
진배(肾杯)
8 肾乳头 shènrǔtóu
신유두
9 肾锥体 shènchuítǐ
신추체
10 肾上腺 shènshàngxiàn
신상체 ; 부신
11 输尿管 shūniàoguǎn
요관
12 下腔静脉 xiàqiāng jìngmài
하대정맥(下大靜脈)
13 主动脉 zhǔdòngmài
대동맥
14 输精管 shūjīngguǎn
정관
15 膀胱 bǎngguāng
방광
16-31 女性生殖器 nǚxìng shēngzhíqì
여성 생식기
16 耻骨联合 chǐgǔ liánhé
치골 결합
17 阴蒂 yīndì
음대
18 小阴唇 xiǎoyīnchún
소음순
19 大阴唇 dàyīnchún
대음순
20 尿道 niàodào
요도
21 阴道口 yīndàokǒu
질구
22 阴道 yīndào
질
23 子宫 zǐgōng
자궁

24 子宫颈 zǐgōngjǐng
자궁 경관
25 子宫底 zǐgōngdǐ
자궁저
26 子宫腔 zǐgōngqiāng
자궁강
27 子宫肌层 zǐgōng jīcéng
자궁 근층 ; 평활근
28 子宫颈口 zǐgōng jǐngkǒu
자궁 경구
29 卵巢 luǎncháo
난소
30 输卵管 shūluǎnguǎn
나팔관 ; 수란관
31 输卵管伞 shūluǎnguǎnsǎn
난관채(卵管采)
32 直肠 zhícháng
직장
33 肛门 gāngmén
항문
34-45 男性生殖器 nánxìng shēngzhíqì
남성 생식기
34 阴茎 yīnjīng
음경 ; 페니스 ; 남근
35 阴茎海绵体 yīnjīng hǎimiántǐ
음경 해면체
36 阴茎头 yīnjīngtóu
귀두▶"龟头" guītóu
37 阴茎头冠 yīnjīngtóuguān
귀두관
38 包皮 bāopí
포피
39 尿道口 niàodàokǒu
외뇨도구
40 阴囊 yīnnáng
음낭
41 睾丸 gāowán
고환
42 附睾 fùgāo
부고환 ; 정소 상체
43 精囊 jīngnáng
정낭
44 射精管 shèjīngguǎn
사정관
45 前列腺 qiánlièxiàn
전립선
46 乳房 rǔfáng

유방
47 乳头 rǔtóu
유두 ; 젖꼭지
48 乳晕 rǔyūn
유륜 ; 젖꽃판
49 皮下脂肪 píxià zhīfáng
피하 지방
50 乳腺 rǔxiàn
유선 ; 젖샘
51 输乳管 shūrǔguǎn
유관

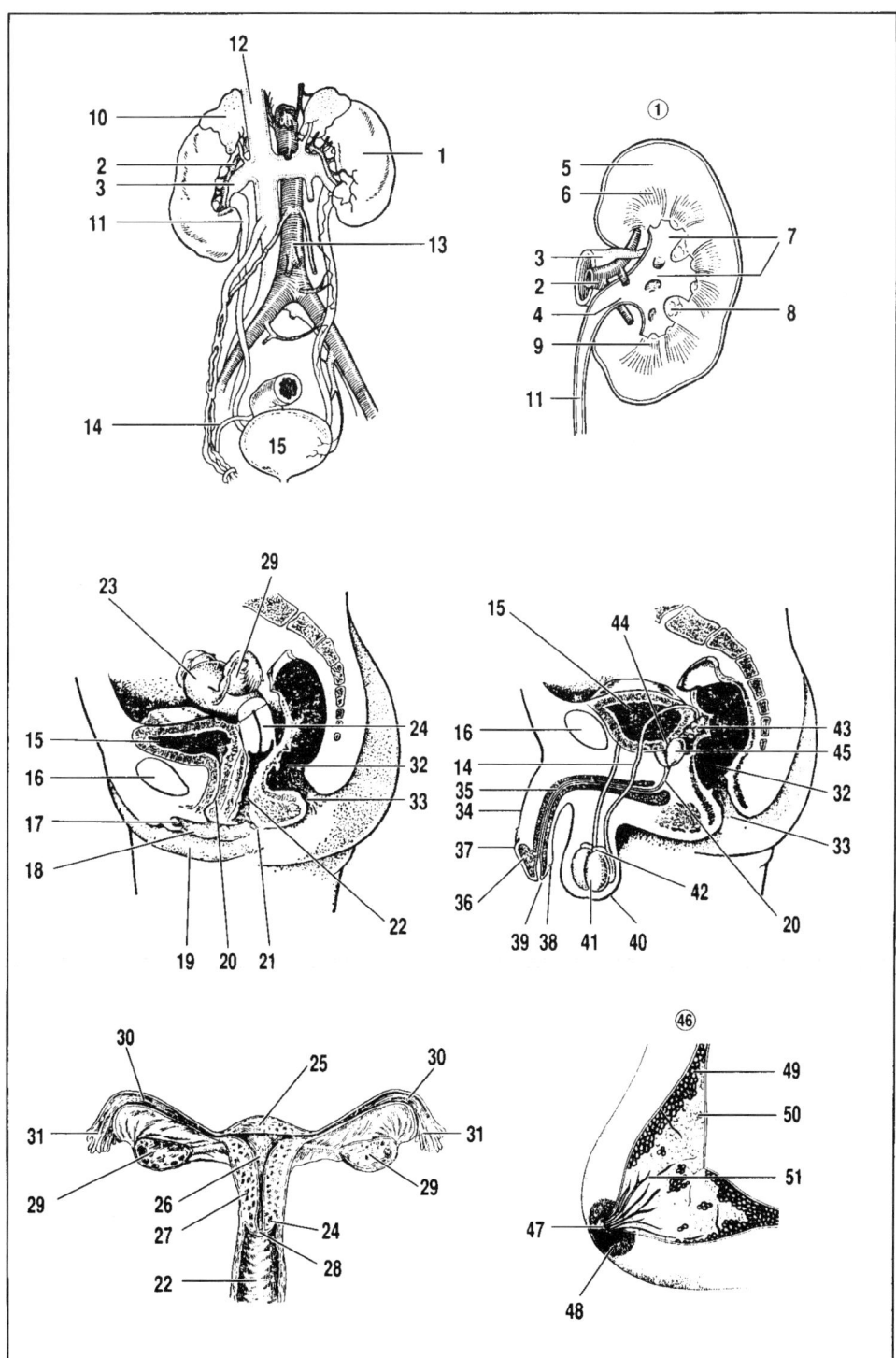

神经系统 shénjīng xìtǒng・脑 nǎo

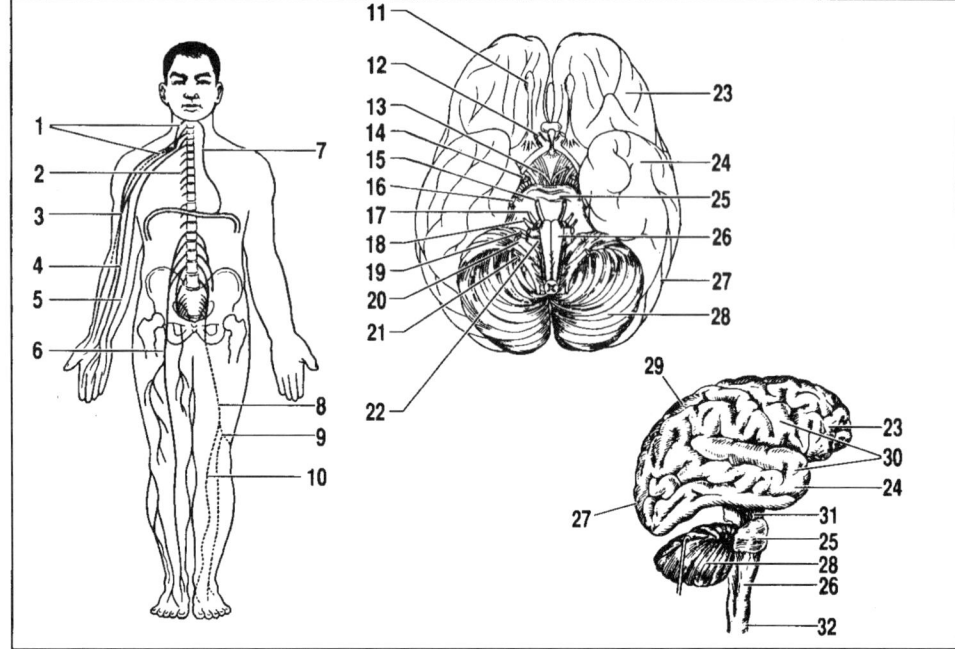

1-22 神经 shénjīng
신경
1 臂神经丛 bìshénjīngcóng
팔신경총
2 肋间神经 lèijiān shénjīng
늑간 신경
3 桡神经 ráoshénjīng
요골 신경
4 正中神经 zhèngzhōngshénjīng
정중 신경
5 尺神经 chǐshénjīng
척골 신경
6 股神经 gǔshénjīng
대퇴 신경
7 隔神经 géshénjīng
횡막 신경
8 坐骨神经 zuògǔ shénjīng
좌골 신경
9 腓总神经 féizǒngshénjīng
총배골 신경
10 胫神经 jìngshénjīng
경골 신경
11-22 脑神经 nǎoshénjīng
뇌신경
11 嗅神经 xiùshénjīng
후신경
12 视神经 shìshénjīng
시신경
13 动眼神经 dòngyǎn shénjīng
동안 신경
14 滑车神经 huáchē shénjīng
활차 신경
15 外展神经 wàizhǎn shénjīng
외전(外轉) 신경
16 三叉神经 sānchā shénjīng
삼차 신경
17 面神经 miànshénjīng
안면 신경
18 听神经 tīngshénjīng
청각신경 ; 내이(內耳) 신경
19 舌咽神经 shéyān shénjīng
설인 신경
20 迷走神经 mízǒu shénjīng
미주 신경
21 副神经 fùshénjīng
부신경
22 舌下神经 shéxià shénjīng
설하 신경
23-31 脑 nǎo
뇌
23 额叶 éyè
전두엽
24 颞叶 nièyè
측두엽
25 脑桥 nǎoqiáo
뇌교
26 延髓 yánsuǐ
연수 ; 숨골
27 枕叶 zhěnyè
후두엽
28 小脑 xiǎonǎo
소뇌
29 顶叶 dǐngyè
두정엽
30 大脑半球 dànǎo bànqiú
대뇌 반구
31 中脑 zhōngnǎo
중뇌
32 脊髓 jǐsuǐ
척수

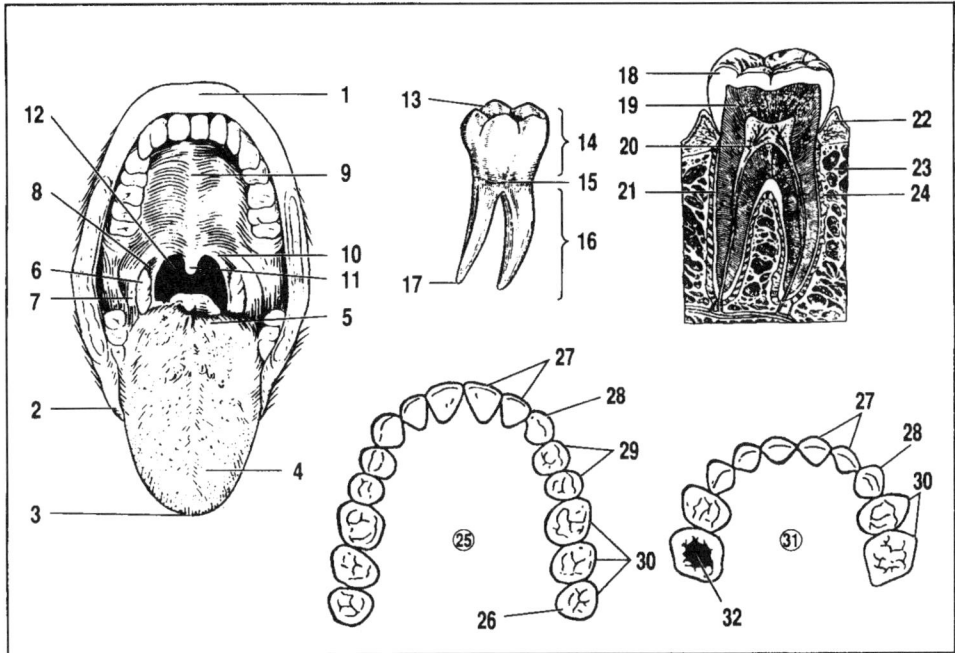

1-2 嘴唇 zuǐchún
　　입술
1 上嘴唇 shàngzuǐchún
　　윗입술 ; 상순
2 下嘴唇 xiàzuǐchún
　　아랫입술 ; 하순
3-5 舌头 shétou
　　혀
3 舌尖 shéjiān
　　혀끝
4 舌背 shébèi
　　설배
5 舌根 shégēn
　　설근 ; 혀뿌리
6 扁桃体 biǎntáotǐ
　　구개 편도
7 舌腭弓 shé'ègōng
　　구개설궁
8 咽腭弓 yān'ègōng
　　구개 인두궁
9 硬腭 yìng'è
　　경구개
10 软腭 ruǎn'è
　　연구개
11 悬雍垂 xuányōngchuí
　　목젖 ▶"小舌头" xiǎoshétou,
　　"小舌" xiǎoshé
12 嗓子眼儿 sǎngziyǎnr
　　인후 ; 목구멍
13-32 牙 yá
　　치아 ; 이
13 牙尖 yájiān
　　교두(咬頭)
14 牙冠 yáguān
　　치관(齒冠)
15 牙颈 yájǐng
　　치경
16 牙根 yágēn
　　치근
17 根尖 gēnjiān
　　치근첨
18 釉质 yòuzhì
　　에나멜질
19 牙本质 yáběnzhì
　　상아질
20 牙髓 yásuǐ
　　치수
21 牙骨质 yágǔzhì
　　시멘트질
22 牙龈 yáyín
　　치은 ; 잇몸
23 牙槽骨 yácáogǔ
　　치조골 ; 치골
24 牙周膜 yázhōumó
　　치근막
25 恒牙 héngyá
　　영구치
26 智齿 zhìchǐ
　　지치 ; 사랑니
　　▶"尽头牙" jìntóuyá
27 门牙 ményá
　　앞니 ▶"切牙" qièyá
28 单尖牙 dānjiānyá
　　송곳니 ▶"犬牙" quǎnyá
29 双尖牙 shuāngjiānyá
　　소구치 ; 작은 어금니
　　▶"小臼齿" xiǎojiùchǐ
30 磨牙 móyá
　　대구치 ; 큰어금니
　　▶"大臼齿" dàjiùchǐ
31 乳牙 rǔyá
　　젖니 ; 유치
32 虫牙 chóngyá
　　충치 ▶"龋齿" qǔchǐ

276 眼睛 yǎnjing · 鼻子 bízi · 耳朵 ěrduo

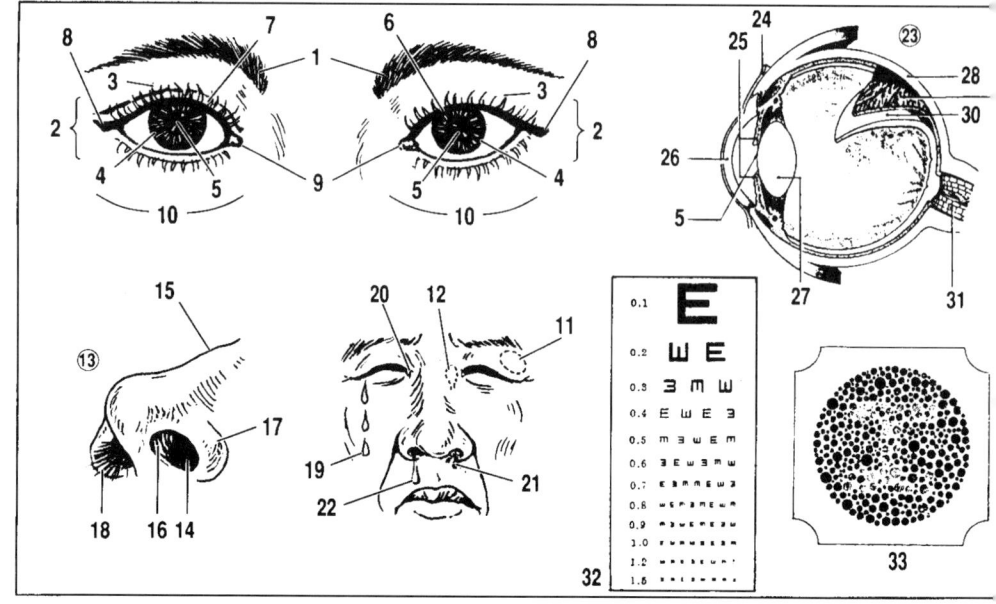

1 眉毛 méimao
  눈썹
2 眼睛 yǎnjing
  눈
3 睫毛 jiémáo
  속눈썹
  ▶"眼睫毛" yǎnjiémáo
4 眼珠子 yǎnzhūzi
  안구 ; 눈알
5 瞳孔 tóngkǒng
  동공 ; 눈동자
  ▶"瞳人儿" tóngrénr
6-7 眼皮 yǎnpí
  눈꺼풀
6 单眼皮 dānyǎnpí
  홑눈꺼풀
7 双眼皮 shuāngyǎnpí
  쌍꺼풀
8 眼梢 yǎnshāo
  눈초리 ▶"眼角" yǎnjiǎo
9 眼角 yǎnjiǎo
  눈귀 ; 눈구석
10 眼圈儿 yǎnquānr
  눈가 ; 눈언저리
11 泪腺 lèixiàn
  누선 ; 눈물샘
12 泪囊 lèináng
  누낭 ; 눈물주머니

13 鼻子 bízi
  코
14 鼻孔 bíkǒng
  콧구멍
  ▶"鼻子眼儿" bíziyǎnr
15 鼻梁子 bíliángzi
  비주 ; 콧날
16 鼻中隔 bízhōnggé
  비중격
17 鼻翅儿 bíchìr
  콧방울 ▶"鼻翼" bíyì
18 鼻毛 bímáo
  코털
19 眼泪 yǎnlèi
  눈물
20 眼屎 yǎnshī
  눈곱
21 鼻屎 bíshī
  코딱지
22 鼻涕 bítì
  콧물
23 眼球 yǎnqiú
  안구 ; 눈알
24 结膜 jiémó
  결막
25 虹膜 hóngmó
  홍채(虹彩)
26 角膜 jiǎomó
  각막
27 晶状体 jīngzhuàngtǐ
  수정체
28 巩膜 gǒngmó
  공막(鞏膜)
29 脉络膜 màiluòmó
  맥락막
30 视网膜 shìwǎngmó
  망막
31 视神经 shìshénjīng
  시신경
32 视力表 shìlìbiǎo
  시력표
33 色盲检查图 sèmáng jiǎn-
  chátú
  색맹 검사도
34 近视 jìnshì
  근시 ▶"近视眼" jìnshìyǎn
  "近视"는 jìnshi라고도 한다.
35 远视 yuǎnshì
  원시 ▶"远视眼" yuǎnshìyǎn
36 散光 sǎnguāng
  난시
37 老花眼 lǎohuāyǎn
  노안
38 双光眼镜 shuāngguāng
  yǎnjìng
  원근 양용 안경

눈・코・귀 276

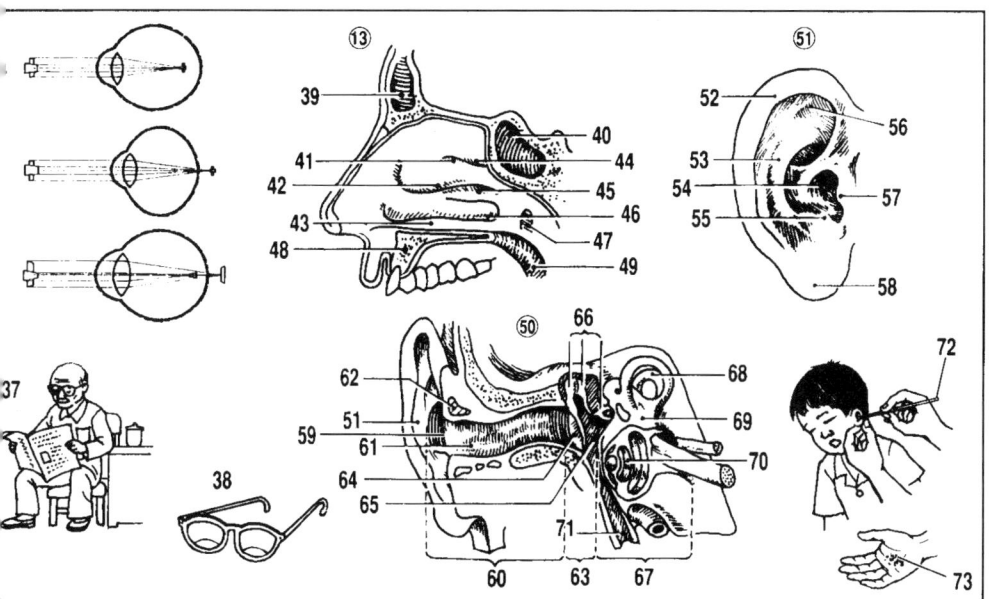

39-40 鼻窦 bídòu
부비강(副鼻腔)
39 额窦 édòu
전두동(前頭洞)
40 蝶窦 diédòu
나비형 골동
41-47 鼻腔 bíqiāng
비강
41 上鼻道 shàngbídào
상비도
42 中鼻甲 zhōngbíjiǎ
중비개 ; 중비갑개
43 下鼻道 xiàbídào
하비도
44 上鼻甲 shàngbíjiǎ
상비개 ; 상비갑개
45 中鼻道 zhōngbídào
중비도
46 下鼻甲 xiàbíjiǎ
하비개 ; 하비갑개
47 耳咽管口 ěryānguǎnkǒu
이관구(耳管口)
48 硬腭 yìng'è
경구개
49 软腭 ruǎn'è
연구개
50 耳朵 ěrduo
귀

51 耳郭 ěrguō
이각
52 耳轮 ěrlún
귓바퀴
53 对耳轮 duì'ěrlún
대륜(對輪)
54 耳甲 ěrjiǎ
이갑개(耳甲介)
55 对耳屏 duì'ěrpíng
대주(對珠)
56 三角窝 sānjiǎowō
삼각와(三角窩)
57 耳屏 ěrpíng
이주(耳珠)
58 耳垂 ěrchuí
귓불
59 耳孔 ěrkǒng
귓구멍
60 外耳 wài'ěr
외이
61 外耳道 wài'ěrdào
외이도
62 软骨 ruǎngǔ
연골
63 中耳 zhōng'ěr
중이
64 鼓膜 gǔmó
고막

65 鼓室 gǔshì
고실
66 小听骨 xiǎotīnggǔ
이소골(耳小骨)
67 内耳 nèi'ěr
내이
68 半规管 bànguīguǎn
삼반규관
69 前庭 qiántíng
전정
70 耳蜗 ěrwō
달팽이관
71 耳咽管 ěryānguǎn
이관
72 耳挖勺 ěrwāsháo
귀이개
73 耳屎 ěrshī
귀지

277 皮肤 pífū · 四肢 sìzhī

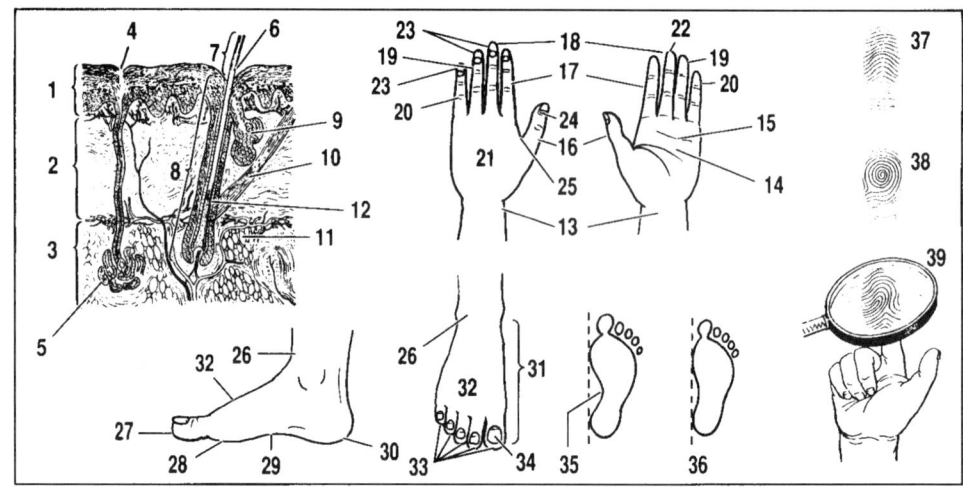

1-3 皮肤 pífū
피부
1 表皮 biǎopí
표피
2 真皮 zhēnpí
진피
3 皮下组织 píxià zǔzhī
피하 조직
4 汗孔 hànkǒng
땀구멍
5 汗腺 hánxiàn
땀샘
6 毛孔 máokǒng
털구멍
7-8 毛发 máofà
모발
7 羽干 yǔgàn
모간(毛幹)
8 毛根 máogēn
모근
9 皮脂腺 pízhīxiàn
피지선 ; 피하 지방선
10 立毛肌 lìmáojī
입모근
11 脂肪组织 zhīfáng zǔzhī
지방질
12 毛囊 máonáng
모낭 ; 털주머니
13-25 手 shǒu
손
13 手腕子 shǒuwànzi
손목

14 手掌 shǒuzhǎng
손바닥
15 掌纹 zhǎngwén
장문
16-20 手指头 shǒuzhǐtou
손가락
16 大拇指 dàmuzhǐ
엄지손가락 ▶"拇指" mǔzhǐ
17 食指 shízhǐ
집게손가락 ; 식지
18 中指 zhōngzhǐ
가운뎃손가락 ; 중지
19 无名指 wúmíngzhǐ
약손가락 ; 무명지
20 小指 xiǎozhǐ
새끼손가락
21 手背 shǒubèi
손등
22 指尖 zhǐjiān
손가락 끝
23 手指甲 shǒuzhǐjia
손톱
24 半月瓣指甲 bànyuèbàn zhǐjia
손톱의 반달
25 指缝儿 zhǐfèngr
손샅 ; 손가락 사이
26-36 脚 jiǎo
다리 ▶복사뼈부터 발끝까지
26 脚脖子 jiǎobózi
발목 ▶"脚腕子" jiǎowànzi
27 脚尖 jiǎojiān

발끝
28 脚掌 jiǎozhǎng
발바닥
29 脚心 jiǎoxīn
족심 ; 발바닥의 오목한 부분
30 脚后跟 jiǎohòugen
발뒤꿈치 ▶"脚跟" jiǎogēn
31 脚丫子 jiǎoyāzi
발목 앞의 부분
32 脚背 jiǎobèi
발등
33 脚指头 jiǎozhǐtou
발가락
34 脚指甲 jiǎozhǐjia
발톱
35 足弓 zúgōng
족궁 ; 족저궁
36 平足 píngzú
평발 ▶"扁平足" biǎnpíngzú
37-39 指纹 zhǐwén
지문
37 弓型纹 gōngxíngwén
궁형문
38 斗型纹 dǒuxíngwén
와상문(渦狀紋)
39 箕型纹 jīxíngwén
제상문(蹄狀紋)

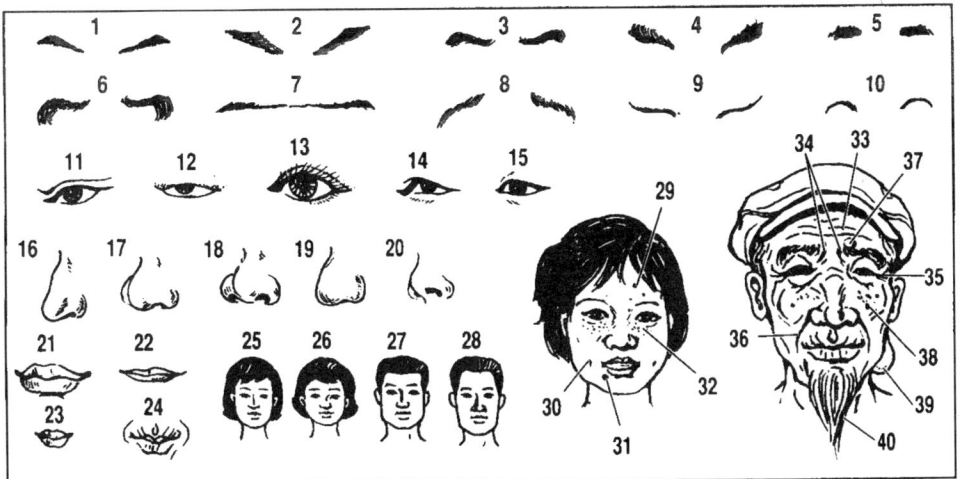

1 剑眉 jiànméi
  검 모양 눈썹
2 刀背儿眉 dāobèirméi
  칼등 모양 눈썹
3 卧蚕眉 wòcánméi
  누에 모양 눈썹
4 扫帚眉 sàozhouméi
  빗자루 모양 눈썹
5 一撮儿眉 yīzuǒrméi
  한 움큼 눈썹
6 寿眉 shòuméi
  수미 ; 특별히 긴 몇 가닥
  의 눈썹
7 一字儿眉 yīzìrméi
  일자형 눈썹
8 八字儿眉 bāzìrméi
  八자형 눈썹
9 柳叶眉 liǔyèméi
  버들 눈썹
10 月牙眉 yuèyáméi
  반달 눈썹
11 丹凤眼 dānfèngyǎn
  봉의 눈 ; 눈초리가 치켜
  올라간 눈
12 肿泡儿眼 zhǒngpàoryǎn
  눈꺼풀이 부푼 눈
13 杏核儿眼 xìnghúryǎn
  살구씨 같은 동글고 큰 눈
14 倒挂眼 dàoguàyǎn
  세모눈
15 鼠眼 shǔyǎn
  쥐눈 ; 작고 튀어나온 눈

16 鹰钩儿鼻 yīnggōurbí
  매부리코
17 蒜头鼻 suàntóubí
  마늘코 ; 동그란 코
18 朝天鼻 cháotiānbí
  들창코 ; 콧구멍이 위를 향
  해 콧구멍이 보이는 코
19 肉鼻子 ròubízi
  주먹코
20 塌鼻子 tābízi
  납작코
21 大厚嘴 dàhòuzuǐ
  입술이 두꺼운 입
22 小薄嘴 xiǎobáozuǐ
  입술이 얇은 입
23 樱桃嘴 yīngtáozuǐ
  앵두입 ; 작고 귀여운 입
24 瘪嘴 biězuǐ
  옴팍한 입 ; 합죽한 입
  ▶"瘪咕嘴儿" biěgūzuǐr
25 鸭蛋脸儿 yādànliǎnr
  갸름한 얼굴
  ▶"瓜子脸儿" guāzǐliǎnr
26 圆核儿脸儿 yuánhéliǎnr
  둥근 얼굴
  ▶"圆合脸儿" yuánhéliǎnr
27 四方脸儿 sìfāngliǎnr
  네모진 얼굴
28 长方脸儿 chángfāngliǎnr
  길쭉하게 네모난 얼굴
29 粉刺 fěncì
  여드름

30 酒窝 jiǔwō
  보조개
31 黑痣 hēizhì
  기미
32 雀斑 quèbān
  주근깨
33 抬头纹 táitóuwén
  이마의 주름
34 眉间纹 méijiānwén
  미간의 주름
  ▶"川字儿纹" chuānzìrwén
35 鱼尾纹 yúwěiwén
  눈가의 주름
36 鼻唇沟 bíchúngōu
  八자형 주름
  ▶"八字儿纹" bāzìrwén
37 瘊子 hóuzi
  무사마귀
38 麻子 mázi
  곰보 ; 마마 자국
39 疙瘩 gēda
  혹
40 胡子 húzi
  수염

279 陆栖动物 lùqī dòngwù I

1-10 狗 gǒu
개
1 黄狗 huánggǒu
누렁이
2 花狗 huāgǒu
얼룩개
3 狼狗 lánggǒu
셰퍼드
4 獒狗 áogǒu
불독(마스티프)
5 哈巴狗 hābagǒu
삽살개 ▶"狮子狗" shīzigǒu
6 短腿猎狗 duǎntuǐ liègǒu
닥스훈트 ▶"短脚狗"
duǎnjiǎogǒu
7 大猎狗 dàliègǒu
포인터
8 圣伯纳德狗 shèngbónàdé-
gǒu
세인트버나드
9 牧羊狗 mùyánggǒu
콜리
10 小向导狗 xiǎoxiàngdǎogǒu
코커스패니얼
11-12 猫 māo
고양이
11 家猫 jiāmāo
집고양이
12 花猫 huāmāo
얼룩 고양이
13-16 牛 niú
소
13 黄牛 huángniú
황소
14 奶牛 nǎiniú
젖소 ▶"乳牛" rǔniú
15 水牛 shuǐniú
물소
16 西藏牦牛 xīzàng máoniú
야크
17 驴 lǘ
당나귀
18 骡 luó
노새
19 马 mǎ
말
20-25 猪 zhū
돼지
20 母猪 mǔzhū
암돼지
21 黑猪 hēizhū
흑돼지
22 金华猪 jīnhuázhū
금화 돼지

450

23 内江猪 nèijiāngzhū
   내강 돼지
24 约克夏 yuēkèxià
   요크셔종
25 小猪 xiǎozhū
   새끼 돼지
26-27 骆驼 luòtuó
   낙타
26 双峰驼 shuāngfēngtuó
   쌍봉낙타
27 单峰驼 dānfēngtuó
   단봉낙타
28-32 羊 yáng
   양
28 山羊 shānyáng
   산양 ; 염소
29-32 绵羊 miányáng
   면양

29 湖羊 húyáng
   호양 ▶면양의 일종
30 新疆细毛羊 xīnjiāng xì-
   máoyáng
   "新疆" 산의 가는 털 면양
31 滩羊 tānyáng
   탄양 ; 면양의 일종
32 羊羔 yánggāo
   새끼 양
33-37 兔子 tùzi
   토끼
33 家兔 jiātù
   집토끼 ▶ "兔子" tùzi
34 大白兔 dàbáitù
   흰 토끼
35 青紫蓝兔 qīngzǐlántù
   친칠라 ▶집토끼의 일종
36 安哥拉长毛兔 āngēlā

   chángmáotù
   앙고라 토끼
37 雪兔 xuětù
   눈토끼
38 水貂 shuǐdiāo
   밍크
39 紫貂 zǐdiāo
   검은담비

1-7 猴子 hóuzi
   원숭이
1 金丝猴 jīnsīhóu
   금실원숭이
2 眼镜猴 yǎnjìnghóu
   안경원숭이
3 长臂猴 chángbìhóu
   긴팔원숭이
   ▶"长臂猿" chángbìyuán
4 黑叶猴 hēiyèhóu
   리프 멍키
5 懒猴 lǎnhóu
   놀보원숭이
6 猫猴 māohóu
   갈레오피테쿠스
7 猕猴 míhóu
   붉은털원숭이
8 猩猩 xīngxing
   오랑우탄
9 大猩猩 dàxīngxing
   고릴라
10 黑猩猩 hēixīngxing
   침팬지
11 狒狒 fèifèi
   비비
12 山魈 shānxiāo
   맨드릴
13 羚羊 língyáng
   영양
14 藏羚 zànglíng
   외뿔양
15 盘羊 pányáng
   반양 ; 아르갈리
16 梅花鹿 méihuālù
   꽃사슴
17 马鹿 mǎlù
   고라니
18 白唇鹿 báichúnlù
   흰 입술 사슴
19 黄麂 huángjǐ
   대만애기사슴
20 麝 shè
   사향노루
21 驯鹿 xùnlù
   순록
22 四不像 sìbùxiàng
   사불상 ; 순록의 일종
   ▶"麋鹿" mílù
23 河麂 héjǐ
   노루 ▶"獐" zhāng
24 树懒 shùlǎn
   나무늘보
25 食蚁兽 shíyǐshòu
   개미핥기

육상 동물 II 280

26 土豚 tǔtún
  흙돼지 ; 남아프리카산 개미
  핥기의 일종
27 穿山甲 chuānshānjiǎ
  천산갑
28 马来貘 mǎláimò
  맥 ▶중국에서 상상의 동물
29 大灵猫 dàlíngmāo
  큰사향고양이
  ▶"灵猫" língmāo
30 负鼠 fùshǔ
  주머니쥐
31 大袋鼠 dàdàishǔ
  캥거루
32 松鼠 sōngshǔ
  다람쥐
33-38 老鼠 lǎoshǔ
  쥐 ▶"耗子" hàozi

33 家鼠 jiāshǔ
  집쥐
34 小家鼠 xiǎojiāshǔ
  생쥐 ▶"䶄鼠" xīshǔ
35 黄胸鼠 huángxiōngshǔ
  노랑가슴쥐
36 褐家鼠 hèjiāshǔ
  시궁쥐 ▶"沟鼠" gōushǔ
37 黄毛鼠 huángmáoshǔ
  누런털밭쥐
38 田鼠 tiánshǔ
  들쥐
39 鼴鼠 yǎnshǔ
  두더지
40 豚鼠 túnshǔ
  지니 피그(guinea pig) ; 모
  르모트
41 仓鼠 cāngshǔ

  명주쥐
42 土拨鼠 tǔbōshǔ
  타르바간 ▶"旱獭" hàntǎ
43 草原犬鼠 cǎoyuán quǎnshǔ
  프레어리 도그
44 跳鼠 tiàoshǔ
  날쥐
45 鼯鼠 wúshǔ
  하늘다람쥐 ; 오서 ▶"大飞鼠"
  dàfēishǔ
46 小飞鼠 xiǎofēishǔ
  날다람쥐
47 蝙蝠 biānfú
  박쥐

453

281 陆栖动物 lùqī dòngwù III

1 野牛 yěniú
  들소
2 麝牛 shèniú
  사향소
3 羚牛 língniú
  타킨(takin)
  ▶"扭角羚" niǔjiǎolíng
4 野猪 yězhū
  멧돼지
5 刺猬 cìwei
  고슴도치
6 猪獾 zhūhuān
  산오소리 ▶"獾" huān. 오소리는 "狗獾" gǒuhuān
7 猞猁 shēlì
  시라소니
8 狼 láng
  이리
9 豺 chái
  승냥이
10 貉 hé
  오소리
11 狐狸 húli
  여우
12 斑鬣狗 bānliègǒu
  얼룩점박이 하이에나
13 蛇猛 shéměng
  뱀잡이몽구스
  ▶"紫颊獴" zǐjiáměng
14 食蟹獴 shíxièměng
  게잡이몽구스
15 黄鼬 huángyòu
  족제비
  ▶"黄鼠狼" huángshǔláng
16 貂熊 diāoxióng
  늑대오소리
  ▶"狼獾" lánghuān
17 豪猪 háozhū
  호저
18 大熊猫 dàxióngmāo
  자이언트 판다
19 小熊猫 xiǎoxióngmāo
  레서 판다
20 树袋熊 shùdàixióng
  코알라
21-22 老虎 lǎohǔ
  호랑이
21 东北虎 dōngběihǔ
  동북호랑이
22 华南虎 huánánhǔ
  화남호랑이
23-25 豹子 bàozi

육상 동물 Ⅲ 281

표범
23 金钱豹 jīnqiánbào
   돈 반점 표범
24 雪豹 xuěbào
   스노 레오파드
25 云豹 yúnbào
   구름표범
26-28 狮子 shīzi
   사자
26 公狮子 gōngshīzi
   수사자 ▶"雄狮" xióngshī
27 小狮子 xiǎoshīzi
   새끼사자
28 母狮子 mǔshīzi
   암사자
29-30 大象 dàxiàng
   코끼리
29 非洲象 fēizhōuxiàng
   아프리카 코끼리
30 印度象 yìndùxiàng
   인도 코끼리 ▶"亚洲象" yà-
   zhōuxiàng(아시아 코끼리)
31 象牙 xiàngyá
   상아
32 犀牛 xīniú
   무소 ; 코뿔소
33 犀角 xījiǎo
   무소 뿔
34 蹄子 tízi
   발굽
35 尾巴 wěiba
   꼬리
36 斑马 bānmǎ
   얼룩말
37 长颈鹿 chángjǐnglù
   기린
38 狗熊 gǒuxióng
   흑곰 ▶"黑熊" hēixióng
39 白熊 báixióng
   백곰 ; 북극곰
   ▶"北极熊" běijíxióng
40 棕熊 zōngxióng
   큰곰 ; 갈색곰
41 西藏马熊 xīzàng mǎxióng
   티베트 말곰
42 浣熊 huànxióng
   완웅 ; 미국너구리

鸟类 niǎolèi I

1-6 鸡 jī
  닭
1 公鸡 gōngjī
  수탉
2 小鸡 xiǎojī
  병아리
3 母鸡 mǔjī
  암탉
4 来航鸡 láihángjī
  레그혼종
  ▶"来亨鸡" láihēngjī
5 芦花鸡 húhuājī
  플리머스록(Plymouth Rock)
6 九斤黄 jiǔjīnhuáng
  코친종
7-8 鸭子 yāzi
  집오리
7 北京鸭 běijīngyā
  북경오리
8 麻鸭 máyā
  광동오리
9 绿头鸭 lǜtóuyā
  물오리
10 鸵鸟 tuóniǎo
  타조
11 鸸鹋 érmiáo
  에뮤(emu)
12 企鹅 qǐ'é
  펭귄
13 水葫芦 shuǐhúlu
  논병아리 ▶"小鷿鷈" xiǎopìtī
14 信天翁 xìntiānwēng
  신천옹
15 海燕 hǎiyàn
  바다제비
16 鹈鹕 tíhú
  펠리컨;사다새
17 鲣鸟 jiānniǎo
  견오조
18 鸬鹚 lúcí
  가마우지 ▶"鱼鹰" yúyīng
19 军舰鸟 jūnjiànniǎo
  군함새
20 嘴 zuǐ
  부리
21 额 é
  이마
22 头顶 tóudǐng
  두정;머리 꼭대기
23 耳羽 ěryǔ
  귀깃
24 肩羽 jiānyǔ
  어깨깃
25 小复羽 xiǎofùyǔ
  작은날개덮깃
26 中复羽 zhōngfùyǔ
  가운데날개덮깃
27 大复羽 dàfùyǔ
  큰날개덮깃
28 初级飞羽 chūjí fēiyǔ
  초열 칼깃
29 次级飞羽 cìjí fēiyǔ
  차열 칼깃
30 尾上复羽 wěishàng fùyǔ
  뒤꼬리덮깃
31 尾下复羽 wěixià fùyǔ
  아래꼬리덮깃
32 尾羽 wěiyǔ
  꼬리날개
33 跗跖 fūzhí
  부척 ▶새의 다리 가운데 경골과 발가락 사이의 부분

34 趾 zhǐ
발가락
35 初级复羽 chūjí fùyǔ
첫째날개깃
36 喉 hóu
목구멍
37 颏 kē
턱
38 苍鹭 cānglù
왜가리
39 白鹭 báilù
백로
40 朱鹭 zhūlù
따오기 ▶"朱鹮" zhūhuán
41 夜鹭 yèlù
해오라기
42 白鹳 báiguàn
황새
43 大天鹅 dàtiān'é
대천백조
44 疣鼻天鹅 yóubí tiān'é
흑고니
45 鹅 é
거위

46 狮头鹅 shītóu'é
광동거위
47 鸿雁 hóngyàn
기러기
48 大雁 dàyàn
큰기러기 ▶"豆雁" dòuyàn
49 鸳鸯 yuānyāng
원앙새
50 老鹰 lǎoyīng
매;솔개 ▶"鸢" yuān
51 苍鹰 cāngyīng
저광수리;흰매
52 鹞子 yàozi
새매의 통칭
▶"雀鹰" quèyīng
53 秃鹫 tūjiù
독수리
54 鱼鹰 yúyīng
물수리의 통칭 ▶"鹗" è
55 红脚隼 hóngjiǎosǔn
쇠청다리매
56 游隼 yóusǔn
유매
57 黑松鸡 hēisōngjī

큰뇌조
58 雷鸟 léiniǎo
뇌조
59 榛鸡 zhēnjī
들꿩 ▶"松鸡" sōngjī
60 石鸡 shíjī
석계
61 鹧鸪 zhègū
자고새
62 鹌鹑 ānchún
메추라기
63 褐马鸡 hèmǎjī
두메꿩
64 金鸡 jīnjī
금계
65 原鸡 yuánjī
메닭
66 野鸡 yějī
꿩 ▶"雉" zhì의 속칭. "环颈雉" huánjǐngzhì

283 鸟类 niǎolèi II

1 长尾雉 chángwěizhì
  긴꼬리꿩 ▶"白冠长尾雉"
  báiguān chángwěizhì
2 角雉 jiǎozhì
  들꿩
3-4 孔雀 kǒngquè
  공작
3 蓝孔雀 lánkǒngquè
  푸른 공작; 인도공작
4 绿孔雀 lǜkǒngquè
  초록 공작; 말레이공작
5 吐绶鸡 tǔshòujī
  칠면조
6 仙鹤 xiānhè
  학; 두루미
  ▶"丹顶鹤" dāndǐnghè
7 白鹤 báihè
  백학
8 白头鹤 báitóuhè
  흑두루미
9 黑颈鹤 hēijǐnghè
  흑머리두루미

10 大鸨 dàbǎo
   능에; 너새
11 银鸥 yín'ōu
   재갈매기
12-14 鸽子 gēzi
   비둘기
12 家鸽 jiāgē
   집비둘기
13 岩鸽 yán'gē
   낭비둘기
14 斑鸠 bānjiū
   호도새; 산비둘기
   ▶"山斑鸠" shānbānjiū
15 鹦鹉 yīngwǔ
   앵무새
16 极乐鸟 jílèniǎo
   극락조
17 布谷 bùgǔ
   뻐꾸기 ▶"大杜鹃" dàdùjuān
18 长耳鸮 cháng'ěrxiāo
   칡부엉이
19 短耳鸮 duǎn'ěrxiāo
   쇠부엉이 ▶"短耳猫头鹰"
   duǎn'ěr māotóuyīng
20 楼燕 lóuyàn
   긴칼새; 메칼새
21 蜂鸟 fēngniǎo
   벌새; 꿀새

22 翠鸟 cuìniǎo
  물총새
23 啄木鸟 zhuómùniǎo
  딱따구리 ▶그림은 "斑啄木鸟" bānzhuómùniǎo
24 绿啄木鸟 lùzhuómùniǎo
  청딱따구리
25 百灵 bǎilíng
  종다리
26 云雀 yúnquè
  종달새
27 家燕 jiāyàn
  제비
28 黄莺 huángyīng
  꾀꼬리 ▶"黄鹂" huánglí
29 八哥 bāgē
  구관조
30-31 乌鸦 wūyā
  까마귀
30 大嘴乌鸦 dàzuǐ wūyā
  큰부리까마귀
31 秃鼻乌鸦 tūbí wūyā
  떼까마귀
32 喜鹊 xǐque
  까치
33 红嘴蓝鹊 hóngzuǐ lánquè
  붉은부리물까치
34 红嘴相思鸟 hóngzuǐ xiāngsīniǎo
  붉은부리상사조
35 画眉 huàméi
  호랑지빠귀 ; 호랑티티
36 黄眉柳莺 huángméi liǔyīng
  황미솔새
37 大山雀 dàshānquè
  박새
38 麻雀 máquè
  참새
39 燕雀 yànquè
  되새
40 金翅雀 jīnchìquè
  금방울새
41 金丝雀 jīnsīquè
  카나리아 ▶"芙蓉鸟" fúróngniǎo
42 黄雀 huángquè
  노랑참새
43 白鹡鸰 báijílíng
  알락할미새
44 黄鹡鸰 huángjílíng
  노랑할미새
45 鹪鹩 jiāoliáo
  굴뚝새

284 爬行类 páxínglèi · 两栖类 liǎngqīlèi

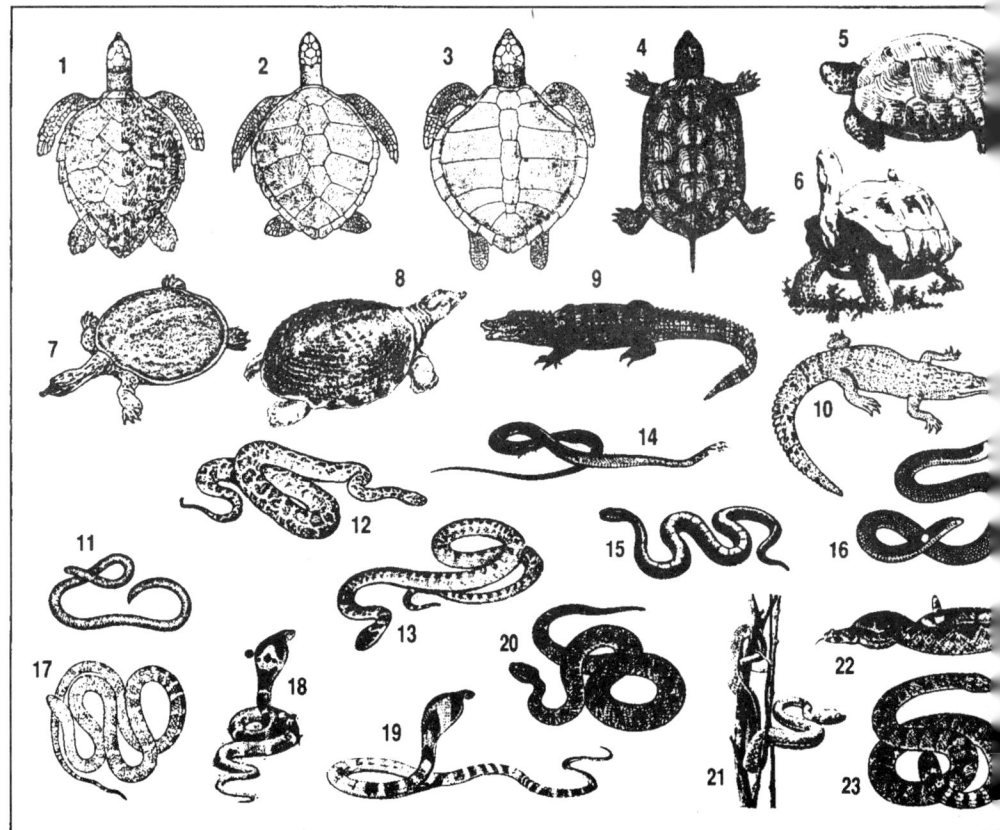

1 玳瑁 dàimào
대모
2 海龟 hǎiguī
바다거북
3 蠵龟 xīguī
붉은거북
4 乌龟 wūguī
거북 ▶"金龟" jīnguī
5 陆龟 lùguī
육지거북
6 象龟 xiàngguī
코끼리거북
7 鳖 biē
자라 ▶"甲鱼" jiǎyú, "王八" wángba
8 鼋 yuán
자라의 통칭
9-10 鳄鱼 èyú
악어
9 鼍 tuó

양자 악어
▶"杨子鳄" yángzǐ'è
10 美洲鳄 měizhōu'è
미시시피 악어
▶"蜜河鳄" mìhé'è
11-23 蛇 shé
뱀
11 盲蛇 mángshé
소경뱀
12 蟒蛇 mǎngshé
이무기
13 赤链蛇 chìliànshé
율모기
14 乌梢蛇 wūshāoshé
오사 ; 누룩뱀 ; 먹구렁이
15 黑眉锦蛇 hēiméijǐnshé
흑미비단뱀
16 两头蛇 liǎngtóushé
쌍두뱀
17 银环蛇 yínhuánshé

우산뱀
18 眼镜蛇 yǎnjìngshé
코브라
19 眼镜王蛇 yǎnjìngwángshé
킹코브라
20 蝮蛇 fùshé
살무사
21 竹叶青 zhúyèqīng
청죽독사
▶"青竹蛇" qīngzhúshé
22 响尾蛇 xiǎngwěishé
방울뱀
23 海蛇 hǎishé
바다뱀
24 变色龙 biànsèlóng
카멜레온 ▶"避役" bìyì
25 壁虎 bìhǔ
수궁 ; 도마뱀붙이
▶"守宫" shǒugōng
26 蛤蚧 géjiè

파충류·양서류 284

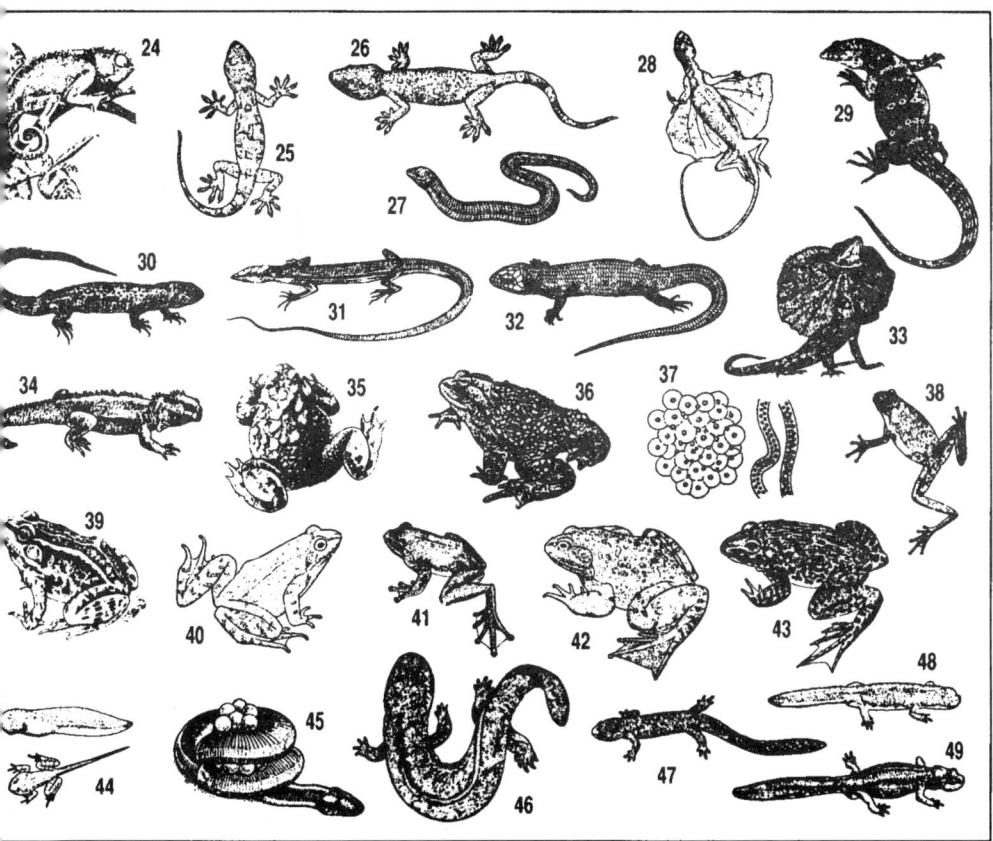

27 细蛇蜥 xìshéxī
　　가는도마뱀
28 飞蜥 fēixī
　　날도마뱀
29 巨蜥 jùxī
　　큰도마뱀
30 鳄蜥 èxī
　　악어도마뱀
31 草蜥 cǎoxī
　　장지뱀
32 石龙子 shílóngzǐ
　　도마뱀
33 伞蜥 sǎnxī
　　목도리도마뱀 ▶"褶裙蜥蜴"
　　zhěqún xīyì
34 楔齿蜥 xiēchǐxī
　　스페노돈
35-44 蛤蟆 háma
　　개구리

35 铃蟾 língchán
　　무당개구리
36 癞蛤蟆 làiháma
　　두꺼비 ▶"蟾蜍" chánchú,
　　"大蟾蜍" dàchánchú
37 卵 luǎn
　　알
38 雨蛙 yǔwā
　　청개구리
39 青蛙 qīngwā
　　참개구리 ▶"田鸡" tiánjī
40 哈士蟆 hāshimǎ
　　송장개구리 ▶"中国林蛙"
　　zhōngguó línwā
41 树蛙 shùwā
　　나무개구리
42 牛蛙 niúwā
　　쇠개구리 ; 식용 개구리
43 虎纹蛙 hǔwénwā
　　범 무늬 개구리

44 蝌蚪 kēdǒu
　　올챙이
45 鱼螈 yúyuán
　　지렁이도롱뇽
46 娃娃鱼 wáwayú
　　도롱뇽
47 山溪鲵 shānxīní
　　산계도롱뇽
48 蝾螈 róngyuán
　　영원 ▶도롱뇽의 일종
49 瘰螈 luǒyuán
　　라원

285 鱼类 yúlèi I

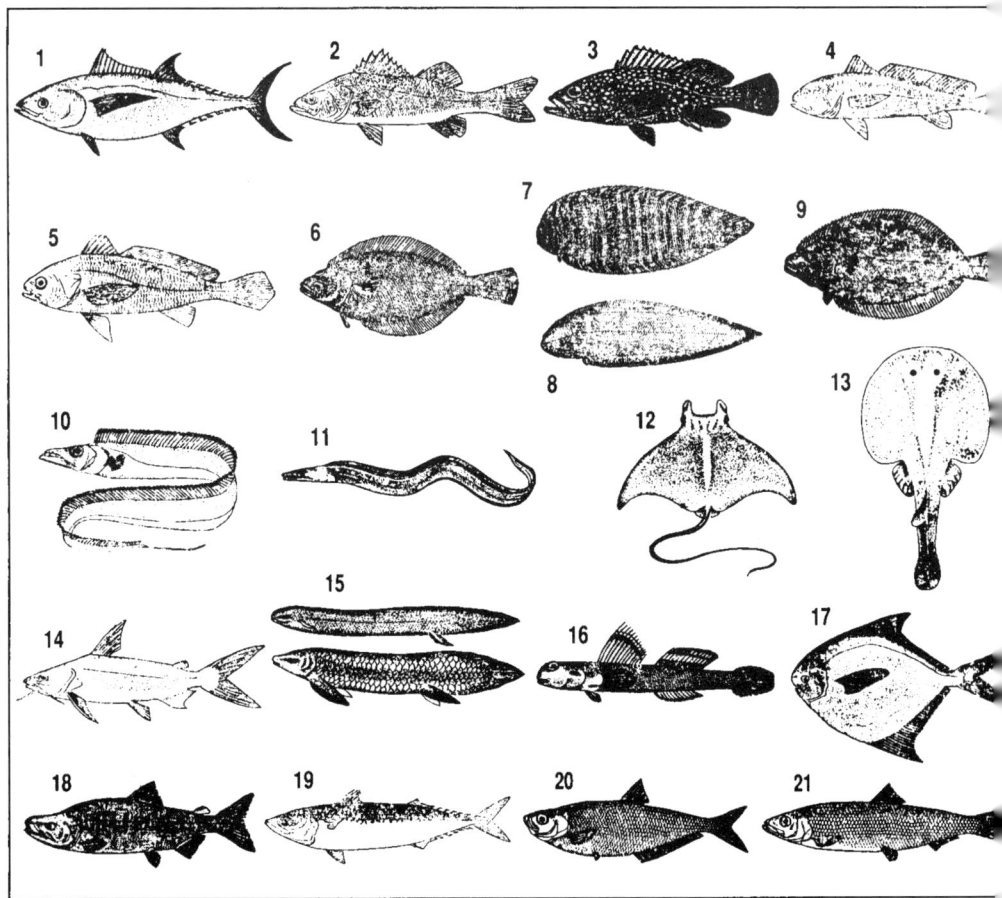

1 金枪鱼 jīnqiāngyú
다랑어
2 鲈鱼 lúyú
농어
3 石斑鱼 shíbānyú
석반어 ; 쥐노래미
4 大黄鱼 dàhuángyú
수조기
5 小黄鱼 xiǎohuángyú
참조기
▶"黄花鱼" huánghuāyú
6-9 比目鱼 bǐmùyú
넙치▶가자미·넙치의 총칭
6 高眼鲽 gāoyǎnché
도다리
7 条鳎 tiáotǎ
궁제기서대
8 舌鳎 shétǎ
혀가자미
9 牙鲆 yápíng
넙치
10 带鱼 dàiyú
갈치
11 海鳗 hǎimán
갯장어
12 蝠鲼 fúfèn
노랑가오리
13 电鳐 diànyáo
시끈가오리
14 海鲇 hǎinián
바다메기
15 肺鱼 fèiyú
폐어
16 弹涂鱼 tántúyú
말뚝망둥어
17 鲳鱼 chāngyú
병어
18 大麻哈鱼 dàmáhāyú
연어
▶"大马哈鱼" dàmǎhāyú
19 鲐鱼 táiyú
고등어
20 鲥鱼 lèyú
준치▶"曹白鱼" cáobáiyú
21 鲱鱼 fèiyú
청어
22 鳕鱼 xuěyú
대구
23 沙丁鱼 shādīngyú
정어리
24 真鲷 zhēndiāo
참돔▶"加级鱼" jiājíyú
25 红鳍笛鲷 hóngqí dídiāo
물통돔

어류 I 285

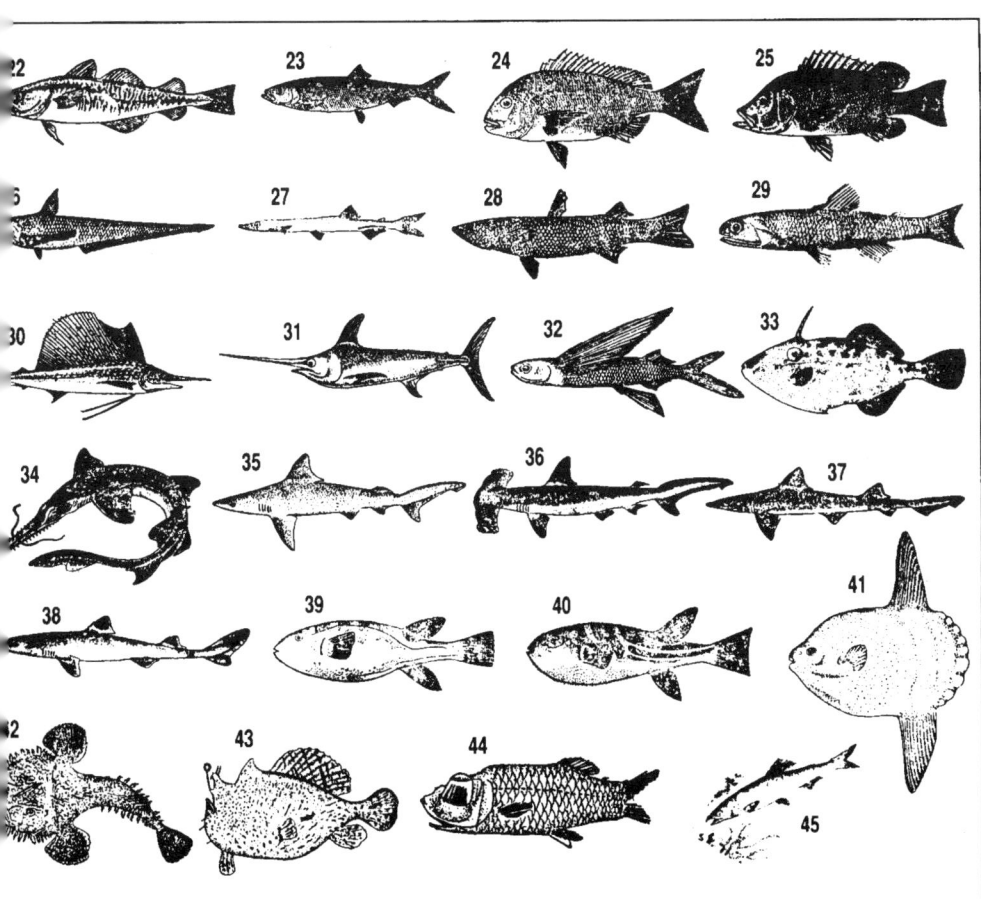

26 凤尾鱼 fèngwěiyú
　웅어▶"凤鲚" fèngqí
27 银鱼 yínyú
　뱅어
28 梭鱼 suōyú
　가숭어
29 灯笼鱼 dēnglongyú
　미끈망둑어; 얼비늘치
30 旗鱼 qíyú
　황새치
31 剑鱼 jiànyú
　톱상어
32 飞鱼 fēiyú
　날치
33 绿鳍马面鲀 lùqí mǎmiàn-
　tún
　진쥐치
34-38 鲨 shā

　상어▶"沙鱼" shāyú
34 锯鲨 jùshā
　톱상어
35 真鲨 zhēnshā
　참상어
36 双髻鲨 shuāngjìshā
　귀상어
37 星鲨 xīngshā
　별상어
38 角鲨 jiǎoshā
　돔발상어
39-40 河豚 hétún
　복어▶"鲀" tún
39 星弓斑东方鲀 xīnggōngbān
　dōngfāngtún
　자주복
40 条纹东方鲀 tiáowén dōng-
　fāngtún

　까치복
41 翻车鱼 fānchēyú
　개복치
42 鮟鱇 ānkāng
　아귀
43 鳖鱼 bìyú
　앉은뱅이
44 后肛鱼 hòugāngyú
　은한어(銀漢魚)
45 香鱼 xiāngyú
　은어

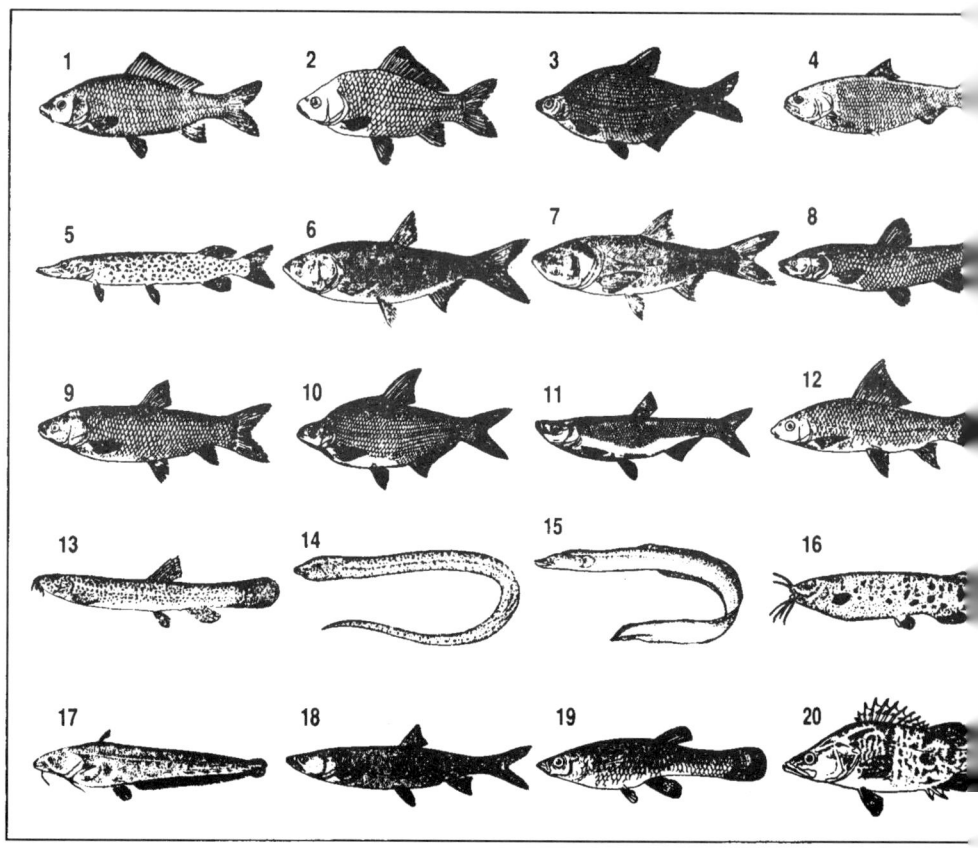

1 鲤鱼 lǐyú
　잉어
2 鲫鱼 jìyú
　붕어
3 武昌鱼 wǔchāngyú
　대두방어
　▶"团头鲂" tuántóufáng
4 鲥鱼 shíyú
　준치
5 狗鱼 gǒuyú
　창꽁치
6 鲢鱼 liányú
　연어
7 鳙鱼 yōngyú
　화련어
　▶"胖头鱼" pàngtóuyú
8 青鱼 qīngyú
　청어；비웃
9 草鱼 cǎoyú
　초어
10 鳊鱼 biānyú
　달고기
11 白鱼 báiyú
　강준치
12 鲮鱼 língyú
　좁은 잉어 ▶황어와 비슷한
　물고기
13 泥鳅 níqiū
　미꾸라지
14 黄鳝 huángshàn
　드렁허리
15 鳗鲡 mánlí
　뱀장어 ▶"鳗鱼" mányú
16 电鲇 diànnián
　전기메기
17 鲇鱼 niányú
　메기 ▶"鲇" nián
18 鳡鱼 gǎnyú
　성대 ▶"黄钻" huángzuàn
19 食蚊鱼 shíwényú
　감부지아
　▶"柳条鱼" liǔtiáoyú
20 鳜鱼 guìyú
　쏘가리 ▶"桂鱼" guìyú
21 白鲟 báixún
　다치철갑상어
　▶"象鱼" xiàngyú
22 中华鲟 zhōnghuáxún
　용상어
23-25 热带鱼 rèdàiyú
　열대어
23 孔雀鱼 kǒngquèyú
　구피；열대어의 하나
　▶"彩虹鱼" cǎihóngyú
24 神仙鱼 shénxianyú
　에인절피시
25 圆燕鱼 yuányànyú
　제비활치
26-35 金鱼 jīnyú
　금붕어

어류 II 286

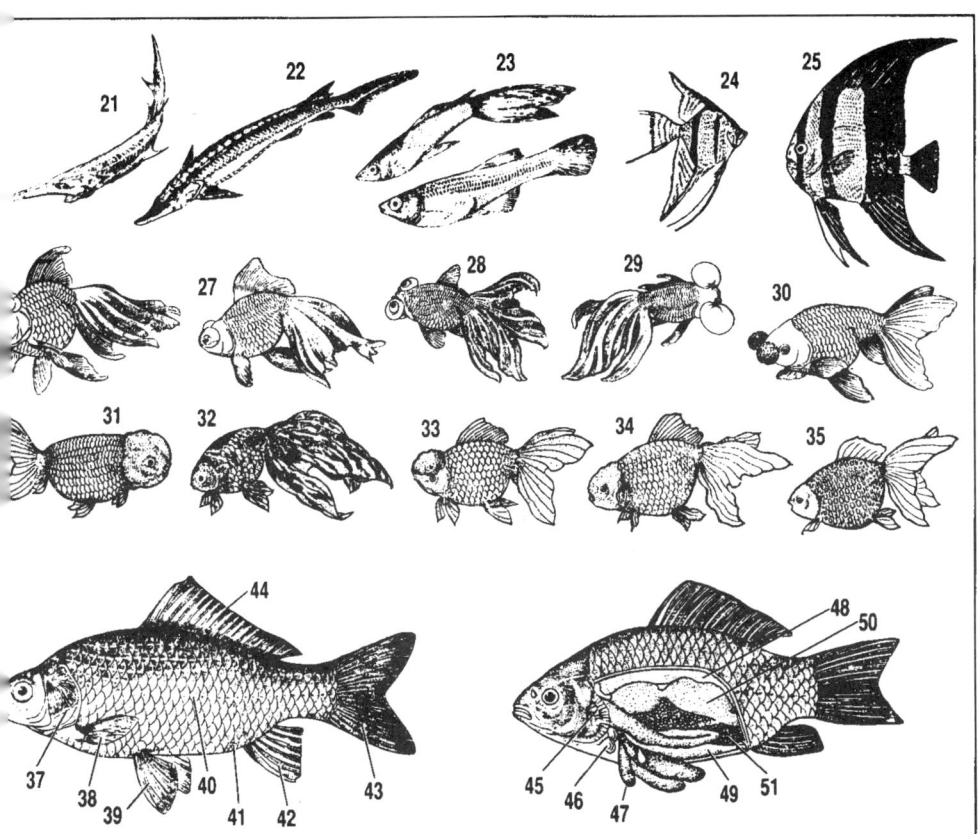

26 高头金鱼 gāotóu jīnyú
   고두 금붕어
27 龙睛鱼 lóngjīngyú
   툭눈금붕어
28 望天鱼 wàngtiānyú
   통방울금붕어
29 水泡鱼 shuǐpàoyú
   수포어
30 绒球鱼 róngqiúyú
   치마꼬리금붕어
31 虎头鱼 hǔtóuyú
   난금붕어
32 丹凤鱼 dānfèngyú
   페닉스 테일
33 鹅头鱼 étóuyú
   고니머리금붕어
34 翻鳃鱼 fānsāiyú
   번새어
35 珍珠鳞鱼 zhēnzhūlínyú
   진주인어

36 鼻孔 bíkǒng
   콧구멍
37 鳃盖 sāigài
   아감딱지
38 胸鳍 xiōngqí
   가슴지느러미
39 腹鳍 fùqí
   배지느러미
40 侧线 cèxiàn
   옆줄
41 肛门 gāngmén
   항문
42 臀鳍 túnqí
   배지느러미
43 尾鳍 wěiqí
   꼬리지느러미
44 背鳍 bèiqí
   등지느러미
45 鳃 sāi
   아가미

46 心脏 xīnzàng
   심장
47 肝脏 gānzàng
   간장
48 肾脏 shènzàng
   신장
49 肠 cháng
   장
50 鳔 biào
   부레
51 卵巢 luǎncháo
   난소

贝类 bèilèi

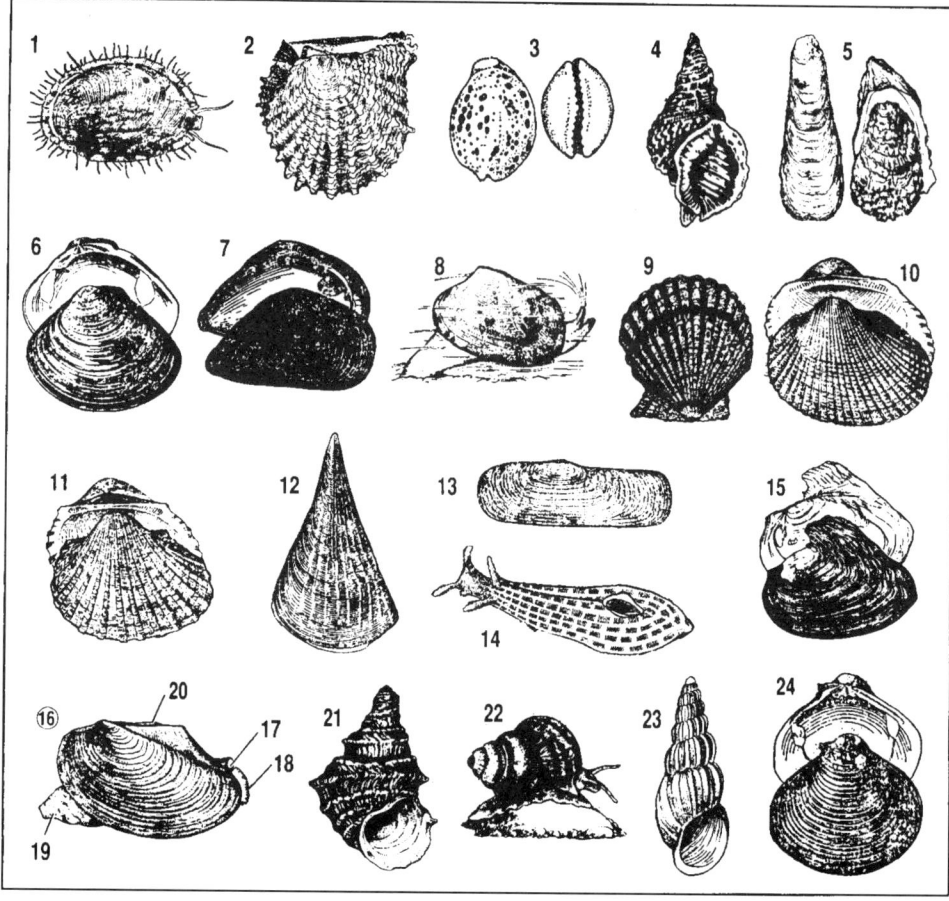

1 鲍鱼 bàoyú
전복
2 珍珠贝 zhēnzhūbèi
진주조개
▶"珠母贝" zhūmǔbèi
3 宝贝 bǎobèi
자패(紫貝)
4 法螺 fǎluó
소라고둥
5 牡蛎 mǔlì
굴
6 文蛤 wéngé
대합
7 贻贝 yíbèi
홍합
8 蛤仔 gézǐ
모시조개
9 扇贝 shànbèi
가리비;해선(海扇)
10 毛蚶 máohān
국자가리비
11 泥蚶 níhān
꼬막
12 江珧 jiāngyáo
키조개
13 蛏 chēng
가리맛;긴맛
▶"蛏子" chēngzi
14 海兔 hǎitù
군소(연체 동물)
15 褶纹冠蚌 zhěwénguānbàng
마합(馬蛤);치마주름조개
16 河蚌 hébàng
민물조개
▶"无齿蚌" wúchǐbàng
17 出水管 chūshuǐguǎn
출수관
18 入水管 rùshuǐguǎn
입수관
19 斧足 fǔzú
다리
20 韧带 rèndài
인대
21 螺蛳 luósī
우렁이
22 田螺 tiánluó
밭우렁이
23 钉螺 dīngluó
못우렁이;다슬기의 일종
24 河蚬 héxiǎn
가막조개;바지락

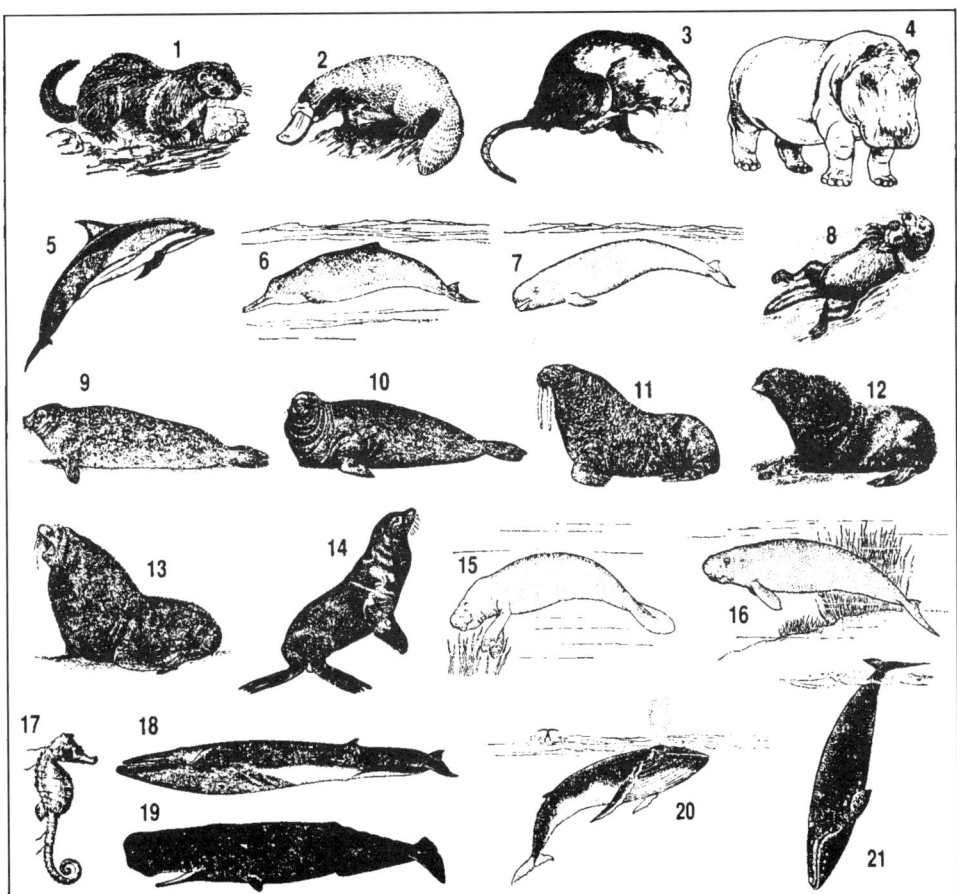

1 水獭 shuǐtǎ
  수달
2 鸭嘴兽 yāzuǐshòu
  오리너구리
3 海狸鼠 hǎilíshǔ
  비버 ▶ "河狸鼠" hélíshǔ
4 河马 hémǎ
  하마
5 海豚 hǎitún
  돌고래
6 白鳍豚 báiqítún
  흰돌고래
7 江豚 jiāngtún
  쇠물돼지
8 海獭 hǎitǎ
  해달
9 海豹 hǎibào
  해표 ; 바다표범 ; 물범
10 象海豹 xiànghǎibào
   코끼리바다표범
11 海象 hǎixiàng
   바다코끼리
12 海狗 hǎigǒu
   물개 ; 해구
13-14 海狮 hǎishī
   강치 ; 바다사자의 통칭
13 北海狮 běihǎishī
   바다사자
14 加州海狮 jiāzhōu hǎishī
   캘리포니아 강치
15 海牛 hǎiniú
   해우 ; 바다소
16 儒艮 rúgèn
   듀공(dugong)
17 海马 hǎimǎ
   해마
18-21 鲸鱼 jīngyú
   고래
18 长须鲸 chángxūjīng
   장수경 ; 긴수염고래
19 抹香鲸 mǒxiāngjīng
   향유고래 ; 말향경 ; 말향고래
20 座头鲸 zuòtóujīng
   참고래 ; 큰고래
21 黑露脊鲸 hēilùjǐjīng
   흑고래 ; 흑등고래

289 水生动物 shuǐshēng dòngwù II

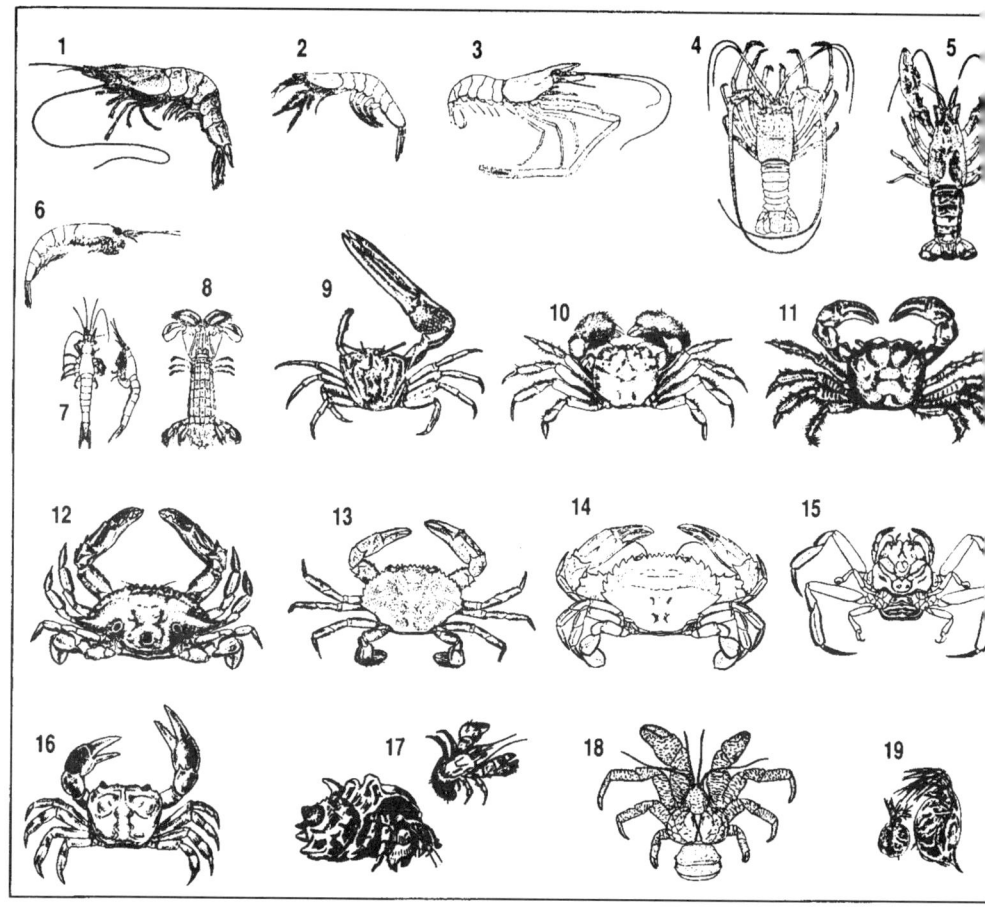

1-8 虾 xiā
새우
1 对虾 duìxiā
대하 ; 왕새우
▶"明虾" míngxiā
2 毛虾 máoxiā
젓새우 ; 보리새우
3 青虾 qīngxiā
징거미 ▶"沼虾" zhǎoxiā
4 龙虾 lóngxiā
왕새우
5 螯虾 áoxiā
가재 ▶"喇蛄" lǎgū. "螯"
áo는 게 등 절족 동물의 집
게발
6 磷虾 línxiā
크릴
7 糠虾 kāngxiā
보리새우
8 虾蛄 xiāgū
갯가재
9-18 蟹 xiè
게
9 招潮 zhāocháo
꽃발게
10 河蟹 héxiè
민물게 ▶"螃蟹" pángxie
11 蟛蜞 péngqí
방게
▶"相手蟹" xiāngshǒuxiè
12 梭子蟹 suōzixiè
꽃게
13 锯缘青蟹 jùyuánqīngxiè
톱꽃게
14 日本鲟 rìběnxún
민꽃게 ▶"鲟" xún은 "梭子
蟹" suōzixiè의 일종
15 日本关羽蟹 rìběn guānyǔxiè
조개치레(게의 일종) ▶"日本
关公蟹" rìběn guāngōngxiè
16 溪蟹 xīxiè
내게 ; 민물게의 일종
17 寄居蟹 jìjūxiè
소라게
18 椰子蟹 yēzixiè
야자게
19 水蚤 shuǐzǎo
물벼룩 ▶"红虫" hóngchóng

수생 동물 II

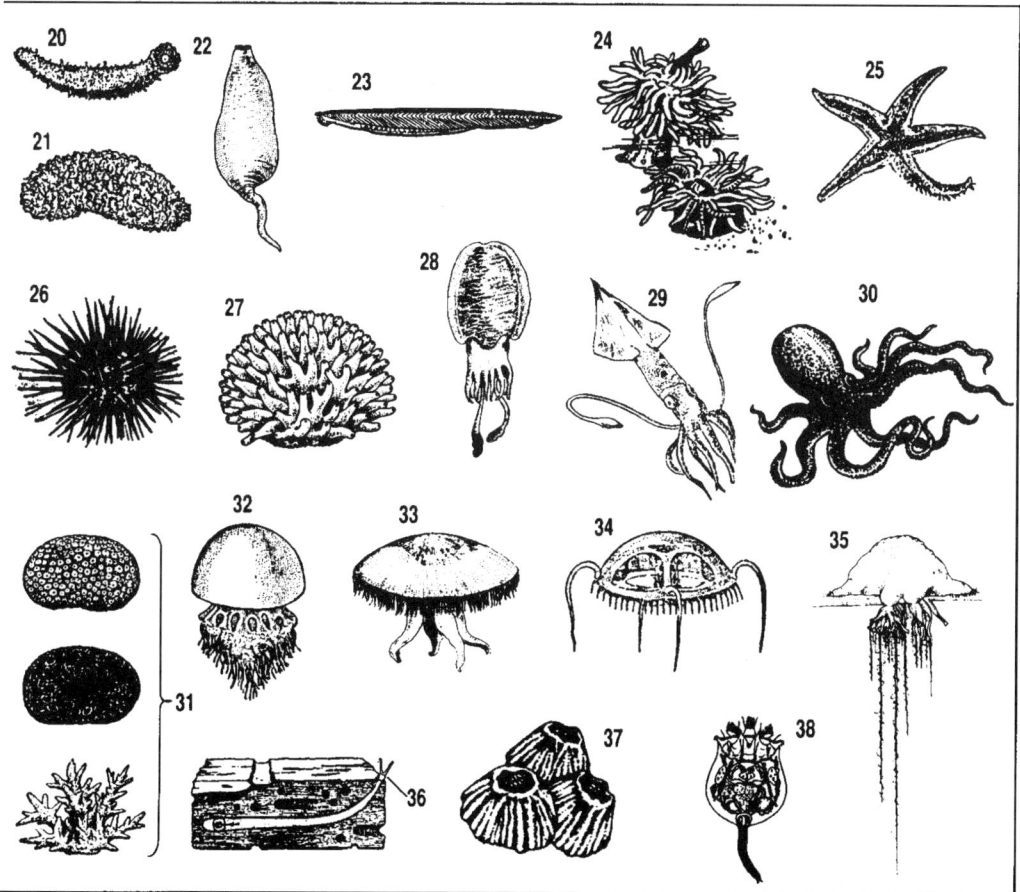

20-22 海参 hǎishēn
해삼
20 刺参 cìshēn
자삼▶해삼의 일종
21 梅花参 méihuāshēn
다각해삼；매화해삼
22 海棒槌 hǎibàngchuí
흰해삼▶"海老鼠" hǎilǎoshǔ
23 文昌鱼 wénchāngyú
창고기▶"蛞蝓鱼" kuòyúyú
24 海葵 hǎikuí
말미잘
25 海星 hǎixīng
불가사리；해성
26 海胆 hǎidǎn
성계
27 海绵 hǎimián
해면
28 乌贼 wūzéi
오징어▶"墨鱼" mòyú, "墨斗鱼" mòdǒuyú
29 枪乌贼 qiāngwūzéi
쇰꼴뚜기▶"鱿鱼" yóuyú
30 章鱼 zhāngyú
낙지；문어
31 珊瑚 shānhú
산호
32-35 水母 shuǐmǔ
해파리
32 海蜇 hǎizhé
해파리
33 海月水母 hǎiyuè shuǐmǔ
무럼해파리
34 桃花水母 táohuā shuǐmǔ
민물해파리
35 僧帽水母 sēngmào shuǐmǔ
증모해파리▶촉수에 독이 있다.
36 船蛆 chuánjū
배좀벌레조개；좀조개
37 藤壶 ténghú
굴등
38 轮虫 lúnchóng
윤충

290 昆虫类 kūnchónglèi I

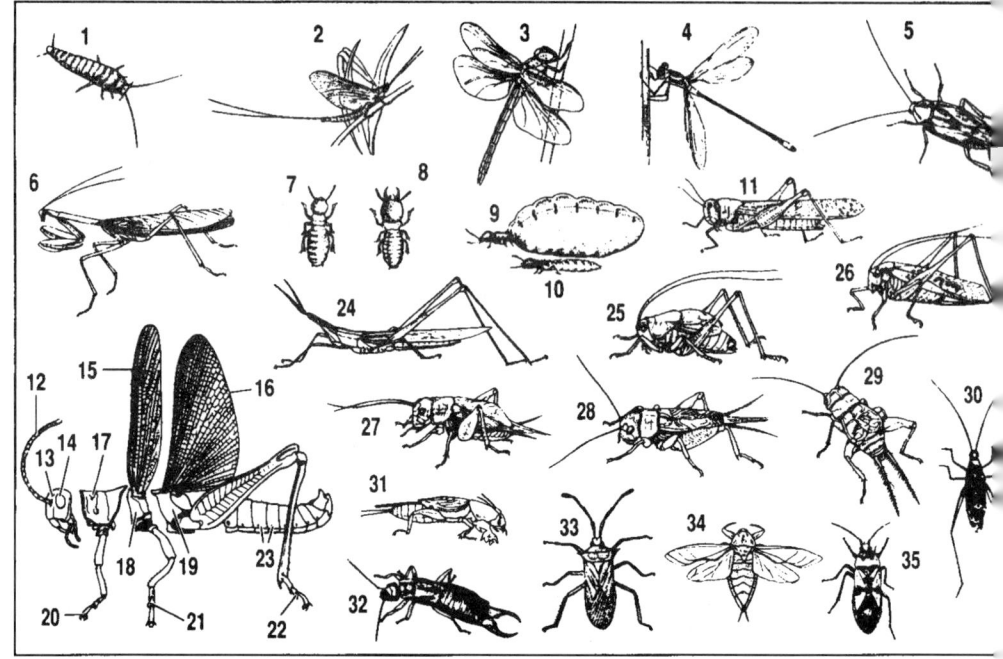

1 蠹鱼 dùyú
  빈대좀 ; 좀 ▶"衣鱼" yīyú
2 蜉蝣 fúyóu
  하루살이
3 蜻蜓 qīngtíng
  잠자리
4 豆娘 dòuniáng
  실잠자리
5 蟑螂 zhāngláng
  바퀴 ▶"蜚蠊" fěilián
6 螳螂 tángláng
  사마귀
7-10 白蚁 báiyǐ
  흰개미
7 工蚁 gōngyǐ
  일개미
8 兵蚁 bīngyǐ
  병정개미
9 蚁后 yǐhòu
  여왕개미
10 蚁王 yǐwáng
  왕개미
11 蝗虫 huángchóng
  풍뎅이
12 触角 chùjiǎo
  촉각 ; 더듬이

13 单眼 dānyǎn
  홑눈
14 复眼 fùyǎn
  겹눈
15 前翅 qiánchì
  앞날개
16 后翅 hòuchì
  뒷날개
17 前胸 qiánxiōng
  앞가슴
18 中胸 zhōngxiōng
  가운데 가슴
19 后胸 hòuxiōng
  뒷가슴
20 前足 qiánzú
  앞다리
21 中足 zhōngzú
  가운뎃다리
22 后足 hòuzú
  뒷다리
23 气门 qìmén
  기문
24 蚱蜢 zhàměng
  메뚜기
25 蝈蝈儿 guōguor
  여치 ▶"螽斯" zhōngsī

26 纺织娘 fǎngzhīniáng
  철써기
27 蛐蛐儿 qūqur
  귀뚜라미
28 油葫芦 yóuhúhǔ
  왕귀뚜라미
29 灶马 zàomǎ
  꼽등이
30 金钟儿 jīnzhōngr
  방울벌레 ; 청귀뚜라미
31 蝼蛄 lóugū
  땅강아지
32 蠼螋 qúsōu
  집게벌레
33-35 椿象 chūnxiàng
  노린재
33 针绿蝽 zhēnlǜchuǎn
  벼침허리노린재
34 田鳖 tiánbiē
  물장군
35 长蝽 chángchuǎn
  긴노린재
36 臭虫 chòuchóng
  빈대
37-39 虱子 shīzi
  이

곤충류 I

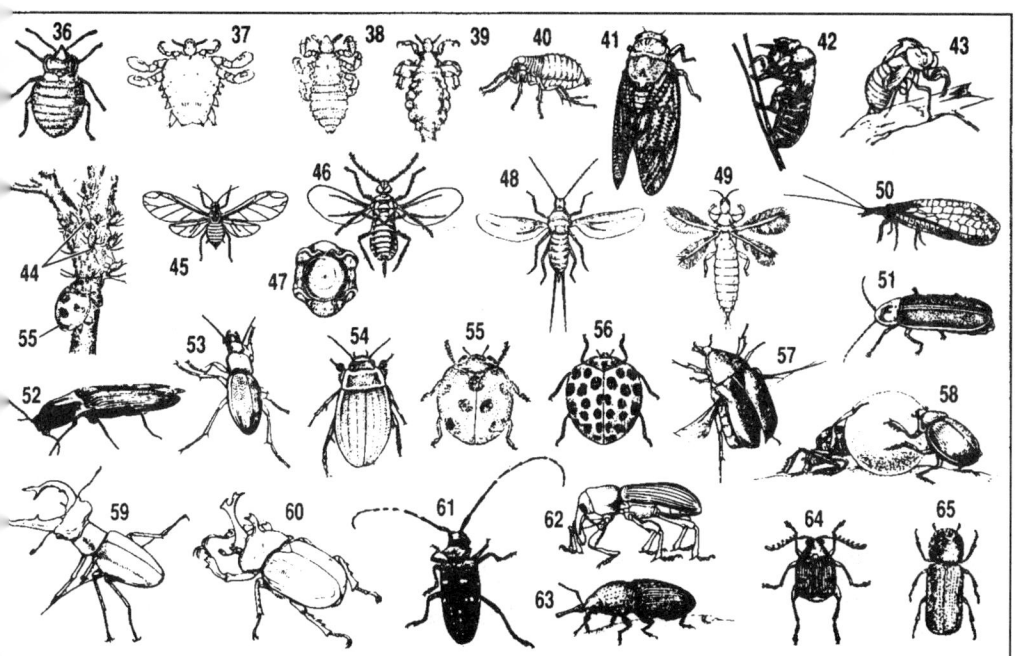

37 阴虱 yīnshī
사면발이 ; 모슬(毛蝨)
38 头虱 tóushī
머릿니
39 体虱 tǐshī
몸이
40 跳蚤 tiàozǎo
벼룩
41 知了 zhīliǎo
매미 ▶"蝉" chán
42 蛹 yǒng
번데기
43 蝉壳 chánké
매미의 허울
▶"知了壳儿" zhīliǎo kér
44 蚜虫 yáchóng
진디
45 棉蚜 miányá
목화진딧물
46-48 蚧虫 jièchóng
패각충 ; 깍지진디
▶"介壳虫" jièkéchóng
46 红蜡蚧 hónglàjiè
붉은깍지벌레
47 蜡壳 làké
패각충(숫놈)의 껍질

48 白蜡虫 báilàchóng
백랍패각충
▶"白蜡蚧" báilàjiè
49 蓟马 jìmǎ
듯무지 ; 대듯무지
50 草蛉 cǎolíng
풀잠자리
▶"草蜻蛉" cǎoqīnglíng
51 萤火虫 yínghuǒchóng
개똥벌레 ; 반디
52 叩头虫 kòutóuchóng
방아벌레 ▶"叩甲" kòujiǎ
53 步行虫 bùxíngchóng
딱정벌레 ▶"步甲" bùjiǎ
54 龙虱 lóngshī
물방개
55-56 瓢虫 piáochóng
무당벌레
55 七星瓢虫 qīxīng piáochóng
일곱점무당벌레
56 马铃薯瓢虫 mǎlíngshǔ piáochóng
감자무당벌레
57 金龟子 jīnguīzi
금풍뎅이
58 屎壳郎 shǐkelàng

쇠똥구리 ; 말똥구리
▶"蜣螂" qiāngláng
59 锹甲 qiāojiǎ
하늘가재
▶"锹形甲" qiāoxíngjiǎ
60 独角仙 dújiǎoxiān
투구벌레 ; 투구풍뎅이
61 天牛 tiānniú
천우 ; 하늘소
62 象甲 xiàngjiǎ
바구미
63 谷象 gǔxiàng
곡바구미
64 绿豆象 lǜdòuxiàng
녹두바구미
65 谷蠹 gǔdù
애기왕심식충

291 昆虫类 kūnchónglèi II・蚯蚓 qiūyǐn・蜈蚣 wúgong・蜘蛛等 zhīzhū děng

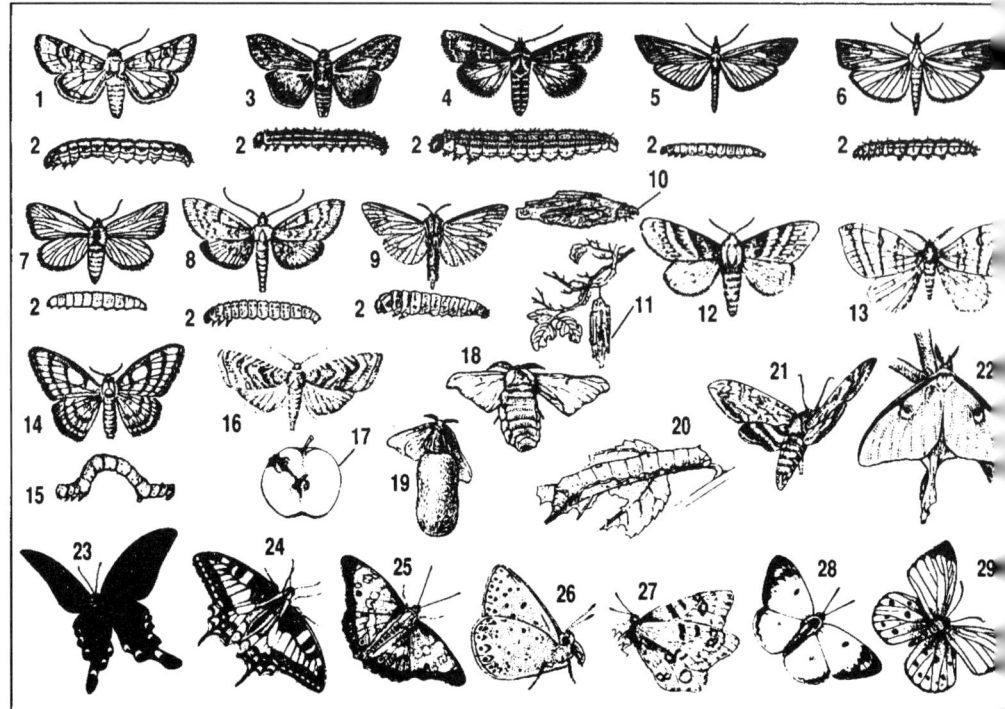

1-22 蛾子 ézi
나방
1 棉铃虫 miánlíngchóng
담배밤나방；담배벌레
▶"棉桃虫" miántáochóng
2 幼虫 yòuchóng
유충；애벌레
3 粘虫 niánchóng
밤나방；거염벌레(야도충)
▶"夜盗虫" yèdàochóng
4 地老虎 dìlǎohǔ
근절충
5 三化螟 sānhuàmíng
삼화명나방；삼화명충
6 二化螟 èrhuàmíng
이화명나방；이화명충；마디충
7 大螟 dàmíng
벼밤나방
8 玉米螟 yùmǐmíng
강냉이대벌레
9 茶蓑蛾 chásuō'é
차나방
10 蓑虫 suōchóng

도롱이벌레
11 虫袋 chóngdài
도롱이
12 松毛虫 sōngmáochóng
송충나방
13 舞毒蛾 wǔdú'é
달팽이독나방
14 尺蛾 chǐ'é
자벌레나방
15 尺蠖 chǐhuò
자벌레
16 食心虫 shíxīnchóng
심식충▶과수나 야채 따위의 해충
17 苹果 píngguǒ
사과
18 蚕蛾 cán'é
누에나방
19 茧儿 jiǎnr
고치
20 家蚕 jiācán
집누에；가잠
21 天蛾 tiān'é
박각시나방

22 天蚕蛾 tiāncán'é
참나무산누에나방
23-29 蝴蝶 húdié
나비
23 凤蝶 fèngdié
호랑나비
24 黄凤蝶 huángfèngdié
노랑호랑나비
25 蛱蝶 jiádié
들신선나비
26 灰蝶 huīdié
부전나비
27 白翅绢蝶 báichì juàndié
흰죽지모시나비
28 菜粉蝶 càifěndié
배추흰나비▶"粉蝶" fěndié
29 弄蝶 nòngdié
희롱나비
30-33 蚊子 wénzi
모기
30 孑孓 jiéjué
장구벌레
31 家蚊 jiāwén
모기▶"库蚊" kùwén

곤충류 Ⅱ·지렁이·지네·거미 등 291

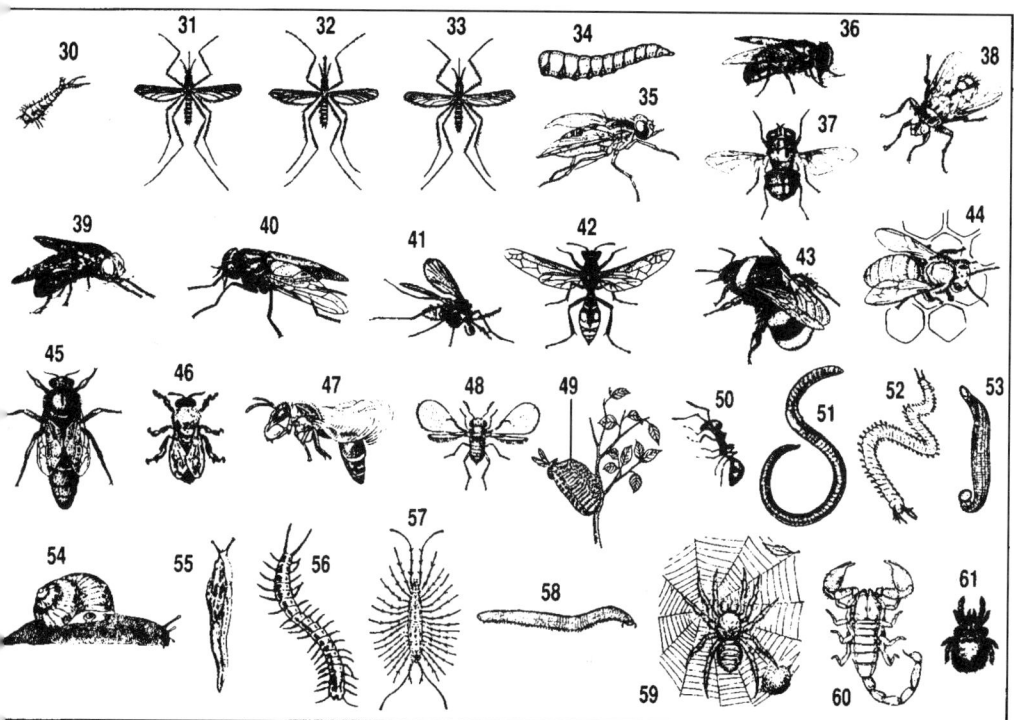

32 按蚊 ànwén
학질모기
33 伊蚊 yīwén
줄무늬모기
34-39 苍蝇 cāngyíng
파리
34 蛆 qū
구더기(파리의 유충)
35 家蝇 jiāyíng
(집)파리
36 丽蝇 lìyíng
흑파리▶"黑蝇" hēiyíng
37 金蝇 jīnyíng
금파리
38 麻蝇 máyíng
쉬파리
39 果蝇 guǒyíng
초파리
40 虻 méng
등에
41 白蛉 báilíng
파리매
42-49 蜂 fēng
벌

42 马蜂 mǎfēng
말벌▶"胡蜂" húfēng
43 熊蜂 xióngfēng
어리호박벌
44 蜜蜂 mìfēng
꿀벌
45 蜂王 fēngwáng
여왕벌
46 工蜂 gōngfēng
일벌
47 土蜂 tǔfēng
배벌과 곤충의 총칭
48 赤眼蜂 chìyǎnfēng
루비기생좀벌
49 蜂窝 fēngwō
벌집
50 蚂蚁 mǎyǐ
개미
51 蚯蚓 qiūyǐn
지렁이
52 沙蚕 shācán
갯지렁이
53 蚂蟥 mǎhuáng
거머리

54 蜗牛儿 wōniúr
달팽이
55 鼻涕虫 bítìchóng
활유; 괄태충▶"蛞蝓" kuòyú
56 蜈蚣 wúgong
지네
57 蚰蜒 yóuyán
그리마
58 马陆 mǎlù
노래기
59 蜘蛛 zhīzhū
거미
60 蝎子 xiēzi
전갈
61 螨 mǎn
진드기

292 植物的形态 zhíwùde xíngtài I

1-2 木本植物 mùběn zhíwù
　　목본 식물
1 乔木 qiáomù
　　교목
2 灌木 guànmù
　　관목
3 藤本植物 téngběn zhíwù
　　등본 식물
4 草本植物 cǎoběn zhíwù
　　초본 식물
5-6 被子植物 bèizǐ zhíwù
　　피자 식물
5 单子叶植物 dānzǐyè zhíwù
　　단자엽 식물 ; 외떡잎 식물
6 双子叶植物 shuāngzǐyè zhíwù
　　쌍지엽 식물 ; 쌍떡잎 식물
7 裸子植物 luǒzǐ zhíwù
　　나자 식물 ; 겉씨 식물
8 真叶 zhēnyè
　　보통엽 ; 진엽
9 子叶 zǐyè
　　떡잎 ; 자엽
10 种子 zhǒngzǐ
　　종자 ; 씨앗
11 胚芽 pēiyá
　　배아
12 胚根 pēigēn
　　유근(幼根) ; 어린뿌리
13 胚乳 pēirǔ
　　배젖 ; 배유
14 种皮 zhǒngpí
　　종피 ; 씨껍질
15 节 jié
　　마디
16 芽 yá
　　싹
17 顶芽 dǐngyá
　　정아 ; 꼭지눈
18 腋芽 yèyá
　　액아 ; 겨드랑눈
19 花芽 huāyá
　　꽃눈
20 叶芽 yèyá
　　엽아 ; 잎눈
21 花儿 huār
　　꽃
22 花瓣儿 huābànr
　　화관 ; 꽃잎
23-28 花蕊 huāruǐ
　　꽃술
23-24 雄蕊 xióngruǐ
　　수술 ; 수꽃술
23 花药 huāyào
　　꽃밥 ; 꽃가루
24 花丝 huāsī
　　화사 ; 꽃실
25-28 雌蕊 círuǐ
　　암술 ; 암꽃술
25 柱头 zhùtóu
　　주두
26 花柱 huāzhù
　　화주 ; 암술대
27 子房 zǐfáng
　　자방 ; 씨방 ; 자실
28 胚珠 pēizhū
　　밑씨 ; 배주
29 花冠 huāguān
　　화관 ; 꽃부리
30 花萼 huā'è
　　꽃받침
31 花托 huātuō
　　꽃턱 ; 화턱
32 花梗 huāgěng
　　꽃자루 ; 꽃꼭지 ; 화경
33 花粉 huāfěn
　　화분 ; 꽃가루
34 花骨朵 huāgūduo
　　꽃봉오리
35 叶子 yèzi
　　잎사귀
36 叶尖 yèjiān
　　잎의 끝
37 叶缘 yèyuán
　　잎의 가장자리
38 叶基 yèjī
　　잎각
39 叶柄 yèbǐng
　　잎병 ; 잎자루
40 叶腋 yèyè
　　잎겨드랑이
41 托叶 tuōyè
　　턱잎 ; 탁엽
42-44 叶脉 yèmài
　　엽맥 ; 잎맥
42 网脉 wǎngmài
　　망상맥
43 侧脉 cèmài
　　측맥
44 主脉 zhǔmài
　　주맥
45 叶鞘 yèqiào
　　엽초 ; 잎집
46-51 根儿 gēnr
　　뿌리
46 主根 zhǔgēn
　　엽초 ; 잎집
47 侧根 cègēn
　　측근
48 直根 zhígēn
　　직근 ; 곧은뿌리
49 块根 kuàigēn
　　덩이뿌리
50 须根 xūgēn
　　수근 ; 수염뿌리
51 根瘤 gēnliú
　　뿌리혹 ; 근류
52-56 茎 jīng
　　줄기
52 直立茎 zhílìjīng
　　곧은 줄기 ; 직립경
53 根茎 gēnjīng
　　뿌리줄기
54 球茎 qiújīng
　　구경
55 块茎 kuàijīng
　　괴경 ; 덩이줄기
56 爬藤 páténg
　　덩굴
57 果实 guǒshí
　　과실
58 外果皮 wàiguǒpí
　　외과피
59 中果皮 zhōngguǒpí
　　중과피
60 内果皮 nèiguǒpí
　　내과피
61 果柄 guǒbǐng
　　과일꼭지

식물의 형태 I

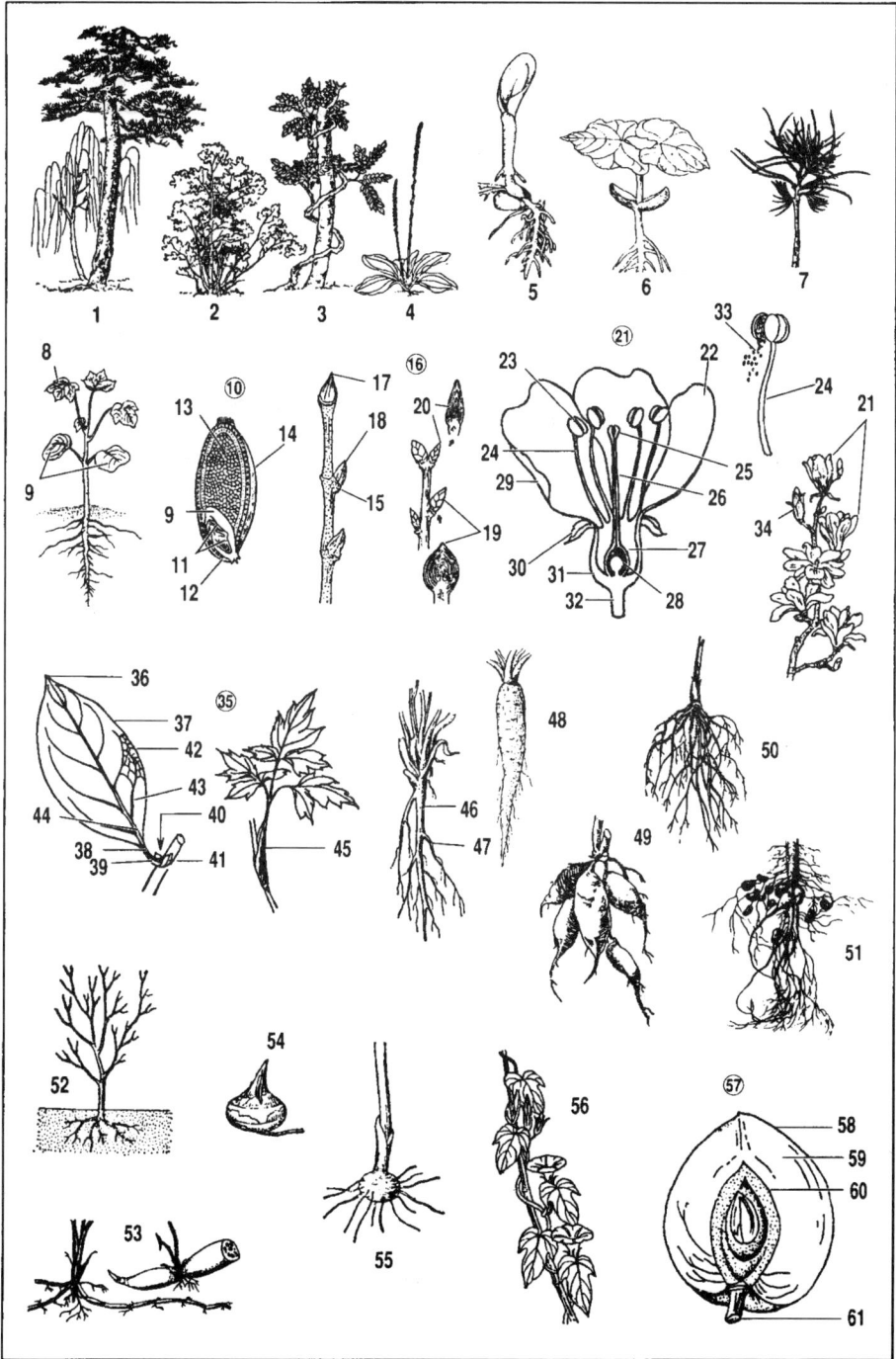

293 植物的形态 zhíwùde xíngtài II　　　식물의 형태 II 293

1 针叶树 zhēnyèshù
　침엽수
2 阔叶树 kuòyèshù
　활엽수
3 常绿树 chánglǜshù
　상록수
4 落叶树 luòyèshù
　낙엽수
5 树 shù
　나무
6 树叶 shùyè
　나뭇잎
7 树枝儿 shùzhīr
　나뭇가지 ▶"枝儿" zhīr
8 小树枝儿 xiǎoshùzhīr
　작은 가지
9 树干 shùgàn
　나무 줄기
10 树杈 shùchà
　가지 뻗은 곳
　▶"树杈儿" shùchàr
11 树梢 shùshāo

　나무웃초리 ; 우듬지
12 树冠 shùguān
　수관
13 树根 shùgēn
　수근 ; 나무 뿌리
14 树林 shùlín
　수풀 ▶"树林子" shùlínzi
15 树苗 shùmiáo
　묘목
16 树墩子 shùdūnzi
　나무의 그루터기
17 树皮 shùpí
　수피 ; 나무 껍질
18 木纹 mùwén
　나뭇결 ▶"木理" mùlǐ
19 年轮 niánlún
　연륜 ; 나무의 나이테
20 表皮 biǎopí
　표피
21 皮层 pícéng
　피층
22 韧皮部 rènpíbù

　인피부
23 形成层 xíngchéngcéng
　형성층
24-25 木质部 mùzhìbù
　목질부
24 边材 biāncái
　변재
25 心材 xīncái
　심재
26 髓 suǐ
　줄기의 중심

294 植物的栽培 zhíwùde zāipéi   식물 재배

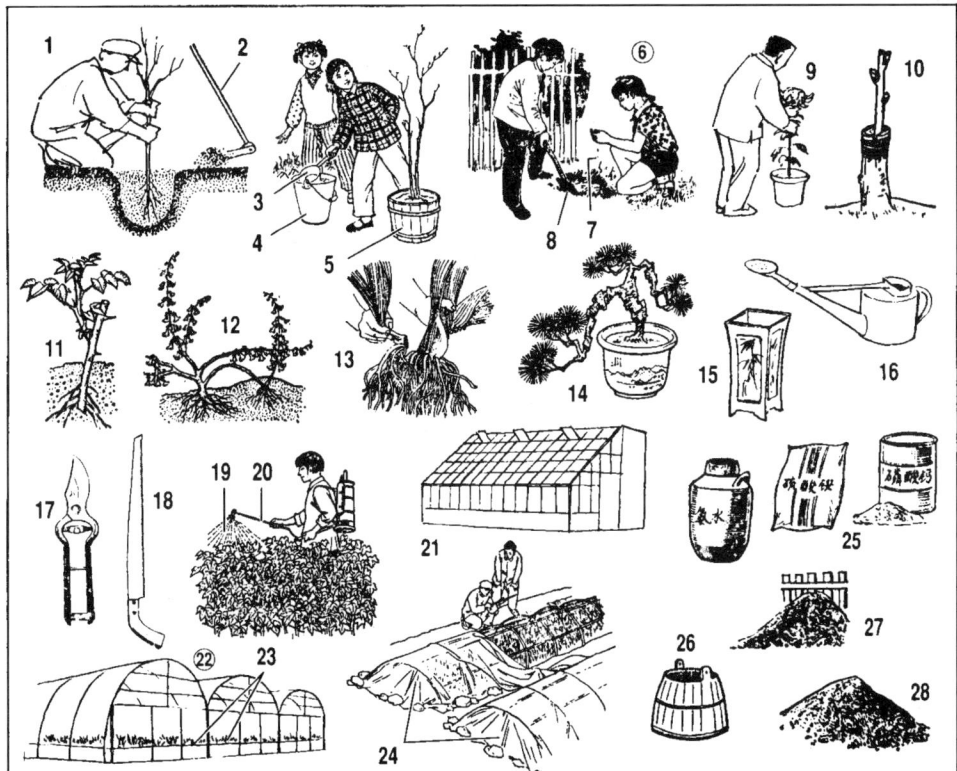

1 植树 zhíshù
  식수 ; 식목
2 锄 chú
  괭이
3 水勺儿 shuǐsháor
  자루 물바가지
4 水桶 shuǐtǒng
  물통 ; 양동이
5 大木桶 dàmùtǒng
  큰나무통
6 种花 zhònghuā
  꽃의 파종
7 花子儿 huāzǐr
  꽃씨
8 锹 qiāo
  삽
9 养花 yǎnghuā
  꽃 재배
10 嫁接 jiàjiē
  접목
11 插条 chātiáo
  삽목 ; 꺾꽂이 ▶"插枝" chāzhī,
  "扦插" qiānchā
12 压条 yātiáo
  취목 ; 휘묻이
13 分株 fēnzhū
  분주
14 盆景儿 pénjǐngr
  분재
15 花盆 huāpén
  화분
16 喷壶 pēnhú
  물뿌리개
17 修枝剪 xiūzhījiǎn
  전정 가위
18 手锯 shǒujù
  수동식 톱
19 农药 nóngyào
  농약
20 喷雾器 pēnwùqì
  분무기
21 温室 wēnshì
  온실
22 塑料棚 sùliàopéng
  비닐하우스 ▶"塑料大棚"
  sùliào dàpéng
23 温床 wēnchuáng
  온상 ; 냉상
  ▶"冷床" lěngchuáng
24 塑料薄膜 sùliào bómó
  비닐 시트
25 化肥 huàféi
  화학 비료
26 粪肥 fènféi
  분뇨 비료
27 厩肥 jiùféi
  쇠두엄 ; 외양간 두엄
28 堆肥 duīféi
  퇴비

295 树木 shùmù · 花草 huācǎo I

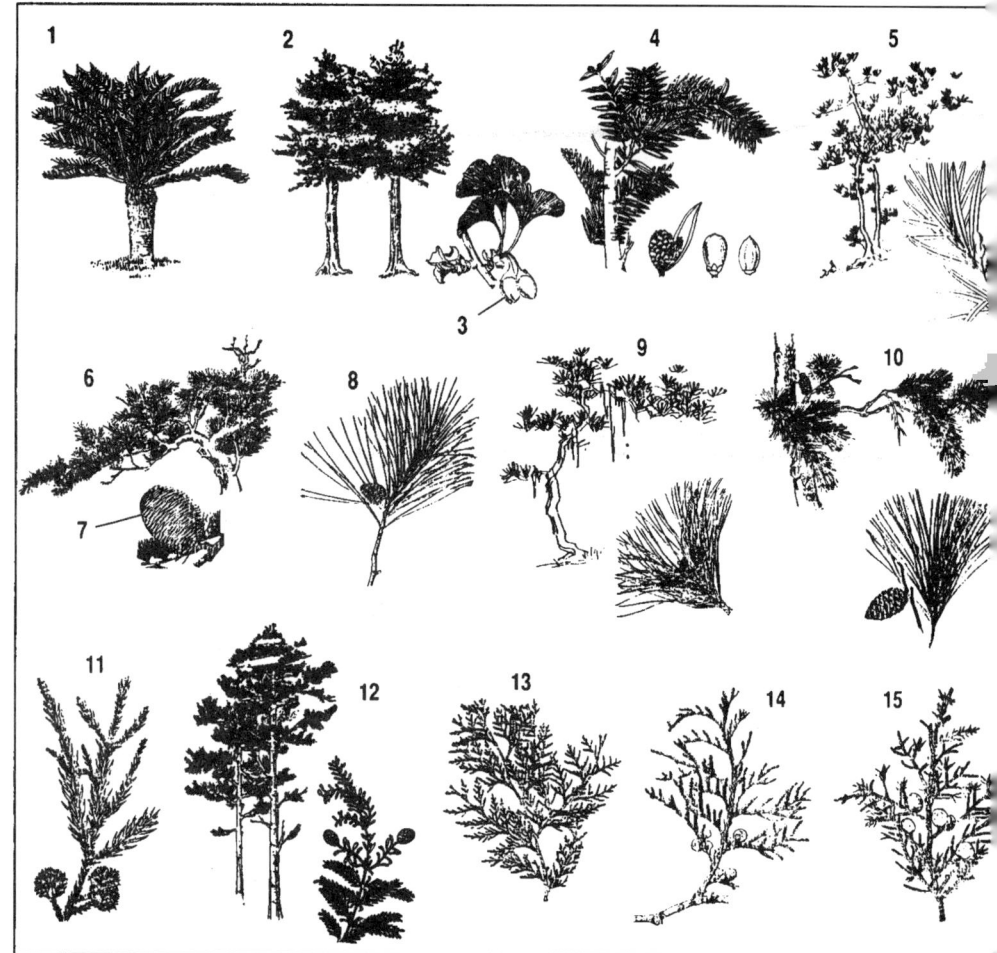

1 苏铁 sūtiě
  소철 ▶"铁树" tiěshù
2 银杏 yínxìng
  은행나무
3 白果 báiguǒ
  은행
4 香榧 xiāngfěi
  비자나무
5 罗汉松 luóhànsōng
  나한송 ; 이깔나무
6 雪松 xuěsōng
  히말라야 삼목
7 松树的球果 sōngshù de qiúguǒ
  솔방울
8 赤松 chìsōng
  적송 ; 소나무
9 黑松 hēisōng
  흑송 ; 곰솔 ; 해송
10 马尾松 mǎwěisōng
  전나무
11 日本柳杉 rìběn liǔshān
  유삼목
12 水杉 shuǐshān
  수삼목 ; 메타세쿼이아
13 侧柏 cèbǎi
  측백나무
14 日本花柏 rìběn huābǎi
  화백나무
15 桧柏 guìbǎi
  원백나무 ; 향나무과의 상록
  교목 ▶"圆柏" yuánbǎi

수목・화초 I 295

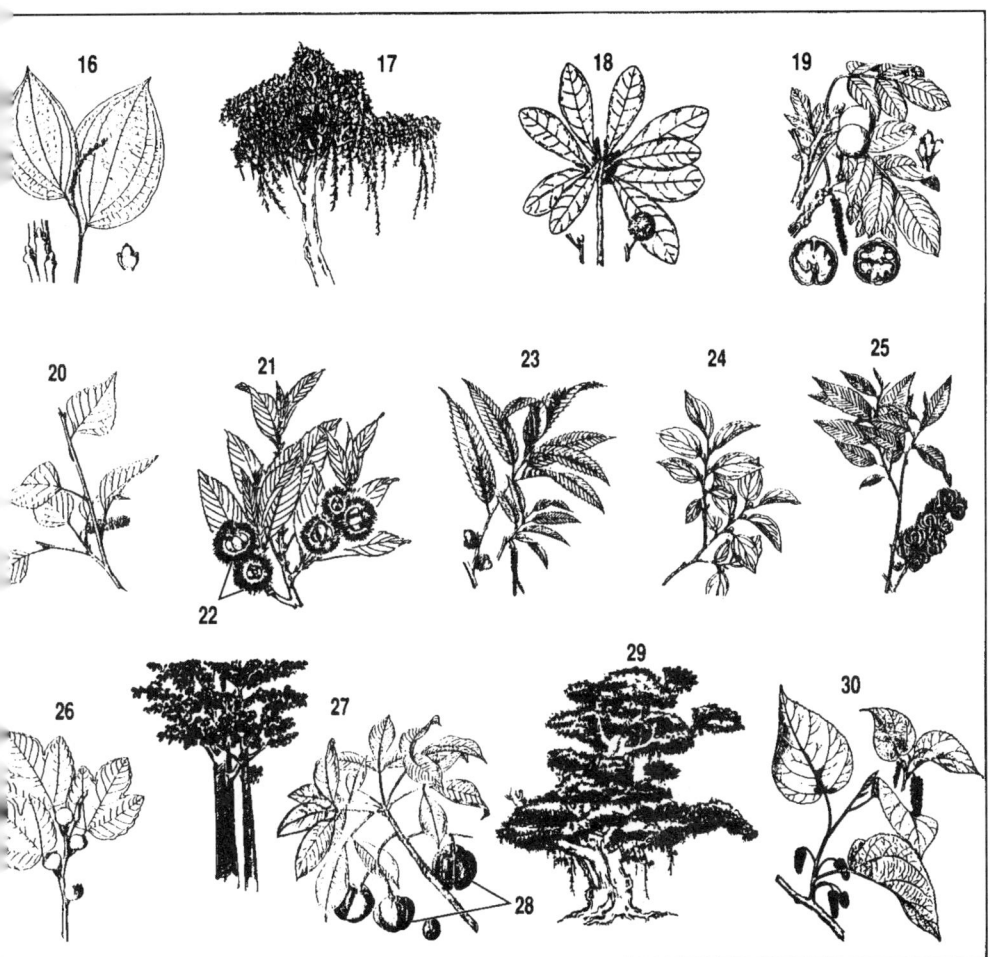

16 胡椒 hújiāo
　후추나무
17 垂柳 chuíliǔ
　수양버들
18 扬梅 yángméi
　양매 ; 소귀나무
19 核桃 hétao
　호두나무 ▶"胡桃" hútáo
20 白桦 báihuà
　자작나무
21 扳栗 bǎnlì
　밤나무
22 带刺外壳 dàicì wàiké
　가시껍질
23 麻栎 málì
　상수리나무
24 朴树 pòshù
　팽나무
25 白榆 báiyú
　당느릅나무 ▶"榆树" yúshù
26 无花果 wúhuāguǒ
　무화과나무
27 橡胶树 xiàngjiāoshù
　고무나무
28 橡胶树子儿 xiàngjiāoshù
　zǐr
　고무나무의 열매
29 榕树 róngshù
　용나무
30 桑 sāng
　뽕나무 ▶"桑树" sāngshù

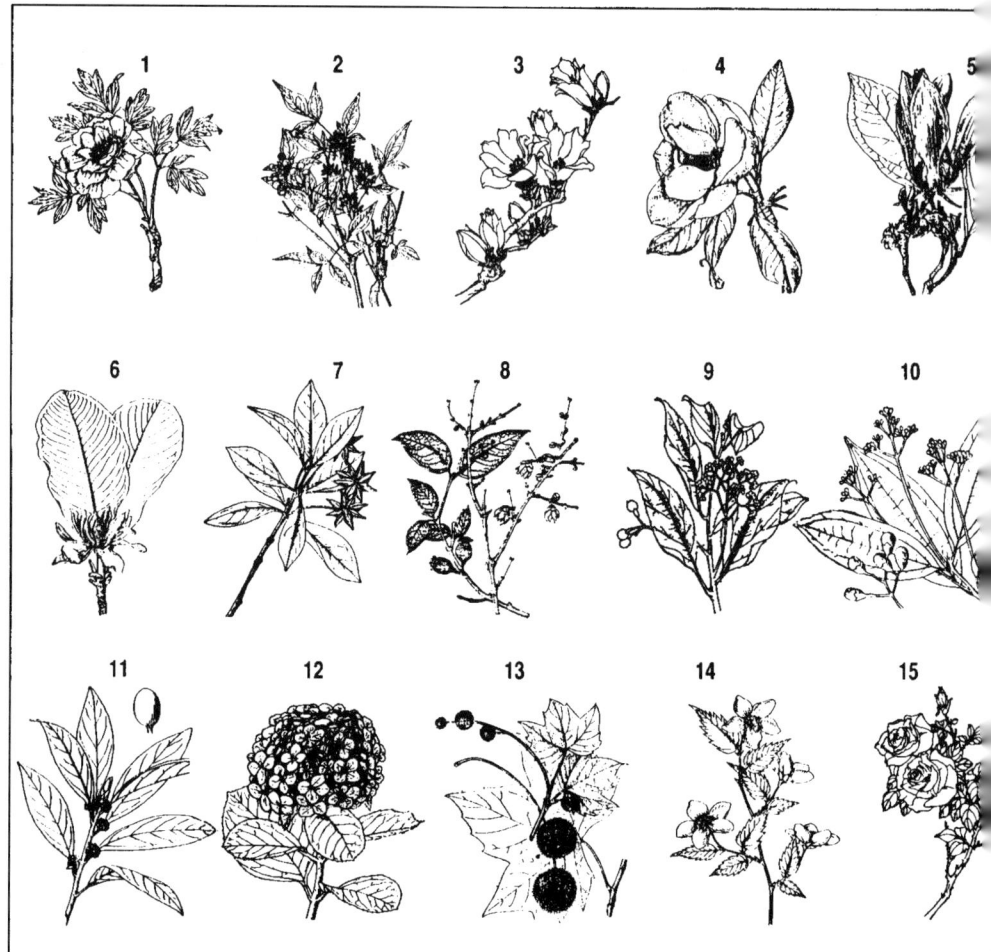

1 牡丹 mǔdan
  모란
2 南天竹 nántiānzhú
  남천
3 玉兰 yùlán
  백목련
4 荷花玉兰 héhuā yùlán
  양옥란
5 紫玉兰 zǐyùlán
  자옥란 ▶"辛夷" xīnyí
6 厚朴 hòupò
  후박나무
7 八角 bājiǎo
  팔각 ; 붓순나무
  ▶"大茴香" dàhuíxiāng
8 蜡梅 làméi
  납매
9 樟 zhāng
  녹나무 ▶"樟树" zhāngshù
10 肉桂 ròuguì
  계수나무 ; 계수
11 月桂 yuèguì
  월계수
12 绣球 xiùqiú
  수구화 ; 수국
  ▶"八仙花" bāxiānhuā
13 悬铃木 xuánlíngmù
  플라타너스 ▶"法国梧桐"
  fǎguó wútóng
14 棣棠花 dìtánghuā
  산앵두나무
15 月季花 yuèjìhuā
  월계화

수목·화초 II 296

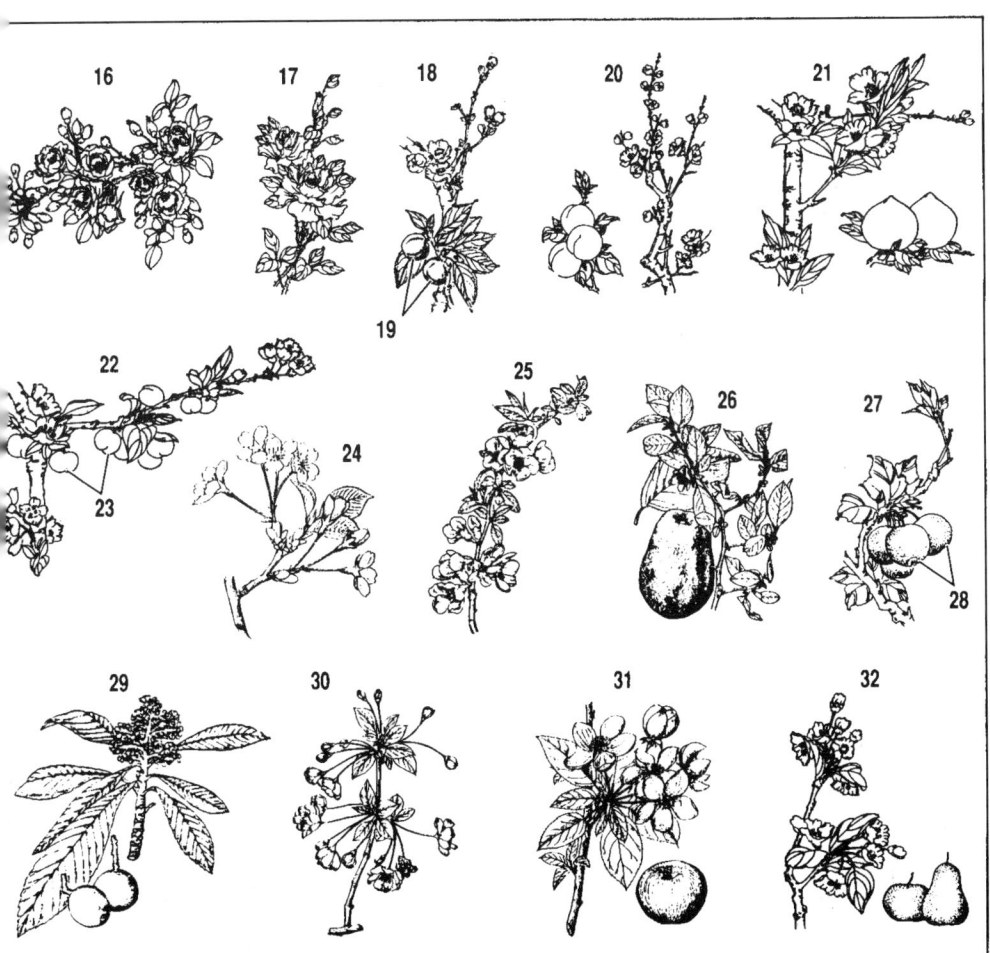

16 十姐妹 shíjiěmèi
　보살장미
17 玫瑰 méigui
　장미
18 杏 xìng
　살구 ▶"杏树" xìngshù(살구
　나무)
19 杏儿 xìngr
　살구의 열매
20 梅 méi
　매화 ; 매실 ▶"梅树" méishù
　(매화나무)
21 桃 táo
　복숭아 ▶"桃树" táoshù(복숭
　아나무)
22 李 lǐ
　자두 ▶"李树" lǐshù(자두나
　무)
23 李子 lǐzi
　자두나무의 열매
24 日本樱花 rìběn yīnghuā
　왕벚나무
25 贴梗木瓜 tiēgěng mùguā
　명자나무 ▶"贴梗海棠" tiē-
　gěng hǎitáng
26 木瓜 mùguā
　모과(나무)
27 山楂 shānzhā
　산사나무 ; 아가위나무
28 红果儿 hóngguǒr
　산사나무의 열매
29 枇杷 pípa
　비파(나무)
30 垂丝海棠 chuísī hǎitáng
　화해당
31 苹果 píngguǒ
　사과
32 梨 lí
　배 ▶"梨树" líshù(배나무)

481

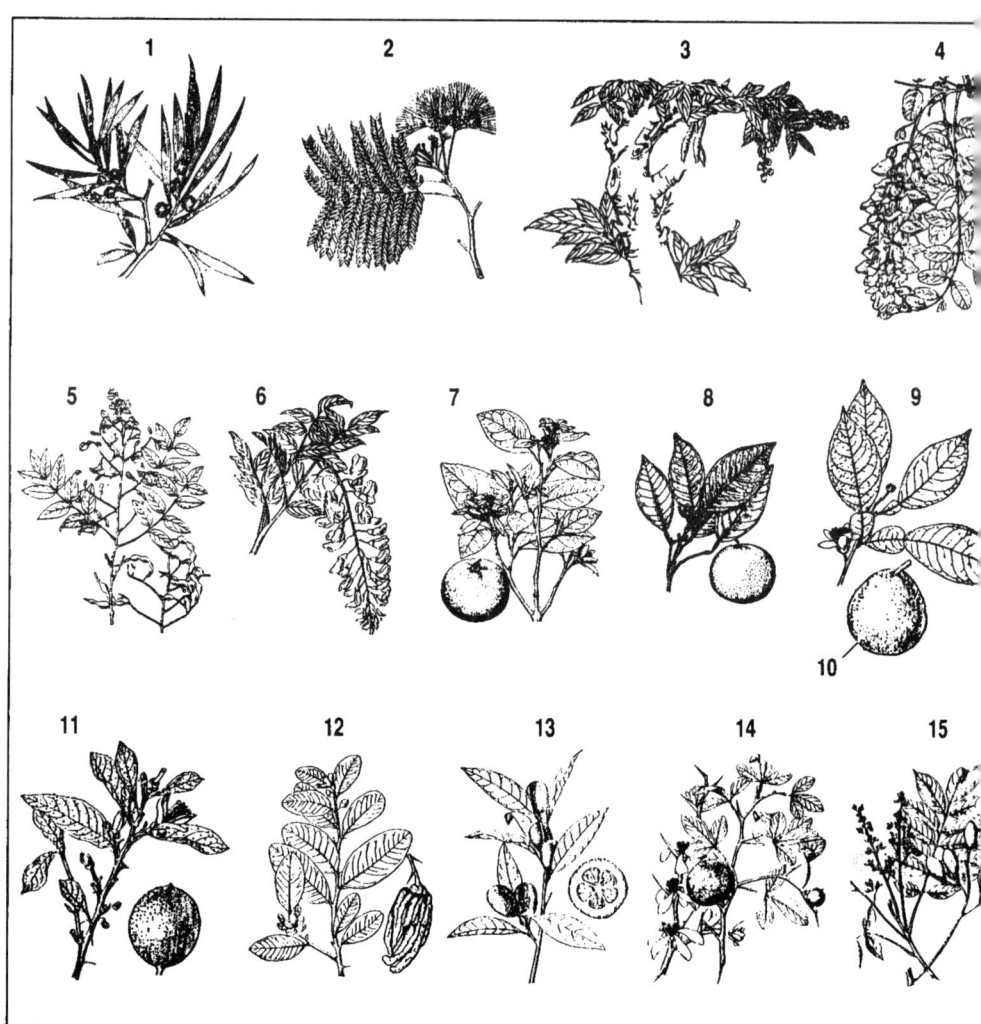

1 相思树 xiāngsīshù
  상사수 ▶"台湾相思" táiwān xiāngsī
2 合欢 héhuān
  자귀나무；합환목
3 皂荚 zàojiá
  쥐엄나무 ▶"皂角" zàojiǎo
4 洋槐 yánghuái
  아카시아 ▶"刺槐" cìhuái
5 槐树 huáishù
  회화나무
6 紫藤 zǐténg
  자등나무
7 酸橙 suānchéng
  산등나무
8 甜橙 tiánchéng
  단 오렌지
9 柚 yòu
  유자(나무)
10 柚子 yòuzi
  유자 열매
11 柠檬 níngméng
  레몬
12 佛手柑 fóshǒugān
  불수감
13 金橘 jīnjú
  금귤(나무)
14 枸橘 gōujú
  탱자나무
15 橄榄 gǎnlǎn
  감람(나무)

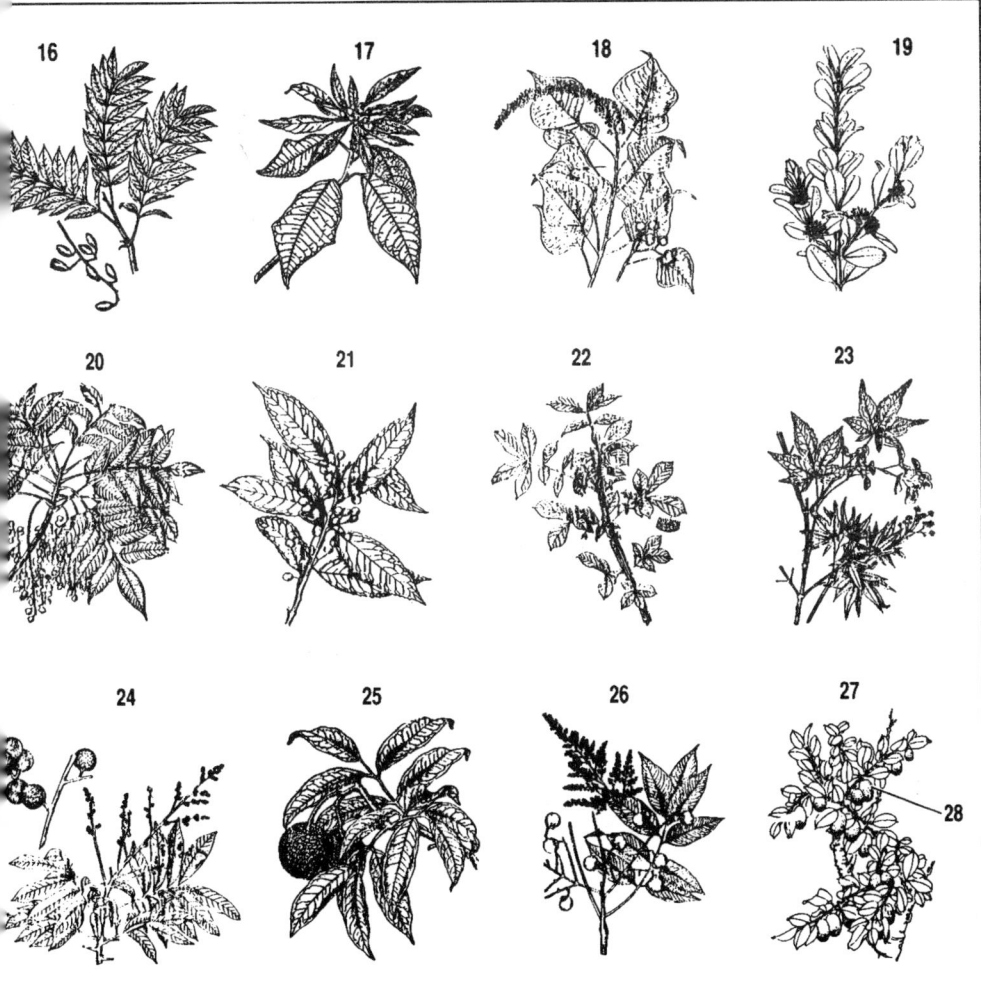

16 香椿 xiāngchūn
   참죽나무 ; 향나무
17 一品红 yìpǐnhóng
   성성목
18 乌桕 wūjiù
   오구목
19 黄杨 huángyáng
   좀회양목
20 漆树 qīshù
   옻나무
21 冬青 dōngqīng
   겨우살이
22 卫矛 wèimáo
   화살나무
23 鸡爪槭 jīzhǎoqī
   계조 ; 단풍나무의 일종
24 龙眼 lóngyǎn
   용안
25 荔枝 lìzhī
   여지
26 无患子 wúhuànzǐ
   무환자(나무)
27 枣 zǎo
   대추 ▶ "枣树" zǎoshù(대추나무)
28 枣儿 zǎor
   대추 열매

298 树木 shùmù · 花草 huācǎo IV

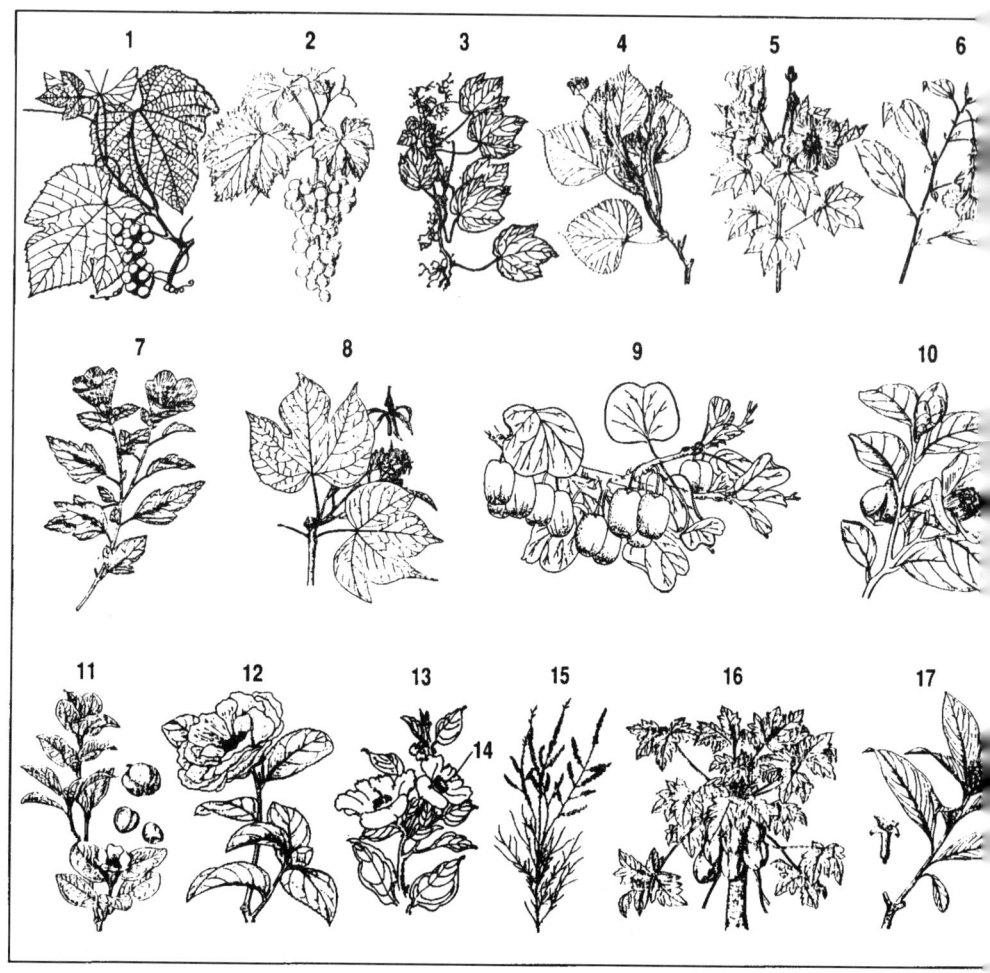

1 山葡萄 shānpútao
  왕머루
2 葡萄 pútao
  포도
3 爬山虎 páshānhǔ
  담쟁이덩굴
4 南京椴 nánjīngduàn
  보리수
5 木芙蓉 mùfúróng
  부용 ; 부용꽃
6 朱槿 zhūjǐn
  불상화 ▶"扶桑" fúsāng,
  "佛桑" fósāng
7 木槿 mùjǐn
  목근 ; 무궁화 ; 근화
8 梧桐 wútóng
  청동 ; 벽오동
9 猕猴桃 míhóutáo
  소귀나무
10 山茶 shānchá
  동백나무
11 油茶 yóuchá
  유동백나무
12 茶梅 cháméi
  산다화
13 茶树 cháshù
  차나무
14 茶花 cháhuā
  차꽃 ; 동백꽃
15 柽柳 chēngliǔ
  위성류(渭城柳)
16 番木瓜 fānmùguā
  파파야
17 毛瑞香 máoruìxiāng
  서향

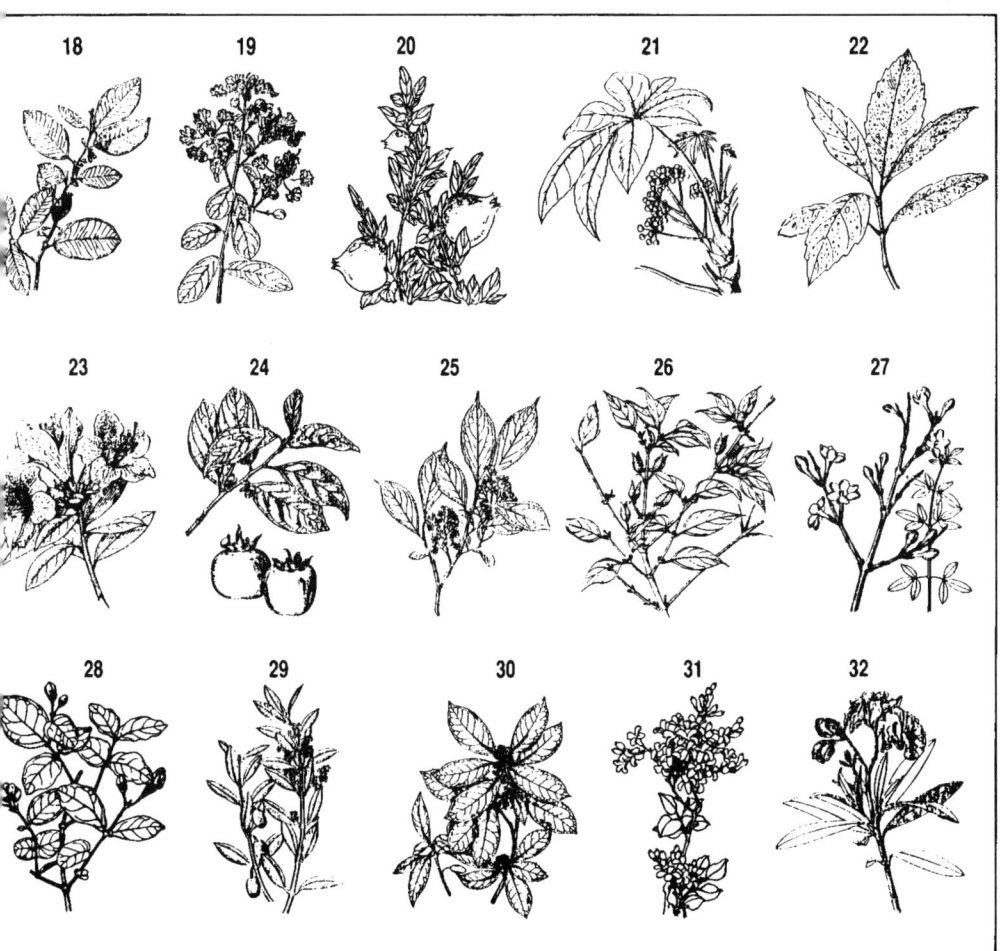

18 胡颓子 hútuízǐ
  보리수나무
19 紫薇 zǐwēi
  백일홍
20 石榴 shíliu
  석류(나무)
21 八角金盘 bājiǎo jīnpán
  팔손이나무
22 桃叶珊瑚 táoyè shānhú
  식나무
23 杜鹃花 dùjuānhuā
  철쭉꽃 ; 진달래꽃
  ▶"映山红" yìngshānhóng
24 柿子 shìzi
  감(나무)
25 白檀 báitán
  백단향
26 连翘 liánqiáo
  개나리
27 迎春花 yíngchūnhuā
  영춘화 ; 황매 꽃
28 茉莉花 mòlihuā
  재스민 ; 말리꽃
29 油橄榄 yóugǎnlǎn
  올리브
30 木犀 mùxi
  목서 ▶"桂花" guìhuā
31 紫丁香 zǐdīngxiāng
  라일락
32 夹竹桃 jiāzhútáo
  협죽도

299 树木 shùmù · 花草 huācǎo V

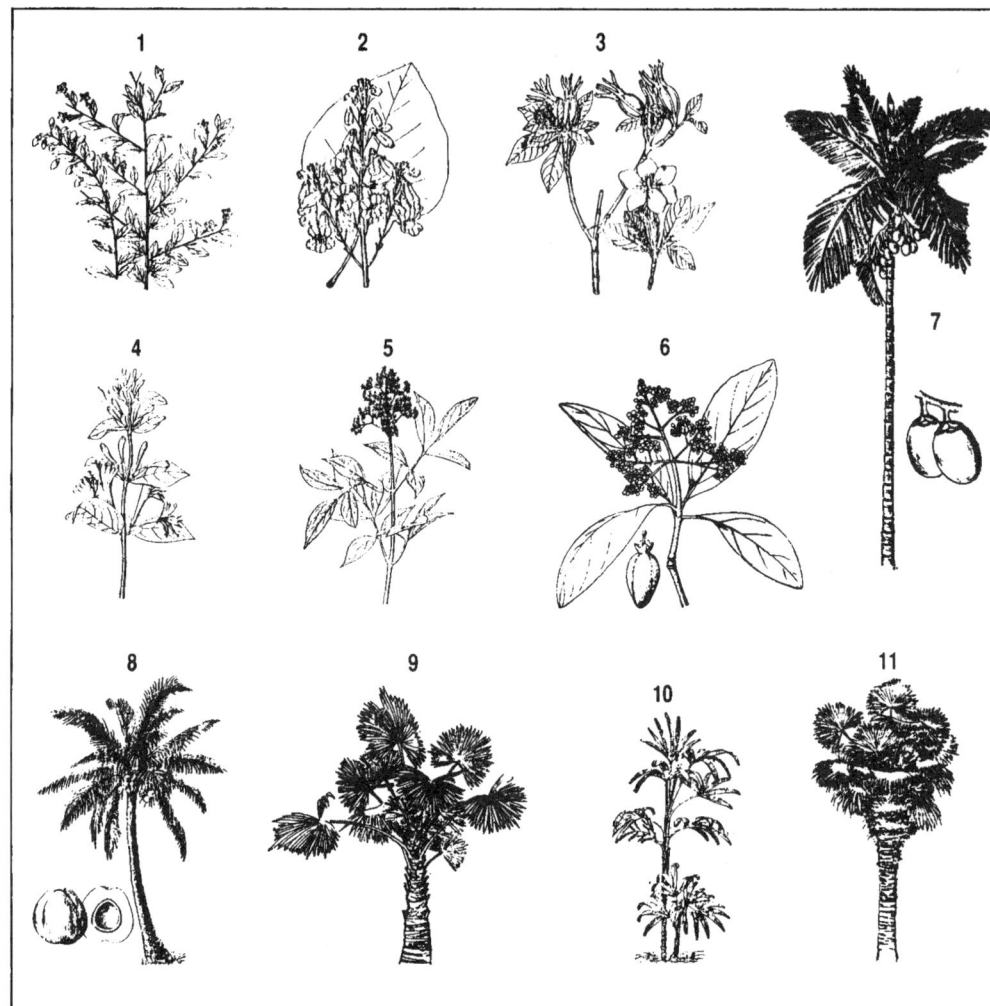

1 构杞 gǒuqǐ
  구기자나무
2 桐 tóng
  오동나무 ▶"桐树" tóngshù
3 栀子 zhīzi
  치자나무
4 忍冬 rěndōng
  인동덩굴
  ▶"金银花" jīnyínhuā
5 接骨木 jiēgǔmù
  접골목 ; 딱총나무
6 珊瑚树 shānhúshù
  산호수 ; 아왜나무 ▶"早禾树" zǎohéshù
7 槟榔 bīnlang
  빈랑나무
8 椰子 yēzi
  야자(나무)
9 蒲葵 púkuí
  부들빈랑
10 棕竹 zōngzhú
  관음죽
11 棕榈 zōnglú
  종려나무

수목・화초 V

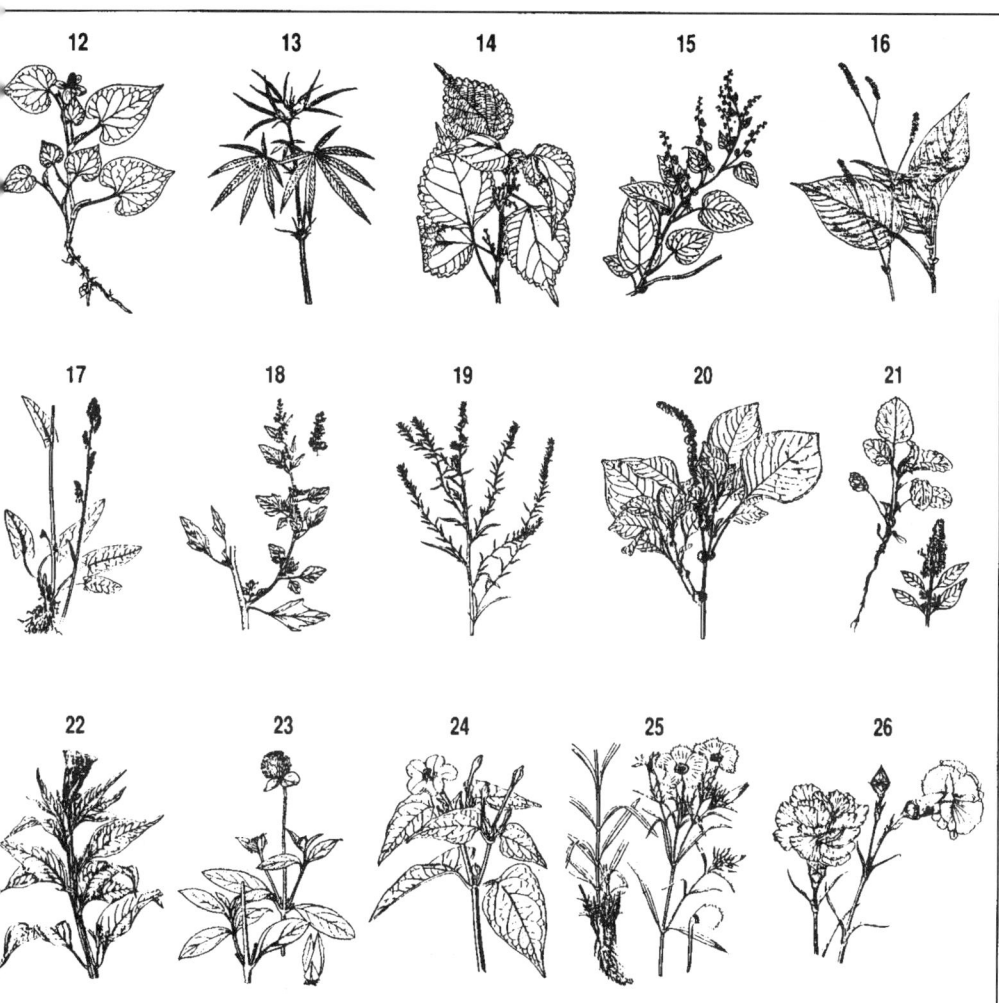

12 蕺菜 jícài
삼백초
▶"鱼腥草" yúxīngcǎo
13 大麻 dàmá
대마 ; 삼
14 苎麻 zhùmá
모시풀
15 何首乌 héshǒuwū
하수오
16 红蓼 hóngliǎo
털여뀌 ▶"荭草" hóngcǎo
17 酸模 suānmó
흰여뀌
18 藜 lí
명아주
19 扫帚菜 sǎozhoucài
대싸리 ▶"地肤" dìfū
20 雁来红 yànláihóng
색비름
21 白苋 báixiàn
백현 ▶비름의 일종. "野苋菜" yěxiàncài
22 鸡冠花 jīguānhuā
맨드라미
23 千日红 qiānrìhóng
천일홍
24 紫茉莉 zǐmòli
분꽃
25 石竹 shízhú
석죽 ; 패랭이꽃
26 香石竹 xiāngshízhú
카네이션
▶"康乃馨" kāngnǎixīn

树木 shùmù · 花草 huācǎo VI

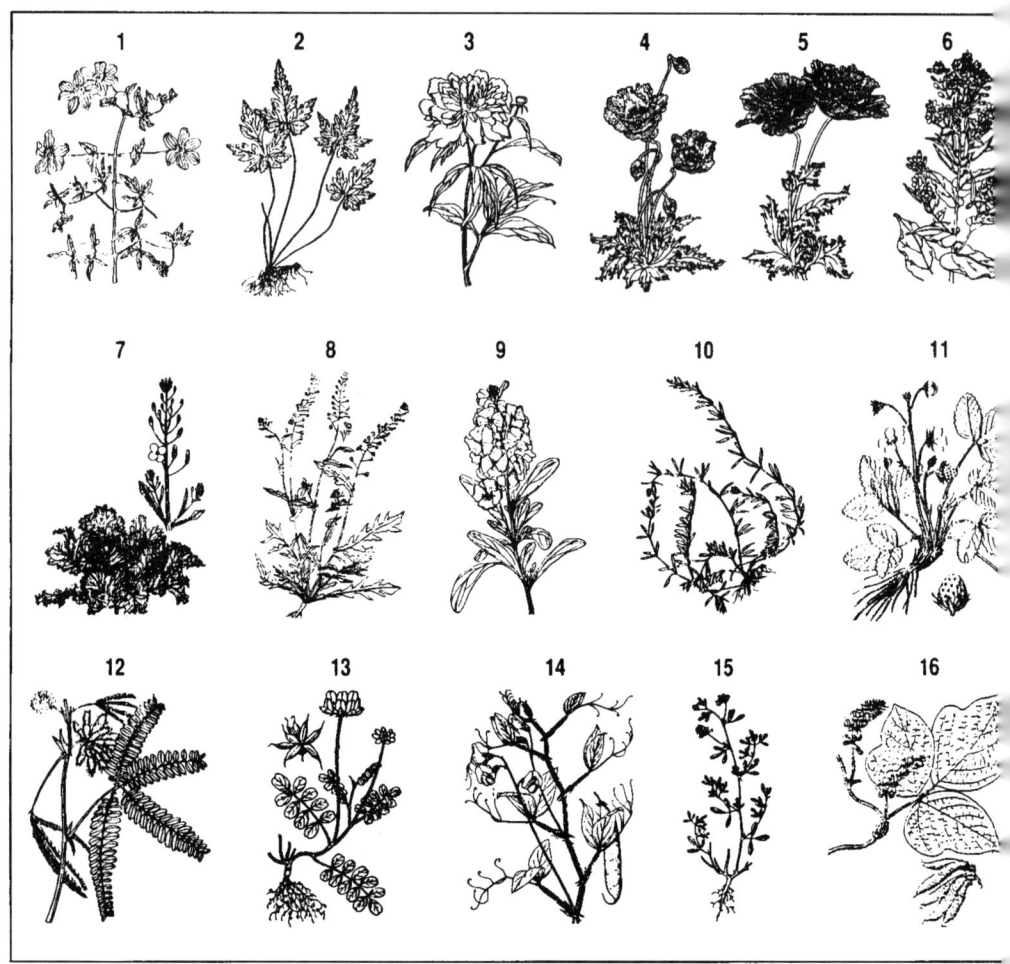

1 铁线莲 tiěxiànlián
　위령선
2 黄连 huánglián
　황련
3 芍药 sháoyao
　작약
4 虞美人 yúměirén
　우미인초；개양귀비
5 罂粟 yīngsù
　앵속；양귀비
6 油菜 yóucài
　평지▶평지꽃은 "油菜花"
　yóucàihuā
7 甘蓝 gānlán
　감란▶"叶牡丹" yèmǔdan
8 荠菜 jìcài
　냉이
9 紫罗兰 zǐluólán
　스톡
10 垂盆草 chuípéncǎo
　돌나물
11 草莓 cǎoméi
　딸기
12 含羞草 hánxiūcǎo
　함수초
13 紫云英 zǐyúnyīng
　자운영
14 香豌豆 xiāngwāndòu
　사향연리초(의 꽃)
15 紫苜蓿 zǐmùxu
　거여목；개자리
　▶"苜蓿" mùxu
16 葛藤 géténg
　칡▶"野葛" yěgé

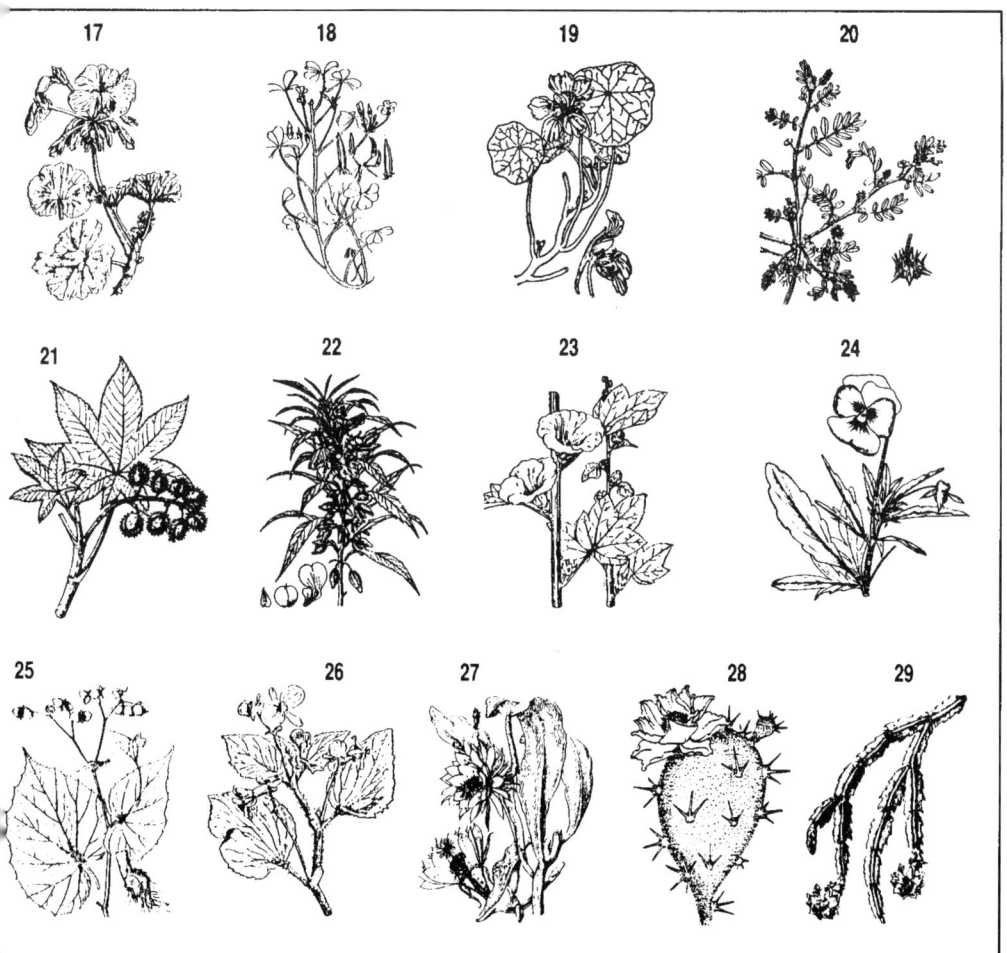

17 天竺葵 tiānzhúkuí
　천축규；양아욱
18 酢浆草 cùjiāngcǎo
　괭이밥
19 旱金莲 hànjīnlián
　한련 ▶"金莲花" jīnliánhuā
20 蒺藜 jílí
　남가새
21 蓖麻 bìmá
　피마자；아주까리
22 凤仙花 fèngxiānhuā
　봉선화
23 蜀葵 shǔkuí
　접시꽃；촉규
24 三色堇 sānsèjǐn
　삼색제비꽃
25 秋海棠 qiūhǎitáng
　추해당
26 四季海棠 sìjì hǎitáng
　렉스 베고니아(Rex Begonia)
27 昙花 tánhuā
　홍초 ▶공작선인장의 일종
28 仙人掌 xiānrénzhǎng
　선인장
29 蟹爪兰 xièzhǎolán
　게발선인장

301 树木 shùmù · 花草 huācǎo Ⅶ

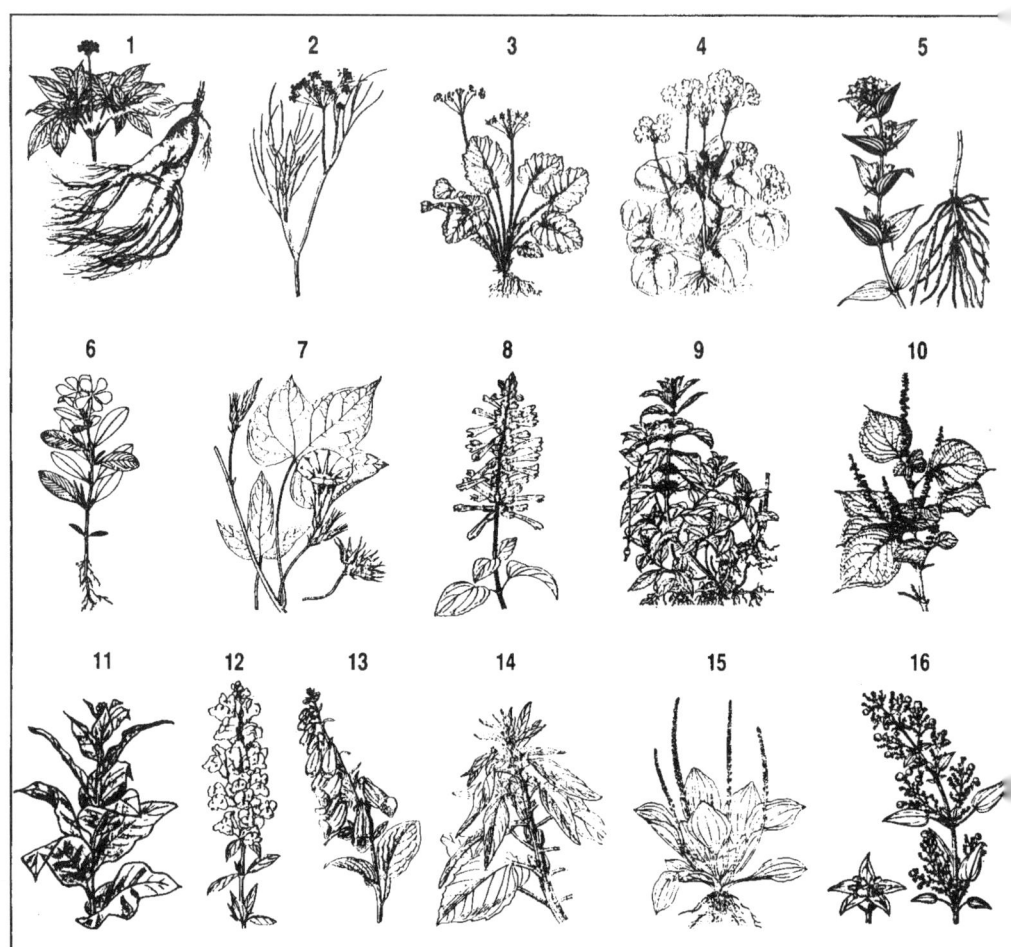

1 人参 rénshēn
  인삼
2 茴香 huíxiāng
  회향풀
3 报春花 bàochūnhuā
  앵초
4 四季报春 sìjì bàochūn
  사반앵초
  ▶"鄂报春" èbàochūn
5 龙胆 lóngdǎn
  용담
6 长春花 chángchūnhuā
  금잔화 ; 일일초
7 牵牛花 qiānniúhuā
  나팔꽃 ▶"裂叶牵牛" lièyè qiānniú
8 一串红 yíchuànhóng
  샐비어
9 薄荷 bòhe
  박하
10 紫苏 zǐsū
  자소
11 烟草 yāncǎo
  담배
12 金鱼草 jīnyúcǎo
  금어초
13 毛地黄 máodìhuáng
  디기탈리스(digitalis)
  ▶"羊地黄" yángdìhuáng
14 芝麻 zhīma
  참깨 ▶"脂麻" zhīma
15 车前 chēqián
  질경이
16 茜草 qiàncǎo
  꼭두서니

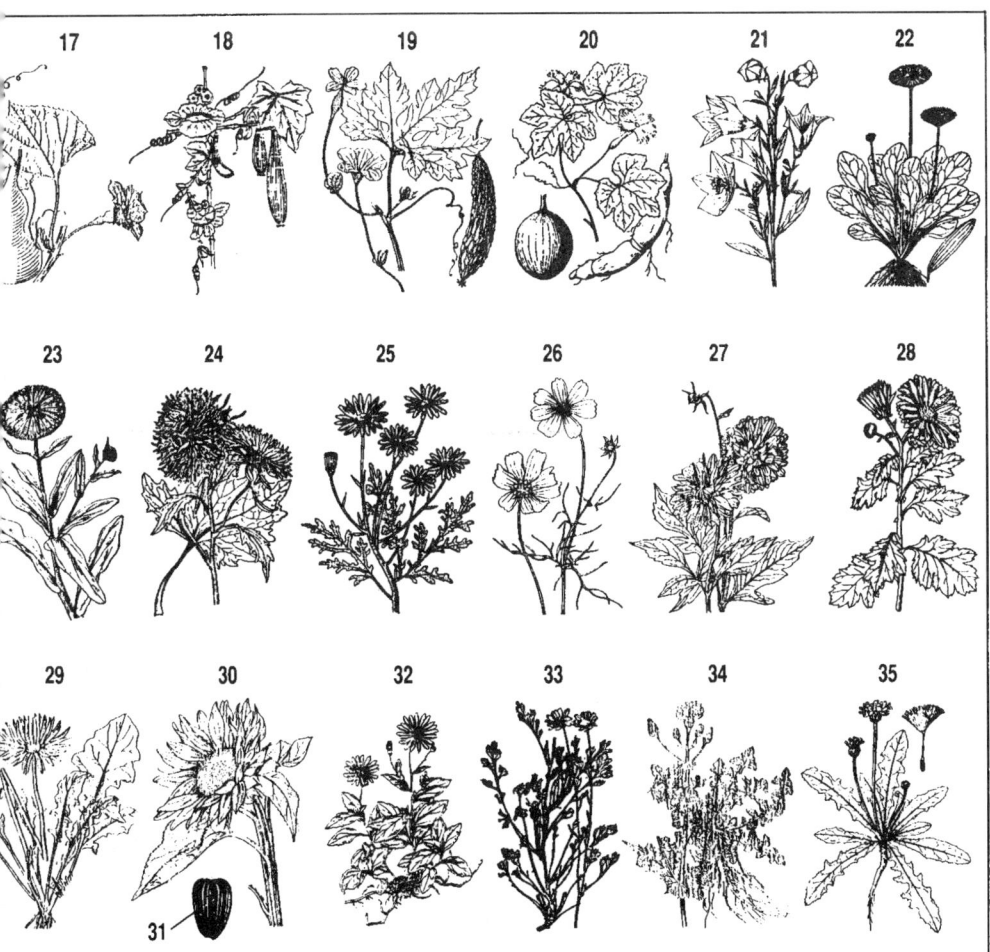

17 葫芦 húlu
　호리병박
18 丝瓜 sīguā
　수세미외
19 苦瓜 kǔguā
　덩굴여지 ; 여지
20 栝楼 guālóu
　하눌타리 ▶"瓜妥" guātuǒ
21 桔梗 jiégěng
　도라지
22 雏菊 chújú
　데이지(daisy)
23 金盏菊 jīnzhǎnjú
　금잔화
　▶"金盏花" jīnzhǎnhuā
24 翠菊 cuìjú
　과꽃
25 木茼蒿 mùtónghāo
　마거리트
　▶"蓬蒿菊" pénghāojú
26 秋英 qiūyīng
　코스모스
　▶"大波斯菊" dàbōsījú
27 大丽花 dàlìhuā
　달리아
28 菊花 júhuā
　국화
29 非洲菊 fēizhōujú
　거베라
　▶"扶郎花" fúlánghuā
30 向日葵 xiàngrìkuí
　해바라기
31 葵花子儿 kuíhuā zǐr
　해바라기 씨
32 马兰 mǎlán
　가는쑥부쟁이
33 除虫菊 chúchóngjú
　제충국
34 苦苣菜 kǔqǔcài
　방가지똥
35 蒲公英 púgōngyīng
　민들레

树木 shùmù · 花草 huācǎo Ⅷ

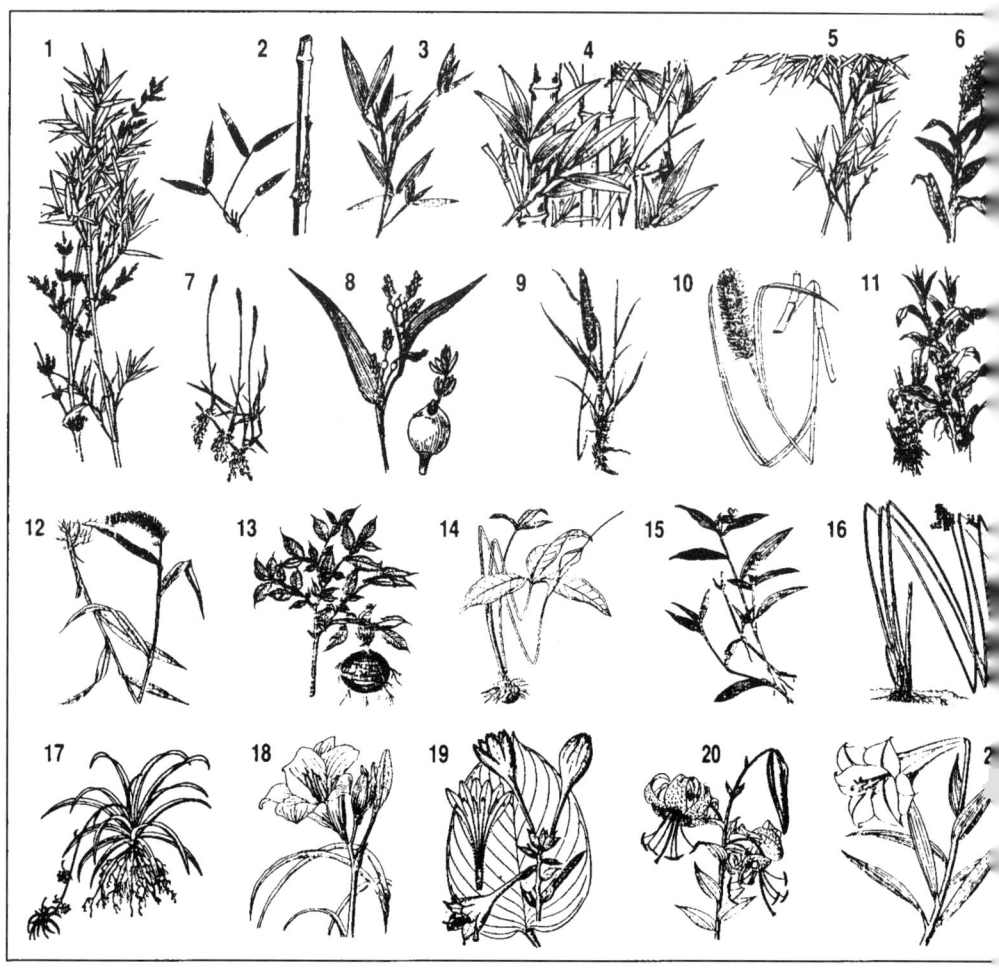

1 凤凰竹 fènghuángzhú
  봉황죽
2 方竹 fāngzhú
  방죽 ; 사방죽
3 紫竹 zǐzhú
  오죽
4 毛竹 máozhú
  죽순대
5 淡竹 dànzhú
  솜대 ; 담죽
6 芦竹 lúzhú
  대나무 비슷한 갈대의 일종
7 结缕草 jiélǚcǎo
  잔디 ; 금잔디
8 薏苡 yìyǐ
  염주
9 白茅 báimáo
  백모 ; 띠
10 狼尾草 lángwěicǎo
   강아지풀
11 甘蔗 gānzhe
   사탕수수
12 狗尾草 gǒuwěicǎo
   구미초 ; 강아지풀
13 魔芋 móyù
   구약나물 ▶"蒟蒻" jǔruò
14 半夏 bànxià
   반하
15 鸭跖草 yāzhícǎo
   닭의장풀
16 灯心草 dēngxīncǎo
   골풀 ; 등심초
17 吊兰 diàolán
   사철난초
18 萱草 xuāncǎo
   훤초 ; 원추리
19 玉簪花 yùzānhuā
   옥잠화
20 卷丹 juǎndān
   참나리
21 麝香百合 shèxiāng bǎihé
   나팔나리 ; 백향나리

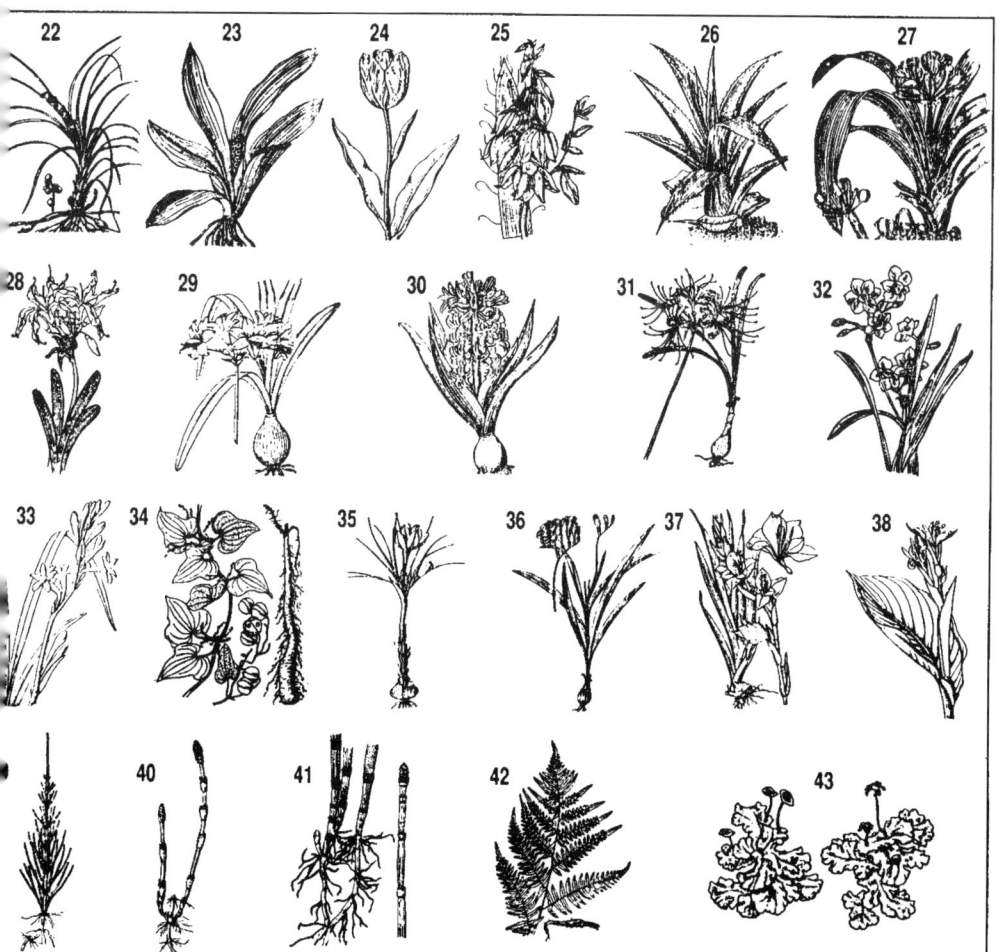

22 麦冬 màidōng
  맥문동 ▶"沿阶草" yánjiēcǎo
23 万年青 wànniánqīng
  만년청
24 郁金香 yùjīnxiāng
  튤립；울금향
25 丝兰 sīlán
  실유카
26 龙舌兰 lóngshélán
  용설란
27 君子兰 jūnzǐlán
  군자란
28 文珠兰 wénzhūlán
  문주란
29 百枝莲 bǎizhīlián
  아마릴리스 ▶"朱顶兰" zhū-
  dǐnglán, "朱顶红" zhū-
  dǐnghóng
30 风信子 fēngxìnzǐ
  히아신스
31 石蒜 shísuàn
  석산
32 水仙 shuǐxiān
  수선；수선화
33 晚香玉 wǎnxiāngyù
  상사화
  ▶"月下香" yuèxiàxiāng
34 薯蓣 shǔyù
  참마
35 番红花 fānhónghuā
  사프란(saffraan)
36 香雪兰 xiāngxuělán
  프리지어(freesia)
37 唐菖蒲 tángchāngpú
  글라디올러스
38 美人蕉 měirénjiāo
  홍초；미인교
39 问荆 wènjīng
  쇠뜨기
40 笔头菜 bǐtóucài
  뱀밥
41 木贼 mùzéi
  속새
42 蕨 jué
  고사리
43 地钱 dìqián
  우산이끼

303 藻类 zǎolèi I   조류 I

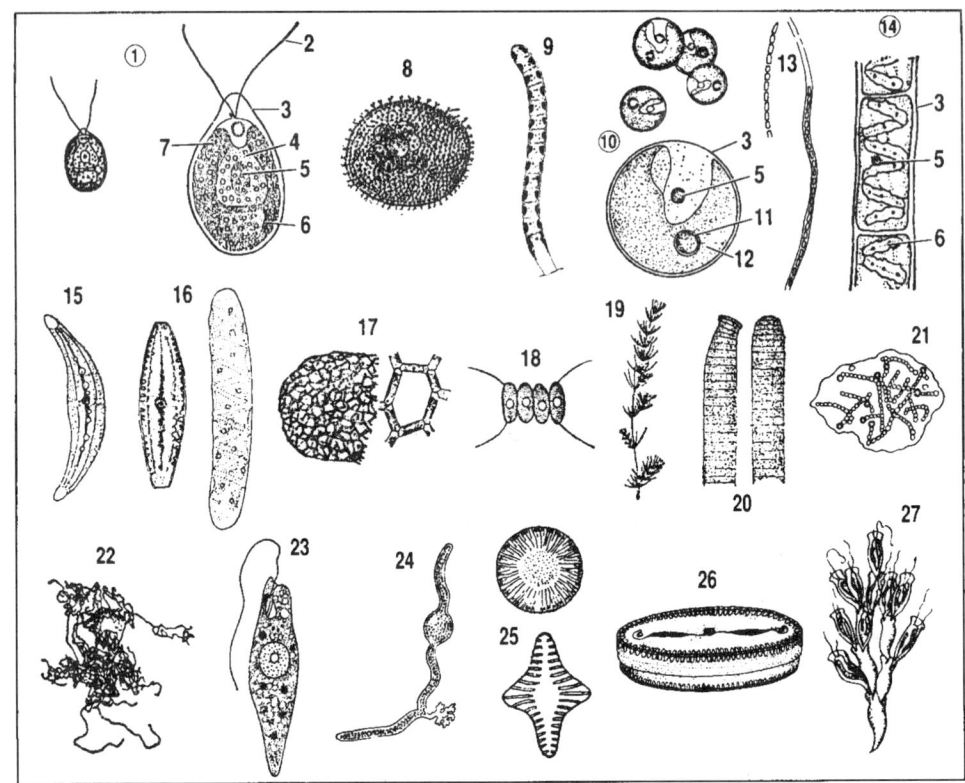

1 衣藻 yīzǎo
  클라미도모나스
2 鞭毛 biānmáo
  편모
3 细胞壁 xìbāobì
  세포벽
4 细胞质 xìbāozhì
  세포질
5 细胞核 xìbāohé
  세포핵
6 叶绿体 yèlǜtǐ
  엽록체
7 眼点 yǎndiǎn
  안점
8 团藻 tuánzǎo
  단조 ; 덩어리말 ; 볼복스
9 丝藻 sīzǎo
  울로드릭스(Ulothrix)
10 小球藻 xiǎoqiúzǎo
   클로렐라(Chlorella)
11 淀粉核 diànfěnhé
   녹말핵
12 色素体 sèsùtǐ
   색소체
13 鞘藻 qiàozǎo
   붓뚜껑말
14 水绵 shuǐmián
   수면
15 新月藻 xīnyuèzǎo
   반달말
16 鼓藻 gǔzǎo
   장구말
17 水网藻 shuǐwǎngzǎo
   그물말 ▶ "网藻" wǎngzǎo
18 栅列藻 shānlièzǎo
   비육조
19 轮藻 lúnzǎo
   차축조식물
20 颤藻 chànzǎo
   흔들말
21 葛仙米 géxiānmǐ
   해파리의 일종
22 发菜 fācài
   염주조
23 眼虫藻 yǎnchóngzǎo
   유글레나(Euglena)
24 无隔藻 wúgézǎo
   바우케리아
25 硅藻 guīzǎo
   규조 ; 돌말
26 羽纹藻 yǔwénzǎo
   핀눌라리아
27 金藻 jīnzǎo
   황색편모조

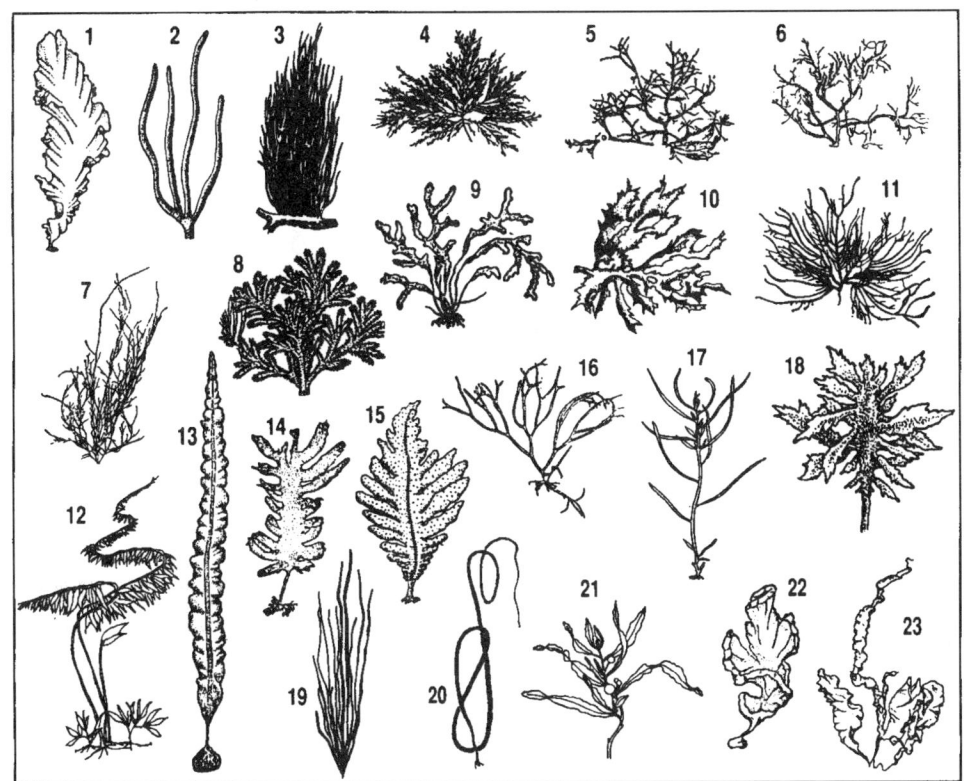

1-23 海藻 hǎizǎo
해조 ; 해초
1 甘紫菜 gānzǐcài
김 ; 해태 ▶"紫菜" zǐcài
2 海索棉 hǎisuǒmiàn
국수말
3 红毛菜 hóngmáocài
홍모채
4 石花菜 shíhuācài
우뭇가사리
5 海萝 hǎiluó
청각채
6 麒麟菜 qílíncài
기린채
7 江蓠 jiānglí
강리
8 鹧鸪菜 zhègūcài
자고채
9 海人草 hǎiréncǎo
해인초
10 鸡脚菜 jījiǎocài
갈래곰보 ▶우뭇가사리의 일종 ▶"鸡冠菜" jīguāncài
11 蜈蚣藻 wúgongzǎo
참지내말 ; 지내말
12 巨藻 jùzǎo
마크로시스티스 ▶큰 것은 수백 미터나 되는 거대한 해조
13 海带 hǎidài
긴다시마
14 昆布 kūnbù
다시마
▶"鹅掌菜" ézhǎngcài
15 裙带菜 qúndàicài
미역
16 鹿角菜 lùjiǎocài
청각채(해초)
17 羊栖菜 yángxīcài
녹미채
18 搗布 dǎobù
감태
19 萱藻 xuānzǎo
고리매 ; 줌뱅이
20 绳藻 shéngzǎo
끈말
21 马尾藻 mǎwěizǎo
모자반
22 石莼 shíchún
파래 ; 석순
23 浒苔 hǔtái
호태 ▶바다 녹조

305 水草 shǔcǎo

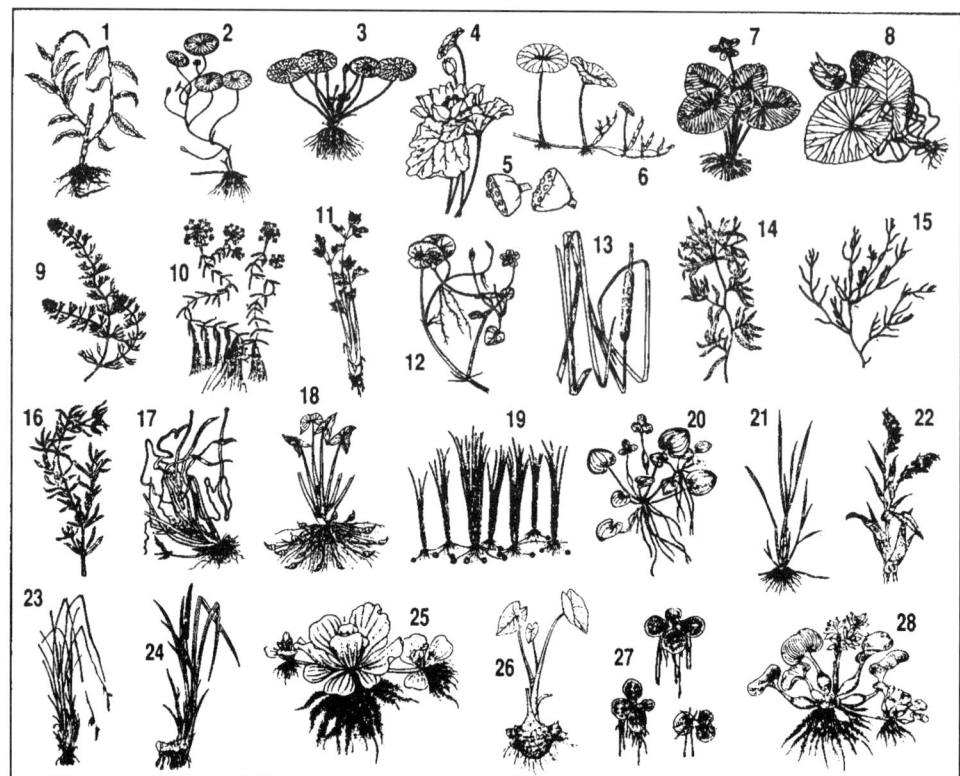

1 水蓼 shuǐliǎo
 여뀌
2 莼菜 chúncài
 순채 ; 순나물
3 芡实 qiànshí
 가지연
4 荷花 héhuā
 연꽃
5 莲 lián
 연 ▶그림은 "莲蓬" liánpeng
6 藕 ǒu
 연근 ; 연뿌리
7 萍蓬草 píngpéngcǎo
 왜개연꽃
8 睡莲 shuìlián
 수련
9 金鱼藻 jīnyúzǎo
 이삭물수세미 ; 붕어마름
10 菱 líng
 마름
11 水芹 shuǐqín
 미나리
12 荇菜 xìngcài
 순채
13 香蒲 xiāngpú
 부들
14 菹草 zūcǎo
 말즘 따위 가래과의 다년생 수초 ▶"虾藻" xiāzǎo
15 小眼子菜 xiǎoyǎnzicài
 가는가래 ; 좀가래
16 茨藻 cízǎo
 가시말
17 苦草 kǔcǎo
 익모초
18 慈姑 cígu
 자고 ; 쇠귀나물
19 荸荠 bíqí
 올방개
20 水鳖 shuǐbiē
 자라풀 ; 자라마름
21 茭白 jiāobái
 줄 ; 줄의 어린 줄기
22 芦苇 lúwěi
 갈대
23 乌拉草 wūlacǎo
 마라초 ; 콜풀 비슷한 식물
24 菖蒲 chāngpú
 창포
25 水浮莲 shuǐfúlián
 수부련 ; 개구리밥과의 식물
 ▶"大藻" dàpiáo
26 水芋 shuǐyù
 토란
27 紫萍 zǐpíng
 개구리밥
28 凤眼莲 fèngyǎnlián
 부레옥잠
 ▶"水葫芦" shuǐhúlu

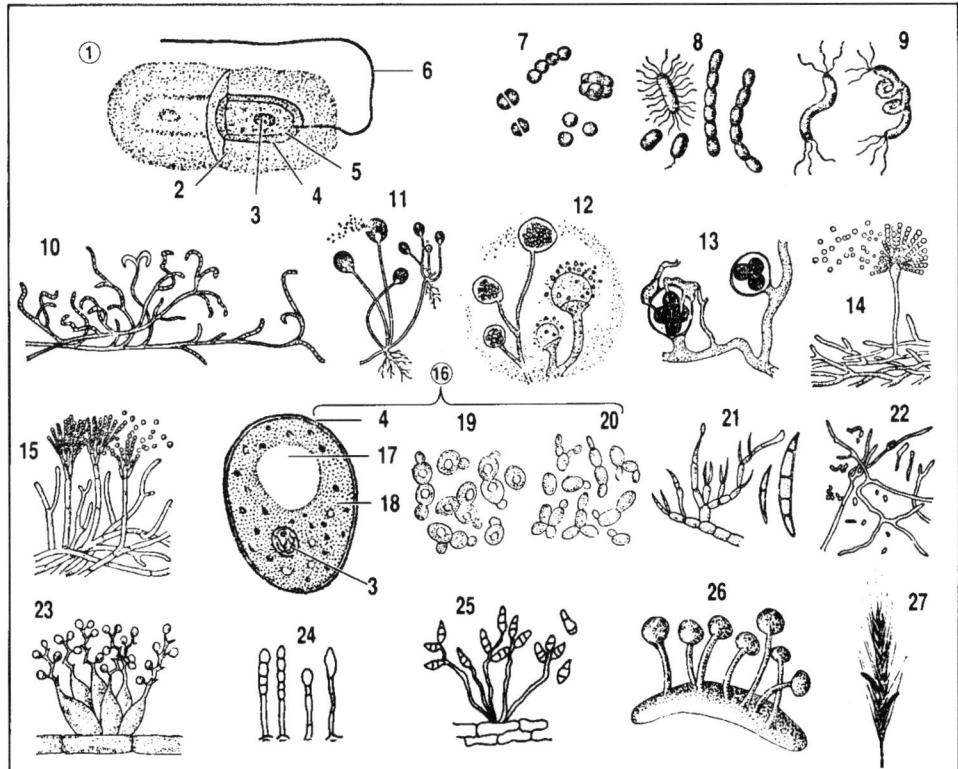

1 细菌细胞 xìjūn xìbāo
  세균 세포
2 荚膜 jiámó
  협막
3 细胞核 xìbāohé
  원핵 ; 세포핵
4 细胞壁 xìbāobì
  세포벽
5 细胞膜 xìbāomó
  세포막
6 鞭毛 biānmáo
  편모
7-9 细菌 xìjūn
  세균
7 球菌 qiújūn
  구균
8 杆菌 gǎnjūn
  간균 ; 막대박테리아
9 螺旋菌 luóxuánjūn
  나선균 ; 나선상균
10 放线菌 fàngxiànjūn
  방선균
11 根霉 gēnméi
   뿌리곰팡이
12 毛霉 máoméi
   털곰팡이 ▶ "白霉" báiméi
13 水霉 shuǐméi
   물곰팡이
14 曲霉 qūméi
   누룩곰팡이
15 青霉 qīngméi
   푸른곰팡이
16 酵母菌 jiàomǔjūn
   효모균 ; 이스트
17 液泡 yèpào
   액포
18 细胞质 xìbāozhì
   세포질
19 啤酒酵母 píjiǔ jiàomǔ
   맥주 효모
20 葡萄酒酵母 pútaojiǔ jiàomǔ
   포도주 효모
21 赤霉菌 chìméijūn
   붉은곰팡이균 ▶ "镰刀菌" liándāojūn
22 白地霉 báidìméi
   백지곰팡이균
23 白僵菌 báijiāngjūn
   백강병균
24 白粉菌 báifěnjūn
   백분병균 ; 흰가루병균
25 稻瘟病菌 dàowēnbìngjūn
   도열병균
26 麦角菌 màijiǎojūn
   맥각균
27 麦角菌核 màijiǎo jūnhé
   맥각균핵

307 菌类 jùnlèi

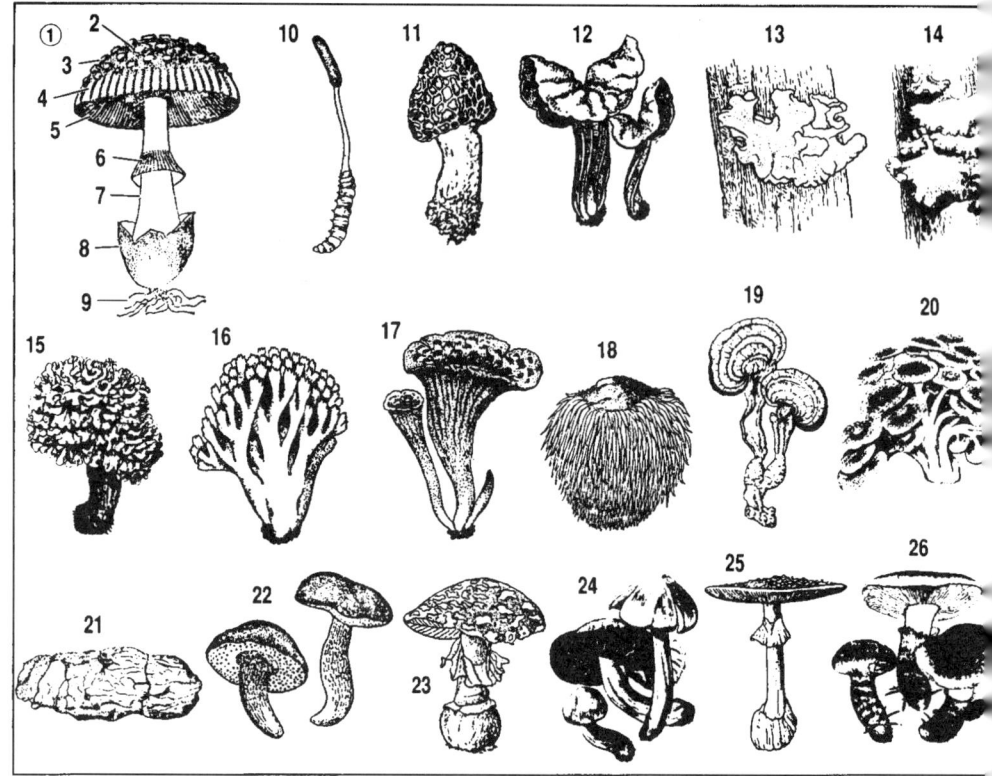

1 蘑菇 mógu
  식용 버섯
2 菌盖 jùngài
  버섯갓；균산
3 鳞片 línpiàn
  버섯비늘
4 条纹 tiáowén
  줄무늬
5 菌褶 jùnzhě
  균산(菌伞) 안쪽의 주름
6 菌环 jùnhuán
  내피막
7 菌柄 jùnbǐng
  균병；버섯자루
8 菌托 jùntuō
  외피막
9 菌丝 jūnsī
  균사(체)
10 冬虫夏草 dōngchóngxiàcǎo
  동충하초 ▶"虫草" chóngcǎo
11 羊肚菌 yángdùjùn
  그물주름버섯
12 马鞍菌 mǎ'ānjùn
  말안장버섯 ； 가는대안장버섯
13 银耳 yín'ěr
  흰목이버섯
14 木耳 mù'ěr
  목이버섯
  ▶"黑木耳" hēimù'ěr
15 绣球菌 xiùqiújùn
  꽃송이버섯
16 珊瑚菌 shānhújùn
  싸리버섯
17 喇叭菌 lǎbajùn
  검은나팔버섯
18 猴头菌 hóutóujùn
  원숭이 모양의 버섯
19 灵芝 língzhī
  영지버섯
20 猪苓 zhūlíng
  저령(버섯)
  ▶"野猪粪" yězhūfèn
21 茯苓 fúlíng
  복령(버섯)
22 美味牛肝菌 měiwèi niúgānjùn
  붉은왕돌버섯；돌버섯；왕그물버섯
23 蛤蟆菌 gémajùn
  광대버섯
  ▶"毒蝇蕈" dúyíngxùn
24 毒粉褶菌 dúfěnzhějùn
  활촉독버섯
25 鬼笔鹅膏菌 guǐbǐ'égāojùn
  달걀버섯 ▶"毒蛋蕈" dúdànxùn, "瓢蕈" piáoxùn
26 松口蘑 sōngkǒumó
  송이(버섯)
  ▶"松蕈" sōngxùn

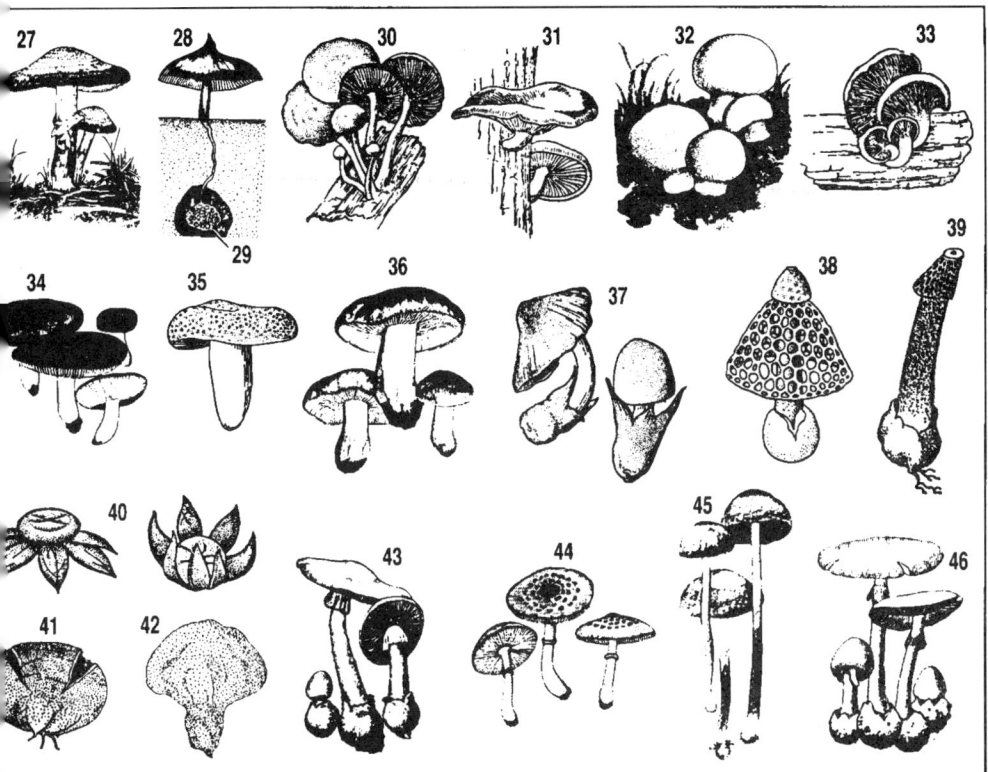

27 密环菌 mìhuánjùn
개암버섯
28 鸡枞 jīzōng
전나무버섯
29 白蚁窝 báiyǐwō
흰개미집
30 构菌 gòujùn
팽나무·버드나무 따위의 줄기에 나는 버섯
31 香菇 xiānggū
표고버섯
32 双孢蘑菇 shuāngbāo mógu
머시룸; 양송이 ▶"洋蘑菇" yángmógu
33 平菇 pínggū
느타리버섯 ▶"北风菌" běifēngjùn, "蚝菌" háojùn, "侧耳" cè'ěr
34 毒红菇 dúhónggū
붉은갓독버섯
35 青头菌 qīngtóujùn
나팔버섯 ▶"绿菇" lǜgū
36 香杏口蘑 xiāngxìng kǒumó
살구버섯; 송이과에 속하는 버섯의 일종
37 草菇 cǎogū
초버섯; 버섯의 일종
38 长裙竹荪 chángqún zhúsūn
투망버섯; 치마버섯; 그물갓버섯
39 鬼笔蕈 guǐbǐxùn
자라버섯
40 地星 dìxīng
땅별버섯
41 大马勃 dàmǎbó
먼지버섯
42 豆包菌 dòubāojùn
알주머니버섯
43 鳞柄白毒伞 línbǐng báidúsǎn
학광대흰독버섯
44 褐鳞小伞 hèlínxiǎosǎn
비늘갓버섯
45 大孢花褶伞 dàbāohuāzhěsǎn
포자버섯 ▶독버섯의 일종. "牛屎菌" niúshǐjùn
46 春生鹅膏 chūnshēng'égāo
광대버섯 ▶독버섯의 일종. "白毒伞" báidúsǎn

308 颜色 yánsè

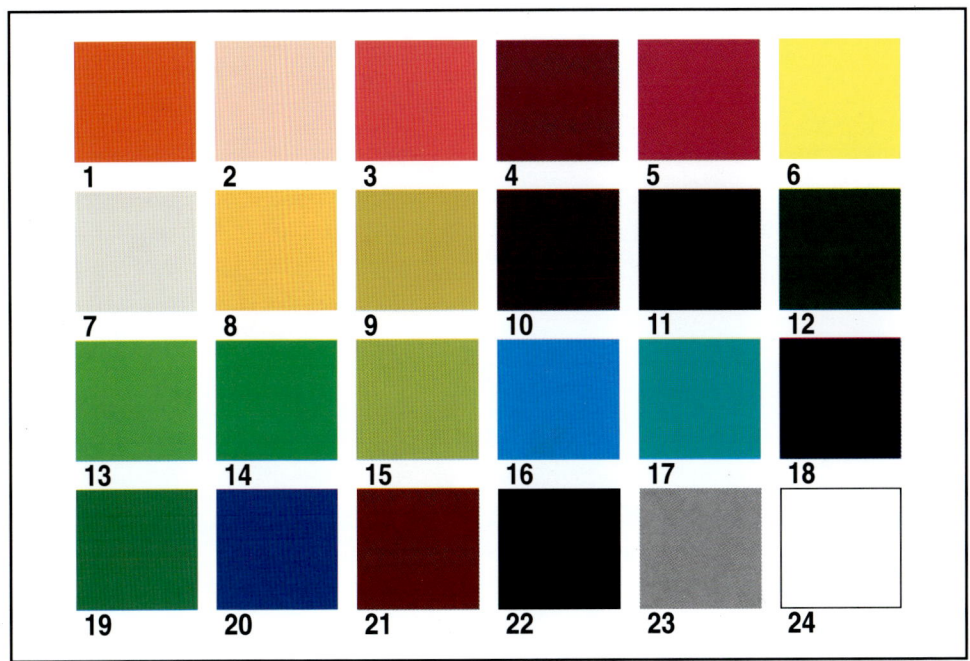

1-5 红色 hóngsè
적색
1 朱红色 zhūhóngsè
주홍색 ; 버밀리언
2 粉红色 fēnhóngsè
분홍색 ; 핑크 ▶핑크 농도의 정도에 따라서는 "桃红色" táohóngsè
3 玫瑰红色 méiguihóngsè
로즈핑크
4 枣红色 zǎohóngsè
고동색 ; 적갈색 ; 팥색 ▶암적색은 "暗红色" ànhóngsè
5 胭脂色 yānzhisè
연지색
6-11 黄色 huángsè
황색
6 柠檬黄 níngménghuáng
레몬색 ; 레몬에 가까운 황색 ▶"柠檬色" níngméngsè
7 米黄色 mǐhuángsè
미색 ; 베이지 ▶"米色" mǐsè 라고도 한다. 크림색은 "奶油色" nǎiyóusè

8 橙黄色 chénghuángsè
등색 ▶"橘橙" júchéng
9 土黄色 tǔhuángsè
황토색 ▶카키색은 "咔叽色" kǎjīsè
10 茶褐色 cháhèsè
다갈색 ▶褐色은 "棕色" zōngsè
11 咖啡色 kāfēisè
커피색 ▶"深棕色" shēnzōngsè
12-15 绿色 lǜsè
녹색
12 墨绿色 mòlǜsè
심록색 ; 짙은 초록색 ; 다크 그린 ▶광택이 나는 深绿은 "油绿" yóulǜ
13 草绿色 cǎolǜsè
연두색 ; 황록색
14 翠绿色 cuìlǜsè
취록색 ; 에메랄드 그린 ▶"翡翠色" fěicuìlǜ
15 苹果绿 píngguǒlǜ
담록색 ▶청사과의 녹색
16-20 蓝色 lánsè

청색
16 天蓝色 tiānlánsè
하늘색 ; 코발트색
17 蔚蓝色 wèilánsè
남색 ; 감색 ▶짙은 청색은 "深蓝色" shēnlánsè
18 海军蓝 hǎijūnlán
네이비 블루 ; 머린 블루 ▶"藏青色" zàngqīngsè
19 孔雀蓝 kǒngquèlán
청록색 ▶"青蓝色" qīnglánsè
20 群青色 qúnqīngsè
군청색 ; 청자색
21 紫色 zǐsè
자색 ; 자주색 ▶그림은 "葡萄紫色" pútaozǐsè
22 黑色 hēisè
검정색
23 灰色 huīsè
회색 ; 그레이
24 白色 báisè
흰색

●中国語索引●

- ●본 사전에 수록된 중국어(항목, 표제어, 동의어)를 중국어 표음 로마자의 알파벳순으로 배열하였다.
- ●숫자는 항목 번호(고딕체), 표제어 번호를 표시한다.
- ●첫 글자가 영문자 또는 숫자인 표제어는 색인 말미에 기타로 분류하여 배열하였다.
- ●본 색인에는 총획수 검자표를 말미에 두었다. 검색어 첫 글자의 총획수를 기준으로 색인 중의 수록 페이지를 찾아볼 수 있다.

A

A
- 阿昌族　209-26
- 阿凡提　206-36
- 阿甫七　214-17
- 阿訇　204-6
- 阿拉伯数字　185-20
- 阿姨　176-16/220-20

AI
- 哀乐　203-17
- 矮缸　62-37
- 矮柜　52-12
- 矮树篱笆　86-11
- 艾捲儿　171-30
- 艾绒　171-33
- 艾条灸　171-29
- 艾窝窝　27-5
- 艾炷灸　171-32
- 爱好　150
- 爱克斯线透视　169-53
- 爱情　202-15
- 爱人　221-2/221-7
- 爱窝窝　27-5

AN
- 安-24　132-15
- 安哥拉长毛兔　279-36
- 安拉　204-7
- 安培计　183-17
- 安瓿　169-4
- 安全带　89-7/111-51/130-43
- 安全岛　118-32
- 安全钩　165-25
- 安全检查　131-49
- 安全壳　97-32
- 安全帽　88-47
- 安全网　88-2
- 安全指南　130-45
- 氨水条施机　101-17

- 鹌鹑　282-62
- 鞍部　265-9
- 鞍马　156-5
- 鞍子　117-17
- 鮟鱇　285-42
- 岸边　127-12
- 岸站　252-5
- 按　171-44
- 按键电话机　109-18
- 按键式印刷机　136-23
- 按摩　80-40/171-42-55
- 按摩师　80-41
- 按钮　135-12
- 按钮电话　135-11
- 按钮式电话机　135-11
- 按蚊　291-32
- 按弦板　190-4
- 按诊　171-22
- 案板　24-11/45-14/59-57
- 案秤　63-14
- 案子　50-14-16
- 暗插销　90-8
- 暗兜儿　10-7
- 暗房　141-51
- 暗盒　78-52
- 暗盒儿开关　196-17
- 暗红色　308-4
- 暗渠　214-35
- 暗室　78/78-31-49
- 暗室灯　78-31
- 暗箱扣　90-10

AO
- 凹镜　183-29
- 凹透镜　183-27
- 獒狗　279-4
- 鳌　289-5
- 鳌虾　289-5
- 奥林匹克运动会　156-27
- 奥运会　156-27
- 奥运会旗　156-27

B

BA
- 八　207-31
- 八宝饭　27-12
- 八方桌　50-6
- 八哥　283-29
- 八卦　147-40
- 八卦掌　162-4
- 八极拳　162-5
- 八桨划船　167-41
- 八角　31-36/296-7
- 八角鼓　142-6/142-6/191-35
- 八角金盘　298-21
- 八角锤头　93-32
- 八仙　206-21
- 八仙花　296-12
- 八仙桌　42-25/50-1
- 八仙桌儿　42-25
- 八一　200-11
- 八一建军节　200-11
- 八一奖章　229-12
- 八音盒　148-18
- 八音琴　148-18
- 八月　259-9
- 八字胡　16-33
- 八字儿眉　278-8
- 八字儿纹　278-36
- 巴拉莱卡　190-19
- 巴梨　21-25
- 巴拿马帽　6-12
- 巴松　190-24
- 巴祖卡　234-51
- 芭蕉扇　66-11
- 芭蕾舞　194-1-6
- 芭蕾舞剧团　194-1
- 芭蕾舞鞋　194-4
- 芭蕾舞演员　194-2-6
- 笆斗　100-17
- 拔罐儿　171-26
- 拔河　146-30

503

BA

拔火罐儿　71-17/171-26
拔火筒　71-17
拔牙钳　169-33
拔秧　102-61
把脉　170-11/171-19
把手　92-48/100-28/111-15
靶场　230-24
靶子　167-25/230-25
把儿　32-13/62-17
爸爸　221-3/221-8
耙　99-29-30/101-10-12
耙杁　99-9
霸王鞭　194-18

BAI

掰腕子　147-5
白板　149-21
白菜　19-1/23-49/211-20
白菜帮儿　19-2
白菜心儿　19-3
白炽灯　68-19
白翅绢蝶　291-27
白唇鹿　280-18
白大褂儿　98-49/168-43
白灯　164-15
白地霉　306-22
白毒伞　307-46
白方　166-14
白粉菌　306-24
白干儿　34-1-5
白格　166-17
白冠长尾雉　283-1
白鹳　282-42
白果　22-35/295-3
白鹤　283-7
白花儿　203-6
白桦　295-20
白鹡鸰　283-43
白键　190-32
白僵菌　306-23
白酒　34-1-5
白酒杯　60-7/61-34
白蜡虫　290-48
白兰地　34-22
白兰瓜　21-44
白鸰　291-41
白鹭　282-39
白萝卜　18-1
白茅　302-9
白霉　306-12
白面　23-17
白木耳　20-31/307-13
白葡萄酒　34-21

白棋　166-19
白鳍豚　288-6
白刃战　228-1
白色　308-24
白色工作服　98-49
白砂糖　31-13
白薯　17-43
白薯秧儿　17-44
白檀　298-25
白糖　31-13-14
白天　260-11
白铁剪　93-33
白铁皮　89-51
白头鹤　283-8
白细胞　269-24
白苋　299-21
白熊　281-39
白血球　269-24
白鲟　286-21
白羊座　246-21
白蚁　290-7-10
白蚁窝　307-29
白鱼　286-11
白榆　295-25
白罩衣　176-7
白子　166-11
白子儿　166-11
白族　209-14
百搭　149-9-10/149-30
百分号　180-15
百分数　180-14
百货店　102-13
百货公司　77-9-15
百货商场　77-9-15
百货商店　77-9-15
百灵　283-25
百位　177-50
百叶窗帘　55-15
百叶箱　257-3
百页　29-2
百褶裙　1-13
百枝莲　302-29
柏油　88-40/118-30/263-59
摆手　207-19
摆钟　64-30
拜年　201-17

BAN

扳道工　122-40
扳机　234-11
扳机护圈　234-23
扳手　93-7-12/115-50-52
扳子　115-50-52

班车　113-9
班横队　230-15
班机　131-40
班长　230-17
班主任　174-50
班纵队　230-16
斑鸠　283-14
斑鬣狗　281-12
斑马　281-36
斑铜矿　262-50
斑啄木鸟　283-23
板　154-31/191-38
板擦儿　174-53
板凳　44-31/51-22/179-11
板糕　27-10
板鼓　191-36
板胡　191-7
板锯　91-14
板栗　295-21
板坯　262-13
板球　161-26
板瓦　199-38
板网球　160-36-37/160-36
板鸭　30-38
板羽球　160-34-35/160-34
版画　186-35-47
版权页　140-47
版心　140-38
办公楼　98-27/178-9
办公室　118-47/145-6/174-14/
　　　　　219-26
办公用品　110
办公桌　50-9-11/109-9/174-18
办事员　109-44
半岛　265-22
半高跟儿鞋　7-24
半公里标　122-56
半挂车　114-6
半规管　276-68
半径　181-37
半票　126-17
半潜式钻井船　263-36
半山腰　265-14
半身像　78-19
半筒靴　7-54
半夏　302-14
半夜三更　260-28
半影　247-7
半圆　181-44
半圆锉　93-24
半圆头螺钉　90-42
半圆头螺栓　90-33
半月瓣指甲　277-24

504

BAN

半月形片儿　36-3
半自动步枪　234-18

BANG

邦单　213-34
邦克楼　204-3
梆子　191-41
绑腿　209-12
棒材　262-38
棒操　156-32
棒槌　57-11/211-15
棒架　161-51
棒球　158/158-1-36/158-29
棒球场　158-1
棒糖　26-6
棒旋星系　244-4
棒状地雷　233-28
棒子　17-20
棒子秆儿　17-21
棒子粒儿　17-24
棒子面儿　23-14
棒子皮儿　17-22
棒子须儿　17-23
傍晚儿　260-20
磅秤　63-25/105-7/122-12
磅盘　63-26

BAO

包　65/65-1-16,25-31
包背装　140-14
包被　4-22
包产到户　102-26
包饭席　72-8
包房　125-18
包封　140-33
包盖儿　65-9
包裹　133-7/134-17
包裹营业台　133-6
包间　125-18
包饺子　24-10
包皮　273-38
包儿　148-27
包头　215-6/215-26/215-39/216-4
包装　98-44
包装用钢带　108-28
包装纸　133-9
包子　24-3-8
包子皮儿　24-5
雹子　254-13
薄饼　24-47
薄窗帘儿　55-13
薄纱　1-25
薄梳　79-33
宝贝　287-3
宝瓶座　245-39/246-23
宝塔　85-59/199-1-7
宝塔云　255-11
保安族　208-21
保存液　184-16
保定器　104-28
保护帽　163-19
保龄球　161-53-58/161-54
保龄球场　161-53
保龄球房　145-26
保温杯　62-24
保温车　114-17
保险盖　233-2
保险杠　111-4
保险柜　81-1
保险片　233-14
保险器　242-27
保险丝盒儿　97-60
保险销　233-15
保育员　176-6/176-16/220-20
报　133-17/139
报春花　301-3
报警器　226-8
报刊橱窗　139-4
报幕员　192-37
报社　139-1
报头　139-12
报销凭证　112-40
报纸　46-29/48-33/139-7-36
报纸架　178-49
刨冰　32-21
刨柄　91-38
刨床　91-40/94-22
刨刀　91-36/94-32
刨凳　91-46
刨花儿　91-45
刨梁　91-39
刨身　91-40
刨铁　91-36
刨子　91-35-44
抱鼓石　199-49
抱头　207-4
豹子　281-23-25
鲍鱼　287-1
鲍鱼干　28-18
暴风雨　254-5
爆发器　242-9
爆破筒　233-32
爆竹　147-30/201-15

BEI

盃　198-14
桮　198-14
杯　198-14
杯碟儿　61-3
杯套儿　61-9
杯子　125-10/168-25
背包　54-25/165-6/231-11
背带　62-27/65-8/211-17/231-9/234-16/238-8
背带裤　4-15
背带裙　4-12
背带儿　65-8
背袋　216-4
背兜　215-30
背架　215-16
背篓　100-16/215-17
背囊　165-6
背枪　230-9
背儿头　16-3
碑亭　86-17
北　258-63
北半球　264-47
北斗　245-4
北斗星　245-4/246-15
北风　149-18
北风菌　20-28/307-33
北海狮　288-13
北回归线　264-46
北极　183-11/264-35
北极圈　264-36
北极星　245-14/246-17
北极熊　281-39
北京白梨　21-23
北京烤鸭　24-45
北京型　124-34
北京鸭　282-7
北冕座　245-7
北屋　40-8
贝雕画　187-25
贝雷帽　6-13
贝类　287
贝母云　251-6
备份伞　238-7
备胎　241-18
备用轮胎　111-39
备用油箱　240-36
背　266-38
背壁　52-22
背部　266-38
背长　12-2

BEI

背景　78-14
背宽　12-18
背阔肌　268-9
背面　134-9
背面儿　134-9
背面主景　82-11
背鳍　286-44
背心裙　1-10
背心儿　2-18
背心儿乳罩　3-10
背越式跳高　152-12
倍大提琴　190-15
被告　225-19
被里儿　54-15
被面儿　54-14
被面子　54-14
被胎儿　54-16
被筒子　54-23
被头　54-13
被窝儿　54-23
被子植物　292-5-6
被子　43-15/47-3/54-12/168-17/179-20

BEN

贲门　272-27
本垒　158-6
本垒板　158-6
本市　133-39
本影　247-6
畚箕　43-31/56-4/100-8

BENG

崩龙族　210-2
绷带　170-21
泵　95/95-40-59
泵缸　95-43
泵壳儿　95-48
泵站　100-41
泵轴　95-56
蹦床　155-10

BI

荸荠　18-18/305-19
鼻翅儿　276-17
鼻唇沟　278-36
鼻窦　276-39-40
鼻骨　267-25
鼻夹　153-28
鼻架　14-16
鼻孔　276-14/286-36
鼻梁儿架　14-2

鼻梁子　276-15
鼻毛　276-18
鼻腔　272-4/276-41-47
鼻屎　276-21
鼻涕　276-22
鼻涕虫　291-55
鼻托　14-17
鼻咽　272-1
鼻烟壶　35-30/212-20
鼻翼　276-17
鼻中隔　276-16
鼻子　266-9/276/276-13
鼻子眼儿　276-14
匕首　162-43/213-14/232-27
比号　180-44
比例　180-41
比例号　180-44
比目鱼　285-6-9
比目鱼肌　268-14
比赛场　156-1
比重计　183-2
笔　177-29
笔触式　141-41
笔画　185-31-38
笔记本电脑　110-37
笔记本儿　125-60
笔夹　177-22
笔架　133-24/177-30
笔卷儿　177-35
笔舌　177-19
笔顺　185-39
笔筒　48-2/177-36/186-24
笔头菜　302-40
笔洗　186-26
毕业　179-42-46
毕业典礼　179-42
毕业纪念照　179-43
毕业生　179-44
毕业证书　179-42
蓖麻　300-21
壁报　139-38
壁橱　84-47
壁灯　47-6/68-10/84-43
壁挂　187-38
壁挂式空调机　69-41
壁虎　284-25
壁架　212-35
壁龛　214-28
壁扇　69-30
壁毯　55-4/214-29
避雷针　254-10
避役　284-24
避孕环　173-8

BIAN

避孕栓　173-9
避孕套　173-6
避孕药膏　173-4
避孕药片　173-5
壁鱼　285-43
臂板信号机　122-49
臂根围　12-8
臂神经丛　274-1
壁　198-36

BIAN

边　181-16
边板　111-30/190-6
边材　89-44/293-24
边车　116-25
边防检查站　224-7
边分　16-1
边鼓　189-12
边款　186-57
边门　83-11
边线　159-7/160-22/160-41
边缘房　38-23
笾　198-5
编号　219-11
编辑　137-35/137-49/140-2
编辑部　137-48/140-1-5
编筐　103-63
编磬　191-46
编者　140-49
编钟　191-47
编组站　122-34
蝙蝠　280-47
蝙蝠袖　9-15
鳊鱼　286-10
鞭　162-44/232-15
鞭毛　303-2/306-6
鞭炮　147-29/201-16/202-32
扁茶筒　61-17
扁锉　93-21
扁担　44-29/87-9/99-22
扁豆　20-13
扁鼓　142-4
扁萝卜　18-9
扁平足　277-36
扁漆刷　92-30
扁桃儿　21-5
扁桃体　275-6
扁体　141-30
扁头圆钉　90-56
扁嘴钳　93-5
匾额　188-19
变焦距镜头　196-24

BIAN

变色龙　284-24
变速杆　111-46/116-22
变速机构　115-33
变速器操纵杆　111-46
变速手柄　115-32
变台　97-54
变戏法　147-19
变戏法儿　147-19
变形机器人　148-37
变压器　97-12
便步　230-3
便道　118-6
便壶　56-29
便裤　2-56
便盆　169-40
便梯　88-7
便携式电话　135-14
便衣警察　222-28
辩护人　225-20
辫子　16-19/214-6

BIAO

标本　184-9-17
标本采集箱　184-1
标本瓶　184-15
标点　185-40-55
标点符号　185-40-55
标号　185-47-55
标签　184-10
标签儿　62-5/184-10
标枪　152-29
标题　139-23-26
标题原稿　141-53
标语牌　200-16/218-27
标志杆　159-4
标准粉　23-17
标准镜头　196-28
标准书号　140-57
表把儿　64-11
表尺　234-6
表带　64-12
表袋儿　10-8
表弟　221-37
表盖　64-9
表哥　221-36
表姐　221-38
表壳儿　64-7
表帽　64-2
表妹　221-39
表蒙子　64-8
表盘　64-3
表皮　277-1/293-20
表演者　143-12

表针　64-4-6
裱糊匠　89-15
鳔　286-50

BIE

鳖　284-7
别棍儿　11-29
别针儿　11-31
瘪咕嘴儿　278-24
瘪嘴　278-24

BIN

鬓角　266-49
殡车　113-32
髌骨　267-14

BING

冰雹　254-13/258-38
冰川　265-17
冰川湖　265-18
冰锤　165-21
冰袋　170-61
冰刀　157-39
冰斗　265-16
冰帆　157-44
冰镐　165-18
冰柜　32-3
冰棍儿　32-12/73-20
冰棍儿箱　73-21
冰河　265-17
冰花酥　27-27
冰激凌　32-19
冰激凌杯　60-48
冰块　73-24
冰瓶　61-38
冰球　157-45-51/157-51
冰球杆　157-46
冰球运动员　157-45
冰上舞蹈　157-32
冰糖　31-16
冰舞　157-32
冰隙　165-16
冰下捕鱼　106-15
冰箱　125-55
冰鞋　157-37-40
冰眼　106-17
冰枕　170-62
冰镇咖啡　32-40
冰镇汽水　73-23
冰爪　165-26
冰砖　32-20
冰锥　165-24
冰锥儿　254-20

BO

兵　166-7/166-26
兵马俑　197-19
兵蚁　290-8
兵营　231/231-1
兵种　227
槟榔　299-7
柄叉　70-11
饼茶　33-15
饼铛　24-27/59-31
饼干　27-47
饼子　149-24
病房　168-13
病历　168-35/170-6
病历柜　168-37
病人　168-10/170-2/171-18
病人家属　168-11

BO

拨号盘　135-6
拨号式电话机　135-1
拨浪鼓儿　148-5
拨鱼儿　25-13
拨针柄　64-26
波段开关　138-33
波江座　246-30
波浪式　16-25
波浪鼓　148-5
波轮　57-24
波涛式　16-26
波形铁皮　89-52
波音-707　132-6
波音-747　132-2
玻璃　81-18/89-18-21
玻璃棒　182-23
玻璃杯　33-20/61-8/61-33/84-67
玻璃橱窗　133-15
玻璃刀　89-23/92-26
玻璃钢鱼竿　106-21
玻璃管　182-32
玻璃柜　72-22/74-6/133-15
玻璃门　72-2
玻璃棚　41-17
玻璃球　148-28
玻璃吸管　182-46
玻璃鱼缸　150-39
玻璃纸　35-8
剥制标本　184-17
钵　198-1
菠菜　19-14
菠萝　22-21
菠萝蜜　22-22
菠萝汁儿　32-27

507

BO

播音室　137-37
播音员　137-5/137-38
播种　102-21
播种机　101-13-14
伯伯　221-12
伯父　221-12
伯母　221-13
鲌鱼　286-11
驳船　108-10/129-32-34
驳壳枪　234-27
勃郎宁手枪　234-25
铍　191-30/216-37
脖梗儿　266-37
脖子　266-13
博士　179-49
博士论文　179-49
博物馆　197
薄荷　301-9
簸箕　23-16/43-31/45-34/56-4/71-23/100-4/103-13

BU

不锈钢锅　59-5
补给舰　243-24
补鞋机　7-61
补药　172-26
捕虫网　184-3
捕鲸船　105-16
捕鲸炮　105-17
捕鼠夹子　56-22
捕鼠笼子　56-21
不倒翁　148-23
不等号　180-49-51
不规则星系　244-5
布　207-30
布包扣儿　11-5
布币　197-18
布袋木偶戏　192-51
布袋儿　65-33
布碟　60-1
布丁　27-46
布谷　283-17
布景　137-13/192-26-29/195-27
布景板　192-26
布景员　192-31
布卷尺　92-17
布口袋儿　65-33
布朗族　209-25
布凉鞋　7-40
布门帘儿　55-10
布幕　78-13
布拖鞋　7-42

布娃娃　148-10
布玩具　148-7-11
布鞋　7-27-32
布依族　210-8
步兵　227-13/230-29
步兵炮　235-34
步话机　165-28/222-30/231-25
步甲　290-53
步犁　99-27
步枪　228-3/234-1-18
步枪射击　167-14
步行虫　290-53
步行机　165-28
步行街　119-39

C

CA

擦　171-48
擦尔瓦　215-8
擦手纸　84-68
擦桌布　44-33
擦子　59-61
礤床儿　45-13/59-61

CAI

猜谜儿　147-3
猜谜语　147-3
猜拳　207-27
财神　149-26
裁刀　78-47
裁缝　13/13-24
裁判　153-6/158-28/159-16-18/160-13/161-10
裁判灯　164-14
裁判员　153-6/158-28/159-16-18/160-13/161-10
裁纸刀　110-15
采茶　103-43
采伐　107-14
采访　137-45
采粉器　103-41
采棉花　214-39
采油树　263-34
彩车　200-15
彩旦　193-12
彩蛋　187-27
彩灯　202-36
彩电　69-25/138-1
彩虹　254-12
彩虹鱼　286-23
彩画　199-20

彩旗　218-30
彩色电视机　69-25/138-1
彩色胶卷儿　196-32
彩色片儿　195-52
彩色铅笔　177-5-6
彩色纸屑　202-31
彩塑　187-48
彩陶　197-14
踩龙尾　146-44
踩影子　146-43
菜　23-41/125-41/179-7
菜板　59-55
菜单儿　72-30/84-8/179-5
菜刀　44-25/45-12/59-54
菜地　102-19
菜店　75-7
菜豆　17-29/20-12
菜墩子　44-24/59-53
菜粉蝶　291-28
菜缸　150-53
菜瓜　20-5
菜花儿　19-10
菜窖　40-12
菜筐子　44-20/45-32
菜篮子　45-16
菜盘　60-11
菜盆　60-52
菜票　23-44/179-8
菜谱　179-5
菜市场　77-1
菜薹　19-6
菜心　19-6
菜油棕　216-30
菜园子　40-23
菜子儿油　31-3

CAN

参观的人　197-3
参观者　109-48/197-3
参考书　175-18
参谋　227-8
餐叉　60-53-55
餐车　123-8/125-39-57
餐刀　60-56-59
餐碟　60-1
餐巾　60-10/84-7
餐巾花　60-10
餐巾纸　60-16
餐具　60/72-35
餐盆　60-52
餐厅　84-1/145-31
餐桌　84-6/125-43

CAN

残月 247-19
蚕箔 103-52
蚕豆 20-19
蚕蛾 291-18
蚕架 103-51

CANG

仓颉 206-34
仓库 88-30/98-25/108-20
仓鼠 280-41
苍鹭 282-38
苍鹰 282-51
苍蝇 291-34-39
苍蝇拍子 56-16
苍蝇纸 56-17
舱口 128-6
藏经楼 205-7
藏猫儿 146-41
藏书 48-18

CAO

操场 98-30/174-7
操纵杆 130-27
操纵室 124-45
操纵线 242-24
操作面板 57-14
糙米 17-5/216-29
曹白鱼 285-20
曹操 193-15
槽刨 91-41
槽车 123-15
槽钢 262-30
槽头肉 30-2
草本植物 292-4
草编 187-18
草叉 104-25
草地 104-5
草垫子 55-3
草房 38-22/211-32
草菇 20-29/28-5/307-37
草库伦 104-2
草篮 100-15
草蛉 290-50
草绿色 308-13
草帽 6-34
草莓 21-37/300-11
草莓酱 30-62
草莓露 32-29
草棉 214-40
草耙 99-8
草坪 85-41/145-45/257-2
草蜻蛉 290-50
草绳机 101-36

草食恐龙 197-4
草书 185-30
草蜥 284-31
草席 40-26/54-20
草鞋 7-46
草鱼 286-9
草原 265-51
草原犬鼠 280-43

CE

册页 188-21
厕所 40-20/85-12
厕所门锁 67-16
侧柏 295-13
侧兜儿 10-6
侧耳 307-33
侧根 292-47
侧锯 91-19
侧脉 292-43
侧面 141-20/181-54
侧倾自卸车 114-2
侧线 286-40
测地卫星 237-5/252-15
测高雷达 237-14
测光表 195-44
测谎器 222-46
测绘兵 227-22
测距瞄准具 235-40
测量船 243-42

CENG

层叠电池 68-46
层积云 255-7
层云 255-8
层状火山锥 264-24

CHA

叉 162-37/232-11
叉车 96-52/114-31/122-27
叉儿 185-59
叉子 96-53/99-11
差 180-27
差数 180-27
插齿刀 94-33
插床 94-24
插刀 94-33
插兜儿 10-3
插斗 152-17
插花 150-23-26
插花眼儿 2-26/11-10
插肩袖 9-14
插孔 68-35
插口 68-34

CHA

插条 294-11
插头 68-36
插图 139-31
插线钉 58-41
插销 90-7
插秧 102-58/211-21
插枝 294-11
插座 68-34/84-72
茶 33
茶杯 33-6/46-27/48-32/61-6-8/74-23/109-10/125-10/179-27
茶杯套儿 61-9
茶匙儿 61-26
茶炊 73-17
茶碟儿 61-3
茶缸子 61-7
茶馆 73/73-1-10
茶馆儿 73-1-10
茶罐儿 62-31
茶柜 42-21
茶褐色 308-10
茶壶 42-26/60-28/61-11/62-25/73-4
茶壶把儿 61-14
茶壶垫儿 42-27
茶壶盖儿 61-12
茶壶嘴儿 61-13
茶花 298-14
茶几 46-5/48-30/50-19/80-7/83-38/84-41/109-20/125-12
茶几儿 46-5/48-30/50-19
茶具 47-22/61/61-1-23/80-27/187-3
茶筐 103-44
茶梅 298-12
茶盘儿 61-19
茶盘子 61-19
茶树 298-13
茶水 73-15
茶蓑蛾 291-9
茶摊 73/73-11-15
茶摊儿 73-11-15
茶汤 73-18
茶汤壶 73-17
茶桶 62-50/72-16
茶筒 42-20
茶托 61-18
茶碗 42-28/61-1-5/61-4/73-5/84-32
茶碗盖儿 61-5
茶叶 33-3
茶叶罐儿 61-15-17/62-

509

CHA

32
茶叶筒　33-2/61-15-17/62-32
茶园　102-3
茶盅　61-10
茶庄　33-1
查号台　135-16-24

CHAI

柴刀　44-3/71-49
柴禾　44-1
柴火　71-51
柴油　118-49/263-55
柴油机　95-1/124-27
豺　281-9

CHAN

蝉　290-41
蝉壳　290-43
蝉翼袖　9-9
蟾蜍　284-36
铲　162-50
铲车　114-31
铲雪机车　124-39
铲运机　114-36
铲子　99-19/107-24
颤藻　303-20

CHANG

菖蒲　305-24
鲳鱼　285-17
长臂猴　280-3
长臂猿　280-3
长城　199-21
长春花　301-6
长蝽　290-35
长大货物车　123-18
长灯笼袖　9-8
长凳　51-22/179-11
长笛　190-25
长地毯　55-7
长耳鸮　283-18
长发　16-12
长方脸儿　278-28
长方片儿　36-2
长方体　181-50
长方形　181-28
长仿宋体　141-31
长杆技巧　144-8
长梗漏斗　182-30
长鼓　211-43
长鼓舞　211-41
长褂儿　215-14
长号　190-27

长尖　191-25
长江客轮　129-3
长焦距镜头　196-25
长颈鹿　148-6/281-37
长距离赛跑　151-25
长裤　216-12
长筷子　59-33
长内裤　3-7
长盘　60-14
长袍儿　2-51/212-3/213-36
长跑　151-25
长球鞋　7-47
长拳　162-1
长裙　1-20/211-5
长裙竹荪　307-38
长沙发　51-18/79-19
长衫　215-22
长蛇座　245-25/246-39
长石　262-59
长寿面　202-10
长穗单剑　162-27
长体　141-29
长条柜　52-12
长条椅　168-9
长筒尼龙丝袜　5-21
长筒袜　214-4
长途电话　135-33-34
长途公共汽车　112-35
长途汽车　102-5/112-35/113-6
长途汽车站　102-6/112-31
长林　5-17
长尾雉　283-1
长袖　9-1
长袖衬衫　1-21
长袖短褂儿　213-25
长须鲸　288-18
长椅子　81-3/85-13
场滚　40-27
场院　40-25/102-39
肠　272-40-49/286-49
常绿树　293-3
常用手工具　93-1-15
常住人口登记表　222-15
嫦娥　206-11
厂部　98-28
厂房　97-4/98-26
厂名　98-41
场记员　195-40
敞车　123-16-20
敞篷车　113-17
唱片儿　48-27/69-23
唱片　48-27/69-23
唱片店　75-13

唱片套儿　69-24
唱头　69-16
唱针　69-16

CHAO

抄网　150-37
钞票　82-1-30
钞票的背面　82-9
钞票的正面　82-1
超车道　119-55
超短裙　1-19
超高频　138-13
超级大回转　157-15
超级市场　77-21-24
超声波诊断机　169-56
超小型照相机　196-20
超音速远程客机　132-4-5
巢框　103-57
巢箱　150-50
朝天鼻　278-18
朝鲜文　211-44
朝鲜族　208-2/211
朝鲜族儿童　211-13
朝鲜族老人　211-11
朝鲜族男子　211-7-10
朝鲜族女子　211-1-5
朝靴　198-45
潮汐　247-22-23
潮汐发电站　97-46
炒菜　72-33
炒菜锅　45-19/59-18
炒锅　125-56
炒栗子　26-29
炒米　212-17
炒面　25-6
炒勺　59-19

CHE

车把　115-3/116-2
车窗　112-24
车床　94-1
车次　126-2
车刀　94-28
车道行驶方向　119-41
车灯　115-6
车蹬子　115-18
车顶　111-13
车斗　116-25
车队　83-9
车钩　124-24
车轱辘　124-32
车号　124-20
车祸　118-23

CHE

车技　144-33
车架　111-34/115-36
车间　98-42
车检证　111-10
车库　98-7/112-34
车筐　115-59
车铃　115-5
车铃儿　115-5
车轮　96-14/111-21-23/115-12
　/124-32
车轮儿　115-12
车篓　100-12
车门　111-14/112-5-7
车门把儿　111-15
车门儿　111-14/112-5-7
车牌　222-49
车牌儿　111-2/115-25
车篷　241-21
车票　112-36-37/112-40/126/
　126-13-25
车旗　193-22
车前　301-15
车圈儿　115-39
车速表　116-13
车速里程表　111-62
车锁　115-27-30
车胎　111-22/115-37
车条　115-40
车厢边板　241-19
车闸　111-48/115-21
车站　112-8
车站工作人员　121-23
车长　240-23
车支子　115-24
车座　111-18-19/115-7/116-10
车座儿　115-7/116-10
扯门滑轮　90-29

CHEN

抻面　25-2
尘土　56-5
辰　259-49
沉底水雷　242-31
沉淀池　98-22
沉头螺钉　90-48-49
沉子　105-45/106-43
陈列室　197-1
陈皮　31-41
晨衣　2-58
衬里　6-8
衬里皮条　6-9
衬裙　3-16
衬衫　1-21-22/2-28/215-11

衬衫领儿　8-11
衬衣　213-33

CHENG

柽柳　298-15
蛏　287-13
蛏子　287-13
撑竿　152-16
撑竿跳高　152-15
撑马　156-11
撑手　156-11
成绩总表　179-46
成品　98-46
成鱼池　106-35
承重空心砖　89-27
城楼　199-10
城门洞儿　199-9
城墙　199-8
乘法　180-28
乘方　180-34
乘方积　180-37
乘号　180-29
乘机手续台　131-42
乘积　180-30
乘警　122-18/222-23
乘客　112-25/125-2/130-30/
　222-24
乘客登机门　130-12
乘务员　130-34
乘务员室　125-58
乘员舱　249-6
盛水器　198-20-21
盛水瓦罐　216-20
橙黄色　308-8
秤　33-5/63/63-4-29/77-5/83-
　48/171-4
秤锤　63-7
秤杆　63-5
秤杆儿　63-5
秤钩　63-9
秤毫　63-8
秤纽　63-8
秤盘子　63-10
秤砣　63-7
秤星　63-6
秤星儿　63-6

CHI

吃水线　128-5
吃鱼的叉子　60-53
池汤　80-10
池塘　85-56/265-41
池浴　80-18

池座　192-18-19
持国天王　205-22
持针器　169-28
尺　13-11/89-22/92-13-20/198
　-48
尺动脉　269-6
尺蛾　291-14
尺骨　267-7
尺蠖　291-15
尺身　177-54
尺神经　274-5
尺子　177-40-42
齿带　94-54
齿孔　134-39/195-55
齿轮　94-39-46
齿轮泵　95-45
齿轮加工机床　94-26
齿条　94-44
齿条千斤顶　96-35
耻骨联合　267-12/273-16
赤道　264-45
赤链蛇　284-13
赤霉菌　306-21
赤松　295-8
赤铁矿　262-47
赤眼蜂　291-48
翅膀　30-44
翅饼　28-24

CHONG

充油式电热器　70-51
冲锋枪　234-41
冲锋手枪　234-29
冲击波　236-52
冲剂　172-3
冲浪板　154-25
冲浪运动　154-24
冲线　151-18
舂米臼　99-46
虫草　307-10
虫袋　291-11
虫牙　275-32
重播　137-27
重叠领口　8-6
重阳　200-34-35
重阳节　200-34-35
冲头　91-54

CHOU

抽斗　50-3/52-20-25
抽水马桶　49-12/84-63
抽屉　50-3/52/52-5/52-20-25/
　84-37/168-63

CHOU

抽屉侧板　52-21
抽屉底板　52-23
抽屉拉手　52-24
抽屉面板　52-20
抽屉锁　52-25/67-23
抽头　91-55
抽陀螺　146-19
抽象画　186-33
抽血　170-13
抽血窗口　168-52
抽油杆　263-32
抽油机　263-26
绸缎商店　76-13
绸舞　194-19
绸子　194-17
丑　193-12/193-13-15/259-46
丑角　143-21
臭虫　290-36
臭豆腐　29-22
臭豆腐乳　29-22
臭氧气层　251-8

CHU

出版　140
出版计划　140-3
出版社　140-1-2
出殡　203-20-22
出发台　153-2
出界　159-26
出境登记卡　224-28
出口　121-20/122-22/145-5
出口标志　119-56
出口商品　224-4
出口商品交易会　109-47
出入境　224
出生地点　219-6
出生年月日　219-5
出手　12-24
出水管　287-17
出水口　95-54
出土文物　197-12-20/198
出演者　137-22
出租汽车　83-8/112-41/113-15/121-13
出租汽车站　112-43/121-12
初二　259-34
初级飞羽　282-28
初级复羽　282-35
初十　159-34
初一　159-34
初轧机　262-12
初中　174-49-58
初中生　174-51

除尘器　97-29
除虫菊　301-33
除法　180-31
除号　180-32
除灰口　71-10
除霜按钮　70-33
除夕　201-1-9
除雪机车　124-39
厨房（城市）　45
厨房　72-28/125-50/130-20
厨房玩具　148-24
厨师　72-29
厨师傅　72-29
锄　99-2/294-2
锄草　102-63
锄草器　99-34
雏菊　301-22
橱　52-1-19
橱窗　74-4/78-1
橱门　52-2
橱门滑轮　90-30
橱子　212-28
处方笺　171-10
杵　210-4
储藏盒儿　62-55
储户　81-7
储气罐　98-21
储气罐儿　35-17/71-36
储水瓶　257-33
储蓄利息表　133-31
储蓄所　81-1-22/102-30
储油构造　263-20-25
楚河汉界　166-6
畜肉　30
触发锚雷　242-26
触角　242-28/290-12
触网　159-28

CHUAN

川字儿纹　278-34
穿火圈　143-4
穿甲弹　235-51
穿孔耳环　14-2
穿孔卡片　136-25
穿孔纸带　136-26
穿山甲　280-27
穿衣镜　52-4
传达室　83-10/98-3/109-42/178-3
传达员　98-34
传单　218-28
传动皮带　94-52-54
传呼电话　135-16

CHUANG

传球　159-25/160-49
传说　206
传送带　96-37/96-38/98-18
传统节日　200-20-37
传统摔交　163-27-29
传统纸牌　149-12-13
传真　135-27
传真机　135-27
船　128-1-30/146-28
船舶　128/129
船笛　128-10
船底　128-17
船队　108-18
船舵　128-15
船帆　105-10
船桨　193-21
船领儿　8-3
船篷　129-31
船票　127-16
船蛆　289-36
船身　128-1-22
船台　127-20
船头　128-1
船尾　128-14
船坞　127-17-18
船坞登陆舰　228-26
船形拖拉机　101-4
船型胶鞋　211-27
船员　128-23-24
船员室　105-33
船运邮件　134-20-24
船闸　127-37
船站　252-6
船长　128-23
椽子　39-7

CHUANG

窗格子　39-22/43-23
窗钩　90-11
窗户　39-21/41-6/43-22/87-10/179-16
窗花　201-4
窗口　74-16/81-17/98-33/109-43/168-55/179-1
窗帘　46-19/47-18/55-12/168-29/179-17
窗帘轨　90-27
窗帘滑轮　90-28
窗帘儿　46-19/47-18/55-12/84-39
窗帘儿箱　55-14
窗帘箱　47-17
窗棂子　39-22

CHUANG

窗纱　89-53
窗台　39-16/43-21/48-12
窗台儿　39-16/43-21/48-12
窗台式空调机　69-42
窗帷　55-16
床　53/54-1/84-45/109-46/168-14/231-3
床板　53-8
床绷　53-13
床单　47-2/54-3
床单儿　47-2/54-3
床垫　53-2/54-2
床架　53-3
床脚　53-4
床上用品　54
床上用品商店　76-14
床梯　179-21
床头灯　68-12
床头柜　47-7/52-18/168-23
床位　80-8
床罩　54-6/84-46

CHUI

吹肥皂泡　146-26
吹风　79-59
吹风机　70-44/79-60
吹奏乐器　191-19-25
炊具　59
炊具架　212-25
炊器　198-26-32
炊事兵　227-29
炊事员　72-29/125-51/179-2/227-29
炊帚　59-43/72-19
垂花门　37-7
垂花柱　37-31
垂肩　9-13
垂领儿　8-6
垂柳　295-17
垂盆草　300-10
垂丝海棠　296-30
垂线　181-2
垂杨柳　85-17
垂直起落飞机　239-44
垂直尾翼　130-8/239-12/249-16
垂直线　181-2
捶脑袋　207-5
捶头　207-5
捶胸脯　207-25
锤　162-48/232-10
锤子　169-36/207-28

槌球　161-23

CHUN

春季星座　245-1
春节　200-1-3/201-1-42
春卷儿　24-9
春联　201-10-12
春秋两用衫　2-12
春生鹅膏　307-46
春天　259-41
春游　200-26
椿象　290-33-35
莼菜　18-22/305-2

CHUO

戳脚　162-9

CI

词　185-13
词典　185-5
茨藻　305-16
瓷器　187-3-4
瓷砖　89-32-33
瓷砖壁画　187-28
慈姑　18-19/305-18
磁带　136-31
磁带录像机　138-7
磁带选择开关　138-25
磁垫车　123-29
磁共振机　169-55
磁卡电话　135-22
磁卡式电话机　135-22
磁力画板　147-8
磁力圈　251-19
磁盘　136-32
磁盘驱动器　110-33
磁强计　250-12
磁铁　183-10-13
磁铁矿　262-48
磁铁碰头　90-18
磁铁石　262-48
磁性写字板　147-8
磁悬浮式列车　123-29
磁针　183-14
雌蕊　292-25-28
次级飞羽　282-29
刺刀　228-2/234-40
刺槐　297-4
刺参　289-20
刺网　105-41
刺猬　281-17
刺绣　58-25/187-1-2

CONG

葱　18-29
葱白儿　18-30
葱花儿　24-38
葱花儿饼　24-37
葱丝儿　24-46
葱头　18-33
从动齿轮　95-47
从动螺杆　95-51

CU

粗草区　161-31
粗粮　23-29-32
粗准焦螺旋　184-22
酢浆草　300-18
醋　31-11
醋壶　60-24
醋瓶　72-11

CUAN

攒尖　199-32-33

CUI

催泪手榴弹　233-21
翠菊　301-24
翠绿色　308-14
翠鸟　283-22

CUN

村庄　119-10
存包柜　178-38
存款单儿　81-9
存款凭条　81-9
存入　81-7-11
存折　81-8
寸　198-49
寸头　16-6

CUO

搓　171-53
搓板　57-7
搓板儿　57-7
搓手　207-20
搓澡　80-21
搓澡床　80-23
搓澡工人　80-22
撮字工人　141-2
锉刀　91-28-30/93-21-26/115-48
锉锯齿　91-27

D

DA

达甫 214-41
达斡尔族 208-10
打场 102-41
打弹弓 146-17
打蛋器 59-42
打糕 211-26
打夯机 118-28
打花棍 144-18
打火机 35-16/61-43-45
打击乐器 190-40-51/191-26-41
打井 103-6
打孔机 110-14
打捞船 129-19
打捞回收船 243-44
打连厢 194-18
打猎 213-15
打麻将 149-14
打扑克 149-11
打气机 150-42
打气筒 68-54/115-9
打琴 191-17
打扫 260-17
打扫卫生 56
打刷 186-51
打水板 153-25
打太平鼓 201-29
打弦乐器 191-17-18
打雪仗 147-22
打样机 141-5
打印机 109-26/110-30
打印台 81-15/110-3/133-29
打针 170-17
打枝 107-17
打桩机 88-8
打字间 109-24
打字撇手 110-23
打字员 109-28
打字桌 109-31
大(二,三)副 128-24
大白菜 19-1
大白兔 279-34
大班 176-1-12
大板车 117-5
大办公桌 109-17
大苞花褶伞 307-45
大鸨 283-10
大本营 165-9

大波斯菊 301-26
大布 79-13
大餐叉 60-55
大餐刀 60-56
大茶盘 61-19
大蟾蜍 284-36
大肠 271-11/272-43-49
大潮 247-22
大车 117-16
大床 47-1/53-7-9
大吹风机 79-45
大葱 18-29
大袋 2-8
大袋盖儿 2-7
大袋鼠 280-31
大刀 162-30
大刀豆 20-20
大道具 192-28
大灯 111-5/116-4
大底 7-13
大豆 17-25
大杜鹃 283-17
大队旗 217-18
大方桌 50-1
大飞鼠 280-45
大粪车 113-38
大复羽 282-27
大盖帽 229-4
大盖儿帽 6-31
大盖柿 21-32
大钢琴 190-31
大哥大 135-14
大钩 263-4
大鼓 142-3
大褂儿 2-51
大观览车 145-24
大管 190-24
大鬼 149-9
大号 190-29
大厚嘴 278-21
大胡子 16-30
大花脸 193-8
大黄鱼 285-4
大回转 157-15
大茴香 296-7
大火 36-13
大架 235-8
大酱 31-5
大街 118-1
大襟儿褂 2-53
大襟儿棉袄 1-39
大襟儿上衣 215-9/215-35
大襟儿罩衣 1-42
大臼齿 275-30

大军鼓 190-40
大开 140-58
大客车 113-1-9
大口瓶 62-9
大拉网 105-34/106-18
大捞网 106-11
大礼帽 6-10
大立柜 42-4
大丽花 301-27
大镰刀 99-15/209-2
大梁 39-8
大料 31-36
大猎狗 279-7
大灵猫 280-29
大领短衣 215-45
大陆 264-17
大陆架 264-16
大陆坡 264-15
大锣 191-26
大麻 299-13
大麻哈鱼 285-18
大麻花儿 27-32
大马勃 307-41
大马哈鱼 285-18
大麦 17-11
大帽钉 90-60
大门 37-1/38-6/40-1/83-12/98-1/145-1/205-2
大门拉手 90-24
大米 23-18
大米饭 23-50
大米清酒 34-24
大螟 291-7
大木桶 294-5
大幕 192-12
大拇指 277-16
大脑半球 274-30
大鲵 284-46
大牌 112-3
大牌号 112-3
大皮箱 65-23
大藻 305-25
大气层 251
大球 143-3
大犬座 246-37
大人 220-9
大人票 126-16
大绒软帽 6-23
大扫除 201-1
大山雀 283-37
大山楂 21-26
大水杯 73-14
大水缸 62-36
大蒜 18-25-28

DA

大提琴　190-14
大天鹅　282-43
大铁叉　99-13
大厅　81-1-16
大铜钹　216-37
大头菜　18-8
大头舞　201-31
大头针　110-8
大团结　82-21
大腿　266-29
大腿骨　267-13
大弯　272-33
大碗　60-33/73-13
大碗茶　73-12
大王　149-9
大温室　85-23
大象　281-29-30
大小便化验窗口　168-53
大写　185-21
大猩猩　280-9
大型坦克登陆舰　228-28
大型显字屏幕　81-24
大雄宝殿　205-6
大熊猫　281-18
大熊座　245-3/246-14
大学　178/178-1-52/179
大学生　178-33-35
大檐帽　229-4
大雁　282-48
大衣　1-27/2-45
大衣柜　47-16/52-1-8
大阴唇　273-19
大隐静脉　269-13
大于号　180-50
大月　259-31
大遮阳伞　78-29
大折网　105-46
大钟　121-4
大转轮　100-32
大篆　185-25
大字报　139-39/139-40
大字标题　139-23
大嘴乌鸦　283-30

DAI

傣文　216-43-44
傣族　209-18/216
傣族(瑞丽地区)　216-1-8
傣族(西双版纳地区)　216-14-17
傣族老妇人　216-8/216-16
傣族老人　216-7/216-17
傣族男子　216-5/216-15

傣族女子　216-1
傣族女子(芒市地区)　216-9
傣族女子　216-14
大夫　170-1/174-31
代表　217-10
代用票　126-25
代用旗　128-33
带柄梳　79-34
带操　156-30
带长计数器　138-40
带刺外壳　295-22
带分数　180-19
带护拦的床　168-39
带锯　92-45
带锯机　92-44
带缆桩　105-5/127-14
带球　160-50
带球触地　161-11
带式输送机　96-37
带式鞋　7-19
带鱼　285-10
带子　3-4/65-22/231-9
待发装置　242-10
玳瑁　284-1
袋泡茶　33-18/84-30
袋儿　65
袋装货物　122-30
逮捕证　225-7

DAN

丹顶鹤　283-6
丹凤眼　278-11
丹凤鱼　286-32
担架　168-65
担绳　99-24
单柄锅　59-10
单刀　162-32
单峰驼　279-27
单缸洗衣机　57-30
单杠　156-3
单轨脚踏车　145-8
单轨列车　123-27-28/145-9
单柜办公桌　50-10
单号座位　195-23
单花式　16-23
单环滑车　145-11
单簧管　190-20
单尖牙　275-28
单脚跳　152-6
单镜头反光照相机　196-1
单开门大衣柜　52-7
单门大衣柜　52-7
单名　219-30

DANG

单排扣西服　2-24
单皮　191-36
单人床　53-1-6
单人滑　157-29-30
单人沙发　46-7/51-17
单日　259-25
单数　180-7
单条儿　188-17
单桶洗衣机　57-30
单头扳手　93-7
单弦儿　142-20
单向行驶　119-35-36
单眼　290-13
单眼皮　276-6
单元门　41-8
单张软片　78-50
单子叶植物　292-5
箪　198-7
胆囊　271-9/272-38
掸瓶　42-14/43-5/56-7
旦　193-4-7
诞生　202-1
淡水渔业　106-1-18
淡竹　302-5
弹柄　233-13
弹带　235-45
弹袋　231-7
弹道导弹预警相控阵雷达　237-16
弹壳　234-33
弹射座椅　238-14
弹体　233-11/235-43/236-17
弹头　234-32
弹头壳　234-38
弹丸　235-41
弹匣　234-10
弹药舱　243-12
弹药库　231-34
弹翼　236-14
弹子肉　30-13
蛋糕　27-41/201-18
蛋黄儿　30-52
蛋架　70-38
蛋卷儿　32-18
蛋卷儿冰激凌　32-18
蛋壳儿　30-54
蛋清儿　30-53
氮气罐　249-19

DANG

挡　198-38
挡风玻璃　111-8
挡泥板　115-15/116-5

DANG

挡球网　158-12
党　217
党旗　217-1
党委办公室　217-4
党员　217-2
荡木　145-44
荡秋千　211-35
档　177-50
档案袋　110-19
档案柜　109-22

DAO

刀　162-30-33/232-6
刀背儿眉　278-2
刀齿　157-40
刀锉　91-29
刀豆　20-20
刀工　36
刀架　45-11/94-4
刀具　94-28-34
刀片　49-32
刀片儿　49-32
刀术　162-20
刀削　79-54
刀削面　25-12
刀轴　92-36
导弹　236/236-1-25
导弹发射箱　228-18
导弹护卫舰　243-21
导弹快艇　243-32
导弹潜艇　243-34
导弹艇　243-32
导轨　92-37
导航雷达　237-17
导航室　243-6
导航卫星　237-4/252-7
导火孔　234-35
导火索　233-7
导流叶片　95-58
导轮　124-11
导线　169-52
导向标　118-21
导烟板　124-8
导演　137-11/192-34/195-32
导演剧本　195-34
导游　83-18/150-14
导游图　85-8
岛弧　264-7
捣包儿　147-14
捣布　304-18
捣衣槌　57-11
到期利息表　81-2
到站　126-15

倒车挡　111-57
倒车灯　111-25
倒带按键　138-31
倒缝按钮　58-46
倒挂眼　278-14
倒立　155-18
倒片台　195-14
倒片摇把儿　196-5
倒褶裥裙　1-15
倒座房　37-4
倒座儿　37-4
悼词　203-15
道岔　122-39
道岔表示器　122-42
道床　122-45
道次标志牌　151-13
道姑　205-43
道观　205-42
道教　205-42-44
道具　192-28-29
道口　122-50
道口工　122-53
道口警标　122-58
道口看守员　122-53
道口栏木　122-52
道口自动信号机　122-51
道路　118
道路编号标志　119-43-44
道路交通标志　119
道儿　118-13-14
道士　205-43
稻草菇　20-29
稻床　99-35
稻谷　17-3
稻糠　17-4
稻壳儿　17-4
稻穗儿　17-2
稻瘟病菌　306-25
稻秧　102-59
稻子　17-1/208-3/211-9

DE

得分　159-21
得奖者　156-19-21
德昂族　210-2
德宏傣文　216-43

DENG

灯　112-22/121-42/125-17
灯船　127-29
灯钩　90-12
灯脚　68-31
灯节　201-38-42

灯具　68
灯具商店　75-22
灯口　68-25
灯笼　68-56/201-41
灯笼袖　9-7
灯笼鱼　285-29
灯帽　182-2
灯谜　147-3/201-40
灯捻儿　182-3
灯泡儿　68-19
灯绳儿　68-14
灯饰　200-19
灯丝　68-26
灯塔　127-5
灯头　68-18
灯舞　201-42
灯箱　78-33
灯心　68-50/182-3
灯心草　302-16
灯罩　68-3
灯罩儿　68-3/68-49
登顶队员　165-12
登高　200-34
登高平台消防车　223-20
登机牌　131-46
登机桥　131-17
登记　98-37
登陆部队　228-23
登陆舰　243-38
登陆艇　228-30
登陆支援舰　228-31
登陆作战　228-23-31
登山队　165-1
登山服　165-3
登山家　165-2
登山器具　165-18-29
登山鞋　165-8
登山运动　165
登山运动员　165-2
登月舱　248-14
登月平台　248-18
蹬板凳　144-35
蹬技　143-1/144-12/144-35
蹬伞　144-12
等边三角形　181-26
等号　180-23
等离子体探测仪　250-15
等压线　258-1
等腰三角形　181-24
等震线　256-8
戥子　63-11
凳子　43-8/47-15/51/51-20-23

516

DI

/80-19/168-19/170-4/173-29

DI

低杠　156-13
低气压　258-4
低音鼓　189-11
低音提琴　189-14/190-15
低云　255-7-10
低云高　258-53
低云状　258-52
堤坝　265-19
滴定管　182-43
滴水　199-41
滴水瓦　39-6/89-41
的士　83-8/112-41/113-15/121-13
迪斯科舞　194-11
笛子　191-19/211-39
底板拉手　90-24
底边　181-19
底火　234-37/235-49
底角　181-25
底面　181-55
底片　78-53
底片夹　78-34
底色刷　186-19
底数　180-35
底线　159-8/160-23
骶骨　267-23
地　42-23
地板落水　49-18
地板刷　56-12
地道　122-24
地道战　228-7
地地导弹　228-10
地对地导弹　228-10/236-5
地对空导弹　228-16/236-6
地方粮票　23-24
地肤　299-19
地杆　188-12
地滚球　161-53-58
地核　264-3-4
地基　39-24
地脚　140-41
地脚螺栓　90-34
地巾　84-61
地坑式窑洞　38-4
地空导弹　228-16
地老虎　291-4
地雷　233/233-22-28
地裂缝　256-10
地漏　49-18
地炉　216-19

地幔　264-2
地面站　136-18/250-21
地面作战　228-9
地名标志　119-45
地平线　154-33
地钱　302-43
地壳　264-1
地球　244-14/247-8/250-16/264/265
地球轨道　247-9
地球仪　48-21/174-15
地球站　136-18
地球资源卫星　252-16
地热发电站　97-45
地毯　55-5/125-28/214-30
地趟拳　162-11
地铁　121-16-24
地铁标志　121-17
地铁车站　121-16
地铁出入口　121-18
地头　188-11
地图　140-4
地下河　264-33
地下井　236-28
地线　68-16/97-59
地星　307-40
地窨　38-4
地藏　205-21
地震　256-1-8
地震波　256-5
地震烈度　256-1-8
地震震级　256-1-8
地支　259-45-56
地址　219-19
弟弟　221-26
弟妇　221-27
第二级　236-36
第二级火箭　248-27
第二名　156-20
第三级火箭　248-28
第三名　156-21
第三套人民币　82-21-30
第四套人民币　82-1-20
第一版　139-18
第一级　236-35
第一级火箭　248-26
第一名　156-19
棣棠花　296-14

DIAN

滇红　33-17
滇青茶　33-13
点　171-51/181-3

DIAN

点号　185-40-46
点火药　235-48
点名册　174-20
点儿　185-31
点头　207-1
点线　141-35
点心　27
点心店　75-3
电报　136/136-6-12
电报单　136-4-5
电报局　136-1
电报投递员　136-8
电报纸　136-4-5
电冰箱　46-4/70-28
电波　137-32
电唱机　69-13/137-53/195-15
电车　112-28/112-30
电车票　112-37
电车站　112-29
电传　136-13-15
电传打字电报机　136-13
电传机　136-13
电吹风机　70-44
电磁波　137-32/257-44
电磁工作台　94-19
电磁炮　235-31
电磁灶　70-15
电灯　41-20/42-7/46-15/68-1-31
电灯开关　46-17/84-54
电灯泡　68-19
电灯泡儿　68-19
电动按摩器　70-46
电动裁判器　164-8
电动缝纫机　58-56
电动扶梯　121-29
电动刮胡刀　70-45
电动葫芦　96-30
电动机　95/95-30-38/96-41/263-29
电动机鱼雷　242-1
电动脱粒机　101-27
电动玩具　148-15
电动洗膜机　101-37
电度表　97-62
电镀锡生产线　262-25
电镀锌板　262-28
电镀锌生产线　262-27
电饭煲　59-28/70-16
电饭锅　59-28/70-16
电风扇　69-29-38/72-5/125-49
电工刀　93-37
电工工具　93-37-40

517

DIAN

电灌站　102-65
电滚刷　79-41
电焊脚套　93-52
电焊面罩　93-50
电焊钳　93-48
电焊手套　93-51
电焊丝　93-49
电焊条　93-49
电化教室　178-16
电化教学　178-16-27
电话　135/135-1-24
电话簿　135-25
电话号码　135-26
电话号码簿　135-25
电话机　81-27/83-24/98-35/
　109-11/135-1-24
电话局　135-30-34
电话卡　135-24
电话卡片　135-24
电话亭　121-14/135-17
电话线　135-5
电话用户　135-18
电击警棍　226-10
电剪　104-19
电卷发器　70-42
电烤炉　70-4
电烤箱　70-4
电缆　257-9
电缆船　129-17
电烙铁　70-41/183-15
电离层　251-18
电力机车　124-40
电力水车　100-37
电流表　111-64/183-17
电炉　70-1/262-9
电码　136-10
电码本　136-9
电门总开关　116-14
电脑验光　169-59
电脑中心　136-29
电鲇　286-16
电暖炉　70-50
电平指示表　138-36
电瓶车　114-32/122-32
电汽车月票　112-38
电热杯　70-23
电热垫　70-48
电热管　70-24
电热梳　79-42
电热丝　70-2
电热毯子　54-19/70-49
电热烫发钳　79-40
电热鞋　70-47

电扇　69-29-38/125-49
电视电话　135-15
电视广播　137-4-36
电视机　46-13/84-35/138/138-
　1-19/178-24
电视机柜　52-17
电视架　138-2
电视节目　137-24/139-34
电视剧　137-8-19
电视录像转播车　114-26
电视摄影机　137-7
电视塔　137-3
电视台　137-2
电视游戏　147-16
电视游戏机　147-17
电视周报　137-23
电视转播车　137-28
电枢　95-32
电水壶　70-22
电毯　54-19/70-49
电梯　83-40
电推剪　79-25
电推子　79-25/104-19
电网　226-5
电文　136-6
电线　68-17
电线杆子　97-53
电信大楼　136-1
电压表　183-18
电鳐　285-13
电影　195
电影广告　195-2
电影片　195-52
电影票　195-7
电影摄影机　195-30
电影院　195-1-24
电影制片厂　195-25-55
电源车　131-20/228-22
电源开关　138-4
电源控制组件　242-13
电源线　57-28
电熨斗　13-9/57-44-49/70-40
电珠　68-40
电子秤　31-43/63-24
电子打火机　61-45
电子打字机　110-25
电子合成器　190-52
电子琴　190-39
电子售票系统　126-21-23
电子游艺厅　145-20
电子战机　239-34
电子侦察船　243-40
电子侦察卫星　237-3

DIAO

电子钟　121-31
电阻　183-19-21
电阻器　183-19-21
电钻　92-8/170-39
店房　74-1-4
店面　74-1-4
店堂　74-5-26
垫板　174-39
垫布　57-52
垫肩　2-3/210-14
垫圈　90-40-41
垫子　55-1-3/61-22/156-17
淀粉　31-29
淀粉核　303-11

DIAO ························ •

貂熊　281-16
碉房　213-51
雕刻　187-7-16
雕漆　187-20
雕塑工作室　186-1
雕塑家　186-2
吊舱　132-37/145-25/238-28
吊车　123-26
吊橱　49-23
吊搭髾　193-17
吊带　238-6
吊灯　68-2/121-30/137-15
吊杆　105-21/120-29
吊杆柱　96-17
吊钩　96-3
吊柜　49-23
吊环　156-6
吊货杆　96-18
吊货索　96-19
吊脚楼　38-35/215-51
吊具　96-8
吊兰　302-17
吊蓝　238-17
吊篮　88-17
吊楼　38-35
吊攀儿　11-20
吊桥　120-27-35
吊球　163-17
吊扇　69-29
吊绳　192-10
吊桶　100-25
吊桶绳　100-24
吊运车　107-7
钓竿　105-57
钓竿袋　106-28
钓竿儿　105-57/106-19-21/150
　-27

DIAO

钓钩 105-51/106-25
钓钩儿 150-33
钓具 106-19-29
钓手 105-56
钓丝 150-28
钓线 106-23/150-28
钓鱼 150-27-38
钓鱼钩儿 150-33
钓鱼具 106-19-29/150-27-38
钓鱼平台 105-55
调查船 243-43
调车场 122-34
调车机车 124-37
调度控制台 122-37
调度员 122-38
调度中心 122-36

DIE

叠罗汉 156-34
碟靶 167-18
碟子 60-37-38
蝶窦 276-40
蝶形螺母 90-38
蝶泳 153-20

DING

丁儿 36-9
丁香 31-39
丁字路口儿 118-17
钉齿耙 99-29/101-10
钉锤 91-11
钉螺 287-23
钉耙 99-5-6
钉子 90-55-63
顶灯 68-1
顶点 181-18
顶峰 165-13
顶滑轮 103-8
顶技 144-13
顶颞缝 267-32
顶棚 42-5
顶球 160-59
顶圈 211-2
顶梢 66-16
顶碗 144-25
顶芽 292-17
顶叶 274-29
顶针 58-7
顶针儿 58-7
鼎 198-27-28
订房处 83-29
订婚 202-15
订口 140-42

订书钉 110-13
订书机 110-12
订线 140-18
定滑轮 183-6
定价 74-26/140-56
定角斜尺 92-19
定时器旋钮 70-7
定时旋钮 69-35
定型乳罩 3-8
定音鼓 190-51
定影液 78-44
定针 92-11
定子 95-31

DIU

丢包 216-38
丢手绢儿 146-34

DONG

东 258-60
东半球 264-50
东北 258-64
东北虎 281-21
东不拉 208-28
东风 149-15
东风型 124-21
东郭先生 206-23
东南 258-65
东屋 40-13
东乡族 208-17
东厢房 37-14
东正教 204-24
东正教堂 204-24
冬不拉 208-28
冬虫夏草 28-11/307-10
冬菇 28-4/307-31
冬瓜 20-3
冬季星座 246-2
冬季运动 157
冬青 297-21
冬天 259-44
冬装帽 229-20
动滑轮 183-7
动画片 195-2
动力滑翔机 239-48
动力机 263-16
动轮 124-14
动脉 269-1-8/270-1
动物标本 184-11-17
动物园 85-24
动眼神经 274-13
侗族 210-9
洞 161-36

洞房 202-33
洞箫 191-20

DOU

兜兜 4-19
兜肚 4-19
兜儿 10
兜网球 161-25
斗 63/63-1
斗拱 199-42
斗笠 6-33
斗篷 4-21
斗式提升机 96-49
斗型纹 277-38
抖空竹 144-3/146-21
抖悠悠 146-25
斗牛 215-53
豆 198-6
豆瓣儿酱 31-7
豆包菌 307-42
豆豉 31-26
豆腐 29-1
豆腐干儿 29-5
豆腐脑儿 27-19
豆腐泡儿 29-9
豆腐皮儿 29-18
豆腐片儿 29-2
豆腐乳 29-20-22
豆腐丝儿 29-4
豆腐衣 29-18
豆腐渣 29-12
豆芙云 255-6
豆浆 23-38
豆浆晶 32-44
豆角儿 20-14
豆苗 20-21
豆娘 290-4
豆沙包儿 24-6
豆沙馅儿 24-7
豆芽儿 20-22-23
豆雁 282-48
豆油 31-2
豆制品 29
豆子 17-25-34
逗号 185-43

DU

毒蛋蕈 307-25
毒粉褶菌 307-24
毒红菇 307-34
毒蘑菇 20-24-31
毒蕈 20-24-31
毒蝇蕈 307-23

DU

独竿儿　106-19
独角仙　290-60
独立式悬臂起重机　96-4
独立式窑洞　38-9-11
独龙族　210-3
独轮车　115-62/117-1-2
独木船　129-24
独木桥　120-20
独木舟　129-24
独生子女证　173-2/219-24
独他尔　214-42
杜鹃花　298-23
肚囊子　30-10
肚脐眼儿　266-24
肚子　266-23
度量衡　198-48-54
渡口　119-12
镀锡板　262-26
镀锡铁　262-26
蠹鱼　290-1

DUAN

端午　200-27-30
端午节　200-27-30
端线　159-8/160-23/160-42
端阳节　200-27-30
短柄钻　92-7
短波　138-33
短波微调旋钮　138-35
短程大型客机　132-3
短程小型客机　132-14-17
短大衣　1-29
短笛　190-26
短耳猫头鹰　283-19
短耳鸮　283-19
短发　16-10
短褂儿　2-53-54
短脚狗　279-6
短距离赛跑　151-24
短裤　2-35
短跑　151-24
短跑道速滑　157-26-27
短裙　194-3
短穗单剑　162-28
短穗双剑　162-29
短筒尼龙丝袜　5-20
短腿猎狗　279-6
短袜　5-16
短袖　9-3
短袖衬衫　1-22
短袖内衣　3-6
短衣　211-3
段木　103-48

段儿　36-12
断层　256-4
断线钳　93-6

DUI

堆房　40-15
堆肥　103-18/294-28
堆芯　97-37
堆雪人　147-20
队服　217-20
队礼　217-14
队旗　217-16
对比度调节　138-16
对刺　230-14
对顶角　181-5
对耳轮　276-53
对耳屏　276-55
对海警戒雷达　237-22
对角线　181-27
对角线尺　92-19-20
对接舱　249-25
对襟儿背心儿　214-3
对襟儿短衫　216-10
对襟儿褂　2-54
对襟儿毛衣　2-39
对襟儿棉袄　1-40
对襟儿罩衣　1-43
对开　140-59
对空警戒雷达　237-20
对联　201-10-11
对联儿　188-4-5
对流层　251-1
对闹面　64-21
对闹钥匙　64-22
对虾　289-1
对象　202-13
对褶裙　1-14
兑换单　83-54
兑换员　83-53

DUN

墩布　56-11
墩子　31-9
蹲踞式起跑　151-11
蹲踞旋转　157-34
趸船　127-13
钝角三角形　181-23
盾　162-42/232-26
盾牌　222-25
顿号　185-44

DUO

多边形　181-34

多重声音广播　138-1
多级火箭　236-34
多极压气机　95-25
多角形　181-34
多来米发梭拉西　189-23
多闻天王　205-25
多用橱　52-11
多用改锥　93-15
多用柜　52-11
多褶长裙　215-12
舵　128-15/242-18
舵轮　128-25
舵手　128-24/167-42

E

E

俄罗斯族　209-3
俄式茶炊　214-16
峨眉宝光　254-23
峨嵋刺　162-49
峨眉　247-15
峨眉月　247-15/247-21
鹅　282-45
鹅蛋　30-49
鹅毛大雪　254-16
鹅毛雪　254-16
鹅头鱼　286-33
鹅掌菜　304-14
蛾子　291-1-22
额　282-21
额窦　276-39
额骨　267-26
额肌　268-1
额镜　169-21
额叶　274-23
鄂报春　301-4
鄂伦春族　208-13/213/213-1-24
鄂伦春族老妇人　213-4
鄂伦春族女子　213-1
鄂温克族　208-12
鳄　282-54
鳄蜥　284-30
鳄鱼　284-9-10

EN

摁扣儿　11-6

ER

儿童　176-2-3/220-19
儿童车　115-57

ER FAN

儿童床　176-18
儿童服装商店　76-7
儿童公园　145-39-56
儿童节　200-9
儿童票　126-16
儿童玩具商店　76-2
儿童戏水池　145-38
儿童游戏场　85-38
儿童澡盆　56-28
儿媳妇儿　221-45
儿子　221-44
鸸鹋　282-11
耳垂　276-58
耳垂儿　14-3
耳朵　6-20/266-8/276/276-50
耳朵帽儿　6-26
耳房　37-18
耳郭　276-51
耳环　14-1
耳机　69-4/130-47/135-2/178-17/233-31/240-26
耳机插孔　138-14
耳机插座　130-52
耳机子　135-2
耳甲　276-54
耳镜　169-20
耳孔　276-59
耳轮　276-52
耳屏　276-57
耳屎　276-73
耳挖勺　276-72
耳蜗　276-70
耳咽管　276-71
耳咽管口　276-47
耳羽　282-23
耳针　171-37
耳坠儿　14-3/215-3
二　207-31
二次变电所　97-52
二挡　111-53
二分券　82-29
二分硬币　82-40
二锅头　34-5
二号电池　68-44
二号桅　105-22
二胡　191-1
二化螟　291-6
二级独立自由勋章　229-10
二角券　82-19
二角硬币　82-37
二脚叉　99-12
二开　140-59
二垒　158-4

二垒手　158-19
二门　37-7
二人击掌　207-21
二十四节气　259-35
二元券　82-16
二月　259-3

FA

发报人　136-7
发财　149-20
发电机　97-10/124-26/242-16
发电站　97/97-50
发动机　95/95-1-29/111-32/116-9/130-6/234-52/239-15/240-34/242-17/248-24
发动机盖儿　111-7
发动机散热窗　240-35
发动机罩　111-7
发奖仪式　156-18
发令枪　151-17
发令员　151-16
发球　159-22/160-4
发球区　159-2/160-19
发球台　161-29
发球线　160-20
发射管　236-24
发射机　242-5
发射架　228-17
发射井　236-28
发射平台　228-11
发射塔　236-41
发射台　249-5
发射箱　235-24
发射药　234-34
发射制导装置　236-23
发条玩具　148-16
发响玩具　148-4
发行号数　139-14
发行年　82-12
发行日　139-15/140-54
发行所　140-50
发行银行　82-2
发烟弹　235-56
发站　126-14
发证日期　219-20
罚球线　160-43
阀门　71-35/80-13
筏子　129-25
法国号　190-30
法国梧桐　296-13

法警　225-22
法郎　81-36
法螺　287-4
法庭　225-11
法衣　205-36
法医　222-36
法院　225/225-10
砝码　63-29/182-55
发菜　28-10/303-22
发带　14-12
发箍　14-11
发髻　16-22/215-32
发夹　79-49
发蜡　79-5
发卡　14-10/79-49
发乳　79-4
发刷　49-29/79-36
发型　16
发型照　79-18

FAN

帆　129-36/154-30/167-48
帆板运动　154-29
帆船　129-35-38/154-32/167-47
帆篷　105-10
帆绳　129-37
番红花　302-35
番木瓜　22-17/298-16
番茄　19-27
番茄酱　31-25
番茄汁儿　32-28
翻杯　144-20
翻车鱼　285-41
翻窗插销　90-9
翻跟头　146-37
翻领衬衫　2-29
翻鳃鱼　286-34
翻绳儿　147-12
翻译　83-31/109-49
翻子拳　162-8
繁体字　185-11
反冲式喷头　100-45
反弹道导弹　236-25
反导弹　236-25
反幅射导弹　236-10
反光镜　111-11/184-28
反光罩　68-39
反盒褶裙　1-15
反后坐装置　235-5
反舰导弹　236-11
反面儿　134-9
反潜导弹　236-12

521

FAN

反潜巡逻机　239-41
反潜直升机　239-52
反射板　78-12/136-20
反射望远镜　253-5
反手　160-32
反坦克导弹　236-21
反坦克断崖　240-17
反坦克壕　240-16
反坦克三角锥　240-19
反坦克崖壁　240-18
反坦克障碍物　240-14-20
反线　141-33
反应堆　97-34
犯规　160-53
犯人　225-8
饭　179-6
饭菜票　72-31
饭匙　60-60
饭店　83/84
饭店门厅　83-22-43
饭馆儿　102-11
饭锅　59-24/125-57
饭盒儿　23-42/62-54
饭篮儿　65-41
饭盆　60-19/179-9
饭票　23-45/72-31/125-42/179-8
饭勺　59-38/60-18
饭勺儿　59-38
饭食　23
饭摊儿　76-22
饭桌　179-10
泛光灯　137-16

FANG

方背　140-26
方便面　25-4
方茶筒　61-16
方程　180-45
方程根　180-47
方程式　180-45
方锉　93-22
方呆舌　67-10
方凳　51-20
方鼎　198-28
方火腿　30-24
方几　50-18
方解石　262-66
方块　149-6
方块儿　36-5
方筐　65-43
方领儿　8-2
方笼　150-46

方螺母　90-37
方坯　262-14
方瓶　62-10
方铅矿　262-52
方肉　30-9
方舌　67-10
方糖　31-17/32-39
方头螺栓　90-32
方头锹　91-2
方位指标　257-8
方向、地点、距离标志　119-47
方向舵　130-9/249-15
方向机　235-12
方向盘　111-43/235-36
方向指示灯　111-6
方向转台　78-17
方形瓶子　62-10
方言　185-2
方竹　302-2
方桌　50-1
方钻杆　263-10
防波堤　108-2/127-6
防步兵地雷　233-24
防步兵跳雷　233-25
防尘帽　115-42
防刺　230-13
防毒斗篷　231-19
防毒面具　98-51
防毒面罩　231-17
防毒衣　231-18
防盾　235-9
防风林　102-8/265-31
防护带　169-38
防护门　236-30
防护眼镜　165-4
防护罩　92-40
防滑链　111-40
防化兵　227-25
防火用水　98-29
防空作战　228-10-22
防喷器　263-13
防沙林　265-38
防坦克地雷　233-26
防坦克手榴弹　233-12
防坦克障碍物　240-14-20
防御手榴弹　233-17
房灯　84-52
房顶　39-1
房号　41-28/84-26
房基　39-24
房间　84-29-72
房间号码　84-26
房门　41-29/84-25

FEI

房山　39-13
房檐　39-5/41-10
房檐儿　41-10
仿宋体　141-28/141-31
纺织娘　290-26
放爆竹　147-30
放鞭炮　147-29
放大机　78-32
放大镜　184-18
放大镜头　78-35
放大器　69-19
放电管　183-23-24
放风筝　147-32
放高升　216-40
放排　107-28
放排的人　107-31
放射性落下灰尘　236-54
放射性同位素热电发电机　250-9
放物架　70-35
放线菌　306-10
放线器　106-27
放学　260-18
放鸭子　102-52
放烟火　147-31
放衣柜　153-11
放音按键　138-29
放映机　195-10
放映孔　195-12
放映室　195-8
放映员　195-9

FEI

飞叉　144-26
飞车走壁　143-13
飞碟　146-10
飞碟靶　167-18
飞碟射击　167-16
飞钩　232-13
飞机　132-1-33/251-4
飞机动态显示牌　131-39
飞机库　131-11
飞机票　131-45
飞轮　95-22
飞轮儿　115-23
飞马座　245-31/246-24
飞艇　132-35/238/238-26
飞蜥　284-28
飞行弹道　236-22
飞行甲板　243-4
飞行云　255-17
飞檐　199-18
飞燕式　16-29

FEI

飞鱼　285-32
飞跃　157-17-22
非机动车道　119-38
非终点直道　151-3
非洲菊　301-29
非洲象　281-29
扉页　140-36
鲱鱼　285-21
肥裤　215-25
肥肉　30-19
肥皂　57-9
肥皂盒儿　57-10/80-16
腓肠肌　268-23
腓动脉　269-8
腓骨　267-16
腓总神经　274-9
匪警　135-16-24
蜚蠊　290-5
翡翠绿　308-14
肺　271-15-17/272-7
肺动脉　269-17/271-21
肺活量　170-36
肺静脉　269-14
肺鱼　285-15
废气　118-31
废水　98-24
废液　98-24
废纸　112-15
狒狒　280-11

FEN

分　198-50
分葱　18-31
分道　151-22
分道线　151-23
分光计　183-25
分号　185-45
分火灯头　68-23
分机　135-26
分拣员　133-34
分节钓竿　106-20
分界标志　119-46
分馏塔　263-49
分蜜机　103-58
分娩　173-23
分母　180-18
分数　174-22/180-16-20
分数签儿　149-31
分塘饲养　106-34
分头　16-1-2
分针　64-5
分株　294-13
分子　180-17

坟场　86-1
坟地　86/86-1
坟墓　86-2-3
坟头儿　86-2
汾酒　34-2
粉笔　174-54
粉笔盒儿　174-54
粉饼　15-4
粉刺　278-29
粉底霜　15-1
粉蝶　291-28
粉盒儿　15-3
粉红色　308-2
粉皮儿　29-15/29-25
粉扑儿　15-2
粉丝　29-24
粉条儿　23-53/29-23
粪铲　100-7/103-16
粪车　117-8
粪肥　294-26
粪箕　100-6/103-15
粪坑　102-18
粪坑儿　87-14
粪尿　103-22
粪勺　87-6/100-21
粪桶　87-8/100-20
粪箱　87-20

FENG

风杯　257-6
风标　257-7
风车　97-48/100-38
风车儿　148-39/201-34
风带　229-6
风笛　124-22
风舵　97-49
风钩　90-11
风纪扣儿　11-18-19
风景画　48-24/186-32
风景区　150-10
风镜　14-27
风力发电机　97-47
风凉式　16-15
风轮　97-48
风帽　4-11
风门　261-7
风牌　149-15-18
风琴　176-9/190-37
风扇　95-24/111-33
风扇皮带　111-33
风速　258-47
风速符号　258-19-30
风箱　44-8/71-48

风箱拉手　44-9
风向　258-46
风向风速仪　151-37/257-5
风信子　302-30
风选机　101-28
风雪大衣　2-46
风雪帽　4-11/165-5
风衣　1-32
风雨衣　2-43
风筝　147-35-40/187-46
风筝线　147-33
封底　140-43
封二　140-34
封缄票　134-10/150-9
封口书信　134-1-11
封里　140-34
封面　140-16/140-27
封四　140-43
封条　134-10/150-9
封条儿　35-4
封网　159-27
烽火台　199-22
锋　258-6-9
蜂　291-42-49
蜂糕　27-7
蜂蜜　30-65
蜂鸟　283-21
蜂乳精　172-30
蜂王　291-45
蜂窝　291-49
蜂窝煤　71-20
蜂窝煤夹子　71-25
蜂窝煤炉　71-14
蜂箱　103-56
缝匠肌　268-13
缝纫工具　58
缝纫机　13-1/43-6/47-27/58/58-31-58
缝纫机针　58-5
缝线　58-3/169-29
缝衣针　58-1
缝针　169-30
凤　206-40
凤蝶　291-23
凤凰　206-40
凤凰竹　302-1
凤梨　22-21
凤鲚　285-26
凤尾鱼　285-26
凤仙花　300-22
凤眼莲　305-28
凤阳花鼓　142-7

FO

佛光 254-23
佛教 205-1-41
佛教徒 205-34
佛经 205-7
佛龛 205-26
佛桑 298-6
佛手 22-11
佛手包 27-3
佛手柑 22-11/297-12
佛寺 205-1
佛塔 205-11
佛陀 205-15-16
佛像 205-15-25

FOU

缶 198-12
瓿 198-12

FU

夫子庙 205-45
跗蹠 282-33
敷贴药 172-8
伏特计 183-18
伏羲 206-2
扶郎花 301-29
扶桑 298-6
扶手 51-6/112-23/124-35/125-26/130-41
扶手椅 42-11/51-5
芙蓉鸟 283-41
服务舱 248-11
服务单位 219-17
服务公约 72-6
服务区入口标志 119-51
服务设施 145-29-33
服务台 84-22/133-20/136-3/168-36
服务员 73-2/73-26/87-17/125-40/161-44
服务证 112-44
服装店 74-1-26
服装设计师 13-24
氟石 262-64
茯苓 307-21
浮标 105-42/127-30
浮船坞 127-18
浮吊 127-23
浮桥 120-38
浮水圈 154-22
浮筒 132-23
浮游起重机 96-15

浮子 105-37/106-41/150-29
符号 185/185-40-62
辐射级仪 236-58
辐射仪 236-57
福丁式气压表 257-38
福禄寿三星 206-20
蜉蝣 290-2
蝠鲼 285-12
斧 162-34/232-8
斧背 91-32
斧柄 91-34
斧刃 91-33
斧头 91-31
斧子 91-31/107-18/208-11
斧足 287-19
俯卧撑 155-17
俯卧式跳高 152-13
辅币 82-1-45
辅导员 175-7/217-15
辅助轮 115-58
腐乳 29-20-22/31-8
腐竹 29-19
父亲 221-3
负极 68-43
负片 78-53
负鼠 280-30
负数 180-4
负重轮 240-40
妇女节 200-4
妇女用品商店 76-8
附睾 273-42
附捐邮票 134-43
附题 139-26
复进簧 234-21
复进机 234-13
复写纸 110-17
复姓 219-31
复眼 290-14
复印机 109-35
复印纸 109-36/135-29
复原头像 197-10
副班长 230-18
副裁判员 159-17
副导演 195-33
副驾驶员 130-26
副教授 178-14
副井 261-8
副净 193-10
副刊 139-35
副券 126-27/192-22
副神经 274-21
副食店 75-6/102-12
副题 139-26

副翼 130-4/239-9
副油箱 239-17
富强粉 23-17
腹带 3-13
腹股沟淋巴结 270-8
腹鳍 286-39
腹外斜肌 268-8
蝮蛇 284-20

G

GA

咖喱粉 31-34
胳肢窝儿 266-20

GAI

改锥 93-13-15
芥蓝 19-9
盖杯 61-7
盖火 71-18
盖浇饭 23-43
盖帘儿 24-19
盖盆儿 60-36
盖片 65-9
盖刃 91-37
盖柿 21-32
盖铁 91-37
盖碗儿 60-34/61-4
盖销票 150-4-6
盖章 188-16
盖子 71-18/87-5

GAN

干板 78-7
干鲍 28-18
干贝 28-17
干冰 254-4
干船坞 127-17
干打垒房子 38-27
干电池 68-41-47
干粉皮儿 29-25
干果 22
干货 28
干酪 30-59/212-14
干葡萄酒 34-7-8
干球温度表 257-20
干湿球温度湿度表 257-19
干衣机 57-32
干燥器 182-41
干支 259-36
甘蓝 300-7
甘薯 17-43

GAN

甘蔗　17-42/216-31/302-11
甘紫菜　304-1
肝脏　270-25/271-7/272-37/286-47
坩埚　182-13
坩埚钳　182-14
矸石堆　261-2
竿钓船　105-53
杆秤　35-21/63-4/171-4
杆菌　306-8
感应电动机　95-37
鳡鱼　286-18
橄榄　22-13/297-15
橄榄球　161-1-12/161-2
橄榄球场　161-1
橄榄球运动员　161-9
擀面杖　24-12/44-23/59-58
干部　222-3
干路先行　119-40
干渠　102-51
干线　105-49
干线渠道　102-51

GANG

肛管　169-7
肛门　266-41/272-50/273-33/286-41
钢板　177-61
钢板网　89-55
钢板轧机　262-17
钢镚儿　82-31-45
钢笔　177-17-24
钢笔杆儿　177-20
钢笔尖儿　177-18
钢笔帽儿　177-21
钢尺　92-14
钢锤　93-32
钢钉　90-55-63
钢拱桥　120-26
钢骨　88-5
钢管　122-28/262-19
钢管椅　51-15
钢轨　96-22/122-43/262-32
钢化玻璃门　70-13
钢筋　88-21
钢精锅　59-3
钢锯　93-18
钢锯条　93-19
钢卷尺　92-16
钢盔　223-5/231-4
钢链　152-26
钢坯　262-13-14

钢坯轧机　262-33
钢片琴　190-48
钢钎　91-5
钢锹　91-1-4
钢琴　189-16/190-31-36
钢琴椅　190-35
钢圈　115-39
钢圈儿　115-39
钢丝扳手　115-51
钢丝刮铲　186-4
钢丝锯　91-25
钢丝钳　93-1
钢丝绳　96-32/263-7
钢丝刷　79-37/92-29
钢铁　262
钢铁联合企业生产流程示意图　262-1-38
钢凿　91-53
钢直尺　92-14
钢种锅　59-3
钢珠弹　239-59
缸　62-36-38
缸鼓　191-37
缸子　231-14
岗警　222-2
岗楼　222-55/226-7
岗伞　222-57
岗哨　226-2
岗台　222-59
岗亭　222-61
港口　127/127-1-35
港口灯塔　108-3
港务局　108-22
杠杆　103-10
杠铃　164-20
杠铃片　164-21

GAO

高　181-20
高班生　174-29
高层云　255-5
高车踢碗　144-28
高低杠　156-13
高低机　235-11
高尔夫球　161-28-45/161-39
高尔夫球场　161-28
高尔夫球运动员　161-38
高杠　156-13
高跟儿鞋　7-23
高积云　255-6
高脚杯　61-35-36
高脚盘　60-41
高脚痰盂　56-15

高空喷射消防车　223-19
高空侦察气球　238-23
高空作业车　114-15
高粱　17-17
高粱秆儿　17-19
高粱米　23-31
高粱穗儿　17-18
高粱饴　26-11
高领儿　8-7
高炉　262-1
高气压　258-3
高跷　201-30
高清晰度电视　138-1
高山滑雪　157-4-16
高山族　210-22
高射机枪　234-44
高射炮　235-22
高速公路　118-43
高速公路出口预告标志　119-54
高速公路入口标志　119-49
高速公路指路标志　119-49-56
高速胶印轮转机　141-57
高速油印机　109-34/110-26
高速侦察机　239-36
高台定车　144-27
高台跳水　153-36
高筒礼帽　6-10
高筒靴　7-52
高头金鱼　286-26
高压锅　45-17/59-26
高压线　97-13
高眼鲽　285-6
高腰鞋　7-20
高音谱号　189-20
高原　264-53/265-2
高原之舟　213-49
高云　255-1-4
高云状　258-45
高增益定向天线　250-13
高中　174-49-58
高中生　174-51
羔羊　208-9
膏药　172-8
睾丸　270-23/273-41
篙　129-42
镐尖　165-20
镐刃　165-19
镐头　91-7-8
稿纸　140-6/177-59
告示栏　179-30
告示牌　98-39

GE

GE

戈 232-1
仡佬族 210-11
疙瘩 278-39
疙瘩汤 25-9
哥哥 221-24
胳臂 266-18
胳膊 266-18
胳膊肘儿 266-39
鸽子 283-12-14
搁板 45-4/49-33/72-17
搁架 70-35
搁脚蹬 116-20
歌词 189-25
歌曲 189
歌手 189-7
革胡 191-9
革命公墓 86-7
革命烈士陵园 86-9
阁 85-51/199-16
葛藤 300-16
蛤蚧 284-26
蛤仔 287-8
隔 271-6/272-8
隔板 80-28/87-13
隔窗 41-27
隔断 72-9
隔栏 225-24
隔离窗口 168-38
隔墙 39-14
隔神经 274-7
隔声窗 137-43
隔声门 137-39
合 63-3
葛仙米 303-21
个人电脑 110-30
个人入口 85-3
个体户 77-6
个位 177-50
各种民房 38
各种飞机 132
各种汽车 113/114

GEN

根号 180-39
根尖 275-17
根茎 292-53
根卡 213-56
根瘤 292-51
根霉 306-11
根儿 292-46-51
跟骨 267-18
跟腱 268-24
跟踪控制室 250-23

跟踪雷达 250-22

GENG

更衣柜 80-26
更衣室 153-10
耕种 102-7
羹匙 60-4

GONG

工厂 98
工厂医务室 98-47
工程兵 227-23
工程车 124-38
工程坦克 240-9
工蜂 291-46
工间操 155-7
工件 94-13
工具 91/92/93
工具盒 115-8
工具书 48-5/140-5
工具箱 91-48/240-39/241-20
工人 98-43
工商管理人员 77-7
工业机器人 94-38
工蚁 290-7
工艺美术品商店 75-16
工艺品 187
工装裤 4-16
工字钢 88-12/262-31
工作单位 219-17
工作灯 94-5
工作服 79-10/125-53
工作口 41-26
工作帽 125-52
工作面 261-12
工作母机 94-1-27
工作人员 178-43/186-34
工作台 88-25/89-14/92-35/94-12
工作证 98-38/219-14
工作手套儿 5-15
弓 162-38/167-21/209-17/232-21
弓形 181-39
弓形锯 91-25
弓型纹 277-37
弓摇钻 92-4
弓子 190-12/191-2
公安干警 222-3
公安局 222/222-1
公厕 87-1/102-28/121-25
公告栏 218-22
公告牌 121-49

公共厕所 87/87-1/102-28/121-25
公共坟地 86-4
公共交通 112
公共汽车 112-1/113-1-7/121-11
公共汽车站 112-8/121-10/145-4
公共外语 178-28-37
公公 221-8
公海 264-61
公鸡 282-1
公筷 60-13
公里标 122-55
公历 259-28
公路 102-14/120-2
公路马拉松接力赛 152-31
公路桥 120-1
公路、铁路两用桥 120-11
公路自行车比赛 167-6
公民 219
公墓 86-4/200-23
公平秤 77-8
公勺 60-12
公审大会 225-30
公狮子 281-26
公事包 65-5-6
公司办公室 109/109-1
公诉人 225-16
公文包 65-5-6
公文箱 65-16
公务车 123-7
公用电话 135-16-24
公用电话间 133-21
公用电话亭 135-17
公用筷子 60-13
公用勺儿 60-12
公元 259-29
公园 85/85-1-44
公园大门 85-1
公园管理处 85-11
公章 219-23
功能开关 138-32
攻阵 146-31
供饭 176-22
供水船 127-25
供应舰 243-24
供油船 127-24
肱动脉 269-4
肱二头肌 268-10
肱骨 267-6
肱三头肌 268-19
宫灯 68-57/187-31

GONG

宫内节育器　173-8
觥　198-16
巩膜　276-28
拱桥　120-26
拱手　207-26
拱形棚　77-2
共产党　217-1-10
共工　206-8
共青团　217/217-11-12
共用天线　138-9
供品　205-30
供桌　205-29

GOU

勾背鞋　211-27
勾小指　207-22
沟　161-56
沟鼠　280-36
钩　162-36/232-9
钩钩儿云　255-1
钩拳　163-23
钩儿　149-7/185-38/185-58
钩形扳手　93-10
钩形锁舌　67-14
钩形锁舌移门锁　67-13
钩针　58-30
钩针儿　58-30
枸橘　297-14
篝火　175-14
鞲鞴　124-12
狗　279-1-10
狗獾　281-6
狗尾草　302-12
狗熊　281-38
狗鱼　286-5
枸杞　299-1
构菌　307-30
购粮本儿　23-22

GU

姑父　221-16
姑姑　221-17
姑母　221-17
姑娘　220-8
轱辘锤　24-31
觚　198-18
古代兵器　232
古代建筑　199
古代乐器　191-42-52
古典式摔交　163-5
古兰经　204-7
古琴　191-50
古人类　197-7-10

古筝　191-16
谷蠹　290-65
谷物条播机　101-14
谷象　290-63
谷子　17-15
股动脉　269-7
股二头肌　268-22
股骨　267-13
股票　81-37
股神经　274-6
股四头肌　268-12
骨骼　197-8/267
骨骼肌　268-26
骨灰安放仪式　203-18-19
骨灰盒　200-24/203-9
骨灰寄存证　203-19
骨灰室　86-14
骨灰堂　86-14/203-18
骨剪　184-8
骨密质　267-36
骨膜　267-34
骨器　197-15
骨哨　191-42
骨松质　267-37
骨髓　267-38
骨髓腔　267-39
骨头　267-1-39
鼓　191-33-37/218-29
鼓槌　190-42/213-54
鼓槌子　190-42
鼓号队　217-24
鼓楼　199-13/205-3
鼓膜　276-64
鼓室　276-65
鼓手　217-26
鼓藻　303-16
固定灯具　78-5
固定螺　233-8
固定器　157-13
固定桥　120-1-37
固定式喷灌设备　100-39
固定式悬臂起重机　96-1
固体　182-35
固体火箭发动机　236-18
固体助推器　249-3
故事片　195-2
顾客　74-8/77-12/81-5/171-9
锢囚锋　258-8

GUA

瓜　20-1-10
瓜皮帽　6-32
瓜条　26-23

GUAN

瓜妥　301-20
瓜柱　39-10
瓜子脸儿　278-25
瓜子儿　22-38-39/33-7/73-7
刮板输送机　96-43
刮鼻子　207-10
刮刀　92-28
刮胡刀　49-31
刮脸刀　49-31
刮脸皮　207-11
刮水器　111-9
呱嗒板儿　7-45
栝楼　301-20
挂车　114-5-7
挂钩　111-31
挂号标签　134-22
挂号处　168-4
挂号单　135-33
挂号签　134-22/134-26
挂号邮件　134-29
挂号邮件收据　134-30
挂环儿　11-20
挂历　47-24/48-15/81-21/109-3
挂落　199-44
挂面　23-6/25-3
挂钱儿　201-13
挂枪　230-10
挂锁　67-1/72-34
挂毯　55-4/84-5
挂图　174-56
挂衣钩　47-31/72-10/74-15/79-16
挂衣钩儿　72-10/74-15
挂衣棍　52-3
挂钟　64-30-32/81-20
挂轴儿　188-1-16

GUAI

拐　162-41
拐棍儿　66-25
拐杖　66-25/169-12

GUAN

关帝庙　205-44
关徽　224-2
关节　267-40-48
关节囊　267-48
关节腔　267-46
关节软骨　267-47
关庙　205-44
关羽　193-13
关员　131-38/224-15

527

GUAN

关栈　108-8
观测窗　253-3
观测点　256-6
观察孔　195-13
观灯　201-39
观世音　205-20
观音　205-20
观众　137-50/195-20/197-3
观众席　192-18-19
冠　198-39
冠状缝　267-31
冠字号码　82-5
棺材　203-20
管　191-21
管理员　178-43
管螺纹丝锥　93-41
管内旅客列车　126-8
管儿　32-i1
管哨　191-22
管式钟琴　190-50
管弦乐队　189-1
管乐器　190-20-30
管针　171-40
管制员　131-7
管钟　190-50
管子　191-21
管子扳手　93-45
管子割刀　93-47
管子拉手　90-25
管子钳　93-45
管子台钳　93-46
冠军　156-19
惯性滑车　145-22
惯性玩具　148-1
盥洗间　130-22
盥洗室　121-40
灌肠用具　169-5
灌溉设备　99/100/100-22-48
灌木　292-2
灌洗器　169-6
罐车　123-15
罐笼　261-22
罐儿　62-28-33
罐头刀儿　59-62
罐装啤酒　34-17

GUANG

光板儿皮袄　212-5
光笔　178-26
光电等高仪　253-9
光环　244-20
光鸡　30-36
光偏振仪　250-5
光圈　196-6
光荣榜　218-20
光头　16-8
光鸭　30-37
广播　137
广播报　137-46
广播操　155-3
广播电台　137-1
广播节目　137-47
广播剧　137-44
广播台　137-1
广播体操　155-3
广播卫星　137-30/252-2
广柑　22-6
广告　139-36
广告主　137-26
广寒宫　206-12
广角镜头　196-27
广目天王　205-24

GUI

圭表　253-21
龟头　273-36
规定动作　156-3-17
规定图形　157-28
硅藻　303-25
轨道　145-13
轨道舱　249-24
轨道操作发动机　249-14
轨道器　249-4
轨排　124-46
鬼笔鹅膏菌　307-25
鬼笔蕈　307-39
簋　198-9
柜脚　52-6
柜门儿　52-2/72-36
柜儿　46-11
柜式空调机　69-43
柜台　74-5/78-2/81-6/84-12/133-5/168-44/171-3
柜子　46-11/52/52-1-19/79-7/176-12/212-29
贵要静脉　269-12
桂花　298-30
桂花陈　34-11
桂花陈酒　34-11
桂皮　31-38
桂鱼　286-20
桂圆　22-20
桂圆晶　32-45
桧柏　295-15
鳜鱼　286-20

GUN

辊道　96-44
滚耙　99-30
滚刨　91-43
滚杯　144-20
滚齿机　94-26
滚刀　94-34
滚刀块儿　36-6
滚动轴承　94-56-57
滚发刷　79-38
滚铁环　146-18
滚筒　110-22/177-68
滚筒采煤机　261-13
滚筒刷　92-32
滚珠轴承　94-56
滚柱轴承　94-57
滚子链　94-49
磙子　99-33
棍　162-23
棍术　162-18

GUO

锅　59-1-19/59-21-31
锅把儿　59-6/59-11
锅铲　44-15/59-34
锅底儿　59-17
锅垫　45-30/59-32
锅耳　59-2
锅盖　44-19/59-4/70-19
锅盖的把儿　59-7
锅炉　97-26/124-6/125-62
锅炉安全阀　124-6
锅炉房　97-17/98-15
锅炉室　125-61
锅圈　45-30
锅刷子　44-14/45-1
锅台　44-12/71-45
锅贴儿　24-26
蝈蝈儿　290-25
蝈蝈笼　150-54
国产汽车　113-12-13
国歌　218-3
国画　186-25
国画小组　175-10
国徽　82-10/218-2/225-12
国籍　219-2
国际电报　136-5
国际电话　135-33-34
国际儿童节　200-9
国际妇女节　200-4
国际航空邮简　134-23
国际机场　131-1-55

GUO

国际劳动节　200-7
国际联运列车　126-12
国际特快专递　134-24
国际通语信号旗　128-31-34
国际象棋　166/166-16-26
国际象棋棋盘　166-16
国际象棋棋子　166-19-26
国际象棋棋子儿　166-19-26
国际信号旗　128-31-34
国际邮政日戳　134-45
国家　218
国库券　81-38
国名　82-34
国内电报　136-4
国旗　218-1
国庆节　200-14-19
腘淋巴结　270-9
果柄　292-61
果菜盒　70-36
果旦皮　26-26
果脯　26/26-19-23
果盒儿　42-15
果酱　25-22
果酒　34-9-10
果酒杯　60-8
果筐　65-44
果料儿包　27-2
果料儿酸奶　32-10
果岭　161-34
果盘　46-28/60-41
果皮箱　85-42
果品商店　75-5
果实　292-57
果蝇　291-39
果园　102-15/265-32
果汁儿　32-24-28
果子露　32-29-30
果子汁儿　32-24-28
裹腿　209-12
过磅　102-42
过道　37-19/112-14
过家家儿　148-24
过滤纸　182-25
过滤嘴儿　35-2
过去天气　258-56
过生日　202-6
过网　159-29
过线钩　58-40

H

HA

哈哈镜　145-52
哈雷彗星　244-25
哈密瓜　21-46/214-24
哈尼族　209-15
哈萨克族　208-27
蛤蟆　284-35-44
蛤蟆菌　307-23
哈巴狗　279-5
哈达　213-50
哈士蟆　284-40

HAI

海　248-4/265-30
海岸　265-26
海棒槌　289-22
海豹　288-9
海边　154-1-33
海边儿　154-1-33
海滨休养所　154-2
海滨浴场　154
海带　28-12/304-13
海带养殖场　106-51
海带饴　26-12
海胆　289-26
海岛　265-27
海堤　265-29
海底地貌　264-5
海底电缆　136-22
海底平顶山　264-6
海港　108-1/127-1-6
海沟　264-14
海狗　288-12
海关　108-23/131-37/224/224-1/224-13
海关保税仓库　108-8
海关人员　131-38
海关总署　224-1
海龟　284-2
海魂衫　229-25
海军　229-1/229-2
海军服　4-7/229-24
海军蓝　308-18
海军领儿　8-17
海军陆战队　227-38
海军女校官夏礼服　229-16
海军士兵　227-4
海军校官大衣　229-19
海葵　289-24
海缆敷设船　136-21
海老鼠　289-22
海狸鼠　288-3
海岭　264-10

HAN

海轮　129-1-12
海萝　304-5
海马　288-11/288-17
海鳗　285-11
海绵　45-6/133-26/289-27
海绵垫　53-2
海绵缸　74-20/110-5
海绵盒儿　110-5
海绵坑　152-18
海鲐　285-14
海牛　288-15
海人草　304-9
海山　264-9
海上补给船　243-26
海上巡逻艇　224-6
海上运输　108
海蛇　284-23
海参　28-16/289-20-22
海狮　288-13-14
海市　254-22
海市蜃楼　254-22
海事卫星　136-17/252-3
海索面　304-2
海獭　288-8
海滩　154-1/265-21
海棠脯　26-20
海图　128-28
海兔　287-14
海豚　288-5
海湾　265-23
海王星　244-22/250-20
海峡　264-59
海象　288-10/288-11
海啸　256-12
海星　289-25
海燕　282-15
海洋竿钓　105-52
海洋气象船　129-20
海员　128-23-24
海月水母　289-33
海藻　304-1-23
海蜇　28-15/289-32
亥　259-56

HAN

犴　213-17
含水层　214-36
含羞草　300-12
函数符号　180-54
寒带　264-37
寒流　264-58
寒暑表　257-11
汉堡包　25-25

529

HAN

汉语　185-1-2
汉语拼音本儿　174-45
汉字　185-10-12
汉字印字机　141-44
汗背心儿　3-1
汗孔　277-4
汗腺　277-5
旱冰鞋　147-26
旱傣女子　216-13
旱稻　17-1
旱金莲　300-19
旱芹　19-23
旱伞　66-22/211-16
旱獭　280-42
旱烟袋　61-49
旱灾　256-16
焊工工具　93-48-57
焊接管　262-22
焊枪　93-53

HANG

夯土建筑　38-27
行名　82-2
航班号　131-41
航标　127-29-30
航海雷达　237-21
航海模型　167-32
航迹云　255-17
航空兵　227-16
航空兵部队　227-36
航空导弹兵　227-20
航空护林　107-9
航空路线　131-55
航空模型　167-31
航空母舰　243-1
航空汽油　263-53
航空签　134-21
航空信　134-20
航空邮戳　134-47
航空邮件　134-20-24
航空鱼雷　242-2
航空炸弹　239/239-57
航模小组　175-3
航模运动　167-31-32
航天飞机　249-1/251-16
航天服　248-6
航天员　249-21
航天站　237-9/249-23
航线　131-55
航向信标台　131-2

HAO

蒿子秆儿　19-20

蚝菌　20-28/307-
蚝油　31-20
毫巴　257-38
毫针　171-36
豪猪　281-5
好米　23-26
好球　158-29
号码布　151-26
号码挂锁　67-4
号码盘　135-6
号码锁　65-17/67-4
号脉　170-11/171-19
号脉枕　171-20
号手　217-25
耗子　280-33-38
耗子药　56-24

HE

合欢　297-2
合同　109-61
合页　14-19/90-1-5
合影　78-23
合子　24-18
合子酥　27-28
何首乌　299-15
和　180-24
和尚　205-35
和数　180-24
河　265-43-45
河岸　265-20
河蚌　287-16
河堤　265-46
河港　127-7-15
河麂　280-23
河口　265-36
河狸鼠　288-3
河流　264-54
河漏　25-14
河马　288-4
河南坠子　142-21
河泥　103-20
河滩　120-16/265-47
河豚　285-39-40
河外星系　244-1
河外星云　244-1
河蚬　287-24
河蟹　289-10
河心　265-34
荷包　215-15
荷花　305-4
荷花池　85-52
荷花玉兰　296-4
荷兰豆　20-18

荷叶袖　9-9
核爆炸观测仪　236-55
核弹头　236-4
核电站　97-31
核动力航空母舰　243-2
核动力破冰船　243-45
核动力潜艇　243-35
核反应堆　243-15
核潜艇　243-35
核桃　22-32/295-19
核桃壳儿　22-34
核桃仁儿　22-33
核武器　236/236-43-48
盒　198-3-4
盒带室　138-39
盒饭　125-5
盒儿饭　23-42
盒式磁带　48-28/69-6
盒式录音带　69-6
盒式录音机　69-5
盒褶裙　1-14
盒子　62-52-57
颌下淋巴结　270-4
颌下腺　272-25
貉　281-10
饸饹　25-14
饸饹床　25-15
贺电　136-11
贺礼　202-3
贺年明信片　134-15-16
贺年片　201-7
赫哲族　208-5
褐家鼠　280-36
褐鳞小伞　307-44
褐马鸡　282-63
褐煤　261-28

HEI

黑白电视机　69-25/138-11
黑白胶卷儿　196-31
黑白片儿　195-52
黑板　109-4/174-52
黑板report　139-37
黑茶　33-14-16
黑洞　245-11
黑方　166-5/166-15
黑格　166-18
黑管　190-20
黑键　190-33
黑颈鹤　283-9
黑露脊鲸　288-21
黑萝卜　18-7

530

HEI

黑眉锦蛇 284-15
黑木耳 20-30/307-14
黑棋 166-20
黑色 308-22
黑纱 203-7
黑松 295-9
黑松鸡 282-57
黑糖 31-15
黑桃 149-4
黑体 141-25
黑钨矿 262-49
黑猩猩 280-10
黑熊 281-38
黑叶猴 280-4
黑蝇 291-36
黑痣 278-31
黑猪 279-21
黑子 166-12/244-27
黑子儿 166-12

HENG

恒星 244-12-24
恒牙 275-25
桁架式喷灌设备 100-47
横匾 178-2
横波 256-5
横档 12-15
横笛 211-39
横额 188-19
横幅 188-18/200-17
横幅标语 218-26
横杆 151-34
横杆锁 115-27
横竿 152-14
横杠 164-22
横结肠 272-45
横锯 91-20
横梁 63-15/94-23
横木 161-5
横拍 160-10
横排 139-20
横批 201-12
横披 188-18
横儿 185-32
横式门钩 90-15
横轴 181-10
衡 198-52

HONG

轰炸机 239-32
烘发机 79-45
烘干柜 78-39
烘烤器 59-63

红白喜事 202/203
红茶 33-17
红虫 289-19
红灯 118-36/164-16
红方 149-6/166-4
红方块 149-6
红果露 32-30
红果儿 296-28
红角 163-12
红脚隼 282-55
红酒杯 60-8/61-35
红蜡蚧 290-46
红蓼 299-16
红领巾 175-8/217-21
红绿灯 118-36-39/222-60
红萝卜 18-3
红毛菜 304-3
红墨水儿 177-25
红葡萄酒 34-8
红旗 217-8
"红旗"牌轿车 113-13
红鳍笛鲷 285-25
红铅笔 177-5
红色 308-1-5
红色通道 224-19
红薯 17-43
红糖 31-15
红桃 149-2
红铁矿 262-47
红外传感器 228-13
红外天文卫星 252-19
红外线 138-6
红外线干涉仪、摄谱仪、辐射计 250-4
红细胞 269-25
红小豆 17-26
红心 149-2
红血球 269-25
红中 149-19
红砖 89-26
红嘴蓝鹊 283-33
红嘴相思鸟 283-34
虹膜 276-25
虹吸管 257-37
虹吸雨量计 257-36
洪水 256-17
荭草 299-16
鸿雁 282-47

HOU

喉 271-1/272-11-20/282-36
喉结 266-47
喉镜 170-34

HOU

喉咙 272-11-20
喉腔 272-20
喉室 272-17
喉咽 272-3
猴皮筋儿 146-8
猴拳 162-12
猴儿 143-7
猴头菌 307-18
猴头磨 28-6
猴子 143-7/280-1-7
瘊子 278-37
后 166-22
后帮 7-3
后车窗 111-17
后翅 290-16
后兜儿 10-14
后肛鱼 285-44
后跟儿 7-59
后架子 115-10
后勒口 140-44
后轮 111-23/115-12
后门 37-22/98-12/112-7
后门儿 37-22/98-12/112-7
后排右 159-12
后排中 159-13
后排左 159-14
后片儿 13-29
后桥 111-36
后勤部队 227-37
后倾自卸车 114-1
后视镜 111-12/116-3
后台 192-3
后蹄髈 30-14
后腿儿 30-13
后卫 153-32
后胸 290-19
后阳台 41-15
后腰节 12-20
后羿 206-10
后院 37-20/40-16
后闸 116-19
后罩房 37-21
后轴 115-22
后肘子 30-14
后足 290-22
后座 111-19
厚朴 296-6
厚梳 79-32
候车棚 112-10
候车室 112-32/121-35
候船室 127-8
候机大楼 131-15
候诊室 168-3

HU

呼唤铃按钮　130-49
呼拉圈　174-10
呼吸管　167-36
呼吸器　272/272-1-9
呼吸器官　272-1-9
狐步舞　194-7
狐狸　281-11
弧　181-40
弧形式　16-13
胡蜂　291-42
胡椒　295-16
胡椒粉　31-30
胡椒面儿　31-30
胡萝卜　18-6
胡琴　191-1-10
胡刷　49-30/79-29
胡桃　22-32/295-19
胡桃钳　91-12
胡同　111-15
胡颓子　298-18
胡子　16/16-30-34/266-48/278-40
壶　62-25-27/169-11/198-11
壶把儿　62-17
壶盖儿　62-16
葫芦　20-7/301-17
湖　85-19/265-5
湖泊　264-52
湖心　265-6
湖羊　279-29
蝴蝶　215-27/291-23-29
蝴蝶铰链　90-4
蝴蝶结　176-10
蝴蝶瓦　89-36
蝴蝶装　140-12
糊墙纸　89-11
糊刷　186-50
虎头帽　187-36
虎头鞋　187-37/202-5
虎头鱼　286-31
虎纹蛙　284-43
浒苔　304-23
户口本　222-11
户口簿　219-12/222-11
户口登记　219-13
户口警　222-10
户头帐号　81-29
护齿　163-20
护耳　6-20
护封　140-33
护角　65-24
护具　158-32-35/161-14
护栏　118-5
护理　170
护林巡逻　107-25
护林员　107-26
护笼　152-27
护帽　158-35
护面　164-10
护日镜　157-7/165-4
护士　168-32
护士办公室　168-31
护士服　168-34/170-19
护士帽　168-33/170-20
护手盘　164-5
护腿　157-48/158-34
护卫舰　243-20
护卫艇　243-23
护胸　4-14/157-47/158-33/167-24
护胸裙　4-13
护照　131-33/219-1/224-10
瓠瓜　20-8
瓠子　20-8

HUA

花扳手　115-50
花瓣儿　292-22
花瓣儿式　16-27
花边　141-38
花布包　216-39
花菜　19-10
花草　295/296/297/298/299/300/301/302
花插　150-25
花茶　33-11
花车　202-30
花旦　193-5
花店　76-16
花萼　292-30
花粉　292-33
花梗　292-32
花狗　279-2
花骨朵　292-34
花冠　292-29
花棍舞　194-18
花红　21-17
花滑　157-28-36
花滑冰鞋　157-38
花环　200-22
花几　109-21
花剑　164-1
花椒　31-35
花卷儿　24-2
花篮　150-26
花篮式插花　150-26
花脸　193-8-11
花露水　15-27
花猫　279-12
花牌　149-25-30
花盘　94-35
花盆　150-21/294-15
花盆鼓　191-37
花盆儿　48-13
花瓶　42-18/46-9/47-25/150-23/168-27/187-4
花瓶儿　42-18/46-9/47-25
花圈　86-8/203-10/217-33
花儿　292-21
花蕊　292-23-28
花筛　100-3
花生　17-31
花生豆儿　17-33
花生酱　30-64
花生壳儿　17-32
花生米　17-33
花生皮儿　17-34
花生仁儿　17-33
花生糖　26-9
花生油　31-23
花生蘸　26-10
花束　1-26
花丝　292-24
花坛　85-34
花托　292-31
花纹玻璃　89-20
花芽　292-19
花样滑冰　157-28-36
花样游泳　153-27
花腰傣　216-13
花药　292-23
花椰菜　19-10
花叶生菜　19-17
花园　40-11
花园儿　40-11
花园子　40-11
花柱　292-26
花子儿　294-7
华表　178-7/199-23
华尔兹舞　194-7
华南虎　281-22
划船　146-27/167-41-45
划龙舟　216-42
划拳　207-27
滑标　177-56
滑冰　157-25-40
滑冰场　157-25

HUA

滑车　145-12/183-5-7
滑车神经　274-14
滑车组　96-2
滑尺　177-55
滑道　105-26
滑动轴承　94-55
滑稽表演　143-20
滑降　157-4
滑轮　183-5-7
滑轮组　96-2/183-5
滑坡　145-37/256-14
滑坡游泳池　145-36
滑石　262-65
滑梯　145-41
滑翔机　132-34/167-33
滑翔伞　167-28
滑雪　157-1-24
滑雪板　157-10
滑雪场　157-1
滑雪吊椅　157-2
滑雪服　157-8
滑雪鞋　157-12
滑雪运动员　157-5
滑雪杖　157-11
滑枕　94-25
滑座　94-15
化肥　103-24/294-25
化石　197-4-6
化学地雷　233-27
化学肥料　103-24
化学炮弹　235-59
化学实验室　182
化学物质　235-60
化学仪器　182-1-55
化学炸弹　239-60
化验室　168-41
化验员　168-42
化妆镜　47-12/192-41
化妆品　15/47-13
化妆品商店　76-9
化妆师　192-44/195-43
化妆室　192-39
化妆外衣　192-46
化妆油彩棒　192-45
化妆纸　84-68
化妆桌　192-40
华佗　206-25
划粉　13-12/58-8
划线器　151-40
画笔　186-18-19
画布　186-16
画册　186-23

画格　195-54
画家　186-11
画架　186-15
画框　186-14
画眉　283-35
画儿　43-14/46-2/186-29-33
画室　186-10
画心　188-10
画圆板　177-66
画展　186-28
画展室　85-40
画纸　186-27
画轴　188-2
话费收据　135-34
话剧　192-32-36
话筒　112-18/135-3/137-19/
　　137-52/151-39/178-18/195-
　　41
话务员　135-31
桦皮船　213-18
桦皮盒儿　208-14/213-8

HUAI

怀表　64-1
怀炉　172-33
槐树　297-5
踝关节　267-45
坏球　158-29

HUAN

獾　281-6
环　198-34
环衬　140-35
环城赛跑　201-19
环岛行驶　119-34
环甲肌　272-13
环颈雉　282-66
环流游泳池　145-35
环权　198-53
环形肠儿　30-27
环形岛　118-20
环形山　248-3
环形锁　115-29
环状软骨　272-14
幻灯机　195-11
幻灯片　78-55
幻灯片框　78-56
换气扇　69-39/168-48
换向器　95-33
换药　170-18
浣熊　281-42

HUANG

HUI

皇历　259-40
黄灯　118-58
黄帝　206-6
黄豆　17-25
黄豆芽儿　20-23
黄凤蝶　291-24
黄狗　279-1
黄瓜　20-4
黄花菜　28-1
黄花儿　28-1
黄花鱼　285-5
黄鹂鸰　283-44
黄麂　280-19
黄酱　31-5
黄酒　34-6
黄鹂　283-28
黄历　259-40
黄连　300-2
黄毛鼠　280-37
黄帽子邮筒　133-40
黄眉柳莺　283-36
黄梅雨　254-6
黄米　23-30
黄牛　279-13
黄牛肩　9-14
黄秋葵　19-30
黄雀　283-42
黄色　308-6-11
黄鳝　286-14
黄鼠狼　281-15
黄胸鼠　280-35
黄杨　297-19
黄莺　283-28
黄油　25-21/30-61/212-15
黄油刀　60-63
黄鼬　281-15
黄钻　286-18
凰　206-40
蝗虫　290-11
簧乐器　190-20-24
晃板　144-21
晃脑袋　207-6
晃梯　144-22

HUI

灰　56-5
灰碟　61-42
灰蝶　291-26
灰浆槽　88-43
灰色　308-23
挥手　207-18
徽章　150-13

533

HUI

回肠 272-42
回答旗 128-34
回教 204-1-8
回廊 37-12/199-19
回收伞 238-11
回形针 110-7
回转 157-14
回转警灯 222-51/223-22
回族 208-15
回族帽 208-16
茴香 19-21/31-36/31-37/301-2
茴香菜 19-21
会标 156-28
会客登记单 98-36
会厌 272-16
会厌软骨 272-11
会议室 109-38
会议桌 50-12/109-39
绘画笔 186-18-19
绘画抹刀 186-20
彗头 244-31
彗尾 244-32
彗星 244-30

HUN

婚礼 202-21
婚礼点心 27-45
婚礼服 1-24
婚礼仪式 204-21
婚姻介绍所 202-14
浑天仪 253-17
浑仪 253-17
馄饨 25-8
馄饨皮儿 23-8
混合双人 156-35
混凝土斗 88-22
混凝土管 88-37
混凝土搅拌机 88-32
混凝土块 127-6
混凝土桩 88-210
混子 149-26-29

HUO

活动扳手 93-9/115-52
活动灯具 78-15
活动房屋 88-19
活动屏风 55-18
活动铅笔 177-12
活动桥 120-39-41
活动斜尺 92-20
活火山 264-18
活鸡 30-34

活禽 30-34-35
活塞 95-13/95-44/124-12
活鸭 30-35
活页纸 177-57
火把 68-61
火把节 215-31
火柴 35-20/61-40
火场照明车 113-27
火车 120-10/121-8
火车轮渡 129-11
火车头 124-1-42
火车站 121/122
火撑子 71-31
火电厂 97-14
火电站 97-14
火钩子 71-27
火棍儿 71-26
火锅 59-29
火锅儿 23-52/59-29
火候 36/36-13-15
火花塞 95-21
火化场 86-12/203-2
火架子 71-31
火剪 71-28
火箭 236/236-34-39
火箭弹 234-52-54
火箭弹射座椅 238-14/239-8
火箭发射场 236-40
火箭炮 235-23
火箭筒 234-47-50
火箭助飞鱼雷 242-3
火警 135-16-24
火警疏散图 84-53
火炬塔 151-8
火坑 38-18
火力调整旋钮 71-40
火镰 213-29
火流星 144-5
火帽 233-6
火门 71-4
火苗 182-4
火苗儿 182-4
火炮 235-1-35
火盆 71-53-54
火盆架 71-55
火钳 71-28
火球 236-50
火山 264-8/264-18/265-8
火山岛 264-13
火山灰 264-20
火山口 264-21
火山砾 264-23
火山通道 264-25

JI

火烧 23-37/24-35/27-24
火腿 30-22
火线 68-15/97-58
火箱 124-5
火星 244-15
火灾 223-9
火葬场 86-12/203-2
火葬场的礼堂 203-2
货 74-24
货币 82
货币符号 185-60-62
货舱 128-20/130-23/249-9
货车 122-25/123-11-23
货车厢 111-29
货柜 77-10
货机 132-18
货架子 74-10/77-4
货轮 108-5/129-4-7
货物 122-28-30
货物运输车 131-21
货厢式货车 114-9
货样 109-55
货运列车 108-21
货运员 122-31
镀 198-26

JI

儿 50-17
儿儿 50-17
击锤 234-24
击发机 234-50
击剑 152-36/164/164-1-12
击剑场 164-7
击剑服 164-12
击剑运动员 164-9
击球员 158-25
击球员区 158-9
击弦乐器 191-17-18
机舱 105-15/128-21/132-32
机场 131
机车 124-1-42
机车及其结构 124
机车转向盘 122-35
机床 94/94-1-27
机动车 117-1-14
机动车道 118-2/119-37
机帆船 129-39
机帆渔船 105-12
机耕船 101-4
机关报 139-7

JI

机灌站　102-65
机库　243-8
机力喷雾机　101-22
机门　130-12
机米　23-27
机内便餐　130-36
机内传声器　138-37
机票　131-45
机器盖子　111-7
机器脚踏车　116-27
机枪　240-32
机身　130-1/239-55
机头　58-32
机匣　234-9
机匣盖　234-8
机械手　94-37/249-10
机芯　64-15
机翼　249-11
机翼整体油箱　239-20
机油　115-47
机载截击雷达　237-18
机长　130-25
机针　58-5
机座　135-10
肌肉　268/268-1-27
肌肉组织　268-25-27
鸡　30-41-48/282-1-6
鸡巴　266-27
鸡脖子　30-42
鸡场　102-9
鸡蛋　24-44/30-51
鸡冠菜　304-10
鸡冠花　299-22
鸡脚菜　304-10
鸡毛掸子　42-13/56-6
鸡棚　40-19/102-10
鸡肉　30-34
鸡头　30-41
鸡尾酒　34-25
鸡尾酒杯　61-36
鸡尾锯　91-18
鸡心领儿　8-5
鸡胸脯　30-46
鸡杂儿　30-18
鸡爪槭　297-23
鸡爪子　30-48
鸡纵　307-28
奇数　180-6
积　180-30
积肥　103-17
积分符号　180-56
积木　148-14/176-5
积雨云　251-2/255-14

积云　255-11
屐　198-40-41
基础课　178-28-37
基地营　165-9
基督教　204-9-24/204-21-23
基督教堂　204-21
基督教徒　204-23
基诺族　210-6
基数　180-10
箕斗　261-20
箕型纹　277-39
激磁绕组　95-36
激光测距机　235-39
激光唱机　69-21
激光唱片　69-22
激光机　69-21
激光射击馆　145-19
激光治疗　169-62
激素　270-14-23
吉普车　113-16/241-13
吉他　190-18
吉祥文字　201-5
吉祥物　156-28
汲水筒　100-33
极光　251-14
极轨道气象卫星　252-14
极乐鸟　283-16
极限　180-52
急电　136-6-12
急救车　168-2
急救箱　98-53
急流勇进　145-23
急诊室　168-12
脊檩　39-8
集材　107-2-7
集材拖拉机　107-3
集气瓶　182-33
集市　102-31
集束炸弹　236-27/239-58
集体婚礼　202-40
集体舞　194-13
集体住宅　41
集邮　150-1-9
集邮爱好者　150-1
集邮册　150-2
集装箱　108-29
集装箱船　108-7
集装箱货轮　129-6
集装箱码头　108-6
集装箱起重机　96-27
集装箱运输车　114-8
蒺藜　300-20
蕺菜　299-12

籍贯　219-16
几何体　181-50-59
给养袋　231-16
挤奶　104-40/212-41
挤奶机　104-42
挤香油　146-38
挤油　146-38
脊背　30-7-8/30-43
脊梁骨　267-19
脊髓　274-32
脊瓦　89-38-40
脊柱　267-19
戟　162-40/232-4
计划生育　173/173-1
计价器　112-45
计时卡　110-42
计时员　153-7
计时钟　164-17
计算尺　177-53
计算机小组　175-2
计算机终端　109-25
记分册　174-21
记分牌　151-7/158-14/159-20
记分员　159-19
记号笔　177-28
记录杆　257-16
记录牌　164-18
记者证　139-2
纪念币　82-45
纪念封　134-35-36
纪念品服务部　85-63
纪念邮票　134-40/150-6
纪念邮资信封　134-36
纪念照　150-11
技巧运动　156-34-35
系带　66-17
系带儿　66-17
系留绳　238-19
系留塔　238-27
系弦板　190-10
季花　149-25
季节　259
剂量仪　236-56
剂子　24-14
济公　206-10
荠菜　300-8
寄件人　133-2
寄居蟹　289-17
寄生火山　264-26
寄宿生　179-14
寄信人　133-2/134-8
寄信人地址　134-7
蓟马　290-49

535

JI

鲫鱼　286-2

JIA

加法　180-21
加盖儿兜儿　10-4-5
加盖儿贴兜儿　10-4
加盖儿挖兜儿　10-5
加工中心　94-27
加号　180-22
加级鱼　285-24
加快票　126-18-19
加榴炮　235-21
加农榴弹炮　235-21
加农炮　235-20
加热机　150-43
加热炉　262-16
加热器　70-10
加水口　57-49
加速踏板　111-49
加压供氧面罩　231-30
加油泵　118-48-49
加油站　118-46
加重车　115-53
加州海狮　288-14
夹板　140-21/169-17
夹背锯　91-19
夹道　37-34
夹道儿　37-34
夹具　94-35-36
夹里皮　7-8
夹线器　58-42
夹心儿饼干　27-48
夹心肉　30-4
夹竹桃　298-32
夹子　74-21
伽椰琴　211-37
茄克　2-40/4-9
家　219-27
家蚕　291-20
家畜车　123-13
家鸽　283-12
家具店　75-24
家猫　279-11
家禽车　123-14
家属　226-14
家属宿舍　98-32
家鼠　280-33
家庭教师　175-19
家兔　279-33
家蚊　291-31
家燕　283-27
家蝇　291-35
家用电器　69/70

家用电器商店　75-21
家长　176-14
荚膜　306-2
荚用豌豆　20-18
蛱蝶　291-25
甲板　128-6
甲骨文　185-23/197-16
甲鱼　284-7
甲状旁腺　270-17
甲状软骨　272-12
甲状腺　270-16
假发　192-42
假分数　180-20
假护照　224-22
假花　42-17/46-8
假睫毛　15-24
假山　85-60
假手　169-13
假腿　169-14
假牙　169-37
价目表　23-1/32-2/79-22
价目牌　74-25
价目签　74-25
驾驶舱　130-15/132-29
驾驶室　96-12/105-14/111-42/124-2/128-22
驾驶员　130-25-26/240-21
驾驶证　118-53
架锯　91-22
架空索道　107-6
架枪　234-20
架桥坦克　240-7
架线　124-41
架子床　53-18
架子花　193-10
嫁接　294-10
嫁妆　202-34
嫁装　202-34

JIAN

尖兵　230-23
尖镐　91-8
尖领儿　8-4
尖锹　91-3
尖儿　149-1
尖头锹　91-3
尖尾梳　79-35
尖嘴钳　93-3
歼击轰炸机　239-30
歼击机　145-28/239-1
肩膀　266-14
肩关节　267-40
肩胛骨　267-3

肩宽　12-17
肩襻儿　2-44
肩枪　230-8
肩省　1-38
肩题　139-25
肩羽　282-24
肩章　217-22/222-13/227/227-42
监测站　252-8
监督台　77-7-8
监督网　81-22
监督员　77-7
监房　226-17
监考　179-35
监票人　218-17
监视电视机　178-25
监狱　226/226-1
煎饼　24-40/24-42
煎饼馃子　24-40
煎锅　59-21
鲣鸟　282-17
茧儿　291-19
检查护照　224-8
检查行李　224-20
检查员　131-31/224-12
检察人员　225-4
检察员　225-17
检察院　225/225-1
检票员　195-5
检疫员　131-29
检疫站　131-28
剪报　139-19
剪刀　58-19/169-23/187-43/207-29
剪发　79-17
剪辑机　195-48
剪接机　195-48
剪毛　104-16-20/212-40
剪票　122-5
剪票口　121-19/122-6
剪票员　122-7
剪影　187-45
剪纸　187-39-44
剪子　13-13/58-19/177-45/207-29
减法　180-25
减号　180-26
减速让行　119-31
减速伞　236-15/238-12
减压器　71-34
锏　162-45/232-16
简化汉字　185-10/185-11
简化偏旁　185-12

JIAN

简化字　185-10
简谱　189-18
简体字　185-10
简仪　253-18
简易床　53-11
间隔号　185-53
间接灸　171-27
间苗　103-38
间歇泉　264-27
建军节　200-11
建设型　124-16
建造模型　148-3
建筑材料　89/89-26-56
建筑工地　88/89/89-1
建筑工人　88-14
建筑胶　89-24
剑　162-27-29/232-7
剑柄　164-6
剑眉　278-1
剑身　164-4
剑术　162-19
剑舞　194-14
剑鱼　285-31
健康申明卡　224-29
健美　155-12-13
健美操　155-15
健美舞　155-14
健美衣　3-15
健美运动　155-12-13
健身车　155-21
健身机械　155-21-23
健身俱乐部　155-8-27
健身器　155-24-27
健身圈　174-10
舰队补给舰　243-25
舰对空导弹　236-7
舰桥　243-7
舰载机起飞弹射装置　243-10
毽球　160-34-35
毽子　146-2
鉴　198-22
键盘　110-34/136-14
键盘式　141-42
键盘乐器　190-31-39
箭　167-22/232-23
箭筒　167-23
箭头　232-25

JIANG

江蓠　304-7
江轮　129-1-12
江米　23-28
江米条儿　27-38
江米纸　26-2
江豚　288-7
江珧　287-12
姜　18-13-14/171-28
姜汤　32-36/172-32
浆衣服　57-42
豇豆　17-27/20-14
缰绳　104-34/212-48
礓磜儿　37-24
讲解员　109-50/197-2
讲师　178-14
讲台　73-9/174-9/178-32
讲坛　174-25/204-5
讲义　178-30
讲桌　174-58/178-31
奖杯　156-26
奖牌　156-22-24
奖品　156-26
奖券　81-39
奖章　156-22-24
奖状　42-6/46-1/156-26
桨　106-8/129-27/146-29/154-21/167-43
降号　189-21
降结肠　272-47
降落伞　167-27/238/238-1-15
降落伞队　145-21
虹　254-12
将　166-7
酱　31-4-7
酱菜　31/31-45-48
酱菜店　31-42
酱豆腐　29-20
酱芥　31-45
酱油　23-5/31-10
酱油壶　60-23
酱油瓶　72-12
糨糊　89-13/133-25/177-46

JIAO

交点　181-3
交公粮　102-43
交换机　135-30-32
交会雷达天线　248-19
交际舞　194-7
交流电动机　95-34-38
交流绕组　95-35
交通安全牌　174-4
交通岛　118-33
交通堵塞　118-22
交通岗楼　118-35
交通壕　231-21
交通警　118-34/222-56
交通警察　118-34
交通事故　118-23
交通事故勘察车　222-54
交通事故牌　118-41/222-64
交通艇　127-28
交通图　112-33
交通信号灯　118-36-39
交通中队　222-47
交响乐队　189-1
交椅　51-12
交易所职员　81-28
交谊舞　194-7
浇水　102-56
浇水壶　99-48
浇水婆　100-19
浇铸　262-42
茭白　18-20/305-21
茭瓜　18-20
茭笋　18-20
胶版印刷　141-57
胶管　71-33
胶合板　89-49
胶卷儿　78-51/196-31-32
胶囊　172-7
胶皮管　57-2/88-44
胶片　78-50-52
胶水儿　115-49
胶头滴管　182-46
胶鞋　231-8
胶印　141-57
胶纸架　110-11
焦距　196-24
焦圈儿　27-37
焦炭　262-6
鹪鹩　283-45
角　181-17
角尺　92-18
角柜　52-13
角楼　121-5/199-14
角膜　276-26
角鲨　285-38
角形式　16-16
角雉　283-2
角柱体　181-52
角锥　181-56
饺子　201-8
饺子皮儿　24-17
绞车　96-31/263-11
绞车房　261-4/263-38
绞网机　106-16
绞线　58-14
铰接式公共汽车　113-2
铰链　90-1-5

JIAO

脚　266-32/277-26-36
脚背　277-32
脚脖子　277-26
脚灯　192-14
脚蹬子　115-18
脚凳　42-22
脚凳儿　51-25
脚跟　266-34/277-30
脚后跟　277-30
脚尖　277-27
脚口儿　12-16
脚盆　56-27
脚蹼　167-37
脚手板　88-6/89-9
脚手架　88-13
脚踏板　111-28
脚踏缝纫机　58-31
脚腕子　266-33/277-26
脚心　277-29
脚丫子　277-31
脚医　80-33
脚闸　116-19
脚掌　277-28
脚指甲　277-34
脚指头　277-33
缴纳关税　224-33
缴纳证　224-34
轿车　111-1/113-12-15
校对　140-7-8
校对符号　140-8
校样　140-7
教鞭　174-55
教具　174-15-16
教科书　174-41-44
教练　159-15
教练场　118-51
教练机　239-42
教师　178-29
教师节　200-12
教室　174-49
教室楼　174-8/179-29
教室门　174-57
教授　178-12
教学楼　178-10
教研室　178-11
藠葱　18-34
藠头　18-34
酵母菌　306-16

JIE

节子　89-48
阶梯　112-13
阶梯教室　178-28

接长管　70-55
接触眼镜　14-25
接骨木　299-5
接户线　97-55
接近标志　122-60
接力棒　151-29
接力区　151-30
接力赛　151-27
接力赛跑　151-27
接目镜　169-45
接片机　195-47
接球　159-24/160-4
接收机　242-7
接手　158-17
接手区　158-10
接物镜　169-44
接线员　135-31
街道　118-13-14
街道办事处　218-18
街道树　118-14
孑孓　291-30
节　292-15
节目单　192-38
节目单儿　192-38
节拍机　190-55
节日　200-1-37
结肠　272-45-47
结构型钢　262-30-32
结花领儿　8-10
结婚　202-14-41
结婚蛋糕　202-27
结婚登记　202-16
结婚典礼　202-21
结婚纪念照　78-21
结婚戒指　202-20
结婚酒席　202-23
结婚礼服　202-19
结婚礼品　202-35
结婚礼物　202-35
结婚请帖　202-22
结婚照　47-11/78-21/202-18
结婚证　202-17/219-21
结缕草　302-7
结膜　276-24
结扎手术　173-12
结账处　83-27
桔槔　100-29
桔梗　301-21
睫毛　276-3
睫毛膏　15-14
睫毛夹　15-12
睫毛刷　15-13
睫毛油　15-14

JIN

截击机　239-28
姐夫　221-28
姐姐　221-29
解放帽　6-17
解放鞋　7-48
解放型　124-18
解剖刀　169-32/184-4
解剖剪　184-5
解剖器　184-4-8
解剖针　184-7
簎子　4-24
介壳虫　290-46-48
戒指　14-6
芥菜　19-11
芥菜疙瘩　18-8
芥菜头　18-8
芥末粒　60-26
芥末面儿　31-33
芥子气炮弹　235-61
界外球　160-52
借书单　178-45
借书台　178-42
借书证　178-44
蚧虫　290-46-48

JIN

巾钳　169-27
金翅雀　283-40
金柑　22-4
金刚石　262-57
金刚钻　262-57
金龟　284-4
金龟子　290-57
金花帽　213-35
金华猪　279-22
金鸡　282-64
金酒　34-23
金橘　297-13
金橘儿　22-4
金莲花　300-19
金牛座　246-9
金牌　156-22
金钱豹　281-23
金枪鱼　285-1
金属表带　64-12
金属货币　82-31-45
金属扣儿　11-4
金属链子　49-9
金属卡口　65-27
金属探测器　131-50
金属玩具　148-1-4
金丝猴　280-1
金丝帽　213-35

JIN

金丝雀　283-41
金文　185-24
金星　244-13
金银花　299-4
金蝇　291-37
金鱼　286-26-35
金鱼草　301-12
金鱼缸　46-23/150-39-40
金鱼藻　305-9
金藻　303-27
金盏花　301-23
金盏菊　301-23
金针菜　28-1
金质奖章　156-22
金钟儿　290-30
襟翼　130-3/239-10
紧臂袖　9-5
紧急出口　130-56
紧急电话　118-45
紧急电话标志　119-53
紧急停车带标志　119-52
紧身裤　3-12/5-23
紧压茶　33-14-16
锦牙　188-9
锦砖　89-33
尽头牙　275-26
进场监视雷达　131-1
进风口　70-57
进攻手榴弹　233-16
进户线　97-56
进口汽车　113-14
进气道系统　239-22
进气阀　95-9
进气口头锥　239-26
进气支管　95-19
进水管　100-40
进水口　95-53/97-7
进站口　121-2
进站天桥　121-6
进站厅　122-1
近视　276-34
近视眼　276-34
近战　228-1
禁令标志　119-16-31
禁止超车　119-24
禁止畜力车通行　119-21
禁止掉头　119-23
禁止机动车通行　119-18
禁止鸣喇叭　119-26
禁止汽车拖、挂车通行　119-19
禁止驶入　119-17
禁止停车　119-25
禁止通行　119-16

禁止拖拉机通行　119-20
禁止向左转弯　119-22

JING

茎　292-52-56
京白梨　21-23
京胡　191-6
京剧　193
京族　210-18
经幢　205-12
经纪人　81-25
经理　109-53
经轮　205-40
经线　264-42
经营管理委员会　98-54
经折装　140-10
晶状体　276-27
粳米　23-26
精囊　273-43
精装本　140-24
精子　173-15
鲸鱼　288-18-21
鲸鱼座　246-29
井架　88-16/103-7/261-5/263-3
井口　100-22
井绳　100-24
井台　100-23
颈阔肌　268-6
颈淋巴结　270-5
颈肉　30-2
颈椎　267-20
颈总动脉　269-1
景德镇瓷　187-3-4
景片　192-27
景颇族　209-24
景泰蓝　187-23
警报器　222-52/223-23
警察　222-3
警车　113-28-30/222-48
警灯　222-6
警笛　222-27/226-9
警服　222-16
警告标志　119-1-15
警棍　222-26
警戒雷达　237-10
警犬　222-32
警犬训练员　222-33
警绳　222-31
警卫　218-12/222-19
径赛　151-11-35
净　193-8-11/193-13-15
胫骨　267-15

JIU

胫神经　274-10
竞技体操　156-3-17
竞技游泳运动员　153-5
竞走　152-34
敬礼　207-12-13
静脉　269-9-13/270-2
静物画　186-31
静止锋　258-9
静止气象卫星　252-13
镜　198-33
镜臂　184-24
镜框　42-9/48-23/188-22
镜框儿　42-9/48-23
镜片　188-22
镜片儿　14-15
镜筒　184-21
镜头　196-6
镜头盖儿　196-7
镜心　188-22
镜子　43-10/47-12/49-27/79-1/84-33/84-69/121-41/143-22
镜座　184-29

JIU

揪　171-54
九　207-31
九斤黄　282-6
九连环　148-29
九音锣　191-28
九月　259-10
灸　171-27-33
韭菜　18-23
韭菜苗儿　18-24
韭菜薹　18-24
韭黄　18-23
酒　34/125-45
酒吧　84-13
酒吧间　84-13
酒吧招待员　84-16
酒杯　61-33-37/144-14
酒橱　52-16
酒罐　62-29
酒柜　48-20/52-16
酒壶　61-30
酒精灯　182-1
酒具　61/61-30-38
酒器　198-10-19
酒坛　62-35
酒坛子　62-35
酒窝　278-30
酒心糖　26-14
酒糟　29-21
酒盅儿　61-31-32

539

JIU

旧货店　76-18
臼　210-5
臼棒　59-60
臼炮　235-32
厩肥　102-35/294-27
救护车　113-22/168-2/223-13/241-12
救护人员　154-4
救护站　154-3
救火车　113-24-26/223-15-20
救难直升机　239-50
救生船　130-59
救生圈　128-29/154-8
救生伞　238-15
救生索　154-9
救生艇　128-13
救生衣　128-30/130-58
救生员　154-7
救险车　114-13
舅父　221-20
舅舅　221-20
舅母　221-21

JU

车　166-7/166-25
拘留所　225-25
居民身份证　219-7
鞠躬　207-1
菊花　301-28
菊石　197-6
橘橙　308-8
橘子　22-1
橘子瓣儿　22-3
橘子皮　22-2
橘子水儿　32-22
橘子汁儿　32-24
矩形　181-28
举大刀　144-32
举起　164-27
举手　207-14
举重　164/164-13-27
举重台　164-13
举重运动员　164-19
莴苣　302-13
巨蛇座　245-30
巨蜥　284-29
巨蟹座　245-23/246-32
巨藻　304-12
句号　185-40
句末点号　185-40-42
句内点号　185-43-46
拒马　240-20
俱乐部主楼　161-37

JUAN

剧本　192-36
剧场　192/192-1-22
剧院　192-1-22
剧照　195-6
距离滑雪　157-23
锯把儿　91-17
锯齿刻纹　82-35
锯齿儿　91-16
锯齿儿剪子　13-16
锯剪　79-53
锯梁绳　91-24
锯片　91-15
锯片升降手轮　92-43
锯鲨　285-34
锯手　91-23
锯条　91-21
锯缘青蟹　289-13
锯子　91-14-25
聚宝盆　149-27
聚光灯　137-17/192-16/195-28
屦　198-47

JUAN

卷笔刀　177-10
卷笔刀儿　177-10
卷层云　255-2
卷尺　92-16-17/151-42
卷丹　302-20
卷发器　70-42
卷发钳　79-40
卷发筒　70-43/79-56
卷积云　255-4
卷盘磁带　69-8
卷棚　199-34
卷片扳手　196-3
卷筒　96-33/96-39
卷筒蛋糕　27-42
卷筒纸　141-58
卷心菜　19-8
卷烟纸　35-3/35-24
卷扬机　88-18/96-31
卷云　255-1
卷轴装　140-9
绢扇　66-9

JUE

镢头　99-1/103-3/107-23
蕨　302-42
蕨菜　19-25
爵　198-19
爵士舞　194-11
爵士乐队　189-9
玦　198-37

JUN

军港　231-35
军徽　227-2
军舰　243
军舰鸟　282-19
军旗　227-1
军事卫星　237-1-7
军事训练　179-32/230/230-19-21
军事演习　230-27
军事游行　200-18
军械库　231-33
军训　179-32/230-19-21/230-19
军医　227-31
军用车辆　241
军用飞机　239
军用气象卫星　237-7
军用锹　231-10
军用通讯卫星　237-6
军用推土机　241-6
军乐队　227-39
军种符号　229-2
军装　229
均热炉　262-11
君子兰　302-27
菌丝　307-9
菌柄　307-7
菌盖　307-2
菌环　307-6
菌类　307
菌托　307-8
菌褶　307-5

K

KA

咖啡　22-27/32-37
咖啡碟儿　61-25
咖啡豆儿　32-38
咖啡馆儿　73-25
咖啡壶　61-27
咖啡具　61-24-29
咖啡冷饮厅　73-25
咖啡色　308-11
咖啡糖　26-5
咖啡厅　131-54
咖啡碗儿　61-24
卡宾枪　234-19
卡车　105-8/111-26/113-18-19
卡片电话　135-22

KA

卡片锁　67-25
卡片投入口　135-23
卡片钥匙　67-26
卡片纸　177-58
卡钳　92-22
咔叽色　308-9

KAI

开本　140-58-59
开衩儿　1-18/2-52
开裆裤　4-18
开动桥　120-40
开方　180-38-40
开沟机　101-7
开关　68-6/70-20
开关灯头　68-22
开关箱　84-44
开花儿火烧　27-24
开花儿馒头　27-1
开花儿烧饼　27-23
开火车　146-35
开架书　178-51
开垦　103-1
开口跳　193-12
开口笑　27-35
开启桥　120-39-41
开塞露　169-8
开水桶　62-50
开箱时间表　133-19
开学典礼　174-24-29
铠甲　232-18
楷书　185-28
楷体　141-27

KAN

看守　225-26/226-21
勘查　222-34
坎肩儿　211-7/215-13
坎儿井　214-33
坎土曼　208-24/214-11
砍伐　107-14
看热闹　223-14
看台　151-6/153-8/156-2/158-15

KANG

康乐棋　161-52
康乐球　161-52
康乃馨　299-26
糠筛子　100-2
糠虾　289-7
抗肩　146-45
抗扭螺旋桨　239-56

KAO

炕　38-18/43-24/71-52
炕洞　43-28
炕笤帚　43-18/56-3
炕席　43-26
炕沿儿　43-25
炕毡　43-29
炕毡子　43-29
炕桌儿　43-19/50-13

KAO

考场　179-33
考勤打卡机　110-41
考勤机　110-41
考生　179-34
考试　179-33-36
考试题目　179-36
烤面包　25-20
烤面包器　70-3
烤盘　70-9
烤肉串　214-25
烤网　70-8
烤烟楼　211-31
靠背　51-2/125-4/130-39
靠背椅　51-1
靠垫　55-1
靠旗　193-11
靠山窑洞　38-1
靠崖式窑洞　38-1-3

KE

柯尔克孜族　208-29
柯尔特手枪　234-28
科技组　175-2-3
科教片　195-2
颏　282-37
磕头　207-2/207-3
蝌蚪　284-44
可变翼机　239-47
可换镜头　196-24-28
可可　22-28/32-42
可乐　32-6
可躺式座椅　130-38
克朗球　161-52
克鲁克斯管　183-24
克依姆奇　211-20
刻刀　186-59/187-42
刻度　62-13/63-13/177-42
刻度板　257-26
刻度盘　63-21/182-52
刻花杯　60-50
刻盘　187-44
刻字　186-53-65
刻字店　75-17

KONG

客舱　128-19/130-29
客车　113-1-15/122-14/123-1-10/124-4/125
客房　83-2/84-29-72
客房服务员　84-23
客货两用车　113-21
客货轮　129-8
客机　130/131-18/132-1-17
客轮　127-2/127-15/129-1-3
客满　195-22-24
客票　126-13
客人　83-39/84-3
客运码头　127-1
客运三轮车　117-12
客运站　127-7
课本　174-41-44
课程表　174-40
课间操　155-5/179-31
课外活动　260-16
课外小组活动　175-15-16
课桌　174-37/178-36

KONG

空肠　272-41
空挡　111-55
空对地导弹　236-9
空对空导弹　236-8/239-18
空盒气压表　257-39
空降兵　227-18
空军　229-1/229-2
空军女校官制式衬衣　229-21
空军士兵　227-5
空空导弹　239-18
空气滤清器　95-2
空气数据计算机　239-24
空气压缩机　95-39
空速管　239-2
空调　69-40-43
空调机　69-40-43
空心菜　19-15
空心楼板　88-11
空心砖　89-28
空心装药破甲弹　235-52
空压机　95-39
空战机　145-16
空中公共汽车　132-3
空中加油机　239-38
空中秋千　143-11
空中小姐　130-34
空中转椅　145-15
空中姿势　157-22
箜篌　191-52
孔庙　205-45

541

KONG

孔雀　283-3-4
孔雀蓝　308-19
孔雀石　262-51
孔雀舞　216-33
孔雀鱼　286-23
孔子　205-46
孔子庙　205-45
恐龙　197-4-5
空铅　141-24
控制棒　97-40
控制室　137-33/137-40/263-42
控制台　137-57/178-20
控制与图象数据处理中心　252-18

KOU

口袋　65-32-35
口袋儿　65-32-35
口服避孕药　173-3
口红　15-16
口红笔　15-15
口技　143-19
口笈子　144-15
口镜　169-34
口轮匝肌　268-3
口蘑　20-25
口腔　272-35/275
口琴　190-53
口香糖　26-15
口咽　272-2
口罩　169-18/170-45
口罩儿　103-28
叩　171-55
叩甲　290-52
叩头　207-3
叩头虫　290-52
叩诊　170-8/171-21
扣鼻儿　11-3
扣带　65-11
扣吊儿　90-10
扣环儿　11-28-29
扣襻儿　65-27
扣球　159-26/160-7
扣儿　11/11-1
扣式电池　68-47
扣押　225-2
扣眼刀　13-20
扣眼儿　2-17/11-11
扣子　2-4/11-1

KU

苦草　305-17
苦瓜　20-10/301-19

苦苣　19-17
苦苣菜　301-34
库房　40-17
库蚊　291-31
裤衩儿　3-2
裤长　12-3
裤兜儿　2-20/10-10-15
裤勾儿　11-17
裤勾儿襻儿　11-16
裤脚　1-34
裤扣儿　11-15
裤襻儿　2-37
裤腿儿　2-21
裤线　2-22
裤腰　2-36
裤子　2-10/231-6

KUA

夸父　206-5
挎包　65-7/231-13
挎包儿　65-7
跨步跳　152-7
跨斗摩托车　116-24
跨斗式摩托车　222-5/241-14
跨栏　151-32
跨栏赛跑　151-31
跨式单轨列车　123-28
跨院儿　37-16

KUAI

块根　292-49
块茎　292-55
块儿　36-5-6
快板儿　142-23
快板儿书　142-23
快餐厅　145-30
快车　126-9-12
快递邮筒　133-40
快进按键　138-28
快客　126-9
快慢针　64-27
快门　196-2
快门开关　78-10
快门儿　196-2
快门线　196-23
快照照相机　196-19
筷笼子　44-26/45-27
筷子　60-5
筷子架　60-6

KUAN

宽刃凿　91-49
宽袖连衣裙　214-2

宽座角尺　92-18
髋骨　267-11
髋关节　267-43

KUANG

筐子　65-42-44
矿藏　262-47-66
矿车　261-18
矿灯　261-24
矿工　261-23
矿井电机车　261-17
矿井扇风机　261-6
矿泉水　32-7
矿石　262-47-66
矿石码头　108-12
矿盐　262-62
框　177-48
框架　106-40

KUI

盔　232-20
葵瓜子儿　17-41
葵花　17-40
葵花子儿　17-41/301-31
傀儡戏　192-47-51
馈线　138-18

KUN

坤包　1-45
坤表　64-13
坤车　115-56
昆布　304-14
昆虫类　290/291
昆虫针　184-13

KUO

扩胸器　155-25
扩音机　137-58
括号　185-48
阔叶树　293-2
蛞蝓　291-55
蛞蝓鱼　289-23

L

LA

垃圾车　113-39/117-7
垃圾井筒　41-25
垃圾井筒的换气装置　41-9
垃圾通道　41-25
拉床　53-14
拉杆儿天线　69-3

LA

LA

拉杆儿钻　92-1
拉钩　169-31
拉管　190-27
拉枯族　209-22
拉花　200-3
拉环　90-22
拉火环　233-3
拉火绳　233-4
拉拉队　153-9
拉力器　155-25
拉链　65-14
拉链儿　11/11-21
拉链衫　4-8
拉链式高腰鞋　7-22
拉面　25-2
拉襻儿　11-24
拉头　11-23
拉网　106-1
拉弦乐器　191-1-10
拉线开关　68-13
拉硬弓　144-31
喇叭　69-10/111-44/125-16/
　137-59/138-38/148-17/192-
　13/195-18
喇叭按钮　111-44/116-18
喇叭菌　307-17
喇叭裤　1-33
喇叭裙　1-12
喇嘛　205-39
喇嘛教　205-38-41
喇嘛庙　205-38
喇嘛塔　199-7
腊八　27-15/200-36
腊八节　200-36
腊八粥　27-15/200-36/200-37
腊肉　30-21
腊月　259-13
蜡笔　177-39
蜡壳　290-47
蜡梅　296-8
蜡染　187-35/215-50
蜡纸　177-62
蜡烛　68-59/205-31
蜡烛包　4-22
辣根　18-11
辣根菜　18-11
辣酱油　31-19
辣椒　19-28
辣椒粉　31-31
辣椒面儿　31-31
辣椒油　31-32
辣油　31-32
蜊蛄　289-5

LAI

来宾　202-26
来航鸡　282-4
来亨鸡　282-4
癞蛤蟆　284-36

LAN

兰花菇　20-29
兰州瓜　21-44
拦河坝　97-6
拦网　159-27
栏板　111-30
栏杆　41-5/88-15/128-7/199-47
阑尾　271-13/272-44
蓝盾　222-12
蓝角　163-13
蓝孔雀　283-3
蓝墨水儿　177-25
蓝铅笔　177-6
蓝色　308-16-20
蓝印花布　187-34
篮板　160-47
篮架　160-44
篮球　160-38-53/160-48
篮球场　160-38
篮圈　160-46
篮子　57-12/65/65-37-41/77-21
缆车　123-24
缆索　120-28
缆索起重机　96-28
懒汉鞋　7-32
懒猴　280-5

LANG

狼　281-8
狼狗　279-3
狼獾　281-16
狼尾草　302-10
廊式建筑　214-26

LAO

劳动车　40-28/117-4
劳动改造　226-28
劳动节　200-7
劳改　226-28
崂山　32-7
老旦　193-6
老虎　143-5/281-21-22
老虎车　117-6
老虎帽　187-36

LE

老虎钳　93-1/93-17
老虎鞋　7-35/187-37/202-5
老花眼　276-37
老姜　18-14
老酒　34-6
老K　149-3
老年人　220-3
老婆婆　220-17
老人　220-3
老弱病残孕席　112-26
老生　193-1
老师　174-11/176-6/176-16/
　178-29/220-18
老鼠　280-33-38
老宋体　141-26
老太太帽　6-23
老头儿　220-16
老头儿乐　7-37/43-4
老瞎　146-42
老鹰　147-36/282-50
老鹰捉小鸡儿　146-33
姥姥　221-19
烙饼　24-36/24-37
烙铁　93-36
涝灾　256-19

LE

勒线器　92-12
鳓鱼　285-20

LEI

雷暴　258-41
雷达　128-9/237/237-10-23/
　239-3
雷达兵　227-19
雷达车　228-19
雷达天线　130-16/243-5
雷达桅杆　105-20
雷电　254-9
雷公　206-19/254-9
雷管　233-10
雷击　254-10
雷壳　233-23
雷鸟　282-58
雷声　254-11
雷师　206-19
雷索　242-30
雷雨　255-15/258-34
雷阵雨　254-8
垒　158-3-6
垒包　158-3-6
垒垫　158-3-6
垒球　158/158-37/158-38

LEI

肋骨　267-5/272-10
肋间神经　274-2
肋木　155-8
泪囊　276-12
泪腺　276-11

LENG

棱镜　183-26
棱柱体　181-52
棱锥　181-56
冷藏车　114-18/123-12
冷藏室　70-30
冷床　294-23
冷冻室　70-29
冷风机　69-44
冷锋　258-7
冷连轧机　262-23
冷却室　124-30
冷却水出口　97-36
冷却水进口　97-39
冷食　32
冷霜　15-29
冷水罐　216-21
冷水塔　97-16
冷烫　79-43
冷烫液　79-50
冷饮部　32-1/85-15
冷饮厅　145-32
冷扎带钢　262-24

LI

离合螺钉　58-51
离合器　111-47/116-17
离合器踏板　111-47
离合器握把　116-17
离婚　202-14-41
离心泵　95-52
梨　21-19/296-32
梨核儿　21-20
梨花大鼓　191-31
梨花片　191-31
梨球　163-17
梨树　296-32
梨子儿　21-21
犁　99-25-28
犁壁　99-28
黎族　210-20
篱笆门　40-22
篱笆　40-24/85-44
藜　299-18
礼拜　259-15-21
礼拜大殿　204-4
礼拜寺　204-1-2

礼服　217-28
礼帽　6-1
礼堂　174-24
礼仪电报　136-11-12
李　296-22
李树　296-22
李子　21-6/296-23
里脊　30-8/30-45
里间儿　37-33
里间屋　37-33
里屋　37-33
里院　37-13
理发店　79/102-29
理发店男部　79-1-23
理发店女部　79-43-60
理发镜　79-1
理发师　79-9
理发推剪　79-24
理发椅　79-14
理发用具　79/79-24-42
理发员　79-9
理科　178-13-15
理疗　170-64
鲤鱼　286-1
鲤鱼钳　93-2
鲤鱼钻圈　145-53
历史　174-43
历史博物馆　197-11-20
历书　259-40
立裆　12-4
立定跳远　152-11
立定推手　146-46
立方根　180-40
立方体　181-51
立管　263-6
立柜式钢琴　190-36
立交桥　118-19
立交直行和右转弯行驶　119-33
立井　261-8-10
立领儿　8-9
立毛肌　277-10
立秋　259-35
立圈　79-58
立伞架　66-23
立式门钩　90-16
立体　181-50-59
立体交叉桥　118-19
立体声电唱机　69-13
立正　230-1
立柱　94-9
丽蝇　291-36
沥青　88-40/263-59
沥青锅　88-39

LIAN

沥青砖　89-25
隶书　185-27
荔枝　22-19/297-25
栗苞　22-30
栗子　22-29
栗子皮儿　22-31
鬲　198-29
傈僳族　209-20

LIAN

连鬓胡子　16-32
连杆　95-14/124-15/263-27
连枷　99-16
连接号　185-52
连接器　101-25
连裤袜　5-22
连翘　298-26
连通器　183-3
连衣裙　1-8/4-2
连衣裙的排料图　13-26
连指手套　158-31
连指手套儿　5-10
连铸机　262-15
帘儿　55-9-16
帘子　55/55-9-16
莲　305-5
莲花盆　145-17
莲蓬　18-16/305-5
莲蓬头　79-11/80-12/84-56
莲蓬子儿　18-17
莲子　18-17
联播　137-27
联合票　126-21-23
联合收割机　101-24
联合月票　112-39
鲢鱼　286-6
镰刀　99-14/208-4/211-8/214-8
镰刀菌　306-21
脸　266-4
脸盆　56-25/57-5/168-22/170-29/179-22
脸盆架　56-26
脸谱　193-13-15
练习本儿　174-45-48
炼乳　30-58
炼油厂　263-46
恋爱　202-12
链板输送机　96-42
链轮　94-48
链球　152-25
链套　115-20
链条　94-47/96-51/115-19

LIAN

链条锁　115-30
链牙　11-22
链罩　115-20

LIANG

凉白开　33-21
凉粉儿　27-18/29-14
凉开水　33-21
凉面　25-7
凉水瓶　62-14
凉台　216-25
凉席　54-20-21
凉鞋　7-39-41
凉枕　54-11
梁　39-11/177-49
梁格结构　192-9
梁木　39-11
梁桥　120-1-19
量杯　70-21/182-45
量角器　177-43
量体　12
量筒　182-44
粮本儿　23-22
粮仓　102-37
粮店　23-1-25
粮囤　100-13
粮库　108-16
粮票　23-23-24
粮食　17-1-48/23
粮食码头　108-15
粮站　102-37-43
两肩着地　163-7
两栖类　284
两栖坦克　228-29
两头儿沉　50-11
两头蛇　284-16
两用衫　1-37/2-12
亮度调节　138-15
量　198-51
晾衣夹子　57-41
晾衣架　41-4/57-40

LIAO

瞭望车　123-6
瞭望塔　154-6
瞭望台　107-8/154-6/223-2
料斗　96-50
料酒　31-27
料器　187-29

LIE

列车　121-24
列车方向牌　126-7

列车时刻表　121-36
列车员　122-16/125-6
列车长　125-19
列席者　203-16
烈度　256-1-8
烈士陵园　86-9/200-20
烈士墓　86-10/200-21/217-32
猎狗　213-16
猎户座　246-34
猎户座大星云　246-35
猎潜艇　243-37
猎枪　167-17/209-7/213-38
猎犬座　245-5
猎装　2-31
裂叶牵牛　301-7

LIN

林场　107-1
林业　107
林业工人　107-15
林业索道　107-6
林阴道　102-50/118-13
林阴树　118-14
林中道路　107-27
临河民居　38-34
临水建筑　38-34
淋巴管　270-10
淋巴结　270-3
淋巴系　270
淋巴液　270-13
淋浴　80-11
淋浴喷头　153-13
磷虾　289-6
鳞柄白毒伞　307-43
鳞片　307-3
檩　39-9
檩条　39-9
檩子　39-9

LING

灵车　113-32/203-1
灵柩　203-20
灵猫　280-29
灵堂　86-19
灵芝　307-19
铃蟾　284-35
铃铛　148-32
铃鼓　190-45
陵墓　86-15
菱　305-10
菱角　18-21
菱形　181-29
菱形锉　93-26

LIU

羚牛　281-3
羚羊　280-13
零　180-5/207-31
鲮鱼　286-12
领带　2-14
领带别针儿　11-14
领队　159-15
领勾儿　11-19
领海　264-61
领花(陆军将官)　229-8
领奖台　156-25
领巾　5-2
领口　8-1-6
领扣　215-10
领里　13-28
领面　13-32
领襻儿　11-18
领儿　8/8-1-18
领条　211-6
领围　12-7
领子　2-2/8-1-18
领座员　195-21

LIU

溜板箱　94-7
溜冰　157-25-40
溜冰场　157-25
溜旱冰　147-25
溜石饼　157-43
刘海儿　16-17/206-33
刘海式　16-17
留学生　178-35
留言牌　121-37
流刺网　105-41
流动服务车　76-24
流动售货车　114-27
流量计　170-60
流苏　187-32
流星　244-33/251-12
流星锤　162-52
琉璃塔　199-5
琉璃瓦　89-40-41
硫磺　262-60
榴弹　235-50
榴弹发射器　234-45
榴弹炮　235-19
榴霰弹　235-53
柳琴　191-15
柳条　103-64
柳条鱼　286-19
柳叶眉　278-9
柳叶片儿　36-4
柳叶琴　191-15

545

LIU

六　207-31
六分仪　128-27/253-11
六角螺母　90-36
六角头螺栓　90-31
六五步枪　234-15
六弦琴　190-18
六一儿童节　200-9
六月　259-7
六柱栏　104-28
碌碡　99-36

LONG

龙　206-39
龙船　200-28
龙胆　301-5
龙灯舞　201-22
龙骨　128-18
龙骨水车　100-35
龙睛鱼　286-27
龙井茶　33-9
龙卷风　254-21
龙门刨床　94-22
龙门起重机　96-23/107-12
龙舌兰　302-26
龙虱　290-54
龙头蜈蚣　147-37
龙虾　289-4
龙须面　25-2
龙眼　22-20/297-24
龙舟　200-28/215-52
龙舟节　215-52-55
笼屉　24-25/59-50
笼屉帽儿　59-52
垄　102-23
垄沟　102-24

LOU

楼　199-10-16
楼道　41-23
楼道门　41-8
楼阁　199-16
楼号　41-11
楼梯　41-32/130-18
楼梯的窗户　41-18
楼梯扶手　41-33
楼梯平台　41-34
楼燕　283-20
楼座　192-19/195-24
耧斗　99-32
耧耙　99-5
耧子　99-31
蝼蛄　290-31
漏斗　23-19/33-4/182-24/257-32

漏斗车　123-21-22
漏斗架　182-21
漏壶　253-22
漏刻　253-22
漏盆　45-9/59-49
漏勺　45-18/59-20/59-37

LU

芦花鸡　282-5
芦笙　215-55
芦笙舞　215-54
芦笋　19-19
芦苇　305-22
芦席　55-8
芦竹　302-5
炉箅子　71-13
炉盖　71-7
炉钩　71-27
炉架　71-12
炉口　71-5
炉门板　71-11
炉门儿　71-10
炉盘　71-6
炉圈　71-8
炉台　71-6
炉膛　71-9
炉膛儿　71-9
炉眼　71-16
炉子　71/171-12
鸬鹚　106-6/282-18
颅骨　267-1
鲈鱼　285-2
鲁班　206-24
橹　106-4/129-41
陆龟　284-5
陆军　229-1/229-2
陆军将官冬礼服　229-15
陆军士兵　227-3
陆军士兵夏作训服　229-23
陆军校官冬常服　229-18
陆军校官夏常服　229-17
陆栖动物　279/280/281
陆战棋　149-37
录顶　37-11
录取通知书　179-37
录像磁带　138-8
录像带　69-28/138-8
录像机　46-14/69-27/138-7/178-23
录音按键　138-27
录音带　138-39
录音机　69-5-7/137-54/138-20

LU

/178-19
录音师　195-42
录音座　69-20
鹿豹座　245-17/246-13
鹿角菜　304-16
鹿茸　171-14
鹿哨　213-21
鹿寨　240-15
路　118-13-14
路灯　118-9/120-5
路徽　124-23
路口儿　118-16-18
路栏　118-4
路牌　112-4
路障　118-26
辘轳　100-26
露点　258-51
露酒　34-11-13
露水　254-14
露天剧场　85-21/192-23
露天煤矿　261-1

LÜ

驴　279-17
驴车　117-21
旅客　121-28/122-3/125-2/127-11/130-30/131-32/224-11
旅客快车　126-9
旅行包　65-12-15/83-36/125-8
旅行杯　62-23/125-10
旅行袋　121-45/125-8
旅行结婚　202-41
旅行社　76-4
旅行提包　65-12-15
旅行团　83-17/150-12
旅行箱　65-18
旅行支票　81-30
旅游　150-10-14
旅游车　77-17/83-20
旅游纪念照　78-22
旅游鞋　7-49
旅游钟　64-28
铝箅子　59-23
铝矾土　262-55
铝锅　59-3
铝盆儿　59-48
铝勺　59-36
铝土矿　262-55
履带　240-42
履带牵引车　241-10
履带式步兵战车　241-7
履带式拖拉机　101-2/114-38
律师　225-21

LÜ

绿茶　33-9
绿灯　118-37
绿豆　17-28/23-32
绿豆汤　32-32
绿豆象　290-64
绿豆芽儿　20-22
绿豆粥　27-16
绿菇　307-35
绿孔雀　283-4
绿鳍马面鲀　285-33
绿色　308-12-15
绿色通道　224-18
绿头鸭　282-9
绿啄木鸟　283-24
滤光镜　196-29
滤色镜　196-29

LUAN

卵　284-37
卵巢　270-22/273-29/286-51
卵子　173-16

LUN

伦巴舞　194-7
轮虫　289-38
轮船　129-1-12
轮渡　129-9-11
轮机长　128-24
轮盘　13-19
轮式步兵战车　241-8
轮式拖拉机　101-1/114-37
轮式挖壕机　241-11
轮式装甲车　241-9
轮胎　111-22
轮椅　168-67
轮藻　303-19
轮子　168-69

LUO

罗锅桥　85-53
罗汉　205-10
罗汉松　295-5
罗汉堂　205-9
罗盘　128-26
罗宋帽　6-21
萝卜　18-1-4
锣　191-26-28
箩筐　100-10
骡　279-18
骡拉的大车　117-19
螺钉　90-42-52
螺杆　90-44
螺杆泵　95-49
螺口灯泡儿　68-27
螺口灯头　68-21
螺母　90-36-39
螺栓　90-31-35
螺丝　90-42-52
螺丝刀　93-13-15
螺丝钩　90-12
螺丝帽　90-36-39
螺丝圈儿　90-14
螺丝头　90-43
螺丝钻　92-3
螺蛳　287-21
螺纹　90-45
螺旋桨　128-16/132-20/238-30
螺旋桨式飞机　132-20
螺旋菌　306-9
螺旋千斤顶　96-34
螺旋式　16-28
螺旋输送机　96-45
螺旋叶片　96-46
裸子植物　292-7
瘰螈　284-49
骆驼　279-26-27
络腮胡子　16-32
珞巴族　209-9
落潮　247-22-23
落地　152-9/156-12
落地灯　68-11/84-38
落地电扇　48-19
落地扇　48-19/69-37
落地式空调机　69-43
落地台秤　63-25
落地钟　64-33
落款儿　188-15
落水管　41-14
落牙旋钮　58-48
落叶树　293-4

M

MA

妈妈　125-21/221-4/221-9
抹　171-46
抹布　44-33/45-15/56-8
麻袋　108-25
麻豆腐　29-13
麻瓜　21-45
麻花儿　27-31/27-32
麻将　149/149-14-32
麻将牌　149-15-30
麻酱　31-4
麻栎　295-23
麻球　27-36
麻雀　283-38
麻索桥　120-33
麻团　27-36
麻线凿　93-40
麻鸭　282-8
麻蝇　291-38
麻子　278-38
麻醉　170-51
麻醉瓜　21-45
嘛呢轮　205-40
马　104-24/143-18/166-7/166-24/279-19
马鞍菌　307-12
马鞍子　104-32/212-45
马棒　212-50
马鞭　193-20
马鞭儿　212-49
马鞭子　104-30/212-49
马表　151-36
马槽　104-23
马场　102-34
马车　117-15
马达　95-30-38
马灯　68-51
马镫　104-33/212-46
马蜂　291-42
马甲　232-19
马嚼子　104-35/212-47
马克　81-35
马口铁　262-26
马裤　2-34
马拉糕　27-6
马拉松　152-31
马拉松赛跑　152-31
马拉松赛跑路线　152-32
马来貘　280-28
马兰　301-32
马良　206-27
马铃薯　17-45
马铃薯瓢虫　290-56
马陆　291-58
马鹿　280-17
马路　118-13-14
马棚　104-22
马球　167-4
马赛克　89-33
马术　167-1
马术表演　143-17
马蹄铁　104-36
马桶　56-31
马桶盖儿　49-15
马桶刷子　56-32

MA

马桶座儿　49-16
马头墙　199-27
马头琴　212-56
马王襻　2-37
马尾辫　16-20
马尾松　295-10
马尾藻　304-21
马戏　143-1-23
马靴　212-7
马刢　51-24
马扎　51-24
马扎儿　51-24
马掌　104-36
马子盖儿　16-9
玛瑙　187-8
码头　102-53/105-4/108-6-17/127-1/231-36
码头驳船　129-32
蚂蟥　291-53
蚂蚁　291-50

MAI

买方代表　109-59
买卖合同　109-61
麦道 DC-10　132-1
麦道 MD-82　132-9
麦地　102-46
麦冬　302-22
麦垛　40-29/102-48
麦角菌　306-26
麦角菌核　306-27
麦秸画　187-26
麦粒儿　17-10
麦芒儿　17-9
麦乳精　32-43
麦收　102-47
麦穗儿　17-8
麦芒儿　17-9
麦子　17-7
卖冰棍儿的　73-19
卖茶汤的　73-16
卖方代表　109-60
卖冷饮的　73-22
脉络膜　276-29

MAN

馒头　13-8/23-13/24-1/57-54
馒头云　255-11
蔓菁　18-9
鳗鲡　286-15
鳗鱼　286-15
满擓　193-18
满月　202-4/247-18

满族　208-1
螨　291-61
曼德琳　190-17
慢车　126-8

MANG

芒果　22-15
杧果　22-15
铓　216-36
盲肠　271-12/272-43
盲道　118-7
盲人敲锣　147-1
盲蛇　284-11
盲文面额符号　82-6
盲字　185-17
蟒蛇　284-12

MAO

猫　279-11-12
猫耳洞　231-22
猫耳朵　25-11
猫猴　280-6
毛笔　177-29
毛玻璃　89-21
毛玻璃云　255-5
毛地黄　301-13
毛豆　20-11
毛发　257-25/277-7-8
毛发湿度表　257-24
毛根　277-8
毛钩　105-59
毛蚶　287-10
毛校　141-45
毛巾　5-6/49-35/57-53/79-6/80-20/125-36
毛巾被　54-17
毛巾架　49-34/57-27
毛孔　277-6
毛裤　3-21
毛毛雨　258-32
毛霉　306-12
毛南族　210-17
毛囊　277-12
毛瑞香　298-17
毛瑟手枪　234-27
毛衫儿　4-23
毛毯　54-5/168-16/231-2
毛条样　141-6
毛虾　289-2
毛线活儿　58-27
毛线球儿　58-28
毛线手套儿　5-9
毛线袜子　5-19

毛线针　58-29
毛衣　2-38
毛竹　302-4
矛　162-22/232-3
茅台　34-1
茅台酒　34-1
牦牛　213-49
锚　105-11/106-44/128-4
锚碇　120-31
锚雷　242-26-30
昴星团　246-10
卯　259-48
冒号　185-46
贸易洽谈　109-52
贸易商谈　109-52
帽带　6-7
帽店　76-12
帽顶　6-2
帽钩　46-18
帽后脑　6-29
帽徽　222-14/229-1
帽口　6-28
帽身　6-4
帽饰带　229-5/229-6
帽檐　229-7
帽檐儿　6-5/6-15
帽檐儿边儿　6-6
帽子　6/170-44

MEI

玫瑰　296-17
玫瑰红色　308-3
眉笔　15-7
眉间纹　278-34
眉毛　266-6/276-1
眉镊　15-23
眉梳　15-21
眉题　139-25
梅　296-20
梅花　149-8
梅花扳手　93-12
梅花鹿　280-16
梅花参　289-21
梅花针　171-38
梅树　296-20
梅雨　21-10
梅子　296-20
煤　261-28-30/262-5
煤饼　71-21
煤层　261-11
煤铲　71-22
煤厂　76-17
煤场　97-22

MEI

煤车　123-22
煤店　76-17
煤斗　97-24
煤矸石　261-2
煤矿　261
煤炉　71-1-13
煤棚　98-17
煤气表　45-21
煤气灯　182-8
煤气管　49-4
煤气管道阀门　45-22
煤气罐　98-21
煤气罐儿　71-36
煤气灶　45-23/71-29
煤锹　91-1
煤球炉　71-14
煤球儿　71-19
煤水车　124-3
煤水池　261-27
煤炭　261-28-30
煤炭码头　108-11
煤油　263-54
煤油灯　68-48/184-11
煤油炉　71-38
煤渣　71-24
煤栈桥　97-21
霉　254-7
霉雨　254-6
糜子　17-16
每秒2米　258-20
每秒21-22米　258-30
每秒9-10米　258-24
每秒7-8米　258-23
每秒3-4米　258-21
每秒19-20米　258-29
每秒17-18米　258-28
每秒13-14米　258-26
每秒15-16米　258-27
每秒11-12米　258-25
每秒5-6米　258-22
每秒1米　258-19
美发厅　79-43-60
美人蕉　302-38
美式橄榄球　161-13-14
美式橄榄球运动员　161-13
美术　186
美术馆　186-28-34
美术明信片　83-51/134-14
美术用品商店　75-15
美术组　175-6-10
美味牛肝菌　307-22
美元　81-34/185-62
美洲鳄　284-10

镁光灯　196-22
妹夫　221-30
妹妹　221-31

MEN

门　39-17/44-27/46-16/74-2/168-26/212-36
门巴族　209-8
门把手　47-29/90-21
门把儿　47-29
门灯　222-8
门顶弹弓　90-20
门洞儿　37-2
门墩儿　37-29
门房　37-3/98-4
门房儿　37-3/98-4
门轧头　90-17
门钩　90-15-16
门环子　37-27
门架　70-37/96-54
门坎儿　37-25/39-20
门槛　37-25/39-20
门槛儿　37-25/39-20
门框　39-19
门拉手　90-23
门廊　83-6
门帘　42-3/55-9-11/74-13
门帘儿　42-3/55-9-11/74-13/80-9
门帘子　42-3/55-9-11
门铃　41-30
门楼　38-3
门楼儿　38-3
门楣　39-18
门牌　218-11
门票　192-21
门球　161-24
门扇　37-26/41-21
门神　201-14
门式起重机　96-9
门闩　44-28
门锁　111-16
门头铰链　90-5
门卫　178-4/218-12
门牙　275-27
门诊　170
门诊部　168-1
门制　90-19
门柱　98-40
门座起重机　96-5

MENG

虻　291-40

蒙古包　212-33
蒙古刀　212-18
蒙古靴　212-8
蒙古族　208-8/212
蒙古族男子　212-4
蒙古族女子　212-1
蒙古族摔交　163-28
蒙文　212-58
孟姜女　206-35

MI

弥勒　205-17
弥撒　204-17
迷宫　145-39
迷你裙　1-19
迷走神经　274-20
谜底　147-4
谜面　147-4
猕猴　280-7
猕猴桃　21-38/298-9
麋鹿　280-22
米袋　231-16
米粉　25-16
米柜　23-21
米黄色　308-7
米那共　213-20
米票　23-45
米色　308-7
泌尿器　273
秘书　109-23
密封隔框　130-24
密河鳄　284-10
密纹唱片　69-23
蜜蜂　291-44
蜜供　27-40
蜜环菌　307-27
蜜饯　26-24
蜜饯海棠　26-24
蜜麻花儿　27-34
蜜桃脯　26-19
蜜月旅行　202-41
蜜枣脯　26-21

MIAN

绵白　31-14
绵白糖　31-14
绵羊　104-12/279-29-32
棉袄　1-39-40/1-42-43/2-50
棉背心儿　2-49
棉被　54-12
棉大衣　2-47
棉猴儿　4-10
棉花　17-35

MIAN

棉花球　170-23
棉花筛子　100-3
棉花条播机　101-13
棉军大衣　2-48
棉裤　1-41
棉铃　17-36
棉铃虫　291-1
棉馒头　57-54
棉毛裤　3-18
棉毛衫　2-55/3-17
棉帽　6-18
棉门帘　55-11
棉手套儿　5-12
棉桃虫　291-1
棉桃儿　17-37
棉鞋　7-38
棉絮云　255-6
棉蚜　290-45
棉籽儿　17-38
免票标尺　112-12
免税店　131-47
免税品　131-48
免税商品　131-48
面板　190-5/231-29
面包　25-18-20
面包车　83-19/113-10-11
面包车间　98-42
面包炉　70-3
面包盘儿　60-62
面包圈儿　25-26
面包生产线　98-43-46
面袋儿　23-15
面额　82-7/134-38
面额数字　82-4
面粉　23-17/24-15
面柜　23-20
面筋　29-16-17
面筋泡儿　29-17
面具　148-20/176-11
面膜　15-20
面神经　274-17
面食　24/25
面条儿　25-1-2
面团儿　24-16
面罩　158-32/161-22/164-10

MIAO

苗床　103-39
苗圃　107-19
苗族　210-7/215/215-32-55
苗族妇女　215-36
苗族妇女(安顺地区)　215-48
苗族老妇人　215-37

苗族男子(黔东南地区)　215-38
苗族女子(黔东南地区)　215-32-37
苗族女子(贞丰地区)　215-41
苗族少女(织金地区)　215-44
描红本儿　174-46
瞄准镜　240-31
瞄准装置　235-4
秒表　151-36
秒针　64-6
庙会　201-20-37
庙戏台　192-25

MIE

灭茬犁　101-9
灭虫　102-16
灭火弹　223-26
灭火机　223-25
灭火器　223-25
篾刀　91-58

MIN

民兵　227-41/230-21
民航班车　131-14
民间舞蹈　194-15-19
民警　222-9
民用飞机　132-1-33
民乐小组　175-5
民族　219-9

MING

名牌　226-25
名片　219-25
明渠　214-37
明贴袋儿　10-13
明虾　289-1
明信片　134-12-16
明星　195-35-37
鸣笛标　122-59
冥王星　244-23

MO

模特儿　186-17
摩电机　115-31
摩羯座　245-38/246-27
摩托车　116/116-1/222-4
摩托车比赛　167-10-11
摩托车越野赛　167-11
摩托艇　129-13/154-27
摩托艇比赛　167-46
磨床　94-16
磨刀皮带　79-15
磨刀石　91-47

MU

磨砂玻璃　89-21
磨牙　275-30
蘑菇　20-24-31/307-1
蘑菇状烟云　236-51
魔方　148-41
魔块　148-40
魔术　143-15
魔术演员　143-16
魔芋　17-48/302-13
魔芋豆腐　17-48
抹香鲸　288-19
抹子　92-24
末班车　112-1
末儿　36-10
茉莉花　298-28
茉莉花茶　33-11
墨　177-32
墨斗　92-9
墨斗鱼　289-28
墨绿色　308-12
墨水管心　177-23
墨水瓶　48-6/177-25
墨水儿　177-25
墨线　92-10
墨线斗子　92-9
墨鱼　289-28
墨汁　177-33
墨汁儿　177-33
磨　99-41
磨粉机　101-30
磨面　103-33
磨盘　99-43
磨盘柿　21-32
磨扇　99-42

MU

模板　88-20
模子　262-39
母船　248-9
母鸡　282-3
母亲　221-4
母球　161-48
母狮子　281-28
母猪　279-20
牡丹　296-1
牡蛎　287-5
牡蛎养殖场　106-48
拇指　277-16
木板　89-46
木板床　53-7
木板房　38-29
木版　186-44
木版画　186-35

MU

木本植物　292-1-2
木柄　233-5
木柄手榴弹　233-1
木菠萝　22-22
木材　89-42
木材装卸码头　108-17
木槽　211-25
木柴　44-2/71-50
木床　53-1
木锤　211-24
木槌　91-13/186-7
木锉　91-30
木雕　186-6/187-11
木耳　20-30/28-8/307-14
木芙蓉　298-5
木杆　161-41
木工锤　91-11
木工锉　91-30
木工机械　92-34-48
木工间　88-24
木工锯锉　91-28
木瓜　21-28/296-26
木管乐器　190-20-26
木辊轴　100-27
木盒儿　62-52
木滑道　107-2
木匠　89-3
木匠工具　91-10-58/92-1-23
木槿　298-7
木刻刀　186-36-39
木刻画　186-35
木筷子　60-42
木犁　99-25
木理　293-18
木料　88-26
木螺钉　90-50-51
木螺丝　90-50-51
木马　146-14
木马游转　145-14
木磨陀　186-46
木模　262-44
木偶　148-13/192-49
木偶戏　192-47-51
木偶戏演员　192-48
木排　107-30/129-25
木桥　120-18
木琴　190-47
木塔　199-1
木炭　71-56
木茼蒿　301-25
木桶　62-39
木碗　213-44
木纹　89-47/293-18

木纹胶合板　89-50
木犀　298-30
木锨　208-18
木箱　108-27
木星　244-17
木鱼　148-33/191-40
木贼　302-41
木直尺　92-13
木制玩具　148-13-14
木质部　293-24-25
木柱　161-57
木砖鼎　144-29
木桩步道　145-54
目标球　161-49
目标指示雷达　237-13
目的球　161-49
目镜　184-20
目镜窗　196-18
目录　140-46
目录卡　178-41
目录卡片柜　178-40
目录厅　178-39
仫佬族　210-16
牧草　104-8
牧场　104-1
牧地　104-1
牧放　104-4
牧夫座　245-6
牧犬　104-11
牧人　104-4
牧师　204-22
牧羊狗　279-9
苜蓿　300-15
墓　203-22
墓碑　86-3
墓室　86-6
幕　174-26
幕布　174-26
穆罕默德　204-7
穆斯林　204-8

N

NA

拿　171-43
那达慕　212-51
纳西族　209-23
纳鞋底儿　7-65
捺儿　185-35

NAI

奶茶　212-12

NAN

奶茶壶　208-25/212-11
奶茶桶　212-10
奶粉　30-60
奶缸　212-43
奶高　12-23
奶钩　213-28
奶锅　59-25
奶奶　221-11
奶牛　104-41/279-14
奶牛场　104-37
奶瓶　62-11
奶脯　30-10
奶糖　26-1
奶桶　104-43/212-42/213-27
奶头　266-17
奶液　15-30
奶油　212-16/213-47
奶油巧克力　26-18
奶油色　308-7
奶嘴儿　62-12

NAN

男表　64-10
男布鞋　7-29
男厕　87-2
男的　220-1
男服务员　73-2/84-2
男孩儿　176-2/220-10
男孩子　176-2/220-10
男理发　79-1-23
男女老少　220
男生　174-35/178-33
男式雨伞　66-12
男同学　174-35
男同志　220-1
男性生殖器　273-34-45
男学生　174-35
男演员　137-9/195-35
男主角　194-5
男装　2
男子单人滑　157-29
男子健美　155-12
南　258-61
南半球　264-48
南豆腐　29-1
南风　149-16
南瓜　20-5
南胡　191-1
南回归线　264-44
南极　183-12/264-40
南极圈　264-43
南京椴　298-4
南拳　162-2

551

NAN

南天竹　296-2
南鱼座　246-28

NANG

馕　214-23

NAO

挠后脑勺　207-7
铙　191-29/191-30
铙钹　190-44
脑　274/274-23-31
脑波　169-51
脑垂体　270-15
脑袋　266-1
脑电图　169-49
脑电图纸　169-50
脑门儿　266-3
脑桥　274-25
脑神经　274-11-22
闹洞房　202-33-39
闹房　202-33-39
闹铃　64-20
闹条钥匙　64-23
闹新房　202-33-39
闹钟　43-12/47-9/64-19/125-59

NE

哪吒　206-28

NEI

内场　158-2
内齿轮　94-43
内错角　181-7
内耳　276-67
内分泌腺　270/270-14-23
内锅　70-18
内果皮　292-60
内海　264-55
内河客轮　129-3
内核　264-4
内江猪　279-23
内裤　3-2
内六角扳手　93-11
内切圆　181-49
内燃机车　124-21-39
内容提要　139-27/140-45
内胎　115-38
内项　180-43
内衣　3/3-6
内脏器官　271

NEN

嫩姜　18-13

NENG

能见度　258-50

NI

尼姑　205-35
尼龙撑竿　152-16
尼龙搭襻儿　11-25
尼龙丝袜　5-20-22
泥　36-11
泥板　92-24
泥刀　88-49/92-25
泥蚶　287-11
泥箕　100-5
泥浆泵　263-14
泥浆池　263-15
泥锹　91-4
泥鳅　286-13
泥人儿　148-12/187-47
泥石流　256-18
泥瓦匠工具　92-24-25
霓虹灯　84-14
拟饵钩　150-35

NIAN

年糕　27-9
年画　201-6
年节活动　200/201
年历　259-1
年历卡　259-37
年龄　219-15
年轮　293-19
年青人　220-5
年青小伙子　220-7
年轻人　220-5
年夜　201-1-9
年夜饭　201-3
年月日　259
粘虫　291-3
粘合剂　89-24
粘土　186-5
粘土脊瓦　89-38
粘土平瓦　89-34
粘土砖　89-26-28
鲇　286-17
鲇鱼　286-17
捻捻转儿　149-41
碾碓子　99-40
碾米　103-31
碾米机　101-29/216-28
碾盘　99-39

NIU

碾台　99-39
碾碓　99-40
碾子　99-38/103-32
念珠　205-37

NIAO

鸟类　282/283
鸟笼子　150-44-46
鸟笼子布　150-47
尿布　4-24/173-31/176-21
尿布围裤　4-25
尿道　273-20
尿道口　273-39
尿壶　169-41
尿盆　176-20
尿盆儿　56-30

NIE

捏　171-49
捏痕　6-3
捏手柄　110-23
镊子　169-25/170-26/182-17/184-6
颞肌　268-15
颞叶　274-24

NING

柠檬　22-10/297-11
柠檬黄　308-6
柠檬色　308-6
柠檬水儿　32-23

NIU

牛　279-13-16
牛蒡　18-7
牛车　117-20
牛粪箱　212-23
牛郎　206-16
牛郎星　245-37/246-26
牛奶壶　61-28
牛棚　104-38
牛皮船　213-48
牛皮纸　133-9
牛肉　30-39
牛肉干儿　30-31
牛屎菌　307-45
牛蛙　284-42
牛心柿　21-33
牛仔裤　2-33
扭夺　161-8
扭角羚　281-3
扭秧歌　201-26
纽扣式电池　68-47

552

NONG

农场 226-29
农船 129-28
农活儿 103-1-66
农机站 102-27
农家 40/40-1-29
农家活儿 103-1-66
农具 99/100
农历 139-16/259-32
农贸市场 77-2-8
农民 102-22
农民房子 102-69
农民锹 91-4
农田 102-1
农药 103-26/294-19
农业 102/103
农业机械 101
弄蝶 291-29

NU

弩 232-22
怒族 210-1

NÜ

女芭蕾舞演员 194-6
女表 64-13
女布鞋 7-27
女厕 87-3
女车 115-56
女大夫 173-11
女的 220-2
女儿 221-47
女服务员 73-26/84-4
女孩儿 176-3/220-11
女孩子 176-3/220-11
女监 226-23
女裤 1-30
女朋友 202-13
女生 174-36/178-34
女式手提包 65-4
女式雨伞 66-18
女同学 174-36
女同志 220-2
女童风雪帽 6-27
女娲 206-3
女王 149-5
女性生殖器 273-16-31
女婿 221-46
女学生 174-36
女演员 137-10/195-36
女医生 173-11
女俑 197-20

女主角 194-2
女装 1
女子单人滑 157-30
女子健美 155-13
女子举重 164-23
女子跳马 156-15
女子造型 144-34

NUAN

暖风机 70-52
暖锋 258-6
暖壶 33-8/42-19/44-21/45-28/46-20/48-22/61-23/62-15/125-14/168-24/170-28/172-4/179-26
暖帘 55-11
暖流 264-62
暖棚 102-17
暖瓶 33-8/42-19/44-21/45-28/46-20/48-22/61-23/62-15/125-14/172-4/179-26
暖气 168-30
暖气片 47-20/48-11/179-18
暖水瓶 33-8/42-19/44-21/45-28/46-20/48-22/61-23/62-15/84-31/125-14/172-4/179-26
暖水瓶胆 62-22

NUO

糯米 23-28

O

OU

偶数 180-8
藕 18-15/305-6
藕粉 32-35
沤肥 103-19

P

PA

爬杆 144-16
爬山虎 298-3
爬绳 155-9
爬藤 292-56
爬行类 284
爬泳 153-18
耙子 99-5-8/209-16
笆子 99-8
帕罗 214-22

PAI

拍板 142-5/191-38/195-38
拍立得 196-19
拍面 160-28
拍球 146-3
拍纸牌 146-22
拍子 189-22
排版车间 141-1-8
排版校正用印字机 141-49
排杈儿 23-12
排翅 28-23
排出阀 95-42
排骨刷 79-39
排铓 216-35
排气阀 95-10
排气支管 95-20
排球 159/159-23
排球场 159-1
排球队 159-9-15
排球网 159-3
排水管 57-29/98-23
排水口 49-8/57-23/95-54
排水钮 57-18
排戏 192-26-38
排箫 191-44
排烟口 71-3
排障器 124-25
排钟 190-50
排字车间 141-1-8
排字手托 141-4
牌坊 86-16/199-24
牌号 115-26
牌九 149-12
牌楼 199-26
牌子 35-7/122-9/168-5/168-21
迫击炮 235-17
排子车 117-5
派出所 222-7

PAN

攀登架 145-49
盘 198-20
盘根盒 263-30
盘古 206-1
盘儿磁带 137-55
盘式录音机 69-7
盘羊 280-15
盘子 60-39-41/73-6/171-7
蟠桃 21-5/206-15
判决 225-31
判决书 225-32

PANG

旁门　40-14/85-6/98-2
旁门儿　40-14/98-2
旁听　226-15
旁听人　225-23
膀胱　271-14/273-15
螃蟹　289-10
胖头鱼　286-7

PAO

抛靶机　167-19
抛靶器　167-19
抛物面天线　138-9
抛物线　181-14
狍皮长袍儿　213-5
狍子头帽　213-20
跑表　151-36
跑步　155-2/230-5
跑步器　155-22
跑车　107-7
跑道　131-8/151-3-4/157-27
跑旱船　201-24
跑裤　211-10
跑垒员　158-26
跑驴　201-23
跑鞋　151-43
跑猪靶　167-15
泡菜　31-52
泡菜坛　31-51/62-34
泡菜坛子　31-51
泡沫消防车　113-25
泡泡糖　26-16
泡泡袖　9-6
炮　105-17/166-7
炮兵　227-15
炮兵测距机　235-38
炮兵方向盘　235-36
炮床　235-14
炮弹　235-41-61
炮队镜　235-37
炮管　240-28
炮口　240-27
炮口制退器　235-1
炮瞄雷达　237-19
炮钎　91-5
炮身　235-2
炮手　105-18/240-22
炮闩　235-6
炮塔　240-30
炮尾　235-7
炮长　240-22

PEI

胚根　292-12
胚乳　292-13
胚芽　292-11
胚珠　292-28
佩　198-35
佩剑　164-2
配电间　98-9
配方员　171-5
配角　192-33
配角儿　192-33
配农药　103-25
配套铅心儿　177-16
配眼镜儿　75-20
配药员　168-57/171-5
配音　195-50-51
配音间　195-50
配音室　195-50
配音演员　195-51
配重　78-40

PEN

喷灯　93-35
喷粉　102-66
喷粉器　99-51
喷管　100-43/248-25
喷灌设备　100-39-47/107-20
喷壶　56-10/294-16
喷火机关枪　148-35
喷火器　234-46
喷火坦克　240-6
喷漆枪　92-33
喷气口　249-20
喷气式发动机　95-23
喷气式飞机　132-20
喷气式教练机　239-43
喷气式客机　130-1-59
喷汽按钮　57-48
喷泉　85-36
喷沙冒水　256-13
喷水池　83-7/85-35
喷水壶　150-18
喷水手枪　148-36
喷头　100-44
喷雾器　13-4/57-51/99-49/294
　-20
喷油泵　95-7
喷油嘴　95-3
喷嘴　99-50/100-46
盆　198-23
盆地　265-53
盆花　46-22/48-14
盆花儿　125-46
盆景　47-19/150-19-22
盆景儿　150-19-22/294-14
盆汤　80-2
盆托　150-22
盆浴　80-2-9
盆子　60-35-36

PENG

朋友　202-39
棚车　123-11-14
蓬蒿菊　301-25
篷车　123-11-14
篷船　129-30
篷杆　241-22
蟛蜞　289-11
碰铃　191-32
碰碰车　145-18
碰钟　191-32
碰珠锁　67-18

PI

批稿　141-39
披风　1-36/4-21
披肩　5-5/229-28
披肩带子　215-24
披肩发　16-12
披肩罩　79-13
劈板刀　91-57
劈刀　44-3
劈挂拳　162-7
皮背包　213-9
皮表带　64-14
皮层　293-21
皮尺　58-22/92-17
皮大衣　1-31
皮带　11/11-26/58-34
皮带划子　11-28
皮带环儿　11-30
皮带扣　217-23
皮带扣儿　65-10
皮带轮　94-51
皮带钎子　11-28
皮带输送机　96-37
皮带眼儿　11-27
皮带运输机　261-16
皮蛋　30-55
皮肤　277/277-1-3
皮肤针　171-38-39
皮货商店　76-10
皮夹儿　65-28
皮夹子　65-28
皮挎包　213-9

PI

皮凉鞋　7-39
皮帽　6-19
皮帽子　213-3
皮球　146-4/170-16
皮手套　213-12
皮手套儿　5-13
皮套　196-8
皮条　144-19
皮艇　167-45
皮下脂肪　273-49
皮下组织　277-3
皮箱　65-18/65-23
皮鞋　7-1
皮靴　213-11
皮影　187-49
皮影戏　192-52
皮脂腺　277-9
皮质层　273-5
枇杷　21-27/296-29
啤酒　34-16
啤酒杯　61-37
啤酒罐儿　62-33
啤酒酵母　306-19
啤酒沫儿　34-19
啤酒瓶　62-1
啤酒箱　72-14
啤酒运输车　114-19
琵琶　142-11/191-13
琵琶扣儿　11-9
脾脏　270-26
屁股　266-41
屁股眼儿　266-41
屁帘儿　4-18

PIAN

偏袖铰链　90-2
偏院　37-9
片夹　195-16
片盘　195-16
片儿　36-1-4
片儿汤　25-10

PIAO

漂雷　242-32
漂儿　150-29
飘带　229-27
瓢虫　290-55-56
瓢葟　307-25
票板　112-20
票房　121-32
票夹　112-20/122-17/125-20
票夹子　65-29/110-6
票箱　218-16

PIE

苤蓝　18-10/18-10
撇儿　185-34

PIN

拼版　141-7
拼版工人　141-8
拼大版　141-54
拼钉　90-58
拼合用钢钉　90-58
拼接裙　1-11
拼图玩具　148-25
拼音字母　185-6-8
频道选择按键　138-5
频率　138-34

PING

乒乓球　160-1-10/160-6/175-16
乒乓球台　160-1
乒乓球运动员　160-8
平板玻璃　89-18
平板车　114-7/117-10/123-17
平板三轮　117-10
平板推车　117-3
平刨　91-35
平刨机　92-34
平驳领　1-2/2-15
平车　115-2/123-17/168-64
平川　265-48
平川地　265-48
平刀　186-37
平底锅　59-16
平底煎锅　59-21
平底烧瓶　182-27
平地机　114-34
平垫圈　90-40
平碟　60-38
平顶房　38-24
平短袖　9-18
平方根　180-38
平镐　91-7
平跟儿鞋　7-25
平菇　20-28/307-33
平巷　261-21
平衡臂　96-11
平衡机　235-16
平衡控制旋钮　138-23
平衡木　145-47/156-14
平滑肌　268-25
平件　134-20-24
平脚女裤　3-11

PO

平流层　251-3
平面磨床　94-16
平耙　151-41
平盘　60-40
平皮带　94-52
平锹　91-2
平圈　79-57
平沙器　151-41
平视显示机　239-7
平台　263-39
平台式钢琴　190-31
平头　16-4
平头案　42-12/50-15
平瓦　89-34-35
平屋顶　38-25
平行四边形　181-27
平行线　181-4
平袖　9-17
平移式喷灌机　100-47
平原　264-57
平凿　91-49-50
平直形式　16-14
平装书　140-23
平足　277-36
评话　142-8/142-13
评书　142-8
评弹　142-13
苹果　21-14/291-17/296-31
苹果核儿　21-16
苹果酱　30-63
苹果绿　308-15
苹果汁儿　32-25
苹果子儿　21-15
屏风　55-17
屏幕　178-22
屏条儿　188-17
瓶　198-24-25
瓶胆　62-22
瓶底儿　62-4
瓶肚儿　62-3
瓶盖起子　60-51
瓶盖儿　62-6/62-16
瓶架　70-39
瓶壳儿　62-18
瓶塞儿　62-7-8
瓶塞子　62-7-8
瓶式插花　150-23
瓶刷　59-44
瓶　62-1-22
瓶子架　84-15
瓶子口儿　62-2
瓶嘴儿　62-2
萍逢草　305-7

555

PO

PO

朴刀　162-31
坡道　38-5/85-30
坡度标　122-57
坡跟鞋　7-26
泼水节　216-32
婆婆　221-9
笸箩　23-10/59-47
朴树　295-24
破冰船　129-22
破甲弹　235-52
破折号　185-49

PU

扑粉　15-25
扑克　149/149-1-11/149-11
扑克牌　149-1-210
扑子　186-52
铺道砖　89-30-31
铺盖卷儿　54-24
铺轨吊机　124-44
铺轨机　124-44
铺路砖　89-30-31
匍匐前进　230-6
菩萨　205-17-21
葡萄　21-35/208-26/214-20/298-2
葡萄干儿　26-25
葡萄酒　34-7-8
葡萄酒酵母　306-20
葡萄汁儿　32-26
葡萄紫色　308-21
蒲公英　301-35
蒲葵　66-11/299-9
普洱茶　33-13
普米族　209-27
普通舱　130-21
普通插床　94-24
普通车　115-2
普通车床　94-1
普通话　185-1
普通加快票　126-18
普通铰链　90-1
普通客舱　130-21
普通门锁　67-7
普通型电熨斗　57-24
普通邮票　134-37/150-4
普通砖　89-26
普贤　205-19
谱架　189-5
铺位　125-31-33
瀑布　265-7

Q

QI

七　207-31
七点儿五米跳台　153-38
七巧板　148-26
七弦琴　191-50
七星瓢虫　290-55
七星针　171-39
七一　200-10
七月　259-8
妻子　221-2
栖木　150-45
漆包线　183-16
漆画　187-21
漆筷子　60-44
漆器　187-19/215-19
漆树　297-20
漆刷　92-30-32
齐步　230-3
齐步——走　230-3
祁红　33-17
其拉　214-18
其他体育运动　167
脐橙　22-5-6
脐带　173-21
骑兵　227-27
骑车带人　222-63
骑马　152-35
骑马钉　90-59
骑枪　234-19
骑手　167-2
骑竹马　146-13
棋盒儿　166-13
棋盒子　166-13
棋盘　149-34
棋手　166-1
棋子儿　149-35
旗杆　218-25
旗门杆　157-16
旗袍裙　1-17
旗袍儿　1-44
旗手　151-10/217-17
旗鱼　285-30
麒麟　206-38
麒麟菜　304-6
企鹅　282-12
启动器　68-28
起爆药　234-36
起床　260-5
起点　149-39

QI

起点站　126-5
起动蹬　116-21
起滑台　157-18
起居室(城市)　46/46-1-30
起跑　151-11-17
起跑器　151-12
起跑线　151-14
起跳　152-5/153-22/156-10
起跳板　152-4/156-16
起跳台　153-2/157-20
起重臂　96-7
起重车　88-23
起重船　96-15/127-23
起重机　88-1/96/96-1-28/97-11/108-9/114-14/263-40
起重机汽车　114-11
起子　32-4/60-51
起坐间　46-1-30
气泵　115-46
气床　154-13
气垫船　129-16
气垫艇　228-27
气垫巡逻船　243-46
气功　162-15/171-57
气管　271-2/272-5
气管软骨　272-15
气锅　59-30
气焊眼镜　93-55
气候带　264-37-39
气化器　95-18
气力运输装置　96-48
气门　115-41/290-23
气门皮管　115-45
气门心　115-44
气囊　132-36
气囊袋　238-29
气球　132-38/148-21/238/238-16
气体　61-46/182-37
气体打火机　61-44
气筒　115-9
气温　258-48
气象观测场　257-1
气象火箭　251-13/257-46
气象雷达　257-43
气象卫星　252-13-14/257-47
气象仪器　257
气压　258-2/258-58
气压变化　258-57
气压式暖水瓶　62-21
汽车　120-14
汽车比赛　167-7-9

QI

汽车道　118-2
汽车电话　135-13
汽车号码　111-3
汽车驾驶学校　118-50
汽车驾驶员培训中心　118-50
汽车结构　111
汽车拉力赛　167-9
汽车零件商店　76-2
汽车轮渡　129-10
汽车票　112-36
汽车起重机　96-5
汽车司机　83-21
汽车舞台　192-24
汽车运输车　114-23
汽车站　112-8/118-12/121-30
汽灯　68-52
汽笛　128-10
汽缸　95-12/124-12
汽缸套　95-5
汽化器　116-8
汽轮机　97-28
汽轮机间　97-18
汽水儿　32-5
汽艇　108-14/129-13/154-27
汽油　118-48/263-52
汽油表　111-59
汽油发动机　104-216
汽油机　95-17
汽油箱　241-23
汽油运输船　243-28
契玛　211-5
砌砖工人　88-46

QIA

袷袢　214-12
掐　171-50
卡口灯泡儿　68-24
卡口灯头　68-20
卡盘　94-3
卡子盘　79-46

QIAN

千层底儿　7-30/7-66
千层底儿布鞋　7-30
千分尺　183-1
千斤顶　96-34-36/111-41/223-10
千日红　299-23
千位　177-50
千张　29-2
扦插　294-11
钎子　91-5
牵牛花　301-7

牵引车　114-4/131-19
牵引汽车　114-4
牵钻　92-1
铅版　141-1-24
铅笔　78-50/177-1
铅笔刀　177-8-10
铅笔刀儿　177-8-10
铅笔杆儿　177-3
铅笔盒儿　174-38/177-11
铅笔帽儿　177-4
铅笔心儿　177-2
铅球　152-20
铅线　141-32-38
铅心　234-39
铅心儿　177-13
铅坠儿　106-24
铅字　141-12
铅字架　109-27
铅字排版　141-1-24
签订合同　109-58
签名　219-3
签条　140-17
签证　131-33/224-26
前帮　7-2
前臂屈肌群　268-11
前臂伸肌群　268-20
前叉　115-35
前翅　290-15
前灯　111-5/116-4
前锋　153-33
前进帽　6-14
前进型　124-1
前勒口　140-32
前列腺　273-45
前轮　111-21/115-12
前门　112-5
前门儿　112-5
前排右　159-9
前排中　159-10
前排左　159-11
前片儿　13-27
前起落架　130-13/239-23
前墙　38-14
前台　192-2
前蹄髈　30-5
前庭　276-69
前胸　290-17
前腰节　12-21
前院　37-6
前照灯　124-9
前轴　111-35/115-13
前肘子　30-5
前足　290-20

前座　111-18
钱包儿　65-26-29
钱柜　31-44
钱夹子　65-29
钳工锤　93-16
钳工工具　93-16-47
钳子　93-1-6, 38/122-8
潜水泵　95-59
潜水服　167-38
潜水姑娘　105-60
潜水镜　105-61
潜水面罩　167-39
潜水衣　105-62/167-38
潜水员　167-35
潜水运动　167-35-40
潜艇　242-20/243-33
潜艇部队　227-34
潜艇救护舰　243-36
潜望镜　240-44
浅耕犁　101-9
浅口式鞋　7-18
芡实　305-3
茜草　301-16
堑壕　231-20
嵌线袋儿　10-15

QIANG

羌族　209-10
枪　162-21/232-5
枪棒　161-47
枪驳领　1-3/2-25
枪刺　228-2
枪弹　234-32-37
枪管　234-3
枪机组件　234-7
枪决　226-31
枪口　234-1
枪炮　234/235
枪术　162-17
枪托　234-14
枪乌贼　289-29
蜣螂　290-58
强击机　239-29
墙　39-15/42-1/44-18
墙报　139-38
墙垛子　39-23
墙裙　41-31
墙手球　161-16
墙网球　160-33

QIAO

跷板式开关　68-32
跷跷板　145-46

QIAO

锹 294-8
锹甲 290-59
锹形甲 290-59
乔木 292-1
荞麦 17-14
桥 120-1-41/163-6
桥板 120-19
桥洞儿 120-24
桥墩 120-8
桥架 96-24/120-6
桥孔 120-24
桥栏干 120-4
桥梁 120
桥牌 149-11
桥石 106-49
桥式起重机 96-20
桥台 120-7
桥头堡 120-13
翘头案 50-15
巧克力 26-17
巧克力蛋糕 27-43
撬杠 91-6/103-2
撬棍 91-6/103-2
鞘藻 303-13

QIE

切菜板 45-14/59-55
切点 181-47
切割器 93-54
切口 140-39
切面 23-9/25-1
切肉刀 59-56
切线 181-46
切纸刀 174-17
茄子 19-26
切牙 275-27
切诊 171-19-22

QIN

亲戚 202-38
亲属 221
芹菜 19-23
琴 191-50
琴杆 191-4
琴笕 191-18
琴颈 190-3
琴马 190-8
琴书 142-16
琴筒 191-5
琴竹 191-18
禽肉 30
勤务塔 236-42
擒抱 161-12

QING

撳头 177-14

QING

青草 103-21
青茶 33-12
青梗菜 19-5
青果领儿 8-16
青椒 19-29
青稞 17-11
青蓝色 308-19
青萝卜 18-2
青霉 306-15
青霉素 172-29
青年服 2-11
青年节 200-8
青年人 220-5
青蒜 18-27
青铜器 197-17
青头菌 307-35
青蛙 284-39
青豌豆 20-17
青虾 289-3
青衣 193-4
青鱼 286-8
青竹蛇 284-21
青砖 89-26
青紫蓝兔 279-35
轻便车 115-54
轻便风向风速仪 257-10
轻便耘锄 101-21
轻机枪 234-42
轻型轰炸机 239-31
轻型坦克 240-4
氢弹 236-44
倾盆大雨 254-3
倾斜巷道 261-10
倾卸汽车 114-1-3
清晨 260-4
清洁车 131-27
清洁袋 130-46
清洁工人 87-7
清酒 34-24
清凉油 172-24
清明 200-20-26
清明节 200-20-26
清烟器 240-29
清真教 204-1-8
清真寺 204-1-2
蜻蜓 290-3
情报收集船 243-41
晴天 254-1
庆祝游行 200-14
磬 191-45

QIU

丘陵 264-63
秋海棠 300-25
秋季星座 246-1
秋葵 19-30
秋老虎 259-42
秋千 145-40
秋天 259-43
秋洋梨 21-25
秋英 301-26
蚯蚓 291/291-51
囚车 113-31/222-50/225-2
囚犯 226-13
囚衣 226-24
球 181-58
球板 161-27
球棒 158-30/161-27/161-41-43
球棒袋 161-45
球操 156-31
球道 161-30/161-55
球洞 161-36
球棍 161-19
球茎 292-54
球茎甘蓝 18-10
球菌 306-7
球篮 160-45
球类运动 160/161
球门 153-30/157-50/160-55/161-3
球门线 161-6
球门柱 161-4
球拍 160-5/160-14/160-26/160-35/160-37/179-28
球拍柄 160-29
球拍框子 160-27
球体 181-58
球僮 161-44
球网 160-2/160-17
球网袋 161-50
球鞋 7-47/158-36
球心 181-59
球形锁 67-15
球员席 158-11
球柱 161-57
球状星团 244-7
球嘴 238-22
球座 161-40

QU

曲别针 110-7
曲柄 115-17/263-28

QU

曲管地温表　257-18
曲棍球　161-18-22/161-18
曲棍球运动员　161-20
曲颈甑　182-39
曲霉　306-14
曲奇饼　27-49
曲桥　85-55
曲线　141-36/181-13-14
曲线标　122-54
曲轴　95-15
曲轴箱　95-16
驱逐舰　237-25/243-19
蛆　291-34
蛐蛐儿　290-27
蛐蛐儿罐儿　150-55
渠道　100-48/102-64
蜷螺　290-32
曲艺　142
取景窗　196-14
取景镜头　196-11
取景器遮光罩　196-10
取款单儿　81-23
取款凭条　81-23
取卵　106-45
取暖电炉　70-50
取暖炉　71-1
取药窗口　168-55
龋齿　275-32
去光水儿　15-19
去湿机　69-45
去污粉　45-3/72-18

QUAN

圈　162-46
圈闭　263-20-25
圈操　156-29
圈椅　51-7
权　198-53-54
全国代表大会　217-7
全国通用粮票　23-23
全家福　43-3
全垒打　158-6
全票　126-17
全身像　78-20
全托　176-17
全自动洗衣机　57-31
拳击　163/163-8-23
拳击手套　163-21
拳击台　163-8
拳击运动员　163-29
拳术　162-1-14
颧弓　267-30
颧骨　267-29

犬牙　275-28

QUE

缺刻　141-18
缺口　234-47
雀斑　278-32
雀替　199-43
雀鹰　282-52

QUN

裙　198-43
裙长　12-6
裙带菜　304-15
裙裤　1-23
裙片儿　13-33
裙子　1-10-20
群岛　264-60
群青色　308-20

R

RAN

髯口　193-16-18
燃料　71/242-14
燃料棒　97-41
燃料加注车　131-25
燃料库　236-31
燃料喷嘴　95-26
燃料箱　236-39/248-13
燃料芯块　97-42
燃料贮箱　250-8
燃气热水器　49-2
燃烧匙　182-9
燃烧弹　235-54
燃烧器　71-30/238-21
燃烧室　95-11/242-15
燃烧手榴弹　233-18
燃烧筒　71-39
燃油舱　105-30
燃油箱　124-33/239-11

RAO

桡动脉　269-5
桡骨　267-8
桡神经　274-3
扰流板　130-5
绕刨　91-43
绕线轮儿　150-27
绕线器　58-52

RE

热巴　213-52

热层　251-11
热带　264-39
热带鱼　286-23-25
热带鱼缸　150-41
热得快　70-24
热风刷　79-41
热敷　170-27
热狗　25-24
热核燃料　236-48
热连轧机　262-20
热气球　167-30/238-20/251-5
热水袋　54-30/169-42
热水龙头　72-20/80-4/84-58
热水瓶　62-15/172-4
热瓦甫　214-44
热轧带钢　262-21

REN

人　220-1-2
人丹　172-21
人工瓣膜　169-60
人工报警系统　223-31
人工岛　85-32
人工孵化　106-47
人工呼吸　154-5/170-63
人工降雨　254-4
人工交换机　135-30
人工绞车　103-11
人工流产　173-10
人工授粉　103-40
人工授精　106-46
人工心肺机　169-61
人孔　118-8
人力车　117/117-1-14
人马座　245-35
人民币　82-1-45/185-60
人民大会堂　218-4
人民代表　218-9
人民代表大会　218-5
人民警察　222-9
人民铁路标志　124-23
人民型　124-17
人参　171-15/301-1
人参酒　34-13
人体　266/266-1-49
人体秤　63-27
人体模型　13-2/74-11
人物画　186-29
人像照　78-18
人行道　118-6/120-3
人行地道　118-11
人行横道　118-40/119-42
人造地球卫星　251-17/252

REN

人造花　187-22
人造黄油　30-61
人造雨　254-4
人中沟　266-11
人字齿轮　94-41
人字缝　267-33
人字式拖鞋　7-44
忍冬　299-4
韧带　287-20
韧皮部　293-22

RI

日斑　244-27
日报　139-7-8
日本关公蟹　289-15
日本关羽蟹　289-15
日本花柏　295-14
日本柳杉　295-11
日本蚵　289-14
日本樱花　296-24
日出　260-3
日戳　110-4
日珥　244-29
日光灯　68-5
日光台灯　68-9
日环食　247-3
日记本儿　177-60
日历　43-1/259-27
日历表　64-10
日落　260-21
日冕　244-28
日冕仪　253-12
日偏食　247-1
日全食　247-2
日食　247/247-1-10
日托　176-13
日用杂品商店　75-10
日元　81-33
日晕　255-3/258-42
日杂店　75-10
日照仪　257-41
日子　259-30/259-34

RONG

绒裤　3-20
绒帽　229-20
绒球　6-30
绒球鱼　286-30
绒线帽　6-24
绒衣　3-19
容貌　278
容器　62
溶洞　264-30

溶岩流　264-19
榕树　295-29
蝾螈　284-48

ROU

柔道　163/163-24-26
柔道服　163-25
柔软体操　153-14/155-19
柔术　144-24
揉　171-47
肉包子　24-3
肉鼻子　278-19
肉饼　24-48
肉刀　60-59
肉桂　296-10
肉末儿　30-17
肉食恐龙　197-5
肉松　30-32
肉馅儿　24-4/30-17

RU

儒艮　288-16
儒教　205-45-46
褥　198-42
乳钵　168-59/182-48
乳房　173-28/266-16/273-46
乳高　12-23
乳距　12-22
乳牛　279-14
乳头　266-17/273-47
乳腺　273-50
乳牙　275-31
乳晕　273-48
乳罩　3-3
乳制品　30-58-61
入场券　192-21
入党宣誓　217-3
入队仪式　217-13
入境登记卡　224-27
入境手续　131-30
入口　195-4
入水管　287-18
入学　179-38-41
入学考试　179-33-36

RUAN

阮　191-11
阮弦　191-11
软币　82-1-30
软尺　13-21
软磁盘　110-39/141-43
软腭　275-10/276-49
软膏　172-10

软骨　276-62
软管　70-56/223-12
软木雕　187-12
软木塞　172-14
软木塞儿　62-8
软盘　110-39/141-43
软片　78-50-52
软糖　26-13
软梯　130-57
软卧　125-18-29
软卧车　123-4/125-18-29
软卧票　126-20
软椅　51-16
软座　126-13
软座车　123-2

RUI

锐角三角形　181-15

RUN

润滑油　263-57
润丝　79-3

S

SA

撒拉族　208-20
撒网　106-9
洒水车　113-36
洒水壶　99-48
撒化肥　103-23
萨克管　190-21
萨克斯管　189-15/190-21
萨其马　27-39

SAI

腮　286-45
腮帮子　266-5
腮托　190-11
腮腺　272-24
鳃盖　286-37
赛场　156-1
赛车　167-7
赛车场自行车比赛　167-5
赛车运动员　167-8
赛龙船　200-27/216-42
赛骆驼玩具　148-24
赛马　167-3/212-53
赛跑　151-24
赛钟　166-2

SAN

SAN

三　207-31
三八妇女节　200-4
三八红旗手　200-5
三八式步枪　234-15
三叉戟　132-11
三叉神经　274-16
三岔路口儿　118-18
三挡　111-54
三点式游泳衣　154-12
三更半夜　260-28
三号桅　105-23
三合板　89-49
三合房　38-31/40-1-29
三合院儿　38-31
三化螟　291-5
三级解放勋章　229-11
三级跳远　152-1
三尖袖　9-14
三角板　174-16/177-41
三角尺　92-19/177-41
三角锉　93-23
三角刀　186-39
三角钢琴　190-31
三角肌　268-18
三角架　115-36
三角巾　169-16
三角径皮　7-10
三角锯锉　91-28
三角裤　3-5
三角裤衩儿　3-5
三角领口翻领儿　8-18
三角领儿　8-4
三角皮带　94-53
三角烧瓶　182-29
三角铁　190-46
三角窝　276-56
三角形　181-15-26
三角洲　265-35
三脚架　78-16/104-17/182-10/196-21
三节棍　162-26
三节头式皮鞋　7-16
三开门大衣柜　52-8
三垒　158-5
三垒手　158-20
三棱镜　183-26
三棱针　171-35
三轮车　115-60/117-10-12/117-12
三轮卡车　113-20/116-26
三轮摩托车　113-20/116-26
三轮送货车　117-11
三轮拖车　117-11

三门大衣柜　52-8
三米跳板　153-41
三面倾自卸车　114-3
三明治　25-23
三觭　193-16
三色堇　300-24
三色柱　79-20
三屉桌　50-9
三弦　142-10/191-14
三用帽　6-25
三元牌　149-19-21
三月　259-4
三坐标雷达　237-15
伞　66/66-12-22
伞把儿　66-15
伞包　238-9
伞兵　227-18
伞齿轮　94-42
伞骨　66-14
伞面儿　66-13
伞绳　238-5
伞套儿　66-20
伞蜥　284-33
伞形顶架　212-34
伞衣　238-4
伞杖架　66-23
散床　80-25
散光　276-36
散剂　172-2
散盆　80-24
散装货轮　129-5
散热器　111-33/250-7
散水　38-16/41-13
散步　176-25
散逸层　251-15

SANG

丧事　203-1-22
桑　295-30
桑巴舞　194-7
桑树　295-30
桑园　102-4
嗓子眼儿　275-12

SAO

扫除口　49-18
扫地车　113-34
扫雷舰　243-29
扫雷坦克　240-8
扫雷艇　243-30
扫雷直升机　239-53
扫墓　200-20-25
扫墓活动　217-31

SHA

嫂子　221-25
扫帚　56-1
扫帚菜　299-19
扫帚眉　278-4
扫帚星　244-30
扫帚云　255-14

SE

色盲检查图　276-33
色素体　303-12
瑟　191-51

SEN

森林　265-3
森林铁路　107-13

SENG

僧　205-35
僧帽水母　289-35
僧人　205-35

SHA

杀车伞　238-12
杀虫剂　56-19
杀虫药　56-19
杀鼠药　56-24
沙蚕　291-52
沙船　129-38
沙袋　163-16/238-18
沙丁鱼　285-23
沙发　46-7/48-29/51-17/83-37/84-40/109-19
沙发床　53-15
沙锅　59-9
沙果儿　21-17
沙和尚　206-32
沙巾　5-4
沙坑　145-42/152-10/161-32
沙马瓦尔　214-16
沙莫瓦　214-16
沙漠　264-51/265-1
沙丘　265-37
沙球　190-54
沙瓢儿　21-41
沙僧　206-32
沙石　88-35
沙滩　154-1
沙箱　124-7/223-28/238-24
沙燕儿　147-35
沙鱼　285-34-38
沙子　88-33
纱布　170-25/257-23
纱帽　211-12

SHA

纱罩　44-32/68-53
刹车踏板　111-48
砂布　93-28
砂浆　89-56
砂轮　93-30/94-18
砂轮架　94-17
砂箱　223-28
砂型　262-45
砂岩　263-23
砂纸　93-27
鲨　285-34-38
傻瓜机　196-13
傻瓜相机　196-13

SHAI

筛子　59-46/88-42/100-1
色子　147-11/149-32
晒版机　141-56
晒草耙　99-6
晒场　102-40
晒烟叶　103-45
晒衣夹子　57-41
晒衣架　57-35
晒衣绳儿　57-34
晒鱼干　106-52

SHAN

山　265-8-15
山斑鸠　283-14
山崩　256-9
山茶　298-10
山顶　265-13
山顶餐厅　85-29
山东大鼓　191-31
山东快书　142-14
山洞　265-49
山岗子　265-28
山根儿　265-15
山沟　265-10
山洪　256-18
山火　256-20
山脊　165-14/265-11
山脚　265-15
山口　265-50
山里红　21-26
山梁　165-14
山梁儿　265-11
山林　165-33
山脉　248-1/264-56
山帽云　255-18
山门　205-5
山炮　235-35
山坡　265-12

山葡萄　298-1
山墙　39-13
山水盆景　150-19
山溪鲵　284-47
山魈　280-12
山杏酒　34-9
山羊　104-14/279-28
山羊胡子　16-31
山腰　265-14
山药　17-46
山莴菜　18-11
山楂　21-26/296-27
山楂酒　34-10
山楂露　32-30
山楂片儿　26-27
芟刀　104-26
珊瑚　187-7/289-31
珊瑚岛　265-25
珊瑚礁　265-24
珊瑚菌　307-16
珊瑚树　299-6
栅列藻　303-18
舢舨　129-40
闪电　254-11
闪光　236-49
闪光灯　196-15
闪光灯开关　196-16
闪锌矿　262-54
钐刀　99-15/209-2
钐镰　99-15/104-26/209-2
扇贝　287-9
扇柄　66-8
扇车　99-37
扇骨子　66-3
扇面儿　66-2
扇形　181-42
扇形案秤　63-20
扇叶　69-33
扇轴儿　66-4
扇肘儿　66-4
扇坠儿　66-5
扇子　66/66-1-11

SHANG

伤员　168-68/227-33
商　180-33
商场　84-10
商店　74/75/76/77/121-26
商品　74-24
商品检验　224-3
商品目录　109-57
商品说明书　109-57
商业广告　137-25

晌午　260-13
赏菊　200-35
赏月　200-31
上鼻道　276-41
上鼻甲　276-44
上舱　130-19
上层　113-5
上底　181-32
上房　37-17
上颌骨　267-27
上护木　234-4
上架　235-10
上浆　57-42
上课　260-9
上联　201-10/203-12
上联儿　188-4
上轮　58-33
上马石　37-23
上模　262-40
上脑儿　30-3
上铺　125-31
上腔静脉　269-15/271-20
上身　266-35
上升级发动机　248-15
上午　260-10
上下铺　53-17
上弦　247-16
上行车　126-4
上行数据站　252-9
上学　260-8
上旬　259-22
上叶　271-15
上衣　231-5
上游　265-43
上元节　201-38-42
上肢淋巴管　270-11
上珠　177-51
上嘴唇　275-1

SHAO

烧杯　182-22
烧饼　23-48/24-34/59-31
烧火钎　88-41
烧结矿　262-4
烧卖　24-28
烧卖皮儿　24-30
烧卖馅儿　24-29
烧瓶　182-26-29
梢子棍　162-24-25
稍息　230-2
勺　198-10
勺儿　59-35-40
芍药　300-3

SHAO

少数民族　208/209/210
少管所　226-26
少教所　226-26
少林拳　162-10
少年　220-13
少年犯　226-27
少年犯管教所　226-26
少年宫　175-1-10
少年先锋队　217-13-33
少女　220-14
少先队　217/217-13-33
少先队员　175-8
绍兴酒　34-6
哨子　151-38/191-22

SHE

猞猁　281-7
畲族　210-21
舌背　275-4
舌腭弓　275-7
舌根　275-5
舌尖　275-3
舌式鞋　7-15
舌鳎　285-8
舌头　272-22/275-3-5
舌下神经　274-22
舌下腺　272-23
舌咽神经　274-19
舌诊　171-25
蛇　284-11-23
蛇夫座　245-29
蛇腹形铁丝网　231-24
蛇瓜　20-9
蛇獴　281-13
蛇拳　162-13
蛇形路　118-52
设想图　197-7
社会栏　139-32
社论　139-28
社戏　201-36
舍利塔　199-6
射电天文观察天线　250-10
射电望远镜　253-7
射击　152-37/230-26
射击比赛　167-12-19
射箭　167-20-25/212-55
射箭场　167-20
射精管　273-44
射门　160-60
射水枪　223-18
摄像师　137-12
摄影　196
摄影机　78-9

摄影记者　139-3
摄影棚　195-25
摄影升降机　195-31
摄影师　78-8/195-29
摄影室　78-4
摄远镜头　196-25
麝　280-20
麝牛　281-2
麝香百合　302-21

SHEN

申　259-53
伸缩臂　250-11
伸缩喇叭　190-27
伸展操　155-11
身高尺　174-33
身高体重测定　170-35
身体　266-1-49
深菜盘　60-15
深耕犁　101-8
深海平原　264-12
深海潜艇　129-23
深呼吸　155-20
深蓝色　308-17
深水炸弹　242-33
深棕色　308-11
神甫　204-18
神话　206
神经　274-1-22
神经系统　274
神农　206-4
神仙鱼　286-24
审判　225-11-24
审判员　225-14
审判长　225-13
审讯　222-40
婶子　221-15
肾锤体　273-9
肾动脉　273-2
肾静脉　273-3
肾乳头　273-8
肾上腺　270-19/273-10
肾盂　273-4
肾脏　273-1/286-48
肾盏　273-7
甚高频　138-12
渗井　38-8
渗坑　38-8
蜃景　254-22

SHENG

升　63-2
升官图　149-38

SHI

升号　189-21
升降舵　130-11/249-12
升降工作车　131-24
升降机口　243-9
升降口　128-6
升降器手轮　92-39
升降桥　120-39
升降台　94-21
升结肠　272-46
升学备考　175-17-19
升压变电所　97-20
生　193-1-3
生菜　19-16/19-17
生产计划　98-55
生产流水线　98-43-46
生产线　98-43-46
生发水　172-31
生活舱　243-16
生命维持系统　248-7
生日蛋糕　27-44/202-7
生铁　262-7
生物室的用具　184
生肖邮票　134-42
生殖器　273
声带　195-53/272-18
声调　185-8
声画编辑机　195-49
声门裂　272-19
声母　185-6
声纳　242-23
牲畜运输车　114-24
牲口棚　40-18
笙　191-23
绳镖　162-53
绳操　156-33
绳耳　99-23
绳技　144-10
绳索　165-22
绳藻　304-20
绳子　133-10/146-6
省略号　185-50
圣伯纳德狗　279-8
圣餐　204-15
圣经　204-9
圣母玛丽亚　204-12

SHI

尸体　222-38
尸体柜　168-62
失重环境　249-17
虱子　290-37-39
狮头鹅　282-46
狮子　148-9/281-26-28

563

SHI

狮子狗　279-5
狮子舞　201-20
狮子座　245-22/246-31
施肥　102-25
施工　119-14
湿球温度表　257-22
湿式消毒巾　172-20
十　207-31
十二月　259-13
十二支　259-45-56
十二指肠　272-40
十姐妹　296-16
十六个方位　258-59
十米跳台　153-37
十位　177-50
十一　200-14-19
十一月　259-12
十元券　82-14/82-21
十月　259-11
十字槽圆柱头螺钉　90-47
十字改锥　93-14
十字镐　91-7-8
十字架　204-11
十字交叉　119-1
十字路口儿　118-16
十字形螺丝刀　93-14
石　207-31
石斑鱼　285-3
石板　177-37
石板桥　120-21
石碑　186-48
石笔　177-38
石杵　99-45
石纯　304-22
石担　162-54
石刁柏　19-19
石雕　187-13
石舫　85-58
石佛　205-14
石膏　169-15/262-61
石膏像　186-9
石戈　232-2
石拱桥　85-27/120-22
石花菜　304-4
石灰　88-29
石灰房　88-27
石灰石　262-2
石灰岩　263-14
石灰岩溶洞　264-30
石鸡　282-60
石级　86-18
石阶　85-28/86-18/120-23/199-48

石臼　99-44
石窟　205-13
石蜡　263-58
石榴　21-34/298-20
石龙子　284-32
石棉　262-63
石棉水泥脊瓦　89-39
石棉铁丝网　182-11
石磨　40-10/99-41/103-34
石脑油　263-51
石碾子　99-38/103-32
石器　197-12
石桥　85-31/120-21-24
石蕊试纸　182-16
石狮　178-5
石狮子　85-47
石蒜　302-31
石笋　264-34
石锁　162-55
石塔　199-3
石头　207-28
石像　85-39
石英挂钟　64-32
石油　263/263-21
石油车　114-20
石油勘探船　129-21
石钟乳　264-31
石竹　299-25
石柱　264-32
石筑的房子　38-30
石子儿　88-34
时刻表　126/126-1
时针　64-4
时装模特儿　13-25
时装摊子　76-21
时装样本　13-22
实况转播　137-27
实心土炕　214-31
实心砖　89-26
实验室　178-13
拾粪　103-14
拾麦穗　102-49
拾音器　69-16
食管　272-36
食品店　75-1
食品供应车　131-26
食品柜　125-48
食器　198-1-9
食堂　72/179-1-13
食堂大门　72-24
食蚊鱼　286-19
食蟹獴　281-14
食心虫　291-16

SHOU

食蚁兽　280-25
食油　31-2-3
食指　277-17
鲥鱼　286-4
矢　162-39
使馆　222-20
始发站　126-5
屎壳郎　290-58
士　166-7
士兵套式肩章　227-43
示波器　183-9
示意图　77-14
世界地图　48-25
市场　74/75/76/77
市内　134-12-13
市内电话　135-16-24
市外　134-12-13
市政府　218-10
饰器　198-33-38
视力表　170-31/174-34/276-32
视力检查　170-30
视神经　274-12/276-31
视网膜　276-30
试管　168-46/182-15
试管夹　182-18
试管架　168-45/182-19
试管刷　182-20
试卷　179-36
试样子　13-23
试衣间　74-13-15
试衣镜　74-14
试衣室　74-13-15
柿子　21-29/298-24
柿子蒂　21-30
柿子核儿　21-31
柿子椒　19-29
室内　214-27
室内天线　138-10
室内消火栓　223-32
室内游泳池　153-1
室女座　245-27
室外天线　138-9
室外游泳池　153-1
释迦牟尼　205-15-16
释迦牟尼佛　205-15-16
释义　185-15

SHOU

收报人　136-8
收发室　98-3
收费厕所　87-16
收费处　118-44
收费处标志　119-50

SHOU

收费公路　118-43
收费停车场　118-24
收割机　101-23
收件人　133-45
收据　74-22/112-46/134-18/
　185-19
收款处　77-15/79-21
收款台　23-3/74-16-23
收款员　23-2/74-17/77-22/79-
　23/83-28
收录机　46-21/69-9/138/138-
　20
收录两用机　46-21/69-9/138-
　20
收条儿　74-22
收信人　133-45/134-6
收信人地址　134-5
收烟叶　211-28
收音机　43-11/47-8/69-1-4/
　137-56/138-20
手　266-22/277-13-25
手把肉　212-19
手背　277-21
手表　64-10-18
手柄　59-11
手锄　99-3
手电　68-38
手电筒　68-38
手动照排机　141-52
手动照相排字机　141-52
手风琴　190-38
手扶拖拉机　101-3/114-39
手鼓　213-55/214-41
手机　135-2
手巾　5-7
手巾袋　2-16
手锯　91-14/294-18
手卷　188-20
手绢儿　5-8
手铐　222-29/225-9
手控器　249-22
手拉葫芦　96-29
手榴弹　233/233-1-21
手帕　5-8
手盘　141-4
手喷头　49-1/79-11
手枪　222-18/234-21-30
手枪袋儿　10-12
手枪弹头　234-38-39
手枪射击　167-12
手枪速射靶　167-13
手枪套　234-31
手球　161-15

手势语　207
手术　170/170-42
手术刀　169-22
手术剪　169-23
手术衣　170-46
手套　157-9/158-39/161-17/
　164-11/170-47
手套儿　5/5-9-15
手提包　65-1-4/83-33
手提话筒　218-31
手提式搅拌机　70-25
手提箱　83-35
手推车　88-45/130-35/133-37/
　224-16
手推油印机　177-67
手腕　266-21
手腕子　266-21/277-13
手写体　141-27
手摇缝纫机　58-57
手摇牛奶分离器　213-45
手摇喷粉器　99-51
手摇三轮车　115-61
手摇砂轮架　93-29
手摇式缝纫机　212-32
手摇水泵　100-30
手摇水车　100-36
手摇钻　92-4/93-20
手用挖掘机　169-35
手语　185-18
手闸　111-45/116-15
手掌　277-14
手杖　66-24
手纸　49-11/87-18
手指甲　277-23
手指头　277-16-20
手制动操纵杆　111-45
手镯　14-7
守车　123-23
守宫　284-25
守门员　153-31/157-49/160-61
　/161-21
首日戳　134-34/150-8
首日封　134-33/150-7
首日纪念戳　134-34
首饰　14/14-1-13
首席小提琴手　189-6
寿材　203-20
寿眉　278-6
寿桃　202-11
寿桃包　27-4
寿衣　203-20
受电弓　124-42
受奖台　156-25

SHU

授粉器　103-42
授奖仪式　156-18
售报员　139-6
售菜窗口　72-1
售菜口儿　72-1
售饭窗口　72-7
售货车　122-21
售货员　74-7/77-11/122-20
售票处　85-4/121-32/145-2/
　195-3
售票窗口　121-33
售票口　85-5/121-33
售票挎包　112-19
售票台　112-17
售票厅　121-32
售票员　112-16/121-34
售油器　23-4
兽力车　117/117-1-14/117-15-
　21
兽医　104-29
绶带　188-14
瘦肉　30-20

SHU

书案　50-16
书包　174-5
书场　142-12
书橱　52-14/109-15
书挡　48-4
书店　75-12/122-4
书法小组　175-6
书房(城市)　48
书根字　140-19
书柜　52-14/109-15
书脊　140-26
书脊文字　140-30
书记　217-5
书记员　225-15
书价　140-56
书架　48-16/109-5/178-47/179
　-23
书库　178-46
书名　140-28/140-48
书名号　185-54
书签　140-31
书签儿　140-31
书摊儿　76-20
书套　140-20
书匣　140-22
书桌　48-1/84-36
书桌儿　48-1
叔父　221-14
叔母　221-15

565

SHU

叔叔　221-14
梳儿　49-28
梳妆台　47-14
梳子　49-28/79-32-35
疏散星团　244-8
输电　97-50-57
输精管　173-14/273-14
输卵管　173-13/273-30
输卵管伞　273-31
输尿管　273-11
输乳管　273-51
输入改样机　141-41-42
输水管　100-42
输送带　96-38
输送机　96/96-37-51
输血　170-56
输氧　170-58
输液　170-53
输液管　170-55
输液瓶　170-54
输油管　127-33/263-48
蔬菜　18/19/20
蔬菜店　75-7
蔬菜盒　70-36
熟菜　72-23
蜀葵　300-23
鼠标器　110-35
鼠笼式转子　95-38
鼠眼　278-15
数来宝　142-16
薯蓣　302-34
束带　65-22
束口袖　9-4
树　293-5
树菠萝　22-22
树杈　293-10
树杈儿　293-10
树丛　85-16
树袋熊　281-20
树墩子　293-16
树干　293-9
树根　293-13
树冠　293-12
树懒　280-24
树篱　86-11
树林　293-14
树林子　85-22/265-52/293-14
树苗　107-22/293-15
树木　295/296/297/298/299/300/301/302
树皮　293-17
树梢　293-11
树蛙　284-41

树叶　293-6
树枝儿　293-7
树桩盆景　150-20
竖大拇指　207-23
竖井　214-34/261-8-10
竖排　139-21
竖琴　190-16
竖儿　185-33
竖式钢琴　190-36
竖小指　207-24
数据收集平台　252-17
数据通信　136-23-32
数学　174-42/180/181
数轴　180-1
数珠　205-37
数字　185-20-21/207-31
数字棋　149-36
数字旗　128-32
数字手表　64-17
漱口杯　49-24/170-40

SHUA

刷帚　56-33
刷子　56-33/89-12/186-45
耍刀枪　146-16
耍猴儿　201-35
耍狮子　144-1
耍坛子　144-2

SHUAI

摔交　163/163-1-7/211-36/212-54
摔交服　163-2
摔交鞋　163-3
摔交运动员　163-1
甩发　193-19
帅　166-7

SHUAN

栓剂　172-5
涮羊肉　23-47-54

SHUANG

双孢蘑菇　307-32
双层床　53-17/179-19
双层公共汽车　113-3
双层客车　123-5
双带式拖鞋　7-43
双刀　162-32/162-33
双耳锅　59-12
双飞挝　232-14
双峰驼　279-26
双缸洗衣机　57-13

双杠　156-7
双光眼镜　276-38
双光眼镜儿　14-21
双柜办公桌　50-11
双号座位　195-22
双花式　16-24
双簧管　190-22
双髻鲨　285-36
双尖牙　275-29
双脚跳　152-8
双镜头反光照相机　196-9
双卡立体声收录机　69-9
双开门大衣柜　52-1
双门大衣柜　52-1
双面绣　187-2
双排扣西服　2-24
双坡屋顶　38-21
双曲线　181-13
双人床　47-1/53-7-9
双人滑　157-31
双人技巧　144-23
双人双桨赛艇　167-44
双日　259-26
双数　180-9
双梯　89-4
双体船　129-12
双桶洗衣机　57-13
双头扳手　93-8
双头螺柱　90-35
双喜字　147-39/202-29
双眼皮　276-7
双翼机　132-19
双鱼座　246-22
双月历　47-24
双正线　141-34
双子叶植物　292-6
双子座　245-20/246-11
霜　258-39

SHUI

水　182-38/263-22
水杯　60-9
水泵房　98-10
水表　49-19
水鳖　305-20
水兵帽子　229-26
水槽　100-34/104-27/182-34
水草　305
水产加工　106-52-54
水车　100-31-37/113-37
水池　57-3/72-21/87-12
水池子　57-3/72-21/87-12/168-49

SHUI

水带接口　223-7
水稻插秧机　101-16
水稻脱粒机　101-26
水稻　17-1
水电站　97-1
水貂　279-38
水肺　167-39-40
水浮莲　305-25
水缸　40-7/44-6/150-52/214-14
水缸盖儿　44-5
水沟　80-14/151-35
水管　97-27/168-51
水管子　49-5
水罐　62-28/211-1
水罐泵浦消防车　223-16
水罐车　113-37
水果　21/22
水果刀　125-11
水果篮儿　65-40
水果摊儿　76-19
水果摊子　76-19
水果糖　26-7
水壶　45-29/61-20/62-26/73-3/125-7/231-12
水葫芦　282-13/305-28
水饺儿　24-21
水晶　262-56
水晶糖　26-13
水井　38-17/40-4/100-22-30/216-26
水库　97-2
水雷　242/242-25-30
水力采煤　261-25
水蓼　305-1
水流星　144-4
水龙带　223-8/263-5
水龙头　45-5/49-6/57-1/80-3/84-57/87-11/121-43/168-50/263-9
水陆两用车　241-24
水陆两用坦克　240-5
水陆坦克　240-5
水轮机　97-9
水落管　41-14
水霉　306-13
水绵　303-14
水面舰艇部队　227-35
水面筋　29-16
水面式钻井船　263-35
水墨画　186-25
水母　289-32-35
水泥　88-31

水泥驳船　129-33
水泥槽　88-43
水泥船　102-54
水泥搅拌车　114-16
水泥炉渣空心砖　89-29
水泥平瓦　89-35
水泥砖　89-29-31
水牛　279-15
水泡鱼　286-29
水盆　150-24
水盆式插花　150-24
水瓢儿　44-7/59-41
水平安定面　132-27
水平尺　92-21
水平巷道　261-21
水平器　92-21
水平尾翼　130-10/239-14
水瓶　33-19/46-3/62-14
水枪　148-36/223-6/261-26
水橇板　154-28
水橇运动　154-26
水芹　19-24/305-11
水禽笼　85-26
水球　153-29-34/153-34
水球场　153-29
水球运动　153-29-34
水杉　295-12
水上飞机　132-22/239-40
水勺　59-40
水勺儿　294-3
水生动物　288/289
水塔　98-11
水獭　288-1
水塘　161-33
水田　102-57
水田耙　101-12
水田除草器　101-20
水桶　44-30/57-4/62-47/100-18/209-6/294-4
水网藻　303-17
水温表　111-63
水洗池　78-45
水仙　302-32
水线　150-30
水箱　49-13
水箱开关　49-14
水榭　85-61
水星　244-12
水袖　193-9
水烟袋　35-31/61-54
水翼艇　129-15
水银灯　118-9

SI

水印儿　82-8
水芋　305-26
水蚤　289-19
水闸　97-3/102-55
水族　210-10
睡袋　165-27
睡觉　260-27
睡裤　54-22
睡莲　305-8
睡袍儿　1-47
睡午觉　260-15
睡衣　2-57/47-4/54-22

SHUN

顺风裙　1-13

SHUO

说书场　142-12
朔月　247-14
硕士　179-48
硕士学位证书　179-47

SI

司法警察　225-22
司机　112-2/112-42
司机室　124-2
司令部　227-6
司令员　227-7
司线员　159-18
丝瓜　20-6/301-18
丝瓜络　45-7
丝兰　302-25
丝履　198-44
丝儿　36-7
丝藻　303-9
丝锥扳手　93-42
私用码头　38-36
斯克兰　161-8
撕条儿　35-6
死火山　264-18
死因　226-32
死者家属　203-5
巳　259-50
四　207-31
四不像　280-22
四川凉山彝族　215-1-21
四大金刚　205-22-25
四大天王　205-22-25
四挡　111-56
四方脸儿　278-27
四合房　37-1-34
四合院儿　37/37-1-34
四胡　191-8/212-57

四季　259-41-44
四季报春　301-4
四季葱　18-32
四季豆　17-29/20-12
四季海棠　300-26
四季星座　245/246
四角攒尖　199-33
四棱木材　89-45
四轮滑板　147-28
四轮驱动　113-16
四位领袖　82-3
四仙桌　50-1
四月　259-5
四肢　277
饲料粉碎机　101-35
饲料台　106-33
饲养器　150-48
笥　198-8

SONG

松糕　27-8
松果体　270-14
松花蛋　30-55
松鸡　282-59
松紧带　58-17
松紧带儿　58-17
松紧口式高腰鞋　7-21
松紧裤　4-17
松口蘑　20-27/307-26
松毛虫　291-12
松蘑　20-27
松身裙衣　4-5
松鼠　280-32
松树的球果　295-7
松土机　101-6
松蕈　20-27/307-26
松子儿　22-36
松子仁儿　22-37
宋体　141-26
送殡　203-20-22
送布牙　58-55
送东西　226-16
送水　102-62
送葬　203-20-22

SOU

搜查　225-3
搜查证　225-5
搜身　131-51

SU

苏铁　295-1
酥糖　26-8

酥油茶　213-39
酥油茶壶　213-31
酥油茶筒　213-40
俗字　185-22
素　29-3
素菜　205-8
素菜馆　205-8
素火腿　29-3
素鸡　29-10
素鸡片儿　29-11
素鸡腿儿　29-7
素头式鞋　7-14
速度滑冰　157-26-27
速度旋钮　69-15
速符　185-16
速滑　157-26-27
速滑冰鞋　157-37
速滑运动员　157-26
速记　185-16
速记符号　185-16
速降　157-4
速溶咖啡　32-41
速印机　109-34/110-26
宿舍　179-14-28
粟子缸　150-51
塑料薄膜　103-37/294-24
塑料大棚　294-22
塑料袋　77-24
塑料袋儿　65-34
塑料底布鞋　7-31
塑料管　88-38
塑料盒　172-22
塑料筷子　60-45
塑料筐儿　45-9/59-49
塑料帘子　84-62
塑料凉鞋　7-41
塑料帽　79-44
塑料盆　45-10
塑料棚　102-17/294-22
塑料手套　103-27
塑料桶　62-51/71-42
塑料玩具　148-6

SUAN

酸菜　31-50
酸橙　22-7/297-7
酸豆浆　32-9
酸梅晶　32-46
酸梅汤　32-31
酸模　299-17
酸奶　32-8
酸牛奶　32-8
蒜　18-25-28

蒜瓣儿　18-26/24-23
蒜白子　59-59
蒜苗　18-28
蒜薹　18-28
蒜头鼻　278-17
蒜头儿　18-25/24-22
算盘　74-18/81-12/177-47
算盘纥繨　11-7-8
算术本儿　174-48

SUI

随身行李　83-45
髓　293-26
髓质层　273-6
碎煤机　97-25
碎石锤　91-9
碎雨云　255-10
碎纸机　110-40
隧道　119-11/122-47

SUN

孙女　221-49
孙悟空　147-38/193-14/206-30
孙子　221-48
笋干儿　28-3

SUO

梭心　58-50
梭心套壳　58-49
梭鱼　285-28
梭子蟹　289-12/289-14
蓑虫　291-10
缩微胶卷　178-52
缩微胶卷阅读器　178-52
索道　123-25
索塔　120-30
索子　149-23
唢呐　191-24/211-40
锁　67/225-28/226-19
锁边儿机　13-3
锁骨　267-2
锁骨下动脉　269-3
锁孔　67-24
锁舌　67-9-10
锁体　67-8
锁头　67-20
锁芯　67-21
锁眼　67-24

T

TA

TA

趿拉板儿 7-45
塌鼻子 278-20
塌菜 19-7
塌方 256-14
塌陷 256-11
塔 199-1-7
塔吉克族 208-31
塔身 96-13
塔式起重机 96-10
塔塔尔族 209-4
塔台 131-5
塔袖 9-10
拓碑 186-48-52
拓片 186-49
踏板 58-37/122-15/124-36/190-34/241-17
踏板式摩托车 116-23
踏青 200-26

TAI

胎儿 173-18
胎膜 173-20
胎盘 173-19
胎线 150-31
台板 58-35
台布 125-44
台仓 192-4
台车 124-31
台秤 63-25-27/173-24
台灯 46-24/47-10/48-7/68-7/80-37/81-16/84-34/109-7/125-27/222-45
台风 258-5
台阶 37-24/39-25/41-24/83-5/121-21/122-23
台阶儿 37-24/39-25/41-24/83-5/85-46
台口檐幕 192-11
台历 48-3/259-38
台历芯儿 259-39
台面 63-26
台幕 192-12
台盘 161-46
台钳 93-17
台球 161-46-51
台球棒 161-47
台球台 161-46
台球桌 161-46
台扇 69-31
台上裁判员 163-10
台式电话机 135-1-12

台式电扇 69-31
台式胶印机 110-28
台式收音机 69-1
台湾相思 297-1
抬头纹 278-33
抬网 106-10
鲐鱼 285-19
太湖石 85-54
太极拳 155-4/162-14
太空飘浮 249-17
太空行走 249-17
太平鼓 201-29
太平间 168-61
太平门 192-17/195-19
太阳 244-11/247-4/250-17
太阳电池 97-44/249-28
太阳光 247-13
太阳黑子 244-27
太阳镜 14-22
太阳帽 6-16
太阳能发电站 97-43
太阳望远镜 249-27/253-8
太阳系 244-10
太阳穴 266-46

TAN

摊贩 73-11
摊儿 201-32
摊位 77-3
摊子 76-19-24/201-32
滩头阵地 228-24
滩羊 279-31
坛子 62-34-35/211-19
昙花 300-27
弹拨尔 214-43
弹玻璃球 146-24
弹词 142-9/142-13
弹花 103-65
弹花弓 103-66
弹簧秤 63-12/183-4
弹簧床 53-5
弹簧床垫 53-6
弹簧垫圈 90-41
弹簧吊球 163-18
弹簧夹头 94-36
弹簧铰链 90-3
弹簧门锁 67-17
弹簧羊毛剪 104-20
弹棉花 103-65
弹涂鱼 285-16
弹弦乐器 191-11-16
弹子儿 147-13
弹子插锁 67-19

TANG

弹子门锁 67-17
弹子执手插锁 67-22
痰盂 42-10/43-7/56-14/168-7
痰盂儿 42-10/43-7/56-14
檀香 298-25
檀香扇 66-6/187-30
坦克 230-28/236-20/240/240-1-13
坦克兵 227-14/240-25
坦克架桥车 240-7
坦克炮 240-27-31
坦克牵引车 240-12
坦克抢救车 240-12
坦克推土机 240-9
坦克型喷火器 240-6
坦克修理后送车 240-13
毯子 55/55-4-7
叹号 185-42
炭盆儿 71-53-54
探杆 233-30
探戈舞 194-7
探监室 226-12
探雷器 233-29

TANG

汤 23-40/25-5
汤壶 54-29
汤面 25-5
汤盆 60-35
汤婆子 54-29
汤勺 59-39/60-21
汤勺儿 60-4/60-61
汤碗 60-20
汤药 171-13
耥耙 99-10
唐菖蒲 302-37
唐三彩 187-6
唐三彩的装饰品 48-17
唐僧 206-29
堂弟 221-33
堂哥 221-32
堂鼓 191-33
堂姐 221-34
堂妹 221-35
堂屋 37-32/40-9/42
搪瓷杯 61-7/79-30
搪瓷锅 59-8
搪瓷盆 72-32
糖 26-1-18/31-13-17/214-21
糖包 24-6
糖炒栗子 26-29
糖耳朵 27-34
糖缸 62-38

569

TANG

糖罐儿　61-29
糖果　26/26-1-18
糖果盒儿　46-12
糖盒儿　62-56
糖葫芦　201-33
糖火烧　27-22
糖浆　172-11
糖精　31-18
糖萝卜　18-5
糖烧饼　27-21
糖酥火烧　27-25
糖蒜　23-47/31-49
糖油饼儿　27-33
糖纸　26-3
镗床　94-14
镗刀　94-30
螳螂　290-6
铙　162-47/232-12
躺椅　51-8
烫发　79-43
烫发衬纸　79-47
烫发杠　79-48
烫金字　140-25
烫马　13-6

TAO

绦带　188-6
逃逸火箭　248-21
桃　296-21
桃红色　308-2
桃核儿　21-3
桃花水母　289-34
桃皮儿　21-2
桃儿　21-1
桃仁儿　21-4
桃树　296-21
桃酥　27-29
桃叶珊瑚　298-22
陶墩子　42-24
陶管　88-36
陶器　187-5-6/197-13
陶器玩具　148-12
陶器鱼缸　150-40
陶土管　88-36
陶俑　197-19-20
淘粪口　87-4
淘箩　100-11
套管　263-17
套马杆　212-44
套马杆子　104-31
套圈儿　148-22
套筒　234-22
套袖　177-64

TE

特别加快票　126-19
特别旅客快车　126-11
特快　126-11
特种挂号信封　134-32
特种邮票　134-41-43/150-5

TENG

誊写钢板　177-61
藤本植物　292-3
藤壶　289-37
藤圈椅　51-13
藤网桥　120-32
藤椅　48-9/51-13

TI

梯田　265-40
梯形　181-31
梯形桁架桥　120-17
梯子　89-4/125-34/131-23/179-21
梯子车　131-22
踢毽子　144-17/146-1
踢球　160-58
提　185-36
提包　65-1-4
提环锅　59-13
提环儿　59-14
提篮儿　65-37-38
提梁儿　61-21/62-40/65-2
提铃至胸　164-26
提取　81-23
提升机　96-49
提手　62-48/65-2/71-15/138-21/59-14
提桶　62-44
提网　106-10
提线木偶戏　192-47
鹈鹕　282-16
题字　139-13/199-25
蹄筋儿　28-25
蹄形磁铁　183-13
蹄子　281-34
体操　155/156
体操垫子　174-13
体虱　290-39
体态语　207
体温表　169-9/170-12
体育报　139-11
体育馆　156-1-33
体育节日　137-28
体育俱乐部　145-27
体育课　174-11-13
体育用品商店　76-3
体重磅　174-32
屉布　44-16
剃刀　79-28

TIAN

天安门　218-24
天蚕蛾　291-22
天车　263-2
天秤座　245-28
天窗儿　212-38
天顶仪　253-10
天鹅座　245-11/246-3
天蛾　291-21
天杆　188-7
天河　245-34
天花板　89-2
天井　38-33
天井院　38-7
天九　149-12
天九牌　149-12
天坑　38-7
天蓝色　308-16
天狼星　246-38
天亮　260-1
天灵盖　267-1
天龙座　245-12/246-18
天猫座　245-21/246-12
天幕　137-14/192-5/195-26
天幕地排灯　192-7
天幕顶光灯　192-6
天牛　290-61
天排灯　192-8
天棚　42-5
天平　63-28/133-13/168-60
天平梁　182-54
天气　254
天气图　258
天气图符号　258-1-67
天气现象符号　258-31-43
天气预报　139-17
天桥　118-10/127-10
天琴座　245-9/246-20
天然气　263-20
天体　244
天体仪　253-20
天头　140-37/188-8
天兔座　246-36
天王星　244-21/250-19
天文馆　253-15
天文台　253/253-1
天文仪器　253

570

TIAN

天线　128-11/136-19/137-31/138-9-10/228-20/240-33
天象仪　253-16
天蝎座　245-33
天鹰座　245-36/246-25
天元　166-10
天竺葵　300-17
天主教　204-16-19
天主教堂　204-16
天主教徒　204-19
天主堂　204-16
田鳖　290-34
田地　265-39
田格本儿　174-47
田鸡　284-39
田间小道　102-68
田径赛场　151-1
田径运动　151/152
田螺　287-22
田赛　152-1-30
田赛场　151-2
田赛运动场　151-2
田鼠　280-38
甜菜　18-5
甜橙　22-5-6/297-8
甜瓜　21-43
甜酱　31-6
甜酱八宝瓜　31-47
甜酱甘露　31-48
甜酱黄瓜　31-46
甜面酱　24-43/31-6
甜葡萄酒　34-7-8

TIAO

挑土筐　100-9
条案　50-14/50-15
条扳手　115-51
条凳　44-31
条幅　188-1-2
条儿　36-8
条鳎　285-7
条毯　55-7
条纹　307-4
条纹东方鲀　285-40
条形磁铁　183-10
条形码　134-27
条子　149-23
调羹　60-4
调光台灯　68-8
调节器　231-32
调料　31-2-41
调墨铲　186-42
调墨台　186-40
调频　138-33
调色板　186-12
调色刀　186-21
调色剂　109-37
调速按键　69-34
调速器　124-28
调味品　31-2-41
调味品门市部　31-1
调味瓶　60-64
调温型电熨斗　57-45
调温旋钮　57-46/70-5/70-34
调谐器　69-18
调谐旋钮　138-34
调压螺丝　58-38
调音台　137-41
调音员　137-36/137-42
调整螺杆　63-17
笤帚　43-30/44-10/45-33/56-2
挑　185-36
挑线杆　58-39
挑针梳　79-35
跳板　129-43/153-41-42/156-16
跳板跳水　153-40
跳房子　146-32
跳高　152-12-14
跳马　146-36/156-8
跳皮筋儿　146-7
跳棋　147-9/149-33
跳圈儿　146-32
跳伞　238-1
跳伞塔　167-26
跳伞运动　167-26-29
跳绳　146-5/155-27
跳鼠　280-44
跳水　153-35-43
跳水池　153-43
跳水游泳池　153-43
跳水运动　153-35-43
跳锁　65-20
跳台　153-35/157-17
跳台跳雪　157-17-22
跳箱　174-12
跳远　152-11
跳跃　157-17-22/157-36
跳跃项目　152-1-18
跳蚤　290-40

TIE

贴鼻子　147-2
贴兜儿　2-11/10-1
贴梗海棠　296-25
贴梗木瓜　296-25

TING

铁扳钳　91-56
铁笔　177-63
铁饼　152-23
铁床　53-9
铁锤　91-10
铁铛　99-4
铁搭　99-4
铁道兵　227-24
铁凳　13-7
铁杆　161-42
铁格子　81-19
铁箍　62-42
铁观音　33-12
铁锅　59-1/212-21
铁画　187-24
铁蒺藜　232-28
铁夹　74-21/182-6
铁夹子　110-6
铁架台　182-5
铁脚　7-63
铁壳驳船　129-34
铁壳儿暖瓶　62-19
铁矿　262-3
铁犁　99-26
铁路车辆　123
铁路道口　119-13
铁路起重机　96-6
铁路桥　120-9
铁路专用线　97-23/108-13
铁门　83-13
铁耙　99-5-6
铁锹　91-1-4/103-5
铁圈　182-7
铁三角　90-6
铁勺　59-35
铁树　295-1
铁水　262-43
铁水桶　62-47
铁丝　57-37
铁丝网玻璃　89-19
铁索桥　120-34
铁锁　165-25
铁塔　97-30/199-2
铁桶　56-9/62-46
铁锨　91-1-4/99-17
铁线莲　300-1
铁栅栏　225-27/226-18
铁砧　93-31
铁砧云　255-14

TING

听力检查　170-32
听神经　274-18

TING

听筒　135-2
听筒软线　135-4
听用　149-30
听诊　171-23
听诊器　170-5
听众　137-50/189-17
亭子　85-33/199-17
庭园　85/85-45-64
庭园大门　85-45
庭园后门　85-64
停车场　77-16/85-9/98-6/118-24/121-15/131-13/145-3
停车场标志　119-48
停车计时器　118-25
停车检查　119-29
停车让行　119-30
停机坪　131-9
停显液　78-43
停止、取盒按键　138-30
挺举　164-25

TONG

通背拳　162-6
通臂拳　162-6
通道　112-14/125-37
通风窗　38-15
通风干湿球温度表　257-28
通风口　112-21
通风闸门　261-7
通话人　135-18
通脊　30-7
通气道　236-33
通气管　167-36
通气闸门　249-8
通条　71-26
通信兵　227-21
通信卫星　136-16/252-1
通信中心室　243-14
通讯社　139-1
通讯卫星　228-15
通讯线路　136-27-28
通针　177-15
同步电动机　95-34
同位角　181-2
同位素扫描　169-58
同屋　179-15
同学　174-35-36
同轴电缆　136-28/138-19
茼蒿菜　19-20
桐　299-2
桐树　299-2
铜板　142-15
铜钹　189-13/190-44

铜鼓　191-49
铜管乐器　190-27-30
铜锅　213-41
铜矿　262-50-51
铜铃　213-53
铜牌　156-24
铜盆领儿　8-15
铜器　197-17
铜水勺儿　212-22
铜网　182-12
铜质奖章　156-24
童车　117-13-14/176-15
童花式　16-18
童帽　6-27-31
童套装　4-1
童鞋　7-33
童装　4
瞳孔　276-5
瞳人儿　276-5
桶　62-39-51
桶底儿　62-43
桶盖儿　62-49
桶缸　62-36
桶口　62-41
筒车　100-31
筒圈　79-55
筒裙　216-3
筒身　234-48
筒瓦　89-37/199-37
筒箫　211-38
筒子　149-24

TOU

偷渡者　224-21
头　266-1
头班车　112-1
头版　139-18
头版头条　139-18
头戴式耳机　69-11/178-17
头灯　124-9/261-24
头等舱　130-17
头等客舱　130-17
头顶　266-44/282-22
头发　266-2
头盖骨　267-1
头盖骨模型　197-9
头巾　5-3/212-2
头静脉　269-11
头盔　157-6/158-35/231-28
头帕　215-2
头盆　79-12
头绳儿　14-13
头虱　290-38

TU

头饰　213-2/215-42
头条新闻　139-22
头衔　219-28
头旋　266-43
投币式电话　135-19
投币式电话机　135-19
投镖打靶　148-31
投递袋　133-43
投飞碟　146-9
投篮　160-51
投手　158-16
投手板　158-8
投手岗　158-7
投物伞　238-10
投信口　133-39
投影机　178-27
投掷圈　152-21
投掷项目　152-19-30
骰子　149-32
透镜　183-27-28
透明胶纸　110-10

TU

凸版印刷　141-57
凸镜　183-30
凸透镜　183-28
凸月　247-17
秃鼻乌鸦　283-31
秃鹫　282-53
突刺　230-12
突击营地　165-11
图表　180-57-59
图稿　141-9
图片　139-29
图片说明　139-30
图书馆　178-38-52
图象监视器　137-34
图像显示器　110-31
图-144　132-4
图-154　132-12
图章　81-14/110-2/186-53-57
涂改液　177-65
土拨鼠　280-42
土豆儿　17-45
土房子　38-26
土蜂　291-47
土黄色　308-9
土火箭　216-41
土家族　210-19
土筐　100-9
土楼　38-28
土木工具　91-1-9
土坯房　38-26

TU

土坯拱窑洞　38-11
土陶水壶　214-15
土豚　280-26
土星　244-19/250-18
土窑　38-1-3
土族　208-19
吐绶鸡　283-5
兔儿爷　200-32
兔子　279-33-37/279-33

TUAN

团拜　201-17
团徽　217-12
团旗　217-11
团扇　66-7-9
团体操　156-36
团体入口　85-2
团头鲂　286-3
团叶生菜　19-16
团藻　303-8

TUI

推　171-42
推板　58-45
推杆　161-43
推棍儿　24-41
推进器　242-19/243-17/250-6
推拉门滑轮　90-29
推拿疗法　171-42-55
推铅球　152-19
推土机　101-5/114-33
推子　79-24
腿　266-28
腿肚子　266-42
腿肉　30-47
退潮　247-22-23
退钩器　106-26

TUN

鲀　285-39-40
豚鼠　280-40
臀大肌　268-21
臀尖　30-11
臀鳍　286-42
臀围　12-13

TUO

托儿所　176/176-13-25
托辊　96-40
托偶戏　192-50
托盘　60-22/182-51
托盘天平　182-50
托枪　230-7
托叶　292-41
托运行李　131-43
拖把　56-11/125-38
拖布　125-38
拖车　122-33
拖船　108-4
拖吊车　114-13
拖钩　111-27/241-16
拖拉机　101-1-4/114-37-39
拖拉机站　102-27
拖轮　107-29/108-4/127-26
拖毛钓　105-58
拖网　105-39
拖网绞网机　105-31
拖网渔船　105-19
拖鞋　7-42-45/80-32/84-51/125-29
脱谷机　101-26-27
脱粒机　101-26-27
脱水定时器　57-19
脱水桶　57-25
脱水桶盖板　57-26
脱脂棉　170-22
脱脂奶粉　30-60
脱脂乳　213-46
陀螺　146-20/239-4
陀螺控制组件　242-12
陀螺罗盘　128-26
陀螺钻　92-2
驼背　13-5
沱茶　33-14
鸵鸟　282-10
鼍　284-9
椭圆星系　244-2
唾液腺　272-23-25

W

WA

挖兜儿　2-11/10-2
挖井　103-6
挖泥船　127-21-22
蛙泳　153-19
娃娃　220-15
娃娃鱼　284-46
瓦　89-34-41
瓦当　199-40
瓦钉　199-39
瓦房　38-20/39/211-33
瓦楞垫圈　90-53
瓦楞钉　90-61
瓦楞螺钉　90-52
瓦垄铁　89-52
佤族　209-21
瓦刀　88-49/92-25
袜子　5/5-16-23

WAI

外币　81-33-36
外币兑换　224-32
外币兑换处　77-20/83-52
外宾　77-13/83-32
外场　158-13
外窗台　41-7
外错角　181-8
外大气层　251-15
外耳式鞋　7-17
外耳　276-60
外耳道　276-61
外公　221-18
外锅　70-17
外国话　185-3
外国汽车　113-14
外国烟　35-12
外国语　185-3
外国专家　178-21
外果皮　292-58
外海　264-61
外核　264-3
外汇兑换券　82-46-53
外汇兑换证明　81-31
外汇券　82-46-53
外接圆　181-48
外科大夫　170-43
外墙裙　41-12
外商　109-56
外省市　133-39
外甥　221-12
外甥女　221-43
外孙　221-50
外孙女　221-51
外项　180-42
外逸层　251-15
外语　185-3
外院　37-5
外展神经　274-15
外贮箱　249-2
外祖父　221-18
外祖母　221-19

WAN

弯刨　91-42
弯道　151-4
弯盘　170-24
豌豆　17-30/20-15

573

WAN

豌豆黄儿 27-11
豌豆荚 20-16
丸药 172-1
玩具 148
玩具火车 148-1
玩具警车 148-4
玩具汽车 148-2
玩儿冰车 147-24
玩儿沙 146-40/154-16
玩儿升官图 147-10
玩儿声控汽车 146-11
玩儿水 154-23
玩儿四轮滑板 147-27
玩儿陀螺 146-19
玩儿竹蜻蜓 146-15
玩物 150-15
挽脚儿 2-23
挽联 203-11
晚报 139-9
晚饭 23-46/260-22
晚上 260-25
晚霞 260-2
晚香玉 302-33
碗 60-29-34
碗帮子 60-31
碗橱 45-26/52-15
碗袋儿 212-27
碗柜 45-26/72-13
碗柜儿 52-15
碗架子 212-26
碗口儿 60-30
碗足儿 60-32
万花筒 148-30
万里长城 199-21
万能铣床 94-20
万年青 302-23
万位 177-50
万用表 183-22
万用电表 183-22
万子 149-22
腕关节 267-42

WANG

王 166-21
王八 284-7
王后 149-5
王母娘娘 206-14
王牌 149-26-29
网板 105-40
网兜儿 65-36
网具舱 105-27
网篮儿 65-39
网脉 292-42

网目 105-44
网球 160-16-32/160-30
网球场 160-16
网球运动员 160-25
网绳 105-35
网索 105-35
网箱 106-39
网箱养鱼 106-38
网形铁丝网 231-23
网眼 105-44
网眼袋儿 65-35
网衣 105-43/106-42
网藻 303-17
网罩 69-32
网柱 160-3/160-18
往复泵 95-40
旺火 36-13
望天鱼 286-28
望远镜 231-26

WEI

威士忌 34-21
微波 136-27
微波炉 70-12
微雕 187-14
微分符号 180-55
微火 36-15
微机 110-30
微生物 306
微声手枪 234-30
微型计算机 110-30
微音器架 137-18
违禁品 224-24
围脖儿 5-1
围兜 215-34
围巾 5/5-1
围棋 166/166-8-15
围棋棋盘 166-8
围棋棋子 166-11-12
围棋棋子儿 166-11-12
围墙 83-14/85-7/98-31/104-3/178-6/226-4
围裙 125-54/179-4/213-34
围绳 163-14
围网 105-36
围网船 105-38
围腰 215-23
围嘴儿 4-20
桅 167-49
桅灯 105-13
桅杆 105-9/128-8
桅杆起重机 96-16
维夫饼干 27-51

维生素 172-28
维吾尔文 214-45
维吾尔族 208-23/214
维吾尔族花帽 214-9
维吾尔族老人 214-10
维吾尔族男子 214-7
维吾尔族女子 214-1
维吾尔族少女 214-5
维修厂 131-11
维修人员 131-11
艉龙门架 105-25
苇眉子 103-62
苇门帘儿 55-9
尾巴 281-35
尾灯 111-24/115-11/116-12
尾骨 267-24
尾桨 132-26
尾轮 132-33
尾喷管 95-29
尾鳍 286-43
尾上复羽 282-30
尾水渠 97-5
尾下复羽 282-31
尾翼 130-8-11/234-53/236-19
尾羽 282-32
尾座 94-6
纬线 264-41
卫矛 297-22
卫生兵 227-32
卫生间(城市) 49
卫生间 84-55/130-22
卫生筷子 60-46
卫生帽 179-3
卫生球 56-20
卫生球儿 56-20
卫生纸 84-65
卫星 237/244-18
卫星测控站 252-4
卫星广播 137-29
卫星控制设备 252-11
卫星厅 131-16
卫星通信 136-16-20
卫星通信车 237-8
卫星通信天线 237-24
未 259-52
未知数 180-46
味碟 60-3
味精 31-28
味美思 34-12
胃 169-46/270-24/271-8/272-26
胃底 272-31
胃窦 272-34

WEI

胃角　272-29
胃镜　169-43
胃体　272-32
喂奶　173-27
喂奶间　176-19
喂猪　103-53
蔚蓝色　308-17

WEN

温床　294-23
温带　264-38
温度表　257-11
温泉　264-28
温室　102-20/294-21
温针灸　171-31
文昌鱼　289-23
文丑　193-12
文旦　22-9
文稿　141-1
文蛤　287-6
文化用品商店　75-11
文火　36-15
文件　109-12/217-6
文件袋　110-18
文件柜　109-2
文具　177
文具店　75-11
文具盒儿　177-11
文科　178-11-12
文庙　205-45
文明棍儿　66-24
文殊　205-18
文武线　141-37
文艺组　175-4-5
文印间　109-32
文珠兰　302-28
文字　185
文字处理机　110-29
闻诊　171-23-24
蚊香　56-18
蚊帐　54-26
蚊帐钩儿　54-28
蚊帐架　54-27
蚊子　291-30-33
稳定浮筒　132-31
问号　185-41
问荆　302-39
问讯处　83-25/131-53
问讯员　83-26

WENG

瓮　198-17
蕹菜　19-15

WO

涡轮　95-28/234-54
涡轮风扇发动机　130-6
涡轮喷气发动机　95-23
涡轮轴发动机　132-28
倭瓜　20-1
倭瓜子儿　22-39
莴苣　19-16
莴苣笋　19-18
莴笋　19-18
窝头　25-17
窝窝头　25-17
蜗杆　94-45
蜗轮　94-46
蜗牛儿　291-54
我　221-1
卧蚕眉　278-3
卧车　123-3-4/125-18-38
卧佛　205-16
卧号小条　126-24
卧铺票　126-20
卧式镗床　94-14
卧室（农村）　43
卧室（城市）　47
握把　234-12
握力器　155-26
握拍　160-9-10
握手　207-15

WU

乌龟　284-4
乌桕　297-18
乌兰牧骑　212-52
乌龙茶　33-12
乌梅　32-31
乌梢蛇　284-14
乌鸦　283-30-31
乌鸦座　245-26
乌贼　289-28
乌孜别克族　209-1
钨丝　68-26
屋顶　39-1/41-1
屋顶形式　199-28-34
屋脊　39-3
屋门　42-2/46-16/47-28
屋面瓦　39-4
屋面装饰　199-35-41
屋檐　39-5/41-10
无齿蚌　287-16
无带乳罩　3-9
无舵雪橇　157-41
无缝钢管　262-35

WU

无缝管轧机　262-34
无隔藻　303-24
无轨　112-28
无轨电车　112-28
无花果　21-36/295-26
无患子　297-26
无名指　277-19
无炮塔坦克　240-11
无穷大　180-48
无声齿形链　94-50
无尾飞机　239-45
无限大　180-48
无线电传呼机　135-14
无线电广播　137-37-50
无线电呼叫器　135-14
无线电罗盘　239-5
无线电台　239-6
无线电探空气球　251-7
无线电探空仪　257-42
无袖　9-11
无袖长袍儿　213-32
无袖连衣裙　4-3
无烟煤　261-30
无檐帽　229-22
无影灯　170-48
无指手套儿　5-11
无坐力炮　235-18
芜菁　18-9
梧桐　298-8
蜈蚣　291/291-56
蜈蚣藻　304-11
鼯鼠　280-45
五　207-31
五斗橱　52-10
五斗柜　47-26/52-10
五分券　82-28
五分硬币　82-39
五号电池　68-45
五花　30-9
五加皮　34-15
五加皮酒　34-15
五角券　82-28
五角硬币　82-36/82-43
五金商店　75-23
五敛子　22-18
五粮液　34-4
五米跳台　153-39
五禽操　162-16
五禽气功　162-16
五十元券　82-13
五四青年节　200-8
五体投地　205-41
五屉柜　47-26/52-10

WU

五线谱　189-19
五香面儿　31-40
五星红旗　218-1
五一劳动节　200-7
五元券　82-15
五月　259-6
五指柑　22-11
午　259-51
午餐肉　30-28
午饭　23-39/260-14
庑殿　199-31
武昌鱼　286-3
武丑　193-12
武旦　193-7
武火　36-13
武警　222-21/226-3
武生　193-3
武术　162
武术器械　162-21-55
武仙座　245-8/246-19
武装带　222-17
武装警察　222-21
武装直升机　239-51
舞伴　194-9
舞蹈　176-8/194
舞蹈小组　175-4
舞毒蛾　291-13
舞会　194-7-10
舞剧　194-12
舞流星　144-4-5
舞狮子　144-1
舞台　189-8/192-1
舞厅　84-18/145-33/194-8
乌拉草　305-23
坞式登陆舰　243-39
物镜　184-25
物镜镜头　196-12
物理实验室　183
物理仪器　183-1-30
雾　254-15/258-40
雾凇　254-19

X

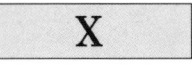

XI

西　258-62
西半球　264-49
西北　258-67
西餐摆台　60-52-64
西餐餐具　60-52-64
西风　149-17
西风　34-3
西凤酒　34-3
西服　1-1/2-13
西服领儿　8-12
西服裙　1-5
西服套装　1-1/2-13
西府海棠　21-18
西瓜　21-39
西瓜皮　21-40
西瓜子儿　21-42/22-38
西瓜瓤儿　21-41
西红柿　19-27
西红柿酱　31-25
西红柿汁儿　32-28
西葫芦　20-2
西南　258-66
西施　206-26
西双版纳傣文　216-44
西王母　206-14
西屋　40-5
西厢房　37-15
西药店　75-9
西游记　206-29-32
西乐器　190
西藏马熊　281-41
西藏牦牛　279-16
西装套服　1-1/2-13
吸尘器　70-53
吸顶灯　68-1
吸顶式空调机　69-40
吸粪车　87-19
吸管　87-21
吸管儿　32-11
吸墨纸　110-16
吸入阀　95-41
吸入器　169-39
吸水口　95-53
吸铁石　183-10-13
吸扬式挖泥船　127-22
吸嘴　70-54
蠕龟　284-3
希腊罗马式摔交　163-5
稀释剂　186-13
犀角　281-33
犀牛　281-32
锡伯族　208-30
锡石　262-53
锡纸　35-5
溪蟹　289-16
膝盖　266-31
膝盖骨　267-14
膝关节　267-44
蟋蟀　290-27
鼷鼠　280-34

习题集　175-17
席　55-8
席子　55-8
洗碟机　70-27
洗发剂　79-2
洗洁精　45-2
洗礼　204-14
洗脸池　49-20/84-66
洗脸盆　80-6
洗片机　195-45
洗气瓶　182-40
洗染店　76-15
洗头　79-8
洗头盆　79-12
洗碗池　45-8/179-13
洗胃器　169-10
洗衣棒　57-11
洗衣袋　84-27
洗衣店　76-15
洗衣定时器　57-16
洗衣粉　57-33
洗衣服　57/211-14
洗衣机　57-13-31/70-58
洗衣盆　57-6
洗衣桶　57-21
洗衣桶盖板　57-22
洗衣选择　57-17
洗浴巾　84-70
铣床　94-20
铣刀　94-31
喜酒　202-37
喜鹊　206-18/283-32
喜糖　202-28
喜筵　202-23
屣　198-46
戏法　143-14
戏剧　192
戏楼　199-15
戏院　192-1-22
戏装　192-43
系船浮筒　127-31
细胞壁　303-3/306-4
细胞核　303-5/306-3
细胞膜　306-5
细胞质　303-4/306-18
细菌　306-7-9
细菌细胞　306-1
细粮　23-26-28
细毛刷　79-31
细蛇蜥　284-27
细香葱　18-32
细准焦螺旋　184-23

XIA

虾　289-1-8
虾蛄　289-8
虾米　28-19
虾藻　305-14
狭刃凿　91-50
下巴　266-45
下巴颏儿　266-45
下摆　1-6
下鼻道　276-43
下鼻甲　276-46
下舱　130-19
下层　113-4
下厂监管　224-5
下沉式窑洞　38-4
下带轮　58-36
下档　12-5
下底　181-33
下陡坡　119-4
下颌骨　267-28
下护木　234-5
下滑信标台　131-3
下架　235-15
下口儿　12-16
下联　201-11/203-13
下联儿　188-5
下模　262-41
下铺　125-33
下腔静脉　269-22/271-28/273-12
下身　266-36
下水典礼　127-19
下水　30-18
下午　260-19
下弦　247-20
下行车　126-3
下旬　259-24
下叶　271-17
下游　265-45
下肢淋巴管　270-12
下珠　177-52
下嘴唇　275-2
夏草冬虫　28-11
夏季星座　245-2
夏历　259-32
夏令营　175-11-14/217-29
夏天　259-42

XIAN

仙鹤　283-6
仙后座　245-16/246-5
仙女座　245-32/246-6
仙人掌　300-28
仙人柱　213-19
仙人走兽　199-36
仙王座　245-15/246-4
籼米　23-27
鲜花　168-28/203-4
鲜蘑　20-24
鲜啤酒　34-18
弦　181-41/190-7/191-2/232-24
弦乐器　190-1-19/191-1-18
弦轴　190-2/191-3
弦子　142-10/191-14
咸饼干　27-50
咸鸭蛋　30-56
舷墙　128-2
舷梯　127-3/131-23
嫌疑犯　222-42
显示器　136-24
显微镜　168-47/184-19
显微镜用标本　184-30
显象管　138-3
显影池　78-41
显影液　78-42
铣铁　262-7
现场勘察　222-34
现代冬季两项　157-24
现代五项运动　152-35-39
现金　81-10
现金出纳机　77-23
现行人民币　82-21-30
现在天气　258-49
限压阀　59-27
限制高度　119-27
限制速度　119-28
限制线　159-6
线　58-3
线板儿　58-10
线棒材轧机　262-36
线材　262-37
线锤　92-23
线导鱼雷　242-4
线段　181-1
线光胃镜　169-43
线桄子　147-34
线球儿　58-15
线手套儿　5-14
线袜　5-18
线轴儿　58-12/106-27
线装书　140-15
线坠儿　92-23
馅儿　24-13
馅儿饼　24-49

霰　258-37

XIANG

乡政府　102-36
相手蟹　289-11
相思树　297-1
香　205-33
香槟酒　34-20
香波　79-2
香菜　19-22
香菜末儿　23-54
香肠儿　30-25
香橙　22-8
香椿　297-16
香葱　18-32
香榧　22-41/295-4
香粉　15-25
香菇　20-26/28-4/307-31
香瓜　21-43
香荷包　213-6
香蕉　22-16
香蕉梨　21-25
香客　205-34
香炉　205-32
香片　33-11
香蒲　305-13
香钱　205-28
香石竹　299-26
香水儿　15-26
香豌豆　300-14
香杏口蘑　307-36
香雪兰　302-36
香烟　35-1
香烟盒儿　61-39
香烟盒子　35-28
香油　24-39/31-22
香鱼　285-45
香皂　49-21
香资　205-28
香资箱　205-28
厢式零担运输车　114-10
箱框　65-19
箱门　70-31
箱式电扇　69-38
箱体　57-20
箱装货物　122-29
响板　190-43
响尾蛇　284-22
向日葵　301-30
向右急转弯　119-3
相　166-7/166-23
相册　78-27
相机　196-1-20

XIANG

相片儿　78-18-24/219-22/224-25
相片　78-18-24/219-22/224-25
相声　142-1
相声演员　142-2
项链儿　14-4/125-22
项坠儿　14-8
巷战　228-4
象　166-7
象龟　284-6
象海豹　288-10
象甲　290-62
象脚鼓　209-19/216-34
象棋　166/166-1-7
象棋比赛计时钟　166-2
象棋棋盘　166-3
象棋棋子　166-7
象棋棋子儿　166-7
象限仪　253-19
象形拳　162-12-13
象牙　281-31
象牙雕刻　187-10
象鱼　286-21
橡胶管　182-31
橡胶滚　186-41
橡胶球　154-19
橡胶树　295-27
橡胶树子儿　295-28
橡皮　177-7
橡皮船　154-17
橡皮膏　172-23
橡皮筋　110-9
橡皮筋儿　110-9/146-8
橡皮指套　177-70

XIAO

箫　191-20
削薄剪子　79-27
消防　223
消防车　113-24-26/223-15-20
消防船　127-27
消防队员　223-4
消防斧　223-29
消防火钩　223-30
消防龙头　223-24
消防桶　223-27
消防站　131-12/223-1
消防指挥车　223-21
消防中队　223-3
消化器　272/272-21-49
消化器官　272-21-49
消声器　95-8/116-11
消音器　124-29

小巴　112-27/113-11
小白菜　19-4
小班　176-1-12
小板凳　44-4
小板凳儿　51-23
小薄嘴　278-22
小宝宝　220-12
小背心儿　1-9
小便槽　87-15
小便斗　80-15
小布袋　148-27
小餐具　148-24
小茶盘　61-18
小铲　99-20
小肠　271-10/272-40-42
小潮　247-23
小炒　72-3
小吃　27
小吃店　75-2
小吃摊儿　76-23
小丑　143-21/193-12
小船　85-20/106-2/146-28/154-20
小船码头　85-43
小床　53-1-6
小袋　2-6
小袋盖儿　2-5
小袋子　130-45
小道具　192-29
小灯泡儿　68-40
小兜儿　213-10
小豆冰棍儿　32-15
小豆粥　27-17
小肚儿　30-30
小肚子　266-25
小短袖　9-12
小饭碗　60-17
小方桌　50-1
小飞鼠　280-46
小复羽　282-25
小钢凿　93-39
小公共汽车　112-27/113-11
小狗　143-9/148-15
小辊辘　65-21
小褂儿　2-53-54
小鬼　149-10
小孩儿　125-24/220-10-11
小孩儿票　126-16
小孩子　220-10-11
小号　189-10/190-28
小黑板　72-4
小红肠儿　30-26
小猴儿　148-16

小胡子　16-34
小黄帽　174-3
小黄鱼　285-5
小茴香　31-37
小火　36-15
小火车　145-56
小伙子　220-6
小鸡　282-2
小家鼠　280-34
小剪子　15-22
小件鱼具盒　106-29
小脚鞋　7-36
小镜子　79-51
小臼齿　275-29
小军鼓　190-41
小客车　113-12-15
小捞网　106-12
小老鼠　149-29
小笼包　24-8
小轮径自行车　115-55
小轮子　65-21
小锣儿　191-27
小麦　17-7
小猫　148-8/149-28
小米　23-29
小面包车　83-15
小木船　129-26
小脑　274-28
小农具　99-1-24
小朋友　176-2-3
小鹡鸰　282-13
小旗　161-35
小汽车　145-55
小锹　99-21
小青瓦　89-36
小球藻　303-10
小犬座　245-24/246-33
小舌　275-11
小舌头　275-11
小生　193-2
小狮子　281-27
小手枪　148-34
小树枝儿　293-8
小数　180-12
小数点　180-13
小水缸　62-37
小汤碗　60-2
小提琴　190-1
小跳板　144-11
小听骨　276-66
小推车　72-15
小腿　266-30
小弯　272-28

XIAO

小王　149-10
小围腰　216-11
小五金　90
小向导狗　279-10
小行星　244-16
小型飞机　132-19-23
小型卡车　113-19
小型扫路机　113-35
小型载重汽车　113-19
小熊猫　148-7/281-19
小熊座　245-13/246-16
小学　174-1-48
小学生　174-2
小眼子菜　305-15
小演员　195-37
小羊羔儿　208-9
小样　141-6
小衣柜　43-9/52-9-11
小椅子　57-8
小阴唇　273-18
小于号　180-51
小圆面包　25-19
小月　259-33
小照　78-24
小指　277-20
小猪　279-25
小篆　185-26
小字报　139-40
肖像　42-8
肖像画　186-30
校徽　179-39
校门　174-1/178-1
校长　174-27/179-45

XIE

楔齿蜥　284-34
楔形袖　9-16
歇山　199-30
蝎子　291-60
蝎子尾儿　39-2
协和式飞机　132-5
斜插兜儿　10-10
斜尺　92-19-20
斜齿轮　94-40
斜方肌　268-17
斜巷　261-10
斜活舌　67-9
斜口刀　186-36
斜口钳　93-38
斜拉桥　120-36
斜拉索　120-37
斜面　141-15
斜坡　83-4
斜舌　67-9
斜凿　91-51
鞋　7/7-1-50
鞋拔子　7-57
鞋帮儿　7-2-3
鞋带儿　7-6
鞋底儿　7-13
鞋店　76-11
鞋垫儿　7-56
鞋钉　90-62/151-44
鞋钉儿　7-64
鞋跟儿　7-11
鞋拐子　7-63
鞋帽店　76-11-12
鞋面　7-4
鞋舌　7-7
鞋刷子　84-50
鞋楦　7-58
鞋眼儿　7-5
鞋油　7-55
写信台　133-23
写字台　50-9-11/81-4
血脖儿　30-2
卸鱼舱盖　105-24
谢师卡　200-13
蟹　289-9-18
蟹橙　22-8
蟹篓　106-13
蟹钳领儿　8-13
蟹爪兰　300-29

XIN

心材　89-43/293-25
心电图　169-48
心电图机　169-47
心肌　268-27
心尖　271-29
心儿里美　18-4
心脏　269-14-22/271-5/286-46
心脏(前面)　271-19-29
辛夷　296-5
新版兑换券　82-53
新版人民币　82-1-20
新房　202-33
新会橙　22-5
新疆细毛羊　279-30
新教　204-21-23
新郎　202-24
新年　200-1-3
新年联欢会　200-2
新娘　202-25
新票　150-4-6
新生　174-28/179-38

新生儿　168-40/202-2
新生婴儿的衣服　173-32
新同学　179-38
新闻　139-19
新闻稿　137-6
新闻广播　137-4
新闻记者　139-2
新闻主持人　137-5
新月　247-14
新月藻　303-15
信　133-8/134-1-16
信袋儿　43-13
信封　134-1
信封儿　134-1
信号机　122-48-49
信笺　134-11
信件　84-24
信件分拣台　133-33
信天翁　282-14
信筒　133-38-40
信徒　205-34
信箱　41-22/83-49/109-45/133-3/133-44
信用卡　77-19/81-32
信纸　134-11

XING

星　166-9
星齿耙　101-12
星弓斑东方鲀　285-39
星号　185-57
星期　259-15-21
星期二　259-17
星期六　259-21
星期日　259-15
星期三　259-18
星期四　259-19
星期天　259-15
星期五　259-20
星期一　259-16
星鲨　285-37
星团　244-7-8
星系　244-1
星云　244-9
猩猩　280-8
刑场　226-30
刑警　222-41
刑事勘察车　222-53
行车道　119-55
行军　230-22
行李　83-16/121-38/179-40/224-17

XING

行李包裹托运处　121-48
行李车　83-15/123-9/131-36
行李过磅　122-11
行李过秤　122-11
行李寄存处　83-44/121-46
行李架　84-29/113-7/125-15/130-33
行李卷儿　54-24
行李牌　131-44
行李申报单　224-30
行李收取台　131-35
行李提取厅　131-34
行李箱　111-20
行李员　83-34/121-47
行人　120-25
行人用信号灯　118-39
行书　185-29
行星　244-12-24
行星轨道　244-24
行星探测　250
行星探测器　250-1
形成层　293-23
形意拳　162-3
型钢轧机　262-29
杏　296-18
杏脯　26-22
杏核儿　21-8
杏核儿眼　278-13
杏儿　21-7/296-19
杏仁儿　21-9
杏仁儿茶　32-34
杏仁儿豆腐　27-20
杏仁儿粉　32-33
杏仁儿霜　32-33
杏仁儿酥　27-30
杏树　296-18
性别　219-4
性腺　270-22-23
姓名　219-8
荇菜　305-12

XIONG

胸大肌　268-7
胸袋儿　2-30/10-9
胸骨　267-4
胸宽　12-9
胸膜腔　272-9
胸脯　266-15
胸脯儿　266-15
胸鳍　286-38
胸省　1-4
胸饰　215-43

胸锁乳突肌　268-5
胸围　12-10
胸腺　270-18
胸像　186-3
胸罩　3-3
胸针　14-5
胸椎　267-21
雄黄酒　200-29
雄蕊　292-23-24
雄狮　281-26
熊蜂　291-43
熊猫　143-2
熊猫馆　85-25
熊掌　28-26

XIU

休眠火山　264-18
休息床　80-8
休息厅　192-20
休止符　189-24
修版架　78-48
修车铺　115-34
修剪　79-52
修脚　80-35
修脚刀　80-36
修脚师　80-33
修路工　118-27
修路机　118-29
修女　204-20
修渠　103-4
修鞋师傅　7-62
修鞋摊儿　7-60
修枝剪　150-16/294-17
修指甲　80-34
袖长　12-11
袖口儿　2-19/12-19
袖扣儿　11-12
袖片儿　13-31
袖珍计算器　74-9/81-13/110-20
袖珍收音机　69-2
袖珍照相机　196-20
袖子　2-9/9
绣花架　58-24
绣花牌　215-33
绣花儿　58-25
绣花线　58-16
绣花鞋　7-28
绣花毡　212-30
绣花针　58-4
绣球　201-21/296-12
绣球菌　307-15

XUAN

嗅神经　274-11
嗅诊　171-24

XU

戌　259-55
须根　292-50
须弥座　199-46
须生　193-1
序数　180-11
畜牧业　104
蓄电池　111-37
蓄水槽　41-2

XUAN

轩辕　206-6
宣传车　114-25
宣传窗　98-5
宣传弹　235-57
宣传画　218-19
宣传画栏　168-8
宣传品　235-58
宣礼楼　204-3
宣礼塔　204-3
萱草　302-18
萱藻　304-19
悬臂　96-7
悬臂起重机　96-1-19
悬挂式单轨列车　123-27
悬挂式滑翔机　167-34
悬挂式输送机　96-47
悬铃木　296-13
悬山　199-28
悬索桥　120-27-35
悬崖　265-4
悬雍垂　275-11
旋钮　67-12
旋网　106-9
旋涡星系　244-3
旋翼　239-54
旋转　157-33-35
旋转餐厅　83-1
旋转木马　145-14
旋转桥　120-41
选举　218-13-17
选举站　218-15
选煤车间　261-3
选民榜　218-21
选民证　218-13
选票　218-14
选手　151-28/152-33
选台　130-51
选种　103-12
券边　38-13

XUAN

券口　38-13
眩目手榴弹　233-20
旋风装　140-11

XUE

削发剪子　79-26
靴筒　7-53
靴子　7/7-51-54
穴位　171-34
学步车　176-23-24
学分　179-46
学生裙　4-4
学生手册　174-23
学生头　16-7
学生证　179-41
学生　174-35-36/178-8/230-20
学位　179-47-49
学校大门　174-1
学院　178-1-52
雪　254-16/258-35
雪豹　281-24
雪崩　165-15/256-15
雪车　157-42
雪地　254-17
雪地绑腿套　165-7
雪地车　114-40
雪糕　32-17/32-19
雪花膏　15-28
雪花梨　21-24
雪花球　84-19
雪花儿　254-18
雪茄　35-27
雪犁　157-3
雪里红　19-13
雪里蕻　19-13
雪橇　117-22
雪橇运动　157-41-42
雪球　147-23
雪人　147-21
雪松　295-6
雪兔　279-37
鳕鱼　285-22
血管　267-35/269
血细胞　269-23-25
血小板　269-23
血型　170-57/269-26-29
血压计　170-15
血液　269

XUN

埙　191-43
熏干儿　29-6
讯问笔录　222-44

Y

YA

压板　145-46
压刨机　92-38
压光机　78-46
压脚　58-54
压力锅　59-26
压力容器　97-38
压力水管　97-8
压路机　114-35
压片夹　184-27
压气螺母　115-43
压舌板　170-7
压岁钱　201-9.
压缩空气呼吸器　167-39-40
压缩空气瓶　167-40
压缩空气筒　167-40
压条　294-12
压跳板　211-34
压纸尺　78-36
鸭场　102-44
鸭蛋　30-50
鸭蛋脸儿　278-25
鸭棚　102-45
鸭蹼　105-63
鸭儿梨　21-22
鸭绒被　54-18
鸭舌帽　6-14
鸭跖草　302-15
鸭子　282-7-8
鸭嘴兽　288-2
牙　272-21/275-13-32
牙本质　275-19
牙槽骨　275-23
牙齿　275
牙雕　187-10
牙膏　49-26
牙根　275-16
牙骨质　275-21
牙冠　275-14
牙尖　275-13

YAN

牙剪　79-27
牙颈　275-15
牙科大夫　170-37
牙鲆　285-9
牙签儿　60-47
牙签儿盒儿　60-25/62-57
牙钳　170-41
牙刷　49-25
牙刷儿　49-25
牙髓　275-20
牙龈　275-22
牙周膜　275-24
芽　292-16
蚜虫　290-44
崖孔　231-22
哑剧　143-23
哑铃　155-24
哑铃操　155-16
雅克-42　132-13
轧花机　101-33
亚军　156-20
亚洲象　281-30

YAN

咽　272-1-3
咽腭弓　275-8
烟　35
烟包儿　61-53
烟草　211-30/301-11
烟肉　128-12
烟袋　35-26/61-49/213-23
烟袋杆儿　61-51
烟袋锅儿　61-50
烟袋锅子　61-50
烟袋嘴儿　61-52
烟斗　35-29/61-48
烟缸　46-6/61-41
烟荷包　35-25/213-24
烟盒儿　35-28/61-39
烟灰　35-18
烟灰碟　61-42
烟灰缸　35-15/43-20/46-6/48-31/61-41/73-8/84-42/109-40/125-13/125-47/130-42
烟灰盒　125-13
烟酒店　75-4
烟具　61/61-39-54
烟卷儿　35-1
烟煤　261-29
烟幕弹　235-56
烟幕弹发射筒　240-41
烟幕手榴弹　233-19
烟儿　35-13

YAN

烟丝　35-23
烟筒　38-10/40-6/49-3/71-2/86-13/97-15/98-16/124-19/212-37
烟头儿　35-14/35-19
烟箱门　124-10
烟叶　35-22/211-29/215-28
烟折　103-46
烟柱　264-22
烟嘴儿　61-47
胭脂　15-5
胭脂色　308-5
胭脂刷　15-6
腌白菜　211-18
延绳　105-48
延绳钓　105-47
延髓　274-26
芫荽　19-22
岩鸽　283-13
岩浆　264-29
岩石攀登　165-17
岩石锥　165-23
岩盐　262-62
炎帝　206-4
沿沟窑洞　38-2
沿海客轮　129-2
沿阶草　302-22
沿条皮　7-12
研钵　182-48
研杵　182-49
研究生院　178-1-52
盐　31-12
盐罐　62-30
盐盒儿　60-27
颜料　186-22
颜色　308
檐子　39-5
甗　198-30
眼保健操　155-6/171-56
眼虫藻　303-23
眼点　303-7
眼角　276-8/276-9
眼睫毛　276-3
眼镜店　75-20
眼镜盒儿　14-23/48-8
眼镜猴　280-2
眼镜框儿　14-18
眼镜片儿　14-15
眼镜儿　14/14-14
眼镜蛇　284-18
眼镜套儿　14-24
眼镜腿儿　14-20
眼镜王蛇　284-19

眼睛　266-7/276/276-2
眼泪　276-19
眼轮匝肌　268-2
眼皮　276-6-7
眼球　276-23
眼圈儿　276-10
眼儿　11-2
眼梢　276-8
眼屎　276-20
眼线　15-9
眼线笔　15-8
眼药　172-12
眼影笔　15-11
眼影粉　15-10
眼影膏　15-10
眼罩　169-19
眼珠子　276-4
演播室　137-8
演员　137-9-10/143-12/192-32-33/195-35-37
鼹鼠　280-39
砚池　177-31
砚刻　187-16
砚台　177-31
唁电　136-12/203-17
验关　224-14
验光　75-20
验货处　121-50
验尸　222-37
验证台　224-9
雁来红　299-20
燕麦　17-12
燕雀　283-39
燕式旋转　157-35
燕尾服　2-27
燕尾领儿　8-14
燕窝　28-14
燕子领儿　8-14

YANG

秧歌　194-15-17
秧歌队　194-15
秧歌舞　194-15-17
秧苗儿　17-6/211-22
秧棚　103-36
秧田　102-60
扬场　103-29
扬场机　101-28
扬箕　100-4/103-13
扬木锹　99-18/103-30
扬琴　142-19/191-17
扬声器　69-10
羊　279-28-32

羊铲　104-10
羊肚菌　307-11
羊羔　279-32
羊羔儿　104-13
羊羹　26-28
羊倌儿　104-9
羊角辫　16-21
羊角锤　91-11
羊角钩　90-13
羊圈　104-15
羊栏　104-15
羊毛　104-18
羊毛披毡　215-8
羊毛搔　104-21
羊毛毡垫圈　90-54
羊皮长袍儿　213-26
羊皮裱子　209-11
羊群　104-7
羊肉　23-51/30-40
羊桃　22-18
羊栖菜　304-17
羊眼圈　90-14
阳极　68-42
阳刻　187-39
阳伞　66-22/211-16
阳台　45-25/57-38
阳台隔板　41-16
阳文　186-53
杨梅　22-12/295-18
杨桃　22-18
杨子鳄　284-9
洋白菜　19-8
洋葱　18-33
洋地黄　301-13
洋槐　297-4
洋蘑菇　20-24/307-32
洋琴　191-17
洋娃娃　148-11
仰泳　153-21
养蚕　103-50
养虫　150-54-55
养蜂　103-55
养花　150-16-22/294-9
养鸡场　102-9
养鹿　213-22
养路工　122-46
养鸟儿　150-44-53
养鸭场　102-44
养鱼　150-39-43
养鱼场　106-30
养殖业　106-30-51
养猪场　102-32
氧气瓶　93-57/165-29/168-66/

YANG

| 170-59
氧气输送管　231-31
氧气罩　130-54/170-50
痒痒挠儿　43-4
样本　78-30
样片　78-30
样品　74-12/109-55

YAO

腰　266-40
腰包　65-25
腰带　13-30/163-26/212-6/213-30
腰带卡　229-29
腰封　3-14
腰鼓　191-34/194-16/201-28
腰鼓队　201-27
腰果　22-42
腰饰　213-13
腰围　12-12
腰褶裙　1-16
腰椎　267-22
窑洞　38-1-19
窑口　38-13
窑脸　38-12
摇　171-45
摇摆舞　194-11
摇臂　94-10
摇臂钻床　94-8
摇柄　92-5
摇车儿　212-31
摇船　146-39
摇杆　124-13
摇架　235-3
摇篮　213-7/216-18
摇蜜机　103-58
摇手　58-58/168-20/207-18
摇手柄　110-27
摇手儿　58-58
摇头　207-6
摇头旋钮　69-36
摇椅　51-9
遥控　69-26/138-6/146-12
遥控开关　69-26
瑶族　210-15
咬肌　268-4
药包　235-47
药材　171-6
药匙　182-47
药袋　172-17
药店　75-9
药方　171-10
药房　168-54
药膏　172-9
药柜　168-58/171-2
药锅　171-11
药剂师　168-56/171-8
药剂士　168-57
药酒　34-14-15/172-27
药口袋　172-16
药棉　170-22
药面　172-18
药碾子　215-47
药片　172-6
药品　98-52/172
药瓶　80-38/172-13
药水　172-15
药筒　235-46
药丸儿　171-16
药箱　172-19
药用天平　63-28
药桌　80-39
钥匙　67/67-2/115-28/225-29/226-20
钥匙包　65-30
钥匙圈儿　65-31/67-3
钥匙锁　65-15
鹞子　282-52

YE

耶稣基督　204-10
耶稣教　204-21-23
耶稣教堂　204-21
耶稣教徒　204-23
椰衣　22-24
椰子　22-23/299-8
椰子肉　22-25
椰子水儿　22-26
椰子糖　26-4
椰子蟹　289-18
椰棕　22-24
爷爷　221-10
野炊　175-11
野葛　300-16
野鸡　282-66
野鸟　150-49
野牛　281-1
野炮　235-33
野生动物保护车　114-29
野苋菜　299-21
野战医院　227-30
野猪　281-4
野猪粪　307-20
叶柄　292-39
叶基　292-38
叶尖　292-36

YI

叶绿体　303-6
叶轮　95-55
叶脉　292-42-44
叶牡丹　300-7
叶鞘　292-45
叶芽　292-20
叶腋　292-40
叶缘　292-37
叶子　292-35
页码　140-40
页片插锁　67-7
夜盗虫　291-3
夜光杯　187-9
夜光云　251-10
夜壶　56-29
夜里　260-26
夜鹭　282-41
夜战　228-8
液化石油气　263-50
液化石油汽罐车　114-22
液晶屏　110-38
液晶显示板　64-18
液晶显示装置　110-38
液泡　306-17
液氢　248-22
液体　182-36
液体打火机　61-43
液压千斤顶　96-36
液压油箱　239-16
液氧　248-23
液氧箱　236-38
腋静脉　269-9
腋淋巴结　270-6
腋毛　266-19
腋芽　292-18

YI

一　207-31
一百元券　82-1-12
一般道路指路标志　119-43-48
一包香烟　35-11
一笔画　147-7
一串红　301-8
一次变电所　97-51
一挡　111-52
一等舱　130-17
一, 二, 三……　185-21
一分券　82-30
一分硬币　82-41
一号电池　68-41
一级八一勋章　229-9
一级功奖章　229-14
一级英模奖章　229-13

YI

一角券 82-20
一角硬币 82-38/82-44
一开 140-58
一颗印住宅 38-33
一垒 158-3
一垒手 158-18
一米跳板 153-42
一品红 297-17
一天的生活 260
一条香烟 35-9
一筒香烟 35-10
一头儿沉 50-10
一元券 82-17
一元硬币 82-31/82-42
一月 259-2
一字槽圆柱头螺钉 90-46
一字改锥 93-13
一字领儿 8-3
一字儿眉 278-7
一字形螺丝刀 93-13
一撮儿眉 278-5
壹, 贰, 叁…… 185-21
伊尔-62 132-7
伊尔-18 132-10
伊斯兰教 204-1-8
伊蚊 291-33
衣长 12-14
衣橱 52-1-11
衣带 211-4
衣兜儿 10-1-9
衣服 83-46
衣服夹子 57-41
衣服纸样 13-15
衣钩 47-31
衣钩儿 72-10/74-15/79-16/121-44
衣柜 52-1-11/153-11
衣柜钥匙 80-29
衣架 47-30/84-48
衣架棍 52-3
衣架儿 57-39
衣襟 1-7
衣料 13-14
衣领 8-1-18
衣帽间 83-44
衣刷儿 84-49
衣物 198-39-47
衣箱 43-17/65-18
衣鱼 290-1
衣藻 303-1
医疗器材 98-50
医疗室 145-29
医疗艇 129-18

医疗用具 169
医生 170-1
医务人员 98-48
医务室 174-30
医用电子加速器 169-57
医用摄像机 170-49
医院 168
仪表板 111-58/130-28
仪仗兵 227-40
宜兴陶 187-5
姨父 221-22
姨母 221-23
姨儿 221-23
贻贝 287-7
胰 270-20/272-39
胰岛 270-21
胰岛素 270-21
胰腺 270-20/272-39
移动靶 167-15
移动车 195-39
移动吊车 96-21
移动式井盖 236-29
移门拉手 90-26
移门锁 67-13
移植馒 150-17
遗体 203-3
遗体告别仪式 203-2-7
遗像 86-5/203-8
彝文 215-21
彝族 209-13/215/215-1-31
彝族男子 215-5
彝族女子 215-1
匜 198-21
乙炔发生器 93-56
乙状结肠 272-48
蚁后 290-9
蚁王 290-10
椅子 46-30/47-23/51/51-1-19/168-18/170-9/179-25
椅子顶 144-6
椅子面 51-3
椅子腿儿 51-4
艺人 73-10
艺术体操 156-29-33
异步电动机 95-37
异形钢钉 90-57
易滑 119-9
羿 206-10
意见箱 83-23
薏苡 302-8

YIN

阴部 266-36

阴道 273-22
阴道隔膜 173-7
阴道口 273-21
阴蒂 273-17
阴极 68-43
阴茎 266-27/273-34
阴茎海绵体 273-35
阴茎套 173-6
阴茎头 273-36
阴茎头冠 273-37
阴刻 187-40
阴历 259-32
阴毛 266-26
阴囊 273-40
阴虱 290-37
阴天 254-2
阴文 186-54
阴阳混刻 187-41
音叉 183-8/190-56
音调控制旋钮 138-24
音符 189-23
音阶 189-23
音节 185-9
音孔 190-9
音量调节 130-50/138-17
音量调节旋钮 138-22
音箱 69-17/84-21
音乐 189
音乐会 189-1-16
音乐玩具 148-17-18
银耳 20-31/28-9/307-13
银光云 251-10
银行 81/224-31
银行职员 81-11
银河 245-34
银河系 244-6
银环蛇 284-17
银幕 195-17
银鸥 283-11
银牌 156-23
银瓶 198-25
银杏 295-2
银鱼 285-27
银质奖章 156-23
寅 259-47
引爆装置 236-47
引导雷达 237-11
引导伞 238-2
引号 185-47
引桥 120-12
引题 139-25
引信 233-22/235-42
引座员 195-21

YIN

饮料　32
隐形飞机　239-46
隐形眼镜儿　14-25
印材　186-55
印床　186-60
印度象　281-30
印规　186-61
印花杯　60-49
印泥　74-19/110-1/186-63
印泥盒儿　186-62
印纽　186-56
印片机　195-46
印谱　186-65
印数　140-55
印刷厂　140-51/141
印刷机　141-57
印刷品戳　134-48
印台　81-15/110-3/133-29
印匣　186-64
印相机　78-38
印相纸　78-37
印张　140-52
印章　81-14/186-53-57

YING

英磅　185-61
英国管　190-23
英国航空与宇航公司　132-17
英吉沙小刀　214-13
英文报　139-8
英文打字机　109-29
英仙座　245-18/246-7
英雄结　215-7
婴儿　173-26
婴儿车　117-13-14/176-15
婴儿床　53-16/173-30
婴儿鞋　7-34
罂粟　300-5
樱桃嘴　278-23
樱桃　21-11
鹦鹉　283-15
鹰钩儿鼻　278-16
鹰爪杯　215-20
迎宾员　83-43
迎春花　298-27
迎角传感器　239-25
迎送廊　127-9
荧光灯　46-15/68-5
荧光灯管　68-30
荧光屏　138-3/257-45
荧光台灯　68-9
萤火虫　290-51
萤石　262-64

营火晚会　175-13/217-30
营业时间　74-3
营业厅　133-4/136-2
营业员　74-7/77-11/84-11
蝇拍　56-16
影壁　37-28/38-32
影集　78-27
影片儿　195-52
影片　195-52
影戏　192-52
影院名　195-1
应急供氧设备　130-53
应急离机设施　130-55
应急软滑梯　130-57
应用卫星　252-1-18
映山红　298-23
硬币　82-31-45
硬币背面　82-33
硬币投入口　135-20
硬币退还口　135-21
硬币正面　82-32
硬腭　275-9/276-48
硬分币　82-39-41
硬山　199-29
硬卧　125-30
硬卧车　123-3/125-30
硬卧票　126-20
硬座　125-1/126-13
硬座车　123-1/125-1

YONG

拥抱　207-16-17
鳙鱼　286-7
泳道　153-3
泳道浮标　153-4
勇敢者转盘　145-10
蛹　290-42
用户　97-57/252-12
用户电报　136-13-15
用鸬鹚捕鱼　106-5
用鸬鹚捕鱼的渔夫　106-7

YOU

幽门　272-30
邮车　113-33/133-41
邮戳　133-28/134-44-48
邮戳儿　133-28/134-44-48
邮袋　133-36
邮递员　133-42
邮递员信袋　133-43
邮电徽　133-1
邮电局　136-1
邮件　133-7-8

邮件磅秤　133-12
邮件筐　133-35
邮件自动磅　133-11
邮局　83-47/133-1-37
邮局工作人员　133-14
邮票　83-50/133-18/134-4/134-37-42/150-4-6
邮票镊子　150-3
邮筒　133-38-40
邮箱　83-49/133-3
邮政　133/134
邮政报刊亭　133-46/139-5
邮政编码　134-3
邮政编码簿　134-19
邮政车　123-10
邮政储蓄　133-31-32
邮政存折　133-32
邮政汇款通知　134-31
邮政快件　134-25
邮政快件收据　134-28
邮政快件信封　134-25
邮政明信片　134-12-13
邮政日戳　134-44-45
邮政专用信箱　133-30
邮资戳　134-46
邮资已付戳　134-46
油泵　71-43
油饼儿　23-35/24-33
油菜　300-6
油菜花　300-6
油槽　114-21
油槽车　114-20
油茶　298-11
油船　263-47
油灯　68-60
油橄榄　22-14/298-29
油管　177-27/263-31
油罐汽车　114-20
油罐子　44-17
油耗表　111-59
油壶　68-55/71-41
油葫芦　290-28
油画　186-31
油灰　89-17
油灰刀　89-16/92-27
油锯　107-16
油库　127-34/131-10
油料舱　243-11
油炉　71-38
油绿　308-12
油轮　127-35/129-7/263-47
油码头　127-32
油麦　17-13

YOU

油毛毡　89-54
油门　111-49
油门儿　116-16
油门转把　116-16
油面筋　29-17
油墨　109-33/177-69/186-43
油皮儿　29-18
油票　23-25
油漆　89-10
油漆工　89-5
油漆工工具　92-28-33
油漆刷　89-6/92-30-32
油漆桶　89-8
油丝儿　29-8
油田　263-45
油田气　263-20
油条　23-11/23-34/24-32/24-40
油桶　71-42
油箱　95-4/111-38/116-6
油箱盖　116-7
油箱开关　95-6
油压表　111-61
油页岩　263-25
油印机　177-67
油炸馓子　214-19
油毡钉　90-60
疣鼻天鹅　282-44
莜麦　17-13
蚰蜒　291-57
游动滑车　263-8
游击队　228-6
游击手　158-21
游击战　228-5
游客　85-37/154-10/205-34
游览车　77-17/83-20/85-10/113-8
游览艇　129-14
游览图　145-7
游廊　37-12
游乐场　145-1-33
游乐设施　145-8-27
游乐园　145/145-1-33
游人　154-10
游丝　64-16
游隼　282-56
游砣　63-16
游戏　146/147/176-1
游戏卡　147-18
游行队伍　218-23
游泳　152-38/153-1-43
游泳池　145-34-38/153-1
游泳馆　153

游泳裤　153-17/154-11
游泳帽　153-15/154-14
游泳眼镜　153-24
游泳衣　153-16/154-12
游泳姿势　153-18-21
鱿鱼　289-29
鱿鱼干　28-20
友谊商店　77-16-20
有舵雪橇　157-42
有轨电车　112-30
有奖贺年明信片　134-16
有人无人锁　67-16
有线广播　137-51-59
有线广播站　137-51
酉　259-54
右肺　271-3
右冠状动脉　271-24
右外场手　158-24
右舷　128-3
右心房　269-18/271-22
右心室　269-20/271-26
幼虫　291-2
幼儿　220-21
幼儿园　176/176-1-12
幼儿罩衣　4-6
诱虫灯　99-52
诱导轮　240-43
柚　297-9
柚子　22-9/297-10
釉面砖　89-32
釉质　275-18

YU

盂　198-2
鱼舱　105-32
鱼叉　60-53/150-36/208-6
鱼肠加工　106-53
鱼翅　28-23-24
鱼唇　28-22
鱼刀　60-58
鱼店　75-8
鱼肚儿　28-21
鱼饵　150-34
鱼法　105-34-63
鱼干加工　106-52
鱼竿儿　106-19-21
鱼缸　46-23/150-39-41
鱼钩儿　150-33
鱼酱油　31-21
鱼具商店　76-5
鱼雷　242/242-1-19
鱼雷舱　242-21
鱼雷发射管　242-22

鱼雷快艇　243-31
鱼雷艇　243-31
鱼类　285/286
鱼鳞云　255-4
鱼篓　106-14/150-38
鱼露　31-21
鱼露厂　106-54
鱼苗池　106-37
鱼盘　60-14
鱼皮　28-22
鱼漂儿　106-22/150-29
鱼钳　93-2
鱼肉松　30-33
鱼肉香肠儿　30-29
鱼食　150-34
鱼食台　106-33
鱼塘　106-31
鱼网　105-34-46/106-9-12/208-7
鱼尾　140-13
鱼尾钉　90-63
鱼尾纹　278-35
鱼线　150-28
鱼箱　105-6
鱼腥草　299-12
鱼眼镜头　196-26
鱼秧池　106-36
鱼鹰　106-6/215-40/282-18/282-54
鱼螈　284-45
鱼坠　150-32
娱乐活动　150
娱乐时间　260-24
渔船　105-2
渔夫　105-3/106-3
渔港　105-1
渔捞甲板　105-29
渔捞用绞车和绞盘　105-28
渔民　105-3/106-3
渔业　105/106
榆树　295-25
虞美人　300-4
愚公　206-22
宇航员　248-5/249-21
宇宙飞船　248-9-19
宇宙航行　249
宇宙空间站　237-9
宇宙射线探测仪　250-14
羽干　277-7
羽毛球　160-11-15/160-15
羽毛球场　160-11
羽毛球运动员　160-12
羽毛胸花儿　14-9

YU

羽绒衣 2-42
羽扇 66-10
羽纹藻 303-26
雨 258-31
雨层云 255-9
雨夹雪 258-36
雨量 258-55
雨量杯 257-35
雨量筒 257-31
雨棚 121-7
雨伞 66-12-21/125-9
雨凇 254-19
雨天 254-3
雨蛙 284-38
雨鞋 7-50
雨靴 7-51
雨衣 1-35/231-15
雨罩 41-19
禹 206-9
语词处理机 110-29
语法 185-4
语文 174-41
语言 185/185-1-18
玉兰 28-2/296-3
玉兰片 28-2
玉米 17-20
玉米剥皮机 101-31
玉米秆儿 17-21
玉米花儿 26-30
玉米粒儿 17-24
玉米面儿 23-14
玉米螟 291-8
玉米皮儿 17-22
玉米须儿 17-23
玉器 187-8-9
玉兔 206-13
玉簪花 302-19
芋头 17-47
郁金香 302-24
育林地 107-10
育苗 103-35
育秧 103-35
浴池 80-17
浴缸 49-7/84-59
浴缸塞子 84-60
浴巾 49-36/80-31/84-71/153-12
浴室 98-14
浴室门锁 67-11
预备用枪 230-11
预订员 83-30
预告牌 122-2

预警飞机 228-14
预警机 239-37
预警卫星 237-2
预制构件 88-4
预制件 88-4
御夫座 245-19/246-8
裕固族 208-22

YUAN

鸢 282-50
鸳鸯 282-49
鸳鸯冰棍儿 32-14
元宝 149-27
元宝雨鞋 7-50
元旦 200-1
元宵 27-14/201-38
元宵节 201-38-42
原点 180-2/181-12
原稿 135-28/140-6/141-1
原鸡 282-65
原煤仓 261-19
原木 107-4
原子笔 177-26
原子弹 236-43
原子能发电站 97-31
原子钟 253-14
圆 181-35
圆白菜 19-8
圆柏 295-15
圆板牙 93-44
圆板牙扳手 93-43
圆背 140-29
圆茶筒 61-15
圆攒尖 199-32
圆锉 93-25
圆刀 186-38
圆凳 51-21
圆凳儿 84-17
圆底烧瓶 182-26
圆钉 90-55
圆顶帽 6-17
圆顶室 253-2
圆规 177-44
圆号 190-30
圆盒脸儿 278-26
圆核脸儿 278-26
圆火腿 30-23
圆锯机 92-41
圆锯片 92-42
圆筐 65-42
圆礼帽 6-11
圆领儿 8-1
圆领衫 2-32

YUE

圆笼 150-44
圆螺母 90-39
圆盘耙 101-11
圆片儿 36-1
圆平锹 91-1
圆漆刷 92-31
圆刷 186-18
圆台 181-57
圆头 16-5
圆心 181-36
圆心角 181-43
圆形头帕 215-4
圆形图表 180-59
圆燕鱼 286-25
圆凿 91-52
圆周 181-45
圆周率 181-45
圆珠笔 177-26
圆柱 181-53
圆柱体 181-53
圆柱头螺钉 90-46-47
圆锥 181-57
圆锥台 181-57
圆锥体 181-57
圆桌 50-5
圆嘴钳 93-4
鼋 284-8
辕子 117-18
远程大型客机 132-1-2
远程中型客机 132-6-7
远光指示灯 111-60
远视 276-35
远视眼 276-35
远洋货轮 129-4
远洋客轮 129-1
院墙 37-10/40-2/85-48
院子 40-3/85-62

YUE

约克夏 279-24
月 259-2-13
月饼 27-26/200-33
月份牌儿 259-27
月谷 248-2
月光门 85-49
月桂 296-11
月季花 296-15
月历 259-14
月亮 244-26/247-5
月亮门儿 37-30/85-49
月偏食 247-11
月票 112-38-39
月琴 191-12

587

YUE

月球　244-26/247-5
月球车　248-8
月球轨道　247-10
月球探测　248
月全食　247-12
月食　247/247-11-12
月台　121-22/122-13
月下香　302-33
月相　247/247-13-21
月牙铲　162-51
月牙兜儿　10-11
月牙眉　278-10
月晕　255-3/258-43
乐池　192-15
乐队　84-20/194-10/201-25
乐谱　189-18-25
乐谱架　189-5
乐器商店　75-14
岳父　221-5
岳母　221-6
阅读灯　125-25/130-32
阅读灯开关　130-48
阅览室　178-48
阅片灯　78-3
钺　162-35/232-17
越野车　113-16
越野滑雪　157-23
越野跑　152-39
越野赛跑　152-39
越狱　226-11

YUN

云豹　281-25
云彩　255
云底　255-13
云顶　255-12
云海　255-16
云量　258-54
云量不明　258-18
云量2-3　258-11
云量符号　258-10-18
云量9　258-16
云量0-1　258-10
云量6　258-14
云量7-8　258-15
云量10　258-17
云量4　258-12
云量5　258-13
云锣　191-28
云母　262-58
云南白药　172-25
云南路南彝族(撒尼)　215-22-31

云南摔交　163-29
云雀　283-26
云梯　145-43/223-11
云梯消防车　113-26
陨石　244-34
孕妇　173-22
孕妇裙　1-46
运-8　132-18
运动体　235-13
运动员　152-33
运动员入场　151-9
运动员退场　151-9
运河　127-36/265-42
运料车　117-9
运-7　132-14
运球　160-50
运-10　132-8
运-11　132-21
运输船　129-29
运输公司　108-24
运输机　132-1-18/239-39
运输舰　243-27
运输直升机　239-49
运-5　132-19
运载火箭　248-20
韵律体操　156-29-33
韵母　185-7
熨斗　57-43
熨衣板儿　13-10
熨衣服　57-50

Z

ZA

杂技　143/143-1-23/144
杂技团　144-1-35
杂物箱　111-50
杂志　48-34/133-16
杂志架　178-50

ZAI

栽培木耳　103-47
再入大气层飞行器　236-37
载炮泡沫消防车　223-17
载人机动装置　249-18
载人宇宙飞船　249-26
载物台　184-26
载重汽车　107-5/111-26/113-18-19/241-15

ZAN

糌粑　213-43

ZAO

糌粑口袋　213-42
暂停按键　138-26
赞美歌　204-13
赞美诗　204-13

ZANG

赃物　222-43
藏传佛教　205-38-41
藏羚　280-14
藏青色　308-18
藏文　213-58
藏戏面具　213-57
藏靴　213-37
藏族　209-5/213/213-25-58
藏族男子　213-35-38
藏族女子　213-25-34

ZAO

糟蛋　30-57
糟腐乳　29-21
凿刀　186-8
凿孔机　92-46
凿孔纸条　136-15
凿子　91-49-52/186-8
早操　155-1
早产儿培养箱　173-25
早点　23-33/23-34-38
早饭　23-33/260-6
早禾树　299-6
早上　260-7
早霞　260-2
枣　297-27
枣红色　308-4
枣核儿　21-13
枣儿　21-12/297-28
枣树　297-27
澡盆　49-7/80-5
澡盆塞子　49-10
澡堂　80
澡堂大门　80-1
澡堂服务员　80-30
藻井　199-45
藻类　303/304
皂荚　297-3
皂角　297-3
灶　38-19/44-11/71-44/198-32/212-24/214-32
灶火口　44-13/71-46
灶间(农村)　44
灶具开关　71-32
灶口　71-47
灶马　290-29
灶门　71-47

ZAO

灶台　71-45
灶王爷　201-2
造波游泳池　145-34
造船厂　127-17-20
造气车间　98-20
造型跳伞　167-29
造字　141-48
造字机　141-47
噪声监视仪　118-42

ZE

则高利　211-3

ZEI

贼星　251-12

ZENG

增砣　63-18
增砣盘　63-19
增氧机　106-32
增长天王　205-23

ZHA

扎啤　34-18
闸把　115-4
闸皮　115-14
炸糕　23-36
铡草　103-59
铡草机　101-34
铡刀　99-47/103-60/215-46
栅栏　85-18/104-39
栅栏儿　85-18/257-4
炸弹　236-26/239-57
炸药　233-9/235-44/236-46/
　　　242-29
炸药包　233-33
蚱蜢　290-24
榨菜　19-12/31-53
榨果汁机　70-26
榨油机　101-32
榨汁机　70-26

ZHAI

窄角电视摄像机　250-2
窄袖短衣　216-2
债券　81-38

ZHAN

沾染区　236-53
毡包　212-33
毡帽　6-22
毡毯　55-6
毡靴　212-9
毡子　212-39
粘鼠胶　56-23
斩口锤　93-34
展翅板　184-14
展览品　109-51
战斗机　145-28/239-1/239-27
战斗机驾驶员　231-27
战斗形态　228
战斗员　227-12
战列舰　243-22
战略轰炸机　239-33
站房　121-1
站立式起跑　151-15
站名牌　122-19
站牌　112-9
站前广场　121-9
站台　112-11/121-22/122-13
站台号　122-10
站台票　126-26
蘸水钢笔　177-24

ZHANG

章节号　185-56
章鱼　289-30
獐　280-23
樟　296-9
樟树　296-9
蟑螂　290-5
涨潮　247-22-23
掌骨　267-9
掌纹　277-15
掌子　261-12
丈夫　221-7
丈母娘　221-6
丈人　221-5
仗鼓　211-43
杖头木偶戏　192-50
帐号　81-29
帐篷　154-18/165-10/175-12
障碍赛跑　151-33

ZHAO

招潮　289-9
招牌　74-1
沼气炉　71-37
沼虾　289-3
笊篱　24-20/45-20/59-45
照壁　37-28
照明弹　235-55
照明弹伞　238-13
照明灯　226-6
照明器具商店　75-22
照明员　192-30

ZHEN

照排　141-39-54
照片儿　43-2
照片　43-2/47-11/78-18-24
照片立框　78-25
照手影　147-6
照相簿　78-27
照相点　78-28/85-14
照相馆　78/78-1-27
照相机　78-9/196-1-20
照相机架　78-11
照相排版　141-39-54
照相器材商店　75-18
照相设备箱　238-25
照相纸　78-37
照相制版车间　141-10
罩篮　100-14
罩衣　1-42-43

ZHE

遮光窗　130-37
遮光罩　196-30
遮护板　240-38
遮阳伞　154-15
折　185-37
折尺　92-15
折叠床　53-12
折叠剪子　58-18
折叠伞　66-19
折叠小桌　130-44
折叠椅　109-41/125-35/179-12
折叠椅子　51-11/72-25
折叠桌　50-7
折反射望远镜　253-6
折面桌　50-8
折扇　66-1
折扇儿　66-1
折射望远镜　253-4
折线图表　180-58
折椅　51-11/72-25/109-41/125
　　　-35/179-12
折纸　148-19/176-4
褶裙　1-13-15
褶裙蜥蜴　284-33
褶纹冠蚌　287-15
鹧鸪　282-61
鹧鸪菜　304-8

ZHEN

针　171-35-40
针板　58-44
针包儿　58-6
针鼻儿　58-2
针标　141-19

ZHEN

针刺麻醉　170-52/171-41
针垫子　58-6
针杆　58-43
针管儿　169-2
针夹　58-53
针距旋钮　58-47
针麻　170-52/171-41
针儿　58-1
针头　169-3
针线包　58-23
针线盒儿　58-21
针线活儿　58-26
针线笸箩　43-27/58-20
针眼　58-2
针叶树　293-1
针缘蟮　290-33
针扎儿　13-17/58-6
侦查人员　222-35
侦察机　239-35
侦察雷达　237-23
侦察坦克　240-10
侦察卫星　228-12/237-1
珍珠贝　287-2
珍珠鳞鱼　286-35
真鲷　285-24
真分数　180-16
真空吸粪车　113-38
真皮　277-2
真鲨　285-35
真叶　292-8
真主　204-7
砧子　93-31
榛鸡　282-59
榛子　22-40
诊脉　171-19
诊室　168-6
枕肌　268-16
枕巾　54-7/130-40
枕木　122-44
枕套　54-8
枕头套　54-8
枕头　43-16/47-5/54-4/168-15
枕头席儿　54-10
枕头心儿　54-9
枕席儿　54-10
枕心　54-9
枕叶　274-27
阵雨　254-8/258-33
震波　256-5
震级　256-1-8
震源　256-1
震源深度　256-3

ZHENG

正月　259-2
钲　191-48
筝　191-16
蒸发皿　182-42/257-30
蒸锅　45-24/59-22
蒸饺儿　24-24
蒸馏烧瓶　182-28
蒸馏塔　263-49
蒸笼　59-50
蒸笼盖儿　59-52
蒸气吸入器　169-39
蒸汽发生器　97-35
蒸汽机车　124-1-20
蒸汽型电熨斗　57-47
整版票　134-37-42
整稿　141-39
整稿人员　141-40
整流子　95-33
整票　126-17
整平器　151-41
正步　230-4
正裁判员　159-16
正齿轮　94-39
正方体　181-51
正方形　181-30
正房　37-15/37-17
正极　68-42
正净　193-8
正锯器　91-26
正楷　141-27
正门　77-9/83-3
正面　134-2
正面阳台　41-3
正面主景　82-3
正片　78-54
正三角形　181-26
正手　160-31
正数　180-3
正题　139-24
正吻　199-35
正午　260-12
正线　141-32
正中神经　274-4
正字　185-22
证券交易所　81-24-28
证人　225-18

ZHI

政治　218
政治委员　227-17

ZHI

支杆　88-3
支架　96-25/115-24/234-49/257-21/261-15
支气管　271-18/272-6
支线　105-50
卮　198-13
芝麻　17-39/301-14
芝麻酱　23-7/31-4/31-24
芝麻油　31-22
枝儿　293-7
枝条菌种　103-49
枝形吊灯　68-4/83-41
知了　290-41
知了壳儿　290-43
织布　215-18
织布机　215-49
织地毯　214-38
织女　206-17
织女星　245-10
织席　103-61
栀子　299-3
脂肪组织　277-11
脂麻　301-14
蜘蛛　291/291-59
蹠骨　267-17
执手　67-6
执手锁　67-5
直臂消防云梯车　223-15
直拨　135-32
直播　137-27
直肠　272-49/273-32
直尺　92-13-14/177-40
直达车道标志　119-55
直档　12-4
直道　151-3
直根　292-48
直管地温表　257-17
直角　181-22
直角三角形　181-21
直径　181-38
直客　126-8
直扣儿　11-7-8
直扣儿襻　11-7
直扣儿坨　11-8
直快　126-10
直立茎　292-52
直立旋转　157-33
直流电动机　95-30
直拍　160-9

590

ZHI

直拳 163-22
直升飞机 132-24/148-3/228-25
直升飞机平台 263-43
直升机 228-25/239-49-56
直通旅客快车 126-10
直通旅客列车 126-8
直线 181-1
直线跑道 151-3
直线图表 180-57
直行 119-32
直形锅 59-15
侄女 221-41
侄子 221-40
值日生 174-6
职别 219-18
职称 219-29
职工食堂 98-13
职工宿舍 98-8
职务 219-18
职员 109-6
植树 107-21/294-1
植树节 200-6
植物标本 184-9
植物标本夹 184-2
植物的形态 292/293
植物的栽培 294
止闹 64-25
止血带 170-14
止血钳 169-24
纸 177-71
纸板儿线 58-9
纸板箱 108-26
纸币 82-1-30
纸币号码 82-5
纸带 127-4
纸袋儿 65-32
纸飞机 148-38
纸盒儿 62-53
纸夹子 110-6
纸口袋儿 65-32
纸框 78-26
纸篓 133-27
纸篓儿 49-22/56-13/84-64
纸牌 146-23/149-1-13
纸钱 200-25/203-21
纸伞 66-21
纸扇 66-7
纸芯儿线 58-13
指板 190-4
指北针 183-14
指挡 135-9
指缝儿 277-25

指骨 267-10
指挥 189-2/217-27
指挥棒 189-3/222-58
指挥舱 248-10
指挥控制车 228-21
指挥室 131-6/236-32
指挥所 227-9
指挥台 189-4
指挥员 158-27/227-10
指甲锉 15-32
指甲刀 15-31
指甲刷 15-18
指甲油 15-17
指尖 277-22
指孔盘 135-7
指孔穴 135-8
指令控制组件 242-11
指路标志 119-43-56
指示标志 119-32-42
指数 180-36
指纹 277-37-39
指针 63-23/182-53/257-27
趾 282-34
制版 141-55
制版照相机 141-11
制冰盒儿 70-32
制导雷达 237-12
制导装置 236-16
制动踏板 111-48
制服 2-1
制门器 90-19
治安员 222-62
治疗台 170-38
治丧委员 203-14
致死工具 222-39
掷标枪 152-28
掷飞碟 146-9
掷链球 152-24
掷手榴弹 152-30
掷铁饼 152-22
智齿 275-26
智力竞赛节目 137-20
雉 282-66

ZHONG

中班 176-1-12
中鼻道 276-45
中鼻甲 276-42
中波 138-33
中餐摆台 60-1-47
中餐餐具 60-1-47
中餐叉 60-54
中餐刀 60-57

中长发 16-11
中程导弹 236-2
中程中型客机 132-8-13
中大衣 1-28
中底布 7-9
中点标志 160-24
中队旗 217-19
中耳 276-63
中分 16-2
中复羽 282-26
中耕 102-67
中耕除草机 101-19
中耕施肥机 101-18
中国的地形 264-51-63
中国共产党建党纪念日 200-10
中国古代天文仪器 253-17-22
中国话 185-1-2
中国林蛙 284-40
中国式摔交 163-27
中果皮 292-59
中厚钢板 262-18
中华鲟 286-22
中火 36-14
中间层 251-9
中间台 131-4
中间信标台 131-4
中距离赛跑 151-25
中门 112-6
中门儿 112-6
中脑 274-31
中年人 220-4
中跑 151-25
中铺 125-32
中秋 200-31-33
中秋节 200-31-33
中圈 160-39
中山服 2-1
中山陵 86-15
中山帽 6-17
中山装 2-1
中式立领儿 8-8
中堂 188-3
中提琴 190-13
中途开关 68-33
中外场手 158-23
中文打字机 109-30/110-21
中午 260-13
中线 120-15/159-5/160-21/160-40/161-7
中小学 174/175
中心线 120-15
中星仪 253-13
中型坦克 240-3

591

ZHONG

中胸 290-18
中袖 9-2
中学 174-49-58
中学生 174-51
中旬 259-23
中央处理机 136-30
中央大厅 121-27
中药 171
中药店 171-1
中叶 271-16
中医 170-10/171/171-17
中医大夫 170-10
中游 265-44
中乐器 191
中云 255-5-6
中云状 258-44
中指 277-18
中轴 115-16
中子弹 236-45
中足 290-21
终到站 126-6
终点 149-40
终点带 151-20
终点坑 161-58
终点线 151-19
终点站 126-6
终点直道 151-3
终点柱 151-21
终端机 136-23-24
终端装置 81-26
钟 163-15/199-12
钟摆 64-31
钟表 64
钟表店 75-19
钟表眼镜店 75-19-20
钟馗 201-37
钟楼 121-3/199-11/205-4
钟琴 190-49-50
钟乳石 264-31
钟筒 257-15
螽斯 290-25
肿泡儿眼 278-12
种皮 292-14
种子 292-10
种花 294-6
重机枪 234-43
重剑 164-3
重型坦克 240-2
重油 263-56

ZHOU

舟桥 120-38
周报 139-10

周岁 202-6-8
洲际导弹 236-1
轴承 94-55-57
轴流泵 95-57
轴儿线 58-11
轴头 188-13
肘关节 267-41
肘淋巴结 270-7
肘正中静脉 269-10

ZHU

朱顶红 302-29
朱顶兰 302-29
朱古力 26-17
朱红色 308-1
朱鹮 282-40
朱槿 298-6
朱鹭 282-40
朱文 186-53
珠茶 33-10
珠母贝 287-2
珠母云 251-6
猪 30-1-15/279-20-25
猪八戒 206-31
猪场 102-32
猪獾 281-6
猪圈 40-21/102-33
猪苓 307-20
猪肉 30-16
猪食槽 103-54
猪头 30-1
猪尾 30-15
竹八方桌 50-6
竹板 191-39
竹板儿 142-16/142-17/191-39
竹箅子 59-51
竹编 187-17
竹床 53-10
竹凳 216-23
竹竿 57-36
竹竿儿 57-36
竹杠 210-13/216-27
竹篦儿 62-45
竹壳儿暖瓶 62-20
竹刻 187-15
竹筷子 60-43
竹笠 215-29
竹凉床 53-10
竹林 85-50
竹楼 216-24
竹马 146-14
竹耙 99-7
竹排 106-50/107-32

竹皮刷 186-47
竹片儿 211-42
竹刷子 44-14
竹荪 28-7
竹笋 18-12
竹索桥 120-35
竹席 54-21
竹叶青 34-13/284-21
竹叶青酒 34-13
竹椅 51-14
竹桌 216-22
贮存舱 243-13
烛台 68-58
主泵 97-33
主币 82-1-45
主编 140-1
主裁判 163-24
主持人 137-21
主动齿轮 95-46
主动轮 240-37
主动螺杆 95-50
主动脉 269-16/271-19/273-13
主动脉弓 269-2
主动轴 95-27
主发动机 249-13
主佛 205-27
主根 292-46
主机 110-32
主甲板 263-41
主井 261-9
主角 192-32
主角儿 192-32
主控室 97-19
主控站 252-10
主麻 204-4-8
主脉 292-44
主起落架 130-14/132-30/239-19
主球 161-48
主伞 238-3
主食面包 25-18
主题 139-24
主席台 151-5/217-9/218-7
主席团 218-6
主旋翼 132-25
主翼 130-2
主战坦克 240-1
主轴 94-11
主轴箱 94-2
助浮器 153-26
助滑路 157-19
助教 178-15
助理导演 192-35

ZHU

助跑　152-2/156-9
助跑道　152-3
助手　78-6/163-11
助听器　14-26/170-33
住宿车　114-28
住校生　179-14
住宅　219-27
住址　219-10
苎麻　299-14
贮藏　102-38
贮木场　107-11/108-19
注射　170-17
注射盘　169-1
注射器　169-2/184-12
注水口　57-15/57-49
注意儿童　119-6
注意横风　119-8
注意落石　119-7
注意危险　119-15
注音　185-14
注音符号　185-9
注音字母　185-9
柱坑　161-58
柱塞　263-33
柱头　292-25
柱子　39-12/122-26
祝融　206-7
祝寿　202-9
著者　140-49
铸锭　262-10
铸件　262-46
铸铁　262-7
铸铁煤炉　71-1
铸造　262-39-46

ZHUA

抓　171-52/232-13
抓斗　96-26
抓斗式挖泥船　127-21
抓饭　214-22
抓拐　147-15
抓举　164-24
抓周　202-8
抓周儿　202-8
抓子儿　147-15
挝　232-14
爪尖儿　30-6

ZHUAN

专车　113-10
专栏　139-33
专名号　185-55
专业　178-11-15

专业技术军官符号　229-3
专业人员　109-54
专用码头　98-19
砖　88-48/89-26-33
砖茶　33-16/212-13
砖炕　43-24
砖墙　37-8
砖石窑洞　38-9-10
砖塔　199-4
砖瓦房　38-20
砖窑　102-2
转播　137-27
转换断层　264-11
转换开关　70-6
转身　153-23
转向灯　111-6
转向架　124-31
转辙器　122-41
转碟　144-7
转动鼓轮　145-48
转炉　262-8
转盘　69-14/70-14/263-12
转球　145-50
转台　192-4
转椅　51-10/109-13/145-51/170-3
转轴　95-56
转子　95-32
篆刻　186/186-53-65
篆刻家　186-58

ZHUANG

庄稼　17/17-1-48
庄稼地　102-1
庄稼人　102-22
桩锤　88-9
桩腿　263-44
桩寨　240-14
桩子　88-10
装版　141-7
装备　231
装裱　188
装订　140-9-44
装短袖　9-20
装甲兵　227-26
装甲工程车　241-5
装甲救护车　241-4
装甲人员输送车　241-1
装甲输送车　241-1
装甲侦察车　241-3
装甲指挥车　241-2
装饰袋　2-41
装饰扣儿　11-13

装填手　240-24
装卸工人　108-30
装卸式鱼竿　106-20
装袖　9-19
装药和电子组件　242-8
装运汽车的专用车　123-19
装载机　114-30
壮族　210-12
撞车　145-18
撞锁　67-17

ZHUI

追悼会　203-8-17
锥形烧瓶　182-29
锥子　13-18
坠琴　142-22/191-10
坠子　191-10

ZHUN

准星　234-2

ZHUO

捉蛟龙　146-33
捉迷藏　146-41
桌布　72-27/84-9/125-44
桌面　50-2
桌面儿　50-2
桌上电话　135-1-12
桌台插座　68-37
桌子　44-22/45-31/46-26/47-21/50/50-1-13/72-26/179-24
桌子腿　50-4
啄木鸟　283-23
着地　152-9/156-12
着陆灯　130-7
着陆发动机　248-17
着陆坡　157-21
着陆腿　248-16
着重号　185-51
镯子　14-7/125-23

ZI

咨询员　202-15
姿控发动机　248-12
姿控小火箭　249-7
子　259-45
子弹　234-32-37
子弹带　231-7
子房　292-27
子宫　173-17/273-23
子宫底　273-25
子宫肌层　273-27
子宫颈　273-24

ZI

子宫颈口　273-28
子宫帽　173-7
子宫腔　273-26
子爵-843　132-16
子母弹　235-53/239-59
子午仪　253-13
子叶　292-9
紫菜　28-13/304-1
紫貂　279-39
紫丁香　298-31
紫颊獴　281-13
紫罗兰　300-9
紫茉莉　299-24
紫苜蓿　300-15
紫萍　305-27
紫色　308-21
紫苏　301-10
紫藤　297-6
紫外线摄谱仪　250-3
紫薇　298-19
紫雪糕　32-16
紫玉兰　296-5
紫云英　300-13
紫竹　302-3
自导控制组件　242-6
自导鱼雷　236-13
自动包装机　98-45
自动步道　131-52
自动步枪　234-17
自动秤　63-22
自动冲洗机　141-50
自动扶梯　77-13
自动竿钓机　105-54
自动关门机　90-20
自动交换机　135-32
自动门　83-42
自动铅笔　177-12
自动手枪　234-29
自动售票机　133-22
自动洗碗机　70-27
自动照排机　141-46
自动照相排字机　141-46
自动装卸车　88-28
自动字符识别分拣机　133-33
自翻车　123-20
自航式水雷　242-25
自记气压计　257-40
自记湿度计　257-29
自记温度计　257-14
自来水笔　177-17
自来水管　49-5
自拍器　196-4
自喷井　263-34

自然　174-44
自然博物馆　197-1-10
自然常识　174-44
自然灾害　256
自升式钻井船　263-37
自卸低边车　123-20
自卸汽车　114-1-3
自行车　115
自行车比赛　167-5-6
自行车道　118-3
自行车商店　76-1
自行车修理铺　115-34
自行车执照　115-1
自行反坦克炮　235-30
自行高射炮　235-25
自行加榴炮　235-29
自行加农炮　235-28
自行榴弹炮　235-27
自行无坐力炮　235-26
自选动作　156-3-17
自选商场　77-21-24
自移式液压支架　261-14
自由式摔交　163-4
自由体操　156-4
自由泳　153-18
自装卸货车　114-12
字　185-10-12
字背　141-21
字腹　141-17
字沟　141-23
字谷　141-14
字号　141-12
字架　141-3
字肩　141-16
字脚　141-22
字谜　147-3
字面　141-13
字母旗　128-31
字牌　149-15-21
字盘　63-21/110-24
字盘案秤　63-20
字盘架　141-3
字数　140-53
字体　141-25-31/185-23-30
字帖　175-9
字纸篓儿　48-10/56-13/109-8

ZONG

宗教　204/205
综合训练器　155-23
棕榈　299-11
棕色　308-10
棕熊　281-40

棕竹　299-10
总编辑　140-1
总长　12-1
总服务台　83-22
总和　180-53
总机　135-26
总经理　109-16
总经理办公室　109-14
总开关　97-61
纵波　256-5
纵轴　181-11
棕子　27-13/200-30

ZOU

走道　125-37
走读生　179-14
走钢丝　144-30
走廊　84-28/85-57
走马灯　187-33
走私　224-23
走条钥匙　64-24

ZU

菹草　305-14
足弓　277-35
足球　160-54-61/160-57/175-15
足球场　160-54
足球鞋　160-56
卒　166-7
阻挡　161-12
阻拦装置　243-3
阻力伞舱　239-13
组合柜　52-19
组合家具　46-25/52-19
组合沙发　51-19
组合音响　48-26/69-12
组织钳　169-26
祖父　221-10
祖母　221-11
姐　198-31

ZUAN

钻圈　144-9
钻　92-1-8
钻床　94-8
钻杆　103-9/263-18
钻机　263-1
钻夹头　92-6
钻井船　263-35-44
钻塔　263-3
钻头　92-47/94-29/263-19

ZUI

ZUI

嘴　266-10/282-20
嘴唇　266-12/275-1-2
最低温度表　257-13
最高温度表　257-12
罪犯　226-22
醉瓜　21-45

ZUN

尊　198-15
樽　198-15

ZUO

左侧变窄　119-5
左肺　271-4
左冠状动脉　271-25
左轮手枪　234-26
左外场手　158-22
左舷　128-3
左心房　269-19/271-23
左心室　269-21/271-27
佐料　31-2-41
作法示意图　197-11
作件　94-13
作料儿　31/31-2-41
作业　174-19/260-23
作战地图　227-11
坐标　181-9
坐垫　55-2
坐垫儿　55-2
坐佛　205-15
坐骨神经　274-8
坐式便器　49-17
坐臀　30-12
坐药　172-5
坐椅　79-14
座刨　91-44
座号小条　126-24
座架　257-34
座头鲸　288-20
座位　73-1/112-26/121-39/130-31/178-37/195-22-24/218-8
座椅　125-3
座钟　42-16/46-10/64-29
做打糕　211-23
做鬼脸　207-8-9
做头发　79-55-60

B 型　269-28
BAe-146　132-17
BP 机　135-14
CT 机　169-54
f 孔　190-9
G 谱号　189-20
O 型　269-26
T 型交叉　119-2
T 恤　2-32
UHF 频道选择旋钮　138-13
V 字领儿　8-4
VHF 频道选择开关　138-12
X 射线流动车　113-23
X 线电子计算机断层扫描　169-54
x 轴　181-10
y 轴　181-11
30毫米机炮　239-21

기 타

A 型　269-27
AB 型　269-29

【中國語檢字表】

- 중국어 색인에 수록, 기재된 언어의 첫 문자를 총획순으로 배열하였다.
- 숫자는 중국어 색인 중에 수록, 기재된 페이지를 표시한다.

1획
- 一 ······ 583
- 乙 ······ 584

2획
- 二 ······ 521
- 十 ······ 564
- 丁 ······ 519
- 厂 ······ 510
- 七 ······ 556
- 八 ······ 503
- 人 ······ 559
- 入 ······ 560
- 儿 ······ 520
- 九 ······ 539
- 匕 ······ 506
- 几 ······ 534, 535
- 刀 ······ 516

3획
- 三 ······ 560
- 干 ······ 524, 525
- 士 ······ 564
- 土 ······ 572
- 工 ······ 526
- 下 ······ 577
- 寸 ······ 513
- 丈 ······ 589
- 大 ······ 514, 515
- 万 ······ 574
- 上 ······ 562
- 小 ······ 578
- 口 ······ 542
- 山 ······ 562
- 巾 ······ 538
- 千 ······ 557
- 川 ······ 512
- 个 ······ 526
- 勺 ······ 562
- 丸 ······ 574
- 广 ······ 528
- 门 ······ 549
- 尸 ······ 563

- 巳 ······ 567
- 弓 ······ 526
- 卫 ······ 574
- 子 ······ 538
- 孑 ······ 593
- 女 ······ 553
- 飞 ······ 522
- 习 ······ 576
- 叉 ······ 509
- 马 ······ 547
- 乡 ······ 577

4획
- 王 ······ 574
- 井 ······ 539
- 开 ······ 541
- 夫 ······ 524
- 天 ······ 570
- 元 ······ 587
- 无 ······ 575
- 云 ······ 588
- 专 ······ 593
- 扎 ······ 589
- 艺 ······ 584
- 木 ······ 550
- 五 ······ 575
- 支 ······ 590
- 不 ······ 508
- 太 ······ 569
- 犬 ······ 559
- 历 ······ 544
- 友 ······ 586
- 车 ······ 510, 540
- 巨 ······ 540
- 牙 ······ 581
- 戈 ······ 525
- 比 ······ 506
- 切 ······ 558, 558
- 瓦 ······ 573
- 止 ······ 591
- 少 ······ 562
- 日 ······ 560
- 中 ······ 591
- 贝 ······ 505
- 内 ······ 552
- 水 ······ 566

- 手 ······ 565
- 午 ······ 576
- 牛 ······ 552
- 毛 ······ 548
- 气 ······ 556
- 升 ······ 563
- 长 ······ 510
- 片 ······ 555
- 化 ······ 533
- 爪 ······ 593
- 反 ······ 521
- 介 ······ 538
- 父 ······ 524
- 从 ······ 513
- 分 ······ 523
- 公 ······ 526
- 仓 ······ 509
- 月 ······ 587
- 风 ······ 523
- 丹 ······ 515
- 乌 ······ 575, 576
- 勾 ······ 527
- 凤 ······ 523
- 六 ······ 545
- 文 ······ 575
- 方 ······ 522
- 火 ······ 534
- 斗 ······ 519, 519
- 计 ······ 535
- 订 ······ 519
- 户 ······ 532
- 心 ······ 579
- 尺 ······ 511
- 引 ······ 584
- 丑 ······ 512
- 巴 ······ 503
- 孔 ······ 541
- 队 ······ 520
- 办 ······ 504
- 书 ······ 565
- 幻 ······ 533

5획
- 玉 ······ 587
- 未 ······ 550

- 未 ······ 574
- 示 ······ 564
- 击 ······ 534
- 打 ······ 514
- 巧 ······ 558
- 正 ······ 590, 590
- 扑 ······ 556
- 功 ······ 526
- 去 ······ 559
- 甘 ······ 524
- 世 ······ 564
- 艾 ······ 503
- 古 ······ 527
- 节 ······ 538
- 本 ······ 506
- 可 ······ 541
- 左 ······ 595
- 石 ······ 564
- 右 ······ 586
- 布 ······ 508
- 夯 ······ 530
- 龙 ······ 546
- 平 ······ 555
- 灭 ······ 550
- 轧 ······ 581
- 东 ······ 519
- 匜 ······ 584
- 卡 ······ 540, 557
- 北 ······ 505
- 凸 ······ 572
- 旧 ······ 539
- 帅 ······ 566
- 目 ······ 551
- 旦 ······ 515
- 叶 ······ 583
- 甲 ······ 536
- 申 ······ 563
- 号 ······ 530
- 电 ······ 517
- 田 ······ 571
- 叩 ······ 542
- 叹 ······ 569
- 凹 ······ 503
- 囚 ······ 558
- 四 ······ 567
- 生 ······ 563
- 失 ······ 563

- 矢 ······ 564
- 丘 ······ 558
- 仗 ······ 589
- 代 ······ 515
- 仙 ······ 577
- 亿 ······ 525
- 仫 ······ 551
- 仪 ······ 584
- 白 ······ 504
- 斥 ······ 590
- 瓜 ······ 527
- 用 ······ 585
- 甩 ······ 566
- 印 ······ 585
- 乐 ······ 588
- 句 ······ 540
- 册 ······ 509
- 卯 ······ 548
- 犯 ······ 522
- 外 ······ 573
- 处 ······ 512
- 冬 ······ 519
- 鸟 ······ 552
- 包 ······ 505
- 主 ······ 592
- 市 ······ 564
- 立 ······ 544
- 闪 ······ 562
- 兰 ······ 543
- 半 ······ 504
- 头 ······ 572
- 汉 ······ 529
- 穴 ······ 581
- 写 ······ 579
- 礼 ······ 544
- 讯 ······ 581
- 记 ······ 535
- 司 ······ 567
- 尼 ······ 552
- 民 ······ 550
- 出 ······ 512
- 奶 ······ 551
- 加 ······ 535
- 皮 ······ 554
- 边 ······ 506
- 发 ······ 521, 521
- 孕 ······ 588

5획

圣	563	夹	536	爷	583	妇	524	把	504, 504
对	520	轨	528	伞	561	好	530	报	505
台	569	划	532, 533	肌	535	妈	547	拟	552
矛	548	毕	506	肋	543	戏	576	芙	524
母	550	尘	511	杂	588	羽	586	芫	582
幼	586	尖	536	负	524	观	527	芜	575
丝	567	光	528	各	526	买	548	苇	574
		早	588	名	550	红	531	芽	581
## 6획		吐	573	多	520	驯	581	花	532
		虫	511	色	561, 562	约	587	芹	558
邦	505	曲	558, 559	壮	593	纪	535	芥	524, 538
刑	579	团	573	冲	511, 511	巡	581	苍	509
动	519	同	572	冰	507			芡	557
圭	528	吊	518	庄	593	## 7획		艾	562
吉	535	吃	511	庆	558			芦	593
扣	542	吸	576	刘	545	寿	565	芦	546
扦	557	帆	521	齐	556	弄	553	劳	543
考	541	回	533	交	537	麦	548	克	541
托	573	则	589	次	513	玛	548	芭	503
老	543	网	574	衣	584	形	580	苏	568
巩	526	肉	560	亥	529	进	539	杆	525
执	590	年	552	充	511	戒	538	杜	520
扩	542	朱	592	问	575	远	587	杠	525
扫	561, 561	缶	524	羊	582	违	574	村	513
地	517	丢	519	关	527	韧	560	杖	589
扬	582	舌	563	米	549	运	588	杏	580
场	510, 510	竹	592	灯	516	扶	524	极	535
耳	521	乔	558	汗	530	坛	569	忙	548
芋	587	传	512	江	537	技	535	李	544
共	527	兵	555	汲	535	坏	533	杨	582
勺	562	休	580	池	511	扰	559	更	526
芒	548	伏	524	汤	569	拒	540	束	566
亚	581	臼	539	宇	586	批	554	豆	519
芝	590	延	582	守	565	扯	511	两	545
朴	556	伛	573	字	594	走	594	酉	586
机	534	伤	562	安	503	抄	510	丽	544
权	559	价	536	讲	537	攻	526	医	584
过	529	伦	547	军	540	赤	511	辰	511
再	588	华	532, 533	祁	556	折	589	歼	536
协	579	仰	582	农	553	抓	593	来	543
西	576	仿	522	设	563	扳	504	连	544
压	581	自	594	那	551	坎	541	轩	580
戌	580	伊	584	尽	539	坞	540	步	508
百	504	血	579, 581	导	516	抛	554	肖	579
有	586	向	577	异	584	投	572	旱	530
存	513	后	531	阮	560	坟	523	时	564
页	583	行	530, 579	孙	568	抗	541	助	593
夸	542	舟	592	阵	590	抖	519	里	544
灰	533	全	559	阳	582	护	532	围	574
达	514	会	534	收	564	扭	552	足	594
列	545	杀	561	阶	538	块	542	邮	585
死	567	合	526, 530	阴	584	声	563	男	551
成	511	企	556	防	522				

7획

听	571	应	585	纽	552	林	545	岸	503
吹	513	冷	544			枝	590	岩	582
别	507	序	580	**8획**		杯	505	罗	547
岗	525	辛	579			柜	528	帕	553
帐	589	间	536	玩	574	枇	555	购	527
财	508	羌	557	环	533	杵	512	贮	592,593
钉	519	判	553	武	576	板	504	图	572
针	589	兑	520	青	558	松	568	钎	557
牡	550	灶	588	现	577	枪	557	铋	562
告	525	弟	517	玫	548	构	527	钓	518
我	575	沤	553	表	507	枕	590	制	591
秃	572	沥	544	玦	540	衰	561	知	590
私	567	沙	561	盂	586	画	533	垂	513
每	549	汽	556	规	528	卧	575	牦	548
兵	507	汾	523	抹	547,550	刺	513	牧	551
体	570	泛	522	拑	525	枣	588	物	576
何	530	沟	527	拓	569	雨	587	刮	527
佐	595	沉	511	拔	503	卖	548	和	530
伸	563	怀	533	坦	569	矸	525	季	535
作	595	宋	568	担	515	郁	587	岳	588
伯	508	证	590	坤	542	矿	542	供	526,527
低	517	启	556	押	511	码	548	使	564
住	593	评	555	抽	511	厕	509	版	504
身	563	补	508	拐	527	奇	535	侄	591
皂	588	初	512	拖	573	垄	546	侦	590
佛	523	社	563	拍	553	妻	556	侗	519
伽	536	诊	590	顶	519	轰	531	侧	509
近	539	词	513	拥	585	转	593	佩	554
返	522	君	540	拘	540	斩	589	货	534
希	576	灵	545	抱	505	轮	547	的	517,517
坐	595	层	509	垃	542	软	560	迫	553
谷	527	屁	555	拉	542	到	516	往	574
含	529	尿	552	拦	543	鸢	587	爬	553
肝	524	尾	574	招	589	非	523	径	539
肛	525	改	524	坡	556	叔	565	舍	563
肚	520	陆	546	披	554	齿	511	金	538
肘	592	阿	503	拨	507	虎	532	刹	561
肠	510	陈	511	抬	569	肾	563	斧	524
龟	528	阻	594	拇	550	旺	574	爸	504
免	550	附	524	其	556	昙	569	采	508
角	537	坠	593	耶	583	果	529	受	565
条	571	陀	573	茉	550	味	574	乳	560
卵	547	忍	560	苦	542	昆	528	念	552
灸	539	鸡	535	苯	542	国	550	瓮	575
岛	516	纬	574	苹	555	明	584	肺	523
刨	505	驱	559	苜	551	咔	540	肱	526
迎	585	纱	561	苗	550	迪	517	肿	592
饭	522	纳	551	英	585	固	527	朋	554
饮	585	纵	594	直	590	呱	527	股	527
系	535,576	驳	508	茄	536,558	呼	531	肥	523
庀	576	纸	591	茎	539	鸣	550	服	524
床	513	纺	522	茅	548	咖	524,540	周	592
库	542	驴	546					鱼	586

8 획

字	쪽	字	쪽	字	쪽	字	쪽
兔	573	宝	505	珍	590	标	507
狐	532	宗	594	珊	562	柯	541
狗	527	定	519	玻	507	柄	507
狍	554	宜	584	毒	519	相	577, 577
狒	523	审	563	型	580	查	510
备	505	空	541, 542	挂	527	柚	586
饰	564	帘	544	封	523	柏	504
饲	568	实	564	持	511	栀	590
变	506	试	564	拱	527	枸	527, 527
京	539	肩	536	挝	593	栅	562, 589
店	518	房	522	项	578	柳	545
夜	583	衬	511	挎	542	柱	593
庙	550	视	564	城	511	柿	564
底	517	话	533	挠	552	栏	543
疙	525	诞	515	政	590	柠	552
剂	535	建	537	责	506	柽	511
卒	594	隶	544	挡	515	树	566
废	523	录	546	挺	572	勃	508
净	539	屉	570	括	542	咸	577
盲	548	居	540	拾	564	威	574
放	522	刷	566	挑	571, 571	盃	505
刻	541	弧	532	指	591	研	582
育	587	弥	549	垫	518	砖	593
闸	589	弦	577	挤	535	厚	531
闹	552	承	511	拼	555	砌	557
券	580	孟	549	挖	573	砂	561
卷	540	降	537	按	503	泵	506
单	515	函	529	挥	533	砚	582
炒	510	限	577	甚	563	砍	541
炊	513	妹	549	革	526	面	550
炕	541	姑	527	茜	557	耍	566
炎	582	姐	538	巷	578	牵	557
炉	546	姓	580	荚	536	残	509
浅	557	始	564	带	515	轱	527
法	521	驽	553	草	509	轴	592
河	530	虱	563	茧	536	轻	558
沽	589	驾	536	茼	572	韭	539
泪	543	参	508	茴	534	背	505, 505
油	585	线	577	荞	558	战	589
沿	582	练	544	茯	524	点	517
泡	554	组	594	茶	509	临	545
注	593	细	576	荠	535	竖	566
沱	573	织	590	荧	537	省	563
泌	549	终	592	茨	513	削	578, 581
泳	585	驼	573	荡	516	哑	581
泥	552	绍	563	荚	585	显	577
沼	589	经	539	故	527	冒	548
波	507			胡	532	映	585
泼	556	**9 획**		荔	544	星	579
治	591			南	551	昂	548
快	542	契	557	茳	531	胃	574
性	580	春	513	药	583	贵	528
学	581	玳	515			界	538

9 획

字	쪽
虹	531, 537
虾	577
虻	549
蚁	584
蚂	548
咽	581
响	577
哈	529, 529
咬	583
哪	552
炭	569
罚	521
贴	571
贻	584
骨	527
幽	585
钝	520
钞	510
钟	592
钢	525
钥	583
钨	575
钩	527
卸	579
缸	525
拜	504
看	541, 541
矩	540
毡	589
氟	524
氢	558
牲	563
选	580
秒	550
香	577
种	592
秋	558
科	541
重	511, 592
复	524
竿	525
段	520
便	507
顺	567
修	580
保	505
俄	520
俗	568
信	579
皇	533
鬼	528
禹	587
追	593

9 획

盾	520	炸	589,589	绕	559	栓	566	赃	588
待	515	炮	554	绘	534	桧	528	钱	557
律	546	剃	570	给	535	桃	570	钲	590
须	580	洪	531	络	547	桉	574	钳	557
舢	562	洒	560	骆	547	桩	593	钵	507
剑	537	浇	537	绞	537	校	538,579	铍	508
逃	570	洞	519			核	530	钺	588
俎	594	测	509	## 10 획		样	583	钻	594
食	564	洗	576			根	526	铁	571
盆	554	活	534	耕	526	索	568	铃	545
胚	554	派	553	耗	530	哥	526	铅	557
胆	515	济	535	耙	504,553	速	568	钷	524
胖	554	洋	582	挡	515	高	544	缺	559
脉	548	洲	592	珠	592	豇	537	氧	582
胫	539	浑	534	珞	547	逗	519	氨	503
胎	569	浒	532	班	504	栗	544	特	570
匍	556	恒	531	素	568	配	554	造	589
狭	577	举	540	蚕	509	翅	511	乘	511
狮	563	宣	580	匪	523	夏	577	秤	511
独	519	室	564	栽	588	砝	521	秧	582
贸	548	宫	526	捕	508	砧	590	积	535
急	535	突	572	载	588	破	556	秘	549
饸	530	穿	512	起	556	原	587	透	572
饺	537	客	541	盐	582	套	570	笔	506
饼	507	冠	528,528	捏	552	烈	545	笊	589
弯	573	语	587	提	593	顾	527	笋	568
将	537	扁	506	埧	581	轿	538	笆	503
奖	537	祖	594	换	533	顿	520	债	589
哀	503	神	563	挽	574	趸	520	借	538
亭	572	祝	593	热	559	致	591	值	591
亮	545	诱	586	恐	542	柴	510	倾	558
度	520	说	567	捣	516	桌	593	倒	516
庭	572	退	573	壶	532	鸫	546	俱	540
疟	586	屋	575	耻	511	监	536	候	531
咨	593	屏	555	荸	506	紧	539	倭	575
姿	593	屎	564	莲	544	党	515	俯	524
亲	558	眉	548	芮	575	晒	562	倍	506
音	584	陨	588	荷	530	眩	581	健	537
施	564	除	512	莜	586	鸭	581	臭	512
闻	575	院	587	真	590	晃	533	射	563
阀	521	娃	573	纯	513	哐	562	舰	537
阁	526	姥	543	框	542	跶	568	舱	509
差	509	姨	584	梆	505	蚜	581	航	530
养	582	怒	553	桂	528	蚝	530	拿	551
美	549	架	536	桔	538	蚧	538	爱	503
姜	537	贺	530	栖	556	蚊	575	豺	510
送	568	羿	584	桡	559	哨	563	豹	505
籼	577	勇	585	档	516	唢	568	胰	584
迷	549	柔	560	桐	572	唁	582	胭	582
前	557	垒	543	栝	527	崂	543	脂	590
首	565	绑	505	桥	558	峨	520	胸	580
总	594	绒	560	桦	533	圆	587	胳	524,526
炼	544	结	538	桁	531	贼	589	脐	556

10획

胶	537
脑	552
狰	529
狼	543
鸵	573
留	545
鸳	587
恋	544
桨	537
浆	537, 537
高	525
席	576
准	593
座	595
脊	535, 535
病	507
离	544
唐	569
瓷	513
凉	545
站	589
竞	539
旁	554
旅	546
畜	512, 580
阅	588
羔	525
瓶	555
拳	559
粉	523
料	545
朔	567
烤	541
烘	531
烧	562
烛	592
烟	581
烙	543
涝	543
酒	539
消	578
涡	575
海	529
涂	572
浴	587
浮	524
流	545
润	560
浣	533
涨	589
烫	570
宽	542
家	536

窄	589
容	560
案	503
扇	562
袜	573
袖	580
被	506
课	541
冥	550
调	519, 571
剥	507
展	589
剧	540
屐	535
陵	545
陶	570
娱	586
娥	520
畚	506
通	572
能	552
预	587
桑	561
绢	540
绣	580
验	582
绦	570

11획

彗	534
春	511
球	558
理	544
琉	545
描	550
捺	551
排	553, 553
捶	513
推	573
堆	520
授	565
捻	552
教	538
掊	557
接	538
掷	591
掸	515
控	542
探	569
职	591
基	535
勘	541

著	593
菱	545
勒	543
黄	533
菖	510
萝	547
菌	540
菜	508
菊	540
菩	556
萍	555
菹	594
菠	507
萤	585
营	585
萨	560
梧	505
梧	575
梢	562
梅	548
检	536
梳	565
梯	570
桶	572
梭	568
救	539
曹	509
副	524
票	555
厢	577
硅	528
硕	567
鸸	521
瓠	532
盔	542
厩	539
盛	511
區	506
雪	581
辅	524
堑	557
颅	546
雀	559
堂	569
常	510
晨	511
眼	582
悬	580
野	583
曼	548
晚	574
啄	593
距	540

趾	591
蛆	559
蚰	586
蚱	589
蚯	558
蛇	563
蛏	511
鄂	520
唱	510
唾	573
啤	555
崖	581
崩	506
婴	585
圈	559
铓	548
铙	552
铜	572
铝	546
铠	541
铡	589
铣	576, 577
铰	537
铲	510
银	584
甜	571
梨	544
犁	544
移	584
笸	556
笼	546
笛	517
笙	563
符	524
笥	568
第	517
笤	571
迓	506
做	595
袋	515
偶	553
傀	542
偷	572
售	565
停	572
偏	555
兜	519
假	536
得	516
盘	553
船	512
舷	577
舵	520

斜	579
盒	530
鸽	526
彩	508
领	545
脚	537
脖	508
豚	573
脸	544
脱	573
象	578
猜	508
猪	592
猎	545
猫	548
凰	533
猝	563
猕	549
馄	534
馅	577
减	536
毫	530
麻	547
痒	583
廊	543
康	541
鹿	546
章	589
商	562
旋	580, 581
望	574
着	593
羚	545
盖	524
粘	552, 589
粗	513
断	520
剪	536
兽	565
焊	530
烽	523
清	558
鸿	531
淋	545
渠	559
混	534
渔	586
淘	570
液	583
淡	515
淀	518
深	563
涮	566

11획

婆	556	握	575	喇	543	釉	586	编	506
梁	545	揉	560	晾	545	番	521		
渗	563	斯	567	景	539	释	564		
情	558	联	544	跗	524	禽	558		
悼	516	葫	532	跑	554	貂	518	瑟	561
惯	528	散	561	遗	584	腊	543	摄	563
寅	584	葛	526, 526	蛙	573	腌	582	塌	568
寄	535	葡	556	蛱	536	腓	523	摁	520
宿	568	敬	539	蚰	559	胭	528	鼓	527
窑	583	葱	513	蛄	542	脾	555	摆	504
密	549	落	547	蛤	526, 529	腋	583	摇	583
祫	557	萱	580	喂	575	腕	574	搪	569
谜	549	戟	535	喉	531	鱿	586	摊	569
逮	515	朝	510	嵌	557	鲀	573	蒜	568
弹	515, 569	葵	542	帽	548	鲁	546	勤	558
随	568	棒	505	黑	530	猩	579	靴	581
蛋	515	棱	544	铸	593	猴	531	靶	504
隐	585	棋	556	铺	556, 556	觚	527	蓝	543
婚	534	椰	583	链	544	馈	542	墓	551
姊	563	植	591	锁	568	装	593	幕	551
颈	539	森	561	锄	512	童	572	蓐	506
骑	556	椅	584	锅	528	颏	541	蓟	535
绳	563	棍	528	锉	513	阑	543	蓬	554
维	574	棉	549	锋	523	阔	542	蓑	568
绵	549	棚	554	铜	536	普	556	蒿	530
绶	565	棕	594	锐	560	粪	523	蒺	535
绷	506	棺	528	掰	504	尊	595	蒟	540
绸	512	棣	517	短	520	道	516	蓄	580
综	594	椭	573	智	591	鹆	570	蒲	556
绿	546	粟	568	毯	569	港	525	蒙	549
巢	510	酢	513	氮	515	湖	532	蒸	590
		酥	568	犍	537	湿	564	楔	579
12획		厨	512	鹅	520	温	575	椿	513
		硬	585	稍	562	滑	532	禁	539
琵	555	硫	545	稀	576	渡	520	楚	512
琴	558	雁	582	筐	542	游	586	楷	541
斑	504	裂	545	等	516	寒	529	槐	533
氰	587	雄	580	筛	562	富	524	槌	513
塔	569	辊	528	筒	572	窝	575	榆	586
越	588	暂	588	筏	521	窗	512	楼	546
超	510	雅	581	筝	590	扉	523	椽	512
提	570	翘	558	傣	515	裕	587	蜃	563
堤	517	紫	594	傈	544	裤	542	感	525
博	508	凿	588	牌	553	裙	559	碑	505
喜	576	敞	510	集	535	裸	547	碉	518
揿	558	赏	562	焦	537	谢	579	碎	568
插	509	掌	589	傍	505	犀	576	碰	554
揪	539	晴	558	储	512	强	557	碗	574
搜	568	最	595	奥	503	疏	566	碌	546
裁	508	量	545, 545	街	538	隔	526	鹌	503
搁	526	鼎	519	御	587	嫂	561	雷	543
搓	513	喷	554	畲	563	登	516	零	545
壹	584	晶	539	领	530	缆	543	雾	576

13 획

雹	505	遙	583	赫	530	饅	548	橫	531
輻	524	貉	530	截	538	裏	529	槽	509
輸	566	腰	583	摔	566	豪	530	櫻	585
頻	555	腮	560	聚	540	膏	525	橡	578
虞	586	腹	524	蔓	548	遮	589	樟	589
鉴	537	腿	573	蔚	575	腐	524	橄	525
瞄	550	鲇	552	榛	590	瘦	565	敷	524
睫	538	鲈	546	模	550, 550	瘊	531	豌	573
睡	567	鲌	508	榴	545	辣	543	飄	555
愚	586	鮑	505	檳	507	端	520	醋	513
戡	516	鲐	569	榨	589	旗	556	醉	595
歇	579	魷	526	榕	560	精	539	磕	541
暗	503	觸	512	歌	526	粽	594	磙	528
照	589	解	538	酵	538	漆	556	磅	505
跨	542	雉	512	酸	568	漱	566	碾	552
跪	557	酱	537	碟	519	漂	555	震	590
跳	571	痰	569	磁	513	滴	517	霉	549
路	546	新	579	殯	507	演	582	辘	546
跟	526	韵	588	辕	587	漏	546	題	570
蜈	575	意	584	蛰	523	慢	548	暴	505
蜗	575	誉	570	翡	523	赛	560	影	585
蛾	520	粳	539	雌	513	蜜	549	踝	533
蜉	524	粮	545	暖	553	褐	530	踢	570
蜂	523	数	566, 566	蜻	558	谱	556	踏	569
蛹	557	煎	536	蜡	543	屣	576	踩	508
蛹	585	塑	568	蚓	528	隧	568	蝶	519
嗅	580	慈	513	蝇	585	嫩	552	蝾	560
嗓	561	煤	548	蜘	590	嫦	510	蝴	532
罪	595	满	548	蝉	510	翠	513	蜥	543
罩	589	滇	517	鹗	520	熊	580	蝠	524
蜀	566	滤	547	嘛	547	凳	516	蝎	579
骰	572	溪	576	罂	585	骡	547	蝌	541
锚	548	溜	545	骶	517	缩	568	蝮	524
锡	576	滚	528	锹	558			蝗	533
锢	527	溶	560	镀	520		**15 획**	蝼	546
锣	547	滩	569	镁	549	楼	546	蝙	506
锤	513	裱	507	舞	576	髻	559	墨	550
锥	593	福	524	稳	575	撕	567	镢	552
锦	539	群	559	熏	581	撒	560, 560	镇	590
键	537	障	589	箕	535	撑	511	镜	570
锯	540	嫌	577	算	568	撮	513	镐	525
矮	503	嫁	536	笋	547	撬	558	靠	541
雉	591	叠	519	箪	515	播	508	稻	516
筵	553	缝	523	管	528	擒	558	黎	544
签	557			箜	541	墩	520	稿	525
简	536		**14 획**	箫	578	撞	593	箱	577
筷	542			僧	561	增	589	箭	537
舅	540	耥	569	鼻	506	鞋	579	篆	593
鼠	566	静	539	睾	525	鞍	503	躺	570
催	513	瑶	583	膀	554	蕨	540	德	516
傻	562	葵	503	鲜	577	蕨	535	鹈	583
微	574	墙	557	鲛	503	蔬	566	膝	576
艇	574	撇	555	獐	589			鲢	544

15 획

鯉	536	簣	527	鰓	560	鱅	543	
鮒	564	籃	543	鰐	520	鰾	507	
鯉	544	篷	554	鯿	506	鱈	581	
鯽	535	篙	525	叅	592	鰻	548	
熟	566	篇	544	麇	549	鱅	585	
摩	550	盥	528	麇	549	蟹	579	
瘟	507	儒	560	辨	507	顫	510	
顔	582	衡	531	糟	588	麒	556	
糊	532	雕	518	糠	541	羹	526	
糌	588	鲮	545	臀	573	爆	505	
潛	557	鲱	523	臂	506	襦	560	
潮	510	鲳	510					
鯊	562	鯨	539	**18 획**		**20 획**		
額	520	鷗	589					
襦	538	磨	550, 550	藕	553	髮	507	
熨	588	療	547	鞭	506	巖	577	
劈	554	辯	507	藜	544	孏	582	
履	546	樻	509	藎	538	黽	573	
屨	540	糖	569	藤	570	籍	535	
		燃	559	疆	537	齟	575	
16 획		澡	588	蹦	506	鰍	528	
		激	535	蹠	590	鱗	545	
螯	503	懶	543	蟛	554	獼	533	
擤	525	褶	589	蟠	553	魔	550	
操	509	壁	506	鏝	534	糯	553	
磬	558	避	506	鐲	593	灌	528	
顫	552	縫	537	鎌	544	譬	506	
鞘	558	繳	538	翻	521			
燕	582			鷹	585	**21 획**		
薯	566	**17 획**		癲	543			
薏	584			糧	537	霸	504	
薤	575	擦	508	瀑	556	露	546	
薄	505, 508	鞠	540	襟	539	髓	568	
樹	512	藏	509, 588	壁	506	鰥	525	
檜	546	檐	582	戳	513	麝	563	
樽	595	檩	545	彝	584			
橙	511	檀	569			**22 획**		
橘	540	磷	545	**19 획**				
整	590	霜	566			蘸	589	
瓢	555	鼾	559	攢	513			
霓	552	瞭	545	韝	527	**23 획**		
餐	508	瞳	572	警	539			
嘴	595	螳	570	磨	550	顴	559	
蹄	570	螺	547	藻	588	罐	528	
螨	548	蟋	576	攀	553	纓	582	
蟒	548	蟑	589	礤	508	纘	576	
螃	554	簧	533	鼈	507			
噪	589	簸	550	蹲	520	**24 획**		
鸚	585	簋	528	蹭	516			
鐺	570	繁	521	蟾	510	蠹	520	
鏡	539	鴯	537	髖	542	蠵	576	
贊	588	徽	533	憊	507			
穆	551	爵	540	簸	508			

26 획

25 획

饢	552
钁	540

26 획

蠼	559

●한국어 색인●

● 본 사전에 수록된 중국어에 대응하는 번역을 가나다 순으로 배열하였다.
● 알파벳이나 숫자로 표기되는 색인어는 한글 발음의 해당 위치에 배열하였다.
● 숫자는 항목번호(고딕체)-색인어 번호를 표시하였다.

가

가게 앞 74-1-4
가격표 23-1, 32-2, 74-25
가공물 94-13
가교 전차 240-7
가구점 75-24
가금 운반 화차 123-14
가는가래 305-15
가는 괘선 141-32
가는대안장버섯 307-12
가는도마뱀 284-27
가는 빗 79-33
가는쑥부쟁이 301-32
가는 침 171-36
가는 파 18-32
가늘게 썰기 36-8
가늠쇠 234-2
가늠쇠 구멍 234-47
가늠자 234-6
가도 118-13-14
가동교 120-39-41
가두리 106-39
가두리 양식 106-38
가디건 2-39
가락이 없는 장갑 5-11
가랑이 관절 267-43
가랑이 길이 12-5
가랑이 아래 단 12-16
가랑이 윗부분 길이 12-4
가래 삽 99-18, 103-30
가래질 103-29
가로 조판 139-20
가로 족자 188-18
가로 편액 188-19
가로등 118-9, 120-5
가로로 건 편액 178-2
가로수 118-14
가로수 길 102-50, 118-13

가로형 문고리 90-15
가로획 185-32
가루 백설탕 31-14
가루분 15-25
가루비누 57-33
가루약 172-2, 172-18
가름 빗 79-35
가리맛 287-13
가리비 287-9
가림식 머리 16-17
가마 266-43
가마 구멍 44-13
가마 뚜껑 44-19
가마목 44-12
가마빗자루 44-14, 45-1
가마우지 106-6, 215-40, 282-18
가막조개 287-24
가반식 살수 장치 100-47
가발 192-42
가방 65-1-15
가방 뚜껑 65-9
가법 180-21
가법 기호 180-22
가벼운 아침 식사 23-33
가변익기 239-47
가봉한 걸 입어보다 13-23
가분수 180-20
가사 189-25
가선 124-41
가속 장치 111-49
가솔린 118-48, 263-52
가솔린 기관 95-17, 104-16
가솔린 엔진 95-17, 104-16
가수 189-7
가숭어 285-28
가스관 49-4
가스등 68-52
가스 라이터 61-44
가스로 71-29

가스 마스크 98-51
가스 맨틀 68-53
가스 미터 45-21
가스버너 182-8
가스 봄베 35-17
가스 온수기 49-2
가스 용접용 보호 안경 93-55
가스의 개폐 장치 45-22
가스 절단기 93-54
가스 제트 노즐 249-20
가스 키 71-35
가스 탱크 98-21
가스 테이블 45-23, 71-29
가스통 35-17, 71-36
가슴 266-15
가슴두렁이 4-14
가슴두렁이 달린 스커트 4-13
가슴 둘레 12-10
가슴살 30-45
가슴 장식 215-43
가슴 주름 1-4
가슴지느러미 286-38
가슴 포켓 10-9
가슴 포켓 2-16
가슴 포켓 2-30
가슴폭 12-9
가슴 프로텍터 158-33
가습함 74-20
가시껍질 295-22
가시말 305-16
가압 산소 공급 마스크 231-30
가야금 211-37
가야재탕 25-13
가열기 150-43
가열로 262-16
가용 전기 상점 75-21
가운 2-58
가운데 가름 16-2
가운데 가슴 290-18

가운데날개덮깃 282-26
가운데 문 112-6
가운뎃다리 290-21
가운뎃손가락 277-18
가위 13-13, 177-45, 187-43, 207-29, 58-19
가위바위보 207-27
가위표 185-59
가을 259-43
가을의 성좌 246-1
가이드 83-18
가잠 291-20
가재 289-5
가정교사 175-19
가제 257-23
가족 226-14
가족 사진 43-3
가죽 구두 7-1
가죽 띠 65-11
가죽 벨트 11-26
가죽 샌들 7-39
가죽 신발 213-11
가죽 장갑 5-13, 213-12
가죽 주머니 213-10
가죽 지갑 65-28
가죽 케이스 196-8
가죽제 숄더 백 213-9
가죽제 시곗줄 64-14
가지 19-26
가지 뻗은 곳 293-10
가지연 305-3
가지치기 107-17
가짜 수염 193-16-18
가축 두엄 102-35
가축 우리 40-18
가축 운반차 114-24
가축 운반 화차 123-13
가축이 끄는 수레 117-15-21
가축 차량 통행 금지 119-21
가택 수색 225-3
각 181-17
각광 192-14
각기둥 181-52
각도기 177-43
각도형 머리 16-16
각루 199-14
각막 276-26
각반 209-12
각부 263-44

각뿔 181-56
각설탕 31-17, 32-39
각 장롱 52-13
각재 89-45
각주 181-52
각줄 93-22
각추 181-56
각 층의 프론트 84-22
각형 삽 91-2
간균 306-8
간선 수로 102-51
간수 225-26, 226-21
간식점 75-3
간의 253-18
간이 식당 145-30
간이 중경용 가래 101-21
간이침대 53-11
간자 오렌지 22-6
간장 23-5, 31-10, 270-25, 271-7, 272-37, 286-47
간장병 72-12
간장종지 60-23
간접 뜸 171-27
간지 259-36
간체자 185-10
간초 155-5, 179-31
간판 74-1, 122-9, 168-5
간헐천 264-27
간호원 168-32
간호원 모자 168-33, 170-20
간호원복 170-19
간호원실 168-31
간호원 제복 168-34
간호인 168-32
갈(한자 필획) 185-38
갈고랑이 232-13, 232-14
갈고리 232-9
갈대 305-22
갈대 발 55-9
갈대 생황 215-55
갈대 줄기 103-62
갈래곰보 304-10
갈레오피테쿠스 280-6
갈색곰 281-40
갈치 285-10
갈퀴 99-5-8, 99-8, 209-16
갈탄 261-28
감 씨 21-31
감(鑑) 198-22

감(나무) 298-24
감꼭지 21-30
감독 137-11, 159-15, 192-34
감독망 81-22
감독소 77-7-8
감란 300-7
감란(나무) 297-15
감람 22-13
감람깃 8-16
감률(甘栗) 26-29
감방 226-17
감법 180-25
감법 기호 180-26
감부지아 286-19
감속 낙하산 238-12
감속 양보 119-31
감속 패러슈트 236-15
감시대 107-8
감시소 222-61
감시원 154-7
감시 창 195-13
감시 초소 226-2
감시탑 154-6, 222-55, 226-7
감옥 226-1
감은 단설기 27-42
감자 17-45
감자무당벌레 290-56
감찰 115-25
감찰 번호 115-26
감탄 부호 185-42
감태 304-18
갑골문 185-23
갑골 문자 197-16
갑상선 270-16
갑상 연골 272-12
갑옷 232-18
갑판 128-6
갓 19-13, 211-12
갓난아기 173-26
갓뿌리 18-8
갓의 변종 19-12
갓 절임 31-45
강 265-43-45
강관 122-28
강관 262-19
강괴 262-10
강궁(强弓) 쏘기 144-31
강낭콩 17-29, 20-12
강냉이대벌레 291-8

강당 174-24	개자리 300-15	198-33
강둑 265-46	개찰 122-5	거울통 184-21
강리 304-7	개찰계 122-7	거위 282-45
강변 265-20	개찰구 121-19, 122-6	거위 알 30-49
강변 모래사장 265-47	개채 19-11	거적 40-26, 55-8
강보 211-17	개탕대패 91-41	거주구 243-16
강아지 143-9, 148-15	개폐교 120-40	거즈 170-25
강아지자리 245-24, 246-33	개학식 174-24-29	거짓말 탐지기 222-46
강아지풀 302-10, 302-12	개화찐빵 27-1	거터 161-56
강의 요강 178-30	객선 127-15	거트 160-28
강의 제방 265-46	객실 128-19, 130-29	거푸집용 판 88-20
강의 중심부 265-34	객실계 84-23	건강 신고서 224-29
강조 부호 185-51	객실 예약계 83-30	건강 체조 155-15
강준치 286-11	객실의 도어 84-25	건구 온도계 257-20
강 줄자 92-16	객차 122-14, 123-1-10, 124-4	건국 기념일 200-14-19
강철 끌 91-53	갠트리(gentry) 96-24, 105-25	건국수 23-6, 25-3
강치 288-13-14	갠트리 크레인 96-23, 107-12	건널목 122-50
강판 262-18	갯가재 289-8	건널목 경비원 122-53
강판 압연기 262-17	갯장어 285-11	건널목 자동 신호기 122-51
강편(鋼片) 262-13-14, 262-14	갯지렁이 291-52	건널목 접근 표지 122-58
강편 압연기 262-33	갱도전 228-7	건널목 차단기 122-52
강필 177-63	갸름한 얼굴 278-25	건 도크 127-17
강화 유리문 70-13	거꾸로 서기 155-18	건물 모서리의 망루 121-5
개 259-55, 279-1-10	거들 3-13	건물 번호 41-11
개가식 서적 178-51	거듭제곱 180-34	건반 악기 190-31-39
개간 103-1	거라오족 210-11	건새우 28-19
개구리 284-35-44	거래소 직원 81-28	건 선거 127-17
개구리밥 305-27	거룻배 108-10, 129-30	건설형 124-16
개구리헤엄 153-19	거름 바가지 100-21	건습계 257-19
개기 월식 247-12	거름 삽 100-7	건습구 습도계 257-19
개기 일식 247-2	거름 줍기 103-14	건어 가공 106-52
개나리 298-26	거름 줍기 삽 103-16	건전지 68-41-47
개두 207-2	거름 키 100-6, 키 103-15	건조기 182-41
개똥벌레 290-51	거름통 87-8, 100-20, 102-18	건조용 접이 선반 103-46
개람 19-9	거리계 111-62	건조장 102-40
개머리판 234-14	거리 사진점 78-28	건 집게 169-27
개미 291-50	거머리 291-53	건초용 포크 104-25
개미핥기 280-25	거문고자리 245-9, 246-20	건축 공사 현장 89-1
개복치 285-41	거미 291-59	건축 노동자 88-14
개봉 테이프 35-6	거버너 124-28	건축 재료 89-26-56
개색로 169-8	거베라 301-29	건판 78-7
개수대 57-3	거북 284-4	건판기 141-56
개아그배 21-18	거상 51-22	건포도 26-25
개암 22-40	거수 207-14	걸그물 105-41
개암버섯 307-27	거실 46-1-30	걸기 끈 188-6
개양귀비 300-4	거여목 300-15	걸레 44-33, 56-8
개요 139-27, 140-45	거염벌레(야도충) 291-3	걸상 43-8, 47-15, 51-20-23,
개의 곡예 143-8	거울 43-10, 49-27, 84-33,	80-19, 168-19, 170-4,
개인 경영자 77-6	84-69, 121-41, 143-22,	173-29

607

걸상 받치기 곡예 144-35
걸쇠 63-9, 90-10
걸이 63-9
걸이 냄비 59-13
걸이대 52-3
걸이 자루 59-14
걸총 234-20
검 162-27-29, 232-7
검 모양 눈썹 278-1
검무 194-14
검문 중 119-29
검사 225-17
검사원 168-42
검사 접수 창구 168-52
검술 162-19
검시 222-37
검신 164-4
검역관 131-29
검역소 131-28
검은 건반 190-33
검은나팔버섯 307-17
검은담비 279-39
검은 돌 166-12
검은 칸 166-18
검자루 164-6
검찰 직원 225-4
검찰청 225-1
검표계 195-5
겉겨 17-4
겉깃 13-32
겉벼 17-3
겉솥 70-17
겉씨 식물 292-7
겉표지 140-16, 140-27
게 289-9-18
게 바구니 106-13
게라쇄 140-7
게릴라 228-6
게릴라전 228-5
게발 모양의 칼라 8-13
게발선인장 300-29
게시판 98-39, 121-49, 179-30, 218-22
게시판(발차 번선·개찰 개시 시각 등의) 122-2
게이트 97-3, 131-16
게이트 볼 161-24
게일 122-43
게임 소프트웨어 147-18

게자리 245-23, 246-32
게잡이몽구스 281-14
게트르 209-12
겨 체 100-2
겨드랑눈 292-18
겨드랑이 266-20
겨드랑이 털 266-19
겨우살이 297-21
겨울 259-44
겨울의 성좌 246-2
겨자종지 60-26
겨자탄 235-61
겨잣가루 31-33
격검 152-36, 164-1-12
격검복 164-12
격검 선수 164-9
격검장 164-7
격납고 131-11
격리창 168-38
격발 장치 234-50
격발기 234-24
견갑골 267-3
견본 사진 78-30
견오조 282-17
견우 206-16
견우성 245-37, 246-26
견인 고리 111-27
견인 자동차 114-4
견인 훅 111-27, 241-16
견인차 114-13
견인차 통행 금지 119-19
견장 2-44, 217-22, 222-13, 227-42
견직물 상점 76-13
견학자 109-48, 197-3
결각 141-18
결막 276-24
결승 기둥 151-21
결승 테이프 151-20
결장 272-45-47
결찰 수술 173-12
결혼 202-14-41
결혼 기념사진 78-21, 202-18
결혼 등록 202-16
결혼반지 202-20
결혼상담소 202-14
결혼식 202-21, 204-21
결혼 증명서 202-17, 219-21
결혼 축하 선물 202-35

결혼 피로연 202-23
결후(結喉) 266-47
겸용복 2-12
겸용 안경 14-21
겸용옷 1-37
겸용 장롱 52-11
겸용차 113-21
겹눈 290-14
경각(鏡脚) 184-29
경계 166-6
경계 레이더 237-10
경계표지 119-1-15
경고등 223-22
경골 267-15
경골 신경 274-10
경관 제복 222-16
경구 피임약 173-3
경구개 275-9, 276-48
경기관총 234-42
경기용 권총 151-17
경기장 156-1
경대 47-14, 184-29
경덕진산의 도자기 187-3-4
경례 207-12-13
경륜 205-40
경마 167-3, 212-53
경보 152-34
경비 222-19
경비원 218-12
경사도표 122-57
경사로 38-5
경사 벨트 컨베이어 97-21
경사 장력 케이블 120-37
경선 264-42
경쇠 191-45
경식 노점 76-23
경식당 75-2
경영 관리 위원회 98-54
경운기 101-6
경유 263-55
경음기 사용 금지 119-26
경작 102-7
경적 111-44
경적 금지 119-26
경적 표지 122-59
경전차 240-4
경조 전보 136-11-12
경주로 151-3-4
경차량 길 119-38

경찰 간부와 경관 222-3
경찰견 222-32
경찰견 조련사 222-33
경찰 램프 222-6
경찰봉 222-26
경찰서 222-1
경찰차 113-28-30
경첩 14-19, 90-1-5
경추 267-20
경쾌차 115-54
경통 184-21
경폭격기 239-31
경품부 연하 엽서 134-16
경호 191-6
경화 82-31-45
경화의 이면 82-33
경화의 표면 82-32
계곡 265-10
계기 바늘 257-27
계기반 130-28
계기판 111-58
계단 39-25, 41-32, 112-13, 121-21, 122-23, 130-18
계단 교실 178-28
계단식 밭 265-40
계단의 난간 41-33
계단의 창문 41-18
계단의 층계참 41-34
계란 선반 70-38
계량 컵 70-21
계류 로프 238-19
계류식 기뢰 242-26-30
계류식 촉각 기뢰 242-26
계류탑 238-27
계류 케이블 242-30
계산대 23-3, 74-16-23, 77-15, 79-21
계산원 77-22, 79-23
계산자 177-53
계산척 177-53
계선 부이 127-31
계선 부표 127-31
계선주 105-5, 127-14
계수나무 296-10
계시기 164-17
계시원 153-7
계약서 109-61
계약 체결 109-58
계약 택시 83-9

계원 186-34
계자 코일 95-36
계절 꽃 149-25
계조 297-23
계좌 번호 81-29
계피 31-38
계화진주 34-11
계획 출산 173-1
고 198-18
고가 사다리차 114-15
고감도 지향성 안테나 250-13
고개 265-50
고객 74-8, 77-12, 81-5, 83-39, 171-9
고공 정찰 기구 238-23
고구마 17-43
고구마 줄기 17-44
고구서 140-5
고글 14-27, 157-7, 165-4
고금 191-50
고급 장정본 140-24
고기떡 24-48
고기 만두 24-3
고기소 24-4
고기압 258-3
고기 요리용 나이프 60-59
고니머리금붕어 286-33
고대 악기 191-42-52
고대 인류 197-7-10
고도 측정 레이더 237-14
고두 207-3
고두 금붕어 286-26
고드름 254-20
고등어 285-19
고딕체 141-25
고라니 280-17
고래 288-18-21
고래자리 246-29
고량 17-17
고량미 23-31
고량·수수의 이삭 17-18
고량·수수의 줄기 17-19
고량엿과자 26-11
고로 262-1
고루 85-51, 199-13, 205-3
고리 65-10, 96-3, 11-24, 111-31
고리 던지기 148-22
고리매 304-19

고리 모양의 옥 198-34
고리 모양의 자물쇠 115-29
고리 모양의 훅 67-14
고리 소시지 30-27
고리형 산 248-3
고릴라 280-9
고막 276-64
고명 31-2-41
고모 221-17
고모부 221-16
고무 골무 177-70
고무 롤러 186-41
고무 바닥 군화 231-8
고무 밴드 110-9
고무 장화 7-51
고무 호스 88-44
고무가 든 부츠 7-21
고무공 146-4, 170-16
고무관 71-33, 182-31
고무끈 58-17
고무나무 295-27
고무나무 열매 295-28
고무래 99-9
고무보트 154-17
고무제의 탕파 169-42
고무줄 146-8
고무줄 넣은 바지 4-17
고무줄 뛰기 146-7
고무풀 115-49
고무호스 57-2
고별식 203-2-7
고사 기관총 234-44
고사리 19-25, 302-42
고사포 235-22
고상식 주거 215-51
고소 작업차 114-15
고속 오프셋 윤전기 141-57
고속 정찰기 239-36
고속도로 118-43
고속도로 안내 표지 119-49-56
고속도로 입구 표지 119-49
고속도로 출구 예고 표지 119-54
고수 19-22, 217-26
고슴도치 281-5
고실 276-65
고압 공기 봄베 167-40
고압선 97-13

609

고압선 철탑 97-30
고약 172-8
고양이 148-8, 149-28, 279-11-12
고원 264-53, 265-2
고쟁 191-16
고적운 255-6
고정교 120-1-37
고정구 94-35-36
고정 기중기 96-1
고정 나사 233-8
고정 도르래 183-6
고정 라이트 78-5
고정 살수 장치 100-39
고정자 95-31, 177-54
고정(固定) 장치 104-28
고조 256-12
고징 191-48
고체 182-35
고체 연료 로켓 249-3
고체 연료 로켓 엔진 236-18
고추 19-28
고추기름 31-32
고춧가루 31-31
고층운 255-5
고치 291-19
고패 100-26
고형 분 15-4
고환 270-23, 273-41
곡관 지중 온도계 257-18
곡괭이 91-7-8
곡류 조파기 101-14
곡마 143-17
곡물 납세 102-43
곡물 부두 108-15
곡물 저장 두리 100-13
곡물 창고 108-16
곡바구미 290-63
곡선 181-13-14
곡선표 122-54
곡예단 144-1-35
곤 162-23
곤국수 25-2
곤돌라 123-26, 132-37, 145-25, 238-17, 238-28
곤봉체조 156-32
곤술 162-18
곤충 사육 150-54-55
곤충망 184-3

곧은 줄기 292-52
곧은뿌리 292-48
골각기 197-15
골격 197-8
골격근 268-26
골기 197-15
골대 153-30, 160-55
골라인 151-19, 161-6
골막 267-34
골목 118-15
골무 58-7
골문 153-30, 157-50, 160-55, 161-3
골수 267-38
골수강 267-39
골인 151-18
골잔 198-16
골짜기 벼랑 동굴집 38-2
골키퍼 153-31, 157-49, 160-61, 161-21
골판지 상자 108-26
골퍼 161-38
골포스트 161-4
골풀 302-16
골프 161-28-45
골프 볼 161-39
골프 선수 161-38
골프장 161-28
골프 코스 161-28
골피리 191-42
곰 발바닥 28-26
곰방대 61-48
곰보 278-38
곰솔 295-9
곰팡이 254-7
곱 180-30
곱셈 180-28
곱셈 부호 180-29
곱자 92-18
곱하기 180-28
공 163-15
공개 재판 225-30
공격기 239-29
공격 대원 165-12
공격 수류탄 233-16
공격 제한 선 159-6
공격 캠프 165-11
공공 206-8
공구대 94-4

공구 상자 91-48
공구서 48-5
공구함 91-48, 115-8, 240-39, 241-20
공군 병사 227-5
공군 여성 교관 제복 브라우스 229-21
공기 148-27
공기놀이 147-14, 147-15
공기 던지기 216-38
공기 도입구 노즈 콘 239-26
공기 도입구 시스템 239-22
공기 압축기 95-39
공기 제동판 130-5
공기 청정기 95-2
공기 컨베이어 96-48
공기 펌프 115-9, 115-46, 펌프 150-42
공대공 미사일 236-8, 239-18
공대지 미사일 236-9
공동 주택의 계단의 입구 41-8
공동묘지 86-4, 200-23
공로 102-14
공룡 197-4-5
공막(鞏膜) 276-28
공목 141-24
공물 205-30
공 받기 159-24
공사용 엘리베이터 88-17
공산당 217-1-10
공산주의 청년단 217-11-12
공소인 225-16
공수 207-26
공시관 218-22
공원 85-1-44
공원 관리 사무소 85-11
공원의 정문 85-1
공이치기 234-24
공인(기관·단체가 사용하는) 219-23
공자 205-46
공자묘 205-45
공작 283-3-4
공작 기계 94-1-27
공작무 216-33
공작석 262-51
공장 272-41
공장 건물 98-26

공장명 98-41
공장 본부 98-28
공장의 단일 작업장 98-42
공장 의무실 98-47
공장 폐수 98-24
공정병 227-23
공정 저울 77-8
공제봉 97-40
공중 곡예 143-11
공중 급유기 239-38
공중 목욕탕에서의 입욕 80-18
공중 목욕탕의 욕실 80-10
공중 목욕탕의 욕조 80-17
공중 목욕탕의 종업원 80-30
공중 목욕탕 입구 80-1
공중 자세 157-22
공중 전투기 놀이 145-16
공중 회전 146-37
공중 회전의자 145-15
공중변소 87-1, 102-28, 121-25
공중전화 135-16-24
공중전화 박스 121-14, 135-17
공중전화 부스 133-21
공치기 146-3
공통어 185-1
공항 감시 레이더 131-1
공항대기빌딩 131-15
공항 버스 131-14
공후 191-52
과거의 일기 258-56
과꽃 301-24
과도 125-11
과부 206-5
과선교 121-6
과수원 102-15, 265-32
과실 292-57
과실주 34-9-10
과외 활동 260-16
과육절임 소 만두 27-2
과일 광주리 65-44
과일꼭지 292-61
과일 노점 76-19
과일 바구니 65-40
과일사탕 26-7
과일 설탕절임 26-19-23
과일 요구르트 32-10
과일 쟁반 46-28

과일점 75-5
과일즙 32-24-28
과자 27-47
과자 그릇 42-15
과자사탕 26-8
과좌식 모노레일 123-28
과줄 27-39
과학 기술조 175-2-3
관 198-39, 203-20
관개 설비 100-22-48
관개용 우물 214-33
관객 195-20
관객석 192-18-19
관골 267-11
관골궁 267-30
관광 150-10-14
관광버스 77-17, 83-20, 85-10, 113-8
관람석 151-6, 153-8, 156-2, 158-15, 192-18-19
관리동 98-27
관목 292-2
관상 봉합 267-31
관성 바퀴 58-33
관세 납입 224-33
관세음보살 205-20
관악기 190-20-30
관우 193-13
관음죽 299-10
관자놀이 266-46
관장 용구 169-5
관장용 이리게이터 169-6
관절 267-40-48
관절강 267-46
관절낭 267-48
관절 연골 267-47
관제묘 205-44
관제실 131-6
관제엽서 134-12-13
관제탑 131-5
관중 195-20
관측 개폐창 253-3
관측 돔 253-2
관측 지점 256-6
관침 171-40
관통침 177-15
괄태충 291-55
괄호 185-48
광 40-15

광각 렌즈 196-27
광갱 전기 기관차 261-17
광갱차 261-18
광경근(廣頸筋) 268-6
광고 139-36
광내 환기 장치 261-6
광대 143-21
광대버섯 307-23, 307-46
광대뼈 267-29
광대 연기 143-20
광도계 195-44
광동거위 282-46
광동오리 282-8
광목천왕 205-24
광배근(廣背筋) 268-9
광석 부두 108-12
광석 자원 262-47-66
광저기 17-27, 20-14
광전자 등고의 253-9
광주리 65-37-41
광주리 걷기 103-63
광차 261-18
광탑(光塔) 204-3
광한궁 206-12
괘도 174-56
괘선 141-32-38
괘종시계 64-30-32, 81-20
괭이 99-1, 103-3, 107-23, 294-2
괭이밥 300-18
괴(卦) 162-41
괴경 292-55
교각 96-25, 120-8
교과서 174-41-44
교구 174-15-16
교근 268-4
교단 178-32
교대 120-7
교도소 226-1
교두(咬頭) 275-13
교량 120-1-41
교류 모터 95-34-38
교류 전동기 95-34-38
교목 292-1
교무실 174-14
교문 174-1, 178-1
교보 96-24
교사의 날 200-12
교수 178-12

교실　　　군대 마크

교실　174-49
교실동　179-29
교실문　174-57
교역회　109-47
교자　24-21, 201-8
교자를 빚다　24-10
교자피　24-17
교장　174-27
교점　181-3
교정　140-7-8
교정 기호　140-8
교정쇄　140-7, 141-6, 141-45
교정 인쇄기　141-5
교정 프린터　141-49
교탁　174-37, 174-58, 178-31
교탑　120-13
교통경찰관　222-56
교통 경찰서　222-47
교통 노선도　112-33
교통 망루　118-35
교통사고　118-23
교통사고 건수 표시판　222-64
교통사고 표시판　118-41
교통순경　118-34
교통 신호등　118-36-39
교통 안전모　174-3
교통 안전용 플래카드　174-4
교통 영수증　112-40
교통정리대　118-33, 222-59
교통정리 망루　222-55
교통 정체　118-22
교통호　231-21
교판　120-19
교편　174-55
교향악단　189-1
교환기　135-30-32
교환날　92-7
교환 렌즈　196-24-28
교환원　135-31
구　162-36, 181-58
구강　272-35
구개설궁　275-7
구개 인두궁　275-8
구개 편도　275-6
구경　292-54
구경 감관　18-10
구경꾼　223-14
구경 양배추　18-10
구관조　283-29

구균　306-7
구급 상자　98-53
구급차　113-22, 168-2, 223-13, 241-12
구기자나무　299-1
구난 헬리콥터　239-50
구더기　291-34
구덕　150-38
구동륜　240-37
구두　7-1-50
구두끈　7-6
구두못　90-62
구두 바닥　7-13
구두 수리 재봉틀　7-61
구두 수리공　7-62
구두 수리점　7-60
구두약　7-55
구두의 목형　7-58
구두점　185-40-55
구두 징　7-64
구두 혀　7-7
구둣가게　76-11
구둣솔　84-50
구둣주걱　7-57
구레나룻　16-32
구력　259-32, 259-40
구륜근　268-3
구름다리　127-10
구름 베어링　94-56-57
구름판　152-4
구름표범　281-25
구릉　264-63, 265-28
구리 가마　213-41
구리 광석　262-50-51
구리 국자　212-22
구리망　182-12
구리 방울　213-53
구매자측 대표　109-59
구멍 뚫는 귀걸이　14-2
구명 낙하산　238-15
구명동의　128-30, 130-58
구명 로프　154-9
구명보트　130-59
구명정　128-13
구명 튜브　128-29, 154-8
구미초　302-12
구보 행진　230-5
구분계　133-34
구상 성단　244-7

구슬치기　146-24, 147-13
구약나물　17-48, 302-13
구연환　148-29
구운 만두　24-26
구운 밀가루떡　23-37
9월　259-10
구유　104-23
구의 중심　181-59
구이냄비　24-27
구잠함(驅潛艦)　243-37
구정　201-1-42
구조원　154-7
구청 출장소　218-18
구축함　237-25, 243-19
구출선　129-19
구포　235-32
구피　286-23
구호소　154-3
구호 요원　154-4
국　23-40
국가　218-3
국경절　200-14-19
국궁　207-1
국기　218-1
국내 전보　136-4
국명　82-34
국물 교자　25-8
국산 자동차　113-12-13
국수　25-1-7
국수말　304-2
국어　174-41
국자　59-35-40, 198-10
국자가리비　287-10
국장　82-10, 218-2, 225-12
국적　219-2
국제공항　131-1-55
국제 노동절　200-7
국제 속달 우편　134-24
국제 신호기　128-31-34
국제 여성의 날　200-4
국제 열차　126-12
국제 우편 일부인　134-45
국제 전보　136-5
국제 표준 도서 번호　140-57
국 주발　60-35
국화　301-28
국화 감상　200-35
군기　227-1
군대 마크　227-2

612

군도 264-60
군모 모방 아동용 모자 6-31
군별 배지 229-2
군사 기상 위성 237-7
군사 연습 230-27
군사 위성 237-1-7
군사 통신 위성 237-6
군사 퍼레이드 200-18
군사 훈련 179-32, 230-19-21
군소(연체 동물) 287-14
군악대 227-39
군용 불도저 241-6
군용 삽 231-10
군용 솜 코트 2-48
군의 227-31
군자란 302-27
군종 배지 229-2
군함새 282-19
군항 231-35
굳은 아이스크림 32-20
굴 287-5
굴기름 31-20
굴대쇠 162-45
굴뚝 38-10, 40-6, 49-3, 71-2, 86-13, 97-15, 98-16, 128-12, 212-37
굴뚝새 283-45
굴렁쇠 놀이 146-18
굴렁쇠를 빠져나가는 곡예 144-9
굴림 벨트 58-34
굴 양식장 106-48
굴절 망원경 253-4
굴절 반사 망원경 253-6
굴절 사다리 소방차 223-20
굴착 비트 263-19
굴착선 263-35, 263-35-44
굴착 장치 263-35-44
굵은 패션 141-33
굵은 녹말 국수 23-53
굵은 빗 79-32
굽실형 머리 16-25
굽은 다리 85-55
굽창 232-1
궁둥이 266-41
궁수자리 245-35
궁정식 등롱 68-57, 187-31
궁제기서대 285-7

궁형문 277-37
권 162-46
권곡 265-16
권법 162-1-14
권운 255-1
권의자 51-7
권자 151-42
권적운 255-4
권총 222-18, 234-21-30
권총 경기 167-12
권총 사격 표적 167-13
권총의 탄환 234-38-39
권총 케이스 234-31
권층운 255-2
권투 163-8-23
권투 선수 163-9
퀄런 35-1
퀄런지 35-3, 35-24
궤 198-9, 212-29
궤도 145-13
궤도실 249-24
궤도 정보 송신소 252-9
궤조 96-22
귀 266-8, 276-50
귀걸이 14-1, 198-38, 215-3
귀깃 282-23
귀두 273-36
귀두관 273-37
귀떡면 25-11
귀뚜라미 290-27
귀뚜라미 사육 항아리 150-55
귀리 17-12
귀막이 6-20
귀막이 모자 6-26
귀밑털 266-49
귀빈석 151-5
귀상어 285-36
귀알 186-50
귀이개 276-72
귀지 276-73
귓구멍 276-59
귓바퀴 276-52
귓불 276-58
규제 표지 119-16-31
규조 303-25
균병 307-7
균사(체) 307-9
균산 307-2
균산 안쪽의 주름 307-5

균열로 262-11
귤 22-1
귤 껍질 22-2
귤 쪽 22-3
그네 145-40
그네뛰기 211-35
그래브 버킷 96-26
그래프 180-57-59
그래프기 183-9
그래픽 디스플레이 110-31
그랜드 피아노 190-31
그레이더 114-34
그레코로만형 레슬링 163-5
그루텐말이 29-16
그리마 291-57
그리스 정교의 교회 204-24
그린 161-34
그린 침대차 123-4
그린차 123-2
그린피스 20-17
그림 43-14, 46-2, 186-29-33
그림엽서 83-51, 134-14
그림자 그림 인형 187-49
그림자 놀이 147-6
그림자 밟기 146-43
그림자 연극 192-52
그립 160-9-10, 160-29, 164-6
그물갓버섯 307-38
그물 국자 24-20, 45-18, 59-20, 59-37
그물눈 105-44
그물 당기기 106-1
그물말 303-17
그물 변두리 천 105-43, 106-42
그물 봉지 65-35
그물 손바구니 65-39
그물 자루 65-36
그물주름버섯 307-11
그물코 105-44
극 162-40
극궤도 기상 위성 252-14
극락조 283-16
극장 192-1-22
극한 180-52
근 180-47
근대 5종 경기 152-35-39
근류 292-51
근무 증명서 98-38, 219-14

613

근무처 219-17
근시 276-34
근육 268-1-27
근육 조직 268-25-27
근절충 291-4
근풀이 180-38-40
근호 180-39
근화 298-7
글꼴 141-25-31
글라디올러스 302-37
글라스 60-9, 61-33, 61-33-37
글라스 로드 106-21
글라이더 132-34, 167-33
글라이드 스코프 131-3
글러브 158-39, 161-17,
　164-11
글러브 박스 111-50
글루텐 29-16-17
글루텐 튀김 29-17
글씨본 175-9
글자 부속 185-12
금감 22-4
금강석 262-57
금계 282-64
금고 81-1
금관 악기 190-27-30
금궤 31-44
금귤 22-4
금귤(나무) 297-13
금당(金堂) 205-6
금메달 156-22
금문 185-24
금박 140-25
금방울새 283-40
금붕어 286-26-35
금붕어 어항 46-23, 150-39-40
금성 244-13
금속 껍데기 보온병 62-19
금속 사슬 49-9
금속 완구 148-1-4
금속제 단추 11-4
금속 탐지기 131-50
금실원숭이 280-1
금어초 301-12
금요 예배 204-4-8
금요일 259-20
금잔디 302-7
금잔화 301-6, 301-23
금장 229-8

금지품 224-24
금파리 291-37
금풍뎅이 290-57
금형 있는 스탠드 7-63
금화 돼지 279-22
금환 일식 247-3
급류 미끄럼 145-23
급수구 57-15, 57-49
급수선 127-25
급수전 168-50
급수차 113-37
급수탑 98-11
급식 176-22
급유 펌프 71-43
급유기 118-48-49
급유선 127-24
급차기 62-50, 72-16
급탄구 71-5
급탕기 62-50
급행권 126-18-19
급행열차 126-9-12
기계 대패 92-34
기계선 248-11
기계손 94-37
기계유 115-47
기계 조립 공구 93-16-47
기계톱 107-16
기공 162-15, 171-57
기관 95-1-29, 271-2, 272-5
기관 연골 272-15
기관실 105-15, 128-21
기관지 139-7, 271-18, 272-6
기관차 124-1-42
기관총 240-32
기교체조 156-34-35
기구 132-38, 238-16
기기(碁器) 166-13
기낭 132-36, 238-29
기내식 130-36
기념 경화 82-45
기념 봉투 134-35-36
기념사진 150-11
기념우표 134-40, 150-6
기념우표가 붙은 봉투 134-36
기념일 200-1-37
기념 촬영 78-23
기념품 매장 85-63
기능 선택 스위치 138-32
기단 39-24

기독교 204-9-24
기동륜 124-14
기둥 39-12, 122-26
기둥 크레인 96-4
기러기 282-47
기러기발 190-8
기록 게시판 164-18
기록용 암 257-16
기록원 159-19
기록판 151-7, 159-20
기뢰 242-25-30
기름 난로 70-51
기름 라이터 61-43
기름 수송선 243-28
기름 야자의 수확 216-30
기름 접시 68-60
기름 탱크 114-21
기름 항아리 44-17
기린 148-6, 206-38, 281-37
기린자리 245-17, 246-13
기린채 304-6
기마술 152-35
기문 157-16, 290-23
기미 278-31
기범선 129-39
기범 어선 105-12
기병 227-27
기부금 우표 134-43
기사 139-19, 166-1, 166-24
기상 260-5
기상 관측장 257-1
기상 레이더 257-43
기상 로켓 251-13, 257-46
기상 위성 252-13-14, 257-47
기생 화산 264-26
기선 129-1-12
기성요리 72-23
기수 151-10, 167-2, 180-6,
　217-17
기수일 259-25
기숙사 179-14-28
기숙생 179-14
기술 장교 배지 229-3
기압 258-2, 258-58
기압 변화 258-57
기압 보온병 62-21
기어 94-39-46
기어 시프트 레버 116-22
기어 절삭기 94-26

기어 펌프　95-45
기온　258-48
기와　89-34-41, 199-38
기와집　38-20, 211-33
기운날 끝　91-51
기입대　81-4, 133-23
기장　130-25
기저귀　4-24, 173-31, 176-21
기저귀 커버　4-25
기적　124-22, 128-10
기중기　88-1, 96-1-28, 97-11,
　　108-9, 114-14, 263-40
기중기선　127-23
기중차　88-23
기차　120-10, 121-8
기체　130-1, 182-37, 239-55
기초 둘레　41-12
기초수　180-10
기타　190-18
기폭약　234-36
기하체　181-50-59
기호　185-40-62
기호펜　177-28
기화기　95-18, 116-8
기후대　264-37-39
긴 겹옷　214-12
긴급시 산소 공급 장치
　　130-53
긴급시 피난 경로도　84-53
긴급 전화　118-45
긴급 착수용 플로트　132-31
긴급 탈출 미끄럼대　130-57
긴급 탈출 장치　130-55
긴급 탈출용 로켓　248-21
긴꼬리꿩　283-1
긴 나무걸상　51-22
긴 나팔　191-25
긴노린재　290-35
긴다시마　304-13
긴 등롱 소매　9-8
긴맛　287-13
긴 바지　216-12
긴소매　9-1
긴소매 블라우스　1-21
긴 소파　51-18, 소파　79-19
긴 수염　16-30
긴수염고래　288-18
긴 술이 달린 검　162-27
긴 안락 의자　51-18

긴 양말　5-17
긴 의자　81-3
긴 입 펜치　93-3
긴 자루 올가미　104-31
긴 장화　7-52
긴 저고리　215-22
긴칼새　283-20
긴 털 눈썹　278-6
긴팔원숭이　280-3
긴 호미　99-2
긴 홑겹 저고리　215-14
길 어귀　118-16-18
길목　118-16-18
길상 문자　201-5
길쭉하게 네모난 얼굴　278-28
김　28-13, 304-1
김치 단지　62-34
김치 담그기　211-18
김치 항아리　31-51
깃공　160-34
깃공채　160-35
깃공 치기　160-34-35
깃대　218-25
깃털 부채　66-10
깃털제 브로치　14-9
깊은 냄비　59-15
까마귀　283-30-31
까마귀자리　245-26
까오산족　210-22
까치　206-18, 283-32
까치복　285-40
까치콩　20-13
깍국수　25-12
깎은 머리털을 털어내는 솔
　　79-31
깎지진디　290-46-48
깔개　55-1-3
깔때기　23-19, 257-32, 33-4,
　　182-24
깔때기관　182-30
깔때기 받침　182-21
깔쭉이　82-35
깡통 따개　59-62
깨단자　27-36
깨장　23-7, 31-4, 31-24
꺾음(한자 필획)　185-37
꺾꽂이　294-11
꺾은선 그래프　180-58
껌　26-15

껍질묵　29-15
껍질을 깐 잣　22-37
꼬리　281-35
꼬리날개　282-32
꼬리지느러미　286-43
꼬마 기차　145-56
꼬마 자동차　145-55
꼬마전구　68-40
꼬마 친구　176-2-3
꼬막　287-11
꼬집기　165-13, 171-50
꼭대기 활차　103-8
꼭두서니　301-16
꼭지눈　292-17
꼭지점　181-18
꼽등이　290-29
꽃　292-21
꽃 막대기 다루는 곡예
　　144-18
꽃 재배　294-9
꽃가게　76-16
꽃가루　292-23, 292-33
꽃게　289-12
꽃꼭지　292-32
꽃꽂이　150-23-26
꽃눈　292-19
꽃대　19-6
꽃돗자리　54-20
꽃무늬 컵　60-49
꽃바구니 꽃꽂이　150-26
꽃받침　292-30
꽃발게　289-9
꽃밥　292-23
꽃병　42-18, 46-9, 47-25,
　　187-4
꽃병 꽃꽂이　150-23
꽃봉오리　292-34
꽃부리　292-29
꽃빵　24-2
꽃뿌리　202-31
꽃사슴　280-16
꽃송이버섯　307-15
꽃술　292-23-28
꽃신　7-28
꽃실　292-24
꽃씨　294-7
꽃양배추　19-10
꽃의 파종　294-6
꽃잎　292-22

꽃잎형 머리   16-27
꽃자루   292-32
꽃장식   200-3
꽃차   202-30
꽃턱   292-31
꽈배기   27-31, 214-19
꽹과리   191-49
꾀꼬리   283-28
꿀벌   291-44
꿀새   283-21
꿩   282-66
꿸대   177-49
끈   133-10, 231-9
끈끈이 종이   56-17
끈단추   11-7-8
끈단추고리   11-7
끈단추방울   11-8
끈말   304-20
끈을 사용한 곡예   144-10
끊음 펜치   93-6
끌   91-49-52, 186-8
끌 드릴   92-1
끌배   107-29, 108-4
끓여 식힌 물   33-21
끝선   159-8, 160-23, 160-42

나

나   221-1
나누기   180-31
나눗셈   180-31
나는형 머리   16-29
나다무   212-51
나룻   117-18
나무   293-5
나무개구리   284-41
나무 걸상   44-31, 179-11
나무 공기   213-44
나무 껍질   293-17
나무나사   90-50-51
나무늘보   280-24
나무 다리   120-18, 201-30
나무 뗏목   107-30
나무 롤러   99-33
나무 마개   172-14
나무 마치   186-7
나무 망치   91-13
나무메   91-13, 186-7
나무 바자   40-24

나무바자문   40-22
나무 보트   129-26
나무 뿌리   293-13
나무 삽   99-18
나무 상자   108-27
나무숲   85-16
나무 슬리퍼   7-45
나무 신발   198-40-41
나무 울타리   40-24, 85-44
나무웃초리   293-11
나무의 그루터기   293-16
나무 자루   233-5
나무 자루 수류탄   233-1
나무 젓가락   60-42
나무 줄기   293-9
나무 직선자   92-13
나무 찜통   24-25, 59-50
나무 침대   53-1
나무통   62-39
나무 함   62-52
나무 활주로   107-2
나뭇가지   293-7
나뭇가지 곰팡이   103-49
나뭇결   89-47, 293-18
나뭇잎   293-6
나방   291-1-22
나비   291-23-29
나비 너트   90-38
나비 매듭 리본   176-10
나비형 골동   276-40
나사 날개   96-46
나사 머리   90-43
나사못   90-42-52
나사 산   90-45
나사 소켓   68-21
나사송곳   92-3
나사 이   90-45
나사 잭   96-34
나사 전구   68-27
나사 절삭 돌리개   93-42
나사축   90-44
나선균   306-9
나선상균   306-9
나선 성계   244-3
나선식 머리   16-28
나송 모자.   6-21
나씨족   209-23
나이테   293-19
나이트   166-24

나이트 래치   67-17
나이트 테이블   47-7, 52-18
나이프   214-13
나일론 스타킹   5-20-22
나자 식물   292-7
나타   206-28
나팔   148-17
나팔 치마   1-12
나팔관   173-13, 273-30
나팔꽃   301-7
나팔나리   302-21
나팔바지   1-33
나팔버섯   307-35
나팔수   217-25
나프타   263-51
나프탈렌   56-20
나한   205-10
나한당   205-9
나한송   295-5
낙관   188-15
낙석 주의   119-7
낙수 홈통   41-14
낙엽수   293-4
낙지   289-30
낙타   279-26-27
낙하산   167-27, 238-1-15
낙하산 강하 연습탑   167-26
낙하산 낙하   238-1
낙하산병   227-18
낙하산 부대   145-21
낙하산 수납 백   238-9
낙화생   17-31
낙화생 기름   31-23
낙화생 껍데기   17-32
낙화생 알   17-33
낙화생 알 껍질   17-34
낚시   150-27-38
낚시 가방   106-28
낚시꾼   105-56
낚시 도구   106-19-29
낚시 도구 상자   106-29
낚시 도구 상점   76-5
낚시 수선   150-30
낚시용 찌   106-22
낚시의 가지줄   105-50
낚시의 본줄   105-49
낚싯대   105-57, 106-19-21, 150-27
낚싯대 케이스   106-28

낚싯바늘 105-51, 106-25,
    150-33
낚싯바늘 벗기는 기구 106-26
낚싯줄 106-23, 150-28
난 149-16
난간 41-5, 88-15, 124-35,
    128-7, 199-47
난간 침대 168-39
난관채(卵管採) 273-31
난금붕어 286-31
난로 뚜껑 71-7
난로 부뚜껑 71-8
난로 하부의 쇠살판 71-13
난로눈 71-16
난로대 71-6
난로의 다리 71-12
난로의 아궁쇠 71-11
난로의 연소실 71-9
난로 재문 71-10
난류 264-62
난소 270-22, 273-29, 286-51
난시 276-36
난자 173-16
난주 참외 21-44
난층운 255-9
날 줄 91-28
날개 30-44
날개 소매 9-9
날국수 25-1
날다람쥐 280-46
날도마뱀 284-28
날라리 211-40
날밑 164-5
날이 넓은 손도끼 44-3
날인 188-16
날쥐 280-44
날짜 259-30, 259-34
날치 285-32
남 258-61
남권 162-2
남극 183-12, 264-40
남극권 264-43
남근 266-27, 273-34
남반구 264-48
남배우 137-9, 195-35
남성 생식기 273-34-45
남아 176-2
남인화포 187-34
남자 220-1

남자 변소 87-2
남자 보디빌딩 155-12
남자 싱글 스케이팅 157-29
남자 아이 220-10
남자역 193-1-3
남자용 우산 66-12
남자용 헝겊신 7-29
남자 이발소 79-1-23
남쪽물고기자리 246-28
남천 296-2
남편 221-7
남포등 68-48
남포의 등피 68-49
남학생 174-35, 178-33
남회귀선 264-44
납가새 300-20
납결 187-35, 215-50
납골당 86-14, 203-18
납골식 203-18-19
납대 187-44
납땜 인두 93-36
납매 296-8
납세 증서 224-34
납작머리 작은 못 90-63
납작칼 186-37
납작코 278-20
납작한 알약 172-6
납작한 차통 61-17
납팔(臘八) 200-36
납팔죽 200-37
낫 99-14, 208-4, 211-8,
    214-8
낭 214-23
낭떠러지 265-4
낭비둘기 283-13
낭하 85-57
낮 260-11
낮은 구름 255-7-10
낮은 독 62-37
낮은 장롱 52-12
낮잠 260-15
내강 돼지 279-23
내게 289-16
내과피 292-60
내리닫이 작업복 4-16
내리막 경사 119-4
내림새 199-41
내분비선 270-14-23
내빈 202-26

내압 중공 벽돌 89-27
내야 158-2
내용 적요 140-45
내이(內耳) 276-67
내이 신경 274-18
내장 30-18
내장 마이크 138-37
내접 기어 94-43
내접원 181-49
내착각 181-7
내치 기어 94-43
내피막 307-6
내항 180-43
내해 264-55
내핵 264-4
냄비 59-1-19, 198-27-28
냄비깔개 45-30
냄비 뚜껑 59-4
냄비 뚜껑의 손잡이 59-7
냄비 바닥 59-17
냄비 받침 59-32
냄비의 손잡이 59-6
냄비의 자루 59-11
냅킨 60-10, 84-7
냉 음료・음식 가게 145-32
냉각실 124-30
냉각탑 97-16
냉간 압연기 262-23
냉국수 25-7
냉동고 32-3
냉동실 70-29
냉동차 114-18
냉면 25-7
냉베개 54-11
냉상 294-23
냉연 대강 262-24
냉음료 매점 32-1
냉이 300-8
냉장 화차 123-12
냉장고 46-4, 125-55
냉장고 문 70-31
냉장실 70-30
냉커피 32-40
냉풍기 69-44
너새 283-10
너스 캡 170-20
널다리 129-43
널뛰기 211-34
널뛰기 곡예 144-11

617

넓적다리 266-29
넓적다리살 30-13, 30-47
넓적바닥 플라스크 182-27
넙치 285-6-9, 285-9
넙치근 268-14
네거 뷰어 78-3
네거 캐리어 78-34
네거티브 78-53
네글리제 1-47
네모 결상 51-20
네모진 광주리 65-43
네모진 냄비(솥) 198-28
네모진 병 62-10
네모진 새장 150-46
네모진 얼굴 278-27
네모진 차통 61-16
네모진 햄 30-24
네모편 36-2
네온사인 84-14
네커치프 5-2
네크라인 8-1-6
네크리스 14-4, 125-22
네트 159-3, 160-2, 160-17
네트(선풍기의) 69-32
네트 멜론 21-45
네트 터치 159-28
네트 포스트 160-18
넥타이 2-14
넥타이 핀 11-14
넬라톤씨 카테터 169-7
노 106-4, 106-8, 129-27, 129-41, 146-29, 154-21, 167-43, 193-21, 232-22
노 슬리브 9-11
노동 개조 226-28
노동자 98-43
노동차 117-4
노랑가슴쥐 280-35
노랑가오리 285-12
노랑참새 283-42
노랑할미새 283-44
노랑호랑나비 291-24
노래기 291-58
노루 280-23
노루발 58-54
노른자위 30-52
노리쇠 234-7
노린재 290-33-35
노면 전차 112-30

노반 122-45, 206-24
노상 122-45
노새 279-18
노새가 끄는 짐수레 117-19
노선버스 112-1, 113-1-7, 121-11
노선 번호 112-4
노스 레오파드 281-24
노심 97-37
노안 276-37
노인 220-3, 220-16
노점 76-19-24, 201-32, 258-51
노점상 73-11
노점의 사진점 85-14
노즈 클립 153-28
노즐 99-50, 100-46, 248-25
노천굴 탄광 261-1
노천 다방 73-11-15
노치드 라펠 1-2, 2-15
노크 커버 177-14
노타이 셔츠 2-29
노트 125-60, 174-45-48
노트북 PC 110-37
노파 220-17
녹나무 296-9
녹두 17-28, 23-32
녹두 두부 29-13
녹두묵 27-18
녹두바구미 290-64
녹두 수프 32-32
녹두죽 27-16
녹말 31-29
녹말묵 29-14
녹말핵 303-11
녹미채 304-17
녹색 신호 118-37
녹색 통로(비과세) 224-18
녹용 171-14
녹음기 69-5-7
녹음 기사 195-42
녹음 버튼 138-27
녹차 33-9
녹채 240-15
논 102-57
논두렁길 102-68
농병아리 282-13
놀보원숭이 280-5
놀이 176-1

놀이 시설 145-8-27
농가 40-1-29, 102-69
농구 160-38-53
농구 경기장 160-38
농구공 160-48
농기계장 102-27
농민 102-22
농반 170-24
농사군 102-22
농사일 103-1-66
농산품 시장 77-2-8
농약 103-26, 294-19
농약 살포 102-66
농약의 조제 103-25
농어 285-2
농업용 배 129-28
농작물 17-1-48
농장 226-29
농전 265-39
농지 102-1
농형 회전자 95-38
높은 구름 255-1-4
높은 대접 60-41
높은 사다리 145-43
높이 181-20
높이뛰기 152-12-14
높이뛰기 바 152-14
뇌 274-23-31
뇌각(雷殼) 233-23
뇌공 206-19
뇌관 233-10, 234-37, 235-49
뇌관의 끝 233-6
뇌교 274-25
뇌신경 274-11-22
뇌우 255-15, 258-34
뇌전 254-9, 258-41
뇌조 282-58
뇌천 266-44
뇌파 169-51
뇌파도 169-49
뇌파도표시지 169-50
뇌하수체 270-15
누각 85-51, 199-16
누나 221-29
누낭 276-12
누런털밭쥐 280-37
누렁이 279-1
누룩곰팡이 306-14
누룩뱀 284-14

누르기 171-44
누름 단추 135-12
누름대 조절 장치 58-38
누름 막대 91-39
누름 전화기 135-11
누빈 바닥 헝겊신 7-30
누선 276-11
누승 180-34
누승적 180-37
누에나방 291-18
누에 모양 눈썹 278-3
누에 선반 103-51
누에치기 103-50
누에치기 바구니 103-52
누에콩 20-19
누이동생 221-31
누족 210-1
눈 254-16, 258-35, 266-7, 276-2
눈 체조 155-6, 체조 171-56
눈가 276-10
눈가의 주름 278-35
눈곱 276-20
눈구석 276-9
눈귀 276-9
눈금 62-13, 63-13, 177-42
눈금대 63-15
눈금판 63-21, 182-52, 257-26
눈금판식 저울 63-20
눈금판의 바늘 63-23
눈꺼풀 276-6-7
눈꽃 254-18
눈덩이 147-23
눈동자 276-5
눈물 276-19
눈물샘 276-11
눈물주머니 276-12
눈밭 254-17
눈사람 147-21
눈사람 만들기 147-20
눈사태 165-15, 256-15
눈싸움 147-22
눈썰매 117-22
눈썹 266-6, 276-1
눈썹 달 247-21
눈썹용 빗 15-21
눈썹용 족집게 15-23
눈알 276-4, 276-23
눈언저리 276-10

눈초리 276-8
눈토끼 279-37
뉴스 139-19
뉴스 방송 137-4
뉴스 원고 137-6
뉴트럴 111-55
느림 188-14
느타리(버섯) 20-28, 307-33
늑간 신경 274-2
늑골 267-5, 272-10
늑대소리 281-16
늑목 155-8
늙은이 220-16
늠금 21-17
능동 기어 95-46
능동 나사 95-50
능동축 95-27
능동 펌프 97-33
능묘 86-15
능선 165-14, 265-11
능에 283-10
능형 181-29
능형근 268-17
니(knee) 94-21
니크롬선 70-2
니퍼 3-14, 93-38
니플 돌리개 115-51

다

ㄷ자형 집 38-31
ㄷ형강 262-30
다각해삼 289-21
다각형 181-34
다구 47-22, 61-1-23
다기 187-3
다단식 로켓 236-34
다듬질용 공구 93-16-47
다락전 265-40
다람쥐 280-32
다랑어 285-1
다래 22-18
다리 120-1-41, 141-22, 263-44, 266-28, 266-32, 277-26-36, 287-19
다리 기중기 96-20
다리 난간 120-4
다리 밑의 공동 120-24
다리 술잔 61-35-36

다리미 깔개 13-10
다리미판 57-54
다리의 들보 120-6
다림질 57-50
다림질 대 13-6
다림질 판 13-7
다림질할 때 까는 헝겊 57-52
다문천왕 205-25
다방 131-54
다시마 28-12, 304-14
다시마 양식장 106-51
다시마엿 과자 26-12
다연장 로켓 발사기 235-24
다연장 상자형 발사기 228-18
다우르족 208-10
다운 라이트 68-2
다운 재킷 2-42
다운 힐 157-4
다이 문자 216-43
다이버 167-35
다이빙 경기 153-35-43
다이빙대 153-35
다이빙 풀 153-43
다이스 93-44
다이스 돌리개 93-43
다이아몬드 149-6, 262-57
다이아몬드 게임 147-9
다이얼식 전화 135-1
다이얼판 135-6
다이족 216-1-8, 216-14-17
다이족 남성 216-5, 216-15
다이족 노부인 216-8, 216-16
다이족 노인 216-7, 216-17
다이족 여성 216-1, 216-9, 216-13, 216-14
다이족의 문자 216-43-44
다진 것 36-11
다축형 축류 압축기 95-25
다치철갑상어 286-21
다트 148-31
닥스훈트 279-6
닥풀 19-30
단감 21-29
단거리 경주 151-24
단거리용 소형 여객기 132-14-17
단계 사육 106-34
단 과자식 떡 27-25
단구 스패너 93-7

단기 217-11
단기관총 234-41
단도 162-32
단독 동굴집 38-9-11
단 된장 31-6
단말기 136-23-24
단맛 두루미 냉이 절임 31-48
단맛 오이 절임 31-46
단맛 참외 절임 31-47
단면 경첩 90-5
단발 머리 16-10
단밤 26-29
단봉낙타 279-27
단 샤오빙 27-21
단설기 27-41
단 소매 9-12
단식(1조식) 세탁기 57-30
단식 주택 38-33
단식형 머리 16-23
단어 185-13
단열대 264-11
단 오렌지 297-8
단오절 200-27-30
단자엽 식물 292-5
단전 호흡법 162-15
단조 303-8
단지 62-28-38, 198-11
단짝 경첩 90-2
단체무 194-13
단체 사진 78-23
단체 입구 85-2
단체체조 156-36
단추 2-4, 11-1
단추 구멍 2-17, 11-11
단추 구멍 송곳 13-20
단추 꼭지의 구멍 11-3
단추에 난 구멍 11-2
단층 256-4
단 튀긴 빵 27-33
단파 세밀 조정 손잡이 138-35
단팥묵 26-28
단향 부채 66-6
단 후어빙 27-22
달 244-26, 247-5
달(달력의) 259-2-13
달걀 24-44, 30-51
달걀버섯 307-25
달고기 286-10

달구경 200-31
달력 47-24, 81-21, 109-3, 259-14
달력(1년분을 한 장에 인쇄한) 259-1
달리기 신 151-43
달리아 301-27
달무리 258-43
달의 궤도 247-10
달의 위상 247-13-21
달 착륙선 248-14
달 착륙 출입구 덱 248-18
달팽이 291-54
달팽이관 276-70
달팽이독나방 291-13
닭 30-41-48, 259-54, 282-1-6
닭다리 30-48
닭의 머리 30-41
닭의 목 30-42
닭의 뱃살 30-46
닭의장풀 302-15
닭장 40-19, 102-10
닭털 총채 42-13
담 83-14, 178-6, 226-4
담가 168-65
담낭 271-9, 272-38
담배 301-11
담배(작물로서의) 211-30
담배 건조 103-45
담배꽁초(버린) 35-19
담배꽁초(피우고 있는) 35-14
담배 케이스 61-39
담배밤나방 291-1
담배벌레 291-1
담배쌈지 213-24
담배쌈지 61-53
담배 연기 35-13
담배잎 건조소 211-31
담배통 61-50
담배 한갑 35-11
담배 한 깡통 35-10
담배 한 상자 35-9
담배함 61-39
담뱃갑 35-28
담뱃대 35-26, 61-49, 213-23
담뱃대의 대통 61-50
담뱃대의 물부리 61-52
담뱃대의 설대 61-51
담뱃잎 35-22, 211-29, 215-28

담뱃잎 수확 211-28
담뱃재 35-18
담수 어업 106-1-18
담요 54-5
담장 40-2, 98-31
담쟁이덩굴 298-3
담죽 302-5
담천 254-2
당고 191-33
당과 그릇 46-12
당구 161-46-51
당구대 161-46
당근 18-6
당기 217-1
당나귀 279-17
당나귀가 끄는 수레 117-21
당느릅나무 295-25
당면 29-23
당번 174-6
당삼채 187-6
당삼채풍의 장식품 48-17
당승 206-29
당원 217-2
당위원회 사무실 217-4
당채 19-7
당파 18-31
당파창 162-47
닻 105-11, 106-44, 128-4
대각선 자 92-19-20
대걸레 56-11, 125-38
대고 142-3
대공 경계 레이더 237-20
대관람차 145-24
대구 285-22
대구치 275-30
대국 시계 166-2
대기 217-16
대기실 168-3
대나무 갓 215-29
대나무 걸상 216-23
대나무 껍데기 보온병 62-20
대나무 뗏목 106-50, 107-32
대나무 로켓 216-41
대나무 멜대 210-13, 216-27
대나무비 45-33, 56-1
대나무 운반 통 100-14
대나무 의자 51-14
대나무 적교 120-35
대나무 젓가락 60-43

대나무 조각 187-15
대나무 채 211-42
대나무 침대 53-10
대나무 탁자 216-22
대나무 테 62-45
대낚시 105-52
대낚시 어선 105-53
대녀 반구 274-30
대다리 7-12
대대기 217-18
대도 162-30
대동맥 273-13
대동맥궁 269-2
대두 17-25
대두방어 286-3
대듯무지 290-49
대련 188-4-5, 201-10-11
대례 217-14
대로 엮은 돗자리 54-21
대류권 251-1
대륙 264-17
대륙 사면 264-15
대륙간 탄도 미사일 236-1
대륙붕 264-16
대륜(對輪) 276-53
대마 299-13
대만 272-33
대만애기사슴 280-19
대말뚝 96-17
대말뚝 기중기 96-16
대맥 17-11
대모 284-1
대문 37-1, 38-6, 40-1, 98-1, 145-1, 205-2
대문손잡이 90-24
대문의 출입 통로 37-2
대문자 185-21
대물렌즈 184-25, 196-12
대미사일용 미사일 236-25
대바구니 23-10
대변요강 56-30
대복재 정맥 269-13
대본 192-36
대분수 180-19
대사관 222-20
대섶 덧옷 1-43
대섶 솜저고리 1-40
대섶 저고리 2-54
대섶 조끼 214-3

대소변 검사 접수 창구 168-53
대수 140-52
대수층(帶水層) 214-36
대숲 85-50
대시 185-49
대시계 121-4
대식당 84-1
대싸리 299-19
대야 57-6
대온실 85-23
대용 차표 126-25
대용기 128-33
대음순 273-19
대인 도약 지뢰 233-25
대인 지뢰 233-24
대자 177-54, 185-21
대자루 갈퀴 99-7
대자보 139-39
대잠수함 미사일 236-12
대잠 초계기 239-41
대잠 초계 헬리콥터 239-52
대장 271-11, 272-43-49
대저울 35-21, 63-4, 171-4
대저울의 들 끈 63-8
대전 185-25
대전근 268-21
대전차 단애 240-17
대전차 미사일 236-21
대전차 방호 말뚝 240-20
대전차 3각추 240-19
대전차 장애물 240-14-20
대전차 절벽 240-18
대전차호 240-16
대접 60-39-41
대정각 181-5
대조 247-22
대좌 257-34
대주(對珠) 276-55
대진실 168-3
대차 96-21, 117-3, 124-31, 133-37
대천백조 282-43
대청소 201-1
대추 21-12, 297-27
대추 설탕절임 26-21
대추씨 21-13
대추 열매 297-28
대칭 105-7, 122-12

대칭형 머리 16-24
대탱크 수류탄 233-12
대탱크 지뢰 233-26
대통 35-29
대퇴 266-29
대퇴골 267-13
대퇴 동맥 269-7
대퇴 사두근 268-12
대퇴 신경 274-6
대퇴 이두근 268-22
대튀김 24-32
대패 91-35-44
대패 자루 91-38
대팻날 91-36, 92-36
대팻밥 91-45
대팻손 91-38
대팻집 91-40
대포 235-1-3
대폭사 미사일 236-10
대표 217-10
대하 289-1
대학 178-1-52
대학생 178-33-35
대함 미사일 236-11
대합 287-6
대합실 112-32, 121-35
대항 찔러 230-14
대해상 경계 레이더 237-22
대형 나이프 60-56
대형 낫 99-15, 104-26
대형 승용 자동차 113-1-9
대형 옷장 42-4, 47-16
대형 전차 양륙함 228-28
대형 책상 109-17
대형 톱(두 사람이 켜는) 91-20
대형 포크 60-55, 99-13
대형 표시 장치 81-24
대형 화물차 123-18
대회전 157-15
대흉근(大胸筋) 268-7
댄스 176-8
댄스 파티 194-7-10
댄스홀 84-18, 145-33, 194-8
댐 97-6
더듬이 290-12
더블베드 47-1, 53-1-9
더블 베이스 189-14, 190-15
더블 스컬 167-44

더블 헬리컬 기어 94-41
더빙 195-50-51
더빙 스튜디오 195-50
더스터 99-51
더스터 코트 1-32
더스트 슈트 41-25
더스트 슈트의 환기구 41-9
더앙족 210-2
더하기 180-21
덕트 189-3
덜기 180-25
덤프 카 88-28, 114-1-3
덧 분동 63-18
덧날 91-37
덧붙인 포켓 10-13
덧셈 180-21
덧옷 1-42-43
덩굴 292-56
덩굴여지 20-10, 301-19
덩어리 36-5-6
덩어리말 303-8
덩이뿌리 292-49
덩이줄기 292-55
덮개 241-21
덮개 배 129-30
덮발 24-19
덮밥 23-43
데드 볼트 67-10
데릭 96-16
데릭 기중기 105-21
데릭 포스트 96-17
데모대 218-23
데스크 84-36
데이지(daisy) 301-22
데이터 수집 플랫폼 252-17
데이터 통신 136-23-32
덱 브러시 56-12
델타 265-35
도 162-30-33
도가니 182-13
도가니 집게 182-14
도개교(跳開橋) 120-40
도거리 102-26
도관 88-36
도교 205-42-44
도교 사원 205-42
도기 187-5-6, 197-13
도기 원통 걸상 42-24
도끼 91-31, 107-18, 162-34,
　　208-11, 232-8
도끼 날 91-33
도끼 등 91-32
도끼 자루 91-34
도넛 25-26
도다리 285-6
도라지 301-21
도랑 파는 기계 101-7
도량형 198-48-54
도로 공사중 119-14
도로교 120-1
도로 번호 표지 119-43-44
도로 수리기 118-29
도로 작업원 118-27
도로 청소차 113-34
도로·철도 병용교 120-11
도롱뇽 284-46
도롱이 291-11
도롱이벌레 291-10
도류 표지(導流標識) 118-21
도르래 183-5-7
도리 39-9
도리깨 99-16
도마 45-14, 156-8, 198-31
도마뱀 284-32
도마뱀붙이 284-25
도사 205-43
도서관 178-38-52
도서관 계원 178-43
도선장 119-12
도술(刀術) 162-20
도시락(차내에서 판매하는)
　　125-5
도시락 그릇 23-42
도시락 노점 76-22
도시락 함 62-54
도시미터(dosimeter) 236-56
도약 156-10, 157-36
도약 종목 152-1-18
도약대 157-17
도약판 156-16, 157-20
도어 39-17
도어 노브 47-29, 67-6, 90-21
도어 노커 37-27, 90-22
도어맨 83-43
도어 스토퍼 90-19
도어 체크 90-20
도어 포켓 70-37
도열병균 306-25
도입교 120-12
도자기제 세면기 49-20
도장 81-14, 110-2, 186-53-57
도장공 89-5
도장공 도구 92-28-33
도장 규격 186-61
도장대 133-29
도장 용구 92-28-33
도장을 잡는 부분 186-56
도장 재료 186-55
도장포 75-17
도장함 186-64
도크 127-17-18
도킹실 249-25
도화공 234-35
도화선 233-7
독 62-28-38, 198-17, 211-19
독립 기중기 96-4
독서등 125-25, 130-32
독서등 스위치 130-48
독수리 282-53
독수리자리 245-36, 246-25
독일 마르크 81-35
돈 반점 표범 281-23
돈 받는 사람 74-17
돈지갑 65-26-29
돈을 새김 186-53
돌계단 37-24, 86-18, 120-23,
　　199-48
돌고래 288-5
돌굴레 40-27
돌기둥 264-32
돌나물 300-10
돌다리 85-31, 120-21-24
돌로 만든 아치교 85-27
돌로 지은 민가 213-51
돌로 지은 집 38-30
돌 롤러 99-36
돌리기 171-45
돌림덩어리 36-6
돌림 스위치 71-32
돌림칼 94-34
돌만 슬리브 9-15
돌말 303-25
돌배 85-58
돌버섯 307-22
돌사자 178-5
돌 역기 162-54
돌잡이 202-8

돌절구

돌절구 40-10, 99-44
돌 절굿공이 99-45
돌 조각 187-13
돌층계 37-24, 85-28
돌탑 199-3
돔발상어 285-38
돗자리 짜기 103-61
동 258-60
동고 191-49
동공 276-5
동과 20-3
동곽선생 206-23
동광석 262-50-51
동굴식 주거 38-1-19
동굴집의 바깥쪽 벽면 38-12
동굴집의 입구 38-13
동기 전동기 95-34
동남 258-65
동라 191-26-28
동력 글라이더 239-48
동력 분무기 101-22
동력톱 107-16
동망 182-12
동맥 269-1-8, 270-1
동메달 156-24
동물 표본 184-11-17
동물원 85-24
동반구 264-50
동발 190-44
동백꽃 298-14
동백나무 298-10
동복용 모자 229-20
동북 258-64
동북호랑이 281-21
동불라 208-28
동생 221-26
동상족 208-17
동실자 179-15
동아 20-3
동안 신경 274-13
동위각 181-6
동이 62-28-38
동자기둥 39-10
동전 반환구 135-21
동전 투입 전화 135-19
동전 투입구 135-20
동정 211-6
동조 손잡이 138-34
동족 210-9

동쪽 곁채 37-14
동쪽채 40-13
동축 케이블 136-28, 138-19
동충하초 28-11, 307-10
동판 타악기 142-15
동풍형 124-21
동화식 머리 16-18
동활차 183-7
돛 105-10, 129-36, 154-30, 167-48
돛대 105-9
돛배 129-35-38
돛줄 129-37
돼지 30-1-15, 259-56, 279-20-25
돼지고기 30-16
돼지구이 103-54
돼지 꼬리 30-15
돼지 머리 30-1
돼지 우리 40-21, 102-33
돼지 족발 30-6
돼지치기 103-53
되 198-51
되감기 버튼 138-31
되그릇 31-9
되새 283-39
된장 31-4-7
두 사람 균형 곡예 144-23
두개골 267-1
두개골 모형 197-9
두건 212-2, 215-26, 215-39, 216-6
두공 199-42
두꺼비 284-36
두꺼운 모직 셔츠 3-19
두꺼운 모직 속바지 3-20
두더지 280-39
두드리기 171-55
두레박 100-25
두레박줄 100-24
두레박줄 축 100-27
두롱족 210-3
두루마리 188-20
두루마리 종이 141-58
두루미 283-6
두메꿩 282-63
두발 266-2
두부 29-1
두부껍질 29-18

두부편 29-2
두부포 29-9
두엄 만들기 103-17
두유 과립 32-44
두유 요구르트 32-9
두음 185-6
두정 282-22
두정엽 274-29
두줄단추 양복 2-24
둔각 삼각형 181-23
둥 149-15
둥근 걸상 51-21
둥근 곡물 바구니 100-17
둥근 광주리 65-42
둥근 기계톱 92-41
둥근 기와 89-37, 199-37
둥근 끌 91-52
둥근등 140-29
둥근머리 볼트 90-33
둥근머리 작은나사 90-42
둥근바닥 플라스크 182-26
둥근붓 186-18
둥근 새장 150-44
둥근솔 92-31
둥근 의자 84-17
둥근 입 펜치 93-4
둥근줄 93-25
둥근 차통 61-15
둥근칼 186-38
둥근 테이블 50-5
둥근톱편 92-42
둥근톱편 승강 핸들 92-43
둥근 햄 30-23
둥근형 머리 16-13
둥글편 36-1
둥우리 상자 150-50
뒤꼬리덮깃 282-30
뒤뚜껑 스위치 196-17
뒤뜰 37-20, 40-16
뒤주 23-21
뒤집개 59-34
뒤쪽 베란다 41-15
뒤차축 111-36
뒤표지 140-43
뒤허벅지 고기 30-14
뒤 허브 115-22
뒷가슴 290-19
뒷굽 가죽 7-10
뒷날개 290-16

623

뒷다리 290-22
뒷등 115-11
뒷문 37-22, 98-12, 112-7
뒷바퀴 111-23
뒷좌석 111-19
뒷주머니 10-14
듀공(dugong) 288-16
드라이버 93-13-15
드래그 슈트 격납부 239-13
드럼 257-15
드럼 커터 261-13
드렁허리 286-14
드롭 숄더 슬리브 9-13
드롭스 26-7
드롭 피드 다이얼 58-48
드리블 160-50
드리이버 세트 93-15
드릴 92-1-8, 94-29
드릴 로드 103-9
드릴 비트 263-19
드릴 십 263-35
드릴 파이프 263-18
드림 귀걸이 14-3
드림 소매 9-13
득점 159-21
들것 168-65
들꿩 282-59, 283-2
들림(한자 필획) 185-36
들보 39-11
들보교 120-1-19
들새 150-49
들소 281-1
들손 62-40
들신선나비 291-25
들일 103-1-66
들잡이 62-48
들쥐 280-38
들창코 278-18
들통 62-44
듯무지 290-49
등 141-21, 266-38
등걸이 90-12
등교 260-8
등굽이 43-4
등기 우편물 134-29
등기 우편물 수령증 134-30
등길이 12-2
등나무 줄기로 만든 다리 120-32

등대 127-5
등 로스 30-7
등록 98-37
등롱 201-41
등롱 68-56
등롱 관람 201-39
등롱 소매 9-7
등모자 182-2
등반대 165-1
등받이 125-4, 130-39
등받이 의자 51-1
등변 삼각형 181-26
등본 식물 292-3
등뼈 267-19
등사 윤전기 109-34, 110-26
등사판 177-67
등사판의 줄(판) 177-61
등산가 165-2
등산 기구 165-18-29
등산복 165-3
등산용 밧줄 165-22
등산화 165-8
등살 30-43
등선 127-29
등심 68-50
등심살 30-8
등심초 302-16
등압선 258-1
등에 291-40
등에 지는 바구니 215-17
등유 263-54
등의자 48-9, 51-13
등자 22-7, 104-33
등잔 68-60
등 장식 200-19
등지느러미 286-44
등진선 256-8
등폭 12-18
등호 180-23
디기탈리스(digitalis) 301-13
디딜방아 99-46
디렉터 137-11, 137-35, 137-49
디스코 194-11
디스크 164-21
디스크 해로 101-11
디스플레이 장치 136-24
디어드 슬리브 9-10
디젤 기관 124-27

디젤 기관차 124-21-39
디젤 엔진 95-1, 124-27
디젤유 118-49, 263-55
디지털 시계 64-17
따오기 282-40
딱따구리 283-23
딱따기 191-41, 195-38
딱정벌레 290-53
딱지 146-23
딱지치기 146-22
딱총나무 299-5
딸 221-47
딸기 21-37, 300-11
딸기 시럽 32-29
딸기 잼 30-62
땀구멍 277-4
땀막이 6-9
땀샘 277-5
땅강아지 290-31
땅굴집 38-4
땅굴집의 안뜰 38-7
땅따먹기 146-31
땅별버섯 307-40
땅빗자루 44-10
땅의 갈라짐 256-10
땅콩 17-31
땅콩 껍데기 17-32
땅콩사탕 26-9
땅콩 알 17-33
땅콩엿무치 26-10
땋은 머리 16-19, 214-6
때미는 사람 80-22
때밀이 80-21
때밀이용 베드 80-23
땔감 44-1
땔나무 71-51
땡땡이(장난감) 148-5
떡구이 211-25
떡메 211-24
떡 석탄 71-21
떡잎 292-9
떡차 33-15
떫은 감 21-32
뗏목 129-25
뗏목 띄움 107-28
뗏목을 띄우는 사람 107-31
똑딱단추 11-6
똥바가지 87-6
똬리 211-2

뚜껑 182-2
뚜껑 있는 사발 60-34
뚜껑 있는 주머니 10-4-5
뚜껑 있는 주발 60-36
뚜껑 있는 찻잔 61-7
뚜껑 있는 컷 인 포켓 10-5
뚜껑 있는 패치 포켓 10-4
뚝배기 59-9
뜀틀 174-12
뜨개바늘 58-29
뜨개실 58-28
뜨개질 58-27
뜰 40-3, 85-62
뜰망 106-10
뜸 171-27-33
뜸자리 171-34
띠 163-26, 302-9
띠까마귀 283-31
띠톱 92-45
띠톱 기계 92-44

라

라그랜 슬리브 9-14
라디에이터 111-33, 179-18, 240-35, 250-7
라디오 43-11, 47-8, 69-1-4
라디오 방송 137-37-50
라디오 수신기 69-1-4, 137-56
라디오 존데 257-42
라디오 존데 탑재 기구 251-7
라디오 체조 155-3
라디오 카세트 69-9
라디오 컴퍼스 239-5
라디오·테이프 전환 스위치 138-32
라디오 프로 137-47
라마교 사원 205-38
라마승 205-39
라마탑 199-7
라벨 62-5, 184-10
라운드 넥 8-1
라원 284-49
라이닝 7-8
라이스 스푼 60-60
라이저 238-6
라이터 35-16, 61-43-45
라이트 112-22, 115-6, 158-24
라이트 십 127-29

라이트 펜 178-26
라이프 재킷 128-30
라이플 228-3, 234-1-18
라이플 사격 167-14
라인즈 맨 159-18
라인 카 151-40
라인 프린터 141-44
라일락 298-31
라켓 160-5, 160-14, 160-26, 160-35, 160-37, 179-28
라크로스 161-25
라펠 홀 2-26
라후족 209-22
랑게르한스 섬 270-21
랑데부용 레이더 안테나 248-19
래머 118-28
래치 볼트 67-9
래크 94-44
래크 잭 96-35
래피드 파이어 피스톨 표적 167-13
랜턴 슬리브 9-7
랠리 167-9
램 94-25
램프 하우스 78-33
램프 홀더 68-18
러너 90-28, 158-26
러닝 셔츠 3-1
러닝 슈즈 151-43
러닝식 브래지어 3-10
러시아족 209-3
러프 161-31
럭비 161-1-12
럭비 경기장 161-1
럭비 볼 161-2
럭비 선수 161-9
런천 미트 30-28
레그 가드 158-34
레그혼종 282-4
레모네이드 32-23
레몬 22-10, 297-11
레미콘 114-16
레벨 미터 138-36
레서 판다 281-19
레스토랑 84-1, 145-31
레슬링 163-1-7
레슬링복 163-2
레슬링 선수 163-1

레슬링화 163-3
레이더 128-9, 237-10-23, 239-3
레이더 마스트 105-20
레이더병 227-19
레이더 안테나 130-16, 243-5
레이스의 커튼 55-13
레이더 차 228-19
레이싱 카 167-7
레이저 총 사격관 145-19
레이저 측거의 235-39
레이저 치료 169-62
레인 161-55
레인 슈즈 7-50
레인 코트 1-35
레일 262-32
레일 크레인 96-6
레저 컷 79-54
레커차 114-13
레코드 48-27, 69-23
레코드 재킷 69-24
레코드 플레이어 69-13
레코드점 75-13
레토르트 182-39
레퍼리 159-16, 161-10, 163-10
레프트 158-22
렉스 베고니아(Rex Begonia) 300-26
렌즈 183-27-28, 196-6
렌즈 캡 196-7
렌치 93-7-12
로 기어 111-52
로 힐 7-25
로드 79-48
로드 롤러 114-35
로드 안테나 69-3
로비 192-20
로스 30-7-8
로스터 59-63
로어 호리존트 라이트 192-7
로열 젤리 172-30
로우빙 24-36
로커 80-26, 153-11, 178-38
로커 스위치 68-32
로커의 열쇠 80-29
로컬라이저 131-2
로켓 236-34-39
로켓 발사장 236-40

로켓 추진 어뢰 242-3
로켓탄 234-52-54
로켓탄 발사기 234-47-50
로켓포 235-23
로크 재봉틀 13-3
로킹 체어 51-9
로터리 118-20, 119-34
로터리 테이블 263-12
로프 163-14
로프웨이 123-25
로프 클라이밍 155-9
록 하켄 165-23
록클라이밍 165-17
론치 108-14
롤 110-22
롤 카스텔라 27-42
롤 필름 78-51
롤러 177-68
롤러 베어링 94-57
롤러 스케이트 놀이 147-25
롤러 스케이트화 147-26
롤러 체인 94-49
롤러 컨베이어 96-44
롤러 컬 79-55
롤러코스터 145-22
롱 부츠 7-52
롱 스커트 1-20
롱 스패츠 165-7
롱 헤어 16-12
루비기생좀벌 291-48
루빅큐브(Rubik's Cube) 148-41
루스 리프 177-57
루어 105-59
루지 157-41
루크 166-25
루트 기호 180-39
루페 184-18
루프 11-20
룰렛 13-19
룸 넘버 84-26
룸 라이트 84-52
룸메이트 179-15
뤄바족 209-9
리더 패션 141-35
리드 139-27
리드 악기 190-20-24
리듬 체조 156-29-33
리모컨 138-6, 146-12

리모컨 스위치 69-26
리무진 버스 131-14
리본 14-12, 229-27
리본 슬리퍼 7-43
리본체조 156-30
리볼버(회전식 권총) 234-26
리수족 209-20
리시버 233-31, 240-26
리어 덤프 114-1
리어카 117-4
리와인드 크랭크 196-5
리족 210-20
리큐어 34-11-13
리클라이닝 시트 130-38
리트머스 시험지 182-16
리프 멍키 280-4
리플렉터 115-11
리허설 192-26-38
린스 79-3
릴 106-27
릴레이 경주 151-27
릴레이 배턴 151-29
림 115-39
림프관 270-10
림프액 270-13
림프절 270-3
립 브러시 15-15
링 160-46, 163-8, 182-7
링(체조) 156-6
링 콤 79-35

마

마 17-46
마개 따개 32-4
마거리트 301-25
마구의 등자 212-46
마굿간 104-22
마그네틱 척 94-19
마그넷 캐치 90-18
마그마 264-29
마네킹 74-11
마노 187-8
마늘 18-25-28
마늘 싹 18-28
마늘 조각 18-26
마늘 쪽 24-23
마늘코 278-17
마니차 205-40

마대 108-25
마두금 212-56
마디 292-15
마디충 291-6
마라초 305-23
마라카스 190-54
마라톤 경기 152-31
마라톤 코스 152-32
마량 206-27
마루 체조 156-4
마룻대 39-8
마른국수 23-6, 25-3
마름 305-10
마름(열매) 18-21
마름모꼴 181-29
마름모줄 93-26
마마 자국 278-38
마방진 148-40
마사지 80-40
마사지사 80-41
마사지 요법 171-42-55
마술 143-15, 167-1
마술사 143-16
마스카라 15-14
마스카라 브러시 15-13
마스코트 156-28
마스크 103-28, 158-32, 161-22, 164-10, 169-18, 170-45
마스터 179-48
마스트 96-54, 105-9, 128-8, 167-49
마오난족 210-17
마오타이주 34-1
마우스 110-35
마우스피스 163-20
마운드 158-7
마운트 78-56
−극 68-43
마이너스 기호 180-26
마이크 112-18, 137-19, 178-18, 195-41
마이크 붐 137-18
마이크로미터 183-1
마이크로버스 83-19, 113-10-11
마이크로웨이브 136-27
마이크로컴퓨터 110-30
마이크로파 136-27

| 마이크로폰 | | 맥주병 케이스 |

마이크로폰 137-52
마이크로필름 리더 178-52
마작 149-14-32
마작 놀이 149-14
마작패 149-15-30
마차 117-15
마차부자리 245-19, 246-8
마취 170-51
마침표 185-40
마켓 102-13
마크 222-25
마크로시스티스 304-12
마포등 68-51
마합(馬蛤) 287-15
막 174-26
막깎이 16-5
막대(아이스캔디의) 32-13
막대그래프 180-57
막대 나선 성계 244-4
막대두부 29-19
막대박테리아 306-8
막대 인형극 192-50
막대 자석 183-10
막대 지뢰 233-28
막새 199-40
막자 182-49
막자사발 168-59, 182-48
만 265-23
만기 이식표(利息表) 81-2
만나는 점 181-3
만년청 302-23
만년필 177-17-24, 177-17
만능 스패너 115-50
만담 142-4-1
만담가 142-2
만돌린 190-17
만두 껍데기 24-5
만두피 24-5
만든 속눈썹 15-24
만월 247-18
만주족 208-1
만찬 260-22
만화경 148-30
말 104-24, 143-18, 185-1-18, 259-51, 279-19
말(체스의) 166-19-26
말고삐 104-34, 212-48
말곤봉 212-50
말굽형 자석 183-13
말꼬리 머리 16-20
말똥구리 290-58
말뚝 걷기 145-54
말뚝망둥어 285-16
말뚝 박는 기계 88-8
말뚝 박는 해머 88-9
말뚝채 240-14
말레이공작 283-4
말리꽃 298-28
말린 귤 껍질 31-41
말린 그물버섯 28-7
말린 메주 31-26
말린 부레 28-21
말린 상어 가죽 28-22
말린 상어 지느러미 28-23
말린 오징어 28-20
말린 전복 28-18
말린 조개관자 28-17
말미잘 289-24
말벌 291-42
말 사육장 102-34
말 안장 104-32, 212-45
말 올가미 104-31
말안장버섯 307-12
말에 입히는 갑옷 232-19
말을 잡는 장대 212-44
말이책 140-9
말즙 305-14
말 재갈 212-47
말채찍 104-30, 193-20, 212-49
말타기 놀이 146-36
말향고래 288-19
망(선풍기의) 69-32
망고 22-15
망루 99-31, 107-8, 223-2, 226-7
망막 276-30
망사로 만든 덮개 44-32
망상맥 292-42
망원 렌즈 196-25
망원 텔레비전 카메라 250-2
망원경 231-26
망입판유리 89-19
망치 91-10
망토 1-36
망형 쥐덫 56-21
망형 철조망 231-23
맞꼭지각 181-5
맞배지붕 38-21, 199-28
맞주름 치마 1-14
매 282-50
매 발톱 잔 215-20
매 연 147-36
매거진 78-52
매니큐어 브러시 15-18
매니큐어액 15-17
매단 다리 120-27-35
매달림 전등 68-2
매달아 놓은 조명등 137-15
매대 위치 77-3
매미 290-41
매미의 허물 290-43
매부리코 278-16
매스 게임 156-36
매실 21-10, 296-20
매실 과립 32-46
매실 시럽 32-31
매장계 77-11
매제 221-30
매직 미러 145-52
매직 테이프 11-25
매직 핸드 94-37
매트 55-1-3, 84-61, 156-17
매트리스 54-2
매표 창구 85-5, 121-33
매표소 85-4, 121-32, 195-3
매표원 121-34
매형 221-28
매화 296-20
매화침 171-38
매화해삼 289-21
맥 280-28
맥각균 306-26
맥각균핵 306-27
맥고모자 6-34
맥도넬 더글러스 DC-10 132-1
맥도넬 더글러스 MD-82 132-9
맥락막 276-29
맥문동 302-22
맥아유(麥芽油) 농축액 32-43
맥주 34-16
맥주 거품 34-19
맥주 깡통 62-33
맥주병 62-1
맥주병 케이스 72-14

맥주 운반차 114-19
맥주 잔 61-37
맥주 효모 306-19
맨드라미 299-22
맨드릴 280-12
맨틀 264-2
맨홀 41-26, 118-8
맷돌 103-34
맷돌의 밑짝 99-43
맷돌의 위짝 99-42
맹강녀 206-35
맹꽁이 자물쇠 67-1, 72-34
맹장 271-12, 272-43
머니퓰레이터 94-37, 249-10
머리 266-1
머리띠 14-11
머리 수건 212-2
머리에 물건을 얹는 곡예 144-13
머리 장식 213-2, 215-2, 215-42
머리털 266-2
머리털을 묶는 끈 14-13
머리 핀 14-10
머리형 사진 79-18
머릿니 290-38
머시닝센터 94-27
머시룸 307-32
머플러 5-1, 95-8, 116-11
먹 177-32
먹구렁이 284-14
먹물 177-33
먹이 그릇 150-48
먹이 항아리 150-51
먹줄 92-10
먹줄 바늘 92-11
먹통 92-9
먼바족 209-8
먼지 56-5
먼지버섯 307-41
멀리뛰기 152-11
멀티스테이션 머신 155-23
멈춤 띠 65-11
멈춤 핀 11-29
멍석 40-26
멍키 스패너 93-9, 115-52
메가폰 151-39
메기 286-17
메뉴 72-30, 84-8, 179-5

메닭 282-65
메뚜기 290-24
메밀 17-13, 17-14
메수수 17-16
메스 169-22, 169-32
메스실린더 182-44, 257-35
메이데이 200-7
메이크업 담당 192-44, 195-43
메이폴 그네 145-50
메인 로터 132-25, 239-54
메추라기 282-62
메칼새 283-20
메타세쿼이아 295-12
메탄 가스로 71-37
메트로놈 190-55
멘톨 연고 172-24
멜 가방 65-7, 216-4
멜대 44-29, 87-9, 99-22
멜대 줄 99-23
멜빵 62-27, 65-8, 99-24, 234-16
멜빵 바지 4-15
멜빵 치마 4-12
멥쌀 23-26
멧돼지 281-4
며느리 221-45
면구 170-23
면도 벨트 79-15
면도칼 49-31, 79-28
면도칼의 날 49-32
면사무소 102-36
면세점 131-47
면세품 131-48
면양 104-12, 279-29-32
면판 94-35
면화 조파기 101-13
면회실 226-12
면회자 등록 용지 98-36
명거 214-37
명승 150-10
명아주 299-18
명왕성 244-23
명자나무 296-25
명절(다이족 등의) 216-32
명조체 141-26
명주쥐 280-41
명찰 168-21
명패 226-25
명함 219-25

모 211-22
모간(毛幹) 277-7
모과 21-28
모과나무 296-26
모근 277-8
모기 291-30-33, 291-31
모기장 54-26
모기장 고리 54-28
모기장 틀 54-27
모기향 56-18
모낭 277-12
모내기 102-58, 211-21
모내기 노래 194-15-17
모내기 노래 춤팀 194-15
모노레일 123-27-28
모노레일 열차 145-9
모노레일 자전거 145-8
모니터 261-26
모니터 텔레비전 178-25
모니터소 252-8
모닥불 175-14
모델 186-17
모등 140-26
모뜨기 102-61
모란 296-1
모란채 19-10
모래 88-33
모래 돔 124-7
모래 상자 238-24
모래 언덕 265-37
모래 장난 146-40, 154-16
모래 주형 262-45
모래밭 145-42
모래사장 154-1, 265-21
모래주머니 238-18
모래천 93-28
모래톱 120-16, 154-1
모루 93-31
모르모트 280-40
모발 257-25, 277-7-8
모발 습도계 257-24
모선 248-9
모 숨기 103-38
모스크 204-1-2
모슬(毛蝨) 290-37
모시조개 287-8
모시풀 299-14
모임 지붕 199-32-33
모자 170-44, 198-39

628

모자 가게 76-12
모자 걸이 46-18
모자 패션 141-37
모자달린 코트 2-46
모자반 304-21
모자 버섯 20-29
모자의 꼭대기 6-2
모자의 뒷부분 6-29
모자의 리본 6-7
모자의 앞단 6-28
모자의 휘장 222-14
모자이크 타일 89-33
모자 차양 6-5, 6-15
모장 229-1
모전 방한화 212-9
모전(毛氈) 55-6, 212-39
모점 185-44
모제르 권총 234-27
모종 17-6, 211-22
모종삽 150-17
모창 162-22
모친 221-4
모터 96-41, 263-29
모터보트 108-14, 129-13, 154-27
모터보트 레이스 167-46
모터사이클 116-1
모터 스크레이퍼 114-36
모토크로스 167-11
모판 102-60, 103-39
모포 168-16, 231-2
모피 모자 213-3
모피 코트 1-31
모필 177-29
모형 제작과 조종 167-31-32
목 266-13
목 림프절 270-5
목 조각 187-11
목각 186-6
목각용 칼 186-36-39
목각 인형 148-13
목걸이 14-4, 125-22
목공 89-3
목공 공구 91-10-58
목공 도구 92-1-23
목공용 기계 92-34-48
목공용 줄 91-30
목공장 88-24
목공 천공기계 92-46

목관 악기 190-20-26
목교 120-18
목구멍 275-12, 282-36
목근 298-7
목금 190-47
목덜미 266-37
목도리 5-1
목도리도마뱀 284-33
목동자리 245-6
목둘레 12-7
목록 카드 178-41
목록 카드 박스 178-40
목록실 178-39
목발 169-12
목본 식물 292-1-2
목사 204-22
목살 30-2
목서 298-30
목성 244-17
목양견 104-11
목요일 259-19
목욕 수건 49-36, 80-31, 84-70, 153-12
목욕 타월 84-71
목이버섯 20-30, 28-8, 307-14
목이버섯의 재배 103-47
목장 104-1
목재 89-42
목재 전용 부두 108-17
목젖 275-11
목제 삽 208-18
목제 완구 148-13-14
목제 인형 148-13
목제 쟁기 99-25
목줄 150-31
목질부 293-24-25
목차 140-46
목책 257-4
목책(벽면이 되는) 212-35
목초 104-8
목초지 104-5
목축민 104-6
목탁 71-56, 191-40
목탑 199-1
목판 186-44
목판본의 어미 140-13
목판화 186-35
목표물 230-25
목표 지시 레이더 237-13

목표 표정기 235-36
목형 262-44
목화 17-35, 214-40
목화 다래 17-36
목화따기 214-39
목화송이 17-37
목화씨 17-38
목화진딧물 290-45
목화 체 100-3
못 180-33
몰타르 89-56
몸 수색 131-51
몸 총길이 12-1
몸이 290-39
못 85-56, 90-55-63, 265-41
못뽑이 91-12
못우렁이 287-23
못자리 102-60, 103-39
몽고산 버섯 20-25
몽골 문자 212-58
몽골 씨름 163-28
몽골족 208-8
몽골족 남성 212-4
몽골족 여성 212-1
몽골 칼 212-18
몽골화 212-8
묘 86-2-3, 203-22
묘(토끼) 259-48
묘목 107-22, 293-15
묘밭 107-19
묘비 86-3
묘성 246-10
묘실 86-6
묘지 86-1
묘포 107-19
무 18-1-4
무 소매 9-11
무개차 113-17
무개화차 123-16-20
무게 달기 102-42
무궁화 298-7
무궤도 전차 112-28
무당개구리 284-35
무당벌레 290-55-56
무대 73-9, 189-8, 192-1
무대계 192-31
무대 도구 192-28-29
무대 뒤 192-3
무대 막 192-12

무대 소품   미간의 주름

무대 소품   192-29
무대 앞   192-2
무대 연습   192-26-38
무대 의상   192-43
무대 장치   192-26
무도회   194-7-10
무라오족   210-16
무럼해파리   289-33
무료 눈금   112-12
무릎   266-31
무릎 관절   267-44
무릎뼈   267-14
무명 양말   5-18
무명 장갑   5-14
무명지   277-19
무명활   103-66
무미익기   239-45
무반동포   235-18
무빙 타깃   167-15
무사마귀   278-37
무선 조종 차 놀이   146-11
무선기   239-6
무소   281-32
무소 뿔   281-33
무쇠   262-7
무술 기구   162-21-55
무언극   143-23
무역 상담   109-52
무연탄   261-30
무용극   194-12
무용반   175-4
무인 전화 교환기   135-32
무자위   100-33
무장 경관   222-21
무장 경찰   226-3
무장 벨트   222-17
무장 헬리콥터   239-51
무지개   254-12
무청   18-9
무측 화차   123-17
무포탑 전차   240-11
무한대   180-48
무화과   21-36
무화과나무   295-26
무환자(나무)   297-26
묵은 생강   18-14
묶는 띠   66-17
문   39-17, 44-27, 168-26
문 고리   37-27

문 기중기   96-9
문고리   47-29
문과   178-11-12
문구점   75-11
문기둥   98-40
문단속 래치의 일종   67-18
문둔테   37-29
문등   222-8
문루   38-3
문미   39-18
문법   185-4
문빗장   44-28
문서 보관 로커   109-22
문서 봉지   110-19
문서 세절기   110-40
문서 인쇄실   109-32
문선공   141-2
문소란   90-15-16
문손잡이   47-29
문수   205-18
문신   201-14
문어   289-30
문의 손잡이   90-21, 90-23
문의 자물쇠   67-7
문자판   110-24
문제집   175-17
문주란   302-28
문지기   178-4
문지기 방   37-3
문지르기   171-47
문지방   39-20
문진   171-23-24
문진   177-34
문짝   37-26
문턱   37-25, 39-20
문틀   39-19
문패   218-11
물   182-38, 263-22
물 그릇   150-52
물 물부리   61-54
물가   127-12
물가에 지은 가옥   85-61
물가의 민가   38-34
물갈퀴   105-63
물감   186-22
물개   288-12
물건을 넣는 장(선반)   176-12
물고기의 먹이   150-34
물고기자리   246-22

물곰팡이   306-13
물구나무서기   155-18
물구유   104-27
물놀이   154-23
물대기   102-62
물독   40-7, 44-6, 214-14
물독 뚜껑   44-5
물동이   62-28, 211-1
물리 실험용 기구   183-1-30
물리 요법   170-64
물림쇠   65-27
물만두   24-21
물매표   122-57
물미   66-16
물바가지   44-7, 59-40
물방개   290-54
물범   288-9
물벼룩   289-19
물병   33-19, 46-3, 62-14
물병자리   245-39, 246-23
물부리   61-47
물뿌리개   56-10, 99-48,
   150-18, 294-16
물뿌리기   102-56
물새의 케이지   85-26
물소   279-15
물수리   282-54
물시계   253-22
물약   172-15
물오리   282-9
물을 담는 용기   198-20-21
물을 받는 통   100-34
물을 뿌림 소쿠리   100-19
물음표   185-41
물장군   290-34
물주전자   73-3, 216-21
물총   148-36, 223-6
물총새   283-22
물컵   60-9
물탱크 소방 펌프 자동차
   223-16
물통   44-30, 56-9, 57-4,
   62-26, 62-47, 100-18,
   209-6, 294-4
물통돔   285-25
물항아리   40-7, 44-6, 62-28
뭉게구름   255-11
미(양)   259-52
미간의 주름   278-34

630

미골 267-24
미국너구리 281-42
미국 달러 81-34, 185-62
미꾸라지 286-13
미끄러운 도로 119-9
미끄럼대 145-41
미끄럼 베어링 94-55
미끄럼 수영장 145-36
미끄럼 열차 145-12
미끄럼틀 145-37
미끄럼판 58-45
미끈망둑어 285-29
미나리 19-24, 305-11
미네랄워터 32-7
미농무 18-4
미늘창 162-40, 232-4
미니 자전거 115-55
미니버스 112-27, 113-11
미니스커트 1-19
미닫이 자물쇠 67-13
미동 핸들 184-23
미들 마커 131-4
미등 111-24, 116-12
미딛이용 문고리 90-26
미러 볼 84-19
미로 145-39
미류 132-33
미륵 205-17
미부 회전익 239-56
미분 기호 180-55
미사 204-17
미사일 236-1-25
미사일 사일로 236-28
미사일 잠수함 243-34
미사일 조기 경계 위상차 단열
   레이더 237-16
미사일 초계정 243-32
미사일 탑재 호위함 243-21
미소 조각 187-14
미숙아 보육기 173-25
미술 공예품 상점 75-16
미술관 186-28-34
미술 용품 상점 75-15
미술조 175-6-10
미시시피 악어 284-10
미식축구 161-13-14
미식축구 선수 161-13
미식 핸드볼 161-16
미아오족 210-7, 215-32-55

미아오족 남성 215-38
미아오족 노부인 215-37
미아오족 부인 215-36
미아오족 소녀 215-44
미아오족 여성 215-32-37,
   215-41, 215-48
미역 304-15
미온 31-28
미용실 79-43-60
미용 체조 155-15
미익 130-8-11, 234-53,
   236-19
미인교 302-38
미장원 79-43-60
미장이 도구 92-24-25
미주 신경 274-20
미지수 180-46
미터글라스 182-45
미트 158-31
미튼 5-10
믹서 137-57
믹싱 콘솔 137-41
민 머리 16-8
민간 무용 194-15-19
민간 음악반 175-5
민경 222-9
민꽃게 289-14
민들레 301-35
민물게 289-10
민물조개 287-16
민물해파리 289-34
민병 227-41, 230-21
민족 219-9
밀 17-7
밀가루 23-17, 24-15
밀가루 엿 튀김 27-34
밀가루 자루 23-15
밀개 24-41
밀기 171-42
밀대 24-12, 24-31, 44-23
밀링 머신 94-20
밀링 커터 94-31
밀방망이 44-23
밀수 224-23
밀어내기 146-38
밀입국자 224-21
밀짚모자 6-34
밀차 40-28, 117-1-2
밀크 초콜릿 26-18

밀크 캔디 26-1
밀크 포트 61-28
밀판 24-11, 59-57
밀폐 함 62-55
밍크 279-38
밑각 181-25
밑면 181-55
밑변 181-19
밑씨 292-28
밑칠붓 186-19

바

바 84-13, 164-22
바가지 차 114-30
바구니 59-47, 65-37-41
바구미 290-62
바깥날개식 구두 7-17
바깥넓적다리살 30-12
바깥마당 37-5
바깥문 37-1, 38-6
바깥 창턱 41-7
바나나 22-16
바느질 58-26
바느질 바구니 58-20
바느질 바늘 58-1
바느질 쌈지 58-23
바늘겨레 13-17
바늘 고정 나사 58-53
바늘구멍 58-2
바늘꽂이 58-6
바늘방석 13-17
바늘판 58-44
바늘 핀 184-13
바다 248-4, 265-30
바다거북 284-2
바다메기 285-14
바다뱀 284-23
바다뱀자리 245-25, 246-39
바다사자 288-13
바다소 288-15
바다제비 282-15
바다코끼리 288-11
바다표범 288-9
바닥 42-23
바닥 배수구 49-18
바닥 솔 56-12
바닥형 에어컨 69-43
바닷가 154-1-33

바둑 166-8-15
바둑돌 166-11-12
바둑알 통 166-13
바둑판 166-8
바라밀 22-22
바람 조절 키 69-34
바람개비 놀이 146-15
바람꼭지 115-42
바르는 약 172-9
바른 걸음 230-4
바리캉 79-24
바리케이드 118-26
바벨 164-20
바순 190-24
바스켓 160-45
바오안족 208-21
바우케리아 303-24
바위 207-28
바이블 204-9
바이스 93-17
바이애슬론 157-24
바이올린 190-1
바이저 231-29
바이족 209-14
바이카운트843 132-16
바이판 149-21
바인더 101-23
바인딩 157-13
바주카포 234-51
바지 2-10, 211-10
바지 가랑이 2-21
바지 길이 12-3
바지 단추 11-15
바지락 287-24
바지랑대 57-35
바지선 108-10
바지선 129-32-34
바지의 포켓 2-20
바지의 후크(걸이) 11-17
바지의 후크(고리) 11-16
바지 자락 1-34
바지 포켓 10-10-15
바지허리 2-36
바코드 134-27
바퀴 168-69, 290-5
바퀴 달린 병풍식 칸막이 55-18
바퀴살 115-40
바텐더 84-16

바틀릿 21-25
박각시나방 291-21
박격포 235-17
박과 식물 20-1-10
박도 162-31
박병 24-47
박사 179-49
박새 283-37
박음질 버튼 58-46
박자 189-22
박자판 191-38
박제의 표본 184-17
박쥐 280-47
박쥐 소매 9-15
박초이 19-4
박판 142-5
박피 모자 6-32
박하 301-9
반 198-20
반건 두부 29-5
반경 181-37
반고 206-1
반기와집 38-23
반달 눈썹 278-10
반달말 303-15
반달창 232-12
반달 포켓 10-11
반달형 골짜기 248-2
반도 206-15, 265-22
반동광 262-50
반동식 스프링클러 100-45
반디 290-51
반바지 2-35
반사경 68-39, 111-11, 169-21, 184-28
반사 망원경 253-5
반사판 78-12, 136-20
반소매 9-3
반소매 블라우스 1-22
반소매 속옷 3-6
반신 사진 78-19
반액표 126-17
반양 280-15
반영 247-7
반원 181-44
반원줄 93-24
반월편 36-3
반자동 소총 234-18
반잠수식 굴착 장치 263-36

반점 185-43
반죽 주걱 186-42
반죽한 밀가루 덩이 24-16
반지 14-6
반지름 181-37
반짇고리 43-27, 58-21
반찬 23-41, 179-7
반창고 172-23
반칙 160-53
반표 126-17
반하 302-14
반환표 192-22
밭갈이 쟁기 99-25-28
받침 걸상 91-46
받침대 234-49
받침 접시 60-22, 61-3
받침판 58-35
발 55-9-11, 55-9-16, 191-30, 216-37
발가락 277-33, 282-34
발 곡예 143-1
발광운 251-10
발굽 281-34
발권 은행 82-2
발끝 277-27
발동기 263-16
발뒤꿈치 266-34, 277-30
발등 277-32
발떼기 놀이 146-46
발랄라이카 190-19
발레 194-1-6
발레단 194-1
발레 댄서 194-2-6
발레리나 194-6
발레 슈즈 194-4
발레화 194-4
발목 266-33, 277-26
발목 관절 267-45
발목 앞의 부분 277-31
발바닥 277-28
발사관 236-24
발사기 242-5
발사대 228-11, 228-17, 249-5
발사약 234-34
발사 유도 장치 236-23
발사 정지 장치 242-10
발사탑 236-41
발 손질 80-35
발 손질용 날붙이 80-36

발신인

발신인 134-8, 136-7
발씻는 대야 56-27
발연 수류탄 233-19
발연탄 235-56
발연탄 발사기 240-41
발열체 70-10
발음 표기 185-14
발장구 연습판 153-25
발재봉틀 58-31
발전기 97-10, 115-31, 124-26, 242-16
발전소 97-50
발전소 건물 97-4
발채 28-10
발치 겸자 170-41
발 치료사 80-33
발치 집게 169-33
발톱 277-34
발톱 손질 80-34
발판 42-22, 51-25, 58-37, 88-6, 112-13, 122-15, 124-36, 129-43
발행 부수 140-55
발행 연도 82-12
발행 연월일(증명서의) 219-20
발행 호수 139-14
발행소 140-50
발행일 139-15, 140-54
발현 악기 214-42, 214-44
발화 고리 233-3
발화 끈 233-4
발효두부 29-21
밝기 조정 138-15
밤 22-29, 260-26
밤껍질 22-31
밤나무 295-21
밤나방 291-3
밤송이 22-30
밥 179-6
밥공기 60-17
밥 그릇 179-9
밥솥 59-24, 125-57
밥식기 60-19
밥주걱 59-38, 60-18
방 번호 84-26
방가지똥 301-34
방게 289-11
방공 작전 228-10-22
방광 271-14, 273-15

방독 마스크 98-51, 231-17
방독 망토 231-19
방독복 231-18
방독의 231-18
방목 104-4
방문 46-16, 47-28
방분(防噴) 장치 263-13
방사계 250-4
방사림 265-38
방석 55-1-3
방선균 306-10
방송 신문 137-46
방송 위성 137-30, 252-2
방송국 137-1
방송극 137-44
방송실 137-37
방수로 97-5
방수총 223-18
방수탑차 223-19
방아두레박 100-29
방아벌레 290-52
방아쇠 234-11
방아쇠 울 234-23
방어 수류탄 233-17
방언 185-2
방연광 262-52
방열기 111-33, 179-18
방울 148-32
방울뱀 284-22
방울벌레 290-30
방울 소매 9-6
방위 지침 257-8
방음문 137-39
방음창 137-43
방의 출입구 42-2
방전관 183-23-24
방정식 180-45
방죽 302-2
방진 148-40
방청 226-15
방청인 225-23
방충망 89-53
방충제 56-20
방파제 108-2, 265-29
방패 162-42, 232-26, 235-9
방풍림 102-8, 265-31
방풍 안경 14-27
방풍 유리 111-8
방풍 휴대 등 68-51

배수 구멍

방해석 262-66
방향 고정대 78-17
방향 이동 장치 235-12
방향 지시등 111-6
방향·지점·거리 표지 119-47
방향타 130-9, 249-15
방호망 88-2
방호문 236-30
방화수 98-29
밭 102-1, 265-39
밭고랑 102-24
밭우렁이 287-22
밭을 깊이 가는 쟁기 101-8
밭을 얕게 가는 쟁기 101-9
밭이랑 102-23
배 21-19, 128-1-30, 141-17, 266-23, 296-32
배갈 34-1-5
배갈 잔 60-7, 61-34
배검 164-2
배경 78-14
배경막 192-5, 195-26
배구 그물 159-3
배구 볼 159-23
배구장 159-1
배구팀 159-9-15
배기가스 118-31
배기관 95-20
배기 밸브 95-10
배꼽 266-24
배꽃편 191-31
배낭 54-25, 165-6, 231-11
배내옷 4-23, 173-32
배니싱 크림 15-28
배다리 120-38
배두렁이 4-19
배드민턴 160-11-15
배드민턴 선수 160-12
배드민턴 채 160-14
배드민턴 코트 160-11
배면 높이뛰기 152-12
배밑 128-17
배벌 291-47
배불뚝이 62-37
배살 30-10
배소 191-44
배수관 98-23
배수구 49-8, 57-23, 80-14
배수 구멍 38-8

633

배수 조작기 57-18
배수 호스 57-29
배아 292-11
배연구 71-3
배영 153-21
배우 137-9-10, 192-32-33, 195-35-37
배유 292-13
배음 195-50-51
배음실 195-50
배의 덮개 129-31
배의 속 21-20
배의 씨 21-21
배장기 124-25
배전실 98-9
배젖 292-13
배좀벌레조개 289-36
배종금 190-50
배주 292-28
배지 179-39
배지느러미 286-39, 286-42
배차 23-12
배추 19-1, 23-49, 211-20
배추 겉대 19-2
배추 속 19-3
배추흰나비 291-28
배치(badge) 150-13
배큠 카 113-38, 131-27
배터리 111-37
배터리 카 114-32, 122-32
배터 박스 158-9
배트 158-30, 161-27
백 65-1-15, 65-32-35
백 기어 111-57
백간지 140-35
백강병균 306-23
백건 190-32
백곰 281-39
백군의 말 166-19
백네트 158-12
백단향 298-25
백단향 부채 187-30
백 라이트 111-25, 159-12
백랍패각충 290-48
백 레프트 159-14
백로 282-39
백모 221-13, 302-9
백목련 296-3
백무 18-1

백미러 111-12, 116-3
백병전 228-1
백보드 160-47
백부(큰아버지) 221-12
백분병균 306-24
백분율 180-14
백색등 164-15
백설탕 31-13-14
백 센터 159-13
백스 153-32
백엽상 257-3
100위안 지폐 82-1-12
백의 98-49, 168-43, 170-19
백일홍 298-19
백조자리 245-11, 246-3
백주 34-1-5
백지 140-35
백지곰팡이균 306-22
백 측 166-14
백포도주 34-7
백학 283-7
백핸드 160-32
백향나리 302-21
백현 299-21
백혈구 269-24
백화점 77-9-15, 102-13
밴드 84-20, 194-10
밴드가 있는 구두 7-19
밴드 선택 138-33
밸러스트 238-18
밸브 80-13, 115-41
밸브 너트 115-43
밸브 캡 115-42
뱀 259-50, 284-11-23
뱀밥 302-40
뱀자리 245-30
뱀잡이몽구스 281-13
뱀장어 286-15
뱀주인자리 245-29
뱀프 7-4
뱀형 철조망 231-24
뱃놀이 146-39
뱅어 285-27
버너 71-30, 238-21
버들가지 103-64
버들 눈썹 278-9
버들잎편 36-4
버력더미 261-2
버섯 20-24-31

버섯갓 307-2
버섯구름 236-51
버섯비늘 307-3
버섯자루 307-7
버스 112-1, 113-1-9
버스 공통 정기권 112-38
버스 등록판 112-3
버스 정류장 112-8, 118-12, 121-10, 145-4
버스·지하철 공통 정기권 112-39
버스데이 케이크 202-7
버스의 차표 112-36
버스트 12-10
버찌 21-11
버클 11-28-29, 217-23
버킷 96-50
버터 25-21, 30-61, 212-15
버터 나이프 60-63
버터차 213-39
버터차용 포트 213-31
버터차 통 213-40
버터플라이 153-20
버터플라이 경첩 90-4
버튼 2-4, 11-1
버튼형 건전지 68-47
버팀쇠 90-7
번개 254-11
번데기 290-42
번새어 286-34
번자권 162-8
번체자 185-11
번호판 222-49
번화가 118-1
벌 291-42-49
벌꿀 30-65
벌꿀 분리기 103-58
벌레잡이 등 99-52
벌림(한자 필획) 185-35
벌림창 232-11
벌빵 27-7
벌새 283-21
벌섶 103-57
벌집 291-49
벌채 107-14
벌통 103-56
범 259-47
범 무늬 개구리 284-43
범선 129-35-38

범인 225-8, 226-22
범퍼 111-4
범퍼 카 145-18
법랑 냄비 59-8
법랑 쟁반 72-32
법랑 컵 79-30
법정 225-11
벙어리 장갑 5-10
벙커 161-32
베개 43-16, 47-5, 54-4,
   168-15
베개 수건 54-7
베개에 얹는 명석 54-10
베갯속 54-9
베갯잇 54-8, 130-40
베니어판 89-49
베드 54-1, 84-45, 125-31-33
베드 사이드 램프 68-12
베란다 45-25, 57-38, 216-35
베란다의 칸막이판 41-16
베레모 6-13
베르무트 34-12
베벨 기어 94-42
베어링 94-55-57
베이 149-18
베이비 베드 173-30
베이스 94-15, 158-3-6
베이스 드럼 189-11
베이스 라인 160-23
베이스캠프 165-9
베이징 원산의 배 21-23
베이징형 124-34
베이컨 30-21
베짜기 215-18
베 짜는 기계 215-49
베틀 215-49
벤치 85-13, 158-11, 168-9
벨 115-5
벨 보이 83-34
벨 슬리브 9-9
벨리 롤(belly roll) 152-13
벨트 13-30
벨트 루프 11-30
벨트 바퀴 94-51
벨트 컨베이어 96-37, 98-18,
   261-16
벨트 폴리 94-51, 96-39
벨트를 사용한 곡예 144-19
벨트의 버클 229-29

벨트차 94-51, 96-39
벼 17-1, 208-3, 211-9
벼 탈곡기 101-26
벼랑 265-4
벼랑 동굴집 38-1-3
벼루 177-31
벼루 조각 187-16
벼룩 290-40
벼밤나방 291-7
벼이삭 17-2
벼침허리노린재 290-33
벼포기 102-59
벼훑이 99-35
벽 39-15, 42-1, 44-18,
   198-36
벽감 214-28
벽걸이(공예품) 187-38
벽걸이 달력 48-15
벽걸이 선풍기 69-30
벽걸이 융단 55-4, 84-5,
   214-29
벽걸이 장 49-23
벽걸이형 에어컨 69-41
벽패권 162-7
벽돌 88-48, 89-26-28
벽돌 가마 102-2
벽돌공 88-46
벽돌 공장 102-2
벽돌과 돌로 지은 동굴집
   38-9-10
벽돌담 37-8
벽돌 탑 199-4
벽시계 64-30-32
벽신문 139-38
벽오동 298-8
벽전등 47-6, 68-10
벽지 89-11
벽 크레인 96-1
변 181-16, 198-5
변기 169-40, 176-20
변기(걸상식) 56-31
변기 뚜껑 49-15
변기 청소용 솔 56-32
변발 16-19
변소 40-20, 85-12
변소 자물쇠 67-16
변속 레버 115-32
변속 장치 115-33
변압기 97-12

변재 89-44, 293-24
변좌 49-16
변형 로봇 148-37
변호사 225-21
변호인 225-20
별똥 244-34
별상어 285-37
별표 185-57
병 62-1-22, 198-24-25
병기고 231-33
병닦이 솔 59-44
병뚜껑 62-6
병마개 62-7-8
병마용 197-19
병사 227-12
병 선반 70-39
병실 168-13
병아리 282-2
병어 285-17
병영 231-1
병의 바다 62-4
병의 주둥이 62-2
병의 허리 62-3
병정개미 290-8
병참 부대 227-37
병풍 55-17
보 207-30
보강쇠 90-6
보건실 174-30
보건의 174-31
보급함 243-24
보내기 조절 다이얼 58-47
보내기 톱니 58-55
보닛 111-7
보더 라이트 192-8
보도 120-3
보도원 175-7
보드 154-31
보디 빌딩 155-12-13
보디 슈트 3-15
보디 체크 131-51
보딩 브리지 131-17
보리 17-11
보리·밀의 낟알 17-10
보리밭 102-46
보리새우 289-2, 289-7
보리수 298-4
보리 수확 102-47
보리 이삭줍기 102-49

보리짚가리   102-48
보릿짚 세공   187-26
보링 공구   94-30
보링 머신   94-8, 94-14
보링 바이트   94-30
보면대   189-5
보모   220-20
보물 단지   149-27
보병   166-26, 227-13, 230-29
보병포   235-34
보빈 케이스   58-49
보살   205-17-21
보살장미   296-16
보선계   122-46
보세 공장 감독 관리   224-5
보세 창고   108-8
보습 날   99-28
보습 쟁기   99-27
보온병   33-8, 42-19, 44-21,
   45-28, 46-20, 48-22, 61-23,
   62-15, 84-31, 168-24,
   172-4, 179-26
보온병의 겉   62-18
보온병의 뚜껑   62-16
보온병의 속병   62-22
보온차   114-17
보온 컵   62-24
보육원   176-13-25
보일러   97-26, 125-62
보일러실   97-17, 98-15,
   125-61
보일러 안전밸브   124-6
보일러의 수관   97-27
보잉707   132-6
보잉747   132-2
보조개   278-30
보조 낙하산   238-2
보조 날개   239-9
보조 바퀴   115-58
보조 연료 탱크   240-36
보조익   130-3, 239-9
보존액   184-16
보차도 경계 조치   118-5
보청기   14-26, 170-33
보 칼라   8-10
보크사이트   262-55
보통 객실   130-21
보통 경첩   90-1
보통 급행권   126-18

보통 대접   60-39
보통 둥근 못   90-55
보통 벽돌   89-26
보통열차   126-8
보통엽   292-8
보통 우표   134-37, 150-4
보통의 중국식 기와   89-36
보통 장정의 서적   140-23
보통차   115-2, 123-1, 125-1
보통 침대차   123-3
보트   85-20, 146-28, 154-20,
   167-41-45
보트넥   8-3
보트 놀이   146-27
보트 승선장   85-43
보틀 선반   84-15
보행기   155-22, 176-23-24
보행 길   119-39
보행도   118-6
보행자용 신호등   118-39
보호바닥   38-16, 41-13
보호쇠   65-24
보호자   168-11, 176-14
복도   41-23, 84-28, 85-57
복도에 까는 긴 융단   55-7
복령(버섯)   307-21
복록수 삼성   206-20
복사 용지   109-36
복사기   109-35
복사뼈 관절   267-45
복사지   110-17, 135-29
복성   219-31
복숭아   21-1, 296-21
복숭아 껍질   21-2
복숭아 모양의 쿠키   27-29
복숭아 설탕절임   26-19
복숭아씨   21-3
복숭아씨 속살   21-4
복식(2조식) 세탁기   57-13
복싱 글러브   163-21
복어   285-39-40
복엽기   132-19
복원된 두부상   197-10
복좌 스프링   234-21
복좌 용수철부   234-13
복합 도르래   183-5
복합 활차   183-5
복희   206-2
볶은 요리   72-33

볶음 국수   25-6
볶음 냄비   45-19, 59-18,
   125-56
본선 표지   119-55
본영   247-6
본자   177-54
본존(本尊)   205-27
볼   266-5
볼기가 갈라진 바지   4-18
볼기살   30-11
볼레나무   298-18
볼레로   1-9
볼록 거울   183-30
볼록 렌즈   183-28
볼륨 조정   130-50, 138-17
볼링   161-53-58
볼링공   161-54
볼링장   145-26, 161-53
볼 베어링   94-56
볼체조   156-31
볼트 클리퍼   93-6
볼펜   177-26
볼 폭탄   239-59
볼프람 철광   262-49
봄   259-41
봄놀이   200-26
봄소풍   200-26
봄의 성좌   245-1
봄슬레이   157-42
봉   106-24
봉강   262-38
봉공근(縫工筋)   268-13
봉뜸   171-29
봉분   86-2
봉서(封書)   134-1-11
봉선화   300-22
봉의 눈   278-11
봉인지   35-4
봉지   65-32-35
봉투   134-1
봉투의 뒷면   134-9
봉투의 앞면   134-2
봉함지   134-10, 150-9
봉합실   169-29
봉합침   169-30
봉화대   199-22
봉황   206-40
봉황죽   302-1
부(斧)   162-34

부간   139-35
부갑상선   270-17
부고환   273-42
부교   120-38
부권   126-27
부 도크   127-18
부동 크레인   96-15
부두   108-6-17, 231-36
부두대합실   127-8
부들   305-13
부들빈랑   299-9
부등호   180-49-51, 180-50, 180-51
부뚜막   38-19, 44-11, 71-45, 198-32, 212-24, 214-32
부뚜막 신   201-2
부락   119-10
부레   286-50
부레옥잠   305-28
부리   282-20
부목   169-17
부분대장   230-18
부분 월식   247-11
부분 일식   247-1
부비강(副鼻腔)   276-39-40
부삽   44-15
부상병   227-33
부상자   168-68
부선거   127-18
부수   180-4
부스터   249-3
부식 판매구   72-1
부식권   23-44
부식품 시장   77-1
부식품점   75-6, 102-12
부신   270-19, 273-10
부신경   274-21
부심   159-17
부싯돌   213-29
부앙 장치(俯仰裝置)   235-11
부엌   71-44, 72-28
부엌 아궁이   71-47
부엌용 세제   45-2
부용   298-5
부용꽃   298-5
부유 기뢰   242-32
부이   105-42
부익   130-4
부인용 자전거   115-56

부인 용품 상점   76-8
부입갱   261-8
부장용 토용   197-19-20
부전나비   291-26
부젓가락   71-26
부제목   139-25, 139-26
부조종사   130-26
부착 소매   9-19
부채   66-1-11
부채꼭지   66-4
부채꼴   181-42
부채 손잡이   66-8
부채의 바탕 종이   66-2
부채의 술   66-5
부챗살   66-3
부척   282-33
부추   18-23
부추의 꽃대   18-24
부츠   7-20, 7-51-54, 157-12
부친   221-3
부케   1-26
부표   105-37, 105-42, 127-30
부항   171-26
부호   185-40-62
북   58-50, 191-33-37, 218-29, 258-63
북경 오리 통구이   24-45
북경오리   282-7
북극   183-11, 264-35
북극곰   281-39
북극권   264-36
북극성   245-14, 246-17
북두칠성   245-4, 246-15
북 모양의 돌조각   199-49
북반구   264-47
북실 감는 장치   58-52
북엔드   48-4
북집   58-49
북쪽채   40-8
북채   190-42, 213-54
북회귀선   264-46
분갑   15-3
분경   150-19
분계 표지   119-46
분광계   183-25
분괴 압연기   262-12
분기 소켓   68-23
분꽃   299-24
분뇨   103-22

분뇨 비료   294-26
분뇨 수레   117-8
분뇨차   87-19, 117-8
분뇨 탱크   87-20
분뇨통   87-14
분뇨 흡입 호스   87-21
분대장   230-17
분대 종대   230-16
분대 횡대   230-15
분동   63-16, 182-55, 198-53-54
분동 받침   63-19
분만   173-23
분모   180-18
분무 총   92-33
분무기   57-51, 99-49, 294-20
분무식 관개 설비   100-39-47
분문   272-27
분반죽   24-14
분수   85-36, 180-16-20
분수지   83-7, 85-35
분연   264-22
분유   30-60
분자   180-17
분장   193-13-15
분장실   192-3, 192-39
분재   47-19, 150-19-22, 150-20, 294-14
분점   185-45
분주   34-2, 294-13
분지   265-53
분첩   15-2
분침   64-5
분필통   174-54
분화구   264-21
불가사리   289-25
불가위   71-28
불갈고리   71-27
불건너기   143-4
불교   205-1-41
불교 신도   205-34
불규칙 성계   244-5
불기운   36-13-15
불꽃   182-4
불꽃놀이   147-31
불단   205-26
불덩어리   236-50
불도저   101-5, 114-33
불도저 전차   240-9

불독(마스티프)　279-4
불사　205-1
불상　205-15-25
불상화　298-6
불수감　22-11, 297-12
불수포　27-3
불탑　205-11
붉은갓독버섯　307-34
붉은거북　284-3
붉은곰팡이균　306-21
붉은깍지벌레　290-46
붉은부리물까치　283-33
붉은부리상사조　283-34
붉은왕돌버섯　307-22
붉은털원숭이　280-7
붓　177-29
붓걸이　177-30
붓꽃이　133-24
붓뚜껑말　303-13
붓발　177-35
붓순나무　296-7
붓순나무 열매　31-36
붓을 빠는 그릇　186-26
붕대　170-21
붕어　286-2
붕어마름　305-9
붙박이 로커　84-47
붙이는 약　172-8
붙임 소매　9-5
뷰렛　182-43
브라우닝 권총　234-25
브래지어　3-3
브랜디　34-22
브러시　186-45
브레이크　111-48, 115-21
브레이크 레버　115-4
브레이크 블록　115-14
브로치　14-5
브로켄 현상　254-23
브리지　14-16, 128-22, 163-6
V넥　8-4
V벨트　94-53
VHF 채널 스위치　138-12
VTR　46-14
블라우스　1-21-22
블라인드　55-15
블레이드　157-10, 157-39, 165-19
블로킹　159-27

비　258-31
비각　86-17
비강　272-4, 276-41-47
비게　30-19
비게　88-13
비계 다리　88-7
비계 발판　88-7, 89-9
비계판　88-6
비골　267-16, 267-25
비골 동맥　269-8
비구름　255-9
비껴걸어총　230-9
비누갑　80-16
비누곽　57-10
비눗방울 놀이　146-26
비늘갓버섯　307-44
비늘구름　255-4
비닐관　170-55
비닐 막　103-37
비닐 바닥 헝겊신　7-31
비닐봉지　65-34, 77-24
비닐 시트　103-37, 294-24
비닐 장갑　103-27
비닐제 샌들　7-41
비닐제 커튼　84-62
비닐 캡　79-44
비닐 파이프　88-38
비닐하우스　102-17, 294-22
비단 부채　66-9
비단 술　194-17
비단 스카프　5-4
비둘기　283-12-14
비디오　138-7
비디오 게임　147-16
비디오 디스플레이　110-31
비디오 테이프　69-28, 138-7
비디오 테이프 레코더　69-27, 138-7, 178-23
비례 부호　180-44
비례식　180-41
비로드 모자　6-23
비막이　121-7
비버　288-3
비복근　268-23
비비　280-11
비비기　171-48, 171-53
비상 전화 표지　119-53
비상 주차지역 표지　119-52
비상구　130-56, 192-17,

195-19
비서　109-23
비석　186-48
비석 채탁　186-48-52
비숍　166-23
비숍 슬리브　9-8
비수　162-43
비수　213-14, 232-27
비스듬하게 낸 포켓　10-10
비스킷　27-47
BAe-146　132-17
비엔나 소시지　30-26
비올라　190-13
비옷　231-15
비옷　286-8
비육조　303-18
비자　22-41, 224-26
비자나무　295-4
비장　270-26
비주　276-15
비중격　276-16
비중계　183-2
비지　29-12
비첨　199-18
비치 볼　154-19
비치파라솔　78-29, 154-15
비커　182-22
비타민　172-28
비탈길　38-5, 85-30
비파　21-27, 142-11, 191-13
비파나무　296-29
비파형의 끈단추　11-9
비행 갑판　243-4
비행기　132-1-33, 251-4
비행기 사출기　243-10
비행선　132-35, 238-26
비행(기)운　255-17
비행정　239-40
비행 탄도　236-22
B형　269-28
빈대　290-36
빈대좀　290-1
빈랑나무　299-7
빈모　266-49
빌릿　262-14
빗　49-28, 79-32-35
빗각(빗날)칼　186-36
빗자루　43-30, 56-1
빗자루 모양 눈썹　278-4

빗장쇠 90-8
빙낭 170-61
빙상 어업 106-15
빙상 요트 157-44
빙수 32-21
빙하 265-17
빙하호 265-18
빨간무 18-3
빨대 32-11
빨래 걸대 57-36
빨래 너는 틀 41-4, 57-40
빨래에 풀을 먹이다 57-42
빨래 장대 57-35
빨래집게 57-41
빨래판 57-7
빨래 함지 57-6
빨랫방망이 57-11, 211-15
빨랫줄 57-34
빨리 보내기 버튼 138-28
빨부리 61-47
빨사탕 26-6
빨종이 110-16
빵 25-18-20
빵 접시 60-62
뺄셈 180-25
뻐꾸기 283-17
뼈 267-1-39
뼈 자르는 가위 184-8
뽈 소시지 30-30
뽕나무 295-30
뽕나무 밭 102-4
뿌랑족 209-25
뿌리 292-46-51
뿌리곰팡이 306-11
뿌리줄기 292-53
뿌리혹 292-51
뿌이족 210-8

사

사(뱀) 259-50
사각 너트 90-37
사각 볼트 90-32
사갱 261-10
사격 152-37, 230-26
사격 경기 167-12-19
사격장 230-24
사계절 259-41-44
사고 처리차 222-54

사과 21-14, 291-17, 296-31
사과 잼 30-63
사과 주스 32-25
사과씨 21-15
사과의 속 21-16
사교 댄스 194-7
사구 265-37
사권 162-13
사기 어항 150-40
사내끼 150-37
사내아이 176-2
사냥개 213-16
사냥개자리 245-5
사냥 모자 6-14
사냥총 167-17
사다리 125-34, 179-21, 223-11
사다리꼴 181-31
사다리 소방차 113-26, 223-15
사다리 위의 균형 곡예 144-22
사다새 282-16
4단 기어 111-56
사당 86-19
사람 220-1-2
사람을 태우는 삼륜차 117-12
사랑니 275-26
사령관 227-7
사령부 227-6
사령선 248-10
사령소 227-9
사로 만든 모자 211-12
사료 분쇄기 101-35
사료대 106-33
사리 247-22
사리탑 199-6
사마귀 290-6
사막 264-51, 265-1
사면 141-15
사면받이 290-37
사모 지붕 199-33
사모바르 214-16
사무 책상 109-9, 174-18
사무동 98-27, 178-9
사무소 145-6
사무실 118-47, 219-26
사무용 책상 50-9-11
사무원 109-44
사발 60-29-34, 198-1

사발 굽 60-32
사발변두리 60-30
사발시계 64-19, 125-59
사발시계의 종 64-20
사발 이는 곡예 144-25
사발주머니 212-27
사발 측면 60-31
사발형 접시 60-15
사방죽 302-2
사방치기 146-32
사법 경찰관 225-22
사법의 222-36
사복 경관 222-28
사불상 280-22
사브르 164-2
사서함 133-44
사설 139-28
사슴 사육 213-22
사식 조판 141-39-54
사암 263-23
사오정 206-32
사용자 97-57
사운드 트랙 195-53
4월 259-5
사위 221-46
사이갈이 102-67
사이고기 30-4
사이드 덤프 114-2
사이드 미러 111-11
사이드 스커트 240-38
사이드 테이블 47-7, 52-18
사이드 파트 16-1
사이드 포켓 10-6
사이드라인 159-7, 160-22, 160-41
사이드카 116-24, 116-25, 222-5, 241-14
사이렌 222-52, 223-23, 226-8
사이벽 39-14
사이비 149-26-29
사이클로트론 169-57
사이펀관 257-37
사이펀식 우량계 257-36
사일런트 체인 94-50
사일로의 이동식 뚜껑 236-29
사자 148-9, 281-26-28
사자자리 245-22, 246-31
사자춤 144-1, 201-20
사장 109-16

사장교(斜張橋) 120-36
사장실 109-14
사전 185-5
사정관 273-44
사증 224-26
사진 43-2, 47-11, 219-22, 224-25
사진 스탠드 78-28, 85-14
사진 제판실 141-10
사진 촬영 설비 박스 238-25
사진관 78-1-27, 78-4
사진기 78-8, 78-9
사진이나 그림 139-29
사진이나 그림의 설명 139-30
사천왕 205-22-25
사철 259-41-44
사철(한자 필획) 185-34
사철난초 302-17
사촌 누이 221-34
사촌 누이동생 221-39
사촌 동생 221-33
사촌 언니 221-38
사촌 형 221-32
사출 좌석 238-14, 239-8
사카린 31-18
사커 160-54-61
사탕 단지 62-38
사탕·드롭스류 26-1-18
사탕무 18-5
사탕수수 17-42, 216-31, 302-11
사탕 포장지 26-3
사탕 함 62-56
사태 98-32, 256-14
사투리 185-2
사파리 슈트 2-31
사포 93-27, 93-28
사프란(saffraan) 302-35
사합원 37-1-34
사향노루 280-20
사향소 281-2
사향연리초(의 꽃) 300-14
4현 호궁 191-8
사형수 226-32
사회란 139-32
사회자 137-21, 192-37
삭도 123-25
산 162-50, 265-8-15
산 가금 30-34-35

산 닭 30-34
산 오리 30-35
산개 성단 244-8
산계도롱농 284-47
산굴 265-49
산기슭 265-15
산꼭대기 265-13
산다화 298-12
산대 150-37
산동 타예 142-14
산등나무 265-11, 297-7
산림 265-33
산맥 248-1, 264-56
산문 205-5
산벼랑 동굴집 38-1
산벽 39-13
산보 176-25
산분기 99-51
산불 256-20
산비둘기 283-14
산사나무 21-26, 296-27
산사나무 열매 296-28
산사자(山査子) 시럽 32-30
산사주 34-10
산사태 256-9, 256-18
산상 레스토랑 85-29
산소 마스크 130-54
산소 봄베 165-29, 168-66, 170-59
산소마스크 170-50
산소 수송관 231-31
산소통 93-57, 168-66
산소 흡입 170-58
산수 174-42
산수 노트 174-48
산앵두나무 296-14
산양 104-14, 279-28
산업용 로봇 94-38
산오소리 281-6
산의 사면 265-12
산의 중복 265-14
산적(散積) 화물선 129-5
산정 265-13
산초 31-35
산탄총 167-17
산포 235-35
산허리 265-14
산호 187-7, 289-31
산호 봄베 93-57

산호도 265-25
산호수 299-6
산호초 265-24
살구 296-18
살구버섯 307-36
살구 설탕절임 26-22
살구씨 21-8
살구씨 가루 32-33
살구씨 속살 21-9
살구 열매 21-7, 296-19
살구주 34-9
살구차 32-34
살담배(각초) 35-23
살담배 주머니 35-25
살무사 284-20
살수관 100-43
살수차 113-36
살인 흉기 222-39
살충제 56-19
살코기 30-20
살쾡이자리 245-21, 246-12
삶아서 말린 죽순 28-3
삶은 양고기 요리 212-19
삼 299-13
삼각건 169-16
삼각근 268-18
삼각대 78-16, 182-10, 186-15, 196-21
삼각 받침대 196-21
삼각 소매 9-14
삼각와(三角窩) 276-56
3각자 92-19, 174-16, 177-41
삼각주 265-35
3각줄 93-23
3각틀 104-17
삼각 팬티 3-5
3각 플라스크 182-29
삼각형 181-15-26
삼거리 118-18
3급 해방 훈장 229-11
3단 기어 111-54
삼단 뛰기 152-1
3등 156-21
3루 158-5
3루수 158-20
삼륜차 113-20, 116-26, 117-10-12
삼릉침 171-35
삼림 265-3

삼림 철도   107-13
삼림 패트롤   107-25
삼림 패트롤 대원   107-26
3미터 스프링보드   153-41
삼반규관   276-68
삼발이   71-31
삼백초   299-12
3상 권선   95-35
삼색제비꽃   300-24
30밀리 기관포   239-21
삼용 모자   6-25
3월   259-4
삼의 로프를 사용한 적교   120-33
삼장법사   206-29
3전(三轉) 덤프   114-3
삼절곤   162-26
삼지창   162-37
삼차 신경   274-16
3차원 레이더   237-15
삼판선   129-40
38식 소총   234-15
삼합원   38-31
삼현금   142-10, 191-14
3호 돛대   105-23
삼화명나방   291-5
삼화명충   291-5
삽   91-1, 99-19, 107-24, 294-8
삽목   294-11
삽살개   279-5
삽입 플러그   68-36
삽화   139-31
삿갓   6-33
삿갓구름   255-18
삿대   129-42
상가   84-10
상가지 머리   16-9
상고머리   16-4
상급생   174-29
상단 침대   125-31
상담원   202-15
상대정맥(上大靜脈)   269-15, 271-20
상련   188-4, 201-10, 203-12
상록수   293-3
상류   265-43
상륙 부대   228-23
상륙용 주정   228-30

상륙 작전   228-23-31
상륙 지원함   228-31
상반신   266-35
상반앵초   301-4
상부 덮개   234-4
상부 포가   235-10
상비갑개   276-44
상비개   276-44
상비도   276-41
상사수   297-1
상사화   302-33
상상도   197-7
상수리나무   295-23
상순   259-22, 275-1
상승부 엔진   248-15
상아   281-31
상아 조각   187-10
상아질   275-19
상악골(上顎骨)   267-27
상앗대   129-42
상어   285-34-38
상어 지느러미   28-23-24
상엽   271-15
상완골   267-6
상완 동맥   269-4
상완 삼두근   268-19
상완 이두근   268-10
상의   231-5
상자로 포장한 화물   122-29
상자형 선풍기   69-38
상장   42-6, 46-1
상장(喪章)   203-7
상절(한자 필획)   185-37
상점   121-26
상점의 매장   74-5-26
상주민 등록표   222-15
상지 림프관   270-11
상축   188-7
상층 구름 상태   258-45
상판 접이식 테이블   50-8
상표   35-7, 62-5, 184-10
상품   74-24
상품 검사   224-3
상품 견본   74-12, 109-55
상품 카탈로그   109-57
상한의   253-19
상행 결장   272-46
상행 열차   126-4
상현달   247-16

상형   262-40
상형권   162-12-13
새끼 돼지   279-25
새끼 사자   281-27
새끼손가락   277-20
새끼 양   104-13, 279-32
새끼줄 꼬는 기계   101-36
새 낫   104-26
새들   94-15
새매   282-52
새벽   260-1
새벽달   247-19
새 사육   150-44-53
새앙   18-13-14
새우   289-1-8
새장   150-44-46
새장을 덮는 천   150-47
새전함   205-28
새총 놀이   146-17
새틀라이트   131-16
새해 인사   201-17
색맹 검사도   276-33
색비름   299-20
색소체   303-12
색소폰   189-15, 190-21
색안경   14-22
색연필   177-5-6
샌드 페이퍼   93-27
샌드백   163-16
샌드위치   25-23
샌들   80-32, 7-39-41, 7-42-45
샐비어   301-8
샐비지선   129-19
샘물   32-7
샘플   109-55
생강   18-13-14, 171-28
생강차   32-36
생강탕   32-36, 172-32
생닭   30-34
생략 부호   185-50
생맥주   34-18
생명 유지 시스템   248-7
생산계약제   102-26
생산 계획   98-55
생산 라인   98-43-46
생선 가게   75-8
생선 간장 공장   106-54
생선 굽는 기구   59-63
생선살 소시지   30-29

생선 상자 105-6
생선소스 31-21
생선 요리용 나이프 60-58
생선 요리용 포크 60-53
생야채 19-17
생오리 30-35
생울타리 86-11
생일 단설기 27-44
생일 잔치(축하) 202-6
생일 축하(노인의) 202-9
생일 케이크 27-44
생쥐 280-34
생질 221-42
생질녀 221-43
생철장이 쇠망치 93-34
생화 168-28, 203-4
생황(生簧) 191-23
샤브샤브용 구리 냄비 23-52, 59-29
샤오빙 23-48, 24-34
샤워 80-11
샤워 꼭지 153-13
샤워실 98-14
샤워 헤드 79-11, 80-12, 84-56
샤프 189-21
샤프펜슬 177-12
샴페인 34-20
샴푸 79-2
샹들리에 68-4, 83-41, 121-30
새시 111-34
서 258-62
서가 52-14, 178-47, 179-23
서고 178-46
서기 217-5, 225-15
서까래 39-7
서남 258-66
서드 기어 111-54
서랍 50-3, 52-20-25, 52-5, 84-37, 168-63
서랍 다섯 개 달린 장 47-26
서랍식 침대 53-14
서랍용 자물쇠 52-25
서랍의 뒤판 52-22
서랍의 면판 52-20
서랍의 밑판 52-23
서랍의 손잡이 52-24
서랍의 측판 52-21
서랍 자물쇠 67-23

서력 259-28
서력 기원 259-29
서류 109-12, 217-6
서류 가방 65-5-6
서류궤 109-2
서류 봉투 110-18
서리 258-39
서리 제거 버튼 70-33
서머 캠프 217-29
서명 219-3
서명 부호 185-54
서반구 264-49
서버 구역 160-19
서버 선 160-20
서봉주 34-3
서북 258-67
서브 159-22, 160-4
서브 구역 159-2
서비스 구역 입구 표지 119-51
서비스 시설 145-29-33
서비스의 규칙 72-6
서수 180-11
서시 206-26
서양 고추 19-29
서양고추냉이 18-11
서양 요리의 식기 60-52-64
서양 인형 148-11
서양 호박 20-2
서예반 175-6
서왕모 206-14
서유기 206-29-32
서적 대출권 178-44
서적 대출 신청서 178-45
서적 대출 카운터 178-42
서점 75-12, 122-4
서진 177-34
서질(書帙) 140-20
서쪽 곁채 37-15
서쪽채 40-5
서첩 175-9
서체 185-23-30
서커스 143-1-23
서커스단 144-1-35
서클 152-21
서클 베드 168-39
서포터 169-38
서포트 160-3
서표(書標) 140-31

서핑 154-24
서핑 보드 154-25
서향 298-17
서혜(鼠蹊) 림프절 270-8
석가 205-15-16
석가산(石假山) 85-60
석가의 자비 205-19
석간 139-9
석간지 139-9
석계 282-60
석고 169-15, 262-61
석고상 186-9
석공용 망치 91-9
석굴 205-13
석굴사 205-13
석기 197-12
석류 21-34, 298-20
석면 262-63
석면 쇠그물 182-11
석면 슬레이트 기와 89-39
석반어 285-3
석불 205-14
석비 186-48
석사 179-48
석사 학위증 179-47
석산 302-31
석상 85-39
석석 70-8, 262-53
석순 264-34, 304-22
석유 263-21
석유등 68-48, 184-11
석유 램프 68-48
석유로 71-38
석유 부두 127-32
석유 조사선 129-21
석조 사자 85-47
석주 264-32
석죽 299-25
석창 232-2
석탄 261-28-30, 262-5
석탄 가스 제조장 98-20
석탄 난로 71-1-13
석탄 부두 108-11
석탄 분쇄기 97-25
석탄 운반차 123-22
석탄용 부삽 71-22
석탄재 71-24
석탄창고 98-17
석탑 199-3

석판 177-37
석판교 120-21
석필 177-38
석회 88-29
석회방 88-27
석회석 262-2
석회암 263-24
선거 127-17-18, 218-13-17
선거 유권자 공시판 218-21
선거식 양륙함 228-26, 243-39
선골(仙骨) 267-23
선교 128-22
선글라스 14-22
선대 108-18, 127-20
선량계 236-57
선량률계 236-58
선미 23-27, 128-14
선박 128-1-30
선박 모형 167-32
선박소 252-6
선반 45-4, 49-33, 70-35, 72-17, 94-1
선반용 바이트 94-28
선생 174-11, 176-6, 178-29, 220-18
선수 128-1, 151-28, 152-33, 166-5
선수 입장 151-9
선심 159-18
선외 활동 장치 249-18
선원 128-23-24
선인장 300-28
선장 128-23
선장본 140-15
선재 262-37
선재·봉강 압연기 262-36
선저 128-17
선전물 게시판 98-5
선전용 인쇄물 235-58
선전차 114-25
선전탄 235-57
선종(選種) 103-12
선착장 102-53, 105-4
선철 262-7
선체 128-1-22
선탄 공장 261-3
선풍기 69-29-38, 72-5, 125-49
선풍기의 날개 69-33

선풍엽 140-11
선향 205-33
선형 181-42
선형 트랙터 101-4
선회교 120-41
섣달 그믐날 201-1-9
설거지대 72-21
설거지 솔 59-43, 72-19
설교단 204-5
설근 275-5
설명계 109-50, 197-2
설배 275-4
설상차 114-40
설압자 170-7
설인 신경 274-19
설진 171-25
설탕 31-13-17
설탕초 마늘 절임 23-47, 31-49
설탕 포트 61-29
설하선 272-23
설하 신경 274-22
섬 265-27
섬광 236-49
섬광 수류탄 233-20
섬꼴뚜기 289-29
섬아연광 262-54
섬아연석 262-54
섬턴 67-12
성계 289-26
성냥 35-20, 61-40
성단 244-7-8
성대 272-18, 286-18
성대모사 143-19
성루 199-10
성매 103-32
성명 219-8
성모 185-6
성모 마리아 204-12
성묘 200-20-25
성문열 272-19
성문의 출입구 199-9
성벽 199-8
성별 219-4
성서 204-9
성선 270-22-23
성성목 297-17
성어지 106-35
성우 195-51

성운 244-9
성적 증명서 179-46
성점 166-9
성조 185-8
성좌 투영기 253-16
성주(城主) 166-25
성찬식 204-15
성층권 251-3
성형 작약탄 235-52
성화대 151-8
섶날개 239-10
세계 지도 48-25
세관 108-23, 131-37, 224-1, 224-13
세관 검사 224-14
세관 마크 224-2
세관원 131-38, 224-15
세균 306-7-9
세균 세포 306-1
세기병 182-40
세닝 시저즈 79-27
세닝 컷 79-53
세례 204-14
세로 조판 139-21
세로 족자 188-1-2
세로형 문고리 90-16
세로획 185-33
세면기 56-25, 57-5, 80-6, 84-66, 168-22, 170-29, 179-22
세면대 56-26
세면소 121-40
세모 눈 278-14
세모 침 171-35
세모칼 186-39
세미롱 16-11
세미콜론 185-45
세발 79-8
세발 달린 솥(옛날의) 198-29
세발 용기 79-12
세발자전거 115-60
세배 201-17
세뱃돈 201-9
세송조체 141-31
세수비누 49-21
세숫대야 57-5
세움 선풍기 69-37
세움 시계 64-33
세움 전등 68-11

643

세인트버나드 279-8
세일 154-30
세일러 셔츠 229-25
세일러 칼라 8-17
세제곱근 180-40
세척제 45-3, 72-18
세컨드 163-11
세컨드 기어 111-53
세탁 211-14
세탁기 57-13-31, 70-58
세탁기의 캐비닛 57-20
세탁물 바구니 57-12
세탁물 봉지 84-27
세탁비누 57-9
세탁 염색점 76-15
세탁 타이머 57-16
세탁통 57-21
세탁통 뚜껑 57-22
세트 79-55-60, 137-13, 195-27
세트 콤(comb) 79-33
세포막 306-5
세포벽 303-3, 306-4
세포질 303-4, 306-18
세포핵 303-5, 306-3
섹션 부호 185-56
센 불 36-13
센터 158-23
센터 라인 120-15, 159-5, 160-21, 160-40
센터 마크 160-24
센터 서클 160-39
센터 파트 16-2
셀로판 35-8
셀로판 테이프 110-10
셀프 로더 114-12
셀프 타이머 196-4
셔족 210-21
셔츠 213-33, 215-11
셔츠 칼라 8-11
셔터 196-2
셔터 로크 65-20
셔터 릴리스 78-10
셔틀 루프 145-11
셔틀콕 160-15
셰이크핸드 그립 160-34
셰퍼드 279-3
소 259-46, 279-13-16
소(만두의) 24-13

소 넣은 경단 27-14
소 넣은 과자 27-48
소 넣은 떡 24-18
소 넣은 만두 24-3-8
소가 끄는 수레 117-20
소가 든 쿠키 27-28
소결광 262-4
소경뱀 284-11
소계 29-10
소계다리 29-7
소계편 29-11
소구치 275-29
소귀나무 295-18, 298-9
소금 31-12
소금 단지 62-30
소금에 절인 오리알 30-56
소꿉 장난감 148-24
소나기 258-33
소나무 295-8
소녀 242-23
소녀 220-14
소년 220-13
소년 문화궁 175-1-10
소년범 226-27
소년 선봉대 217-13-33
소년 선봉 대원 175-8
소년원 226-26
소년의 집 175-1-10
소뇌 274-28
소독젓가락 60-46
소라게 289-17
소라고둥 287-4
소리굽쇠 183-8, 190-56
소림권 162-10
소만 272-28
소말이 24-9
소매 2-9, 13-31
소매 길이 12-11
소매 단추 11-12
소매 없는 외투 4-21
소매 없는 원피스 4-3
소맥 17-7
소맷부리 2-19, 12-19
소방 갈고리 223-30
소방 사령차 223-21
소방관 223-4
소방서 131-12, 223-1, 223-3
소방선 127-27
소방용 도끼 223-29

소방용 호스 223-8
소방차 113-24-26, 223-15-20
소변기 80-15
소변소 87-15
소변 요강 56-29
소비자 97-57
소수 180-12
소수점 180-13
소스 31-19
소시지 30-25
소음 감시기 118-42
소음 권총 234-30
소음기 95-8, 116-11, 124-29
소음순 273-18
소이탄 235-54
소인 133-28
소자보 139-40
소장 271-10, 272-40-42
소장 중대 223-3
소재지 219-19
소전 185-26
소조 247-23
소철 295-1
소총 228-3, 234-1-18
소파 46-7, 48-29, 51-17, 83-37, 84-40, 109-19
소파 세트 51-19
소파 침대 53-15
소포 133-7, 134-17
소포 취급 창구 133-6
소프트 6-1
소해정 243-30
소해함 243-29
소해 헬리콥터 239-53
소행성 244-16
소형 가위 15-22
소형기 132-19-23
소형 농기구 99-1-24
소형 대저울 63-11
소형 도로 청소차 113-35
소형 밀차 72-15
소형 버스 83-19
소형 옷장 52-9-11
소형 의자 57-8
소형 전자 계산기 74-9, 81-13, 110-20
소형 쿠키 27-49
소형 톱 91-19
소형 트럭 113-19

소화기

소화기 223-25, 272-21-49
소화다리 29-3
소화물차 123-9
소화 버킷 223-27
소화용 모래 상자 223-28
소화탄 223-26
소흥주 34-6
속기 185-16
속눈썹 276-3
속눈썹 컬 15-12
속달 우편물 134-25
속달 우편물 수령증 134-28
속도 제한 119-28
속도 조절기 124-28
속도 조절침 64-27
속도계 111-62, 116-13
속새 302-41
속자 185-22
속취 우편함 133-40
속치마 3-16
속표지 140-36
손 266-22, 277-13-25
손가락 277-16-20
손가락 구멍 135-8
손가락 끝 277-22
손가락 멈춤 135-9
손가락뼈 267-10
손가락 사이 277-25
손가락 인형극 192-51
손 가래 99-21
손가방 65-1-4, 83-33
손거울 79-51
손녀 221-49
손님 74-8, 81-5, 83-39, 84-3
손도끼 71-49
손등 277-21
손목 266-21, 277-13
손목 관절 267-42
손목시계 64-10-18
손목시계의 용두 64-11
손바구니 65-37-38
손바닥 277-14
손북 213-55, 214-41
손살 277-25
손수건 5-8
손수건 돌리기 146-34
손수레 88-45, 117-1-2, 224-16
손 씻기 물주전자 214-17

손오공 193-14, 206-30
손오공 연 147-38
손자 221-48
손잡이 6-3, 58-58, 59-2, 62-17, 65-2, 67-6, 70-11, 71-15, 111-15, 112-23, 124-35, 138-21, 234-12
손잡이 빗 79-34
손잡이가 없는 광주리 65-42-44
손재봉틀 58-57, 212-32
손전지 68-38
손톱 277-23
손톱깎이 15-31
손톱의 반달 277-24
손톱 줄 15-32
손풍금 190-38
손행자 206-30
솔 89-12, 186-45
솔개 282-50
솔방망이 186-51
솔방울 295-7
솜 17-35
솜 신 7-38
솜 조끼 2-49
솜 커튼(겨울용) 55-11
솜 코트 2-47
솜대 302-5
솜모자 6-18
솜바지 1-41
솜방망이 186-52
솜장갑 5-12
솜저고리 1-39-40, 2-50
솜채 103-66
솜타기 103-65
솜털 셔츠 2-55
송곳 13-18, 92-1-8
송곳니 275-28
송곳 발톱 92-6
송과체 270-14
송다끼 150-38
송수관 100-42
송수화기 135-2
송유 파이프 127-33
송이버섯 20-27, 307-26
송장개구리 284-40
송전 97-50-57
송조체 141-28
송충나방 291-12

솔

송화기 135-3
송화단 30-55
솥 198-27-28
솥 뚜껑 70-19
쇄골 267-2
쇄골하동맥 269-3
쇄빙선 129-22
쇄정 115-30
쇄토기 99-29, 101-10
쇄판기 141-56
쇠갈퀴 99-5-6
쇠개구리 284-42
쇠고기 30-39
쇠국자 59-35
쇠귀나물 305-18
쇠기나물 18-19
쇠냄비 59-1, 212-21
쇠녀 232-22
쇠두엄 294-27
쇠똥구리 290-58
쇠똥 상자(연료용) 212-23
쇠뜨기 302-39
쇠 로프를 사용한 적교 120-34
쇠망치 91-11
쇠메 91-10, 93-32
쇠못 90-55-63
쇠문 83-13
쇠물돼지 288-7
쇠부엉이 283-19
쇠삽 99-17, 103-5
쇠솔 92-29
쇠스랑 99-4, 99-5-8
쇠육포 30-31
쇠주걱 44-15, 92-28
쇠지렛대 91-6, 103-2
쇠 직선자 92-14
쇠창살 81-19, 225-27, 226-18
쇠청다리매 282-55
쇠톱 93-18
쇠 파이프 122-28
쇼 윈도 74-4
쇼 케이스 72-22, 77-10
쇼윈도 78-1
쇼트 스커트 194-3
쇼트 헤어 16-10
쇼핑 광주리(점내용) 77-21
쇼핑 플로어 84-10
숄 5-5

645

숄더 백 65-7
수 207-31
수갑 222-29, 225-9
수갱 214-34, 261-8-10
수건 5-7, 49-35, 80-20, 125-36
수건걸이 49-34, 57-27
수관 293-12
수구 경기 153-29-34
수구 경기장 153-29
수구 볼 153-34
수구화 296-12
수국 296-12
수궁 284-25
수근 292-50, 293-13
수금원 23-2
수꽃술 292-23-24
수나사 90-31-35
수녀 204-20
수놓은 모전 깔개 212-30
수달 288-1
수도관 49-5, 168-51
수도꼭지 45-5, 49-6, 57-1, 80-3, 84-57, 87-11, 121-43, 168-50
수도 미터 49-19
수도포 27-4
수동 교환기 135-30
수동 사식기 141-52
수동식 우유 분리기 213-45
수동식 재봉틀 212-32
수동식 톱 91-14, 294-18
수동 양수기 100-36
수동 재봉틀 58-57
수동 정 93-20
수동 펌프 100-30
수동 호이스트 96-29
수동 회전 숫돌 93-29
수란관 173-13, 273-30
수래보 142-16
수레 채 117-18
수력 굴착기 261-26
수력 발전소 97-1
수력 채탄 261-25
수력 터빈 97-9
수련 305-8
수렵 213-15
수로 건설 103-4
수뢰정 243-31

수류 전환 버튼 57-18
수류탄 233-1-21
수류탄 던지기 152-30
수류탄 자루 233-13
수륙 양용 전차 228-29, 240-5
수륙 양용차 241-24
수면 303-14
수문 97-3, 102-55, 127-37
수미좌 199-46
수박 21-39
수박껍질 21-40
수박 씨 21-42, 22-38
수박의 과육 21-41
수박·호박 등의 씨 33-7
수반 꽃꽂이 150-24
수병 모자 229-26
수병복 4-7, 229-24
수병복의 깃 229-28
수부련 305-25
수분기 103-42
수빙(樹氷) 254-19
수사원 222-35
수사자 281-26
수산물 가공 106-52-54
수삼목 295-12
수상 가옥 38-35
수상기 132-22, 239-40
수상 군함 부대 227-35
수상 비행기 132-22
수상 스키 154-26
수상 스키 보드 154-28
수색 영장 225-5
수선 181-2
수선화 302-32
수성 244-12
수세미 56-33
수세미 칼라 8-16
수세미외 20-6, 301-18
수세식 변기 49-12, 84-63
수세식 변소 49-12
수세용 수조 78-45
수소탄 236-44
수송기 132-1-18, 239-39
수송함 243-27
수송 헬리콥터 239-49
수수 17-17
수수께끼 문제 147-4
수수께끼 풀이 147-3
수수쌀 23-31

수술 170-42, 292-23-24
수술 가위 169-23
수술복 170-46
수술용 무영등 170-48
수술칼 169-32
수신기 242-7
수신인 134-6
수신함 133-44
수압 철관 97-8
수액기 170-54
수양버들 85-17, 295-17
수업 260-9
수업 시간표 174-40
수업책상 178-36
수연통(水煙筒) 35-31
수염 16-30-34, 266-48, 278-40
수염 브러시 49-30, 79-29
수염뿌리 292-50
수영 152-38, 153-1-43
수영 모자 153-15, 154-14
수영복 153-16, 154-11, 154-12
수영 선수 153-5
수영 안경 153-24
수영장 145-34-38, 153-1
수영 코스 153-3
수영 튜브 154-22
수영 팬티 153-17, 154-11
수온계 111-63
수요일 259-18
수위 178-4, 218-12
수위실 98-4, 178-3
수유 173-27
수유성 144-4
수유실 176-19
수의 104-29
수의복 226-24
수이족 210-10
수입 자동차 113-14
수전 102-57
수전용 제초기 101-20
수정 262-56
수정관 173-14
수정 괘종시계 64-32
수정대 78-48
수정루 261-5
수정 벽시계 64-32
수정액 177-65

수정체　276-27
수제비　25-9
수조　49-13, 87-12, 182-34
수조기　285-4
수조의 마개　49-14
수준기　92-21
수중 발레　153-27
수중 산소 보급기　106-32
수중익선　129-15
수직관　263-6
수직 기둥　94-9
수직 미익　130-8, 239-12, 249-16
수직선　180-1, 181-2
수직 이착륙기　239-44
수질　273-6
수집 시각표　133-19
수차　97-9, 100-31-37
수차 바퀴　100-32
수출 상품　224-4
수출 상품 상담회　109-47
수취인　134-6, 136-8
수취인 주소　134-5
수탉　282-1
수통　62-26, 231-12
수틀　58-24
수평 갱도　261-21
수평기　92-21
수평 미익　130-10, 239-14
수평선　154-33
수평 안정판　132-27
수포어　286-29
수풀　265-52, 293-14
수프　23-40
수프 공기　60-2
수프 숟가락　60-4
수프 스푼　60-61
수프용 국자　59-39, 60-21
수프용 큰 국그릇　60-20
수피　293-17
수하물　83-16, 83-45
수하 폭뢰　242-33
수학　174-42
수해　256-19
수험 공부　175-17-19
수험생　179-34
수혈　170-56
수화　185-18
수화기　135-2

수화기 코드　135-4
수화물 검사　224-20
수화물계　121-47
수화물 계량　122-11
수화물 수취소　131-34
수화물 예치소　121-46
수화물 접수 창구　121-50
수화물 탁송소　121-48
수확기　101-23
숙모(작은어머니)　221-15
숙박 접수　83-29
숙박 차　114-28
숙부(작은아버지)　221-14
숙제　174-19, 260-23
숙주나물　20-22
순나물　18-22, 305-2
순두부　27-19
순록　280-21
순무　18-9
순무절임　31-53
순시정　127-28, 243-23
순양함　243-18
순찰　222-22
순찰병　227-28
순찰차　222-48
순채　18-22, 305-2, 305-12
순항 미사일　236-3
순회 렌트겐차　113-23
술　125-45
술(개)　259-55
술(장막, 깃발, 등롱 등에 느린)　187-32
술 그릇　198-19
술단지　62-35
술·담배 상점　75-4
술 도구　61-30-38
술래　146-42
술래잡기　146-33, 146-41
술병 선반　84-15
술잔　61-33-37
술종　61-31-32
술 찬장　48-20, 52-16
술창　232-5
술항아리　62-29
숨골　274-26
숨구멍　191-22
숨바꼭질　146-41
숫돌　91-47
숫자　185-20-21

숫자기　128-32
숯　71-56
숯다리미　57-43
숲　85-22
쉬어　230-2
쉬파리　291-38
쉼표　189-24
슈거 포트　61-29
슈노르헬　167-36
슈레더　110-40
슈터　223-12
슈트　2-13
슈트 케이스　65-18, 83-35
슈트 케이스 벨트　65-22
슈퍼마켓　77-21-24
슛　160-51, 160-60
스내치　164-24
스냅　11-6
스니커　7-49
스님　205-35
스로틀 그립　116-16
스매시　160-7
스웨터　2-38
스위치　68-6, 70-20
스위치 박스　84-44
스위치의 끈　68-14
스위트 오렌지　22-5-6
스위트 하트 넥　8-5
스윔 고글　153-24
스카이다이빙　167-29
스카프　5-3
스커트　1-5
스케이트 링크　157-25
스케이트 보드　147-28
스케이트 보드 놀이　147-27
스케이트화　157-37-40
스켈턴 브러시　79-39
스코어러　159-19
스코어보드　151-7, 158-14, 159-20
스쿠버　167-39-40
스쿠터　116-23
스쿼시　160-33
스퀘어 넥　8-2
스크럼　161-8
스크레이퍼　92-28
스크레이퍼 컨베이어　96-43
스크루　128-16, 238-30, 242-19, 243-17

스크루 잭 96-34
스크루 컨베이어 96-45
스크루 펌프 95-49
스크린 78-13, 178-22, 195-17
스크립터 195-40
스키 157-1-24
스키 도약 경기 157-17-22
스키 리프트 157-2
스키복 157-8
스키 봅 157-3
스키 선수 157-5
스키장 157-1
스키화 157-12
스킨 다이빙 167-35-40
스킵 261-20
스타일 북 13-22
스타킹 214-4
스타터 151-16
스타트 151-11-17, 153-22
스타트대 157-18
스타트 라인 151-14
스타 해로 101-12
스탠드 115-24, 151-6, 153-8, 156-2, 158-15
스탠드업 컬 79-58
스탠드 프레임 78-25
스탠딩 스타트 151-15
스탠딩 칼라 8-9
스탬프대 81-15, 110-3
스터드 볼트 90-35
스테이션 왜건 113-21
스테이지 184-26
스테이플 90-59
스테이플러 110-12
스테이플러 침 110-13
스테인리스의 냄비 59-5
스텔스기 239-46
스텝 111-28, 122-15, 124-36, 152-7, 241-17
스톡 300-9
스툴 5-5
스톱 모션 큰 나사 58-51
스톱워치 151-36
스튜디오 137-8, 137-37
스튜어디스 130-34
스트랩 3-4, 65-22
스트랩리스 브래지어 3-9
스트레이트 163-22
스트레이트 팁 7-16

스트레처 168-64
스트레치 151-3
스트레치 체조 155-11
스트로 32-11
스트로보 196-15
스트로보 스위치 196-16
스틱 157-11, 157-46, 161-19
스틸 사진 195-6
스틸 잉곳 262-10
스팀 168-30
스팀 롤러 118-29
스팀 버튼 57-48
스팀의 방열기 47-20, 48-11
스파이크 151-44, 159-26
스파이크 슈즈 151-43
스파이크 해로 101-10
스파이크화 158-36
스패너 93-7-12, 115-50-52
스페노돈 284-34
스페어타이어 111-39, 241-18
스페이드 149-4
스페이스 셔틀 249-1, 251-16
스펙트럼계 250-4
스포이트 182-46
스포일러 130-5
스포츠 신문 139-11
스포츠 용품 상점 76-3
스포츠 클럽 145-27, 155-8-27
스포크 115-40
스포트라이트 137-17, 192-16, 195-28
스폰서 137-26
스폰지 45-6, 133-26
스폰지 매트 152-18
스폰지 케이스 74-20, 110-5
스프레이 13-4, 99-49
스프레이 건 92-33
스프로킷 휠 94-48, 115-23
스프링 깔개 53-6
스프링보드 153-41-42
스프링보드 다이빙 153-40
스프링식 쥐덫 56-22
스프링 와셔 90-41
스프링 침대 53-5
스프링 캐치 90-17
스프링클러 100-44, 107-20
스프링 판 53-13
스플라이서 195-47
스피드 스케이트 선수 157-26

스피드 스케이트화 157-37
스피드 스케이팅 157-26-27
스피커 69-10, 125-16, 137-59, 138-38, 192-13, 195-18
스피커 박스 69-17, 84-21
스핀 157-33-35
슬 191-51
슬라이더 11-23, 145-37
슬라이더 풀 145-36
슬라이드 영사기 195-11
슬라이드용 필름 78-55
슬랄롬 157-14
슬래그 시멘트 블록 89-29
슬래브 262-13
슬랫 컨베이어 96-42
슬러리 탱크 261-27
슬로팅 머신 94-24
슬로팅 바이트 94-33
슬로프 83-4
슬리퍼 7-42-45, 84-51, 125-29
슬립온 7-15
슬립 웨이 105-26
슬립 조인트 플라이어 93-2
슬릿 1-18, 2-52
슬와(膝窩) 림프절 270-9
습구 온도계 257-22
습자 연습장 174-46
승강교 120-39
승강구 127-3
승강기 88-17
승강타 130-11, 249-12
승객 112-25, 125-2, 130-30, 222-24
승객 승강구 130-12
승경 122-18
승냥이 281-9
승마 바지 2-34
승마화 212-7
승무원실 105-33, 125-58, 249-6
승무원증(택시의) 112-44
승무원 호출 버튼 130-49
승법 180-28
승복 205-36
승선객 127-11
승선 부두 127-1
승선표 127-16
승압 변전소 97-20

승용 자동차 113-1-15
승용차 111-1, 113-12-15
승차권 112-36-37, 126-13
승차권 발매 카운터 112-17
승차권을 꽂는 판 112-20
승차역 126-14
승표 162-53
시 149-17
시가 35-27
시가전 228-4
시각표 126-1
시간 맞춤 손잡이 64-26
시간 조작기 57-16
시계 바늘 64-4-6
시계의 단침 64-4
시계의 뒤뚜껑 64-9
시계의 무브먼트 64-15
시계의 용수철 64-16
시계의 유리 64-8
시계의 장침 64-5
시계의 테 64-7
시계점 75-19
시계 주머니 10-8
시계탑 121-3
시계 판 64-3
시곗줄 64-12
시궁쥐 280-36
시그마 180-53
시금치 19-14
시끈가오리 285-13
시나리오 192-36
시내 일주 마라톤 201-19
시녀 186-13
시네 카메라 195-30
시라소니 281-7
시럽 32-29-30, 172-11
시력 검사 170-30
시력표 170-31, 174-34, 276-32
시루 45-24
시루(옛날의) 198-30
시리우스 246-38
시멘트 88-31
시멘트제 평기와 89-35
시멘트질 275-21
시멘트 흙 88-43
시발역 126-5
시버족 208-30
시비 102-25

시상대 156-25
시상식 156-18
시소 145-46
시신경 274-12, 276-31
시아버지 221-8
시어머니 221-9
시업식 174-24-29
10월 259-11
시장 감독원 77-7
시저스 컷 79-52
시정(視程) 258-50
시착 거울 74-14
시착실(試着室) 74-13-15
시청 218-10
시청각 교실 178-16
시청각 교육 178-16-27
시체 222-38
시침 64-4
시트 54-3, 111-18-19
시트 벨트 111-51, 130-43
시트 스핀 157-34
시트 필름 78-50
시프트 레버 111-46
시험 감독관 179-35
시험관 168-46, 182-15
시험관 꽂이 168-45, 182-19
시험관 브러시 182-20
시험관 집게 182-18
시험 답안 179-36
시험장 179-33
C형강(C形鋼) 262-30
식권 23-45, 125-42, 179-8
식궤 72-13
식궤의 문 72-36
식기 60-35-36, 72-35, 198-1-9
식기 등을 씻는 곳 45-8
식기 선반 212-26
식기 세척용 수세미 45-7
식나무 298-22
식단 72-30
식당 102-11, 179-1-13
식당 입구 72-24
식당차 123-8, 125-39-57
식도 272-36
식량 관리 센터 102-37-43
식량 배급 통장 23-22
식량 배급표 23-23-24
식량 창고 102-37

식료품점 75-1
식림지 107-10
식목 294-1
식목일 200-6
식물 채집통(양철로 된) 184-1
식물 표본 184-9
식빵 25-18
식사용 나이프 60-56-59
식수 107-21, 294-1
식염종지 60-27
식용 개구리 284-42
식용 버섯 307-1
식용유 31-2-3
식용유 배급표 23-25
식용유 판매기 23-4
식자공 141-8
식자실 141-1-8
식자용 스틱 141-4
식장 52-15
식지 277-17
식초 31-11
식초병 72-11
식초종지 60-24
식칼 44-25, 45-12, 59-56
식칼걸이 45-11
식탁 72-26, 125-43, 179-10
식탁보 72-27, 125-44
식품 선반 125-48
신(원숭이) 259-53
신 깔개 7-56
신경 274-1-22
신관 233-22, 235-42
신교 204-21-23
신교도 204-23
신극 192-32-36
신기루 254-22
신년 200-1-3
신년회 200-2
신농 206-4
신동맥 273-2
신 뒤축 7-11, 7-59
신랑 202-24
신문 46-29, 48-33, 133-17, 139-7-36
신문 걸이 178-49
신문 게시판 139-4
신문 기자 139-2
신문·잡지 판매대 133-46
신문·잡지 판매지 139-5

649

신문사

신문사 139-1
신문의 제자란(題字欄) 139-12
신문 판매원 139-6
신바닥의 누빔 7-65
신발 7-1-5, 198-46
신부 202-25, 204-18
신사복 깃 8-12
신사용 손목시계 64-10
신상체 270-19, 273-10
신생아 168-40, 202-2
신선로 59-29
신시사이저 190-52
신용 카드 77-19, 81-32
신우 273-4
신월 247-14
신유두 273-8
신입생 174-28, 179-38
신장 273-1, 286-48
신장 체중 측정 170-35
신장계 174-33
신정맥 273-3
신천옹 282-14
신청서 135-33
신체조 156-29-33
신추체 273-9
신축 암 250-11
신티 스캐너 169-58
신관 태환권 82-53
신호기 122-48-49
신호등 222-60
신혼부부의 방 202-33
신혼여행 202-41
신회 오렌지 22-5
실 갈고리 58-40
실내 214-27
실내등 84-52
실내 소화전 223-32
실내 안테나 138-10
실당면 29-24
실두부 29-4
실두부 튀김 29-8
실뜨기 놀이 147-12
실로 짠 신발 198-44
실로폰 190-47
실린더 67-20, 95-12, 124-12
실린더 커버 95-5
실린더 케이스 로크 67-22
실린더 플러그 67-21

실외 안테나 138-9
실용 위성 252-1-18
실용차 115-2
실유카 302-25
실잠자리 290-4
실채기 58-39
실크 해트 6-10
실톱 91-18, 91-25
실파 18-31
실패꽂이 58-41
실험실 178-13
실황 중계방송 137-27
심근 268-27
심리스 강관 262-35
심리스 강관 설비 262-34
심벌즈 189-13, 190-44
심식충 291-16
심압대 94-6
심야 260-28
심 없이 둥글게 감은 실 58-15
심장 269-14-22, 271-5, 286-46
심장(앞면) 271-19-29
심재 89-43, 293-25
심전계 169-47
심전도 169-48
심지 68-50, 182-3
심첨 271-29
심판 153-6, 158-28, 159-16-18, 160-13, 161-10, 163-10
심판등 164-14
심 포켓 10-3
심해 잠수함 129-23
심해 평원 264-12
심호흡 155-20
10미터 다이빙대 153-37
10위안권 82-21
10위안 지폐 82-14
16방위(풍향의) 258-59
12월 259-13
11월 259-12
십이지 259-45-56
십이지 동물 우표 134-42
십이지장 272-40
십자가 204-11
십자 드라이버 93-14
십자로 118-16

쑥

십자형 교차점 119-1
십자홈 납작머리 작은나사 90-47
싱글 스케이팅 157-29-30
싱글베드 53-1-6
싱크대 57-3, 72-21, 168-49, 179-13
싱크로나이즈드 스위밍 153-27
싱크로너스 모터 95-34
싸라기눈 258-37
싸라기 설탕을 뿌린 쿠키 27-27
싸라족 208-20
싸리버섯 307-16
싸리비 56-2
싸전 23-1-25
싹 292-16
싼위안파이 149-19-21
쌀 23-18
쌀국수 25-16
쌀궤 23-21
쌀밥 23-50
쌀·보리류 23-26-28
쌀임박 100-11
쌀 전대 231-16
쌍곡선 181-13
쌍꺼풀 276-7
쌍도 162-33
쌍동선 129-12
쌍두뱀 284-16
쌍둥이 아이스캔디 32-14
쌍둥이자리 245-20, 246-11
쌍떡잎 식물 292-6
쌍봉낙타 279-26
쌍절곤 162-24-25
쌍점 185-46
쌍주 괘선 141-34
쌍지엽 식물 292-6
쌍희자 연 147-39
쌘비구름 255-14
써레 99-5-8, 99-10, 99-29-30, 99-29
써레기 101-10-12
썰매 운동 157-41-42
썰매타기 147-24
쏘가리 286-20
쐐기 소매 9-16
쑥 171-33

650

쑥갓 19-20
쑥뜸 171-32
쑥 말이 171-30
쉬쯔 149-23
쓰레기 그릇 43-31
쓰레기 봉지 130-46
쓰레기 수거차 113-39
쓰레기 수레 117-7
쓰레기통 85-42
쓰레기 통로 41-25
쓰레받기 45-34, 56-4, 71-23
씨 22-38-39
씨(호박이나 수박, 해바라기의) 73-7
씨껍질 292-14
씨름 163-1-7, 211-36, 212-54
씨름 복장 163-2
씨름 선수 163-1
씨방 292-27
씨뿌리기용 레이크 99-5
씨앗 292-10

아

아가미 286-45
아가씨 220-8
아가위 21-26
아가위나무 296-27
아가위엿편 26-27
아가위엿피 26-26
아감딱지 286-37
아귀 285-42
아기 신 7-34
아기 침대 53-16
아나운서 137-5
아내 221-2
아네로이드 기압계 257-39
아동 220-19
아동 신 7-33
아들 221-44
아들자 177-55
아라비아 숫자 185-20
아래꼬리덮깃 282-31
아래 여백 140-41
아래턱 266-45
아랫바퀴 58-36
아랫배 266-25
아랫변 181-33
아랫입술 275-2

아령 155-24
아령 체조 155-16
아르갈리 280-15
아마릴리스 302-29
아몬드 쿠키 27-30
아미자 162-49
아버지 221-3
아세틸렌 가스 발생기 93-56
아스파라거스 19-19
아스팔트 88-40, 118-30, 263-59
아스팔트 루핑 89-54
아스팔트 케틀 88-39
아스팔트 타일 89-25
아역 195-37
아와족 209-21
아왜나무 299-6
아웃 오브 바운즈 볼 160-52
아이니족 209-15
아이들러 96-40
아이 라이너 15-8
아이 라인 15-9
아이래시 컬 15-12
아이릿 13-20
아이브로 15-7
아이 섀도 15-10
아이 섀도 브러시 15-11
아이소토프 스캐너 169-58
아이소토프식 열 발전기 250-9
아이스댄스 157-32
아이스 드링크 코너 32-1
아이스 스케이트 157-25-40
아이스 스케이트장 157-25
아이스 자 61-38
아이스캔디 32-12, 73-20
아이스캔디 장사꾼 73-19
아이스캔디 케이스 73-21
아이스 커피 32-40
아이스크림 32-19
아이스크림 컵 60-48
아이스크림 콘 32-18
아이스틱 32-17
아이스 하켄 165-24
아이스하키 157-45-51
아이스하키 선수 157-45
아이스 해머 165-21
아이언 161-42
아이젠 165-26

아이 펜슬 15-7
아주까리 300-21
아줌마 176-16
아창족 209-26
아치교 120-26
아치형 다리 85-53
아치형 다리미판 13-5
아치형의 석고 120-22
아치형의 차양 77-2
아침 260-7
아침놀 260-2
아침 식사 260-6
아침 체조 155-1
아카시아 297-4
아케이드 84-10
아코디언 190-38
아크 용접봉 93-49
아크 용접용 홀더 93-48
아크 용접 헬멧 93-50
아킬레스건 268-24
아타셰케이스(atlaché case) 65-16
아틀리에 186-10
아프리카 코끼리 281-29
악기 목 190-3
악기상점 75-14
악단 84-20, 194-10
악단석 192-15
악대 201-25
악대(소년 선봉대의) 217-24
악력기 155-26
악보 189-18-25
악수 207-15
악어 284-9-10
악어도마뱀 284-30
악하(顎下) 림프절 270-4
악하선(顎下腺) 272-25
안감 6-8
안개 254-15, 258-40
안경 14-14
안경 다리 14-20
안경 렌즈 14-15
안경원숭이 280-2
안경점 75-20
안경집 14-24, 48-8
안경 케이스 14-23
안경테 14-18
안경 함 14-23
안구 276-4, 276-23

651

안깃 13-28
안내 83-25
안내 날개 95-58
안내 표지 119-43-56
안내도 77-14, 145-7
안내소 131-53
안내자 92-37
안내판 77-14, 121-37
안대 169-19
안대기 6-8
안드로메다자리 245-32, 246-6
안뜰을 둘러싸는 담 85-48
안락의자 46-7, 51-17
안료 186-22
안륜근 268-2
안마 80-40, 156-5
안마당 37-16
안면 신경 274-17
안방 37-33
안부 265-9
안솥 70-18
안심 30-9
안약 172-12
안장 115-7, 116-10, 117-17
안전 검사 131-49
안전기 97-60
안전띠 111-51, 130-43
안전 마개 233-2
안전벨트 89-7, 238-8
안전 요원 154-7
안전장치 242-27
안전지대 118-32
안전 커버 92-40
안전편 233-14
안전 핀 11-31, 233-15
안점 303-7
안정기 68-29
안 주머니 10-7
안창 7-9
안채 37-17, 40-8
안채 남쪽의 뜰 37-13
안채 뒤편에 세운 집 37-21
안채 방 40-9
안채 양쪽으로 붙어 있는 작은
  방 37-18
안채의 가운데 방 37-32
안테나 128-11, 136-19,
  137-31, 138-9-10, 228-20,
  240-33

안토노프 An-24 132-15
안 포켓 10-7
앉은뱅이 285-43
앉은뱅이저울 63-25,
  63-25-27, 105-7, 122-12,
  173-24
앉은뱅이저울의 받침판 63-26
앉은뱅이책상 50-13
알 284-37
알껍질 30-54
알락할미새 283-43
알루미늄 국자 59-36
알루미늄 냄비 59-3
알루미늄 대야 59-48
알루미늄의 시루밑 59-23
알주머니버섯 307-42
알코올 램프 182-1
알타이르 246-26
알탄 71-19
알파인 스키 157-4-16
알피니스트 165-2
암 94-10, 184-24
암거 214-35
암꽃술 292-25-28
암나사 90-36-39
암랫 9-12
암모나이트 197-6
암모니아 주입기 101-17
암벽 등반 165-17
암사자 281-28
암술 292-25-28
암술대 292-26
암실 78-31-49, 141-51
암실등 78-31
암염 262-62
암장 264-29
암탉 282-3
암퇘지 279-20
암호 자물쇠 65-17, 67-4
암 홀 12-8
압력 공제구 59-27
압력 냄비 45-17
압력 용기 97-38
압력솥 45-17, 59-26
압수 225-6
압지 110-16
압축차 33-14-16
앙가 194-15-17
앙가춤 201-26

앙각 탐지기 239-25
앙고라 토끼 279-36
앞가슴 290-17
앞날개 290-15
앞니 275-27
앞다리 290-20
앞마당 37-6
앞마당 남쪽에 있는 문 37-7
앞문 112-5
앞바퀴 111-21, 124-11,
  130-13
앞바퀴 자물쇠 115-27
앞으로 걸어 총 230-10
앞장 79-13
앞좌석 111-18
앞지르기 금지 119-24
앞차축 111-35
앞치마 125-54, 179-4, 213-34,
  215-23, 215-34
앞 포크 115-35
앞표지 안 140-34
앞허벅지 고기 30-5
앞 허브 115-13
애기왕심식충 290-65
애도용 대련(對聯) 203-11
애벌레 291-2
애와와 27-5
애완동물 150-15
애크러배틱 체조 156-34-35
애펜디 206-36
애프터 레코딩 195-50-51
액면 82-7, 134-38
액면 숫자 82-4
액세서리 14-1-13
액셀(페달) 111-49
액아 292-18
액와(腋窩) 동맥 269-9
액와(腋窩) 림프절 270-6
액자 42-9, 48-23, 186-14
액장(額裝) 188-22
액정 디스플레이 64-18,
  110-38
액체 182-36
액체 산소 248-23
액체 산소 탱크 236-38
액체 수소 248-22
액체 연료 탱크 249-2
액포 306-17
액화 석유 가스(LPG) 263-50

앤빌　93-31
앨범　78-27
앰프　69-19, 137-58
앰플　169-4
앵두　21-11
앵두입　278-23
앵무새　283-15
앵속　300-5
앵초　301-3
앵커 블록　120-31
야간 전투　228-8
야광배　187-9
야광운　251-10
야구　158-1-36
야구공　158-29
야구 방망이　158-30
야구장　158-1
야담 연예장　142-12
야생 동물 보호 자동차
　　114-29
야오족　210-15
야외 극장　85-21, 192-23
야외 달리기　152-39
야외 사진점　78-28
야외 취사　175-11
야자　22-23
야자(나무)　299-8
야자게　289-18
야자 나무의 중과피　22-24
야자사탕　26-4
야자의 배젖　22-25
야자즙　22-26
야전 병원　227-30
야조　150-49
야채 그릇　150-53
야채밭　40-23, 102-19
야채 움　40-12
야채칼　59-54
야채 케이스　70-36
야코브레프42　132-13
야크　213-49, 279-16
야포　235-33
약 교환　170-18
약국　75-9, 168-54
약궤　171-2
약병　80-38, 172-13
약보　189-18
약봉지　172-16
약상자　172-19

약손가락　277-19
약숟가락　182-47
약연(藥碾)　215-47
약재　171-6
약제사　168-56, 171-8
약주　34-14-15, 172-27
약탕관　171-11
약통　235-46
약포　172-17, 235-47
약품　98-52
약품 선반　168-58
약품 테이블　80-39
약한 불　36-15
약협　234-33
얇은 껍질 만두 소　24-29
얇은 껍질 만두 피　24-30
얇은 껍질 찐만두　24-28
얇은 모직 셔츠　3-17
얇은 모직 속바지　3-18
양　259-52, 279-28-32
양 우리　104-15
양각 문양　186-53
양각형(羊角形) 갈고리　90-13
양갱　26-28
양계장　102-9
양고기　23-51, 30-40
양고기 샤브샤브　23-47-54
양곡 판매점　23-1-25
양구 스패너　93-8
양궁　167-20-25
양궁장　167-20
양귀비　300-5
양극　68-42
양금　142-19, 191-17
양꼬치 구이　214-25
양끝못　90-58
양날 곡괭이　91-8
양념　31-2-41
양돈　103-53
양돈장　102-32
양동이　44-30, 57-4, 62-47,
　　294-4
양동이의 뚜껑　62-49
양떼　104-7
양륙함　243-38
양말　5-16-23
양매　22-12, 295-18
양면 자수　187-2
양모　104-18

양모제　172-31
양배추　19-8
양복　2-13
양복 걸이　57-39, 72-10
양복 바지의 다림질선　2-22
양복솔　84-49
양복장　52-1-8
양복점　74-1-26
양봉　103-55
양뿔 머리　16-21
양산　66-22, 211-16
양상추　19-18
양소매책상　50-11
양송이　20-24, 307-32
양수 냄비　59-12
양수용 수차　100-31
양수장　102-65
양수 펌프실　98-10
양식 변기　49-17
양식업　106-30-51
양식 장정　140-14
양아욱　300-17
양어　150-39-43
양어못　106-31
양어장　106-30
양어지　106-31
양옥란　296-4
양자리　246-21
양자 악어　284-9
양잠　103-50
양장　1-1
양재사　13-24
양조각　187-39
양철판　89-51, 262-26
양치기　104-9
양치기 삽　104-10
양치질 컵　49-24, 170-40
양탄자　214-30
양탄자　55-5, 55-6
양털　104-18
양털 깎이　104-16-20, 212-40
양털 빗　104-21
양파　18-33
양호실　174-30
양화점　76-11
얕은 대접　60-40
얕은 접시　60-38
어구 창고　105-27
어깨　266-14

어깨 걸어 총 230-8
어깨 관절 267-40
어깨깃 282-24
어깨 끈 3-4, 65-8
어깨 띠 215-24
어깨밀기 씨름 146-45
어깨받침 210-14
어깨살 30-3
어깨 위로 총 230-7
어깨 주름 1-38
어깨 패드 2-3
어깨폭 12-17
어러쓰족 209-3
어로 갑판 105-29
어로용 윈치 106-16
어로용 윈치 겸 캡스턴 105-28
어롱 106-14, 150-38
어뢰 242-1-19
어뢰고 242-21
어뢰 발사관 242-22
어뢰정 243-31
어룬춘족 208-13, 213-1-24
어룬춘족 노부인 213-4
어룬춘족 여성 213-1
어른 220-9
어리호박벌 291-43
어린뿌리 292-12
어린 양 208-9
어린이 125-24, 220-10-11
어린이 공원 145-39-56
어린이날 200-9
어린이 놀이터 85-38
어린이 모자 6-27-31, 187-36
어린이 신발 187-37
어린이 옷 상점 76-7
어린이 욕탕 56-28
어린이용 슈트 4-1
어린이용 자전거 115-57
어린이용 침대 176-18
어린이용 풀 145-38
어린이 주의 119-6
어린이 차 145-18
어린이표 126-16
어린 친구 176-2-3
어릿광대역 193-12
어말 30-33
어망 105-34-46, 106-9-12, 208-7

어망에 다는 추 105-45
어망에 쓰는 로프 105-35
어망창 105-27
어머니 125-21, 221-4
어민 105-3, 106-3
어법 105-34-63, 185-4
어선 105-2
어스선 68-16, 97-59
어안 렌즈 196-26
어윈커족 208-12
어육 소시지의 제조 106-53
어창 105-32
어택라인 159-6
어택 캠프 165-11
어퍼 빔 표시등 111-60
어퍼 호리즌트 라이트 192-6
어프로치 157-19
어항 105-1, 150-39-41
언덕 265-28
언어 185-1-18
얼굴 266-4
얼귀토 34-5
얼레 147-34
얼룩개 279-2
얼룩 고양이 279-12
얼룩말 281-36
얼룩점박이 하이에나 281-12
얼비늘치 285-29
얼음 구멍 106-17
얼음덩어리 73-24
얼음배개 170-62
얼음 사탕 31-16
얼음에 채운 사이다 73-23
얼음주머니 170-61
얼음통 61-38
얼차스 99-12
엄지손가락 277-16
엄파이어 159-17
엄폐 굴 231-22
업간 체조(직장에서) 155-7
업라이트 스핀 157-33
업라이트 피아노 190-36
업무 스태프 109-54
엇각 181-7
엉덩이 266-41
엉덩이 둘레 12-13
엎드려 팔굽혀펴기 155-17
에나멜선 183-16
에나멜질 275-18

에디터 195-48
에리다누스자리 246-30
에뮤(emu) 282-11
S극 183-12
S상 결장 272-48
S자형 도로 118-52
에스컬레이터 77-13, 121-29
에어 데이터 컴퓨터 239-24
에어 로크 249-8, 261-7
에어 매트 154-13
에어 메일 134-20
에어 컨디셔너 69-40-43
에어 펌프 68-54
에어로빅댄스 155-14
에어버스 A300 132-3
에어컨 69-40-43
에어포트 62-21
AB형 269-29
에이스 149-1
에이트 167-41
에이프런 125-54, 131-9, 179-4
A형 269-27
H형강 88-12, 262-31
에인절피시 286-24
에페 164-3
에폴레트 2-44
f자 구멍 190-9
X선 CT 169-54
X선 컴퓨터 단층 장치 169-54
X선 투시 169-53
x축 181-10
×표 185-59
N극 183-11
엔드라인 159-8, 160-42
엔진 95-1-29, 111-32, 116-9, 130-6, 234-52, 239-15, 240-34, 242-17, 248-24
엔진 스위치 116-14
엘리베이터 83-40, 96-49
엘리베이터 타워 88-16
LPG(액화석유가스) 운반차 114-22
MRI 169-55
여객 121-28, 122-3
여객기 131-18, 132-1-17
여객선 127-2, 129-1-3
여객 터미널 127-7
여과지 182-25

여권　131-33, 219-1, 224-10
여권 검사　224-8
여뀌　305-1
여닫이 장롱　52-1
여드름　278-29
여름　259-42
여름식 머리　16-15
여름의 성좌　245-2
여름 캠프　175-11-14
여물 건조용 갈퀴　99-6
여물 바구니　100-15
여물 썰기　103-59
여물통　104-23
여배우　137-10, 195-36
여성 생식기　273-16-31
여성용 바지　1-30
여성용 손가방　65-4
여성용 손목시계　64-13
여성용 우산　66-18
여성 토용　197-20
여송연　35-27
여수　226-23
여아　176-3
여아용 방한모　6-27
여압 격벽　130-24
여왕개미　290-9
여왕벌　291-45
여왜　206-3
여우　281-11
여의　173-11
여자　220-2
여자 조형 곡예　144-34
여자 도마　156-15
여자 변소　87-3
여자 보디빌딩　155-13
여자 싱글 스케이팅　157-30
여자 아이　176-3, 220-11
여자 역도　164-23
여자용 헝겊신　7-27
여지　20-10, 22-19, 297-25, 301-19
여치　290-25
여치 사육 바구니　150-54
여학생　174-36, 178-34
여행 가방　65-12-15, 83-36
여행객　224-11
여행 기념사진　78-22
여행단　83-17, 150-12
여행사　76-4

여행신　7-49
여행 안내소　76-4
여행용 백　121-45, 125-8
여행용 자명 시계　64-28
여행용 화물　224-17
여행자　131-32
여행자 수표　81-30
여행 짐　121-38
역기　164-20
역도　164-13-27
역도대　164-13
역도 선수　164-19
역명 표지　122-19
역사　121-1, 174-43
역사박물관　197-11-20
역서비스원　121-23
역석　162-55
역의 입구　121-2
역전 광장　121-9
역청탄　261-29
연　147-25-40, 187-46, 305-5
연 실　147-33
연결 버스　113-2
연결봉　124-15, 263-27
연고　172-10
연골　276-62
연구개　275-10, 276-49
연구실　178-11
연극 공연 건물　199-15
연근　18-15, 305-6
연근 가루　32-35
연기자　143-12
연꽃　305-4
연꽃 티 컵 놀이　145-17
연날리기　147-32
연단　174-9, 174-25, 218-7
연떡　27-9
연락선　129-9-11
연령　219-15
연료　242-14
연료계　111-59
연료고　236-31
연료 공급차　131-25
연료 노즐　95-3, 95-26
연료봉　97-41
연료 분사 펌프　95-7
연료점　76-17
연료 콕　95-6
연료 탱크　68-55, 71-41, 95-4,

　　105-30, 116-6, 124-33,
　　131-10, 236-39, 239-11,
　　241-23, 248-13, 250-8
연륜　293-19
연맥　17-12
연못　85-52
연미복　2-27
연밥　18-17
연밥의 화포　18-16
연뿌리　305-6
연삭기　94-16
연삭 숫돌　94-18
연삭 숫돌 커버　94-17
연소기　71-30
연소 수류탄　233-18
연소숟가락　182-9
연소실　95-11, 242-15
연소통　71-39
연속 주조 설비　262-15
연수　274-26
연습기　239-42
연습장　118-51, 174-45-48
연승 어업　105-47
연식 야구　158-37
연식 야구 볼　158-38
연실　18-17
연실문　124-10
연애　202-12
연어　285-18, 286-6
연예인　73-10
연예조　175-4-5
연유　30-58
연인　202-13
연자매　99-38, 103-32
연자매의 롤러　99-40
연자매의 밑짝　99-39
연접부호　185-52
연지　15-5
연출자　137-11
연탄　71-20
연탄 집게　71-25
연통　71-2, 71-17, 124-19
연통관　183-3
연필　78-49, 177-1
연필깎이　177-10
연필 속대　177-13
연필심　177-2, 177-13
연필심(교환용)　177-16
연필 축　177-3

연필 칼 177-8-9
연필 캡 177-4
연하 엽서 134-15-16
연하장 134-15-16, 201-7
연해 여객선 129-2
열간 압연기 262-20
열권 251-11
열기구 167-30, 238-20, 251-5
열대 264-39
열대어 286-23-25
열대어용 어항 150-41
열람실 178-48
열사 묘지 200-20
열사의 묘 86-10, 200-21, 217-32
열쇠 67-2, 115-28, 225-29, 226-20
열쇠고리 67-3
열쇠 구멍 67-24
열쇠 케이스 65-30
열쇠 홀더 65-31
열연 대강 262-21
열차 120-10, 121-8, 121-24
열차 방향판 126-7
열차 번호 126-2
열차 승무원 122-16, 125-6
열차 시각표 121-36
열차 연락선 129-11
열핵연료 236-48
염교 18-34
염소 104-14, 279-28
염소수염 16-31
염소자리 245-38, 246-27
염주 205-37, 302-8
염주조 303-22
엽록체 303-6
엽맥 292-42-44
엽서 134-12-16
엽아 292-20
엽총 209-7, 213-38
엿사탕 26-13
영 180-5
영구 203-20
영구차 113-32, 203-1
영구치 275-25
영국 파운드 185-61
영문 신문 139-8
영문 타자기 109-29
영법 153-18-21

영벽 37-28, 38-32
영사기 195-10
영사 기사 195-9
영사막 195-17
영사실 195-8
영사 창 195-12
영상 모니터 137-34
영상 스크린 138-3
영수증 74-22, 134-18, 185-19
영수증(택시의) 112-46
영아 173-26
영아 침대 173-30
영안실 168-61
영양 280-13
영양제 172-26
영업 시간 74-3
영업청 133-4, 136-2
영예판 218-20
영웅형 머리 215-7
영원 284-48
0.5킬로미터 표지 122-56
영지버섯 307-19
영춘화 298-27
영화 감독 195-32
영화관 195-1-24
영화관명 195-1
영화 광고 195-2
영화 촬영기 195-30
영화 촬영소 195-25-55
영화표 195-7
영화 필름 195-52
옆가름 16-1
옆뜰 37-9
옆문 40-14, 98-2
옆 여백 140-39
옆주름 스커트 1-15
옆줄 286-40
옆초 292-45, 292-46
예각 삼각형 181-15
예고판(발차 번선·개찰 개시 시각 등의) 122-2
예금 81-7-11
예금자 81-7
예금 통장 81-8
예배당 204-4
예복 217-28
예비 낙하산 238-7
예비 타이어 111-39
예서 185-27

예수 그리스도 204-10
예약석 72-8
예인선 107-29, 108-4, 127-26
예입 81-7-11
예장용의 장화 198-45
오(말) 259-51
오가피주 34-15
오곡주 34-4
오구목 297-18
오금희 162-16
오동나무 299-2
오디오 시스템 48-26, 69-12
오뚜기 148-23
오락 시간 260-24
오랑우탄 280-8
오렌지 음료 32-22
오렌지 주스 32-24
오렴자 22-18
오로라 251-14
오류기 156-27
오르간 176-9, 190-37
오르골 148-18
오른쪽 대련 188-4
오리너구리 288-2
오리 알 30-50
오리온자리 246-34
오리온좌 대성운 246-35
오리털 이불 54-18
오목 거울 183-29
오목 렌즈 183-27
5미터 다이빙대 153-39
오버 네트 159-29
오버올 4-16
오버 코트 1-27, 2-45
오버헤드 프로젝터 178-27
오보에 190-22
오브젝트 볼 161-49
오븐의 접시 70-9
오블레이트 26-2
오비터 249-4
오사 284-14
오서 280-45
오선보 189-19
오소리 281-10
오실로그래프 183-9
50위안 지폐 82-13
오얏 열매 21-6
OMS 엔진 249-14
오염 구역 236-53

5월 259-6
5위안 지폐 82-15
오이 20-4
오이 설탕절임 26-23
오이스터 소스 31-20
오일 셰일 263-25
오일 탱크 71-42, 111-38, 127-34
오일 튜브 263-31
오일 히터 70-51
5자오 경화 82-36, 82-43
5자오 지폐 82-18
오전 260-10
오존층 251-8
오주 177-51
오죽 302-3
오지 그릇 187-5-6
오징어 289-28
오찬 260-14
오체투지 205-41
오케스트라 189-1
오크라 19-30
오터 보드 105-40
오토바이 116-1, 222-4
오토바이 곡예 143-13
오토바이 레이스 167-10-11
5편 경화 82-39
5편(分) 지폐 82-28
오프너 32-4, 60-51
오프셋 렌치 93-12
오픈 릴 137-55
오픈 릴 테이프 69-8
오픈 릴식 테이프 레코더 69-7
오픈카 113-17
오피스 109-1, 219-26
O형 269-26
5호 건전지 68-45
오후 260-19
옥난편 28-2
옥상 41-1
옥수수 17-20
옥수수 가루 23-14
옥수수 껍질 17-22
옥수수 껍질 벗기는 기계 101-31
옥수수떡 25-17
옥수수 수염 17-23
옥수수 알 17-24

옥수수 줄기 17-21
옥외 배선 56
옥외 소화전 223-24
옥으로 장식한 띠 198-35
옥잠화 302-19
옥제 공예품 187-8-9
옥토 206-13
온난 전선 258-6
온대 264-38
온도 조절 다이얼 57-46, 70-5, 70-34
온도 조절식 다리미 57-45
온도계 257-11
온돌 38-18, 43-24, 71-52
온돌 깔개(융단) 43-29
온돌 돗자리 43-26
온돌 빗자루 43-18
온돌 아궁이 43-28
온돌 탁자 43-19
온돌가 43-25
온돌비 56-3
온상 294-23
온수 꼭지 72-20
온습포 170-27
온실 102-20, 294-21
온천 264-28
온침뜸 171-31
온풍 브러시 79-41
온풍 빗 79-42
올리브 22-14, 298-29
올방개 18-18, 305-19
올백 16-3
올챙이 284-44
옴폭한 입 278-24
옷감 13-14
옷걸이 47-30, 57-39, 72-10, 74-15, 79-16, 84-48, 121-44
옷고리짝 43-17
옷과 일상 용품 198-39-47
옷깃 2-2
옷농 43-17
옷 단 2-23
옷상자 43-17
옷섶 1-7
옷소매 길이 12-24
옷을 거는 못 47-31
옷자락 1-6
옷장 52-1-11, 153-11

옹 198-17
옹기 물독 216-20
옹기 물주전자 214-15
옹이 89-48
옹채 19-15
옻나무 297-20
옻칠한 젓가락 60-44
와당 199-40
와불 205-16
와상문(渦狀紋) 277-38
와셔 90-40-41
와이셔츠 2-28
와이어 152-26, 242-24
와이어로프 96-32, 263-7
와이어 브러시 79-37, 92-29
와이어 커터 93-6
y축 181-11
와이퍼 111-9
와인 34-7-8
와인 글라스 144-14
와인 잔 61-35
와족 209-21
왁스 염색 215-50
완구 상점 76-6
완두 20-15
완두 양갱 27-11
완두의 어린 잎과 줄기 20-21
완두콩 17-30
완두콩 꼬투리 20-16
완목식 신호기 122-49
완성품 98-46
완옹 281-42
완쯔 149-22
왕개미 290-10
왕겨 17-4
왕관자리 245-7
왕귀뚜라미 290-28
왕귤 22-9
왕그물버섯 307-22
왕머루 298-1
왕벚나무 296-24
왕복대 94-7
왕복 펌프 95-40
왕새우 289-1, 289-4
왜가리 282-38
왜개연꽃 305-7
왜건 79-46, 130-35
왜건차 83-15
외과의 170-43

외과피   292-58
외국어   185-3
외국인 교사   178-21
외국인 바이어   109-56
외국인 손님   77-18
외국인 여행객   83-32
외국제 담배   35-12
외국차   113-14
외기권   251-15
외나무 다리   120-20
외날 곡괭이   91-7
외뇨도구   273-39
외떡잎 식물   292-5
외문 양복장   52-7
외발자전거   115-62
외복사근   268-8
외뿔양   280-14
외사촌 동생   221-37
외사촌 형   221-36
외삼촌   221-20
외손녀   221-51
외손자   221-50
외숙모   221-21
외야   158-13
외양간   104-38
외양간 두엄   294-27
외이   276-60
외이도   276-61
외자 이름   219-30
외자 작성   141-48
외자 작성기   141-47
외전(外轉) 신경   274-15
외접원   181-48
외조모   221-19
외조부   221-18
외착각   181-8
외투   2-45
외피막   307-8
외항   180-42
외해   264-61
외핵   264-3
외화   81-33-36
외화 교환   224-32
외화 환전소   83-52
외화 환전 전표   83-54
외환 증명서   81-31
외환 태환권   82-46-53
왼쪽 대련   188-5
요강   169-41

요격기   239-28
요격용 기상 레이더   237-18
요격 전투기   239-28
요고   191-34, 194-16, 201-28
요골   267-8
요골 동맥   269-5
요골 신경   274-3
요관   273-11
요구르트   32-8
요금 미터(택시의)   112-45
요금 소인   134-46
요금 징수원(유료 변소의)
   87-17
요금소   118-44
요금소 표지   119-50
요금표   79-22
요도   273-20
요람   212-31, 213-7, 216-18
요리   125-41
요리를 더는 숟가락   60-12
요리를 덜어 담는 접시   60-1
요리를 분배하는 젓가락
   60-13
요리 배달 바구니   65-41
요리사   72-29, 125-51
요리인   179-2
요리 접시   60-11, 60-52
요리집   102-11
요발   191-29
요술   143-14, 147-19
요요 놀이   146-25
요일   259-15-21
요추   267-22
요측피 정맥   269-11
요크셔종   279-24
요트   154-32, 167-47
욕실   84-55, 98-14
욕실용 자물쇠   67-11
욕조   49-7, 80-2, 80-5, 84-59
욕조 마개   49-10, 84-60
용   206-39, 259-49
용골   128-18
용골수차   100-35
용꼬리 밟기   146-44
용나무   295-29
용담   301-5
용두   64-2
용등무   201-22
용마루   39-3

용마루 기와   89-38-40
용문 기중기   107-12
용사 회전 그네   145-10
용상   164-25
용상어   286-22
용선 경주   216-42
용선(龍船)   200-28, 215-52
용선(鎔銑)   262-43
용선(龍船) 경주   200-27
용선절   215-52-55
용설란   302-26
용수로   100-48, 102-64,
   214-37
용수철 경첩   90-3
용수철 자물쇠   67-17
용수철 저울   63-12, 183-4
용수철 털깎이   104-20
용안   22-20, 297-24
용안 과립   32-45
용암류   264-19
용의자   222-42
용자리   245-12, 246-18
용접 강관   262-22
용접 공구   93-48-57
용접 토치   93-53
용접용 다리 커버   93-52
용접용 장갑   93-51
용총줄   129-37
용형 기중기   96-23
우   206-9
우공   206-22
우관상 동맥   271-24
우단 모자   6-23
우드   161-41
우듬지   293-11
우란무치   212-52
우량   258-55
우량계   257-31
우렁이   287-21
우롱차   33-12
우마가 끄는 대형 짐수레
   117-16
우물   38-17, 40-4, 100-22-30,
   216-26
우물 둔덕   100-23
우물 입   100-22
우물 파기   103-6
우물확   103-7
우뭇가사리   304-4

우미인초 300-4
우박 254-13, 258-38
우사 104-38
우산 66-12-21, 125-9
우산 면 66-13
우산못 90-61
우산 받침대 66-23
우산뱀 284-17
우산 살 66-14
우산이끼 302-43
우산 자루 66-15
우산 주머니 66-20
우산형 서까래 212-34
우선 도로 119-40
우수 180-8
우수일 259-26
우승자 156-19
우승컵 156-26
우심감 21-33
우심방 269-18, 271-22
우심실 269-20, 271-26
우엉 18-7
우유 데우는 냄비 59-25
우유가루 30-60
우유사탕 26-1
우유차 212-12
우유차 통 212-10
우유차 포트 212-11
우유통 104-43
우의 상점 77-16-20
우익수 158-24
우장 231-15
우주복 248-6
우주 비행사 248-5, 249-21
우주비행선 248-9-19
우주선 검출기 250-14
우주 스테이션 237-9, 249-23
우주 유영 249-17
우즈벡족 209-1
우진각 지붕 199-31
우천 254-3
우체국 83-47, 133-1-37
우체국원 133-14
우측 급커브 119-3
우편 가방 133-43
우편 구분 선반 133-33
우편낭 133-36
우편 도장 133-28
우편 배달원 133-42

우편물 133-7-8
우편물 84-24
우편물 수취인 133-45
우편물 앉은뱅이저울 133-12
우편물 자동 저울 133-11
우편 번호 134-3
우편 번호부 134-19
우편 일부인 134-44-48
우편 저금 133-31-32
우편 저금 통장 133-32
우편·전신 마크 133-1
우편차 113-33, 123-10, 133-41
우편함 41-22, 83-49, 109-45, 133-3, 133-35, 133-38-40
우편환 송금 통지서 134-31
우폐 271-3
우표 83-50, 133-18, 134-4, 134-37-43, 150-4-6
우표 수집 150-1-9
우표 수집 앨범 150-2
우표 애호가 150-1
우표용 핀셋 150-3
우표 자동판매기 133-22
운남 백약 172-25
운남 씨름 163-29
운동구락부 155-8-27
운동장 98-30, 174-7
운두가 높은 타구 56-15
운라 191-28
운량 258-54
운량 기호 258-10-18
운량 불명 258-18
운모 185-7, 262-58
운반기 107-7
운반 기계 96-37-51
운반 바구니 100-9
운반선 129-29
운반용 로켓 248-20
운반차 115-53
운석 244-34
운송 회사 108-24
운10형 132-8
운11형 132-21
운재 삭도 107-6
운저 255-13
운저의 높이 258-53
운전 기사 83-21, 112-2, 112-42

운전 면허증 118-53
운전 바퀴 58-36
운전실 96-12, 111-42, 124-2
운정 255-12
운7형 132-14
운하 127-36, 265-42
운해 255-16
운행 보도 131-52
울금향 302-24
울로드릭스(Ulothrix) 303-9
울쨩 104-39
울타리 85-18, 104-3, 104-39
울타리 안의 목초지 104-2
움직 도르래 183-7
움직이며 만지기 171-46
움켜쥐기 171-52
웃바퀴 58-33
웅덩이 151-35
웅어 285-26
웅황주 200-29
워드 프로세서 110-29
워머리버섯 28-6
워터 해저드 161-33
원 181-35
원격 조종기 146-12
원고 135-28, 140-6, 141-1
원고 용지 177-59
원고 정리 141-39
원고 정리 스태프 141-40
원그래프 180-59
원근 양용 안경 276-38
원기둥 181-53
원내 안내도 85-8
원단 200-1
원동기 자전거 116-27
원동차 95-46
원목 103-48, 107-4
원반 152-23
원반던지기 152-22
원반식 써레 101-11
원백나무 295-15
원뿔 181-57
원뿔 모임 지붕 199-32
원숭이 143-7, 148-16, 259-53, 280-1-7
원숭이 곡예 143-6
원숭이 모양의 버섯 307-18
원시 276-35
원심 181-36

원심 펌프 95-52
원앙새 282-49
원양 여객선 129-1
원양 화물선 129-4
원자력 발전소 97-31
원자력 쇄빙선 243-45
원자력 잠수함 243-35
원자력 항공모함 243-2
원자로 97-34, 243-15
원자로 외층 97-32
원자시계 253-14
원자탄 236-43
원재료 운반차 117-9
원적 219-16
원점 180-2, 181-12
원주 181-45, 181-53
원지 177-62
원추 181-57
원추리 302-18
원추형의 큰 배 21-22
원추형 화산 264-24
원탁 50-5
원탄 용기 261-19
원통 자물쇠 67-15
원통 찻잔 61-4
원튀김 24-33
원피스 1-8, 4-2
원피스(소매가 넉넉한) 214-2
원피스의 재단도 13-26
원핵 306-3
원형 머리 장식 215-4
원형 분동 198-53
원형 삽 91-3
월 162-35
월계수 296-11
월계화 296-15
월과(越瓜) 20-5
월금 191-12
월 램프 84-43
월면차 248-8
월병 27-26, 200-33
월식 247-11-12
월아문 37-30
월아산 162-51
월요일 259-16
웜 94-45
웜휠 94-46
웨딩 드레스 1-24
웨딩 케이크 27-45, 202-27

웨딩드레스 202-19
웨스턴 포켓 10-12
웨스트 12-12
웨스트 니퍼 3-14
웨스트 포치 65-25
웨이우얼족 208-23
웨이터 73-2, 84-2
웨이트리스 73-26, 84-4, 125-40
웨이퍼(웨하스) 27-51
웨지 슈즈 7-26
웨지 슬리브 9-16
웨트 슈트 105-62
웨트 티슈 172-20
위 169-46, 270-24, 271-8, 272-26
위 내시경 169-43
위가 터진 단 샤오빙 27-23
위가 터진 단 후어빙 27-24
위가 터진 도넛 27-35
위각 272-29
위그르 문자 214-45
위구르족 208-23
위그르족 남성 214-7
위그르족 노인 214-10
위그르족 소녀 214-5
위그르족 여성 214-1
위그르족 자수 모자 214-9
위꾸족 208-22
위령선 300-1
위망 105-36
위망 어선 105-38
위생 모자 179-3
위생병 227-32
위선 264-41
위성 244-18
위성 관측 제어소 252-4
위성류(渭城柳) 298-15
위성 방송 137-29
위성 제어 시설 252-11
위성 통신 136-16-20
위성 통신 안테나 237-24
위성 통신차 237-8
위세척기 169-10
위스키 34-21
위스키 봉봉 26-14
위저 272-31
위조 여권 224-22
위체 272-32

위험 주의 119-15
윈도형 에어컨 69-42
윈드서핑 154-29
윈치 88-18, 96-31, 263-11
윈치실 261-4
윈치 엔진 하우스 263-38
윈치의 드럼 96-33
윈터 캡 165-5
윗변 181-32
윗실 조절 장치 58-42
윗입술 275-1
윙커 111-6
유(닭) 259-54
유개 화물 수송차 114-10
유개 화물 자동차 114-9
유개 화차 123-11-14
유격대 228-6
유격수 158-21
유격전 228-5
유골함 200-24, 203-9
유골함 보관증 203-19
유교 205-45-46
유근(幼根) 292-12
유글레나(Euglena) 303-23
유금 191-6
유닛 가구 52-19
유도 163-24-26
유도 레이더 237-11
유도륜 240-43
유도복 163-25
유도산 238-2
유도 장치 236-16
유도 전동기 95-37
유도 코드 169-52
유동백나무 298-11
유두 266-17, 273-47
유람 150-10-14
유람 가이드 150-14
유람선 129-14
유량계 170-60
유료 변소 87-16
유류 273-48
유리 81-18, 89-18-21
유리관 182-32
유리구슬 148-28
유리그릇 187-29
유리 기와 89-40-41
유리떡칼 92-27
유리 막대 182-23

유리문 72-2
유리 세공 187-29
유리 어항 150-39
유리 진열장 74-6
유리 찻컵 61-8
유리칼 89-23, 92-26
유리컵 33-20, 61-33, 84-67
유리 케이스 133-15
유리탑 199-5
유매 282-56
유머 거울 145-52
유모차 117-13-14, 176-15
유문 272-30
유문동 272-34
유발 168-59, 182-48
유발 장치 236-47
유방 173-28, 266-16, 273-46
유방 간격 12-22
유방 높이 12-23
유부 29-20-22
유사 64-16
유사 분수 현상 256-13
유산탄 235-53
유삼목 295-11
유선 273-50
유선 방송 137-51-59
유선 방송 송신소 137-51
유선 유도 어뢰 242-4
유성 244-33, 251-12
유성 돌리기 144-4-5
유성추 162-52
유성 페인트 89-10
유수 풀 145-35
유아 220-21
유아등 99-52
유아용 덧옷 4-6
유아용 망토 4-21
유아용 신발 202-5
유압계 111-61
유압 장치용 저장기 239-16
유압 잭 96-36
유액 15-30
유어지 106-36
UHF 채널 손잡이 138-13
유연성을 보여 주는 곡예 144-24
유연체조 153-14, 155-19
유영 86-5, 203-8
유원지 145-1-33

6월 259-7
유인 우주선 249-26
유인 이동 유닛 249-18
유인 전화 교환기 135-30
유자 22-8
유자나무 297-9
유자 열매 297-10
유전 263-45
유정탑 263-3
유제품 30-58-61
유조 23-11, 114-21
유조선 263-47
유족 203-5
유채 기름 31-3
유체 안치장 168-62
유체차 168-64
유충 291-2
유치 275-31
유치원 176-1-12
유치장 225-25
유탄 235-50
유탄 발사기 234-45
유탄포 235-19
U턴 금지 119-23
유학생 178-35
유해 203-3
유해아 206-33
유행 의류 노점 76-21
유황 262-60
유희 176-1
육각 너트 90-36
6각 렌치 93-11
육각 볼트 90-31
육교 118-10
육군 병사 227-3
육말 30-32
육면체로 썰기 36-5
육묘 103-35
육묘용 비닐 하우스 103-36
육분의 128-27, 253-11
육상 경기장 151-1
육식 공룡 197-5
육십갑자 259-36
육지거북 284-5
윤상 갑상근 272-13
윤충 289-38
윤활유 263-57
율모기 284-13
융단 55-4-7, 125-28

융단짜기 214-38
은메달 156-23
은병 198-25
은어 285-45
은종이 35-5
은하 245-34
은하계 244-6
은하계 외 성운 244-1
은하수 245-34
은한어(銀漢魚) 285-44
은행 81-1-22, 22-35, 224-31, 295-3
은행나무 295-2
은행원 81-11
은행의 홀 81-1-16
은행 저축소 102-30
은행 직원 81-11
은화 82-8
음각 문양 186-54
음경 266-27, 273-34
음경 해면체 273-35
음극 68-43
음낭 273-40
음대 273-17
음량 조절 손잡이 138-22
음량 조정 130-50
음력 139-16, 259-32
음력설 201-1-42
음모 266-26
음성 믹서 137-36, 137-42
음성 영상 편집기 195-49
음성 조정탁 137-41
음수 180-4
음악 상자 148-18
음악 완구 148-17-18
음악회 189-1-16
음양 혼합 조각 187-41
음조각 187-40
음차 183-8
음표 189-23
음향 밸런스 손잡이 138-24
응급실 168-12
응원단 153-9
의료 기재 98-50
의료 인원 98-48
의료정 129-18
의류 83-46
의류 건조기 57-32
의무실 145-29

의복 83-46
의복의 깃 8-1-18
의복의 형지 13-15
의사 170-1
의수 169-13
의자 46-30, 47-23, 51-1-19,
    121-39, 168-18, 170-9,
    179-25
의자 위의 평형 곡예 144-6
의자의 다리 51-4
의자의 등받이 51-2
의자의 앉는 부분 51-3
의자의 팔걸이 51-6
의장단 218-6
의장단석 217-9, 218-7
의장병 227-40
의족 169-14
의치 169-37
의학용 비디오 카메라 170-49
의흥산의 도자기 187-5
이 198-21, 272-21,
    275-13-32, 290-37-39
이각 276-51
이갑개(耳甲介) 276-54
이경 169-20
이과 178-13-15
이관 276-71
이관구(耳管口) 276-47
2급 독립 자유 훈장 229-10
이깔나무 295-5
2단 기어 111-53
2단 침대 179-19
이단 평행봉 156-13
이동 가옥 88-19
이동 라이트 78-15
이동 매점 122-21
이동식 촬영기대 195-39
이동용 차바퀴 235-13
이동 판매차 76-24, 114-27
이등변 삼각형 181-24
2등 156-20
2등차 123-1
2등 침대차 123-3, 125-30
2루 158-4
2루수 158-19
이리 281-8
이마 266-3, 282-21
이마의 뼈 267-26
이마의 주름 278-33

이면의 도안 82-11
이모 221-23
이모부 221-22
이무기 284-12
이발 기계 79-24
이발 기구 79-24-42
이발사 79-9
이발소 102-29
이발소 상징 79-20
이발용 거울 79-1
이발용 씌우개 79-13
이발 유니폼 79-10
이발 의자 79-14
이불 43-15, 47-3, 54-12,
    168-17, 179-20
이불깃 54-13
이불 껍데기 54-14
이불솜 54-16
이불을 말아서 묶은 것 54-24
이불의 홑청 54-15
이붙이 벨트 94-54
이삭 17-8
이삭 까끄라기 17-9
이삭물수세미 305-9
이소골(耳小骨) 276-66
이수(泥水) 펌프 263-14
이수(泥水) 풀 263-15
이스트 306-16
이슬 254-14
이슬람교 204-1-8
이슬람교도 204-8
이슬람교 사원 204-1-2
이슬람교의 승려 204-6
이슬비 258-32
이슬점 258-51
이십사 절기 259-35
이쑤시개 60-47
이쑤시개 함 60-25, 62-57
2안 리플렉스 카메라 196-9
이앙 102-58
이앙기 101-16
이어링 14-1
이어폰 69-4, 130-47
이어폰 잭 130-52
이용사 79-9
이용자 252-12
2월 259-3
2위안 지폐 82-16
이음 낚싯대 106-20

2인승 222-63
2인용 침대 53-7-9
2자오 경화 82-37
2자오 지폐 82-19
2절(판) 140-59
이젤 186-15
이젤 마스터 78-36
이족 209-13, 215-1-21,
    215-1-31, 215-22-31
이족 남성 215-5
이족 문자 215-21
이족 여성 215-1
이주(耳珠) 276-57
이중꽈배기 27-32
2중 활차 96-2
2차 변전소 97-52
2층 113-5
2층 객실 130-19
2층 버스 113-3
2층석 192-19, 195-24
2층 열차 123-5
2층 이상의 건물 199-10-16
2층 침대 53-17
이침 171-37
이퀄 부호 180-23
이탈리안 넥 8-18
이탈리안 칼라 8-18
2편 경화 82-40
2편 지폐 82-29
이페리트 포탄 235-61
이하선 272-24
이형못 90-57
이호 191-1
2호 건전지 68-44
2호 돛대 105-22
이화명나방 291-6
이화명충 291-6
익모초 305-17
익스팬더 155-25
인(범) 259-47
인각 186-53-65
인간 220-1-2
인감 81-14, 110-2, 186-53-57
인공 강우 254-4
인공 부화 106-47
인공섬 85-32
인공 수분 103-40
인공 수정 106-46
인공 심폐 장치 169-61

인공위성　　　　　　　　　　　　　　　　　　　입국 심사 카운터

인공위성　251-17
인공 윈치　103-11
인공 유산　173-10
인공 판막　169-60
인공호흡　154-5, 170-63
인단　172-21
인대　287-20
인덕션 모터　95-37
인도　118-6
인도공작　283-3
인도코끼리　281-30
인동덩굴　299-4
인두(咽頭)　272-1-3
인두경　170-34
인두구부　272-2
인두비부　272-1
인두 후두부　272-3
인력거　117-1-14
인물 사진　78-18-24
인물화　186-29
인민권　82-1-45
인민 대표　218-9
인민 대표 대회　218-5
인민대회당　218-4
인민모　6-17
인민 위안　185-60
인민 철도 마크　124-23
인민폐　185-60
인민형　124-17
인보　186-65
인삼　171-15, 301-1
인삼주　34-14
인상　164-24, 186-60
인쇄 용지의 전지　140-58
인쇄 잉크　109-33, 177-69
인쇄물 표시 소인　134-48
인쇄소　140-51
인스턴트 라면　25-4
인스턴트카메라　196-19
인스턴트커피　32-41
인양 회수선　243-44
인용 부호　185-47
인입 크레인　96-9
인입선　97-23, 97-55, 108-13
人자 지붕　199-29
인자 키　110-23
인자식 슬리퍼　7-44
인자형 봉합　267-33
인장점　75-17

인주　74-19, 110-1, 186-63
인주통　186-62
인중　266-11
인체　266-1-49
인체 모형　13-2
인터뷰　137-45
인테그럴 윙 탱크　239-20
인포메이션 클러크　83-26
인피부　293-22
인형　192-49
인형 다루는 사람　192-48
인형극　192-47-51
인화지　78-37
인후　275-12
일간지　139-7-8
일개미　290-7
일곱점무당벌레　290-55
1급 공로 포장　229-14
1급 영웅 모범 포장　229-13
1급 팔일 훈장　229-9
일기 예보　139-17
일기 현상 기호　258-31-43
일기도 기호　258-1-67
일기장　177-60
1단 기어　111-52
1등　156-19
1등 객실　130-17
1등차　123-2
1등 침대차　123-4, 125-18-29
일렉트릭 오르간　190-39
일력　43-1, 259-27
일련번호　219-11
1루　158-3
일루미네이션　200-19
1루수　158-18
일류신 18　132-10
일류신 62　132-7
일몰　260-21
일문자식　7-16
1미터 스프링보드　153-42
일반 교육 과목　178-28-37
일반 도로 안내 표지　119-43-48
일반 입구　85-3
일방통행　119-35-36
일벌　291-46
일본 엔　81-33
일부　259-30
일부 소인　134-44-48

일부인　110-4
일시 정지　119-30
일시 정지 버튼　138-26
일식　247-1-10
1안 리플렉스 카메라　196-1
일요일　259-15
일용품 상점　75-10
1월　259-2
1위안 경화　82-31, 82-42
1위안 지폐　82-17
1인용 침대　53-1-6
일인 자녀 증명서　173-2, 219-24
일일초　301-6
일자 드라이버　93-13
1자오 경화　82-38, 82-44
1자오 지폐　82-20
일자형 눈썹　278-7
일자홈 납작머리 작은나사　90-46
일조계　257-41
일조 시간 측정기　257-41
1차 냉각수 입구　97-39
1차 냉각수 출구　97-36
1차 변전소　97-51
일출　260-3
1층　113-4
1편 경화　82-41
1편 지폐　82-30
1호 건전지　68-41
임도　107-27
임신복　1-46
임신부　173-22
임업 노동자　107-15
임업 삭도　107-6
입　266-10
입갱　261-8-10
입구　74-2, 83-6, 195-4
입구 안쪽 벽　38-14
입구에서 안쪽에 있는 거실　37-33
입구의 돌계단　41-24, 85-46
입구의 문　41-21
입구의 상인방　39-18
입구의 처마　41-19
입구의 커튼　74-13, 80-9
입국 기록 카드　224-27
입국 수속　131-30
입국 심사 카운터　224-9

663

입국 심사관   131-31, 224-12
입금 전표   81-9
입당 선서   217-3
입대식   217-13
입력 교정기   141-41-42
입모근   277-10
입방근   180-40
입방체   181-51
입상자   156-19-21
입수관   287-18
입술   266-12, 275-1-2
입술 연지   15-16
입술이 두꺼운 입   278-21
입술이 얇은 입   278-22
입식선풍기   48-19
입에 문 막대에 의한 곡예   144-15
입욕   80-2-9
입장권   192-21
입장권 매장   85-4, 195-3
입장권 매표소   145-2
입장권 발매 창구   85-5
입체   181-50-59
입체 교차교   118-19
입체 교차점 직진과 우회전   119-33
입초 중인 경관   222-2
입춘절   201-1-42
입학   179-38-41
입학시험   179-33-36
입환 전용 기관차   124-37
잇댐 스커트   1-11
잇몸   275-22
잉글리시 호른   190-23
잉어   286-1
잉어 뱃속 놀이   145-53
잉어 펜치   93-2
잉크   186-43
잉크대   186-40
잉크병   48-6, 177-25
잉크심   177-27
잎각   292-38
잎겨드랑이   292-40
잎눈   292-20
잎맥   292-42-44
잎병   292-39
잎사귀   292-35
잎의 가장자리   292-37
잎의 끝   292-36

잎자루   292-39
잎집   292-45, 292-46

자

자   13-11, 89-22, 92-13-20, 177-40-42, 198-48
자(쥐)   259-45
자가용의 선착장   38-36
자갈   88-35
자견   141-16
자고(慈姑)   18-19, 305-18
자고새   282-61
자고채   304-8
자골   141-14
자궁   173-17, 273-23
자궁강   273-26
자궁 경관   273-24
자궁 경구   273-28
자궁 근층   273-27
자궁저   273-25
자귀나무   297-2
자기권   251-19
자기 기압계(自記氣壓計)   257-40
자기 디스크   136-32
자기 부상식 리니어 모터 카   123-29
자기 습도계   257-29
자기 온도계   257-14
자기 원통 시계   257-15
자기 유도 어뢰   236-13
자기 유도 제어 유닛   242-6
자기 척   94-19
자기 테이프   136-31
자동 교환기   135-32
자동 권총   234-29
자동 대낚시기   105-54
자동 대패기   92-38
자동문   83-42
자동 부림 화차   123-20
자동 사식기   141-46
자동 소총   234-17
자동 식기 세척기   70-27
자동 저울   63-22
자동차   120-14
자동차 길   119-37
자동차 도로   120-2
자동차 레이스   167-7-9

자동차 무대   192-24
자동차 문 자물쇠   111-16
자동차 번호   111-3
자동차 부품 상점   76-2
자동차 연락선   129-10
자동차 운반용 화차   123-19
자동차 전화   135-13
자동차 통행 금지   119-18
자동차 통행 길   118-2
자동차 학원   118-50
자동 포장기   98-45
자동 현상기   141-50
자두   296-22
자두 열매   21-6, 296-23
자등나무   297-6
자라   284-7
자라마름   305-20
자라버섯   307-39
자라풀   305-20
자력계   250-12
자루 물바가지   294-3
자리   55-8
자릿수   177-50
자망   105-41
자면   141-13
자명 시각 조정 손잡이   64-22
자명 시각 표시창   64-21
자명용 태엽 나사   64-23
자명종 멈춤 손잡이   64-25
자명종 시계   43-12, 47-9, 64-19
자모기   128-31
자물쇠   225-28, 226-19
자물쇠의 볼트   67-9-10
자물통   67-8
자방   292-27
자벌레   291-15
자벌레나방   291-14
자복   141-17
자뼈 동맥   269-6
자삼   289-20
·자석   183-10-13
자석판 놀이   147-8
자세 제어 엔진   249-7
자세 제어용 로켓   248-12
자소   301-10
자수   58-25, 187-1-2, 215-33
자수를 한 공기   216-39
자수바늘   58-4

자수실 58-16
자신 221-1
자실 292-27
자연 174-44
자연 박물관 197-1-10
자엽 292-9
자영업자 77-6
자오의 253-13
자옥란 296-5
자외선 스펙트럼계 250-3
자운영 300-13
자유형 153-18
자유형 레슬링 163-4
자이로 239-4
자이로 제어 유닛 242-12
자이로컴퍼스 128-26
자이언트 슬랄롬 157-15
자이언트 판다 281-18
자일 165-22
자작나무 295-20
자재자 92-20
자전거 곡예 144-27, 144-33
자전거 등록증 115-1
자전거 레이스 167-5-6
자전거 로드 레이스 167-6
자전거 바구니 115-59
자전거 상점 76-1
자전거 수리점 115-34
자전거 자물쇠 115-27-30
자전거 통행 길 118-3
자전거 트랙 레이스 167-5
자주 고사포 235-25
자주 대탱크포 235-30
자주 무반동포 235-26
자주복 285-39
자주 유탄포 235-27
자주 지지대 261-14
자주 카농 유탄포 235-29
자주 카농포 235-28
자철광 262-48
자체 141-25-31, 185-23-30
자침 183-14
자택 219-27
자패(紫貝) 287-3
작고 23-36
작두 99-47, 101-34, 103-60, 215-46
작두콩 20-20
작살 150-36, 208-6

작약 233-9, 235-44, 236-46, 242-29, 300-3
작업 공구 93-1-15
작업대 88-25, 89-14, 168-44
작업모 125-52
작업복 125-53
작업 선택기 57-17
작업용 장갑 5-15
작업용 조명등 94-5
작업차 124-38
작업탑 236-42
작은 가지 293-8
작은곰자리 245-13, 246-16
작은 나무 걸상 44-4, 51-23
작은날개덮깃 282-25
작은 달 259-33
작은 배 106-2
작은북 190-41
작은 사내끼 106-12
작은 사진 78-24
작은 삽 99-20
작은 시루 만두 24-8
작은 어금니 275-29
작은 원빵 25-19
작은 접시 60-37-38
작은 징 191-27
작은 포켓 2-6
작은 포켓 뚜껑 2-5
작은 흑판 72-4
작전 지도 227-11
작품 188-10
잔 198-14
잔교배 127-13
잔돌 88-34
잔디 302-7
잔디밭 85-41, 145-45, 257-2
잔월 247-19
잔을 받치는 묘기 144-20
잘게 썬 파 24-38
잘게 썰기 36-10
잠두 20-19
잠두콩 20-19
잠망경 240-44
잠바 2-40
잠수 마스크 167-39
잠수 스포츠 167-35-40
잠수 안경 105-61
잠수 펌프 95-59
잠수복 105-62, 167-38

잠수함 242-20, 243-33
잠수함 구난함 243-36
잠수함 부대 227-34
잠옷 2-57, 47-4, 54-22
잠자리 290-3
잡곡류 23-29-32
잡낭 231-13
잡상 199-36
잡지 48-34, 133-16
잡지 걸이 178-50
잡화점 75-10
잣 22-36
잣떡 27-8
장(농) 79-7, 212-29, 272-40-49, 286-49
장갑 5-9-15, 157-9, 164-11, 170-47
장갑 공사차 241-5
장갑 구급차 241-4
장갑병 227-26
장갑 병력 수송차 241-1
장갑 정찰차 241-3
장갑 지휘차 241-2
장거리 버스 102-5, 112-35, 113-6
장거리 버스 터미널 102-6, 112-31
장거리 전화 135-33-34
장거리용 대형 여객기 132-1-2
장거리용 중형 여객기 132-6-7
장경루 205-7
장고 211-43
장고춤 211-41
장골 267-9
장구말 303-16
장구벌레 291-30
장구신 7-47
장군 198-12
장권 162-1
장기의 말 166-7
장기판 166-3
장난감 권총 148-34
장난감 기관총 148-35
장난감 기차 148-1
장난감 순찰차 148-4
장난감 자동차 148-2
장남감 목탁 148-33

장내 안내원 195-21
장님 징 치기 147-1
장대 곡예 144-8
장대 오르기 144-16
장대높이뛰기 152-15
장대높이뛰기의 장대 152-16
장딴지 266-42
장례식 203-1-22
장롱 52-1-19, 52-10
장롱 다리 52-6
장륜식 장갑차 241-9
장마 254-6
장모 221-6
장문 277-15
장문짝 52-2
장물 222-43
장미 296-17
장바구니 45-16
장방체 181-50
장방형 181-28
장서 48-18
장석 262-59
장선(腸線) 160-28
장성 199-21
장송(葬送) 203-20-22
장수경 288-18
장수면 202-10
장식 패선 141-38
장식 단추 11-13
장식 턱끈 229-5
장식 포켓 2-41
장신구 14-1-13, 198-33-38
장애물 151-34
장애물 경주 151-33
장약·전자 유닛 242-8
장의 위원 203-14
장인 221-5
장작 44-2, 71-50
장전수 240-24
장정 140-9-44
장족 209-4, 209-5, 213-25-28
장지뱀 284-31
장천 여객선 129-3
장체 141-29
장터(농촌의) 102-31
장화 7-51-54
장화의 목 7-53
재갈 104-35
재갈매기 283-11

재단기 78-47
재단사 13-24
재돌입 탄두 236-37
재떨이 35-15, 43-20, 46-6, 48-31, 61-41, 73-8, 84-42, 109-40, 125-13, 125-47, 130-42
재목 88-26
재배 150-16-22
재봉 바구니 58-20
재봉 바늘 58-1
재봉사 13-24
재봉실 58-3
재봉틀 13-1, 43-6, 47-27, 58-31-58
재봉틀 머리 58-32
재봉틀 바늘 58-5
재생 버튼 138-29
재스민 298-28
재스민차 33-11
재신 149-26
재즈 밴드 189-9
재킷 140-33
재판 225-11-24
재판관 225-14
재판소 225-10
재판장 225-13
잭 96-34-36, 111-41, 149-7, 223-10
잭 업식 굴착 장치 263-37
잼 25-22
저고리 211-3
저고리 고름 211-4
저고리 길이 12-14
저광수리 282-51
저기압 258-4
저녁 260-25
저녁 식사 23-46, 260-22
저녁쯤 260-20
저령(버섯) 307-20
저면 181-55
저목장 107-11, 108-19
저민 고기 30-17
저변 181-19
저상식 트레일러 114-6
저수 180-35
저수 탱크 41-2, 49-13
저수병 257-33
저수지 97-2

저울 33-5, 63-4-29, 77-5, 83-48, 198-52
저울눈 63-6
저울대 63-5
저울의 접시 63-10
저울추 63-7, 63-29
저울판 63-10
저인망 105-39
저자 140-49
저장 102-38
저장 바구니 100-10
저장고 243-13
저축 이자(이식)표 133-31
저층 구름 상태 258-52
저크(jerk) 164-27
저탄 탱크 97-24
저탄장 97-22
저팔계 206-31
저항기 183-19-21
적 180-30
적교 120-27-35
적군 166-4
적권운 255-6
적도 264-45
적란운 251-2, 255-14
적분 기호 180-56
적비 103-17
적산 전력계 97-62
적색 308-1-5
적색등 164-16
적색 신호 118-36
적색 연필 177-5
적색 통로(과세) 224-19
적송 295-8
적외선 간섭계 250-4
적외선 감지 장치 228-13
적외선 천문 위성 252-19
적운 255-11
적철광 262-47
적층 건전지 68-46
적포도주 34-8
적혈구 269-25
전각 130-13, 186-53-65
전각(前脚) 239-23
전각가 186-58
전각대 186-60
전갈 291-60
전갈자리 245-33
전격 경봉 226-10

전공 칼

전공 칼 93-37
전광판 81-24
전구 68-19
전구의 베이스 68-25
전국대표대회 217-7
전국 통용 식량 배급표 23-23
전기 가열기 70-24
전기 공사용 공구 93-37-40
전기 기관차 124-40
전기 난로 70-50
전기 납땜인두 70-41, 183-15
전기 냉장고 70-28
전기 다리미 13-9, 70-40
전기 드릴 92-8
전기 드릴(치과용) 170-39
전기 마사지기 70-46
전기 면도기 70-45
전기 모터 95-30-38
전기 모포 54-19, 70-49
전기 미터 97-62
전기 밥솥 59-28, 70-16
전기 방석 70-48
전기 스탠드 46-24, 47-10, 48-7, 68-7, 80-37, 81-16, 84-34, 109-7
전기 심판기 164-8
전기 아연 도금 생산 라인 262-27
전기 아연 도금 철판 262-28
전기 오븐 70-4
전기 온풍기 70-52
전기 이발기 79-25
전기 자동차 114-32
전기 족온기 70-47
전기 주석 도금 생산 라인 262-25
전기 주전자 70-22
전기 철조망 226-5
전기 청소기 70-53
전기 털깎이 104-19
전기다리미 57-44-49, 57-44
전기로 262-9
전기메기 286-16
전기스탠드 125-27, 222-45
전기알 68-40
전기자 95-32
전깃줄 68-17
전나무 295-10
전나무버섯 307-28

전단 218-28
전동기 95-30-38, 96-41
전동 수차 100-37
전동식 비닐 시트 세척기 101-37
전동 운반차 122-32
전동 재봉틀 58-56
전동 제분기 101-30
전동 타자기 110-25
전동 탈곡기 101-27
전동 호이스트 96-30
전두근 268-1
전두동(前頭洞) 276-39
전두엽 274-23
전등 41-20, 42-7, 46-15, 68-1-31, 121-42, 125-17
전등의 갓 68-3
전등의 소켓 68-18
전등의 스위치 46-17, 84-54
전략 폭격기 239-33
전로 262-8
전류계 111-64, 183-17
전륜(轉輪) 240-40
전리권 251-18
전립선 273-45
전망차 123-6
전무 차장 125-19
전문(前文) 139-27
전병 24-42
전보 136-6-12
전보 등록지 136-4-5
전보문 136-6
전보 부호 136-10
전보 부호책 136-9
전보 전화국 136-1
전복 287-1
전부(戰斧) 232-17
전분 31-29
전선 68-17, 258-6-9
전시품 109-51
전신 길 13-27
전신 사진 78-20
전신 타이프라이터 136-13
전압계 183-18
전열기 70-1
전완 굴절근 268-11
전완 신근군 268-20
전용 분서함 133-30
전용 선착장 98-19

전통 양식의 낮은 탁자

전용 식권 72-31
전용열차 123-7
전용차 113-10
전원선 68-15, 97-58
전원 스위치 138-4
전원 제어 유닛 242-13
전원 조명차(화재 현장의) 113-27
전원차 131-20, 228-22
전원 코드 57-28
전자동 세탁기 57-31
전자동 카메라의 속칭 196-13
전자 라이터 61-45
전자 레인지 70-12
전자 시계 121-31
전자 오르간 190-39
전자 저울 31-43, 63-24
전자 정찰선 243-40
전자 정찰 위성 237-3
전자전투기 239-34
전자 조리기 70-15
전자파 137-32, 257-44
전자포 235-31
전정 276-69
전정 가위 294-17
전조등 124-9
전족용 헝겊 단화 7-36
전주 97-53
전지(剪枝) 가위 150-16
전지 전동기식 어뢰 242-1
전지판 184-14
전진형 124-1
전차 33-16, 212-13, 230-28, 236-20, 240-1-13
전차 견인차 240-12
전차교 240-7
전차 놀이 146-35
전차병 240-25
전차 수리 회송차 240-13
전차의 차표 112-37
전차 정류소 112-29
전차포 240-27-31
전차 회수차 240-12, 240-13
전철기 122-41
전철수 122-40
전탑 199-4
전통 씨름 163-27-29
전통 양식의 긴 테이블 50-15
전통 양식의 낮은 탁자 50-17

667

전통 양식의 접는 의자 51-12
전통 양식 침대 53-18
전통 양식 탁자 42-12
전통 화투 149-12-13
전통적인 축제일 200-20-37
전투기 145-28, 239-1, 239-27
전투기 조종사 231-27
전투원 227-12
전투 폭격기 239-30
전투함 243-22
전파 137-32
전파 망원경 253-7
전파 천문학용 안테나 250-10
전함 243-22
전화국 135-30-34
전화기 81-27, 83-24, 98-35, 109-11, 135-1-24
전화기대 135-10
전화번호 135-26
전화번호부 135-25
전화 사용자 135-18
전화선 135-5
전화 요금 영수증 135-34
전화 카드 135-24
전환 스위치 70-6
절 205-1
절구 210-5
절굿공이 59-60, 210-4
절삭 공구 94-28-34
절삭구 92-47
절선 그래프 180-58
절인 두부 29-20, 31-8
절인 야채 31-45-48
절인 야채 매점 31-42
절진 171-19-22
젊은 총각 220-7
점 185-31
점등관 68-28
점수 174-22
점수 기록부 174-21
점심 식사 23-39, 260-14
점원 74-7, 77-11, 84-11
점자 185-17
점자 블록 118-7
점자의 액면 식별 마크 82-6
점적 주사 170-53
점착식 쥐덫 56-23
점토 186-5
점토 용마루 기와 89-38

점토 평기와 89-34
점퍼 2-40, 4-9
점퍼 스커트 1-10
점프 152-8, 157-36
점화약 235-48
점화 플러그 95-21
접골목 299-5
접근 표지 122-60
접는 걸상 51-24
접는 의자 51-11, 72-25
접는 침대 53-12
접는 테이블 50-7
접달 급행열차 126-9
접목 294-10
접물 렌즈 169-44
접부채 66-1
접사다리 89-4
접선 181-46
접수 83-10, 83-25, 178-3
접수 부전(등기) 134-22
접수 부전(속달) 134-26
접수 창구 98-33
접수계 98-34
접수실 83-10, 98-3, 109-42
접시 73-6, 146-10, 171-7, 182-51
접시꽃 300-23
접시 던지기(놀이) 146-9
접시 돌리기 곡예 144-7
접시 재떨이 61-42
접시머리 작은나사 90-48-49
접시저울 182-50
접안렌즈 169-45, 184-20
접의자 179-12
접이식 가위 58-18
접이식 걸상 125-35
접이식 우산 66-19
접이식 의자 109-41
접이식 테이블 130-44
접자 92-15
접점 181-47
접착제 89-24
접책 140-10
젓가락 60-5
젓가락꽂이 45-27
젓가락 받침 60-6
젓가락통 44-26
정가 74-26, 140-56
정강이 266-30

정강이받이 157-48
정관 273-14
정글짐 145-49
정기권 112-38-39
정기 시장(농촌의) 102-31
정기 운행 버스 113-9
정기편 131-40
정기 항공기 131-40
정낭 273-43
정력제 172-26
정류자 95-33
정류장의 차양 112-10
정류장 표시판 112-9
정리 장롱 43-9
정맥 269-9-13, 270-2
정면 베란다 41-3
정문 83-12, 86-16, 98-1, 145-1
정물화 186-31
정미 103-31
정미기 101-29, 216-28
정발 79-17
정방체 181-51
정방형 181-30
정방형의 작은 탁자 50-18
정방형 테이블 50-1
정보 수집선 243-41
정삼각형 181-26
정상 165-13, 265-13
정소 상체 273-42
정수 180-3
정수리 266-44
정아 292-17
정어리 285-23
정오 260-12
정오쯤 260-13
정원 40-3, 85-45-64, 85-62
정원 뒷문 85-64
정원 정문 85-45
정월 대보름날 201-38-42
정유소 263-46
정육면체 181-51
정의 기수 180-7
정의 우수 180-9
정자 85-33, 173-15, 199-17
정자 무대 192-25
정점 181-18
정제 172-6
정중 신경 274-4

정지 기상 위성 252-13
정지액 78-43
정지·카세트 추출 버튼 138-30
정진 요리 식당 205-8
정착액 78-44
정찰기 239-35
정찰 레이더 237-23
정찰 위성 228-12, 237-1
정찰 전차 240-10
정체 전선 258-9
정치망 105-46
정치 위원 227-17
정크 129-38
정향 31-39
젖기 59-42
젖꼭지 266-17, 273-47
젖꽃판 273-48
젖니 275-31
젖무덤 266-16
젖병 62-11
젖병 꼭지 62-12
젖빛 유리 89-21
젖새우 289-2
젖샘 273-50
젖소 104-41, 279-14
젖소 사육장 104-37
젖짜기 104-40, 212-41
젖 통 212-42, 213-27
제1단 236-35
제1단 로켓 248-26
제1면 톱 139-18
제2단 236-36
제2단 로켓 248-27, 248-28
제3조 인민권 82-21-30
제4조 인민권 82-1-20
제곱근 180-38
제공 206-37
제광액 15-19
제기 146-2
제기차기 144-17, 146-1
제동기 111-48
제동장치 115-4
제로 180-5
제면기 25-15
제목 139-23-26
제물 205-30
제물낚시 105-59, 150-35
제방 265-19

제법 180-31
제법 부호 180-32
제분 103-33
제비 283-27
제비꼬리 모양의 칼라 8-14
제비 연 147-35
제비 집 28-14
제비활치 286-25
제빙 접시 70-32
제상 205-29
제상문(蹄狀紋) 277-39
제설차 124-39
제수 221-27
제습기 69-45
제야 201-1-9
제어 및 화상 데이터 처리 센터 252-18
제어수 122-38
제어실 263-42
제어 유도 레이더 237-12
제연판 124-8
제자 139-13
제자리멀리뛰기 152-11
제작법 설명도 197-11
제장(齋場)(화장장에 설치된) 203-2
제첨 140-17
제초 102-63
제초기 99-34
제충국 301-33
제킨 151-26
제트 노즐 95-29
제트 엔진 95-23
제트 여객기 130-1-59
제트 연습기 239-43
제트유 263-53
제판 141-55
제판용 원고 141-9
제판 카메라 141-11
제품 98-46
제형 181-31
젤리 26-13
젬클립(gem clip) 110-7
조 23-29
조각 187-7-16
조각가 186-2
조각구름 255-10
조각도 186-59, 187-42
조각실 186-1

조각 아틀리에 186-1
조각용 쇠주걱 186-4
조감독 192-35, 195-33
조개껍질 세공 187-25
조개탄 71-19
조개탄 난로 71-14
조개치레 289-15
조광탁상등 68-8
조교수 178-14
조구 96-8
조금 247-23
조기 경계 위성 237-2
조기 경계기 228-14, 239-37
조깅 155-2
조끼 2-18, 211-7, 215-13
조동(粗動) 핸들 184-22
조력 발전소 97-46
조련사 143-10
조례대 174-9
조롱 150-44-46
조롱박 20-8
조리 24-20, 45-20, 59-45
조리 기구 198-26-32
조리사 72-29
조리실 130-20
조리용 술 31-27
조리용 젓가락 59-33
조리장 72-28
조림·벌채지 107-1
조림지 107-10
조립 가옥 88-19
조립 망치 93-16
조명계 192-30
조명 기구 상점 75-22
조명등 226-6
조명탄 235-55
조명탄 낙하산 238-13
조모 221-11
조미료 31-2-41
조미료 병 60-64
조미료 접시 60-3
조미료 판매부 31-1
조반 260-6
조발 79-17
조부 221-10
조사 203-15
조사선 243-43
조삭(弔索) 238-5
조색판 186-12

조서 222-44
조석 247-22-23
조선글 211-44
조선대 127-20
조선소 127-17-20
조선족 208-2
조선족 남성 211-7-10
조선족 노인 211-11
조선족 아동 211-13
조선족 여성 211-1-5
조수 78-6, 178-15
조어 테라스 105-55
조어대 105-55
조연 192-33
조왕신(竈王神) 201-2
조작 콘솔 178-20
조작 패널 57-14
조전 136-12, 203-17
조절기 231-32
조절 나사 63-17
조정기 71-34
조정실 137-33, 137-40
조제사 168-57, 171-5
조조 193-15, 260-4
조종간 130-27, 249-22
조종사 130-25-26, 240-21
조종실 96-12, 105-14, 124-45, 130-15, 132-29
조주(助走) 152-2, 156-9
조주로 152-3, 157-19
조준 구멍 234-47
조준 망원경 240-31
조준 장치 235-4
조차수 122-38
조차장 122-34
조카 221-40
조카 딸 221-41
조커 149-9-10
조타수 128-24
조타실 105-14, 128-22
조파 풀 145-34
조판 141-7
조판공 141-8
조판실 141-1-8
조합식 가구 46-25, 52-19
조화 42-17, 46-8, 187-22
족궁 277-35
족근골 267-18
족심 277-29

족자 188-1-16
족저궁 277-35
족제비 281-15
졸업 179-42-46
졸업 기념 사진 179-43
졸업생 179-44
졸업 증서 179-42
좀 290-1
좀가래 305-15
좀조개 289-36
좀회양목 297-19
좁고 긴 탁자 50-14-16
좁쌀 23-29
좁은 길 118-15
좁은날 끌 91-50
좁은 잉어 286-12
종 199-12
종규 201-37
종금 190-49-50
종다리 283-25
종달새 283-26
종동차 95-47
종려나무 299-11
종루 199-11, 205-4
종매(從妹) 221-39
종아리뼈 267-16
종유동 264-30
종유석 264-31
종이 177-71
종이 냅킨 60-16
종이 봉지 65-32
종이 부채 66-7
종이비행기 148-38
종이 실패 58-10
종이 실패에 감은 실 58-9
종이 심에 감은 실 58-13
종이 오리기 세공 187-39-44
종이 우산 66-21
종이 절단 칼 110-15
종이 접기 148-19, 176-4
종이 테이프 127-4
종이 함 62-53
종자 292-10
종자(從姉) 221-38
종자 깔대기 99-32
종착역 126-6
종축 181-11
종파(한자 필획) 185-35
종피 292-14

종합 대학 178-1-52
좌골 신경 274-8
좌관상 동맥 271-25
좌불 205-15
좌석 73-1, 111-18-19, 112-26, 125-3, 130-31, 178-37, 195-22-24, 218-8
좌석번호 126-24
좌심방 269-19, 271-23
좌심실 269-21, 271-27
좌약 172-5
좌우 평형 손잡이 138-23
좌우로 가른 머리형 16-1-2
좌익수 158-22
좌측 차선 감소 119-5
좌폐 271-4
좌표 181-9
좌현 128-3
좌회전 금지 119-22
죄수 226-13
죄인 226-22
주 엔진 249-13
주 제어소 252-10
주 케이블 120-28
주각 130-14, 132-30, 239-19
주간 260-11
주간 신문 139-10
주간 텔레비전 안내지 137-23
주갑판 263-41
주걱 186-46, 198-10
주권 81-37
주근깨 278-32
주기 61-30-38, 198-10-19
주기장 131-9
주낙 105-48
주동맥 269-16, 271-19
주두 292-25
주둥이가 잘록한 술병 61-30
주란균 22-9
주력 전차 240-1
주름 소매 9-4
주름치마 1-13-15, 1-13, 215-12
주마등 187-33
주맥 292-44
주머니 10-1-9, 215-15
주머니쥐 280-30
주먹코 278-19
주무 194-19

주물 262-46
주민 신분 증명서 219-7
주발 60-35-36, 198-1
주방 72-28, 125-50
주방용 절구 59-59
주불 205-27
주사 170-17
주사기 169-2, 184-12
주사용 트레이 169-1
주사위 147-11
주사위 놀이 147-10
주사침 169-3
주산 238-3
주상 변압기 97-54
주서 70-26
주석대 217-9
주석석 262-53
주소 219-10
주식 판매 창구 72-7
주심 159-16, 163-24
주역 남자 가수 194-5
주역 여자 가수 194-2
주연 192-32
주연봉 124-13
주위의 담 85-7
주유소 118-46
주음 부호 185-9
주익 130-2, 249-11
주입갱 261-9
주자 158-26
주전자 45-29, 61-20, 62-25-27, 125-7
주전자 깔개 61-22
주전자의 손잡이 61-21
주전투 전차 240-1
주정중피 정맥 269-10
주제목 139-24
주조 262-39-46, 262-42
주차 33-10
주차 금지 119-25
주차장 77-16, 85-9, 98-6, 118-24, 121-15, 131-13, 145-3
주차장 표지 119-48
주철제 석탄·연탄 난로 71-1
주축 94-11
주축대 94-2
주탑 120-30
주택 219-27

주퇴 복좌기(駐退複座機) 235-5
주판 74-18, 81-12, 177-47
주행 차바퀴 96-14
주형 262-39
주회전익 239-54
죽루 216-24
죽마 146-14
죽마타기 놀이 146-13
죽반 191-39
죽방울 돌리기 144-3, 146-21
죽세공 187-17
죽순 18-12
죽순 쌈밥 27-13
죽순대 302-4
죽엽주 34-13
죽음의 재 236-54
죽판아 142-17
준 198-15
준설선 127-21-22
준우승자 156-20
준치 285-20, 286-4
줄 91-28-30, 93-21-26, 115-48, 146-6, 190-7, 305-21
줄 고정 장치 190-10
줄 굄목 190-8
줄긋기 92-12
줄기 292-52-56
줄기의 중심 293-26
줄넘기 146-5
줄넘기용 줄 155-27
줄다리기 146-30
줄대 191-4
줄 멈춤판 190-10
줄무늬 307-4
줄무늬모기 291-33
줄을 죄는 장치 190-2, 191-3
줄의 어린 줄기 18-20
줄 인형극 192-47
줄자 13-21, 58-22, 92-16-17
줄체조 156-33
줄타기 144-30, 155-9
줌 렌즈 196-24
중 힐 7-24
중간권 251-9
중간선 160-21
중간 세기 불 36-14
중간 스위치 68-33

중간차 96-40
중간 표지 160-24
중개인 81-25
중거리 경주 151-25
중거리용 중형 여객기 132-8-13
중거리 탄도 미사일 236-2
중검 164-3
중견수 158-23
중경 102-67
중경 시비기 101-18
중경 제초기 101-19
중고품점 76-18
중공 벽돌 89-28
중공 콘크리트 바닥판 88-11
중과피 292-59
중국 고대 천체 관측 계기 253-17-22
중국 공산당 창립 기념일 200-10
중국 만두 24-3-8
중국 셀러리 19-23
중국식 그레이프 24-40
중국식 냄비 59-18
중국식 두르마기 2-51
중국식 미트 파이 24-49
중국식 씨름 163-27
중국식 칼라 8-8
중국어 185-1-2
중국어 로마자 연습장 174-45
중국어 표음 로마자 185-6-8
중국옷의 단추 11-7-8
중국 요리의 식기 60-1-47
중국의 지형 264-51-63
중국 인민 해방군 건군 기념일 200-11
중국 장기 166-1-7
중국제 도미노 149-12
중국 파슬리 채 23-54
중국 하북 원산의 배 21-24
중국화 186-25
중국화반 175-10
증기관총 234-43
중년 220-4
중뇌 274-31
중단 침대 125-32
중대기 217-19
중류 265-44
중립 111-55

중매인 81-25
중문 타자기 109-30, 110-21
중비갑개 276-42
중비개 276-42
중비도 276-45
중산 모자 6-11
중산복 2-1
중성자탄 236-45
중순 259-23
중심각 181-43
중앙 공제실 97-19
중앙선 120-15
중앙 처리 장치(CPU) 110-32, 136-30
중양절 200-34-35
중엽 271-16
중유 263-56
중이 276-63
중자 177-55
중전차 240-2, 240-3
중절모 6-1
중점 185-53
중지 277-18
중창 7-9
중추절 200-31-33
중층 구름 255-5-6, 258-44
중형 나이프 60-57
중형 맷돌(사람 또는 가축이 돌리는) 99-41
중형 포크 60-54
쥐 149-29, 259-45, 280-33-38
쥐기 171-43
쥐노래미 285-3
쥐눈 278-15
쥐약 56-24
쥐어 당기기 171-54
쥐엄나무 297-3
쥘부채 66-1
즉석 음식점 145-30
즉석카메라 196-19
증가 연료 탱크 239-17
증권 거래소 81-24-28
증기 기관차 124-1-20
증기 냄비 59-30
증기다리미 57-47
증기 발생기 97-35
증기선 108-14
증기 터빈 97-28
증기 터빈실 97-18

증류 플라스크 182-28
증류탑 263-49
증모해파리 289-35
증발 접시 182-42, 257-30
증뱅이 304-19
증인 225-18
증장천왕 205-23
증폭기 69-19
지각 264-1
지게 215-16
지게미에 절인 오리알 30-57
지게차 114-31, 122-27
지골 267-10
지구 244-14, 247-8, 250-16
지구국 136-18
지구본 48-21, 174-15
지구의 48-21
지구의 궤도 247-9
지구 자원 위성 252-16
지구 핵 264-3-4
지국천왕 205-22
지그소 퍼즐 148-25
지내말 304-11
지네 291-56
지누어족 210-6
지니 피그(guinea pig) 280-40
지당권 162-11
지대공 미사일 228-10, 228-16, 236-5, 236-6,
지도 140-4
지도자 175-7
지두 188-11
지렁이 291-51
지렁이고무 115-45
지렁이도롱농 284-45
지렛대 103-10
지령 제어 유닛 242-11
지령대 122-37
지령소 122-36
지뢰 233-22-28
지뢰 처리 전차 240-8
지뢰 탐지기 233-29
지름 181-38
지면 고름기 151-41
지명 139-13
지명 표지 119-45
지문 277-37-39
지방 순회 연예인 213-52
지방 식량 배급표 23-24

지방질 277-11
지배인 109-53
지붕 39-1
지붕 기와 39-4
지붕못 90-60
지붕뿔 39-2
지붕의 모양 199-28-34
지붕의 장식 199-35-41
지붕창 212-38
지브 96-7
지브 크레인 96-1-19
지상국 250-21
지상전 228-9
지상 중계소 252-5
지선 97-59
지수 180-36
지시 표지 119-32-42
지열 발전소 97-45
지우개 177-7
지위 219-28
지위자 217-27
G음 기호 189-20
지장보살 205-21
지전 200-25, 203-21
지주 88-3, 96-25, 160-44, 257-21, 261-15
지진 256-1-8
지진파 256-5
지치 275-26
지침 63-23, 182-53, 257-27
지침기 169-28
지판 190-4
지팡이 66-24, 66-25
지퍼 11-21, 65-14
지퍼가 달린 간복 4-8
지퍼식 부츠 7-22
지퍼 이 11-22
지폐 82-1-30
지폐의 번호 82-5
지폐의 이면 82-9
지폐의 표면 82-1
지프 241-13
지프차 113-16
지하도 122-24
지하도전 228-7
지하 미사일 격납고 236-28
지하보도 118-11
지하 수로 214-35
지하천 264-33

지하철　　　　　　　　　　　　　　　　　　　　　　　쪽문

지하철　121-16-24
지하철역　121-16
지하철 출입구　121-18
지하철 표지　121-17
지혈대　170-14
지혈 집게　169-24
지휘 관제차　228-21
지휘관　227-10
지휘대　189-4
지휘봉　189-3, 222-58
지휘소　227-9
지휘실　236-32
지휘자　189-2
직각　181-22
직각 삼각형　181-21
직각자　92-18
직경　181-38
직근　292-48
직녀　206-17
직녀성　245-10
직달 급행열차　126-10
직류 모터　95-30
직류 전동기　95-30
직립경　292-52
직명　219-29
직무　219-18
직방체　181-50
직선　181-1
직선자　92-13-14, 177-40
직선 코스　151-3
직선형 머리　16-14
직원　109-6
직원 노동자 숙사　98-8
직원 노동자 식당　98-13
직원 주택　98-32
직육면체　181-50
직장　272-49, 273-32
직종　219-18
직주　94-9
직진　119-32
직함　219-29
진　34-23
진(용)　259-49
진공 기압계　257-39
진눈깨비　258-36
진달래꽃　298-23
진동 둘레　12-8
진드기　291-61
진디　290-44

진료 접수처　168-4
진료부(병원의)　168-1
진료 카드　168-35, 170-6
진료 카드 선반　168-37
진맥　170-11, 171-19
진맥 베개　171-20
진배(腎杯)　273-7
진분수　180-16
진수식　127-19
진압기　101-15
진앙　256-2
진앙 거리　256-7
진열 선반　74-10
진열실　197-1
진열장　72-22, 74-4, 77-10, 78-1
진열판　77-4
진엽　292-8
진원　256-1
진원 깊이　256-3
진원지　256-1
진자　64-31
진자시계　64-30
진주운　251-6
진주인어　286-35
진주조개　287-2
진쥐치　285-33
진찰실　168-6
진퇴 제어 로켓　250-6
진피　277-2
진행자　192-37
질　273-22
질경이　301-15
질구　273-21
질냄비　59-9
질녀　221-41
질소 봄베　249-19
짐　83-16, 179-40
짐 바구니　100-16
짐받이　111-29, 113-7, 115-10
짐 선반　125-15
짐수레　40-28, 117-5, 117-6
짐 실이 노동자　108-30
짐실이차　131-36
짐 운반용 삼륜차　117-11
짐차　117-3
짐칸　111-29
짐칸의 측판　241-19
집게벌레　290-32

집게손가락　277-17
집고양이　279-11
집기병　182-33
집누에　291-20
집단 결혼식　202-40
집미나리　19-23
집 번호　41-28
집비둘기　283-12
집상추　19-16
집속 폭탄　236-27, 239-58
집오리　282-7-8
집오리 방사　102-52
집오리 양식장　102-44
집오리 우리　102-45
집재(나무모으기)　107-2-7
집재 트랙터　107-3
집 주위의 담장　37-10
집쥐　280-33
집진기　97-29
집짓기 놀이　176-5
집짓기 놀이(장남감)　148-14
집찰계　195-5
집토끼　279-33
집파리　291-35
징　186-8, 191-26-28
징거미　289-3
징두리널　41-31
징족　210-18
징퍼족　209-24
짚낟가리　40-29
짚방석　40-26, 54-20
짚신　7-46
짚 쿠션　55-3
짝수　180-8
짝수 날　259-26
짝수 번호의 좌석　195-22
짧은 나일론 스타킹　5-20
짧은 부착 소매　9-20
짧은 술이 달린 검　162-28
짧은 술이 달린 쌍검　162-29
짧은 앞치마　216-11
짧은 양말　5-16
짧은 웃옷　198-42
짧은 치마　194-3
짧은 코트　1-29
짧은 평소매　9-18
짧은 호미　99-3
짭짤한 과자　27-50
쪽문　40-14

쪽소매책상 50-10
쭈앙족 210-12
쯔파이 149-15-21
찌 106-41, 150-29
찌르기 171-51
찐 교자 24-24
찐만두 24-1
찐빵 23-13, 24-1
찔러 동작 230-12
찔러 방어 230-13
찜보 44-16
찜통 45-24, 59-22
찜통 뚜껑 59-52

차

차 162-37, 180-27
차(사발이나 큰 컵으로 파는) 73-12
차고 98-7, 112-34
차광창 130-37
차기 193-22
차 기중기 96-5
차길 통행 방향 119-41
차꽃 298-14
차나무 298-13
차나무 밭 102-3
차나방 291-9
차내등 112-22
차 높이 제한 119-27
차 단지 62-31
차대 111-34
차도구 47-22, 61-1-23, 80-27
차도구 찬장 42-21
차 뒷문 111-17
차 등록패 111-2
차량 검사증 111-10
차량 연결기 124-24
차량 진입 금지 119-17
차려 230-1
차려 총 230-11
차례 140-46
차륜 124-32, 168-69
차륜식 엄호 굴착기 241-11
차륜식 장갑 전투차 241-8
차륜식 트랙터 101-1, 114-37
차르메라 191-24
차문 111-14, 112-5-7
차바퀴 111-21-23, 115-12,
124-32
차번호 124-20
차선 분리용 조치 118-4
차양 6-15, 229-7
차양(교통정리대 등의) 222-57
차양 군모 229-4
차양 없는 군모(여성용) 229-22
차양모 6-16
차열 칼깃 282-29
차 운반 바구니 100-12
차이나 드레스 1-44
차임 190-49-50
차입 226-16
차잎 33-3
차장 112-16, 240-23
차장용 가방 112-19
차장차 123-23
차조 23-30
차즈 99-11
차 지붕 111-13
차창 112-24
차축조식물 303-19
차축형 실패 58-12
차출인 133-2, 134-8
차출인 주소 134-7
차탁 125-12
차 탁자 46-5, 48-30, 50-19
차탕 73-18
차탕 담는 대주전자 73-17
차탕 장사꾼 73-16
차통 33-2, 42-20, 61-15-17, 62-32
차 판매점 33-1
차표 112-36-37, 126-13-25
차표 함 125-20
차 핸들 115-3
착각권 162-9
착륙각 248-16
착륙등 130-7
착륙 사면 157-21
착륙용 엔진 248-17
착수 156-11
착암용 정 91-5
착유 104-40, 212-41
착유기 101-32, 104-42
착지 152-9, 156-12
착지면 157-21
착지용 모래밭 152-10
착탈식 견장 227-43
착함 구속 장치 243-3
찬 음료수 장사꾼 73-22
찬송가 204-13
찬장 45-26, 46-11, 212-28
찬장용 롤러 90-30
찰대과자 27-38
찰떡 211-26
찰떡 치기 211-23
찰현악기 191-1-10, 213-56, 214-43
찰흙 186-5
참개구리 284-39
참고래 288-20
참고서 175-18
참관자 197-3
참기름 24-39, 31-22
참깨 17-39, 301-14
참나리 302-20
참나무산누에나방 291-22
참돔 285-24
참마 17-46, 302-34
참모 227-8
참묘 활동(열사능 등의) 217-31
참상어 285-35
참새 283-38
참석자 203-16
참외 21-43
참조기 285-5
참죽나무 297-16
참지내말 304-11
참호 231-20
찹쌀 23-28
찻물 73-15
찻병 73-4
찻숟가락 61-26
찻잎 따기 103-43
찻잎 바구니 103-44
찻잔 33-6, 42-28, 46-27, 48-32, 61-1-5, 73-5, 74-23, 84-32, 109-10, 125-10, 179-27
찻잔 뚜껑 61-5
찻잔을 받치는 접시 61-18
찻쟁반 61-19
찻종 42-28, 61-10
찻주전자 42-26, 60-28, 61-11, 62-25, 73-4

찻주전자 깔개 42-27
찻주전자 뚜껑 61-12
찻주전자 손잡이 61-14
찻주전자의 귀때 61-13
찻집 73-1-10
찻컵 61-6-8
창 39-21, 41-6, 43-22, 87-10,
    162-21, 179-16, 232-3
창(투창 경기에서 사용하는)
    152-29
창고 40-17, 88-30, 98-25,
    108-20
창고기 289-23
창고리 90-11
창구 74-16, 81-17, 109-43,
    133-20, 133-5, 136-3,
    168-55, 179-1
창구 커튼 55-16
창꽁치 286-5
창문받이 39-16
창살 39-22, 43-23
창술 162-17
창에 치는 커튼 55-12
창칼 186-36
창턱 39-16, 43-21, 48-12
창포 305-24
창힐 206-34
채권 81-38
채널 버튼 138-5
채널 선택 130-51
채당콩 17-27
채도 197-14
채란 106-45
채를 썬 파 24-46
채문 토기 197-14
채반 시루 24-25, 59-50
채분기 103-41
채색 깃발 218-30
채색 장식 초롱 202-36
채색화 199-20
채색 흙인형 187-48
채소 광주리 44-20, 45-32
채소점 75-7
채썰기 36-7
채양 테두리 6-6
채유 펌프 263-26
채지(菜芝) 18-34
채찍 162-44, 232-15, 232-16
채칼 45-13, 59-61

채탄 막장 261-12
채혈 170-13
책가방 174-5
책갑 140-20
책꽂이 178-47
책꽂이 48-16
책 노점 76-20
책력 259-40
책받침 174-39
책상 48-1, 84-36, 179-24
책상 다리 50-4
책상 판 50-2
책의 등문자 140-30
책의 케이스 140-22
책 이름 140-28, 140-48
책장 48-16, 52-14, 109-15,
    109-5, 179-23
책 함 140-22
챵족 209-10
처 221-2
처녀 220-8
처녀자리 245-27
처마 39-5, 41-10
처마 기와 89-41
처마끝의 내림새 기와 39-6
처방전 171-10
척 94-3, 198-48
척골 267-7, 267-17
척골 동맥 269-6
척골 신경 274-5
척수 274-32
척측피 정맥 269-12
천공 134-39
천공 카드 136-25
천공 테이프 136-15, 136-26
천공기 263-1
천두 188-8
천둥을 수반한 소나기 254-8
천막 154-18, 165-10, 175-12
천문대 253-1
천 봉지 65-33
천산갑 280-27
천상의 253-16
천 샌들 7-40
천 슬리퍼 7-42
천안문 218-24
천연가스 263-20
천왕성 244-21, 250-19
천우 290-61

천원 166-10
천으로 싼 단추 11-5
천 인형 148-10
천일홍 299-23
천장 42-5
천장등 68-1
천장 선풍기 69-29
천장 에어컨 69-40
천장 크레인 96-20, 263-2
천장판 89-2
천정의 253-10
천주교 204-16-19
천주교도 204-19
천주교 성당 204-16
천 줄자 92-17
천창 212-38
천체의 253-20
천축규 300-17
천칭 63-28, 133-13, 168-60
천칭보 182-54
천칭 분동 63-29
천칭자리 245-28
천 커튼 55-10
천평 63-28
천 화폐 197-18
철갑탄 235-51
철강 콤비나트 생산 공정
    설명도 262-1-38
철골 88-5
철관 지중 온도계 257-17
철광석 262-3
철근 88-21
철근 콘크리트 말뚝 88-10
철금 190-48
철길 건널목 119-13
철길 기중기 96-6
철도 경찰 122-18, 222-23
철도 전용선 97-23, 108-13
철도교 120-9
철도병 227-24
철망 89-55
철 망간 중석 262-49
철모 231-4
철문 83-13
철물 상점 75-23
철봉 156-3
철사 57-37
철쎄기 290-26
철용액 262-43

철월 247-17
철제 긴 부젓가락 88-41
철제 농구 214-11
철제 바지선 129-34
철제 삽 91-1-4
철제 스탠드 182-5
철제 쟁기 99-26
철제 침대 53-9
철질려 232-28
철집게 91-56
철쭉꽃 298-23
철탑 199-2
철 통 62-46
철판가위 93-33
철필 177-24
철하는 부분 140-42
철하는 실 140-18
첨면장 24-43
첨병 230-23
첫돌 202-6-8
첫째날개깃 282-35
청각신경 274-18
청각채 304-5, 304-16
청개구리 284-38
청결차 131-27
청경채 19-5
청과물점 75-7
청과점 75-5
청귀뚜라미 290-30
청년 220-5
청년단 회장 217-12
청년복 2-11
청년의 날 200-8
청대 완두 20-18
청동 298-8
청동기 197-17
청동 화폐 197-19-20
청딱따구리 283-24
청량 음료수 매장 85-15
청력 검사 170-32
청록색 308-19
청룡도 162-30
청명절 200-20-26
청무 18-2
청바지 2-33
청색 연필 177-6
청소 260-17
청소기 연장관 70-55
청소기 흡입구 70-54

청소 노동자 87-7
청소 막대 177-15
청어 285-21, 286-8
청완두 20-17
청주 34-24
청죽독사 284-21
청중 189-17
청진 171-23
청진기 170-5
청천 254-1
청첩장 202-22
청취자 137-50
청 코너 163-13
체 59-46, 88-42
체결 볼트 67-10
체경 52-4
체스 166-16-26
체스판 166-16
체온계 169-9, 170-12
체육관 156-1-33
체육 수업 174-11-13
체인 94-47, 96-51, 111-40, 115-19
체인 로크 115-30
체인지 레버 111-46
체인 케이스 115-20
체인 풀리 94-48
체조 경기 156-3-17
체조 매트 174-13
체중계 63-27, 174-32
체크 마크 185-58
체크인 카운터 131-42
체포 영장 225-7
첼로 190-14
초 68-59, 205-31
초가집 38-22, 211-32
초계정 243-23
초김치 31-50
초등학교 174-1-48, 174-2
초록 공작 283-4
초록색 308-13
초롱 68-56, 201-41
초버섯 307-37
초본 식물 292-4
초상 42-8
초상 사진 78-18
초상화 186-30
초서 185-30
초승달 247-15

초식 공룡 197-4
초어 286-9
초열 칼깃 282-28
초우마 149-31
초원 265-51
초음속 장거리 여객기 132-4-5
초음파 진단 장치 169-56
초인종 41-30
초일 봉투 134-33
초일 소인 134-34, 150-8
초일 커버 150-7
초지 104-5
초침 64-6
초콜릿 26-17
초콜릿 입힌 아이스틱 32-16
초콜릿 케이크 27-43
초크 13-12, 58-8
초파리 291-39
초편구 187-18
촉각 242-28, 290-12
촉규 300-23
촉진 171-22
촛대 68-58
총각 220-6
총강 234-9
총강 윗덮개 234-8
총검 228-2, 234-40
총경동맥 269-1
총구 234-1
총배골 신경 274-9
총살 226-31
총 스위치 97-61
총신 234-3
총열 234-22
총자수 140-53
총지배인 109-16
총채 56-6
총채 꽂이 43-5
총채를 넣는 병 56-7
총채병 42-14
총탁 234-14
총탄 234-32-37
총합 180-53
촬영 기사 78-8, 195-29
촬영 대본 195-34
촬영 스튜디오 195-25
최고 온도계 257-12
최루 수류탄 233-21

최저 온도계　257-13
추　78-40, 92-23, 106-43,
　　150-32, 162-48, 198-53-54,
　　232-10
추금　142-22
추도사　203-15
추도회　203-8-17
추두부　29-22
추상화　186-33
추석　200-31-33
추시계　64-30
추월 금지　119-24
추적 관제실　250-23
추적 레이더　250-22
추해당　300-25
축(소)　259-46
축구　160-54-61, 175-15
축구 경기장　160-54
축구공　160-57
축구화　160-56
축류 펌프　95-57
축연　202-23
축융　206-7
축으로 쓰는 나무　188-13
축전　136-11
축전지　111-37
축하 사탕　202-28
축하 선물　202-3
축하주　202-37
축하 행진　200-14
춘련　201-10-12
출구　121-20, 122-22, 145-5
출구 표지　119-56
출국 기록 카드　224-28
출금 전표　81-23
출발　151-11-17
출발대　151-12, 153-2
출생 연월일　219-5
출생지　219-6
출석부　174-20
출수관　287-17
출연자　137-22
출입구　212-36
출입구의 커튼　42-3
출입국 관리소　224-7
출입문　39-17, 41-29
출입문 위의 창　41-27
출토품　197-12-20
출판 계획　140-3

출판사　140-1-5
춤　176-8
충격파　236-52
충수　271-13, 272-44
충전용 가스　61-46
충치　275-32
췌도　270-21
췌장　270-20, 272-39
취목　294-12
취사 용구　198-26-32
취사 용구 선반　212-25
취사병　227-29
취사인　179-2
취수관　100-40
취수구　97-7
취재　137-45
취조　222-40
취주 악기　191-19-25
취침　260-27
츠보레프 Tu-144　132-4
츠보레프 Tu-154　132-12
측거 조준기　235-40
측관　186-57
측근　292-47
측두근　268-15
측두엽　274-24
측량병　227-22
측량선　243-42
측맥　292-43
측면　141-20, 181-54
측백나무　295-13
측지 위성　237-5, 252-15
측차　116-25
측판　111-30
측화산　264-26
층구름　255-8
층운　255-8
층적운　255-7
치　198-13, 198-49
치경　169-34, 275-15
치골　275-23
치골 결합　267-12, 273-16
치과의　170-37
치관(齒冠)　275-14
치근　275-16
치근막　275-24
치근첨　275-17
치료대　170-38
치료용 전자 가속기　169-57

치마　1-10-20, 198-43, 211-5
치마 길이　12-6
치마꼬리금붕어　286-30
치마 단폭　13-33
치마바지　1-23
치마버섯　307-38
치마주름조개　287-15
치미　199-35
치밀질　267-36
치수　275-20
치아　272-21, 275-13-32
치안계　222-62
치약　49-26
치어지　106-37
치은　275-22
치자나무　299-3
치조골　275-23
치즈　30-59, 212-14
치크 브러시　15-6
치포식 스커트　1-17
친구　202-39
친척　202-38
친칠라　279-35
칠교판　148-26
칠기　187-19, 215-19
칠면조　283-5
칠보 세공 도자기　187-23
칠부깎이　16-6
7분 기장 소매　9-2
칠성침　171-39
7월　259-8
7.5미터 다이빙대　153-38
칠판 지우개　174-53
칡　300-16
칡부엉이　283-18
침　171-35-40
침구 상점　76-14
침낭　54-23, 165-27
침대　54-1, 84-45, 109-46,
　　125-31-33, 168-14, 231-3
침대권　126-20
침대 깔개　53-2, 54-2
침대 다리　53-4
침대 돗자리　54-20-21
침대등　125-25
침대 머리 궤　168-23
침대머리 농　52-18
침대 시트　47-2
침대식 좌석　130-38

침대차

침대차 123-3-4, 125-18-38
침대 커버 54-6, 84-46
침대 틀 53-3
침대 판 53-8
침목 122-44
침봉(針棒) 58-43, 150-25
침상 전등 68-12
침술 마취 170-52, 171-41
침엽수 293-1
침저식(沈底式) 기뢰 242-31
침전지 98-22
침판 58-44
침팬지 280-10
칫솔 49-25
칭호 219-28

카

카고 폴 96-19
카나리아 283-41
카네이션 299-26
카농 유탄포 235-21
카농포 235-20
카누 167-41-45, 167-45
카드식 전자 자물쇠 67-25
카드 용지 177-58
카드 전화 135-22
카드 키 67-26
카드 투입구 135-23
카라비너 165-25
카레 가루 31-34
카 레이서 167-8
카르(Kar) 265-16
카르테 168-35, 170-6
카르테함 168-37
카메라 78-9, 196-1-20
카메라맨 137-12, 139-3, 195-29
카메라·사진 재료 상점 75-18
카메라 스탠드 78-11
카메라 크레인 195-31
카멜레온 284-24
카본지 110-17
카뷰레터 116-8
카빈총 234-19
카세트 라디오 46-21, 138-20
카세트식 테이프 레코더 69-3
카세트 테이프 48-28, 69-36

카세트 홀더 138-39
카스텔라 27-41
카시오페이아자리 245-16, 246-5
카운터 74-5, 78-2, 81-6, 84-12, 133-5, 168-36, 171-3
카운터 지브 96-11
카울 넥 8-6
카자흐족 208-27
카 트랜스포터 114-23
카트리지 177-23
카페리 129-10
카펫 55-5
카프드 슬리브 9-4
칵테일 34-25
칵테일 잔 61-36
칸막이 72-9, 80-28, 87-13, 225-24
칸막이벽 39-14
칸막이 좌석 125-18
칼 214-13, 232-6
칼(대쪽을 쪼개는) 91-58
칼(통나무 판을 쪼개는) 91-57
칼국수 25-1
칼도마 44-24, 59-55
칼등 모양 눈썹 278-2
칼라 2-2
칼라 후크 11-18, 11-19
칼럼 139-33
칼면 23-9
칼싸움 놀이 146-16
칼 줄 91-29
캐노피 238-4
캐디 161-44
캐디 백 161-45
캐럼즈(caroms) 161-52
캐리어 카 114-23
캐멀 스핀 157-35
캐빈 132-32, 132-37, 238-28
캐셔 23-2, 83-28
캐슈넛 22-42
캐스터 65-21
캐스터네츠 190-43
캐주얼 바지 2-56
캐처 158-17
캐처 박스 158-10
캐치 자물쇠 90-9
캐터펄트 243-10

컨트롤 데스크

캐터필러 240-42
캐터필러식 견인차 241-10
캐터필러식 장갑 전투차 241-7
캐터필러식 트랙터 101-2, 114-38
캔 맥주 34-17
캔디 214-21
캔디 단지 62-56
캔버스 186-16
캘리퍼스 92-22
캘리포니아 강치 288-14
캘린더 81-21, 109-3
캘린더 카드 259-37
캠프파이어 175-13, 217-30
캠핑 카 114-28
캡 177-21
캡 라이트 261-24
캡슐 172-7
캡터 기뢰 242-25
캥거루 280-31
커넥터 101-25
커넥팅 로드 95-14
커머셜 137-25
커버 140-33
커서 177-56
커터 78-47, 94-28-34, 174-17
커튼 46-19, 47-18, 55-9-16, 84-39, 168-29, 179-17
커튼 레일 90-27
커튼 박스 47-17, 55-14
커피 22-27, 32-37
커피 다방 73-25
커피 도구 61-24-29
커피사탕 26-5
커피 원두 32-38
커피 잔 61-24
커피 잔의 받침 접시 61-25
커피 캔디 26-5
커피 포트 61-27
컨베이어 96-37-51
컨베이어 벨트 96-38
컨설턴트 202-15
컨테이너 108-29
컨테이너 부두 108-6
컨테이너선 108-7, 129-6
컨테이너 수송차 114-8
컨테이너 크레인 96-27
컨트롤 데스크 122-37

컨트롤 룸 97-19
컨트롤 센터 122-36
컨트롤 타워 131-5
컬러 텔레비전 69-25, 138-1
컬러 필름 196-32
컬러의 조커 149-9
컬링 157-43
컬링 브러시 79-38
컬링 아이론 79-40
컴파트먼트 125-18
컴퍼스 177-44
컴펄서리 피겨 157-28
컴포넌트 스테레오 69-12
컴퓨터 검안 169-59
컴퓨터 단말 81-26
컴퓨터반 175-2
컴퓨터 본체 110-32
컴퓨터 센터 136-29
컴퓨터의 단말 109-25
컵 168-25, 231-14, 257-6
컵의 커버 61-9
컷 가위 79-26
컷 글라스 60-50
컷 인 포켓 10-2
케이블 257-9
케이블 릴리스 196-23
케이블선 129-17
케이블카 123-24
케이블 크레인 96-28
케이스 62-52-57
케이싱 95-48, 263-17
케이지 152-27
케이크 201-18
케이프 5-5
케페우스자리 245-15, 246-4
켈리 바(kelly bar) 263-10
코 266-9, 276-13
코끼리 281-29-30
코끼리거북 284-6
코끼리바다표범 288-10
코너 151-4
코너장 52-13
코니데 264-24
코담배 그릇(쌈지) 212-20
코담배통 35-30
코딱지 276-21
코란 204-7
코로나 244-28
코로나 관측기 253-12

코르크 조각 187-12
코바늘 58-30
코 보호기 153-28
코붙이기 147-2
코브라 284-18
코뿔소 281-32
코스 151-22
코스 넘버 표시기 151-13
코스 라인 151-23
코스 로프 153-4
코스모스 301-26
코신 211-27
코알라 281-20
코어 264-3-4
코처 158-27
코치 159-15
코친종 282-6
코커스패니얼 279-10
코코넛 캔디 26-4
코코아 22-28, 32-42
코크스 262-6
코털 276-18
코튼 진(cotton gin) 101-33
코허 집게 169-26
콕 80-13
콕스 167-42
콘돔 173-6
콘서트 마스터 189-6
콘센트 68-34, 84-72
콘센트의 삽입구 68-35
콘크리트 믹서 88-32
콘크리트 믹서차 114-16
콘크리트 배 102-54
콘크리트 버킷 88-22
콘크리트 블록 127-6
콘크리트 블록 89-29-31
콘크리트 정 93-40
콘크리트제의 바지선 129-33
콘크리트 파일 88-10
콘택트 렌즈 14-25
콘트라베이스 189-14, 190-15
콘트라스트 조정 138-16
콜(col) 265-9
콜드액 79-50
콜드 크림 15-29
콜드 페이퍼 79-47
콜라 32-6
콜라비(Kohlrabi) 18-10
콜론 185-46

콜리 279-9
콜리플라워 19-10
콜릿 척(collet chuck) 94-36
콜트 권총 234-28
콤마 185-43
콤바인 101-24
콤팩트 15-3
콤팩트 디스크 69-22
콤팩트 디스크 플레이어 69-21
콧구멍 276-14, 286-36
콧날 276-15
콧물 276-22
콧방울 276-17
콧수염 16-34
콩 17-25, 17-25-34
콩기름 31-2
콩나물 20-23
콩물 23-38
콩싹나물 20-22-23
콩짜개 된장 31-7
콩코드 132-5
쿠션 55-1, 55-1-3
퀴즈 프로 137-20
퀸 149-5, 166-22
퀼로트 스커트 1-23
큐 161-47
큐 래크 161-51
큐레이터 197-2
큐볼 161-48
큐장 161-51
크라우칭 스타트 151-11
크라운 6-4
크래브 96-21
크래브식 준설선 127-21
크래프트지 133-9
크랭크 124-13, 263-28
크랭크실 95-16
크랭크 암 115-17
크랭크축 95-15, 115-16
크러셔 101-35
크레디트 카드 81-32
크레바스 165-16
크레용 177-39
크레이터 248-3
크레인 88-1, 96-1-28, 108-9, 114-14, 124-44, 263-40
크레인 거더 96-24
크레인선 96-15, 127-23

크레인차 88-23, 114-11
크로스 레일 94-23
크로스바 161-5
크로스컨트리 152-39
크로스컨트리 경기 157-23
크로케 161-23
크롤 153-18
크루크스(W. Crooks) 관 183-24
크리스마스 트리 263-34
크리켓 161-26
크릴 289-6
크림 212-16, 213-47
큰개자리 246-37
큰고래 288-20
큰곰 281-40
큰곰자리 245-3, 246-14
큰공 143-3
큰기러기 282-48
큰나무통 294-5
큰날개덮깃 282-27
큰 낫 209-2
큰뇌조 282-57
큰 달 259-31
큰 도끼 162-35, 232-17
큰도마뱀 284-29
큰독 62-36
큰 무대 도구 192-28
큰 방 욕조 80-24
큰 방 휴게용 침대 80-25
큰부리까마귀 283-30
큰북 190-40
큰 사내끼 106-11
큰 사발 60-33, 73-13
큰사향고양이 280-29
큰섶 덧옷 1-42
큰섶 상의 215-35, 215-9, 216-10
큰섶 솜저고리 1-39
큰섶 저고리 2-53
큰 아가리 병 62-9
큰어금니 275-30
큰 옷장 52-1-8
큰접시 60-39-41
큰 제목 139-23
큰 징 191-26
큰 체 100-1
큰 칼 다루기 144-32
큰 컵 73-14

큰 포켓 2-8
큰 포켓 뚜껑 2-7
클라리넷 190-20
클라미도모나스 303-1
클램프 182-6
클러치 레버 116-17
클러치 페달 111-47
클럽 149-8, 161-41-43
클럽 하우스 161-37
클럽 활동 175-15-16
클레이 사격 167-16
클레이 피전 167-18
클레이 피전 방출기 167-19
클로렐라(Chlorella) 303-10
클린(clean) 164-26
클립 74-21, 110-6, 184-27
키 23-16, 100-4, 103-13, 115-28, 128-15, 242-18
키 로크 65-15
키르기즈족 208-29
키 모양의 쓰레받기 100-8
키보드 110-34, 136-14
키보드 프린터 136-23
키 소켓 68-22
키위 21-38
키조개 287-12
킥 160-58
킥 페달 116-21
킬로 표시 122-55
킹 149-3, 166-21
킹코브라 284-19

타

타구 42-10, 43-7, 56-14, 168-7
타깃 167-25
타륜 128-25
타르바간 280-42
타석 158-9
타악기 190-40-51, 191-26-41
타액선 272-23-25
타올 125-36
타워 96-13
타워 크레인 96-10
타원 성계 244-2
타원형의 접시 60-14
타월 5-6, 57-53, 79-6, 80-20
타월 걸이 57-27

타월이불 54-17
타이머 다이얼 70-7
타이머 스위치 69-35
타이밍 벨트 94-54
타이어 111-22, 115-37
타이어의 고무 밸브 115-44
타이족 209-18
타이츠 5-23
타이트스커트 216-3
타이트 슬리브 9-5
타이프실 109-24
타이피스트 109-28
타일 89-32-33
타일 벽화 187-28
타임 레코더 110-41
타임 카드 110-42
타자 158-25
타자실 109-24
타자용 데스크 109-31
타자원 109-28
타조 282-10
타주 현악기 191-17-18
타지크족 208-31
타진 170-8, 171-21
타킨(takin) 281-3
타타얼족 209-4
탁구 160-1-10, 175-16
탁구공 160-6
탁구 그물 160-2
탁구대 160-1
탁구 선수 160-8
탁구채 160-5
탁본 186-49
탁상등 68-7
탁상 선풍기 69-31
탁상시계 42-16, 46-10, 64-29
탁상식 오프셋 인쇄기 110-28
탁상용 저울 63-14, 173-24
탁상 전화 135-1-12
탁상 캘린더 48-3, 259-38
탁상 캘린더의 심 259-39
탁상형 라디오 69-1
탁송물 표지 131-44
탁송 화물 131-43
탁아소 176-13-25
탁엽 292-41
탁자 44-22, 45-31, 72-26, 84-6
탁차 33-14

탄광 노동자 261-23
탄 담는 그릇 261-22
탄대 235-45
탄도탄 요격 미사일 236-25
탄두 234-32
탄사 142-9
탄산 음료 32-5
탄생 202-1
탄수차 124-3
탄심 234-39
탄약고 231-34, 243-12
탄약낭 231-7
탄양 279-31
탄익 236-14
탄창 234-10
탄체 233-11, 235-43, 236-17
탄층 261-11
탄현악기 191-11-16
탄환 234-32, 235-41
탈 148-20, 176-11
탈곡 102-41
탈곡기 99-35, 101-26-27
탈곡장 40-25, 102-39
탈곡하지 않은 조 17-15
탈수 타이머 57-19
탈수통 57-25
탈수통 뚜껑 57-26
탈옥 226-11
탈의실 153-10
탈의장 80-26
탈지면 170-22
탈지유 213-46
탑지봉 233-30
탐탐 189-12
탑 85-59, 120-30, 199-1-7
탑과자 27-40
탑 기중기 96-10
탑 소매 9-10
탑승교 131-17
탑승권 131-46
탑신 96-13
탕 80-2
탕면 25-5
탕수 꼭지 80-4
탕약 171-13
탕의 꼭지 84-58
탕파(湯婆) 54-29
태그 보트 108-4, 127-26
태그차 131-19
태극권 155-4, 162-14
태래실 58-14
태막 173-20

태반 173-19
태아 173-18
태양 244-11, 247-4, 250-17
태양계 244-10
태양 광선 247-13
태양력 259-28
태양 망원경 249-27, 253-8
태양열 발전소 97-43
태양의 흑점 244-27
태양 전지 97-44, 249-28
태양 홍염 244-29
태엽 감는 나사 64-24
태클 161-12
태풍 258-5
태피스트리 55-4
태호석 85-54
택시 83-8, 112-41, 113-15, 121-13
택시 승강장 121-12
택시 승차장 112-43
탤크 262-65
탬버린 190-45, 214-41
탭 91-55
탯줄 173-21
탱자나무 297-14
탱커 127-35, 129-7, 263-47
탱크 230-28, 236-20, 240-1-13
탱크로리 114-20
탱크 마개 116-7
탱크병 227-14
탱크 화차 123-15
터널 119-11, 122-47
터번 215-6
터보 샤프트 엔진 132-28
터빈 95-28, 95-55, 234-54
터틀 넥 8-7
턱 282-37
턱끈 229-6
턱받이 4-20
턱을 대는 곳 190-11
턱잎 292-41
턴 153-23
턴테이블 69-14, 70-14, 122-35, 131-35
털가죽 모자 6-19
털곰팡이 306-12
털구멍 277-6
털바지 3-21
털복숭아 21-38
털실로 짠 속바지 3-21
털실 모자 6-24

털실 양말 5-19
털실 잡이 6-30
털실 장갑 5-9
털여뀌 299-16
털을 뽑은 닭 30-36
털을 뽑은 오리 30-37
털주머니 277-12
털 총채 42-13
텀블링 156-34
테니스 160-16-32
테니스공 160-30
테니스 그물 160-17
테니스 선수 160-25
테니스 채 160-26
테니스 코트 160-16
테두리 가죽 6-9
테두리를 박아 넣은 주머니 10-15
테스터 183-22
테이블 44-22, 46-26, 47-21, 50-1-13, 72-26, 84-6, 92-35, 94-12
테이블 승강 핸들 92-39
테이블 클로스 72-27, 84-9, 125-44
테이블 탭 68-37
테이크 오버 존 151-30
테이프 데크 69-20
테이프 디스펜서 110-11
테이프 레코더 69-5-7, 137-54, 178-19
테이프 선택 스위치 138-25
테이프 카운터 138-40
테일 라이트 111-24, 116-12
테일 로터 132-26, 239-56
테일러드 칼라 8-12
텔레비전 46-13, 84-35
텔레비전 게임 147-16
텔레비전 게임기 147-17
텔레비전국 137-2
텔레비전 드라마 137-8-19
텔레비전 랙 138-2
텔레비전 방송 137-4-36
텔레비전 보드 52-17
텔레비전 수상기 138-1-19, 178-24
텔레비전 중계차 114-26, 137-28
텔레비전 카메라 137-7
텔레비전 타워 137-3
텔레비전 탑 137-3
텔레비전 프로 137-24, 139-34

텔레프린터

텔레프린터 136-13
텔렉스 136-13-15
템플 14-20
템플릿 177-66
토관 88-36
토끼 259-48, 279-33-37
토끼자리 246-36
토너 109-37
토대 둘레 41-12
토란 17-47, 305-26
토마토 19-27
토마토 주스 32-28
토마토 케첩 31-25
토막 썰기 36-9
토목·건축 공구 91-1-9
토성 244-19, 250-18
토성의 고리 244-20
토스 159-25
토스터 70-3
토스트 25-20
토시(소매에 끼는) 177-64
토요일 259-21
토우(土偶) 187-47
토출구 95-54
토출 밸브 95-42
토치 램프 93-35
토 피크스 157-40
톤 185-8
톱 91-14-25
톱 기어 111-56
톱꽃게 289-13
톱 끈 91-24
톱날 각도 조정 도구 91-26
톱날 세우기 91-27
톱날의 몸체 91-21
톱뉴스 139-22
톱니 91-16
톱상어 285-31, 285-34
톱양 91-15
톱의 손잡이 91-23
톱자루 91-17
통 62-28-38, 62-39-51
통근 버스 113-9
통기 구멍 112-21
통기와 89-37, 199-37
통 깎는 대패 91-44
통나무배 129-24
통로 37-19, 41-23, 112-14, 125-37
통로를 겸한 중앙 홀 121-27
통마늘 18-25, 24-22
통발 59-51

통배권 162-6
통신병 227-21
통신 센터 243-14
통신 위성 136-16, 228-15, 252-1
통신 회선 136-27-28
통역 83-31, 109-49
통 온돌 214-31
통용문 83-11, 85-6, 98-2
통의 바닥 62-43
통의 아가리 62-41
통의 테 62-42
통지표 174-23
통채 낚싯대 106-19
통치마 216-3
통풍 건습계 257-28
통풍구 38-15, 236-33
통행 금지 119-16
통행인 120-25
통행 차단문 118-26
퇴비 103-18, 294-28
퇴비 만들기 103-19
퇴주 187-20
투구 232-20
투구벌레 290-60
투구풍뎅이 290-60
투망 106-9
투망버섯 307-38
투서함 83-23
투수 158-16
투수판 158-8
투우 215-53
투원반 152-22
투족 208-19
투지아족 210-19
투창 152-28
투척 종목 152-19-30
투표 입회인 218-17
투표권 218-13
투표소 218-15
투표용지 218-14
투표함 218-16
투피로 지은 동굴집 38-11
투피집 38-26
투하물 낙하산 238-10
투함구 133-39
투해머 152-24
툭눈금붕어 286-27
퉁방울금붕어 286-28
퉁소 191-20, 211-38
퉁쯔 149-24
튀긴 긴 빵 23-34

틀어 올린 머리

튀긴 둥근 빵 23-35
튜너 69-18
튜바 190-29
튜블러 벨즈 190-50
튜브 115-38, 154-22
튜빙 263-31
툴(tulle) 1-25
튤립 302-24
트라이 161-11
트라이던트 132-11
트라이앵글 190-46
트래블링 블록 263-8
트랙 151-3-4, 157-27
트랙 경기 151-11-35
트랙터 101-1-4, 114-37-39
트랙터장 102-27
트랙터 통행 금지 119-20
트랜스미션 벨트 94-52-54
트랜시버 165-28, 222-30, 231-25
트램펄린 155-10
트랩 127-3, 131-23, 263-20-25
트랩차 131-22
트러스교 120-17
트럭 105-8, 107-5, 111-26, 113-18-19, 241-15
트럭 크레인 96-5
트럼펫 189-10, 190-28
트럼프 149-1-11
트럼프 게임 149-11
트럼프 카드 149-1-10
트렁크 65-23, 111-20
트레이닝 머신 155-21-23
트레이닝 사이클 155-21
트레이닝 용구 155-24-27
트레일러 114-5-7, 122-33
트렌치 코트 2-43
트롤 윈치 105-31
트롤리 112-28
트롤리 컨베이어 96-47
트롤링 105-58
트롤망 105-39
트롤선 105-19
트롬본 190-27
특급 열차 126-11
특별 급행권 126-19
특수 등기 우편 봉투 134-32
특수 우표 134-41-43, 150-5
틀 106-40, 177-48
틀어 올린 머리 16-22, 215-32

틀톱 91-22
티 161-40
티 그라운드 161-29
티백 33-18, 84-30
티베트 가면 213-57
티베트 말곰 281-41
티베트 모자 213-35
티베트 문자 213-58
티베트 불교 205-38-41
티베트족 209-5, 213-25-28
티베트족 남성 213-35-38
티베트족 여성 213-25-34
티베트화 213-37
TV 게임 센터 145-20
TV 전화 135-15
T셔츠 2-32
티슈 페이퍼 84-68
티스 11-22
T자로 118-17
T자 머리 못 90-56
티 테이블 46-5, 48-30, 50-19, 80-7, 83-38, 84-41, 109-20, 125-12
티 포트 61-11
T형 교차점 119-2
팀파니 190-51
팁 드라마 137-8-19

파

파 18-29
파곳 190-24
파나마 모자 6-12
파 넣은 떡 24-37
파도 수영장 145-34
파도식 머리 16-26
파도타기 154-24
파도타기판 154-25
파동 스위치 68-32
파라솔 66-22
파라핀 263-58
파란 경찰 마크 222-12
파래 304-22
파리 291-34-39
파리매 291-41
파리채 56-16
파수대 107-8
파스너 11-21, 65-14
파오 212-33
파운데이션 15-1

파울 160-53
파워 셔블 114-30
파의 흰 밑동 18-30
파이프 35-29, 61-48
파이프라인 263-48
파이프 렌치 93-45, 93-46
파이프 바이스 93-46
파이프 수나사 절삭기 93-44
파이프 암나사 절삭기 93-41
파이프 의자 51-15
파이프 커터 93-47
파인더 렌즈 196-11
파인더 접안창 196-18
파인더창 196-14
파인더 후드 196-10
파인애플 22-21
파인주스 32-27
파일럿 130-25-26
파자마 47-4, 54-22
파종 102-21
파종기 101-13-14
파차이 149-20
파초선 66-11
파출소 222-7
파킹 미터 118-25
파트너 194-9
파파야 22-17, 298-16
파형 패션 141-36
파형철 89-52
파형판용 나사못 90-52
파형판용 와셔 90-53
판 89-46
판결 225-31
판결서 225-32
판권장 140-47
판다 143-2, 148-7
판다 우리 85-25
판떡 27-10
판매원 122-20
판매주측 대표 109-60
판면 140-38
판북 191-36
판오리 30-38
판유리 89-18
판의 크기 140-58-59
판자 침대 53-7
판잣집 38-29
판질(板帙) 140-21
판축(版築) 공법 38-27
판호 191-7
판화 186-35-47
판 흔들기 곡예 144-21

팔 96-7, 266-18
팔각 296-7
팔각고 142-6, 191-35
8각 테이블 50-6
팔걸이 125-26, 130-41
팔걸이 의자 42-11, 51-5
팔괘 147-40
팔괘장 162-4
팔극권 162-5
팔 기중기 96-1-19
팔꿈치 266-39
팔꿈치 관절 267-41
팔꿈치 림프절 270-7
팔랑개비 148-39, 201-34
팔레트 186-12
팔레트 나이프 186-21
팔레트 케이스 133-35
팔맛죽 27-15
팔보밥 27-12
팔선 206-21
팔손이나무 298-21
팔신경총 274-1
팔씨름 147-5
8월 259-9
8인용의 구식 테이블 42-25
팔일 포장 229-12
팔자 수염 16-33
팔자형 눈썹 278-8
팔자형 주름 278-36
팔작지붕 199-30
팔찌 14-7, 125-23
팝콘 26-30
팥 17-26
팥 아이스캔디 32-15
팥만두 24-6
팥소 24-7
팥죽 27-17
패 168-5
패각충 290-46-48
패각충(숫놈) 껍질 290-47
패드가 있는 브래지어 3-8
패드 브리지 14-17
패들 테니스 160-36-37
패들 테니스 공 160-36
패랭이꽃 299-25
패러글라이더 167-28
패러슈트 경기 167-26-29
패방 199-24
패션 모델 13-25
패스 160-49
패스포트 131-33, 224-10
패옥(고리 모양의) 198-37

패왕편 194-18
패치 포켓 10-1
패키지 태그 131-44
패킹함 263-30
패트롤 222-22
패트롤병 227-28
팩 15-20
팩시밀리 135-27
팬 95-24
팬터그래프 124-42
팬티 3-2
팬티 거들 3-12
팬티 스타킹 5-22
팽나무 295-24
팽나무 버섯 307-30
팽령 191-32
팽이 146-20
팽이 돌리기 146-19
퍼머 79-43
퍼센트 기호 180-15
퍼센티지 180-14
퍼터 89-17, 161-43
퍼티 나이프 89-16, 92-27
퍼포레이션 195-55
퍼프 15-2
퍼프 슬리브 9-6
퍽 157-51
편 단위의 경화 82-39-41
펀치 91-54, 110-14
펀치 구멍 11-27
펀치 볼 163-17, 163-18
펀치 카드 136-25
펀치 테이프 136-26
펌프 95-40-59
펌프스 7-18
펌프 스테이션 100-41
펌프식 준설선 127-22
펌프의 실린더 95-43
펌프의 케이스 95-48
펌프의 호스 끝 263-9
펌프 호스 263-5
펑파이 149-15-18
페가수스자리 245-31, 246-24
페니스 266-27, 273-34
페니실린 172-29
페닉스 테일 286-32
페달 115-18, 190-34
페달식 재봉틀 58-27
페로타이프판 78-46
페르세우스자리 245-18, 246-7
페리 129-9-11
페서리 173-7

페어 스케이팅 157-31
페어웨이 161-30
페이스 141-13
페이지 번호 140-40
페이지 업 141-54
페이퍼 커터 110-15
페이퍼 프레임 78-26
페인트 89-10
페인트 롤러 92-32
페인트 솔 89-6, 92-30-32
페인트 통 89-8
페인팅 나이프 186-20
페티코트 3-16
펜 177-17-24, 177-24
펜 끝 177-18
펜더 115-15, 116-5
펜던트 14-8, 68-2
펜싱 152-36, 164-1-12
펜싱 경기장 164-7
펜싱복 164-12
펜싱 선수 164-9
펜 암 257-16
펜축 177-20
펜치 93-1
펜 터치식 141-41
펜홀더 그립 160-9
펠리컨 282-16
펠릿 97-42
펠트 212-39
펠트 모자 6-22
펠트 와셔 90-54
펠트제 노인용 방한화 7-37
펠트화 212-9
펭귄 282-12
편 36-1-4
편경 191-46
편고 142-4
편광계 250-5
편도 21-5
편모 303-2, 306-6
편방(간략화된 한자의) 185-12
편수 냄비 59-10
편아탕 25-10
편의 국수 25-4
편의 원피스 4-5
편의 커피 32-41
편자 104-36
편종 191-47
편지 133-8, 134-1-16
편지꽂이 43-13
편지지 134-11
편집기 195-48

편집부 137-48
편집인 137-35, 137-49
편집자 140-2
편집장 140-1
편평 갈고리 169-31
평각 팬티 3-11
평균대 145-47, 156-14
평기어 94-39
평기와 89-34-35, 199-38
평끌 91-49-50
평날 끌 91-49
평대패 91-35
평바닥 냄비 59-16
평발 277-36
평방근 180-38
평벨트 94-52
평부채 66-7-9
평삭기 94-22
평삭 바이트 94-32
평소매 9-17
평 솔 92-30
평영 153-19
평 와셔 90-40
평원 264-57
평정 93-39
평정해산 264-6
평줄 93-21
평지 265-48, 300-6
평지갑 65-29
평지붕 38-25
평지붕의 가옥 38-24
평체 141-30
평판 삼륜차 117-10
평판 트레일러 114-7
평 펜치 93-5
평행 사변형 181-27
평행봉 156-7
평행선 181-4
평행팔 96-11
평행형 작은나사 90-46-47
평형기 235-16
평활근 268-25, 273-27
폐 271-15-17, 272-7
폐동맥 269-17, 271-21
폐색 전선 258-8
폐쇄기 235-6
폐어 285-15
폐정맥 269-14
폐활량 170-36
포각 235-8
포격 조준용 레이더 237-19
포경선 105-16

포경포 105-17
포구 159-24, 240-27
포구 제퇴기 235-1
포니테일 16-20
포대 65-33
포대경 235-37
포대기 4-22, 211-17
포대로 포장한 화물 122-30
포도 21-35, 208-26, 214-20, 298-2
포도주 34-7-8
포도 주스 32-26
포도주 잔 60-8, 144-14
포도주 효모 306-20
포마드 79-5
포물선 181-14
포미 235-7
포병 227-15
포병 측거의 235-38
포복 전진 230-6
포상 235-14
포석 및 연석 89-30-31
포수 105-18, 158-17, 240-22
포스베리 152-12
포스터 218-19
포스터 게시판 168-8
포승 222-31
포신 234-48, 235-2, 240-28
포신 배연기 240-29
포옹 207-16-17
포워드 153-33
포워드 라이트 159-9
포워드 레프트 159-11
포워드 센터 159-10
포위그물 105-36
포유병 62-11
포인터 279-7
포인트 122-39
포인트 표지등 122-42
포자버섯 307-45
포장 98-44, 241-21
포장(덮개)의 지주 241-22
포장용 강철 벨트 108-28
포지티브 78-54
포충망 184-3
포치 83-6
포켓 130-45, 161-50
포켓 카메라 196-20
포켓 클립 177-22
포크 60-53-55, 96-53, 99-11
포크 댄스 194-13
포크 리프트 96-52, 114-31, 122-27
포탄 235-41-61
포탑 240-30
포털 크레인 96-23
포토스튜디오 78-4
포트 170-28
포피 273-38
포핸드 160-31
포환 152-20
포환던지기 152-19
폭격기 239-32
폭발 장치 242-9
폭신한 의자 51-16
폭약 236-46
폭약 주머니 233-33
폭이 넓은 바지 215-25
폭주 201-16
폭죽 201-15, 202-32
폭죽놀이 147-29, 147-30
폭탄 236-26
폭파통 233-32
폭포 265-7
폭풍우 254-5
폴 163-7
폴 핸들 90-25
폴(pole) 박스 152-17
폴로 167-4
폴턴형 수은 기압계 257-38
표고버섯 20-26, 28-4, 307-31
표구사 89-15
표면의 도안 82-3
표범 281-23-25
표본 184-9-17
표본병 184-15
표적 167-25
표제 원고 141-53
표주박 59-41
표주박면대패 91-42
표준 렌즈 196-28
표지 122-9
표지 장대 159-4
표 집게 122-8
표찰 218-11
표창대 156-25
표창 메달 156-22-24
표 케이스 122-17
표판 190-5
표피 277-1, 293-20
푸드 로더 131-26
푸딩 27-46
푸른 공작 283-3
푸른곰팡이 306-15
푸미족 209-27
푸시 버튼 135-12
푸시폰 109-18, 135-11
푸얼차 33-13
푼 198-50
풀 89-13, 103-21, 133-25, 145-34-38, 177-46
풀 탭 11-24
풀무 44-8, 71-48
풀무 손잡이 44-9
풀버섯 28-5
풀베기 102-63
풀 솔 186-50
풀 스위치 68-13
풀어 먹는 약 172-3
풀잠자리 290-50
풋라이트 192-14
풋마늘 18-27
풋 레스트 116-20
풋 브레이크 116-19
풋콩 20-11
풍경화 48-24, 186-32
풍구 99-37
풍금 176-9, 190-37
풍뎅이 290-11
풍력 발전기 97-47
풍력 버튼 69-34
풍로 171-12
풍선 148-21
풍선기 101-28
풍선껌 26-16
풍속 258-47
풍속 기호 258-19-30
풍양하고 142-7
풍입구 70-57
풍차 97-48, 100-38
풍차의 방향타 97-49
풍치구 150-10
풍향 258-46
풍향 버튼 69-36
풍향 조절 키 69-36
풍향 풍속계 151-37
풍속계 257-5
풍향계 257-7
프라이팬 59-21
프랑스 프랑 81-36
프랜드 스토어 77-16-20
프레스 볼 13-8
프레어리 도그 280-43
프레임 11-28, 106-40, 115-36, 160-27, 195-54
프레파라트 184-30

프렌치 호른 190-30
프로그램 192-38
프로테스탄트 204-21-23, 204-23
프로텍터 157-47, 158-32-35, 161-14, 167-24
프로판 가스 263-50
프로펠러 128-16, 132-20
프론트 83-22
프리 로크 67-5
프리 스로 라인 160-43
프리마돈나 194-2
프리모우오모 194-5
프리즘 183-26
프리지어(freesia) 302-36
프리패브 구조 88-4
프린터 78-38, 109-26, 110-36, 195-46
프린트 합판 89-50
플라네타륨관 253-15
플라스마 검출기 250-15
플라스크 182-26-29
플라스틱 대야 45-10
플라스틱 바구니 59-49
플라스틱 소쿠리 45-9
플라스틱 젓가락 60-45
플라스틱제 탱크 62-51
플라스틱 함 172-22
플라워 홀 2-26, 11-10
플라이어 93-1-6
플라이트 넘버 131-41
플라이트 덱 130-15, 249-6
플라이휠 95-22
플라타너스 296-13
플래그 161-235
플래시 밸브 196-22
플래카드 200-16, 218-27
플랩 65-9, 130-3, 239-10
플랩 포켓 2-5, 2-7, 10-4-5
플랫(flat) 192-27
플랫 칼라 8-15
플랫 컬 79-57
플랫폼 112-11, 122-13, 164-13, 263-39
플랫폼 번호 122-10
플러그 소켓 68-20
플러그 소켓용 전구 68-24
＋극 68-42
플러스 기호 180-22
플런저 263-33
플레이아데스 성단 246-10
플레이어 137-53, 195-15

플레인 투 7-14
플로어 스탠드 68-11, 84-38
플로트 132-23
플로피 디스크 110-39, 141-43
플로피 디스크 장치 110-33
플뢰레 164-1
플루트 190-25
플리머스록(Plymouth Rock) 282-5
피갑(被甲) 234-38
피겨 스케이트화 157-38
피겨 스케이팅 157-28-36
피고 225-19
피넛 버터 30-64
피대 바퀴 94-51
피더선 138-18
피동 기어 95-47
피동 나사 95-51
피라프 214-22
피뢰침 254-10
피리 191-19, 191-21, 211-39
피마자 300-21
피망 19-29
피부 277-1-3
피부침 171-38-39
피스톤 95-13, 95-44
피시 해치의 커버 105-24
피아노 189-16, 190-31-36
피아노 의자 190-35
피임 링 173-8
피임용 정제 173-5
피임 젤리 173-4
피임용 좌약 173-9
피자 식물 292-5-6
피지선 277-9
피질 273-5
피처 158-16, 169-11
피처 플레이트 158-8
피층 293-21
피켈 165-18
피콜로 190-26
피크 165-13, 165-20
피크드 라펠 1-3, 2-25
피클 31-52
피클용 항아리 31-51
피토 239-2
피트 161-58
피표창자 게시판 218-20
피하 조직 277-3
피하 지방 273-49
피하 지방선 277-9
피혁 제품 상점 76-10

픽업 69-16
핀 110-8, 161-57, 167-37
핀 마크 141-19
핀 텀블러 자물쇠 67-19
핀눌라리아 303-26
핀셋 169-25, 170-26, 182-17, 184-6
필꽂이 48-2
필드 151-2
필드 경기 152-1-30
필라멘트 68-26
필률 191-21
필름 78-50-52, 196-31-32
필름 감는 기계 195-14
필름 건조기 78-39
필름 릴 195-16
필름 와인드 레버 196-3
필름 접합기 195-47
필설 177-19
필순 185-39
필터 35-2, 196-29
필통 133-24, 174-38, 177-11, 177-36, 186-24
필획 185-31-38
핑거 홀 135-8
핑킹 가위 13-16
핑탄 142-13
핑화 142-8

하

하고 260-18
하구 265-36
하눌타리 20-9, 301-20
하늘가재 290-59
하늘다람쥐 280-45
하늘 배경막(무대 뒤의) 137-14
하늘소 290-61
하니족 209-15
하다 213-50
하단 침대 125-33
하대정맥(下大靜脈) 269-22, 271-28, 273-12
하련 188-5, 201-11, 203-13
하루살이 290-2
하류 265-45
하마 288-4
하마과 21-46
하마석 37-23
하모니카 190-53
하미과 214-24

하미멜론 21-46
하반신 266-36
하부 덮개 234-5
하부 포가 235-15
하비갑개 276-46
하비개 276-46
하비도 276-43
하수오 299-15
하순 259-24, 275-2
하악골(下顎骨) 267-28
하안 265-20
하엽 271-17
하오니족 209-15
하의 231-6
하이 다이빙 153-36
하이리프트 로더 131-24
하이잭 방지 검사 131-49
하이포 78-44
하이픈 185-52
하이힐 7-23
하주 177-52
하지 림프관 270-12
하차역 126-15
하천 264-54
하천 바닥의 진흙 103-20
하축 188-12
하키 161-18-22
하키 볼 161-18
하키 선수 161-20
하트 149-2
하프 190-16
하프 부츠 7-54
하프웨이 라인 161-7
하프 코트 1-28
하항 127-7-15
하행 결장 272-47
하행 열차 126-3
하현달 247-20
하형 262-41
학 283-6
학광대훤독버섯 307-43
학교 건물 174-8
학급 담임 174-50
학생 174-35-36, 178-8, 230-20
학생머리 16-7
학생용 치마 4-4
학생증 179-41
학예란 139-35
학위 179-47-49
학장 179-45
학질모기 291-32

한글 211-44
한길 118-13-14
한 대 264-37
한 되 들이 되 63-2
한랭 전선 258-7
한련 300-19
한류 264-58
한 말 들이 되 63-1
한 발로 뛰기 152-6
한밤중 260-28
한방 약국 171-1
한방의 170-10, 171-17
한붓그리기 147-7
한 움큼 눈썹 278-5
한자 185-10-12
한자 연습장 174-47
한자의 획 185-31-38
한자 프린터 141-44
한재 256-16
한 홉 들이 되 63-3
할머니 220-17
함 62-52-57, 198-3-4, 212-29
함교 243-7
함대 수반 보급함 243-25
함대공 미사일 236-7
함몰 256-11
함석 철판 262-28
함수 기호 180-54
함수초 300-12
합 180-24
합개 284-26
합격 통지서 179-37
합성 세제 57-33
합죽한 입 278-24
합판 89-49
합환목 297-2
핫도그 25-24
항공 관제사 131-7
항공 관제실 243-6
항공권 131-45
항공기 격납고 243-8
항공기 동태 표시판 131-39
항공기 모형 167-31
항공기 번호 131-41
항공기 삼림 보호 107-9
항공기·선박 모형반 175-3
항공기용 엘리베이터 243-9
항공로 131-55
항공모함 243-1
항공 미사일병 227-20
항공병 227-16
항공 부대 227-36

항공 부전 134-21
항공 서한 134-23
항공 소인 134-47
항공 어뢰 242-2
항공 여승무원 130-34
항공 연료고 243-11
항공 우편 134-20
항공 우편물 134-20-24
항공 폭탄 239-57
항공 헬멧 231-28
항구 127-1-35
항구 등대 108-3
항구의 바지선 129-32
항로 표지 127-29-30
항만 127-1-35
항만 관리국 108-22
항문 272-50, 273-33, 286-41
항아 206-11
항아리 62-28-38, 198-11, 198-17, 211-19
항아리 돌리기(곡예) 144-2
항아리 북 191-37
항해 레이더 237-21
항행등 105-13
항행 레이더 237-17
항행 위성 237-4, 252-7
해(돼지) 259-56
해구 264-14, 288-12
해군 교관 외투 229-19
해군 병사 227-4
해군 육전대 227-38
해군복 4-7, 229-24
해녀 105-60
해달 288-8
해당 꿀절임 26-24
해당 설탕절임 26-20
해도 128-28
해돋이 260-3
해령 264-10
해로 99-29-30
해로(harrow) 101-10-12
해마 288-17
해머 91-10, 152-25, 169-36
해머던지기 152-24
해면 45-6, 289-27
해면질 267-37
해바라기 17-40, 301-30
해바라기 씨 17-41, 301-31
해방신 7-48
해방형 124-18
해변 154-1-33
해변 요양소 154-2

해병대 227-38
해부 기구 184-4-8
해부용 가위 184-5
해부용 바늘 184-7
해부용 칼 184-4
해사 위성 252-3
해사 통신 위성 136-17
해산 264-9
해삼 28-16, 289-20-22
해상 보급선 243-26
해상 순시정 224-6
해서 185-28
해서체 141-27
해석 185-15
해선(海扇) 287-9
해성 289-25
해송 295-9
해수욕객 154-10
해시계의 일종 253-21
해안 154-1-33, 265-26
해안 진지 228-24
해안의 항구 108-1
해양 기상선 129-20
해오라기 282-41
해왕성 244-22, 250-20
해우 288-15
해원 128-23-24
해인초 304-9
해일 256-12
해저 지형 264-5
해저 케이블 136-22
해저 케이블 부설선 136-21
해저 평정봉 264-6
해조 304-1-23
해질녘 260-20
해초 304-1-23
해충 잡이 102-16
해태 304-1
해파리 28-15, 289-32, 289-32-35
해표 288-9
해항 108-1, 127-1-6
해협 264-59
핵무기 236-43-48
핵자기 공명 장치 169-55
핵자기 공명 화상 169-55
핵탄두 236-4
핵폭발 관측기 236-55
핸드 그라인더 79-60, 93-29
핸드 드릴 92-4, 93-20
핸드 마이크 218-31
핸드 믹서 70-25

핸드 브레이크 111-45, 116-15
핸드 샤워 노즐 49-1
핸드 엑스카베이터 169-35
핸드 트랙터 101-3, 114-39
핸드 풍향 풍속계 257-10
핸드 호이스트 96-29
핸드백 1-45, 65-4
핸드볼 161-15
핸들 58-58, 70-11, 92-5, 92-48, 100-28, 110-27, 111-43, 116-2, 168-20
핼리 혜성 244-25
햄 30-22
햄버거 25-25
햇무리 255-3, 258-42
햇무리구름 255-2
햇생강 18-13
행거 84-48
행거 파이프 52-3
행군 230-22
행글라이더 167-34
행락객 85-37
행서 185-29
행성 244-12-24
행성 궤도 244-24
행성 탐측기 250-1
행어 로프 120-29
행인 두부 27-20
행주 44-33, 45-15
향나무 297-16
향낭 213-6
향동(響胴) 191-5, 191-10
향로 205-32
향수 15-26
향신료 31-2-41
향유고래 288-19
향주머니 213-6
향채말 23-54
향판(響板) 190-5
허들 151-32
허들 경주 151-31
허러 25-14, 266-40
허리 둘레 12-12
허리 뒷 높이 12-20
허리 앞 높이 12-21
허리띠 13-30, 212-6, 213-30
허리주름 치마 1-16
허벅지 둘레 12-15
허저족 208-5
헌팅캡 6-14
헐크 127-13
헛간 40-15

헝겊신 7-27-32
헝겊신 바닥 7-66
헝겊으로 만든 장난감 148-7-11
헤드기어 163-19
헤드라이트 111-5, 116-4
헤드업 디스플레이 239-7
헤드폰 69-11, 178-17
헤드폰 단자 138-14
헤딩 139-23-26, 160-59
헤라클레스자리 245-8, 246-19
헤링본 기어 94-41
헤어 다이 콤 79-34
헤어 드라이어 70-44
헤어 롤 세팅기 70-43, 79-56
헤어브러시 49-29, 79-36
헤어 블로 79-59
헤어 카탈로그 79-18
헤어 컬링기 70-42
헤어 크림 79-4
헤어핀 79-49
헬리컬 기어 94-40
헬리콥터 132-24, 148-3, 228-25, 239-49-56
헬리포트 263-43
헬멧 88-47, 157-6, 158-35, 223-5
헬퍼 153-26
혀 272-22, 275-3-5
혀가자미 285-8
혀끝 275-3
혀뿌리 275-5
혁대 고리 11-30
혁대고리 2-37
혁명 공로자 공동묘지 86-7
혁명 열사 영원 86-9
혁호 191-9
현 181-41, 190-7
현관 77-9, 83-3, 83-6
현관의 돌층계 83-5
현금 81-10
현금 출납기 77-23
현미 17-5, 216-29
현미경 168-47
현미경 184-19
현상기 195-45
현상액 78-42
현상액 탱크 78-41
현수교 120-27-35
현수막 192-11
현수식 모노레일 123-27
현수재 120-29

현악기 190-1-19, 191-1-18
현애 265-4
현장 128-2
현장 감식 222-34
현재의 일기 258-49
혈거(穴居) 38-1-19
혈관 267-35
혈소판 269-23
혈압계 170-15
혈액 세포 269-23-25
혈액형 170-57, 269-26-29
협도 37-34
협막 306-2
협죽도 298-32
협판(夾板) 140-21
형 221-24
형강 262-30-32
형강 압연기 262-29
형광 스크린 257-45
형광등 68-5
형광등 양단의 돌기 68-31
형광등의 관 68-30
형광탁상등 68-9
형무소 226-1
형부 221-28
형사 222-41
형사 감식차 222-53
형석 262-64
형성층 293-23
형수 221-25
형의권 162-3
형장 226-30
형판 유리 89-20
혜성 244-30
혜성의 꼬리 244-32
혜성의 머리 244-31
호 181-40
호각 151-38
호궁의 일종 212-57
호도새 283-14
호두 22-32
호두 껍질 22-34
호두 알 22-33
호두나무 295-19
호랑나비 291-23
호랑이 143-5, 281-21-22
호랑지빠귀 283-35
호랑티티 283-35
호루라기 222-27, 226-9
호른 190-30
호리병박 20-7, 301-17
호리병박 물바가지 59-41

호박 20-1
호박씨 22-39
호버크라프트 129-16, 228-27
호버크라프트 순시선 243-46
호브 94-34
호소 264-52
호송차 113-31, 222-50, 225-2
호수 85-19, 265-5
호스 70-56
호스의 이음매 223-7
호심 265-6
호양 279-29
호위함 243-20
호저 281-17
호적 등록 219-13
호적계의 경관 222-10
호적부 219-12, 222-11
호접장 140-12
호차(戶車) 90-29
호출 전화 135-16
호침 171-36
호태 304-23
호텔 객실 83-2, 84-29-72
호텔 로비 83-22-43
호퍼차 123-21-22
호형 181-39
호흡기 272-1-9
혹 278-39
혹등고래 288-21
혼 111-44
혼수품 202-34
혼 스위치 116-18
혼천의 253-17
혼합 페어 156-35
홀더 94-35-36
홀수 180-6
홀수 날 259-25
홀수 번호의 좌석 195-23
홈 121-22, 141-23, 161-36
홈 베이스 158-6
홈내권 126-26
홈붙이 둥근 너트 90-39
홉 152-5
홍 코너 163-12
홍기 217-8
홍기표 승용차 113-13
홍당무 18-6
홍두깨 59-58
홍링진 217-21
홍모채 304-3
홍수 256-17
홍중 149-19

홍차 33-17
홍채(虹彩) 276-25
홍초 300-27, 302-38
홍탕 31-15
홍합 287-7
홑눈 290-13
홑눈꺼풀 276-6
홑저고리 2-53-54
화가 186-11
화객선 129-8
화검 164-1
화경 292-32
화관 292-29
화구 71-46, 264-21
화극 192-32-36
화남호랑이 281-22
화단 85-34
화덕 71-44
화도 264-25
화력 발전소 97-14
화력 조절 밸브 71-4, 71-40
화력 조절용 뚜껑 71-18
화력의 세기 36-13-15
화련어 286-7
화로 71-53-54
화로(봉당 가운데 놓은) 216-19
화로를 얹는 받침 71-55
화류성 144-5
화물 122-28-30
화물 선반 130-33
화물 열차 108-21
화물 운반차 131-21
화물 운송계 122-31
화물기 132-18
화물대 84-29
화물선 108-5, 129-4-7
화물실 128-20, 130-23, 249-9
화물차 122-25, 123-11-23
화백나무 295-14
화병 42-18, 46-9, 47-25, 168-27, 187-4
화분 48-13, 150-21, 292-33, 294-15
화분 꽃 46-22, 꽃 48-14, 125-46
화분 받침 접시 150-22
화분 테이블 109-21
화사 292-24
화산 264-8, 264-18, 265-8
화산력 264-23
화산섬 264-13

화산회 264-20
화살 162-39, 167-22, 232-23
화살나무 297-22
화살촉 232-25
화살통 167-23
화살형 봉합 267-32
화상 205-35
화석 197-4-6
화성 244-15
화수분 149-27
화실 124-5, 186-10
화염 방사 전차 240-6
화염 방사기 234-46
화요일 259-17
화원 40-11
화장 가운 192-46
화장 거울 47-12, 192-41
화장대 47-14
화장붓 192-45
화장 비누 49-21
화장수 15-27
화장실 84-55, 85-12, 121-40, 130-22
화장장 86-12
화장지 84-65, 84-68, 87-18
화장 타일 89-32
화장 테이블 192-40
화장품 47-13
화장품점 76-9
화재 223-9
화재 경보기 223-31
화전 186-28
화점 166-9
화주 292-26
화지 186-27
화첩 186-23, 188-21
화타(華佗) 206-25
화턱 292-31
화파이 149-25-30
화판 292-22
화폐 교환소 77-20
화폐 기호 185-60-62
화표(華表) 199-23
화필 186-18-19
화학 검사실 168-41
화학 물질 235-60
화학 방어병 227-25
화학 비료 103-24, 294-25
화학 비료의 살포 103-23
화학 소방 펌프차 113-25
화학 소방차 223-17
화학 실험용 기구 182-1-55

화학 조미료 31-28
화학 지뢰 233-27
화학 포탄 235-59
화학 폭탄 239-60
화해당 296-30
화환 86-8, 200-22, 203-10, 217-33
확대 렌즈 78-35
확대경 184-18
확대기 78-32
확산광 조명등 137-16
확성기 125-16
환류 수영장 145-35
환상 연골 272-14
환송 덱 127-9
환약 171-16, 172-1
환자 168-10, 170-2, 171-18
환자 가족 168-11
환전계 83-53
환풍기 69-39, 168-48
활 162-38, 167-21, 190-12, 191-2, 209-17, 232-21
활강 157-4
활꼴 181-39
활꼴 드릴 92-2
활동 팔 96-18
활석 262-65
활선 97-58
활시위 232-24
활쏘기 212-55
활엽수 293-2
활유 291-55
활자 141-12, 177-55
활자 조판 141-1-24
활자 케이스 110-24, 141-3
활자판 110-24
활자함 109-27
활주로 131-8
활줄 232-24
활차 183-5-7
활차 신경 274-14
활촉독버섯 307-24
활톱 93-18
활톱의 날 93-19
황련 300-2
황매꽃 298-27
황미솔새 283-36
황새 282-42
황새치 285-30
황색 신호 118-38
황색편모조 303-27
황소 279-13

황소자리 246-9
황장 31-5
황제 206-6
황화채 28-1
해 150-45
횃불 68-61, 175-14
횃불 축제 215-31
회계 83-27
회교 204-1-8
회답기 128-34
회랑 37-12, 199-19
회랑식 건축 214-26
회로(懷爐) 172-33
회사 사무실 109-1
회사원 109-6
회수 낙하산 238-11
회염 272-16
회오리 254-21
회의실 109-38
회의용 테이블 50-12, 109-39
회장 272-42
회전 157-14
회전 경찰 램프 222-51
회전 교차로 119-34
회전 금지 119-23
회전 날개 57-24
회전 다이얼 135-7
회전 드럼 145-48
회전 램프 223-22
회전 목마 145-14
회전 무대 192-4
회전 브러시 79-38
회전 손잡이 69-15
회전 숫돌 93-30
회전 써레 99-30
회전식 전망 레스토랑 83-1
회전의자 51-10, 109-13, 145-51, 170-3
회전자 95-32
회전축 95-56
회족 208-15
회족 모자 208-16
회중시계 64-1
회중전등 68-38
회향 31-37
회향·산초 혼합 분말 31-40
회향채 19-21
회향풀 301-2
회화 186-29-33
회화나무 297-5
회화전 186-28
회화 전시실 85-40

회화 족자 188-2
횡격막 271-6, 272-8
횡단도마 59-53
횡단막 200-17
횡단보도 118-40, 119-42
횡막 신경 274-7
횡서(대련에 대한) 201-12
횡적 191-19, 211-39
횡축 181-10
횡판 190-6
횡풍 주의 119-8
횡행 결장 272-45
효모균 306-16
효자(甇子) 18-34
효자손 43-4
후권 162-12
후근 부대 227-37
후두 271-1, 272-11-20
후두강 272-20
후두개 272-16
후두개 연골 272-11
후두근 268-16
후두실 272-17
후두엽 274-27
후드 4-11, 196-30
후드가 달린 솜 외투 4-10
후드식 헤어 드라이어 79-45
후릿그물 105-34, 106-18
후문 37-22, 98-12
후박나무 296-6
후생차(장애자용) 115-61
후수 166-4
후시 녹음 195-50-51
후신 길 13-29
후신경 274-11
후어빙 24-35
후예 206-10
후이족 208-15
후진 171-24
후진 기어 111-57
후추나무 31-30, 295-16
후퇴등 111-25
후프체조 156-29
훅 47-31, 96-3, 111-31, 163-23, 263-4
훅 볼트 90-34
훅 스패너 93-10
훈 191-43
훈두부 29-6
훈탄피 23-8
훈탕 25-8
훈툰탕 25-8

홀라후프 174-10
흰초 302-18
휘묻이 294-12
휘슬 151-38
휘장 150-13
휘호 199-25
휠체어 168-67
휴게용 침대 80-8
휴대용 라디오 69-2
휴대용 보온 컵 62-23
휴대용 풍향 풍속계 257-10
휴대 전화 135-14
휴대품 83-45
휴대품 보관소 83-44
휴대품 신고서 224-30
휴즈 박스 97-60
휴지 49-11, 112-15
휴지부 189-24
휴지통 48-10, 49-22, 56-13, 84-64, 109-8, 133-27
흉관 88-37
흉골 267-4
흉막강 272-9
흉상 186-3
흉선 270-18
흉쇄유돌근 268-5
흉위 12-10
흉추 267-21
흑 측 166-15
흑건 190-33
흑고래 288-21
흑곰 281-38
흑군 166-5
흑군의 말 166-20
흑돼지 279-21
흑두루미 283-8
흑머리두루미 283-9
흑미비단뱀 284-15
흑백 조커 149-10
흑백 텔레비전 138-11
흑백 필름 196-31
흑설떡 27-6
흑설탕 31-15
흑송 295-9
흑파리 291-36
흑판 109-4, 174-52
흑판 신문 139-37
흑판 지우개 174-53
흔들 원목 145-44
흔들기 171-45
흔들말 303-20
흔들의자 51-9

흔들이 64-31
흔듬 조정 235-3
흘수선 128-5
흙고니 282-44
흙돼지 280-26
흙받기 115-15
흙벽 다락 38-28
흙손 88-49, 92-24
흙인형 148-12, 187-47
흙칼 92-25
흙키 100-5
흙파기용 삽 91-4
흡기관 95-19
흡기 밸브 95-9
흡묵지 110-16
흡수구 95-53
흡연 용구 61-39-54
흡인 로드 263-32
흡입기 169-39
흡입 밸브 95-41
희롱나비 291-29
희석제 186-13
흰가루병균 306-24
흰 가운 98-49, 176-7
흰개미 290-7-10
흰개미집 307-29
흰 건반 190-32
흰 꽃 203-6
흰 돌 166-11
흰돌고래 288-6
흰매 282-51
흰목이버섯 20-31, 28-9, 307-13
흰설탕 31-13-14
흰 싸라기 설탕 31-13
흰여뀌 299-17
흰 입술 사슴 280-18
흰자위 30-53
흰 조화 203-6
흰죽지모시나비 291-27
흰 칸 166-17
흰 토끼 279-34
흰해삼 289-22
히말라야 삼목 295-6
히아신스 302-30
히터 70-10, 150-43
히튼 90-14
히프 포켓 10-14
힐 7-11

309 数码相机, 手机, 笔记本电脑　shùmǎxiàjī, shǒujī, bǐjìběndiànnǎo

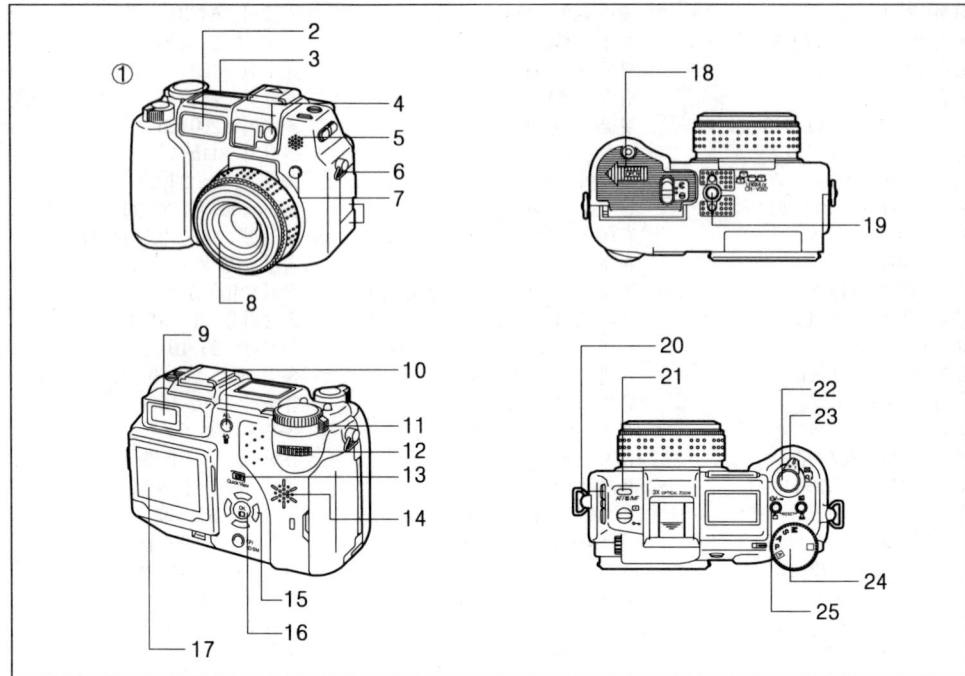

1 数码相机 shùmǎxiàjī
디지털카메라
2 闪光灯 shǎnguāngdēng
플래시
3 控制面板 kòngzhì miànbǎn
컨트롤 패널
4 AF 照明灯 AF zhàomíng-dēng
AF 조명등
5 麦克风 màikèfēng
마이크
6 背带安装环 bēidàiānz hāung-huán
배낭 고리
7 遥控接收器 yáokòng jiē-shōuqì
원격조종 센서
8 镜头 jìngtóu
렌즈
9 取景器 qǔjǐngqì
파인터
10 消除钮 xiāochúniǔ
삭제 버튼
11 电源开关 diànyuán kāi-guān
전원 스위치
12 微动拨盘 wēidòng bōpán
조그 다이얼
13 液晶显示屏钮：yèjīng xiǎn-shì píngniǔ
액정 모니터 버튼
14 扬声器 yǎngshēngqì
스피커
15 箭头钮 jiàntóuniǔ
십자 버튼
16 OK/选单钮 OK/xuǎndānniǔ
OK/메뉴 버튼
17 液晶显示屏 yèjīng xiǎnshì-píng
액정 모니터
18 电池舱盖 diànchí cānggài
전지 덥개
19 三脚架固定螺孔 sānjiǎojià gùdìng luókǒng
삼각대 고정 나사 입구
20 曝光补偿钮 bàoguāng bǔ-chángniǔ
노출 보정 버튼
21 AF/近拍/MF接钮 AF/jìnpāi/MF jiēniǔ
오토포커스/매크로/매뉴얼포커스 버튼
22 快门钮 kuàiménniǔ
셔터 버튼
23 变焦杆 biànjiāogān
줌 레버
24 模式拨盘 móshì bōpán
모드 다이얼
25 用户自定钮 yònghù zìdìng-niǔ
셀프 타이머 버튼
26 手机 shǒujī
핸드폰
27 听筒 tīngtǒng
스피커
28 显示屏 xiǎnshìpíng
본체 화면(액정)
29 服务指示灯 fúwù zhǐshì-dēng
동작 표시등

디지털카메라, 핸드폰, 노트북컴퓨터

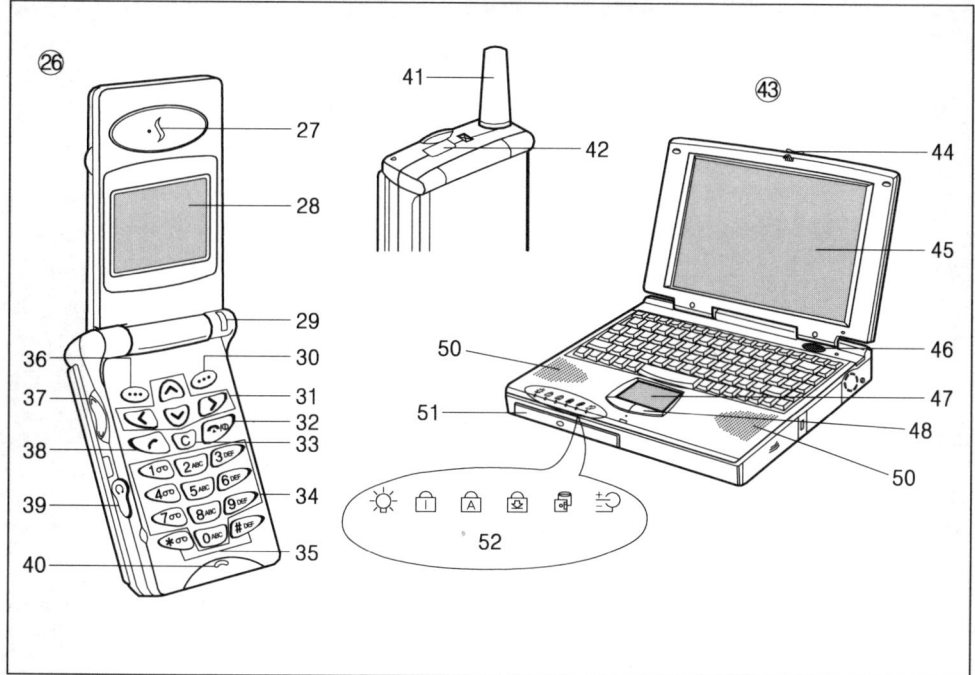

30 软键(右) ruǎnjiàn(yòu)
  매뉴 버튼(우)
31 导航键 dǎohángjiàn
  검색 버튼
32 电源开关键 diànyuán kāi-guānjiàn
  전원 버튼
33 取消/修改键 qǔxiāo/xiū-gǎijiàn
  취소/수정 버튼
34 数字字母键 shùzì zìmǔjiàn
  숫자 버튼
35 特殊功能键 tèshū gōngné-ngjiàn
  특수 기능 버튼
36 软键(左) ruǎnjiàn(zuǒ)
  매뉴 버튼(좌)
37 音量/功能表浏览键 yīnliàng/gōngnéng biǎoliúlǎn-jiàn
  음량/기능 검색 버튼
38 拨号/功能表确认键 bōhào/gōngnéng biǎoquèrènjiàn

전화걸기/기능 확인 버튼
39 耳机插口 ěrjīchākǒu
  이어폰 잭
40 话筒 huàtǒng
  마이크
41 天线 tiānxiàn
  안테나
42 红外口 hóngwàikǒu
  적외선 접속 코드
43 笔记本电脑 bǐjìběndiànnǎo
  노트북컴퓨터
44 LCD 模块门插销 LCD mó-kuàiménchāxiāo
  LCD 래치
45 显示屏 xiǎnshìpíng
  디스플레이
46 力量按钮 lìliàngànniǔ
  전원 스위치
47 触摸板 chùmōbǎn
  터치 패드
48 触摸板按钮 chùmōbǎnànniǔ
  터치 패드 버튼
49 键盘 jiànpán

키보드
50 音响 yīnxiǎng
  스피커
51 CD 驱车 CD qūchē
  CD 드라이브
52 设备状态灯 shèbèi zhuàng-tàidēng
  장치 상태 표시등

최근 우리 생활에서 많이 쓰이고 있는 디지털카메라, 핸드폰, 노트북컴퓨터와 관련된 명칭들을 추가하여 수록하였습니다.

◆ 역자 약력 ◆

- 성명 : 김순금(金順錦)
- 필명 : 흑설
- 1982년 중앙민족대학 졸업
- 1983년~1998년 흑룡강조선민족출판사 편집, 기자, 주필 역임
- 1999년~현재 《차이나 한겨레》 사장
- 북경아진흥문화발전유한공사 사장
- 작품으로는 「나를 위해 울지 않는다」, 「생명이 씹히는 소리」, 「굴러가는 태양」 등 다수
- 부족점의 매력 등 수상
- 1998년 중국 현대명인 사전 《東方之子》에 수록

그림으로 찾는
中國語 圖解辭典

원서명 : 中国語 図解辞典

정가 : 25,000원

김생인략

지은이 : 輿水優・大川完三郎 2004. 1. 8 초판1쇄인쇄
佐藤富士雄・依藤醇 2004. 1. 15 초판1쇄발행

옮긴이 : 김 순 금
펴낸이 : 이 종 춘
펴낸곳 : 성안당.com

주 소 : 서울시 마포구 서교동 353-4
전 화 : (02)844-0511
팩 스 : (02)844-8177
등 록 : 1973.2.1 제13-12호

ⓒ 2004 성안당.com   ISBN 89-315-7135-6

이 책의 어느 부분도 저작권자나 성안당.com 발행인의 승인 문서 없이 일부 또는 전부를 사진 복사나 디스크복사 및 기타 정보 재생 시스템을 비롯하여 현재 알려지거나 향후 발명될 어떤 전기적, 기계적 또는 다른 수단을 통해 복사하거나 재생하거나 이용할 수 없음.

※ 파본은 구입서점에서 교환해 드립니다.

| 물류 및 영업본부 | 전 화 : (02) 844-0511(대) | (031) 903-3380(대) |
| | 팩 스 : (02) 844-8177 | (031) 901-8177(대) |

독자 상담 서비스 : 080-544-0511   홈페이지 : www.cyber.co.kr